Klassiker der chinesischen Philosophie

LAOTSE
TAO TE KING

I GING
DAS BUCH DER WANDLUNGEN

SUNZI
DIE KUNST DES KRIEGES

KONFUZIUS
GESPRÄCHE

© 2019 Nikol Verlagsgesellschaft mbH & Co. KG, Hamburg

Alle Rechte, auch das der fotomechanischen Wiedergabe
(einschließlich Fotokopie) oder der Speicherung auf
elektronischen Systemen, vorbehalten.
All rights reserved.

Satz: Röser MEDIA GmbH & Co. KG, Karlsruhe
Umschlaggestaltung: Nele Schütz Design unter
Verwendung von shutterstock/baoyan (Gemälde),
mossolainen nikolai (Vogel)
Druck: CPI Moravia Books s.r.o.
Printed in the Czech Republic

ISBN: 978-3-86820-541-1

Besuchen Sie uns im Internet:
www.nikol-verlag.de

Inhalt

I Ging – Das Buch der Wandlungen

VORREDE zur ersten Ausgabe	9
EINLEITUNG	11
ERSTES BUCH: DER TEXT	
Erste Abteilung	25
Zweite Abteilung	155
ZWEITES BUCH: DAS MATERIAL	
Einleitung	294
Schuo Gua – Besprechung der Zeichen	299
Da Dschuan – Die große Abhandlung	
Erste Abteilung	
A. Die Grundlagen	316
B. Die Ausführung	327
Zweite Abteilung	364
Die Struktur der Zeichen	398
DRITTES BUCH: DIE KOMMENTARE	
Erste Abteilung	413
Zweite Abteilung	581
ANHANG:	
Verzeichnis der Bildzeichen	762
Schema zum Auffinden der gezogenen I-Ging-Zeichen	769
Verzeichnis der Zeichen nach Häusern geordnet	770

Konfuzius – Gespräche

Gespräche	775
Editorische Notiz	908
Namenregister	909
Sachregister	915

Laotse – Tao te king

Einleitung	927
Erster Teil – Der Sinn	949
Zweiter Teil – Das Leben	970
Erklärungen	996

Sunzi – Die Kunst des Krieges

Einführung – Kurzer Ausflug ins chinesische Altertum	1031
Kapitel 1 – Planung und Vorbereitung	1035
Kapitel 2 – In den Krieg ziehen	1037
Kapitel 3 – Strategischer Angriff	1039
Kapitel 4 – Abhandlung über den Einsatz	1041
Kapitel 5 – Kraft	1043
Kapitel 6 – Wahrheit und Unwahrheit	1045
Kapitel 7 – Die Schlacht	1048
Kapitel 8 – Die neun Anpassungen	1051
Kapitel 9 – Schlachtposition beziehen	1053
Kapitel 10 – Geländeformationen	1056
Kapitel 11 – Neun Geländeformationen	1059
Kapitel 12 – Angriff mit Feuer	1064
Kapitel 13 – Spione	1066

I GING

DAS BUCH DER WANDLUNGEN

Aus dem Chinesischen
übertragen und erläutert von
Richard Wilhelm

Vorrede zur ersten Ausgabe

Die Übersetzung des Buchs der Wandlungen geht nunmehr schon ins zehnte Jahr. Als nach der chinesischen Revolution Tsingtau der Aufenthaltsort einer Reihe der bedeutendsten chinesischen Gelehrten der alten Schule wurde, fand ich unter ihnen meinen verehrten Lehrer Lau Nai Süan, dem ich nicht nur eine tiefere Einführung in die Werke des Mong Dsï, in die »Höhere Bildung« und »Maß und Mitte« verdanke, sondern der mir auch zum erstenmal die Wunder des Buchs der Wandlungen erschloß. Wie bezaubert durchwanderte ich unter seiner kundigen Führung diese fremde und doch so vertraute Welt. Die Übersetzung entstand nach ausführlicher Besprechung des Textes. Aus dem Deutschen wurde ins Chinesische zurückübersetzt, und erst wenn man den Sinn des Textes restlos zur Darstellung gebracht hatte, konnte die Übersetzung als solche gelten. Mitten in diese Tätigkeit brach der Schrecken des Weltkriegs ein. Die chinesischen Gelehrten wurden nach allen Himmelsrichtungen verweht, und auch Herr Lau reiste nach Küfu, der Heimat des Kungtse, mit dessen Familie er verwandt war. Die Übersetzung des Buchs der Wandlungen blieb nun liegen, obwohl neben den Arbeiten des Chinesischen Roten Kreuzes, die ich während der Belagerung Tsingtaus zu leiten hatte, die Beschäftigung mit der alten chinesischen Weisheit keinen Tag ruhte. Merkwürdiges Zusammentreffen: Draußen im Gelände las der japanische General Kamio in seinen Erholungspausen in den Werken des Mong Dsï, ich als Deutscher vertiefte mich in meinen freien Stunden in chinesische Weisheit. Am glücklichsten aber war ein alter Chinese, der in seine heiligen Bücher so versunken war, daß er auch durch eine Granate, die neben ihm niederging, nicht aus der Ruhe gebracht werden konnte. Er faßte nach ihr – sie war ein Blindgänger –, dann zog er die Hand zurück und sagte, sie sei sehr heiß, um sich dann seinen Büchern wieder zuzuwenden.

Tsingtau war erobert. Unter mancherlei anderen Arbeiten ließ sich auch wieder Zeit erübrigen für eingehende Übersetzungsarbeit. Aber der Lehrer, mit dem ich die Übersetzung begonnen hatte, war weit entfernt, und mir war es unmöglich, Tsingtau zu verlassen. Wie erfreut war ich daher, als mitten in meine Erwägungen hinein ein Brief von Herrn Lau kam, daß er bereit sei, die unterbrochene Lektüre mit mir fortzusetzen. Er kam, und die liegengebliebene Übersetzung wurde zu Ende gebracht. Es waren schöne Stunden innerer Erhebung, die ich mit dem alten Meister damals verlebte. Als die Übersetzung in den Hauptzügen vollendet war, rief mich das Schicksal nach Deutschland zurück. Der alte Meister schied unterdessen aus der Welt.

Habent sua fata libelli. In Deutschland schien ich so weit wie möglich entfernt von alter chinesischer Weisheit – wiewohl gar mancher Ratschlag aus dem geheimnisvollen Buch auch in Europa da und dort auf guten Boden fiel. Ich war daher freudig erstaunt, als ich dem Buch der Wandlungen, und zwar in einer wunderschönen Ausgabe, die ich in Peking tagelang in allen Buchhandlungen vergeblich gesucht hatte, in Friedenau im Hause eines lieben Freundes begegnete. Der Freund war zudem ein wirklich guter Freund und machte diese freudige Begegnung zu einem dauernden Besitz, indem er mir das Buch überließ, das mich seither um die halbe Welt auf mancher Reise begleitet hat.

Ich kam nach China zurück. Neue Aufgaben traten an mich heran. In Peking eröffnete sich eine ganz neue Welt mit andern Menschen und andern Interessen. Doch bot sich auch hier bald gar manche Förderung, und in den warmen Tagen eines Pekinger Sommers kam schließlich diese Arbeit zu Ende, die, wieder und wieder umgeschmolzen, nun endlich eine Form erlangt hat, die zwar noch lange nicht meinem Wunsch Genüge tut, aber doch so weit entwickelt ist, daß ich jetzt das Gefühl habe, sie hinaussenden zu können in die Welt. Möge denen, die die Übersetzung lesen, dieselbe Freude an wahrer Weisheit zuteil werden, die ich empfunden während meiner Arbeit.

Peking, im Sommer 1923   Richard Wilhelm

Einleitung

Das Buch der Wandlungen, chinesisch I Ging, gehört unstreitig zu den wichtigsten Büchern der Weltliteratur. Seine Anfänge reichen in mythisches Altertum zurück. Bis auf den heutigen Tag beschäftigt es die bedeutendsten Gelehrten Chinas. Fast alles, was in der über 3000 Jahre alten chinesischen Geschichte an großen und wichtigen Gedanken gedacht wurde, ist teils angeregt durch dieses Buch, teils hat es rückwirkend auf die Erklärung des Buches Einfluß ausgeübt, so daß man ruhig sagen kann, daß im I Ging die reifste Weisheit von Jahrtausenden verarbeitet ist. So ist es denn auch kein Wunder, daß beide Zweige der chinesischen Philosophie, der Konfuzianismus und der Taoismus, ihre gemeinsamen Wurzeln hier haben. Ganz neues Licht ergießt sich von hier aus auf gar manches Geheimnis in den oft dunklen Gedankengängen des geheimnisvollen Alten und seiner Schüler ebenso wie auf manches, was in der konfuzianischen Tradition als festes Axiom sich vorfindet, das ohne weitere Untersuchung hingenommen wird. Ja nicht nur die Philosophie, auch die Naturwissenschaft und die Staatskunst Chinas haben immer wieder aus diesem Weisheitsborn geschöpft, und es ist kein Wunder, daß dieses Buch als einziges der alten Weisheitsschriften der Konfuzianer selbst der großen Bücherverbrennung des Tsin Schï Huang entging. Bis in den Alltag hinein ist das ganze chinesische Leben von seinen Einflüssen durchtränkt. Geht man durch die Straßen einer chinesischen Stadt, so sieht man nicht nur da und dort an einer Ecke einen Wahrsager an einem reinlich gedeckten Tisch mit Pinsel und Tafel sitzen, um aus dem alten Weisheitsbuch Rat und Auskunft zu erteilen für die kleinen Nöte des Lebens, sondern selbst die goldbemalten Firmenschilder, die als senkrechte, schwarzlackierte Holzbretter die Häuser zieren, sind mit Zeichen bedeckt, deren blumige Sprache immer und immer wieder an Gedanken und Zitate jenes Buchs erinnert. Selbst die Politik eines so modernen Staates wie Japan, die sich durch ihre kluge Vorsicht auszeichnet, verschmäht nicht, in schwierigen Lagen auf die Ratschläge des alten Weisheitsbuchs zurückzugreifen.

Der hohe Ruf der Weisheit, in dem das Buch der Wandlungen steht, hat es freilich mit der Zeit bewirkt, daß eine Menge geheimnisvoller Lehren, deren Ursprung in andern Gedankengängen liegt – vielleicht z. T. selbst solchen außerschinesischer Herkunft –, sich mit seinen Lehren verknüpft haben. Seit den Zeiten der Tsin- und Han-Dynastie kam immer mehr eine formelhafte Naturphilosophie auf, die mit einem System von Zahlsymbolen die ganze Welt des Denkbaren umklammerte und durch eine Kombination einer streng durchgeführten Yin-Yang-Lehre dualistischen Gepräges mit der Lehre von den fünf Wandelzuständen, die dem Buch der Urkunden entnommen wurde, die ganze Weltanschauung Chinas immer mehr in starre Formen preßte. So ist es denn gekommen, daß immer spitzfindigere kabbalistische Spekulationen das Buch der Wandlungen wie mit einer Wolke des Geheimnisvollen umgaben und, indem sie alles Vergangene und Künftige in ihr Zahlenschema einfingen, dem I Ging den Ruf eines Buchs voll unverständlicher Tiefe verschafften, wie sie auch die Ursachen wurden, daß die Keime einer freien chinesischen Naturwissenschaft, wie sie zur Zeit eines Mo Di und seiner Schüler unstreitig vorhanden waren, getötet wurden und einer öden, von aller Erfahrung unbeeinflußten Tradition von Bücherschreibern und Bücherlesern Platz gemacht haben, die China in westlichen Augen so lange das Aussehen einer hoffnungslosen Erstarrung verlieh. Doch darf nicht verkannt werden, daß außer jener mechanischen Zahlenmystik auch zu allen Zeiten ein freier Fluß tiefer menschlicher Weisheit auf den Bahnen dieses Buchs in das praktische Leben sich ergoß und der großen chinesischen Kultur diese Reife abgeklärter Lebensweisheit gab, die wir heute fast wehmütig an den noch vorhandenen Überresten dieser letzten bodenechten Kultur bewundern.

Was ist nun das Buch der Wandlungen eigentlich? Um zu einem Verständnis des Buchs und seiner Lehren zu kommen, müssen wir das dichte Geranke von Erklärungen, die alles Mögliche von außen her in das Buch hineinerklären, energisch ablösen, ganz einerlei, ob es sich um die abergläubischen Geheimnisse alter chinesischer Zauberer oder um die nicht minder abergläubischen Theorien moderner europäischer Gelehrter handelt, die ihre bei primitiven Wilden gemachten Erfahrungen in alle historischen Kulturen hineininterpretieren.* Als Grundsatz müssen wir hier festhalten, das Buch der Wandlungen aus sich selbst und seiner Zeit zu erklären. Da lichtet sich dann das Dunkel recht merklich, und wir kommen zu der Erkenntnis, daß das Buch der Wandlungen zwar ein sehr tiefes Buch ist, aber dem Verständnis keine größeren Schwierigkeiten bietet als irgendein Buch, das aus dem Altertum in einer langen Geschichte auf unsere Zeit gekommen ist.

---

* Der Merkwürdigkeit wegen sei hier erwähnt der groteske, dilettantische Versuch des Rev. Canon Mc. Clatchie M. A. in »A Translation of the Confucian Yi King or the 'Classic of Changes', with Notes and Appendix« 1876, den Schlüssel der »vergleichenden Mythologie« auf das Buch anzuwenden.

I. Der Gebrauch des Buchs der Wandlungen

a) Das Orakelbuch

Das Buch der Wandlungen war zunächst eine Sammlung von Zeichen für Orakelzwecke*. Orakel wurden im Altertum allenthalben gebraucht, und die ursprünglichsten unter ihnen beschränkten sich auf die Antworten Ja und Nein. So liegt auch bei dem Buch der Wandlungen diese Orakelentscheidung zugrunde. Das »Ja« wurde durch einen einfachen ganzen Strich angedeutet ▬▬, das »Nein« durch einen gebrochenen Strich ▬ ▬. Schon sehr früh scheint jedoch das Bedürfnis zu einer größeren Differenzierung vorhanden gewesen zu sein, und aus den einfachen Strichen ergaben sich Kombinationen durch Verdoppelung ▬▬, ▬ ▬, ▬▬, ▬▬, denen dann noch ein drittes Strichelement hinzugefügt wurde, wodurch die sogenannten acht Zeichen entstanden. Diese acht Zeichen wurden als Bilder dessen, was im Himmel und auf Erden vorging, aufgefaßt. Dabei herrschte die Anschauung eines dauernden Übergangs des einen in das andere, ebenso wie in der Welt ein dauernder Übergang der Erscheinungen ineinander stattfindet. Hier haben wir nun den entscheidenden Grundgedanken der Wandlungen. Die acht Zeichen sind Zeichen wechselnder Übergangszustände, Bilder, die sich dauernd verwandeln. Worauf das Augenmerk gerichtet, war, waren nicht die Dinge in ihrem Sein – wie das im Westen hauptsächlich der Fall war –, sondern die Bewegungen der Dinge in ihrem Wechsel. So sind die acht Zeichen nicht Abbildungen der Dinge, sondern Abbildungen ihrer Bewegungstendenzen. Diese acht Bilder haben dann auch einen mannigfaltigen Ausdruck gefunden. Sie stellten gewisse Vorgänge in der Natur dar, die ihrem Wesen entsprachen. Sie stellten ferner eine Familie von Vater, Mutter, drei Söhnen, drei Töchtern dar, nicht in mythologischem Sinn, wie etwa der griechische Olymp von Göttern bevölkert ist, sondern ebenfalls in jenem sozusagen abstrakten Sinn, daß nicht Dinge, sondern Funktionen dargestellt

---

* Daß das Buch der Wandlungen kein Lexikon war, wie von mancher Seite angenommen ist, wird aus den hier gegebenen Untersuchungen ohne weiteres hervorgehen.

werden. Gehen wir diese acht Symbole, wie sie dem Buch der Wandlungen zugrunde liegen, durch, so bekommen wir folgende Anordnung:

Name	Eigenschaft	Bild	Familie
Kiën, das Schöpferische	stark	Himmel	Vater
Kun, das Empfangende	hingebend	Erde	Mutter
Dschen, das Erregende	bewegend	Donner	1. Sohn
Kan, das Abgründige	gefährlich	Wasser	2. Sohn
Gen, das Stillehalten	ruhend	Berg	3. Sohn
Sun, das Sanfte	eindringend	Wind, Holz	1. Tochter
Li, das Haftende	leuchtend	Feuer	2. Tochter
Dui, das Heitere	fröhlich	See	3. Tochter

Wir haben somit in den Söhnen das bewegende Element in seinen verschiedenen Stadien: Anfang der Bewegung, Gefahr in der Bewegung, Ruhe und Vollendung der Bewegung. In den Töchtern haben wir das Element der Hingebung in seinen verschiedenen Stadien: Sanftes Eindringen, Klarheit und Anpassung, heitere Ruhe.

Um nun eine noch größere Mannigfaltigkeit zu gewinnen, wurden diese acht Bilder sehr früh schon kombiniert, wodurch man die Zahl von 64 Zeichen bekam. Diese 64 Zeichen bestehen nun je aus sechs positiven oder negativen Strichen. Diese Striche sind wandelbar gedacht. Sooft ein Strich sich wandelt, geht der durch ein Zeichen dargestellte Zustand in einen andern über. So haben wir z. B. das doppelte Zeichen Kun, ☷☷ das Empfangende, die Erde. Es stellt die Art der Erde dar, das kraftvoll Hingebende, im Lauf des Jahres den Spätherbst, da alle Lebenskräfte ruhen. Wandelt sich nun der unterste Strich, so bekommen wir das Zeichen Fu, ☷☳ die Wiederkehr. Es stellt den Donner dar, die Bewegung, die sich zur Sonnwendzeit in der Erde wieder regt, die Wiederkehr des Lichten. Wie aus diesem Beispiel hervorgeht, müssen sich nicht alle Striche wandeln. Es hängt ganz davon ab, welchen Charakter der Strich hat. Ein Strich, der die positive Natur in der Steigerung enthält, schlägt um in sein Gegenteil, das Negative; dagegen bleibt ein positiver Strich von geringerer Stärke unverändert, und entsprechend ist es mit den negativen Strichen.

Darüber nun, welche Striche so stark mit positiver oder negativer Kraft geladen zu denken sind, daß sie sich bewegen, geben im zweiten Buch Kapitel IX des ersten Abschnitts der großen Abhandlung sowie der Sonderabschnitt über das Wahrsagen genaueren Aufschluß. Hier sei nur so viel gesagt, daß die sich bewegenden positiven Striche mit Neun, die sich bewegenden negativen Striche mit Sechs bezeichnet werden, während die Striche, die ruhen und also nur als Aufbaumaterial des Zeichens ohne innere Sonderbedeutung dienen, durch eine Sieben bzw. Acht repräsentiert werden. Wenn es also im Text heißt: »Anfangs eine Neun bedeutet«, so heißt das: Wenn der positive Strich auf dem Anfangsplatz durch eine Neun repräsentiert wird, so bedeutet er folgendes: ... – Wird er dagegen durch eine Sieben repräsentiert, so kommt er für das Orakel nicht in Betracht. Ebenso ist es mit den Sechsen und Achten. In unserem vorigen Beispiel haben wir das Zeichen Kun, das Empfangende, das sich folgendermaßen zusammensetzt:

8 oben	▬▬▬▬	▬▬▬▬
8 auf fünftem Platz	▬▬▬▬	▬▬▬▬
8 auf viertem Platz	▬▬▬▬	▬▬▬▬
8 auf drittem Platz	▬▬▬▬	▬▬▬▬
8 auf zweitem Platz	▬▬▬▬	▬▬▬▬
Anfangs 6	▬▬▬▬ ✕	▬▬▬▬

Es bleiben also die fünf oberen Striche außer Betracht, und nur die Sechs zu Anfang hat eine selbständige Bedeutung. Durch ihre Umgestaltung geht der Zustand Kun, das Empfangende, in den Zustand Fu, die Wiederkehr, über.
Auf diese Weise also haben wir eine Reihe von symbolhaft ausgedrückten Zuständen, die durch die Bewegung ihrer Linien ineinander übergehen können (nicht müssen; denn wenn ein Zeichen sich nur aus Siebenen und Achten zusammensetzt, so bewegt es sich nicht, und nur sein Zustand als ganzer kommt in Betracht).
Zu dem Gesetz der Wandlung und den Bildern der Wandelzustände, wie sie durch die 64 Zeichen gegeben waren, kommt nun noch ein weiteres. Jede Situation verlangte eine besondere Handlungsweise, um sich ihr anpassen zu können. In jeder Situation war eine Handlungsweise richtig, eine andere falsch. Offenbar brachte die richtige Handlungsweise Glück, die falsche Unglück. Welche

Handlungsweise ist nun in jedem Fall die richtige? Diese Frage war das Entscheidende. Sie ist es, die dazu geführt hat, aus dem I Ging mehr zu machen als ein gewöhnliches Wahrsagebuch. Wenn eine Kartenlegerin ihrer Kundin sagt, daß sie in acht Tagen einen Geldbrief aus Amerika bekommen werde, so kann diese nichts tun als warten, bis dieser Brief kommt – oder nicht. Es ist Schicksal, das verkündet wird, das unabhängig ist vom Tun und Lassen des Menschen. Darum bleibt alle Wahrsagung ohne moralische Bedeutung. Indem sich in China zum ersten Male jemand fand, der sich mit den Zukunft verkündenden Zeichen nicht zufrieden gab, sondern fragte: »Was soll ich tun?«, geschah es, daß aus dem Wahrsagebuch ein Weisheitsbuch werden mußte. Dem König Wen, der ums Jahr 1000 v. Chr. lebte, und seinem Sohn, dem Herzog von Dschou, war diese Wendung vorbehalten. Sie versahen die bisher stummen Zeichen und Linien, aus denen jeweils von Fall zu Fall die Zukunft divinatorisch erraten werden mußte, mit klaren Ratschlägen für richtiges Handeln. Dadurch wurde der Mensch zum Mitgestalter des Schicksals; denn seine Handlungen griffen als entscheidende Faktoren ins Weltgeschehen ein, um so entscheidender, je früher man durch das Buch der Wandlungen die Keime des Geschehens erkennen konnte; denn auf die Keime kam es an. Solange die Dinge noch im Entstehen sind, können sie geleitet werden. Haben sie sich erst in ihren Folgen ausgewachsen, so werden sie zu übermächtigen Wesen, denen der Mensch machtlos gegenübersteht. So wurde denn das Buch der Wandlungen zu einem Wahrsagebuch ganz besonderer Art. Seine Zeichen und Linien bildeten in ihren Bewegungen und Wandlungen geheimnisvoll die Bewegungen und Wandlungen des Makrokosmos nach. Durch den Gebrauch der Schafgarbenstengel konnte man den Punkt erhalten, von dem eine Übersicht über die Verhältnisse möglich war. Hatte man die Übersicht, so gaben die Worte Auskunft über das, was man zu tun hatte, um der Zeit zu entsprechen.

Für unser modernes Empfinden ist hierbei nur die Methode, durch Abteilen von Schafgarbenstengeln die Situation zu erfahren, befremdlich. Dieser Vorgang wurde aber als ein geheimnisvoller betrachtet in der Weise, daß eben durch dieses Abteilen dem Unbewußten im Menschen die Möglichkeit verliehen wurde, sich zu betätigen. Nicht jedermann hat in gleicher Weise die Fähigkeit, das Orakel zu fragen. Es bedarf dazu eines klaren und ruhigen Gemüts, das empfänglich ist für die kosmischen Einwirkungen, die in den unscheinbaren Orakelstengeln verborgen sind, die als Produkte der Pflanzenwelt mit dem Urleben in besonderen Beziehungen standen. Sie entstammten heiligen Pflanzen.

b) Das Weisheitsbuch

Was jedoch weit wichtiger geworden ist, ist der andere Gebrauch des Buchs der Wandlungen als Weisheitsbuch. Lao Tse sah dieses Buch und wurde dadurch angeregt zu einigen seiner tiefsten Aphorismen. Ja, seine ganze Gedankenwelt ist von den Lehren des Buchs durchdrungen. Kungtse sah das Buch der Wandlungen und gab sich dem Nachdenken darüber hin. Er schrieb wohl einige Erklärungen dazu auf und überlieferte andere in mündlicher Lehre seinen Schülern. Dieses von Kungtse herausgegebene und kommentierte Buch der Wandlungen ist es, das auf unsere Zeit gekommen ist.

Fragen wir nach den Grundanschauungen, die einheitlich das Buch durchdringen, so können wir uns auf ganz wenige, aber große Gedanken beschränken.

Der Grundgedanke des Ganzen ist der Gedanke der Wandlung. In den Gesprächen* wird einmal erzählt, wie der Meister Kung an einem Fluß stand und sprach: »So fließt alles dahin wie dieser Fluß, ohne Aufhalten, Tag und Nacht.« Damit ist der Gedanke der Wandlung ausgesprochen. Der Blick richtet sich für den, der die Wandlung erkannt hat, nicht mehr auf die vorüberfließenden Einzeldinge, sondern auf das unwandelbare ewige Gesetz, das in allem Wandel wirkt. Dieses Gesetz ist der SINN des Lao Tse, der Lauf, das Eine in allem Vielen. Um sich zu verwirklichen, bedarf es einer Entscheidung, einer Setzung. Diese Grundsetzung ist der große Uranfang alles dessen, was ist: Tai Gi, eigentlich: der Firstbalken. Die spätere Philosophie hat sich mit diesem Uranfang viel beschäftigt. Man hat den Wu Gi, den Ururanfang, als Kreis gezeichnet, und Tai Gi war dann der in Licht und Dunkel, Yin und Yang, geteilte Kreis, der auch in Indien und Europa eine Rolle spielte: ☯. Aber die Spekulationen gnostisch-dualistischer Art sind dem Urgedanken des I Ging fremd. Diese Setzung ist für ihn einfach der Firstbalken, die Linie. Mit dieser Linie, die an sich eins ist, kommt eine Zweiheit in die Welt. Zugleich mit ihr ist oben und unten, rechts und links, vorn und hinten – kurz, die Welt der Gegensätze – gesetzt.

Diese Gegensätze sind bekannt geworden unter dem Namen Yin und Yang und haben namentlich in den Wendezeiten der Tsin- und Handynastie in den Jahrhunderten vor unserer Zeitrechnung, als es eine ganze Schule der Yin-Yang-Lehre gab, viel Aufsehen erregt. Damals wurde das Buch der Wandlungen vielfach als Zauberbuch verwendet, und tausend Dinge wurden in das Buch

---

* Lun Yü IX, 16.

hineingeheimnißt, von denen es ursprünglich nichts weiß. Natürlich hat diese Lehre vom Yin und Yang, vom Weiblichen und Männlichen als Urprinzipien, auch in der fremden Wissenschaft über China Aufsehen erregt. Man vermutete hier nach bewährten Mustern phallische Ursymbole und was damit zusammenhängt. Zur großen Enttäuschung solcher Entdecker muß gesagt werden, daß in dem Ursinn der Worte Yin und Yang nichts liegt, was darauf hinweist. Yin ist in seiner Urbedeutung das Wolkige, Trübe; Yang bedeutet eigentlich: in der Sonne wehende Banner,* also etwas Beleuchtetes, Helles. Übertragen wurden die beiden Begriffe auf die erleuchtete und die dunkle (d. h. südliche und nördliche) Seite eines Berges oder Flusses (wo aber die Südseite im Blick auf den Fluß dunkel, d. h. Yin, und die das Licht reflektierende Nordseite hell, d. h. Yang, ist). Von hier aus wurden die Ausdrücke dann auf das Buch der Wandlungen übertragen auf die beiden wechselnden Grundzustände des offenbaren Seins. Es verdient übrigens bemerkt zu werden, daß sie im eigentlichen Text des Buchs in diesem Sinn gar nicht vorkommen, ebensowenig in den ältesten Kommentaren, sondern erst in der großen Abhandlung, die ja in manchen ihrer Teile schon unter taoistischem Einfluß steht. Im Kommentar zur Entscheidung ist statt dessen von Festem und Weichem die Rede.

Wie es sich aber auch im übrigen damit verhalten mag, soviel steht fest, daß aus dem Wandel und Übergang dieser Kräfte das Dasein sich aufbaut, wobei denn der Wandel teils ein dauernder Umschlag von einem ins andere ist, teils ein kreisförmig geschlossener Ablauf von in sich zusammenhängenden Ereigniskomplexen wie Tag und Nacht, Sommer und Winter. Dieser Wandel aber ist nicht sinnlos, sonst könnte es kein Wissen davon geben, sondern eben dem durchgehenden Gesetz, dem SINN (Tao), unterworfen.

Der zweite Grundgedanke des Buchs der Wandlungen ist seine Ideenlehre. Die acht Zeichen stellen Bilder vor – nicht sowohl von Gegenständen als von Wandlungszuständen. Damit verbindet sich die Auffassung, die sich in Lao Tses Lehren ebenso wie in denen Kungtses ausspricht, daß alles, was in der Sichtbarkeit geschieht, die Auswirkung eines »Bildes«, einer Idee im Unsichtbaren ist. Insofern ist alles irdische Geschehen nur gleichsam eine Nachbildung eines übersinnlichen Geschehens, die auch, was den zeitlichen Verlauf anlangt, später als jenes übersinnliche Geschehen sich ereignet. Diese Ideen sind den

---

* Vgl. die sehr beachtenswerten Ausführungen von Liang Ki Tschau in der chinesischen Zeitschrift »The Endeavor« vom 15. und 22. Juli 1923, ferner den englischen Aufsatz von B. Schindler »The Development of the Chinese Conceptions of Supreme Beings« in Hirth Anniversary Volume von Asia Major.

Heiligen und Weisen, die in Kontakt stehen mit jenen höheren Sphären, durch unmittelbare Intuition zugänglich. Dadurch sind diese Heiligen in den Stand gesetzt, in das Weltgeschehen bestimmend einzugreifen, und der Mensch bildet so mit dem Himmel, der übersinnlichen Welt der Ideen, und der Erde, der körperlichen Welt der Sichtbarkeit, eine Dreiheit der Urmächte. In doppeltem Sinn findet nun diese Ideenlehre ihre Anwendung. Das Buch der Wandlungen zeigt die Bilder des Geschehens und mit ihnen das Werden der Zustände in statu nascendi. Indem man nun durch seine Hilfe die eine erkennt, lernt man die Zukunft voraussehen, ebenso wie man die Vergangenheit verstehen lernt. So dienen die Bilder, die den Zeichen zugrunde liegen, eben dazu, Vorbilder zu sein für das zeitgemäße Handeln in den durch sie angedeuteten Situationen. Aber nicht nur die Anpassung an den Naturverlauf wird auf diese Weise ermöglicht, sondern es wird in der großen Abhandlung (II. Abteilung, Kapitel II) auch der sehr interessante Versuch gemacht, die Schaffung aller Kultureinrichtungen der Menschheit auf solche Ideen und Bilder zurückzuführen. Ganz einerlei, wie man sich zu der Durchführung im einzelnen stellt, dem Grundgedanken nach ist hier eine Wahrheit getroffen.*

Außer den Bildern kommen als dritter Hauptbestandteil noch die Urteile in Betracht. Hierdurch bekommen die Bilder gleichsam Worte. Die Urteile deuten an, ob eine Handlung Heil oder Unheil, Reue oder Beschämung mit sich bringt. Damit setzen sie den Menschen in die Lage, sich frei zu entscheiden, eine gegebene Richtung, die sich aus der Zeitsituation an sich ergeben würde, eventuell zu verlassen, wenn sie unheilvoll ist, und auf diese Weise sich vom Zwang der Ereignisse unabhängig zu machen. Indem das Buch der Wandlungen durch seine Urteile und seine Erklärungen, die sich seit Kungtse daran angeschlossen haben, dem Leser den reifsten Schatz chinesischer Lebensweisheit darbietet, gibt es eine umfassende Übersicht über die Gestaltungen des Lebens und setzt ihn in den Stand, an Hand dieser Übersicht sein Leben organisch und souverän zu gestalten, so daß es in Einklang kommt mit dem letzten SINN, der allem, was ist, zugrunde liegt.

---

* Vgl. die überaus wichtigen Ausführungen von Hu Shih in »The Development of the Logical Method in China«, Shanghai 1922, und die noch ausführlicheren in seiner Geschichte der Philosophie, Band 1.

II. Die Geschichte des Buchs der Wandlungen

In der chinesischen Literatur werden vier Heilige als Verfasser des Buchs der Wandlungen angegeben: Fu Hi, König Wen, der Herzog von Dschou und Kungtse.

Fu Hi ist eine mythische Figur, der Repräsentant des Zeitalters der Jagd, des Fischfangs und der Erfindung des Kochens. Wenn er als Erfinder der Zeichen des Buchs der Wandlungen bezeichnet wird, so bedeutet das, daß man diesen Zeichen ein so hohes Alter beilegte, daß es über die historische Erinnerung hinausgeht. Die acht Urzeichen haben auch Namen, die sonst in der chinesischen Sprache nicht vorkommen, weshalb man auch schon auf fremden Ursprung dieser Zeichen geschlossen hat. Jedenfalls sind diese Zeichen keine alten Schriftzeichen, wie man aus der halb zufälligen, halb bewußten Übereinstimmung des einen oder anderen alten Schriftzeichens hat schließen wollen*.

Sehr früh sind diese acht Zeichen schon in Kombinationen miteinander vorgekommen. Es werden aus alten Zeiten zwei Sammlungen erwähnt: das Buch der Wandlungen der Hiadynastie mit dem Namen Lien Schan, das mit dem Zeichen Gen, das Stillhalten, der Berg, angefangen haben soll, und das Buch der Wandlungen der Schangdynastie mit dem Namen Gui Tsang, das mit dem Zeichen Kun, das Empfangende, angefangen hat. Der letztere Umstand wird von Kungtse selbst gelegentlich als historisch erwähnt. Ob die Namen der 64 Zeichen damals schon vorhanden waren und, wenn vorhanden, dieselben waren wie im jetzigen Buch der Wandlungen, ist schwer zu sagen.

Die jetzige Sammlung der 64 Zeichen stammt nach allgemeiner Tradition, an der zu zweifeln kein Grund vorliegt, vom König Wen, dem Ahn der Dschoudynastie, der sie mit kurzen Urteilen versah, als er von dem Tyrannen Dschou Sin im Gefängnis gehalten wurde. Der Text zu den einzelnen Strichen stammt von seinem Sohn, dem Herzog von Dschou. Dieses Buch war unter dem Namen »Die Wandlungen von Dschou« (Dschou I) während der ganzen Dschouzeit als

---

* Besonders handelt es sich um das Zeichen Kan ☵, das mit dem Zeichen für Schui 水, Wasser, Ähnlichkeit hat.

Orakelbuch im Gebrauch, was sich aus den historischen Aufzeichnungen der alten Zeit mehrfach belegen läßt.

So war der Zustand des Buchs, als Kungtse es entdeckte. Er beschäftigte sich in seinem hohen Alter intensiv mit ihm, und es ist höchst wahrscheinlich, daß der »Kommentar zur Entscheidung« (Tuan Dschuan) von ihm stammt. Auch der Kommentar zu den Bildern geht – wenn auch weniger unmittelbar – auf ihn zurück. Dagegen ist ein dritter, sehr wertvoller und ausführlicher Kommentar zu den einzelnen Linien, der in Form von Frage und Antwort abgefaßt war von Schülern oder Enkelschülern, heute nur noch in Trümmern vorhanden (z. T. im Abschnitt Wen Yen, z. T. im Hi Tsï Dschuan).

In Kungtses Schule wurde das Buch der Wandlungen, wie es scheint, hauptsächlich durch Bu Schang (Dsï Hia) weiterverbreitet. Hand in Hand mit der Ausbildung der philosophischen Spekulation, wie sie in der »Höheren Bildung« und in »Maß und Mitte« hervortritt, machte sich diese Art der Philosophie auch immer mehr bei der Betrachtung des Buchs der Wandlungen geltend. Es bildete sich eine Literatur um das Buch, deren Trümmer – alte und spätere – in den sogenannten »zehn Flügeln« sich finden, die an innerem Wert und Gehalt sehr verschieden sind.

Bei der berühmten Bücherverbrennung unter Tsin Schï Huang entging das Buch dem Schicksal der andern Klassiker. Aber wenn etwas die Legende, daß die alten Bücher durch die Verbrennung in ihrem Textbestand gelitten hätten, widerlegen kann, so ist es eigentlich der Zustand des I Ging, der dann doch eigentlich intakt sein müßte. In Wirklichkeit sind die Not der Jahrhunderte, der Zusammenbruch der alten Kultur, die Veränderung des Schriftsystems Schuld daran, daß alle alten Werke Not gelitten haben.

Nachdem das Buch der Wandlungen aber seinen Ruhm als Wahrsage- und Zauberbuch unter Tsin Schï Huang bestätigt hatte, machte sich während der Tsin- und Handynastie die ganze Schule der Zauberer (Fang Schï) darüber her, und die wahrscheinlich durch Dsou Yen aufgekommene, später von Dung Dschuag Schu und Liu Hin und Liu Hiang gepflegte Yin-Yang-Lehre feierte ihre Orgien bei der Erklärung des Buchs der Wandlungen.

Dem großen und weisen Gelehrten Wang Bi war es vorbehalten, mit diesem Wust aufzuräumen. Er schrieb über den Sinn des Buchs der Wandlungen als Weisheitsbuch und nicht als Orakelbuch. Bald fand er Nachahmung, und anstatt der Zauberlehren der Yin-Yang-Lehrer schloß sich nun immer mehr die aufkommende Staatsphilosophie an das Buch an. In der Sungzeit wurde das

Buch als Unterlage für die – wahrscheinlich nicht chinesische – Tai-Gi-Tu-Spekulation benützt, bis der ältere Tschong Dsï einen sehr guten Kommentar zu dem Buch schrieb, dessen in den »Flügeln« enthaltene alte Kommentare man unter die einzelnen Zeichen aufzuteilen sich gewöhnt hatte. So war das Buch allmählich ganz zum Lehrbuch der Staats- und Lebensweisheit geworden. Da suchte ihm Dschu Hi doch auch wieder seinen Charakter als Orakelbuch zu wahren und veröffentlichte außer einem kurzen und präzisen Kommentar auch eine Einführung in seine Studien über das Wahrsagen.

Die kritische, historische Richtung während der letzten Dynastie nahm sich auch des Buchs der Wandlungen an, hatte aber in ihrer Opposition gegen die Sunggelehrten und ihrem Hervorsuchen der zeitlich der Abfassung des Buchs der Wandlungen näher stehenden Hankommentatoren weniger Glück als in ihrer Behandlung der übrigen Klassiker. Denn die Hankommentatoren waren eben doch letzten Endes Zauberer oder von Zaubereiideen beeinflußt. Eine sehr gute Ausgabe wurde unter Kanghi veranstaltet unter dem Titel: Dschou I Dsche Dschung, die Text und Flügel gesondert bringt und außerdem die besten Kommentare aller Zeiten. Diese Ausgabe ist der vorliegenden Übersetzung zugrunde gelegt.

Im folgenden werden zunächst die beiden Abschnitte Schuo Gua, Besprechung der Zeichen, und Hi Tsï Dschuan oder Da Dschuan, Kommentar zu den beigefügten Urteilen oder – richtiger – großer Kommentar, in Übersetzung gegeben und dann noch einiges über die Struktur der Zeichen aus verschiedenen Quellen beigebracht, das zum Verständnis des zweiten Teils von Wichtigkeit ist.

III. Die Anordnung der Übersetzung

Die Übersetzung des Buchs der Wandlungen ist nach folgenden Grundsätzen vollendet worden, deren Kenntnis die Lektüre wesentlich erleichtern dürfte.
Die Übersetzung des Textes ist so kurz und konzis wie möglich gegeben, um den archaischen Eindruck, den er auch im Chinesischen macht, zur Geltung kommen zu lassen. Deshalb war es um so mehr nötig, daß nicht nur der Text, sondern auch ein Auszug aus den wichtigsten chinesischen Kommentaren gegeben wurde. Dieser Auszug ist so übersichtlich wie möglich gehalten. Er enthält einen Überblick über das, was das Wichtigste ist, das von chinesischer Seite zum Verständnis beigebracht wurde. Eigne Ideen und Vergleiche mit Schriften des Westens, die ja häufig sehr nahelagen, wurden so spärlich wie möglich angebracht und immer als solche besonders kenntlich gemacht, so daß der Leser Text und Kommentar als genuine Wiedergabe chinesischer Gedanken betrachten darf. Es wird dies namentlich deshalb betont, weil manche Grundsätze so sehr mit christlichen übereinstimmen, daß es oft geradezu auffallend wirkt.
Um das Eindringen in das Werk auch dem Nichtfachmann möglichst zu erleichtern, wurde zunächst im ersten Buch der Text der 64 Zeichen mit sachlicher Erklärung gegeben. Man lese zunächst diesen Teil durch auf die Gedanken hin, die darin gegeben sind, ohne sich stören zu lassen durch die Formen- und Bilderwelt. Man verfolge z. B. das Schöpferische in seinem stufenweisen Fortschritt, wie er mit Meisterhand gezeichnet ist in dem ersten Zeichen, und nehme zunächst ruhig die Drachen mit in Kauf, wie sie nun einmal dastehen. Auf diese Weise bekommt man eine Vorstellung davon, was chinesische Lebensweisheit über die verschiedenen Lebenslagen zu sagen hat.
Im zweiten und dritten Buch folgt dann die Erklärung, warum alles so ist. Es ist da das notwendigste Material zum Verständnis der Struktur der Zeichen zusammengetragen, aber nur das absolut notwendige, und soviel wie möglich wurde nur das älteste Material, wie es in den Anhängen, den sogenannten zehn Flügeln, vorhanden ist, gegeben. Diese Flügel wurden nun soweit wie möglich an den Text aufgeteilt, um eine leichtere Übersicht zu ermöglichen, nachdem ihre sachlichen Angaben auch schon im ersten Teil im Kommentar mit verwendet wurden. Wenn man also in die Tiefen des Wissens vom Buch der Wandlungen eindringen will, ist das zweite und dritte Buch nicht zu entbehren. Andererseits sollte das Fassungsvermögen des europäischen Lesers nicht auf einmal mit allzu-

viel Ungewohntem belastet werden. Daß auf diese Weise einige Wiederholungen nötig wurden, mußte mit in Kauf genommen werden, wird aber dem wirklich durchdringenden Verständnis des Buchs zugute kommen. Das eine kann als feste Überzeugung ausgesprochen werden, daß jedermann, der sich das Wesen des Buchs der Wandlungen wirklich zu eigen gemacht hat, dadurch bereichert wird an Erfahrung und wirklichem Lebensverständnis.

Erstes Buch: Der Text

Erste Abteilung

1. Kiën – Das Schöpferische

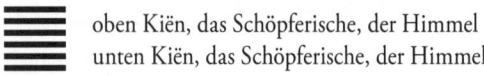
oben Kiën, das Schöpferische, der Himmel
unten Kiën, das Schöpferische, der Himmel

Das Zeichen besteht aus sechs ungeteilten Strichen. Die ungeteilten Striche entsprechen der lichten, starken, geistigen, tätigen Urkraft. Das Zeichen ist ganz einheitlich stark in seiner Natur. Da ihm keinerlei Schwäche anhaftet, ist es seiner Eigenschaft nach die Kraft. Sein Bild ist der Himmel. Die Kraft wird dargestellt als nicht gebunden an bestimmte räumliche Verhältnisse. Darum wird sie aufgefaßt als Bewegung. Als Grundlage dieser Bewegung kommt die Zeit in Betracht. So ist denn auch die Macht der Zeit und die Macht des Beharrens in der Zeit, die Dauer, in dem Zeichen begriffen.
Bei der Erklärung des Zeichens ist durchgehend eine doppelte Deutung zu berücksichtigen: die makrokosmische und die Wirkung in der Menschenwelt. Auf das Weltgeschehen angewandt ist in dem Zeichen das starke schöpferische Wirken der Gottheit ausgedrückt. Auf die Menschenwelt angewandt bezeichnet es das schöpferische Wirken des Heiligen und Weisen, des Herrschers und Führers der Menschen, der ihr höheres Wesen durch seine Kraft weckt und entwickelt.*

Das Urteil
Das Schöpferische bewirkt erhabenes Gelingen,
fördernd durch Beharrlichkeit.

Dem ursprünglichen Sinn nach gehören die Eigenschaften paarweise zusammen. Für den, der dieses Orakel gewinnt, bedeutet das, daß ihm Gelingen aus den Urtiefen des Weltgeschehens zuteil werden wird und daß alles darauf ankommt, daß er allein durch Beharrlichkeit im Rechten sein und anderer Glück sucht.

---

* Das Zeichen ist dem 4. Monat (Mai – Juni) zugeordnet, wenn die lichte Kraft auf ihrer Höhe steht, noch ehe die Sonnenwende den Rückgang des Jahres beginnt.

Sehr früh hat sich das Nachdenken den vier Eigenschaften in ihrer Sonderbedeutung zugewandt. Das chinesische Wort, das mit »erhaben« wiedergegeben ist, bedeutet »Haupt, Ursprung, groß«. Darum heißt es in der Erklärung des Kungtse: »Groß wahrlich ist die Ursprungskraft des Schöpferischen, alle Wesen verdanken ihm ihren Anfang. Und diese Kraft durchdringt den ganzen Himmel.« Denn diese erste Eigenschaft geht auch durch die drei andern hindurch. Der Anfang aller Dinge liegt sozusagen noch im Jenseitigen in der Form von Ideen, die erst zur Verwirklichung kommen müssen. Aber im Schöpferischen liegt auch die Kraft, diesen Urbildern der Ideen Gestalt zu verleihen. Das wird in dem Wort »Gelingen« bezeichnet. Dieser Vorgang wird dargestellt unter einem Bild der Natur.*

»Die Wolken gehen, und der Regen wirkt, und alle einzelnen Wesen strömen in ihre Gestalt ein.« Auf das menschliche Gebiet übertragen zeigen diese Eigenschaften dem großen Mann den Weg zu großem Erfolg: »Indem er in großer Klarheit die Ursachen und Wirkungen schaut, vollendet er zur rechten Zeit die sechs Stufen und steigt zur rechten Zeit auf ihnen wie auf sechs Drachen empor zum Himmel.« Die sechs Stufen sind die sechs Einzelpositionen des Zeichens, die weiter unten unter dem Bild von Drachen dargestellt werden. Als Weg zum Erfolg ist hier das Erkennen und Verwirklichen des Weltsinnes bezeichnet, der als durchlaufendes Gesetz durch Ende und Anfang alle zeitlich bedingten Erscheinungen bewirkt. So wird jede erreichte Stufe zugleich die Vorbereitung für die nächste, und die Zeit ist dann kein Hemmnis mehr, sondern das Mittel der Verwirklichung des Möglichen.

Nachdem durch die beiden Eigenschaften erhaben und Gelingen der Schöpfungsakt zum Ausdruck kam, wird im Anschluß an die beiden Ausdrücke »fördernd«, d. h. wörtlich »schaffend, was das dem Wesen Entsprechende ist«, und »beharrlich«, d. h. wörtlich »recht und fest«, das Werk der Erhaltung als fortlaufend sich verwirklichende Ausgestaltung aufgezeigt. »Der Lauf des Schöpferischen verändert und gestaltet die Wesen, bis jedes seine rechte, ihm bestimmte Natur erlangt, dann bewahrt er sie in Übereinstimmung mit dem großen Gleichmaß. So zeigt er sich fördernd durch Beharrlichkeit.«

Auf das menschliche Gebiet übertragen ergibt sich hieraus, wie der große Mann durch seine ordnende Tätigkeit der Welt Frieden und Sicherheit bringt: »Indem

---

* Vgl. Genesis Kap. 2,1 ff., wo auch die Entfaltung des Einzelwesens auf das Fallen des Regens zurückgeführt wird.

er sich mit seinem Haupt erhebt über die Menge der Wesen, kommen alle Lande zusammen in Ruhe.«

Eine andere Spekulation geht mit der Trennung der Worte »erhaben, Gelingen, fördernd, beharrlich« noch weiter und setzt sie in Parallele mit den vier menschlichen Kardinaltugenden: Der »Erhabenheit«, die zugleich als Grundprinzip alle andern Eigenschaften einschließt, wird die Liebe zugeordnet. Der Eigenschaft »Gelingen« wird die Sitte zugeordnet, die die Äußerungen der Liebe ordnet, organisiert und darum erfolgreich macht. Der Eigenschaft »fördernd« wird die Gerechtigkeit zugeordnet, die Zustände schafft, in denen jeder das seinem Wesen Entsprechende, was ihm gebührt und sein Glück ausmacht, erhält. Der Eigenschaft der »Beharrlichkeit« wird die Weisheit zugeordnet, die die festen Gesetze alles Geschehens erkennt und darum dauernde Zustände zu schaffen vermag.

Diese Spekulationen, die schon in dem Aufsatz Wen Yen im zweiten Teil des Buchs der Wandlungen angeregt sind, haben dann die Brücke gebildet, auf der die Philosophie der fünf Wandlungsstufen (Elemente), die im Buch der Urkunden verankert ist, mit der Philosophie des Buchs der Wandlungen, die rein auf der polaren Zweiheit von positiven und negativen Prinzipien beruht, kombiniert wurde, wodurch dann im Lauf der Zeit einer immer weitergehenden Zahlensymbolik die Tür geöffnet wurde.*

Das Bild
Des Himmels Bewegung ist kraftvoll.
So macht der Edle sich stark und unermüdlich.

Die Verdoppelung des Zeichens Kiën, dessen Bild der Himmel ist, deutet, da es nur einen Himmel gibt, auf die Bewegung des Himmels. Eine vollendete Kreisbewegung des Himmels ist ein Tag. Die Verdoppelung des Zeichens bedeutet, daß auf jeden Tag ein weiterer folgt. Das erzeugt die Vorstellung der Zeit und

---

* Das Schöpferische bewirkt Anfang und Zeugung aller Wesen. Man kann es daher bezeichnen als Himmel, lichte Kraft, Vater, Herr. Es ist nun eine Frage, ob das Schöpferische im Chinesischen persönlich gedacht ist wie Zeus bei den Griechen. Die Antwort lautet, daß dieses Problem für das Chinesentum gar nicht das Wichtigste ist. Das Göttlich-Schöpferische ist sozusagen überpersönlich. Es macht sich nur fühlbar und bemerkbar durch seine übermächtige Aktivität. Wohl hat es sozusagen ein Äußeres, das ist der Himmel. Und der Himmel hat wie alles Lebende ein seelisches Selbstbewußtsein, das ist Gott (der höchste Herrscher). Allein ganz objektiv redet man von dem allen als dem Schöpferischen.

zugleich, da es derselbe Himmel ist, der sich in unermüdlicher Kraft bewegt, der kraftvollen Dauer in und über der Zeit, einer Bewegung, die nie stillsteht oder erlahmt, wie Tag um Tag einander dauernd folgen. Diese Dauer in der Zeit ist das Bild der Kraft, wie sie dem Schöpferischen zu eigen ist.

Der Weise entnimmt daraus das Vorbild dafür, wie er sich zu dauernder Wirkung zu entwickeln vermag. Er muß sich ganz einheitlich stark machen, indem er alles Niederziehende, Gemeine bewußt ausschaltet. So gewinnt er die Unermüdlichkeit, die auf geschlossenen Tätigkeitskreisen beruht.

Die einzelnen Linien

Anfangs eine Neun bedeutet:
Verdeckter Drache, handle nicht!

Der Drache hat in China eine ganz andere Bedeutung als in der westlichen Auffassung. Der Drache ist das Symbol der beweglich-elektrischen, starken, anregenden Kraft, die sich im Gewitter zeigt. Diese Kraft zieht sich im Winter in die Erde zurück, tritt im Frühsommer wieder in Wirkung und erscheint am Himmel als Blitz und Donner. Infolge davon regen sich dann auf der Erde auch die schöpferischen Kräfte wieder.

Hier ist diese schöpferische Kraft noch verdeckt unterhalb der Erde und hat daher noch keine Wirkung. Das bedeutet, auf menschliche Verhältnisse übertragen, daß ein bedeutender Mensch noch unerkannt ist. Aber er bleibt sich darum dennoch selber treu. Er läßt sich von äußerem Erfolg und Mißerfolg nicht beeinflussen, sondern wartet stark und unbekümmert seine Zeit ab.

So gilt es für den, der diesen Strich zieht, zu warten in ruhig starker Geduld. Die Zeit wird sich schon erfüllen. Man braucht nicht zu fürchten, daß ein starker Wille sich nicht durchsetzt. Doch gilt es, seine Kraft nicht voreilig auszugeben und etwas erzwingen zu wollen, das noch nicht an der Zeit ist.

Neun auf zweitem Platz bedeutet:
Erscheinender Drache auf dem Feld.
Fördernd ist es, den großen Mann zu sehen.

Hier beginnen die Wirkungen der lichten Kraft sich zu zeigen. Auf menschliche Verhältnisse übertragen bedeutet das, daß der große Mann auf dem Feld seiner

Tätigkeit erscheint. Noch hat er keine herrschende Stellung, sondern ist noch unter seinesgleichen. Aber was ihn vor andern auszeichnet, ist sein Ernst, seine unbedingte Zuverlässigkeit, der Einfluß, den er ohne bewußte Anstrengung auf seine Umgebung ausübt. Ein solcher Mensch ist dazu bestimmt, großen Einfluß zu bekommen und die Welt in Ordnung zu bringen. Darum ist es fördernd, ihn zu sehen.

Neun auf drittem Platz bedeutet:
Der Edle ist den ganzen Tag schöpferisch tätig.
Des Abends noch ist er voll innerer Sorge.
Gefahr. Kein Makel.

Ein Wirkungskreis eröffnet sich für den bedeutenden Mann. Sein Ruhm beginnt sich auszubreiten. Die Massen fallen ihm zu. Seine innere Kraft ist der gesteigerten äußeren Tätigkeit gewachsen. Es gibt alle Hände voll zu tun, und selbst abends noch, da andere ruhen, drängen sich die Pläne und Sorgen. Eine Gefahr ist hier vorhanden am Platz des Überganges aus der Niedrigkeit in die Höhe. Schon mancher große Mann ging dadurch zugrunde, daß die Massen ihm zueilen und ihn mitrissen in ihre Bahnen hinein. Ehrgeiz verdarb die innere Reinheit. Aber wahre Größe wird durch Versuchungen nicht beeinträchtigt. Wenn man in Fühlung bleibt mit den Keimen der neuen Zeit und ihren Forderungen, so besitzt man genügende Vorsicht, sich vor Abwegen zu hüten, und bleibt ohne Makel.

Neun auf viertem Platz bedeutet:
Schwankender Aufschwung über die Tiefe.
Kein Makel.

Hier ist die Stelle des Übergangs erreicht, wo die Freiheit sich betätigen kann. Eine doppelte Möglichkeit liegt vor dem bedeutenden Mann: entweder sich aufzuschwingen und im großen Leben maßgebend zu sein oder sich zurückzuziehen und in der Stille seine Persönlichkeit auszubilden: der Weg des Helden oder des verborgenen Heiligen. Welches der richtige ist, darüber gibt es kein allgemeines Gesetz. Jeder, der in solcher Lage ist, muß nach den innersten Gesetzen seines Wesens sich frei entscheiden. Wenn er ganz wahr und folgerichtig handelt, so findet er den Weg, der ihm entspricht, und dieser Weg ist für ihn recht und ohne Makel.

- **Neun auf fünftem Platz bedeutet:**
Fliegender Drache am Himmel.
Fördernd ist es, den großen Mann zu sehen.

Hier ist der große Mann in der Sphäre der Himmlischen angelangt. Sein Einfluß erstreckt sich weithin sichtbar über die ganze Welt. Jeder, der ihn sieht, kann sich selig preisen. Kungtse sagt darüber: »Was im Ton übereinstimmt, schwingt miteinander. Was wahlverwandt ist im innersten Wesen, das sucht einander. Das Wasser fließt zum Feuchten hin, das Feuer wendet sich dem Trockenen zu. Die Wolken [des Himmels Atem] folgen dem Drachen, der Wind [der Erde Atem] folgt dem Tiger. So erhebt sich der Weise und alle Wesen blicken nach ihm. Was vom Himmel stammt, fühlt sich verwandt mit dem, was droben ist. Was von der Erde stammt, fühlt sich verwandt mit dem, was drunten ist. Jedes folgt seiner Art.«

Oben eine Neun bedeutet:
Hochmütiger Drache wird zu bereuen haben.

Wenn man so hoch emporsteigen will, daß man die Fühlung mit den übrigen Menschen verliert, so wird man vereinsamt, und das führt notwendig zu Mißerfolg. Hier liegt eine Warnung gegen ein titanisches Emporstreben, das über die Kraft geht. Ein Sturz zur Tiefe würde die Folge sein.

Wenn lauter Neunen erscheinen, bedeutet das:
Es erscheint eine Schar von Drachen ohne Haupt. Heil!

Wenn alle Linien Neunen sind, so kommt das ganze Zeichen in Bewegung und verwandelt sich in das Zeichen Kun, das Empfangende, dessen Charakter die Hingebung ist. Die Stärke des Schöpferischen und die Milde des Empfangenden vereinen sich. Das Starke ist angedeutet durch die Schar der Drachen, das Milde durch den Umstand, daß ihre Häupter verborgen sind. Das bedeutet: Milde in der Handlungsweise verbunden mit Stärke des Entschlusses bringt Heil.

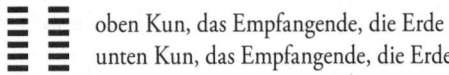

2. Kun – Das Empfangende

▓▓ ▓▓ oben Kun, das Empfangende, die Erde
▓▓ ▓▓ unten Kun, das Empfangende, die Erde

Das Zeichen besteht aus lauter geteilten Linien. Die geteilte Linie entspricht der schattigen, weichen, rezeptiven Urkraft des Yin. Die Eigenschaft des Zeichens ist die Hingebung, sein Bild ist die Erde. Es ist das vollkommene Gegenstück zu dem Schöpferischen, das Gegenstück, nicht der Gegensatz; eine Ergänzung, keine Bekämpfung. Es ist die Natur gegenüber dem Geist, die Erde gegenüber dem Himmel, das Räumliche gegenüber dem Zeitlichen, das Weiblich-Mütterliche gegenüber dem Männlichen-Väterlichen. Der Grundsatz dieses Gegenstückes findet sich aber, auf menschliche Verhältnisse übertragen, nicht nur in den Beziehungen zwischen Mann und Weib, sondern auch von Fürst und Minister oder Vater und Sohn; ja selbst in den einzelnen Menschen ist diese Zweiheit in dem Zusammensein von Geistigem und Sinnlichem.

Dennoch kann von einem eigentlichen Dualismus nicht geredet werden, denn es besteht zwischen den beiden Zeichen das Verhältnis einer klaren Rangordnung. An sich ist natürlich das Empfangende ebenso wichtig wie das Schöpferische. Aber durch die Eigenschaft der Hingebung ist die Stellung dieser Urkraft dem Schöpferischen gegenüber bezeichnet. Sie muß unter der Leitung und Anregung des Schöpferischen sein, dann wirkt sie heilvoll. Nur wenn sie aus dieser Stellung heraustritt und dem Schöpferischen ebenbürtig zur Seite treten will, wird sie böse. Daraus ergibt sich dann Gegensatz und Kampf gegen das Schöpferische, der für beide Teile unheilvoll wirkt.

Das Urteil
Das Empfangende bewirkt erhabenes Gelingen,
fördernd durch die Beharrlichkeit einer Stute.
Hat der Edle etwas zu unternehmen und will voraus,
so geht er irre; doch folgt er nach, so findet er Leitung.

Fördernd ist es, im Westen und Süden Freunde zu finden,
im Osten und Norden der Freunde zu entraten.
Ruhige Beharrlichkeit bringt Heil.

Die vier Grundrichtungen des Schöpferischen: »erhabenes Gelingen, fördernd durch Beharrlichkeit«, finden sich auch als Bezeichnung des Empfangenden. Nur ist die Beharrlichkeit näher definiert als die Beharrlichkeit einer Stute. Das Empfangende bezeichnet die räumliche Wirklichkeit gegenüber der geistigen Möglichkeit des Schöpferischen. Wenn das Mögliche wirklich wird, das Geistige räumlich, so geschieht das immer durch eine einschränkende, individuelle Bestimmung. Das ist bezeichnet dadurch, daß hier dem Ausdruck »Beharrlichkeit« die nähere Bestimmung »einer Stute« beigefügt ist. Das Pferd gehört zur Erde wie der Drache zum Himmel, es symbolisiert durch seine unermeßliche Bewegung über die Ebene hin die Weiträumigkeit der Erde. Der Ausdruck »Stute« ist gewählt, weil die Stute die Kraft und Schnelligkeit des Pferdes mit der Sanftheit und Hingebung der Kuh vereinigt.

Die Natur kann nur darum, weil sie dem Wesen des Schöpferischen gewachsen ist, dessen Anregungen verwirklichen. Ihr Reichtum besteht darin, daß sie alle Wesen ernährt, und ihre Größe, daß sie alles verschönt und herrlich macht. So schafft sie Gedeihen für alles Lebendige. Während das Schöpferische die Dinge zeugt, werden sie vom Empfangenden geboren.* Auf menschliche Verhältnisse übertragen, handelt es sich darum, der Lage entsprechend sich zu verhalten. Man ist nicht in selbständiger Stellung, sondern als Gehilfe tätig. Da gilt es, etwas zu leisten. Nicht führen zu wollen – dadurch verirrte man sich nur –, sondern sich führen zu lassen, ist die Aufgabe. Wenn man es versteht, dem Schicksal gegenüber sich hingebend zu verhalten, so findet man sicher eine entsprechende Leitung. Der Edle läßt sich leiten. Er geht nicht blindlings voran, sondern

---

* Es findet sich hier ein ähnliche Auffassung, wie Goethe sie in den Versen ausdrückt:
»So schauet mit bescheidenem Blick
Der ewigen Weberin Meisterstück,
Wie Tritt tausend Fäden regt;
Die Schifflein hinüber, herüber schießen,
Die Fäden sich begegnend fließen,
Ein Schlag tausend Verbindungen schlägt;
Das hat sie nicht zusammengebettelt,
Sie hat's von Ewigkeit angezettelt,
Damit der ewige Meistermann
Getrost den Einschlag werden kann.«

er entnimmt den Verhältnissen, was von ihm verlangt wird, und folgt dieser Weisung des Schicksals.

Da man etwas leisten soll, bedarf man der Gehilfen und Freunde zur Zeit der Arbeit und Anstrengung, wenn die Gedanken, die ausgeführt werden sollen, schon festliegen. Die Zeit der Arbeit und Anstrengung wird durch den Westen und Süden ausgedrückt. Denn der Süden und Westen ist das Symbol für den Ort, da das Empfangende für das Schöpferische arbeitet – wie die Natur im Sommer und Herbst; wenn man da nicht alle Kräfte zusammenfaßt, wird man nicht fertig mit der Arbeit, die man zu leisten hat. Darum bedeutet hier, Freunde zu bekommen, eben, daß man Leistung findet. Aber außer der Arbeit und Anstrengung gibt es auch eine Zeit des Planens und Ordnens; da bedarf's der Einsamkeit. Der Osten symbolisiert den Ort, wo man die Aufträge von seinem Herrn erhält, und der Norden den Ort, wo man über das Geleistete berichtet. Da gilt es allein und sachlich zu sein. In dieser heiligen Stunde muß man der Genossen entraten, damit nicht durch der Parteien Haß und Gunst die Reinheit getrübt wird.

Das Bild
Der Zustand der Erde ist die empfangende Hingebung.
So trägt der Edle weiträumigen Wesens die Außenwelt.

Ebenso wie es nur einen Himmel gibt, gibt es auch nur eine Erde. Während aber beim Himmel die Verdoppelung des Zeichens zeitliche Dauer bedeutet, bedeutet sie bei der Erde die räumliche Ausdehnung und Festigkeit, mit der sie alles, was da lebt und webt, trägt und erhält. Die Erde in ihrer Hingebung trägt ohne Ausnahme Gut und Böse. So macht der Edle seinen Charakter weiträumig, gediegen und tragfähig, so daß er Menschen und Dinge zu tragen und ertragen vermag.

Die einzelnen Linien

Anfangs eine Sechs bedeutet:
Tritt man auf Reif, so naht das feste Eis.

Wie die lichte Kraft das Leben darstellt, so die schattige Kraft den Tod. Im Herbst, wenn der Frühreif fällt, ist die Kraft des Dunkels und der Kälte erst in der Entfaltung. Nach den ersten Spuren werden sich nach festen Gesetzen die

Äußerungen des Todes allmählich mehren, bis schließlich der starre Winter mit seinem Eis da ist.
Genau so geht es im Leben. Wenn sich leise, kaum merkliche Zeichen des Verfalls zeigen, so geht es weiter, bis schließlich der Untergang da ist. Aber im Leben kann man vorbeugen, wenn man die Anzeichen des Verfalls beachtet und ihnen rechtzeitig entgegentritt.

- **Sechs auf zweitem Platz bedeutet:**
  Gerade, rechtwinklig, groß.
  Ohne Absicht bleibt doch nichts ungefördert.

Der Himmel hat als Symbol den Kreis, die Erde das rechtwinklige Quadrat. Somit ist das Rechtwinklige eine ursprüngliche Eigenschaft der Erde. Dagegen ist die geradlinige Bewegung ursprünglich eine Eigenschaft des Schöpferischen, ebenso wie die Größe. Aber alle rechtwinkligen Dinge haben ihre Wurzel in der geraden Linie und bilden ihrerseits wieder körperliche Größen. Wenn man in der Mathematik Linien, Flächen und Körper unterscheidet, so ergeben sich aus geraden Linien rechtwinklige Flächen und aus rechtwinkligen Flächen kubische Größen. Das Empfangende richtet sich nach den Eigenschaften des Schöpferischen und macht sie zu seinen eigenen. So wird aus einer Geraden ein Quadrat und aus einem Quadrat ein Würfel. Das ist die einfache Hingebung an die Gesetze des Schöpferischen, ohne etwas davon- oder dazuzutun. Darum bedarf es für das Empfangende nicht einer besonderen Absicht oder Anstrengung, und alles wird recht.
Die Natur erzeugt die Wesen ohne Falsch, das ist ihre Geradheit; sie ist ruhig und still, das ist ihre Rechtwinkligkeit; sie weigert sich nicht, irgendein Wesen zu dulden, das ist ihre Größe. Darum erreicht sie ohne äußeres Machen oder besondere Absichten für alle das Rechte. Für den Menschen bedeutet es höchste Weisheit, in seinem Wirken so selbstverständlich zu werden wie die Natur.

Sechs auf drittem Platz bedeutet:
Verborgene Linien; man vermag beharrlich zu bleiben.
Folgst du etwa eines Königs Diensten,
so suche nicht Werke, aber vollende!

Wenn man frei von Eitelkeit ist, so vermag man seine Vorzüge so zu verdecken, daß sie nicht vorzeitig die öffentliche Aufmerksamkeit auf sich ziehen. So kann man in der Stille reifen. Wenn es die Verhältnisse erfordern, so mag man auch in die Öffentlichkeit hervortreten, aber auch dann zurückhaltend. Der Weise wird den Ruhm gern andern lassen. Er sucht nicht fertige Tatsachen, die ihm als Verdienste angerechnet werden, wohl aber erhofft er wirkende Ursachen, d. h., er vollendet die Werke so, daß sie für die Zukunft fruchtbringend sind.

Sechs auf viertem Platz bedeutet:
Zugebundener Sack. Kein Makel; kein Lob.

Das Schattige öffnet sich, wenn es sich bewegt, und schließt sich, wenn es ruht. Hier ist die strengste Verschlossenheit gezeichnet. Die Zeit ist gefährlich: Jedes Hervortreten führt entweder zur Feindschaft übermächtiger Gegner, wenn man sie bekämpfen wollte, oder zu mißverstandener Anerkennung, wenn man sich läßlich gäbe. So gilt es, sich zu verschließen, sei es in der Einsamkeit oder im Weltgetriebe: denn auch da kann man sich so gut verbergen, daß niemand einen kennt.

Sechs auf fünftem Platz bedeutet:
Gelbes Untergewand bringt erhabenes Heil.

Gelb ist die Farbe der Erde und der Mitte, das Symbol des Zuverlässigen und Echten. Das Untergewand ist unauffällig verziert, das Symbol vornehmer Zurückhaltung. Wenn jemand zu wirken berufen ist an hervorragender, doch nicht unabhängiger Stellung, so beruht der wahre Erfolg auf der höchsten Diskretion. Die Echtheit und Feinheit darf nicht direkt hervortreten, sondern nur als Wirkung von innen her sich mittelbar äußern.

Oben eine Sechs bedeutet:
Drachen kämpfen auf dem Anger.
Ihr Blut ist schwarz und gelb.

Auf dem obersten Platz sollte das Schattige dem Lichten weichen. Will es sich auf dem Platz, der ihm nicht gebührt, behaupten und, statt zu dienen, herrschen, so

zieht es sich den Zorn des Starken zu. Es kommt zum Kampf, in dem es gestürzt wird, in dem jedoch beide Teile zu Schaden kommen.
Der Drache, das Symbol des Himmels, kommt herbei und bekämpft den falschen Drachen, zu dessen Bild hier das Irdische sich gesteigert hat. Schwarzblau ist die Farbe des Himmels, Gelb ist die Farbe der Erde. Wenn also schwarzes und gelbes Blut fließt, so ist das ein Zeichen, daß durch diesen unnatürlichen Kampf beide Grundkräfte Schaden leiden.*

Wenn lauter Sechsen erscheinen, bedeutet das:
Fördernd ist dauernde Beharrlichkeit.

Wenn lauter Sechsen erscheinen, verwandelt sich das Zeichen des Empfangenden in das Zeichen des Schöpferischen. Es gewinnt so die Kraft der Dauer im Festhalten des Rechten. Es gibt zwar keinen Fortschritt, aber auch keinen Rückschritt.

---

* Während die oberste Linie des Schöpferischen Titanenstolz zeigt und eine Parallele bildet zur griechischen Sage des Ikarus, ist in der obersten Linie das Empfangende eine Parallele zum Mythos von Luzifer, der sich gegen die oberste Gottheit empört, oder zu dem Kampf der dunklen Mächte gegen die Götter Walhalls, der mit der Götterdämmerung endet.

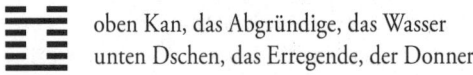

3. Dschun – Die Anfangsschwierigkeit

oben Kan, das Abgründige, das Wasser
unten Dschen, das Erregende, der Donner

Der Name des Zeichens, Dschun, stellt eigentlich ein Gras dar, das bei seinem Hervorsprießen aus der Erde auf ein Hindernis stößt. Daraus ergibt sich die Bedeutung der Anfangsschwierigkeit. Das Zeichen deutet, wie Himmel und Erde die Einzelwesen hervorbringen. Es ist ihre erste Begegnung, die mit Schwierigkeiten verbunden ist. Das untere Zeichen, Dschen, ist das Erregende; seine Bewegung geht nach oben; zum Bild hat es den Donner. Das obere Zeichen, Kan, ist das Abgründige, Gefährliche; seine Bewegung geht nach unten; zum Bild hat es den Regen. Die Lage deutet also auf dichte, chaotische Fülle. Donner und Regen erfüllen die Luft. Aber das Chaos lichtet sich. Die Bewegung, die nach oben gerichtet ist, während das Abgründige sich senkt, kommt schließlich aus der Gefahr hinaus. Im Gewitter entladen sich die gespannten Kräfte, und alles atmet erleichtert auf.

Das Urteil
Die Anfangsschwierigkeit wirkt erhabenes Gelingen.
Fördernd durch Beharrlichkeit.
Man soll nichts unternehmen.
Fördernd ist es, Gehilfen einzusetzen.

Werdezeiten haben Schwierigkeiten. Es ist wie eine Erstgeburt. Aber diese Schwierigkeiten entstehen aus der Fülle dessen, was nach Gestaltung ringt. Es ist alles in Bewegung begriffen, darum ist trotz der vorhandenen Gefahr Aussicht auf großen Erfolg da, wenn man Beharrlichkeit hat. Wenn solche Anfangszeiten als Schicksal kommen, so ist noch alles ungestaltet und dunkel. Darum muß man abwarten, denn jedes vorzeitige Zufassen könnte Mißerfolg bringen.

Ebenso ist es von großer Wichtigkeit, daß man nicht allein bleibt. Man muß Gehilfen haben, um gemeinsam mit ihnen das Chaos zu bewältigen. Das heißt aber nicht, daß man selbst untätig den Vorgängen zuschauen soll, sondern man muß mit Hand anlegen, anfeuernd und leitend bei allem dabei sein.

Das Bild
Wolken und Donner: das Bild der Anfangsschwierigkeit.
So wirkt der Edle entwirrend und ordnend.

Wolken und Donner werden dargestellt durch bestimmte Linienornamente, das heißt, daß in dem Chaos der Anfangsschwierigkeit die Ordnung schon angelegt ist. So muß der Edle in solchen Anfangszeiten die unübersichtliche Fülle gliedern und ordnen, wie man Seidenfäden aus einem Knäuel auseinanderliest und sie zu Strängen verbindet. Man muß, um im Unendlichen sich zu finden, unterscheiden und verbinden.

Die einzelnen Linien

- **Anfangs eine Neun bedeutet:**
  Zögern und Hemmung.
  Fördernd ist es, beharrlich zu bleiben.
  Fördernd ist es, Gehilfen einzusetzen.

Wenn man zu Anfang einer Unternehmung auf Hemmung stößt, so darf man den Fortschritt nicht erzwingen wollen, sondern muß vorsichtig innehalten. Aber man darf sich nicht irremachen lassen, sondern muß dauernd und beharrlich sein Ziel im Auge behalten. Wichtig ist es, daß man sich die richtigen Hilfskräfte sucht. Die findet man nur dann, wenn man bescheiden mit den Menschen verkehrt und sich nicht überhebt. Nur dadurch fallen einem die Menschen zu, mit deren Hilfe man die Schwierigkeiten in Angriff nehmen kann.

Sechs auf zweitem Platz bedeutet:
Schwierigkeiten türmen sich.
Pferd und Wagen trennen sich.
Nicht Räuber er ist,
will freien zur Frist.

Das Mädchen ist keusch, verspricht sich nicht.
Zehn Jahre, dann verspricht sie sich.

Man befindet sich in Schwierigkeit und Hemmung. Da zeigt sich plötzlich eine Wendung, wie wenn jemand mit Wagen und Pferden herankäme und ausspannte. Dieses Ereignis kommt so überraschend, daß man vermutet, der Herankommende sei ein Räuber. Allmählich zeigt es sich, daß er keine bösen Absichten hat, sondern freundliche Verbindung sucht und Erleichterung anbietet. Aber man nimmt das Anerbieten nicht an, da es nicht von der rechten Seite kommt, sondern wartet, bis die Zeit erfüllt ist – zehn Jahre sind ein geschlossener Zeitraum, eine erfüllte Zeit. Dann kehren von selbst die normalen Verhältnisse wieder, und man kann sich mit dem Freund vereinen, der einem bestimmt ist. Unter dem Bild einer Braut, die in schweren Konflikten ihrem Geliebten treu bleibt, wird ein Rat für eine besondere Lebenslage erteilt: Wenn in Zeiten der Schwierigkeit, da man auf Hemmung stößt, unerwartet eine Erleichterung angeboten wird von einer Seite, zu der man keine Beziehung hat, so soll man vorsichtig sein und keine Verpflichtungen auf sich nehmen, wie das die Folge einer solchen Hilfe wäre, da man sonst in der Freiheit der Entscheidung beeinträchtigt wäre. Wenn man die Zeit abwartet, so werden die ruhigen Verhältnisse wiederkommen, und man erreicht, was man gehofft.*

Sechs auf drittem Platz bedeutet:
Wer den Hirsch jagt ohne Förster,
der verirrt sich nur im Wald.
Der Edle versteht die Zeichen der Zeit
und steht lieber ab.
Weitermachen bringt Beschämung.

Wenn man keinen Führer hat und in einem fremden Wald jagen will, so verirrt man sich. Man darf sich aus den Schwierigkeiten, in denen man steht, nicht

---

* Eine andere Deutung ergibt sich aus folgender, ebenfalls möglichen Übersetzung:
  »Schwierigkeiten türmen sich.
  Pferd und Wagen wenden sich.
  War nicht der Räuber da,
  Der Freier käme ja.
  Das Mädchen ist treu, verspricht nicht.
  Zehn Jahre, dann verspricht sie sich.«

unbedacht und führerlos herausstellen wollen. Das Schicksal läßt sich nicht betrügen. Voreiliges Streben ohne die nötige Leitung führt zu Mißerfolg und Schande. Darum wird der Edle, der die Keime des Kommenden erkennt, lieber auf einen Wunsch verzichten, als dadurch, daß er ihn zu erzwingen sucht, sich Mißerfolg und Beschämung zuzuziehen.

Sechs auf viertem Platz bedeutet:
Pferd und Wagen trennen sich.
Suche nach Vereinigung.
Hingehen bringt Heil.
Alles wirkt fördernd.

Man ist in einer Lage, da man die Pflicht hat, zu handeln, aber die Kraft reicht nicht aus. Doch bietet sich Gelegenheit, Anschluß zu finden. Da gilt es zuzugreifen. Man darf sich nicht durch einen falschen Stolz und falsche Zurückhaltung abhalten lassen. Es ist ein Zeichen innerer Klarheit, wenn man es über sich bringt, den ersten Schritt zu tun, selbst wenn eine gewisse Selbstverleugnung damit verbunden ist. In schwieriger Lage ist es keine Schande, sich helfen zu lassen. Wenn man den richtigen Gehilfen findet, geht alles gut.

- **Neun auf fünftem Platz bedeutet:**
Schwierigkeiten im Segnen.
Kleine Beharrlichkeit bringt Heil,
große Beharrlichkeit bringt Unheil.

Man findet sich in der Lage, daß man keine Möglichkeit hat, seine guten Absichten so zum Ausdruck zu bringen, daß sie wirklich in die Erscheinung treten und verstanden werden. Andere schieben sich dazwischen und entstellen alles, was man tut. Da muß man dann vorsichtig sein und allmählich vorgehen. Man darf nichts Großartiges gewaltsam durchsetzen wollen; denn so etwas gelingt nur, wenn man das allgemeine Vertrauen schon genießt. Nur im stillen, durch treue und gewissenhafte Arbeit kann man allmählich dahin wirken, daß die Verhältnisse sich aufklären und die Hemmung fällt.

Oben eine Sechs bedeutet:
Pferd und Wagen trennen sich.
Blutige Tränen ergießen sich.

Es gibt Menschen, denen werden die Anfangsschwierigkeiten zu schwer. Sie bleiben stecken und finden sich nicht mehr durch. Sie lassen die Hände sinken und geben den Kampf auf. Ein solcher Verzicht gehört zum Traurigsten. Darum macht Kungtse dazu die Bemerkung: »Blutige Tränen ergießen sich: das darf man nicht dauernd tun.«*

---

* Wenn man im Kampf des Lebens an solche Stelle gelangt, da man nicht weiterkommt und ein Seufzer sich der Brust entringt, wie an jener berühmten Stelle von Beethovens c-Moll-Symphonie: Dauernd darf dieser Zustand nicht sein. Man muß die Pferde der willensstarken Gedanken wieder entspannen und den Kampf zu Ende führen.
»Wer niemals ruht,
Wer mit Herz und Blut
Auf unmögliches sinnt,
Der gewinnt.«

4. Mong – Die Jugendtorheit

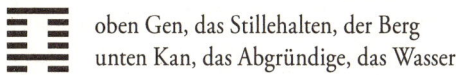

oben Gen, das Stillehalten, der Berg
unten Kan, das Abgründige, das Wasser

Auf doppelte Weise ist das Gedenken der Jugend und Torheit in diesem Zeichen nahegelegt. Das obere Zeichen, Gen, hat als Bild einen Berg, das unter, Kan hat als Bild das Wasser. Die Quelle, die unten am Berg hervorkommt, ist das Bild der unerfahrenen Jugend. Die Eigenschaft des oberen Zeichens ist das Stillehalten, die des unteren der Abgrund, die Gefahr. Das Stillehalten vor einem gefährlichen Abgrund ist ebenfalls ein Symbol der ratlosen Torheit der Jugend. In den beiden Zeichen liegt aber auch der Weg, wie die Jugendtorheiten überwunden werden können: Das Wasser ist etwas, das mit Notwendigkeit weiterfließt. Wenn die Quelle hervorbricht, so weiß sie zunächst freilich nicht, wohin. Aber sie füllt durch ihr stetiges Fließen die tiefe Stelle, die sie am Fortschritt hindert, aus, und dann ist der Erfolg da.

Das Urteil
Jugendtorheit hat Gelingen.
Nicht ich suche den jungen Toren,
der junge Tor sucht mich.
Beim ersten Orakel gebe ich Auskunft.
Fragt er zwei-, dreimal, so ist das Belästigung.
Wenn er belästigt, so gebe ich keine Auskunft.
Fördernd ist Beharrlichkeit.

In der Jugend ist Torheit nichts Schlimmes. Es kann ihr doch gelingen. Nur muß man einen erfahrenen Lehrer finden und ihm auf die rechte Weise gegenübertreten. Dazu gehört erstens, daß man die eigene Unerfahrenheit selbst empfindet und einen Lehrer aufsucht. Nur diese Bescheidenheit und dieses Interesse verbürgt die nötige Aufnahmebereitschaft, die sich in ehrfurchtsvoller Anerkennung des Lehrers äußern wird.

Darum muß der Lehrer ruhig warten, bis er aufgesucht wird. Er soll sich nicht von sich aus anbieten; nur so kann die Belehrung zur rechten Zeit und auf die rechte Weise erfolgen.

Die Antwort, die der Lehrer auf die Fragen des Schülers gibt, soll klar und bestimmt sein wie die Antwort, die ein Orakelsucher zu erhalten wünscht. Sie muß dann als Lösung des Zweifels und Entscheidung angenommen werden. Mißtrauisches oder gedankenloses Weiterfragen dient zur bloßen Belästigung des Lehrers und wird am besten mit Stillschweigen übergangen, ähnlich wie das Orakel auch nur eine Antwort gibt und versucherischen Zweifelsfragen gegenüber versagt.

Wenn dazu die Beharrlichkeit tritt, die nicht nachläßt, bis man Punkt für Punkt sich angeeignet hat, so wird ein schöner Erfolg sicher sein.

Das Zeichen gibt somit Ratschläge sowohl für den Lehrenden als auch für den Lernenden.

Das Bild

Unten am Berg kommt ein Quell hervor:
das Bild der Jugend.
So nährt der Edle durch gründliches Handeln
seinen Charakter.

Die Quelle kommt dadurch ins Fließen und zur Überwindung des Stillstandes, daß sie alle hohlen Stellen auf ihrem Weg ausfüllt. Ebenso ist der Weg zur Bildung des Charakters die Gründlichkeit, die nichts überspringt, sondern allmählich und stetig wie das Wasser alle Lücken ausfüllt und so vorankommt.

Die einzelnen Linien

Anfangs eine Sechs bedeutet:

Um den Toren zu entwickeln,
ist es fördernd, den Menschen in Zucht zu nehmen.
Man soll die Fesseln abnehmen.
So weitermachen bringt Beschämung.

Am Anfang der Erziehung steht das Gesetz. Die Unerfahrenheit der Jugend ist geneigt, zunächst alles lässig und spielerisch zu nehmen. Da muß ihr der Ernst des Lebens gezeigt werden. Ein gewisses Sichzusammennehmen, wo es durch stramme Zucht erzwungen wird, ist gut. Wer mit dem Leben spielt, kommt nie zurecht. Aber die Zucht darf nicht in Drill ausarten. Fortgesetzter Drill wirkt beschämend und lähmt die Kraft.

- **Neun auf zweitem Platz bedeutet:**
  Die Toren ertragen in Milde, bringt Heil.
  Die Frauen zu nehmen wissen, bringt Heil.
  Der Sohn ist dem Hauswesen gewachsen.

Hier ist ein Mann gezeichnet, der keine äußere Macht hat, aber die nötige Geisteskraft, um die auf ihm lastende Verantwortung zu tragen. Er besitzt die innere Überlegenheit und Stärke, die die Unzulänglichkeiten der menschlichen Torheit in Milde zu tragen versteht. Dieselbe Gesinnung gilt den Frauen als dem schwächeren Geschlecht gegenüber. Man muß sie zu nehmen wissen und anzuerkennen in einer gewissen ritterlichen Nachsicht. Nur durch diese Vereinigung von innerer Kraft und äußerer Zurückhaltung wird man die Verantwortung der Leitung eines größeren gesellschaftlichen Organismus übernehmen können und dabei wirklich Erfolg haben.

Sechs auf drittem Platz bedeutet:
Nicht sollst du ein Mädchen nehmen,
das einen ehernen Mann sieht
und sich nicht im Besitz behält.
Nichts ist fördernd.

Ein schwacher, unerfahrener Mensch, der nach oben strebt, verliert leicht seine persönliche Eigenart, wenn er an hoher Stelle eine starke Persönlichkeit sieht, der er sklavisch nachahmt. Er gleicht einem Mädchen, das sich preisgibt, wenn sie einem starken Mann begegnet. Einer solchen unfreien Annäherung gegenüber darf man nicht entgegenkommen sein. Entgegenkommen wäre weder für den Jüngling noch für den Erzieher gut.
Ein Mädchen ist es ihrer Würde schuldig, daß sie auf Werbung wartet. In beiden Fällen ist es unwürdig, sich selbst anzubieten, und es ist nicht gut, ein solches Angebot anzunehmen.

Sechs auf viertem Platz bedeutet:
Beschränkte Jugendtorheit bringt Beschämung.

Für die Jugendtorheit ist es das Hoffnungsloseste, sich in leere Einbildungen zu verstricken. Je eigensinniger sie auf solchen wirklichkeitsfremden Einbildungen beharrt, desto gewisser zieht sie sich Beschämung zu.
Für den Erzieher wird beschränkter Torheit gegenüber oft nichts übrigbleiben, als sie eine Zeitlang sich selbst zu überlassen und die ihr aus ihrem Gebaren entspringende Beschämung nicht zu ersparen. Das ist oft der einzige Weg zur Rettung.

- **Sechs auf fünftem Platz bedeutet:**
  Kindliche Torheit bringt Heil.

Ein unerfahrener Mensch, der kindlich und anspruchslos Belehrung sucht, ist gut daran. Denn wer vom Hochmut frei sich dem Lehrer unterstellt, der wird sicher gefördert.

Oben eine Neun bedeutet:
Beim Bestrafen der Torheit ist es nicht fördernd,
Übergriffe zu begehen.
Fördernd ist nur, Übergriffe abzuwehren.

Unter Umständen muß ein unverbesserlicher Tor bestraft werden. Wer nicht hören will, muß fühlen. Diese Strafe ist von der Aufrüttlung zu Beginn verschieden. Aber die Verhängung der Strafe darf nicht im Zorn geschehen, sondern muß sich auf eine sachliche Abwehr unberechtigter Übergriffe beschränken. Sie ist nie Selbstzweck, sondern hat nur der Herstellung geordneter Verhältnisse zu dienen.
Das gilt sowohl von der Erziehung als auch von den Maßregeln einer Regierung gegen eine Bevölkerung, die sich Ausschreitungen zuschulden kommen läßt. Das Einschreiten der Regierung muß immer nur abwehrend sein und hat als einziges Ziel die Herstellung der öffentlichen Sicherheit und Ruhe.

5. Sü – Das Warten (die Ernährung)

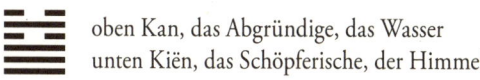

oben Kan, das Abgründige, das Wasser
unten Kiën, das Schöpferische, der Himmel

Alle Wesen bedürfen der Nahrung von oben. Aber das Spenden der Speise hat seine Zeit, die man erwarten muß. Das Zeichen zeigt die Wolken am Himmel, die Regen spenden, der alles Gewächs erfreut und den Menschen mit Speise und Trank versieht. Dieser Regen wird kommen zu seiner Zeit. Man kann ihn nicht erzwingen, sondern muß darauf warten. Der Gedanke des Wartens wird außerdem nahegelegt durch die Eigenschaften der beiden Urzeichen: innen Stärke, davor Gefahr. Stärke vor Gefahr überstürzt sich nicht, sondern kann warten, während Schwäche vor Gefahr in Aufregung gerät und nicht die Geduld zum Warten hat.

Das Urteil
Das Warten.
Wenn du wahrhaftig bist, so hast du Licht und Gelingen.
Beharrlichkeit bringt Heil.
Fördernd ist es, das große Wasser zu durchqueren.

Das Warten ist kein leeres Hoffen. Es hat die innere Gewißheit, sein Ziel zu erreichen. Nur diese innere Gewißheit gibt das Licht, das allein zum Gelingen führt. Das führt zur Beharrlichkeit, die Heil bringt und die Kraft verleiht, das große Wasser zu durchqueren.
Eine Gefahr liegt vor einem, die überwunden werden muß. Schwäche und Ungeduld vermögen nichts. Nur wer stark ist, wird mit seinem Schicksal fertig, denn er kann infolge der inneren Sicherheit ausharren. Diese Stärke zeigt sich in unerbittlicher Wahrhaftigkeit. Nur wenn man den Dingen, so wie sie sind, ins Auge zu schauen vermag, ohne jeden Selbstbetrug und Illusion, entwickelt

sich aus den Ereignissen ein Licht, das den Weg zum Gelingen erkennen läßt. Auf diese Erkenntnis muß entschlossen beharrliches Handeln folgen; denn nur, wenn man entschlossen seinem Schicksal entgegengeht, wird man damit fertig. Dann kann man das große Wasser durchqueren, d. h. die Entscheidung treffen und die Gefahr bestehen.

Das Bild
Wolken steigen am Himmel auf: das Bild des Wartens.
So ißt und trinkt der Edle und ist heiter und guter Dinge.

Wenn die Wolken am Himmel aufsteigen, so ist das ein Zeichen, daß es regnen wird. Da läßt sich dann weiter nichts machen als warten, bis der Regen fällt. So ist es auch im Leben, wenn ein Schicksal sich vorbereitet. Solange die Zeit noch nicht erfüllt ist, soll man nicht sorgen und durch eigenes Machen und Eingreifen die Zukunft gestalten wollen, sondern in Ruhe Kraft sammeln durch Essen und Trinken für den Leib, durch Heiterkeit und Guter-Dinge-Sein für den Geist. Das Schicksal kommt ganz von selbst, und dann ist man bereit.

Die einzelnen Linien

Anfangs eine Neun bedeutet:
Warten auf dem Anger.
Fördernd ist es, im Dauernden zu bleiben.
Kein Makel.

Die Gefahr ist noch fern. Man wartet noch auf weiter Ebene. Die Verhältnisse sind noch einfach. Es liegt nur etwas in der Luft, das kommen wird. Da gilt es, die Regelmäßigkeiten des Lebens so lange beizubehalten, wie es möglich ist. Nur dadurch bewahrt man sich vor allzu früher Vergeudung der Kräfte und bleibt frei von Makel und Fehlern, die für später eine Schwächung bedeuten würden.

Neun auf zweitem Platz bedeutet:
Warten auf dem Sand.
Es gibt ein wenig Gerede.
Das Ende bringt Heil.

Die Gefahr rückt allmählich näher. Der Sand ist dem Ufer des Stromes, der die Gefahr bedeutet, nahe. Es beginnen sich Unzuträglichkeiten zu zeigen. Es entsteht in solcher Zeit leicht eine allgemeine Unruhe. Man wirft sich gegenseitig die Schuld vor. Wer da gelassen bleibt, dem wird es gelingen, daß schließlich alles gutgeht. Alle üble Nachrede muß endlich verstummen, wenn man ihr nicht den Gefallen beleidigter Gegenrede tut.

Neun auf drittem Platz bedeutet:
Warten im Schlamm
bewirkt das Kommen des Feindes.

Der Schlamm, der schon vom Wasser des Stromes bespült wird, ist kein günstiger Ort für das Warten. Statt die Kräfte zu sammeln, um in einem Zug das Wasser zu durchqueren, hat man einen vorzeitigen Anlauf gemacht, dessen Kraft eben bis zum Schlamm führt. Eine solche ungünstige Lage zieht von außen her die Feinde herbei, die naturgemäß die Lage ausnützen. Durch Ernst und Vorsicht allein ist es möglich, sich vor Schaden zu bewahren.

Sechs auf viertem Platz bedeutet:
Warten im Blut.
Heraus aus dem Loch.

Es ist die Lage äußerst gefährlich. Es ist voller Ernst geworden und geht auf Leben und Tod. Blutvergießen ist unmittelbar zu erwarten. Man kann nicht vorwärts und nicht rückwärts. Man ist abgeschnitten wie in einem Loch. Da gilt es einfach auszuharren und das Schicksal über sich ergehen zu lassen. Diese Ruhe, die nicht durch eigenes Handeln den Schaden noch schlimmer macht, ist der einzige Weg, aus dem gefährlichen Loch herauszukommen.

- **Neun auf fünftem Platz bedeutet:**
  Warten bei Wein und Speise.
  Beharrlichkeit bringt Heil.

Auch mitten in der Gefahr gibt es Ruhepausen, da es einem verhältnismäßig gut geht. Wenn man die rechte innere Stärke besitzt, so wird man die Ruhepausen ausnützen, um sich zu stärken zu neuem Kampf. Man vermag den Augenblick zu genießen, ohne sich von seinem Ziel abbringen zu lassen; denn Beharrlichkeit ist notwendig, um Sieger zu bleiben.

Auch im öffentlichen Leben ist es so. Es kann nicht alles auf einmal erreicht werden. Höchste Weisheit ist es, den Leuten solche Erholungspausen zu gönnen, die die Freudigkeit der Arbeit beleben zur Vollendung des Werks. Hier liegt das Geheimnis des ganzen Zeichens verborgen. Dadurch unterscheidet es sich von dem Zeichen »die Hemmnis«, daß man beim Warten seiner Sache sicher ist und daher die Ruhe der inneren Heiterkeit sich nicht rauben läßt.

Oben eine Sechs bedeutet:
Man gerät in das Loch.
Da kommen ungebetener Gäste drei.
Ehre sie, so kommt am Ende Heil.

Das Warten ist vorüber: Die Gefahr läßt sich nicht mehr abwenden. Man gerät in das Loch, muß sich in das Unvermeidliche ergeben. Da scheint nun alles vergebens gewesen zu sein. Aber gerade in dieser Not tritt eine unvorhergesehene Wendung ein. Von außen her geschieht ohne eigenes Zutun ein Eingriff, von dem man zunächst zweifelhaft sein kann, wie er gemeint ist, ob Rettung, ob Vernichtung naht. Da gilt es nun, innerlich beweglich zu bleiben. Nicht trotzig abweisendes Sichverschließen, sondern ehrfurchtsvolles Begrüßen der neuen Wendung ist das Richtige. So kommt man schließlich aus der Gefahr heraus, und alles geht gut. Auch glückliche Wendungen kommen oft in einer Form, die uns zunächst fremd erscheint.*

---

* In Hermann und Dorothea ist diese Wahrheit so ausgedrückt:
»Denn die Wünsche verhüllen uns selbst das Gewünschte; die Gaben kommen von oben herab in ihren eignen Gestalten.«

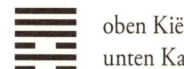

6. Sung – Der Streit

oben Kiën, das Schöpferische, der Himmel
unten Kan, das Abgründige, das Wasser

Das obere Urzeichen, dessen Bild der Himmel ist, hat die Bewegungsrichtung nach oben, das untere Urzeichen »Wasser« ist seiner Natur nach abwärts gerichtet. Die Bewegungsrichtungen der beiden Hälften gehen auseinander, das ergibt den Gedanken des Streites.
Die Eigenschaft des Schöpferischen ist die Stärke, die des Abgründigen die Gefahr, Hinterlist. Wo List Gewalt vor sich hat, da gibt es Streit.
Eine dritte Ableitung legt sich innerhalb des Charakters durch Verbindung von abgründiger Hinterlist im Innern und starker Entschlossenheit im Äußern nahe. Ein derartiger Charakter wird sicher streitsüchtig sein.

Das Urteil
Der Streit: Du bist wahrhaftig und wirst gehemmt.
Sorgliches Innehalten auf halbem Weg bringt Heil.
Zu Ende führen bringt Unheil.
Fördernd ist es, den großen Mann zu sehen.
Nicht fördernd ist es, das große Wasser zu durchqueren.

Streit entsteht, wenn man im Gefühl seines Rechts auf Widerstand stößt. Ohne die Überzeugung des eigenen Rechts führt Widerstand zu Hinterlist oder gewaltsamem Übergriffen, aber nicht zum offenen Streit.
Ist man in Streit verwickelt, so ist machtvolle Besonnenheit, die jederzeit zur Beilegung des Streites und zum Vergleich auf halbem Weg bereit ist, das einzige Heilbringende. Ein Verfolgen des Streites bis zum bittern Ende ist, selbst wenn man recht behält, vom übel, weil man dadurch die Feindschaft verewigt. Es ist wichtig, den großen Mann zu sehen, d. h. einen unparteiischen Mann, dessen Autorität hinreicht, um den Streit friedlich beizulegen oder gerecht zu entscheiden. Auf der andern Seite ist es zu vermeiden, in Zeiten des Unfriedens »das

große Wasser zu durchqueren«, d. h. gefahrvolle Unternehmungen zu beginnen, denn die bedürfen einheitlich zusammengefaßter Kräfte, wenn sie gelingen sollen. Streit im Innern lähmt die Kraft, die Gefahr im Äußeren zu besiegen.

Das Bild
Himmel und Wasser gehen einander entgegengesetzt:
das Bild des Streites.
So überlegt der Edle bei allen Geschäften, die er tut, den Anfang.

Das Bild deutet darauf hin, daß die Ursachen des Streites in den zuvor schon vorhandenen entgegengesetzten Richtungen beider Teile liegen. Sind solche einander entgegenstrebenden Richtungen einmal vorhanden, so folgt der Streit mit Notwendigkeit. Daraus folgt, daß, um Streit zu verhüten, im ersten Anfang alles sorgfältig bedacht werden muß. Wenn Recht und Pflicht genau festgelegt sind oder wenn bei einer Verbindung von Menschen deren geistige Richtungen zusammengehen, so ist die Ursache des Streits zum voraus beseitigt.

Die einzelnen Linien

Anfangs eine Sechs bedeutet:
Wenn man die Sache nicht verewigt,
so gibt es ein kleines Gerede.
Am Ende kommt Heil.

Solange der Streit noch im ersten Anfang ist, tut man am besten, ihn fallen zu lassen. Zumal einem stärkeren Gegner gegenüber ist es nicht ratsam, es auf ein Austragen des Streites ankommen zu lassen. Es kommt dabei vielleicht zu einem kleinen Wortwechsel, aber am Ende geht alles gut.

Neun auf zweitem Platz bedeutet:
Man kann nicht streiten, kehrt heim und weicht aus.
Die Menschen seiner Stadt, dreihundert Häuser,
bleiben frei von Schuld.

Im Kampf mit einem überlegenen Gegner ist Rückzug keine Schande. Wenn man sich rechtzeitig zurückzieht, vermeidet man üble Folgen. Wollte man den ungleichen Streit aus falschem Ehrgefühl heraufbeschwören, so würde man selbst das Unglück sich zuziehen. Eine weise Nachgiebigkeit in solchem Falle kommt der ganzen Umgebung zugute, die auf diese Weise nicht in den Streit hineingezogen wird.

Sechs auf drittem Platz bedeutet:
Von alter Tugend sich nähren gibt Beharrlichkeit.
Gefahr, am Ende kommt Heil.
Folgst du etwa eines Königs Diensten,
so suche nicht Werke.

Es wird hier vor der Gefahr gewarnt, die die Neigung zum Umsichgreifen bringt. Nur was durch frühere Verdienste ehrlich verdient ist, bleibt dauernder Besitz. Ein solcher Besitz kann wohl einmal angefochten werden, aber da er wirkliches Eigentum ist, kann er nicht geraubt werden. Denn was einem vermöge der Kraft des eigenen Wesens angehört, kann man nicht verlieren. Wenn man in die Dienste eines Höheren tritt, so kann man den Streit nur dadurch vermeiden, daß man keine Werke für sich sucht. Es mag genügen, wenn sie getan werden. Die Ehre mag dem andern bleiben.

Neun auf viertem Platz bedeutet:
Man kann nicht streiten,
kehrt um und fügt sich dem Geschick,
ändert sich und findet Frieden in Beharrlichkeit.
Heil!

Die innere Gesinnung ist zunächst friedlos. Man fühlt sich in seiner Lage nicht wohl und möchte sich durch Streit eine bessere Lage verschaffen. Man hat es mit einem schwächeren Gegner zu tun und wäre daher wohl dazu imstande – ein Unterschied zur Neun auf zweitem Platz –, aber man kann nicht streiten, weil man nicht die innere Berechtigung und das gute Gewissen dazu findet. Darum kehrt man um und fügt sich in sein Geschick. Man ändert seinen Sinn und findet so den dauernden Frieden in der Übereinstimmung mit dem ewigen Gesetz. Das bringt Heil.

- **Neun auf fünftem Platz bedeutet:**
  Streiten vor ihm bringt erhabenes Heil.

Es ist hier der Schlichter des Streits gezeigt, der machtvoll und gerecht ist und der die Kraft besitzt, dem Recht Nachdruck zu verleihen. Ihm kann man eine Streitsache getrost überweisen. Wenn man recht hat, erlangt man großes Heil.

Oben eine Neun bedeutet:
Wenn einem etwa auch ein Ledergürtel verliehen wird,
am Ende eines Morgens wird er ihm dreimal entrissen.

Hier ist jemand gezeichnet, der den Streit bis zum bitteren Ende geführt und recht behalten hat. Er bekommt eine Auszeichnung. Aber das Glück ist nicht von Dauer. Es wird immer wieder angefochten, und Streit ohne Ende ist die Folge.

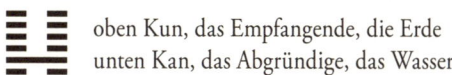

7. Schï – Das Heer

☷☵ oben Kun, das Empfangende, die Erde
unten Kan, das Abgründige, das Wasser

Das Zeichen setzt sich zusammen aus dem Urzeichen Kan, das Wasser, und Kun, die Erde. Dadurch ist das Grundwasser symbolisiert, das sich innerhalb der Erde sammelt. Ebenso sammelt sich die Heerkraft innerhalb der Menge eines Volkes: im Frieden unsichtbar, aber jederzeit zur Verfügung als Quelle der Macht. Die Eigenschaften der Urzeichen sind: innerhalb Gefahr und außerhalb Gehorsam. Das deutet auf das Wesen des Heeres, das im Innersten etwas Gefährliches ist, während nach außen Zucht und Gehorsam herrschen muß.

Auf die einzelnen Linien hin betrachtet ist der Herr des Zeichens die starke Neun auf zweitem Platz, der die anderen weichen Linien sich unterordnen. Diese Linie bezeichnet den Gebieter, da sie im Zentrum eines der beiden Urzeichen steht. Da sie aber im unteren, nicht im oberen steht, ist sie nicht das Bild des Herrschers, sondern des tüchtigen Generals, der das Heer in Gehorsam hält durch seine Autorität.

Das Urteil
Das Heer braucht Beharrlichkeit
und einen starken Mann.
Heil ohne Makel.

Ein Heer ist eine Masse, die, um ein Heer zu werden, der Organisation bedarf. Ohne feste Disziplin läßt sich nichts erreichen. Diese Disziplin läßt sich aber nicht durch Gewaltmittel erzwingen, sondern es braucht einen starken Mann, dem die Herzen sich zuwenden, der Begeisterung erweckt. Damit er sich entfalten kann, bedarf er des unbedingten Vertrauens seines Herrschers, der ihm, solange der Krieg dauert, die volle Verantwortung überlassen muß. Ein Krieg ist aber immer etwas Gefährliches und bringt Schaden und Verheerung mit sich. Darum darf man ihn nicht leichtfertig unternehmen, sondern nur wie eine giftige Arznei als letzte Auskunft. Der gerechte Grund und ein klares, verständliches Kriegsziel muß durch einen erfahrenen Führer dem Volk deutlich gemacht werden. Nur wenn ein ganz bestimmtes Kriegsziel da ist, für das das Volk sich mit Bewußtsein einsetzen kann, entsteht die Einheitlichkeit und Stärke der Überzeugung, die zum Sieg führt. Aber der Führer muß auch dafür sorgen, daß in der Kriegsleidenschaft und im Siegestaumel nichts Ungerechtes geschieht, das die allgemeine Anerkennung nicht findet. Gerechtigkeit und Beharrlichkeit sind die Grundbedingungen dafür, daß alles gutgeht.

Das Bild
Inmitten der Erde ist Wasser: das Bild des Heeres.
So mehrt der Edle durch Weitherzigkeit gegen das Volk seine Massen.

Das Grundwasser ist unsichtbar inmitten der Erde vorhanden. So ist auch die Kriegsmacht eines Volkes unsichtbar in seinen Massen vorhanden. Jeder Bauer wird, wenn Gefahr droht, Soldat und kehrt nach Beendigung des Kriegs hinter seinen Pflug zurück. Wer gegen das Volk weitherzig ist, der gewinnt die Liebe des Volkes, und das Volk, das unter einem milden Regiment lebt, wird stark und kräftig. Nur ein wirtschaftlich starkes Volk kann als Kriegsmacht von Bedeutung sein. Man muß also die Macht pflegen durch Förderung der wirtschaftlichen Beziehungen des Volkes und menschenfreundliche Regierung. Nur wo dieses unsichtbare Band zwischen Regierung und Volk da ist, daß das Volk unter ihr geborgen ist wie das Grundwasser in der Erde, ist es möglich, einen Krieg siegreich zu führen.

Die einzelnen Linien

Anfangs eine Sechs bedeutet:
Ein Heer muß ausziehen nach der Ordnung.
Ist die nicht gut, droht Unheil.

Zu Beginn einer kriegerischen Unternehmung muß Ordnung herrschen. Es muß ein gerechter und triftiger Grund da sein, und der Gehorsam und das Ineinandergreifen der Truppen muß wohl organisiert sein, sonst ist Mißerfolg die unvermeidliche Folge.

- **Neun auf zweitem Platz bedeutet:**
Inmitten des Heeres!
Heil! Kein Makel!
Der König verleiht dreifache Auszeichnung.

Der Führer muß inmitten seines Heeres sein. Er muß Fühlung mit ihm haben und Gutes und Böses mit den Massen teilen, die er führt. Nur auf diese Weise ist er der schweren Anforderung gewachsen, die auf ihm ruht. Er bedarf dabei der Anerkennung durch den Herrscher. Die Auszeichnungen, die er erhält, sind berechtigt, da es sich nicht um persönliche Bevorzugung handelt, sondern in dem Führer das ganze Heer geehrt wird, in dessen Mitte er weilt.

Sechs auf drittem Platz bedeutet:
Das Heer führt etwa im Wagen Leichen. Unheil!

Die eine Erklärung deutet auf eine Niederlage infolge davon, daß ein anderer als der berufene Führer sich in die Leitung einmischt. Die andere Erklärung stimmt dem Sinne nach damit überein, nur daß der Ausdruck »Leichen im Wagen führen« anders gedeutet wird. Bei Beerdigungen und Totenopfern war es in China Sitte, daß der Verstorbene, dem geopfert wurde, durch einen Knaben aus der Familie vertreten wurde, der am Platz der Leiche saß und an der Stelle des Verstorbenen geehrt wurde. Daraus entnimmt diese Erklärung den Sinn, daß auf dem Wagen ein »Leichenknabe« sitzt, d. h., daß die Autorität nicht von der dazu berufenen Stelle ausgeht, sondern sich von andern angemaßt wird. Vielleicht läßt sich die ganze Schwierigkeit beheben durch Annahme eines Schreibfehlers (fan = alle für schï = Leiche). Dann würde der Sinn ohne weiteres sein: Wenn im Heer etwa sich die Menge zum Herrn macht (auf dem Wagen fährt), so ist das unheilvoll.

Sechs auf viertem Platz bedeutet:
Das Heer zieht sich zurück. Kein Makel.

Wenn man einem überlegenen Feind gegenübersteht, mit dem der Kampf aussichtslos ist, so ist ein geordneter Rückzug das einzig Richtige, weil durch ihn das Heer vor Niederlage und Auflösung bewahrt wird. Es ist keineswegs ein

Zeichen von Mut oder Stärke, einen aussichtslosen Kampf unter allen Umständen annehmen zu wollen.

- **Sechs auf fünftem Platz bedeutet:**
  Im Feld ist ein Wild. Es ist fördernd, es zu fangen.
  Ohne Makel.
  Der Älteste führe das Heer.
  Der Jüngere fährt Leichen,
  da bringt Beharrlichkeit Unheil.

Das Wild ist im Feld, d. h., es hat seinen Aufenthaltsort, den Wald, aufgegeben und ist in die Felder verwüstend eingebrochen. Das deutet auf einen Einbruch des Feindes. In diesem Fall ist energischer Kampf und Bestrafung durchaus berechtigt. Nur muß der Kampf nach der Regel geführt werden. Er darf nicht zum wilden Durcheinander werden, da sich jeder auf eigene Faust wehrt. Das würde trotz größter Beharrlichkeit und Tapferkeit zu Unheil führen. Sondern das Heer muß von einem erfahrenen Führer geleitet sein. Es muß Krieg geführt werden. Nicht darf die Menge einfach totschlagen, was ihr in die Hände kommt, sonst erleidet man eine Niederlage, und trotz aller Beharrlichkeit droht Unheil.

Oben eine Sechs bedeutet:
Der große Fürst erläßt Befehle,
gründet Staaten, belehnt Familien.
Gemeine Menschen soll man nicht benützen.

Der Krieg ist siegreich beendet. Der Sieg ist gewonnen, der König verteilt unter seinen Getreuen Lehen und Familienbesitz. Dabei ist es aber wichtig, daß gemeine Menschen nicht zur Macht gelangen dürfen. Wenn sie mitgeholfen haben, so mag man sie mit Geld abfinden. Aber Landgebiete und Herrschaftsrechte darf man ihnen nicht verleihen, damit kein Mißbrauch vorkommt.

8. Bi – Das Zusammenhalten

```
▇▇ ▇▇
▇▇▇▇▇▇
▇▇ ▇▇
▇▇ ▇▇
▇▇ ▇▇
▇▇ ▇▇
```
oben Kan, das Abgründige, das Wasser
unten Kun, das Empfangende, die Erde

Das Wasser über der Erde fließt zusammen, wie es immer kann, z. B. im Meer, wo sich alle Flüsse sammeln. Dies ist ein Symbol, das auf das Zusammenhalten und auf seine Gesetze deutet. Derselbe Gedanke wird dadurch nahegelegt, daß alle Linien weich sind, bis auf den festen Strich an fünfter Stelle auf dem Platz des Herrschers. Die Weichen halten zusammen, indem sie von dem festen Willen an leitender Stelle beeinflußt werden, der ihr Vereinigungsmittelpunkt ist. Aber auch diese starke, leitende Persönlichkeit hält mit den andern zusammen, durch die sie eine Ergänzung zu ihrem eigenen Wesen findet.

Das Urteil
Das Zusammenhalten bringt Heil.
Ergründe das Orakel nochmals,
ob du Erhabenheit, Dauer und Beharrlichkeit hast;
dann ist kein Makel da.
Die Unsicheren kommen allmählich herbei.
Wer zu spät kommt, hat Unheil.

Es handelt sich darum, daß man sich mit andern zusammentut, um durch den Zusammenhalt sich gegenseitig zu ergänzen und zu fördern. Für einen solchen Zusammenhalt muß ein Mittelpunkt da sein, um den sich die andern scharen. Mittelpunkt für das Zusammenhalten von Menschen zu werden ist eine schwere Sache mit großer Verantwortung. Es bedarf innerlicher Größe, Konsequenz und Kraft dazu. Darum prüfe sich selbst, wer andre um sich vereinigen will, ob er der Sache gewachsen ist; denn wer andre sammeln will ohne das Siegel des Berufenen, der richtet mehr Verwirrung an, als wenn kein Zusammenschluß stattgefunden hätte.

Wo aber ein wirklicher Sammlungspunkt vorhanden ist, da kommen die Unsicheren, anfangs noch Zögernden allmählich von selbst herbei. Die, die zu spät kommen, haben selbst den Schaden davon. Denn es handelt sich auch beim Zusammenhalten um die richtige Zeit. Beziehungen knüpfen sich und festigen sich nach bestimmten inneren Gesetzen. Gemeinsame Erlebnisse festigen sie, und wer zu spät kommt und nicht mehr teilnehmen kann an diesen grundlegenden gemeinsamen Erfahrungen, der hat darunter zu leiden, wenn er als Nachzügler die Tür verschlossen findet.

Wer aber die Notwendigkeit des Zusammenschlusses erkannt hat und nicht die Kraft in sich fühlt, als Mittelpunkt des Zusammenhaltens zu wirken, der hat die Pflicht, sich einer andern organischen Gemeinschaft anzuschließen.*

Das Bild
Auf der Erde ist Wasser: das Bild des Zusammenhaltens.
So haben die Könige der Vorzeit die einzelnen Staaten als
Lehen vergeben und mit den Lehnsfürsten freundlichen
Verkehr gepflegt.

Das Wasser auf der Erde füllt alle Lücken aus und haftet fest an ihr. Die Gesellschaftsorganisation des Altertums war auf diesen Grundsatz des Zusammenhaltens zwischen Abhängigen und Herrscher gegründet. Das Wasser fließt von selbst zusammen, weil es in allen seinen Teilen unter denselben Gesetzen steht. So muß auch die menschliche Gesellschaft zusammenhalten durch eine Interessengemeinschaft, die jeden einzelnen sich als Glied eines Ganzen fühlen läßt. Die Zentralgewalt eines gesellschaftlichen Organismus muß dafür sorgen, daß jedes Glied sein wahres Interesse im Zusammenhalten findet, wie das in dem väterlichen Verhältnis von Großkönig und Lehnsträgern im chinesischen Altertum der Fall war.

Die einzelnen Linien

Anfangs eine Sechs bedeutet:
Halte wahr und treu zu ihm: das ist kein Makel.

---

* Vergleiche dazu das Distichon:
»Immer strebe zum Ganzen, und kannst du selber kein Ganzes werden,
als dienendes Glied schließ an ein Ganzes dich an.«

Wahrheit wie eine volle Tonschüssel:
So kommt schließlich von außen her das Heil.

Wenn es sich um Anknüpfen von Beziehungen handelt, ist volle Wahrhaftigkeit die einzig richtige Grundlage. Diese Gesinnung, die unter dem Bild einer gefüllten irdenen Schüssel dargestellt wird, bei der alles Gehalt, nichts leere Form ist, äußert sich nicht in klugen Worten, sondern durch die Kraft des Innern, und diese Kraft ist so stark, daß sie mit Macht das Heil von außen an sich zieht.

Sechs auf zweitem Platz bedeutet:
Halte zu ihm im Innern. Beharrlichkeit bringt Heil.

Wenn man auf rechte und beharrliche Weise den Bitten, die von oben her zum Wirken uns auffordern, entgegenkommt, so sind die Beziehungen zum andern in erster Linie innerliche, man verliert sich selbst nicht. Wer aber streberhaft klebend Zusammenhalt sucht, der folgt nicht dem Pfad des Edlen, der seine Würde wahrt, sondern wirft sich weg.

Sechs auf drittem Platz bedeutet:
Du hältst zusammen mit Menschen,
die nicht die rechten sind.

Man ist oft unter lauter Menschen, die nicht zur eigenen Sphäre gehören. Da darf man sich nicht zu einer falschen Vertraulichkeit durch die Macht der Gewohnheit hinreißen lassen. Daß das vom Übel wäre, bedarf nicht erst der Worte. Geselligkeit ohne Intimität ist solchen Leuten gegenüber das einzig Richtige; nur dadurch hält man sich frei für eine spätere Beziehung zu seinesgleichen.

Sechs auf viertem Platz bedeutet:
Auch äußerlich halte zu ihm. Beharrlichkeit bringt Heil.

Die Beziehungen zu einem Mann, der Mittelpunkt des Zusammenhaltens ist, sind hier schon fest geregelt. Da darf und soll man seine Anhänglichkeit auch offen zeigen. Man muß nur fest bleiben und darf sich durch nichts irremachen lassen.

- **Neun auf fünftem Platz bedeutet:**
  Offenbarung des Zusammenhaltens.
  Der König läßt bei der Jagd nur von drei Seiten treiben
  und verzichtet auf das Wild, das vorne abbiegt.
  Die Bürger bedürfen nicht der Warnung. Heil!

Bei den königlichen Treibjagden im alten China war es üblich, daß das Wild von drei Seiten her angetrieben wurde. Auf der vierten Seite konnte das angetriebene Wild abbiegen. Soweit die Tiere hier nicht abbogen, mußten sie in ein Tor hinein, hinter dem der König jagdbereit stand. Nur die Tiere wurden geschossen, die hier eindrangen. Die, welche vorne abbogen, ließ man laufen. Diese Sitte entsprach der königlichen Gesinnung, die aus der Jagd keine Schlächterei machen wollte, sondern nur das Wild zur Strecke brachte, das sich sozusagen freiwillig gestellt hatte.

Es zeigt sich hier ein Herrscher bzw. ein einflußreicher Mann, dem die Menschen zufallen. Wer zu ihm kommt, den nimmt er auf, wer nicht kommt, den läßt er laufen. Er bittet keinen, schmeichelt keinem: Sie kommen alle von selbst. Auf diese Weise bildet sich eine freie Abhängigkeit bei denen, die zu ihm halten. Die Leute brauchen sich nicht gewaltsam zusammenzunehmen, sondern können harmlos ihre Gesinnungen zeigen. Es bedarf keiner polizeilichen Veranstaltung. Sie sind ihrem Herrn von selber zugetan. Auch für das Leben im allgemeinen gilt diese Freiheit. Man soll nicht um die Gunst der Menschen werben. Wenn man in sich die Reinheit und Kraft ausbildet, die nötig ist für einen Mittelpunkt der Sammlung, so kommen die Menschen von selbst, die einem bestimmt sind.

Oben eine Sechs bedeutet:
Er findet zum Zusammenhalten kein Haupt. Unheil.

Das Haupt ist der Anfang. Ohne einen rechten Anfang gibt es kein rechtes Ende. Wenn man den Anschluß verpaßt hat und nun immer zögert, vor voller, wahrer Hingabe sich scheuend, so wird man zu spät seinen Fehler bereuen.

9. Siau Tschu –
Des Kleinen Zähmungskraft

oben Sun, das Sanfte, der Wind
unten Kiën, das Schöpferische, der Himmel

Das Zeichen bedeutet das Kleine, die Kraft des Schattigen, die zurückhält, zähmt, hemmt. Auf dem vierten Platz, dem Platz des Ministers, ist ein schwacher Strich, der die ganzen übrigen starken Striche im Zaum hält. Vom Bild aus betrachtet, ist es der Wind, der oben am Himmel weht. Er hemmt den aufsteigenden Atem des Schöpferischen, die Wolken, so daß sie sich verdichten. Aber er ist nicht sofort stark genug, sie zum Niederschlag zu bringen. Das Zeichen gibt eine Konstellation, da vorübergehend durch Schwaches ein Starkes im Zaum gehalten wird. Das kann nur durch Sanftheit geschehen, wenn es von Erfolg begleitet sein soll.

Das Urteil
Des Kleinen Zähmungskraft hat Gelingen.
Dichte Wolken, kein Regen von unserm westlichen Gebiet.

Das Gleichnis stammt aus der Lage der Verhältnisse in China zur Zeit des Königs Wen. Er stammte aus Westen, war aber damals im Osten am Hof des Großkönigs, des Tyrannen Dschou Sin. Die Zeit zum Handeln im großen war noch nicht gekommen. Er konnte den Tyrannen nur durch gütliches Zureden einigermaßen im Zaum halten. Daher das Bild, daß reichliche Wolken aufsteigen, die dem Land Feuchtigkeit und Segen versprechen, zunächst aber noch kein Regen fällt. Die Situation ist nicht ungünstig. Es ist Aussicht auf schließlichen Erfolg da. Aber es stehen noch Hindernisse im Weg. Man kann erst Vorarbeiten tun. Nur durch kleine Mittel gütlichen Zuredens kann man wirken. Die Zeit des Durchgreifens im großen ist noch nicht da. Aber es gelingt wenigstens, in beschränktem Umfang hemmend und zähmend zu wirken. Dabei ist feste

Entschlossenheit im Innern und sanfte Anpassung im Äußern nötig, um seinen Willen durchzusetzen.

Das Bild
Der Wind fährt über den Himmel hin:
das Bild der Zähmungskraft des Kleinen.
So verfeinert der Edle die äußere Form seines Wesens.

Der Wind treibt die Wolken am Himmel zwar zusammen, aber weil er nur Luft ist ohne festen Körper, bringt er keine großen, dauernden Wirkungen hervor. So bleibt dem Menschen in Zeiten, da eine große Wirkung nach außen nicht möglich ist, auch nur übrig, daß er im kleinen sein Wesen in seinen Äußerungen verfeinert.

Die einzelnen Linien

Anfangs eine Neun bedeutet:
Wiederkehr auf den Weg. Wie wäre das ein Makel! Heil!

In der Natur des Starken liege es voranzudrängen. Damit begibt er sich aber in den Hemmungsbereich. Darum kehrt er auf den seiner Lage entsprechenden Weg zurück, auf dem er frei ist im Fortschritt und Rückzug. Das ist gut und vernünftig, daß man nichts mit Gewalt erzwingen will, und bringt der Natur der Sache nach Heil.

Neun auf zweitem Platz bedeutet:
Läßt sich mitziehen zur Wiederkehr. Heil!

Man möchte an sich voran. Aber ehe man noch weiterkommt, sieht man an dem Beispiel anderer gleichgearteter Menschen, daß dieser Weg behindert ist. Ein vernünftiger, entschlossener Mensch wird in einem solchen Fall sich nicht erst selbst einer persönlichen Zurückweisung aussetzen, sondern sich mit den andern Gleichgesinnten zurückziehen, wenn das Streben nach vorwärts der Zeit nicht entspricht. Das bringt Heil, weil er sich auf diese Weise nicht selbst preisgibt.

Neun auf drittem Platz bedeutet:
Dem Wagen springen die Speichen ab.
Mann und Frau verdrehen die Augen.

Hier wird der Versuch gemacht, gewaltsam vorzudringen im Bewußtsein davon, daß die hemmende Macht nur gering ist. Allein da den Umständen entsprechend das Schwache tatsächlich die Macht besitzt, so muß dieser Überrumpelungsversuch mißlingen. Äußere Umstände verhindern den Fortschritt, wie ein Wagen nicht vorankommt, wenn ihm die Speichen abspringen. Diesem Wink des Schicksals fügt man sich noch nicht. Deshalb gibt es ärgerliche Auseinandersetzungen wie zwischen zwei Eheleuten. Das ist natürlich kein günstiger Zustand; denn wenn infolge der Lage dem schwächeren Teil auch das Festhalten gelingt, so sind doch zu viele Schwierigkeiten damit verbunden, als daß es erfreulich wirken könnte. Infolge davon kann auch der Starke seine Kraft nicht zum richtigen Einfluß auf seine Umgebung gebrauchen. Er hat eine Zurückweisung erfahren, wo er einen leichten Sieg erhoffte; damit hat er sich etwas vergeben.

* **Sechs auf viertem Platz bedeutet:**
Bist du wahrhaftig, so schwindet Blut und weicht Angst.
Kein Makel.

In schwerer, verantwortungsvoller Stellung soll man den Mächtigen, dem man leitend zur Seite steht, so zähmen, daß das Rechte geschieht. Darin liegt eine große Gefahr, die selbst Blutvergießen befürchten läßt. Aber die Macht selbstloser Wahrheit ist größer als alle diese Hindernisse. Sie macht solchen Eindruck, daß man seine Bemühungen erfolgreich zu Ende bringt und alle Gefahr des Blutvergießens und alle Angst schwinden.

* **Neun auf fünftem Platz bedeutet:**
Bist du wahrhaftig und treu verbunden,
so bist du reich in deinem Nächsten.

Die Treue führt zu fester Bindung, weil sie auf gegenseitiger Ergänzung beruht. Beim schwächeren Teil besteht die Treue in Hingebung, beim stärkeren Teil in Zuverlässigkeit. Diese gegenseitige Ergänzung führt zu wahrem Reichtum, der dadurch erst recht sich zeigt, daß man ihn nicht einzeln für sich behält, sondern mit seinem Nächsten gemeinsam hat. Geteilte Freude ist doppelte Freude.

Oben eine Neun bedeutet:
Es kommt zum Regen, es kommt zur Ruhe.
Das ist der dauernden Wirkung des Charakters zu verdanken.
Die Frau kommt durch Beharrlichkeit in Gefahr.
Der Mond ist fast voll. Macht der Edle fort,
so kommt Unheil.

Der Erfolg ist da. Der Wind hat den Regen zusammengetrieben. Ein fester Standpunkt ist erreicht. Das ist zustande gekommen durch allmähliche Zusammenhäufung kleiner Wirkungen, die sich aus der Verehrung für einen überlegenen Charakter ergeben. Ein solcher Stück für Stück zusammengetragener Erfolg bedarf aber sehr der Vorsicht. Wollte man sich nun der Einbildung hingeben, daß man auf ihn pochen könnte, so wäre das gefährlich. Das Weibliche, Schwache, das den Sieg erlangt hat, darf sich nie hartnäckig darauf berufen. Das brächte Gefahr. Die schattige Kraft im Mond ist am stärksten, wenn er beinahe voll ist. Steht er als Vollmond der Sonne direkt gegenüber, so ist seine Abnahme unvermeidlich. In solchen Verhältnissen muß man sich mit dem Erreichten begnügen. Weiterschreiten, ehe die Zeit dazu gekommen ist, brächte Unheil.

10. Lü – Das Auftreten

 oben Kiën, das Schöpferische, der Himmel
unten Dui, das Heitere, der See

Das Auftreten bedeutet einerseits die richtige Art, sich zu benehmen. Oben ist der Himmel, der Vater, unten ist der See, die jüngste Tochter. Das zeigt den Unterschied von hoch und niedrig, wie er der Sitte, dem richtigen Auftreten in der Gesellschaft zugrunde liegt. Auftreten heißt wörtlich: »treten auf etwas«. Das kleine »Heitere« tritt auf das große »Starke«. Die Bewegungsrichtung beider Urzeichen ist nach oben. Daß das Starke auf das Schwache tritt, ist etwas Selbstverständliches, das im Buch der Wandlungen nicht besonders erwähnt wird. Das Auftreten des Schwachen dem Starken gegenüber ist deshalb nicht gefährlich, weil es in Heiterkeit geschieht, ohne Anmaßung, so daß der Starke nicht gereizt wird und es sich gutmütig gefallen läßt.

Das Urteil
Auftreten auf des Tigers Schwanz.
Er beißt den Menschen nicht. Gelingen.

Die Lage ist eigentlich schwierig. Stärkstes und Schwächstes ist unmittelbar beisammen. Das Schwache geht hinter dem Starken her und macht sich mit ihm zu schaffen. Aber das Starke läßt es sich gefallen und tut ihm nichts zuleide, denn die Berührung ist heiter und nicht verletzend.
Die menschliche Lage ist, daß man es mit wilden, unzugänglichen Menschen zu tun hat. Man erreicht in diesem Falle seinen Zweck, wenn man sich in seinem Auftreten an die gute Sitte hält. Gute, angenehme Formen des Auftretens führen auch reizbaren Menschen gegenüber zum Gelingen.

Das Bild
Oben der Himmel, unten der See: das Bild des Auftretens.

> So unterscheidet der Edle hoch und niedrig
> und festigt dadurch den Sinn des Volkes.

Himmel und See zeigen einen Höhenunterschied, der durch ihr Wesen von selbst gekommen ist und daher durch keinerlei Neid getrübt wird. So muß es auch in der Menschheit Höhenunterschiede geben. Eine allgemeine Gleichheit ist unmöglich durchzuführen. Es handelt sich aber darum, daß die Rangunterschiede in der menschlichen Gesellschaft nicht willkürlich und ungerecht sind; denn dann ist Neid und Klassenkampf die unausbleibliche Folge. Wenn dagegen die äußeren Rangunterschiede einer inneren Berechtigung entsprechen und innere Würdigkeit der Maßstab für den äußeren Rang ist, dann beruhigen sich die Menschen dabei, und die Gesellschaft kommt in Ordnung.

Die einzelnen Linien

Anfangs eine Neun bedeutet:
Einfaches Auftreten. Fortschreiten ohne Makel.

Man befindet sich in einer Lage, in der man noch nicht gebunden ist durch die Verpflichtungen des Verkehrs. Wenn man einfach auftritt, bleibt man frei von gesellschaftlichen Verpflichtungen und kann ruhig den Neigungen des eigenen Herzens folgen, da man keine Anforderungen an die Menschen stellt, sondern zufrieden ist. Das Auftreten bedeutet nicht Stehenbleiben, sondern Fortschreiten. Man befindet sich in ganz geringer Anfangsstellung. Aber man besitzt die innere Stärke, die den Fortschritt verbürgt. Wenn man sich mit der Einfachheit zufrieden gibt, so kann man fortschreiten ohne Makel. Wenn jemand sich nicht in bescheidenen Verhältnissen beruhigen kann, so will er voran und ist strebersich und unruhig, weil er durch sein Auftreten der Niedrigkeit und Armut entgehen will, nicht weil er etwas leisten will. Hat er sein Ziel erreicht, so wird er sicher hochmütig und üppig. Darum ist sein Fortschreiten mit Makel behaftet. Der Tüchtige dagegen ist zufrieden bei einfachem Auftreten. Er will fortschreiten, um etwas zu leisten. Hat er dann sein Ziel erreicht, so leistet er etwas, und alles ist gut.

Neun auf zweitem Platz bedeutet:
Auftreten auf schlichter, ebener Bahn.
Eines dunklen Mannes Beharrlichkeit bringt Heil.

Es ist hier die Lage eines einsamen Weisen gezeichnet. Er hält sich von dem Weltgetriebe fern, sucht nichts, will von niemandem etwas und läßt sich nicht blenden von verlockenden Zielen. Er ist sich selbst treu und wandelt so auf ebener Straße unangefochten durchs Leben. Weil er genügsam ist und das Schicksal nicht herausfordert, bleibt er frei von Verwicklungen.

▪ **Sechs auf drittem Platz bedeutet:**
Ein Einäugiger kann sehen, ein Lahmer kann auftreten.
Er tritt auf des Tigers Schwanz. Der beißt den Menschen.
Unheil!
Ein Krieger handelt so für seinen großen Fürsten.

Ein Einäugiger kann wohl sehen, aber es reicht ihm nicht zum klaren Sehen. Ein Lahmer kann wohl auftreten, aber es reicht ihm nicht zum Vorankommen. Wenn jemand mit solchen Schwächen sich dennoch für stark hält und sich demgemäß in Gefahr begibt, so zieht er sich Unheil zu. Denn er begeht etwas, das über seine Kraft geht. Diese tollkühne Art, ohne Rücksicht auf die eigenen Kräfte voranzustürmen, mag höchstens für einen Krieger, der für seinen großen Fürsten kämpft, hingehen.

Neun auf viertem Platz bedeutet:
Er tritt auf des Tigers Schwanz.
Vorsicht und Behutsamkeit führt endlich zum Heil.

Es handelt sich um eine gefährliche Unternehmung. Es ist die innere Kraft vorhanden, sie zu bestehen. Aber die innere Kraft verbindet sich nach außen hin mit zögernder Vorsicht, im Gegensatz zur vorigen Linie, die innerlich schwach ist, aber nach außen hin vorandrängt. So ist der schließliche Erfolg sicher, der darin besteht, daß man seinen Willen erreicht, nämlich durch Weiterschreiten die Gefahr überwindet.

- **Neun auf fünftem Platz bedeutet:**
  Entschlossenes Auftreten.
  Beharrlichkeit bei Bewußtsein der Gefahr.

Es handelt sich um den Herrn des ganzen Zeichens. Man sieht sich genötigt zu entschlossenem Auftreten. Dabei muß man sich aber der Gefahr bewußt bleiben, die mit solch einem entschlossenen Auftreten verbunden ist, namentlich, wenn man beharrlich dabei bleibt. Nur das Bewußtsein der Gefahr ermöglicht das Gelingen.

Oben eine Neun bedeutet:
Blicke auf dein Auftreten und prüfe die günstigen Zeichen.
Ist alles vollkommen, so kommt erhabenes Heil.

Das Werk ist zu Ende. Will man wissen, ob das Heil die Folge sein wird, so blicke man auf sein Auftreten zurück und auf die Folgen, die es gehabt hatte. Sind die Wirkungen gut, so ist das Heil gewiß. Niemand kennt sich selbst. Nur aus den Folgen seines Tuns, aus den Früchten der Werke läßt sich ermessen, was man zu erwarten hat.

11. Tai – Der Friede

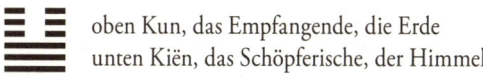

oben Kun, das Empfangende, die Erde
unten Kiën, das Schöpferische, der Himmel

Das Empfangende, dessen Bewegung sich nach unten senkt, ist oben, das Schöpferische, dessen Bewegung nach oben steigt, ist unten. Ihre Einflüsse begegnen daher einander und sind in Harmonie, so daß alle Wesen blühen und gedeihen. Das Zeichen ist dem ersten Monat (Februar – März) zugeordnet, in dem die Kräfte der Natur den neuen Frühling vorbereiten.

Das Urteil
Der Friede. Das Kleine geht hin, das Große kommt her.
Heil! Gelingen!

Das Zeichen deutet in der Natur auf eine Zeit, da sozusagen der Himmel auf Erden ist. Der Himmel hat sich unter die Erde gestellt. So vereinigen sich ihre Kräfte in inniger Harmonie. Dadurch entsteht Friede und Segen für alle Wesen. In der Menschenwelt ist es eine Zeit gesellschaftlicher Eintracht. Die Hohen neigen sich zu den Niedrigen herab, und die Niedrigen und Geringen sind den Hohen freundlich gesinnt, so daß alle Fehde ein Ende hat.
Innen, im Zentrum, am ausschlaggebenden Platz, ist das Lichte; das Dunkle ist draußen. So hat das Licht kräftige Wirkung, und das Dunkle ist nachgiebig. Auf diese Weise kommen beide Teile auf ihre Rechnung. Wenn die Guten in der Gesellschaft in zentraler Stellung sind und die Herrschaft in Händen haben, so kommen auch die Schlechten unter ihren Einfluß und bessern sich. Wenn im Menschen der vom Himmel kommende Geist herrscht, da kommt auch die Sinnlichkeit unter seinen Einfluß und findet so den ihr gebührenden Platz.
Die einzelnen Linien treten von unten her in das Zeichen ein und verlassen es oben wieder. Es sind also die Kleinen, Schwachen, Schlechten im Weggang begriffen, und die Großen, Starken, Guten sind im Aufstieg. Das bringt Heil und Gelingen.

Das Bild
Himmel und Erde vereinigen sich: das Bild des Friedens.
So teilt und vollendet der Herrscher
den Lauf von Himmel und Erde,
verwaltet und ordnet die Gaben von Himmel und Erde
und steht so dem Volk bei.

Himmel und Erde stehen im Verkehr und vereinigen ihre Wirkungen. Das gibt eine allgemeine Zeit des Blühens und Gedeihens. Dieser Kraftstrom muß vom Herrscher der Menschen geregelt werden. Das geschieht durch Einteilung. So wird die unterschiedslose Zeit entsprechend der Folge ihrer Erscheinungen vom Menschen in Jahreszeiten eingeteilt und der allumgebende Raum durch menschliche Festsetzungen in Himmelsrichtungen unterschieden. Auf diese Weise wird die Natur mit ihrer überwältigenden Fülle der Erscheinungen beschränkt und gebändigt. Auf der andern Seite muß die Natur in ihren Hervorbringungen gefördert werden. Das geschieht, wenn man die Erzeugnisse der richtigen Zeit und dem richtigen Ort anpaßt. Dadurch wird der natürliche Ertrag gesteigert. Diese bändigende und fördernde Tätigkeit der Natur gegenüber ist die Arbeit an der Natur, die dem Menschen zugute kommt.*

Die einzelnen Linien

Anfangs eine Neun bedeutet:
Zieht man Bandgras aus, so geht der Rasen mit.
Jeder nach seiner Art. Unternehmungen bringen Heil.

In Zeiten der Blüte zieht jeder tüchtige Mann, der auf einen Posten berufen wird, sofort andere Gleichgesinnte nach sich, wie man beim Herausziehen von Bandgras immer gleich mehrere durch die Wurzeln miteinander zusammenhängende Stengel mit herauszieht. Der Sinn des Tüchtigen ist in solchen Zeiten, da die Wirkung im Großen möglich ist, darauf gerichtet, ins Leben hinauszuziehen und etwas zu leisten.

---

* Denselben Gedanken hat Goethe ausgedrückt in den Versen:
»Dich im Unendlichen zu finden,
Mußt unterscheiden und verbinden.«

- **Neun auf zweitem Platz bedeutet:**
  Die Ungebildeten in Milde tragen,
  entschlossen den Fluß durchschreiten,
  das Ferne nicht vernachlässigen,
  die Genossen nicht berücksichtigen:
  So mag man es fertigbringen, in der Mitte zu wandeln.

In Zeiten der Blüte ist es vor allem wichtig, daß man die innere Größe besitzt, auch die Unvollkommenen zu tragen. Denn ein großer Meister kennt kein unfruchtbares Material. Er kann aus allem noch etwas machen. Diese Weitherzigkeit ist aber keineswegs Nachlässigkeit oder Schwäche. Man muß gerade in Blütezeiten stets bereit sein, auch gefährliche Unternehmungen, wie das Überschreiten eines Flusses, zu wagen, wenn sie notwendig sind. Ebenso gilt es nicht, das Entfernte zu vernachlässigen, sondern mit Pünktlichkeit alles zu besorgen. Vor Parteiungen und Cliquenwirtschaft hat man sich besonders zu hüten. Denn wenn auch die Gleichgesinnten zusammen hervortreten, dürfen sie doch nicht durch gegenseitiges Zusammenhalten eine Partei bilden, sondern es muß jeder seine Pflicht tun. Diese vier Dinge sind es, durch die man die verborgene Gefahr allmählichen Erschlaffens, die in jeder Friedenszeit lauert, überwinden kann, und auf diese Weise findet man die rechte Mitte des Handelns.

Neun auf drittem Platz bedeutet:
Keine Ebene, auf die nicht ein Abhang folgt,
kein Hingang, auf den nicht die Wiederkehr folgt.
Ohne Makel ist, wer beharrlich bleibt in Gefahr.
Beklage dich nicht über diese Wahrheit,
genieße das Glück, das du noch hast.

Alles Irdische ist dem Wechsel unterworfen. Auf Blüte folgt Niedergang. Das ist das ewige Gesetz auf Erden. Das Schlechte kann wohl zurückgedrängt, aber nicht dauern beseitigt werden. Es kommt wieder. Diese Überzeugung könnte einen schwermütig machen. Aber das soll sie nicht. Sie soll nur bewirken, daß man im Glück nicht in Verblendung gerät. Bleibt man der Gefahr eingedenk, so bleibt man beharrlich und macht keinen Fehler. Solange das innere Wesen stärker und voller bleibt als das äußere Glück, solange wir innerlich dem Schicksal überlegen bleiben, so lange bleibt das Glück uns treu.

Sechs auf viertem Platz bedeutet:
Er flattert hernieder, nicht pochend auf Reichtum,
zusammen mit seinem Nächsten, arglos und wahrhaftig.

In Zeiten gegenseitigen Vertrauens kommen die Hohen ganz einfach und, ohne auf ihren Reichtum zu pochen, gemeinsam zu den Niedrigen. Das ist nicht Zwang der Umstände, sondern entspricht der innersten Gesinnung. Dann macht sich die Annäherung ganz zwanglos, weil sie auf innerer Überzeugung beruht.

- **Sechs auf fünftem Platz bedeutet:**
  Der Herrscher I gibt seine Tochter in die Ehe.
  Das bringt Segen und erhabenes Heil.

Der Herrscher I ist Tang, der Vollender. Er hatte bestimmt, daß die kaiserlichen Prinzessinnen, trotzdem sie im Rang höher standen als die Gatten, denen sie vermählt wurden, ebenso ihren Gatten zu gehorchen hatten wie andere Ehefrauen. Auch hier ist auf wirklich bescheidene Vereinigung von hoch und niedrig hingewiesen, die Glück und Segen bringt.

Oben eine Sechs bedeutet:
Der Wall fällt wieder in den Graben.
Jetzt brauche keine Heere.
In der eigenen Stadt verkünde deine Befehle.
Beharrlichkeit bringt Beschämung.

Der schon in der Mitte des Zeichens angedeutete Wechsel ist eingetreten. Der Stadtwall sinkt wieder in den Graben zurück, aus dem er gekommen war. Das Verhängnis bricht herein. In diesem Fall gilt es, sich dem Schicksal zu fügen und nicht durch gewaltsamen Widerstand das Schicksal aufhalten zu wollen. Das Einzige, was übrig bleibt, ist, im engsten Kreis sich zu wahren. Wollte man auf dem üblichen Weg beharrlich dem Übel widerstreben, so würde der Zusammenbruch nur schlimmer, und Beschämung wäre die Folge.

12. Pi – Die Stockung

```
▬▬▬▬▬
▬▬▬▬▬   oben Kiën, das Schöpferische, der Himmel
▬▬▬▬▬   unten Kun, das Empfangende, die Erde
▬ ▬ ▬
▬ ▬ ▬
▬ ▬ ▬
```

Das Zeichen ist das gerade Gegenteil des vorigen. Der Himmel oben zieht sich immer weiter zurück, die Erde unten sinkt immer weiter in die Tiefe. Die schöpferischen Kräfte stehen außer Beziehung. Es ist die Zeit der Stockung und des Niedergangs. Das Zeichen ist dem siebenten Monat (August – September) beigeordnet, wenn das Jahr seinen Höhepunkt überschritten hat und das herbstliche Welken sich vorbereitet.

Das Urteil
Die Stockung.
Schlechte Menschen sind nicht fördernd
für die Beharrlichkeit des Edlen.
Das Große geht hin, das Kleine kommt herbei.

Himmel und Erde stehen außer Verkehr, und alle Dinge erstarren. Obere und Untere stehen außer Beziehung, und auf Erden herrscht Verwirrung und Unordnung. Innen ist das Dunkle, und das Lichte ist außen. Innen ist Schwäche, außen ist Härte, innen sind die Gemeinen, und die Edlen sind außen. Die Art der Gemeinen ist im Aufsteigen, die Art der Edlen ist im Abnehmen. Aber die Edlen lassen sich in ihren Grundsätzen nicht beirren. Wenn sie die Möglichkeit des Wirkens nicht mehr haben, so bleiben sie diesen Grundsätzen doch treu und ziehen sich in die Verborgenheit zurück.

Das Bild
Himmel und Erde vereinigen sich nicht:
das Bild der Stockung.
So zieht sich der Edle auf seinen inneren Wert zurück,

um den Schwierigkeiten zu entgehen.
Er läßt sich nicht durch Einkünfte ehren.

Wenn gegenseitiges Mißtrauen im öffentlichen Leben herrscht infolge des Einflusses, den die Gemeinen haben, so ist eine fruchtbare Wirksamkeit unmöglich, weil die Grundlage falsch ist. Darum weiß der Edle, was er unter solchen Umständen zu tun hat. Er läßt sich nicht durch glänzende Angebote zur Teilnahme an der öffentlichen Wirksamkeit verleiten, die für ihn, da er die Gemeinheit der andern nicht mitmachen kann, doch nur gefährlich wäre. Darum verbirgt er seinen Wert und zieht sich in die Verborgenheit zurück.

Die einzelnen Linien

Anfangs eine Sechs bedeutet:
Zieht man Bandgras aus, so geht der Rasen mit.
Jeder nach seiner Art.
Beharrlichkeit bringt Heil und Gelingen.

Der Text ist beinahe derselbe wie bei der ersten Linie des letzten Zeichens, nur im umgekehrten Sinn. Dort zieht einer den andern nach sich auf dem Weg in die amtliche Laufbahn. Hier zieht einer den andern mit in den Rückzug aus der Öffentlichkeit. Darum heißt es hier nicht »Unternehmungen bringen Heil«, sondern »Beharrlichkeit bringt Heil und Gelingen«. Nur dadurch daß man versteht, wenn die Wirkungsmöglichkeiten nicht mehr da sind, sich rechtzeitig zurückzuziehen, erspart man sich die Beschämung und hat in höherem Sinne Gelingen, indem man seine Persönlichkeit in ihrem Wert zu wahren weiß.

- **Sechs auf zweitem Platz bedeutet:**
Sie tragen und dulden,
das bedeutet für die Gemeinen Heil.
Dem großen Mann dient die Stockung zum Gelingen.

Die Gemeinen sind bereit, in kriecherischer Weise ihren Vorgesetzten zu schmeicheln. Sie würden auch den Edlen dulden, wenn er ihnen behilflich wäre, die Verwirrung zu lösen. Das ist für sie heilbringend. Aber der große Mann trägt ruhig die Folgen der Stockung. Er mischt sich nicht in die Scharen der Gemeinen. Dort ist sein Platz nicht. Dadurch schafft er, indem er persönlich zu leiden hat, seinen Grundsätzen Erfolg.

Sechs auf drittem Platz bedeutet:
Sie tragen Scham.

Die Gemeinen, die auf unrechtmäßige Weise emporgekommen sind, fühlen sich der Verantwortung, die sie auf sich genommen haben, nicht gewachsen. Sie beginnen – zunächst noch, ohne es nach außen hin zu zeigen – im stillen sich zu schämen. Das ist der Anfang der Wendung zum Besseren.

Neun auf viertem Platz bedeutet:
Wer auf Befehl des Höchsten wirkt, bleibt ohne Makel.
Die Gleichgesinnten genießen des Segens.

Die Zeit der Stockung naht sich dem Umschlag. Wer wieder Ordnung schaffen will, muß dazu berufen sein und das nötige Ansehen besitzen. Wer sich nach eignem Gutdünken zum Ordner aufwerfen wollte, könnte Fehler und Mißerfolge bewirken. Wer aber berufen ist, dem kommen die Zeitverhältnisse entgegen, und sein Segen wird allen Gleichgesinnten zuteil.

• **Neun auf fünftem Platz bedeutet:**
Die Stockung läßt nach. Dem großen Mann Heil!
»Wenn es mißlänge, wenn es mißlänge.«
Daher bindet er es an ein Bündel von Maulbeerstauden.

Die Zeit ändert sich. Der rechte Mann ist gekommen, der wieder Ordnung schaffen kann. Darum Heil! Aber gerade in solchen Übergangszeiten ist Furcht und Zittern nötig. Nur durch die äußerste Besorgtheit, die dauernd denkt: »Wenn es mißlänge«, wird der Erfolg befestigt. Wenn eine Maulbeerstaude abgeschnitten wird, so sprossen aus der Wurzel eine Reihe von Schößlingen, die besonders fest sind. Daher ist die Festigung des Erfolges unter dem Bild des Anbindens an Maulbeerstauden symbolisiert.
Konfuzius sagt darüber: »Gefahr entsteht, wo einer sich auf seinem Platz sicher fühlt. Untergang droht, wo einer seinen Bestand zu wahren sucht. Verwirrung entsteht, wo einer alles in Ordnung hat. Darum vergißt der Edle, wenn er sicher

ist, nicht der Gefahr, wenn er besteht, nicht des Untergangs, und wenn er Ordnung hat, nicht der Verwirrung. Dadurch kommt er persönlich in Sicherheit, und das Reich wird gewahrt.«

Oben eine Neun bedeutet:
Die Stockung hört auf.
Erst Stockung, dann Heil!

Die Stockung dauert nicht ewig. Allerdings hört sie nicht von selber auf, sondern es bedarf des rechten Mannes, um ihr ein Ende zu bereiten. Das ist der Unterschied des Friedens und der Stockung. Der Friede bedarf dauernder Anstrengung, um festgehalten zu werden. Sich selbst überlassen, würde er sich in Stockung und Niedergang verwandeln. Die Niedergangszeit verwandelt sich nicht von selbst in Frieden und Blüte, sondern sie bedarf der Anstrengung, um beseitigt zu werden. Hierin ist die schöpferische Stellung des Menschen gekennzeichnet, die nötig ist, damit die Welt in Ordnung kommt.

13. Tung Jen – Gemeinschaft mit Menschen

oben Kiën, das Schöpferische, der Himmel
unten Li, das Haftende, das Feuer

Das Bild des oberen Urzeichens, Kiën, ist der Himmel, das des unteren, Li, ist die Flamme. Die Natur des Feuers ist es, emporzulodern zum Himmel. Das gibt die Idee der Gemeinschaft. Die zweite Linie ist es, die durch ihr zentrales Wesen die fünf starken um sich vereint. Das Zeichen ist das Gegenstück zu Nr. 7, »das Heer«. Dort: innen Gefahr, außen Gehorsam als Wesen des kriegerischen Heeres, das zu seinem Zusammenhalt des einen Starken unter den vielen Schwachen bedarf. Hier: innen Klarheit, außen Stärke, als Wesen der friedlichen Vereinigung der Menschen, die zu ihrem Zusammenhalt des einen Weichen unter den vielen Festen bedarf.

Das Urteil
Gemeinschaft mit Menschen im Freien: Gelingen.
Fördernd ist es, das große Wasser zu durchqueren.
Fördernd ist des Edlen Beharrlichkeit.

Die wirkliche Gemeinschaft der Menschen muß auf Grund einer kosmischen Anteilnahme zustande kommen. Nicht Sonderzwecke des Ichs, sondern Menschheitsziele bringen dauernde Gemeinschaft unter Menschen hervor; darum heißt es: Gemeinschaft mit Menschen im Freien hat Gelingen. Wenn solche Einigkeit herrscht, dann lassen sich auch schwierige und gefährliche Aufgaben, wie das Durchqueren des großen Wassers, vollbringen. Um aber solche Gemeinschaft zuwege bringen zu können, bedarf es eines beharrlichen und aufgeklärten Führers, der klare, einleuchtende und begeisternde Ziele hat und sie mit Kraft durchzuführen weiß. (Das innere Zeichen bedeutet Klarheit, das äußere Stärke.)

Das Bild
Der Himmel zusammen mit Feuer:
das Bild der Gemeinschaft mit Menschen.
So gliedert der Edle die Stämme und unterscheidet die Dinge.

Der Himmel hat dieselbe Bewegungsrichtung wie das Feuer und ist doch von ihm unterschieden. Wie die leuchtenden Körper am Himmel zur Gliederung und Einteilung der Zeit dienen, so müssen auch die menschliche Gesellschaft und alle wirklich zusammengehörigen Dinge organisch gegliedert sein. Die Gemeinschaft soll nicht Vermischung der einzelnen und Vermischung der Dinge sein – das wäre Chaos, nicht Gemeinschaft, sondern sie bedarf der gegliederten Mannigfaltigkeit, um zur Ordnung zu führen.

Die einzelnen Linien

Anfangs eine Neun bedeutet:
Gemeinschaft mit Menschen im Tor. Kein Makel.

Der Beginn einer Vereinigung von Menschen soll vor der Tür stattfinden. Alle stehen einander gleich nahe. Irgendwelche Sonderbestrebungen bestehen noch nicht. So macht man keinen Fehler. Die Grundlagen jeder Vereinigung müssen allen Beteiligten in gleicher Weise zugänglich sein. Geheimabmachungen bringen Unheil.

- **Sechs auf zweitem Platz bedeutet:**
Gemeinschaft mit Menschen im Klan: Beschämung.

Hier ist die Gefahr einer Sonderpartei auf Grund von persönlichen und selbstsüchtigen Interessen. Solche Parteiungen, die ausschließend sind und nicht für alle Raum haben, die einen Teil der Menschen verdammen müssen, um die übrigen zusammenzuscharen, entstehen aus niedrigen Motiven und führen daher auf die Dauer zu Beschämung.

Neun auf drittem Platz bedeutet:
Versteckt Waffen im Dickicht,

steigt auf den hohen Hügel davor.
Drei Jahre lang erhebt er sich nicht.

Hier ist die Gemeinschaft in Mißtrauen umgeschlagen. Man mißtraut den andern, legt geheimen Hinterhalt und sucht von ferne den andern auszuspähen. Man hat es mit einem harten Gegner zu tun, dem auf diese Weise nicht beizukommen ist. Es sind hier Hemmungen gezeigt, die der Gemeinschaft mit anderen im Wege stehen. Man hat selbst Hintergedanken und sucht den andern gelegentlich zu überrumpeln. Aber gerade das macht mißtrauisch, man sucht dieselben Hinterlisten auch beim Gegner und sucht sie auszuspionieren. Infolge davon entfernt man sich von wahrer Gemeinschaft immer mehr. Je länger es dauert, desto mehr entfremdet man sich.

Neun auf viertem Platz bedeutet:
Er steigt auf seine Mauer, er kann nicht angreifen. Heil!

Hier rückt die Versöhnung nach der Entzweiung näher. Zwar sind noch trennende Mauern da, auf denen man sich gegenübersteht. Aber die Schwierigkeiten sind zu groß. Man kommt in Not, und durch die Not kommt man zur Besinnung. Man kann nicht kämpfen, aber gerade darauf beruht das Heil.

• **Neun auf fünftem Platz bedeutet:**
Die gemeinsamen Menschen weinen erst und klagen,
aber nachher lachen sie.
Nach großen Kämpfen gelingt es ihnen, sich zu treffen.

Es sind zwei Menschen äußerlich getrennt, aber im Herzen vereint. Sie sind durch ihre Stellung im Leben auseinandergehalten. Dazwischen erheben sich viele Hindernisse und Hemmungen, die sie trauern machen. Aber sie lassen sich durch kein Hindernis scheiden, sondern bleiben einander treu. Und obwohl die Überwindung dieser Hindernisse schwere Kämpfe kostet, so werden sie doch siegen, und dann wird ihre Traurigkeit in Freude sich verwandeln, wenn sie sich finden.
Kungtse sagt darüber:
»Das Leben führt den ernsten Mann auf bunt verschlungnem Pfad. Oft wird gehemmt des Laufes Kraft, dann wieder geht's gerade. Hier mag sich ein beredter

Sinn in Worten frei ergießen. Dort muß des Wissens schwere Last in Schweigen sich verschließen. Doch wo zwei Menschen einig sind in ihrem innern Herzen, da brechen sie die Stärke selbst von Eisen oder Erzen. Und wo zwei Menschen sich im innern Herzen ganz verstehn, sind ihre Worte süß und stark wie Duft von Orchideen.«

Oben eine Neun bedeutet:
Gemeinschaft mit Menschen auf dem Anger: keine Reue.

Es fehlt hier der warme Anschluß des Herzens. Man steht eigentlich schon außerhalb der Gemeinschaft mit anderen. Aber man schließt sich an. Die Gemeinschaft umfaßt nicht alle, sondern nur die äußerlich beisammen Wohnenden. Der Anger ist die Weide vor der Stadt. Das letzte Ziel der Vereinigung der Menschheit ist hier noch nicht erreicht. Doch braucht man sich keine Vorwürfe zu machen. Man schließt sich der Gesellschaft an, ohne Sonderzwecke.

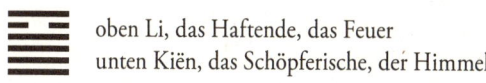

14. Da Yu – Der Besitz von Großem

▅▅▅ ▅▅▅
▅▅▅▅▅▅▅
▅▅▅▅▅▅▅   oben Li, das Haftende, das Feuer
▅▅▅▅▅▅▅   unten Kiën, das Schöpferische, der Himmel

Das Feuer am Himmel oben strahlt weit, so daß alle Dinge ins Licht und in die Erscheinung treten. Die schwache fünfte Linie befindet sich auf geehrtem Platz, und alle die starken Striche entsprechen ihr. Wer auf hohem Platz bescheiden und mild ist, dem fällt alles zu.*

Das Urteil
Der Besitz von Großem: Erhabenes Gelingen!

Die beiden Urzeichen zeigen an, daß Kraft und Klarheit sich vereinigen. Der Besitz von Großem ist vom Schicksal bestimmt und entspricht der Zeit. Wie ist es möglich, daß die schwache Linie die Kraft hat, die Starken festzuhalten und zu besitzen? Durch ihre uneigennützige Bescheidenheit. Es ist eine günstige Zeit. Stärke im Innern und Klarheit und Bildung im Äußern. Die Kraft äußert sich fein und beherrscht. Das gibt erhabenes Gelingen und Reichtum.**

Das Bild
Das Feuer am Himmel oben:
das Bild des Besitzes von Großem.
So hemmt der Edle das Böse und fördert das Gute
und gehorcht so des Himmels gutem Willen.

---

* Der Sinn des Zeichens stimmt mit dem Wort Jesu überein: »Selig sind die Sanftmütigen, denn sie werden das Erdreich besitzen.«

** Man könnte denken, das Zeichen »Zusammenhalten« Nr. 8 sei noch günstiger, da dort ein Starker die fünf Schwachen um sich versammelt. Dennoch ist das hier beigefügte Urteil »Erhabenes Gelingen« viel günstiger. Das kommt daher, daß die von dem starken Herrscher Zusammengehaltenen dort nur einfache Untertanen sind, während hier dem sanftmütigen Herrn lauter starke Gehilfen zur Seite stehen.

Die Sonne droben am Himmel, die alles Irdische bescheint, ist das Bild des Besitzes im Großen. Aber ein solcher Besitz muß recht verwaltet werden. Die Sonne bringt das Böse und das Gute an den Tag. Vom Menschen muß das Böse bekämpft und gehemmt, das Gute gefördert und begünstigt werden. Nur auf diese Weise entspricht man dem guten Willen Gottes, der nur das Gute will und nicht das Böse.

Die einzelnen Linien

Anfangs eine Neun bedeutet:
Keine Beziehung zu Schädlichem, das ist nicht ein Makel.
Bleibt man der Schwierigkeit bewußt,
so bleibt man ohne Makel.

Großer Besitz, der noch im Anfangsstadium ist und noch keine Anfechtung erfahren hat, ist ohne Makel; denn es ist noch gar keine Gelegenheit vorhanden, Fehler zu machen. Aber es sind noch viele Schwierigkeiten zu überwinden. Nur wenn man sich dieser Schwierigkeiten bewußt bleibt, wird man wirklich innerlich frei von der Möglichkeit des Hochmuts und der Verschwendung und hat jeden Makel im Prinzip überwunden.

Neun auf zweitem Platz bedeutet:
Ein großer Wagen zum Beladen.
Man mag etwas unternehmen. Kein Makel.

Großer Besitz besteht nicht allein in der Menge der Güter, die einem zur Verfügung stehen, sondern vor allem in ihrer Beweglichkeit und Verwendbarkeit. Dann mag man sie zu Unternehmungen gebrauchen und bleibt frei von Verlegenheit und Fehlern. Unter dem großen Wagen, dem man viel aufladen kann und mit dem man weit fahren kann, sind tüchtige Gehilfen verstanden, die einem zur Seite stehen, die ihrer Aufgabe gewachsen sind. Solchen Leuten kann man eine große Verantwortung aufladen, was bei wichtigen Unternehmungen nötig ist.

Neun auf drittem Platz bedeutet:
Ein Fürst bringt ihn dem Sohn des Himmels dar.
Ein kleiner Mensch kann das nicht.

Es ist die Sache eines hochherzigen, freisinnigen Menschen, daß er seinen Besitz nicht als sein ausschließliches persönliches Eigentum betrachtet, sondern dem Herrscher bzw. der Allgemeinheit zur Verfügung stellt. Dadurch stellt er sich auf den richtigen Standpunkt dem Besitz gegenüber, der niemals als Privatbesitz von Dauer sein kann. Ein engherziger Mensch ist freilich dazu nicht imstande. Für ihn schlägt großer Besitz zum Schaden aus, da er, statt zu opfern, behalten will.[*]

Neun auf viertem Platz bedeutet:
Er macht einen Unterschied
zwischen sich und seinem Nächsten.
Kein Makel.

Es ist eine Stellung gekennzeichnet, die zwischen reichen und mächtigen Nachbarn steht. Das bringt Gefahr. Da gilt es, nicht rechts und nicht links zu sehen, frei zu bleiben von Neid und dem Versuch, es andern gleichzutun. So bleibt man frei von Fehlern.[**]

• **Sechs auf fünftem Platz bedeutet:**
Wessen Wahrheit umgänglich ist und
doch würdig, der hat Heil.

Die Lage ist sehr günstig. Ohne äußeren Zwang, nur infolge der ungesuchten Aufrichtigkeit gewinnt man die Menschen, daß sie auch in aufrichtiger Wahrheit einem zugetan sind. Doch genügt zur Zeit des Besitzes von Großem die Milde allein nicht. Sonst könnte leicht Frechheit allmählich aufkommen. Dieses

---

[*] Es ist hier vom Besitz derselbe Grundsatz ausgesprochen, der in dem Wort ausgedrückt ist: »Wer sein Leben behalten will, der wird es verlieren. Wer aber sein Leben verliert, der wird es behalten.«

[**] Eine andere Übersetzung, die allgemein akzeptiert ist, würde lauten:
»Er verläßt sich nicht auf seine Fülle. Kein Makel.«
Das würde bedeuten, daß man sich von Fehlern freihält dadurch, daß man hat, als habe man nicht.

Aufkommen von Frechheit muß durch Würde in Schranken gehalten werden, dann ist das Heil gewiß.

Oben eine Neun bedeutet:
Vom Himmel her wird er gesegnet, Heil!
Nichts, das nicht fördernd ist.

In der Fülle des Besitzes und der Macht bleibt man bescheiden und ehrt den Weisen, der außerhalb des Weltgetriebes steht. Dadurch stellt man sich unter den segensreichen Einfluß vom Himmel her, und alles geht gut.
Konfuzius sagt über diesen Strich:
»Segnen bedeutet helfen. Der Himmel hilft dem Hingebenden, die Menschen helfen dem Wahrhaftigen. Wer in Wahrhaftigkeit wandelt und hingebend ist in seinem Denken und dann noch die Würdigen hochhält, der wird vom Himmel her gesegnet. Er findet Heil und nichts ist, das nicht förderlich wäre.«

15. Kiën – Die Bescheidenheit

oben Kun, das Empfangende, die Erde
unten Gen, das Stillhalten, der Berg

Das Zeichen setzt sich zusammen aus Gen, das Stillhalten, der Berg, und Kun. Der Berg ist der jüngste Sohn des Schöpferischen, der Repräsentant des Himmels auf Erden. Er spendet die Segnungen des Himmels, Wolken und Regen, die sich um seinen Gipfel sammeln, nach unten und leuchtet daraufhin verklärt in himmlischem Licht. Das zeigt die Bescheidenheit und ihre Wirkung bei hohen und starken Menschen. Oben steht Kun, die Erde. Die Eigenschaft der Erde ist die Niedrigkeit, aber eben darum wird sie in diesem Zeichen als erhöht dargestellt, indem sie oben über dem Berg ist. Das zeigt die Wirkung der Bescheidenheit bei niedrigen, einfachen Menschen: Sie werden dadurch erhöht.

Das Urteil
Bescheidenheit schafft Gelingen.
Der Edle bringt zu Ende.

Das Gesetz des Himmels macht das Volle leer und füllt das Bescheidene: Wenn die Sonne am höchsten steht, muß sie nach himmlischem Gesetz dem Untergang zu, und wenn sie am tiefsten unter der Erde ist, geht sie einem neuen Aufstieg entgegen. Wenn der Mond voll ist, nimmt er nach demselben Gesetz ab, und wenn er leer ist, nimmt er wieder zu. Dieses himmlische Gesetz wirkt sich auch in den Schicksalen der Menschen aus. Das Gesetz der Erde ist, das Volle zu verändern und dem Bescheidenen zuzufließen: Die hohen Berge werden von den Wassern abgetragen und die Täler aufgefüllt. Das Gesetz der Schicksalsmächte ist, dem Vollen zu schaden und dem Bescheidenen Glück zu spenden. Und auch die Menschen hassen das Volle und lieben das Bescheidene.
Die Schicksale folgen festen Gesetzen, die sich mit Notwendigkeit auswirken. Aber der Mensch hat es in der Hand, sein Schicksal zu gestalten, je nachdem er sich durch sein Benehmen dem Einfluß der segnenden oder zerstörenden Kräfte

aussetzt. Wenn der Mensch hochsteht und sich bescheiden zeigt, so leuchtet er im Licht der Weisheit. Wenn er niedrig ist und sich bescheiden zeigt, so kann er nicht übergangen werden. So gelingt es dem Edlen, sein Werk zu Ende zu führen, ohne sich des Fertigen zu rühmen.

Das Bild
Inmitten der Erde ist ein Berg:
das Bild der Bescheidenheit.
So verringert der Edle, was zu viel ist,
und vermehrt, was zu wenig ist.
Er wägt die Dinge und macht sie gleich.

Der Erde, in der ein Berg verborgen ist, sieht man ihren Reichtum nicht an, denn das Hohe des Berges dient zum Ausgleich der Vertiefungen. So ergänzt sich Hohes und Tiefes, und das Resultat ist die Ebene. Hier ist das Bild der Bescheidenheit, daß das, was langer Wirkung bedurfte, als selbstverständlich und leicht erscheint. So macht es der Edle, wenn er Ordnung auf Erden herstellt. Er gleicht die sozialen Gegensätze, die die Quelle des Unfriedens sind, aus und schafft dadurch gerechte und ebene Verhältnisse.*

Die einzelnen Linien

Anfangs eine Sechs bedeutet:
Ein bescheiden-bescheidener Edler
mag das große Wasser durchqueren. Heil!

Eine gefährliche Unternehmung, wie das Durchqueren eines großen Wassers, ist sehr erschwert, wenn viele Ansprüche und Rücksichten dabei in Betracht kom-

---

* Man bemerkt bei diesem Zeichen eine Reihe von Parallelen zur prophetischen und christlichen Lehre der Bibel, z. B.:
»Wer sich selbst erhöht, der soll erniedrigt werden,
Wer sich selbst erniedrigt, soll erhöht werden«,
»Alle Tale sollen erhöht werden, und alle Berge und Hügel sollen erniedrigt werden, und was ungleich ist, soll eben, und was höckricht ist, soll schlicht werden« Jes. 40, 4).
»Gott widerstrebt den Hoffärtigen, aber den Demütigen gibt er Gnade.«
Auch das Weltgericht in der parsischen Religion zeigt ähnliche Züge. Und zum letzt zitierten Spruch wäre die griechische Auffassung vom Neid der Götter zu erwähnen.

men. Dagegen fällt sie leicht, wenn sie rasch und einfach erledigt wird. Darum ist die ganz anspruchslose Gemütsverfassung der Bescheidenheit geeignet, auch schwierige Unternehmungen fertigzubringen, weil sie keine Anforderungen und Vorbedingungen stellt, sondern schlank und leicht die Sache erledigt; denn wo keine Ansprüche erhoben werden, erheben sich keine Widerstände.

Sechs auf zweitem Platz bedeutet:
Sich äußernde Bescheidenheit. Beharrlichkeit bringt Heil.

Wes das Herz voll ist, des geht der Mund über. Wenn jemand innerlich so bescheiden ist, daß sich diese Gesinnung in seinem äußeren Benehmen zeigt, so gereicht es ihm zum Heil: denn auf diese Weise hat er von selbst die Möglichkeit beharrlicher Wirkung, die von niemand verdrängt wird.

• **Neun auf drittem Platz bedeutet:**
Ein verdienstvoll-bescheidener Edler bringt zu Ende.
Heil!

Hier ist das Zentrum des Zeichens, wo sein Geheimnis ausgesprochen wird. Durch große Leistungen erwirbt man sich bald einen bedeutenden Namen. Wenn man sich durch den Ruhm blenden läßt, so wird sehr bald die Kritik einsetzen, und Schwierigkeiten werden sich erheben. Wenn man dagegen trotz seiner Verdienste bescheiden bleibt, so macht man sich beliebt und gewinnt die Hilfskräfte, die nötig sind, um das Werk, das man unternommen hat, zu Ende zu führen.

Sechs auf viertem Platz bedeutet:
Nichts, das nicht fördernd wäre
für Bescheidenheit in der Bewegung.

Alles hat sein Maß. Auch die Bescheidenheit im Benehmen kann übertrieben werden. Hier ist sie am Platz, da die Lage zwischen einem verdienstvollen Gehilfen unten und einem gütigen Herrscher oben sehr große Verantwortung mit sich bringt. Das Vertrauen des Oberen darf nicht mißbraucht, die Verdienste des Unteren dürfen nicht verdeckt werden. Es gibt wohl Beamte, die sich nicht hervortun. Sie decken sich durch den Buchstaben der Verordnungen, sie lehnen jede Verantwortung ab, sie nehmen Bezahlung an, ohne Entsprechendes zu leisten, sie tragen Titel, denen keine Wirklichkeit Bedeutung gibt. Die hier erwähnte Bescheidenheit ist das Gegenteil davon. Die Bescheidenheit in einer solchen Stellung zeigt sich eben darin, daß man mit Interesse an der Arbeit ist.

Sechs auf fünftem Platz bedeutet:
Nicht pochen auf Reichtum seinem Nächsten gegenüber.
Fördernd ist es, mit Gewalt anzugreifen.
Nichts, das nicht fördernd wäre.

Bescheidenheit ist verschieden von schwächlicher Gutmütigkeit, die alles laufen läßt. Wenn man an verantwortungsvollem Posten steht, muß man unter Umständen auch einmal energisch durchgreifen. Aber dazu ist es nötig, daß man nicht durch persönliches Pochen auf seine Überlegenheit zu wirken sucht, sondern man muß seiner Umgebung gewiß sein. Das Zugreifen muß rein sachlich sein und darf nichts persönlich Verletzendes haben. Darin zeigt sich die Bescheidenheit auch in der Strenge.

Oben eine Sechs bedeutet:
Sich äußernde Bescheidenheit.
Fördernd ist es, Heere marschieren zu lassen,
um die eigene Stadt und das eigene Land zu züchtigen.

Wem es wirklich mit seiner Bescheidenheit ernst ist, der muß dafür sorgen, daß sie in der Wirklichkeit sich zeigt. Er muß mit großer Energie dabei vorgehen. Wenn Feindseligkeit entsteht, ist nichts leichter, als die Schuld beim andern zu suchen. Ein schwacher Mensch zieht sich dann vielleicht beleidigt auf sich selbst zurück und hat Mitleid mit sich selbst und hält es für Bescheidenheit, daß er sich nicht wehrt. Wirkliche Bescheidenheit zeigt sich darin, daß sie kraftvoll darangeht, Ordnung zu schaffen, und dabei beim eignen Ich und dem engsten Kreis anfängt mit der Züchtigung. Nur dadurch wird wirklich etwas Kraftvolles geleistet, daß man den Mut hat, seine Heere gegen sich selbst marschieren zu lassen.*

---

* Es gibt wenige Zeichen im Buch der Wandlungen, bei denen alle Linien nur günstig sind, wie bei dem Zeichen Bescheidenheit. Daraus geht hervor, wie hoch die chinesische Weisheit diese Tugend wertet.

16. Yü – Die Begeisterung

☳ oben Dschen, das Erregende, der Donner
☷ unten Kun, das Empfangende, die Erde

Die starke Linie auf viertem Platz, dem Platz des leitenden Beamten, findet bei allen den andern schwachen Linien Entgegenkommen und Gehorsam. Das obere Urzeichen, Dschen, hat die Bewegung zur Eigenschaft, das untere, Kun, den Gehorsam, die Hingebung. Es wird also eine Bewegung begonnen, die auf Hingebung stößt und daher mitreißend, begeisternd wirkt. Von großer Bedeutung ist ferner das Gesetz von der Bewegung auf der Linie des geringsten Widerstandes, das in diesem Zeichen ausgesprochen ist als Gesetz für Naturgeschehen und Menschenleben.

Das Urteil
Die Begeisterung. Fördernd ist es,
Gehilfen einzusetzen und Heere marschieren zu lassen.

Die Zeit der Begeisterung beruht darauf, daß ein bedeutender Mann da ist, der in Fühlung mit der Volksseele ist und in Übereinstimmung mit ihr handelt. Darum findet er allgemeinen, willigen Gehorsam. Um Begeisterung zu wecken, ist es daher nötig, daß man sich mit seinen Anordnungen nach der Natur der Geführten richtet. Auf dieser Regel der Bewegung auf der Linie des geringsten Widerstandes beruht die Unverbrüchlichkeit der Naturgesetze. Sie sind nicht etwas außerhalb der Dinge, sondern die den Dingen immanente Harmonie der Bewegung. Darum weichen die Himmelskörper nicht ab von ihren Bahnen, und alles Naturgeschehen vollzieht sich in fester Regelmäßigkeit. In ähnlicher Weise liegen die Dinge auch in der menschlichen Gesellschaft. Auch hier werden sich nur solche Gesetze durchführen lassen, die im Volksempfinden ihre Wurzel haben, während Gesetze, die diesem Empfinden widersprechen, nur Erbitterung wecken.

Die Begeisterung ermöglicht dann auch, Gehilfen einzusetzen zur Durchführung der Arbeiten, ohne daß geheime Gegenwirkungen zu befürchten sind. Die Begeisterung ist es auch, die Massenbewegungen, wie im Krieg, so zu vereinheitlichen vermag, daß sie den Sieg erlangen.

Das Bild
Der Donner kommt aus der Erde hervorgetönt:
das Bild der Begeisterung.
So machten die alten Könige Musik,
um die Verdienste zu ehren,
und brachten sie herrlich dem höchsten Gott dar,
indem sie ihre Ahnen dazu einluden.

Wenn der Donner, die elektrische Kraft, zu Beginn des Sommers wieder aus der Erde hervorgerauscht kommt und das erste Gewitter die Natur erfrischt, so löst sich eine lange Spannung. Erleichterung und Freude greifen Platz. Ähnlich besitzt die Musik die Macht, die Spannung im Herzen, der dunklen Gefühle Gewalt zu lösen. Die Begeisterung des Herzens äußert sich unwillkürlich im Laut des Gesanges, in Tanz und rhythmischer Bewegung des Körpers. Von alters her wurde die begeisternde Wirkung des unsichtbaren Klanges, der die Herzen der Menschen bewegt und vereint, als Rätsel empfunden. Die Herrscher benützten diese natürliche Neigung zur Musik. Sie erhöhten und ordneten sie. Die Musik galt als etwas Ernstes, Heiliges, sie sollte die Gefühle der Menschen reinigen. Sie sollte die Tugenden der Helden preisen und so die Brücke schlagen zur unsichtbaren Welt. Im Tempel nahte man Gott mit Musik und Pantomimen (aus denen sich später das Theater entwickelt hat). Die religiösen Gefühle gegen den Schöpfer der Welt wurden vereinigt mit den heiligsten menschlichen Gefühlen, den Gefühlen der Ehrfurcht vor den Ahnen. Sie wurden eingeladen zu diesen Gottesdiensten als Gäste des Himmelsherrn und Vertreter der Menschheit in jenen höheren Regionen. Indem so die eigene Vergangenheit mit der Gottheit verknüpft wurde in weihevollen Momenten religiöser Begeisterung, schloß sich das Band zwischen Gottheit und Menschheit. Der Herrscher, der in seinen Ahnen die Gottheit verehrte, war dadurch der Sohn des Himmels, in dem die himmlische und die irdische Welt sich mystisch berührten. Diese Gedanken sind die letzte und höchste Zusammenfassung der chinesischen Kultur. Meister Kung selbst sagte von dem großen Opfer, bei dem diese Bräuche vollzogen wurden:

»Wer dieses Opfer ganz verstünde, der könnte die Welt regieren, als drehte sie sich auf seiner Hand.«

Die einzelnen Linien

Anfangs eine Sechs bedeutet:
Begeisterung, die sich äußert, bringt Unheil.

Jemand in untergeordneter Stellung hat vornehme Beziehungen, deren er sich begeistert rühmt. Durch diesen Übermut zieht er mit Notwendigkeit das Unheil an. Begeisterung darf nie ein egoistisches Gefühl sein, sondern nur als allgemeine Stimmung, die mit andern verbindet, hat sie ihre Berechtigung.

Sechs auf zweitem Platz bedeutet:
Fest wie ein Stein. Kein ganzer Tag.
Beharrlichkeit bringt Heil.

Es wird hier jemand gezeichnet, der sich von keinen Illusionen betören läßt. Während andere durch Begeisterung sich blenden lassen, erkennt er vollkommen klar die ersten Zeichen der Zeit. So ist er nach oben hin nicht schmeichlerisch, nach unten hin nicht nachlässig. So ist er fest wie Stein. Sobald das erste Anzeichen von Mißstimmung sich zeigt, weiß er sich rechtzeitig zurückzuziehen, ohne auch nur einen Tag zu versäumen. Beharrlichkeit in solchem Tun bringt Heil. Konfuzius sagt darüber: »Die Keime zu kennen, das ist wohl göttlich. Der Edle ist im Verkehr nach oben hin nicht schmeichelnd, im Verkehr nach unten hin nicht anmaßend. Er kennt wohl die Keime. Die Keime sind der erste unmerkliche Beginn der Bewegung, das, was von Heil (und Unheil) zuerst sich zeigt. Der Edle sieht die Keime und handelt sofort. Er wartet nicht erst den ganzen Tag. Im Buch der Wandlungen heißt es:
»Fest wie ein Stein, wozu ein ganzer Tag. Beharrlichkeit bringt Heil.«

> »Fest wie ein Stein, wozu ein ganzer Tag?
> Das Urteil kann man wissen.
> Der Edle kennt Geheim- und Offenbares.
> Er kennt das Schwache, kennt das Starke auch:
> Drum schauen die Myriaden zu ihm auf.«

Sechs auf drittem Platz bedeutet:
Nach oben blickende Begeisterung schafft Reue.
Zögern bringt Reue.

Es ist hier das Gegenteil der vorigen Linie; dort Selbständigkeit, hier das begeisterte Emporblicken. Zögert man zu lange, so schafft auch das Reue. Es gilt in der Annäherung den richtigen Moment zu ergreifen; nur dann trifft man das Rechte.

- **Neun auf viertem Platz bedeutet:**
  Der Ursprung der Begeisterung. Er erreicht Großes.
  Zweifle nicht!
  Die Freunde scharen sich um dich
  wie um eine Haarspange.

Jemand, der Begeisterung zu erwecken vermag durch die eigene Sicherheit und Freiheit von Bedenken: dadurch, daß er nicht zweifelt und ganz wahrhaftig ist, zieht er die Menschen an. Indem er ihnen Vertrauen schenkt, gewinnt er sie zu begeisterter Mitarbeit und hat Erfolg. Wie eine Haarspange den Haaren Halt gibt und sie vereinigt, so vereinigt er die Menschen durch den Halt, den er ihnen gibt.

Sechs auf fünftem Platz bedeutet:
Beharrlich krank und stirbt doch immer nicht.

Die Begeisterung wird hier verhindert. Man befindet sich unter dauerndem Druck, der nicht zu freiem Aufatmen kommen läßt. Aber dieser Druck hat unter Umständen sein Gutes. Man wird dadurch bewahrt, daß man seine Kräfte in leerer Begeisterung aufzehrt. So kann der dauernde Druck gerade dazu dienen, daß man am Leben bleibt.

Oben eine Sechs bedeutet:
Verblendete Begeisterung.
Aber wenn man nach der Vollendung zur Änderung
kommt, so ist das kein Makel.

Wenn man sich von der Begeisterung verblenden läßt, so ist das von Übel. Aber wenn diese Verblendung auch schon vollendete Tatsache ist und man kann sich noch ändern, so wird man frei von Makel. Ernüchterung aus falscher Begeisterung ist sehr wohl möglich und ist sehr günstig.

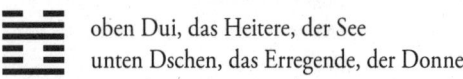

17. Sui – Die Nachfolge

oben Dui, das Heitere, der See
unten Dschen, das Erregende, der Donner

Oben ist das Heitere, dessen Charakter die Freude ist, unten das Erregende, dessen Charakter die Bewegung ist. Freude bei der Bewegung führt zur Nachfolge. Das Heitere ist die jüngste Tochter, das Erregende der älteste Sohn. Ein älterer Mann stellt sich unter ein junges Mädchen und nimmt Rücksicht auf sie. Dadurch bewegt er sie zur Nachfolge.

Das Urteil
Die Nachfolge hat erhabenes Gelingen.
Fördernd ist Beharrlichkeit. Kein Makel.

Um Nachfolge zu erreichen, muß man selbst erst sich anzupassen verstehen. Nur durch Dienen kommt man zum Herrschen; denn nur so erlangt man die freudige Zustimmung der Unteren, die zur Nachfolge nötig ist. Wo durch List oder Gewalt, Verschwörung oder Parteiung Nachfolge erzwungen werden soll, da regt sich immer Widerstand, der die bereitwillige Nachfolge verhindert.
Freudige Bewegung kann aber auch zu Üblem führen. Darum wird als Bedingung beigefügt: »Fördernd ist Beharrlichkeit«, d. h. Konsequenz im Rechten, und »ohne Makel«. Ebenso wie man selbst nur unter dieser Bedingung Nachfolge verlangen soll, darf man auch andern nur unter dieser Bedingung folgen, ohne Schaden zu nehmen.
Der Gedanke der Nachfolge unter Anpassung an das, was die Zeit erfordert, ist groß und wichtig, daher lautet auch das beigefügte Urteil so günstig.

Das Bild
Inmitten des Sees ist der Donner:
das Bild der Nachfolge. So kehrt der Edle zur Zeit des
Abenddunkels zu Erholung und Ruhe ein.

Im Herbst zieht sich die Elektrizität wieder in die Erde zurück und ruht. Der Donner inmitten des Sees ist als Bild genommen nicht der Donner in Bewegung, sondern der Donner der Winterruhe. Nachfolge ergibt sich aus diesem Bild in dem Sinn der Anpassung an die Zeiterfordernisse. Der Donner inmitten des Sees deutet auf Zeiten des Dunkels und der Ruhe. So gönnt sich der Edle, nachdem er den Tag über unermüdlich tätig war, zur Nachtzeit Erholung und Ruhe. Jede Lage wird nur dann gut, wenn man sich ihr anzupassen vermag und nicht durch falschen Widerstand sich aufreibt.*

Die einzelnen Linien

- **Anfangs eine Neun bedeutet:**
  Das Maßgebende ändert sich. Beharrlichkeit bringt Heil.
  Zur Tür hinausgehen im Verkehr schafft Werke.

Es gibt Ausnahmezustände, da das Verhältnis von Leiter und Geleitetem sich ändert. In der Idee der Anpassung und Nachfolge liegt es, daß man, wenn man andere leiten will, zugänglich bleibt und sich bestimmen läßt von den Ansichten der Untergebenen. Nur muß man dabei feste Grundsätze haben, daß man nicht schwankend wird, wo es sich nur um Meinungen des Tages handelt. Wenn man erst bereit ist, auf Meinungen anderer zu hören, so darf man nicht immer nur mit Gleichgesinnten und Parteigenossen zusammensitzen, sondern man muß zur Tür hinaus und mit Menschen allerlei Art, ob Freund, ob Feind, unbefangen verkehren. Nur dadurch bringt man etwas zustande.

Sechs auf zweitem Platz bedeutet:
Hängt man sich an den kleinen Knaben,
so verliert man den starken Mann.

Bei Freundschaft und engen Beziehungen muß man in der Auswahl vorsichtig sein. Man macht sich entweder eine gute oder eine schlechte Gesellschaft. Man kann nicht beide zugleich haben. Wenn man sich an Unwürdige wegwirft, so

---

* Vgl. den Spruch von Goethe:
»Noch ist es Tag, da rühre sich der Mann.
Die Nacht tritt ein, wo niemand wirken kann.«

verliert man den Anschluß an geistig bedeutende Menschen, die einen im Guten zu fördern vermögen.

Sechs auf drittem Platz bedeutet:
Hängt man dem starken Mann an,
so verliert man den kleinen Knaben.
Durch Nachfolge findet man, was man sucht.
Fördernd ist es, beharrlich zu bleiben.

Wenn man den rechten Anschluß bei bedeutenden Menschen gefunden hat, so ist damit naturgemäß ein gewisser Verlust verbunden. Man muß sich vom Niederen, Oberflächlichen scheiden. Aber man wird sich doch im Innersten befriedigt fühlen, indem man findet, was man für die Förderung der Persönlichkeit sucht und braucht. Nur gilt es fest zu bleiben. Man muß wissen, was man will, und darf sich nicht durch Augenblicksneigungen irremachen lassen.

Neun auf viertem Platz bedeutet:
Die Nachfolge schafft Erfolg. Beharrlichkeit bringt Unheil.
Mit Wahrhaftigkeit auf dem Weg zu wandeln
bringt Klarheit.
Wie könnte das ein Makel sein?

Es gelingt oft, wenn man einen gewissen Einfluß besitzt, daß man Nachfolger findet durch Leutseligkeit nach unten hin. Die Menschen, die sich einem anschließen, meinen es aber nicht ehrlich. Sie suchen ihren persönlichen Vorteil und suchen sich durch Schmeicheleien und Unterwürfigkeit unentbehrlich zu machen. Wenn man sich an solche Parteigänger gewöhnt, so daß man nicht mehr ohne sie sein kann, so bringt das Unheil. Nur wenn man ganz frei ist von dem eigenen Ich und mit Überzeugung nur auf das Rechte, Sachliche bedacht ist, bekommt man die Klarheit, solche Menschen zu durchschauen, und wird frei von Makel.

• Neun auf fünftem Platz bedeutet:
Wahrhaft im Guten. Heil!

Jeder Mensch muß etwas haben, dem er nachfolgt, das ihm als Leitstern dient. Wer dem Schönen und Guten mit Überzeugung nachfolgt, der mag sich durch dieses Wort bestärkt finden.

Oben eine Sechs bedeutet:
Er findet feste Anhänglichkeit
und wird noch dazu gebunden.
Der König stellt ihn dem Westberg vor.

Es handelt sich um einen Menschen, der das Getriebe der Welt für seine Person schon hinter sich hat, einen erhabenen Weisen. Aber es findet sich ein Nachfolger, der ihn versteht und nicht von ihm läßt. So kommt er noch einmal in die Welt zurück und hilft jenem bei seinem Werk. So entsteht eine Verbindung ewiger Art.

Das Gleichnis ist gewählt von der Dschoudynastie. Diese Dynastie ehrte verdiente Gehilfen dadurch, daß sie einen Platz bekamen im Ahnentempel der Herrscherfamilie auf dem Westberg. Dadurch wurde ein solcher Mann in den Schicksalsbereich des Herrscherhauses aufgenommen.

18. Gu – Die Arbeit am Verdorbenen

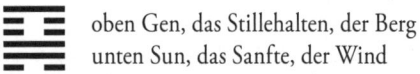

oben Gen, das Stillehalten, der Berg
unten Sun, das Sanfte, der Wind

Das chinesische Zeichen Gu stellt eine Schüssel dar, in deren Inhalt Würmer wachsen. Das bedeutet das Verdorbene. Das ist dadurch gekommen, daß die sanfte Gleichgültigkeit des unteren Urzeichens mit der starren Trägheit des oberen Urzeichens zusammengekommen ist, so daß die Verhältnisse in Stagnation gerieten. Da also eine Verschuldung vorliegt, so enthalten diese Zustände die Aufforderung zu ihrer Beseitigung. Daher ist die Bedeutung des Zeichens nicht einfach »das Verdorbene«, sondern »das Verdorbene als Aufgabe«, die »Arbeit am Verdorbenen.«

Das Urteil
Die Arbeit am Verdorbenen hat erhabenes Gelingen.
Fördernd ist es, das große Wasser zu durchqueren.
Vor dem Anfangspunkt drei Tage,
nach dem Anfangspunkt drei Tage.

Was durch Schuld von Menschen verdorben ist, kann durch Arbeit von Menschen wiedergutgemacht werden. Es ist nicht unabänderliches Geschick, wie während der Stockungszeit, sondern eine Folge von Mißbrauch der menschlichen Freiheit, was den Zustand des Verderbens herbeigeführt hat. Deshalb ist die Arbeit an der Besserung aussichtsvoll, weil sie im Einklang mit den Möglichkeiten der Zeit steht. Nur darf man vor Arbeit und Gefahr – symbolisiert durch das Durchqueren des großen Wassers – nicht zurückschrecken, sondern muß energisch zugreifen.

Das Gelingen hat jedoch zur Vorbedingung die rechte Überlegung. Das ist ausgedrückt in dem Zusatz: »Vor dem Anfangspunkt drei Tage, nach dem Anfangpunkt drei Tage.« Erst muß man die Gründe kennen, die zum Verderben geführt haben, ehe man sie abstellen kann: daher Achtung während der Zeit vor dem Anfangspunkt. Und dann muß man sorgen, daß das neue Gleis sich sicher einfährt, so daß ein Rückfall vermieden wird: daher Achtung auf die Zeit nach dem Anfangspunkt. An die Stelle der Gleichgültigkeit und Trägheit, die zum Verderben geführt haben, müssen Entschlossenheit und Energie treten, damit auf das Ende ein neuer Anfang folgt.

Das Bild
Unten am Berg weht der Wind: das Bild des Verderbens.
So rüttelt der Edle die Leute auf und stärkt ihren Geist.

Wenn der Wind unten am Berg weht, so wird er zurückgeworfen und verdirbt die Pflanzen. Das enthält die Aufforderung zu bessern. So ist es auch mit den niedrigen Stimmungen und Moden: Sie bringen Verderben in die menschliche Gesellschaft. Um das zu beseitigen, muß der Edle die Gesellschaft erneuern. Die Methoden dazu werden ebenfalls den beiden Urzeichen entnommen, nur daß ihre Wirkungen sich geordnet nacheinander entfalten. Er muß die Stagnation beseitigen durch Aufrütteln der öffentlichen Meinung (wie der Wind aufrüttelnd wirkt) und dann den Charakter der Leute stärken und beruhigen (wie der Berg Ruhe und Nahrung allem Wachstum in seiner Umgebung gibt).

Die einzelnen Linien

Anfangs eine Sechs bedeutet:
Zurechtbringen des vom Vater Verdorbenen.
Wenn ein Sohn da ist,
bleibt auf dem heimgegangenen Vater kein Makel.
Gefahr. Schließlich Heil.

Das starre Stehenbleiben beim Hergebrachten hat Verderben zur Folge gehabt. Aber das Verderben ist noch nicht tief eingewurzelt, darum kann es noch leicht gebessert werden. Es ist, wie wenn ein Sohn das Verderben, das unter seinem Vater sich eingeschlichen hat, ausgleicht. Da bleibt auf dem Vater kein Makel sitzen. Aber man darf die Gefahr nicht übersehen und die Sache zu leicht nehmen. Nur wenn man sich der mit jeder Reform verbundenen Gefahr bewußt ist, geht schließlich alles gut.

Neun auf zweitem Platz bedeutet:
Zurechtbringen des von der Mutter Verdorbenen.
Man darf nicht zu beharrlich sein.

Es handelt sich um Fehler, die aus Schwachheit das Verderben veranlaßt haben. Daher das Symbol des von der Mutter Verdorbenen. Da ist beim Ausgleich eine gewisse zarte Rücksicht notwendig. Man darf nicht allzu schroff vorgehen wollen, damit man nicht durch Schroffheit verletzt.

Neun auf drittem Platz bedeutet:
Zurechtbringen des vom Vater Verdorbenen.
Ein wenig wird es Reue geben. Kein großer Makel.

Es ist hier jemand gezeichnet, der beim Zurechtbringen der Fehler der Vergangenheit etwas zu energisch vorgeht. Dadurch werden sicher dann und wann kleinere Unzuträglichkeiten und Verstimmungen entstehen. Aber besser zuviel als zuwenig Energie. Wenn man daher auch manchmal ein wenig zu bereuen hat, so bleibt man doch frei von jedem ernstlichen Makel.

Sechs auf viertem Platz bedeutet:
Dulden des vom Vater Verdorbenen.
Beim Fortmachen sieht man Beschämung.

Es wird hier die Lage gezeigt, daß jemand aus Schwachheit dem Verderben, das aus der Vergangenheit stammt und sich jetzt zu zeigen beginnt, nicht entgegentritt, sondern ihm seinen Lauf läßt. Wenn das so weitergeht, wird Beschämung die Folge sein.

- **Sechs auf fünftem Platz bedeutet:**
  Zurechtbringen des vom Vater Verdorbenen.
  Man findet Lob.

Man sieht sich einem durch die Vernachlässigung früherer Zeiten entstandenen Verderben gegenüber. Man besitzt nicht die Kraft, ihm allein entgegenzuwirken. Doch findet man tüchtige Gehilfen, mit deren Unterstützung man zwar nicht einen schöpferischen Neuanfang, aber wenigstens eine gründliche Reform zuwege bringt, was auch des Lobes würdig ist.

Oben eine Neun bedeutet:
Dient nicht Königen und Fürsten.
Steckt sich höhere Ziele.

Nicht jeder Mensch ist verpflichtet, sich in die Weltgeschäfte zu mischen. Es gibt auch solche, die innerlich schon so weit entwickelt sind, daß sie die Berechtigung haben, der Welt ihren Lauf zu lassen, ohne sich ins politische Leben reformierend einzumischen. Aber damit ist nicht gemeint, daß sie tatenlos oder bloß kritisch sich verhalten dürften. Nur die Arbeit an den höheren Zielen der Menschheit in der eigenen Person gibt die Berechtigung zu solcher Zurückgezogenheit. Denn wenn der Weise sich auch dem Tagesgetriebe fernhält, so schafft er doch unvergleichliche Menschheitswerte für die Zukunft. (In Europa ist die Stellung Goethes nach den Napoleonischen Kriegen ein Beispiel dieses Handelns.)

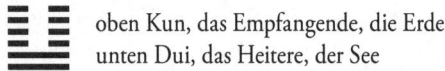

19. Lin – Die Annäherung

```
☷  oben Kun, das Empfangende, die Erde
☱  unten Dui, das Heitere, der See
```

Das chinesische Wort Lin hat eine Reihe von Bedeutungen, die in einem einzigen deutschen Wort sich nicht erschöpfen lassen. Die alten Erklärungen des Buches der Wandlungen geben als erste Bedeutung »Großwerden« an. Was groß wird, sind die beiden starken Striche, die von unten her in das Zeichen hineinwachsen. Mit ihnen dehnt sich die lichte Kraft aus. Von da aus geht der Gedanke weiter zu dem Begriff der Annäherung, und zwar der Annäherung des Starken, Höherstehenden an das Niedrige. Es bedeutet dann schließlich auch die Herablassung eines Höheren gegen das Volk, ferner die Inangriffnahme der Geschäfte. Das Zeichen ist dem zwölften Monat (Januar – Februar) zugeordnet, da nach der Sonnenwende die lichte Kraft schon wieder im Aufsteigen begriffen ist.

Das Urteil
Die Annäherung hat erhabenes Gelingen.
Fördernd ist Beharrlichkeit.
Kommt der achte Monat, so gibt's Unheil.

Das Zeichen als Ganzes deutet auf eine Zeit hoffnungsfrohen Fortschritts. Der Frühling naht. Freude und Nachgiebigkeit bringen Hohe und Niedrige einander näher. Erfolg ist gewiß. Nur bedarf es der entschlossenen und beharrlichen Arbeit, um die Gunst der Zeit voll auszunützen. Und noch eins: Die Frühlingszeit dauert nicht ewig. Im achten Monat sind die Aspekte umgekehrt. Da sind nur noch zwei starke, lichte Linien übrig, die aber nicht im Vordringen, sondern im Rückzug sind (vgl. das nächste Zeichen). Diesen Umschlag gilt es rechtzeitig zu bedenken. Wenn man so dem Übel begegnet, ehe es noch in Erscheinung getreten ist, ja noch ehe es sich zu regen begonnen hat, so wird man seiner Meister werden.

Das Bild
Oberhalb des Sees ist die Erde: das Bild der Annäherung.
So ist der Edle in seiner Absicht zu lehren unerschöpflich
und im Ertragen und Schützen des Volkes ohne Grenzen.

Die Erde grenzt von oben an den See, das ist das Bild der Annäherung und Herablassung des Höheren gegen die Tieferstehenden. Aus den beiden Teilen des Bildes ergibt sich sein Verhalten zu diesen Menschen. Wie der See unerschöpfliche Tiefe zeigt, so ist der Weise unerschöpflich in seiner Bereitschaft, die Menschen zu belehren; und wie die Erde grenzenlos weit ist und alle Geschöpfe trägt und hegt, so trägt und hegt der Weise die Menschen, ohne durch Grenzen irgendwelcher Art einen Teil der Menschheit auszuschließen.

Die einzelnen Linien

- **Anfangs eine Neun bedeutet:**
  Gemeinsame Annäherung. Beharrlichkeit bringt Heil.

Das Gute beginnt sich durchzusetzen und findet an einflußreicher Stelle Entgegenkommen. Von dort geht die Anregung an den tüchtigen Menschen aus herbeizukommen. Da mag man sich dem Zug nach aufwärts anschließen. Nur muß man darauf bedacht sein, in der Zeitströmung sich selbst nicht zu verlieren, sondern beharrlich im Rechten zu bleiben: das bringt Heil.

- **Neun auf zweitem Platz bedeutet:**
  Gemeinsame Annäherung. Heil! Alles ist fördernd.

Da man sich in der Lage befindet, von oben her zum Herbeikommen angeregt zu sein, und da man in sich selbst die Stärke und Konsequenz besitzt, die keiner Warnung bedarf, so hat man Heil. Auch die Zukunft braucht einem keine Sorge zu machen. Wohl weiß man, daß alles Irdische vergänglich ist und auf jeden Aufstieg ein Niedergang folgt: aber man läßt sich durch dieses allgemeine Schicksal nicht irremachen. Alles ist fördernd. Darum wird man rasch und brav und kühn die Lebenswege wandern.

Sechs auf drittem Platz bedeutet:
Behagliche Annäherung. Nichts, das fördernd wäre.
Erreicht man Trauer darüber, so wird man ohne Makel.

Es geht fröhlich voran. Man kommt zu Macht und Einfluß. Aber das birgt die Gefahr, daß man im Vertrauen auf seine Stellung sich behaglich fühlt und diese behaglich-lässige Stimmung im Verkehr mit den Menschen hervortreten läßt. Das ist unter allen Umständen schädlich. Doch ist die Möglichkeit des Umschlags der Stimmung gegeben. Wenn man Trauer über diese verkehrte Haltung empfindet, wenn man die Verantwortung fühlt, die in einer einflußreichen Stellung beschlossen ist, so macht man sich frei von Fehlern.

Sechs auf viertem Platz bedeutet:
Vollkommene Annäherung. Kein Makel.

Während die drei unteren Linien das Aufsteigen zu Macht und Einfluß bezeichnen, zeigen die drei oberen das Verhalten der Höhergestellten zu den Niedrigen, denen sie Einfluß verschaffen. Hier ist vollkommen vorurteilslose Annäherung eines Höherstehenden an einen tüchtigen Mann gezeigt, den er ohne Rücksicht auf Standesvorurteile in seinen Verkehr zieht. Das ist sehr günstig.

Sechs auf fünftem Platz bedeutet:
Weise Annäherung. Das ist recht für
einen großen Fürsten. Heil!

Ein Fürst oder jemand in leitender Stellung soll die Weisheit besitzen, in seine Umgebung tüchtige Menschen zu ziehen, die sachkundig sind in der Leitung der Geschäfte. Seine Weisheit besteht ebensowohl darin, daß er die rechten Leute auszuwählen versteht, als auch darin, daß er die, die er ausgewählt hat, gewähren läßt, daß er sich nicht selbst in die Geschäfte einmischt. Denn nur durch diese Zurückhaltung wird er für alle Anforderungen die Leute finden, die nötig sind, um sie sachgemäß zu erledigen.

Oben eine Sechs bedeutet:
Großherzige Annäherung. Heil. Kein Makel.

Ein Weiser, der die Welt überwunden hat und innerlich schon mit dem Leben fertig ist, kann unter Umständen in die Lage kommen, noch einmal ins Diesseits hereinzukommen und sich den andern Menschen anzunähern. Das ist für die andern Menschen, denen er seine Belehrung und Hilfe zuwendet, von großem Heil. Aber auch für ihn selbst ist diese großherzige Selbsterniedrigung kein Makel.

20. Guan – Die Betrachtung (der Anblick)

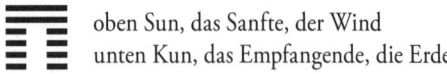

oben Sun, das Sanfte, der Wind
unten Kun, das Empfangende, die Erde

Der chinesische Name des Zeichens hat mit leichter Abwandlung der Betonung eine doppelte Bedeutung. Einerseits bedeutet es das Betrachten, andererseits das Gesehenwerden, das Vorbild. Diese Gedanken werden dadurch nahegelegt, daß das Zeichen aufgefaßt werden kann als das Bild eines Turmes ☴☷, wie sie im alten China häufig waren. Von solchen Türmen hatte man eine weite Aussicht ringsumher, und andererseits war ein solcher Turm auf einem Berg weithin sichtbar. So wird durch das Zeichen ein Herrscher gezeigt, der nach oben das Gesetz des Himmels und nach unten die Sitten des Volkes betrachtet und der mit seiner guten Regierung ein erhabenes Vorbild für die Massen ist.

Das Zeichen ist dem achten Monat (September – Oktober) zugeordnet. Die lichte Kraft zieht sich zurück, die dunkle ist wieder im Steigen. Doch kommt diese Seite hier für die Gesamterklärung des Zeichens nicht in Betracht.

Das Urteil
Die Betrachtung.
Die Waschung ist geschehen, aber noch nicht die Darbringung.
Vertrauensvoll blicken sie zu ihm auf.

Die Opferhandlung in China begann mit einer Waschung und Libation, durch die die Gottheit herbeigerufen wurde. Darauf wurden die Opfer dargebracht. Der Zeitpunkt zwischen beiden Handlungen ist der heiligste, der Augenblick höchster innerer Sammlung. Wenn die Frömmigkeit glaubensvoll und aufrichtig ist, so wirkt ihre Betrachtung auf die, die Zeugen sind, umwandelnd und ehrfurchtgebietend.

So ist in der Natur ein heiliger Ernst zu sehen in der Gesetzmäßigkeit, mit der alle Naturereignisse vor sich gehen. Die Betrachtung des göttlichen Sinns des Weltgeschehens gibt dem Mann, der auf Menschen zu wirken berufen ist, die Mittel an die Hand, dieselben Wirkungen auszuüben. Dazu ist eine innere Sammlung nötig, wie sie die religiöse Betrachtung in großen und glaubensstarken Menschen hervorbringt. Dadurch schauen sie die geheimnisvollen göttlichen Lebensgesetze und verschaffen ihnen durch den höchsten Ernst innerer Sammlung Verwirklichung in ihrer eigenen Persönlichkeit. So geht von ihrem Anblick eine geheimnisvolle geistige Macht aus, die auf die Menschen wirkt und sie unterwirft, ohne daß sie sich bewußt werden, wie das zugeht.

Das Bild
Der Wind geht über die Erde hin:
das Bild der Betrachtung.
So besuchten die alten Könige die Weltgegenden,
betrachteten das Volk und spendeten Belehrung.

Wenn der Wind über die Erde weht, so kommt er überall hin, und das Gras muß sich seiner Macht beugen. Diese beiden Vorgänge finden in dem Zeichen ihre Bestätigung. Sie waren in Wirklichkeit umgesetzt in den Einrichtungen der Könige des Altertums, die einerseits durch regelmäßige Reisen sich den Anblick ihres Volkes verschafften, so daß ihnen nichts, was als Sitte im Volk lebte, entgehen konnte, und die dabei andererseits ihren Einfluß geltend machten, durch den solche Sitten, die nicht stimmten, geändert wurden.
Das Ganze deutet auf die Macht der überlegenen Persönlichkeit. Eine solche wird die große Menge der Menschen übersehen in ihren wirklichen Gesinnungen, so daß keine Täuschung ihm gegenüber möglich ist, und andererseits wird er durch sein bloßes Dasein, durch die Wucht seiner Persönlichkeit, Eindruck auf sie machen, so daß sie sich nach ihm richten wie das Gras nach dem Wind.

Die einzelnen Linien

Anfangs eine Sechs bedeutet:
Knabenhaftes Betrachten.
Für einen geringen Menschen kein Makel.
Für einen Edlen beschämend.

Ein verständnisloses Betrachten aus der Ferne ist hier gezeichnet. Es ist jemand da, der wirkt, aber dessen Wirkungen von den geringen Menschen nicht verstanden werden. Das tut bei der Masse nicht viel. Ob sie die Handlungen des herrschenden Weisen verstehen oder nicht: sie kommen ihnen doch zugute. Aber für den höheren Menschen ist das eine Schande. Er darf sich nicht mit törichtem, gedankenlosem Betrachten der herrschenden Einflüsse begnügen. Er muß sie im Zusammenhang betrachten und zu verstehen suchen.

Sechs auf zweitem Platz bedeutet:
Betrachtung durch die Türspalte.
Fördernd ist die Beharrlichkeit einer Frau.

Durch die Türspalte hat man einen beschränkten Ausblick. Man sieht von innen nach außen. Die Betrachtungsweise ist subjektiv beschränkt. Man bezieht alles auf sich. Man kann sich nicht in den andern und seine Beweggründe hineinversetzen. Das ist für eine gute Hausfrau am Platz. Sie braucht nichts zu verstehen von den Welthändeln. Für einen Mann, der im öffentlichen Leben zu wirken hat, ist solche beschränkt egoistische Betrachtungsweise natürlich vom Übel*.

Sechs auf drittem Platz bedeutet:
Betrachtung meines Lebens entscheidet
über Fortschritt oder Rückzug.

Es ist hier der Platz des Übergangs. Man blickt nicht mehr nach außen, um mehr oder weniger beschränkte oder verwirrte Bilder zu erhalten, sondern man richtet die Betrachtung auf sich selbst, um die Richtung für seine Entschließungen zu bekommen. Diese Einkehr der Betrachtung ist gerade die Überwindung der naiven Selbstischkeit dessen, der alles nur von seinem Standpunkt aus betrachtet. Man kommt zur Reflexion und damit zur Objektivität. Die Selbsterkenntnis ist aber nicht eine Beschäftigung mit den eigenen Gedanken, sondern mit den Wirkungen, die von einem ausgehen. Nur die Lebenswirkungen geben ein Bild, das uns berechtigt, über Fortschritt oder Rückgang zu entscheiden.

---

* Die Verschiedenheit in der Bewertung des Verhaltens von Mann und Frau ist nicht auf das alte China beschränkt. Das Bild, das Schiller in der Glocke von der Hausfrau zeichnet, bewegt sich vollkommen in diesem Kreis.

Sechs auf viertem Platz bedeutet:
Betrachtung des Lichtes des Reiches.
Fördernd ist es, als Gast eines Königs zu wirken.

Hier ist ein Mann gezeichnet, der die Geheimnisse versteht, durch die man ein Reich zur Blüte bringt. Ein solcher Mann muß an einen maßgebenden Platz gebracht werden, wo er wirken kann. Er soll gleichsam Gast sein, d. h., er soll selbständig wirken können und geehrt werden, nicht als Werkzeug benützt werden.

- **Neun auf fünftem Platz bedeutet:**
Betrachtung meines Lebens.
Der Edle ist ohne Makel.

Ein Mann an maßgebender Stelle, zu dem die andern aufblicken, muß dauernd zur Selbstprüfung bereit sein. Die rechte Art der Selbstprüfung besteht jedoch nicht darin, daß man sich untätig über sich selbst besinnt, sondern darin, daß man die Wirkungen prüft, die von einem ausgehen. Nur wenn diese Wirkungen gut sind, daß man einen guten Einfluß auf andere ausübt, wird die Betrachtung des eigenen Lebens die Befriedigung gewähren, ohne Fehler zu sein.

- **Oben eine Neun bedeutet:**
Betrachtung seines Lebens.
Der Edle ist ohne Makel.

Während die vorige Linie einen Mann darstellt, der sich selbst betrachtet, ist hier an höchster Stelle alles Persönliche, aufs eigene Ich Bezogene, ausgeschaltet. Es ist hier ein Weiser gezeigt, der außerhalb des Weltgetriebes frei vom Ich die Gesetze des Lebens betrachtet und so als Höchstes erkennt, weil man frei von Makel wird.

噬嗑

21. Schï Ho – Das Durchbeißen

oben Li, das Haftende, das Feuer
unten Dschen, das Erregende, der Donner

Das Zeichen stellt einen geöffneten Mund dar (vgl. Nr. 27, I), zwischen dessen Zähnen ein Hindernis ist (an vierter Stelle). Infolge davon lassen sich die Lippen nicht vereinigen. Um eine Vereinigung herbeizuführen, bedarf es des energischen Durchbeißens des Hindernisses. Das Zeichen besteht ferner aus den Zeichen für Donner und Blitz, um anzudeuten, wie Hindernisse in der Natur gewaltsam beseitigt werden. Das energische Durchbeißen überwindet das Hindernis der Vereinigung im Mund. Das Gewitter mit Donner und Blitz überwindet die störende Spannung in der Natur. Prozeß und Strafe überwinden die Störungen des harmonischen Zusammenlebens durch Verbrecher und Verleumder. Im Unterschied zu dem Zeichen Nr. 6, »der Streit«, wo es sich um Zivilprozesse handelt, ist hier der Strafprozeß behandelt.

Das Urteil
Das Durchbeißen hat Gelingen.
Fördernd ist es, Gericht walten zu lassen.

Wenn ein Hindernis der Vereinigung entgegensteht, so schafft energisches Durchbeißen Erfolg. Das gilt in allen Verhältnissen. Immer wird die Einheit, wo sie nicht zustande kommt, durch einen Zwischenträger und Verräter, durch einen Hindernden und Hemmenden aufgehalten. Da muß man energisch durchgreifen, damit kein dauernder Schaden entsteht. Solche bewußten Hinderungen verschwinden nicht von selbst. Gericht und Strafe sind nötig zur Abschreckung bzw. Beseitigung.
Aber es gilt dabei in der rechten Weise vorzugehen. Das Zeichen ist aus Li, Klarheit, und Dschen, Erregung, zusammengesetzt. Li ist weich, Dschen ist hart. Bloße Härte und Erregung wäre zu heftig im Strafen. Bloße Klarheit und Weichheit wäre zu schwach. Beides vereint schafft das rechte Maß. Wichtig ist, daß

der entscheidende Mann, der durch den fünften Strich repräsentiert ist, seiner Natur nach milde ist, während er durch seine Stellung ehrfurchtgebietend wirkt.

Das Bild
Donner und Blitz: das Bild des Durchbeißens.
So festigten die früheren Könige
die Gesetze durch klar bestimmte Strafen.

Die Strafen sind die einzelnen Anwendungen der Gesetze. Die Gesetze enthalten die Aufzeichnung der Strafen. Klarheit herrscht, wenn bei der Festsetzung der Strafen leichtere und schwerere je nach den entsprechenden Vergehen klar unterschieden werden. Das wird symbolisiert durch die Klarheit des Blitzes. Die Festigung der Gesetze erfolgt durch die gerechte Anwendung der Strafen. Das wird symbolisiert durch den Schrecken des Donners. Diese Klarheit und Strenge bezweckt, daß die Menschen in Respekt gehalten werden; nicht sind die Strafen um ihrer selbst willen wichtig. Die Hindernisse im Zusammenleben der Menschen werden alle groß durch Unklarheit der Strafbestimmungen und Lässigkeit in ihrer Ausführung. Nur durch Klarheit und bestimmte Raschheit der Strafen werden die Gesetze gefestigt.

*Die einzelnen Linien**

Anfangs eine Neun bedeutet:
Steckt mit den Füßen im Block, daß die Zehen verschwinden.
Kein Makel.

Wenn jemand sofort beim ersten Versuch, etwas Böses zu tun, der Strafe verfällt, so ist die Strafe nur leicht. Es werden nur die Zehen vom Block bedeckt. Er wird dadurch am Weitersündigen gehindert und wird so frei von Makel. Das ist eine Mahnung, auf der Bahn des Bösen rechtzeitig einzuhalten.

---

* Die einzelnen Linien werden unabhängig vom Gesamtsinn des Zeichens so erklärt. daß der Erste und der Oberste Strafe erleiden, während die übrigen mit Verhängung von Strafen beschäftigt sind (vgl. dazu die entsprechenden Striche des Zeichens Nr. 4. Mong, die Jugendtorheit).

Sechs auf zweitem Platz bedeutet:
Beißt durch weiches Fleisch, daß die Nase verschwindet.
Kein Makel.

Recht und Unrecht lassen sich im vorliegenden Fall leicht unterscheiden. Es ist, wie wenn man durch weiches Fleisch beißt. Aber man trifft auf einen harten Sünder. Darum geht man aus Zorn in der Erregung etwas zu weit. Das Verschwinden der Nase beim Zubeißen bedeutet, daß man den feinen Spürsinn infolge der Empörung verliert. Doch schadet das nicht viel, weil die Strafe als solche gerecht ist.

Sechs auf drittem Platz bedeutet:
Beißt auf altes Dörrfleisch und trifft auf Giftiges.
Kleine Beschämung. Kein Makel.

Es soll jemand eine Strafe vollziehen, zu der er nicht genügend Macht und Ansehen besitzt. Darum fügen sich die Bestraften nicht. Es handelt sich um eine alte Sache – symbolisiert durch gesalzenes Wildbret – und dabei stößt man auf Schwierigkeiten Das alte Fleisch ist verdorben. Man zieht sich durch Beschäftigung mit der Sache giftigen Haß zu. Dadurch kommt man etwas in eine beschämende Lage. Aber da es ein Erfordernis der Zeit war zu strafen, so bleibt man doch frei von Makel.

Neun auf viertem Platz bedeutet:
Beißt auf getrocknetes Knorpelfleisch.
Erhält Metallpfeile.
Fördernd ist es,
der Schwierigkeiten eingedenk und beharrlich zu sein.
Heil!

Es sind sehr große Schwierigkeiten zu überwinden. Mächtige Gegner sollen bestraft werden. Das ist sehr mühsam. Doch es gelingt. Aber man muß die Härte von Metall und die Geradheit eines Pfeils besitzen, um die Schwierigkeiten zu überwinden. Wenn man diese Schwierigkeiten kennt und beharrlich bleibt, so erlangt man Heil. Die schwierige Aufgabe gelingt zuletzt.

- **Sechs auf fünftem Platz bedeutet:**
  Beißt auf getrocknetes Muskelfleisch.
  Erhält gelbes Gold.
  Beharrlich der Gefahr bewußt sein. Kein Makel.

Man hat einen Fall zu entscheiden, der zwar nicht leicht, aber doch klar ist. Aber die eigene Natur ist zur Gutmütigkeit geneigt. Darum muß man sich zusammennehmen, daß man ist wie gelbes Gold, d. h. unparteiisch – Gelb ist die Farbe der Mitte und treu wie Gold. Nur wenn man sich dauernd der Gefahren bewußt ist, die aus der Verantwortung entspringen, die man übernommen hat, bleibt man frei von Fehlern.

- **Oben eine Neun bedeutet:**
  Steckt mit dem Hals im hölzernen Kragen,
  daß die Ohren verschwinden.
  Unheil!

Es handelt sich hier im Unterschied zu der Anfangslinie um einen Menschen, der unverbesserlich ist. Er trägt zur Strafe den hölzernen Halskragen. Aber seine Ohren verschwinden darin. Er hört nicht mehr auf Warnungen, sondern ist taub für sie. Diese Verstockung führt ins Unheil.*

---

* Es ist zu bemerken, daß noch eine andere Deutung besteht. die von der Idee »oben das Licht, d. h. die Sonne, unten die Bewegung« ausgehend das Zeichen auf einen Markt deutet, der unten in Bewegung ist, während die Sonne oben am Himmel steht. Und zwar handelt es sich um einen Eßwarenmarkt. Das Fleisch deutet auf Eßwaren. Gold und Pfeile sind Handelsartikel. Das Verschwinden der Nase bedeutet das Verschwinden des Geruch, d. h., der Betreffende ist nicht habgierig. Das Gift deutet auf die Gefahren des Reichtums usw.

Zu »*Anfangs eine Neun*« bemerkt Kungtse:
»Der Gemeine schämt sich nicht der Lieblosigkeit und scheut sich nicht vor Ungerechtigkeit. Wenn er keinen Vorteil winken sieht, so rührt er sich nicht. Wenn er nicht eingeschüchtert wird, so bessert er sich nicht. Doch wenn er im Kleinen zurechtgebracht wird, so nimmt er sich im Großen in acht. Das ist für den geringen Menschen ein Glück.«

Zu »*Oben eine Neun*« bemerkt Kungtse:
»Wenn das Gute sich nicht ansammelt, reicht es nicht aus, einen berühmt zu machen. Wenn das Böse sich nicht ansammelt, ist es nicht stark genug, einen zu vernichten. Der Gemeine denkt deshalb, Gutes im Kleinen habe keinen Wert; darum unterläßt er es. Er denkt: ›Kleine Sünden schaden nichts.‹ Darum gewöhnt er sie sich nicht ab. So sammeln sich seine Sünden an, bis sie sich nicht mehr bedecken lassen, und seine Schuld wird so groß, daß sie sich nicht mehr lösen läßt.«

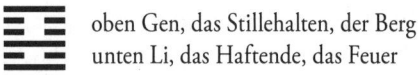

22. Bi – Die Anmut

oben Gen, das Stillehalten, der Berg
unten Li, das Haftende, das Feuer

Das Zeichen zeigt ein Feuer, das aus den geheimen Tiefen der Erde hervorbricht und emporflackernd den Berg, die himmlische Höhe, erleuchtet und verschönt. Die Anmut, die schöne Form ist nötig bei jeder Vereinigung, damit sie geordnet und lieblich wird und nicht chaotisch und ungeordnet.

Das Urteil
Anmut hat Gelingen.
Im Kleinen ist es fördernd, etwas zu unternehmen.

Die Anmut bringt Gelingen. Aber sie ist nicht das Wesentliche, die Grundlage, sondern nur die Verzierung. Daher darf sie nur sparsam, im Kleinen angewandt werden. In dem unteren Zeichen, Feuer, tritt eine weiche Linie zwischen zwei starke und macht sie schön; die starken aber sind das Wesen, die schwache Linie ist die verschönernde Form. Im oberen Zeichen, Berg, tritt die starke Linie bestimmend an die Spitze, so daß sie auch hier als ausschlaggebend in Betracht kommt. In der Natur sieht man am Himmel das starke Licht der Sonne. Auf ihr beruht das Leben der Welt. Aber dieses Starke, Wesentliche wird umgewandelt und findet anmutige Abwechslung durch Mond und Sterne. Im Menschenleben besteht die schöne Form darin, daß wie Berge feststehende, starke Ordnungen da sind, die durch die klare Schönheit gefällig gemacht werden. Die Betrachtung der Formen am Himmel verleiht die Fähigkeit, die Zeit und ihre wechselnden Anforderungen zu verstehen. Die Betrachtung der Formen im Menschenleben verleiht die Möglichkeit, die Welt zu gestalten.
Bemerkung: Das Zeichen zeigt die ruhende Schönheit: innen Klarheit und außen Stille. Das ist die Ruhe der reinen Betrachtung. Wenn das Begehren schweigt, der Wille zur Ruhe kommt, dann tritt die Welt als Vorstellung in die Erscheinung. Und als solche ist sie schön und dem Kampf des Daseins ent-

nommen. Das ist die Welt der Kunst. Aber durch bloße Betrachtung wird der Wille nicht endgültig zur Ruhe gebracht. Er wird wieder erwachen, und alles Schöne war dann nur ein vorübergehender Moment der Erhebung. Darum ist dies noch nicht der eigentliche Weg zur Erlösung. Kungtse fühlte sich daher auch sehr unbehaglich, als er bei Gelegenheit einer Befragung des Orakels das Zeichen »Anmut« bekam.

Das Bild
Unten am Berg ist das Feuer: das Bild der Anmut.
So verfährt der Edle bei der Klarstellung
der laufenden Angelegenheiten,
aber er wagt es nicht, danach große Streitfragen zu entscheiden.

Das Feuer, dessen Schein den Berg erleuchtet und anmutig macht, leuchtet nicht auf große Entfernung. So genügt anmutige Form zwar, um kleinere Angelegenheiten zu erheitern und zu erhellen, aber wichtige Fragen können in dieser Weise nicht entschieden werden. Sie bedürfen größeren Ernstes.

Die einzelnen Linien

Anfangs eine Neun bedeutet:
Macht seine Zehen anmutig, verläßt den Wagen und geht.

Die Stellung zu Beginn und an untergeordnetem Platz bringt es mit sich, daß man die Mühe des Vorankommens selbst auf sich nehmen muß. Man hätte Gelegenheit, sich unter der Hand eine Erleichterung dargestellt unter dem Bild des Wagens – zu verschaffen. Aber ein in sich geschlossener Mensch verschmäht solche auf zweifelhafte Weise erlangte Erleichterungen. Er findet es anmutiger, zu Fuß zu gehen, als unrechtmäßigerweise im Wagen zu fahren.

• Sechs auf zweitem Platz bedeutet:
Macht seinen Kinnbart anmutig.

Der Bart ist nichts Selbständiges. Er kann nur mit dem Kinn zusammen bewegt werden. Das Bild bedeutet daher, daß die Form nur im Gefolge und als Begleiterscheinung des Gehalts in Betracht kommt.

Der Bart ist eine überflüssige Zierde. Seine selbständige Pflege ohne Rücksicht auf den zu schmückenden inneren Gehalt – wäre daher ein Zeichen einer gewissen Eitelkeit.

Neun auf drittem Platz bedeutet:
Anmutig und feucht.
Dauernde Beharrlichkeit bringt Heil.

Es ist eine höchst anmutige Lebenslage, in der man sich befindet. Anmut und feuchtverklärter Glanz umgeben einen. Diese Anmut kann wohl schmücken, sie kann aber auch versinken lassen. Daher die Warnung, nicht in der feuchten Bequemlichkeit zu versinken, sondern dauernd beharrlich zu bleiben. Darauf beruht das Heil.

Sechs auf viertem Platz bedeutet:
Anmut oder Einfachheit?
Ein weißes Pferd kommt wie geflogen:
Nicht Räuber er ist, will freien zur Frist.

Man ist in einer Lage, in der sich Zweifel ergeben, ob man weiterhin die Anmut äußeren Glanzes suchen soll oder ob es nicht besser ist, zur Einfachheit zurückzukehren. In diesem Zweifel liegt schon die Antwort. Von außen naht sich eine Bestärkung. Es kommt heran wie ein weißes Flügelpferd. Die weiße Farbe deutet auf Einfachheit. Und wenn es auch im ersten Augenblick enttäuschend wirken könnte, daß man die Bequemlichkeiten, die man auf anderm Wege sich verschaffen könnte, entbehren muß: in der treuen Verbindung mit dem Freund und Freier findet man Beruhigung. Das fliegende Pferd ist das Bild der Gedanken, die alle Schranken des Raums und der Zeit überfliegen.

Sechs auf fünftem Platz bedeutet:
Anmut in Hügeln und Gärten.
Das Seidenbündel ist ärmlich und klein.
Beschämung, doch schließlich Heil.

Man zieht sich aus dem Verkehr mit den Menschen der Tiefe, die nur Pracht und Luxus suchen, zurück in die Einsamkeit der Höhen. Da findet man einen Menschen, zu dem man aufblickt und den man sich zum Freund machen möchte. Aber die Gastgeschenke, die man zu bieten hat, sind nur gering und dürftig, so daß man beschämt ist. Doch kommt es nicht auf die äußere Gabe an, sondern auf die wahre Gesinnung; darum geht schließlich alles gut.

- **Oben eine Neun bedeutet:**
  Schlichte Anmut.
  Kein Makel.

Hier auf der obersten Stufe wird aller Schmuck abgelegt. Die Form verdeckt nicht mehr den Gehalt, sondern läßt ihn zur vollen Geltung kommen. Die höchste Anmut besteht nicht in äußerer Verzierung des Materials, sondern in seiner schlichten, sachgemäßen Gestaltung.

剝

23. Bo – Die Zersplitterung

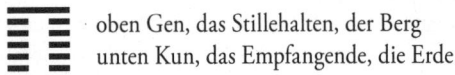
oben Gen, das Stillehalten, der Berg
unten Kun, das Empfangende, die Erde

Die dunklen Linien sind im Begriff, nach oben zu steigen und auch den letzten festen und lichten Strich zu Fall zu bringen, indem sie ihn durch ihren Einfluß zersetzen. Das Gemeine, Dunkle bekämpft das Edle, Starke nicht direkt, sondern höhlt es durch unmerkliche Wirkung allmählich aus, so daß es schließlich zusammenbricht.
Das Zeichen stellt das Bild eines Hauses dar. Der oberste Strich ist das Dach. Indem nun das Dach zerbrochen wird, zerfällt das Haus.
Das Zeichen ist dem neunten Monat (Oktober – November) zugeordnet. Die Yinkraft dringt immer mächtiger heran und ist im Begriff, die Yangkraft völlig zu verdrängen.

Das Urteil
Die Zersplitterung. Nicht fördernd ist es, wohin zu gehen.

Es ist eine Zeit, da die Gemeinen im Vordringen sind und eben im Begriff stehen, die letzten Starken und Edlen zu verdrängen. Darum, weil das im Lauf der Zeit begründet ist, ist es für den Edlen unter solchen Umständen nicht förderlich, etwas zu unternehmen. Aus den Bildern und ihren Eigenschaften ist das rechte Verhalten in solchen widrigen Zeiten zu entnehmen. Das untere Zeichen bedeutet die Erde, deren Eigenschaft die Fügsamkeit und Hingebung ist, das obere Zeichen bedeutet den Berg, dessen Eigenschaft die Stille ist. Das legt den Rat nahe, sich in die böse Zeit zu fügen und still zu sein. Es handelt sich hier nicht um menschliches Machen, sondern um Zeitverhältnisse, die nach himmlischen Gesetzen auch einen Wechsel von Zunahme und Abnahme, Fülle und Leere zeigen. Diesen Zeitverhältnissen läßt sich nicht entgegenwirken. Daher ist es nicht Feigheit, sondern Weisheit, wenn man sich fügt und vermeidet zu handeln.

Das Bild
Der Berg ruht auf der Erde: das Bild der Zersplitterung.
So können die Oberen nur durch reiches Spenden an die
Unteren ihre Stellung sichern.

Der Berg ruht auf der Erde. Wenn er steil und schmal ist und keine breite Grundlage hat, so muß er einstürzen. Nur dadurch, daß er breit und groß sich aus der Erde erhebt, nicht stolz und steil, ist seine Stellung gesichert. So ruhen auch die Herrschenden auf der breiten Grundlage des Volks. Auch für sie gilt es, freigebig und großzügig zu sein, wie die Erde, die alles trägt; dann werden sie ihre Stellung in Sicherheit bringen wie die Ruhe eines Berges.

Die einzelnen Linien

Anfangs eine Sechs bedeutet:
Das Bett wird zersplittert am Bein.
Die Beharrlichen werden vernichtet. Unheil.

Die Gemeinen kommen heran und fangen heimlich von unten an mit ihrer zerstörenden Wühlarbeit, um auf diese Weise den Platz, auf dem der Edle ruht, zu untergraben. Die Anhänger des Herrschers, die ihm treu bleiben, werden durch Verleumdung und alle möglichen Machenschaften vernichtet. Die Lage ist unheilvoll. Doch läßt sich nichts tun als warten.

Sechs auf zweitem Platz bedeutet:
Das Bett wird zersplittert am Rand.
Die Beharrlichen werden vernichtet. Unheil.

Die Macht der Gemeinen wächst. Schon naht sich die Gefahr der eigenen Person. Es kommen schon deutliche Anzeichen. Die Ruhe wird gestört. Während man sich in dieser gefährlichen Lage befindet, ist man zudem noch ohne Hilfe und Entgegenkommen von oben und unten. In dieser Isolierung ist äußerste Vorsicht nötig. Man muß sich nach der Zeit richten und rechtzeitig ausweichen. Wollte man unbeugsam und beharrlich seinen Standpunkt weiter vertreten, so würde das zum Untergang führen.

Sechs auf drittem Platz bedeutet:
Er zersplittert sich mit ihnen. Kein Makel.

Man steht mittendrin in einer schlechten Umgebung, mit der man auch durch äußere Verbindungen zusammenhängt. Doch besteht eine innere Beziehung zu einem höheren Menschen. Dadurch gewinnt man den inneren Halt, daß man sich frei machen kann von dem Wesen der Menschen der Umgebung. Man kommt dadurch wohl in Gegensatz zu ihnen, aber das ist kein Fehler.

Sechs auf viertem Platz bedeutet:
Das Bett wird zersplittert bis zur Haut. Unheil.

Das Unglück erreicht hier den eigenen Leib, nicht mehr nur den Ruheplatz. Eine Warnung oder sonstiger Zusatz ist nicht beigefügt. Das Unheil ist auf der Höhe: Es läßt sich nicht mehr abwenden.

Sechs auf fünftem Platz bedeutet:
Ein Zug Fische. Durch die Palastdamen kommt Gunst.
Alles ist förderlich.

Hier in unmittelbarer Nähe des oberen starken und lichten Prinzips wandelt sich die Natur des Dunklen. Es widerstrebt nicht mehr ränkevoll dem starken Prinzip, sondern unterwirft sich seiner Leitung. Ja als Haupt der übrigen Schwachen führt es diese alle dem Starken zu, gleichwie eine Fürstin ihre Dienerinnen ihrem Gatten wie einen Zug Fische zuführt und dadurch seine Gunst erlangt. Indem das Niedere sich so freiwillig dem Höheren unterstellt, findet es sein Glück, und auch das Höhere kommt zu seinem Recht. Darum geht alles gut.

- **Oben eine Neun bedeutet:**
  Eine große Frucht ist noch ungegessen da.
  Der Edle erhält einen Wagen.
  Dem Gemeinen zersplittert sein Haus.

Hier ist das Ende der Zersplitterung erreicht. Wenn sich das Unheil ausgetobt hat, kommen wieder bessere Zeiten. Der Samen des Guten ist noch übrig. Gerade wenn die Frucht zur Erde fällt, wächst aus ihrem Samen aufs neue das

Gute hervor. Der Edle kommt wieder zu Einfluß und Wirksamkeit. Er wird getragen von der öffentlichen Meinung wie auf einem Wagen. Am Gemeinen aber rächt sich seine Bosheit. Sein Haus zersplittert. Darin liegt ein Naturgesetz. Das Böse ist nicht nur dem Guten verderblich, sondern es vernichtet in seinen letzten Konsequenzen sich selbst; denn das Böse, das nur von der Verneinung lebt, kann aus sich selbst nicht bestehen. Auch der Gemeine fährt am besten, wenn er von einem Edlen in Zucht gehalten wird.

復

24. Fu – Die Wiederkehr (die Wendezeit)

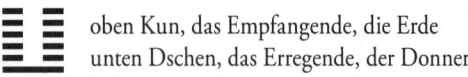 oben Kun, das Empfangende, die Erde
unten Dschen, das Erregende, der Donner

Die Wendezeit wird dadurch angedeutet, daß, nachdem die dunklen Linien die lichten alle nach oben hinausgedrängt haben, nun wieder ein lichter Strich von unten her in das Zeichen eintritt. Die Zeit des Dunkels ist vorüber. Die Sonnenwende bringt den Sieg des Lichts. Das Zeichen ist dem elften Monat, dem Monat der Sonnenwende (Dezember – Januar) zugeordnet.

Das Urteil
Die Wiederkehr. Gelingen.
Ausgang und Eingang ohne Fehl.
Freunde kommen ohne Makel.
Hin und her geht der Weg.
Am siebten Tag kommt die Wiederkehr.
Fördernd ist es, zu haben, wohin man geht.

Nach einer Zeit des Zerfalls kommt die Wendezeit. Das starke Licht, das zuvor vertrieben war, tritt wieder ein. Es gibt Bewegung. Diese Bewegung ist aber nicht erzwungen. Das obere Zeichen Kun hat als Charakter die Hingebung. Es ist also eine natürliche Bewegung, die sich von selbst ergibt. Darum ist die Umgestaltung des Alten auch ganz leicht. Altes wird abgeschafft, Neues wird eingeführt, beides entspricht der Zeit und bringt daher keinen Schaden. Vereinigungen von Gleichgesinnten bilden sich. Aber dieser Zusammenschluß vollzieht sich in voller Öffentlichkeit, er entspricht der Zeit, und darum ist jedes egoistische Sonderbestreben ausgeschlossen, und aus diesen Vereinigungen ergibt sich kein Fehler. Die Wiederkehr ist im Naturlauf begründet. Die Bewegung ist kreisförmig. Der Weg ist in sich geschlossen. Darum braucht man nichts künstlich zu überstürzen. Es kommt alles von selber, wie es an der Zeit ist. Das ist der Sinn von Himmel und Erde.

Alle Bewegungen vollziehen sich in sechs Stufen. Die siebente Stufe bringt dann die Wiederkehr. So kommt im siebenten Monat nach der Sommersonnenwende, von der an das Jahr abwärts geht, die Wintersonnenwende, ebenso kommt in der siebenten Doppelstunde nach Sonnenuntergang der Sonnenaufgang. Darum ist die Sieben die Zahl des jungen Lichts, die dadurch entsteht, daß die Sechs, die Zahl des großen Dunkels, sich um eins steigert. Damit kommt Bewegung in den Stillstand.

Das Bild
Der Donner inmitten der Erde: das Bild der Wendezeit.
So schlossen die alten Könige zur Sonnwendzeit die Pässe.
Händler und Fremdlinge wanderten nicht,
und der Herrscher bereiste nicht die Gegenden.

Die Wintersonnenwende wurde in China von jeher als die Ruhezeit des Jahres gefeiert – ein Brauch, der sich in der Neujahrsruhezeit noch immer erhalten hat. Im Winter ist die Lebenskraft – symbolisiert durch das Erregende, den Donner – noch unter der Erde. Die Bewegung ist in ihren ersten Anfängen. Darum muß man sie durch Ruhe kräftigen, damit sie nicht durch vorzeitigen Verbrauch sich verläuft. Dieser Grundsatz, die wieder einsetzende Kraft durch Ruhe erstarken zu lassen, gilt von allen entsprechenden Verhältnissen. Die wiederkehrende Gesundheit nach einer Krankheit, die wiederkehrende Verständigung nach einer Entzweiung: Alles muß im ersten Anfang zart und schonend behandelt werden, damit die Wiederkehr zur Blüte führt.

Die einzelnen Linien

- **Anfangs eine Neun bedeutet:**
  Wiederkehr aus geringer Entfernung.
  Es bedarf keiner Reue.
  Großes Heil!

Kleine Abweichungen vom Guten sind nicht zu vermeiden. Man muß nur rechtzeitig umkehren, ehe man zu weit gegangen. Das ist besonders bei der Bildung des Charakters von Wichtigkeit. Jeder leise böse Gedanke muß sofort beseitigt werden, ehe man darin zu weit geht und sich verfestigt. So hat man keine Reue nötig, und alles geht sehr gut.

Sechs auf zweitem Platz bedeutet:
Ruhige Wiederkehr. Heil!

Die Umkehr bedarf immer eines Entschlusses und ist ein Akt der Selbstbezwingung. Sie wird erleichtert, wenn man in guter Gesellschaft ist. Wenn man es über sich gewinnt, sich herunterzugeben und sich nach guten Menschen zu richten, so bringt das Heil.

Sechs auf drittem Platz bedeutet:
Mehrfache Wiederkehr. Gefahr. Kein Makel.

Es gibt Menschen von einer gewissen inneren Unbeständigkeit. Für sie ist fortwährend Umkehr der Willensrichtung nötig. In diesem fortwährenden Abwenden vom Guten aus unbeherrschter Neigung und wieder Zuwenden aus besserem Entschluß liegt eine Gefahr. Aber da auf diese Weise eine Verfestigung im Bösen doch auch nicht eintritt, ist die allgemeine Richtung auf Ablegung des Fehlers nicht ausgeschlossen.

Sechs auf viertem Platz bedeutet:
In der Mitte der andern wandelnd,
kehrt man allein wieder.

Man ist mitten in einer Gesellschaft von geringen Menschen, aber man hat innere Beziehungen zu einem starken und guten Freund. Infolge davon kehrt man allein um. Obwohl von Lohn und Strafe nicht die Rede ist, so ist es doch sicher günstig; denn ein solcher Entschluß zum Guten trägt seinen Lohn in sich.

Sechs auf fünftem Platz bedeutet:
Großzügige Wiederkehr. Keine Reue.

Wenn die Zeit zur Umkehr da ist, dann soll man sich nicht hinter kleinliche Ausreden verstecken, sondern in sich gehen und sich prüfen. Und wenn man

etwas falsch gemacht hat, dann soll man in großzügigem Entschluß seinen
Fehler eingestehen. Das ist ein Weg, der niemand gereuen wird.

Oben eine Sechs bedeutet:
Verfehlung der Wiederkehr. Unheil.
Unglück von außen und innen.
Wenn man so Heere marschieren läßt,
wird man schließlich eine große Niederlage erleiden,
so daß es für den Landesherrn unheilvoll ist.
Zehn Jahre lang ist man nicht mehr imstande anzugreifen.

Wenn man die rechte Zeit zur Umkehr versäumt, so kommt man ins Unheil.
Das Unglück ist innerlich begründet durch die falsche Stellung zum Weltzusammenhang. Äußeres Unglück ist die Folge dieser falschen Stellung. Es ist die
Verstockung und ihr Gericht, das gezeichnet wird.

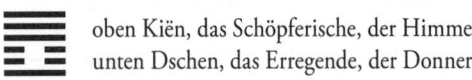

25. Wu Wang – Die Unschuld (das Unerwartete)

oben Kiën, das Schöpferische, der Himmel
unten Dschen, das Erregende, der Donner

Oben ist Kiën, der Himmel, unten ist Dschen, die Bewegung. Das untere Zeichen, Dschen, wird bestimmt durch den starken Strich, den es von oben her, vom Himmel, bekommen hat. Wenn demgemäß die Bewegung dem Gesetz des Himmels folgt, dann ist der Mensch unschuldig und ohne Falsch. Das ist das Echte, Natürliche, das durch keine Überlegungen und Hintergedanken getrübt ist. Wo man die Absicht merkt, da ist die Wahrheit und Unschuld der Natur verloren. Natur ohne die Direktive des Geistes ist nicht wahre Natur, sondern degenerierte Natur. Von dem Gedanken des Natürlichen aus geht die Gedankenbildung teilweise noch weiter, und so umfaßt das Zeichen auch noch den Gedanken des Unbeabsichtigten, Unerwarteten.

Das Urteil
Die Unschuld. Erhabenes Gelingen.
Fördernd ist Beharrlichkeit.
Wenn jemand nicht recht ist, so hat er Unglück,
und nicht fördernd ist es, irgend etwas zu unternehmen.

Der Mensch hat vom Himmel die ursprünglich gute Natur erhalten, daß sie ihn bei allen Bewegungen leite. Durch Hingabe an dieses Göttliche in ihm erlangt der Mensch eine lautere Unschuld, die ohne Hintergedanken an Lohn und Vorteil einfach das Rechte tut mit instinktiver Sicherheit. Diese instinktive Sicherheit bewirkt erhabenes Gelingen und ist fördernd durch Beharrlichkeit. Es ist aber nicht alles Instinktive Natur in diesem höheren Sinn des Wortes, sondern nur das Rechte, das mit dem Willen des Himmels übereinstimmt. Ohne dieses Rechte bewirkt eine unüberlegte instinktive Handlungsweise nur Unglück.

Meister Kung sagt darüber: »Wer von der Unschuld abweicht, wo kommt der hin? Des Himmels Wille und Segen ist nicht mit seinen Taten.«

Das Bild
Unter dem Himmel geht der Donner:
alle Dinge erlangen den Naturzustand der Unschuld.
So pflegten und nährten die alten Könige,
reich an Tugend und entsprechend der Zeit, alle Wesen.

Wenn der Donner – die Lebenskraft – im Frühling sich unter dem Himmel wieder regt, dann sprießt und wächst alles, und alle Geschöpfe erhalten von der schaffenden Natur die Kindesunschuld des ursprünglichen Wesens. So machen es auch die guten Herrscher der Menschen: Mit dem inneren Reichtum ihres Wesens sorgen sie für alles Leben und alle Kultur und tun alles, was zu deren Pflege nötig ist, zur rechten Zeit.

Die einzelnen Linien

- **Anfangs eine Neun bedeutet:**
  Unschuldiger Wandel bringt Heil!

Die ersten ursprünglichen Regungen des Herzens sind immer gut, so daß man ihnen getrost folgen kann und gewiß sein darf, daß man Glück hat und seine Absicht erreicht.

Sechs auf zweitem Platz bedeutet:
Wenn man beim Pflügen nicht ans Ernten denkt
und beim Roden nicht an das Benützen des Feldes:
dann ist es fördernd, etwas zu unternehmen.

Man soll jede Arbeit um ihrer selbst willen tun, wie Zeit und Ort sie verlangen, und nicht nach dem Erfolg schielen, dann gerät sie, und was man unternimmt, hat Erfolg.

Sechs auf drittem Platz bedeutet:
Unverschuldetes Unglück:

Die Kuh, die von jemand angebunden war,
ist des Wanderers Gewinn, des Bürgers Verlust.

Manchmal kommt unverschuldetes Unglück über einen, das von einem andern veranlaßt wird, wie etwa, wenn ein Mann des Weges kommt und eine angebundene Kuh mitlaufen läßt. Sein Gewinn ist des Besitzers Verlust. Bei allen, auch bei unschuldigen Handlungen, muß man sich nach der rechten Zeit richten, sonst kommt unerwartetes Unglück über einen.

Neun auf viertem Platz bedeutet:
Wer vermag beharrlich zu sein, bleibt ohne Makel.

Was einem wirklich gehört, das kann man nicht verlieren, und wenn man es wegwürfe. Man braucht darum gar nicht besorgt zu sein. Man muß nur darum besorgt sein, daß man seinem eigenen Wesen treu bleibt und nicht auf andere hört.

- **Neun auf fünftem Platz bedeutet:**
  Bei unverschuldeter Krankheit gebrauche keine Arznei.
  Es wird schon von selber gut werden.

Kommt von außen her, durch Zufall, ein unerwartetes Übel, das nicht in der eigenen Natur begründet ist und in ihr seinen Anhaltspunkt hat, so soll man nicht nach äußeren Mitteln greifen zu seiner Beseitigung, sondern der Natur ruhig ihren Lauf lassen, dann wird es von selbst besser.

Oben eine Neun bedeutet:
Unschuldiges Handeln bringt Unglück.
Nichts ist fördernd.

Wenn man in einer Lage ist, da kein Fortschritt mehr an der Zeit ist, da gilt es ruhig und ohne Hintergedanken zu warten. Wenn man unüberlegt handelt, um wider das Schicksal voranzukommen, so wird ein Erfolg nicht erreicht.

26. Da Tschu – Des Großen Zähmungskraft

oben Gen, das Stillehalten, der Berg
unten Kiën, das Schöpferische, der Himmel

Das »Schöpferische« wird durch das »Stillehalten« bezähmt. Das gibt eine große Kraft, ganz anders als bei Nr. 9 »Des Kleinen Zähmungskraft«, wo nur das »Sanfte« das »Schöpferische« bezähmt. Während dort ein schwacher Strich die fünf Starken bezähmen soll, sind es hier zwei, außer dem Minister auch noch der Fürst. Darum ist ihre Zähmungskraft weit stärker. Eine dreifache Bedeutung liegt in dem Zeichen: der Himmel inmitten des Bergs gibt den Gedanken des Festhaltens = Beisammenhaltens; das Zeichen Gen, welches das Zeichen Kiën stillhält, gibt den Gedanken des Festhaltens = Zurückhaltens. Indem schließlich ein starker Strich oben der Herr des Zeichens ist, der als Weiser geehrt und gepflegt wird, so ergibt sich hieraus der Gedanke des Festhaltens = Pflege, Ernährung. Der letzte Gedanke kommt namentlich bei dem Herrn des Zeichens, dem starken oberen Strich, der den Weisen repräsentiert, zur Geltung.

Das Urteil
Des Großen Zähmungskraft.
Fördernd ist Beharrlichkeit.
Nicht zu Hause essen bringt Heil.
Fördernd ist es, das große Wasser zu durchqueren.

Zum Festhalten und Ansammeln von großen, schöpferischen Kräften, wie es in dem Zeichen dargestellt ist, bedarf es eines starken, klaren Mannes, der vom Herrscher geehrt wird. Das Zeichen Kiën deutet auf starke Schöpferkraft, das Zeichen Gen auf Festigkeit und Wahrheit, beide deuten auf Licht und Klarheit und auf tägliche Erneuerung des Charakters. Nur durch eine solche tägliche Selbsterneuerung bleibt man auf der Höhe der Kraft. Während in ruhiger Zeit die Macht der Gewohnheit behilflich ist zur Ordnung, kommt es in solch großen Zeiten der Kraftansammlung ganz auf die Macht der Persönlichkeit an. Aber weil die Würdigen geehrt werden, wie die starke Persönlichkeit, die vom Herrscher mit der Leitung betraut ist, beweist, darum ist es günstig, nicht zu Hause zu essen, sondern in der Öffentlichkeit durch Übernahme eines Amtes sein Brot zu verdienen. Man ist im Einklang mit dem Himmel; darum gelingen auch schwere, gefahrvolle Unternehmungen, wie das Durchqueren des großen Wassers.

Das Bild
Der Himmel inmitten des Berges:
das Bild von des Großen Zähmungskraft.
So lernt der Edle viele Worte der Vorzeit
und Taten der Vergangenheit kennen,
um dadurch seinen Charakter zu festigen.

Der Himmel inmitten des Berges deutet auf verborgene Schätze. So liegt in den Worten und Taten der Vergangenheit ein Schatz verborgen, der zur Festigung und Steigerung des eigenen Charakters verwendet werden kann. Das ist die rechte Art des Studiums, sich nicht auf historisches Wissen zu beschränken, sondern das Historische durch Anwendung immer wieder gegenwärtig zu machen.

Die einzelnen Linien

Anfangs eine Neun bedeutet:
Es ist Gefahr da. Fördernd ist es, abzustehen.

Man wünscht wohl ein kräftiges Fortschreiten. Allein in den Verhältnissen liegt eine Behinderung. Man sieht sich festgehalten. Wollte man den Fortschritt erzwingen, so würde das ins Unglück führen. Darum ist es besser, sich zu fassen und zu warten, bis den angesammelten Kräften ein Ausweg sich öffnet.

Neun auf zweitem Platz bedeutet:
Dem Wagen werden die Achsenlager abgenommen.

Hier ist das Fortschreiten gehemmt, ähnlich wie bei des Kleinen Zähmungskraft (Nr. 9, Neun auf drittem Platz). Aber während dort die hemmende Kraft gering ist und daher ein Konflikt entsteht zwischen dem Vorwärtsdrängenden und dem Hemmenden, infolgedessen dem Wagen die Speichen abspringen, ist hier die hemmende Kraft unbedingt überlegen. Daher findet kein Kampf statt. Man fügt sich und nimmt zunächst dem Wagen die Achsenlager ab, d. h. beschränkt sich zunächst aufs Warten. Dadurch sammelt sich die Spannkraft zu späterem energischen Fortschritt.

Neun auf drittem Platz bedeutet:
Ein gutes Pferd, das andern folgt.
Fördernd ist Bewußtsein der Gefahr und Beharrlichkeit.
Täglich übe dich im Wagenfahren und Waffenschutz.
Fördernd ist es, zu haben, wohin man geht.

Der Weg öffnet sich. Die Hemmung hat aufgehört. Man steht in Beziehung zu einem starken Willen, der in gleicher Richtung wirkt. Man kommt voran wie ein gutes Pferd, das einem andern folgt. Aber es droht noch Gefahr, deren man bewußt bleiben muß, um sich nicht die Festigkeit rauben zu lassen. So muß man einerseits sich üben in dem, was voranführt, andererseits in dem, was gegen unvermuteten Angriff schützt. Dann ist es gut, ein Ziel zu haben, dem man zustrebt.

Sechs auf viertem Platz bedeutet:
Das Schutzbrett eines jungen Stieres.
Großes Heil!

Diese Linie und die nächstfolgende sind es, die die vorwärtsstrebenden unteren zähmen. Ehe einem Stier die Hörner gewachsen sind, bringt man an seiner Stirn ein Schutzbrett an, das vorsorgt, daß, wenn erst die Hörner da sind, sie nicht mehr verletzen können. Eine gute Art der Zähmung ist es, der ausbrechenden Wildheit zu begegnen, ehe sie sich äußert; dadurch schafft man sich einen leichten und großen Erfolg.

• Sechs auf fünftem Platz bedeutet:
Eines verschnittenen Ebers Zahn. Heil!

Hier ist die Zähmung des ungestüm Vorwärtsdrängenden auf indirekte Weise erreicht. Der Zahn des Ebers ist an sich gefährlich, aber wenn die Natur des Ebers verändert ist, so verliert er seine Gefährlichkeit. So muß man auch bei Menschen die Wildheit nicht direkt bekämpfen, sondern die Wurzeln der Wildheit beseitigen.

- **Oben eine Neun bedeutet:**
  Man erlangt den Himmelsweg. Gelingen.

Die Zeit der Hemmung ist vorüber. Die lange durch Hemmung angesammelte Kraft bricht sich Bahn und hat großen Erfolg. Es ist ein Weiser, der vom Herrscher geehrt wird und dessen Grundsätze nun durchdringen und die Welt gestalten.

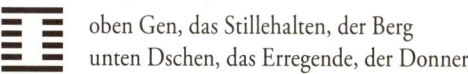

27. I – Die Mundwinkel (die Ernährung)

☶ oben Gen, das Stillehalten, der Berg
☳ unten Dschen, das Erregende, der Donner

Das Zeichen ist das Bild eines geöffneten Mundes: oben und unten die festen Lippen und dazwischen die Öffnung des Mundes. Vom Bild des Mundes, durch den man die Speisen aufnimmt, um sich zu ernähren, geht der Gedanke auf die Ernährung selbst über. In den drei unteren Linien ist die eigene Ernährung, und zwar die leibliche, in den drei oberen Linien ist die Ernährung und Pflege der andern, und zwar die geistige, höhere, zur Darstellung gebracht.

Das Urteil
Die Mundwinkel. Beharrlichkeit bringt Heil.
Sieh auf die Ernährung und womit einer selbst sucht
seinen Mund zu füllen.

Bei der Zuwendung von Pflege und Ernährung ist es wichtig, daß für die rechten Leute gesorgt wird und man für seine eigene Ernährung in der rechten Weise sorgt. Wenn man jemand kennenlernen will, so braucht man nur darauf zu sehen, wem jemand seine Pflege angedeihen läßt und welche Seiten seines eigenen Wesens er pflegt und nährt. Die Natur nährt alle Wesen. Der große Mann nährt und pflegt die Tüchtigen, um durch sie für alle Menschen zu sorgen.
Mong Dsï VI A 14 sagt hierzu: »Wenn man erkennen will, ob einer tüchtig ist oder untüchtig, so braucht man auf nichts anderes zu sehen als darauf, welchen Teil seines Wesens er besonders wichtig nimmt. Der Leib hat edle Teile und unedle, hat wichtige Teile und geringe. Man darf um des Geringen willen nicht das Wichtige schädigen und um des Unedlen willen nicht das Edle schädigen. Wer die geringen Teile seines Wesens pflegt, der ist ein geringer Mensch. Wer die edlen Teile seines Wesens pflegt, der ist ein edler Mensch.«

Das Bild
Unten am Berg ist der Donner: das Bild der Ernährung.
So hat der Edle acht auf seine Worte
und ist mäßig im Essen und Trinken.

»Gott tritt hervor im Zeichen der Erregung.« Wenn im Frühling die Lebenskräfte sich wieder regen, dann entstehen alle Dinge aufs neue. »Er vollendet im Zeichen des Stillehaltens.« So werden im Vorfrühling, wenn die Samen zur Erde fallen, alle Dinge fertig. Das gibt das Bild der Ernährung durch Bewegung und Stille. Der Edle nimmt das zum Vorbild für die Ernährung und Pflege seines Charakters. Die Worte sind von innen nach außen gehende Bewegung. Essen und Trinken ist die von außen nach innen gehende Bewegung. Beide Arten von Bewegung sind durch Stille zu mäßigen. So bewirkt die Stille, daß die vom Mund ausgehenden Worte das Maß nicht überschreiten und die zum Mund eingehende Nahrung das Maß nicht überschreitet. Dadurch wird der Charakter gepflegt.

Die einzelnen Linien

Anfangs eine Neun bedeutet:
Du läßt deine Zauberschildkröte fahren
und blickst nach mir mit herabhängenden Mundwinkeln.
Unheil!

Die Zauberschildkröte ist ein Wesen, das keiner irdischen Nahrung bedarf, sondern solche Zauberkraft besitzt, daß es von der Luft leben kann. Das Bild besagt, daß man seiner Art und Stellung nach ganz gut frei und unabhängig aus sich selbst heraus leben könnte. Stattdessen verzichtet man auf diese innere Selbständigkeit und blickt mit Neid und Unmut zu andern empor, die es äußerlich besser haben. Dieser niedrige Neid ruft aber bei dem andern nur Hohn und Verachtung hervor. Das ist vom Übel.

Sechs auf zweitem Platz bedeutet:
Nach dem Gipfel sich wenden um Ernährung.
Vom Wege abweichen, um von dem Hügel

Ernährung zu suchen:
wenn man so fortmacht, bringt es Unheil.

Das Normale ist, daß man für seine Nahrung selbst sorgt oder sich von denen, die Pflicht und Recht dazu haben, auf rechtmäßige Weise ernähren läßt. Wenn man durch innere Schwäche nicht imstande ist, für seine Ernährung zu sorgen, so zeigt sich leicht eine Unruhe, indem man unter Umgehung des rechtmäßigen Erwerbs durch Gunst sich seinen Lebensunterhalt von höher Gestellten schenken läßt. Das ist unwürdig, denn man weicht von seiner Art ab. Das führt, dauernd betrieben, zu Unheil.

Sechs auf drittem Platz bedeutet:
Abweichen von der Ernährung.
Beharrlichkeit bringt Unheil.
Zehn Jahre handle nicht danach. Nichts ist fördernd.

Wer Nahrung sucht, die nicht nährt, der taumelt von Begierde zu Genuß, und im Genuß verschmachtet er nach Begierde. Leidenschaftlicher Taumel, um die Sinne zu befriedigen, führt nie zum Ziel. Nie (zehn Jahre ist eine vollendete Periode) darf man so handeln. Es kommt nichts Gutes dabei heraus.

Sechs auf viertem Platz bedeutet:
Nach dem Gipfel sich wenden um Ernährung bringt Heil.
Mit scharfen Augen wie ein Tiger umherspähen
in unersättlichem Begehren. Kein Makel.

Anders als bei der Sechs auf zweitem Platz, die einen Menschen bedeutet, der geschäftig nur auf seinen eigenen Vorteil bedacht ist, bedeutet diese Linie einen Menschen, der von hoher Stelle aus bestrebt ist, sein Licht leuchten zu lassen. Dazu braucht er Hilfskräfte, weil er allein sein hohes Ziel nicht erreichen kann. Begierig wie ein hungriger Tiger ist er darauf aus, die rechten Leute zu finden. Aber weil er nicht für sich, sondern für die Allgemeinheit sorgt, ist solcher Eifer kein Fehler.

• **Sechs auf fünftem Platz bedeutet:**
Abweichen vom Weg.

Bleiben in Beharrlichkeit bringt Heil.
Man soll nicht das große Wasser durchqueren.

Man ist sich eines Mangels bewußt. Man sollte für die Ernährung der Menschen sorgen, aber man hat nicht die Kraft dazu. So muß man vom gewohnten Weg abweichen und sich von einem geistig überlegenen, aber äußerlich unscheinbaren Menschen Rat und Hilfe erbitten. Wenn man diese Gesinnung beharrlich hegt, so hat man Erfolg und Heil. Nur muß man sich seiner Abhängigkeit bewußt bleiben. Man darf nicht mit seiner eigenen Person hervortreten und große Werke, wie das Durchqueren des großen Wassers, unternehmen wollen.

- **Oben eine Neun bedeutet:**
  Die Quelle der Ernährung.
  Bewußtsein der Gefahr bringt Heil.
  Fördernd ist es, das große Wasser zu durchqueren.

Es ist hier ein Weiser höchster Art, von dem alle Einflüsse ausgehen, die für die Ernährung der andern sorgen. Eine solche Stellung bringt schwere Verantwortung. Bleibt er sich deren bewußt, so hat er Heil und mag auch große und schwere Werke, wie das Durchqueren des großen Wassers, getrost unternehmen. Sie bringen allgemeines Glück für ihn und alle.

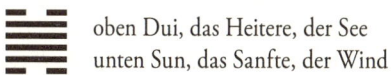

28. Da Go –
Des Großen Übergewicht

≡ oben Dui, das Heitere, der See
unten Sun, das Sanfte, der Wind

Das Zeichen besteht aus vier starken Strichen im Innern und zwei schwachen Linien außen. Wenn die Starken außen und die Schwachen innen sind, so ist das gut und kein Übergewicht, nichts Außerordentliches liegt vor. Hier ist das Umgekehrte der Fall. Das Zeichen stellt einen Balken dar, der innen dick und schwer, aber an den Enden zu schwach ist. Das ist kein Dauerzustand. Er muß verändert werden, vorübergehen, sonst droht Unheil.

Das Urteil
Des Großen Übergewicht. Der Firstbalken biegt sich durch.
Fördernd ist es, zu haben, wohin man gehe. Gelingen.

Das Große ist im Übergewicht. Die Belastung ist zu groß für die tragenden Kräfte. Der Firstbalken, auf dem das ganze Dach ruht, biegt sich durch, weil seine tragenden Enden zu schwach für die Last sind. Es ist eine Zeit und Lage, die außerordentlicher Maßregeln bedarf, um überwunden zu werden, weil sie selbst eine Ausnahmezeit ist. Darum muß man darauf bedacht sein, möglichst rasch einen Übergang zu finden, zu handeln: das verspricht Erfolg; denn obwohl das Starke im Übergewicht ist, ist es doch in der Mitte, d. h. im inneren Schwerpunkt, so daß keine Revolution zu befürchten ist. Mit Gewaltmaßregeln freilich wird nichts erreicht. Man muß den Knoten lösen durch sanftes Eindringen in den Sinn der Lage (wie das durch die Eigenschaft des inneren Zeichens Sun nahegelegt ist), dann wird der Übergang in andere Verhältnisse gelingen. Es bedarf großer Überlegenheit; darum ist die Zeit des Übergewichts des Großen eine große Zeit.

Das Bild
Der See geht über die Bäume weg:
das Bild des Übergewichts im Großen.
So ist der Edle, wenn er allein steht, unbesorgt,
und wenn er auf die Welt verzichten muß, unverzagt.

Außerordentliche Zeiten des Übergewichts des Großen sind wie eine Überschwemmung, da der See über die Bäume weggeht. Aber solche Zustände gehen vorüber. In den einzelnen Zeichen ist die rechte Haltung in solchen Ausnahmezeiten gegeben: Das Bild von Sun ist der Baum, der fest steht, auch wenn er einsam ist, und die Eigenschaft von Dui ist die Heiterkeit, die unverzagt bleibt, auch wenn sie auf die Welt verzichten muß.

Die einzelnen Linien

Anfangs eine Sechs bedeutet:
Unterlegen mit weißem Schilfgras.
Kein Makel.

Wenn man in außerordentlichen Zeiten etwas beginnen will, so muß man außerordentliche Vorsicht walten lassen, wie man etwas Schweres, das auf den Boden gestellt werden soll, mit Schilfgras vorsichtig unterlegt, damit nichts zerbricht. Diese Vorsicht mag übertrieben scheinen, aber sie ist kein Fehler. Alle außerordentlichen Unternehmungen können nur gelingen bei äußerster Vorsicht in den Anfängen und Grundlagen.

- **Neun auf zweitem Platz bedeutet:**
  Ein trockener Pappelbaum treibt einen Wurzelsproß.
  Ein älterer Mann bekommt eine junge Frau.
  Alles ist fördernd.

Das Holz steht am Wasser, daher das Bild einer alten Pappel, die einen Wurzelsproß treibt. Das ist eine außerordentliche Wiederbelebung des Wachstumsprozesses. Dieselbe außerordentliche Lage ergibt sich, wenn ein älterer Mann ein junges Mädchen zur Frau bekommt, die zu ihm paßt. Trotz des Außergewöhnlichen der Lage geht alles gut. Politisch betrachtet ist der Sinn der, daß es in außerordentlichen Zeiten günstig ist, sich zu den Niedrigen zu halten, denn hier ist die Möglichkeit einer Erneuerung gegeben.

Neun auf drittem Platz bedeutet:
Der Firstbalken biegt sich durch. Unheil.

Es ist eine Persönlichkeit gezeichnet, die in Zeiten des Übergewichts des Großen heftig durchfahren will. Sie nimmt von den andern keinen Rat, darum sind die andern auch nicht zu ihrer Unterstützung bereit. Dadurch wächst die Last, und es kommt zum Biegen oder Brechen. In gefahrvollen Zeiten beschleunigt eigenwilliges Zufahren nur den Zusammenbruch.

- **Neun auf viertem Platz bedeutet:**
  Der Firstbalken wird gestützt. Heil.
  Sind Hintergedanken da, ist es beschämend.

Durch freundliche Beziehungen zu den Unteren gelingt es einem verantwortlichen Mann, der Lage Herr zu werden. Wenn er aber seine Beziehungen dazu mißbrauchen wollte, um für sich persönlich Macht und Erfolg zu erlangen, statt nur für die Rettung des Ganzen zu sorgen, so wäre das beschämend.

Neun auf fünftem Platz bedeutet:
Eine dürre Pappel treibt Blüten.
Ein älteres Weib bekommt einen Mann.
Kein Makel. Kein Lob.

Eine dürre Pappel, die Blüten treibt, erschöpft dadurch ihre Kräfte und kommt dem Ende dadurch nur näher. Eine ältere Frau nimmt sich noch einmal einen Mann. Aber es findet keine Erneuerung statt. Es bleibt alles steril. So bleibt doch nur die Sonderlichkeit bestehen, wenn auch alles in Ehren zugeht. Politisch ist angedeutet, daß, wenn man in unsicheren Zeiten den Zusammenhang nach unten hin aufgibt und sich nur an seine Beziehungen zu höheren Ständen hält, damit ein Zustand geschaffen wird, der nicht dauerhaft ist.

Oben eine Sechs bedeutet:
Man muß durchs Wasser.

Es geht über den Scheitel.
Unheil. Kein Makel.

Hier ist die Lage gezeichnet, daß das Außerordentliche aufs höchste gestiegen ist. Man ist mutig und will unter allen Umständen seine Aufgabe bewältigen. Dadurch kommt man in Gefahr. Das Wasser geht über einen weg. Das ist das Unheil. Aber das Leben zu lassen um der Durchsetzung des Guten und Rechten willen, das gibt keinen Makel. Es gibt Wichtigeres als das Leben.

坎

29. Kan –
Das Abgründige, das Wasser

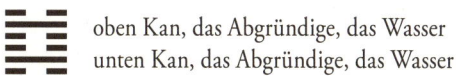
oben Kan, das Abgründige, das Wasser
unten Kan, das Abgründige, das Wasser

Das Zeichen besteht aus der Wiederholung des Zeichens Kan. Es ist eines der acht Doppelzeichen. Das Zeichen Kan bedeutet das Hineinstürzen. Ein Yangstrich ist zwischen zwei Yinstriche hineingestürzt und wird von ihnen eingeschlossen wie das Wasser in einer Talschlucht. Es ist der mittlere Sohn. Das Empfangende hat den mittleren Strich des Schöpferischen erlangt, und so entsteht Kan. Als Bild ist es das Wasser, und zwar das Wasser, das von oben kommt und auf der Erde in Bewegung ist in Flüssen und Strömen und das alles Leben auf Erden veranlaßt. Auf den Menschen übertragen stellt es das Herz, die Seele dar, die im Leib eingeschlossen ist, das Lichte, das im Dunkeln enthalten ist, die Vernunft. Der Name des Zeichens hat, weil es wiederholt, den Zusatz: Wiederholung der Gefahr. Damit soll das Zeichen eine objektive Lage, an die man sich zu gewöhnen hat, nicht eine subjektive Gesinnung bezeichnen. Denn Gefahr als subjektive Gesinnung bedeutet entweder Tollkühnheit oder Hinterlist. Darum wird die Gefahr auch als Schlucht bezeichnet, d. h. ein Zustand, in dem man sich befindet wie das Wasser in einer Schlucht, und aus der man herauskommt wie das Wasser, wenn man sich richtig verhält.

Das Urteil
Das wiederholte Abgründige.
Wenn du wahrhaftig bist, so hast du im Herzen Gelingen,
und was du tust, hat Erfolg.

Durch die Wiederholung der Gefahr gewöhnt man sich daran. Das Wasser gibt das Beispiel für das rechte Verhalten in solchen Zuständen. Es fließt immer weiter und füllt alle Stellen, durch die es fließt, eben nur aus, es scheut vor keiner gefährlichen Stelle, vor keinem Sturz zurück und verliert durch nichts seine wesentliche eigne Art. Es bleibt sich in allen Verhältnissen selber treu. So bewirkt die Wahrhaftigkeit in schwierigen Verhältnissen, daß man innerlich im Herzen die Lage durchdringt. Und wenn man einer Situation erst innerlich Herr geworden ist, so wird es ganz von selbst gelingen, daß die äußeren Handlungen von Erfolg begleitet sind. Es handelt sich in der Gefahr um Gründlichkeit, die alles, was zu tun ist, auch wirklich erledigt, und um Vorwärtsschreiten, damit man nicht in der Gefahr verweilend darin umkommt.

Aktiv verwendet kann die Gefahr eine wichtige Bedeutung haben als Schutzmaßregel. So hat der Himmel seine gefahrvolle Höhe, die ihn gegen jeden Versuch eines Eingriffs schützt. So hat die Erde ihre Berge und Gewässer, die durch ihre Gefahren die Länder trennen. Ebenso wenden die Herrscher die Gefahr als Schutzmaßregel an, um sich nach außen gegen Angriffe, nach innen gegen Unruhen zu schützen.

Das Bild
Das Wasser fließt ununterbrochen und kommt ans Ziel:
das Bild des wiederholten Abgründigen.
So wandelt der Edle in dauernder Tugend
und übt das Geschäft des Lehrens.

Das Wasser erreicht sein Ziel durch ununterbrochenes Fließen. Es füllt jede Vertiefung aus, ehe es weiterfließt. So macht es der Edle. Er legt Wert darauf, daß das Gute zur festen Charaktereigenschaft wird, nicht zufällig und vereinzelt bleibt. Auch bei der Belehrung anderer kommt alles auf die Konsequenz an. Denn nur durch Wiederholung wird der Stoff zum Eigentum des Lernenden.

Die einzelnen Linien

Anfangs eine Sechs bedeutet:
Wiederholung des Abgründigen.
Man gerät im Abgrund in ein Loch. Unheil.

Gewohnheit des Gefährlichen bewirkt leicht, daß die Gefahr ins eigne Wesen eingeht. Man weiß Bescheid und gewöhnt sich ans Böse. Damit hat man den rechten Weg verloren, und Unheil ist die natürliche Folge.

- **Neun auf zweitem Platz bedeutet:**
  Der Abgrund hat Gefahr.
  Man soll nur Kleines zu erreichen streben.

Innerhalb der Gefahr darf man nicht ohne weiteres danach trachten, unter allen Umständen herauszukommen, sondern muß sich zunächst zufriedengeben, wenn man von der Gefahr nicht überwunden wird. Man muß ruhig die Zeitumstände in Erwägung ziehen und sich mit Kleinem begnügen, da zunächst ein großer Erfolg nicht zu erreichen ist. Eine Quelle fließt auch erst spärlich, und es dauert eine Zeit, ehe sie sich einen Weg ins Freie bahnt.

Sechs auf drittem Platz bedeutet:
Vorwärts und rückwärts, Abgrund über Abgrund.
In solcher Gefahr halte zunächst inne,
sonst kommst du im Abgrund in ein Loch.
Handle nicht so.

Jeder Schritt vorwärts und rückwärts bringt in Gefahr. An ein Entkommen ist nicht zu denken. Darum darf man sich nicht zum Handeln verleiten lassen, durch das man nur noch tiefer in die Gefahr geriete. Sondern man muß, so unangenehm das Verweilen in solcher Lage ist, zunächst innehalten, bis ein Ausweg sich zeigt.

Sechs auf viertem Platz bedeutet:
Ein Krug Wein, eine Reisschale als Zugabe, Tongeschirr,
einfach zum Fenster hineingereicht.
Das ist durchaus kein Makel.

In Zeiten der Gefahr hören die umständlichen Formen auf. Die Hauptsache ist die wahrhaftige Gesinnung. Ein Beamter braucht für gewöhnlich, ehe er eingestellt wird, bestimmte Einführungsgeschenke und Empfehlungen. Hier ist alles aufs äußerste vereinfacht. Die Geschenke sind dürftig, ein Empfehlender ist nicht da, man stellt sich selber vor, und dennoch braucht man sich alles dessen nicht zu schämen, wenn man nur die ehrliche Absicht hat, einander zu helfen in der Gefahr.

Ein anderer Gedanke wird noch nahegelegt: Das Fenster ist der Ort, durch den Helle ins Zimmer kommt. Wenn man in schwierigen Zeiten jemand aufklären will, so muß man mit dem anfangen, was ohne weiteres klar und hell ist, und von da aus ganz einfach weitergehen.

Bemerkung: Es wurde die gewöhnliche Übersetzung »zwei Reisschalen« auf Grund von chinesischen Kommentaren verbessert.

- **Neun auf fünftem Platz bedeutet:**
  Der Abgrund wird nicht überfüllt,
  wird nur bis an den Rand gefüllt.
  Kein Makel.

Die Gefahr entsteht daraus, daß man zu hoch hinaus will. Das Wasser in der Schlucht häuft sich nicht auf, sondern geht nur bis an den niedersten Rand, um herauszukommen. So braucht man in der Gefahr auch nur in der Linie des geringsten Widerstandes vorzugehen, dann erreicht man das Ziel. Große Werke können in solchen Zeiten nicht vollbracht werden; es ist genug, wenn man aus der Gefahr kommt.

  Oben eine Sechs bedeutet:
  Mit Stricken und Tauen gebunden,
  eingeschlossen zwischen dornumhegten Kerkermauern;
  drei Jahre lang findet man sich nicht zurecht.
  Unheil!

Ein Mensch, der in der äußersten Gefahr den rechten Weg verloren hat und unverbesserlich in seine Sünden verstrickt ist, hat keine Aussicht, aus der Gefahr herauszukommen. Er gleicht einem Verbrecher, der gefesselt hinter dornumhegten Kerkermauern sitzt.

30. Li – Das Haftende, das Feuer

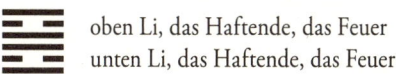
oben Li, das Haftende, das Feuer
unten Li, das Haftende, das Feuer

Auch dieses Zeichen ist ein Doppelzeichen. Das einfache Zeichen Li bedeutet »haften an etwas«, »bedingt sein«, »beruhen auf etwas«, »Helligkeit«. Eine dunkle Linie haftet an einem hellen Strich oben und unten, das Bild eines leeren Raumes zwischen zwei starken Strichen, wodurch diese hell werden. Es ist die mittlere Tochter. Das Schöpferische hat die zentrale Linie des Empfangenden in sich aufgenommen, und so entsteht Li. Als Bild ist es das Feuer. Das Feuer hat keine bestimmte Gestalt, sondern haftet an den brennenden Dingen und ist dadurch hell. Wie das Wasser vom Himmel herabkommt, so lodert das Feuer von der Erde empor. Während Kan die Seele bedeutet, die in dem Körper eingeschlossen ist, bedeutet Li die Natur in ihrer Verklärung.

Das Urteil
Das Haftende. Fördernd ist Beharrlichkeit.
Sie bringt Gelingen. Pflege der Kuh bringt Heil.

Das Dunkle haftet am Lichten und vollendet so dessen Helligkeit. Indem das Helle Licht ausstrahlt, bedarf es des Beharrlichen im Innern, damit es sich nicht restlos verbrennt, sondern dauernd leuchten kann. Alles Leuchtende in der Welt ist abhängig von etwas, an dem es haftet, damit es dauernd leuchten kann.
So haften Sonne und Mond am Himmel; Getreide, Gras und Bäume haften an der Erde. So haftet die doppelte Klarheit des berufenen Mannes am Rechten und vermag dadurch die Welt zu gestalten. Indem der Mensch, der bedingt und nicht unabhängig dasteht in der Welt, diese Bedingtheit anerkennt, sich abhängig macht von den harmonischen und guten Kräften des Weltzusammenhangs, hat er Gelingen. Die Kuh ist das Symbol der äußersten Fügsamkeit. Indem der Mensch diese Fügsamkeit und freiwillige Abhängigkeit in sich pflegt, erlangt er Klarheit ohne Schärfe und findet seinen Platz in der Welt.

Bemerkung: Es ist ein merkwürdiges Zusammentreffen, das der Beachtung wert ist, daß hier ebenso wie in der parsischen Religion das Feuer und die Pflege der Kuh miteinander verbunden sind.

Das Bild
Das Helle erhebt sich zweimal: das Bild des Feuers.
So erleuchtet der große Mann durch Fortsetzung dieser
Helle die vier Weltgegenden.

Jedes der beiden Einzelzeichen stellt die Sonne in einem Tageslauf dar. Es ist also eine wiederholte Tätigkeit der Sonne dargestellt. Damit ist die zeitliche Wirkung des Lichts angedeutet. Der große Mann setzt das Werk der Natur in der Menschenwelt fort. Durch die Klarheit seines Wesens bewirkt er, daß das Licht immer weiter sich verbreitet und immer mehr das Menschenwesen innerlich durchdringt.

Die einzelnen Linien

Anfangs eine Neun bedeutet:
Die Fußspuren laufen kreuz und quer.
Wenn man ernst dabei ist: kein Makel.

Es ist früher Morgen. Die Arbeit beginnt. Nachdem im Schlaf die Seele von der Außenwelt abgeschlossen war, fangen nun die Beziehungen zur Welt wieder an. Kreuz und quer laufen die Spuren der Eindrücke. Es herrscht eilige Geschäftigkeit. Wichtig ist dabei, die innere Sammlung zu bewahren, sich nicht mitreißen zu lassen von dem Getriebe des Lebens. Wenn man ernst und gesammelt ist, so erlangt man die nötige Klarheit zur Auseinandersetzung mit den zahlreichen Eindrücken, die auf einen einstürmen. Gerade zu Anfang ist solch gesammelter Ernst besonders wichtig, denn der Anfang enthält die Keime zu allem Weiteren.

- **Sechs auf zweitem Platz bedeutet:**
  Gelber Schein. Erhabenes Heil.

Der Mittag des Tages ist erreicht. Die Sonne strahlt in gelbem Schein. Gelb ist die Farbe der Mitte und des Maßes. Gelber Schein ist daher das Bild vollkommener Kultur und Kunst, deren höchste Harmonie im Maß besteht.

Neun auf drittem Platz bedeutet:
Beim Schein der untergehenden Sonne
schlagen die Menschen entweder auf den Topf und singen,
oder sie seufzen laut über das nahende Greisenalter.
Unheil.

Hier ist das Ende des Tages. Der Schein der niedergehenden Sonne erinnert an die Bedingtheit und Vergänglichkeit des Lebens. In dieser äußeren Unfreiheit werden die Menschen meist auch innerlich unfrei. Entweder ist ihnen die Vergänglichkeit ein Antrieb zu um so ausgelassenerer Lustigkeit, um das Leben zu genießen, solange es noch da ist, oder sie lassen sich von der Trauer hinreißen und verderben sich durch die Klage um das nahende Alter die kostbare Zeit. Beides ist vom Übel. Dem Edlen ist ein früher oder später Tod nicht zweierlei. Er pflegt seine Person und wartet sein Los ab und festigt dadurch sein Schicksal.

Neun auf viertem Platz bedeutet:
Plötzlich ist sein Kommen;
es brennt auf, erstirbt, wird weggeworfen.

Die Klarheit des Verstandes verhält sich zum Leben wie das Feuer zum Holz. Das Feuer haftet am Holz, aber es verzehrt auch das Holz. Die Verstandesklarheit wurzelt im Leben, aber sie kann das Leben auch verzehren. Es handelt sich darum, wie sie sich betätigt. Hier ist das Bild eines Meteors oder Strohfeuers gezeichnet. Ein aufgeregter, unruhiger Charakter kommt zu raschem Aufstieg. Aber es fehlen die nachhaltigen Wirkungen. Unter diesen Umständen ist es vom Übel, zu rasch sich auszugeben und als Meteor sich zu verzehren.

- **Sechs auf fünftem Platz bedeutet:**
  Weinend in Strömen, seufzend und klagend. Heil!

Hier ist der Höhepunkt des Lebens. Ohne Warnung würde man in dieser Position sich verzehren wie eine Flamme. Wenn man stattdessen Furcht und Hoffnung aufgibt, die Nichtigkeit von allem einsieht und weint und seufzt, besorgt, seine Klarheit zu wahren, so kommt aus dieser Trauer Heil. Es handelt sich hier um wirkliche Umkehr, nicht wie bei Neun auf drittem Platz nur um eine vorübergehende Stimmung.

Oben eine Neun bedeutet:
Der König gebraucht ihn, auszuziehen und zu züchtigen.
Am besten ist es dann, die Häupter zu töten
und die Nachläufer gefangenzunehmen. Kein Makel.

Der Zweck der Züchtigung ist, Zucht zu schaffen, nicht blindlings Strafe walten zu lassen. Es gilt, das Übel an der Wurzel zu heilen. Im Staatsleben gilt es, die Rädelsführer zu beseitigen, aber die Mitläufer zu schonen. Bei der Selbstbildung gilt es, schlechte Gewohnheiten auszurotten, aber harmlose Gewohnheiten zu dulden. Denn allzu strenge Askese führt wie allzu strenge Strafgerichte zu keinem Erfolg.

31. Hiën – Die Einwirkung (die Werbung)

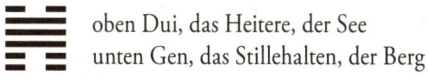

oben Dui, das Heitere, der See
unten Gen, das Stillhalten, der Berg

Der Name des Zeichens bedeutet »allgemein«, »durchgängig« und in übertragenem Sinn »beeinflussen«, »anregen«. Das obere Zeichen ist Dui, das Heitere, das untere Gen, das Stillhalten. Das untere starre Zeichen regt durch beharrliche, stillhaltende Wirkung das obere schwache Zeichen an, das heiter und in Freudigkeit dieser Anregung entspricht. Gen, das untere Zeichen, ist der jüngste Sohn, das obere, Dui, die jüngste Tochter. So ist die allgemeine gegenseitige Anziehung der Geschlechter dargestellt. Dabei muß das Männliche die Initiative ergreifen und sich unter das Weibliche herunterbegeben bei der Werbung. Wie die erste Abteilung des Buches mit den Zeichen für Himmel und Erde beginnt als den Grundlagen alles Bestehenden, so die zweite Abteilung mit den Zeichen für Werbung und Ehe als den Grundlagen aller sozialen Beziehungen.

Das Urteil
Die Einwirkung. Gelingen.
Fördernd ist Beharrlichkeit.
Ein Mädchen nehmen bringt Heil.

Das Schwache ist oben, das Starke unten, dadurch ziehen sich ihre Kräfte an, so daß sie sich vereinigen. Das schafft das Gelingen. Denn alles Gelingen beruht auf der Wirkung gegenseitiger Anziehung. Innerliches Stillhalten bei äußerer Freude bewirkt, daß die Freude nicht das Maß überschreitet, sondern in den Grenzen des Rechten bleibt. Das ist der Sinn der beigefügten Mahnung: Fördernd ist Beharrlichkeit; denn dadurch unterscheidet sich die Werbung, bei der der starke Mann sich unter das schwache Mädchen herunterbegibt und Rücksicht auf sie nimmt, von der Verführung. Diese Anziehung des Wahlver-

wandten ist ein allgemeines Naturgesetz. Der Himmel und die Erde ziehen sich gegenseitig an, und so entstehen alle Wesen.
Der Weise wirkt durch solche Anziehung auf die Herzen der Menschen, so kommt die Welt in Frieden. Aus den Anziehungen, die etwas ausüben, kann man die Natur aller Wesen im Himmel und auf Erden erkennen.

Das Bild
Auf dem Berg ist ein See:
das Bild der Einwirkung.
So läßt der Edle durch Aufnahmebereitschaft die
Menschen an sich herankommen.

(Wörtlich: So nimmt der Edle durch Leere die Menschen auf.)
Ein Berg, auf dem oben ein See ist, erlangt Anregung durch dessen Feuchtigkeit. Dieser Vorteil wird ihm zuteil, weil sein Gipfel nicht hervorragt, sondern vertieft ist. Das Bild ergibt den Rat, daß man sich innerlich niedrig und freizuhalten hat, so daß man für gute Ratschläge empfänglich bleibt. Wer alles besser wissen will, dem raten die Menschen bald nicht mehr.

Die einzelnen Linien

Anfangs eine Sechs bedeutet:
Die Einwirkung äußert sich in der großen Zehe.

Eine Bewegung, ehe sie wirklich ausgeführt wird, äußert sich zunächst in den Zehen. Der Gedanke der Einwirkung ist schon da. Aber er tritt zunächst für andere noch nicht in Erscheinung. Solange die Absicht noch keine sichtbaren Wirkungen hat, ist sie für die Außenwelt gleichgültig, führt weder zum Guten noch zum Bösen.

Sechs auf zweitem Platz bedeutet:
Die Einwirkung äußert sich in den Waden. Unheil!
Verweilen bringt Heil!

Die Wade folgt dem Fuß in der Bewegung. Sie kann nicht von selbst vorwärts und nicht allein stehenbleiben. Es ist eine Bewegung, die unselbständig und darum, weil sie nicht Herr ihrer selbst ist, unheilvoll ist. Man soll ruhig warten, bis man durch wirkliche Einwirkung zum Handeln veranlaßt wird. Dann bleibt man frei von Schaden.

Neun auf drittem Platz bedeutet:
Die Einwirkung äußert sich in den Schenkeln.
Hält sich an das, was ihm folgt.
Weitermachen ist beschämend.

Jede Stimmung des Herzens regt zu einer Bewegung an. Wonach das Herz strebt, dahin laufen die Schenkel, ohne sich zu besinnen; sie halten sich an das Herz, dem sie folgen. Aber aufs menschliche Leben übertragen ist diese Art, auf jede Einwirkung einer Laune hin sofort sich in Bewegung zu setzen, nicht das Richtige und führt, dauernd fortgesetzt, zu Beschämung. Ein dreifacher Gedanke ergibt sich: Man darf nicht ohne weiteres allen Leuten nachlaufen, auf die man einwirken möchte, sondern muß sich unter Umständen zurückhalten können. Ebensowenig darf man sofort allen Launen derer nachkommen, in deren Dienst man steht. Und schließlich soll man den Stimmungen des eigenen Herzens gegenüber nie die Hemmungsmöglichkeit vernachlässigen, auf der die menschliche Freiheit beruht.

- **Neun auf viertem Platz bedeutet:**
  Beharrlichkeit bringt Heil! Die Reue schwindet.
  Wenn man aufgeregt hin und her denkt,
  so folgen nur die Freunde,
  auf die man bewußte Gedanken richtet.

Hier ist der Platz des Herzens erreicht. Die Anregung, die von hier ausgeht, ist am wichtigsten. Besonders ist darauf zu achten, daß der Einfluß beständig und gut sei, dann ist trotz der Gefahr, die sich aus der großen Beweglichkeit des menschlichen Herzens ergibt, keine Reue mehr nötig. Wenn die eigene ruhige Kraft des persönlichen Wesens wirkt, dann sind die Wirkungen normal. Alle Menschen, die für die Schwingungen eines solchen Geistes empfänglich sind, werden dann beeinflußt. Der Einfluß auf andere soll sich nicht als bewußte und gewollte Bearbeitung der andern äußern. Denn durch solche bewußte Agitation kommt man in Aufregung und wird aufgerieben von dem ewigen Hin und Her.

Außerdem beschränken sich dann die Wirkungen auf die Menschen, auf die man bewußt seine Gedanken richtet.

- **Neun auf fünftem Platz bedeutet:**
  Die Einwirkung äußert sich im Nacken.
  Keine Reue.

Der Nacken ist der unbeweglichste Teil des Körpers. Wenn die Einwirkung hier sich äußert, so bleibt der Wille doch fest, und die Einwirkung führt nicht zur Verwirrung. Darum kommt hier Reue gar nicht in Betracht. Was in diesen Tiefen des Wesens, dem Unterbewußten, vor sich geht, das kann vom Bewußtsein aus weder hervorgerufen noch gehindert werden. Allerdings ist bei eigener Unbeeinflußbarkeit ein Einfluß auf die Außenwelt auch nicht möglich.

Oben eine Sechs bedeutet:
Die Einwirkung äußert sich in Kinnladen,
Wangen und Zunge.

Die äußerlichste Art, auf andre Einfluß bekommen zu wollen, ist durch bloßes Geschwätz, ohne daß den Worten etwas Wirkliches entspricht. Solche Anregung durch bloße Bewegung der Sprechwerkzeuge bleibt notwendig unbedeutend. Darum ist von Glück oder Unglück nichts hinzugefügt.

Erstes Buch: Der Text

Zweite Abteilung

32. Hong – Die Dauer

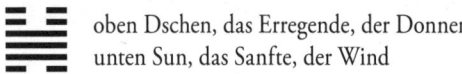

oben Dschen, das Erregende, der Donner
unten Sun, das Sanfte, der Wind

Das starke Zeichen Dschen ist oben, das schwache Sun unten. Das Zeichen ist das Gegenstück zum vorigen: dort die Einwirkung, hier die Vereinigung als Dauerzustand. Die Bilder sind Donner und Wind, die ebenfalls dauernd verbundene Erscheinungen sind. Das untere Zeichen deutet auf Sanftheit im Innern, das obere auf Bewegung im Äußeren.
Auf gesellschaftliche Verhältnisse übertragen, haben wir hier die Einrichtung der Ehe als dauernder Verbindung der Geschlechter. Während bei der Werbung der junge Mann sich unter das Mädchen stellt, ist bei der Ehe, die durch das Zusammensein des ältesten Sohnes und der ältesten Tochter repräsentiert wird, der Mann nach außen hin leitend und bewegend, die Frau im Innern sanft und gehorchend.

Das Urteil
Gelingen. Kein Makel.
Fördernd ist Beharrlichkeit.
Fördernd ist, zu haben, wohin man gehe.

Die Dauer ist ein Zustand, dessen Bewegung sich nicht durch Hemmungen aufreibt. Sie ist nicht ein Ruhezustand; denn bloßer Stillstand ist Rückgang. Dauer ist vielmehr eine in sich geschlossene und darum stets sich erneuernde, nach festen Gesetzen sich vollziehende Bewegung eines organisierten, in sich fest geschlossenen Ganzen, bei der auf jedes Ende ein neuer Anfang folgt. Das Ende wird erreicht durch die Bewegung nach innen, das Einatmen, die Systole, die Konzentration. Diese Bewegung geht über in einen neuen Anfang, bei dem die Bewegung nach außen gerichtet ist, das Ausatmen, die Diastole, die Expansion.

So haben die Himmelskörper ihre Bahnen am Himmel und können daher dauernd leuchten. Die Jahreszeiten haben ein festes Gesetz des Wechsels und der Umbildung und können daher dauernd wirken.
Und so hat auch der Berufene einen dauernden Sinn in seinem Weg, und die Welt kommt dadurch zur fertigen Bildung. Aus dem, worin die Dinge ihre Dauer haben, kann man die Natur aller Wesen im Himmel und auf Erden erkennen.

Das Bild
Donner und Wind: das Bild der Dauer.
So steht der Edle fest und wandelt seine Richtung nicht.

Der Donner rollt, und der Wind weht. Beides ist etwas äußerst Bewegliches, so daß es dem Anschein nach das Gegenteil von Dauer ist. Aber ihr Hervortreten und Zurücktreten, ihr Kommen und Gehen folgt dauernden Gesetzen. So beruht die Selbständigkeit des Edlen auch nicht darin, daß er starr und unbeweglich ist. Er geht immer mit der Zeit und wandelt sich mit ihr. Das Dauernde ist die feste Richtung, das innere Gesetz seines Wesens, das alle seine Handlungen bestimmt.

Die einzelnen Linien

Anfangs eine Sechs bedeutet:
Zu rasch Dauer wollen, bringt beharrlich Unheil.
Nichts, was fördernd wäre.

Etwas Dauerndes läßt sich nur allmählich durch lange Arbeit und sorgfältiges Nachdenken schaffen. »Wenn man etwas zusammendrücken will, muß man es erst sich ordentlich ausdehnen lassen«, sagt Laotse in diesem Sinn. Wer gleich auf einmal zuviel verlangt, der überstürzt sich. Und weil er zuviel will, gelingt ihm schließlich gar nichts.

• Neun auf zweitem Platz bedeutet:
Reue schwindet.

Die Situation ist abnorm. Die Kraft des Charakters ist stärker als die zu Gebote stehende materielle Macht. Da könnte man vielleicht fürchten, daß man sich zu etwas hinreißen ließe, das über die Kraft geht. Allein da es die Zeit der Dauer ist, gelingt es, die innere Kraft zu beherrschen, so daß jedes Zuviel vermieden wird und so der Anlaß zur Reue schwindet.

Neun auf drittem Platz bedeutet:
Wer seinem Charakter nicht Dauer gibt,
dem bietet man Schande.
Beharrliche Beschämung.

Wenn man in seinem Wesen umgetrieben wird von Stimmungen, die von der Außenwelt durch Furcht und Hoffnung erregt werden, so verliert man die innere Konsequenz des Charakters. Solche innere Inkonsequenz führt dauernd zu peinlichen Erlebnissen. Diese Beschämungen kommen häufig von einer Seite, an die man nicht gedacht hatte. Sie sind auch nicht sowohl Wirkungen der Außenwelt als gesetzmäßige Zusammenhänge, die von dem eigenen Wesen ausgelöst werden.

Neun auf viertem Platz bedeutet:
Im Feld ist kein Wild.

Wenn man auf der Jagd zu Schuß kommen will, so muß man es auf die rechte Weise anfangen. Wenn man dauernd dem Wild an einem Ort nachstellt, wo es keines gibt, so kann man noch so lange warten und findet keines. Dauer im Suchen genügt nicht. Was man nicht auf die rechte Weise sucht, findet man nicht.

Sechs auf fünftem Platz bedeutet:
Seinem Charakter Dauer geben durch Beharrlichkeit,
das ist für eine Frau von Heil, für einen Mann von Unheil.

Eine Frau soll ihr ganzes Leben einem Mann folgen, der Mann aber soll sich an das halten, was jeweils seine Pflicht ist; wenn er sich dauernd nach der Frau richten wollte, so wäre das für ihn ein Fehler.
Dementsprechend ist für eine Frau konservatives Halten am Hergebrachten ganz gut. Dagegen der Mann muß beweglich und anpassungsfähig bleiben und darf sich nur durch das bestimmen lassen, was jeweils seine Pflicht verlangt.

Oben eine Sechs bedeutet:
Rastlosigkeit als dauernder Zustand bringt Unheil.

Es gibt Menschen, die dauernd in hastiger Bewegung sind, ohne innerlich zur Ruhe zu kommen. Die Rastlosigkeit hindert nicht nur alle Gründlichkeit, sondern wird direkt zur Gefahr, wenn sie an maßgebender Stelle herrscht.

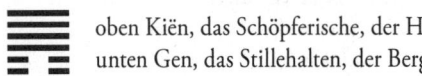

33. Dun – Der Rückzug

```
▬▬▬▬▬   oben Kiën, das Schöpferische, der Himmel
▬▬ ▬▬   unten Gen, das Stillehalten, der Berg
```

Die Kraft des Schattigen ist im Aufsteigen begriffen. Das Lichte zieht sich vor ihr in Sicherheit zurück, so daß jene ihm nichts anhaben kann. Es handelt sich bei diesem Rückzug nicht um menschliche Willkür, sondern um Gesetze des Naturgeschehens. Darum ist in diesem Fall der Rückzug die richtige Art des Handelns, die die Kräfte nicht aufreibt.*
Als Monatszeichen ist das Hexagramm dem sechsten Monat (Juli–August) beigeordnet, in dem die Winterkräfte schon wieder anfangen, ihre Wirkung zu zeigen.

Das Urteil
Der Rückzug. Gelingen.
Im Kleinen ist fördernd Beharrlichkeit.

Die Verhältnisse sind so, daß die feindlichen Kräfte, durch die Zeit begünstigt, im Vorrücken sind. In diesem Fall ist der Rückzug das richtige, und eben durch den Rückzug erlangt man Gelingen. Der Erfolg besteht darin, daß man den Rückzug richtig auszuführen vermag. Rückzug ist nicht zu verwechseln mit Flucht, die auf weiter nichts bedacht ist als Rettung unter allen Umständen. Rückzug ist ein Zeichen von Stärke. Man darf den rechten Moment nicht versäumen, solange man in vollem Besitz von Kraft und Stellung ist. Da versteht man rechtzeitig die Zeichen der Zeit zu deuten und bereitet einen zeitweiligen Rückzug vor, statt sich in einen verzweifelten Kampf auf Leben und Tod einzulassen. So räumt man auch dem Gegner nicht ohne weiteres das Feld, sondern erschwert ihm das Vorrücken, indem man im einzelnen noch immer Beharr-

---

* Es ist ein ähnlicher Gedanke in dem Zeichen ausgedrückt wie in dem Wort Jesu: »Ihr sollt nicht widerstreben dem Übel« (Math. 5, 39).

lichkeit zeigt. Auf diese Weise bereitet man im Rückzug schon den Umschwung vor. Die Gesetze eines solchen aktiven Rückzugs zu verstehen ist nicht leicht. Der Sinn, der in solcher Zeit verborgen liegt, ist bedeutend.

Das Bild
Unter dem Himmel ist der Berg:
das Bild des Rückzugs.
So hält der Edle den Gemeinen fern,
nicht zornig, sondern gemessen.

Der Berg erhebt sich unter dem Himmel, aber in seiner Natur liegt es, daß er schließlich stehenbleibt. Der Himmel dagegen zieht sich nach oben vor ihm in die Ferne zurück, so daß er unerreichbar bleibt. Das ist das Bild für die Art, wie der Edle sich dem aufsteigenden Gemeinen gegenüber verhält. Er zieht sich in seiner Gesinnung vor ihm zurück. Er haßt ihn nicht; denn der Haß ist eine Art von innerer Beteiligung, durch die man sich mit dem gehaßten Gegenstand verbindet. Der Edle zeigt die Stärke (Himmel) darin, daß er den Gemeinen durch seine Gemessenheit zum Stillstand bringt (Berg).

Die einzelnen Linien

- **Anfangs eine Sechs bedeutet:**
  Beim Rückzug am Schwanz: das ist gefährlich.
  Man darf nicht etwas unternehmen wollen.

Da das Zeichen das Abbild von etwas sich Zurückziehendem ist, so ist der erste Strich der Schwanz und der oberste der Kopf. Beim Rückzug ist es vorteilhaft, vorne zu sein. Hier ist man hinten in unmittelbarer Berührung mit den nachdrängenden Feinden. Das ist gefährlich. Unter solchen gefahrvollen Umständen ist es nicht ratsam, etwas zu unternehmen. Durch Stillehalten entgeht man am leichtesten der drohenden Gefahr.

- **Sechs auf zweitem Platz bedeutet:**
  Er hält ihn fest mit gelbem Ochsenleder.
  Niemand vermag ihn loszureißen.

Gelb ist die Farbe der Mitte. Sie deutet auf das Korrekte, Pflichtgemäße. Das Leder eines Ochsen ist fest und unzerreißbar.

Während die Edlen sich zurückziehen und die Geringen nachdrängen, ist hier ein Geringer gezeichnet, der sich so fest und zäh an die Edlen hält, daß sie sich von ihm nicht losmachen können. Und weil er das Rechte will und so stark ist in seinem Willen, erreicht er auch sein Ziel*. Auf diese Weise bestätigt die Linie das Wort des Urteils: »Im Kleinen [hier soviel wie: für den geringen Mann] ist günstig Beharrlichkeit.«

Neun auf drittem Platz bedeutet:
Aufgehaltener Rückzug ist peinlich und gefahrvoll.
Die Menschen als Knechte und Mägde zu halten bringt Heil.

Wenn es Zeit ist, sich zurückzuziehen, und man wird zurückgehalten, so ist das unangenehm und gefährlich zugleich, da einem die Freiheit des Handelns genommen ist. In solchem Falle ist der einzige Ausweg der, daß man die Menschen, die einen nicht gehen lassen, sozusagen in seinen Dienst nimmt, um sich so wenigstens die Initiative zu wahren und nicht wehrlos unter ihre Herrschaft zu kommen. Aber wenn dies auch ein Ausweg ist, erfreulich wird die Lage doch nicht. Denn was will man mit solchen Dienern ausrichten?

Neun auf viertem Platz bedeutet:
Freiwilliger Rückzug bringt dem Edlen Heil,
dem Gemeinen Niedergang.

Beim Rückzug handelt es sich für den höheren Menschen darum, daß er in aller Freundlichkeit und gerne Abschied nimmt. Der Rückzug fällt ihm auch innerlich leicht, weil er auf diese Weise seiner Überzeugung keine Gewalt anzutun braucht. Wer darunter zu leiden hat, das ist nur der Gemeine, von dem er sich zurückzieht und der ohne die Leitung des Edlen verkommen muß.

- **Neun auf fünftem Platz bedeutet:**
  Freundlicher Rückzug. Beharrlichkeit bringt Heil.

---

* Es ist ein ähnlicher Gedanke angedeutet wie in dem nächtlichen Kampf Jakobs mit dem Gott von Pniel I. Mos. 32: »Ich lasse Dich nicht, du segnest mich denn.«

Es ist die Sache des Edlen, rechtzeitig zu erkennen, wann es Zeit ist, sich zurückzuziehen. Wenn man den rechten Zeitpunkt wählt zum Rückzug, so kann sich dieser Rückzug in vollkommen freundschaftlichen Formen vollziehen, ohne daß unangenehme Auseinandersetzungen nötig würden. Aber trotz aller Verbindlichkeit der äußeren Form ist unbedingte Festigkeit des Entschlusses nötig, damit man sich nicht durch anderweitige Erwägungen irremachen läßt.

Oben eine Neun bedeutet:
Heiterer Rückzug. Alles ist fördernd.

Die Lage ist unzweideutig. Die innere Loslösung ist eine feststehende Tatsache. Dadurch hat man die Freiheit zu gehen. Wo man seinen Weg so klar und zweifellos vor sich sieht, stellt sich eine heitere Fassung ein, die das Rechte ohne jedes Bedenken wählt. Ein solch klarer Weg führt stets zum Guten.

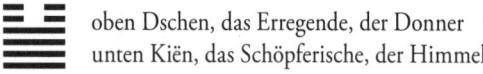

34. Da Dschuang – Des Großen Macht

oben Dschen, das Erregende, der Donner
unten Kiën, das Schöpferische, der Himmel

Die großen, d. h. lichten, starken Linien sind mächtig. Vier lichte Linien sind von unten her in das Zeichen eingetreten und sind im Begriff, weiter aufzusteigen. Das obere Halbzeichen ist Dschen, das Erregende, das untere Kiën, das Schöpferische. Das Schöpferische ist stark, das Erregende bewegend. Die Vereinigung von Bewegung und Stärke gibt den Sinn der Macht des Großen. Das Zeichen ist dem zweiten Monat (März–April) zugeordnet.

Das Urteil
Des Großen Macht. Fördernd ist Beharrlichkeit.

Das Zeichen deutet auf eine Zeit, da innerer Wert gewaltig aufsteigt und zur Macht kommt. Aber die Stärke hat die Mitte schon überschritten. Darum liegt die Gefahr nahe, daß man sich auf seine Macht verläßt, ohne jederzeit nach dem Rechten zu fragen, daß man auf Bewegung aus ist, ohne auf die rechte Zeit zu warten. Deshalb ist der Satz beigefügt, daß Beharrlichkeit förderlich ist. Denn das ist eben wirklich große Macht, die nicht in bloße Gewalt ausartet, sondern innerlich verbunden bleibt mit den Grundsätzen des Rechts und der Gerechtigkeit. Wenn man diesen Punkt versteht, daß Größe und Gerechtigkeit untrennbar verbunden sein müssen, so versteht man den wahren Sinn alles Weltgeschehens in Himmel und Erde.

Das Bild
Der Donner ist am Himmel oben:
das Bild der Macht des Großen.

So tritt der Edle nicht auf Wege,
die nicht der Ordnung entsprechen.

Der Donner, die elektrische Kraft, steigt im Frühjahr nach oben. Diese Bewegung ist im Einklang mit der Richtung der Bewegung des Himmels. Es ist also eine Bewegung in Übereinstimmung mit dem Himmel, die große Macht bewirkt. Wahre Größe beruht aber darauf, daß sie in Einklang ist mit dem, was recht ist. Darum hütet sich der Edle in Zeiten großer Macht, etwas zu tun, das nicht im Einklang ist mit dem, was der Ordnung entspricht.

Die einzelnen Linien

Anfangs eine Neun bedeutet:
Macht in den Zehen.
Fortmachen bringt Unheil.
Das ist gewißlich wahr.

Die Zehen sind ganz unten und sind bereit voranzuschreiten. So ist große Macht an niederer Stelle geneigt, gewaltsam den Fortschritt zu erzwingen. Das würde aber, wenn man so weitermacht, sicher ins Unheil führen. Daher ist als Rat eine Warnung beigefügt.

Neun auf zweitem Platz bedeutet:
Beharrlichkeit bringt Heil.

Die vorausgesetzte Lage ist, daß die Pforten des Erfolges sich zu öffnen beginnen. Der Widerstand beginnt zu weichen. Man kommt machtvoll voran. Dies ist der Punkt, wo allzu leicht der Übermut einsetzt, der sich nicht zügeln kann. Darum das Orakel, daß Beharrlichkeit – nämlich im inneren Gleichgewicht, ohne übertriebene Machtwirkung – Heil bringt.

Neun auf drittem Platz bedeutet:
Der Gemeine wirkt durch Macht, der Edle wirkt nicht so.
Fortmachen ist gefährlich.
Ein Ziegenbock stößt gegen eine Hecke
und verwickelt seine Hörner.

I Ging

Das Pochen auf Macht führt zu Verwicklungen, wie ein Bock, der gegen eine Hecke stößt, seine Hörner verwickelt. Während der Gemeine, wenn er im Besitz der Macht ist, darin schwelgt, macht es der Edle nicht so. Er ist sich der Gefahr des Weitermachens unter allen Umständen bewußt und verzichtet daher rechtzeitig auf bloße Machtentfaltung.

- **Neun auf viertem Platz bedeutet:**
  Beharrlichkeit bringt Heil.
  Die Reue schwindet.
  Die Hecke öffnet sich, es gibt keine Verwicklung.
  Die Macht beruht auf der Achse eines großen Wagens.

Wenn man beharrlich und still fortarbeitet an der Beseitigung der Widerstände, dann gelingt es schließlich*. Die Hemmnisse weichen, und der Anlaß zur Reue, der auf einer Übertreibung der Anwendung von Macht beruht, verschwindet. Die Macht zeigt sich nicht äußerlich, aber sie hat die Wirkung, daß sie schwer Lasten voranbringt wie ein großer Wagen, dessen Stärke auf seiner Achse beruht. Je weniger man die Macht nach außen hin anwendet, desto stärker wirkt sie.

Sechs auf fünftem Platz bedeutet:
Verliert den Bock in Leichtigkeit.
Keine Reue.

Der Bock zeichnet sich durch äußere Härte bei innerer Schwäche aus. Nun ist die Lage so, daß alles ganz leicht ist; kein Widerstand ist mehr vorhanden. Da mag man das kampfbereite, bockige Wesen ablegen und wird es nicht zu bereuen haben.

Oben eine Sechs bedeutet:
Ein Bock stößt gegen eine Hecke:

---

* Das gilt auch für Kämpfe mit der eigenen unvollkommenen Natur. Auch hier gilt es, trotz dauernder Rückfälle nicht müde zu werden, sondern fortzumachen, bis der Erfolg sich einstellt und der Moment eintritt, wo es heißt:

Alles Vergängliche,	Es wachsen Flügel,
In Sünden Verfängliche,	Es hebt sich der Riegel
Es war einmal.	Zum ewigen Saal.

Er kann nicht zurück, er kann nicht voran.
Nichts ist fördernd.
Merkt man die Schwierigkeit, so bringt das Heil.

Wenn man sich zu weit vorwagt, so kommt man an einen toten Punkt, wo man weder vorwärts noch rückwärts kann und alles nur dazu dient, die Sache noch verwickelter zu machen. Bei solchem Eigensinn kommt man in unüberwindliche Schwierigkeiten. Wenn man die Lage einsieht und nicht fortmachen will, sondern sich beruhigt, so wird mit der Zeit alles wieder gut werden.

35. Dsin – Der Fortschritt

oben Li, das Haftende, das Feuer
unten Kun, das Empfangende, die Erde

Das Zeichen stellt die Sonne dar, die über die Erde emporsteigt; es ist daher das Bild des raschen, leichten Fortschritts, der gleichzeitig immer weitere Ausdehnung und Klarheit bedeutet.

Das Urteil
Der Fortschritt:
Der starke Fürst wird geehrt durch Pferde in großer Menge.
An einem Tag wird er dreimal empfangen.

Als Beispiel wird eine Zeit geschildert, da ein starker Lehnsfürst die übrigen Fürsten um den Großkönig in Gehorsam und Frieden versammelt und vom Großkönig reich beschenkt und in nächste Nähe gezogen wird.
Es liegt darin ein doppelter Gedanke. Die eigentliche Wirkung des Fortschrittes geht von einem Mann in abhängiger Stellung aus, den die andern als ihresgleichen ansehen, weshalb sie ihm willig folgen. Dieser Führer besitzt innere Klarheit genug, um den großen Einfluß, den er hat, nicht zu mißbrauchen, sondern zugunsten des Herrn zu verwenden. Der Herr seinerseits ist frei von jeder Eifersucht, beschenkt den großen Mann reichlich und zieht ihn dauernd in seine Nähe. Ein erleuchteter Herr und ein gehorchender Diener, das sind die Bedingungen großen Fortschritts.

Das Bild
Die Sonne steigt über die Erde empor:
das Bild des Fortschritts.
So macht der Edle selbst seine klaren Anlagen hell.

Das Licht der Sonne, das über die Erde aufsteigt, ist von Natur klar, aber je höher die Sonne steigt, desto mehr kommt sie aus den trüben Dünsten heraus und strahlt in um so weiterem Umfang in ihrer ursprünglichen Reinheit. So ist auch das wahre Wesen des Menschen ursprünglich gut, aber es wird getrübt durch den Zusammenhang mit dem Irdischen und bedarf daher der Läuterung, damit es in seiner ihm ursprünglich zukommenden Klarheit leuchten kann*.

Die einzelnen Linien

Anfangs eine Sechs bedeutet:
Fortschreitend, aber zurückgewiesen.
Beharrlichkeit bringt Heil.
Wenn man kein Vertrauen findet, so bleibe man gelassen.
Kein Fehler.

Zu einer Zeit, da alles nach Fortschritt drängt, befindet man sich noch in Ungewißheit darüber, ob man nicht beim Fortschritt auf Zurückweisung stoßen könnte. Da gilt es, einfach im Rechten fortzumachen: Das bringt schließlich Heil. Es kann sein, daß einem kein Vertrauen entgegengebracht wird. In diesem Fall erstrebe man nicht Vertrauen unter allen Umstände; man muß gelassen und heiter bleiben und sich nicht zum Zorn reizen lassen. So bleibt man ohne Fehler.

Sechs auf zweitem Platz bedeutet:
Fortschreitend, aber in Trauer:
Beharrlichkeit bringt Heil.
Man bekommt dann großes Glück von seiner Ahnfrau.

Der Fortschritt wird aufgehalten, man sieht sich gehindert, mit dem Menschen an leitender Stelle, zu dem man in Beziehung steht, in Verbindung zu kommen. Das bringt Trauer. Aber in solchem Fall gilt es, beharrlich zu bleiben, dann wird man von jener Persönlichkeit in mütterlicher Milde großes Glück erfahren. Dieses Glück kommt und ist wohlverdient, weil die gegenseitige Zuneigung nicht auf egoistisch-parteiischen Motiven beruht, sondern auf festen und korrekten Grundsätzen.

---
* Hier ist das Thema, das in der Höheren Bildung (Da Hüo) ausführlich behandelt wird.

Sechs auf drittem Platz bedeutet:
Alle sind einverstanden. Die Reue schwindet.

Man strebt voran, und zwar in Gemeinschaft mit anderen, durch deren Einverständnis man gehoben wird. Dadurch verschwindet der Anlaß zum Bedauern, der darin zu finden wäre, daß man nicht die Selbständigkeit besitzt, sich gegen jedes feindliche Geschick allein durchzusetzen.

Neun auf viertem Platz bedeutet:
Fortschritt wie ein Hamster.
Beharrlichkeit bringt Gefahr.

In Zeiten des Fortschritts ist es für starke Menschen leicht, wenn sie an unrichtiger Stelle sind, sich vieles zusammzuscharren. Aber ein solches Gebaren ist lichtscheu. Und da Fortschrittszeiten immer auch Zeiten sind, da die Sonne alles lichtscheue Treiben an den Tag bringt, so bringt ein Beharren in solchem Tun notwendig Gefahr mit sich.

- **Sechs auf fünftem Platz bedeutet:**
Die Reue schwindet.
Gewinn und Verlust nimm nicht zu Herzen.
Unternehmungen bringen Heil.
Alles ist fördernd.

Es ist hier eine Lage gezeichnet, da man in Fortschrittszeiten sich an maßgebender Stelle befindet und mild und zurückhaltend ist. Man könnte sich darüber Vorwürfe machen, daß man nicht energisch genug die Gunst der Zeit benutzt und alle möglichen Vorteile sich verschafft hat. Allein diese Reue schwindet. Man darf sich Verlust und Gewinn nicht zu Herzen nehmen. Das sind untergeordnete Dinge. Wichtiger ist, daß man Möglichkeiten zu erfolg- und segensreichem Wirken sich auf diese Weise gesichert hat.

Oben eine Neun bedeutet:
Fortschreiten mit den Hörnern darf man nur,
um sein eigenes Gebiet zu strafen.
Bewußtsein der Gefahr bringt Heil.

Kein Makel.
Beharrlichkeit bringt Beschämung.

Fortschreiten mit den Hörnern, d. h. angriffsweise vorgehen, soll man in solchen Zeiten, um die es sich hier handelt, nur den Fehlern der eigenen Leute gegenüber. Dabei muß man sich bewußt bleiben, daß solch angriffsweises Vorgehen immer mit Gefahr verbunden ist. Dadurch vermeidet man die Fehler, die sonst drohen, und was man beabsichtigt hat, gelingt. Dagegen wird eine Beharrliche Fortsetzung dieser allzu energischen Haltung, namentlich Fernerstehenden gegenüber, Beschämung bringen.

明夷

36. Ming I –
Die Verfinsterung des Lichts

oben Kun, das Empfangende, die Erde
unten Li, das Haftende, das Feuer

Die Sonne ist hier unter die Erde gesunken, daher verdunkelt. Der Name des Zeichens bedeutet eigentlich Verwundung des Hellen, daher die einzelnen Linien auch vielfach von Verwundungen reden. Die Situation ist genau die entgegengesetzte wie beim vorigen Zeichen. Dort ein weiser Mann an der Spitze, der tüchtige Gehilfen hat, mit denen er gemeinsam voranschreitet; hier ein finsterer Mann an maßgebender Stelle, durch den der Tüchtige und Weise geschädigt wird.

Das Urteil
Die Verfinsterung des Lichts.
Fördernd ist es, in der Not beharrlich zu sein.

Man darf sich auch von ungünstigen Verhältnissen nicht wehrlos mitreißen, nicht in seiner inneren Willenshaltung beugen lassen. Dies ist möglich, wenn man innerlich licht ist und nach außen hin nachgiebig und fügsam. Durch diese Haltung läßt sich auch die größte Not überwinden. Man muß freilich unter Umständen sein Licht verbergen, um trotz Schwierigkeiten in der unmittelbaren Umgebung seinen Willen durchhalten zu können. Die Beharrlichkeit muß im innersten Bewußtsein leben und darf nach außen nicht hervortreten. Nur so kann man unter Schwierigkeiten seinen Willen wahren.

Das Bild
Das Licht ist in die Erde hineingesunken:
das Bild der Verfinsterung des Lichts.

So lebt der Edle mit der großen Menge:
er verhüllt seinen Schein und bleibt doch hell.

In Zeiten der Finsternis gilt es, vorsichtig und zurückhaltend zu sein. Nicht durch rücksichtsloses Auftreten soll man sich nutzlos übermächtige Feindschaft zuziehen. Man soll in solchen Zeiten die Gewohnheiten der Menschen zwar nicht mitmachen, aber sie auch nicht kritisch ans Licht ziehen. Im Verkehr muß man in solchen Zeiten nicht alles wissen wollen. Man muß manches auf sich beruhen lassen, ohne sich darum betören zu lassen.

Die einzelnen Linien

Anfangs eine Neun bedeutet:
Verfinsterung des Lichts im Flug.
Er senkt seine Flügel.
Der Edle auf seiner Wanderschaft ißt drei Tage nichts.
Aber er hat, wohin er geht.
Der Wirt hat über ihn zu reden.

In großartigem Entschluß will man sich über alle Hindernisse emporschwingen. Aber da trifft man auf das feindliche Geschick. Man zieht sich zurück und weicht aus. Die Zeit ist schwer. Rastlos muß man ohne bleibende Stätte weitereilen. Wenn man nicht innerliche Kompromisse machen, sondern seinen Grundsätzen treu bleiben will, so kommt man in Mangel. Aber man hat sein festes Ziel, dem man zustrebt, auch wenn die Leute, bei denen man wohnt, einen nicht verstehen und über einen lästern.

- **Sechs auf zweitem Platz bedeutet:**
Die Verfinsterung des Lichts verletzt ihn am linken Schenkel.
Er wirkt Hilfe mit der Macht eines Pferdes. Heil.

Hier ist der Herr des Lichts an untergeordnetem Platz. Er wird verletzt vom Herrn der Finsternis. Aber die Verwundung ist nicht lebensgefährlich, sondern nur hinderlich. Rettung ist noch möglich. Der Betroffene denkt nicht an sich selbst, sondern nur an die Rettung der anderen, die auch bedroht sind. Darum sucht er mit äußerster Kraft zu retten, was zu retten ist. In diesem pflichtmäßigen Handeln liegt das Heil.

Neun auf drittem Platz bedeutet:
Die Verfinsterung des Lichts auf der Jagd im Süden.
Man bekommt ihr großes Haupt.
Man darf nicht zu eilig Beharrlichkeit erwarten.

Scheinbar ist ein Spiel des Zufalls am Werk. Während der Starke und Getreue bestrebt ist, in eifriger Tätigkeit Ordnung zu schaffen, ohne alle Hintergedanken, trifft er wie zufällig den Rädelsführer der Unordnung und wird seiner habhaft. Damit ist der Sieg erlangt. Aber man darf nicht die Abstellung der Mißbräuche allzu hastig betreiben. Das wäre vom Übel, weil die Mißbräuche schon zu lange im Schwange waren.

Sechs auf viertem Platz bedeutet:
Er dringt in die linke Bauchhöhle ein.
Man erhält das Herz der Verfinsterung des Lichts
und verläßt Tor und Hof.

Man befindet sich in der Nähe des Hauptes der Finsternis und erfährt so seine geheimsten Gedanken. Auf diese Weise erkennt man, daß Besserung nicht mehr zu erhoffen ist, und wird rechtzeitig in den Stand gesetzt, den Ort des Unheils zu verlassen, ehe es hereinbricht.

- **Sechs auf fünftem Platz bedeutet:**
  Verfinsterung des Lichts wie beim Prinzen Gi.
  Fördernd ist Beharrlichkeit.

Der Prinz Gi lebte am Hof des finsteren Tyrannen Dschou Sin, der als historisches Beispiel ungenannt der ganzen Situation zugrunde liegt. Der Prinz Gi war ein Verwandter dieses Tyrannen, darum konnte er sich nicht vom Hof zurückziehen. Er verbarg deshalb seine gute Gesinnung und stellte sich wahnsinnig. So wurde er denn als Sklave gehalten, ohne daß er durch äußere Unbilden in seiner Gesinnung sich hätte irremachen lassen.

Hieraus ergibt sich die Lehre für diejenigen, die in Zeiten der Finsternis ihren Platz nicht verlassen können. Sie bedürfen bei unbesiegbarer Beharrlichkeit im Innern nach außen hin doppelter Vorsicht, um der Gefahr zu entgehen.

- **Oben eine Sechs bedeutet:**
  Nicht Licht, sondern Dunkel.
  Erst stieg er zum Himmel empor,
  dann stürzte er in die Tiefen der Erde hinunter.

Hier ist der Höhepunkt der Finsternis erreicht. Die finstere Macht war erst so hochgestellt, daß sie alle Guten und Lichten verletzen konnte. Zum Schluß jedoch geht sie an ihrer eigenen Finsternis zugrunde, denn das Böse muß in dem Augenblick stürzen, da es das Gute vollkommen überwunden und damit die Kraft aufgezehrt hat, der es bisher seinen Bestand verdankte.

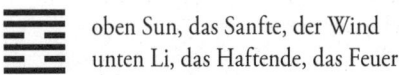

37. Gia Jen – Die Sippe

oben Sun, das Sanfte, der Wind
unten Li, das Haftende, das Feuer

Das Zeichen stellt die Gesetze dar, die innerhalb der Sippe walten. Der oberste starke Strich stellt den Vater dar, der unterste den Sohn, der fünfte starke Strich stellt den Gatten dar, die zweite weiche Linie die Gattin. Andererseits stellen die beiden starken Linien auf fünftem und drittem Platz zwei Brüder dar, die zugehörigen schwachen Linien auf viertem und zweitem Platz ihre Frauen, so daß alle Beziehungen und Verhältnisse innerhalb der Sippe zu ihrem wesensgemäßen Ausdruck kommen. Jede einzelne Linie hat die ihrem Platz entsprechende Natur. Daß auf dem sechsten Platz, wo man eine schwache Linie erwarten könnte, dennoch ein starker Strich steht, bezeichnet aufs deutlichste die starke Herrschaft, die vom Haupt der Sippe ausgehen muß. Der Strich kommt hier nicht in seiner Eigenschaft als sechster, sondern als oberster in Betracht. Die Sippe zeigt die Gesetze im Innern des Hauses wirksam, die nach außen übertragen Staat und Welt in Ordnung halten. Der Einfluß, der vom Innern der Sippe nach außen wirkt, ist dargestellt unter dem Bild des Windes, der vom Feuer erzeugt wird.

Das Urteil
Die Sippe. Fördernd ist die Beharrlichkeit der Frau.

Die Grundlage der Sippe sind die Beziehungen von Gatte und Gattin. Das Band, das die Sippe zusammenhält, liegt in der Treue und Beharrlichkeit der Frau. Ihr Platz ist im Innern (zweite Linie), der Platz des Mannes im Äußern (fünfte Linie). Daß Mann und Frau ihren rechten Platz einnehmen, entspricht den großen Gesetzen der Natur. In der Sippe bedarf es der festen Autorität: Das sind die Eltern. Wenn der Vater wirklich Vater ist und der Sohn Sohn, wenn der ältere Bruder seinen Platz als älterer Bruder ausfüllt und der jüngere seinen Platz als jüngerer Bruder, wenn der Gatte wirklich Gatte ist und die Gattin Gattin, dann ist die Sippe in Ordnung. Ist die Sippe in Ordnung, so kommen die ganzen Gesellschaftsbeziehungen der Menschheit in Ordnung. Von den fünf gesellschaftlichen Beziehungen liegen drei innerhalb der Sippe: die zwischen Vater und Sohn – die Liebe –, zwischen Mann und Frau – die Zucht –, zwischen älterem und jüngerem Bruder – die Ordnung. Die liebevolle Ehrfurcht des Sohnes wird dann weiterhin auf den Fürsten übertragen als Pflichttreue und die Ordnung und Zuneigung der Brüder auf den Freund als Treue und das Verhältnis zu den Vorgesetzten als Unterordnung. Die Sippe ist die Keimzelle der Gesellschaft, der Naturboden, auf dem die Ausübung der moralischen Pflichten durch natürliche Zuneigung erleichtert wird, so daß im engen Kreis die Grundlage geschaffen wird, von der sie dann auf die menschlichen Beziehungen im allgemeinen übertragen werden.

Das Bild
Der Wind kommt aus dem Feuer hervor:
das Bild der Sippe.
So hat der Edle in seinen Worten die Sache
und in seinem Wandel die Dauer.

Die Hitze erzeugt Kraft; das bedeutet der Wind, der durch das Feuer entfacht wird und aus ihm hervorgeht. Das ist die Wirkung von innen nach außen. Ganz dasselbe ist bei der Regelung der Sippe notwendig. Auch hier muß die Wirkung von der eigenen Person auf andere ausgehen. Um eine solche Wirkung ausüben zu können, müssen die Worte eine Kraft haben, das können sie nur, wenn sie auf etwas Wirklichem beruhen, wie die Flamme auf dem Brennstoff. Nur wenn die Worte sachlich sind, sich auf bestimmte Verhältnisse klar beziehen, haben sie Einfluß. Allgemeine Reden und Ermahnungen sind gänzlich wirkungslos. Ferner müssen die Worte unterstützt werden von dem ganzen Benehmen, wie der Wind durch seine Dauer wirkt. Nur ein festes, konsequentes Handeln wird auf andere den Eindruck machen, daß sie sich ihm anpassen und nach ihm richten können. Sind Wort und Benehmen nicht im Einklang und konsequent, so bleibt die Wirkung aus.

Die einzelnen Linien

Anfangs eine Neun bedeutet:
Fester Abschluß innerhalb der Sippe. Reue schwindet.

Die Familie muß eine festbegrenzte Einheit bilden, innerhalb deren jedes Glied seinen Platz kennt. Von Anfang an müssen die Kinder an feste Ordnungen gewöhnt werden, noch ehe ihr Wille auf anderes gerichtet ist. Wenn man zu spät mit der Durchsetzung der Ordnung beginnt, wenn der Wille der Kinder schon verwöhnt ist, so leisten die großgewordenen Launen und Leidenschaften Widerstand, und es gibt Anlaß zur Reue. Wenn man mit der Ordnung rechtzeitig beginnt, so kommen wohl auch Anlässe zur Reue vor. Sie sind beim Zusammenleben in größerem Kreis unvermeidbar. Aber die Reue schwindet immer wieder. Es zieht sich alles zurecht. Denn es gibt nichts, das leichter vermeidbar und schwerer durchführbar wäre, als den Kindern »den Willen zu brechen«.

- **Sechs auf zweitem Platz bedeutet:**
  Sie soll nicht ihrer Laune folgen.
  Sie soll im Innern für Speise sorgen.
  Beharrlichkeit bringt Heil.

Die Frau soll sich immer nach dem Willen des Hausherrn richten, sei es des Vaters, des Gatten oder des erwachsenen Sohnes*. Ihre Stellung ist inmitten des Hauses. Hier hat sie große und wichtige Pflichten, die sie nicht erst zu suchen braucht. Sie muß für die Nahrung der Angehörigen und die Opferspeisen sorgen. Dadurch wird sie zum Mittelpunkt für das gesellschaftliche und religiöse Leben der Familie. Beharrlichkeit in dieser Stellung bringt dem ganzen Hause Heil.

Auf allgemeine Verhältnisse übertragen, wird der Rat erteilt, nichts gewaltsam zu suchen, sondern auf die vorhandenen Pflichten ruhig sich zu beschränken.

Neun auf drittem Platz bedeutet:
Wenn es in der Sippe hitzig zugeht,
so entsteht Reue über zu große Strenge.
Doch Heil!
Wenn Weib und Kind tändeln und lachen,
so führt das schließlich zu Beschämung.

---

* Vgl.: »Dienen lerne beizeiten das Weib nach seiner Bestimmung.«

In der Familie soll die rechte Mitte zwischen Härte und Läßlichkeit herrschen. Zu große Strenge gegen das eigene Fleisch und Blut führt zu Reue. Das beste ist, feste Dämme zu errichten, innerhalb derer den einzelnen volle Bewegungsfreiheit gelassen wird. Doch ist im Zweifelsfall zu große Strenge trotz einzelner Mißgriffe besser, weil die Zucht der Familie erhalten bleibt, als zu große Schwäche, die zu Schande führt.

Sechs auf viertem Platz bedeutet:
Sie ist der Reichtum des Hauses.
Großes Heil!

Die Hausfrau ist es, von der der Wohlstand der Familie abhängt. Wohlstand herrscht immer dann, wenn Ausgaben und Einnahmen zueinander in gesundem Verhältnis stehen. Das führt zu großem Heil. Aufs öffentliche Leben übertragen, ist hier der treue Haushalter gemeint, der das allgemeine Wohl durch seine Maßregeln fördert.

• **Neun auf fünftem Platz bedeutet:**
Ein König, naht er seiner Sippe, fürchtet euch nicht.
Heil!

Ein König ist das Bild eines väterlichen, innerlich reichen Mannes. Er handelt nicht so, daß man sich vor ihm fürchten muß, sondern die ganze Familie kann Vertrauen haben, weil die Liebe herrscht im Verkehr*. Sein Wesen übt ganz von selbst den rechten Einfluß aus.

Oben eine Neun bedeutet:
Seine Arbeit ist ehrfurchtgebietend.
Schließlich kommt Heil.

Die Ordnung der Familie beruht letzten Endes auf der Person des Hausherrn. Wenn er seine Person so ausbildet, daß sie in der Kraft innerer Wahrheit imponierend wirkt, dann geht in der Familie alles gut. Man muß die Verantwortung in leitender Stellung selbst auf sich nehmen.

---

* Vgl.: »Furcht ist nicht in der Liebe.«

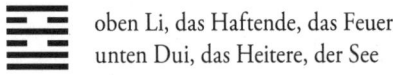

38. Kui – Der Gegensatz

```
▗▄▖
▗▄▖
▐▄▌
▐▄▌
▗▄▖
▐▄▌
```
oben Li, das Haftende, das Feuer
unten Dui, das Heitere, der See

Das Zeichen besteht aus dem oberen Urzeichen Li, die Flamme, die nach oben flammt, und dem Urzeichen Dui, der See, unten, der nach unten sickert. Diese Bewegungen stehen zueinander im Gegensatz. Ferner ist Li die zweite und Dui die jüngste Tochter. Obwohl sie im selben Hause wohnen, gehören sie doch verschiedenen Männern an und ihr Wille ist daher nicht gemeinsam, sondern auf Gegensätzliches gerichtet.

Das Urteil
Der Gegensatz. In kleinen Sachen Heil.

Wenn die Menschen in Gegensatz und Entfremdung leben, so läßt sich ein großes gemeinsames Werk nicht ausführen. Die Gesinnungen gehen zu weit auseinander. Vor allem darf man nicht schroff vorgehen, wodurch der Gegensatz nur noch verschärft würde, sondern muß sich auf allmähliche Wirkungen im Kleinen beschränken. Hier ist noch Heil zu erwarten, da die Lage so ist, daß der Gegensatz nicht jede Verständigung ausschließt.
Der Gegensatz, der im allgemeinen als Hemmung erscheint, hat als polarer Gegensatz innerhalb eines umfassenden Ganzen auch seine guten und wichtigen Funktionen.
Die Gegensätze zwischen Himmel und Erde, Geist und Natur, Mann und Weib bewirken durch ihren Ausgleich die Schöpfung und Fortpflanzung des Lebens. In der sichtbaren Welt der Dinge ermöglicht der Gegensatz eine Sonderung in Arten, durch die Ordnung in die Welt kommt.

Das Bild
Oben das Feuer, unten der See:
das Bild des Gegensatzes.

So behält der Edle bei aller Gemeinschaft seine Besonderheit.
Wie die beiden Elemente Feuer und Wasser, auch wenn sie beisammen sind, sich nie vermischen, sondern ihre eigene Natur behalten, so wird der gebildete Mensch auch durch Verkehr und gemeinsame Interessen mit anders gearteten Menschen sich nie dahin bringen lassen, daß er sich gemein macht, sondern er wird bei aller Gemeinsamkeit doch immer seine Eigenart wahren.

Die einzelnen Linien

Anfangs eine Neun bedeutet:
Die Reue schwindet.
Wenn du dein Pferd verlierst, so lauf ihm nicht nach.
Es kommt von selber wieder.
Wenn du böse Menschen siehst, so hüte dich vor Fehlern.

Auch in Zeiten des Gegensatzes kann man so handeln, daß man frei von Fehlern bleibt, so daß die Reue schwindet. Man darf bei beginnendem Gegensatz die Einheit nicht erzwingen wollen; dadurch würde man nur das Gegenteil erreichen, wie ein Pferd sich immer weiter entfernt, wenn man ihm nachläuft. Ist es unser Pferd, so kann man es ruhig laufen lassen: Es kommt von selber wieder. So kommt auch ein Mensch, der zu uns gehört und infolge eines Mißverständnisses sich augenblicklich von uns entfernt, von selber wieder, wenn man ihn machen läßt. Auf der anderen Seite gilt es vorsichtig sein, wenn böse Menschen, die nicht zu uns gehören, sich herbeidrängen – auch infolge eines Mißverständnisses. Hier gilt es, Fehler zu vermeiden: sie nicht gewaltsam entfernen wollen, wodurch erst recht Feindschaft entstünde, sondern sie einfach dulden. Sie ziehen sich schon von selbst zurück.

• Neun auf zweitem Platz bedeutet:
Man begegnet seinem Herrn in enger Gasse.
Kein Makel.

Infolge der Mißverständnisse ist es nicht möglich, daß Menschen, die ihrer Art nach zusammengehören, auf ganz korrekte Weise zusammenkommen. Da mag denn ein zufälliges Zusammentreffen unter unformellen Umständen auch hingehen, wenn nur die innere Zusammengehörigkeit vorhanden ist.

Sechs auf drittem Platz bedeutet:
Man sieht den Wagen nach hinten gezerrt,
die Rinder festgehalten,
dem Menschen Haare und Nase abgeschnitten.
Kein guter Anfang, aber ein gutes Ende.

Manchmal sieht es so aus, als ob sich alles gegen einen verschworen habe; man sieht sich im Fortschritt gehemmt und zurückgehalten, man sieht sich beschimpft und verletzt (Abschneiden von Haaren und Nase war eine schwere, entehrende Strafe). Aber man darf sich dann nicht irremachen lassen, sondern muß trotz dieser Gegensätze festhalten an dem Menschen, mit dem man sich zusammengehörig weiß. So wird trotz des schlechten Anfangs das Ende schließlich gut werden.

Neun auf viertem Platz bedeutet:
Durch Gegensatz vereinsamt,
trifft man einen Gleichgesinnten,
mit dem man in Treue verkehren kann.
Trotz der Gefahr kein Makel.

Wenn man in einer Gesellschaft ist, von der man durch einen inneren Gegensatz getrennt ist, so kommt man in Vereinsamung. Aber wenn man in solcher Lage einen Menschen trifft, der ursprünglich seinem ganzen Wesen nach zu einem gehört, dem man sein volles Vertrauen schenken kann, dann überwindet man alle Gefahren der Vereinsamung. Unser Wille hat Erfolg, und man wird frei von Fehlern.

- **Sechs auf fünftem Platz bedeutet:**
  Die Reue schwindet.
  Der Gefährte beißt sich durch die Hülle.
  Wenn man hingeht zu ihm, wie wäre das ein Fehler?

Man findet einen treuen Menschen, den man in der allgemeinen Entfremdung zuerst verkennt. Aber er beißt sich durch die trennenden Hüllen durch. Da ist es nun für den, dem dieser »Gefährte« sich in seinem wahren Wesen zeigt, Pflicht, ihm entgegenzugehen und mit ihm zusammenzuarbeiten.

Oben eine Neun bedeutet:
Durch Gegensatz vereinsamt, sieht man seinen Gefährten
wie ein schmutzbeladenes Schwein,
wie einen Wagen voll Teufel.
Erst spannt man den Bogen nach ihm,
dann legt man den Bogen weg.
Nicht Räuber er ist, will freien zur Frist.
Beim Hingehen fällt Regen, dann kommt Heil.

Hier ist die Vereinsamung durch Mißverständnisse, nicht durch die äußeren Verhältnisse, sondern durch innere Zustände bedingt. Man verkennt seine besten Freunde, hält sie für unrein wie ein schmutziges Schwein und für gefährlich wie einen Wagen voll Teufel. Man setzt sich in Verteidigungsstellung. Aber schließlich erkennt man seinen Irrtum, legt den Bogen weg und merkt, daß der andere in bester Absicht zu enger Verbindung kommt. So löst sich die Spannung. Die Vereinigung löst den Gegensatz, wie der fallende Regen die Schwüle vor dem Gewitter ablöst. Alles geht gut, denn der Gegensatz schlägt gerade auf seiner Höhe in sein Gegenteil um.

39. Giën – Das Hemmnis

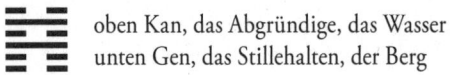

oben Kan, das Abgründige, das Wasser
unten Gen, das Stillehalten, der Berg

Das Zeichen stellt einen gefährlichen Abgrund dar, der vor einem liegt; hinter sich hat man den steilen, unzugänglichen Berg. So ist man von Hemmnissen umgeben. Aber in der Eigenschaft des Berges stillzuhalten, liegt auch gleichzeitig ein Fingerzeig, wie man aus den Hemmnissen herauskommen kann. Das Zeichen stellt Hemmnisse dar, die im Lauf der Zeit sich einstellen, die aber überwunden werden können und sollen. Daher ist die ganze Auskunft darauf gerichtet, die Hemmnisse zu überwinden.

Das Urteil
Das Hemmnis. Fördernd ist der Südwesten.
Nicht fördernd ist der Nordosten.
Fördernd ist es, den großen Mann zu sehen.
Beharrlichkeit ist von Heil.

Südwesten ist die Gegend des Rückzugs, Nordosten die Gegend des Vordringens. Es handelt sich um eine Lage, da sich Hemmnisse einem gegenüberstellen, die nicht direkt überwunden werden können. In diesem Fall ist es Weisheit, angesichts der Gefahr stehenzubleiben und sich zurückzuziehen. Dieser Rückzug ist jedoch nur die Vorbereitung zur Überwindung der Hemmnisse. Es gilt, sich mit gleichgesinnten Freunden zusammenzutun und sich der Leitung eines Mannes zu unterstellen, der der Lage gewachsen ist; dann wird es gelingen, die Hemmnisse zu beseitigen. Dazu bedarf es der Gesinnung der Beharrlichkeit gerade dann, wenn man scheinbar etwas tun muß, das vom Ziel abführt. Diese unbeirrbare Richtung des Innern bringt schließlich Heil. Das Hemmnis, das nur eine Zeitlang dauert, ist von Wert für die Bildung der eigenen Persönlichkeit. Das ist der Wert der Not.

Das Bild
Auf dem Berg ist das Wasser: das Bild des Hemmnisses.
So wendet sich der Edle seiner eigenen Person zu
und bildet seinen Charakter.

Schwierigkeiten und Hemmnisse werfen den Menschen auf sich selbst zurück. Während aber der Gemeine die Schuld draußen bei andern Menschen sucht und das Schicksal anklagt, sucht der Edle den Fehler in sich selbst, und durch dieses Insichgehen wird die äußere Hemmung für ihn ein Anlaß innerer Bereicherung und Bildung.

Die einzelnen Linien

Anfangs eine Sechs bedeutet:
Gehen führt in Hemmnisse, Kommen findet Lob.

Wenn man sich einem Hemmnis gegenüber sieht, so handelt es sich darum, zu überlegen, wie man damit am besten fertig wird. Wenn eine Gefahr uns droht, dürfen wir nicht blindlings nach vorwärts streben, das führte nur in Verwicklungen. Sondern es ist richtig, sich zunächst zurückzuziehen, nicht um den Kampf aufzugeben, sondern um den richtigen Augenblick für das Handeln abzuwarten.

Sechs auf zweitem Platz bedeutet:
Des Königs Diener ist in Hemmnis über Hemmnis.
Aber es ist nicht seine eigene Schuld.

Während man normalerweise das Hemmnis am besten umgeht und auf der Linie des geringsten Widerstands zu überwinden sucht, gibt es doch einen Fall, da man der Schwierigkeit entgegengehen muß, auch wenn sich Schwierigkeit auf Schwierigkeit türmt: wenn nämlich der Weg der Pflicht dahin führt, daß man nicht aus freier Entschließung handeln kann, sondern die Pflicht hat, im Dienst einer höheren Sache die Gefahr aufzusuchen. Dann mag man es tun und dabei innerlich vollkommen beruhigt sein, weil man nicht durch eigene Schuld sich in diese schwierige Situation begeben hat.

Neun auf drittem Platz bedeutet:
Gehen führt in Hemmnisse; da kommt er zurück.

Während die vorige Linie den Beamten zeigt, der um der Pflicht willen den Weg der Gefahr gehen muß, ist hier der Mann gezeigt, der als Familienvater oder Haupt der Seinen zu handeln hat. Wollte er sich leichtsinnig in Gefahr stürzen, so würde es doch nutzlos sein, weil die seiner Hut Anvertrauten allein nicht weiterkommen. Zieht er sich dagegen zurück und wendet sich den Seinen wieder zu, so begrüßen ihn diese mit großer Freude.

Sechs auf viertem Platz bedeutet:
Gehen führt in Hemmnisse,
Kommen führt zur Vereinigung.

Auch hier ist eine Lage gezeichnet, der man allein nicht gewachsen ist. In solchem Fall ist der gerade Weg nicht der kürzeste. Wollte man aus eigner Kraft vorwärtsstreben, ohne die nötigen Vorbereitungen, so fände man nicht den nötigen Beistand und würde zu spät erkennen, daß die Berechnungen täuschen, indem die Umstände, mit denen man rechnen zu können hoffte, sich als zu schwach erweisen. Darum ist es in diesem Fall richtig, zunächst sich zurückzuhalten und zuverlässige Gefährten um sich zu sammeln, auf die man sich stützen kann, um die Hemmnisse zu überwinden.

- **Neun auf fünftem Platz bedeutet:**
  Inmitten der größten Hemmnisse kommen Freunde.

Hier sehen wir den Mann, der berufen ist, die Not zu steuern. Er darf den Hemmnissen nicht ausweichen wollen, auch wenn sie sich noch so gefährlich vor ihm auftürmen. Aber da er wirklich einen höheren Beruf hat, so ist die Macht seines Geistes stark genug, die Menschen an sich zu ziehen, daß sie kommen und ihm helfen, und er ist imstande, sie wirklich zu organisieren, damit durch die planvoll verteilte Zusammenarbeit aller Beteiligten das Hemmnis überwunden wird.

Oben eine Sechs bedeutet:
Gehen führt in Hemmnisse, Kommen führt zu großem Heil.
Fördernd ist es, den großen Mann zu sehen.

Es ist hier jemand gezeichnet, der die Welt und ihr Getriebe schon hinter sich hat. Wenn nun die Zeit der Hemmnisse für die Welt kommt, so könnte es scheinen, als wäre es das einfachste für ihn, einfach die Welt hinter sich zu lassen und sich hinaus ins Jenseits zu flüchten. Aber dieser Weg ist ihm versperrt. Er darf nicht allein selig werden und die Welt ihrer Not überlassen. Sondern seine Pflicht ruft ihn noch einmal zurück ins Weltgetriebe. Gerade seine Erfahrung und innere Freiheit ermöglichen ihm dann, etwas Großes und Reifes zu schaffen, das Heil bringt. Und es ist fördernd, den großen Mann zu sehen, mit dem zusammen man das Werk der Rettung vollbringen kann.

解

40. Hië – Die Befreiung

oben Dschen, das Erregende, der Donner
unten Kan, das Abgründige, das Wasser

Die Bewegung geht hier aus der Gefahr heraus. Das Hemmnis ist beseitigt, die Schwierigkeiten sind in der Lösung begriffen. Die Befreiung ist noch nicht vorüber, sondern setzt eben erst ein, und ihre verschiedenen Stadien kommen in dem Zeichen zur Darstellung.

Das Urteil
Die Befreiung. Fördernd ist der Südwesten.
Wenn nichts mehr da ist, wohin man zu gehen hätte,
ist das Wiederkommen von Heil.
Wenn es noch etwas gibt, wohin man gehen muß,
dann ist Raschheit von Heil.

Es handelt sich um eine Zeit, da Spannungen und Verwicklungen sich zu lösen beginnen. In solchen Zeiten gilt es, so bald wie möglich zu den gewöhnlichen Verhältnissen sich zurückzuziehen – dies die Bedeutung des Südwestens. Solche Zeiten des Umschlags sind sehr wichtig. Ähnlich wie ein befreiender Regen die Spannung der Atmosphäre löst und alle Knospen zum Springen bringt, wirkt eine Zeit der Befreiung von drückender Last erlösend und anregend auf das Leben. Aber eins ist wichtig: Man darf in solchen Zeiten den Triumph nicht übertreiben wollen. Es gilt, nicht weiter vorzudringen, als nötig ist. Sowie die Befreiung erreicht ist, zurückzukehren zur Ordnung des Lebens, das ist von Heil. Wenn noch Reste aufzuarbeiten bleiben, so gilt es, das so schnell wie möglich zu tun, damit reiner Tisch gemacht wird und keine Verzögerungen eintreten.

Das Bild
Donner und Regen erheben sich:

das Bild der Befreiung.
So verzeiht der Edle Fehler und vergibt die Schuld.

Das Gewitter hat luftreinigende Wirkung. So macht es der Edle auch mit den Fehlern und Sünden der Menschen, die Spannungszustände hervorrufen. Durch Klarheit schafft er Befreiung. Aber wenn die Verfehlungen am Tage sind, dann bleibt er nicht dabei, sondern geht über die Fehler, die unabsichtlichen Übertretungen, einfach weg, wie der Donner verklingt, und vergibt die Schuld, die absichtlichen Übertretungen, wie das Wasser alles vom Schmutz reinigt.

Die einzelnen Linien

Anfangs eine Sechs bedeutet:
Ohne Makel.

Es werden nicht viele Worte gemacht entsprechend der Situation. Die Hemmung ist vorüber, die Befreiung ist da. Man erholt sich in Ruhe und hält sich still. Das ist in Zeiten nach überstandenen Schwierigkeiten ganz das richtige.

• Neun auf zweitem Platz bedeutet:
Auf dem Feld erlegt man drei Füchse
und bekommt einen gelben Pfeil.
Beharrlichkeit ist von Heil.

Das Bild ist von der Jagd genommen. Der Jäger fängt drei listige Füchse und erhält zur Belohnung einen gelben Pfeil. Die Hemmnisse des öffentlichen Lebens sind die falschen Füchse, die als Schmeichler den Herrscher zu beeinflussen suchen. Sie müssen beseitigt werden, ehe Befreiung eintreten kann. Aber der Kampf darf nicht mit falschen Waffen geführt werden. Die gelbe Farbe deutet auf Maß und Mitte beim Vorgehen gegen die Feinde, der Pfeil auf die gerade Richtung. Wenn man sich der Aufgabe der Befreiung mit ganzem Herzen widmet, bekommt man eine solche Kraft der inneren Geradheit, daß sie als Waffe wirkt gegen alles Falsche und Gemeine.

Sechs auf drittem Platz bedeutet:
Wenn einer eine Last auf dem Rücken trägt

und trotzdem auf dem Wagen fährt,
veranlaßt er dadurch die Räuber, herbeizukommen.
Beharrlichkeit führt zu Beschämung.

Ein Mensch ist aus ärmlichen Verhältnissen heraus in eine bequeme Lage gekommen, da er von Not befreit ist. Wenn er nun nach Art eines Emporkömmlings es sich bequem machen will, ohne doch in seinem Wesen zu den bequemen Verhältnissen zu passen, so zieht er dadurch Räuber an, und wenn er so fortmacht, gerät er bestimmt in Schande.
Kungtse sagt darüber: »Eine Last auf dem Rücken zu tragen ist das Geschäft eines gemeinen Menschen. Ein Wagen ist das Gerät eines vornehmen Mannes. Wenn nun ein Gemeiner das Gerät eines vornehmen Mannes benutzt, so denken die Räuber darauf, es ihm wegzunehmen. Wenn einer frech nach oben und hart nach unten ist, so denken die Räuber daran, ihn anzugreifen. Lässige Aufbewahrung verführt die Räuber zum Stehlen. Üppiger Schmuck eines Mädchens verlockt zum Raub ihrer Tugend.«

Neun auf viertem Platz bedeutet:
Befreie dich von deiner großen Zehe.
Dann kommt der Gefährte herbei,
und dem kannst du trauen.

Zu Zeiten des Stillstandes kommt es vor, daß gemeine Menschen sich einem höheren Menschen anschließen und durch tägliche Gewohnheit mit ihm zusammenwachsen und unentbehrlich werden, wie die große Zehe dem Fuß, dem sie das Gehen erleichtert. Aber wenn die Zeit der Befreiung naht mit ihrer Berufung zur Tat, dann muß man sich frei machen von solchen Zufallsbekanntschaften, mit denen man doch nicht innerlich zusammengehört. Denn sonst bleiben die gleichgesinnten Freunde, denen man wirklich trauen kann und mit denen gemeinsam sich etwas leisten läßt, voll Mißtrauen weg.

- **Sechs auf fünftem Platz bedeutet:**
  Wenn der Edle sich nur befreien kann, das bringt Heil.
  Er zeigt so den Gemeinen, daß es ihm ernst ist.

Befreiungszeiten bedürfen des inneren Entschlusses. Die Gemeinen sind nicht zu entfernen durch Verbote und äußere Mittel. Will man sie loswerden, so muß man sich innerlich erst vollkommen von ihnen losmachen, dann merken sie von selber, daß es einem ernst ist, und ziehen sich zurück.

Oben eine Sechs bedeutet:
Der Fürst schießt nach einem Habicht auf hoher Mauer.
Er erlegt ihn. Alles ist fördernd.

Der Habicht auf hoher Mauer ist das Bild eines machtvollen Gemeinen an hoher Stelle, der die Befreiung behindert. Er widersteht der Einwirkung durch innere Einflüsse, da er in seiner Bosheit verhärtet ist. Er muß gewaltsam beseitigt werden; dazu bedarf es der entsprechenden Mittel.
Kungtse sagt darüber: »Der Habicht ist der Zweck der Jagd. Pfeil und Bogen sind die Werkzeuge und Mittel. Der Schütze ist der Mensch, der die Mittel zum Zweck richtig gebrauchen muß. Der Edle birgt die Mittel in seiner Person. Er wartet die Zeit ab, und dann handelt er. Wie sollte da nicht alles gutgehen? Er handelt und ist frei. Darum braucht er nur auszugehen und erlegt die Beute. So steht es mit einem Menschen, der handelt, nachdem er die Mittel fertiggestellt hat.«

41. Sun – Die Minderung

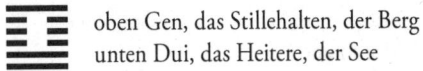

oben Gen, das Stillehalten, der Berg
unten Dui, das Heitere, der See

Das Zeichen stellt eine Minderung des unteren Zeichens zugunsten des oberen dar, indem der dritte, ursprünglich starke Strich nach oben gegangen ist und der ursprünglich schwache obere Strich an seine Stelle getreten ist. Das Untere wird also auf Kosten des Oberen vermindert. Das aber ist Verminderung schlechthin. Wenn man das Fundament eines Bauwerks vermindert und seine oberen Mauern verstärkt, so verliert das Ganze an Festigkeit. Ebenso ist eine Minderung des Volkswohlstands zugunsten der Regierung eine Verminderung schlechthin. Und die ganze Tendenz des Zeichens geht dahin, darauf hinzuweisen, wie diese Wohlstandsverschiebung vor sich gehen kann, ohne daß die Quellen des Wohlstands im Volk und seinen unteren Ständen dadurch versiegen.

Das Urteil
Minderung verbunden mit Wahrhaftigkeit
bewirkt erhabenes Heil ohne Makel.
Man kann darin beharrlich sein.
Fördernd ist es, etwas zu unternehmen.
Wie übt man das aus?
Zwei kleine Schüsselchen mag man benützen zum Opfer.

Minderung bedeutet nicht unter allen Umständen etwas Schlechtes. Mehrung und Minderung kommen zu ihrer Zeit. Da gilt es, sich in die Zeit zu finden und die Armut nicht durch leeren Schein verdecken zu wollen. Wenn durch eine Zeit der geringen Dinge eine innere Wahrheit zum Ausdruck kommt, so darf man sich der Einfachheit nicht schämen. Sie ist dann gerade das richtige, das innere Kraft verleiht, durch die man dann wieder etwas unternehmen kann. Man darf selbst kein Bedenken tragen, wenn die äußere Schönheit der Kultur, ja selbst die Ausgestaltung religiöser Beziehungen unter der Einfachheit zu leiden hätte.

Man muß von der Stärke der inneren Gesinnung etwas nehmen und es der Dürftigkeit der äußeren Erscheinung als Ersatz zulegen. Dann hilft die Kraft des Gehalts über die Schlichtheit der Form hinweg. Vor Gott bedarf es nicht des falschen Scheins. Auch mit geringen Mitteln läßt sich die Gesinnung des Herzens zum Ausdruck bringen*.

Das Bild
Unten am Berg ist der See: das Bild der Minderung.
So bändigt der Edle seinen Zorn und hemmt seine Triebe.

Der See unten am Berg verdunstet. Dadurch wird er gemindert zu Gunsten des Bergs, der durch seine Feuchtigkeit bereichert wird. Der Berg ist das Bild eigensinniger Stärke, die sich zum Zorn verdichten kann, der See ist das Bild der unkontrollierten Lustigkeit, die sich zu leidenschaftlichen Trieben entwickeln kann, wenn sie auf Kosten der Lebenskräfte sich entwickelt. Da gilt es zu mindern: Der Zorn muß durch Stillehalten gemindert werden, die Triebe müssen durch Einschränkung gehemmt werden. Durch diese Minderung der niederen Seelenkräfte werden die höheren Seiten der Seele bereichert.

Die einzelnen Linien

Anfangs eine Neun bedeutet:
Wenn die Geschäfte fertig sind, rasch hingehen
ist kein Makel. Doch muß man überlegen,
wie weit man andre mindern darf.

Es ist selbstlos und gut, wenn man nach Erledigung der unmittelbar wichtigen eigenen Aufgaben seine Kraft in den Dienst der anderen stellt und, ohne viel daraus zu machen oder zu prahlen, rasch hilft, wo zu helfen ist. Aber der Mann an höherer Stelle, dem so geholfen wird, muß wohl überlegen, wieviel er annehmen darf, ohne den hilfreichen Diener oder Freund im wesentlichen zu schädigen. Nur wo solches Zartgefühl vorhanden ist, kann man sich ohne Bedenken unbedingt geben.

---

* Vgl. das Scherflein der Witwe im Lukasevangelium.

Neun auf zweitem Platz bedeutet:
Fördernd ist Beharrlichkeit.
Etwas zu unternehmen ist von Unheil.
Ohne sich selbst zu mindern,
vermag man die andern zu mehren.

Ein edles Selbstbewußtsein und konsequenter Ernst, der sich nichts vergibt, ist die Gesinnung, die notwendig ist, wenn man andern dienen will. Wer sich wegwirft, um einem Höheren zu Willen zu sein, der mindert zwar seine eigene Stellung, ohne aber dem andern dauernd zu nützen. Das aber ist vom Übel. Ohne sich selbst aufzugeben, dem andern zu dienen, das erst ist der wahre Dienst von dauerndem Wert.

- **Sechs auf drittem Platz bedeutet:**
  Wenn drei Menschen miteinander wandern,
  so vermindern sie sich um einen Menschen.
  Wenn ein Mensch wandert, so findet er seinen Gefährten.

Wo drei zusammen sind, da gibt es Eifersucht. Da muß einer weichen. Engste Verbindung ist nur zu zweien möglich. Wo aber einer einsam ist, da findet er sicher seinen Gefährten, der ihn ergänzt.

Sechs auf viertem Platz bedeutet:
Wenn man seine Mängel mindert, macht man,
daß der andre eilig kommt und Freude hat.
Kein Makel.

Oft hindern unsere Fehler selbst wohlgesinnte Menschen, uns näherzutreten. Diese Fehler werden oft verstärkt und schlimmer gemacht durch die Umgebung, in der wir uns befinden. Wenn man es über sich bringen kann, sich herabzubegeben und sie abzulegen, so befreit man die wohlgesinnten Freunde von einem inneren Druck und bewirkt, daß sie sich nur um so schneller nahen zu beiderseitiger Freude.

- **Sechs auf fünftem Platz bedeutet:**
  Es mehrt ihn wohl jemand.

Zehn Paar Schildkröten können dem nicht widerstreben.
Erhabenes Heil!

Wenn jemand vom Schicksal zum Glück bestimmt ist, so kommt es unweigerlich. Alle Orakel, wie sie z. B. durch Schildkrötenschalen gewonnen werden, müssen in günstigen Zeichen zu seinen Gunsten übereinstimmen. Er braucht sich vor nichts zu fürchten, denn sein Glück ist höhere Fügung.

- **Oben eine Neun bedeutet:**
  Wenn man ohne Minderung der anderen gemehrt wird,
  so ist das kein Makel. Beharrlichkeit bringt Heil.
  Fördernd ist es, etwas zu unternehmen.
  Man bekommt Diener, aber hat kein besonderes Heim mehr.

Es gibt Menschen, die Segen spenden für die ganze Welt. Jeder Kraftzuwachs, jede Mehrung, die ihnen zuteil wird, kommt allen Menschen zugute und bedeutet daher keine Minderung für die andern. Durch beharrliche und eifrige Arbeit hat man Erfolg und findet Gehilfen, wie man sie braucht. Aber was man bewirkt, ist nicht ein irgendwie begrenzter Privatvorteil, sondern es ist offen und für jedermann zugänglich.

42. I – Die Mehrung

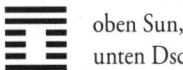 oben Sun, das Sanfte, der Wind
unten Dschen, das Erregende, der Donner

Der Gedanke der Mehrung drückt sich dadurch aus, daß der unterste starke Strich des oberen Halbzeichens sich heruntergesenkt und unter das untere Halbzeichen gestellt hat. Der Grundgedanke des Buchs der Wandlungen kommt auch in dieser Auffassung zum Ausdruck. Wahres Herrschen muß Dienen sein. Ein Opfer des Höheren, das eine Mehrung des Niederen bewirkt, wird Mehrung schlechthin genannt, um dadurch den Geist anzudeuten, der allein imstande ist, der Welt zu helfen.

Das Urteil
Die Mehrung. Fördernd ist es, etwas zu unternehmen.
Fördernd ist es, das große Wasser zu durchqueren.

Durch das Opfer, das von oben her zur Mehrung des Unteren gebracht wird, entsteht im Volk eine Stimmung der Freude und Dankbarkeit, die für die Blüte des Gemeinwesens überaus wertvoll ist. Wenn die Menschen so ihren Führern zugetan sind, dann läßt sich etwas unternehmen, und auch schwierige, gefahrvolle Dinge werden gelingen. Darum gilt es in solchen aufsteigenden Zeiten, deren Entwicklung von Erfolg begleitet ist, zu arbeiten und die Zeit auszunutzen. Diese Zeit ist wie die Zeit, wenn Himmel und Erde sich vermählen, wenn die Erde der schöpferischen Kraft des Himmels teilhaftig wird und nun die Lebewesen gestaltet und verwirklicht. Die Zeit der Mehrung dauert nicht, darum muß sie benützt werden, solange sie da ist.

Das Bild
Wind und Donner: das Bild der Mehrung.
So der Edle: Sieht er Gutes, so ahmt er es nach,
hat er Fehler, so legt er sie ab.

Indem man beobachtet, wie Donner und Wind sich gegenseitig mehren und
verstärken, lernt man den Weg zu seiner eignen Selbstmehrung und Besserung.
Wenn man an anderen etwas Gutes entdeckt, soll man es nachahmen und
so alles Gute auf Erden sich zu eigen machen. Sieht man an sich selbst etwas
Schlechtes, so lege man es ab. Dadurch wird man frei vom Bösen. Diese ethische
Veränderung ist die wichtigste Mehrung der Persönlichkeit.

Die einzelnen Linien

- **Anfangs eine Neun bedeutet:**
  Fördernd ist es, große Taten zu vollbringen.
  Erhabenes Heil! Kein Makel.

Wenn man von oben her eine große Förderung erfährt, muß man den Kraftzuwachs, den man so erhält, dazu benützen, etwas Großes zu leisten, zu dem man sonst vielleicht weder Kraft noch Verantwortungsfreudigkeit gefunden hätte. Dadurch, daß man frei von Selbstsucht ist, wird großes Heil bewirkt, und indem man großes Heil zustande bringt, bleibt man frei von Vorwürfen.

- **Sechs auf zweitem Platz bedeutet:**
  Es mehrt ihn wohl jemand.
  Zehn Paar Schildkröten können dem nicht widerstreben.
  Dauernde Beharrlichkeit bringt Heil.
  Der König stellt ihn dar vor Gott. Heil!

Die wirkliche Mehrung kommt dadurch, daß man in sich die Bedingungen
dafür schafft: Aufnahmebereitschaft und Liebe zum Guten. Dadurch kommt das
Erstrebte von selber mit naturgesetzlicher Notwendigkeit. Wo die Mehrung so in
Einklang steht mit den höchsten Weltgesetzen, kann sie durch keine Konstellation von Zufällen verhindert werden. Nur kommt alles darauf an, daß man sich
durch unerwartetes Glück nicht leichtsinnig machen läßt, sondern durch innere
Stärke und Beständigkeit es sich zu eigen macht. Dann bekommt man Bedeutung
vor Gott und den Menschen und kann etwas ausrichten zum besten der Welt.

Sechs auf drittem Platz bedeutet:
Man wird gemehrt durch unheilvolle Ereignisse.

> Kein Makel, wenn du wahrhaftig bist
> und in der Mitte wandelst
> und dem Fürsten berichtest mit einem Siegel.

Eine Zeit des Segens und der Bereicherung ist in ihrer Wirkung so stark, daß selbst sonst unheilvolle Ereignisse denen zum besten dienen müssen, die davon betroffen sind. Sie werden frei von Fehlern und gewinnen dadurch, daß sie der Wahrheit entsprechend handeln, eine solche innere Autorität, daß sie Einfluß ausüben, als seien sie durch Brief und Siegel bestätigt.

- **Sechs auf viertem Platz bedeutet:**
  > Wenn du in der Mitte wandelst
  > und dem Fürsten berichtest,
  > so wird er folgen.
  > Fördernd ist es, benützt zu werden
  > bei der Verlegung der Hauptstadt.

Es ist von Wichtigkeit, daß es Menschen gibt, die zwischen Führern und Geführten vermitteln. Das müssen selbstlose Persönlichkeiten sein, namentlich in Zeiten der Mehrung, da vom Führer Nutzen ausgehen soll für das Volk. Von dem Segen darf nichts in selbstsüchtiger Weise zurückgehalten werden, sondern er muß wirklich denen zugute kommen, für die er bestimmt ist. Eine solche Vermittlerpersönlichkeit, die auch auf den Führer einen guten Einfluß ausübt, ist besonders wichtig in Zeiten, da es sich um große, für die Zukunft entscheidende Unternehmungen handelt, die der inneren Zustimmung aller Beteiligten bedürfen.

- **Neun auf fünftem Platz bedeutet:**
  > Wenn du wahrhaftig ein gütiges Herz hast,
  > so frage nicht. Erhabenes Heil!
  > Wahrhaftig wird Güte als deine Tugend erkannt werden.

Wirkliche Güte rechnet und fragt nicht nach Würdigkeit und Dank, sondern sie wirkt sich aus nach innerer Notwendigkeit. Ein solch wahrhaft gütiges Herz findet sich auch belohnt, indem es anerkannt wird, und so wird sich der segensvolle Einfluß ungehemmt ausdehnen.

Oben eine Neun bedeutet:
Er gereicht niemand zur Mehrung.
Es schlägt ihn wohl gar jemand.
Er hält sein Herz nicht dauernd fest. Unheil!

Der Sinn der Lage ist, daß die Oberen durch Verzicht die Unteren mehren sollen. Indem man diese Pflicht versäumt und niemand nützt, entzieht man sich auch dem fördernden Einfluß der andern und sieht sich bald vereinsamt. Dadurch zieht man sich Angriffe zu. Eine Gesinnung, die nicht dauernd im Einklang ist mit den Forderungen der Zeit, wird notwendig Unheil mit sich bringen.
Konfuzius sagt über diese Linie: »Der Edle bringt seine Person in Ruhe, ehe er sich bewegt; er faßt sich in seinem Sinn, ehe er redet; er festigt seine Beziehungen, ehe er um etwas bittet. Indem der Edle diese drei Stücke in Ordnung bringt, ist er in völliger Sicherheit. Wenn man aber unvermittelt ist in seinen Bewegungen, so tun die Leute nicht mit. Wenn man aufgeregt ist in seinen Worten, so finden sie keinen Widerhall bei den Leuten. Wenn man ohne vorherige Beziehungen etwas verlangt, so geben es einem die Leute nicht. Wenn niemand mit einem ist, so kommen die Schädiger herbei.«

43. Guai – Der Durchbruch (die Entschlossenheit)

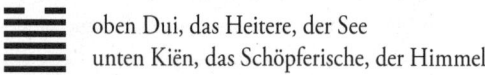

oben Dui, das Heitere, der See
unten Kiën, das Schöpferische, der Himmel

Das Zeichen bedeutet einerseits einen Durchbruch nach lange angesammelter Spannung, wie den Durchbruch eines geschwellten Flusses durch seine Dämme, wie einen Wolkenbruch. Auf menschliche Verhältnisse übertragen, ist es andererseits die Zeit, da allmählich die Gemeinen im Schwinden sind. Ihr Einfluß ist im Abnehmen, und durch eine entschlossene Aktion kommt eine Änderung der Verhältnisse zum Durchbruch. Das Zeichen ist dem dritten Monat (April–Mai) zugeordnet.

Das Urteil
Der Durchbruch.
Entschlossen muß man am Hof des Königs die Sache bekanntmachen.
Der Wahrheit gemäß muß sie verkündet werden. Gefahr!
Man muß seine eigene Stadt benachrichtigen.
Nicht fördernd ist es, zu den Waffen zu greifen.
Fördernd ist es, etwas zu unternehmen.

Wenn in einer Stadt auch nur ein Gemeiner an herrschendem Platz sich hält, so vermag er die Edlen zu bedrücken. Wenn im Herzen auch nur noch eine Leidenschaft nistet, so vermag sie die Vernunft zu umdüstern. Leidenschaft und Vernunft können nicht zusammen bestehen, darum ist unbedingter Kampf notwendig, wenn man das Gute zur Herrschaft bringen will. Für den entschlossenen Kampf des Guten zur Beseitigung des Bösen gibt es aber bestimmte Regeln, die nicht außer acht gelassen werden dürfen, wenn man Erfolg haben will.

1. Entschlossenheit muß auf einer Vereinigung von Stärke und Freundlichkeit beruhen.

2. Ein Kompromiß mit dem Schlechten ist nicht möglich; es muß unter allen Umständen offen diskreditiert werden. Ebenso dürfen auch die eigenen Leidenschaften und Fehler nicht beschönigt werden.

3. Der Kampf darf nicht direkt durch Gewalt geführt werden. Wo das Böse gebrandmarkt ist, da sinnt es auf Waffen, und wenn man ihm den Gefallen tut, es Schlag gegen Schlag zu bekämpfen, so zieht man den kürzeren, weil man dadurch selbst in Haß und Leidenschaft verwickelt wird. Darum gilt es, beim eigenen Haus anzufangen: persönlich auf der Hut zu sein vor den gebrandmarkten Fehlern. Dadurch stumpfen sich die Waffen des Bösen von selbst ab, wenn sie keinen Gegner finden. Ebenso dürfen auch eigene Fehler nicht direkt bekämpft werden. Solange man sich mit ihnen herumschlägt, bleiben sie immer siegreich.

4. Die beste Art, das Böse zu bekämpfen, ist energischer Fortschritt im Guten.

Das Bild
Der See ist an den Himmel emporgestiegen:
das Bild des Durchbruchs.
So spendet der Edle Reichtum nach unten hin
und scheut es, bei seiner Tugend zu verweilen.

Wenn das Wasser des Sees an den Himmel emporgestiegen ist, so läßt das einen Wolkenbruch befürchten. Das läßt sich der Edle zur Warnung dienen, indem er rechtzeitig einem gewaltsamen Zusammenbruch vorbeuge. Wer nur für sich allein Reichtum anhäufen wollte, ohne an andre zu denken, der würde es bestimmt erleben, daß es einen Zusammenbruch mit ihm gibt. Denn auf alles Sammeln folgt ein Zerstreuen. Darum zerstreut der Edle schon während des Sammelns. Ebenso ist er bei der Bildung seines Charakters darauf bedacht, sich nicht in Eigensinn zu versteifen, sondern sich in dauernder strenger Selbstprüfung eindrucksfähig zu erhalten.

Die einzelnen Linien

Anfangs eine Neun bedeutet:
Mächtig in den vorwärtsschreitenden Zehen.
Geht man hin und ist der Sache nicht gewachsen,
so macht man einen Fehler.

In Zeiten entschlossenen Voranschreitens ist besonders der erste Anfang schwierig. Man fühlt sich zu entschlossenem Voranschreiten begeistert. Aber der Widerstand ist noch sehr stark. Da gilt es, die eigene Kraft zu ermessen und nur so weit sich einzulassen, wie man des Erfolges sicher ist. Blinde Draufgängerei ist vom Übel, denn gerade zu Anfang kann ein unerwarteter Rückschlag von den unheilvollsten Folgen sein.

Neun auf zweitem Platz bedeutet:
Alarmruf. Abends und nachts Waffen.
Fürchte nichts.

Bereit sein ist alles. Entschlossenheit ist mit Vorsicht untrennbar verbunden. Wenn man sorgfältig und besonnen ist, so braucht man nicht zu erschrecken und aufgeregt zu werden. Wenn man allezeit wachsam ist, solange noch keine Gefahr da ist, so ist man gewappnet, wenn die Gefahr naht, und braucht sich nicht zu fürchten. Der Edle ist auf der Hut vor dem, was noch nicht zu sehen ist, und besorgt vor dem, was noch nicht zu hören ist; darum weilt er inmitten der Schwierigkeiten, als wären es keine Schwierigkeiten. Wenn man seinen Charakter ausbildet, so fügen sich einem die Menschen von selbst. Siegt die Vernunft, so ziehen sich die Leidenschaften von selbst zurück. Besonnen sein und nicht die Rüstung vergessen, das ist der rechte Weg zur Sicherheit.

Neun auf drittem Platz bedeutet:
Mächtig in den Backenknochen zu sein bringt Unheil.
Der Edle ist fest entschlossen.
Er wandelt einsam und kommt in den Regen.

Er wird bespritzt, und man murrt wider ihn.
Kein Makel.

Die Lage, in der man sich befindet, ist zweideutig. Während alle im entschlossenen Kampf gegen das Gemeine begriffen sind, ist man allein in einer gewissen Beziehung zu einem gemeinen Menschen. Wollte man sich nun äußerlich stark zeigen und, ehe die Verhältnisse reif sind, sich gegen ihn wenden, so würde man damit nur die Gesamtlage gefährden; denn der Gemeine würde dann vorzeitig zu Gegenmaßregeln greifen. Die Aufgabe des höheren Menschen ist hier überaus schwierig. Er muß innerlich fest entschlossen sein und, während er mit dem Gemeinen verkehrt, sich doch von aller Beteiligung an seiner Gemeinheit fernhalten. Dabei wird er natürlich verkannt. Man denkt, er gehöre mit zu der Partei des Gemeinen. Er ist ganz einsam, weil ihn niemand versteht. Seine Beziehungen zu dem Gemeinen beschmutzen ihn in den Augen der Menge, und man wendet sich murrend gegen ihn. Aber er trägt die Verkennung und macht keinen Fehler, da er sich selber treu bleibt.

Neun auf viertem Platz bedeutet:
An den Oberschenkeln ist keine Haut,
und das Gehen fällt schwer.
Ließe man sich führen wie ein Schaf,
so würde die Reue schwinden.
Wenn man aber diese Worte hört,
so wird man sie nicht glauben.

Man leidet an innerer Unruhe, so daß man nicht auf seinem Platz beharren kann. Man möchte unter allen Umständen voran und findet dabei unübersteigliche Hindernisse. So ist man mit seiner Lage in innerem Konflikt. Das kommt von dem Eigensinn, mit dem man seinen Willen durchsetzen möchte. Würde man von diesem Eigensinn lassen, so ginge alles gut. Aber dieser Rat wird wie so viele gute Ratschläge überhört werden. Denn der Eigensinn macht, daß man zwar Ohren hat, aber nicht hört.

- **Neun auf fünftem Platz bedeutet:**
  Dem Unkraut gegenüber braucht es feste Entschlossenheit.
  In der Mitte wandeln bleibt frei von Makel.

Unkraut wächst immer wieder nach und läßt sich schwer ausrotten. So bedarf der Kampf gegen einen hochstehenden Gemeinen fester Entschlossenheit. Man steht mit ihm in Beziehung, und es ist infolge davon zu fürchten, daß man den Kampf als hoffnungslos aufgibt, aber das darf nicht sein. Man muß entschlossen weitermachen und darf sich nicht vom Weg abbringen lassen. Nur so bleibt man frei von Makel.

- **Oben eine Sechs bedeutet:**
  Kein Ruf! Schließlich kommt Unheil.

Der Sieg scheint errungen zu sein. Es ist nur noch ein Rest übrig von dem Bösen, dessen entschlossene Ausrottung an der Zeit ist. Es sieht alles ganz leicht aus. Aber gerade darin besteht die Gefahr. Wenn man nicht auf der Hut ist, gelingt es dem Bösen, durch Verdeckung zu entkommen, wenn es erst entgangen ist, so entsteht neues Unheil aus den übriggebliebenen Keimen; denn das Böse stirbt nicht leicht. Auch beim Bösen des eigenen Charakters muß man gründliche Arbeit tun. Wenn man nachlässigerweise etwas übriglassen wollte, so würde daraus neues Übel entstehen.

44. Gou – Das Entgegenkommen

oben Kiën, das Schöpferische, der Himmel
unten Sun, das Sanfte, der Wind

Das Zeichen deutet auf eine Lage, da das dunkle Prinzip heimlich und unerwartet von innen und unten her sich wieder eindrängt, nachdem es beseitigt war. Das Weibliche kommt von sich aus den Männern entgegen. Das ist eine gefährliche und nicht günstige Lage wegen der möglichen Konsequenzen, die es rechtzeitig zu erkennen und dadurch zu verhindern gilt. Das Zeichen ist dem fünften Monat (Juni–Juli) zugeordnet, da mit der Sommersonnenwende das dunkle Prinzip allmählich wieder aufzusteigen beginnt.

Das Urteil
Das Entgegenkommen. Das Mädchen ist mächtig.
Man soll ein solches Mädchen nicht heiraten.

Das Emporkommen des Gemeinen ist unter dem Bild eines frechen Mädchens gezeichnet, das sich leichthin preisgibt und dadurch die Herrschaft an sich reißt. Das wäre nicht möglich, wenn das Starke und Lichte dem nicht auch seinerseits entgegenkäme. Das Gemeine sieht so harmlos und schmeichelnd aus, daß man seine Freude daran hat. Es sieht so klein und schwach aus, daß man meint, unbesorgt mit ihm scherzen zu können.
So kommt der Gemeine nur dadurch hoch, daß der Edle ihn für ungefährlich hält und ihm Macht verleiht. Würde man ihm vom ersten Anfang an entgegentreten, so würde er nie zu Einfluß gelangen können.
Aber die Zeit des Entgegenkommens hat doch auch noch eine andere Seite, die der Beachtung wert ist. Wenn das Entgegenkommen des Schwachen dem Starken gegenüber nicht die Regel sein darf, so hat es doch zu Zeiten seine große Bedeutung. Wenn Himmel und Erde einander entgegenkommen, so kommen alle Geschöpfe zum Gedeihen. Wenn Fürst und Gehilfe einander entgegenkommen, so kommt die Welt in Ordnung. Ein gegenseitiges Entgegenkommen der

füreinander bestimmten und aufeinander angewiesenen Prinzipien ist nötig.
Nur muß es frei sein von unreinen Nebengedanken, sonst ist es vom Übel.

Das Bild
Unter dem Himmel ist der Wind:
das Bild des Entgegenkommens.
So macht es der Fürst beim Verbreiten seiner Befehle
und ihrer Verkündigung an die vier Himmelsgegenden.

Die Lage ist ähnlich wie bei dem Zeichen »Anblick« (Nr. 20). Dort weht der Wind über die Erde, hier weht er unter dem Himmel. Beide Male kommt er überall hin. Aber wenn dort der Wind auf der Erde unten war, so ergab das das Bild der Kenntnisnahme der Verhältnisse durch den Herrscher. Hier weht der Wind von oben; das deutet auf den Einfluß, den der Herrscher durch seine Befehle ausübt. Der Himmel ist den Dingen auf Erden fern, aber er bringt sie in Bewegung durch den Wind. Der Herrscher ist dem Volk fern, aber er bringt es in Bewegung durch seine Befehle und Willensäußerungen.

Die einzelnen Linien

- **Anfangs eine Sechs bedeutet:**
  Man muß es hemmen mit ehernem Radschuh.
  Beharrlichkeit ist von Heil.
  Wenn man es hingehen läßt, so erfährt man Unheil.
  Auch ein mageres Schwein hat die Anlage dazu, umherzutoben.

Wenn ein minderwertiges Element sich eingeschlichen hat, so muß man es sofort energisch hemmen. Dadurch, daß es konsequent gehemmt wird, kann man üble Wirkungen vermeiden. Wenn man ihm seinen Lauf läßt, so entsteht sicher Unheil daraus. Man darf durch die Geringfügigkeit dessen, was sich einschleicht, sich nicht dazu verführen lassen, es zu leicht zu nehmen. Solange ein Schwein noch jung und mager ist, kann es noch nicht viel umhertollen, aber wenn es sich erst satt und stark gefressen hat, kommt seine wahre Natur zur Geltung, wenn man es nicht vorher schon beschränkt hat.

- **Neun auf zweitem Platz bedeutet:**
  Im Behälter ist ein Fisch. Kein Makel!
  Nicht fördernd für Gäste.

Das niedere Element wird nicht vergewaltigt, aber unter sanfter Kontrolle gehalten. Dann ist nichts Schlimmes zu befürchten. Nur muß man dafür sorgen, daß es nicht mit Fernerstehenden zusammenkommt, weil es losgelassen seine schlechten Seiten ungehemmt entfalten würde.

Neun auf drittem Platz bedeutet:
An den Oberschenkeln ist keine Haut,
und das Gehen fällt schwer.
Wenn man der Gefahr eingedenk ist,
macht man keinen großen Fehler.

Man ist innerlich in Versuchung, sich mit dem schlechten Element, das sich einem anbietet, einzulassen. Das ist eine sehr gefährliche Lage. Glücklicherweise ist man daran durch die Umstände gehindert. Man möchte gern, aber kann nicht. Das gibt eine schmerzliche Unentschiedenheit des Handelns. Aber wenn man sich über die Gefährlichkeit der Lage klar wird, so wird man wenigstens größere Fehler vermeiden.

Neun auf viertem Platz bedeutet:
Im Behälter ist kein Fisch.
Daraus erhebt sich Unheil.

Die kleinen Leute muß man dulden, damit sie einem wohlgesinnt bleiben. Dann kann man sie auch benutzen, wenn man sie einmal braucht. Wenn man sich ihnen entfremdet und ihnen nicht entgegenkommt, so wenden sie sich von einem ab, und man hat sie nicht zur Verfügung, wenn man sie einmal braucht. Das hat man sich dann aber selbst zuzuschreiben.

- **Neun auf fünftem Platz bedeutet:**
  Mit Weidenblättern bedeckte Melone:
  verborgene Linien.
  Da fällt es einem vom Himmel herunter zu.

Die Melone ist wie der Fisch ein Symbol des dunklen Prinzips. Sie ist süß, aber fault leicht, weshalb sie mit Weidenblättern schützend zugedeckt wird. Die Lage ist so, daß ein starker, hoher, in sich gefestigter Mensch die Niedrigen, die unter seiner Hand sind duldend, schützt. Er hat die festen Linien der Ordnung und Schönheit in sich selbst. Aber er macht sie nicht geltend. Er fällt jenen nicht durch äußeres Scheinen oder lästige Mahnungen beschwerlich, sondern läßt sie ganz frei, im festen Vertrauen auf die innerlich umbildende Macht, die einer starken und reinen Persönlichkeit innewohnt. Und siehe da! Das Schicksal ist günstig. Die Niedrigen werden beeinflußt und fallen ihm als reife Früchte zu.

Oben eine Neun bedeutet:
Er kommt mit seinen Hörnern entgegen.
Beschämung. Kein Makel.

Wenn man sich aus der Welt zurückgezogen hat, so wird einem das Getriebe der Welt oft unerträglich. Oft gibt es Menschen, die sich in edlem Stolz von allem Gemeinen fernhalten und es schroff zurückstoßen, wo es ihnen entgegenkommt. Solche Menschen werden als stolz und unzugänglich gescholten, aber da sie nicht mehr durch Pflichten des Handelns an die Welt gebunden sind, so ist das weiter nicht schlimm. Sie wissen die Abneigung der Masse in Fassung zu tragen.

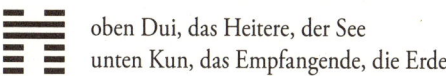

45. Tsui – Die Sammlung

oben Dui, das Heitere, der See
unten Kun, das Empfangende, die Erde

Das Zeichen ist dem Zeichen Bi, »Zusammenhalten« (Nr. 8), nach Form und Bedeutung verwandt. Dort das Wasser über der Erde, hier ein See über der Erde. Der See ist der Sammlungspunkt des Wassers, daher ist die Idee der Sammlung hier noch stärker ausgedrückt als in jenem Zeichen. Derselbe Grundgedanke ergibt sich auch daraus, daß es hier zwei starke Striche sind auf viertem und fünftem Platz, welche die Sammlung bewirken, während dort nur ein Strich an fünfter Stelle inmitten der Schwachen steht.

Das Urteil
Die Sammlung. Gelingen.
Der König naht sich seinem Tempel.
Fördernd ist es, den großen Mann zu sehen.
Das bringt Gelingen. Fördernd ist Beharrlichkeit.
Große Opfer zu bringen schafft Heil.
Fördernd ist es, etwas zu unternehmen.

Die Sammlung der Menschen in größeren Gemeinschaften ist entweder eine natürliche, wie innerhalb der Familie, oder eine künstliche, wie im Staat. Die Familie sammelt sich um den Vater als ihr Oberhaupt. Die Fortsetzung dieser Sammlung vollzieht sich durch die Ahnenopfer, bei denen sich der ganze Klan versammelt. Die Ahnen werden durch die gesammelte Andacht der Hinterbliebenen in ihrem Geist konzentriert, so daß sie sich nicht zerstreuen und auflösen. Wo die Menschen gesammelt werden sollen, bedarf es der religiösen Kräfte. Aber es muß auch ein menschliches Haupt als Mittelpunkt der Sammlung da sein. Um andere sammeln zu können, muß dieser Mittelpunkt der Sammlung erst in sich selbst gesammelt sein. Nur durch gesammelte moralische Kraft läßt sich die Welt einigen. Solche großen Einigungszeiten werden dann auch große

Werke hinterlassen. Das ist der Sinn der großen Opfer, die gebracht werden. Und auch auf weltlichem Gebiet bedarf es in Zeiten der Sammlung großer Werke.

Das Bild
Der See ist oberhalb der Erde:
das Bild der Sammlung.
So erneuert der Edle seine Waffen,
um Unvorhergesehenem zu begegnen.

Wenn das Wasser im See sich sammelt, so daß es über die Erde emporsteigt, so droht ein Durchbruch. Dagegen muß man Vorkehrungen treffen. So entsteht auch leicht Streit, wo Menschen sich in großer Anzahl sammeln, wo Güter sich sammeln, entsteht leicht Raub. Darum muß man sich in Zeiten der Sammlung rechtzeitig rüsten, um Unerwartetes abzuwehren. Das Leid auf Erden kommt meist durch unerwartete Ereignisse, auf die man nicht gerüstet ist. Ist man gefaßt, so läßt es sich verhüten.

Die einzelnen Linien

Anfangs eine Sechs bedeutet:
Wenn du wahrhaftig bist, doch nicht bis zum Ende,
so gibt es bald Verwirrung, bald Sammlung.
Wenn du rufst, so kannst du nach einem Griff wieder lachen.
Bedauere nicht. Hingehen ist ohne Makel.

Die Lage ist hier, daß man sich sammeln will um einen Führer, zu dem man aufblickt. Doch befindet man sich in zahlreicher Gesellschaft, durch die man sich beeinflussen läßt, so daß man in seinem Entschluß wankend wird. So hat man keinen festen Mittelpunkt für eine Sammlung. Wenn man aber dieser Not Ausdruck verleiht und um Hilfe ruft, so genügt ein Griff des Führers, um alle Not zu wenden. Darum darf man sich nicht irremachen lassen. Sich an jenen Führer anzuschließen ist ohne weiteres das rechte.

Sechs auf zweitem Platz bedeutet:
Sich ziehen lassen bringt Heil und bleibt ohne Makel.

Wenn man wahrhaftig ist,
so ist es auch fördernd, ein kleines Opfer zu bringen.

Man soll in Zeiten der Sammlung seinen Weg nicht willkürlich wählen. Es sind geheime Kräfte am Werk, die die Menschen zusammenführen, die zueinander passen. Dieser Anziehung muß man sich überlassen, dann macht man keinen Fehler. Wo innere Beziehungen vorhanden sind, da sind keine großen Vorbereitungen und Förmlichkeiten nötig. Man versteht sich ohne weiteres, wie die Gottheit auch ein kleines Opfer gnädig annimmt, wenn es von Herzen kommt.

Sechs auf drittem Platz bedeutet:
Sammlung unter Seufzen. Nichts, das fördernd wäre.
Hingehen ist ohne Makel. Kleine Beschämung.

Man hat oft das Bedürfnis des Anschlusses, aber alle andern in der Umgebung haben sich schon untereinander zusammengeschlossen, so daß man isoliert bleibt. Die ganze Lage ist so, daß sie sich als unhaltbar erweist. Da gilt es, sich dem Fortschritt zuzuwenden, entschlossen sich einem Mann anzuschließen, der dem Mittelpunkt der Sammlung nähersteht und einen in den geschlossenen Kreis einzuführen vermag. Das ist kein Fehler, auch wenn man als Außenseiter zunächst eine etwas beschämende Stellung hat.

- **Neun auf viertem Platz bedeutet:**
  Großes Heil! Kein Makel.

Es ist hier ein Mann gezeichnet, der im Namen seines Herrn die Menschen um sich sammelt. Da er keine Sondervorteile für sich erstrebt, sondern uneigennützig an der allgemeinen Einheit arbeitet, so ist seine Arbeit von Erfolg gekrönt, und alles wird recht.

- **Neun auf fünftem Platz bedeutet:**
  Wenn man beim Sammeln die nötige Stellung hat,
  so gibt es keinen Makel.
  Wenn manche noch nicht wahrhaft dabei sind,
  so bedarf es erhabener, dauernder Beharrlichkeit,
  dann schwindet die Reue.

Wenn sich die Menschen von selbst um einen sammeln, so ist das, wenn es einem ungesucht zuteil wird, nur gut. Man bekommt dadurch einen gewissen Einfluß, der durchaus nützlich sein kann. Aber damit ist natürlich auch die Möglichkeit gegeben, daß sich manche um einen sammeln, die nicht aus innerem Vertrauen kommen, sondern nur um der einflußreichen Stellung willen. Das ist gewiß bedauerlich. Solchen Leuten gegenüber gibt es kein anderes Mittel, als ihr Vertrauen zu erwerben durch vermehrte, unentwegte Pflichttreue und Beständigkeit. Dadurch wird das geheime Mißtrauen allmählich überwunden, und der Anlaß zum Bedauern fällt weg.

Oben eine Sechs bedeutet:
Klagen und Seufzen, Tränen in Strömen! Kein Makel.

Es kann vorkommen, daß man sich wohl anschließen möchte, aber in seinen guten Absichten verkannt wird. Da ist man traurig und klagt. Aber das ist der rechte Weg. Denn dadurch kann es kommen, daß der andere zur Besinnung kommt und man den gesuchten und schmerzlich vermißten Anschluß doch noch findet.

46. Schong – Das Empordringen

oben Kun, das Empfangende, die Erde
unten Sun, das Sanfte, der Wind

Das untere Zeichen, Sun, hat als Bild das Holz, das obere, Kun, bedeutet die Erde. Damit ist der Gedanke verbunden, daß das Holz in der Erde emporwächst. Dieses »Empordringen« ist im Gegensatz zu dem »Fortschritt« (Nr. 35) mit Anstrengung verbunden, wie die Pflanze Kraft braucht, um durch die Erde emporzudringen. Darum steht das Zeichen, obwohl es mit Erfolg verbunden ist, in Beziehung zur Anstrengung des Willens. Der »Fortschritt« zeigt mehr Expansion, das »Empordringen« mehr geradliniges Aufsteigen zu Macht und Einfluß aus Unbekanntheit und Niedrigkeit.

Das Urteil
Das Empordringen hat erhabenes Gelingen.
Man muß den großen Mann sehen.
Fürchte dich nicht!
Aufbruch nach Süden bringt Heil.

Das Empordringen der tüchtigen Elemente stößt auf kein Hindernis, darum ist es von großem Erfolg begleitet. Die Art, die das Empordringen ermöglicht, ist nicht gewalttätig, sondern bescheiden und fügsam. Aber da man von der Zeiten Gunst getragen wird, kommt man voran. Man muß hingehen und die maßgebenden Leute aufsuchen. Man braucht sich davor nicht zu fürchten; denn der Erfolg wird nicht ausbleiben. Nur muß man sich an die Arbeit machen; denn Tätigkeit (dies die Bedeutung des Südens) ist von Heil.

Das Bild
Inmitten der Erde wächst das Holz:
das Bild des Empordringens.

So häuft der Edle hingebenden Wesens Kleines,
um es zu Hohem und Großem zu bringen.

Das Holz in der Erde wächst ohne Hast und ohne Rast der Höhe zu, indem es sich fügsam um die Hindernisse herumbiegt. So ist der Edle hingebend in seinem Charakter und ruht nie in seinem Fortschritt*.

Die einzelnen Linien

- **Anfangs eine Sechs bedeutet:**
Empordringen, das Zutrauen findet, bringt großes Heil.

Hier ist die Anfangslage des Aufstiegs. Wie das Holz für sein Empordringen die Kraft aus der Wurzel entnimmt, die an sich ganz unten ist, so entstammt die Kraft zum Emporkommen dieser Stellung. Sie ist niedrig und unbekannt. Aber es besteht eine innere Verwandtschaft des Wesens zu den oberen Herrschenden, und diese Gemeinsamkeit verschafft einem das Zutrauen, das man braucht, um etwas leisten zu können.

Neun auf zweitem Platz bedeutet:
Wenn man wahrhaftig ist,
so ist es fördernd, ein kleines Opfer zu bringen.
Kein Makel.

Es ist hier ein starker Mann vorausgesetzt. Er paßt zwar insofern nicht in seine Umgebung, als er zu rau ist und zu wenig auf Formen gibt. Aber er ist innerlich aufrichtig, darum findet er Entgegenkommen, und seine Dürftigkeit in den äußeren Formen bringt keinen Schaden. Die Aufrichtigkeit ist hier der Ausfluß solider Eigenschaften, während sie bei dem entsprechenden Strich des vorigen Zeichens die Wirkung innerer Demut ist.

---

* Vgl. dazu: »Beschäftigung die nie ermattet,
Die langsam schafft, doch nie zerstört,
Die zu dem Bau der Ewigkeiten
Zwar Sandkorn nur für Sandkorn reicht,
Doch von der großen Schuld der Zeiten
Minute, Tage, Jahre streicht.«

Neun auf drittem Platz bedeutet:
Man dringt empor in eine leere Stadt.

Hier fallen alle Hemmungen weg, die dem Vordringen sonst gesteckt sind. Es geht mit merkwürdiger Leichtigkeit voran. Unbedenklich folgt man dieser Straße, um den Erfolg auszunützen. Es sieht, äußerlich betrachtet, so aus, wie wenn alles in bester Ordnung wäre. Dennoch ist kein glückverheißender Ausdruck beigefügt. Es fragt sich, wie lange ein solcher hemmungsloser Erfolg dauert. Doch gilt es, solchen Bedenken nicht nachzuhängen, weil dadurch die Kraft nur gehemmt würde, sondern rasch die Gunst der Zeit sich zunutze zu machen.

Sechs auf viertem Platz bedeutet:
Der König bringt ihn dem Berg Ki dar. Heil. Kein Makel.

Der Berg Ki ist im Westen Chinas, dem Stammland des Königs Wen, von dessen Sohn, dem Herzog von Dschou, die Worte zu den Einzellinien beigefügt sind. Es ist eine Erinnerung an die Zeiten der Erhebung der Dynastie Dschou. Damals wurden die großen Gehilfen vom König Wen dem Gott des heimatlichen Berges vorgestellt, und sie bekamen ihren Platz zur Seite des Herrschers in den Ahnenhallen. Es ist hier ein Stadium gezeichnet, in dem das Empordringen zum Ziel gelangt. Man wird berühmt vor Menschen und Göttern und aufgenommen in den Kreis der Männer, die das Leben der Nation im Geiste aufbauen, und bekommt dadurch dauernde, überzeitliche Bedeutung.

• **Sechs auf fünftem Platz bedeutet:**
Beharrlichkeit bringt Heil. Man dringt empor auf Stufen.

Wenn man immer weiter vorankommt, so ist es wichtig, daß man sich am Erfolg nicht berauscht. Man muß gerade bei großem Erfolg dauernd nüchtern bleiben, keine Stufen überspringen wollen, sondern langsam, wie zögernd, Schritt für Schritt weitergehen. Nur dieser ruhige, stetige Fortschritt, der nichts überstürzt, führt zum Ziel.

Oben eine Sechs bedeutet:
Empordringen im Dunkeln.
Fördernd ist es, unablässig beharrlich zu sein.

Wer blindlings empordringt, der ist innerlich betört. Er kennt nur den Fortschritt, nicht den Rückzug. Dabei erschöpft man sich aber. Wichtig ist es, in solchem Falle unablässig darauf bedacht zu sein, daß man gewissenhaft und konsequent sein und bleiben muß. Nur dadurch wird man von blindem Drang frei, der stets vom Übel ist.

47. Kun – Die Bedrängnis (die Erschöpfung)

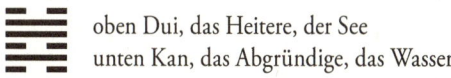

oben Dui, das Heitere, der See
unten Kan, das Abgründige, das Wasser

Oben ist der See, das Wasser darunter. Der See ist leer und erschöpft. Noch auf eine andere Weise kommt der Gedanke der Erschöpfung heraus: oben eine dunkle Linie, die zwei lichte unten hält; unten ist eine lichte Linie zwischen zwei dunklen eingeklemmt. Das obere Zeichen gehört dem dunklen Prinzip an, während das untere dem lichten Prinzip angehört. So sind überall die Edlen von den Gemeinen unterdrückt und in Schranken gehalten.

Das Urteil
Die Bedrängnis. Gelingen. Beharrlichkeit.
Der große Mann wirkt Heil. Kein Makel.
Wenn man etwas zu sagen hat, wird es nicht geglaubt.

Notzeiten sind das Gegenteil von Erfolg. Aber sie können zu Erfolg führen, wenn sie den rechten Menschen treffen. Wenn ein starker Mensch in Not kommt, so bleibt er trotz aller Gefahr heiter, und diese Heiterkeit ist die Grundlage späterer Erfolge. Sie ist die Beständigkeit, die stärker ist als das Schicksal. Wer sich durch Erschöpfung innerlich brechen läßt, der hat freilich keinen Erfolg. Aber wen die Not nur beugt, in dem erzeugt sie eine Kraft der Gegenwirkung, die sicher mit der Zeit ans Licht kommt. Doch dazu ist kein Gemeiner fähig. Nur der große Mann wirkt Heil und bleibt ohne Makel. Freilich nach außen hin ist ihm zunächst der Einfluß versagt, da seine Worte keine Wirkung haben. Darum gilt es in Zeiten der Not innerlich stark zu sein und wenig Worte zu machen.

Das Bild
Im See ist kein Wasser: das Bild der Erschöpfung.
So setzt der Edle sein Leben daran, um seinem Willen zu folgen.

Wenn das Wasser aus dem See nach unten geflossen ist, muß der See vertrocknen und sich erschöpfen. Das ist Schicksal. Das ist das Bild widriger Schicksale im Menschenleben. In solchen Zeiten läßt sich nichts tun, als daß man sein Schicksal auf sich nimmt und sich selbst treu bleibt. Es handelt sich dabei aber um die tiefste Schicht des eigentlichen Wesens; denn nur die ist jedem äußeren Schicksal überlegen.

Die einzelnen Linien

Anfangs eine Sechs bedeutet:
Man sitzt bedrängt unter einem kahlen Baum
und gerät in ein finsteres Tal.
Drei Jahre lang sieht man nichts.

Wenn man in Not kommt, ist es vor allem wichtig, stark zu sein und die Not innerlich zu überwinden. Wenn man aber schwach ist, dann übermannt einen die Not. Statt weiterzuschreiten, bleibt man sitzen unter einem kahlen Baum und gerät immer mehr in Finsternis und Schwermut hinein. Dadurch wird die Lage nur immer aussichtsloser. Diese Haltung ist die Folge einer inneren Verblendung, die man durchaus überwinden muß.

- **Neun auf zweitem Platz bedeutet:**
  Man ist bedrängt bei Wein und Speisen.
  Der Mann mit den scharlachroten Kniebinden kommt eben.
  Fördernd ist es, Opfer darzubringen.
  Aufbrechen ist von Unheil.
  Kein Makel.

Hier ist es eine innere Bedrängnis, in der man sich befindet. Äußerlich geht alles gut, man hat zu essen und zu trinken. Aber man ist erschöpft durch die Gewöhnlichkeiten des Lebens, aus denen sich kein Ausweg zeigt. Doch von oben her kommt Hilfe. Ein Fürst – die Fürsten trugen im alten China scharlachrote

Kniebinden – ist auf der Suche nach tüchtigen Gehilfen. Aber es sind noch Hindernisse zu überwinden. Darum ist es wichtig, diesen Hindernissen im Unsichtbaren zu begegnen durch Opfer und Gebet. Unvorbereitet aufzubrechen würde ins Unheil führen, obwohl es sittlich nicht unrecht ist. Man muß hier durch innere Geduld eine widrige Situation überwinden.

Sechs auf drittem Platz bedeutet:
Man läßt sich bedrängen durch Stein
und stützt sich auf Dornen und Disteln.
Man geht in sein Haus und sieht nicht seine Frau. Unheil!

Es zeigt sich hier ein Mann, der unruhig und unentschieden ist in Zeiten der Not. Erst will er voran, da stößt er auf Hindernisse, die allerdings nur dann eine Bedrängnis bedeuten, wenn man dagegen in unüberlegter Weise angeht. Man will mit dem Kopf durch die Wand und fühlt sich infolge davon durch die Wand bedrängt. Dann stützt man sich auf Dinge, die keinen Halt in sich selbst haben und für den nur bedenklich sind, der sich auf sie stützt. Nun kehrt man unentschlossen um und zieht sich in sein Haus zurück, aber nur, um zu neuer Enttäuschung zu entdecken, daß seine Frau nicht da ist.
Kungtse sagt darüber: »Wenn jemand sich von etwas, das ihn nicht bedrängen sollte, bedrängen läßt, so wird sein Name sicher in Schande geraten. Wenn er sich auf Dinge stützt, auf die man sich nicht stützen kann, so wird sein Leben sicher in Gefahr geraten. Wer in Schande und Gefahr ist, dem naht die Todesstunde; wie kann er da noch seine Frau sehen.«

Neun auf viertem Platz bedeutet:
Er kommt ganz sachte, bedrängt in einem goldenen Wagen.
Beschämung, aber man kommt zu Ende.

Ein wohlhabender Mann sieht die Not der Unteren und möchte auch ganz gerne helfen. Doch greift er nicht rasch und energisch zu, wo es nötig ist, sondern fängt die Sache zögernd und gemessen an. Da stößt er auf Hindernisse. Mächtige und reiche Leute der Bekanntschaft ziehen ihn in ihre Kreise. Er muß mittun und kann sich ihnen nicht entziehen. Daher befindet er sich in einer großen Verlegenheit. Aber die Not ist vorübergehend. Die ursprüngliche Stärke der Natur gleicht den begangenen Fehler wieder aus, und das Ziel wird erreicht.

- **Neun auf fünftem Platz bedeutet:**
  Es werden ihm Nase und Füße abgeschnitten.
  Man ist bedrängt von dem in purpurnen Kniebinden.
  Sachte kommt die Freude.
  Fördernd ist es, Opfer und Spenden zu bringen.

Es ist jemand, dem das Wohl der Menschen am Herzen liegt, von oben und unten her bedrängt (das ist der Sinn der abgeschnittenen Nase und Füße). Man findet keine Hilfe bei den Menschen, deren Pflicht es wäre, bei dem Rettungswerk mitzuhelfen (die Minister trugen purpurne Kniebinden). Doch entwickeln sich die Dinge allmählich zum Besseren. Bis dahin gilt es, in starker innerer Sammlung vor Gott zu treten und für das Wohl des Ganzen zu beten und zu opfern.

Oben eine Sechs bedeutet:
Er ist bedrängt von Ranken.
Er bewegt sich unsicher und spricht:
»Bewegung schafft Reue.«
Wenn man darüber Reue empfindet und sich aufmacht,
so hat man Heil.

Man ist bedrängt durch Bande, die sich leicht zerreißen lassen. Die Bedrängnis naht sich ihrem Ende. Aber man ist noch unschlüssig. Man ist noch beeinflußt von dem früheren Zustand und denkt, man werde es zu bereuen haben, wenn man sich bewegt. Aber sobald man zur Einsicht kommt, diese geistige Haltung ablegt und einen starken Entschluß faßt, so gelingt es, der Bedrängnis Herr zu werden.

48. Dsing – Der Brunnen

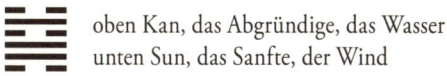

oben Kan, das Abgründige, das Wasser
unten Sun, das Sanfte, der Wind

Unten ist das Holz, oben das Wasser. Das Holz steigt in die Erde, um das Wasser heraufzuholen. Es ist das Bild des altchinesischen Wippbrunnens. Mit dem Holz sind nicht etwa die Eimer, die in alter Zeit von Ton waren, gemeint, sondern die Holzstange, durch deren Bewegungen das Wasser aus dem Brunnen gehoben wird. Das Bild deutet auch auf die Pflanzenwelt, die in ihren Adern das Wasser aus der Erde emporhebt. Der Brunnen, aus dem man Wasser schöpft, enthält außerdem den Gedanken der unerschöpflichen Nahrungsspende.

Das Urteil
Der Brunnen. Man mag die Stadt wechseln,
aber kann nicht den Brunnen wechseln.
Er nimmt nicht ab und nimmt nicht zu.
Sie kommen und gehen und schöpfen aus dem Brunnen.
Wenn man beinahe das Brunnenwasser erreicht hat,
aber noch nicht mit dem Seil drunten ist
oder seinen Krug zerbricht, so bringt das Unheil.

Die Hauptstädte wurden im alten China zuweilen verlegt, teils aus Gründen der Gunst der Lage, teils bei dem Wechsel der Dynastien. Der Baustil wechselte im Lauf der Jahrhunderte, aber die Form des Brunnens ist von uralter Zeit bis auf den heutigen Tag dieselbe geblieben. So ist der Brunnen ein Bild der gesellschaftlichen Organisation der Menschheit in ihren primitivsten Lebensnotwendigkeiten, die von allen politischen Gestaltungen unabhängig ist. Die politischen Gestaltungen, die Nationen wechseln, aber das Leben der Menschen mit seinen Erfordernissen bleibt ewig dasselbe. Das läßt sich nicht ändern. Dieses Leben ist auch unerschöpflich. Es wird nicht weniger noch mehr und ist für alle da. Geschlechter kommen und gehen, und sie alle genießen das Leben in seiner unerschöpflichen Fülle.

Für eine gute staatliche oder gesellschaftliche Organisation der Menschen ist aber ein Doppeltes nötig. Man muß bis auf die Grundlagen des Lebens hinuntergehen. Alle Oberflächlichkeit in der Lebensordnung, die die tiefsten Lebensbedürfnisse unbefriedigt läßt, ist ebenso unvollkommen, als hätte man gar keinen Versuch zur Ordnung gemacht. Ebenso ist eine Fahrlässigkeit, durch die der Krug zerbricht, vom Übel. Wenn z. B. der militärische Schutz eines Staates so übertrieben wird, daß er Kriege hervorruft, durch die die Macht des Staates vernichtet wird, so ist das ein Zerbrechen des Krugs. Auch für den einzelnen Menschen kommt das Zeichen in Betracht. So verschieden die Anlagen und Bildungen der Menschen sind, die menschliche Natur in ihren Grundlagen ist bei jedem dieselbe. Und jeder Mensch kann bei seiner Bildung aus dem unerschöpflichen Born der göttlichen Natur des Menschenwesens schöpfen. Aber auch hier drohen zwei Gefahren: einmal, daß man in seiner Bildung nicht durchdringt bis zu den eigentlichen Wurzeln des Menschentums, sondern in Konvention steckenbleibt – eine solche Halbbildung ist ebenso schlimm wie Unbildung – oder daß man plötzlich zusammenbricht und die Bildung seines Wesens vernachlässigt.

Das Bild
Über dem Holz ist Wasser: das Bild des Brunnens.
So ermuntert der Edle das Volk bei der Arbeit
und ermahnt es, einander zu helfen.

Unten ist das Zeichen Sun, Holz, darüber das Zeichen Kan, Wasser. Das Holz saugt das Wasser nach oben. Wie das Holz als Organismus die Tätigkeit des Brunnens nachahmt, die allen Teilen der Pflanze zugute kommt, so ordnet der Edle die menschliche Gesellschaft, daß sie wie ein Pflanzenorganismus zum Wohl des Ganzen ineinandergreift.

Die einzelnen Linien

Anfangs eine Sechs bedeutet:
Der Schlamm des Brunnens wird nicht getrunken:
zu einem alten Brunnen kommen keine Tiere.

Wenn sich jemand in den sumpfigen Niederungen umhertreibt, so versinkt sein Leben im Schlamm. Ein solcher Mensch verliert seine Bedeutung für die Menschheit. Wer sich selbst wegwirft, zu dem kommen auch die andern nicht mehr. Niemand kümmert sich schließlich mehr um ihn.

Neun auf zweitem Platz bedeutet:
Am Brunnenloch schießt man Fische.
Der Krug ist zerbrochen und rinnt.

Das Wasser ist an sich klar. Aber man gebraucht es nicht. So halten sich nur Fische im Brunnen auf, und wer kommt, kommt nur, um Fische zu fangen; aber der Krug ist zerbrochen, so daß man die Fische nicht darin aufbewahren kann. Es wird eine Lage geschildert, da jemand an sich gute Gaben hätte; aber sie werden vernachlässigt. Niemand kümmert sich um ihn. Dadurch kommt er innerlich herunter. Er gibt sich mit gemeinen Menschen ab und kann nichts Tüchtiges mehr leisten.

Neun auf drittem Platz bedeutet:
Der Brunnen ist gereinigt, aber man trinkt nicht daraus.
Das ist meines Herzens Leid;
denn man könnte daraus schöpfen.
Wäre der König klar, so genösse man gemeinsam das Glück.

Hier ist ein tüchtiger Mann vorhanden. Er gleicht einem gereinigten Brunnen, dessen Wasser man trinken könnte. Aber er wird nicht gebraucht. Das ist das Leid der Menschen, die ihn kennen. Der Wunsch besteht, daß der Fürst es erfahre; dann wäre es für alle Beteiligten ein Glück.

Sechs auf viertem Platz bedeutet:
Der Brunnen wird ausgemauert, kein Makel.

Wenn der Brunnen ausgemauert wird, so kann man ihn zwar so lange nicht benützen, aber die Arbeit ist nicht vergebens; sie bewirkt, daß das Wasser klar bleibt. So gibt es im Leben auch Zeiten, in denen man sich selbst in Ordnung bringen muß. Während dieser Zeit kann man zwar nichts für andere leisten, aber sie ist dennoch wertvoll, weil man durch innere Ausbildung seine Kraft und Fähigkeiten steigert, so daß man nachher um so mehr leistet.

- **Neun auf fünftem Platz bedeutet:**
  Im Brunnen ist ein klarer, kühler Quell, den man trinken kann.

Das ist ein guter Brunnen, der auf seinem Grund eine Quelle lebendigen Wassers hat. Ein Mann, der solche Tugenden hat, ist zum Retter und Führer der Menschen geboren. Er hat das Wasser des Lebens. Dennoch fehlt das Zeichen: Heil. Beim Brunnen kommt alles darauf an, daß das Wasser geschöpft wird. Das beste Wasser ist für die Erfrischung der Menschen nur als Möglichkeit da, solange es nicht gehoben ist. So kommt es auch bei Führern der Menschheit darauf an, daß man aus ihrer Quelle trinkt, ihre Worte ins Leben überführt.

Oben eine Sechs bedeutet:
Man schöpft aus dem Brunnen ohne Hinderung.
Er ist zuverlässig. Erhabenes Heil!

Der Brunnen ist für alle da. Kein Verbot hemmt die Schöpfenden. Aber so viele auch kommen, sie finden, was sie brauchen; denn der Brunnen ist zuverlässig. Er hat eine Quelle und versiegt nicht; darum ist er für das ganze Land ein großes Heil: so der wirklich große Mann, der unerschöpflich reich ist an innerem Gut. Je mehr Menschen aus ihm schöpfen, desto größer wird sein Reichtum.

49. Go – Die Umwälzung (die Mauserung)

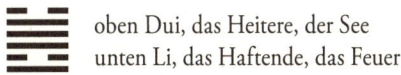

oben Dui, das Heitere, der See
unten Li, das Haftende, das Feuer

Das Zeichen bedeutet ursprünglich ein Tierfell, das sich im Lauf des Jahres durch Mauserung ändert. Von da aus wird das Wort übertragen auf die Mauserungen im Staatsleben, die großen Umwälzungen, die mit einem Regierungswechsel verbunden sind. Die beiden Figuren, aus denen das Zeichen sich zusammensetzt, sind wie bei Kui, oder »Gegensatz« (Nr. 38), die beiden jüngeren Töchter Li und Dui. Aber während dort die ältere der beiden oben steht und sich daraus im wesentlichen nur ein Gegensatz der Tendenzen ergibt, ist hier die jüngere oben, und die Wirkungen gehen gegeneinander, die Kräfte bekämpfen sich wie Feuer und Wasser (See), von denen jedes das andere zu vernichten strebt. Daher der Gedanke der Umwälzung.

Das Urteil
Die Umwälzung.
Am eigenen Tag, da findest du Glauben.
Erhabenes Gelingen, fördernd durch Beharrlichkeit.
Die Reue schwindet.

Staatliche Umwälzungen sind etwas überaus Schweres. Man darf sie nur im äußersten Notfall, wenn kein anderer Ausweg übrig ist, vornehmen. Nicht jeder ist dazu berufen, sondern nur der, der das Vertrauen des Volkes hat, und auch der erst dann, wenn die Zeit erfüllt ist. Man muß dabei in der rechten Weise vorgehen, daß man das Volk erfreut und durch Aufklärung Ausschreitungen verhindert. Man muß dabei ferner ganz frei von selbstsüchtigen Zielen sein und muß wirklich der Not des Volkes abhelfen. Nur dann hat man nichts zu bereuen.

Die Zeiten ändern sich und mit ihnen die Anforderungen. So ändern sich die Jahreszeiten im Lauf des Jahres. So gibt es auch im Weltenjahr Frühling und Herbst der Völker und Nationen, die gesellschaftliche Umgestaltungen erfordern.

Das Bild
Im See ist Feuer: das Bild der Umwälzung.
So ordnet der Edle die Zeitrechnung
und macht die Zeiten klar.

Das Feuer unten und der See oben bekämpfen und vernichten einander. So findet im Lauf des Jahres auch ein Kampf der lichten und der dunklen Kraft statt, der sich in den Umwälzungen der Jahreszeiten auswirkt. Der Mensch wird Herr über den Wechsel der Natur, wenn er seine Regelmäßigkeit erkennt und den Zeitverlauf entsprechend einteilt. Dadurch kommt Ordnung und Klarheit in den scheinbar chaotischen Wechsel der Zeiten, und man kann sich schon im voraus auf die Erfordernisse der verschiedenen Zeiten einstellen.

Die einzelnen Linien

Anfangs eine Neun bedeutet:
Man wird eingewickelt in das Fell einer gelben Kuh.

Änderungen darf man erst unternehmen, wenn es nicht mehr anders möglich ist. Darum ist zunächst äußerste Zurückhaltung nötig. Man muß innerlich ganz fest werden, sich mäßigen – Gelb ist die Farbe der Mitte, die Kuh ist das Symbol der Fügsamkeit und zunächst noch nichts unternehmen, denn jedes vorzeitige Losschlagen hat üble Folgen.

Sechs auf zweitem Platz bedeutet:
Am eigenen Tag, da mag man umwälzen.
Aufbruch bringt Heil. Kein Makel.

Wenn man alles versucht hat, um die Verhältnisse zu reformieren, ohne daß es einen Erfolg hatte, dann ergibt sich die Notwendigkeit einer Revolution. Allein eine solche tiefgreifende Umwälzung muß wohl vorbereitet sein. Es muß ein Mann da sein, der die Fähigkeiten und das öffentliche Vertrauen besitzt. Einem solchen Mann mag man sich dann zuwenden. Das bringt Heil und ist kein Fehler. Es handelt sich zunächst erst um die innere Stellung zu dem Neuen, das kommen muß. Man muß ihm gleichsam entgegengehen. Nur dadurch wird es vorbereitet.

Neun auf drittem Platz bedeutet:
Aufbruch bringt Unheil. Beharrlichkeit bringt Gefahr.
Wenn die Rede von der Umwälzung dreimal ergangen ist,
dann mag man sich ihr zuwenden und wird Glauben finden.

Wenn Wechsel nötig ist, dann gibt es zwei Fehler, die man vermeiden muß. Der eine ist zu rasches und rücksichtsloses Vorgehen, das mit Unheil verbunden ist. Der andere ist überkonservatives Zögern, das ebenfalls gefährlich ist. Man darf nicht auf jede Rede hören, die nach Änderung des Bestehenden ruft. Aber man darf wiederholte und wohlbegründete Beschwerden auch nicht überhören. Wenn dreimal das Wort vom Wechsel an einen kommt und man es wohl überlegt hat, dann mag man ihm Glauben schenken und darauf eingehen. Dann wird man Glauben finden und etwas erreichen*.

Neun auf viertem Platz bedeutet:
Die Reue schwindet. Man findet Glauben.
Die Staatsordnung zu wechseln bringt Heil.

Grundstürzende Änderungen erfordern die nötige Autorität. Sowohl die innere Charakterstärke muß da sein als auch die einflußreiche Stellung. Es muß einer höheren Wahrheit entsprechen, was man tut, und darf nicht willkürlichen oder kleinlichen Motiven entspringen, dann bringt es großes Heil. Wenn keine solche innere Wahrheit einer Revolution zugrunde liegt, ist sie immer vom Übel und hat keinen Erfolg. Denn die Menschen unterstützen schließlich doch nur solche Unternehmungen, für deren innere Gerechtigkeit sie ein instinktives Gefühl haben.

---

* Vergleiche dann in Goethes Märchen das dreimalige:
»Es ist an der Zeit«, ehe die große Umwälzung eintritt.

- **Neun auf fünftem Platz bedeutet:**
  Der große Mann ändert wie ein Tiger.
  Noch ehe er das Orakel fragt, findet er Glauben.

Ein Tigerfell mit seinen deutlich sichtbaren schwarzen Streifen auf gelbem Grund ist weithin sichtbar deutlich gegliedert. So ist es bei Umwälzungen, die ein großer Mann zustande bringt: Es werden große, klare Richtlinien sichtbar, die jedermann verstehen kann. So braucht er nicht erst das Orakel zu fragen, denn ganz von selbst fällt ihm das Volk zu.

Oben eine Sechs bedeutet:
Der Edle ändert wie ein Panther.
Der Geringe mausert sich im Gesicht.
Aufbruch bringt Unheil.
In Beharrlichkeit weilen bringt Heil.

Nachdem die großen grundsätzlichen Fragen entschieden sind, sind noch Umgestaltungen im einzelnen und genauere Durchfahrungen notwendig. Diese sind zu vergleichen mit den ebenfalls deutlichen, aber kleineren Flecken des Pantherfells. Auch bei den Geringen findet infolge davon eine Änderung statt. Sie mausern sich ebenfalls der neuen Ordnung entsprechend. Freilich ist diese Mauserung nicht tiefgehend, aber das läßt sich auch nicht erwarten. Man muß sich mit dem Möglichen zufrieden geben. Wollte man zu weit gehen und zuviel erreichen wollen, so würde das zur Beunruhigung und zum Unheil ausschlagen. Denn was durch eine große Umwälzung erstrebt werden soll, sind klare, gefestigte Zustände, die eine allgemeine Beruhigung bei dem zur Zeit Möglichen gewähren.

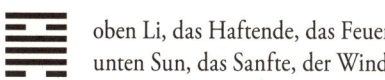

50. Ding – Der Tiegel

oben Li, das Haftende, das Feuer
unten Sun, das Sanfte, der Wind

Das ganze Zeichen ist das Bild des Tiegels, unten die Beine, dann der Bauch, dann die Ohren, bzw. Henkel, und oben die Ringe zum Tragen. Das Bild des Tiegels legt gleichzeitig den Gedanken der Ernährung nahe. Der Tiegel, aus Bronze gegossen, war das Gerät, das im Ahnentempel und bei Festmählern die gekochten Speisen enthielt. Aus ihm wurden sie vom Hausherrn in die Schüssel der Gäste geschöpft.

Auch der Brunnen hat den Nebengedanken der Nahrungsspende, aber mehr für das Volk. Der Tiegel als Gerät der verfeinerten Kultur legt Pflege und Ernährung der tüchtigen Männer nahe, deren Pflege der Staatsregierung zugute kam (vgl. die vier Zeichen der Ernährung, Nr. 5, 27, 48, 50).

Dieses Zeichen und das Zeichen »Brunnen« sind die beiden einzigen Zeichen im Buch der Wandlungen, die konkrete künstliche Gegenstände darstellen. Allein auch hier hat der Gedanke seine abstrakte Seite. Unten Sun ist Holz und Wind, oben Li ist die Flamme; es stellt also die durch Holz und Wind entfachte Flamme dar, die ebenfalls den Gedanken der Speisenbereitung nahelegt.

Das Urteil
Der Tiegel. Erhabenes Heil. Gelingen.

Während der Brunnen die soziale Grundlage der Gesellschaft behandelt, die wie das Wasser ist, das dem Holz zur Nahrung dient, so wird hier der kulturelle Überbau der Gesellschaft angedeutet. Hier ist es das Holz, das der Flamme, dem Geistigen, zur Nahrung dient. Alles Sichtbare muß sich steigern und fortsetzen ins Unsichtbare hinein. Dadurch bekommt es die rechte Weihe und rechte Klarheit und wurzelt in den Weltzusammenhängen fest.

So ist hier die Kultur gezeigt, wie sie ihren Gipfel in der Religion hat. Der Tiegel dient zum Opfern für Gott. Das höchste Irdische muß dem Göttlichen geopfert werden. Aber das wahrhaft Göttliche zeigt sich nicht abgesondert vom Menschlichen. Gottes höchste Offenbarung ist in Propheten und Heiligen. Ihre Verehrung ist die wahre Gottesverehrung. Der Wille Gottes, der durch sie geoffenbart wird, muß demütig entgegengenommen werden, dann entsteht eine innere Erleuchtung und das wahre Weltverständnis, das zu großem Heil und Erfolg führt.

Das Bild
Über dem Holz ist Feuer: das Bild des Tiegels.
So festigt der Edle durch Richtigmachung der Stellung das Schicksal.

Das Holz ist das Schicksal des Feuers; solange es unten vorhanden ist, brennt das Feuer oben. So ist es mit dem menschlichen Leben. Auch im Menschen ist ein Schicksal, das seinem Leben die Kraft verleiht. Und wenn es gelingt, dem Leben und Schicksal den richtigen Platz anzuweisen, dann festigt man das Schicksal, indem so das Leben unmittelbar im Einklang mit dem Schicksal ist. Es finden sich in diesen Worten Andeutungen über die Pflege des Lebens, wie sie durch die Geheimlehre der chinesischen Yogapraxis von Mund zu Mund überliefert werden.

Die einzelnen Linien

Anfangs eine Sechs bedeutet:
Ein Tiegel mit umgekippten Beinen.
Fördernd zur Entfernung des Stockenden.
Man nimmt eine Nebenfrau um ihres Sohns willen.
Kein Makel.

Wenn man den Tiegel umkehrt, ehe man ihn in Gebrauch nimmt, so hat das nichts zu sagen; im Gegenteil, der Unrat kommt auf diese Weise heraus. Eine Nebenfrau ist an sich niedrig stehend, aber weil sie einen Sohn hat, kommt sie zu Ehren.
Diese beiden Gleichnisse drücken den Gedanken aus, daß in Zeiten hoher Kultur, wie sie durch das Zeichen angedeutet sind, jedermann, der guten Willens ist, irgendwie ankommen kann. Wenn man noch so niedrig ist, wenn man nur bereit ist, sich zu reinigen, so wird man angenommen. Man kommt in eine

Lage, da man sich fruchtbar an Leistungen erweisen kann und infolge davon Anerkennung findet.

Neun auf zweitem Platz bedeutet:
Im Tiegel ist Nahrung.
Meine Genossen haben Neid,
aber sie können mir nichts anhaben.
Heil!

In Zeiten hoher Kultur kommt alles darauf an, daß man wirklich etwas leistet. Wenn man sich nur auf diese wirklichen Leistungen verläßt, so wird man zwar vielleicht Neid und Mißgunst erleben, aber das ist nicht gefährlich. Je mehr man sich auf seine positiven Leistungen beschränkt, desto weniger können einem die Neider anhaben.

Neun auf drittem Platz bedeutet:
Der Henkel des Tiegels ist verändert.
Man ist behindert in seinem Wandel.
Das Fett des Fasans wird nicht gegessen.
Wenn erst der Regen fällt, dann erschöpft sich die Reue:
Endlich kommt Heil.

Der Henkel ist die Stelle, an der der Tiegel aufgehoben wird. Wenn der Henkel sich ändert, so kann der Tiegel nicht aufgehoben und benutzt werden, und die schönen Speisen, die darin sind, wie das Fett von Fasanen, dienen bedauerlicherweise niemand zur Nahrung.
Es ist damit jemand gezeichnet, der in einer Zeit hoher Kultur an einer Stelle sich befindet, wo er von niemand beachtet und anerkannt wird. Das ist für sein Wirken eine schwere Hemmung. Seine ganzen guten Eigenschaften und Geistesgaben werden auf diese Weise nutzlos verbraucht. Allein man muß nur dafür sorgen, daß man innerlich wirklich geistigen Besitz hat. Dann wird sicher schließlich die Zeit kommen, da die Hemmnisse sich lösen und alles gutgeht.
Die Lösung der Spannung ist hier wie sonst durch das Fallen des Regens symbolisiert.

Neun auf viertem Platz bedeutet:
Der Tiegel bricht die Beine.
Das Mahl des Fürsten wird verschüttet,
und die Gestalt wird befleckt.
Unheil!

Man hat eine schwere, verantwortungsvolle Aufgabe, deren Erfüllung man nicht gewachsen ist. Da man zudem sich dieser Aufgabe nicht mit voller Kraft widmet, sondern sich mit niedrigstehenden Menschen abgibt, so mißlingt die Durchführung. Damit bringt man sich auch selbst in Schimpf und Schande. Kungtse sagt darüber: »Schwacher Charakter bei geehrter Stellung, geringes Wissen und große Pläne, kleine Kraft und schwere Verantwortung werden selten dem Unheil entgehend.«

- **Sechs auf fünftem Platz bedeutet:**
  Der Tiegel hat gelbe Henkel, goldne Tragringe.
  Fördernd ist Beharrlichkeit.

Es ist ein Mann an herrschender Stelle, der in seinem Wesen zugänglich und bescheiden ist. Durch diese innere Haltung gelingt es ihm, starke und tüchtige Gehilfen zu finden, die ihn ergänzen und ihm bei seinem Werk helfen. Es ist wichtig, daß man sich in dieser Stellungnahme, die einer dauernden inneren Selbstverleugnung bedarf, nicht irremachen läßt, sondern daran festhält.

- **Oben eine Neun bedeutet:**
  Der Tiegel hat Nephritringe. Großes Heil!
  Nichts, das nicht fördernd wäre.

Beim vorigen Strich sind die Tragringe golden genannt, um ihre Stärke zu bezeichnen. Hier heißen sie von Nephrit. Der Nephrit zeichnet sich dadurch aus, daß er Härte mit einem milden Glanz vereinigt. Vom Standpunkt des Mannes aus, der für den Rat zugänglich ist, wirkt dieser Rat als starke Förderung. Hier ist der Rat bezeichnet vom Standpunkt des Weisen aus, der ihn erteilt. Er wird dabei milde und geläutert sein wie edler Nephrit. Auf diese Weise findet das Werk Wohlgefallen vor den Augen der Gottheit, die großes Heil spendet, und wird angenehm bei Menschen, weshalb alles gutgeht.

震

51. Dschen – Das Erregende (das Erschüttern, der Donner)

```
▀▀ ▀▀
▀▀ ▀▀
▀▀▀▀▀
▀▀ ▀▀
▀▀ ▀▀
▀▀▀▀▀
```
oben Dschen, das Erregende, der Donner
unten Dschen, das Erregende, der Donner

Das Zeichen Dschen ist der älteste Sohn, der die Herrschaft energisch und machtvoll ergreift. Ein Yangstrich entsteht unter zwei Yinstrichen und dringt machtvoll empor. Diese Bewegung ist so heftig, daß sie Schrecken erregt. Als Bild dient der Donner, der aus der Erde hervorbricht und durch seine Erschütterung Furcht und Zittern verursacht.

Das Urteil
Das Erschüttern bringt Gelingen.
Das Erschüttern kommt: Hu, Hu!
Lachende Worte: Ha, Ha!
Das Erschüttern erschreckt hundert Meilen,
und er läßt nicht Opferlöffel und Kelch fallen.

Die Erschütterung, die durch das Hervortreten Gottes im Innern der Erde aufsteigt, macht, daß der Mensch sich fürchtet, aber diese Furcht vor Gott ist etwas Gutes, denn sie bewirkt, daß Fröhlichkeit und Freude folgen kann. Wenn man innerlich gelernt hat, was Furcht und Zittern ist, so ist man gegen den Schrecken durch äußere Einflüsse gesichert. Wenn auch der Donner tost, also, daß er hundert Meilen im Umkreis erschreckt, so bleibt man innerlich so gefaßt und ehrerbietig, daß man die Opferhandlung nicht unterbricht. Ein solcher tiefer, innerer Ernst, der alle äußeren Schrecken machtlos abprallen läßt, ist die Geistesverfassung, wie sie die Führer der Menschen und die Herrscher haben müssen.

Das Bild
Fortgesetzter Donner: das Bild des Erschütterns.
So macht der Edle unter Furcht und Zittern sein
Leben recht und erforscht sich selbst.

Der fortgesetzte Donner bringt durch seine Erschütterung Furcht und Zittern mit sich. So steht der Edle stets in Ehrfurcht vor dem Hervortreten Gottes und bringt sein Leben in Ordnung und erforscht sein Herz, ob nichts im geheimen dem Willen Gottes widerspricht. So ist die Ehrfurcht die Grundlage der wahrhaftigen Lebensbildung.

Die einzelnen Linien

- **Anfangs eine Neun bedeutet:**
  Das Erschüttern kommt: Hu, Hu!
  Darauf folgen lachende Worte: Ha, Ha!
  Heil!

Furcht und Zittern der Erschütterung kommt zuerst an einen, so daß man den andern gegenüber sich in Nachteil gestellt sieht. Aber das ist nur vorläufig. Wenn man durch das Gericht hindurch ist, so kommt die Erleichterung. Und so bringt gerade der Schrecken, in den man zunächst hinein muß, im ganzen betrachtet, Heil.

Sechs auf zweitem Platz bedeutet:
Das Erschüttern kommt mit Gefahr.
Hunderttausendfach verlierst du deine Schätze
und mußt auf die neun Hügel steigen.
Jage ihnen nicht nach.
Nach sieben Tagen bekommst du sie wieder.

Es ist eine Lage gezeichnet, da man durch eine Erschütterung in Gefahr gerät und große Verluste erleidet. Die Verhältnisse sind so, daß Widerstand der Richtung der Zeitbewegung entgegen ist und daher keinen Erfolg hat. Darum soll man sich einfach zurückziehen in Höhengebiete, die unzugänglich sind für die drohenden Gefahren. Die Verluste an Besitz muß man mit in Kauf nehmen und soll sich nicht übermäßig darum kümmern. Ohne daß man dem Besitz nachjagt, wird man ihn von selber wiederbekommen, wenn die Zeit vorüber ist, deren Erschütterungen den Besitz geraubt haben.

Sechs auf drittem Platz bedeutet:
Das Erschüttern kommt und macht fassungslos.
Wenn man infolge des Erschütterns handelt,
so bleibt man frei von Unglück.

Es gibt dreierlei Erschütterungen: die Erschütterung des Himmels, das ist der Donner, ferner die Erschütterung des Schicksals und schließlich die Erschütterung des Herzens.
Hier handelt es sich weniger um innere Erschütterung als um die Erschütterung des Schicksals. In solchen Erschütterungszeiten verliert man zu leicht die Besonnenheit, so daß man alle Möglichkeiten des Handelns verkennt und stumm dem Schicksal den Lauf läßt. Wenn man sich durch die Erschütterung des Schicksals zu innerer Bewegung bringen läßt, so wird man die äußeren Schicksalsschläge ohne große Mühe überwinden.

Neun auf viertem Platz bedeutet:
Das Erschüttern gerät in Schlamm.

Die innere Bewegung hängt in ihrem Erfolg zum Teil auch von den Umständen ab. Wenn die Umstände so sind, daß weder Widerstand vorhanden ist, der sich energisch bekämpfen ließe, noch die Dinge nachgeben, so daß ein Sieg errungen werden kann, sondern alles zäh und träge ist wie Schlamm, so wird die Bewegung gelähmt.

Sechs auf fünftem Platz bedeutet:
Das Erschüttern geht hin und her: Gefahr.
Aber man verliert durchaus nichts,
nur gibt es Geschäfte.

Es ist hier nicht nur eine einmalige Erschütterung, sondern eine wiederholte, die zwar keine Zeit zum Aufatmen läßt. Aber dennoch bringt die Erschütterung keinen Verlust, da man darauf bedacht ist, sich im Zentrum der Bewegung zu halten und dadurch von dem Schicksal befreit zu sein, wehrlos hin und her geworfen zu werden.

Oben eine Sechs bedeutet:
Die Erschütterung bringt Verfall und ängstliches Umherblicken.
Vorangehen bringt Unheil.
Wenn sie noch nicht den eignen Leib erreicht,
sondern erst den Nachbar erreicht hat,
so ist es kein Makel.
Die Genossen haben zu reden.

Die innere Erschütterung raubt einem die Besinnung und Klarheit des Blickes, wenn sie aufs höchste gestiegen ist. In einer solchen Erschütterung ist es natürlich nicht möglich, besonnen zu handeln. Da ist es das richtige, stillzuhalten, bis die Ruhe und Klarheit sich wiedergefunden hat.
Dazu ist man aber nur imstande, solange man selbst noch nicht von der Aufregung angesteckt ist, während man an der Umgebung schon die unheilvollen Wirkungen einer solchen Erregung beobachten kann. Zieht man sich nun rechtzeitig von der Handlung zurück, so bleibt man frei von Fehlern und Schaden. Aber die Genossen in ihrer Erregung, die sich nicht mehr warnen lassen, werden sicher mit einem unzufrieden sein. Allein darauf darf man keine Rücksicht nehmen.

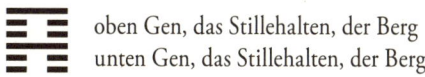

52. Gen – Das Stillehalten, der Berg

oben Gen, das Stillehalten, der Berg
unten Gen, das Stillehalten, der Berg

Das Bild des Zeichens ist der Berg, der jüngste Sohn von Himmel und Erde. Das Männliche ist oben, wohin es seiner Natur nach strebt, das Weibliche unten, wohin seine Bewegungsrichtung führt. So ist Ruhe vorhanden, da die Bewegung ihr normales Ende erreicht hat.
Auf den Menschen angewandt, ist das Problem gezeigt, die Ruhe des Herzens zu erlangen. Das Herz ist sehr schwer zur Ruhe zu bringen. Während der Buddhismus die Ruhe erstrebt durch Abklingen jeglicher Bewegung im Nirwana, ist der Standpunkt des Buchs der Wandlungen, daß Ruhe nur ein polarer Zustand ist, der als seine Ergänzung dauernd die Bewegung hat.
Vielleicht sind in den Worten des Textes Anweisungen zur Yogaübung enthalten.

Das Urteil
Stillehalten seines Rückens,
so daß er seinen Leib nicht mehr empfindet.
Er geht in seinen Hof und sieht nicht seine Menschen.
Kein Makel.

Die wahre Ruhe ist die, daß man stillehält, wenn die Zeit gekommen ist, stillezuhalten, und daß man vorangeht, wenn die Zeit gekommen ist voranzugehen. Auf diese Weise ist Ruhe und Bewegung in Übereinstimmung mit den Erfordernissen der Zeit, und dadurch gibt es Licht des Lebens.
Das Zeichen ist Ende und Anfang aller Bewegung. Der Rücken wird genannt, weil im Rücken alle Nervenstränge sich befinden, die die Bewegung vermitteln. Wenn man die Bewegung dieser Rückenmarksnerven zum Stillstand bringt, so verschwindet sozusagen das Ich in seiner Unruhe. Wenn nun der Mensch inner-

lich so ruhig geworden ist, dann mag er sich der Außenwelt zuwenden. Er sieht in ihr nicht mehr den Kampf und das Gewühl der Einzelwesen und hat deshalb die wahre Ruhe, wie sie nötig ist, um die großen Gesetze des Weltgeschehens zu verstehen und dementsprechend zu handeln. Wer aus dieser Tiefenlage heraus handelt, der macht keinen Fehler.

Das Bild
Zusammenstehende Berge: das Bild des Stillehaltens.
So geht der Edle mit seinen Gedanken nicht über seine Lage hinaus.

Das Herz denkt dauernd. Das läßt sich nicht ändern. Aber es sollen die Bewegungen des Herzens, d. h. die Gedanken, sich auf die gegenwärtige Lebenslage beschränken. Alles Darüberhinausdenken macht das Herz nur wund*.

Die einzelnen Linien

Anfangs eine Sechs bedeutet:
Stillehalten seiner Zehen.
Kein Makel. Fördernd ist dauernde Beharrlichkeit.

Das Ruhigbleiben der Zehen bedeutet ein Stehenbleiben, noch ehe man angefangen hat, sich zu bewegen. Der Anfang ist die Zeit, da man wenig Fehler macht. Man ist noch in Übereinstimmung mit der ursprünglichen Unschuld. Man sieht die Dinge intuitiv, wie sie sind, noch unbeeinflußt von der Verdunkelung durch Interessen und Begehrlichkeit. Wer anfangs stillsteht, solange er die Wahrheit noch nicht verlassen hat, der findet das richtige. Nur ist dauernde Festigkeit nötig, damit man nicht in ein willenloses Sichtreibenlassen hineingerät.

Sechs auf zweitem Platz bedeutet:
Stillehalten seiner Waden.
Er kann den nicht retten, dem er folgt.
Sein Herz ist nicht froh.

---

* Vgl. Goethe: »Sehnsucht ins Ferne, Künftige zu beschwichtigen,
Beschäftige dich hier und heut im Tüchtigen.«

Das Bein kann sich nicht selbständig bewegen, sondern ist in seiner Bewegung abhängig von der Bewegung des Leibes. Wenn der Leib in starker Bewegung ist und das Bein wird plötzlich angehalten, so führt die weitergehende Bewegung des Leibes dazu, daß der Mensch fällt.
So ist es auch mit einem Menschen, der sich im Gefolge einer stärkeren Persönlichkeit befindet. Er wird mitgerissen. Selbst wenn er auf der Bahn des Unrechts einhält, so kann er doch den andern in seiner starken Bewegung nicht mehr aufhalten. Wo der Herr vorwärts drängt, kann ihn der Diener, auch wenn er es noch so gut meint, nicht retten.

Neun auf drittem Platz bedeutet:
Stillehalten seiner Hüften.
Steifmachen seines Kreuzbeins.
Gefährlich. Das Herz erstickt.

Es handelt sich hier um erzwungene Ruhe. Das Herz, das in der Unruhe ist, soll gewaltsam gebändigt werden. Aber das Feuer, das gewaltsam zurückgedrängt wird, wandelt sich zu beißendem Rauch, der erstickend sich ausbreitet.
Bei Meditations- und Konzentrationsübungen darf man daher nicht gewaltsam vorgehen. Sondern die Ruhe muß sich ganz natürlich aus einem Zustand innerer Sammlung heraus entwickeln. Wenn gewaltsam durch künstliches Steifhalten die Ruhe erzwungen werden soll, so wird die Meditation zu großen Unzuträglichkeiten führen.

Sechs auf viertem Platz bedeutet:
Stillehalten seines Rumpfes.
Kein Makel.

Ruhighalten des Rückens, wie es in den Worten zum Gesamtzeichen erwähnt ist, bedeutet, daß man das Ich vergißt. Das ist die höchste Stufe der Ruhe. Hier ist diese Stufe der Ruhe noch nicht erreicht. Man vermag es zwar schon, das Ich mit seinen Gedanken und Regungen stillezuhalten. Aber man wird doch noch nicht ganz frei davon. Immerhin ist das Stillehalten des Herzens eine wichtige Funktion, die mit der Zeit zum völligen Ausschalten der egoistischen Triebe führt. Wenn man auch noch nicht von allen Gefahren des Zweifels und der

Unruhe frei bleibt so ist dennoch diese Gemütshaltung, da sie auf dem Weg zu jener andern, höheren liegt, kein Fehler.

Sechs auf fünftem Platz bedeutet:
Stillehalten seiner Kinnlade.
Die Worte haben Ordnung.
Die Reue schwindet.

In gefährlicher Lage, namentlich, solange man der Lage nicht gewachsen ist, ist man sehr leicht mit Reden und vorlauten Scherzen bei der Hand. Aber durch unvorsichtiges Reden kommt man leicht in Situationen, da man nachher manches zu bereuen hat. Allein, wenn man sich im Reden zurückhält, so bekommen die Worte immer mehr eine feste Gestalt, und dann verschwindet jeder Anlaß zur Reue.

- **Oben eine Neun bedeutet:**
  Großzügiges Stillehalten. Heil!

Hier ist die Vollendung der Bemühung zur Ruhe gegeben. Man ist ruhig nicht in kleinlich abgezirkelter Weise im einzelnen, sondern eine allgemeine Resignation im ganzen gibt Ruhe und Heil für alles Einzelne.

53. Dsiën – Die Entwicklung (allmählicher Fortschritt)

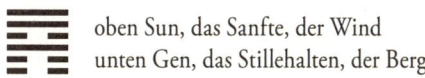

oben Sun, das Sanfte, der Wind
unten Gen, das Stillehalten, der Berg

Das Zeichen besteht aus Sun (Holz, Eindringen) oben bzw. außen und Gen (Berg, Stille) unten bzw. innen. Ein Baum auf dem Berg entwickelt sich langsam und ordnungsgemäß, infolge davon steht er festgewurzelt. Dadurch ergibt sich der Gedanke der Entwicklung, die Schritt für Schritt allmählich weitergeht. Auch die Eigenschaften der Figuren deuten darauf hin: Innen ist Ruhe, die vor Unbesonnenheiten schützt, und außen Eindringen, das die Entwicklung, den Fortschritt ermöglicht.

Das Urteil
Die Entwicklung. Das Mädchen wird verheiratet. Heil!
Fördernd ist Beharrlichkeit.

Zögernd ist die Entwicklung, die dazu führt, daß das Mädchen dem Mann in sein Heim folgt. Es müssen die verschiedenen Formalitäten erledigt werden, ehe die Heirat zustande kommt. Diese allmähliche Entwicklung kann auch auf andere Verhältnisse übertragen werden, immer wenn es sich um korrekte Beziehungen der Zusammenarbeit handelt, z. B. bei Anstellung eines Beamten. Da muß eine korrekte Entwicklung abgewartet werden. Ein überstürztes Vorgehen wäre nicht gut. Ebenso ist es schließlich, wo man Einfluß auf andere ausüben will. Auch da handelt es sich um einen korrekten Weg der Entwicklung durch die Kultur der eigenen Persönlichkeit. Aller agitatorische Einfluß wirkt nicht auf die Dauer.
Auch im Innern muß die Entwicklung denselben Weg nehmen, wenn dauernde Resultate erreicht werden sollen.

Das Sanfte, sich Anpassende, aber doch auch Eindringende ist das Äußere, das aus innerer Ruhe hervorgehen muß.
Gerade das Allmähliche der Entwicklung macht es notwendig, daß Beständigkeit vorhanden ist. Denn nur die Beständigkeit bewirkt, daß der langsame Fortschritt doch nicht im Sande verläuft.

Das Bild
Auf dem Berg ist ein Baum: das Bild der Entwicklung.
So weilt der Edle in würdiger Tugend, um die Sitten zu bessern.

Der Baum auf dem Berg ist weithin sichtbar, und seine Entwicklung ist von Einfluß auf das Landschaftsbild der ganzen Gegend. Er schießt nicht empor wie die Sumpfgewächse, sondern sein Wachstum geht allmählich vor sich. Die Wirkung auf die Menschen kann auch nur allmählich sein. Keine plötzliche Beeinflussung oder Erweckung ist nachhaltig. Ganz allmählich muß der Fortschritt sein. Und um diesen Fortschritt in der öffentlichen Meinung, den öffentlichen Sitten zu erreichen, ist es nötig, daß die Persönlichkeit Einfluß und Schwerkraft bekommt. Dies geschieht durch sorgfältige und dauernde Arbeit an der eigenen moralischen Entwicklung.

Die einzelnen Linien

Anfangs eine Sechs bedeutet:
Die Wildgans zieht allmählich dem Ufer zu.
Der junge Sohn ist in Gefahr.
Es gibt Gerede. Kein Makel.

Die einzelnen Linien haben alle den allmählichen Zug der Wildgans zum Bild. Die Wildgans ist das Symbol der ehelichen Treue. Es heißt von ihr, daß sie nach dem Tod des Gatten sich nicht mit anderen vereinigt.
Die erste Linie zeigt die erste Station auf dem Zug der Wasservögel vom Wasser zur Höhe. Das Ufer wird erreicht. Die Lage ist die eines einsamen jungen Menschen, der anfangen will, sich im Leben durchzusetzen. Weil er niemand hat, der ihm entgegenkommt, sind seine ersten Schritte langsam und zögernd, und er ist von Gefahr umgeben. Natürlich wird er vielfach kritisiert. Aber gerade die Schwierigkeiten machen, daß er sich nicht übereilt und sein Fortschritt gelingt.

- **Sechs auf zweitem Platz bedeutet:**
  Die Wildgans zieht allmählich dem Felsen zu.
  Essen und Trinken in Frieden und Eintracht. Heil!

Der Fels ist ein sicherer Platz am Ufer. Die Entwicklung ist einen Schritt weiter. Man ist über die anfängliche Unsicherheit hinaus und hat eine gesicherte Lebensstellung gefunden, durch die man einen auskömmlichen Lebensunterhalt hat. Dieser erste Erfolg, der die Bahn der Möglichkeit des Wirkens eröffnet, gibt der Stimmung eine gewisse Fröhlichkeit, und beruhigt schreitet man der Zukunft zu.

Von der Wildgans heißt es, daß sie ihre Genossen herbeiruft, wenn sie Futter findet; das ist das Bild des Friedens und der Eintracht im Glück. Man will sein Glück nicht für sich allein haben, sondern ist bereit, es mit andern teilen.

Neun auf drittem Platz bedeutet:
Die Wildgans zieht allmählich der Hochebene zu.
Der Mann zieht aus und kehrt nicht wieder.
Die Frau trägt ein Kind, aber bringt es nicht zur Welt.
Unheil!
Fördernd ist es, Räuber abzuwehren.

Die trockene Hochebene ist nicht für die Wildgans. Zieht sie dorthin, so hat sie ihren Weg verloren und ist zu weit gegangen. Das widerspricht dem Gesetz der Entwicklung.

So geht es auch im Menschenleben. Wenn man nicht die Dinge sich ruhig entwickeln läßt, sondern von sich aus sich voreilig in den Kampf stürzt, so bringt das Unheil. Das eigene Leben schlägt man in die Schanze, und die Familie geht darüber zugrunde. Aber das ist keineswegs notwendig, sondern nur die Folge davon, daß man das Gesetz der natürlichen Entwicklung übertritt. Wenn man nicht von sich aus den Kampf aufsucht, sondern sich darauf beschränkt, seinen Platz kraftvoll zu behaupten und unberechtigte Angriffe abzuwehren, so geht alles gut.

Sechs auf viertem Platz bedeutet:
Die Wildgans zieht allmählich dem Baum zu.
Vielleicht bekommt sie einen flachen Ast. Kein Makel.

Der Baum ist kein Platz, der für eine Wildgans geeignet ist. Aber wenn sie klug ist, findet sie einen flachen Ast, auf dem sie stehen kann. Im Leben kommt man im Lauf der Entwicklung auch oft in Situationen, die einem nicht entsprechen, in denen man sich schwer ohne Gefahr behaupten kann. Da ist es wichtig, daß man klug und nachgiebig ist. Dann kann man mitten in der Gefahr einen sicheren Platz ausfindig machen, an dem sich leben läßt.

- **Neun auf fünftem Platz bedeutet:**
  Die Wildgans zieht allmählich dem Gipfel zu.
  Die Frau bekommt drei Jahre lang kein Kind.
  Endlich kann sie nichts verhindern. Heil!

Der Gipfel ist ein hoher Platz. Auf hoher Stelle gerät man leicht in Vereinsamung. Man wird verkannt von dem, auf den man angewiesen ist: die Frau von ihrem Mann, der Beamte von seinem Herrn. Die Ursache davon sind falsche Menschen, die sich dazwischengedrängt haben. Die Folge ist, daß die Beziehungen steril bleiben und nichts geleistet wird. Aber die Entwicklung bringt es mit sich, daß solche Mißverständnisse sich lösen und die Vereinigung schließlich doch zustande kommt.

   Oben eine Neun bedeutet:
   Die Wildgans zieht allmählich den Wolkenhöhen zu.
   Ihre Federn können zum heiligen Tanz verwendet werden.
   Heil!

Hier ist das Leben abgeschlossen. Das Werk liegt vollendet da. Hoch erhebt sich seine Bahn in den Himmel, wie der Flug der Wildgänse, wenn sie jeden irdischen Boden verlassen haben. Da fliegen sie hin und halten die Ordnung ihres Fluges ein, Figuren strenger Linien bildend.
Und wenn ihre Federn herunterfallen, so können sie zum Schmuck bei den heiligen Tempeltanzpantomimen verwendet werden.
So ist das Leben eines vollendeten Menschen ein helles Licht für die Menschen der Erde, die zu ihm als Vorbild aufsehen.

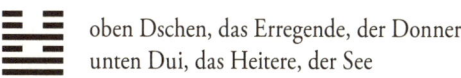

54. Gui Me – Das heiratende Mädchen

oben Dschen, das Erregende, der Donner
unten Dui, das Heitere, der See

Oben ist Dschen, der älteste Sohn, unten Dui, die jüngste Tochter. Der Mann geht voran, das Mädchen folgt ihm erfreut. Es wird der Eintritt des Mädchens in das Haus des Mannes geschildert. Es gibt im ganzen vier Zeichen, die die Beziehungen zwischen Gatten schildern. Nr. 31, Hiën, »allseitiger Einfluß«, schildert die Anziehung, die ein junges Paar aufeinander ausübt. Nr. 32, Hong, »die Dauer«, schildert die dauernden Verhältnisse der Ehe. Nr. 53, Dsiën, »Die Entwicklung«, schildert die zögernden und zeremoniellen Vorgänge beim Abschluß einer korrekten Ehe. Gui Me, »Die Heirat des Mädchens«, schließlich zeigt einen älteren Mann, dem ein junges Mädchen zur Ehe folgt.
Bemerkung: In China herrscht formell die Einehe. Jeder Mann hat nur eine offizielle Frau. Diese Verbindung, die weniger die beiden Beteiligten als die Familien angeht, wird unter strenger Beobachtung der Formen geschlossen. Doch behält der Mann das Recht, auch den zarteren Neigungen persönlicher Art Gehör zu schenken. Ja, es ist die schönste Pflicht einer guten Frau, ihm darin behilflich zu sein. Auf diese Weise wird das Verhältnis ein schönes und offenes. Das Mädchen, das nach der Wahl des Mannes in die Familie eintritt, ordnet sich der Hausfrau bescheiden unter als jüngere Schwester. Selbstverständlich handelt es sich hier um sehr heikle und zarte Fragen, die viel Takt auf jeder Seite erfordern. Doch wenn die Umstände günstig sind, findet sich hier die Lösung eines Problems, die der europäischen Kultur nicht gelungen ist. Selbstverständlich entspricht die Weiblichkeit in China so wenig dem Ideal, wie die Ehen in Europa durchschnittlich im Einklang mit den europäischen Eheidealen sind.

Das Urteil
Das heiratende Mädchen.

Unternehmungen bringen Unheil.
Nichts, das fördernd wäre.

Ein Mädchen, das in die Familie aufgenommen ist, ohne Hauptfrau zu sein, muß sich besonders vorsichtig und zurückhaltend benehmen. Es darf sich nicht von sich aus aufmachen, um die Hausfrau zu verdrängen, denn das würde Unordnung bedeuten, und man käme dadurch in unhaltbare Verhältnisse.
Das bezieht sich auf alle freien Verhältnisse unter Menschen. Während die rechtlich geordneten Verhältnisse einen festen Zusammenhang von Pflichten und Rechten aufweisen, beruhen die Neigungsverhältnisse der Menschen in ihrer Dauer rein auf taktvoller Zurückhaltung.
Diese Neigung als Prinzip der Beziehungen ist von größter Bedeutung in allen Verhältnissen der Welt, denn aus der Vereinigung von Himmel und Erde kommt der Bestand der ganzen Natur, und ebenso ist unter den Menschen die freie Neigung als Prinzip der Vereinigung Anfang und Ende.

Das Bild
Oberhalb des Sees ist der Donner:
das Bild des heiratenden Mädchens.

So erkennt der Edle durch die Ewigkeit des Endes das Vergängliche.
Der Donner erregt das Wasser des Sees, das ihm in schimmernden Wellen folgt. Das ist das Bild des Mädchens, das dem Mann seiner Wahl folgt. Allein jede Verbindung von Menschen untereinander schließt die Gefahr in sich, daß sich Verirrungen einschleichen, die zu endlosen Mißverständnissen und Unzuträglichkeiten führen. Darum gilt es, das Ende dauernd in Betracht zu ziehen. Wenn man sich treiben läßt, kommt man zusammen und geht wieder auseinander, wie es der Tag fügt. Wenn man dagegen ein dauerhaftes Ende ins Auge faßt, so wird es einem gelingen, die Klippen zu umgehen, die näheren Beziehungen der Menschen untereinander entgegenstehen.

Die einzelnen Linien

Anfangs eine Neun bedeutet:
Das heiratende Mädchen als Nebenfrau.

Ein Lahmer, der auftreten kann.
Unternehmungen bringen Heil.

Die Fürsten des Altertums hatten eine feste Rangordnung unter den Palastdamen, die der Königin unterstellt waren wie die jüngeren Schwestern der ältesten. Sie waren auch vielfach aus der Familie der Königin, die sie selbst ihrem Gatten zuführte.

Der Sinn ist der, daß ein junges Mädchen, wenn sie im Einverständnis mit der Ehefrau in eine Familie eintritt, dieser nach außen hin nicht gleichsteht, sondern bescheiden zurücktreten wird. Aber wenn sie es versteht, sich in den Zusammenhang einzufügen, so bekommt sie eine Stellung, die durchaus befriedigend ist, und sie wird sich geborgen fühlen in der Liebe des Gatten, dem sie Kinder bringt.

Dieselbe Bedeutung ergibt sich in den Beziehungen von Beamten. Ein Fürst hat vielleicht einen Mann, mit dem er persönlich befreundet ist und den er in sein Vertrauen zieht. Dieser Mann muß taktvollerweise nach außen hin zurücktreten hinter den offiziellen Staatsminister. Aber obwohl er durch diese Stellung gehindert ist wie ein Lahmer, kann er doch etwas ausrichten durch die Güte seines Wesens.

Neun auf zweitem Platz bedeutet:
Ein Einäugiger, der sehen kann.
Fördernd ist die Beharrlichkeit eines einsamen Menschen.

Die Lage ist hier so, daß das Mädchen sich mit einem Mann verbunden hat, der sie enttäuscht. Mann und Frau sollen zusammenwirken wie die beiden Augen. Hier ist das Mädchen einsam zurückgeblieben. Der Mann ihrer Wahl ist entweder untreu geworden oder gestorben. Aber sie verliert das innere Licht der Treue nicht. Ob auch das andere Auge erloschen ist, sie hält die Treue fest auch in der Einsamkeit.

▪ **Sechs auf drittem Platz bedeutet:**
Das heiratende Mädchen als Sklavin.
Sie heiratet als Nebenfrau.

Ein Mädchen, das sich in geringer Stellung befindet und keinen Mann bekommt, kann als Nebenfrau unter Umständen noch unterkommen.
Die Situation ist die, daß man allzusehr nach Freuden begehrt, die man auf normalem Weg nicht erlangen kann. So gibt man sich in eine Lage hinein, die mit der eigenen Würde sich nicht ganz verträgt. Es wird weder ein Urteil noch eine Warnung beigefügt, sondern einfach die Situation als solche aufgedeckt, so daß sich jeder selbst die Lehre daraus ziehen kann.

Neun auf viertem Platz bedeutet:
Das heiratende Mädchen verzögert die Frist.
Eine späte Heirat kommt zu ihrer Zeit.

Das Mädchen ist sehr gut, will sich nicht wegwerfen und versäumt darüber die übliche Zeit der Ehe. Das schadet aber nichts. Sie wird für ihre Reinheit belohnt und findet schließlich, wenn auch spät, doch noch den für sie bestimmten Gatten.

• Sechs auf fünftem Platz bedeutet:
Der Herrscher I verheiratet seine Tochter.
Da waren die gestickten Kleider der Fürstin nicht so
prächtig wie die Kleider der Dienerin.
Der Mond, der fast voll ist, bringt Heil.

Der Herrscher I ist Tang, der Vollender. Er hat ein Gesetz erlassen, daß die kaiserlichen Prinzessinnen in der Ehe ebenfalls ihren Männern untertan sein müssen (vgl. Nr. 11, Strich 5). Der Kaiser wartet nicht auf Werbung, sondern gibt seine Tochter nach freiem Ermessen in die Ehe. Darum ist die Initiative auf Seiten der Familie des Mädchens hier in der Ordnung.
Wir sehen hier ein Mädchen vornehmer Abkunft, die in bescheidene Verhältnisse heiratet und sich mit Anmut der neuen Lage anzupassen versteht. Sie ist frei von aller Eitelkeit äußeren Schmuckes, vergißt ihren Rang in der Ehe und stellt sich unter ihren Gatten, wie der Mond, der noch nicht ganz voll ist, der Sonne nicht direkt gegenübertritt.

▪ Oben eine Sechs bedeutet:
Die Frau hält den Korb, aber es sind keine Früchte darin.

Der Mann sticht das Schaf, aber es fließt kein Blut.
Nichts, das fördernd wäre.

Beim Opfer für die Ahnen mußte die Frau die Früchte in einem Korb darbringen, der Mann persönlich das Opfertier schlachten. Hier werden die Formen nur oberflächlich erfüllt. Die Frau nimmt einen leeren Korb, der Mann sticht ein schon vorher geschlachtetes Schaf, nur eben um die Form zu wahren. Aber diese unfromme, frivole Gesinnung verheißt kein Glück für die Ehe.

55. Fong – Die Fülle

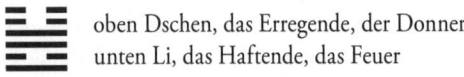   oben Dschen, das Erregende, der Donner
unten Li, das Haftende, das Feuer

Dschen ist die Bewegung, Li die Flamme, deren Eigenschaft die Klarheit ist. Im Innern Klarheit, nach außen Bewegung, das gibt Größe und Fülle. Es ist eine Zeit hoher Kultur, die durch das Zeichen dargestellt wird. Allerdings liegt in dem Umstand, daß es sich um ein Höchstes handelt, auch der Gedanke schon angedeutet, daß dieser außerordentliche Zustand der Fülle sich nicht dauernd wird halten lassen.

Das Urteil
Die Fülle hat Gelingen.
Der König erreicht sie.
Sei nicht traurig; du mußt sein wie die Sonne am Mittag.

Eine Zeit höchster Größe und Fülle herbeizuführen ist nicht jedem Sterblichen beschieden. Es muß ein geborener Herrscher über die Menschen sein, der so etwas vermag, weil sein Wille auf das Große gerichtet ist. Die Zeit einer solchen Fülle ist meist kurz. Ein Weiser könnte daher angesichts des folgenden Niedergangs wohl traurig werden. Doch ziemt sich solche Trauer nicht für ihn. Nur ein Mann, der innerlich frei von Sorge und Kummer ist, kann eine Zeit der Fülle heraufführen. Er muß sein wie die Sonne am Mittag, die alles unter dem Himmel erleuchtet und erfreut.

Das Bild
Donner und Blitz kommen beide: das Bild der Fülle.
So entscheidet der Edle die Prozesse und führt die Strafen aus.

Das Zeichen hat eine gewisse Beziehung zu dem Zeichen »Das Durchbeißen«, Nr. 21, wo ebenfalls Donner und Blitz beisammen sind, aber in umgekehrter

Reihenfolge. Während dort die Gesetze festgelegt werden, werden sie hier ausgeführt und angewandt. Innen die Klarheit ermöglicht eine genaue Prüfung des Sachverhalts, und außen die Erschütterung sorgt für strenge und präzise Durchführung der Strafen.

Die einzelnen Linien

Anfangs eine Neun bedeutet:
Wenn man seinem bestimmten Herrn begegnet,
so mag man zehn Tage beisammen sein,
und es ist kein Fehler.
Hingehen findet Anerkennung.

Um eine Zeit der Fülle herbeizuführen, bedarf es der Vereinigung von Klarheit und energischer Bewegung. Wo diese beiden Eigenschaften in zwei Menschen sich finden, da passen diese Menschen zueinander, und auch wenn sie zur Zeit der Fülle einen vollen Kreislauf beisammen sind, ist es nicht zu lange und kein Fehler. Darum mag man hingehen, um zu wirken; es wird Anerkennung finden.

Sechs auf zweitem Platz bedeutet:
Der Vorhang ist von solcher Fülle,
daß man am Mittag die Polsterne sieht.
Durch Hingehen erreicht man Mißtrauen und Haß.
Wenn man durch Wahrheit ihn erweckt, kommt Heil.

Oft kommt es vor, daß sich zwischen den Herrscher, der das Große will, und den Mann, der das Große ausführen könnte, Intrigen und Parteiränke eindrängen, die verfinsternd wirken wie eine Sonnenfinsternis. Dann sieht man statt der Sonne die Nordsterne am Himmel. Der Herr wird in den Schatten gedrängt durch eine Partei, die die Herrschaft an sich gerissen hat. Wollte man in solcher Zeit etwas Energisches unternehmen, so würde man nur auf Mißtrauen und Neid stoßen, die alle Bewegung unmöglich machen würden. Da gilt es dann, innerlich in der Macht der Wahrheit zu stehen, die schließlich so stark ist, daß sie im Unsichtbaren auf den Herrscher wirkt, so daß alles gutgeht.

Neun auf drittem Platz bedeutet:
Das Gestrüpp ist von solcher Fülle,
daß man am Mittag die kleinen Sterne sieht.
Er bricht seinen rechten Arm. Kein Makel.

Hier wird als Bild die fortschreitende Bedeckung der Sonne geschildert. An diesem Punkt ist die Totalität erreicht, darum sieht man am Mittag selbst die kleinen Sterne.
Auf gesellschaftliche Verhältnisse übertragen, ist hier der Fürst so verfinstert, daß auch die unbedeutendsten Menschen sich hervordrängen können. Da ist es für einen tüchtigen Mann, der die rechte Hand des Herrschers sein könnte, unmöglich, etwas zu unternehmen. Es ist, als wäre die Hand gebrochen. Aber es ist nicht seine Schuld, daß er auf diese Weise am Handeln verhindert ist.

Neun auf viertem Platz bedeutet:
Der Vorhang ist von solcher Fülle,
daß man am Mittag die Polsterne sieht.
Er begegnet seinem gleichen Herrn. Heil!

Hier ist die Finsternis schon im Abnehmen, darum findet sich das einander Entsprechende zusammen. Auch hier muß die Ergänzung gefunden werden: zur Handelsfreudigkeit die nötige Weisheit. Dann wird alles gutgehen. Es ist hier die umgekehrte Ergänzung in Betracht gezogen wie beim ersten Strich. Dort sollte die Weisheit durch Energie ergänzt werden, hier die Energie durch Weisheit.

- **Sechs auf fünftem Platz bedeutet:**
  Es kommen Linien, es naht Segen und Ruhm. Heil!

Der herrschende Mann ist bescheiden, so daß er für Rat der Tüchtigen zugänglich ist. So kommen Männer in seine Umgebung, die ihm die Richtlinien des Handelns nahebringen. Dadurch kommt Segen, Ruhm und Heil für ihn und alles Volk.

Oben eine Sechs bedeutet:
Sein Haus ist in Fülle.

Er verdeckt seine Sippe.
Er späht durch das Tor und bemerkt niemand mehr.
Drei Jahre lang sieht er nichts. Unheil!

Es ist hier ein Mann gezeichnet, der durch seinen Hochmut und Eigenwillen das Gegenteil erreicht von dem, was er erstrebt. Er sucht Fülle und Pracht für seine Wohnung. Er will unbedingt Herr sein in seinem Haus. Aber dadurch entfremdet er sich seine Familie, so daß er schließlich ganz vereinsamt dasteht.

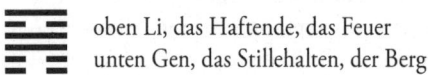

56. Lü – Der Wanderer

```
▄▄ ▄▄
▄▄▄▄▄
▄▄▄▄▄    oben Li, das Haftende, das Feuer
▄▄ ▄▄    unten Gen, das Stillehalten, der Berg
▄▄ ▄▄
▄▄▄▄▄
```

Der Berg (Gen) steht still, oben das Feuer (Li) flammt auf und verweilt nicht. Darum bleiben sie nicht beisammen. Fremde, Trennung ist das Los des Wanderers.

Das Urteil
Der Wanderer. Durch Kleinheit Gelingen.
Dem Wanderer ist Beharrlichkeit von Heil.

Als Wanderer und Fremdling darf man nicht schroff sein und hoch hinaus wollen. Man hat keinen großen Bekanntenkreis, darum darf man sich nicht brüsten. Man muß vorsichtig und zurückhaltend sein, so schützt man sich vor Übel. Wenn man gegen die andern zuvorkommend ist, so erringt man Erfolge. Der Wanderer hat keine feste Stätte, die Straße ist seine Heimat. Darum muß er dafür sorgen, daß er innerlich recht und fest ist, daß er nur an guten Orten verweilt und nur mit guten Menschen verkehrt. Dann hat er Heil und kann unangefochten seine Straße ziehen.

Das Bild
Auf dem Berg ist Feuer: das Bild des Wanderers.
So ist der Edle klar und vorsichtig in der Anwendung von
Strafen und verschleppt keine Streitigkeiten.

Wenn das Gras auf dem Berg abbrennt, so gibt es einen hellen Schein. Aber das Feuer verweilt nicht, sondern wandert der neuen Nahrung nach. Es ist nur eine rasch vorübergehende Erscheinung. So soll es auch mit Strafen und Prozessen sein. Sie müssen eine rasch vorübergehende Erscheinung sein und dürfen sich nicht verschleppen. Die Gefängnisse müssen etwas sein, das die Leute nur vorübergehend, wie Gäste, aufnimmt. Sie dürfen nicht zu Wohnräumen der Menschen werden.

Die einzelnen Linien

Anfangs eine Sechs bedeutet:
Wenn der Wanderer sich mit kleinlichen Dingen abgibt,
so zieht er sich dadurch Unglück zu.

Ein Wanderer darf sich nicht entwürdigen und sich mit gemeinen Dingen am Weg abgeben. Gerade je niedriger und wehrloser seine Stellung nach außen hin ist, desto mehr muß er innerlich seine Würde wahren. Denn wenn ein Fremder denkt, dadurch freundliche Aufnahme zu finden, daß er sich zu Scherzen und Lächerlichkeiten hergibt, so irrt er sich. Die Folgen sind nur Verachtung und beleidigende Behandlung.

Sechs auf zweitem Platz bedeutet:
Der Wanderer kommt zur Herberge.
Er hat seinen Besitz bei sich.
Er erlangt eines jungen Dieners Beharrlichkeit.

Der Wanderer, der hier gezeichnet wird, ist bescheiden und zurückhaltend. Innerlich verliert er sich nicht selbst, darum findet er einen Ruheort. Nach außen hin verliert er nicht die Zuneigung der Menschen, darum fördern ihn alle, so daß er Besitz erwerben kann. Außerdem findet sich ein treuer und zuverlässiger Diener bei ihm ein, wie er für den Wanderer von unschätzbarem Wert ist.

Neun auf drittem Platz bedeutet:
Dem Wanderer verbrennt seine Herberge.
Er verliert die Beharrlichkeit seines jungen Dieners.
Gefahr.

Ein gewalttätiger Fremder weiß sich nicht zu benehmen. Er mischt sich in Angelegenheiten und Streitigkeiten, die ihn nichts angehen. Dadurch verliert er seinen Ruheplatz. Er behandelt seinen Diener fremd und hochfahrend. Dadurch verliert er dessen Treue. Wenn man als Fremder niemand mehr hat, auf den man sich verlassen kann, so ist das sehr gefährlich.

Neun auf viertem Platz bedeutet:
Der Wanderer ruht an einem Unterkunftsort.
Er erlangt seinen Besitz und eine Axt.
Mein Herz ist nicht froh.

Hier ist ein Wanderer gezeichnet, der sich äußerlich zu bescheiden versteht, obwohl er innerlich stark und vorwärtsdringend ist. Darum findet er wenigstens einen Unterkunftsort, an dem er weilen kann. Auch gelingt es ihm, Besitz zu erwerben. Aber er ist mit seinem Besitz nicht in Sicherheit. Er muß stets auf der Hut sein, bereit, sich mit bewaffneter Hand zu verteidigen. Darum fühlt er sich nicht wohl. Es kommt ihm dauernd zum Bewußtsein, daß er ein Fremder ist in einem fremdem Land.

- **Sechs auf fünftem Platz bedeutet:**
    Er schießt einen Fasan, auf den ersten Pfeil fällt er.
    Schließlich kommt dadurch Lob und Amt.

Die Staatsmänner auf Reisen pflegten sich bei den Fürsten durch das Geschenk eines Fasans einzuführen. Der Wanderer will hier in Fürstendienste treten. Er schießt zu diesem Zweck einen Fasan, den er beim ersten Schuß erlegt. So findet er Freunde, die ihn loben und empfehlen, und wird schließlich von dem Fürsten angenommen, der ihm ein Amt verleiht.
Oft kommen Verhältnisse vor, die einen veranlassen, in der Fremde seine Heimat zu suchen. Wenn man es versteht, die Lage zu treffen und sich in der rechten Weise einzuführen, so mag man einen Freundeskreis und Wirkungskreis auch in der Fremde finden.

Oben eine Neun bedeutet:
Dem Vogel verbrennt sein Nest.
Der Wanderer lacht erst,
dann muß er klagen und weinen.
Er verliert die Kuh im Leichtsinn. Unheil!

Das Bild des Vogels, dem sein Nest verbrennt, zeigt den Verlust des Ruheorts. Wenn der Vogel beim Bau seines Nestes leichtsinnig und unvorsichtig war, so kann ihm dieses Unglück begegnen. So auch dem Wanderer. Wenn er sich gehen läßt in Scherz und Lachen und nicht mehr daran denkt, daß er ein Wanderer ist, so wird er später zu weinen und zu klagen haben. Denn wenn man im Leichtsinn seine Kuh, das ist seine bescheidene Anpassungsfähigkeit, verliert, so ist das vom Übel.

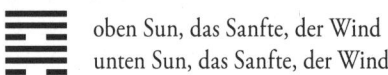

57. Sun – Das Sanfte
(das Eindringliche, der Wind)

oben Sun, das Sanfte, der Wind
unten Sun, das Sanfte, der Wind

Sun ist eines der acht Doppelzeichen. Es ist die älteste Tochter, hat als Bild den Wind oder das Holz, als Eigenschaft die Sanftheit, die jedoch eindringt wie der Wind oder das Holz mit seinen Wurzeln.

Das Dunkle, das an sich starr und unbeweglich ist, wird aufgelöst durch das eindringende lichte Prinzip, dem es sich unterordnet in Sanftheit. In der Natur ist es der Wind, der die angehäuften Wolken auseinandertreibt und heitere Himmelsklarheit schafft. Im Menschenleben ist es die durchdringende Klarheit des Urteils, die alle dunklen Hintergedanken zunichte macht. Im Leben der Gemeinschaft ist es der mächtige Einfluß einer bedeutenden Persönlichkeit, die alle lichtscheuen Machenschaften aufdeckt und auseinandertreibt.

Das Urteil
Das Sanfte. Durch Kleines Gelingen.
Fördernd ist es, zu haben, wohin man geht.
Fördernd ist es, den großen Mann zu sehen.

Eindringlichkeit erzeugt allmähliche und unscheinbare Wirkungen. Es soll nicht durch Vergewaltigung gewirkt werden, sondern durch ununterbrochene Beeinflussung. Diese Wirkungen sind weniger in die Augen fallend als die durch Überrumpelung gewonnenen, aber sie sind nachhaltiger und völliger. Damit man auf diese Weise wirken kann, muß man ein klares Ziel haben; denn nur dadurch, daß die eindringliche Beeinflussung immer in derselben Richtung wirkt, wird etwas erreicht.

Das Kleine kann nur dann etwas erreichen, wenn es sich einem bedeutenden Mann unterordnet, der die Fähigkeit besitzt, Ordnung zu schaffen.

Das Bild
Einander folgende Winde:
das Bild des sanft Eindringenden.
So verbreitet der Edle seine Gebote
und wirkt seine Geschäfte.

Das Eindringliche des Windes beruht auf seiner Unaufhörlichkeit. Dadurch wird er so machtvoll. Er nimmt die Zeit als Mittel zur Wirkung. So muß auch der Gedanke des Herrschers in die Volksseele eindringen. Auch dazu ist eine dauernde Einwirkung durch Aufklärung vonnöten. Erst wenn das Gebot in die Volksseele übergegangen ist, ist ein darauf bezügliches Handeln möglich. Unvorbereitetes Handeln schreckt nur zurück und wirkt abstoßend.

Die einzelnen Linien

- **Anfangs eine Sechs bedeutet:**
  Beim Vorgehen und Rückweichen
  ist fördernd die Beharrlichkeit eines Kriegers.

Das sanfte Wesen geht oft bis zur Unentschlossenheit. Man fühlt nicht die Kraft, entschlossen fortzuschreiten. Tausend Bedenken erheben sich, aber man hat auch nicht Lust, sich zurückzuziehen, sondern treibt unentschlossen hin und her. In solchem Fall ist eine militärische Entschlossenheit das richtige, daß man entschieden das tut, was die Ordnung erfordert. Entschlossene Disziplin ist weit besser als unentschlossene Zuchtlosigkeit.

Neun auf zweitem Platz bedeutet:
Eindringen unter das Bett.
Man benützt Priester und Magier in großer Zahl.
Heil! Kein Makel.

Zuweilen hat man es mit verborgenen Feinden zu tun, ungreifbaren Einflüssen, die sich in die dunkelsten Winkel verkriechen und von dort aus die Leute suggestiv beeinflussen. In solchen Fällen ist es nötig, diesen Dingen bis in die geheimsten Winkel nachzuspüren, um festzustellen, um was für Einflüsse es sich handelt – dies ist die Aufgabe der Priester, und sie zu beseitigen – dies ist die

Aufgabe der Magier. Gerade das Anonyme solcher Umtriebe erfordert besonders unermüdliche Energie, die sich aber belohnt macht. Denn wenn solche unkontrollierbaren Einflüsse erst ans Licht gebracht und gebrandmarkt sind, haben sie ihre Macht über die Menschen verloren.

Neun auf drittem Platz bedeutet:
Wiederholtes Eindringen. Beschämung.

Das eindringliche Nachdenken darf nicht zu weit getrieben werden, sonst hemmt es die Entschlußfähigkeit. Wenn eine Sache gründlich durchgedacht ist, dann gilt es, sich zu entscheiden und zu handeln. Durch wiederholtes Durchdenken kommt man immer aufs neue in Bedenklichkeit und dadurch in Beschämung, weil man sich zum Handeln als unfähig erweist.

- **Sechs auf viertem Platz bedeutet:**
  Reue schwindet.
  Auf der Jagd fängt man drei Arten von Wild.

Wenn man angeborene Bescheidenheit infolge der verantwortungsvollen Stelle, die man bekleidet, und der Erfahrungen, die man gesammelt hat, mit energischer Betätigung verbindet, so erreicht man sicher einen großen Erfolg. Die drei Arten von Tieren dienten zu Opfern für die Götter, zur Bewirtung der Gäste und zum täglichen Gebrauch. Wenn man für alle drei Zwecke etwas erlegte, so war das Jagdergebnis besonders gut.

- **Neun auf fünftem Platz bedeutet:**
  Beharrlichkeit bringt Heil. Reue schwindet.
  Nichts, das nicht fördernd ist.
  Kein Anfang, aber ein Ende.
  Vor der Änderung drei Tage,
  nach der Änderung drei Tage. Heil!

Während bei der »Arbeit am Verdorbenen« (Nr. 18) ein ganz neuer Ausgangspunkt geschaffen werden muß, handelt es sich hier nur um Reformen. Der Anfang war nicht gut, aber man ist an einen Zeitpunkt gekommen, da eine neue Richtung eingeschlagen werden kann. Man muß ändern und bessern. Das muß man tun in Beständigkeit, d. h. in rechter und fester Gesinnung, dann wird es gelingen, und die Reue schwindet. Nur ist es zu beachten, daß solche Verbesserungen sorgfältiger Überlegung bedürfen. Ehe man die Änderung bewerkstelligt, ist wiederholte Überlegung nötig, und nachdem die Änderung da ist, muß man auch noch eine Zeitlang sorgfältig untersuchen, wie die Besserungen sich in Wirklichkeit ausnehmen. Solche sorgfältige Arbeit ist von Heil begleitet.

Oben eine Neun bedeutet:
Eindringen unter das Bett.
Er verliert seinen Besitz und seine Axt.
Beharrlichkeit bringt Unheil.

Die Erkenntnis ist eindringlich genug. Man dringt den schädlichen Einflüssen bis in die geheimsten Winkel nach. Aber man hat keine Kraft mehr, sie entscheidend zu bekämpfen. In diesem Fall ist jeder Versuch, in die persönlichen Gebiete der Finsternis einzudringen, nur vom Übel.

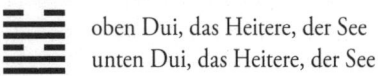

58. Dui – Das Heitere, der See

oben Dui, das Heitere, der See
unten Dui, das Heitere, der See

Dui ist wie Sun eines der acht Doppelzeichen. Dui bedeutet die jüngste Tochter, hat als Bild den lächelnden See, als Eigenschaft die Freude. Die Freude beruht nicht, wie es wohl scheinen könnte, auf der Weichheit, die sich in der oberen Linie zeigt. Die Eigenschaft des weichen bzw. dunklen Prinzips ist nicht Freude, sondern Schwermut. Vielmehr beruht die Freude darauf, daß innen zwei starke Striche sind, die sich äußern durch das Mittel der Weichheit.
Wahre Freude beruht also darauf, daß im Innern Festigkeit und Stärke vorhanden sind, die nach außen hin weich und milde auftreten.

Das Urteil
Das Heitere. Gelingen. Günstig ist Beharrlichkeit.

Die fröhliche Stimmung wirkt ansteckend, darum hat sie Erfolg. Aber die Freude bedarf als Grundlage der Beständigkeit, damit sie nicht zu unbeherrschter Lustigkeit ausartet. Wahrheit und Stärke müssen im Herzen wohnen, während die Milde nach außen im Verkehr zutage tritt. Auf diese Weise nimmt man Gott und den Menschen gegenüber die rechte Stellung ein und erreicht etwas. Durch bloßes Einschüchtern ohne Milde läßt sich unter Umständen für den Augenblick etwas erreichen, aber nicht für die Dauer. Wenn man dagegen durch Freundlichkeit die Herzen der Menschen gewinnt, so bewirkt man, daß sie alle Beschwerden gern auf sich nehmen, ja wenn es sein muß, selbst den Tod nicht scheuen. So groß ist die Macht der Freude über die Menschen.

Das Bild
Aufeinander beruhende Seen: das Bild des Heiteren.
So tut sich der Edle mit seinen Freunden zusammen zur
Besprechung und Einübung.

Ein See verdunstet nach oben und erschöpft sich dadurch allmählich. Wenn aber zwei Seen miteinander in Verbindung sind, so erschöpfen sie sich nicht so leicht, weil einer den andern bereichert. So ist es auch auf wissenschaftlichem Gebiet. Die Wissenschaft soll eine erfrischende und belebende Kraft sein. Das kann sie nur werden im belebenden Verkehr mit gleichgesinnten Freunden, mit denen man sich bespricht und übt in der Anwendung der Lebenswahrheiten. So wird das Wissen vielseitig und bekommt eine heitere Leichtigkeit, während das Wissen der Autodidakten immer etwas Schweres und Einseitiges behält.

Die einzelnen Linien

Anfangs eine Neun bedeutet:
Zufriedene Heiterkeit. Heil!

Eine stille, wortlose, in sich gesammelte Freude, die nichts von außen begehrt und mit allem zufrieden ist, bleibt frei von allen egoistischen Zu- und Abneigungen. In dieser Freiheit liegt das Heil, denn sie birgt die ruhige Sicherheit des in sich gefestigten Herzens.

- **Neun auf zweitem Platz bedeutet:**
  Wahrhaftige Heiterkeit. Heil! Die Reue schwindet.

Oft befindet man sich in Beziehung zu minderwertigen Menschen, aus deren Mitte andere Freuden winken, als sie dem höheren Menschen gemäß sind. Wollte man an solchen Freuden teilnehmen, so würde das sicher Reue nach sich ziehen, denn ein höherer Mensch ist mit niederen Freuden nicht wirklich zu befriedigen. Wenn man infolge dieser Erkenntnis sich in seinem Willen nicht beirren läßt, so daß man nicht an dieser Art Gefallen findet, dann wagt einem selbst eine zweifelhafte Umgebung keine unedlen Freuden anzubieten, da sie einen ja doch nicht erfreuen würden. Damit aber ist jeder Anlaß zum Bedauern beseitigt.

- **Sechs auf drittem Platz bedeutet:**
  Kommende Heiterkeit. Unheil!

Die wahre Freude muß aus dem eigenen Innern quellen. Wenn man aber innerlich leer ist, so daß man sich an die Außenwelt verliert, so kommen die Freuden von außen herbei. Das ist es, was manche Menschen als Zerstreuung begrüßen. Menschen, die aus innerer Haltlosigkeit das Bedürfnis nach Zerstreuung haben, werden stets Gelegenheit haben, sich zu zerstreuen. Sie ziehen die äußerlichen Freuden durch die Leere ihres Wesens an sich. Dadurch verlieren sie sich immer mehr, was natürlich vom Übel ist.

Neun auf viertem Platz bedeutet:
Überlegte Heiterkeit ist nicht beruhigt.
Nach Abtun der Fehler hat man Freude.

Oft befindet sich der Mensch inmitten zwischen verschiedenen Arten der Freude. Solange man noch nicht entschieden hat, welche Art der Freude man wählen will, die höhere oder die niedere, solange befindet man sich innerlich in Unruhe. Erst wenn man klar erkannt hat, daß die Leidenschaft Leiden bringt, vermag man sich so zu entscheiden, daß man das Niedere von sich abtut und die höheren Freuden erstrebt. Ist diese Entscheidung besiegelt, so hat man die wahre innere Heiterkeit und Ruhe gefunden, und der innere Widerstreit ist überwunden.

- **Neun auf fünftem Platz bedeutet:**
  Wahrhaftigkeit gegen das Zersetzende ist gefährlich.

Auch dem besten Menschen nahen sich gefährliche Elemente. Wenn man sich mit diesen einläßt, so wirkt ihr zersetzender Einfluß ganz langsam, aber sicher und zieht seine Gefahren unvermeidlich hinterher. Wer aber die Lage erkennt und die Gefahr zu durchschauen versteht, der weiß sich zu hüten und bleibt frei von Schaden.

- **Oben eine Sechs bedeutet:**
  Verführende Heiterkeit.

Wenn man innerlich eitel ist, so lockt man die Freuden der Zerstreuung an und hat unter ihnen zu leiden (vgl. *Sechs auf drittem Platz*). Wenn man innerlich nicht gefestigt ist, so wirken die Freuden der Außenwelt, denen man sich nicht entzieht, so stark auf einen ein, daß man mitgerissen wird. Hier ist von Gefahr, von Heil oder Unheil nicht mehr die Rede. Man hat die Steuerung des Lebens aus der Hand gegeben, und es hängt vom Zufall und äußeren Einflüssen ab, was aus einem wird.

59. Huan – Die Auflösung

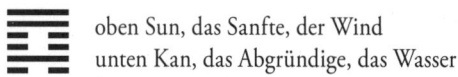

oben Sun, das Sanfte, der Wind
unten Kan, das Abgründige, das Wasser

Der Wind, der oben über das Wasser fährt, zerstreut es und löst es auf in Schaum und Dunst. Darin liegt auch der Gedanke, daß die Lebensenergie, wenn sie sich im Menschen staut (was durch die Eigenschaft des unteren Zeichens als Gefahr angedeutet ist), durch die Sanftheit wieder zerstreut und aufgelöst wird.

Das Urteil
Die Auflösung. Gelingen.
Der König naht sich seinem Tempel.
Fördernd ist es, das große Wasser zu durchqueren.
Fördernd ist Beharrlichkeit.

Das Zeichen hat in seinem Text Ähnlichkeit mit dem Zeichen Tsui, »Die Sammlung« (Nr. 45). Dort handelt es sich um Sammlung des Getrennten, wie das Wasser sich in Seen auf der Erde sammelt. Hier handelt es sich um Zerstreuung und Auflösung des trennenden Egoismus. Das Zeichen »die Auflösung« zeigt sozusagen den Weg, der zur Sammlung führt. Daher erklärt sich die Ähnlichkeit des Textes.
Zur Überwindung des trennenden Egoismus der Menschen bedarf es der religiösen Kräfte. Die gemeinsame Feier der großen Opferfeste und Gottesdienste, die zugleich den Zusammenhang und die soziale Gliederung von Familie und Staat zum Ausdruck brachten, war das Mittel, das die großen Herrscher anwandten, um die Herzen in gemeinsamer Wallung des Gefühls durch heilige Musik und Pracht der Zeremonien zum Bewußtsein des gemeinsamen Ursprungs aller Wesen zu bringen, wodurch die Trennung überwunden, die Erstarrung aufgelöst wurde. Ein weiteres Mittel ist das Zusammenwirken an gemeinsamen großen Unternehmungen, die dem Willen ein großes Ziel vorhalten und in der Richtung

auf dieses Ziel alles Trennende auflösen, wie in einem Schiff, das einen großen Strom durchquert, alle Insassen sich in der gemeinsamen Arbeit einigen müssen. Zu solcher Auflösung der Härte des Egoismus ist aber nur jemand fähig, der selbst von allen egoistischen Nebengedanken frei in Gerechtigkeit und Beständigkeit verharrt.

Das Bild
Der Wind fährt über das Wasser: das Bild der Auflösung.
So opferten die alten Könige dem Herrn und bauten Tempel.

Das Wasser beginnt im Herbst und Winter zu erstarren und zu Eis zu gefrieren. Wenn die milden Lüfte des Frühlings kommen, löst sich die Erstarrung, und das in Eisschollen Zerstreute vereinigt sich wieder. So ist es auch mit dem Sinn des Volkes. Durch Härte und Selbstsucht erstarrt das Herz, und in dieser Erstarrung trennt es sich von allem andern. Egoismus und Habsucht isolieren die Menschen. Darum muß eine fromme Rührung das Menschenherz ergreifen. Es muß gelöst werden in heiligen Schauern der Ewigkeit, die es erschüttern durch die Ahnung des gemeinsamen Schöpfers aller Wesen und einigen durch die Macht der Gemeinschaftsgefühle bei der heiligen Feier der Anbetung des Göttlichen.

Die einzelnen Linien

Anfangs eine Sechs bedeutet:
Er bringt Hilfe mit der Macht eines Pferdes. Heil!

Hier handelt es sich darum, daß, noch ehe die Trennung vollzogen ist, die ersten Anfänge dazu überwunden werden, daß die Wolken zerstreut werden, noch ehe Sturm und Regen eingetreten sind. In solchen Zeiten, da geheime Abweichungen der Stimmungen auftreten und gegenseitige Mißverständnisse die Folge sind, muß man rasch und stark handeln, um diese Mißverständnisse und das gegenseitige Mißtrauen aufzulösen.

▪ **Neun auf zweitem Platz bedeutet:**
Bei der Auflösung läuft er seiner Stütze zu.
Die Reue schwindet.

Wenn man in sich selbst die Anfänge der Entfremdung von andern, des Menschenhasses und der Mißstimmung entdeckt, dann gilt es, diese Stockungen zu zerstreuen. Man muß sich innerlich aufmachen, seiner Stütze zueilen. Eine solche Stütze des Menschen liegt nie im Haß, sondern immer in einer gemäßigten und gerechten, mit Wohlwollen gepaarten Beurteilung der Menschen. Wenn man diesen freien Blick auf die Menschheit wiedergewinnt, unter Zerstreuung alles schwarzgalligen Unmuts, verschwindet aller Anlaß zur Reue.

Sechs auf drittem Platz bedeutet:
Er löst sein Ich auf. Keine Reue.

Die Arbeit kann unter Umständen so schwer werden, daß man nicht mehr an sich selbst denken kann. Man muß die eigene Person vollkommen auf die Seite setzen, alles zerstreuen, was das Ich trennend um sich sammeln möchte. Nur auf der Grundlage eines großen Verzichtes gewinnt man die Kraft zu großen Leistungen. Dadurch, daß man sein Ziel außer sich hat in einer großen Sache, kann man diesen Standpunkt gewinnen.

- **Sechs auf viertem Platz bedeutet:**
  Er löst sich von seiner Schar. Erhabenes Heil!
  Durch Auflösung folgt Anhäufung.
  Das ist etwas, an das Gewöhnliche nicht denken.

Wenn man an einer Aufgabe arbeitet, die ins große Ganze geht, muß man alle Privatfreundschaften beiseite lassen. Nur wenn man über den Parteien steht, leistet man etwas Ausschlaggebendes. Wer diesen Verzicht auf das Nahe wagt, wird die Fernen gewinnen. Aber man muß einen weiten Überblick über die Zusammenhänge des Lebens haben, wie ihn nur ungewöhnliche Menschen erlangen, um diesen Standpunkt verstehen zu können.

- **Neun auf fünftem Platz bedeutet:**
  Auflösend wie Schweiß sind seine lauten Rufe.
  Auflösung! Ein König weilt ohne Makel.

In Zeiten allgemeiner Auflösung und Trennung ist ein großer Gedanke der Organisationspunkt der Genesung. Wie eine Krankheit durch lösenden Schweiß ihre Krise beendet, so ist in Zeiten allgemeiner Stockung ein großer, suggestiver Gedanke eine wahre Erlösung. Die Menschen haben etwas, um das sie sich sammeln können, einen herrschenden Mann, der die Mißverständnisse zerstreuen kann.

Oben eine Neun bedeutet:
Er löst sein Blut auf.
Weggehen, sich fernhalten, hinausgehen ist ohne Makel.

Das Auflösen des Blutes bedeutet auflösen, was Blut und Wunden bringen könnte, die Gefahr vermeiden. Es ist hier aber nicht der Gedanke ausgesprochen, daß man nur für sich selbst Schwierigkeiten umgeht, sondern der, daß man die Seinen rettet, ihnen hilft wegzugehen, noch ehe die Gefahr da ist, sich fernzuhalten von einer schon vorhandenen Gefahr und den Ausweg zu finden aus einer Gefahr, die sie schon ergriffen hat. Auf diese Weise tut man das Rechte.

60. Dsië – Die Beschränkung

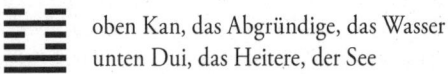 oben Kan, das Abgründige, das Wasser
unten Dui, das Heitere, der See

Der See hat einen beschränkten Raum. Wenn mehr Wasser hineinkommt, so fließt er über. Darum muß man ihm Schranken setzen. Es sind im Bild die Wasser unten und die Wasser oben, zwischen denen die Feste des Himmels als Schranke ist.
Das chinesische Wort für Beschränkung bedeutet eigentlich die festen Glieder, durch die die Bambusstengel eingeteilt sind. Im gewöhnlichen Leben ist damit gemeint die Sparsamkeit, die feste Schranken für ihre Ausgaben hat. Im moralischen Leben sind es die festen Schranken, die sich der Edle steckt für seine Handlungen, die Schranken der Treue und der Uneigennützigkeit.

Das Urteil
Beschränkung. Gelingen.
Bittere Beschränkung darf man nicht beharrlich üben.

Schranken sind bemühend. Aber sie richten etwas aus. Durch Sparsamkeit im gewöhnlichen Leben ist man gerüstet auf Zeiten der Not. Durch Zurückhalten erspart man sich Beschämung. Aber ebenso sind Schranken in der Ordnung der Weltverhältnisse unentbehrlich. Die Natur hat feste Schranken für Sommer und Winter, Tag und Nacht, und durch diese Schranken erhält das Jahr seine Bedeutung. So dient die Sparsamkeit dazu, daß durch feste Schranken in den Ausgaben die Güter erhalten bleiben und die Menschen nicht geschädigt werden. Nur ist auch in der Beschränkung Maßhalten nötig. Wollte man seiner eigenen Natur allzu bittere Schranken auferlegen, so würde sie darunter leiden. Wollte man die Beschränkung der anderen zu weit treiben, so würden sie sich empören. Darum sind auch in der Beschränkung Schranken nötig.

Das Bild
Oberhalb des Sees ist Wasser:
das Bild der Beschränkung.
So schafft der Edle Zahl und Maß und untersucht,
was Tugend und rechter Wandel ist.

Der See ist etwas Endliches; das Wasser ist unerschöpflich. Der See kann nur ein bestimmtes Maß des unendlichen Wassers fassen. Darin besteht seine Eigenart. Durch Sonderung und Aufrichtung von Schranken gewinnt auch im Leben das Individuum seine Bedeutung. Hier handelt es sich nun darum, diese Sonderungen, die sozusagen das Rückgrat der Moral sind, ganz klar festzusetzen. Unbeschränkte Möglichkeiten sind nichts, was für den Menschen geeignet ist. Dadurch würde sein Leben nur zerfließen im Grenzenlosen. Um stark zu werden, bedarf es der freien Schrankensetzung der Pflicht. Nur indem der einzelne sich mit diesen Schranken umgibt und frei für sich das Gebot der Pflicht festsetzt, gewinnt er die Bedeutung als freier Gast.

Die einzelnen Linien

Anfangs eine Neun bedeutet:
Nicht zu Tür und Hof hinausgehen ist kein Makel.

Oft möchte man etwas unternehmen, sieht sich aber unübersteigbaren Schranken gegenüber. Da gilt es, die Einsicht zu haben, wo man innehalten muß. Wenn man das richtig versteht und nicht über die Schranken hinausgeht, die einem gesteckt sind, dann sammelt man eine Kraft, daß man imstande ist, energisch zu handeln, wenn die Zeit dazu gekommen ist. Verschwiegenheit ist bei Vorbereitung wichtiger Dinge von prinzipieller Wichtigkeit.
Kungtse sagt darüber: »Wo Unordnung entsteht, da sind die Worte die Stufe dazu. Wenn der Fürst nicht verschwiegen ist, so verliert er den Diener. Wenn der Diener nicht verschwiegen ist, so verliert er das Leben. Wenn Sachen im Keim nicht verschwiegen behandelt werden, so schadet das der Vollendung. Darum ist der Edle sorgfältig im Verschwiegen und geht nicht hinaus.«

Neun auf zweitem Platz bedeutet:
Nicht zu Tor und Hof hinausgehen bringt Unheil.

Wenn die Zeit des Handelns gekommen ist, gilt rasches Zugreifen. Wie das Wasser anfangs in einem See sich sammelt, ohne hinauszufließen, sich aber sicher einen Weg öffnet, wenn der See voll ist, so ist es auch im Menschenleben. Es ist ganz gut, zu zögern, solange die Zeit noch nicht gekommen ist, aber nicht länger. Wenn die Hindernisse beseitigt sind, so daß man handeln kann, ist das ängstliche Zögern ein Fehler, der sicher Unheil bringt, weil man die Gelegenheit versäumt hat.

Sechs auf drittem Platz bedeutet:
Wer keine Beschränkung kennt, wird zu klagen haben.
Kein Makel.

Wenn man nur auf Freuden und Genuß bedacht ist, verliert man leicht das Gefühl für die notwendigen Schranken. Aber wenn man sich der Verschwendung hingibt, wird man die Folgen unter Bedauern zu erfahren haben. Man darf die Fehler nicht an andern suchen wollen. Nur wenn man seinen Fehler selbst einsieht, wird man durch solche unangenehmen Erlebnisse frei von Fehlern.

Sechs auf viertem Platz bedeutet:
Zufriedene Beschränkung. Gelingen.

Jede Beschränkung hat ihren Wert. Aber wenn diese Beschränkung noch dauernde Anstrengung erfordert, dann ist sie mit zu viel Kraftaufwand verbunden. Wo die Beschränkung aber etwas Natürliches ist, wie es z. B. in der Natur des Wassers liegt, nach unten zu fließen, da führt sie notwendig zu Erfolg, weil sie in diesem Fall eine Kraftersparnis bedeutet. Die Energie, die sonst im vergeblichen Kampf mit dem Objekt sich erschöpft, kommt restlos der Sache zugute, und der Erfolg kann nicht ausbleiben.

- **Neun auf fünftem Platz bedeutet:**
  Süße Beschränkung bringt Heil.
  Hingehen bringt Achtung.

Die Beschränkung muß in der richtigen Weise durchgeführt werden, um zu wirken. Wenn man nur andern Schranken auferlegen und sich selbst ihnen entziehen will, werden diese Schranken immer bitter empfunden und erzeugen

Widerstreben. Wenn dagegen jemand, der in leitender Stellung ist, selbst mit der Beschränkung beginnt, wenig Leistungen von seinen Leuten verlangt und mit bescheidenen Mitteln etwas zustande bringt, so kommt dadurch Heil. Wo ein solches Vorbild wirkt, da findet es Nachfolge, so daß geraten muß, was man unternimmt.

Oben eine Sechs bedeutet:
Bittere Beschränkung: Beharrlichkeit bringt Unheil.
Reue schwindet.

Wenn man zu streng ist in der Beschränkung, so halten es die Menschen nicht aus. Je konsequenter man in solcher Strenge ist, desto mehr ist es vom Übel; denn ein Rückschlag läßt sich auf die Dauer nicht vermeiden. So rächt sich auch der gequälte Körper, wenn man mit zu strenger Askese vorgehen will. Aber wenn diese rücksichtslose Strenge auch nicht etwas ist, das sich dauernd und regelmäßig anwenden ließe, so kann es doch Zeiten geben, da sie das einzige Mittel ist, sich vor Verschuldung und Reue zu schützen. Es sind die Situationen, da Rücksichtslosigkeit gegen die eigene Person das einzige Mittel ist, die Seele zu retten, die sonst in Halbheit und Versuchung unterginge.

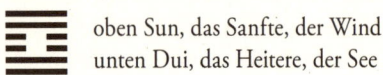

61. Dschung Fu – Innere Wahrheit

oben Sun, das Sanfte, der Wind
unten Dui, das Heitere, der See

Über dem See weht der Wind und bewegt die Oberfläche des Wassers. So zeigen sich sichtbare Wirkungen des Unsichtbaren. Das Zeichen besteht oben und unten aus festen Strichen, während es in der Mitte frei ist. Das deutet auf die Freiheit des Herzens von Voreingenommenheiten, so daß es fähig ist zur Aufnahme der Wahrheit. Die beiden Teilzeichen haben umgekehrt in der Mitte einen festen Strich. Das deutet auf die Kraft der inneren Wahrheit in ihren Wirkungen.
Die Eigenschaften der Teilzeichen sind: oben Sanftheit, Nachgiebigkeit gegen die Unteren, unten Fröhlichkeit im Gehorsam gegen die Oberen. Solche Zustände schaffen die Grundlage eines gegenseitigen Vertrauens, das Erfolge ermöglicht.
Das Zeichen Fu (Wahrheit) ist eigentlich das Bild eines Vogelfußes über einem Jungen. Es enthält die Idee des Brütens. Das Ei ist hohl. Die Kraft des Lichten muß belebend von außen wirken. Aber es muß doch schon ein Keim des Lebens im Innern sein, damit das Leben geweckt werden kann. Es lassen sich weitgehende Spekulationen an diese Gedanken knüpfen.

Das Urteil
Innere Wahrheit. Schweine und Fische. Heil!
Fördernd ist es, das große Wasser zu durchqueren.
Fördernd ist Beharrlichkeit.

Schweine und Fische sind die ungeistigsten und daher am schwersten zu beeinflussenden Tiere. Die Kraft der inneren Wahrheit muß einen hohen Grad erreicht haben, ehe sich ihr Einfluß auch auf solche Wesen erstreckt. Wenn man solchen widerspenstigen, schwer zu beeinflussenden Menschen gegenübersteht, beruht das ganze Geheimnis des Erfolgs darauf, daß man den richtigen Weg findet, um Zugang zu ihnen zu finden. Man muß sich erst innerlich ganz frei machen von seinen Voreingenommenheiten. Man muß sozusagen die Psyche des andern ganz unbefangen auf sich wirken lassen; dann kommt man ihm innerlich nahe, versteht ihn und bekommt Macht über ihn, so daß die Kraft der eigenen Person durch die geöffnete Pforte Einfluß auf den andern gewinnt. Wenn man so keine Hindernisse unüberwindlich findet, dann mag man auch die gefährlichsten Dinge unternehmen – wie das Durchqueren des großen Wassers –, und es wird gelingen. Nur ist es wichtig, daß man versteht, worauf die Kraft innerer Wahrheit beruht. Sie ist nicht identisch mit einfacher Intimität oder geheimem Zusammenhalten. Solch intimes Zusammenhalten kann auch unter Räubern stattfinden. Auch in diesem Fall bedeutet es freilich eine Kraft. Aber sie gereicht nicht zum Heil, weil sie nicht unüberwindlich ist. Alles Zusammengehen auf Grund von Interessengemeinschaft geht nur bis an einen gewissen Punkt. Wo die Interessengemeinschaft aufhört, hört auch das Zusammenhalten auf, und intimste Freundschaft schlägt oft in Haß um. Nur wo die Grundlage das Rechte, die Beständigkeit ist, bleibt die Verbindung so fest, daß sie alles überwindet.

Das Bild
Über dem See ist der Wind:
das Bild der inneren Wahrheit.
So bespricht der Edle die Strafsachen,
um Hinrichtungen aufzuhalten.

Der Wind bewegt das Wasser, weil er in seine Zwischenräume einzudringen vermag. So sucht der Edle, wo er Fehler der Menschen abzuurteilen hat, in ihr Inneres verständnisvoll einzudringen und dadurch eine liebevolle Beurteilung der Umstände zu gewinnen. Die ganze antike Rechtsprechung der Chinesen war von diesem Grundsatz geleitet. Höchstes Verständnis, das zu verzeihen versteht, galt als höchste Gerechtigkeit. Eine solche Rechtsprechung war nicht erfolglos; denn der moralische Eindruck sollte so stark sein, daß ein Mißbrauch solcher Milde nicht zu befürchten war. Denn sie entsprang nicht der Schwäche, sondern überlegener Klarheit.

Die einzelnen Linien

Anfangs eine Neun bedeutet:
Bereit sein bringt Heil.
Sind Hintergedanken da, so ist das beunruhigend.

Die Hauptsache für die Kraft innerer Wahrheit ist, daß man in sich gefestigt und bereit ist. Aus dieser inneren Haltung entspringt das richtige Verhalten zur Außenwelt. Wenn man dagegen geheime Beziehungen besonderer Art pflegen wollte, so würde einen das um die innere Selbständigkeit bringen, und je mehr man sich gesichert fühlte in dem Bewußtsein, in andern seinen Rückhalt zu finden, desto mehr käme man in Unruhe und Sorgen, ob nun auch diese geheimen Verbindungen wirklich haltbar sind. Dadurch verliert man den inneren Frieden und die Kraft innerer Wahrheit.

Neun auf zweitem Platz bedeutet:
Ein rufender Kranich im Schatten.
Sein Junges antwortet ihm.
Ich habe einen guten Becher. Ich will ihn mit dir teilen.

Hier ist von unwillkürlichem Einfluß des inneren Wesens auf gleichgestimmte Menschen die Rede. Der Kranich braucht sich nicht auf hohem Hügel zu zeigen. Wenn er auch ganz im Verborgenen seinen Ruf ertönen läßt, sein Junges hört seine Stimme und kennt sie und gibt ihm Antwort. Wo eine fröhliche Stimmung ist, da findet sich auch ein Genosse ein, der einen Becher Wein mit einem teilt. So zeigt sich das Echo, das durch Sympathie im Menschen erweckt wird. Wo eine Stimmung sich wahr und rein ausspricht, wo eine Tat der klare Ausdruck der Gesinnung ist, da wirken sie geheimnisvoll in die Ferne, zunächst auf solche, die innerlich aufnahmebereit sind. Aber diese Kreise erweitern sich. Die Wurzel aller Wirkung liegt im eignen Innern. Wenn das sich ganz wahr und stark in Wort und Tat äußert, dann ist die Wirkung groß. Die Wirkung ist nur das Spiegelbild dessen, was aus der eigenen Brust hervorgeht. Jede Absicht auf Wirkung würde diese Wirkung nur zerstören.
Kungtse sagt darüber: »Der Edle weilt in seinem Zimmer. Äußert er seine Worte gut, so findet er Zustimmung aus einer Entfernung von über tausend Meilen. Wieviel mehr aus der Nähe. Weilt der Edle in seinem Zimmer und äußert seine

Worte nicht gut, so findet er Widerspruch aus einer Entfernung von über tausend Meilen. Wieviel mehr noch aus der Nähe! Die Worte gehen von der eigenen Person aus und wirken auf die Menschen. Die Werke entstehen in der Nähe und werden sichtbar in der Ferne. Worte und Werke sind des Edlen Türangel und Armbrustfeder. Indem sich diese Angel und Feder bewegen, bringen sie Ehre oder Schande. Durch Worte und Werke bewegt der Edle Himmel und Erde. Muß man da nicht vorsichtig sein?«

- **Sechs auf drittem Platz bedeutet:**
  Er findet einen Genossen,
  bald trommelt er, bald hört er auf.
  Bald schluchzt er, bald singt er.

Hier ist die Kraftquelle nicht im eigenen Ich, sondern in der Beziehung zu andern Menschen. Wenn man auch noch so nahe mit ihnen steht, wenn unser Schwerpunkt auf ihnen beruht, so läßt sich nicht vermeiden, daß man umhergeworfen wird zwischen Freude und Leid. Himmelhoch jauchzend, zu Tode betrübt, das ist das Schicksal derer, die abhängen von der inneren Übereinstimmung mit andern Menschen, die sie lieben. Hier wird nur das Gesetz ausgesprochen, daß dem so ist. Ob dieser Zustand als lästig oder als höchstes Glück der Liebe empfunden wird, bleibt der subjektiven Beurteilung des Betroffenen überlassen.

- **Sechs auf viertem Platz bedeutet:**
  Der Mond, der beinahe voll ist.
  Das Gespannpferd geht verloren.
  Kein Makel.

Um die Kraft der inneren Wahrheit zu steigern, muß man sich dem Höheren zuwenden, von dem man Erleuchtung empfangen kann wie der Mond von der Sonne. Dabei ist aber eine gewisse Demut nötig, wie der Mond sie hat, der nicht ganz voll ist. Tritt der Mond als Vollmond der Sonne direkt gegenüber, so beginnt er auch sofort wieder abzunehmen. Wie man der Quelle der Erleuchtung gegenüber demütig und ehrfurchtsvoll sein muß, so muß man anderseits auf menschliche Parteiungen verzichten. Nur wenn man seinen Weg geht wie ein

Pferd, das geradeaus läuft, ohne nach seinem Mitpferd zu schielen, behält man die innere Freiheit, die vorwärtsbringt.

- **Neun auf fünftem Platz bedeutet:**
  Er besitzt Wahrheit, die verkettet.
  Kein Makel.

Hier ist der Herr gezeichnet, der durch die Kraft seines Wesens alles zusammenhält. Nur wenn seine Charakterstärke so umfassend ist, daß er alle beeinflussen kann, die zu seiner Herrschaft gehören, ist er so, wie er sein muß. Die Suggestivkraft muß vom Herrscher ausgehen. Sie wird alle die Seinigen fest zusammenknüpfen und einigen. Ohne diese Zentralkraft ist alle äußere Einigung nur Lüge, die im entscheidenden Augenblick zerbricht.

Oben eine Neun bedeutet:
Hahnenruf, der zum Himmel dringt.
Beharrlichkeit bringt Unheil.

Der Hahn ist zuverlässig. Er ruft, wenn es Morgen wird. Er kann aber nicht selbst zum Himmel fliegen. Er kräht nur. So soll durch bloße Worte Glaube erweckt werden. Das gelingt wohl gelegentlich. Aber wenn man es dauernd betreibt, so ist das vom Übel.

小過

62. Siau Go – Des Kleinen Übergewicht

oben Dschen, das Erregende, der Donner
unten Gen, das Stillehalten, der Berg

Während bei dem Zeichen »Des Großen Übergewicht« (Nr. 28) die starken Striche im Übergewicht sind, und zwar innen, eingeschlossen zwischen die beiden Striche zu Anfang und zu Ende, sind hier die schwachen Striche im Übergewicht, ebenfalls außen, während die starken innen sind. Darauf beruht eben der Ausnahmezustand. Sind die starken Striche außen, so haben wir die Zeichen I, Ernährung, und Dschung Fu, Innere Wahrheit, die beide nicht Ausnahmezustände bezeichnen. Wenn die Starken innen im Übergewicht sind, so müssen sie sich durchsetzen. Das schafft Kampf und Ausnahmezustände im Großen. Hier dagegen muß notgedrungen das Schwache die Vertretung nach außen übernehmen. Wenn man an einem entscheidenden Platz steht, dem man seinem Wesen nach eigentlich nicht gewachsen ist, so ist außerordentliche Vorsicht nötig.

Das Urteil
Des Kleinen Übergewicht. Gelingen.
Fördernd ist Beharrlichkeit.
Man mag kleine Dinge tun, man soll nicht große Dinge tun.
Der fliegende Vogel bringt die Botschaft:
Es ist nicht gut, nach oben zu streben,
es ist gut, unten zu bleiben. Großes Heil!

Außerordentliche Bescheidenheit und Gewissenhaftigkeit wird sicher von Erfolg belohnt werden, nur ist es wichtig, daß sie nicht leere Formel und kriechendes Wesen werden, sondern mit der rechten Würde im persönlichen Auftreten verbunden bleiben, so daß man sich nicht wegwirft. Man muß verstehen, was die Forderungen der Zeit sind, um die rechte Ergänzung für die Mängel und Schäden der Zeit zu finden. Immerhin darf man sich nicht auf große Erfolge gefaßt machen, da dazu die nötige Stärke fehlt. Darum ist die Botschaft so wichtig, nicht nach hohen Dingen zu streben, sondern sich zu den niedrigen zu halten. Daß diese Botschaft durch einen Vogel gebracht wird, ergibt sich aus der Gestalt des Zeichens. Die vier starken, schweren Striche im Innern, die nur von zwei schwachen Strichen außen gestützt werden bei Da Go, Nr. 28, geben das Bild des lastenden Firstbalkens. Hier sind die tragenden leichten Striche außen und in der Überzahl; das gibt das Bild des schwebenden Vogels. Aber der Vogel soll sich nicht überheben und in die Sonne fliegen wollen, sondern sich herablassen auf die Erde, wo sein Nest ist. Damit gibt er die Botschaft, die das Zeichen verkündet.

Das Bild
Auf dem Berg ist der Donner:
das Bild von des Kleinen Übergewicht.
So legt der Edle im Wandel das Übergewicht auf die Ehrerbietung,
bei Trauerfällen legt er das Übergewicht auf die Trauer,
bei seinen Ausgaben legt er das Übergewicht auf die Sparsamkeit.

Der Donner auf dem Berg ist anders als der in der Ebene. In den Bergen ist der Donner viel näher, während er außerhalb der Gebirge weniger hörbar ist als der Donner eines gewöhnlichen Gewitters. So entnimmt der Edle diesem Bild die Aufforderung, in allen Dingen die Pflicht näher und unmittelbarer ins Auge zu fassen als die Menschen des Alltags, obwohl infolge davon sein Betragen von außen her gesehen kleinlich erscheinen könnte. Er nimmt es besonders genau mit seinen Handlungen. Bei Trauerfällen steht ihm die innere Ergriffenheit weit näher als äußerer Formelkram, und so ist er bei Aufwendungen für seine eigene Person außerordentlich einfach und anspruchslos. Dies alles bewirkt, daß er den Menschen der Masse gegenüber eine Ausnahmeerscheinung ist. Aber das Wesen dieser Ausnahme liegt darin, daß sie nach außen hin auf der Seite des Geringen sich beendet.

Die einzelnen Linien

Anfangs eine Sechs bedeutet:
Der Vogel kommt durch Fliegen ins Unheil.

Der Vogel soll zunächst im Nest bleiben, bis er flügge ist. Will er vorher fliegen, so zieht er sich Unheil zu. Außerordentliche Maßnahmen dürfen erst getroffen werden, wenn es nicht mehr anders geht. Zunächst muß man sich so lange wie möglich ins Herkömmliche fügen, sonst verbraucht man sich und seine Kraft und erreicht doch nichts.

- **Sechs auf zweitem Platz bedeutet:**
  Sie geht an ihrem Ahnherrn vorbei und trifft die Ahnfrau.
  Er erreicht nicht seinen Fürsten und trifft den Beamten.
  Kein Makel.

Zwei Ausnahmefälle sind hier genannt: Im Ahnentempel, wo Generationenwechsel stattfindet, steht der Enkel auf derselben Seite wie der Großvater; darum hat er zu ihm die nächsten Beziehungen. Hier ist die Frau des Enkels gezeichnet, die beim Opfer am Ahnherrn vorübergeht und sich der Ahnfrau zuwendet. Dieses außerordentliche Verhalten ist aber ein Ausdruck ihrer Bescheidenheit. Sie wagt es eher, vor die Ahnfrau zu treten, der sie sich durch ihr Geschlecht verwandt fühlt, darum ist dieses Abweichen von der Regel kein Fehler.
Ein anderes Bild ist das des Beamten, der zunächst ordnungsgemäß bei seinem Fürsten Audienz sucht. Wenn er ihn aber nicht trifft, sucht er nichts mit Gewalt zu erzwingen, sondern findet sich in gewissenhafter Pflichterfüllung zurecht, indem er sich einreiht in die Zahl der Beamten. Auch diese außerordentliche Zurückhaltung ist in Ausnahmezeiten kein Fehler. (Als Regel gilt, daß jeder Beamte zunächst eine Audienz bei seinem Fürsten hat, durch den er angestellt wird. Hier geht die Anstellung von dem Minister aus.)

Neun auf drittem Platz bedeutet:
Wenn man sich nicht außerordentlich vorsieht,
so kommt etwa einer von hinten und schlägt einen.
Unheil!

Zuzeiten ist außerordentliche Vorsicht unbedingt nötig. Aber gerade in solchen Lebenslagen gibt es gerade und starke Persönlichkeiten, die im Bewußtsein ihres guten Rechts es verschmähen, sich vorzusehen, weil sie das für kleinlich halten. Vielmehr gehen sie stolz und unbekümmert ihre Straße. Aber dieses Selbstvertrauen täuscht sie. Es gibt Gefahren, die aus dem Hinterhalt sich nahen und denen sie nicht gewachsen sind.

Immerhin handelt es sich um eine Gefahr, der man nicht unbedingt ausgesetzt ist, sondern die sich vermeiden läßt, wenn man die Zeitlage versteht, die eine Hinwendung auf das Kleine, Unbedeutende in außerordentlicher Weise verlangt.

Neun auf viertem Platz bedeutet:
Kein Makel. Ohne vorbeizugehen, trifft er ihn.
Hingehen bringt Gefahr. Man muß sich hüten.
Handle nicht. Sei dauernd beharrlich.

Die Härte des Charakters ist durch die Weichheit der Stellung gemildert, so daß man keinen Fehler macht. Man befindet sich in einer Lage, da man sich aufs äußerste zurückhalten muß. Man darf von sich aus nichts unternehmen, um das Gewünschte zu treffen. Und wenn man hingehen wollte, um gewaltsam sein Ziel zu erreichen, so käme man in Gefahr. Darum muß man sich hüten und nicht handeln, sondern dauernd die innere Beharrlichkeit wahren.

- **Sechs auf fünftem Platz bedeutet:**
  Dichte Wolken, kein Regen von unserm westlichen Gebiet.
  Der Fürst schießt und trifft jenen in der Höhle.

Da hier ein hoher Platz ist, ist aus dem Bild des fliegenden Vogels das der fliegenden Wolken geworden. Aber ob die Wolken auch noch so dicht sind, sie fliegen am Himmel dahin und spenden keinen Regen. So kann in außerordentlichen Zeiten wohl ein geborener Herrscher da sein, der berufen wäre, die Welt in Ordnung zu bringen, aber er vermag nichts auszurichten und dem Volk seinen Segen nicht zuzuwenden, weil er allein steht und keinen Gehilfen hat.
In solchen Zeiten muß man nach Gehilfen suchen, mit denen zusammen man das Werk vollbringen kann. Aber diese Gehilfen muß man bescheiden in der

Verborgenheit suchen, in die sie sich zurückgezogen haben. Nicht auf Berühmtheit und großen Namen kommt es an, sondern auf wirkliche Leistungen. Durch solche Bescheidenheit findet man den rechten Mann und vermag das außerordentliche Werk trotz aller Schwierigkeit zu vollenden.

Oben eine Sechs bedeutet:
Ohne ihn zu treffen, geht er an ihm vorbei.
Der fliegende Vogel verläßt ihn. Unheil!
Das bedeutet Unglück und Schaden.

Wenn man über das Ziel hinausschießt, so kann man es nicht treffen. Wenn der Vogel nicht in sein Nest will, sondern immer höher hinaus, so fällt er schließlich dem Jäger ins Netz. Wer in Zeiten des Außerordentlichen im Kleinen nicht haltzumachen weiß, sondern unruhig immer weiter will, der zieht sich Unheil durch Götter und Menschen zu, weil er sich von der Naturordnung entfernt.

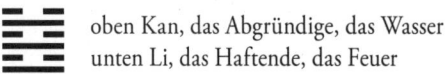

63. Gi Dsi – Nach der Vollendung

oben Kan, das Abgründige, das Wasser
unten Li, das Haftende, das Feuer

Das Zeichen ist die Ausgestaltung des Zeichens Tai, der Friede (Nr. 11). Der Übergang aus der Verwirrung zur Ordnung ist vollzogen, und nun ist auch im einzelnen alles auf seinem Platz. Die starken Linien sind auf den starken, die schwachen Linien sind auf den schwachen Plätzen. Das ist ein sehr günstiger Aspekt. Allein er gibt doch zu denken. Gerade wenn das vollkommene Gleichgewicht erreicht ist, kann jede Bewegung dazu führen, daß aus dem Zustand der Ordnung wieder der Zerfall entsteht. Dem einen starken Strich, der nach oben gegangen ist und so die Ordnung im einzelnen vollkommen gemacht hat, folgen die anderen ihrer Natur entsprechend nach, und so entsteht dann plötzlich wieder das Zeichen Pi, die Stockung (Nr. 12). So deutet das Zeichen auf die Verhältnisse eines Höhepunktes, die äußerste Vorsicht nötig machen.

Das Urteil
Gelingen im Kleinen. Fördernd ist Beharrlichkeit.
Im Anfang Heil, am Ende Wirren.

Der Übergang von der alten in die neue Zeit ist schon vollzogen. Prinzipiell ist alles schon geregelt. Nur noch im einzelnen läßt sich Erfolg erzielen. Dabei kommt es jedoch darauf an, daß man stets die rechte Gesinnung wahrt. Es geht alles seinen Gang wie von selbst. Das verführt zu leicht dazu, daß man in seiner Anspannung erlahmt und die Dinge laufen läßt, ohne sich im einzelnen darum zu kümmern. Diese Gleichgültigkeit ist aber die Wurzel allen Übels. Aus ihr entspringen mit Notwendigkeit Verfallserscheinungen. Hier ist die Regel aufgestellt, wie es in der Geschichte zu gehen pflegt. Aber diese Regel ist kein unausweichliches Gesetz. Wer sie versteht, der vermag durch unausgesetzte Beständigkeit und Vorsicht ihre Wirkungen zu vermeiden.

Das Bild
Das Wasser ist oberhalb des Feuers:
das Bild des Zustands nach der Vollendung.
So bedenkt der Edle das Unglück
und rüstet sich im voraus dagegen.

Wenn das Wasser im Kessel über dem Feuer hängt, so stehen beide Elemente in Beziehung, und es wird dadurch Kraft erzeugt. (Vgl. die Entstehung des Dampfes.) Allein die dadurch entstehende Spannung gebietet Vorsicht. Läuft das Wasser über, so wird das Feuer ausgelöscht, und seine Kraftwirkung geht verloren. Ist die Hitze zu groß, so verdampft das Wasser und geht in die Luft. Die Elemente, die hier in Beziehung zueinander stehen und so Kraft wirken, sind an sich einander feindlich. Nur die äußerste Vorsicht kann Schaden verhüten. So gibt es auch im Leben Verhältnisse, da alle Kräfte ausgeglichen sind und zusammenwirken und daher scheinbar alles in bester Ordnung ist. Der Weise allein erkennt in solchen Zeiten die Momente der Gefahr und weiß durch rechtzeitige Vorkehrungen sie zu bannen.

Die einzelnen Linien

Anfangs eine Neun bedeutet:
Er hemmt seine Räder.
Er kommt mit dem Schwanz ins Wasser.
Kein Makel.

In Zeiten nach einem großen Übergang ist alles auf Fortschritt und Entwicklung aus und drängt voran. Aber dieses Vorwärtsdrängen zu Beginn ist nicht gut und führt sicher zu Verlust und Sturz, indem man über das Ziel hinausschießt. Ein starker Charakter läßt sich daher durch den allgemeinen Schwindel nicht anstecken, sondern hemmt rechtzeitig seinen Lauf. So wird er wohl nicht ganz unberührt bleiben von den unheilvollen Folgen des allgemeinen Drängens, aber es trifft ihn nur von hinten wie einen Fuchs, der das Wasser schon überschritten hat und nur noch mit dem Schwanz ins Wasser kommt, und kann ihm nicht wesentlich schaden, da sein Verhalten das Richtige getroffen hat.

- **Sechs auf zweitem Platz bedeutet:**
  Die Frau verliert ihren Wagenvorhang.
  Lauf ihm nicht nach. Am siebenten Tag bekommst du ihn.

Wenn eine Frau im Wagen fuhr, hatte sie einen Vorhang, der sie den Blicken der Neugierigen verbarg. Kam dieser Vorhang abhanden, so wäre es gegen die gute Sitte gewesen weiterzufahren. Auf das öffentliche Leben übertragen bedeutet es, daß einem, wenn man etwas leisten will, von maßgebender Seite nicht das Vertrauen entgegengebracht wird, dessen man sozusagen zu seinem persönlichen Schutz bedarf. Gerade in Zeiten nach der Vollendung kann man finden, daß die Herrschenden stolz und selbstbewußt werden und sich nicht mehr darum kümmern, unbekannten Talenten mit Aufmerksamkeit entgegenzukommen. Hieraus entsteht nun in der Regel die Streberei. Wenn einem von oben her kein Vertrauen entgegengebracht wird, so sucht man Mittel und Wege, um es zu finden und sich ans Licht zu bringen. Von einem solchen unwürdigen Verfahren wird jedoch abgeraten. Such nicht danach. Wirf dich nicht an die Außenwelt weg, sondern warte ruhig und bilde selbständig deinen persönlichen Wert aus. Die Zeiten ändern sich. Sind die sechs Stufen des Zeichens vorüber, so kommt die neue Ära. Was einem gehört, kann man nicht auf die Dauer verlieren. Es kommt ganz von selbst zu einem. Man muß nur warten können.

Neun auf drittem Platz bedeutet:
Der hohe Ahn züchtigt das Teufelsland.
Nach drei Jahren überwindet er es.
Gemeine darf man nicht verwenden.

Der Hohe Ahne ist der dynastische Titel des Herrschers Wu Ding aus der Yin-Dynastie. Nachdem er mit starker Hand die Zustände im Reich geordnet hatte, führte er langwierige Kolonialkriege zur Unterwerfung der von Hunnen bewohnten nördlichen Grenzgebiete, aus denen dauernd Einfälle drohten. Die Situation, die gezeichnet ist, ist die, daß nach Zeiten der Vollendung, wenn eine neue Macht aufgekommen und im Innern alles in Ordnung ist, mit einer gewissen Notwendigkeit die koloniale Expansion beginnt. Hierbei ist in der Regel mit langwierigen Kämpfen zu rechnen. Aber dabei ist eine richtige Kolonialpolitik besonders wichtig. Man darf die sauer erworbenen Gebiete nicht als eine Versorgungsanstalt betrachten für Mensche die sich in der Heimat irgendwie unmöglich gemacht haben, aber für die Kolonien noch gerade gut genug sind. Dadurch verdirbt man von vornherein jeden Erfolg. Das gilt im Großen wie im Kleinen; denn nicht nur aufsteigende Staaten treiben Kolonialpolitik. Jeder aufstrebenden Unternehmung liegen der Trieb nach Expansion und die damit verbundenen Gefahren nahe.

Sechs auf viertem Platz bedeutet:
Die schönsten Kleider geben Lumpen.
Den ganzen Tag sei vorsichtig.

In Zeiten der Kulturblüte kommen immer zuweilen Erschütterungen vor, die einen inneren Schaden der Gesellschaft aufdecken und dann zunächst allgemeines Aufsehen erregen. Da jedoch die allgemeine Lage günstig ist, lassen sich solche Schäden unschwer flicken und vor der Öffentlichkeit verheimlichen. Dann verschwindet wieder alles aus dem Gedächtnis, und es sieht so aus, als herrschte eitel Friede. Dem Denkenden jedoch sind solche Vorfälle ernste Winke, die er nicht vernachlässigt. Nur dadurch kann man die üblen Folgen abwenden.

Neun auf fünftem Platz bedeutet:
Der Nachbar im Osten, der einen Ochsen schlachtet,
bekommt nicht soviel wirkliches Glück
wie der Nachbar im Westen mit seinem kleinen Opfer.

Auch die religiöse Haltung wird durch die seelische Stimmung in Zeiten nach der Vollendung beeinflußt. An Stelle der einfachen alten Formen tritt bei den Gottesdiensten immer reichere Ausgestaltung und immer größerer äußerer Prunk. Aber dieser Prachtentfaltung fehlt der innere Ernst. Menschliche Willkür tritt an die Stelle des gewissenhaften Innehaltens des göttlichen Willens. Aber während der Mensch sieht, was vor Augen ist, sieht Gott das Herz an. Darum ruht nicht soviel Segen auf dem mächtigen, aber kalten Gottesdienst, wie auf einem einfachen, frommen Opfer ruht.

Oben eine Sechs bedeutet:
Er kommt mit dem Haupt ins Wasser. Gefahr.

Hier ist zum Schluß nochmals eine Warnung beigefügt. Nach dem Übergang über ein Wasser kann man nur dann mit dem Kopf ins Wasser kommen, wenn man sich leichtsinnig wieder dem Wasser zuwendet. Solange man vorwärts schreitet und nicht zurücksieht, entgeht man dieser Gefahr. Allein es liegt etwas Verlockendes darin, stehenzubleiben und auf die überwundene Gefahr zurückzublicken. Solche eitle Selbstbespiegelung bringt aber kein Glück. Man gerät dadurch in Gefahr, und wenn man sich nicht noch entschließt, unaufhaltsam fortzuschreiten, so fällt man dieser Gefahr zum Opfer.

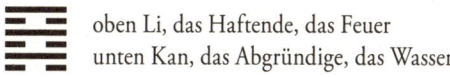

64. We Dsi – Vor der Vollendung

oben Li, das Haftende, das Feuer
unten Kan, das Abgründige, das Wasser

Es ist in dem Zeichen die Zeit angedeutet, da der Übergang aus der Unordnung zur Ordnung noch nicht vollendet ist. Der Umschwung ist zwar schon vorbereitet, indem alle Striche des oberen Trigramms zu denen des unteren in Beziehung stehen. Aber sie sind noch nicht auf ihrem Platz. Während das vorige Zeichen dem Herbst gleicht, der den Übergang vom Sommer zum Winter bildet, ist dieses Zeichen wie der Frühling, der aus der Stockungszeit des Winters in die fruchtbare Zeit des Sommers führt. Mit diesem hoffnungsvollen Ausblick schließt das Buch der Wandlungen ab.

Das Urteil
Vor der Vollendung. Gelingen.
Wenn aber der kleine Fuchs,
wenn er beinahe den Übergang vollendet hat,
mit dem Schwanz ins Wasser kommt,
dann ist nichts, das fördernd wäre.

Die Verhältnisse sind schwierig. Die Aufgabe ist groß und verantwortungsvoll. Es handelt sich um nichts Geringeres, als die Welt aus der Verwirrung in die Ordnung zurückzuführen. Dennoch ist es eine Aufgabe, die Erfolg verheißt, da ein Ziel vorhanden ist, das die auseinanderstrebenden Kräfte zu vereinigen vermag. Nur muß man zunächst noch leise und behutsam vorgehen. Man muß vorgehen wie ein alter Fuchs, der übers Eis geht. In China ist die Vorsicht des Fuchses, wenn er über Eis geht, sprichwörtlich. Er horcht stets auf das Krachen und sucht sich sorgfältig und umsichtig die sichersten Stellen aus. Ein junger Fuchs, der diese Vorsicht noch nicht kennt, geht kühnlich drauflos, und da kann es vorkommen, daß er hineinfällt, wenn er beinahe schon über das Wasser ist, und seinen Schwanz naß macht. Dann war natürlich die ganze Mühe vergeblich.

Dementsprechend ist in Zeiten vor der Vollendung Überlegung und Vorsicht die Grundbedingung des Erfolges.

Das Bild
Das Feuer ist oberhalb des Wassers:
das Bild des Zustands vor dem Übergang.
So ist der Edle vorsichtig in der Unterscheidung der
Dinge, damit jedes auf seinen Platz kommt.

Wenn das Feuer, das ohnehin nach oben dringt, oben und das Wasser, dessen Bewegung abwärts geht, unten ist, so gehen ihre Wirkungen auseinander und bleiben ohne Beziehung. Will man eine Wirkung erreichen, so muß man erst erforschen, was die Natur der in Betracht kommenden Kräfte und welches der ihnen zukommende Platz ist. Bringt man die Kräfte an der rechten Stelle zum Einsatz, so haben sie die gewünschte Wirkung, und die Vollendung wird erreicht. Um aber die äußeren Kräfte richtig handhaben zu können, ist es vor allem nötig, daß man selbst den richtigen Standpunkt einnimmt. Denn nur von da aus kann man richtig wirken.

Die einzelnen Linien

Anfangs eine Sechs bedeutet:
Er kommt mit dem Schwanz ins Wasser.
Beschämend.

In Zeiten der Unordnung ist es verlockend, sich möglichst rasch vorzudrängen, um etwas Sichtbares zu leisten. Aber diese Begeisterung führt zu nichts als Mißerfolg und Beschämung, solange die Zeit noch nicht gekommen ist, etwas zu bewirken. In dieser Zeit ist es klug, wenn man sich durch Zurückhaltung den Schimpf des Mißlingens erspart. (Man beachte den Unterschied der Situation vom ersten Strich des vorigen Zeichens.)

Neun auf zweitem Platz bedeutet:
Er hemmt seine Räder.
Beharrlichkeit bringt Heil.

Auch hier ist die Zeit zum Handeln noch nicht gekommen. Aber die Geduld, die vonnöten ist, darf nicht ein träges Warten sein, das in den Tag hineinlebt. Das würde dauernd zu keinem Erfolg führen. Sondern man muß in sich die Kraft ausbilden, die einen befähigt voranzukommen. Man muß gleichsam einen Wagen haben, um den Übergang zu vollziehen. Aber man muß ihn noch hemmen. Geduld im höchsten Sinn ist gehemmte Kraft. Daher darf man nicht einschlafen und das Ziel aus dem Auge verlieren. Wenn man stark und beständig in seinem Entschluß bleibt, dann geht schließlich alles gut.

Sechs auf drittem Platz bedeutet:
Vor der Vollendung bringt Angriff Unheil.
Fördernd ist es, das große Wasser zu durchqueren.

Die Zeit des Übergangs ist da. Aber man hat nicht die Kraft, den Übergang zu vollenden. Wollte man versuchen, ihn zu erzwingen, so wäre das unheilvoll, eben weil dann der Zusammenbruch unvermeidlich wäre. Was ist aber zu tun? Man muß eine neue Lage schaffen, man muß die Kräfte tüchtiger Gehilfen heranziehen und mit ihnen gemeinsam den entscheidenden Schritt tun – das große Wasser durchqueren. Dann wird die Vollendung möglich werden.

Neun auf viertem Platz bedeutet:
Beharrlichkeit bringt Heil. Reue schwindet.
Erschütterung, um das Teufelsland zu züchtigen.
Drei Jahre lang gibt es Belohnung mit großen Reichen.

Nun ist die Zeit des Kampfes. Der Übergang muß vollzogen werden. Man muß sich in seinem Entschluß ganz stark machen, das bringt Heil. Alle Bedenken, die einem in solch ernsten Kampfzeiten aufsteigen können, müssen schweigen. Es gilt einen heißen Kampf, das Teufelsland, die Mächte des Zerfalls zu erschüttern und zu züchtigen. Aber der Kampf hat auch seinen Lohn. Jetzt ist die Zeit, Grundlagen der Macht und Herrschaft zu legen für die Zukunft.

- **Sechs auf fünftem Platz bedeutet:**
  Beharrlichkeit bringt Heil. Keine Reue.
  Das Licht des Edlen ist wahrhaftig.
  Heil!

Der Sieg ist errungen. Die Kraft der Beständigkeit ist nicht zuschanden geworden. Es ist alles gut gegangen. Alle Bedenken sind überwunden. Der Erfolg hat die Tat gerechtfertigt. Aufs neue strahlt das Licht einer edlen Persönlichkeit und setzt sich durch unter Menschen, die daran glauben und sich darum sammeln. Die neue Zeit und mit ihr das Heil ist da. Und wie die Sonne nach dem Regen doppelt schön erstrahlt oder der Wald nach einem Brand aus den verkohlten Trümmern mit vermehrter Frische grünt, so hebt sich die neue Zeit vom Elend der alten um so glänzender ab.

Oben eine Neun bedeutet:
In wahrem Vertrauen trinkt man Wein.
Kein Makel. Wenn man aber sein Haupt naß macht,
so verliert man das in Wahrheit.

Vor der Vollendung an der Grenze der neuen Zeit ist man im vollen gegenseitigen Vertrauen mit den Seinen zusammen und verbringt die Zeit des Wartens beim Wein. Da die neue Zeit schon unmittelbar vor der Tür steht, ist das kein Makel. Nur muß man dabei auf das rechte Maß bedacht sein. Wenn man sich den Kopf im Übermut begießt, so verliert man die günstige Lage durch Unmäßigkeit.

Anmerkung:
Wie das Zeichen »Nach der Vollendung« den allmählichen Übergang aus der Zeit des Aufstiegs über die Kulturhöhe zur Stockungszeit darstellt, so stellt das Zeichen »Vor der Vollendung« den Übergang aus dem Chaos zur Ordnung dar. Dieses Zeichen steht am Ende des Buchs der Wandlungen. Es weist darauf hin, daß in jedem Ende ein neuer Anfang liegt. So gibt es den Menschen Hoffnung. Das Buch der Wandlungen ist ein Buch der Zukunft.

Zweites Buch: Das Material

Einleitung

Der erste Teil brachte den Text des Kernstücks aus dem Buch der Wandlungen. Dabei wurde das Gewicht darauf gelegt, sozusagen nur die geistige Seite, die Weisheit, die unter den oft wunderlichen Formen verborgen ist, ans Licht zu bringen. Das, was unser Kommentar bietet, ist eine Zusammenfassung dessen, was im Lauf der Jahrhunderte im Anschluß an die Zeichen und Linien von den bedeutendsten Denkern Chinas gedacht und gesagt wurde. Oft aber wird dem Leser der Gedanke aufsteigen: Warum ist das alles so? Warum sind diese oft ganz unerwarteten Bilder mit den Zeichen und Linien verknüpft? Aus welchen Tiefen des Bewußtseins tauchen sie auf? Sind es rein willkürliche Bildungen, oder folgen sie bestimmten Gesetzen? Wie kommt es ferner, daß diese Bilder nun gerade mit diesen Gedanken verknüpft sind? Ist es nicht Willkürlichkeit, tiefe philosophische Gedanken zu suchen, wo dem Anschein nach nur groteske Phantasiebilder ihr Spiel treiben? Auf alle diese Fragen soll der zweite Teil Antwort geben, soweit es möglich ist. Er soll das Material entfalten, aus dem jene Gedankenwelt hervorgeht, den Körper bieten zu jenem Geist. Und da zeigt es sich, wie ein geheimer Zusammenhang tatsächlich besteht, wie auch scheinbar willkürliche Bilder doch irgendwie eine Unterlage haben in der Struktur der Zeichen, wenn man diese nur tief genug versteht. Die ältesten Kommentare, in denen technische Ableitung und gedankenmäßige Ausführungen in der Regel verknüpft sind, stammen von Kungtse selbst oder mindestens aus seiner Umgebung. Wir haben das, was sie an Gedankengehalt bieten, schon im ersten Teil mitverwendet. Hier werden sie mit dem Text zusammen, ohne den sie nicht verständlich sind, noch einmal gegeben und nach ihrer technischen Seite hin ausgeführt. Diese technische Seite ist zum vollen Verständnis des Buchs unbedingt erforderlich, und kein chinesischer Kommentar läßt sie beiseite. Es schien aber dennoch angezeigt, sie von der geistigen zu trennen, um den europäischen Leser nicht allzusehr durch Ungewohntes zu verwirren. Daß dabei Wiederholungen nicht zu vermeiden waren, habe ich nicht bedauert. Das Buch der Wandlungen ist ein Werk, das organisch langsam in Jahrtausenden herangereift ist und das man sinnend und meditierend in sich aufnehmen muß. Und dabei eröffnet gerade die scheinbare Wiederholung immer neue Ausblicke. Was im zweiten Teil geboten wird, ist im wesentlichen das, was unter dem Namen der »zehn Flügel« bekannt ist. Diese zehn Flügel oder Erläuterungen enthalten tatsächlich die älteste Kommentarliteratur über das Buch der Wandlungen. Der erste dieser Kommentare heißt Tuan Dschuan. Tuan ist eigentlich der Schweinskopf, so wie er bei Opfern dargebracht wurde. Durch Klanggleichheit bekam das Wort ferner den Sinn von »Entscheidung«. Tuan, »Entscheidung«, oder Tsi, »Urteil«, bzw. Hi Tsi, »beigefügte Urteile«, war der Name, der den Urteilen über die einzelnen Zeichen gegeben wurde. Diese »Urteile« oder »Entscheidungen« werden dem König Wen von Dschou (ca. 1150 v. Chr.) zugeschrieben, und es ist im allgemeinen nicht an dieser Tatsache gezweifelt worden. Zu diesen Entscheidungen gibt nun der Tuan Dschuan oder »Kommentar zu den Entscheidungen« die genauen Erklärungen auf Grund der Struktur und des sonstigen Materials der Zeichen. Dieser Kommentar wird chinesischerseits dem Kungtse zugeschrieben. Er ist durchaus gründliche, wertvolle Arbeit und wirft viel Licht auf die innere Organisation der Zeichen des I Ging. Da notorisch bekannt ist, daß Kungtse sich viel mit dem Buch der Wandlungen beschäftigt hat, und da die Anschauungen dieses Kommentars nirgends den Anschauungen des Kungtse widersprechen, sehe ich keinen Grund, in die Behauptung der Autorschaft Kungtses Zweifel zu setzen. Dieser Kommentar zerfällt entsprechend den beiden Abteilungen des Buchs der Wandlungen in zwei Teile und bildet die beiden ersten Flügel oder Erläuterungen. Wir haben ihn aufgeteilt und den einzelnen Zeichen, zu denen er gehört, jeweils beigegeben.*

Der dritte und vierte Flügel wird von dem sogenannten Siang Dschuan, Kommentar zu den Bildern, gebildet. Auch dieser Kommentar ist entsprechend dem Text in zwei Hälften geteilt. In seiner heutigen Form besteht er aus den sogenannten »großen Bildern«, die sich auf die Bilder der beiden Halbzeichen beziehen und daraus den Sinn des Gesamtzeichens ableiten, um aus dieser Betrachtung wieder Schlüsse für das menschliche Leben zu ziehen.

---

* James Legge in »The Sacred Books of China, the Texts of Confucianism Part II, the Yi King, Oxford 1882« macht viel Aufhebens davon, daß erst durch Abtrennung der Kommentare vom Text das eigentliche Verständnis des I Ging ermöglicht werde. Er sondert daher die alten Kommentare sorgfältig ab, gibt dann aber dem Text die Kommentare der Sung-Zeit bei. Warum die Sung-Zeit, die ein Jahrtausend später ist, dem ursprünglichen Text näher gestanden haben soll als Konfuzius, darüber hat sich Legge nicht geäußert. In Wirklichkeit folgt er mit peinlicher Genauigkeit der auch von uns benützten Rezension Dschou I Dschê Dschung aus der Kanghi-Zeit. Legges Übersetzung steht hinter seinen übrigen sehr zurück. Er erspart sich z. B. einfach die Übersetzung der Namen der Zeichen, die freilich nicht ganz leicht, aber um so notwendiger ist. Auch sonst kommen entschiedene Mißverständnisse vor.

Dieser Kommentar gehört seinem ganzen Gedankenkreis nach in die Umgebung der »Höheren Bildung« (Da Hüo), also ebenfalls in die nächste Umgebung von Kungtse.

Außer den »Großen Bildern« enthält dieser Kommentar aber auch noch die »Kleinen Bilder«; das sind ganz kurze Winke zu den Worten des Herzogs von Dschou zu den einzelnen Linien. Von »Bildern« ist dabei in keiner Weise die Rede. Es muß durch irgendein Mißverständnis bzw. Zufall gekommen sein, daß dieser Kommentar zu dem Text der einzelnen Linien in diesen Kommentar zu den »Bildern« mit hineingekommen ist. Dieser Linienkommentar enthält nur ganz kurze Andeutungen, die meist gereimt sind. Möglich, daß sie zur Gedächtnishilfe niedergeschriebene Schlagworte einer sonst ausführlicheren Erklärung waren. Daß sie alt sind und aus der konfuzianischen Schule stammen, ist ebenfalls sicher. Wie nahe sie an Kungtse selbst heranreichen, darüber möchte ich kein bestimmtes Urteil abgeben.

Auch diese Kommentare wurden aufgeteilt und den ihnen entsprechenden Stellen zugewiesen.

Der fünfte und sechste Flügel wird gebildet von einem Aufsatz, über den manche Unklarheit herrscht: Er heißt Hi Tsï oder Da Dschuan und ist ebenfalls in zwei Hälften geteilt. Die Bezeichnung Da Dschuan findet sich bei Sï Ma Tsïen und bedeutet »Großer Kommentar«, »Große Abhandlung«. Über die Bezeichnung Hi Tsï, »Beigefügte Urteile«, sagt Dschu Hi folgendes: »Die beigefügten Urteile sind ursprünglich die Urteile, die König Wen und der Herzog von Dschou gemacht und den Zeichen und ihren Linien beigefügt haben, eben der heutige Text des Buches. Der vorliegende Abschnitt ist der Kommentar, in dem Kungtse die beigefügten Urteile erklärt, wobei er eine allgemeine Einführung in den ganzen Text des Gesamtwerks gibt.« Man sieht sofort die Unklarheit der Definition. Wenn die »Beigefügten Urteile« die Bemerkungen des Königs WEN und Herzogs von Dschou zu den Zeichen und einzelnen Linien sind, so erwartet man von einem »Kommentar zu den beigefügten Urteilen« eben einen Kommentar zu den betreffenden Bemerkungen und keine Abhandlung über das Werk im allgemeinen. Nun findet sich schon ein Kommentar zu den Entscheidungen der Zeichen, d. h. zum Text des Königs Wen. Dagegen fehlt ein ausführlicher Kommentar zu den Bemerkungen zu den einzelnen Linien des Herzogs von Dschou. Was wir haben, sind nur die kurzen Stichworte, die unter dem offenbar falschen Titel »Kleine Bilder« gehen. Wohl aber finden sich Reste eines solchen Kommentars oder vielmehr einer ganzen Anzahl solcher

Kommentare. Einige davon – zu den beiden ersten Zeichen – sind in den Wen Yen (Kommentar zu den Textworten) enthalten, worüber weiter unten noch näher gesprochen werden soll. Einige Erklärungen zu einzelnen Linien sind in dem Kommentar zu den beigefügten Urteilen da und dort zerstreut. Es ist höchst wahrscheinlich, daß wir in dem, was heute unter dem Namen Hi Tsï Dschuan geht, zwei ganz verschiedene Dinge beisammen haben: eine Sammlung von Aufsätzen über das Buch der Wandlungen im allgemeinen, vermutlich das, was Sï Ma Tsïen den großen Kommentar, Da Dschuan, nannte, und darin zerstreut und dürftig nach Gesichtspunkten geordnet die Reste eines Kommentars zu den beigefügten Urteilen der einzelnen Striche. Manches weist darauf hin, daß wir in diesem Kommentar auf dieselbe Quelle kommen, wie sie auch in dem einen Kommentar der unter dem Namen Wen Yen (Kommentar zu den Textworten) gehenden Sammlung vorliegt.

Daß die unter dem Namen Hi Tsï oder Da Dschuan gehenden Abhandlungen nicht von Kungtse niedergeschrieben sind, ist ganz klar. Es werden ja darin häufig Sätze als Aussprüche des Meisters zitiert.* Es ist natürlich Traditionsgut der konfuzianischen Schule, und zwar aus verschiedenen Zeiten, darin enthalten.

Ein sehr wichtiger Abschnitt ist der sogenannte siebente Flügel, genannt Wen Yen (Kommentar zu den Textworten). Es ist der Rest eines Kommentars zum Buch der Wandlungen oder vielmehr einer ganzen Serie solcher Kommentare. Er enthält sehr wertvolles Material aus der konfuzianischen Schule. Leider geht er nicht über das zweite Zeichen, Kun, hinaus.

Zum Zeichen Kiën, das Schöpferische, enthält er im ganzen vier verschiedene Kommentare, die in der Übersetzung (die ebenfalls auf die beiden Zeichen Kiën und Kun verteilt ist) als a, b, c, d bezeichnet sind. Der Kommentar a gehört derselben Schicht an wie die in den Hi Tsï zerstreuten Kommentarreste; sie geben den Text mit angehängter Frage: »Was heißt das?«, ähnlich wie das im Kung-Yang-Kommentar zum Tschun Tsiu der Fall ist. Kommentar b und c enthalten kurze Bemerkungen zu den einzelnen Linien im Stil des Kommentars der »Kleinen Bilder«. Kommentar d beschäftigt sich wieder mit dem Urteil zum ganzen Zeichen und den einzelnen Strichen, ebenso wie a, nur in freierer Weise. Zum Zeichen Kun ist nur noch ein Kommentar vorhanden, der der Art nach

---

* Auch hier wird die Entstehung des Buchs der Wandlungen in das »Mittlere Altertum« verlegt, eine Zeiteinteilung, nach der die Epoche der Frühlings- und Herbst-Annalen, die mit Kungtse schließt, als »Jüngeres Altertum« geht. Daß diese Zeiteinteilung nicht von Kungtse selbst gebraucht sein kann, ist ohne weiteres klar.

mit Kommentar a verwandt ist, obwohl er eine andere Schicht repräsentiert (der Text wird den Ausführungen des Meisters nachgestellt), die in den Hi Tsï übrigens ebenfalls vorkommt.

Der achte Flügel: Besprechung der Zeichen, Schuo Gua, enthält altes Material zu der Erklärung der acht Urzeichen. Darunter dürfte manches Stück sein, das über Kungtse zeitlich hinaufgeht und seinerseits von ihm bzw. seiner Schule kommentiert ist.

Der neunte Flügel: die Reihenfolge, Anordnung der Zeichen, Sü Gua, enthält eine zum Teil recht schwach motivierte Erklärung, weshalb die Zeichen in ihrer heutigen Reihenfolge stehen, die nur dadurch interessant ist, daß sie zuweilen eigenartige Deutungen der Namen der Zeichen gibt, die sicher auf alter Überlieferung beruhen. Auch dieser Kommentar, der mit Kungtse natürlich nichts zu tun hat, wurde aufgeteilt und den einzelnen Zeichen zugeordnet unter der Überschrift: Reihenfolge.

Der letzte Flügel: Dsa Gua oder Vermischte Zeichen sind in Versus memoriales gefaßte Definitionen der einzelnen Zeichen, größtenteils in paarweiser Gegenüberstellung, die übrigens von der Ordnung im jetzigen Buch der Wandlungen sehr wesentlich abweichen. Auch diese Definitionen wurden unter der Überschrift »Vermischte Zeichen« aufgeteilt und den einzelnen Zeichen beigegeben.

Im folgenden werden zunächst die beiden Abschnitte Schuo Gua, Besprechung der Zeichen, und Hi Tsï Dschuan oder Da Dschuan, Kommentar zu den beigefügten Urteilen oder – richtiger – großer Kommentar, in Übersetzung gegeben und dann noch einiges über die Struktur der Zeichen aus verschiedenen Quellen beigebracht, das zum Verständnis des zweiten Teils von Wichtigkeit ist.

Schuo Gua – Besprechung der Zeichen

Kapitel 1

§ 1 Die heiligen Weisen vor alters machten das Buch der Wandlungen also: Um in geheimnisvoller Weise den lichten Göttern zu helfen, erfanden sie das Schafgarbenorakel. Sie teilten dem Himmel die Zahl drei zu und der Erde die Zahl zwei und berechneten danach die weiteren Zahlen.
Sie betrachteten die Veränderungen im Dunkeln und Lichten und stellten danach die Zeichen fest. Sie erzeugten Bewegungen im Festen und Weichen und ließen so die einzelnen Linien entstehen. Sie brachten sich in Übereinstimmung mit SINN und LEBEN und stellten demgemäß die Ordnung des Rechten auf. Indem sie die Ordnung der Außenwelt bis zu Ende durchdachten und das Gesetz des eignen Innern bis zum tiefsten Kern verfolgten, gelangten sie bis zum Verständnis des Schicksals.

Dieser erste Paragraph bezieht sich auf das gesamte Buch der Wandlungen und die ihm zugrunde liegenden Prinzipien. Der ursprüngliche Zweck der Zeichen des Buchs der Wandlungen war die Erfragung des Schicksals. Da jedoch die göttlichen Wesen ihrem Wissen nicht unmittelbar Ausdruck geben, mußte ein Mittel gefunden werden, durch das sie sich vernehmlich machen konnten. Die Medien für die Äußerung der übermenschlichen Intelligenz waren seit alters drei: Menschen, Tiere und Pflanzen, in denen das Leben auf verschiedene Weise pulsiert. Dazu kam als viertes die Benutzung des Zufalls, in dem sich gerade bei dem Mangel des unmittelbaren Sinnes ein tieferer Sinn Ausdruck verschaffen konnte. Diese Benutzung des Zufalls ergab das Orakel. Das Buch der Wandlungen beruht auf dem Pflanzenorakel, das durch medial veranlagte Menschen gehandhabt wird.
Die festgesetzte Sprache für die Kommunikation mit den übermenschlichen Intelligenzen beruht auf der Zahl und ihrer Symbolik. Die Grundprinzipien der

Welt sind Himmel und Erde, Geist und Materie. Die Erde ist das abgeleitete, darum wird ihr die Zahl Zwei zugeteilt. Der Himmel ist die letzte Einheit, die aber die Erde in sich befaßt, darum wird ihm die Zahl Drei zugeteilt – da die Eins zu abstrakt und unbeweglich ist, weil sie keine Mannigfaltigkeit in sich enthält. Dementsprechend wurden dann weiterhin die ungeraden Zahlen der himmlischen, die geraden Zahlen der irdischen Welt zugeteilt.

Die aus sechs Linien bestehenden Zeichen sind sozusagen Abbildungen von wirklichen Weltzuständen mit ihren Kombinationen der lichten, himmlischen und der dunklen, irdischen Kraft. Innerhalb dieser Zeichen ist aber die Möglichkeit der Veränderung und Umgestaltung der einzelnen Linien gegeben, so daß aus jedem Zeichen ein neues entsteht, wie die Zustände der Welt sich fortwährend wandeln. Der Vorgang des Wandels zeigt sich an den bewegten Linien, das Endergebnis im neu entstandenen Zeichen.

Außer dem Zweck des Orakels dient aber das Buch der Wandlungen auch zum intuitiven Verständnis der Weltverhältnisse, zum Eindringen in die letzten Tiefen von Natur und Geist. Die Zeichen geben die Bilder der Zustände und Verhältnisse der Welt im ganzen, die einzelnen Linien behandeln innerhalb dieser Gesamtverhältnisse die wechselnden Einzellagen. Das Buch der Wandlungen befindet sich im Einklang mit dem Sinn und Leben der Welt (Naturgesetz = Dau und Sittengesetz = De). Darum vermag es die Regeln aufzustellen darüber, was für jedermann das Rechte ist. Der letzte Sinn der Welt, das Schicksal, das Sosein der Welt, wie sie nun einmal durch schöpferische Entscheidung (Ming) geworden ist, wird erreicht, indem man in der Welt der äußeren Erfahrung (Natur) und der inneren Erfahrung (Geist) hinabsteigt bis in die letzten Quellen. Beide Wege führen zum selben Ziel.

§ 2 Die heiligen Weisen vor alters machten das Buch der Wandlungen also: Sie wollten den Ordnungen des inneren Gesetzes und des Schicksals nachgehen. Darum stellten sie den SINN des Himmels fest und nannten ihn: das Dunkle und das Lichte. Sie stellten den SINN der Erde fest und nannten ihn: das Weiche und das Feste. Sie stellten den SINN des Menschen fest und nannten ihn: die Liebe und die Gerechtigkeit. Diese drei Grundkräfte nahmen sie zusammen und verdoppelten sie. Darum bilden im Buch der Wandlungen immer sechs Linien ein Zeichen.

Die Plätze werden eingeteilt in dunkle und lichte, darauf stehen abwechselnd weiche und feste. Darum hat das Buch der Wandlungen sechs Plätze, die die Linienfiguren bilden.

Dieser Paragraph handelt von den Elementen der einzelnen Zeichen und ihrem Zusammenhang mit dem Weltverlauf. Wie am Himmel aus Abend und Morgen ein Tag wird durch den Wechsel von Dunkel und Licht (Yin und Yang), so werden abwechselnd die geraden und ungeraden Plätze der einzelnen Zeichen als dunkel und licht bezeichnet. Platz 1, 3, 5 sind lichte Plätze, Platz 2, 4, 6 sind dunkle Plätze. Wie ferner auf der Erde aus Festem und Weichem alle Wesen gebildet sind, so erhalten die einzelnen Linien festen, d. h. ungeteilten oder weichen, d. h. geteilten Charakter. Diesen beiden Grundkräften in Himmel und Erde entsprechen im Menschen die polaren Eigenschaften der Liebe und der Gerechtigkeit, wobei Liebe dem lichten, Gerechtigkeit dem dunklen Prinzip entspricht. Diese menschlichen Eigenschaften finden, da es sich hierbei um etwas Subjektives, nichts Objektives handelt, in den Elementen der Zeichen (Plätzen und Strichen) keinen besonderen Ausdruck. Wohl aber kommt die Dreiheit der Weltprinzipien innerhalb der Gesamtzeichen und ihrer Einteilung zum Ausdruck. Diese drei Prinzipien zerfallen in Subjekt (Mensch), Objekt mit Form (Erde) und Gehalt (Himmel). Der unterste Platz innerhalb der Zeichen ist der Platz der Erde, der mittlere der des Menschen, der oberste der des Himmels. Entsprechend der polaren Zweiheit werden nun die ursprünglich aus drei Strichen bestehenden Zeichen verdoppelt, so daß es zwei Plätze der Erde, des Menschen, des Himmels gibt. Und zwar sind dann jeweils die beiden unteren Plätze die der Erde, Platz drei und vier die des Menschen und die beiden oberen die des Himmels.

Es ist eine vollkommen geschlossene Weltbetrachtung, die hier ihren Ausdruck findet. Sie steht in unmittelbarem Zusammenhang mit der des Werkes »Maß und Mitte«.

Dieses erste Kapitel gehört seinem ganzen Gedankengehalt nach zu der unter dem Namen »Beigefügte Urteile« gehenden Sammlung von Essays über den Sinn und die Struktur der Gesamtzeichen. Mit dem folgenden ist kein Zusammenhang da.

Kapitel 2

§ 3 Himmel und Erde bestimmen die Richtung. Berg und See stehen in Verbindung ihrer Kräfte. Donner und Wind regen einander auf. Wasser und Feuer bekämpfen einander nicht. So werden die acht Zeichen durcheinandergestellt.
Das Vergehende zu zählen beruht auf der Vorwärtsbewegung.
Das Kommende zu wissen beruht auf der rückläufigen Bewegung.
Darum hat das Buch der Wandlungen rückläufige Zahlen.

Hier werden in einem vermutlich sehr alten Spruch die acht Urzeichen genannt in paarweiser Reihenfolge, die der Überlieferung nach auf Fu Hi zurückgeht, also zur Zeit der Abfassung des Buchs der Wandlungen in der Dschoudynastie schon vorhanden war. Diese Reihenfolge wird die Reihenfolge des früheren Himmels oder vorweltliche Reihenfolge genannt. Die einzelnen Zeichen sind den Zeichen der Windrose folgendermaßen beigeordnet – wobei zu beachten ist, daß im Chinesischen der Süden oben zu stehen pflegt:

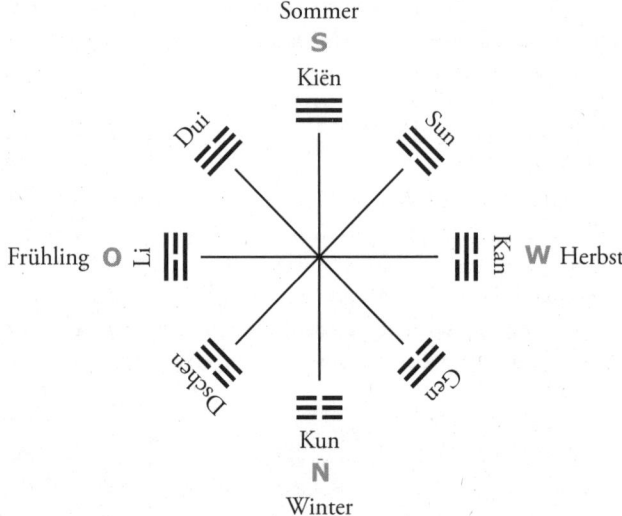

Kiën, Himmel, und Kun, Erde, bestimmen die Richtungsachse Nord-Süd. Dann kommt die Beziehung Gen, Berg, und Dui, See. Sie stehen insofern in Verbindung ihrer Kräfte, als der Wind vom Berg nach dem See weht und die Wolken und Dünste vom See nach dem Berg aufsteigen. Dschen, Donner, und Sun, Wind, verstärken einander bei ihrem Hervortreten. Li, Feuer, und Kan, Wasser, stehen in der Welt der Erscheinung in unversöhnlichem Gegensatz. Aber in den vorweltlichen Beziehungen stören ihre Wirkungen einander nicht, sondern halten einander im Gleichgewicht.

Beim Durcheinanderstellen der Zeichen, d. h., wenn sie in Bewegung kommen, ist eine doppelte Bewegung zu konstatieren, die gewöhnliche, rechtläufige, sich im Zeitverlauf summierende und expandierende, durch die das Vergehende bestimmt wird, und eine entgegengesetzte, rückläufige, sich im Zeitverlauf zusammenfaltende und kontrahierende, durch die die Keime der Zukunft sich gestalten. Die Kenntnis dieser Bewegung verleiht das Wissen der Zukunft. Bildlich ausgedrückt: Wenn man versteht, wie der Baum sich im Samenkorn zusammenzieht, so versteht man die künftige Entfaltung des Samenkorns zum Baum.

§ 4 Der Donner bewirkt die Bewegung, der Wind bewirkt die Auflösung, der Regen bewirkt die Befeuchtung, die Sonne bewirkt die Erwärmung, das Stillhalten bewirkt die Innehaltung, das Heitere bewirkt die Erfreuung, das Schöpferische bewirkt die Beherrschung, das Empfangende bewirkt die Bergung.

Hier werden abermals die durch die acht Urzeichen dargestellten Kräfte in ihrer Wirkung auf die Natur dargestellt. Dabei werden die vier ersten mit ihren Bildern, die vier letzten mit ihren Namen genannt, da nur die vier ersten in ihren Bildern zeitlich wirksame Naturkräfte bezeichnen, während die andern auf Zustände deuten, die im Lauf des Jahres eintreten.

Dabei haben wir eine vorwärtsgehende (aufsteigende) Linie, in der die Kräfte des vergangenen Jahres sich auswirken. Die Verfolgung dieser Linie führt zur Kenntnis der Vergangenheit, die als Ursache in ihren Wirkungen latent gegenwärtig ist. In der zweiten Hälfte, die nicht nach den Bildern (Erscheinungen), sondern nach den Eigenschaften der Zeichen benannt ist, setzt eine rückläufige Bewegung ein (der Sprung von Li, das im Osten steht, zurück zu Gen im Nordwesten). In dieser Linie entwickeln sich die Kräfte des kommenden Jahres. Die

Verfolgung dieser Linie führt zur Kenntnis der Zukunft, die als Wirkung durch ihre Ursachen bzw. Keime, die sich kontrahierend verdichten, vorbereitet wird. Die Kräfte wirken sich innerhalb der vorweltlichen Anordnung immer in paarweisen Gegensätzen aus. Der Donner, die elektrische Kraft, weckt die Samen des alten Jahres. Sein Gegenstück, der Wind, löst die Starrheit des winterlichen Eises auf. Der Regen befeuchtet die Samen, so daß sie keimen können, sein Gegenstück, die Sonne, gibt die nötige Wärme dazu. Daher der Spruch: »Wasser und Feuer bekämpfen einander nicht.« Nun kommen die rückläufigen Kräfte. Das Stillehalten hemmt die weitere Expansion; die Samenanlage beginnt. Sein Gegenstück, das Heitere, bewirkt die Freuden der Ernte. Dann kommen zum Abschluß die richtunggebenden Kräfte: das Schöpferische, das das große Gesetz des Daseins repräsentiert, und das Empfangende, das das Bergen im Mutterschoß zeigt, in den alles zurückkehrt, nachdem es den Kreislauf des Lebens vollendet.

Wie im Jahreslauf sind auch im Menschenleben solche aufsteigenden und rückläufigen Kraftlinien vorhanden, aus denen Vergangenheit und Zukunft entnommen werden kann.

> § 5 Gott tritt hervor im Zeichen des Erregenden, er macht alles völlig im Zeichen des Sanften, er läßt die Geschöpfe einander erblicken im Zeichen des Haftenden (des Lichts), er läßt sie einander dienen im Zeichen des Empfangenden. Er erfreut sie im Zeichen des Heiteren, er kämpft im Zeichen des Schöpferischen, er müht sich im Zeichen des Abgründigen, er vollendet sie im Zeichen des Stillehaltens.

Hier ist die Reihenfolge der acht Zeichen nach der Ordnung des Königs Wen gegeben, die die Reihenfolge des späteren Himmels oder innerweltliche Ordnung genannt wird. Die Zeichen sind hier aus ihrer paarweise entgegengesetzten Ordnung gelöst und in der zeitlichen Reihenfolge ihres Hervortretens in die Erscheinung im Kreislauf des Jahres gezeigt. Dabei ist die Ordnung der Zeichen sehr wesentlich verändert. Himmelsrichtungen und Jahreszeiten sind kombiniert. Die Ordnung stellt sich folgendermaßen dar:

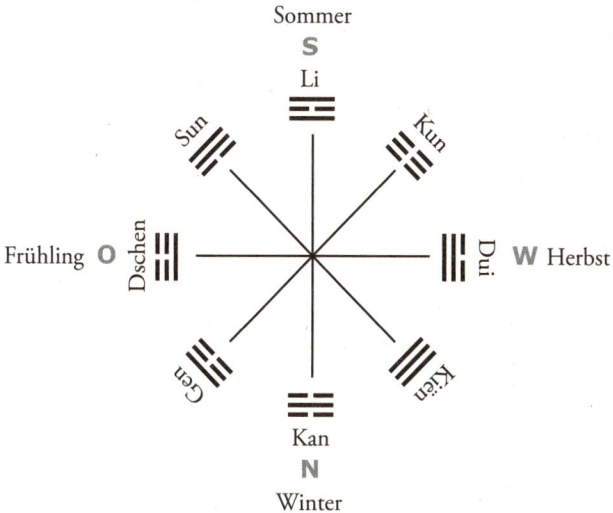

Das Jahr beginnt die Schöpfertätigkeit Gottes zu zeigen in dem Zeichen Dschen, das Erregende, das im Osten steht und den Frühling bedeutet. Über die Art, wie diese Wirksamkeit Gottes in der Natur vor sich geht, enthält das Folgende nähere Ausführungen.

Es ist höchst wahrscheinlich, daß der obige Spruch ein Rätselspruch aus alter Zeit ist, der im Folgenden eine Deutung erfahren hat, die wohl auf die Gedankenwelt der Schule des Kungtse hinweist.

> Alle Wesen treten hervor im Zeichen des Erregenden. Das Erregende steht im Osten.
> Sie werden völlig im Zeichen des Sanften. Das Sanfte steht im Südosten. Völligkeit bedeutet, daß alle Wesen rein und völlig werden.
> Das Haftende ist die Helle, in der alle Wesen einander erblicken. Es ist das Zeichen des Südens. Daß die heiligen Weisen mit dem Gesicht nach Süden gewandt waren, wenn sie den Sinn des Weltreichs anhörten, hat die Bedeutung, daß sie sich dem Hellen zuwandten bei ihrem Walten. Offenbar entnahmen sie das diesem Zeichen.
> Das Empfangende bedeutet die Erde. Sie sorgt dafür, daß alle Wesen

ernährt werden. Darum heißt es: »Er läßt sie einander dienen im Zeichen des Empfangenden.«

Das Heitere ist der Mittherbst, der alle Wesen erfreut. Darum heißt es: »Er erfreut sie im Zeichen des Heiteren.«

»Er kämpft im Zeichen des Schöpferischen.« Das Schöpferische ist das Zeichen des Nordwestens. Es bedeutet, daß hier das Dunkle und das Lichte einander aufregen.

Das Abgründige bedeutet das Wasser. Es ist das Zeichen des genauen Nordens, das Zeichen der Mühe, dem alle Wesen zufallen. Darum heißt es: »Er müht sich im Zeichen des Abgründigen.«

Das Stillehalten ist das Zeichen des Nordostens, wo aller Wesen Anfang und Ende vollendet wird. Darum heißt es: »Er vollendet sie im Zeichen des Stillehaltens.«

Hier werden Jahreslauf und Tageslauf miteinander in Einklang gebracht. Was im vorigen Abschnitt als die Entfaltung des Göttlichen dargestellt war, wird hier nach seiner Erscheinung in der Natur dargestellt. Die Zeichen werden den Jahreszeiten und Himmelsrichtungen zugeteilt, ohne Schematismus, durch gelegentliche Hinweise, aus denen sich das oben gezeichnete Schema ergibt. Der Frühling regt sich, und damit kommt Keimen und Sprossen in die Natur. Das entspricht dem Morgen des Tages. Dieses Erwachen ist dem Zeichen des Erregenden, Dschen, zugeteilt, das als Donner und elektrische Kraft aus der Erde hervorströmt. Dann kommt die linde Luft, die die Pflanzenwelt erneuert und die Erde mit Grün kleidet. Das entspricht dem Zeichen des Sanften, Eindringenden, Sun. Sun hat als Bild sowohl den Wind, der das starre Wintereis auflöst, als auch das Holz, das organisch sich entwickelt. Die Wirkung dieses Zeichens ist, daß die Dinge in ihre Formen sozusagen einströmen, sich entwickeln und auswachsen zu dem, was im Keim als Form vorgebildet ist. Darauf kommt die Höhe des Jahres, Mittsommer, bzw. im Tageslauf der Mittag. Hier steht das Zeichen Li, das Haftende, das Licht. Hier erblicken die Wesen einander. Das vegetativ Organische geht über ins seelisch Bewußte. So ist das zugleich ein Bild der menschlichen Gemeinschaft, in der der Herrscher, der Klarheit zugewandt, über den Erdkreis waltet. Es ist zu beachten, daß das Zeichen Li den Platz im Süden einnimmt, den bei der vorweltlichen Ordnung das Zeichen Kiën, das Schöpferische, innehatte. Li besteht dem Wesen nach aus dem unteren und dem oberen Strich von Kiën, die den zentralen Strich von Kun in sich aufgenommen haben. Man muß zum vollen Verständnis die innerweltliche Ordnung immer als transparent sich vorstellen, wobei die vorweltliche Ordnung durchschimmert. So kommen wir hier bei dem Zeichen Li gleichzeitig auf den Herrscher Kiën, der mit dem Gesicht nach Süden gewandt regiert. Darauf kommt das Reifen der Feldfrüchte, das Kun, die Erde, das Empfangende gewährt. Es ist die Zeit der Erntearbeit, des gemeinsamen Dienens. Dann folgt der Mittherbst unter dem Zeichen des Heiteren, Dui, das, wie der Abend den Tag, so als Herbst das Jahr seiner Reife und Freude zuführt. Es kommt dann die strenge Zeit, da sich zeigen muß, was geleistet ist. Gericht liegt in der Luft. Von der Erde kehren die Gedanken zurück zum Himmel, dem Schöpferischen, Kiën. Ein Kampf wird gekämpft. Eben während das Schöpferische zur Herrschaft kommt, ist der äußeren Auswirkung nach die dunkle Yinkraft am mächtigsten. Daher regen hier das Dunkle und das Lichte einander auf. Ein Zweifel, wer in diesem Kampf siegen wird, kann nicht bestehen, da es nur die letzte Auswirkung vorher gelegener Ursachen ist, die durch das Schöpferische ihr Gericht findet. Darauf folgt dann der Winter im Zeichen des Abgründigen, Kan. Kan, das im Norden – am Platz des Empfangenden in der vorweltlichen Ordnung – steht, hat als Symbol die Talschlucht. Es kommt die Mühe des Sammelns in die Scheunen. Wie das Wasser keine Mühe scheut, sondern sich immer der tiefsten Stelle zuwendet, weshalb ihm alles zufließt, so ist der Winter im Jahreslauf und die Mitternacht im Tageslauf die Zeit der Sammlung. Geheimnisvoll bedeutend ist das Zeichen Stillehalten, Gen, das als Symbol den Berg hat. Hier knüpft sich in tiefverborgener Stille im Samenkorn das Ende aller Dinge an einen neuen Anfang. Tod und Leben, Sterben und Auferstehen sind die Gedanken, die der Übergang vom alten Jahr ins neue auslöst.

So ist der Kreis geschlossen. Wie in der Natur der Tag oder das Jahr, so ist jedes Leben, ja jeder Erlebniszyklus ein Zusammenhang, durch den Altes und Neues verknüpft wird. Von hier aus ist es zu verstehen, wenn in mehreren der 64 Zeichen Südwesten die Arbeitszeit und Gemeinsamkeit bedeutet und Nordosten die einsame Zeit, da Altes beendet und Neues begonnen wird.

§ 6 Der Geist ist geheimnisvoll in allen Wesen und wirkt durch sie. Unter allem, was die Dinge bewegt, gibt es nichts Schnelleres als den Donner. Unter allem, was die Dinge beugt, gibt es nichts schnelleres als den Wind. Unter allem, was die Dinge erwärmt, gibt es nichts Austrocknenderes als das Feuer. Unter allem, was die

Dinge erfreut, gibt es nichts Erfreulicheres als den See. Unter allem, was die Dinge feuchtet, gibt es nichts Feuchteres als das Wasser. Unter allem, was die Dinge beendet und die Dinge anfängt, gibt es nichts Herrlicheres als das Stillehalten.

Darum: Wasser und Feuer ergänzen einander, Donner und Wind stören einander nicht, Berg und See stehen in Kraftwirkung miteinander: So nur ist Veränderung und Umgestaltung möglich und können alle Dinge vollendet werden.

Hier wird nur die Wirkung der sechs abgeleiteten Urzeichen aufgeführt. Diese Wirkung ist die Wirkung des Geistigen, das nicht ein Ding neben Dingen ist, sondern die Kraft, die durch die verschiedenen Wirkungen von Donner, Wind usw. sich beweist. Die beiden Urzeichen »das Schöpferische« und »das Empfangende« sind nicht genannt, weil sie als Himmel und Erde eben die Ausstrahlungen des Geistes sind, innerhalb deren durch die Wirkung der abgeleiteten Kräfte die sichtbare Welt entsteht und sich wandelt. Jede dieser Kräfte wirkt in einer bestimmten Richtung; aber Bewegung und Wandlung ist nur möglich dadurch, daß die paarweise entgegengesetzten Kräfte, ohne einander aufzuheben, die Kreisbewegung in Schwung setzen, auf der das Leben der Welt beruht.

Kapitel 3

Das dritte Kapitel behandelt die acht Zeichen einzeln und gibt die Symbolzusammenhänge, mit denen sie verknüpft sind. Es ist insofern von Wichtigkeit, als aus diesen Symbolzusammenhängen sich vielfach die Textworte zu den einzelnen Strichen erklären lassen. Die Kenntnis dieser Zusammenhänge ist technisch wichtig für das Verständnis des Buchs der Wandlungen in Beziehung auf seinen Aufbau.

§ 7 Die Eigenschaften
Das Schöpferische ist stark, das Empfangende ist hingebend, das Erregende bedeutet Bewegung. Das Sanfte ist eindringend. Das Abgründige ist gefährlich. Das Haftende bedeutet Abhängigkeit. Das Stillehalten bedeutet Stehenbleiben. Das Heitere bedeutet Freude.

§ 8 Die symbolischen Tiere
Das Schöpferische wirkt im Pferd, das Empfangende in der Kuh, das Erregende im Drachen, das Sanfte im Hahn, das Abgründige im Schwein, das Haftende im Fasan, das Stillehalten im Hund, das Heitere im Schaf.

Das Schöpferische wird symbolisiert durch das Pferd,* das rasch und unermüdlich dahinrennt, das Empfangende durch die sanfte Kuh. Das Erregende, dessen Bild der Donner ist, hat den Drachen, der aus der Tiefe sich an den Gewitterhimmel emporschwingt, entsprechend dem einen starken Strich, der unterhalb der beiden weichen Linien nach oben drängt. Das Sanfte, Eindringende hat den Hahn, der als Wächter der Zeit mit seiner Stimme die Stille durchdringt, die sich ausbreitet wie der Wind: das Bild des Sanften. Das Abgründige hat als Bild das Wasser. Das Schwein ist unter den Haustieren das im Schlamm und Wasser Lebende. Das Haftende, der Schein, hat in seinem Zeichen Li schon ursprünglich das Bild eines fasanartigen Feuervogels. Das Stillehalten hat den Hund,

---

* Es sind hier Varianten zum Text des I Ging vorhanden, in denen das Schöpferische den Drachen, das Empfangende die Stute, das Haftende die Kuh hat.

den treuen Wächter, zum Tier, das Heitere das Schaf, das als Tier des Westens gilt; die beiden oberen, getrennten Striche deuten auf die Hörner des Schafs.

§ 9 Die Körperteile
Das Schöpferische wirkt im Haupt, das Empfangende in der Bauchhöhle, das Erregende im Fuß, das Sanfte in den Schenkeln, das Abgründige im Ohr, das Haftende (der Schein) im Auge, das Stillehalten in der Hand, das Heitere im Mund.

Das Haupt beherrscht den ganzen Leib. Die Bauchhöhle dient zum Aufbewahren, der Fuß tritt auf und bewegt, die Hand hält fest. Die Schenkel verzweigen sich verhüllt nach unten, der Mund öffnet sich sichtbar nach oben. Das Ohr ist außen hohl, das Auge ist innen hohl: lauter Gegensatzpaare, die den Zeichen entsprechen.

§ 10 Die Familie der Urzeichen
Das Schöpferische ist der Himmel, darum wird es der Vater genannt. Das Empfangende ist die Erde, darum wird es die Mutter genannt.
Im Zeichen des Erregenden sucht sie zum erstenmal die Kraft des Männlichen und bekommt einen Sohn. Darum heißt das Erregende der älteste Sohn.
Im Zeichen des Sanften sucht das Männliche zum erstenmal die Kraft des Weiblichen und erhält eine Tochter. Darum heißt das Sanfte die älteste Tochter.
Im Abgründigen sucht sie zum zweitenmal und bekommt einen Sohn. Darum heißt das der mittlere Sohn.
Im Haftenden sucht er zum zweitenmal und bekommt eine Tochter. Darum heißt das die mittlere Tochter.
Im Stillehalten sucht sie zum drittenmal und bekommt einen Sohn. Darum heißt dies der jüngste Sohn.
Im Heiteren sucht er zum drittenmal und bekommt eine Tochter. Darum heißt das die dritte Tochter.

Bei den Söhnen stammt der Ableitung nach das Materielle von der Mutter, daher zwei weibliche Strichelemente, während das beherrschende, determinierende

Strichelement vom Vater stammt und umgekehrt. Die Geschlechter schlagen in den Nachkommen jeweils in ihr Gegenteil um.
Hier in der innerweltlichen Ordnung ist ein Geschlechterwechsel der abgeleiteten Zeichen gegenüber der vorweltlichen Ordnung zu beobachten. In der vorweltlichen Ordnung ist jeweils der unterste Strich geschlechtsbestimmend. Da sind die Söhne: 1. Dschen, das Erregende, 2. Li, das Haftende (die Sonne), 3. Dui, das Heitere. Sie stehen in der Anordnung in der Osthälfte. Die Töchter sind: 1. Sun, das Sanfte, 2. Kan, das Abgründige (der Mond), 3. Gen, das Stillehaltende. Sie stehen in der Westhälfte. Es haben also in der innerweltlichen Ordnung nur Dschen und Sun ihr Geschlecht beibehalten. Die Anordnung zeigt die Söhne links von Kiën, dem Schöpferischen, während Kun die beiden älteren Töchter rechts von sich, die jüngste links zwischen sich und Kiën hat.

§ 11 Weitere Symbole
   Das Schöpferische ist der Himmel, ist rund, ist der Fürst, ist der Vater, ist der Nephrit, ist das Metall, ist die Kälte, ist das Eis, ist das Tiefrote, ist ein gutes Pferd, ist ein altes Pferd, ist ein mageres Pferd, ist ein wildes Pferd, ist das Baumobst.

Die meisten der Symbole ergeben sich von selbst. Der Nephrit ist das Symbol der fleckenlosen Reinheit und der Festigkeit, ebenso das Metall. Kälte und Eis ergeben sich aus der Stellung des Zeichens im Nordwesten. Das Tiefrote ist die gesteigerte Farbe des Lichten (im Text ist Schwarzblau die Farbe des Schöpferischen entsprechend der Farbe des Himmels). Die verschiedenen Pferde deuten auf Kraft, Dauer, Festigkeit, Stärke (das »wilde« Pferd ist ein mythisches Tier mit Sägezähnen, das selbst einen Tiger zerbeißen kann). Das Obst ist das Symbol der Dauer im Wechsel.
Zusätze späterer Kommentare: ist gerade, ist der Drache, ist das Obergewand, ist das Wort.

   Das Empfangende ist die Erde, ist die Mutter, ist Tuch, ist der Kessel, ist die Sparsamkeit, ist ebenmäßig, ist ein Kalb mit der Kuh, ist ein großer Wagen, ist die Form, ist die Menge, ist der Stamm. Unter den Erdarten ist es die schwarze.

Die ersten Symbole sind ohne weiteres verständlich. Das Tuch ist das Ausgebreitete; die Erde ist mit Leben bedeckt wie mit einem Gewand. Im Kessel kocht man die Dinge, bis sie gar sind; so ist die Erde der große Schmelztiegel des Lebens. Die Sparsamkeit ist eine Grundeigenschaft der Natur. Ebenmäßig bedeutet, daß sie keine Zu- und Abneigung kennt. Kalb mit Kuh ist Symbol der Fruchtbarkeit; der große Wagen ist das Symbol, daß sie alle Wesen trägt. Form und Verzierung ist das Gegenteil des Gehalts, der im Schöpferischen gegeben ist. Die Menge oder Mehrheit steht im Gegensatz zur Einheit des Schöpferischen. Der Stamm ist das, aus dem die Zweige entspringen, wie alles Leben aus der Erde entspringt. Schwarz ist das gesteigerte Dunkel.*

> Das Erregende ist der Donner, ist der Drache, ist dunkelgelb, ist das Ausbreiten, ist eine große Straße, ist der älteste Sohn, ist entschieden und heftig, ist grüner, junger Bambus, ist Schilf und Rohr. Unter den Pferden bedeutet es die, die gut wiehern können, die mit weißen Hinterbeinen, die galoppierenden, die mit einem Stern auf der Stirn.

Unter den Nutzpflanzen sind es die Hülsenfrüchte. Schließlich ist es das Starke, das üppig Gedeihende.
Dunkelgelb ist die Mischung des dunklen Himmels und der gelben Erde. Das Ausbreiten – vielleicht ist zu lesen: die Blüten – deutet auf das üppige Wachstum im Frühling, das die Erde mit einem Pflanzenkleid überzieht. Die große Straße deutet auf den allgemeinen Weg zum Leben im Frühling. Bambus, Schilf und Rohr sind besonders rasch wachsende Pflanzen. Das Wiehern der Pferde deutet auf ihre Verwandtschaft mit dem Donner. Die weißen Hinterbeine leuchten weithin beim Lauf. Der Galopp ist die bewegteste Gangart. Die Hülsenfrüchte tragen beim Keimen noch die Hülse des Samens an sich.

> Das Sanfte ist das Holz, ist der Wind, ist die älteste Tochter, ist die Richtschnur, ist die Arbeit, ist das Weiße, ist das Lange, ist das Hohe, ist Fortschritt und Rückzug, ist das Unentschiedene, ist der Geruch.
> Unter den Menschen bedeutet es die Grauhaarigen, bedeutet es die mit breiter Stirn, bedeutet es die mit viel Weiß im Auge, bedeutet es die,

---

*   Im Text ist die Farbe des Empfangenden Gelb, sein Tier die Stute.

die dem Gewinn nahestehen, so daß sie auf dem Markt das Dreifache bekommen. Schließlich ist es das Zeichen der Heftigkeit.

Die ersten Bedeutungen sind ohne weiteres verständlich. Die Richtschnur ist das Zeichen insofern, als es sich auf die windartige Ausbreitung von Befehlen bezieht. Weiß ist die Farbe des Yinprinzips. Hier ist das Yin im Anfang an unterster Stelle. Das Holz wächst lang; der Wind kommt in große Höhen hinauf. Fortschritt und Rückzug bezieht sich auf die Unentschiedenheit des Windes; hierher gehört auch die Unentschiedenheit und der Geruch, der durch den Wind vermittelt wird. Die Grauhaarigen, spärlich behaarten Menschen haben viel Weiß im Haar. Die mit viel Weiß im Auge sind hochmütig und heftig. Heftig sind auch die Gewinnsüchtigen, so daß schließlich das Zeichen in sein Gegenteil umschlägt und die Heftigkeit, d. h. Dschen, repräsentiert.

> Das Abgründige ist das Wasser, sind Gräben, ist der Hinterhalt, ist das Geradebiegen und Krummbiegen, ist der Wagen und das Rad.
> Unter den Menschen bedeutet es die Melancholischen, die im Herzen Kranken, die mit Ohrenschmerzen.
> Es ist das Zeichen des Blutes, ist das Rote.
> Unter den Pferden bedeutet es die mit schönem Rücken, mit wildem Mut, die den Kopf hängen lassen, die dünne Hufe haben, die Stolpernden.
> Unter den Wagen bedeutet es die mit vielen Fehlern.
> Es ist das Durchdringen, ist der Mond.
> Es bedeutet die Diebe.
> Unter den Holzarten bedeutet es die festen mit viel Mark.

Die ersten Eigenschaften ergeben sich wieder von selbst. Das Gerade- und Krummbiegen liegt im schlängelnden Gang des Wassers; von da aus kommt der Gedanke auf Gebogenes, auf Bogen und Rad. Der Trübsinn wird ausgedrückt durch den einen starken Strich, der zwischen zwei schwachen eingeklemmt ist, ebenso die Herzkrankheit. Das Zeichen ist die Mühe und das Ohr. Durch mühsames Anhören gibt es Ohrenschmerzen.
Das Blut ist die Flüssigkeit des Körpers, daher ist seine Farbe Rot, wenn auch etwas heller als die von Kiën, dem schöpferischen. Durch das Durchdringen bekommt es, auf den Wagen angewandt, das Bild eines zerbrochenen Wagens, der als Lastwagen dient. Das Durchdringen wird nahegelegt durch den durch-

dringenden Strich in der Mitte, der zwischen den zwei schwachen eingekeilt ist. Als Wasserelement bedeutet es den Mond, der somit als männlich erscheint. Die heimlich Durchdringenden und Fortschleichenden sind die Diebe. Ebenso ist auch die Markigkeit des Holzes etwas, das mit der Eigenschaft des Durchdringens zusammenhängt.

> Das Haftende ist das Feuer, ist die Sonne, ist der Blitz, ist die mittlere Tochter.
> Es bedeutet Panzer und Helme, es bedeutet Lanzen und Waffen. Unter den Menschen bedeutet es die mit großem Bauch.
> Es ist das Zeichen der Trockenheit. Es bedeutet die Schildkröte, die Krabbe, die Schnecke, die Muschel, die Karettschildkröte.
> Unter den Bäumen bedeutet es die oben am Stamm dürren.

Soweit sich die verschiedenen Symbole nicht von selbst verstehen, werden sie nahegelegt durch die Bedeutung des Feuers, der Hitze und Trockenheit, ferner durch den Charakter des Zeichens, das außen fest und innen hohl bzw. weich ist. Hierher gehören die Waffen, der dicke Bauch, die Schaltiere, die hohlen Bäume, die oben anfangen dürr zu werden.

> Das Stillehalten ist der Berg, ist ein Nebenweg, bedeutet kleine Steine, bedeutet Türen und Öffnungen, bedeutet Früchte und Samen, bedeutet Eunuchen und Wächter, bedeutet die Finger, ist der Hund, ist die Ratte und die Arten der Schwarzschnäbel.
> Unter den Bäumen bedeutet es die festen, knotigen.

Ein Nebenweg wird durch die Bergpfade nahegelegt, ebenso die Steine. Das Tor wird durch die Form des Zeichens ☶ nahegelegt. Früchte und Samen sind die Vermittlung zwischen Ende und Anfang der Pflanzen. Eunuchen sind Türhüter, Wächter sind Straßenhüter, beide schützen und bewachen. Die Finger sind zum Festhalten da. Der Hund bewacht, die Ratte nagt, die Vögel mit schwarzen Schnäbeln können Dinge leicht festhalten. Ebenso sind die knotigen Stämme diejenigen, die am meisten standhalten.

> Das Heitere ist der See, ist die jüngste Tochter, ist eine Zauberin, ist Mund und Zunge, bedeutet Verderben und Zerbrechen, bedeutet Abfal-

len und Aufspringen.
Unter den Erdarten bedeutet es die harten und salzigen. Es ist die Nebenfrau, ist das Schaf.

Die Zauberin ist eine Frau, die redet. Das Heitere ist oben offen, daher Mund und Zunge. Es steht im Westen und steht daher mit dem Gedanken des Herbstes, des Zerstörens, in Verbindung, daher Verderben und Zerbrechen, Abfallen und Aufspringen der reifen Früchte. Harte, salzige Erde ist die Erde an Orten, wo Seen ausgetrocknet sind. Die Nebenfrau leitet sich ab aus dem Gedanken der jüngsten Tochter. Das Schaf, außen schwach und innen bockig, wird, wie schon bemerkt, durch die Form des Zeichens nahegelegt. Zu beachten ist, daß Schaf und Ziege in China als ungefähr dieselben Tiere, die denselben Namen haben, aufgefaßt werden.

Da Dschuan –
Die große Abhandlung

Erste Abteilung

Kapitel 1

(auch Hi Tsï Dschuan, Kommentar zu den beigefügten Urteilen, genannt)

A. Die Grundlagen
Die Wandlungen in der Schöpfung und im Buch der Wandlungen

§ 1 Der Himmel ist hoch, die Erde ist niedrig; damit ist das Schöpferische und das Empfangende bestimmt. Entsprechend diesem Unterschied von Niedrigkeit und Höhe werden vornehme und geringe Plätze festgesetzt.
Bewegung und Ruhe haben ihre bestimmten Gesetze; danach werden feste und weiche Linien unterschieden. Die Ereignisse folgen je nach ihrer Art bestimmten Richtungen. Die Dinge unterscheiden sich voneinander nach bestimmten Klassen. Auf diese Weise entstehen Heil und Unheil. Am Himmel bilden sich Erscheinungen, auf Erden bilden sich Gestaltungen; daran offenbaren sich Veränderung und Umgestaltung.

Man unterscheidet im Buch der Wandlungen drei Arten des Wandels: das Nichtwandeln, das Umwandeln und das Verwandeln. Das Nichtwandeln ist sozusagen der Hintergrund, auf dem aller Wandel erst möglich ist. Es muß bei allem Wandel ein Vergleichspunkt da sein, auf den der Wandel bezogen wird, sonst ist eine bestimmte Ordnung nicht möglich, sondern alles löst sich auf in chaotische Bewegung. Dieser Beziehungspunkt muß festgesetzt werden, bedarf jederzeit einer Wahl und Entscheidung. Er gibt das Koordinatensystem, in das alles Weitere eingereiht werden kann. Daher steht am Anfang der Welt wie am Anfang des Denkens die Entscheidung, die Festsetzung des Beziehungspunk-

tes. An sich ist jeder Beziehungspunkt möglich, nur ergibt die Erfahrung, daß wir schon beim Erwachen unseres Bewußtseins in bestimmten übermächtigen Beziehungsgefügen mittendrin stehen. Das Problem ist nun, den eigenen Beziehungspunkt so zu wählen, daß er mit dem Beziehungspunkt des kosmischen Weltgeschehens zusammenfällt. Denn nur dann wird die durch unsere Entscheidung geschaffene Welt vor dem Schicksal bewahrt bleiben, an übermächtigen Beziehungsgefügen, mit denen sie sonst in Konflikt käme, zu zerschellen. Selbstverständlich ist Voraussetzung für diese Entscheidung der Glaube, daß die Welt im letzten Grund ein Gefüge einheitlicher Beziehungen ist, daß sie ein Kosmos, kein Chaos ist. Dieser Glaube ist die Grundlage der chinesischen Philosophie – wie aller Philosophie überhaupt. Dieser Beziehungspunkt höchster Ordnung ist eben das Nichtwandelnde, das den Beziehungspunkt bildet für alles Wandelnde. Als Grundlage dieses Beziehungsgefüges dient dem Buch der Wandlungen die Unterscheidung zwischen Himmel und Erde: der Himmel, die obere, lichte Welt, die zwar unkörperlich, aber doch stark alles Geschehen regelt und bestimmt, und ihm gegenüber die Erde, die untere, dunkle Welt, die körperlich ist und abhängig in ihren Bewegungen von den Erscheinungen des Himmels. Mit diesem Unterschied von oben und unten ist dann irgendwie ein Wertunterschied gesetzt, so daß das eine Prinzip das geehrtere, vornehmere ist, während das andere geringer und niedriger gedacht ist. Diese beiden Grundprinzipien alles Daseins werden dann symbolisiert als die beiden grundlegenden Zeichen des Buchs der Wandlungen, als das Schöpferische und das Empfangende. Man kann dabei nicht im letzten Sinn von einer dualistischen Grundlage reden; denn diese beiden Prinzipien sind ja verbunden durch ein einheitliches Beziehungsverhältnis. Sie bekämpfen einander nicht, sondern ergänzen einander. Eben durch den Höhenunterschied ist dann sozusagen ein Gefälle gesetzt, das Bewegung und lebendige Äußerung der Kraft ermöglicht.
Indem diese Auffassung von hoch und niedrig mit Wertbetonungen verknüpft wird, kommt man auf den Unterschied von vornehm und gering. Das wird dann symbolisch ausgedrückt in den Zeichen des Buchs der Wandlungen, die in hohe und niedrige, vornehme und geringe Plätze eingeteilt werden. Jedes Zeichen besteht aus sechs Plätzen, von denen die ungeraden vornehm, die geraden gering sind.
Mit diesem Unterschied hängt ein anderer zusammen. Am Himmel herrscht fortwährende Bewegung und Veränderung, auf Erden sind feste, scheinbar dauernde Zustände zu beobachten. Genauer betrachtet ist das Schein. Es gibt für

die Weltanschauung des Buchs der Wandlungen nichts schlechthin Ruhendes, sondern Ruhe ist nur ein Zwischenzustand der Bewegung, ist sozusagen latente Bewegung. Aber es gibt Punkte, an denen die Bewegung sichtbar wird. Das wird symbolisiert durch feste und weiche Linien, aus denen sich die einzelnen Zeichen aufbauen. Dabei wird als Prinzip der Bewegung das Feste, Starke und als Prinzip der Ruhe das Weiche bezeichnet. Dargestellt wird die feste Linie durch einen ungeteilten Strich, der dem Prinzip des Lichten entspricht, und die weiche Linie durch den geteilten Strich, der dem Prinzip des Dunklen entspricht. Aus der Kombination des Charakters der Linien (fest und weich) mit dem Charakter der Plätze (vornehm und gering) ergibt sich nun eine große Mannigfaltigkeit von möglichen Situationen. Das dient zur Symbolisierung eines dritten Ereigniskomplexes in der Welt. Es gibt Gleichgewichtszustände, in denen eine gewisse Harmonie herrscht, und Zustände gestörten Gleichgewichts, in denen Verwirrung herrscht. Der Grund hiervon liegt darin, daß es ein durchgehendes System der Ordnung in der Welt gibt. Wenn dieser Ordnung entsprechend jedes an dem ihm gebührende Platz ist, so ist diese Harmonie hergestellt. In der Natur läßt sich eine solche Tendenz der Ordnung feststellen. Die Plätze ziehen sozusagen Verwandtes an, damit Harmonie entstehe. Dieser Tendenz aber wirkt eine andere parallel. Die Dinge werden nicht nur durch die Ordnungstendenz bestimmt, sondern bewegen sich auch noch aus andern, ihnen sozusagen von außen her mechanisch zugeteilten Kräften. Infolge davon ist nicht unter allen Umständen die Erreichung des Gleichgewichtszustands möglich, sondern es können auch Abweichungen eintreten, die dann Verwirrung und Unordnung mit sich bringen. Auf menschliche Verhältnisse übertragen ist der Zustand der Harmonie Heil und der der Disharmonie Unheil. Diese Geschehenskomplexe können nur zur Darstellung gebracht werden durch die Kombinationen von Linien und Plätzen, wie oben gezeigt.
Ein weiteres Gesetz ist folgendes: Am Himmel bilden sich Erscheinungen durch den Wandel von Sonne, Mond und Sternen. Diese Erscheinungen folgen bestimmten Gesetzen. Mit den Erscheinungen verbunden bilden sich auf Erden Gestaltungen nach ebensolchen Gesetzen, so daß sich die Gestaltungen auf Erden: Blüte und Frucht, Wachstum und Niedergang, berechnen lassen, wenn man die Gesetze der Zeit kennt. Wenn man die Gesetze des Wandels kennt, so läßt er sich im voraus berechnen, und damit wird das freie Handeln möglich. Veränderungen sind die unmerklichen divergierenden Tendenzen, die sichtbar

werden und Umgestaltungen bewirken, wenn sie einen gewissen Punkt erreicht haben.
Dies sind die unveränderlichen Gesetze, nach denen für das chinesische Denken sich die Wandlungen vollziehen. Das Buch der Wandlungen hat eben den Zweck, diese Gesetze in den Gesetzen der Veränderung innerhalb der einzelnen Zeichen zur Darstellung zu bringen. Sobald es gelingt, diese Gesetze vollkommen nachzubilden, hat man eine zureichende Übersicht über das Geschehen und vermag Vergangenheit und Zukunft in gleichem Maß zu verstehen und in die Bedingungen des Handelns mit aufzunehmen.

§ 2   Darum lösen die acht Zeichen einander ab, indem Festes und Weiches einander verdrängt.

Hier wird das Umwandeln erklärt. Das Umwandeln ist ein Kreislauf von Erscheinungen, von denen jede die andere ablöst, um zuletzt wieder bei der ersten einzumünden. Beispiele für solche in sich geschlossene Komplexe sind der Tageslauf, der Jahreslauf und die Erscheinungen, die sich während dieser Zyklen in der organischen Welt zeigen. Das Umwandeln ist der Wechsel in der organischen Welt, wie das dritte Prinzip, das Verwandeln den durch Kausalität hervorgerufenen fortgesetzten Wechsel der Erscheinungen bedeutet.
Festes und Weiches verdrängen einander innerhalb der acht Zeichen. Auf diese Weise gestaltet sich das Feste um, schmilzt gleichsam und wird zum Weichen; das Weiche verändert sich, verflicht sich gleichsam und wird zum Festen. Dadurch wandeln sich die acht Zeichen der Reihe nach ineinander um, und die regelmäßig wechselnden Erscheinungen des Jahres nehmen ihren Lauf. Aber dasselbe ist der Fall mit allen Zyklen; auch das Leben gehört dazu. Was Tag und Nacht, was Sommer und Winter ist, dasselbe ist innerhalb des Lebenszyklus Leben und Tod. Um die Art des Umwandelns und die dadurch entstehende Ablösung der Zeichen zu verstehen, ist hier ihre Reihenfolge nach der vorweltlichen Ordnung noch einmal gegeben. Es gibt zwei Bewegungsrichtungen: die rechtläufige, aufwärtssteigende und die rückläufige, abwärtssteigende. Die erste geht vom Tiefpunkt: Kun, dem Empfangenden, der Erde aus, die zweite vom Höhepunkt: Kiën, dem Schöpferischen, dem Himmel.

	I.				**II.**		
Nord	Nordost	Ost	Südost	Süd	Südwest	West	Nordwest
☷	☳	☲	☱	☰	☴	☵	☶
Kun	**Dschen**	**Li**	**Dui**	**Kiën**	**Sun**	**Kan**	**Gen**
	1 a	2 a	3 a		1 b	2 b	3 b

§ 3   Erregt werden die Dinge durch Donner und Blitz, befruchtet werden sie durch Wind und Regen; indem Sonne und Mond ihren Kreislauf gehen, wird es einmal kalt, einmal heiß.

Hier haben wir die Aufeinanderfolge der Zeichen im Wechsel des Jahres, und zwar immer so, daß das eine die Ursache für das nächste ist. Ganz tief im Schoß der Erde regt sich die schaffende Kraft, Dschen, das Erregende, dessen Bild der Donner ist. Indem diese elektrische Kraft hervortritt, bilden sich Erregungszentren, deren Ausgleich im Blitz vor sich geht. Der Blitz ist Li, das Haftende, die Flamme. Daher die Voranstellung des Donners vor den Blitz. Der Donner ist sozusagen dasjenige, was den Blitz hervorruft, nicht nur der Donnerlaut. Nun kommt der Sprung: Der Gegensatz des Donners setzt ein, der Wind, Sun. Der Wind bewirkt den Regen, Kan. Dann der neue Sprung: Die Zeichen Li und Kan, die vorher in ihrer abgeleiteten Form als Blitz und Regen wirkten, treten nun in ihrer ursprünglichen Form auf als Sonne, das Tagesgestirn, und Mond, das Nachtgestirn. Sie bewirken in ihrem Kreislauf Kälte und Hitze. Wenn die Sonne hoch am Himmel kulminiert, kommt die Hitze, die durch das Südostzeichen Dui, der See, das Heitere, symbolisiert ist. Wenn der Mond hoch am Himmel kulminiert, dann kommt die Kälte, die durch das Nordwestzeichen Gen, der Berg, das Stillehalten, symbolisiert ist.
Die Reihenfolge ist also (vgl. *Die obige Figur*):

$$1\,a - 2\,a \qquad 1\,b - 2\,b$$
$$2\,a - 3\,a \qquad 2\,b - 3\,b$$

so daß 2 a (Li) und 2 b (Kan) zweimal genannt sind; einmal abgeleitet (Blitz, Regen) und einmal ursprünglich (Sonne, Mond).

§ 4   Der Weg des Schöpferischen bewirkt das Männliche.
Der Weg des Empfangenden bewirkt das Weibliche.

Das Buch der Wandlungen

Hier kommt nun der Anfang der Verwandlung in Erscheinung in der fortlaufenden, nicht in sich zurückkehrenden Generation der Geschlechter. Es zeigt sich hier, wie sehr sich das Buch der Wandlungen auf das Leben beschränkt. Nach westlichen Auffassungen wäre die Verwandlung der Ort, wo die mechanische Kausalität ihr Recht hat. Für das Buch der Wandlungen ist Verwandlung Generationenfolge, also immer noch etwas Organisches.

Das Schöpferische, soweit es als Prinzip in die Erscheinung des Lebens eintritt, verkörpert sich im männlichen Geschlecht, das Empfangende als Prinzip der Erscheinung im weiblichen Geschlecht. So ist das Schöpferische in allen Söhnen (nach der vorweltlichen Ordnung Dschen, Li, Dui) gegenwärtig, das Empfangende in allen Töchtern (nach der vorweltlichen Ordnung Sun, Kan, Gen), und zwar jeweils in der Determinante des Geschlechts, die durch die unterste Linie symbolisiert wird.

§ 5   Das Schöpferische erkennt die großen Anfänge.
      Das Empfangende vollendet die fertigen Dinge.

Es werden nun die Prinzipien des Schöpferischen und Empfangenden weiterverfolgt. Das Schöpferische bewirkt die unsichtbaren Keime allen Werdens. Diese Keime sind zunächst rein geistig, daher kann ihnen gegenüber kein Handeln, Behandeln stattfinden. Ihnen gegenüber wirkt die Erkenntnis schöpferisch. Während das Schöpferische im Unsichtbaren wirkt und sein Feld der Geist, die Zeit ist, wirkt das Empfangende im räumlich verteilten Stoff und vollendet die fertigen, räumlichen Dinge. Es ist hier der Vorgang der Zeugung und der Geburt in ihre letzten metaphysischen Tiefen zurückverfolgt.*

§ 6   Das Schöpferische erkennt durch das Leichte.
      Das Empfangende vermag durch das Einfache.

Das Schöpferische ist seinem Wesen nach die Bewegung. Durch die Bewegung erreicht es die Verbindung des Getrennten ganz leicht. Auf diese Weise bleibt es ohne Mühe, weil es die Bewegungen des Kleinsten leitet. Dadurch, daß die Richtung der Bewegung im kleinsten Keim des Werdens bestimmt wird, entwik-

---

* Hier ist ein Punkt, wo die Prinzipien des Schöpferischen und des Empfangenden mit den göttlichen Prinzipien des Logos und Eros sich sehr nahe berühren.

kelt sich alles Weitere gesetzmäßig von selber ganz leicht. Das Empfangende ist seinem Wesen nach Ruhe. Durch die Ruhe wird das Einfachste im räumlichen Dasein ermöglicht. Diese Einfachheit, die durch reine Rezeptivität entsteht, ist dann der Keim aller räumlichen Mannigfaltigkeit.

> § 7 Was leicht ist, ist leicht zu erkennen; was einfach ist, ist leicht zu befolgen. Ist man leicht zu erkennen, so gewinnt man Anhänglichkeit. Ist man leicht zu befolgen, so gewinnt man Werke. Wer Anhänglichkeit besitzt, kann lange dauern; wer Werke besitzt, kann groß werden. Die Dauer ist die Art des Weisen; die Größe ist das Wirkungsfeld des Weisen.

Hier wird ausgeführt, wie das Leichte und das Einfache sich auswirken im Menschenleben. Das Leichte ist leicht zu verstehen, daraus ergibt sich seine Suggestivkraft. Wer ganz klare, leicht zu verstehende Gedanken hat, gewinnt die Anhänglichkeit der Menschen, weil er die Liebe verkörpert. Dadurch wird er frei von den Wirren der Kämpfe und Dissonanzen. Indem die innere Bewegung in Harmonie ist mit der Umgebung, kann sie sich ungestört auswirken und lange dauern. Diese Einheitlichkeit und Dauer ist die innere Seelenverfassung des Weisen.
Genau dasselbe ist der Fall auf dem Gebiet des Handelns. Was einfach ist, läßt sich leicht nachahmen. Infolge davon sind die andern bereit, ihre Kraft in derselben Richtung zu betätigen, denn jeder wird gerne das tun, was ihm leicht wird, weil es einfach ist. So summieren sich die Kräfte, die Einfachheit wird ganz von selbst zur Mannigfaltigkeit. Dadurch wächst sie heran, und der Beruf des Weisen wird erfüllt, als Führer der Menge die Menge zu großen Werken zu leiten.

> § 8 Durch Leichtigkeit und Einfachheit erfaßt man die Gesetze der ganzen Welt. Hat man die Gesetze der ganzen Welt erfaßt, so ist darin die Vollendung enthalten.

Hier wird die Anwendung der oben durchgeführten Grundsätze auf die Gestaltung des Buchs der Wandlungen gezeigt. Das Leichte und das Einfache wird symbolisiert durch einen ganz geringen Wandel der einzelnen Striche. Die Striche werden aus geteilten zu ungeteilten durch eine ganz leichte Bewegung, durch die die getrennten Enden zusammengeschlossen werden. Sie werden aus ungeteilten zu geteilten durch eine ganz einfache Trennung in der Mitte. Auf diese Weise werden durch diese ganz leichten und einfachen Änderungen die Gesetze alles Werdens unter dem Himmel abgebildet, und die Vollendung wird dadurch erreicht.

Es wird hierdurch die Art der Wandlung als Wandlung der kleinsten Teile definiert. Das ist die vierte Bedeutung des Wortes I, die allerdings mit der Bedeutung »Wandel« nur in losem Zusammenhang steht.

Kapitel 2

Über die Abfassung und den Gebrauch des Buchs der Wandlungen

§ 1 Die Heiligen Weisen stellten die Zeichen auf, damit man daran die Erscheinungen erblicken sollte. Sie fügten die Urteile bei, um Heil und Unheil zu zeigen.

Die Zeichen des Buchs der Wandlungen sind Abbilder der Erscheinungen auf Erden. Sie zeigen in ihrem Zusammenhang den Zusammenhang des Weltgeschehens. So waren sie Darstellungen der Ideen. Allein diese Bilder oder Erscheinungen zeigten nur das Tatsächliche. Es blieb nun noch übrig, daraus einen Ratschlag zu entnehmen, damit man wußte, ob eine Richtung des Handelns, die aus dem Bild sich ergab, wertvoll oder schädlich war, ob man sie einschlagen oder vermeiden sollte. Soweit war die Grundlage des Buchs der Wandlungen schon zur Zeit des Königs Wen vorhanden. Die Zeichen waren sozusagen Orakelbilder, die zeigten, was unter bestimmten Umständen als Ereignis zu erwarten war. Jetzt wurden vom König Wen und seinem Sohn die Erklärungen beigefügt. Dadurch ergab sich, ob der Verlauf der durch die Bilder angedeuteten Handlung Heil oder Unheil brachte. So kam das Moment der Freiheit herein. Man konnte im Abbild des Weltgeschehens nun nicht nur sehen, was an Ereignissen zu erwarten war, sondern sah, wohin sie führten. Da man den Ereigniskomplex zunächst im Abbild vor sich hatte, konnte man sein Handeln danach einrichten, indem man Richtungen, die Heil erwarten ließen, verfolgte und solche, die in Unheil führten, vermied, noch ehe der Ereigniskomplex begann.

§ 2 Indem die festen und weichen Striche einander verdrängen, entsteht Veränderung und Umgestaltung.

Hier wird im einzelnen ausgeführt, inwiefern im Buch der Wandlungen die Weltvorgänge dargestellt sind. Im Buch der Wandlungen sind die Zeichen zusammengesetzt aus festen und weichen Strichen. Unter bestimmten Umständen wandeln sich diese festen und weichen Striche, so daß die festen sich umgestalten und erweichen und die weichen sich verändern und verfestigen. Damit ist die Nachbildung des Wechsels der Welterscheinungen gegeben.

§ 3 Darum sind Heil und Unheil die Nachbildungen von Verlust oder Gewinn; Reue und Beschämung sind die Nachbildungen von Trauer oder Vorsorge.

Wenn die Richtung der Handlung mit den Weltgesetzen übereinstimmt, dann führt sie zum Gewinn des Erstrebten. Dies findet seinen Ausdruck in dem beigefügten Wort: Heil. Wenn die Richtung des Handelns mit den Weltgesetzen in direktem Gegensatz steht, so führt sie notwendig zu Verlust. Dies wird bezeichnet durch das Urteil: Unheil. Nun gibt es aber auch Bewegungsrichtungen, die nicht so unbedingt auf ein Ziel losführen, Abbiegungen der Richtung sozusagen. Wenn nun die Richtung ursprünglich falsch war, aber man rechtzeitig Trauer darüber empfindet, kann man das Unheil vermeiden und durch Umkehr das Heil doch noch erlangen. Dieser Zustand wird ausgedrückt durch das Urteil: Reue. Dieses Urteil enthält also eine Aufforderung zur Trauer und Umkehr. Auf der andern Seite kann eine Richtung ursprünglich richtig gewesen sein, aber man gerät in Gleichgültigkeit und Übermut und kommt so unvermerkt aus dem Heil ins Unheil. Das wird ausgedrückt durch das Urteil: Beschämung. Dieses Urteil enthält also eine Warnung zur Vorsorge, daß man innehält auf dem Fehlweg und sich zum Heil zurückwendet.

§ 4 Veränderung und Umgestaltung sind die Nachbildungen von Fortschritt und Rückschritt. Das Feste und das Weiche sind die Nachbildungen von Tag und Nacht. Die Bewegungen der sechs Linien enthalten die Wege der drei Urmächte.

Veränderung ist die Umwandlung einer weichen Linie in eine feste. Das deutet auf Fortschritt. Umgestaltung ist die Umwandlung eines festen Strichs in einen weichen. Das deutet auf Rückschritt. Die festen Striche sind die Darstellungen des Lichtes, die weichen Striche die Darstellungen des Dunkels. Die sechs Linien jedes Zeichens sind verteilt auf die drei Urmächte: Himmel, Erde und Mensch. Die beiden unteren Plätze sind der Ort der Erde, die beiden mittleren der Ort des Menschen, die beiden oberen der Ort des Himmels.
Diese Abteilung des Kapitels zeigt, inwiefern das Buch der Wandlungen eine Nachbildung der Weltverhältnisse enthält.

> § 5 Darum ist es die Ordnung der Wandlungen, der sich der Edle
> hingibt und wodurch er zur Ruhe kommt. Es sind die Urteile zu
> den einzelnen Linien, deren sich der Edle erfreut und über die er
> nachsinnt.

Von hier ab wird der rechte Gebrauch des Buchs der Wandlungen gezeigt. Eben weil das Buch der Wandlungen eine Nachbildung aller Weltverhältnisse ist mit den beigefügten, die rechte Richtung weisenden Urteilen, gilt es nun, das tatsächliche Leben nach diesen Ideen zu bilden, so daß das Leben seinerseits eine Nachbildung des Wandels wird. Dies ist kein Idealismus in dem Sinn, daß man ein starres Idealbild einem anders gearteten Leben künstlich und äußerlich einbilden wollte. Sondern indem das Buch der Wandlungen den wesentlichen Sinn der verschiedenen Lebenslagen erfaßt, wird man dadurch in den Stand gesetzt, sein Leben sinnvoll zu gestalten, indem man der Ordnung und Reihenfolge nach jeweils gerade das tut, was die Lage erfordert. Indem man auf diese Weise jeder Lage gewachsen ist, weil man dem Sinn der Lage sich ohne Widerstand hingibt, gelangt man zum Frieden der Seele. So kommt das Handeln in Ordnung. Aber ebenso wird das Denken befriedigt, indem durch die Meditation über die Urteile der einzelnen Linien die Weltbeziehungen intuitiv erkannt werden.

> § 6 Darum betrachtet der Edle in Zeiten der Ruhe diese Bilder und
> sinnt nach über die Urteile. Wenn er etwas unternimmt, so betrachtet er die Veränderungen und sinnt nach über die Orakel. Darum
> wird er vom Himmel gesegnet. »Heil! Nichts, das nicht fördernd
> ist.«

Hier sind die Zeiten der Ruhe und des Handelns erwähnt. In Zeiten der Ruhe erlangt man durch Meditation über die Bilder und Urteile des Buchs Erfahrung und Lebensweisheit. In Zeiten des Handelns greift man zum Orakel mittels der Veränderungen, die sich in den Zeichen durch Handhabung der Schafgarbenstengel zeigen, und entnimmt dementsprechend die Ratschläge, die sich auf diese Weise für das Handeln ergeben.

Kapitel 3

B. Die Ausführungen
Über die Worte zu den Zeichen und Linien

§ 1 Die Entscheidungen beziehen sich auf die Bilder.
Die Strichurteile beziehen sich auf die Veränderungen.

Die Entscheidungen (Urteile), die König Wen zu den Gesamtzeichen gab, beziehen sich jeweils auf das durch das Zeichen dargestellte Bild der Gesamtsituation. Die den einzelnen Strichen vom Herzog von Dschou beigefügten Urteile beziehen sich auf die innerhalb der Gesamtsituation sich vollziehenden Veränderungen. Beim Orakel kommen diese Strichurteile nur in Betracht, wenn die betreffenden Linien sich »bewegen«, d. h. entweder durch eine Neun oder durch eine Sechs dargestellt werden.

§ 2 »Heil« und »Unheil« bezieht sich auf Verlust oder Gewinn, »Reue« und »Beschämung« bezieht sich auf kleinere Unvollkommenheiten. »Kein Makel« bedeutet, daß man imstande ist, seine Fehler auf die rechte Weise auszubessern.

Hier ist eine nähere Ausführung von Paragraph 3 des vorigen Kapitels. Wenn man in Worten und Handlungen immer das Rechte trifft, das heißt Gewinn; wenn man nicht das Rechte trifft, das heißt Verlust. Kleinere Abweichungen vom Rechten heißen Unvollkommenheiten. Wenn man das Rechte nicht weiß und aus Versehen das Unrechte tut, das ist ein Fehler. Wenn man diese kleinen Unrichtigkeiten merkt und sie wiedergutmachen möchte, so entsteht Reue. Wenn man seine kleinen Unrichtigkeiten nicht merkt oder die Möglichkeit hätte, sie gutzumachen, aber nicht fähig oder gewillt ist, sie gutzumachen, so entsteht Beschämung. Die Fehler sind wie die Risse in einem Kleid: Wenn ein Kleid zerrissen ist und man bessert es aus, so ist es wieder ganz. Wenn man Fehler hat und bessert sie dadurch aus, daß man sich dem Rechten wieder zuwendet, so bleibt kein Makel.

§ 3 Darum beruht die Anordnung von vornehm und gering auf den einzelnen Plätzen, der Ausgleich von groß und klein auf den Gesamtzeichen, die Unterscheidung von Heil und Unheil auf den Urteilen.

Die sechs Plätze des Zeichens werden folgendermaßen unterschieden: Der unterste und der oberste sind sozusagen außerhalb der Situation. Davon ist der unterste der geringe Platz, weil er noch nicht in die Situation eingetreten ist. Der oberste Platz ist vornehm; er ist der Weise außerhalb der Weltgeschäfte, unter Umständen auch ein vornehmer Mann ohne Macht. Von den inneren Plätzen sind zwei und vier die Plätze der Beamten bzw. der Söhne, der Frauen. Davon ist der vierte der höhere, der zweite der geringere. Der dritte und der fünfte Platz haben maßgebende Stellungen, der dritte an der Spitze des unteren Zeichens, der fünfte als Herrscher des Ganzen.
Groß und klein bedeutet die festen und die weichen Linien. Sie finden ihren Ausgleich im Gesamtzeichen. Sowohl die großen wie die kleinen können gut sein und Heil bedeuten, wenn sie an den für sie richtigen Plätzen stehen. Welches diese Plätze sind, läßt sich nicht in abstracto bestimmen, sondern das kommt auf die Art des Gesamtzeichens an. Oft kann die Lage so sein, daß Weichheit gut ist; dann wird ein weicher Strich auf weichem Platz besonders günstig sein, und ein fester auf festem Platz kann dann unter Umständen ungünstig sein. Oft ist Kraft nötig; dann ist ein weicher Strich auf festem Platz besser; oft wieder verlangt die Situation, daß Charakter und Platz übereinstimmen: Kurz, die Verteilung im einzelnen ergibt sich aus dem bestreffenden Zeichen bzw. der Situation, die es nachbildet. Darum sind die Urteile beigefügt, um Heil bzw. Unheil anzudeuten, wie es sich aus der Situation ergibt.

§ 4 Die Sorge vor Reue und Beschämung beruht auf der Grenze. Der Antrieb zur Makellosigkeit beruht auf der Reue.

Reue und Beschämung sind die Folge von Abweichungen vom rechten Weg und bedingen daher stets eine Umkehr. Man kann sich beides ersparen, wenn man zur rechten Zeit auf der Hut ist. Der Punkt, wo die Sorge einzusetzen hat, die Reue und Beschämung erspart, ist der Grenzpunkt, da, wo das Gute oder Böse sich im Gemüt schon regt, aber noch nicht in Erscheinung getreten ist. Wenn man in diesem Moment eingreift und der Bewegung in ihrem Keim die

Richtung aufs Gute gibt, bleibt einem Reue und Beschämung erspart. Wenn dagegen ein Fehler schon gemacht ist, so ist die Reue die psychologische Kraft, die zu Buße und Besserung führt.

> § 5 Darum gibt es unter den Zeichen kleine und große, und dementsprechend reden die Urteile von Gefahr oder Sicherheit. Die Urteile weisen jedesmal auf die Richtung der Entwicklung hin.

Unter den Situationen, die durch die Zeichen nachgebildet sind, gibt es aufwärtsstrebende, expansive und absteigende, sich verengernde. Dementsprechend ist zu manchen Zeiten mehr mit Gefahr zu rechnen, zu andern wieder auf Sicherheit und Ruhe zu hoffen. Um sich jeweils der entsprechenden Situation völlig anzupassen, ist es von großem Wert, daß man diese Verhältnisse kennt. Das ist ebenfalls die Funktion der Urteile, daß sie jeweils die Richtung angeben, in der die Situation sich entwickelt.

Kapitel 4

Die tieferen Beziehungen des Buchs der Wandlungen

§ 1 Das Buch der Wandlungen enthält das Maß von Himmel und Erde: darum kann man damit den SINN von Himmel und Erde umfassen und gliedern.

Dieses Kapitel geht von den geheimnisvollen Zusammenhängen aus, in denen die Nachbildungen des Buchs der Wandlungen mit der Wirklichkeit stehen. Eben weil im Buch der Wandlungen ein vollkommenes Abbild von Himmel und Erde, ein Mikrokosmos aller möglichen Beziehungen gegeben ist, vermag man alle Bewegungen der entsprechenden Beziehungskomplexe daraus zu berechnen. Die Frage, inwiefern das Buch der Wandlungen ein solches Abbild des Kosmos sein könne, beantwortet sich dadurch, daß es das Werk von Menschen mit kosmischer Intelligenz ist, die ihre Weisheit in den Symbolen dieses Buchs niedergelegt haben. Somit enthält dieses Buch den Standard von Himmel und Erde. In dem folgenden Paragraphen wird ausgeführt, wie der Umstand, daß im Buch der Wandlungen das Maß, der Standard von Himmel und Erde enthalten ist, es ermöglicht, daß man anhand dieses Buches die Gesetze der Welt erforschen kann, während der dritte Paragraph aus der Ähnlichkeit der Wandlungen mit Himmel und Erde die restlose Darstellung der inneren Anlagen folgert und der vierte Paragraph daraus, daß die Wandlungen alle Gestalten in sich befassen, zeigt, wie man schließlich zur Beherrschung des Schicksals kommen kann.

§ 2 Indem man emporblickend mit seiner Hilfe die Zeichen am Himmel verständnisvoll betrachtet und niederblickend die Linienzüge der Erde untersucht, erkennt man die Verhältnisse des Dunkeln und Hellen. Indem man an die Anfänge zurückgeht und die Dinge bis zu Ende verfolgt, erkennt man die Lehren von Geburt und Tod. Die Vereinigung von Samen und Kraft bewirkt die Dinge; das Entweichen der Seele bewirkt die Veränderung: daraus erkennt man die Zustände der ausgehenden und rückkehrenden Geister.

Das Buch der Wandlungen

Das Buch der Wandlungen beruht auf den beiden Grundprinzipien des Lichten und des Dunklen. Die Zeichen sind aufgebaut aus diesen Elementen. Die einzelnen Linien sind entweder ruhig oder in Bewegung. Indem sie ruhig sind (das sind die Linien, die durch die Zahl 7 = fest und 8 = weich dargestellt werden), bauen sie die bestimmten Zeichen auf. Indem sie sich bewegen (das ist der Fall, wenn die Linien durch die Zahl 9 = fest und 6 = weich dargestellt werden), lösen sie das Zeichen wieder auf und verwandeln es in ein anderes. Diese Vorgänge sind es nun, die den Blick eröffnen in die Geheimnisse des Lebens.

Wenn man diese Prinzipien anwendet auf die Zeichen am Himmel (Sonne = Licht, Mond = dunkel) und die Linienzüge auf Erden (Himmelsrichtungen), so erkennt man die Verhältnisse des Dunklen und Hellen, d. h. die Gesetze, die dem Lauf der Jahreszeiten und ihrem Wechsel zugrunde liegen, der das Hervortreten und Zurückgehen der vegetativen Lebenskraft bedingt. Auf diese Weise erkennt man durch Beobachtung der Anfänge und Endpunkte des Lebens, daß Geburt und Tod nichts anderes ist als ebenderselbe Kreislauf. Geburt ist das Hervortreten in die Welt der Sichtbarkeit, Tod ist das Zurückkehren in die Gebiete des Unsichtbaren. Beide bedingen ebensowenig einen absoluten Anfang oder ein absolutes Ende, wie das bei den Erscheinungen des Jahres in ihrem Wechsel der Fall ist. Nicht anders verhält es sich mit den Menschen. Wie die konstanten Linien die Zeichen aufbauen und, wenn sie in Bewegung kommen, eine Veränderung bewirken, so wird das körperliche Dasein aufgebaut durch die Vereinigung »ausgehender« Lebensströme des (männlichen) Samens und der (weiblichen) Kraft. Dieses körperliche Dasein ist verhältnismäßig konstant, solange die aufbauenden Kräfte im Ruhezustand des Gleichgewichts sich befinden. Geraten sie in Bewegung, so entsteht der Abbau. Das Seelische entweicht – das höhere Seelische steigt aufwärts, das niedrige Seelische sinkt zur Erde –; der Leib löst sich auf. Die geistigen Kräfte, die Aufbau und Abbau des sichtbaren Daseins bewirken, sind ebenfalls entweder dem lichten oder dem dunklen Prinzip angehörig. Die lichten Geister (Schen) gehen aus, das sind die wirkenden, die auch neue Verkörperungen eingehen können; die dunklen Geister (Gui) kehren heim, das sind die sich zurückziehenden, die den Ertrag des Lebens erst verarbeiten. Es liegt in dieser Auffassung von rückkehrenden und ausgehenden Geistern keineswegs der Gedanke von guten und bösen Wesen, sondern nur der Unterschied des sich ausstreckenden und sich zusammenziehenden Substrats der Lebenskraft. Es sind Wechselzustände im großen Meer des Lebens.

§ 3 Indem der Mensch dadurch dem Himmel und der Erde ähnlich wird, kommt er nicht in Widerspruch mit ihnen. Seine Weisheit umfaßt alle Dinge, und sein SINN ordnet die ganze Welt. Darum macht er keinen Fehler. Er wirkt allenthalben, aber er läßt sich nirgends hinreißen. Er freut sich des Himmels und kennt das Schicksal. Darum ist er frei von Sorgen. Er ist zufrieden mit seiner Lage und ist echt in seiner Gütigkeit. Darum vermag er Liebe zu üben.

Hier wird gezeigt, wie mit Hilfe der Grundsätze des Buchs der Wandlungen die restlose Darstellung der inneren Anlagen möglich ist. Diese Entfaltung beruht darauf, daß der Mensch in sich innere Anlagen hat, die Himmel und Erde ähnlich sind, daß er ein Mikrokosmos ist. Indem nun im Buch der Wandlungen die Gesetze von Himmel und Erde nachgebildet sind, gibt es zugleich die Hilfsmittel an die Hand, die eigene Natur zu bilden, so daß die innersten guten Anlagen rein zur Darstellung kommen. Hierbei kommt ein Doppeltes in Betracht: die Weisheit und das Wirken, Intellekt und Wille. Indem Intellekt und Wille richtig zentriert sind, kommt auch das Gefühlsleben in die richtige Harmonie der Stimmung. Es sind vier Sätze, die man auf Weisheit und Liebe, Gerechtigkeit und Sitte zurückführen kann, wobei dann wieder die Kombination mit den vier Worten des Zeichens »das Schöpferische«: »Erhabenes Gelingen, fördernd ist Beharrlichkeit«, naheliegt. Die Wirkung von Weisheit, Liebe und Gerechtigkeit zeigt sich im ersten Satz. Auf der Grundlage umfassender Weisheit können die Anordnungen, die der Liebe zur Welt entspringen, so getroffen werden, daß für alle das Rechte herauskommt und kein Fehler gemacht wird. Das ist das Fördernde. Der zweite Satz zeigt Weisheit und Liebe, die sich nichts und niemandem versagt, geordnet durch die Sitte, die zu nichts Ungehörigem, Einseitigem sich hinreißen läßt und dadurch Gelingen hat. Der dritte Satz zeigt die Harmonie des Innern in vollendeter Weisheit, die sich des Himmels freut und seine Fügungen versteht. Das gibt die Grundlage für die Beharrlichkeit. Der letzte Satz schließlich zeigt die Liebe, die sich vertrauensvoll in jede Lage fügt und aus dem Schatz der inneren Gütigkeit sich im Wohlwollen gegen alle Menschen zeigt und dadurch die Erhabenheit, die Wurzel alles Guten, erreicht.

§ 4 In ihm sind die Formen und Bereiche aller Gestaltungen des Himmels und der Erde, so daß nichts ihm entgeht. In ihm sind alle

Das Buch der Wandlungen

Dinge ringsum vollendet, so daß ihrer keines fehlt. Darum kann man durch ihn den SINN von Tag und Nacht durchdringen, so daß man ihn versteht. Darum ist der Geist an keinen Ort gebunden und das Buch der Wandlungen an keine Gestalt.

Hier wird gezeigt, inwiefern man durch das Buch der Wandlungen zur Beherrschung des Schicksals kommen kann. Die Prinzipien des Buchs der Wandlungen enthalten die Kategorien aller Dinge, wörtlich die Gußformen und den Umfang aller Umgestaltungen. Diese Kategorien sind im Geist des Menschen: Alles, was geschieht und sich umgestaltet, muß den durch den Menschengeist vorgeschriebenen Gesetzen gehorchen. Erst durch das Inkrafttreten dieser Kategorien werden die Dinge zu Dingen. Indem diese Kategorien im Buch der Wandlungen niedergelegt sind, ermöglicht es, die Bewegungen des Lichten und des Dunklen, des Lebens und des Todes, der Götter und der Dämonen zu durchdringen und zu verstehen. Diese Erkenntnis ermöglicht aber die Beherrschung des Schicksals. Denn das Schicksal kann gestaltet werden, wenn man seine Gesetze kennt. Der Grund, warum man dem Schicksal entgegentreten kann, ist der, daß die Wirklichkeit immer bedingt und durch diese räumlich-zeitlichen Bedingungen beschränkt und bestimmt ist. Der Geist aber ist an diese Bestimmungen nicht gebunden und kann sie daher herbeiführen, wie es durch seine Zwecke erfordert wird. Das Buch der Wandlungen ist deshalb so umfassend in seiner Anwendungsmöglichkeit, weil es nur diese rein geistigen Beziehungen enthält, die so abstrakt sind, daß sie in jedem Gefüge von Wirklichkeit ihren Ausdruck finden können. Sie enthalten nur den SINN, der dem Geschehen zugrunde liegt. Darum lassen sich alle zufälligen Konstellationen nach diesem SINN gestalten. Die bewußte Anwendung dieser Möglichkeiten aber gewährt die Herrschaft über das Schicksal.

Kapitel 5

Der SINN in seinem Verhältnis zur lichten und dunklen Kraft

§ 1   Was einmal das Dunkle und einmal das Lichte hervortreten läßt, das ist der SINN.

Das Lichte und das Dunkle sind die beiden Urkräfte, dieselben, die im bisherigen Text als fest und weich oder als Tag und Nacht bezeichnet wurden. Fest und weich sind die Bezeichnungen der Linien im Buch der Wandlungen, das Lichte und das Dunkle die Bezeichnungen der beiden Urkräfte in der Natur. Warum bisher Tag und Nacht genannt wurden und hier auf einmal die Ausdrücke Licht und Dunkel auftreten, möge einer späteren Untersuchung zu erklären vorbehalten sein. Möglicherweise handelt es sich um eine spätere Schicht des Textes. Jedenfalls können wir beobachten, daß der Gebrauch dieser Ausdrücke mit der Zeit immer mehr überhandnimmt.
Die Ausdrücke Yin = das Dunkle und Yang = das Lichte bezeichnen die lichte bzw. schattige Seite eines Berges oder Flusses, wobei Yang die Südseite des Berges ist, weil sie von der Sonne beschienen wird, während es bei einem Fluß die Nordseite darstellt, weil hierher das Licht des Flusses reflektiert wird. Für das Yin gilt jeweils das Umgekehrte. Allmählich werden diese Bezeichnungen ausgedehnt auf die beiden polaren Weltkräfte, die wir positiv und negativ nennen können. Möglich ist, daß mit diesen Bezeichnungen, die mehr den Kreislauf betonen als den Wechsel, dann auch die kreisförmige Darstellung des Uranfangs ☯ aufgekommen ist, die später eine so große Rolle spielt.*

§ 2   Als Fortsetzender ist er gut. Als Vollender ist er das Wesen.

---

* Der SINN, chinesisch TAO, ist dasjenige, was das Spiel dieser Kräfte in Bewegung bringt und unterhält. Weil dieses Etwas nur eine Richtung bedeutet, die unsichtbar und vollkommen unkörperlich ist, hat man im Chinesischen das Lehnwort TAO = Weg, Lauf dafür gewählt, der ja auch nichts in sich selber ist und doch alle Bewegungen regelt. Über die Gründe der Übersetzung dieses Worts mit SINN vgl. die Einleitung zu meiner Übersetzung des Lao Tse

Die Urkräfte kommen nicht zum Stillstand, sondern der Kreislauf des Werdens setzt sich dauernd fort. Der Grund dafür ist, daß zwischen den beiden Urkräften immer wieder ein Spannungszustand entsteht, ein Gefälle, das die Kräfte in Bewegung hält und zu ihrer Vereinigung drängt, wodurch sie sich immer wieder neu erzeugen. Das wird durch den SINN bewirkt, ohne daß er dabei irgendwie in Erscheinung tritt. Diese Eigenschaft des SINNS, die Welt zu erhalten durch dauerndes Neuerzeugen des Spannungszustandes zwischen den polaren Kräften, wird als gut bezeichnet (vgl. Laotse, Kap. 8).*

Als die Kraft, die die Dinge vollendet, ihnen ihre Individualität, ihren Mittelpunkt verleiht, um den sie sich in sich selbst organisieren, heißt er das Wesen, das, was die Dinge bei ihre Entstehung bekommen.**

§ 3 Der Gütige entdeckt ihn und nennt ihn gütig. Der Weise entdeckt ihn und nennt ihn weise. Das Volk gebraucht ihn Tag für Tag und weiß nichts von ihm; denn der SINN des Edlen ist selten.

Der SINN in seiner Offenbarung erscheint jedem auf seine eigne Weise. Der tätige Mensch, dem die Gütigkeit und Menschenliebe das Höchste ist, entdeckt diesen SINN des Weltgeschehens und nennt ihn die höchste Gütigkeit: »Gott ist die Liebe.« Der kontemplative Mensch, dem ruhige Weisheit das Höchste ist, entdeckt diesen SINN des Weltgeschehens und nennt ihn die höchste Weisheit. Das gemeine Volk lebt in den Tag hinein, dauernd getragen und genährt von diesem SINN, aber weiß nichts von ihm; es sieht nur, was vor Augen ist. Denn die Art des Edlen, die nicht nur Dinge sieht, sondern den SINN der Dinge, ist selten. Der SINN der Welt ist zwar Güte und Weisheit, aber er ist seinem innersten Wesen nach auch jenseits von Güte und Weisheit.

§ 4 Er offenbart sich als Gütigkeit, aber er verbirgt seine Wirkungen. Er belebt alle Dinge, aber er teilt nicht die Sorgen des heiligen Weisen. Seine herrliche Art, sein großes Wirkungsfeld sind das Höchste, was es gibt.

---

* Man sieht hier, wie die Anschauung des Buchs der Wandlungen auf das Organische eingestellt ist. Im Organischen gibt es keine Entropie.
** Hier ist wohl die Stelle, auf der die Lehre des Mongtse begründet ist, daß das Wesen des Menschen gut sei.

Die Bewegung von innen nach außen zeigt den SINN in seinen Offenbarungen als Allgütigen. Aber dabei bleibt er geheimnisvoll am lichten Tag. Die Bewegung von außen nach innen verbirgt die Ergebnisse seiner Wirkungen. Es ist, wie im Frühling und Sommer sich alle Keime entfalten und die lebenspendende Güte der Natur offenbar wird. Daneben aber geht die stille Kraft, die alle Ergebnisse des Wachstums im Samen verbirgt und in geheimnisvoller Weise die Wirkungen des kommenden Jahres vorbereitet. Der SINN wirkt auf diese Weise unerschöpflich und ewig. Aber diese belebende Wirkung, der alle Wesen ihr Dasein verdanken, ist etwas rein Spontanes. Sie gleicht nicht dem bewußten Sorgen des Menschen, der mit innerer Mühe das Gute erstrebt.

§ 5   Daß er alles in vollem Reichtum besitzt, das ist sein großes Wirkungsfeld. Daß er alles täglich erneuert, das ist seine herrliche Art.

Es gibt nichts, das nicht der Besitz des SINNS wäre; denn er ist allgegenwärtig; alles, was ist, ist in ihm und durch ihn. Aber es ist kein toter Besitz, sondern durch seine ewige Art macht er alles immer wieder neu, so daß die Welt jeden Tag wieder so herrlich ist wie am ersten Schöpfungstag.

§ 6   Als Erzeuger alles Erzeugens heißt er die Wandlung.

Das Dunkle erzeugt das Lichte, und das Lichte erzeugt das Dunkle in unaufhörlichem Wechsel; aber was diesen Wechsel, dem alles Leben sein Dasein verdankt, erzeugt, das ist der SINN und sein Gesetz der Wandlung.

§ 7   Als Vollender der Urbilder heißt er das Schöpferische, als Nachbildendes heißt er das Empfangende.

Es liegt hier die Anschauung zugrunde, die auch im Taoteking ausgesprochen ist,* daß nämlich der Wirklichkeit eine Welt der Urbilder zugrunde liegt, die in der körperlichen Welt ihre Nachbilder – eben die wirklichen Dinge – haben. Die Welt der Urbilder ist der Himmel, die Welt der Nachbilder die Erde, dort die Kraft, hier der Stoff, dort das Schöpferische, hier das Empfangende. Aber

---

*   Vgl. R. Wilhelm, Chinesische Lebensweisheit, pag. 16 ff.

es ist derselbe SINN, der sich sowohl im Schöpferischen als im Empfangenden auswirkt.

> § 8 Indem er dazu dient, die Gesetze der Zahl zu erforschen und so die Zukunft zu wissen, heißt er die Offenbarung. Indem er dazu dient, die Veränderungen mit lebendigem Zusammenhang zu durchdringen, heißt er das Werk.

Auch das Künftige entwickelt sich nach den festen Gesetzen, nach berechenbaren Zahlen. Wenn man diese Zahlen kennt, so lassen sich die zukünftigen Ereignisse mit vollkommener Sicherheit berechnen. Auf diesem Gedanken beruht das Orakel des Buchs der Wandlungen. Dieses Unabänderliche ist die Welt des Dämonischen, in der es keine Willkür gibt. Hier liegt alles fest. Das ist das Gebiet des Yin. Aber außer dieser starren Welt der Zahl gibt es lebendige Tendenzen. Die Dinge entwickeln sich, sie verfestigen sich in einer Richtung, sie erstarren, dann gehen sie unter, eine Veränderung tritt ein, der Zusammenhang ist wiederhergestellt, die Welt ist wieder eins. Das Geheimnis des SINNS ist nun, in dieser Welt des Wandelbaren, der Welt des Lichts, dem Gebiet des Yang, die Veränderungen so in Gang zu halten, daß keine Erstarrung eintritt, sondern fortwährend der durchgehende Zusammenhang erhalten bleibt. Wem es gelingt, dem, was er schafft, diese Regenerationskraft mitzugeben, der schafft etwas Organisches, und das so geschaffene Werk hat Dauer in sich selbst.

> § 9 Dasjenige an ihm, was durch das Lichte und Dunkle nicht ermessen werden kann, heißt der Geist.

Die beiden Grundkräfte in ihrem Wechsel und ihrer gegenseitigen Wirkung dienen zur Erklärung der sämtlichen Erscheinungen der Welt. Aber es bleibt ein Rest, der sich durch dieses Gegenspiel nicht erklären läßt, ein letztes Warum. Diese letzte Tiefe des SINNS ist der Geist, das Göttliche, Unerforschliche, schweigend zu Verehrende an ihm.

Kapitel 6

Übertragung des Verhältnisses des SINNS auf das Buch der Wandlungen

§ 1   Das Buch der Wandlungen ist weit und groß. Redet man von der Ferne, so kennt es keine Schranken. Redet man von der Nähe, so ist es still und recht. Redet man vom Raum zwischen Himmel und Erde, so umfaßt es alles.

Hier wird das Buch der Wandlungen in Beziehung gesetzt zu der Welt des Makrokosmos und Mikrokosmos. Erst wird sein Bereich im Horizontalen, in der Weite angegeben. Seine Gesetze gelten in allen Fernen, und ebenso gelten sie für das Nächste als die Gesetze der eigenen Brust. Dann wird die vertikale Richtung, der Raum zwischen Himmel und Erde, angegeben, weil die Schicksale der Menschen sozusagen vom Himmel herabkommen.

§ 2   Das Schöpferische ist im Ruhezustand eins und im Bewegungszustand geradeaus, darum erzeugt es das Große. Das Empfangende ist im Ruhezustand geschlossen und im Bewegungszustand sich öffnend, darum erzeugt es das Weite.

Das Schöpferische ist hier das Zeichen des Buchs der Wandlungen und besonders die Linie, durch die es symbolisiert wird. Diese Linie ist im Ruhezustand eine einfach eindimensionale Linie: ▬▬▬. Im Bewegungszustand ist die Bewegung direkt nach vorwärts gerichtet. Das Empfangende ist durch eine geteilte Linie symbolisiert: ▬ ▬. Im Ruhezustand schließt sie sich, im Bewegungszustand öffnet sie sich. So ist das, was durch das Schöpferische gewirkt wird, seiner Art nach bezeichnet als groß. Das Schöpferische erzeugt die Qualität. Das, was durch das Empfangende erzeugt wird, ist seiner Gestalt nach bezeichnet als weit, mannigfaltig. Das Empfangende erzeugt die Quantität.

§ 3   Durch seine Weite und Größe entspricht es Himmel und Erde. Durch seine Veränderungen und Zusammenhänge entspricht es den vier Jahreszeiten. Durch die Bedeutung des Lichten und Dunklen entspricht es Sonne und Mond. Durch das Gute des Leichten und Einfachen entspricht es der höchsten Art.

Hier werden die Parallelen des Buchs der Wandlungen mit den Weltzusammenhängen aufgezeigt. Es enthält intensive Größe, Qualität, wie der Himmel. Es zeigt Veränderungen und in sich zusammengeschlossene Zusammenhänge wie der Lauf des Jahres innerhalb der vier Jahreszeiten. Es zeigt im Prinzip des Lichten dieselbe Bedeutung, wie sie der Sonne zugrunde liegt. Das Lichte heißt Yang. Die Bezeichnung der Sonne ist Tai Yang, das große Lichte. Im Prinzip des Dunklen zeigt es dieselbe Bedeutung, wie sie dem Mond zugrunde liegt. Das Dunkle heißt Yin. Die Bezeichnung für den Mond ist Tai Yin, das große Dunkle.

Oben wurde ausgeführt, daß das Wesen des Schöpferischen im Leichten, das Wesen des Empfangenden im Einfachen liegt, jenen Keimen des Werdens, aus denen sich alles Weitere spontan entwickelt. Diese Art entspricht dem Guten im SINN in seiner Kunst, das Leben auf die einfachste Weise fortzusetzen, und damit der höchsten Art des SINNS.

Kapitel 7

Die Wirkungen des Buchs der Wandlungen auf den Menschen

§ 1 Der Meister sprach: Ist nicht das Buch der Wandlungen das Höchste? Das Buch der Wandlungen ist es, wodurch die heiligen Weisen ihre Art erhöhten und ihr Wirkungsfeld erweiterten.
Die Weisheit erhöht. Die Sitte macht demütig. Die Höhe ahmt den Himmel nach. Die Demut folgt dem Vorbild der Erde.

Der Spruch wird ausdrücklich als Wort des Meisters Kung bezeichnet, woraus folgt, daß der Aufsatz nicht in seinem ganzen Umfang von Kungtse stammen kann, sondern in seiner Schule entstand. In Wirklichkeit enthalten die einzelnen Kapitel ja auch Ausführungen sehr verschiedener Art und wohl auch aus verschiedener Zeit.
Es wird hier gezeigt, wie das Buch der Wandlungen, recht benützt, zur Übereinstimmung mit den letzten Weltprinzipien führt. Die Weisen erhöhen dadurch ihre Art, indem sie die Weisheit sich aneignen, die in diesem Buch geborgen ist. Damit kommen sie in Übereinstimmung mit dem Himmel, der hoch ist. Der Geist gewinnt auf diese Weise Höhe des Standpunkts. Auf der andern Seite erweitert sich das Wirkungsfeld. Durch den umfassenden Gesichtskreis erhebt sich der Gedanke der Sitte, der einzelne ordnet sich dem Ganzen unter. Durch diese demütige Unterordnung kommen sie in Übereinstimmung mit der Erde, die niedrig ist. Als Einzelpersönlichkeit gewinnt man auf diese Weise die Weite des Wirkungsfelds.

§ 2 Himmel und Erde bestimmen den Schauplatz, und die Wandlungen vollziehen sich inmitten davon. Das vollendete Wesen des Menschen, das sich dauernd erhält, ist das Tor des SINNS und der Gerechtigkeit.

Der Himmel ist der Schauplatz der geistigen Welt, die Erde der Schauplatz der körperlichen Welt. In diesen Welten bewegen sich die Dinge, die alle nach den Regeln des Buchs der Wandlungen sich entwickeln und umgestalten. Ebenso ist das Wesen des Menschen, das vollendet ist und dauert, das Tor, durch das die Handlungen des Menschen aus- und eingehen; und wenn man in Einklang mit den Lehren des Buchs der Wandlungen sich befindet, entsprechen diese Handlungen dem SINN der Welt und der Gerechtigkeit. Dabei entspricht der SINN, der in seiner Äußerung sich als Gütigkeit zeigt, dem lichten und die Gerechtigkeit dem dunklen Prinzip, der Erhöhung und Erweiterung des Wesens.

Kapitel 8

Über den Gebrauch der beigefügten Erklärungen

§ 1 Die heiligen Weisen vermochten alle die wirren Mannigfaltigkeiten unter dem Himmel zu übersehen. Sie beobachteten die Formen und Erscheinungen und bildeten die Dinge und ihre Eigenschaften ab. Das nannte man: die Bilder.

Es wird hier gezeigt, wie aus den Urbildern, die den Erscheinungen und Dingen zugrunde liegen, die Abbilder des Buchs der Wandlungen entstanden.

§ 2 Die heiligen Weisen vermochten all die Bewegungen unter dem Himmel zu übersehen. Sie betrachteten, wie sie zusammentrafen und zusammenhingen, um nach ihren ewigen Ordnungen zu laufen. Da fügten sie Urteile bei, um ihr Heil und Unheil zu entscheiden. Das nannte man: die Urteile.

Das letzte Wort heißt im Text »Striche«. In der Übersetzung wurde die Korrektur von Hu Schï in seiner »Geschichte der chinesischen Philosophie« akzeptiert, die die Gegenüberstellung von Bildern und Urteilen, wie sie sich auch an anderen Stellen des Buchs der Wandlungen findet, besser herausbringt.

§ 3 Sie reden von den wirrsten Mannigfaltigkeiten, ohne daß sie Abneigung erwecken. Sie reden von dem höchst Beweglichen, ohne daß sie Verwirrung veranlassen.

§ 4 Das kommt davon her, daß sie beobachteten, ehe sie redeten, und besprachen, ehe sie sich bewegten. Durch Beobachtung und Besprechung machten sie die Veränderungen und Umgestaltungen vollkommen.

Auch in diesen beiden Paragraphen tritt die Gegenüberstellung von Beobachtung am Bild der Zeichen für die Kenntnis der Mannigfaltigkeiten und Besprechung im Urteil der Zeichen für die Kenntnis der Bewegungsrichtungen hervor.

Wir haben hier Ausführungen über die Theorie des Einfachen als Wurzel der Mannigfaltigkeiten der Form (in Übereinstimmung mit dem Empfangenden) und des Leichten als Wurzel aller Bewegungen (in Übereinstimmung mit dem Schöpferischen) wie in Kap. 1, § 6 ff. Die folgenden Paragraphen (Reste eines ausführlichen Kommentars zu den einzelnen Linien der Zeichen) führen nun Beispiele dafür an.

§ 5 »Ein rufender Kranich im Schatten. Sein Junges antwortet ihm. Ich habe einen guten Becher. Ich will ihn mit dir teilen.« Der Meister sprach: Der Edle weilt in seinem Zimmer. Äußert er seine Worte gut, so findet er Zustimmung aus einer Entfernung von über tausend Meilen. Wieviel mehr noch aus der Nähe! Weilt der Edle in seinem Zimmer und äußert seine Worte nicht gut, so findet er Widerspruch aus einer Entfernung von über tausend Meilen. Wieviel mehr noch aus der Nähe! Die Worte gehen von der eignen Person aus und wirken auf die Menschen. Die Werke entstehen in der Nähe und werden sichtbar in der Ferne. Worte und Werke sind des Edlen Türangel und Armbrustfeder. Indem sich diese Angel und Feder bewegen, bringen sie Ehre oder Schande. Durch Worte und Werke bewegt der Edle Himmel und Erde. Muß man da nicht vorsichtig sein?

Vgl. Buch I, Zeichen Nr. 61, Dschung Fu, Innere Wahrheit, Neun auf zweitem Platz: Ausführung über das Reden.

§ 6 »Die gemeinsamen Menschen weinen erst und klagen, aber nachher lachen sie.«
Der Meister sprach:
Das Leben führt den ernsten Mann auf bunt verschlungnem Pfade.
Oft wird gehemmt des Laufes Kraft, dann wieder geht's gerade.
Hier mag sich ein beredter Sinn in Worten frei ergießen,
Dort muß des Wissens schwere Last in Schweigen sich verschließen.
Doch wo zwei Menschen einig sind in ihrem innern Herzen,
Da brechen sie die Stärke selbst von Eisen oder Erzen.
Und wo zwei Menschen sich im innern Herzen ganz verstehen,
Sind ihre Worte süß und stark wie Duft von Orchideen.

Vgl. Buch I, Zeichen Nr. 13, Tung Jen, Gemeinschaft mit Menschen, Neun auf fünftem Platz: ebenfalls über das Reden.

§ 7 »Anfangs eine Sechs bedeutet: Unterlegen mit weißem Schilfgras. Kein Makel.«
Der Meister sprach: Wenn man etwas nur einfach auf den Boden stellt, so geht es ja auch. Aber wenn man es mit weißem Schilfgras unterlegt, was für ein Fehler könnte dabei sein? Das ist das Äußerste an Vorsicht. Das Schilfgras ist an sich ein wertloses Ding, aber es kann von sehr wichtiger Wirkung sein. Wenn man so vorsichtig ist in allem, was man tut, bleibt man frei von Fehlern.

Vgl. Buch III, Zeichen Nr. 28, Da Go, des Großen Übergewicht, Anfangssechs: Über das Handeln.

§ 8 »Ein verdienstvoll-bescheidener Edler bringt zu Ende. Heil!«
Der Meister sprach: Wenn man sich seiner Mühen nicht rühmt und seine Verdienste sich nicht zur Tugend anrechnet, das ist die höchste Großzügigkeit. Das heißt, daß man sich mit seinen Verdiensten unter andere stellt. In seiner Art herrlich, in seinen Sitten ehrfurchtsvoll, ist der Bescheidene äußerst verdienstvoll, und deshalb vermag er seine Stellung zu wahren.

Vgl. Buch III, Zeichen Nr. 15, Kiën, die Bescheidenheit, Neun auf drittem Platz: Über das Handeln.

§ 9 »Hochmütiger Drache wird zu bereuen haben.«
Der Meister sprach: Wer vornehm ist ohne die Stellung dazu, wer hoch ist ohne das Volk dazu, bei wem die tüchtigen Leute in untergeordneten Stellen sind, ohne daß sie seine Unterstützung finden, der wird es zu bereuen haben, sowie er sich bewegt.

Vgl. Buch III, Zeichen Nr. 1, das Schöpferische, obere Neun, Wen Yen, wo dieser Passus – offenbar aus demselben Kommentar stammend – wörtlich enthalten ist: Über das Handeln.

§ 10 »Nicht zu Tür und Hof hinausgehen ist kein Makel.«
Der Meister sprach: Wo Unordnung entsteht, da sind die Worte die Stufe dazu. Wenn der Fürst nicht verschwiegen ist, so verliert er den Diener. Wenn der Diener nicht verschwiegen ist, so verliert er das Leben. Wenn Sachen im Keime nicht verschwiegen behandelt werden, so schadet das der Vollendung. Darum ist der Edle sorgfältig im Verschweigen und geht nicht hinaus.

Vgl. Buch I, Zeichen Nr. 60, Dsië, die Beschränkung, Anfangsneun: Über das Reden.

§ 11 Der Meister sprach: Die Verfasser des Buchs der Wandlungen kannten die Räuber. Im Buch der Wandlungen heißt es: »Wenn einer eine Last auf dem Rücken trägt und trotzdem Wagen fährt, veranlaßt er dadurch die Räuber, herbeizukommen.« Eine Last auf dem Rücken zu tragen, ist das Geschäft eines gemeinen Menschen. Ein Wagen ist das Gerät eines vornehmen Mannes. Wenn nun ein Gemeiner das Gerät eines vornehmen Mannes benützt, so denken die Räuber darauf, es ihm wegzunehmen. Wenn einer frech nach oben und hart nach unten ist, so denken die Räuber daran, ihn anzugreifen. Lässige Aufbewahrung verführt die Räuber zum Stehlen. Üppiger Schmuck eines Mädchens verlockt zum Raub ihrer Tugend. Im Buch der Wandlungen heißt es: »Wenn einer eine Last auf dem Rücken trägt und trotzdem Wagen fährt, veranlaßt er dadurch die Räuber, herbeizukommen«; denn das ist ein Wink für Räuber.

Vgl. Buch I, Zeichen Nr. 40, Hië, die Befreiung, Sechs auf drittem Platz: Über das Handeln.

Kapitel 9

Über das Orakel

§ 1 Der Himmel ist eins, die Erde zwei, der Himmel drei, die Erde vier, der Himmel fünf, die Erde sechs, der Himmel sieben, die Erde acht, der Himmel neun, die Erde zehn.

Dieser Paragraph steht im überlieferten Text vor Kapitel X und wurde durch Tschongtse in der Sungzeit hierher versetzt und mit dem folgenden Paragraphen verbunden, der ursprünglich hinter dem jetzigen § 3 stand. Die beiden Paragraphen gehören zweifellos zusammen, stehen aber mit dem Folgenden nur in recht losem Zusammenhang. Sie enthalten Zahlenspekulationen, die sich an den Abschnitt Hung Fan im Buch der Urkunden anschließen. Sie sind wohl der Anfang der Verbindung der Zahlenspekulation des Buchs der Urkunden mit der Yin-Yang-Lehre des I Ging, wie sie besonders während der Handynastie eine große Rolle gespielt hat. Zum Verständnis der Sache, von der hier nur eine kurze Andeutung gegeben werden soll, muß man zurückgehen auf die Figur, die unter dem Namen Ho Tu, der Plan vom Gelben Fluß, bekannt ist und die von Fu Hi stammen soll. Dieser Plan zeigt die Entstehung der fünf Wandlungszustände (wu hing, gewöhnlich fälschlich Elemente genannt) aus geraden und ungeraden Zahlen.

Das Buch der Wandlungen

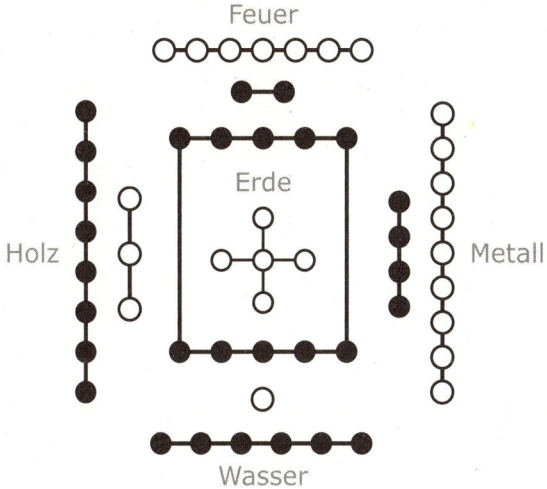

Das Wasser im Norden ist entstanden aus der Eins des Himmels, der sich die Sechs der Erde ergänzend zugesellt. Das Feuer im Süden ist entstanden aus der Zwei der Erde, der sich die Sieben des Himmels ergänzend zugesellt. Das Holz im Osten ist entstanden aus der Drei des Himmels, der sich die Acht der Erde ergänzend zugesellt. Das Metall im Westen ist entstanden aus der Vier der Erde, der sich die Neun des Himmels ergänzend zugesellt. Die Erde in der Mitte (Erdboden, Tu, stofflich, im Unterschied von Di, Erde, als Weltkörper) ist entstanden aus der Fünf des Himmels, der sich die Zehn der Erde ergänzend zugesellt. Die zweite Anordnung, wobei die Zahlen wieder auseinandertreten und mit den acht Zeichen sich kombinieren, ist die des Lo Schu (Schrift vom Fluß Lo).

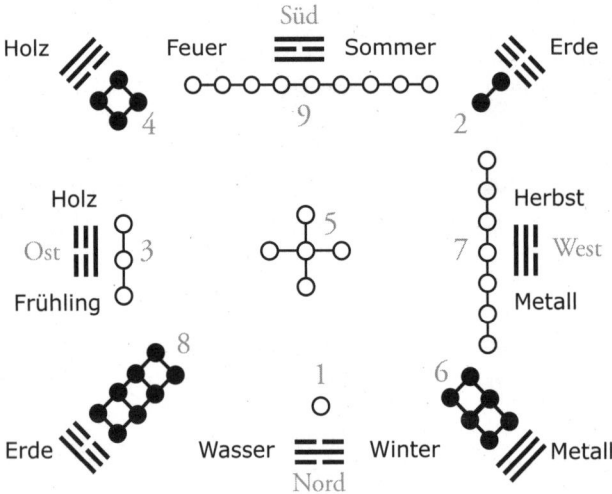

§ 2 Zahlen des Himmels gibt es fünf, Zahlen der Erde gibt es auch fünf. Wenn man sie an die fünf Plätze verteilt, so hat jede ihre Ergänzung. Die Summe der Zahlen des Himmels ist 25. Die Summe der Zahlen der Erde ist 30. Die Gesamtsumme der Zahlen des Himmels und der Erde ist 55. Dies ist es, was die Veränderungen und Umgestaltungen vollendet und Dämonen und Götter in Bewegung bringt.

Dieser Paragraph ist aus den vorangehenden Anmerkungen ohne weiteres verständlich. Er ist ebenso wie jener zweifellos aus späterer Zeit.

§ 3 Die Zahl der Gesamtmenge ist 50. Davon benützt man 49. Man teilt sie in zwei Teile, um die beiden Grundkräfte nachzubilden. Dann hält man eines besonders, um die drei Mächte nachzubilden. Man zählt mit vier durch, um die vier Jahreszeiten nachzubilden. Den Rest steckt man weg, um den Schaltmonat nachzubilden. In fünf Jahren sind zwei Schaltmonate, darum wiederholt man das Wegstecken, und danach hält man das Ganze.

Es wird hier der Prozeß des Orakelnehmens mit kosmischen Vorgängen in Zusammenhang gebracht. Der Hergang beim Befragen des Orakels ist folgender: Man hat 50 Schafgarbenstengel, von denen man aber nur 49 benützt. Diese 49 werden zunächst in zwei Haufen geteilt. Dann steckt man vom Haufen rechts einen Stengel zwischen vierten und fünften Finger der linken Hand. Dann zählt man den linken Haufen mit vier durch und steckt den Rest (vier oder weniger) zwischen dritten und vierten Finger. Darauf macht man es mit dem rechten ebenso und steckt den Rest zwischen zweiten und dritten Finger. Das ist eine Wandlung. Man hat dann zusammen entweder fünf oder neun Stengel in der Hand. Nun vereinigt man die beiden Resthaufen wieder und macht denselben Hergang noch zweimal. Dieses zweite und dritte Mal bekommt man entweder vier oder acht Stengel. Die fünf beim erstenmal und die vier bei den übrigen Malen gelten als Einheit mit dem Zahlenwert 3, die neun bzw. acht haben den Zahlenwert 2. Bekommt man nun bei drei aufeinanderfolgenden Wandlungen die Werte 3 + 3 + 3 = 9, so ergibt das ein altes Yang, einen sich bewegenden festen Strich. 2 + 2 + 2 = 6 ergibt das alte Yin, einen sich bewegenden weichen Strich. 7 ist das junge Yang, 8 das junge Yin. Sie kommen als Einzelstriche nicht in Betracht.

§ 4 Die Zahlen, die das Schöpferische ergeben, sind 216; diejenigen, die das Empfangende ergeben, sind 144, zusammen 360. Sie entsprechen den Tagen des Jahres.

Wenn das Schöpferische aus sechs alten Yangstrichen, d. h. lauter Neunen, zusammengesetzt ist, ergeben diese beim Orakelnehmen folgende Zahlen:

Benützt werden: 49 Stengel
Davon ab das erstemal 5 + 4 + 4 = <u>13 Stengel</u>
36 Stengel

Dasselbe für die sechs Linien 6 mal wiederholt, ergibt als Zahl für die Reste 6 × 36 = 216 Stengel.
In ähnlicher Weise ist es beim Empfangenden, falls es aus lauter Sechsen, d. h. alten Yinstrichen, besteht.

I Ging

Gesamtzahl der Stengel 49   49
Davon ab für eine Sechs (altes Yin) 9 + 8 + 8 = $\frac{25}{24}$

Dasselbe für die sechs Linien eines Zeichens 6 mal wiederholt, ergibt 6 × 24 = 144 Stengel als Gesamtzahl der Reste.
Zählt man nun die Zahlen für das Schöpferische und das Empfangende zusammen, so erhält man 216 + 144 = 360, was der mittleren Zahl des chinesischen Jahres entspricht.

§ 5   Die Zahlen der Stengel in beiden Teilen betragen 11520, was der Zahl der 10000 Dinge entspricht.

Im ganzen Buch der Wandlungen gibt es 192 Striche von jeder Art (im ganzen 64 × 6 = 384 Striche, davon je die Hälfte Yang bzw. Yin). Von diesen 192 Strichen ergibt jeder sich bewegende Yangstrich, wie im obigen Paragraphen gezeigt, den Stengelrest von 36, im ganzen also 192 × 36 = 6912. Die sich bewegenden Yinstriche ergeben einen Stengelrest von 24, also 192 × 24 = 4608, im ganzen also 6912 + 4608 = 11520.

§ 6   Darum: Es sind vier Verrichtungen nötig, um eine Wandlung zu ergeben; 18 Veränderungen ergeben ein Zeichen.

Die Worte Wandlung und Veränderung werden hier ganz im selben Sinn gebraucht. Jeder Strich setzt sich, wie oben gezeigt, zusammen aus drei »Veränderungen« oder »Wandlungen«. Die vier Verrichtungen sind:

1. Abteilen der Stäbchen in zwei Haufen.

2. Entnahme des einen Stäbchens, das zwischen Goldfinger und kleinen Finger gesteckt wird.

3. Durchzählung des linken Haufens mit vier und Unterbringung des Restes zwischen Gold- und Mittelfinger.

4. Durchzählung des rechten Haufens mit vier und Unterbringung des Restes zwischen Zeige- und Mittelfinger.

Durch diese vier Verrichtungen bekommt man eine »Wandlung« oder »Veränderung«, d. h. den Zahlenwert 2 oder 3. Wird diese Wandlung dreimal wiederholt, so bekommt man den Strichwert: entweder 6 oder 7 oder 8 oder 9. Sechs Striche (= 6 × 3 = 18 Wandlungen) ergeben dann den Aufbau des Zeichens.

§ 7 Die acht Zeichen bilden eine kleine Vollendung.

Ein Zeichen aus sechs Strichen setzt sich aus zwei dreistrichigen Zeichen zusammen. Die dreistrichigen Zeichen sind eben die acht Zeichen. Das untere heißt auch das innere, das obere heißt auch das äußere Zeichen.

§ 8 Wenn man fortfährt und weitergeht und die Zustände durch die Übergänge in die entsprechenden andern vermehrt, so sind damit alle möglichen Zustände auf Erden erschöpft.

Jedes der 64 Zeichen kann durch entsprechende Bewegung von einem oder mehreren Strichen in ein anderes übergehen. So erhält man im ganzen 64 × 64 = 4096 verschiedene Übergangszustände, die alle möglichen Situationen erschöpfen.

§ 9 Es offenbart den SINN und vergöttlicht die Art und den Wandel. Darum kann man mit seiner Hilfe allem auf die richtige Weise entgegentreten und mit seiner Hilfe selbst die Götter unterstützen.

Dieser Paragraph redet wieder vom Buch der Wandlungen im allgemeinen. Er spricht davon, daß das Buch den Sinn des Weltgeschehens offenbart und dadurch Art und Wandel des Menschen, der sich ihm anvertraut, göttergleich geheimnisvoll macht, so daß der Mensch in den Stand gesetzt wird, jedem Ereignis auf die richtige Weise zu begegnen und selbst den Göttern in ihrem Walten zur Seite zu stehen.

§ 10 Der Meister sprach: »Wer den SINN der Veränderungen und Umgestaltungen kennt, der kennt das Wirken der Götter.«

Kapitel 10

Der vierfache Gebrauch des Buchs der Wandlungen

§ 1   Das Buch der Wandlungen enthält einen vierfachen SINN der Heiligen und Weisen. Beim Reden richte man sich nach seinen Urteilen, beim Handeln richte man sich nach seinen Veränderungen, bei Anfertigung von Gegenständen richte man sich nach seinen Auskünften.

§ 2   Darum befragt der Edle es, wenn er etwas zu machen oder zu tun hat, und zwar mit Worten. Jenes nimmt seine Mitteilungen auf wie ein Echo, es gibt nichts Fernes und Nahes, nichts Dunkles und Tiefes für dasselbe: So erfährt er die künftigen Dinge. Wenn dieses Buch nicht das allergeistigste auf Erden wäre, wie könnte es so etwas?

Hier wird die Psychologie des Orakels gezeichnet. Der Orakelsuchende formuliert sein Anliegen genau in Worten und empfängt dann wie ein Echo ohne Rücksicht, ob es sich um Nahes oder Fernes, Geheimes oder Tiefes handelt, das passende Orakel, durch das er in den Stand gesetzt wird, die Zukunft zu erkennen. Es ist dabei gedacht, daß Bewußtes und Überbewußtes miteinander in Beziehung treten. Das Bewußte geht bis zur Formulierung. Beim Teilen der Stäbchen tritt das Unbewußte ein, und aus dieser Teilung ergibt sich dann, wenn man das Resultat mit dem Text des Buchs vergleicht, das Orakel.

§ 3   Es werden die drei und fünf Verrichtungen vorgenommen, um eine Veränderung zu erreichen. Es werden Teilungen und Vereinigungen der Zahl vorgenommen. Wenn man die Änderungen durchläuft, so vollenden sie die Formen von Himmel und Erde. Steigert man ihre Zahl aufs äußerste, so bestimmen sie alle Bilder auf Erden. Wenn das nicht das Allerveränderlichste auf Erden wäre, wie könnte es so etwas?

Es ist viel über die Drei- und Fünfteilung gesprochen worden, und selbst Dschu Hi ist der Meinung, daß der Passus heute nicht mehr verständlich sei. Aber man darf nur Kapitel 9, § 3 zugrunde legen, zu dem wir hier eine nähere Ausführung haben, um einen Zusammenhang in den Text zu bringen. Die drei »Verrichtungen« sind die Teilung in zwei Haufen und das Besondersstecken eines Stengels, »um die drei Mächte nachzubilden«. Darauf werden die beiden Haufen je mit vier durchgezählt, »weil in fünf Jahren zwei Schaltmonate sind«, damit erhält man 3 + 2 = 5 Verrichtungen, die eine Veränderung ergeben. So fährt man mit Teilungen und Vereinigung fort, bis man »die Formen von Himmel und Erde vollendet«, d. h. zunächst eines der acht Zeichen, d. h. eine »Kleine Vollendung« (vgl. Kap. 9, § 7) erlangt. Man fährt dann fort, bis man den obersten, sechsten Strich erreicht hat und dadurch ein vollständiges Bild erhält, das sich jeweils aus zwei Urzeichen zusammensetzt.

§ 4 Die Wandlungen haben kein Bewußtsein, keine Handlung, still sind sie und bewegen sich nicht. Werden sie aber angeregt, so durchdringen sie alle Verhältnisse unter dem Himmel. Wenn sie nicht das Allergöttlichste auf Erden wären, wie könnten sie so etwas?

Hier ist deutlich ausgesprochen, was in den Bemerkungen zu § 2 ausgeführt wurde.
Bemerkung: Die Verhältnisse des Buchs der Wandlungen können am besten verglichen werden mit dem Netzwerk einer elektrischen Leitung, die alle Verhältnisse durchdringt. Sie hat nur die Möglichkeit des Erleuchtens, aber leuchtet nicht. Indem dann durch den Fragenden der Kontakt mit einer bestimmten Situation hergestellt ist, wird der Strom erregt und die betreffende Situation erleuchtet. Ohne daß in einem der Kommentare dieses Bild gebraucht wäre, läßt sich dadurch mit wenigen Worten alles erläutern, was im Text gemeint ist.

§ 5 Die Wandlungen sind es, wodurch die Heiligen und Weisen alle Tiefen erreicht und alle Keime erfaßt haben.

§ 6 Nur durch das Tiefe kann man alle Willen auf Erden durchdringen. Nur durch die Keime kann man alle Sachen auf Erden vollenden. Nur durch das Göttliche kann man ohne Hast eilen und, ohne zu gehen, ans Ziel kommen.

Hier wird gezeigt, wie dadurch, daß das Buch der Wandlungen in die unterbewußten Gebiete hinabreicht, sowohl der Raum als die Zeit ausgeschaltet werden. Der Raum als Prinzip der Mannigfaltigkeit und Verwirrung wird überwunden durch die Tiefe, das Einfache; die Zeit als Prinzip der Ungewißheit wird überwunden durch das Leichte, Keimhafte.

§ 7 Wenn der Meister sprach: »Das Buch der Wandlungen enthält einen vierfachen SINN der Heiligen und Weisen«, so ist das damit gemeint.

Es ist wohl anzunehmen, daß in § 1 ein Wort von Kungtse zugrunde liegt, das dann rhetorisch ausgeführt und hier nochmals zusammenfassend erwähnt ist.

Kapitel 11

Über Schafgarbenstengel, Zeichen und Linien

§ 1 Der Meister sprach: »Die Wandlungen, was tun sie denn? Die Wandlungen eröffnen die Dinge, vollenden die Sachen und umfassen alle Wege auf Erden. Dies und nichts anderes. Deshalb benützten sie die Heiligen und Weisen, um alle Willen auf Erden zu durchdringen und alle Wirkungsfelder auf Erden zu bestimmen, um alle Zweifel auf Erden zu entscheiden.«

Auch hier ist wieder ein Wort des Meisters vorangestellt, das in einem längeren Aufsatz variiert und ausgeführt wird.

§ 2 Darum ist die Art der Schafgarbenstengel rund und geistig. Die Art der Zeichen ist winkelrecht und weise. Der Sinn der sechs Linien ist wandelnd, um Auskunft zu liefern.
Die Heiligen und Weisen haben auf diese Weise ihr Herz gereinigt, sich zurückgezogen und ins Geheimnis verborgen. Um Heil und Unheil kümmerten sie sich gemeinsam mit den Menschen. Göttlich waren sie, so daß sie die Zukunft kannten; weise waren sie, so daß sie die Vergangenheit bewahrten. Wer ist es, der das alles kann? Nur die Vernunft und Klarheit der Alten, ihre Erkenntnis und Weisheit, ihre göttliche Kraft ohne Nachlassen.

Hier ist durchgängig die Dreiteilung des vorigen Paragraphen weitergeführt. Die Durchdringung aller Willen wird verglichen mit der Geistigkeit der Schafgarbenstengel; sie sind rund als Symbol des Himmels und des Geistes. Die Zahl, die ihnen zugrunde liegt, ist die Sieben, 7 × 7 = 49 ist ihre Zahl. Die Zeichen bedeuten die Erde, ihre Zahl ist die Acht, 8 × 8 = 64 ist die Summe der Zeichen. Sie dienen, um das Wirkungsfeld zu bestimmen. Die Einzellinien schließlich sind beweglich und veränderlich (ihre Zahlen sind 9 und 6), um Auskunft zu geben und die Zweifel der Einzellage zu entscheiden.
Diese Erkenntnis hatten die Heiligen und die Weisen. Sie zogen sich in die Verborgenheit zurück und pflegten ihren Geist, so daß sie aller Menschen Ge-

sinnung durchdringen konnten (Durchdringung), daß sie Heil und Unheil bestimmen konnten (Wirkungsfeld) und Vergangenheit und Zukunft kannten (Entscheidung der Zweifel). Das konnten sie vermöge ihrer Vernunft und Klarheit (Durchdringung der Willen), ihrer Erkenntnis und Weisheit (Bestimmung des Wirkungsfelds) und ihrer göttlichen Kraft (Entscheidung der Zweifel). Diese göttliche Kriegskraft (chin. Schen Wu) wirkt, ohne sich abzuschwächen (dies die bessere Lesart statt: ohne zu töten).

§ 3 Darum durchschauten sie den SINN des Himmels und verstanden die Verhältnisse der Menschen. So erfanden sie diese göttlichen Dinge, um dem Bedürfnis der Menschen entgegenzukommen. Die Heiligen und Weisen fasteten darum, um ihre Art göttlich klarzumachen.

Weil jene Weisen die Gesetze des Weltverlaufs und das, was den Menschen not tat, in gleicher Weise erkannten, erfanden sie den Gebrauch der Orakelstengel – dies die göttlichen Dinge –, um auf diese Weise die Bedürfnisse der Menschen zu erfüllen. So konzentrierten sie sich in heiliger Meditation darauf, ihrem Wesen die hierfür nötige Kraft und Fülle zu geben. Dementsprechend ist das Verständnis des Buchs der Wandlungen auch an entsprechende Konzentration und Meditation geknüpft.

§ 4 Darum nannten sie das Schließen der Pforten das Empfangende, und das Öffnen der Pforte nannten sie das Schöpferische. Den Wechsel zwischen Schließen und Öffnen nannten sie Veränderung. Das Hin- und Hergehen ohne Aufhören nannten sie das Durchdringen. Was sichtbar sich zeigt, nannten sie Bild, was körperlich gestaltet ist, nannten sie Ding. Was festgesetzt ist für den Gebrauch, nannten sie Gesetz. Was fördernd ist beim Aus- und Eingehen und wovon die Menschen alle leben, das nannten sie das Göttliche.

Hier sind die Verhältnisse des SINNS des Himmels und die Zustände der Menschen gezeigt, wie sie die Heiligen und Weisen erkannten. Das Schließen und Öffnen der Pforten ist der Wechsel von Ruhe und Bewegung. Es sind zugleich zwei Zustände der Yogapraxis, die persönlicher Übung allein zugänglich sind.

Das Buch der Wandlungen

Das Durchdringen ist der Zustand, wenn man die souveräne Herrschaft auch in der psychischen Sphäre erreicht hat und auch in der Zeit sich hin und her bewegen kann. Die nächsten Sätze zeigen die Entstehung der körperlichen Welt. Erst liegt ein Bild, eine Idee zugrunde; nach diesem Urbild formt sich das Abbild als körperliche Gestalt. Der Hergang, der diesen Vorgang des Nachbildens regelt, ist das Gesetz; und die Kraft, die diese Vorgänge erzeugt, ist das Göttliche. Man kann zu diesen Ausführungen bei Lao Tse viele Parallelen finden.

§ 5 Darum gibt es in den Wandlungen den großen Uranfang. Dieser erzeugt die zwei Grundkräfte. Die zwei Grundkräfte erzeugen die vier Bilder. Die vier Bilder erzeugen die acht Zeichen.

Der große Uranfang (Tai Gi) spielt in der späteren Naturphilosophie eine große Rolle. Ursprünglich ist Gi der Firstbalken, also ein einfacher Strich als Symbol der Setzung einer Einheit: ▬. Durch diese Setzung wird nun aber die Zweiheit mitgesetzt: Ein oben und unten entsteht zugleich mit der Erscheinung dieser Setzung. Das Bedingende wird nun weiterhin als ungeteilter Strich bezeichnet, während das Bedingte durch einen geteilten Strich dargestellt wird: ▬ ▬. Dies sind die beiden polaren Grundkräfte, die später als Yang, das Lichte, Yin, das Dunkle, bezeichnet werden. Durch Verdoppelung entstehen dann die vier Bilder:

▬▬▬ Das alte oder große Yang
▬ ▬ ▬ ▬ Das alte oder große Yin
▬▬ ▬ Das junge oder kleine Yang
▬ ▬ ▬▬ Das junge oder kleine Yin

Die den vier Jahreszeiten entsprechen. Durch weitere Hinzufügung einer Linie entstehen dann die acht Zeichen:

Kiën   Kun
Dschen Li
Dui   Sun
Kan   Gen

Dies ist der selbe Hergang, der in Laotse Kap. 42 erwähnt wird.

§ 6 Die acht Zeichen bestimmten Heil und Unheil. Heil und Unheil erzeugen das große Wirkungsfeld.

Das große Wirkungsfeld sind die Ordnungen und Regeln, die von den Heiligen und Weisen erlassen wurden, um für die Menschen Heil zu erlangen und Unheil zu vermeiden.

§ 7 Darum: Es gibt keine größeren Urbilder als Himmel und Erde. Es gibt nichts Beweglicheres und Zusammenhängenderes als die vier Jahreszeiten. Es gibt unter den am Himmel hängenden Bildern keine leuchtenderen als Sonne und Mond. Es gibt in Beziehung auf Verehrung und hohe Stellung keinen größeren als den, der Reichtum und Vornehmheit besitzt. In Beziehung auf die Vorbereitung von Dingen zum Gebrauch, auf Herstellung von Geräten, die für die ganze Welt von Nutzen sind, gibt es niemand Größeres als die Heiligen und Weisen. Um die wirren Mannigfaltigkeiten zu begreifen und das Geheime zu erforschen, um das Tiefe zu erreichen und in die Ferne zu wirken und so Heil und Unheil auf Erden festzusetzen und alle Anstrengungen auf Erden zu vollenden, gibt es nichts Größeres als das Orakel.

Ähnlich wie in Laotse Kap. 25, wo von den vier Großen im Weltraum gesprochen wird, wird hier die Größe in der Natur und in der Menschenwelt zusammen genannt. Das nachzuahmende Urbild ist Himmel und Erde. Das Beweglichste und Zusammenhängendste sind die Zeiten, das Leuchtendste Sonne und Mond. So ist auf Erden der Höchste der Menschenkönig, der Weise auf dem Thron, der, reich und vornehm zugleich, die Quelle von Reichtum und Adel ist. Ihm zur Seite stehen der wirkende Weise, der Ordner und Erfinder, und – den leuchtenden Bildern von Sonne und Mond entsprechend – das Orakel, das alle Verhältnisse auf Erden aufklärt und beleuchtet.

§ 8 Darum: Der Himmel erzeugt göttliche Dinge: der Heilige und der Weise nehmen sie als Muster. Himmel und Erde ändern und gestalten sich: der Heilige und der Weise ahmen ihnen nach. Am Himmel hängen Bilder, die Heil und Unheil offenbaren: der Heilige und der Weise bilden sie ab. Der Gelbe Fluß brachte einen Plan hervor, und der Lo-Fluß brachte eine Schrift hervor: Die Heiligen nahmen sie als Muster.

Es wird hier weiter der Parallelismus zwischen den Vorgängen im Makrokosmos und dem Wirken der Heiligen und Weisen ausgeführt. Die göttlichen Dinge, die Himmel und Erde erzeugen, sind wohl die Naturerscheinungen, die von den Heiligen in den acht Zeichen nachgebildet wurden. Eine andere Auffassung ist, daß es sich um Schildkröten und Schafgarben handelt. Die Veränderungen und Umgestaltungen, die sich in Tag und Nacht und in den Jahreszeiten zeigen, sind in der Art der Wandlungen der Striche nachgemacht. Die Zeichen am Himmel, die Glück und Unglück bedeuten, sind Sonne, Mond und Sterne nebst Kometen, Finsternissen und dergleichen. Sie sind abgebildet in den beigefügten Urteilen über Heil und Unheil. Der letzte Satz, der auf zwei sagenhafte Vorgänge unter Fu Hi und Yü hindeutet, ist späterer Zusatz und hat bei der Exegese des Buchs der Wandlungen viel Unheil angerichtet. Eine Abbildung der beiden Zeichen ist in der Erklärung von Kap. 9, § 1 gegeben. Daß der Zusatz hier später ist, ergibt sich daraus, daß §§ 7, 8, 9 alle auf den dreiteiligen Parallelismus zwischen Natur und Menschenwelt angelegt sind, der in § 1 angeschlagen ist, ein Zusammenhang, der durch diesen Zusatz unterbrochen wird.

§ 9 In den Wandlungen sind Bilder, um zu zeigen; es sind Urteile beigefügt, um zu erläutern; es wird Heil oder Unheil bestimmt, um zu entscheiden.

Im Text steht »vier« Bilder; das ist aus Irrtum von § 5 übernommen. Hier sind unter den Bildern die acht Zeichen zu verstehen, die die Verhältnisse in ihrem Zusammenhang zeigen. Dies entspricht den Urbildern des Himmels. Die beigefügten Urteile (zu den einzelnen Strichen) deuten die Veränderungen an. Dies entspricht den Veränderungen der Jahreszeiten. Die Entscheidungen von Heil und Unheil entsprechen dann den Zeichen am Himmel.

Kapitel 12

Zusammenfassung

§ 1 Im Buch der Wandlungen heißt es: »Vom Himmel her wird er gesegnet. Heil! Nichts, das nicht fördernd ist.«
Der Meister sprach: »Segnen bedeutet helfen. Der Himmel hilft dem Hingebenden. Die Menschen helfen dem Wahrhaftigen. Wer in Wahrhaftigkeit wandelt und hingebend ist in seinem Denken und dann noch die Würdigen hochhält, der wird vom Himmel her gesegnet, hat Heil, und nichts ist, das nicht fördernd wäre.«

Hier ist aus dem Torso des Kommentars zu den einzelnen Linien, von dem sich in Kap. 8, §§ 5-11 Reste zeigten, eine nähere Ausführung zum Schluß von Kap. 2, § 6, die hier jedoch außer Zusammenhang ist.

§ 2 Der Meister sprach: »Die Schrift kann die Worte nicht restlos ausdrücken. Die Worte können die Gedanken nicht restlos ausdrücken.«
Dann kann man also die Gedanken der Heiligen und Weisen nicht sehen?
Der Meister sprach: »Die Heiligen und Weisen stellten die Bilder auf, um ihre Gedanken restlos auszudrücken, sie stellten Zeichen dar, um Wahr und Falsch restlos auszudrücken. Sie fügten dann noch Urteile bei und konnten so ihre Worte restlos ausdrücken.«
(Sie schufen Veränderung und Zusammenhang, um den Nutzen restlos darzustellen; sie trieben an, sie setzten in Bewegung, um den Geist restlos darzustellen.)

Der Abschnitt gibt in Gesprächsform nach Art der Lun Yü ein Urteil über die Ausdrucksweise des Buchs der Wandlungen. Der Meister hatte gesagt, die Schrift drücke nie die Worte restlos aus, die Worte drückten nie die Gedanken restlos aus. Ein Schüler fragt, ob man denn die Gedanken der Weisen nicht zu Gesicht bekommen könne, und der Meister zeigt an der Hand des Buchs der Wandlungen, wie das möglich sei: Sie stellten Bilder und Zeichen auf, um die

Verhältnisse zu zeigen, und fügten dann noch die Worte bei, so daß diese Worte im Verein mit den Bildern tatsächlich als restloser Ausdruck der Gedanken gelten.

Die letzten beiden Sätze sind aus irgendeinem andern Zusammenhang hergesetzt, wohl des gleichen grammatischen Baus wegen. (Vgl. § 4, 2. Hälfte und § 7.)

> § 3 Das Schöpferische und das Empfangende ist das eigentliche Geheimnis der Wandlungen. Indem das Schöpferische und das Empfangende vollendet sich darstellen, sind die Wandlungen zwischen ihnen mitgesetzt. Würde das Schöpferische und das Empfangende vernichtet, so gäbe es nichts, woran man die Wandlungen sehen könnte. Wenn keine Wandlungen mehr zu sehen wären, so würden die Wirkungen des Schöpferischen und des Empfangenden auch allmählich aufhören.

Die Wandlungen sind hier als Naturvorgang gedacht, fast identisch mit »Leben«. Das Leben beruht auf den polaren Gegensätzen der Aktivität und Rezeptivität. Dadurch wird die Spannung erhalten, deren jeweiliger Ausgleich sich als Wandlung, als Lebensvorgang zeigt. Würde dieser Spannungszustand, dieses »Gefälle« aufhören, so würde es kein Kriterium für das Leben mehr geben; es könnte sich nicht mehr äußern. Aber ebenso werden andererseits diese polaren Gegensätze, diese Spannungen durch die Wandlungen des Lebens jederzeit neu erzeugt. Würde das Leben sich nicht mehr äußern, so würden auch die Gegensätze sich durch allmähliche Entropie verwischen, und der Welttod wäre die Folge.

> § 4 Darum: Was oberhalb der Form ist, heißt der SINN, was innerhalb der Form ist, heißt das Ding.

Hier ist gezeigt, wie die Kräfte, die die sichtbare Welt konstituieren, jenseitig sind. Der SINN, Tao, ist hier ganz in der Bedeutung einer Ganzheitsentelechie genommen. Er ist oberhalb der Welt der Räumlichkeit, aber er wirkt – wie wir an anderer Stelle genauer sehen, durch die ihm innewohnenden »Bilder«, Ideen – auf die Sichtbarkeit; und was hier entsteht, sind die Dinge. Ein Ding ist räumlich, also durch seine körperliche Begrenzung erfaßt. Aber es kann nicht begriffen werden ohne Kenntnis des ihm zugrunde liegenden SINNS.

Der Paragraph hat auch einen Zusatz wie § 2, der zum großen Teil mit geringer Textabweichung im Schlußparagraphen wieder vorkommt.

> (Was die Dinge umgestaltet und zusammenfügt, heißt die Veränderung; was sie antreibt und gehen macht, heißt der Zusammenhang. Was sie aufhebt und darstellt für alle Menschen auf Erden, das heißt das Wirkungsfeld.)

> § 5 Darum, was die Bilder anlangt: Die Heiligen und Weisen vermochten all die wirren Mannigfaltigkeiten unter dem Himmel zu übersehen. Sie beobachteten die Formen und Erscheinungen und bildeten die Dinge und ihre Eigenschaften ab. Das nannte man: die Bilder. Die heiligen Weisen vermochten all die Bewegungen unter dem Himmel zu übersehen. Sie betrachteten, wie sie zusammentrafen und zusammenhingen, um nach ihren ewigen Ordnungen zu laufen. Da fügten sie Urteile bei, um ihr Heil und Unheil zu unterscheiden. Das nannte man: die Urteile.

§ 5 ist eine wörtliche Wiederholung von Kap. 8, § 1 und 2.

> § 6 Die erschöpfende Darstellung der wirren Mannigfaltigkeiten unter dem Himmel beruht auf den Zeichen. Der Antrieb aller Bewegungen unter dem Himmel beruht auf den Urteilen.

Auch dieser Paragraph steht mit Kap. 8, § 3 irgendwie in Zusammenhang, während das Folgende eine Parallelstelle der zweiten Hälfte von § 4 enthält.

> § 7 Die Umgestaltung und Zusammenfügung beruht auf den Veränderungen. Der Antrieb und das Gehenmachen beruht auf dem Zusammenhang. Die Geistigkeit und Klarheit beruht auf dem rechten Mann. Schweigendes Vollenden, wortloses Zutrauen beruht auf tugendvollem Wandel.

Hier ist zum Schluß das Ineinandergreifen von Buch und Mensch zur Darstellung gebracht. Nur durch die lebendige Persönlichkeit gewinnen die Worte des Buchs jeweils volles Leben und üben dann ihre Wirkung auf die Welt aus.

Bemerkung:

Es scheint sich hier um einen Gedankengang zu handeln, dessen Rest in Kapitel 8 und hier zerstreut ist. Das Problem ist, ob bei der Mangelhaftigkeit unserer Verständigungsmittel überhaupt Kontakt über die Schranke der Zeit hinaus möglich sei, ob eine spätere Zeit eine frühere überhaupt verstehen könne. Die Antwort lautet – am Beispiel des Buchs der Wandlungen durchgeführt – bejahend. Gewiß sind Wort und Schrift unvollkommene Gedankenvermittler; aber mittels der Bilder – wir würden sagen »Ideen« – und der in ihnen liegenden Bewegungsantriebe wird eine geistige Kraft in Bewegung gesetzt, die über die Zeit hinauswirkt und, wenn sie auf den rechten Menschen trifft, der innere Verwandtschaft zu jenem SINN hat, von ihm ohne weiteres aufgenommen und aufs neue zum Leben erweckt werden kann. Das ist der Gedanke des übernatürlichen Zusammenhangs der Auserwählten aller Zeiten.

Da Dschuan –
Die große Abhandlung

Zweite Abteilung

Kapitel 1

Über Zeichen und Linien, Schaffen und Wirken

§ 1   Indem die acht Zeichen der Vollendung nach geordnet sind, sind die Bilder darin enthalten. Indem sie daraufhin verdoppelt werden, sind die Linien darin enthalten.

Vgl. Abt. I, Kap. 2, § 1. Die Reihenfolge nach der Vollendung ist
1. Kiën, 2. Dui, 3. Li, 4. Dschen, 5. Sun, 6. Kan, 7. Gen, 8. Kun.
Die Einzelzeichen enthalten nur die Bilder (Ideen) dessen, das sie vorstellen. Die Einzelstriche kommen erst bei den Doppelzeichen in Betracht, weil erst in den Doppelzeichen der ganze Organismus von oben und unten, innen und außen usw. hervortritt.

§ 2   Indem die Festen und Weichen einander verdrängen, ist die Veränderung darin enthalten. Indem die Urteile beigefügt werden mit ihren Anweisungen, ist die Bewegung darin enthalten.

Vgl. Abt. I, Kap. 2, § 2. Durch den Wechsel der festen und weichen Striche erscheint die Veränderung (und Umgestaltung). Die Urteile geben ihre Anweisungen durch die beigefügten Orakel: Heil und Unheil usw.

§ 3   Heil und Unheil, Reue und Beschämung entstehen durch die Bewegung.

Vgl. Abt. I, Kap. 2, § 3. Heil und Unheil, Reue und Beschämung treten in die Erscheinung erst dadurch, daß man entsprechend handelt.

§ 4 Die Festen und Weichen stehen fest, wenn sie an ihrem ursprünglichen Platz sind. Ihre Veränderungen und Zusammenhänge sollen der Zeit entsprechen.

Es gibt einen Gleichgewichtszustand, wenn die festen Striche auf festem Platz, die weichen auf weichem Platz stehen. Allein dieser abstrakte Gleichgewichtszustand muß der Veränderung und Neuorganisierung weichen, wenn es die Zeit erfordert. Die Zeit, d. h. die durch ein Zeichen dargestellte Gesamtsituation, spielt eine wichtige Rolle für die Stellung der einzelnen Striche.

§ 5 Heil und Unheil gelangen durch Beharrlichkeit zur Wirkung. Der SINN von Himmel und Erde wird durch Beharrlichkeit sichtbar. Der SINN von Sonne und Mond wird durch Beharrlichkeit hell. Alle Bewegungen unter dem Himmel werden durch Beharrlichkeit einheitlich.

Das Geheimnis der Wirkung liegt in der Dauer. Heil und Unheil bereiten sich langsam vor. Nur indem dauernd eine Richtung befolgt wird, häufen sich allmählich die Einzelwirkungen so an, daß sie nach außen hin als Heil oder Unheil in Erscheinung treten. Ebenso sind Himmel und Erde Wirkungen von dauernden Zuständen. Indem alle lichten, klaren Kräfte dauernd nach oben steigen, alle festen und trüben Bestandteile dauernd nach unten sinken, sondert sich aus dem Chaos der Kosmos, der Himmel oben und die Erde unten, ab. Ebenso ist es mit dem Lauf von Sonne und Mond; ihre Verhältnisse des Leuchtens sind Wirkungen von dauernden Bewegungen und Gleichgewichtszuständen; und so fahren sich für alle Bewegungen und Handlungen, die dauernd fortgesetzt werden, bestimmte Gleise ein, die dann zu Gesetzen werden. Naturgesetze sind demnach nicht etwas, das ein für allemal abstrakt feststünde, sondern sie sind Dauerwirkungen, die das Gesetzmäßige je länger, desto deutlicher hervortreten lassen.

§ 6   Das Schöpferische ist entschieden und zeigt den Menschen daher das Leichte. Das Empfangende ist nachgiebig und zeigt den Menschen daher das Einfache.

Die beiden Grundprinzipien bewegen sich je nach den Erfordernissen der Zeit, so daß sie sich in dauerndem Wandel befinden. Aber die Art ihrer Bewegungen ist in sich einheitlich und konsequent. Das Schöpferische ist immer stark, entschieden, wirklich, und darum hat es keine Schwierigkeiten. Es bleibt sich selber immer treu, und darauf beruht seine Leichtigkeit. Schwierigkeiten sind immer Unklarheiten und Schwankungen. Ebenso ist das Empfangende in seiner Art immer sich gleichbleibend nachgiebig, der Linie des geringsten Widerstands folgend und darum einfach. Kompliziertheiten entstehen nur aus innerlich einander widerstrebenden Motiven.

§ 7   Die Striche ahmen das nach. Die Bilder bilden das nach.

Es wird hier eine Wortdefinition von Strichen und Bildern gegeben. Strich heißt chinesisch Hiau, nachahmen heißt ebenfalls Hiau (nur anders geschrieben). Bild und nachbilden heißt Siang (ebenfalls verschieden geschrieben). Die Striche ahmen in ihren Änderungen es nach, wie Heil und Unheil in der Bewegung durch die Dauer entsteht. Die Bilder bilden ab, wie alle Veränderungen und Zusammenhänge des Festen und Weichen im Leichten und Einfachen münden.

§ 8   Die Striche und Bilder bewegen sich im Innern, und Heil und Unheil offenbaren sich im Äußern. Werk und Wirkungsfeld offenbaren sich in den Veränderungen, die Gefühle der heiligen Weisen offenbaren sich in den Urteilen.

Die Bewegungen der Striche und Bilder und der durch sie symbolisierten kleinsten Geschehenskeime sind unsichtbar, aber ihre Wirkungen zeigen sich in Heil und Unheil in der sichtbaren Welt. Ebenso sind die Veränderungen, die sich auf Werk und Wirkungsfeld beziehen, unsichtbar, werden aber geoffenbart durch die Worte der Urteile.

§ 9   Die große Art von Himmel und Erde ist es, Leben zu spenden. Der große Schatz des heiligen Weisen ist es, am rechten Platz zu stehen.

> Wodurch bewahrt man diesen Platz? Durch die Menschen.
> Wodurch sammelt man die Menschen um sich? Durch Güter. Die
> Ordnung der Güter und Richtigstellung der Urteile, die die Menschen abhalten, Böses zu tun, ist die Gerechtigkeit.

Es wird hier der Zusammenhang der drei Mächte gezeigt: Himmel und Erde spenden Leben. Der heilige Weise hat dieselbe Gesinnung. Um sie aber durchführen zu können, bedarf er der Stellung als Herrscher. Diese Stellung wird bewahrt durch die Menschen, die sich unter einem sammeln. Die Menschen werden angezogen durch die Güter. Die Güter werden verwaltet und geschützt gegen Unrecht durch Gerechtigkeit.

Es ist hier eine Staatstheorie auf kosmischer Grundlage gegeben, die den Anschauungen der konfuzianischen Schule entspricht. Manche Kommentare wollen diesen Paragraphen als Einleitung zum nächsten Kapitel stellen, was insofern eine gewisse Berechtigung hat, als das nächste Kapitel anhand des Buchs der Wandlungen einen Überblick über die Entwicklung der Kulturgeschichte gibt. (Die Lesart »Gütigkeit« für »Menschen« in dem Satz »Wodurch bewahrt man diesen Platz? Durch Menschen« wird durch den Zusammenhang widerlegt.)

Kapitel 2

Kulturgeschichte

§ 1   Als in der Urzeit Bau Hi die Welt beherrschte, da blickte er empor und betrachtete die Bilder am Himmel, blickte nieder und betrachtete die Vorgänge auf Erden. Er betrachtete die Zeichnungen der Vögel und Tiere und die Anpassungen an die Orte. Unmittelbar ging er von sich selbst aus, mittelbar ging er von den Dingen aus. So erfand er die acht Zeichen, um mit den Tugenden der lichten Götter in Verbindung zu kommen und aller Wesen Verhältnisse zu ordnen.

Das Be Hu Tung gibt als Urzustand der menschlichen Gesellschaft folgendes an: »In der Urzeit gab es noch keine sittlichen und gesellschaftlichen Ordnungen. Die Menschen kannten nur ihre Mutter, nicht ihren Vater. Hungrig suchten sie nach Nahrung, gesättigt warfen sie die Reste weg. Sie fraßen ihre Nahrung mit Haut und Haaren und tranken das Blut und hüllten sich in Felle und Schilf. Da kam Fu Hi und blickte empor und betrachtete die Bilder am Himmel, blickte nieder und betrachtete die Vorgänge auf Erden. Er vereinigte Mann und Frau, ordnete die fünf Wandelzustände und setzte die Gesetze des Menschentums fest. Er zeichnete die acht Zeichen, um die Welt zu beherrschen.«
Der mythische Begründer der Kultur wird verschieden geschrieben. Die Bedeutung des Namens scheint auf einen Jäger oder Erfinder des Kochens zu gehen. Die Frage, ob die acht oder auch schon die 64 Zeichen auf ihn zurückgehen, wird verschieden entschieden. Da er selbst eine mythische Persönlichkeit ist, mag der Streit auf sich beruhen. Sicher dürfte sein, daß König Wen die 64 Zeichen schon vorfand.

§ 2   Er machte geknotete Stricke und benützte sie zu Netzen und Reusen für die Jagd und den Fischfang. Das entnahm er wohl dem Zeichen: das Haftende.

Es ist in diesem Kapitel ausgeführt, wie die ganzen Kultureinrichtungen entstanden sind als Abbilder von ideellen Urbildern. Dieser Gedanke enthält in höherem Sinn eine Wahrheit. Jede Erfindung entsteht zuerst als Bild im Geist des Erfinders, ehe sie als »Gerät«, als »fertiges Ding« in die Erscheinung tritt. Da nun nach der Theorie der in den Hi Tsï vertretenen Schule die 64 Zeichen auf geheimnisvolle Weise Parallelbilder zur Natur geben, so kann hier der Versuch gemacht werden, aus ihnen die menschlichen Erfindungen abzuleiten, die zur Ausgestaltung der Kultur geführt haben. Dabei ist der Hergang nicht so gedacht, daß die Erfinder einfach die Zeichen des Buchs vorgenommen und danach die Erfindungen gemacht hätten, sondern daß aus Verhältnissen heraus, die in diesen Zeichen dargestellt waren, die Erfindungen sich im Geist ihrer Urheber gestalteten.

Das Netz besteht aus Maschen, die innen leer und außen von Fäden umgeben sind. Das Zeichen stellt eine Vereinigung von solchen Maschen vor. Dazu kommt, daß das Zeichen die Bedeutung *Haften*, Hängenbleiben hat, wie denn im Buch der Lieder mehrfach erwähnt ist, daß die Wildgans oder der Fasan im Netz hängengeblieben seien (Li).

§ 3 Als der Bau-Hi-Klan vorüber war, kam der Klan des göttlichen Landmanns auf. Er spaltete ein Holz als Pflugschar und bog ein Holz als Pflugstange und lehrte den Vorteil des Öffnens der Erde mit dem Pflug der ganzen Welt. Das entnahm er wohl dem Zeichen: die Mehrung.

Der primitive Pflug bestand aus einer gekrümmten Stange, an der vorn ein zugespitztes Holz befestigt war, das die Erde aufritzte. Der Vorteil gegenüber dem Hacken war, daß man auf diese Weise die Zugkraft benützen und einen Teil der Arbeit auf das Rind abschieben konnte. Das Zeichen I, *die Mehrung*, besteht aus den beiden Zeichen Sun und Dschen, denen beiden das Holz zugeordnet ist. Sun bedeutet eindringen, Dschen bedeutet Bewegung. Die Kernzeichen sind Gen und Kun, denen die Erde zugeordnet ist. Daraus ergab sich der Gedanke, ein Instrument zu konstruieren aus Holz, das in die Erde eindringt und nach vorwärts bewegt wird und die Erde aufwühlt.

§ 4 Wenn die Sonne im Mittag stand, hielt er Markt ab. Er ließ die Leute auf Erden herbeikommen und versammelte die Waren auf Erden. Sie tauschten sie gegenseitig aus, dann kehrten sie zurück, und jedes kam an seinen Platz. Das entnahm er wohl dem Zeichen: das Durchbeißen.

Das Zeichen Schï Ho, *das Durchbeißen*, besteht aus der Sonne (Li) oben und Dschen, der Bewegung, unten. Dschen bedeutet auch einen großen Weg, während das obere Kernzeichen, Kan, strömendes Wasser und das untere, Gen, kleine Pfade bedeutet. Es ist also Bewegung unter der Sonne, Zusammenströmen ausgedrückt. Das reicht freilich noch nicht aus für den Gedanken eines Marktes. Die Worte Schï Ho können, anders geschrieben, auch Speise und Ware bedeuten, so daß daraus der Gedanke des Marktes sich ergäbe. Offenbar hatte das Zeichen früher die Nebenbedeutung des Marktes, vgl. auch die Erklärung Buch 1, *Nr. 21, Das Durchbeißen.*

§ 5 Als der Klan des göttlichen Landmanns vorüber war, kamen die Klans des Gelben Herrn, des Yau und Schun auf. Sie brachten Zusammenhang in ihre Veränderungen, daß die Leute nicht ermüdeten. Sie waren göttlich in ihren Umgestaltungen, daß die Leute zufrieden waren. Wenn eine Wandlung am Ende angelangt war, so veränderten sie. (Durch Veränderung erreichten sie Zusammenhang.) Durch Zusammenhang erreichten sie Dauer. Darum: »Vom Himmel her wurden sie gesegnet. Heil! Nichts, das nicht fördernd ist!«
Der Gelbe Herr, Yau und Schun ließen die Ober- und Unterkleider herabhängen, und die Welt war in Ordnung. Das entnahmen sie wohl den Zeichen: das Schöpferische und das Empfangende.

Es sind in diesem Paragraphen zwei Schichten zu unterscheiden. Die ältere Schicht scheint der Schluß zu sein. Es wird die Einführung der Kleider geschildert. Dschong Kang Tschong bemerkt dementsprechend: »Der Himmel ist schwarzblau, die Erde gelb; darum machten sie die Obergewänder dunkelblau, die Untergewänder gelb.«
Das Herabhängenlassen der Gewänder wurde dann später dahin verstanden, daß sie ruhig und ohne sich zu rühren dasaßen und alles von selber sich durch ihr Nichthandeln ordnete. Darauf wurde dann aus schon bekanntem Material eine Schilderung ihrer Kulturtätigkeit und des auf ihr beruhenden Segens beigefügt, von der der eingeklammerte Satz seinerseits wieder ein späterer Zusatz

zu sein scheint. Der Sinn ihrer Tätigkeit war der, daß sie dauernd zeitgemäße Reformen durchführten.

> § 6 Sie schabten Stämme aus zu Schiffen und härteten Hölzer im Feuer zu Rudern. Der Nutzen der Schiffe und Ruder bestand in der Vermittlung des Verkehrs. (Sie erreichten die Ferne, um der Welt zu nützen.) Das entnahmen sie wohl dem Zeichen: die Auflösung.

Der eingeklammerte Satz wird von Dschu Hi beanstandet.
Das Zeichen Huan, *die Auflösung*, besteht aus dem Zeichen Sun, Holz, über Kan, Wasser; darum steht auch im beigefügten Urteil: »Günstig ist es, das große Wasser zu durchqueren« und im Kommentar zur Entscheidung: »Sich auf das Holz verlassen, schafft Verdienste.« Das Schiff zur Vermittlung des Verkehrs über Flüsse und als Mittel zum Reisen in die Ferne wird hier dargestellt. Holz über dem Wasser: das ist der Sinn der Urzeichen. Die Kernzeichen Gen und Dschen bedeuten große und kleine Straßen.

> § 7 Sie zähmten das Rind und spannten das Pferd ein. So konnten schwere Lasten gezogen und ferne Gegenden erreicht werden, um der Welt zu nützen. Das entnahmen sie wohl dem Zeichen: die Nachfolge.

Das Zeichen Sui, *die Nachfolge*, besteht vorne aus Dui, Munterkeit, und hinten aus Dschen, Bewegung, ein Bild, wie Rind und Pferd vorne laufen und der Wagen sich hinten bewegt. Die Rinder waren für die schweren Wagen, die Pferde für die raschen Wagen und Kriegsfahrzeuge. Das Pferd als Reittier war im ältesten China unbekannt.

> § 8 Sie führten doppelte Tore und Nachtwächter mit Klappern ein, um den Räubern zu begegnen. Das entnahmen sie wohl dem Zeichen: die Begeisterung.

Das Zeichen Yü, *die Begeisterung*, besteht oben aus dem Zeichen Dschen, Bewegung, unten aus dem Zeichen Kun, Erde. Die Kernzeichen sind Kan, das Gefährliche, und Gen, der Berg. Kun bedeutet eine geschlossene Tür, Gen bedeutet ebenfalls eine Tür, daher die Verdoppelung der Tore. Kan bedeutet den Dieb. Außer den Toren dient zur Vorbereitung (Yü bedeutet auch Vorbereitung) gegen ihn die Bewegung, das Holz (Dschen) in der Hand (Gen).

> § 9 Sie spalteten Holz und machten einen Stößel daraus. Sie höhlten die Erde aus als Mörser. Der Nutzen des Mörsers und Stößels kam allen Menschen zugute. Das entnahmen sie wohl dem Zeichen: des Kleinen Übergewicht.

Das Zeichen Siau Go, *des Kleinen Übergewicht*, besteht oben aus Dschen, Holz, Bewegung, und unten aus Gen, Stillstand, Stein. Go bedeutet auch Übergang. Der Mörser war die Urform der Mühle und bedeutet den Übergang vom Körneressen zum Backen.

> § 10 Sie bespannten ein Holz als Bogen und härteten Hölzer im Feuer als Pfeile. Der Nutzen von Pfeil und Bogen besteht darin, die Welt in Furcht zu halten. Das entnahmen sie wohl dem Zeichen: der Gegensatz.

Das Zeichen Kui, *der Gegensatz*, besteht oben aus Li, das Haftende, und unten aus Dui, das Heitere. Die Kernzeichen sind Kan, Gefahr, und nochmals Li. Das ganze Zeichen deutet auf Streit. Li ist die Sonne, die aus der Ferne Pfeile schickt. Li bedeutet Waffen, Kan Gefahr. Die Gefahr ist von Waffen eingeschlossen, daher fürchtet man sich nicht.

> § 11 In der Urzeit wohnten die Menschen in Höhlen und lebten in Wäldern. Die Heiligen späterer Zeit verwandelten das in Gebäude: Oben war ein Firstbalken, abwärts davon ein Dach, um Wind und Regen abzuhalten. Das entnahmen sie wohl dem Zeichen: des Großen Macht.

Das Zeichen Da Dschuang, *des Großen Macht*, besteht oben aus Dschen, Donner; das obere Kernzeichen Dui, der See, ist oben am Himmel, Kiën, dem unteren Kernzeichen. Das untere Zeichen ist Kiën, der Himmel, der Luftraum. Das Ganze bedeutet also einen Himmel, einen starken, geschützten Raum unter Donner und Regen. Das Zeichen Dschen bedeutet auch Holz und als ältester Sohn den Firstbalken oben. Die beiden weichen Striche oben werden dann als das abfallende Dach gedacht.

§ 12 In der Urzeit bestattete man die Toten, indem man sie dicht mit Reisig bedeckte und mitten auf dem Land beisetzte, ohne Grabhügel und Baumpflanzungen. Die Trauerzeit hatte keine bestimmte Dauer. Die Heiligen späterer Zeit führten stattdessen Särge und Sarkophage ein. Das entnahmen sie wohl dem Zeichen: des Großen Übergewicht.

Das Zeichen Da Go, *des Großen Übergewicht*, besteht aus dem Zeichen Dui, der See, oben und Sun, Holz, Eindringen, unten. In der Mitte ist als Kernzeichen zweimal Kiën, der Himmel. Das Zeichen muß als Ganzes genommen werden, die beiden Yinstriche oben und unten bedeuten die Erde, innerhalb derer der doppelte Sarg als Himmel eingeschlossen ist. Dadurch, daß die Toten so eingehen (Sun), werden sie heiter (Dui). Der Ahnenkult findet hier seine Verankerung.

§ 13 In der Urzeit knotete man Stricke, um zu regieren. Die Heiligen späterer Zeit führten stattdessen schriftliche Urkunden ein, um die verschiedenen Beamten zu regieren und die Untertanen zu beaufsichtigen. Das entnahmen sie wohl dem Zeichen: der Durchbruch.

Das Zeichen Guai, *der Durchbruch*, besteht aus Dui, Worte, oben und Kiën, stark, unten und bedeutet Festmachen der Worte. Der Einschnitt oben deutet gleichzeitig die Form der ältesten Urkunden an, die, in Holz geschnitten, aus zwei Hälften bestanden, die zusammengehalten ineinander paßten. Die alten Schriften waren in der Regel auf geglättete Bambustafeln geritzt. Hier ist die Schrift in ihrer Bedeutung für die Organisierung einer größeren Gemeinschaft hervorgehoben.

Anmerkung:
Die in diesem Kapitel gegebene kulturgeschichtliche Skizze stimmt in ihren Hauptzügen merkwürdig mit unseren Auffassungen überein. Der Grundgedanke, daß allen Kultureinrichtungen eine Entwicklung von bestimmten Ideen zugrunde liegt, ist ebenfalls zweifellos richtig. Es fällt nicht immer leicht, diese Ideen in den Ideenkomplexen, die durch die genannten Zeichen dargestellt sind, wiederzuerkennen. Es ist nicht unmöglich, daß hier gewisse Zusammenhänge vorlagen, die heute verwischt sind. Manche Spuren weisen

darauf hin, daß die Zeichen in der Zeit vor der Dschou-Dynastie eine andere Bedeutung hatten als die heute überlieferte. Möglicherweise eröffnet dieses Kapitel Einblicke in jene Urbedeutungen. Daß ein Bedeutungswandel auch später noch stattgefunden hat, ergibt sich, wenn wir die Urteile mit den Bildern vergleichen.

Kapitel 3

Über die Struktur der Zeichen

§ 1   So besteht das Buch der Wandlungen aus Bildern. Die Bilder sind Nachbildungen.

Die Zeichen sind Nachbildungen der Verhältnisse am Himmel und auf Erden. Darum sind sie produktiv zu verwenden, haben sozusagen zeugende Kraft im Gebiet der Ideen, wie oben ausgeführt.

§ 2   Die Entscheidungen geben das Material.

Der Kommentar zur Entscheidung, von dem hier wohl gesprochen ist, gibt das Baumaterial, aus dem die Zeichen als Ganze aufgebaut sind. So zeichnet er die Gesamtsituation als solche, noch ehe sie sich verändert. Dies gilt natürlich auch von den Urteilen selber.

§ 3   Die Linien sind Nachahmungen der Bewegungen auf Erden.

Die Linien sind hier soviel wie die den einzelnen Linien beigefügten Urteile, die dann in Kraft treten, wenn diese Linien Neunen oder Sechsen sind, d. h. sich bewegen. In ihnen sind die Veränderungen der einzelnen Situationen abgebildet.

§ 4   So entstehen Heil und Unheil, und Reue und Beschämung erscheinen.

Durch diese Bewegung wird offenbar, wohin die Richtung des Geschehens sich wendet, und die Warnungs- bzw. Bestätigungszeichen werden beigefügt.

Kapitel 4

Über die Natur der Zeichen

§ 1 Die lichten Zeichen haben mehr dunkle Linien, die dunklen Zeichen haben mehr lichte Linien.

Die »lichten« Zeichen sind die drei Söhne: ☳ Dschen, ☵ Kan, ☶ Gen, die alle aus zwei dunklen und einer lichten Linie bestehen. Die »dunklen« Zeichen sind die drei Töchter: ☴ Sun, ☲ Li, ☱ Dui, die alle aus zwei lichten und einer dunklen Linie bestehen.

§ 2 Was ist der Grund davon? Die lichten Zeichen sind ungerade, die dunklen Zeichen sind gerade.

Die lichten Zeichen bestehen aus den Linien 7+8+8 oder 7+6+8 oder 7+6+6 oder 9+8+8 oder 9+6+6 oder 9+6+8; dasselbe gilt entsprechend von den dunklen Zeichen. Bei den ersten ist also die Summe immer ungerade, der ungerade Strich ist somit der für das Zeichen ausschlaggebende, während bei den dunklen Zeichen das Gegenteil der Fall ist.

§ 3 Wie ist ihre Art und ihr Wesen? Die lichten Zeichen haben einen Herrn und zwei Untertanen. Sie zeigen den Sinn des Edlen. Die dunklen Zeichen haben zwei Herren und einen Untertan. Das ist der Sinn des Gemeinen.

Wo einer herrscht, ist Einheit vorhanden. Wo dagegen einer zwei Herren dienen soll, da kann es nichts Gutes geben. Diese Wahrheit ist hier mehr zufällig an die Gestalt der Zeichen angeknüpft.

Kapitel 5

Erklärung einiger Linien aus dem Buch der Wandlungen

§ 1 In den Wandlungen heißt es: »Wenn man aufgeregt hin und her denkt, so folgen nur die Freunde, auf die man bewußte Gedanken richtet.«
Der Meister sprach: »Was bedarf die Natur des Denkens und Sorgens? In der Natur kehrt alles zum gemeinsamen Ursprung und verteilt sich auf die verschiedenen Pfade; durch eine Wirkung wird die Frucht von hundert Gedanken verwirklicht. Was bedarf die Natur des Denkens, was des Sorgens?«

§ 2 Wenn die Sonne geht, so kommt der Mond. Wenn der Mond geht, so kommt die Sonne. Sonne und Mond wechseln sich ab, und so entsteht das Licht. Wenn die Kälte geht, so kommt die Hitze. Wenn die Hitze geht, so kommt die Kälte. Kälte und Hitze wechseln sich ab, und so vollendet sich das Jahr. Die Vergangenheit zieht sich zusammen. Die Zukunft dehnt sich aus. Zusammenziehen und Ausdehnen wirken aufeinander, und so entsteht das Förderliche.

§ 3 Die Spannerraupe zieht sich zusammen, wenn sie sich ausdehnen will. Die Drachen und Schlangen halten einen Winterschlaf, um ihr Leben zu erhalten. So dient das Eindringen des Samengedankens in den Geist zu seiner Wirkung. Indem man die Wirkung förderlich macht und sein Leben in Frieden bringt, erhöht man seine Art.

§ 4 Was darüber noch hinausgeht, das übersteigt wohl alles Wissen. Wenn man das Göttliche ermißt und die Umgestaltungen versteht, so steigert man seine Art ins Wunderbare.

In dieser Erklärung zur Neun auf viertem Platz des Zeichens *Nr. 31, Hiën, die Einwirkung*, (Buch III), wird eine Theorie der Macht des Unterbewußten gegeben. Die bewußten Wirkungen sind immer nur beschränkte, weil sie durch eine

Absicht hervorgerufen werden. Die Natur kennt keine Absichten, und darum ist in ihr alles so groß. Auf der Einheitlichkeit des zugrunde liegenden Wesens beruht es, daß alle tausend Wege zu einem Ziel führen, das so vollkommen ist, als wäre es aufs genaueste durchdacht.

Es wird dann im Anschluß an den Lauf des Tages und Jahres gezeigt, wie Vergangenheit und Zukunft ineinander übergehen, wie Zusammenziehung und Ausdehnung die beiden Bewegungen sind, durch die die Vergangenheit die Zukunft vorbereitet und die Zukunft die Vergangenheit entfaltet.

In den beiden folgenden Paragraphen wird dann die Anwendung auf den Menschen gezogen, der durch höchste Konzentration sein inneres Wesen so steigert und festigt, daß objektive, geheimnisvolle Kraftströme von ihm ausgehen, so daß seine Wirkungen aus dem Unterbewußten hervorgehen und geheimnisvoll auf das Unterbewußtsein der andern wirken, so daß eine Breite und Tiefe der Wirkung erzielt wird, die über das Individuelle hinausgeht und in die kosmischen Erscheinungsformen übergeht.

§ 5 In den Wandlungen heißt es: »Man läßt sich bedrängen durch Stein und stützt sich auf Dornen und Disteln. Man geht in sein Haus und sieht nicht seine Frau. Unheil!« Der Meister sprach: »Wenn jemand sich von etwas, das ihn nicht bedrängen sollte, bedrängen läßt, so wird sein Name sicher in Schande geraten. Wenn er sich auf Dinge stützt, auf die man sich nicht stützen kann, so wird sein Leben sicher in Gefahr geraten. Wer in Schande und Gefahr ist, dem naht die Todesstunde; wie kann er da noch seine Frau sehen?«

Ein Beispiel für einen ungünstigen Spruch. Erklärung zu Nr. 47, *Kun, die Erschöpfung*, Sechs auf drittem Platz (Buch I).

§ 6 In den Wandlungen heißt es: »Der Fürst schießt nach einem Habicht auf hoher Mauer. Er erlegt ihn. Alles ist fördernd.« Der Meister sprach: »Der Habicht ist der Zweck der Jagd. Bogen und Pfeil sind Werkzeuge und Mittel. Der Schütze ist der Mensch (der die Mittel zum Zweck richtig gebrauchen muß). Der Edle birgt die Mittel in seiner Person. Er wartet die Zeit ab, und dann handelt er. Wie sollte da nicht alles gut gehen? Er handelt und ist frei. Darum braucht er nur auszugehen und erlegt die Beute. So steht es mit einem Menschen, der handelt, nachdem er seine Mittel fertig hat.«

Ein Beispiel eines günstigen Strichs. Erklärung zu *Nr. 40, Hië, die Befreiung,* obere Sechs (Buch I).

§ 7 Der Meister sprach: »Der Gemeine schämt sich nicht der Lieblosigkeit und scheut sich nicht vor Ungerechtigkeit. Wenn er keinen Vorteil winken sieht, so rührt er sich nicht. Wenn er nicht eingeschüchtert wird, so bessert er sich nicht. Doch wenn er im Kleinen zurechtgebracht wird, so nimmt er sich im Großen in acht. Das ist für den geringen Menschen ein Glück.« Das ist damit gemeint, wenn es im Buch der Wandlungen heißt: »Steckt mit den Füßen im Block, daß die Zehen verschwinden. Kein Makel.«

Ein Beispiel eines Strichs, der durch Reue zum Guten führt. Erklärung zu *Nr. 21, Schi Ho, das Durchbeißen*, Anfangsneun (Buch I).

§ 8 Wenn das Gute sich nicht ansammelt, reicht es nicht aus, einem einen Namen zu machen. Wenn das Böse sich nicht ansammelt, ist es nicht stark genug, einen zu vernichten. Der Gemeine denkt deshalb, Gutes im Kleinen habe keinen Wert, darum unterläßt er es; er denkt, kleine Sünden schaden nichts, darum gewöhnt er sie sich nicht ab. So sammeln sich seine Sünden an, bis sie sich nicht mehr bedecken lassen, und seine Schuld wird so groß, daß sie sich nicht mehr lösen läßt.
In den Wandlungen heißt es: »Steckt mit dem Hals im hölzernen Kragen, daß die Ohren verschwinden. Unheil!«

Ein Beispiel eines Strichs, der zeigt, wie man durch Beschämung zum Unheil geführt wird. Erklärung zu *Nr. 21, Schi Ho, das Durchbeißen*, obere Neun (Buch I).

§ 9 Der Meister sprach: »Gefahr entsteht, wo einer sich auf seinem Platz sicher fühlt. Untergang droht, wo einer seinen Bestand zu wahren sucht. Verwirrung entsteht, wo einer alles in Ordnung hat. Darum vergißt der Edle, wenn er sicher ist, nicht die Gefahr, und wenn er besteht, nicht den Untergang, und wenn er Ordnung hat, nicht die Verwirrung. Dadurch kommt er persönlich in Sicherheit und vermag das Reich zu schützen.« In den Wandlungen heißt es »Wenn es mißlänge! Wenn es mißlänge! Dadurch bindet er es an ein Bündel von Maulbeerstauden.«

Ein Beispiel eines Strichs, der zeigt, wie man ohne Makel ist und dadurch Gelingen hat. Erklärung zu *Nr. 12, Pi, die Stockung*, Neun auf fünftem Platz (Buch I).

§ 10 Der Meister sprach: »Schwacher Charakter bei geehrter Stellung, geringes Wissen und große Pläne, kleine Kraft und schwere Verantwortung werden selten dem Unheil entgehen.« In den Wandlungen heißt es: »Der Tiegel bricht die Beine. Das Mahl des Fürsten wird verschüttet, und die Gestalt wird befleckt. Unheil!« Das ist von jemand gesagt, der seiner Aufgabe nicht gewachsen ist.

Ein Beispiel eines Strichs, der zeigt, wie man Unheil hat, weil man den Verhältnissen nicht gewachsen ist. Erklärung zu *Nr. 50, Ding, der Tiegel,* Neun auf viertem Platz (Buch I).

§ 11 Der Meister sprach: »Die Keime zu erkennen, das ist wohl göttlich. Der Edle ist in seinem Verkehr nach oben nicht schmeichelnd, im Verkehr nach unten nicht anmaßend. Er kennt wohl die Keime. Die Keime sind der erste, unmerkliche Beginn der Bewegung, das, was von Heil (und Unheil) zuerst sich zeigt. Der Edle sieht die Keime und handelt sofort. Er wartet nicht erst den ganzen Tag.« In den Wandlungen heißt es: »Fest wie ein Stein. Kein ganzer Tag. Beharrlichkeit bringt Heil.«
Fest wie ein Stein,
Wozu ein ganzer Tag?
Das Urteil kann man wissen.
Der Edle kennt Geheim- und Offenbares,
Er kennt das Schwache, kennt das Starke auch,
Drum schauen die Myriaden zu ihm auf.

Ein Beispiel eines Strichs, der zeigt, wie man durch Vorherwissen dem Unheil rechtzeitig zu entgehen vermag. Erklärung von *Nr. 16, Yü, die Begeisterung*, Sechs auf zweitem Platz (Buch I).

> § 12 Der Meister sprach: »Yen Hui, der wird es wohl erreichen. Wenn er eine Unvollkommenheit hat, so kommt es nie vor, daß er sie nicht erkennt. Wenn er sie erkannt hat, kommt es nie vor, daß er sie zum zweitenmal begeht.«
> In den Wandlungen heißt es: »Wiederkehr aus geringer Entfernung. Es bedarf keiner Reue. Großes Heil!«

Ein Beispiel eines Strichs, der zeigt, wie man aus den Ereignissen lernen kann. Yen Hui, von dem hier gesprochen wird, ist der Lieblingsjünger KUNGS, von dem auch in den Gesprächen gesagt ist, daß er nie einen Fehler wiederholt habe. Erklärung zu *Nr. 24, Fu, die Wiederkehr*, Anfangsneun (Buch III).

> § 13 Der Meister sprach: »Himmel und Erde kommen in Berührung, und alle Dinge gestalten sich und gewinnen Form. Das Männliche und Weibliche mischt seinen Samen, und alle Wesen gestalten sich und werden geboren.«
> In den Wandlungen heißt es: »Wenn drei Menschen miteinander wandern, so vermindern sie sich um einen Menschen. Wenn ein Mensch wandert, so findet er seinen Gefährten.«

Ein Beispiel eines Strichs, der günstig ist, durch Einheit. Erklärung zu *Nr. 41, Sun, die Minderung*, Sechs auf drittem Platz (Buch III).

> § 14 Der Meister sprach: »Der Edle bringt seine Person in Ruhe, ehe er sich bewegt. Er faßt sich in seinem Sinn, ehe er redet. Er festigt seine Beziehungen, ehe er um etwas bittet. Indem der Edle diese drei Stücke in Ordnung bringt, ist er in völliger Sicherheit. Wenn man aber unvermittelt ist in seinen Bewegungen, so tun die Leute nicht mit. Wenn man aufgeregt ist in seinen Worten, so finden sie keinen Widerhall bei den Leuten. Wenn man ohne vorherige Beziehungen etwas verlangt, so geben es einem die Leute nicht. Wenn niemand mit einem ist, dann kommen die Schädiger herbei.«

> In den Wandlungen heißt es: »Er gereicht niemand zur Mehrung. Es schlägt ihn wohl gar jemand. Er hält sein Herz nicht dauernd fest. Unheil!«

Ein Beispiel eines Strichs, der zeigt, wie auf die Vorbereitung alles ankommt. Erklärung zu *Nr. 42, I, die Mehrung*, obere Neun (Buch I).

Kapitel 6

Über die Art des Buchs der Wandlungen im allgemeinen

§ 1 Der Meister sprach: »Das Schöpferische und das Empfangende sind doch recht eigentlich das Tor zu den Wandlungen. Das Schöpferische ist der Vertreter der lichten Dinge, das Empfangende der dunklen Dinge. Indem Dunkel und Licht ihre Art vereinen, gewinnt das Feste und das Weiche Gestalt. So gestalten sich die Verhältnisse des Himmels und der Erde, und man kommt in Zusammenhang mit der Art der lichten Götter.«

Im Anschluß an Abt. 1, Kap. XII, § 3 ist hier die Methode des Buchs der Wandlungen dargelegt. Die beiden ersten Zeichen, »das Schöpferische« und »das Empfangende«, werden als Repräsentanten der beiden polaren Urkräfte gezeigt. Es soll erklärt werden, wie der Stoff das Produkt der Kraft ist. Das Lichte und das Dunkle sind Kräfte. Durch Zusammenwirken dieser Kräfte entsteht das Stoffliche, Festes und Weiches. Dieses Stoffliche bildet die Form, den Leib aller Wesen im Himmel und auf Erden. Aber was es in Bewegung hält, das sind immer Kräfte. Und es kommt darauf an, Anschluß zu haben an diese Kräfte, diese göttlichen, leuchtenden.

§ 2 Die angewandten Namen sind vielfältig, aber nicht überflüssig. Wenn wir ihre Arten untersuchen, so treten uns Gedanken an den Untergang einer Zeit entgegen.

Die Namen der 64 Zeichen sind sehr mannigfach. Aber sie halten sich alle im Kreis des Notwendigen. Es sind Situationen gezeichnet, wie sie das Leben tatsächlich mit sich bringt. Die Art der Situationen ist durchgehends so, daß man daraus sieht, daß auf ein untergehendes Zeitalter Bezug genommen wird, dem die Mittel zum Neuaufbau an die Hand gegeben werden sollen. Es wird darauf hingewiesen, daß der Gedankenkreis der Zeichen einer Zeit entstammt, da man schon mit Niedergangserscheinungen zu rechnen hatte.

§ 3   Die Wandlungen beleuchten die Vergangenheit und erklären die Zukunft. Sie zeigen das Verborgene und eröffnen das Dunkle. Durch treffende Namen unterscheiden sie die Dinge. Indem dann richtige Worte und entschiedene Urteile dazu kommen, ist alles vollkommen.

Der Text scheint – wie überhaupt in diesem ganzen Kapitel – etwas unsicher zu sein. Der Gesamtsinn ist aber ohne weiteres zu verstehen. Es ist auch hier wieder auf die verschiedenen Beziehungen des Buchs der Wandlungen hingewiesen, wie zeitlich und räumlich das Verborgene enthüllt wird, erst symbolisch durch Namen und Beziehungen und schließlich ausdrücklich durch die Urteile.

§ 4   Die angewandten Namen klingen unbedeutend, aber ihre Anwendungsmöglichkeiten sind groß. Ihr Sinn ist weitreichend, ihre Urteile sind geordnet. Die Worte sind umschreibend, aber treffend. Die Sachen sind offen dargelegt, doch enthalten sie noch ein tieferes Geheimnis. Darum können sie in zweifelhaften Fällen dazu dienen, den Wandel der Menschen zu lenken und so die Vergeltung des Treffens und Verfehlens zu zeigen.

Es wird hier auf das Abstrakt-Allegorische der Zeichen hingewiesen, die sozusagen perspektivisch eine durchgehende Übertragung auf alle möglichen Verhältnisse gestatten, weil sie nur die Gesetze bieten, die in den verschiedenen Komplexreihen gelten.

Kapitel 7

Die Beziehung einiger Zeichen zur Charakterbildung

§ 1 Das Aufkommen der Wandlungen war in der Zeit des mittleren Altertums. Die die Wandlungen verfaßt haben, hatten viel Sorge und Leid.

Das bezieht sich auf König Wen und seinen Sohn, den Herzog von Dschou, die beide schwere Zeiten durchzumachen hatten.
Der Schreiber dieser Zeilen fühlt sich in diesem Stück mit ihnen verbunden. Auch er kann nichts anderes tun als den Organisationsplan einer untergehenden Kultur auf die Nachwelt retten.

§ 2 So zeigt das Zeichen »Auftreten« das Fundament des Charakters, das Zeichen »Bescheidenheit« die Handhabe des Charakters, das Zeichen »Wiederkehr« den Stamm des Charakters; das Zeichen »Dauer« bewirkt die Festigkeit des Charakters, das Zeichen »Minderung« die Pflege des Charakters, das Zeichen »Mehrung« die Fülle des Charakters, das Zeichen »Bedrängnis« die Prüfung des Charakters, das Zeichen »Brunnen« das Feld des Charakters, das Zeichen »das Sanfte« die Betätigung des Charakters.

§ 3 Das Zeichen »Auftreten« ist harmonisch und erreicht das Ziel. »Bescheidenheit« ehrt und ist leuchtend. »Wiederkehr« ist klein und doch verschieden von den Außendingen. »Dauer« zeigt mannigfaltige Erfahrungen ohne Überdruß. »Minderung« zeigt erst die Schwierigkeit und dann das Leichte. »Mehrung« zeigt Wachstum der Fülle ohne Kunstgriffe. »Bedrängnis« führt in Ratlosigkeit und dadurch zu Erfolg. »Brunnen« weilt auf seinem Platz und hat doch Einfluß auf andre. »Das Sanfte« vermag die Dinge zu wägen und verborgen zu bleiben.

§ 4 Das »Auftreten« bewirkt harmonischen Wandel. »Bescheidenheit« dient dazu, die Sitte zu ordnen. »Wiederkehr« dient zur Selbsterkenntnis. »Dauer« bewirkt Einheit des Charakters. »Minderung« hält Schaden fern. »Mehrung« schafft Förderung des Nützlichen. Durch »Bedrängnis« lernt man seinen Groll verringern. »Brunnen« bewirkt Unterscheidung, was das Rechte ist. Durch das »Sanfte« vermag man die besonderen Umstände zu berücksichtigen.

Es ist hier anhand von neun Zeichen eine Darstellung der Entwicklung des Charakters gegeben, und zwar in der Art, daß zunächst die Beziehungen der Zeichen zum Charakter, darauf das Material der Zeichen und schließlich ihre Wirkung gegeben werden. Die Bewegung geht von innen nach außen. Was sich im intimsten Herzen auswirkt, wird in seinen Folgen nach außen sichtbar. Die neun Zeichen sind:

1. *Lü, das Auftreten, Nr. 10.* Das Zeichen behandelt die Regeln des guten Benehmens, deren Befolgung Vorbedingung für Charakterbildung ist. Dieses gute Benehmen ist harmonisch – entsprechend dem Zeichen »das Heitere«, das innen ist – und kommt dadurch selbst unter schwierigen Umständen (Auftreten auf den Schwanz des Tigers) zum Ziel. So bewirkt es die harmonischen Formen, die für das äußere Benehmen Vorbedingung sind.

2. *Kiën, die Bescheidenheit, Nr. 15.* Das Zeichen bezeichnet die Gesinnung, die notwendig ist, damit man überhaupt die Bildung des Charakters unternimmt. Die Bescheidenheit (Berg unter der Erde) ehrt andre und kommt dadurch selbst zu Ehren. Auf diese Weise ordnet sie den Verkehr, daß man auf Freundlichkeit Freundlichkeit erlangt. Sie gibt den Formen die richtige Gesinnung als Inhalt.

3. *Fu, die Wiederkehr, Nr. 24.* Das Zeichen ist dadurch charakterisiert, daß ein lichter Strich von unten wiederkehrt und nach oben steigt. Es bedeutet Wurzel und Stamm des Charakters. Das Gute, das sich unten zeigt, ist zunächst noch ganz unscheinbar, aber es ist stark genug, um sich in seiner Eigenart allen Versuchungen der Umgebung gegenüber dauernd durchzusetzen. Als Wiederkehr legt es auch den Gedanken dauernder Umkehr nach begangenen Fehlern nahe und der dazu nötigen Selbstprüfung und Selbsterkenntnis.

4. *Hong, die Dauer, Nr. 32.* Das Zeichen bewirkt die Festigkeit des Charakters in der Zeit. Es zeigt Wind und Donner in stetigem Zusammensein, daher gibt es mannigfaltige Bewegungen und Erfahrungen, aus denen sich feste Regeln ergeben, so daß ein einheitlicher Charakter die Folge ist.

5. *Sun, die Minderung, Nr. 41.* Das Zeichen zeigt Minderung des Niederen, der ungebändigten Triebe, zugunsten des höheren, geistigen Lebens. Hiermit ist die eigentliche Pflege des Charakters gegeben. Sie zeigt erst die Schwierigkeit in der Bändigung der Triebe und dann das Leichte, wenn der Charakter beherrscht ist, und hält so Schaden fern.

6. *I, die Mehrung, Nr. 42.* Das Zeichen gibt dem Charakter die nötige Fülle. Bloße Askese reicht nicht aus zu einem guten Charakter; es ist auch Größe dazu nötig. Die Mehrung zeigt nun ein organisches Wachstum der Persönlichkeit an, das nicht gemacht ist und daher das Nützliche fördert.

7. *Kun, die Bedrängnis, Nr. 47.* Das Zeichen führt den gebildeten Charakter nun in das Feld seiner Bewährung ein. Schwierigkeiten, Hindernisse erheben sich, die überwunden werden müssen, sich aber oft als unüberwindbar erweisen. Hier sieht der Mensch sich Grenzen gegenüber, die er nicht beseitigen kann und deren Überwindung nur durch ihre Anerkennung ermöglicht wird. Indem so Dinge anerkannt werden, die als Schicksal anerkannt werden müssen, verlernt man es, das Widrige zu hassen. Denn welchen Wert hätte es, gegen das Schicksal anzugehen? Und durch diese Verminderung des Grolls läutert sich der Charakter auf eine höhere Stufe empor.

8. *Dsing, der Brunnen, Nr. 48.* Das Zeichen stellt einen Brunnenquell dar, dessen weitreichende Wirkung trotz seines Beharrens am Platz darauf beruht, daß er weithin Segen spendet. So zeigt sich hier das Feld des Charakters, auf dem er seine Wirkung ausüben kann. Es zeigt den tiefen Einfluß, der von einer reichen, spendenden Persön-

lichkeit ausgeht, der darum nicht geringer ist, weil das Spendende sich in der Stille hält. Es zeigt, was das Rechte ist, und ermöglicht so, es auszuwirken.

9. *Sun, das Sanfte, das Eindringliche, Nr. 57.* Das Zeichen gibt die richtige Geschmeidigkeit des Charakters. Nicht Starrheit, die nach einmal festgelegten Prinzipien handelt und in Wirklichkeit nur Pedanterie ist, sondern Beweglichkeit ist nötig, daß man die Dinge wägt und in die Bedürfnisse der Zeit eindringt, ohne sich zu exponieren, und dann es lernt, die Umstände zu berücksichtigen und bei aller weisen Mannigfaltigkeit die starke Einheit des Wesens zu wahren.

Kapitel 8

Über den Gebrauch des Buchs der Wandlungen · Die Linien

§ 1 Die Wandlungen sind ein Buch,
Dem man nicht fern bleiben darf.
Sein SINN ist stets wechselnd,
Veränderung, Bewegung ohne Rast,
Durchfließend die sechs leeren Plätze;
Sie steigen auf und fallen ohn' Verharren,
Die Festen und die Weichen wandeln sich.
Man kann sie nicht in eine Regel schließen;
Nur Änderung ist es, was hier wirkt.

§ 2 Sie gehen aus und ein nach festen Maßen.
Ob außen oder innen, lehren Vorsicht sie.

§ 3 Auch zeigen sie Sorge und Leid und ihre Gründe.
Hast du auch keinen Lehrer, doch nahe ihnen wie den Eltern.

§ 4 Erst nimm die Worte vor,
Besinn dich, was sie meinen,
Dann zeigen sich die festen Regeln.
Doch bist du nicht der rechte Mann,
Dann äußert sich der Sinn dir nicht.

In halb rhythmischer, halb gereimter Prosa wird hier eine Mahnung gegeben, das Buch der Wandlungen fleißig zu studieren. Es wird rühmend hervorgehoben, wie dauernder Wechsel die Regel des Buchs ist. Zum Schluß wird darauf hingewiesen, daß eine innere Fähigkeit notwendig sei, das Buch zu verstehen, sonst bleibe es verschlossen wie mit sieben Siegeln. Wenn der das Orakel Befragende nicht in Kontakt mit dem SINN ist, so bekommt er keine sinnvolle Antwort, die ja doch nur vergeblich wäre.

Kapitel 9

Die Linien (Fortsetzung)

§ 1 Die Wandlungen sind ein Buch, dessen Zeichen im ersten Strich ihren Anfang nehmen und im letzten zusammengefaßt werden. Die Striche sind das eigentliche Material. Die sechs Linien sind gemischt entsprechend der Bedeutung, die ihnen zur Zeit zukommt.

Es wird hier das Verhältnis der Linien zum Gesamtzeichen besprochen. Die Zeichen bauen sich aus den einzelnen Linien als ihrem Material von unten nach oben auf. Die einzelnen Linien haben innerhalb dieses Zusammenhangs die Bedeutung, die ihnen durch die jeweilige Situation zukommt.

§ 2 Der Anfangsstrich ist schwer zu erkennen. Der obere Strich ist leicht zu erkennen. Denn sie stehen im Verhältnis von Grund und Folge. Das Urteil zum ersten ist erwägend; beim letzten ist dann alles zu seiner Vollendung gekommen.

Hier werden zunächst der Anfangs- und der obere Strich in ihrem gegenseitigen Verhältnis gezeichnet. Beide stehen sozusagen außerhalb des eigentlichen Zeichens und der Kernzeichen. Im einen beginnt die Handlung erst sich zu entfalten, im andern schließt sie ab.

§ 3 Wenn man aber die mannigfaltig abgestuften Dinge und ihre Art erforschen und Recht und Unrecht unterscheiden will, so geht das nicht vollständig ohne die mittleren Striche.

Die mannigfaltig abgestuften Dinge ergeben sich aus den mannigfaltig abgestuften Plätzen. Ihre Art ist ihr fester oder weicher Charakter. Recht und Unrecht unterscheiden sich daraus, ob die Linien dem Zeitsinn entsprechend auf den ihnen gebührenden Plätzen stehen oder nicht.

§ 4 Ja, auch das Wichtigste über Bestehen und Untergehen, Heil und Unheil kann man mit der Zeit erkennen. Der Wissende betrachtet das Urteil der Entscheidung, so kann er sich das meiste denken.

Im Kommentar zur Entscheidung sind immer die Herren der Zeichen angegeben. Indem man sich daran die weiteren Beziehungen der Linien zu diesen Herren des Zeichens überlegt, kann man sich schon einen ungefähren Überschlag über ihre Stellung und Bedeutung im Gesamtzeichen machen.

§ 5 Der zweite und vierte Platz stimmen in ihrer Arbeit überein, aber unterscheiden sich durch ihre Plätze. In Beziehung auf die Güte stimmen sie nicht überein. Der zweite wird meist gelobt, der vierte meist gewarnt, weil er in der Nähe des Herrn steht. Der Sinn des Weichen ist es freilich, daß es nicht fördernd für dasselbe ist, fern zu sein. Die Hauptsache ist aber, ohne Makel zu bleiben; seine Äußerung ist es, weich und zentral zu sein.

Der fünfte Platz ist der Platz des Herrschers. Der zweite und vierte Platz sind die Plätze der Beamten: Der zweite, der zum fünften im Verhältnis des Entsprechens steht (beide sind der zentrale Platz im inneren bzw. äußeren Zeichen), ist der Beamte, der fern vom Hof im Land draußen an der Arbeit ist. Der vierte Platz ist der Platz des Ministers. Darum sind die beiden Plätze – beides dunkle, d. h. abhängige – trotz Übereinstimmung in der Arbeit nicht gleich an Güte. Der zweite hat meist ein günstiges Urteil, der vierte meist ein warnendes: Weil er zu nahe beim Fürsten ist, muß er doppelt vorsichtig sein. Nun liegt es eigentlich in der Art des Weichen, daß es nicht fördernd für dasselbe ist, wenn es fern vom Festen ist. Man sollte daher denken, der zweite Platz sei weniger günstig. Allein für ihn kommt in Betracht, daß er zentral gelegen ist, daher ohne Makel bleibt.

§ 6 Der dritte und fünfte Platz stimmen in ihrer Arbeit überein, aber unterscheiden sich durch ihre Plätze. Der dritte hat meist Unheil, der fünfte meist Verdienst, weil sie durch ihren Rang abgestuft sind. Der schwächere ist gefährdet, der stärkere hat den Sieg.

Der fünfte Platz ist der Platz des Herrschers, der dritte als oberster des inneren Zeichens hat wenigstens eine beschränkte Macht. Aber er ist nicht zentral, an einer unsicheren Stelle, an der Grenze zweier Zeichen. Darin sowie in seinem niederen Rang liegen Momente der Schwäche, die den Platz in den meisten Lagen als gefährdet erscheinen lassen. Der fünfte Platz ist zentral, der Herrscher des Ganzen, auf starkem Platz: Das alles sind Momente der Stärke, die den Sieg verheißen.

Kapitel 10

Die Linien (Fortsetzung)

§ 1 Die Wandlungen sind ein Buch, weit und groß, in dem alles vollständig enthalten ist. Es ist der SINN des Himmels darin, der SINN der Erde darin, der SINN des Menschen darin. Es faßt diese drei Grundmächte zusammen und verdoppelt sie, darum sind sechs Striche da. Die sechs Striche sind nichts anderes als die Wege (SINN) der drei Grundmächte.

§ 2 Der Weg hat Veränderungen und Bewegungen. Darum heißen sie die veränderlichen Striche. Diese Striche haben Stufen, darum stellen sie die Dinge dar. Die Dinge sind mannigfaltig, daraus ergeben sich Linienzüge. Diese Linienzüge sind nicht immer entsprechend. Daraus entstehen Heil und Unheil.

Es werden hier die Plätze nach den drei Grundmächten verteilt. Der Anfangs- und der zweite Strich sind die Plätze der Erde, der dritte und der vierte die des Menschen, der fünfte und der obere die des Himmels. Gleich bei dem Zeichen »das Schöpferische« kommt diese Einteilung in Betracht. Es wird hier dann aus der Platzgemäßheit der Striche der verschiedenen Stufen auf Heil oder Unheil ihrer Bedeutung geschlossen. Der chinesische Ausdruck »Hiau« für Strich kann, anders geschrieben, auch nachahmen heißen. Darum heißen sie hier die »Veränderlichen«, nämlich die nach dem Vorbild des SINNES sich Richtenden. Das Schriftzeichen für Hiau sind ⚌ zwei gekreuzte Linienpaare, die eben die Kreuzung zwischen Yang und Yin andeuten.

Kapitel 11

Wert der Vorsicht als Lehre des Buchs der Wandlungen

> Die Zeit, da die Wandlungen aufkamen, war die, als das Haus Yin zu Ende kam, als die Art des Hauses Dschou im Steigen war, also die Zeit, da König Wen und der Tyrann Dschou Sin miteinander zu tun hatten. Darum sind die Urteile des Buchs so häufig vor Gefahr warnend. Wer sich der Gefahr bewußt ist, der schafft sich Friede; wer es leicht nimmt, der schafft sich Umsturz. Der SINN dieses Buchs ist groß. Keines der hundert Dinge läßt er aus. Er ist besorgt um Anfang und Ende, und befaßt ist er in dem Wort »ohne Makel«. Das ist der SINN der Wandlungen.

Der König Wen, der Ahn der Dschoudynastie, wurde von dem letzten Herrn der Yindynastie, dem Tyrannen Dschou Sin, gefangen gehalten. In dieser Gefangenschaft soll er die Urteile zu den einzelnen Zeichen verfaßt haben. Die Gefahr seiner Lage bedingte es, daß diese Urteile alle von der Vorsicht ausgehen, die darauf bedacht ist, ohne Makel zu sein, und dadurch den Erfolg erreicht.

Kapitel 12

Zusammenfassung

§ 1 Das Schöpferische ist das Allerstärkste in der Welt. Die Äußerung seiner Art ist dauernd das Leichte, um so das Gefährliche zu beherrschen. Das Empfangende ist das Allerhingebendste in der Welt. Die Äußerung seiner Art ist dauernd einfach, um so das Hindernde zu beherrschen.

Die beiden Grundprinzipien des Buchs der Wandlungen, »das Schöpferische« und »das Empfangende«, werden hier noch einmal in ihrer Art dargestellt. Das Schöpferische als das Starke, dem alles leichtfällt, das sich aber der Gefahr, die darin liegt, von oben nach unten zu wirken, bewußt bleibt und dadurch die Gefahr beherrscht. Das Empfangende als das Hingebende, das darum ganz einfach handelt, das sich aber der Hindernisse bewußt ist, die darin liegen, von unten nach oben zu wirken, und dadurch diese Hindernisse beherrscht.

§ 2 Heiterkeit im Herzen wahren können und dabei dennoch besorgt sein in Gedanken: so vermag man Heil und Unheil auf Erden zu bestimmen und alles Schwierige auf Erden zu vollenden.

Im Text stehen bei »besorgt sein in Gedanken« noch zwei Zeichen, die Dschu Hi mit Recht als spätere Zusätze beseitigt hat. Heiterkeit im Herzen ist die Art des Schöpferischen. Sorgen in Gedanken ist die Art des Empfangenden. Durch die Heiterkeit gewinnt man den Überblick über Heil und Unheil, durch das Sorgen die Möglichkeit der Vollendung.

§ 3 Darum: Die Veränderungen und Umgestaltungen beziehen sich auf das Handeln. Heilvolle Taten haben gute Vorbedeutungen. Darum dienen die Bilder dazu, die Dinge zu erkennen, und das Orakel dient dazu, die Zukunft zu erkennen.

Die Veränderungen beziehen sich aufs Handeln. Darum sind die Bilder des Buchs der Wandlungen geeignet, danach zu handeln und die Wirklichkeit zu kennen (vgl. *auch Kapitel 2 über die Kulturgeschichte*, wo die Erfindungen von den Bildern abgeleitet werden). Die Ereignisse haben ihre Richtung auf Heil und Unheil zu, die sich in Vorzeichen ausdrücken. Indem das Buch der Wandlungen diese Vorzeichen deutet, wird die Zukunft klar.

§ 4 Himmel und Erde bestimmen die Plätze. Die Heiligen und Weisen vollenden deren Möglichkeiten. Durch Menschengedanken und Geistergedanken werden dem Volk diese Möglichkeiten zuteil.

Himmel und Erde bestimmen die Plätze und damit die Möglichkeiten. Die Heiligen verwirklichen diese Möglichkeiten, und indem im Buch der Wandlungen die Gedanken der Menschen und der Geister zusammenwirken, gibt es die Möglichkeit, auch dem Volk die Segnungen der Kultur zuteil werden zu lassen.

§ 5 Die acht Zeichen deuten durch ihre Bilder an, die Worte zu den Strichen und die Entscheidungen reden nach den Umständen. Indem das Feste und das Weiche durcheinander stehen, läßt Heil und Unheil sich ersehen.

§ 6 Veränderungen und Bewegungen werden nach der Förderung beurteilt (die sie bringen). Heil und Unheil verändern sich je nach den Verhältnissen. Darum: Liebe und Haß bekämpfen einander, und Heil und Unheil entstehen daraus. Fernes und Nahes beeinträchtigen einander, und Reue und Beschämung entstehen daraus. Wahres und Falsches beeinflussen einander, und Nutzen und Schaden entstehen daraus. Bei allen Verhältnissen des Buchs der Wandlungen ist es so, daß, wenn zueinander in naher Beziehung Stehendes nicht miteinander stimmt, Unheil die Folge ist, aus der Schädigung entsteht, Reue und Beschämung.

Die nahen Beziehungen sind die in Beziehung des Entsprechens und Zusammenhaltens stehenden Striche. Je nachdem sie einander anziehen oder abstoßen, folgt Heil oder Unheil mit allen Abstufungen daraus.

§ 7 Wer Aufruhr plant, dessen Worte sind beschämt. Wer im innersten Herzen Zweifel hegt, dessen Worte sind verzweigt. Heilvoller

Menschen Worte sind sparsam. Aufgeregte Menschen machen viele Worte. Verleumder der Guten machen in ihren Worten Umschweife. Wer seinen Standpunkt verloren hat, dessen Worte sind verdreht.

Hier wird noch ein Überblick gegeben über die Wirkung der seelischen Zustände auf die Äußerung in Worten. Es zeigt sich daraus, daß die Verfasser des Buchs der Wandlungen, deren Worte so sparsam sind, zu den heilvollen Menschen gehören.

Die Struktur der Zeichen

1. Allgemeines

Aus dem Bisherigen ergibt sich zum größten Teil das zum Verständnis der Zeichen Nötige. Es soll hier jedoch noch ein Überblick gegeben werden über das, was zur Struktur der Zeichen gehört, damit man sich darüber klar zu werden vermag, warum die Zeichen nun gerade diese Bedeutung haben, die sie haben, warum die Linien den oft phantastisch anmutenden Text haben, der ihnen beigeschrieben ist und der in allegorischer Weise ausdrückt, welche Stellung sie im ganzen der Situation des Gesamtzeichens haben und inwieweit sie daher Glück oder Unglück bedeuten.

Dieser Unterbau der Erklärung ist von den chinesischen Kommentatoren sehr weit getrieben worden. Namentlich seit im Lauf der Han-Zeit die Zaubergeheimnisse der fünf Wandelzustände mit dem Buch der Wandlungen verknüpft wurden, hat sich immer mehr Geheimnis und schließlich auch immer mehr Hokuspokus an das Buch angeschlossen, dem das Buch den Ruf seiner Tiefe und Unverständlichkeit verdankt. Wir glauben, mit diesem ganzen Geranke den Leser verschonen zu dürfen, und haben nur das gegeben, was sich aus dem Text und den ältesten Kommentaren als zugehörig erweist.

Selbstverständlich hat ein Buch wie das Buch der Wandlungen stets einen irrationalen Rest. Warum im Einzelfall diese Seite hervorgehoben wird und nicht eine andre, die an sich ebenso möglich wäre, darüber läßt sich ebensowenig Rechenschaft geben wie darüber, warum die Ochsen Hörner haben und nicht statt dessen obere Vorderzähne wie die Pferde. Was möglich ist, das ist nur der Nachweis der Zusammenhänge innerhalb des durch Setzung Gegebenen; um im Gleichnis zu bleiben, käme es der Erklärung gleich, inwiefern das Wachsen von Hörnern und Fehlen der oberen Vorderzähne in organischer Verbindung stehen.

2. Die acht Grundzeichen und ihre Verwendung

Wie schon oben nachgewiesen, sind die vorliegenden sechstrichigen Zeichen dauernd als aus zwei Urzeichen zusammengesetzt zu denken – nicht etwa aus sechs einzelnen Linien. Diese Urzeichen kommen nun für die Deutung in Betracht nach den verschiedenen Seiten ihres Wesens: Einmal nach ihren Eigenschaften, dann nach ihren Bildern, dann nach ihrer Stellung im Familienzusammenhang (wobei durchgängig nur der des späteren Himmels in Betracht kommt).

Kën,	das Schöpferische,	ist stark, ist der Himmel,	der Vater
Kun,	das Empfangende,	ist hingebend, ist die Erde,	die Mutter
Dschen,	das Erregende,	ist Bewegung, ist der Donner oder das Holz,	der älteste Sohn
Kan,	das Abgründige,	ist Gefahr, ist Wasser oder Wolken,	der mittlere Sohn
Gen,	das Stillehalten,	ist Innehalten, ist der Berg,	der jüngste Sohn
Sun,	das Sanfte,	ist Eindringen, ist der Wind oder das Holz,	die älteste Tochter
Li,	das Haftende,	ist leuchtend oder bedingt, ist die Sonne oder der Blitz, das Feuer,	die mittlere Tochter
Dui,	das Heitere,	ist Freude, ist der See,	die jüngste Tochter

Diese allgemeinen Bedeutungen müssen, namentlich wo es sich um die Erklärung der einzelnen Linien handelt, ergänzt werden durch die zunächst überflüssig erscheinenden Aufzählungen in der Besprechung der Zeichen (Kapitel 3). Dabei kommt dann weiterhin die Stellung der Zeichen zueinander in Betracht. Das untere Zeichen ist unten, innen, hinten, das obere ist oben, außen, vorn. Die betonten Striche im oberen Zeichen werden immer als »gehend«, die betonten Striche des unteren Zeichens als »kommend« bezeichnet.

Aus diesen Bezeichnungen, die sich schon im Kommentar zur Entscheidung finden, wurde dann später ein System der Verwandlung der Zeichen ineinander konstruiert, das viel Verwirrung angerichtet hat. Da es nicht irgendwie für die Erklärung von Notwendigkeit ist, wurde hier vollkommen davon abgesehen. Ebenso wurde kein Gebrauch gemacht von den »lauernden« Zeichen, daß näm-

lich jedem Zeichen sein Gegensatz im geheimen mit zugrunde liegt, also dem Zeichen Kiën das Zeichen Kun, dem Zeichen Dschen das Zeichen Sun usw.
Dagegen ist ganz entschieden Gebrauch zu machen von den sogenannten Kernzeichen »Hu Gua«. Diese Kernzeichen bilden die mittleren vier Striche jedes Zeichens und greifen selbst wieder mit ihren beiden mittleren Strichen übereinander. Ein paar Beispiele machen das ohne weiteres klar.

Das Zeichen Li, *das Haftende*, Nr. 30 ☲, hat als Kernzeichenkomplex die vier Striche ☱☴. Die beiden Kernzeichen sind: oben Dui, das Heitere ☱, unten Sun, das Sanfte ☴.

Das Zeichen Dschung Fu, *Innere Wahrheit*, Nr. 61 ䷼, hat als Kernzeichenkomplex die vier Striche ☶☳. Die beiden Kernzeichen sind: oben Gen, das Stillehalten ☶, unten Dschen, das Erregende ☳.

Die Struktur der Zeichen ergibt daher ein stufenweises Übereinandergreifen verschiedener Zeichen und ihrer Einflüsse.

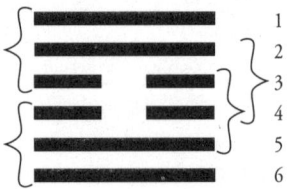

Die Anfangs- und die obere Linie gehören demnach zu einem Zeichen (dem unteren bzw. oberen Urzeichen). Die zweite und die fünfte Linie gehören zu zwei Zeichen (dem unteren bzw. oberen Urzeichen und dem unteren bzw. oberen Kernzeichen). Die dritte und die vierte Linie gehören zu drei Zeichen (dem unteren bzw. oberen Urzeichen und beiden Kernzeichen). So ergibt sich für die erste und die oberste Linie ein gewisses Herausfallen aus dem Zusammenhang, für die zweite und die fünfte ein (meist günstiger) Gleichgewichtszustand, für die beiden mittleren Linien eine übereinandergreifende Bestimmung, die nur in besonders günstigen Fällen das Gleichgewicht nicht stört. Diese Verhältnisse stimmen mit der Wertung der Linien in den Urteilen vollkommen überein.

3. Die Zeit

Die Gesamtsituation, die durch ein Zeichen zum Ausdruck kommt, heißt die Zeit. Dieser Ausdruck umfaßt je nach dem Charakter der verschiedenen Zeichen durchaus verschiedene Bedeutungen. Bei Zeichen, deren Gesamtsituation ein Bewegungsvorgang ist, heißt die Zeit das durch diese Bewegung veranlaßte Abnehmen oder Wachsen, Vollsein oder Leersein. Zeichen dieser Art sind z. B.

Nr. 11; Tai, der Friede,
Nr. 12, Pi, die Stockung,
Nr. 23, Bo, die Zersplitterung,
Nr. 24, Fu, die Wiederkehr.

Ebenso heißt die Zeit die Handlung, der Vorgang, der für ein Zeichen charakteristisch ist, wie z. B. in

Nr. 6, Sung, der Streit,
Nr. 7, Schï, das Heer,
Nr. 21, Schï Ho, das Durchbeißen,
Nr. 27, I, die Ernährung.

Ferner bedeutet die Zeit das Gesetz, das durch ein Zeichen zum Ausdruck gebracht wird, z. B.

Nr. 10, Lü, das Auftreten,
Nr. 15, Kïen, die Bescheidenheit,
Nr. 31, Hiën, die Einwirkung,
Nr. 32, Hong, die Dauer.

Endlich kann die Zeit auch den bildlichen Zustand bedeuten, der durch ein Zeichen dargestellt wird, z. B.

Nr. 48, Dsing, der Brunnen,
Nr. 50, Ding, der Tiegel.

I Ging

In allen Fällen ist die Zeit eines Zeichens bestimmend für den Sinn der Gesamtsituation, von dem aus die verschiedenen Einzellinien ihre Bedeutung erhalten. Je nach der Zeit kann ein und dieselbe Linie – etwa Sechs auf drittem Platz – das eine Mal günstig, das andere Mal ungünstig sein.

4. Die Plätze

Die verschiedenen Plätze der Striche werden nach ihrer Höhe in vornehme und geringe eingeteilt. Dabei bleiben in der Regel der unterste und der oberste außer Betracht, während die vier mittleren innerhalb der Zeit sich betätigen. Davon ist der fünfte Platz der Platz des Herrschers, der vierte der des Ministers in der Nähe des Herrschers, der dritte, als oberster Platz des unteren Zeichens, hat eine Art Übergangsstellung, der zweite ist der Beamte im Land, der jedoch mit dem Fürsten auf fünftem Platz in direkter Verbindung steht. Ebenso kann unter Umständen der vierte Platz die Frau des fünften vorstellen und der zweite den Sohn. Unter Umständen kann auch der zweite Platz die Frau sein, die im Innern waltet, während der Mann auf fünftem Platz im Äußern tätig ist. Kurz, die Funktionen sind stets analog, wenn auch die Bezeichnungen wechseln.
Der unterste und der oberste Platz kommen vom Standpunkt der Zeit des Zeichens in der Regel als Anfang oder Ende in Betracht, unter Umständen ist der erste Strich auch einer, der anfängt, sich im Zeitsinn zu betätigen, ohne schon in das Feld eingetreten zu sein, während der oberste jemand bedeutet, der sich schon aus den Geschäften der Zeit zurückgezogen hat. Doch kommt es auf die durch das Zeichen dargestellte Zeit an, ob unter Umständen gerade diese Plätze eine repräsentative Tätigkeit haben, so z. B. der erste Platz in dem Zeichen

Nr. 3, Dschun, die Anfangsschwierigkeit,
Nr. 14, Da Yu, Besitz von Großem,
Nr. 20, Guan, die Betrachtung,
Nr. 26, Da Tschu, des Großen Zähmungskraft,
Nr. 42, I, die Mehrung.

In allen diesen Fällen sind die betreffenden Striche Herren des Zeichens. Auf der andern Seite kommt es auch vor, daß der fünfte Platz nicht der Platz des Herrschers ist, wenn nämlich der ganzen Situation des Zeichens entsprechend kein Herrscher vorkommt.

5. Der Charakter der Striche

Der Charakter der Striche wird bezeichnet als fest oder weich, als zentral, als korrekt, oder nicht zentral und nicht korrekt. Fest (oder hart) sind die ungeteilten, weich (oder schwach) sind die geteilten Linien. Zentral sind die beiden mittleren Linien der Urzeichen, also die zweite und fünfte, unabhängig von ihrer sonstigen Qualität. Korrekt ist eine Linie, die auf dem ihr gebührenden Platz steht, also eine feste Linie auf erstem, drittem, fünftem Platz, eine weiche Linie auf zweitem, viertem, sechstem Platz. Feste und weiche Linien können beide günstig oder ungünstig sein, je nach den Zeiterfordernissen des Zeichens. Wenn die Zeit Festigkeit verlangt, sind die festen Striche günstig, wenn die Zeit Weichheit verlangt, die weichen. Das geht sogar so weit, daß gar nicht immer Korrektheit ein Vorzug ist. Wenn die Zeit Weichheit vorschreibt, ist ein fester Strich auf drittem Platz, obwohl an sich korrekt, vom Übel, weil er zu viel Festigkeit zeigt, während umgekehrt eine weiche Linie an drittem Platz günstig sein kann, weil sie durch Weichheit des Wesens die Härte des Platzes ausgleicht. Nur die zentrale Stellung ist in der ganz überwiegenden Anzahl der Fälle günstig, sowohl wenn sie mit Korrektheit verbunden ist als auch sonst. Insbesondere kann ein weicher Herrscher eine sehr günstige Position haben, besonders dann, wenn ihm ein starker, fester Beamter auf zweitem Platz entspricht.

6. Die Beziehungen der Striche untereinander

a) Entsprechen

Die entsprechenden Striche des unteren und des oberen Zeichens stehen zuweilen in besonders naher Beziehung zueinander, der Beziehung des Entsprechens. Es sind folgende Verhältnisse:
Erster Strich zum vierten, zweiter zum fünften, dritter zum obersten. Voraussetzung ist dabei, daß die Striche verschiedener Natur sind. Es stehen also in der Beziehung des Entsprechens in der Regel nur weiche zu festen oder feste zu weichen Strichen. Von den entsprechenden Strichen sind die wichtigsten die beiden zentralen Striche auf zweitem und fünftem Platz, die in der korrekten Beziehung des Herrschers zum Beamten, des Vaters zum Sohn, des Mannes zur Frau usw. stehen. Und zwar kann dabei entweder ein starker Beamter einem weichen Herrscher oder ein weicher Beamter einem starken Herrscher entsprechen. Das erstere ist der Fall bei 16 Zeichen, bei denen es sämtlich günstig wirkt; nämlich durchaus günstig bei den Zeichen *Nr. 4, 7, 11, 14, 18, 19, 32, 34, 38, 40, 41, 46, 50*; weniger günstig, was aber durch die Zeit erklärt ist, bei *Nr. 26, 54, 64*. Das Entsprechen zwischen weichem Beamten und starkem Herrn ist lange nicht so günstig. Ungünstig wirkt es bei *Nr. 12, 13, 17, 20, 31*. Schwierigkeiten, die sich aber aus der Zeit erklären, so daß die Beziehung doch als korrekt bezeichnet werden kann, kommen vor bei Nr. *3, 33, 39, 63*. Günstig wirkt die Beziehung bei *Nr. 8, 25, 37, 42, 45, 49, 53*. Entsprechen von erster und vierter Linie kommt auch gelegentlich vor, wobei es günstig ist, wenn eine weiche Linie auf viertem Platz in Beziehung des Entsprechens zu einer starken Anfangslinie ist, weil dann der Sinn ist, daß ein gehorsamer Beamter im Namen seines Herrn nach starken, tüchtigen Gehilfen sucht, vgl. *Nr. 3, 22, 27, 41*. Dagegen bedeutet ein Entsprechen von einem starken vierten Strich zu einem weichen Anfangsstrich eher eine zu vermeidende Versuchung zu Intimität mit gemeinen Menschen, vgl. *Nr. 28, 40, 50*. Eine Beziehung von drittem und oberstem Strich kommt kaum vor, höchstens als Versuchung; denn durch die Verwicklung mit den Weltgeschäften verlöre der hohe, von der Welt abgewandte

Weise seine Reinheit und der Beamte an drittem Platz, wenn er seinen Herrscher auf fünftem Platz überginge, seine Treue.

Im Fall, daß ein Strich Herr des Zeichens ist, kommen selbstverständlich Beziehungen des Entsprechens unabhängig von diesen Erwägungen vor, deren Heil oder Unheil sich aus dem Zeitsinn des Gesamtzeichens ergibt.

b) Zusammenhalten

Zwischen zwei benachbarten Strichen verschiedenen Charakters kann die Beziehung des Zusammenhaltens stattfinden, die von seiten des unteren auch als »Empfangen«, von seiten des oberen als »Beruhen« bezeichnet wird. Für die Beziehung des Zusammenhaltens kommt in erster Linie der vierte und fünfte Strich (Minister und Herrscher) in Betracht. Und zwar ist umgekehrt zu der Beziehung zwischen zweiter und fünfter Linie hier das günstigere, wenn ein weicher Minister mit einem starken Herrscher zusammenhält, denn bei der größeren Nähe ist Ehrfurcht von Wert. So ist denn in 16 Zeichen, in denen ein solches Zusammenhalten vorkommt, dasselbe stets mehr oder weniger heilbringend, nämlich sehr gut in *Nr. 8, 9, 20, 29, 37, 42, 48, 53, 57, 59, 60, 61*, etwas weniger, aber doch nicht ungünstig in Nr. *3, 5, 39, 63*. Dagegen ist ein Zusammenhalten eines starken, d. h. inkorrekten Strichs auf viertem Platz mit einem schwachen Herrn meist ungünstig, so in *Nr. 30, 32, 35, 50, 51*, etwas weniger ungünstig in *Nr. 14, 38, 40, 54, 56, 62*. Günstig ist es dagegen in folgenden Zeichen, in denen die starke vierte Linie Herr des Zeichens ist: *Nr. 16, 21, 34, 55* (Herr des oberen Zeichens), *64*.

Außerdem kommt Zusammenhalten auch noch vor zwischen dem fünften und dem obersten Strich. Es stellt dann den Herrscher dar, der sich dem Weisen unterstellt; in diesem Fall ist es meist der demütige Herrscher (schwacher Strich auf fünftem Platz), der den starken Weisen (starker Strich oben) ehrt, so in den Zeichen Nr. *14, 26, 27, 50*. Das ist natürlich sehr günstig. Wenn dagegen auf fünftem Platz ein starker Strich steht und oben ein schwacher, so deutet das eher auf das Sichabgeben mit minderwertigen Elementen und ist unerwünscht, so *Nr. 28, 31, 43, 58*. Nur das Zeichen Nr. *17, Sui, die Nachfolge*, macht hierin eine Ausnahme, weil der Gesamtsinn des Zeichens ein Heruntergehen des Starken unter das Schwache zur Voraussetzung hat.

Die übrigen Striche: 1 und 2, 2 und 3, 3 und 4 stehen nicht im korrekten Verhältnis des Zusammenhaltens. Wo es vorkommt, bedeutet es immer die

Gefahr von Parteiungen und ist zu vermeiden. Für einen schwachen Strich ist das Beruhen auf einem Harten auch zuweilen ein Grund von Unannehmlichkeiten. Wenn es sich um Striche handelt, die Herren des Zeichens sind, in dem sie stehen, so kommen die Beziehungen des Entsprechens und Zusammenhaltens auch in Betracht, wenn es sich um irgendwelche Plätze handelt. Außer den oben erwähnten Fällen seien als Beispiele noch genannt: *Nr. 16, Yü, die Begeisterung.* Der vierte Strich ist der Herr des Zeichens, der Anfangsstrich entspricht ihm, der dritte Strich hält mit ihm zusammen. *Nr. 23, Bo, die Zersplitterung.* Der obere Strich ist der Herr, der dritte entspricht ihm, und der fünfte hält mit ihm zusammen. Beides ist gut. *Nr. 24, Fu, die Wiederkehr.* Der Anfangsstrich ist Herr, der zweite ist mit ihm verbunden, der vierte entspricht ihm. Beides ist günstig. *Nr. 43, Guai, der Durchbruch,* die Entschlossenheit. Der obere Strich ist Herr, der dritte entspricht ihm, der fünfte hält mit ihm zusammen. *Nr. 44, Gou, das Entgegenkommen.* Der Anfangsstrich ist Herr, der zweite hält mit ihm zusammen, der vierte entspricht ihm. Es handelt sich hier um Heil oder Unheil, je nach der Richtung, in die der Sinn des Zeichens weist.

7. Die Herren des Zeichens

Man unterscheidet zwei Arten von Herren des Zeichens: die konstituierenden und die beherrschenden. Der konstituierende Herr des Zeichens ist ohne Rücksicht auf Höhe und Güte des Charakters derjenige Strich, der dem Zeichen den charakteristischen Sinn gibt, wie z. B. der oberste, schwache Strich in *Nr. 43, Guai, die Entschlossenheit*. Denn das Zeichen konstituiert sich aus dem Gedanken, diesen Strich entschlossen hinauszuwerfen.

Die beherrschenden Herren sind stets gut von Charakter und werden durch den Zeitsinn und ihre Stellung zu Herren. Meist sind sie auf fünftem Platz. Aber es kommen gelegentlich auch andere Striche vor.

Wenn der konstituierende zugleich der beherrschende Herr ist, so ist er sicher gut und auf zeitgemäßem Platz. Wenn er nicht zugleich der beherrschende Herr ist, so ist es sicher ein Zeichen davon, daß sein Charakter und sein Platz mit den Erfordernissen der Zeit nicht übereinstimmen.

Die Herren der Zeichen können immer aus dem Kommentar zur Entscheidung entnommen werden. Wenn der konstituierende Herr zugleich der beherrschende ist, so hat das Zeichen einen Herrn, sonst zwei. Oft gibt es zwei Striche, die den Sinn des Zeichens konstituieren, wie z. B. in *Nr. 33, Dun, der Rückzug*, die beiden vordringenden schwachen Striche, die dann beide Herren sind, indem sie die vier starken Striche zurückdrängen; oder kommt das Zeichen aus dem Zusammenwirken der beiden Bilder der Urzeichen zusammen, dann sind die beiden charakteristischen Striche der beiden Zeichen die Herren.

Bei den einzelnen Zeichen wurde durchgehend der konstituierende Herr mit ▪, der beherrschende Herr mit • bezeichnet. Falls sie identisch sind, ist das Zeichen • gewählt. Im dritten Buch ist außerdem bei jedem Zeichen der Herr ausführlich erklärt.

Über das Orakelnehmen

a) Das Schafgarbenorakel

Das Orakel wird befragt mit Hilfe von Schafgarbenstengeln. Zum Wahrsagen gehört die Zahl von 50 Stengeln. Davon wird einer beiseite gesteckt und kommt weiter nicht in Betracht. Die übrigen 49 Stengel werden zunächst in zwei Haufen geteilt. Darauf nimmt man vom Haufen rechts einen Stengel und steckt ihn zwischen Goldfinger und kleinen Finger der linken Hand. Darauf nimmt man den linken Haufen in die linke Hand und nimmt mit der rechten Bündel von je vier Stengeln weg, bis vier oder weniger Stengel übrigbleiben. Diesen Rest steckt man nun zwischen Gold- und Mittelfinger der linken Hand. Darauf wird in derselben Weise der rechte Haufen durchgezählt und der Rest zwischen Mittel- und Zeigefinger der linken Hand gesteckt. Die Summe der zwischen den Fingern der linken Hand befindlichen Stengel ist nun entweder 9 oder 5 (die verschiedenen Möglichkeiten sind 1+4+4 oder 1+3+1 oder 1+2+2 oder 1+1+3; daraus ergibt sich, daß die Zahl 5 leichter zu erreichen ist als 9). Beim ersten Durchzählen der 49 Stengel bleibt der erste Stengel zwischen kleinem und Goldfinger als überzählig außer Berechnung. Man rechnet daher 9=8 und 5=4. Die Zahl 4 bedeutet nun eine volle Einheit, der der Zahlenwert 3 zugemessen wird. Die Zahl 8 dagegen bedeutet eine Doppeleinheit und wird nur mit dem Zahlenwert 2 berechnet. Hat man also beim ersten Durchzählen 9 Stengel übrig, so zählen sie 2, hat man 5 übrig, so zählen sie 3. Diese werden zunächst beiseite gelegt.

Nun werden die beiden Haufen, die übrig sind, wieder zusammengenommen und aufs neue abgeteilt. Wieder nimmt man von der rechten Hälfte einen Stengel und steckt ihn zwischen kleinen und Goldfinger der linken Hand und verfährt dann mit dem Durchzählen wie zuvor. Diesmal bekommt man als Summe des Restes entweder 8 oder 4. (Nämlich

$$\left.\begin{array}{l}1+4+3\\ \text{oder } 1+3+4\end{array}\right\} = 8 \qquad \left.\begin{array}{l}1+1+2\\ \text{oder } 1+2+1\end{array}\right\} = 4,$$

so daß diesmal die Chancen zwischen 8 und 4 dieselben sind.)
8 zählt 2 und 4 zählt 3.
Mit dem übriggebliebenen Haufen verfährt man darauf ein drittes Mal wie zuvor und erhält als Summe des Restes ebenfalls 8 oder 4.

Nun wird aus dem Berechnungswert der drei Restsummen ein Strichelement aufgebaut.

Ist die Summe 5 (= 4, Wert 3) + 4 (Wert 3) + 4 (Wert 3),

dann ergibt sich die Zahl 9, d. h. das sogenannte alte Yang. Das wird ein positives Strichelement, das sich bewegt, also für die Einzeldeutung in Betracht kommt. Es wird bezeichnet mit —⊖— oder ○.

Ist die Summe 9 (= 8, Wert 2) + 8 (Wert 2) + 8 (Wert 2),

so ergibt sich die Zahl 6, d. h. das sogenannte alte Yin. Das wird ein negatives Strichelement, das sich bewegt, also für die Einzeldeutung in Betracht kommt. Es wird bezeichnet mit —⋈— oder ×.

$$\left. \begin{array}{l} \text{Ist die Summe} \quad 9\,(2) + 8\,(2) + 4\,(3) \\ \quad\quad\quad\quad\quad \text{oder } 5\,(3) + 8\,(2) + 8\,(2) \\ \quad\quad\quad\quad\quad \text{oder } 9\,(2) + 4\,(3) + 8\,(2) \end{array} \right\} = 7,$$

so ergibt sich die Zahl 7, d. h. das sogenannte junge Yang. Das wird ein positives Strichelement, das ruht, also für die Einzeldeutung nicht in Betracht kommt. Es wird bezeichnet mit ———.

$$\left. \begin{array}{l} \text{Ist die Summe} \quad 9\,(2) + 8\,(2) + 4\,(3) \\ \quad\quad\quad\quad\quad \text{oder } 5\,(3) + 8\,(2) + 8\,(2) \\ \quad\quad\quad\quad\quad \text{oder } 5\,(3) + 8\,(2) + 4\,(3) \end{array} \right\} = 8,$$

so ergibt sich die Zahl 8, d. h. das sogenannte junge Yin. Das wird ein negatives Strichelement, das ruht, also für die Einzeldeutung nicht in Betracht kommt. Es wird bezeichnet mit — —.

Indem dieser Prozeß im ganzen sechsmal vorgenommen wird, baut sich ein sechsstufiges Zeichen auf. Wenn dieses Zeichen aus lauter ruhenden Strichelementen besteht, so kommt für das Orakel nur die Gesamtidee des Zeichens in Betracht, wie sie in dem »Urteil« des Königs Wen und dem »Kommentar zur Entscheidung« des Kungtse zum Ausdruck kommt, ferner noch das Bild des Zeichens und die dem Bild beigefügten Textworte.

Finden sich in dem so gewonnenen Zeichen ein oder mehrere bewegte Striche, so kommen außerdem die vom Herzog von Dschou diesem Strich beigefügten Worte in Betracht. Daher haben diese die Überschrift: 9 auf xtem Platz oder 6 auf xtem Platz.

Außerdem entsteht durch die Bewegung, d. h. Wandlung* der Striche, ein neues Zeichen, das mit seinem Sinn ebenfalls in Betracht zu ziehen ist. Wenn z. B. das Zeichen ䷇ gezogen wird, dessen vierter Strich sich bewegt ䷇, so wird außer dem Text und Bild dieses Zeichens im ganzen der dem vierten Strich beigegebene Text in Betracht kommen und dann außerdem der Text und das Bild des Zeichens ䷇; und zwar wäre dann das Zeichen ䷇ der Ausgangspunkt, von dem aus durch die Lage der 9 auf 4. Platz und den beigefügten Rat die Endsituation ䷇ sich entwickelt. In dem zweiten Zeichen kommt der Text des bewegten Strichs nicht in Betracht.

b) Das Münzorakel

Außer der Methode des Schafgarbenorakels ist auch eine abgekürzte Methode mit Münzen im Brauch, zu der in der Regel alte chinesische Bronzemünzen, die in der Mitte ein Loch haben und auf der einen Seite Schrift zeigen, verwandt werden. Man nimmt dabei drei Münzen, die gleichzeitig geworfen werden. Ein Wurf gibt eine Linie. Schrift gilt als Yin und zählt 2, die andere Seite gilt als Yang und zählt 3. Hieraus ergibt sich dann der Charakter der betreffenden Linie. Sind alle drei Münzen Yang, so ist es eine Neun, sind alle drei Münzen Yin, so ist es eine Sechs. Zwei Yin und ein Yang ergeben eine Sieben, zwei Yang und ein Yin ergeben eine Acht. Beim Aufsuchen der Zeichen im Buch der Wandlungen verfährt man wie beim Schafgarbenorakel.
Es gibt noch eine andre Art des Münzorakels, wobei außer den Zeichen des I Ging auch noch die fünf Wandelzustände, die zyklischen Zeichen usw. verwandt werden und die von chinesischen Wahrsagern angewandt wird. Diese Art benützt aber nicht den Text der Zeichen des I Ging. Es heißt, sie sei eine Fortsetzung des alten Schildkrötenorakels, das im Altertum neben dem Schafgarbenorakel gefragt wurde, das aber durch den I Ging, den Kungtse rationaler gestaltet hatte, allmählich verdrängt worden ist.

---

* Durch Bewegung oder Wandlung entsteht aus einem starken ein schwacher und aus einem schwachen ein starker Strich.

Drittes Buch: Die Kommentare

Erste Abteilung

1. Kiën – Das Schöpferische

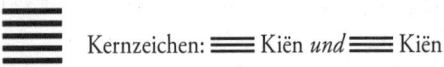

Herr des Zeichens ist die Neun auf fünftem Platz. Das Schöpferische bezeichnet den Weg des Himmels, und der fünfte Platz ist das Bild des Himmels. Andererseits bezeichnet das Schöpferische den Weg des Edlen, und der fünfte Platz als Platz des Herrschers ist der dem Edlen gebührende Platz. Die Neun auf fünftem Platz besitzt außerdem vollzählig die vier Eigenschaften der Festigkeit, der Stärke, des Maßes (zentrale Stellung im oberen Zeichen) und der Gerechtigkeit (Korrektheit, da als Yangelement auf dem Yangplatz befindlich). Insofern besitzt dieser Strich den Charakter des Himmels in seiner Reinheit.

Das Zeichen ist dem vierten Monat (Mai–Juni) zugeordnet, da die lichte Kraft auf der Höhe ist.

Vermischte Zeichen
Das Schöpferische ist stark.

Der Charakter des Zeichens ist die Kraft und Festigkeit.
Das Bild des Zeichens ist der Himmel verdoppelt, d. h. zwei aufeinanderfolgende Drehungen oder Tage.
Die Gestalt des Zeichens: Es ist aus lauter positiven Strichelementen zusammengesetzt.

Das Urteil
Das Schöpferische wirkt erhabenes Gelingen,
fördernd durch Beharrlichkeit.

Groß fürwahr ist die Erhabenheit des Schöpferischen, der alle Dinge ihren Anfang verdanken und die den ganzen Himmel durchdringt.

Die beiden Paare von Eigenschaften werden in der Erklärung aufgelöst in vier einzelne Attribute der schöpferischen Kraft, die im Himmel ihre sichtbare Gestalt hat. Das erste ist die Erhabenheit, die als die erste Ursache alles dessen, was ist, das bedeutendste und umfassendste Attribut des Schöpferischen bildet. Das chinesische Wort dafür, Yüan, bedeutet eigentlich Haupt.

> Die Wolken gehen, und der Regen wirkt, und alle einzelnen Wesen strömen in ihre Gestalt ein.

Hier ist die Erklärung des Ausdrucks »Gelingen« gegeben. Der Erfolg der Schöpfertätigkeit äußert sich in der Bewässerung, die ein Sprossen und Keimen allen Lebens hervorruft. Während im ersten Paragraphen vom Anfang aller Wesen schlechthin die Rede ist, werden hier die einzelnen individuellen Arten in ihren besonderen Formen genannt. Diese beiden Paragraphen zeigen die Eigenschaften der Größe und des Erfolgs, wie sie sich an der Schöpferkraft in der Natur zeigen. Dementsprechend gestalten sich die Attribute der Erhabenheit und des Gelingens bei dem schöpferischen Menschen, dem Heiligen, der mit der Schöpferkraft der Gottheit in Einklang ist.

> Indem der heilige Mensch große Klarheit hat über Ende und Anfang und die Art, wie die sechs Stufen jede zu ihrer Zeit sich vollenden, fährt er auf ihnen wie auf sechs Drachen gen Himmel.

Der heilige Mensch, der die Geheimnisse der Schöpfung versteht, die in Ende und Anfang, in Tod und Leben, Vergehen und Werden liegen, und der versteht, wie diese polaren Gegensätze einander bedingen, der wird erhaben über die Bedingtheit des Vergänglichen. Die Zeit hat für ihn nur die Bedeutung, daß sich in ihr die Stufen des Werdens in klarer Reihenfolge entfalten können. Und indem er jeden Augenblick ganz gegenwärtig ist, benützt er die sechs Stufen des Werdens, als führe er auf Drachen, die als Bild den einzelnen Strichelementen beigegeben sind, gen Himmel. Das ist Erhabenheit und Gelingen des Schöpferischen, wie es sich im Menschen zeigt.

> Der Weg des Schöpferischen wirkt durch Veränderung und Umgestaltung, daß jedes Ding seine rechte Natur und Bestimmung erhält und in

> dauernde Übereinstimmung mit der großen Harmonie kommt. Das ist
> das Fördernde und Beharrliche.

Hier werden die beiden andern Attribute »fördernd« und »beharrlich« in Beziehung auf die Schöpferkraft der Natur erklärt. Die Art der schöpferischen Naturkraft ist nicht Stillstand, sondern dauernde Bewegung und Entwicklung. Durch diese Kraft werden alle Dinge allmählich verändert, bis sie gänzlich in ihrer Erscheinung sich umgestalten. So verändern sich und wechseln die Jahreszeiten und die ganze Welt der Kreatur in ihrem Verlauf. Dadurch bekommt jedes Ding die ihm zukommende Natur, die, von Gott aus gesehen, seine Bestimmung genannt wird. Dies ist die Erklärung des Begriffs »fördernd«. Indem so jedes Ding seine Art findet, entsteht eine große und dauernde Harmonie der Welt, die durch den Begriff des Beharrlichen (Dauer und Rechtschaffenheit) ausgedrückt wird.

> Wenn er sich mit seinem Haupt über die Menge der Wesen erhebt, so
> kommen alle Lande zusammen in Ruhe.

Hier ist die schöpferische Kraft des Heiligen geschildert, der es dahin bringt, daß alles an den ihm gebührenden Platz kommt und so Frieden auf Erden entsteht, wenn er an hervorragender Herrscherstelle steht.
In diesen Erklärungen ist ein deutlicher Parallelismus zwischen dem Schöpferischen in der Natur und dem Schöpferischen in der Menschenwelt. Die Äußerungen über das Schöpferische in der Natur beruhen auf dem durch das Zeichen symbolisierten Bild des Himmels. Der Himmel zeigt die starke, unendliche Bewegung, die durch ihre Art bewirkt, daß alles zu seiner Zeit kommt. Die Worte über das Schöpferische in der Menschheit beruhen auf der Stellung des »Herrn des Zeichens«, der Neun auf fünftem Platz. »Der fliegende Drache am Himmel« ist das Bild für die Erhabenheit und das Gelingen des heiligen Herrschers. »Fördernd ist es, den großen Mann zu sehen« ist die Grundlage für die hervorragende Stellung des Heiligen, durch die die Welt zum Frieden kommt.

Das Bild
Des Himmels Bewegung ist kraftvoll.
So macht der Edle sich stark und unermüdlich.

Die Verdoppelung des Zeichens »das Schöpferische« ist das Bild der kraftvollen, dauernd wiederholten Bewegung. Den beiden Zeichen ist zu entnehmen, daß man aus sich selber die Kraft schöpft und daß auf jede Handlung eine neue folgt ohne Aufhören.

Die einzelnen Linien

Anfangs eine Neun bedeutet:
a)   Verdeckter Drache, handle nicht!
b)   »Verdeckter Drache, handle nicht!«
       Das Lichte ist nämlich noch unten.

Der unterste Platz ist sozusagen noch ganz unterhalb der Erde, daher der Gedanke des Verdeckten. Da der Strich aber ein ungebrochener ist, so ist das Bild des Drachen, des Symbols der lichten Kraft, gewählt.

Neun auf zweitem Platz bedeutet:
a)   Erscheinender Drache auf dem Feld.
       Fördernd ist es, den großen Mann zu sehen.
b)   »Erscheinender Drache auf dem Feld.«
       Der Charakter wirkt schon ins Weite.

Der zweite Platz ist die Oberfläche der Erde, daher der Gedanke des Felds. Das Erscheinen auf dem Feld und das Erblicken des großen Mannes wird dadurch angedeutet, daß der Charakter des Strichelements sehr einflußreich ist, denn es ist zentral gestellt (an zweitem Platz, d. h. in der Mitte des unteren Zeichens) und steht außerdem noch zum Herrscher in der Beziehung des Platzes und der Gemeinsamkeit des Wesens.

Neun auf drittem Platz bedeutet:
a)   Der Edle ist den ganzen Tag schöpferisch tätig.
       Des Abends noch ist er voll innerer Sorge.
       Gefahr. Kein Makel.
b)   »Der Edle ist den ganzen Tag schöpferisch tätig.«
       Man geht hin und her auf dem rechten Weg.

Der dritte Platz als Platz des Übergangs aus dem unteren ins obere Zeichen ist an sich unruhig und daher häufig nicht eben günstig. Hier aber infolge des einheitlichen Charakters aller einzelnen Striche ist auch dieser Übergang nur ein Zeichen unermüdlicher Tätigkeit, die auf dem Weg zur Wahrheit hin- und herführt. Das Hin und Her bedeutet, daß man erst im Begriff ist, sich moralisch zu festigen.

Neun auf viertem Platz bedeutet:
a) Schwankender Aufschwung über die Tiefe.
Kein Makel.
b) »Schwankender Aufschwung über die Tiefe.«
Der Fortschritt bedeutet keinen Fehler.

Hier ist die obere Grenze des Bereichs der Menschen im Zeichen erreicht. Ein Fortschritt zu ebener Erde ist nicht mehr möglich. Man muß wagen, den Boden unter den Füßen aufzugeben, um weiter voranzukommen, sich ins Bodenlose und Einsame aufschwingen. Hier ist der Einzelne frei – eben infolge der Möglichkeit der Lage. Jeder muß sein Schicksal selbst bestimmen.

• Neun auf fünftem Platz bedeutet:
a) Fliegender Drache am Himmel.
Fördernd ist es, den großen Mann zu sehen.
b) »Fliegender Drache am Himmel.«
Das zeigt den großen Mann bei der Arbeit.

Hier ist der Herr des Zeichens auf ausgezeichnetem Herrscherplatz; darum ist er symbolisiert als fliegender Drache am Himmel.

Oben eine Neun bedeutet:
a) Hochmütiger Drache wird zu bereuen haben.
b) »Hochmütiger Drache wird zu bereuen haben.«
Denn was voll ist, kann nicht dauern.

Alles, was die äußerste Stufe erreicht hat, muß infolge des Gesetzes der Veränderung umschlagen.

Alle Striche sind Neunen:
a) Wenn lauter Neunen erscheine bedeutet das:
   Es erscheint eine Schar von Drachen ohne Haupt. Heil!
b) Alle Striche sind Neunen.
   Die Art des Himmels ist es, nicht als Haupt hervorzutreten.

Das Schöpferische leitet zwar alles Geschehen, aber es tritt nie in die Erscheinung, tut sich nach außen hin nicht als Haupt hervor. So ist die wahre Stärke die, die beweglich, wie verborgen, an der Arbeit ist, ohne nach außen hin zu scheinen.
Indem alle Striche Neunen sind, verwandelt sich das Zeichen in das Zeichen Kun, das Empfangende, das ganz rezeptiv ist, daher kein Haupt zeigt.

Kommentar zu den Textworten (Wen Yen)

Vorbemerkung: Es handelt sich in diesem Buch um eine Sammlung von Kommentaren zu den beiden ersten Zeichen des Buchs der Wandlungen. Von diesen Kommentaren befassen sich zwei mit den Worten des Textes (und des Tuankommentars) zum ganzen Zeichen, während alle vier die einzelnen Strichelemente erläutern. Die Reihenfolge im Urtext ist: a) 1-9, b) 1-7, c) 1-7, d) 1-13. Im folgenden sind der leichten Übersicht halber und um unnötige Wiederholungen zu vermeiden, die verschiedenen Kommentare zusammengeordnet, wobei sie durch die beigefügten Bezeichnungen kenntlich gemacht sind.

Über das ganze Zeichen:

a) 1 Die Erhabenheit ist von allem Guten das Höchste. Das Gelingen ist das Zusammentreffen von allem Schönen. Das Fördernde ist die Übereinstimmung von allem Rechten. Die Beharrlichkeit ist die Grundlinie von allen Handlungen.

Hier werden die vier Grundeigenschaften des Zeichens mit den vier Kardinaltugenden der chinesischen Moral in Beziehung gesetzt.
Der Erhabenheit entspricht die Liebe.
Dem Gelingen entspricht die Sitte.
Dem Fördernden entspricht das Recht.

Der Beharrlichkeit entspricht die Weisheit.

a) 2   Indem der Edle die Liebe verkörpert, ist er imstande, die Menschen zu beherrschen. Indem er das Zusammenwirken von allem Schönen herbeiführt, ist er imstande, sie durch Sitte zu einigen. Indem er alle Wesen fördert, ist er imstande, sie durch Gerechtigkeit in Harmonie zu bringen. Indem er beharrlich und fest ist, ist er imstande, alle Handlungen durchzuführen.

Die vier Grundeigenschaften des Schöpferischen sind zugleich auch die Eigenschaften, die für einen Führer und Herrscher der Menschen nötig sind. Um die Menschen beherrschen und leiten zu können, ist vor allem nötig, daß man sie liebt. Ohne Liebe kann auf dem Gebiet der Herrschaft nichts Dauerndes geleistet werden. Gewalt, die durch Furcht wirkt, ist immer nur für den Augenblick. Sie erzeugt notwendig Widerstand als Gegenwirkung. Auf der Grundlage dieser Gesinnung ergibt sich als Methode für die Vereinigung der Menschen die Sitte. Nichts bindet die Menschen fester zusammen als starke Sitten, die ihre Befolgung dadurch bewirken, daß sie jedem Mitglied der Gesellschaft als das Schöne, Erstrebenswerte erscheinen. Wo es gelingt, solche Zusammenhänge von Sitten zu bilden, in denen jeder sich wohlfühlt, da läßt sich die Vereinigung und Organisierung der Massen sehr leicht bewirken. Die Grundlage des Zusammenlebens muß ferner die größtmögliche Freiheit, der größtmögliche Nutzen für alle sein. Diese werden gewährleistet durch die Gerechtigkeit, die die Ungebundenheit der einzelnen so weit einschränkt, wie es zum allgemeinen Wohl unbedingt notwendig ist. Um die gesteckten Ziele zu erreichen, ist als viertes schließlich die Weisheit nötig, die sich darin erweist, daß sie die festen und dauernden Wege zeigt, die nach den unabänderlichen Weltgesetzen zum Erfolg führen müssen.

a) 3   Der Edle handelt nach diesen vier Tugenden; darum heißt es: Das Schöpferische ist erhaben, gelingend, fördernd, beharrlich.

d) 1   Die Erhabenheit des Schöpferischen beruht darauf, daß es alles beginnt und Gelingen hat.

d) 2   Förderung und Beharrlichkeit: dadurch bewirkt es Natur und Art der Wesen.

Hier werden die Eigenschaften wieder paarweise zusammengefaßt. Die Erhabenheit des Schöpferischen beruht auf seiner Absolutheit, daß es der letzte Anfang von allem ist, also selbst nicht weiter bedingt, und daß es wirksam ist, d. h. selbst die Ursache von allem andern. Förderung und Beharrlichkeit, d. h. der Trieb zum Leben und die festen Naturgesetze, sind es, die die Kausalität des Schöpferischen in ihrer Wirksamkeit zeigen. Der Trieb zum Leben, das Fördernde, Rechte für jedes Wesen begründet seine Natur, und diese Natur betätigt sich nach festen Gesetzen; das ist die Art aller Wesen. Während im »Kommentar zur Entscheidung« die Natur auf ihre Wurzel in der göttlichen Bestimmung zurückgeführt wird, ist hier die Natur in ihrer Betätigungsart gezeigt.

> d) 3 Das Schöpferische vermag durch den von ihm gesetzten Beginn mit Schönheit alle Welt zu fördern. Darin, daß nicht angegeben wird, wodurch es fördert, besteht seine wahre Größe.

Beim Schöpferischen heißt es nur: Es wirkt fördernd durch das, was ihm beharrlich zu eigen ist, durch sein innerstes Wesen. Dieses Wesen wird nicht näher definiert. Darin besteht die Andeutung unendlich vieler Möglichkeiten und Seiten seines Nutzens. Einen Gegensatz dazu bildet das Empfangende, wo es heißt: »Es wirkt fördernd durch die Beharrlichkeit einer Stute.« Hier in der Welt der Erscheinungen hat jedes Ding seine bestimmte Art, die das Prinzip der Individuation ist. Aber mit dieser bestimmten Art ist zugleich eine Grenze gesetzt, durch die jedes einzelne Wesen von jedem andern geschieden ist.

> d) 4 Wie groß ist doch das Schöpferische! Es ist fest und stark, mäßig und recht, rein, unvermischt und geistig.

Hier werden vom Wesen des Herrn des Zeichens, der Neun auf fünftem Platz, die Eigenschaften des ganzen Zeichens abgeleitet, wie das im Tuankommentar, auf den sich dieser ganze Passus bezieht, häufig der Fall ist. Der fünfte Strich ist fest, da er auf ungeradem Platz ist, stark, da er ein ungeteilter Strich ist (stark bedeutet Bewegung, fest Ruhe), er ist mäßig, weil er in der Mitte des oberen Zeichens steht; recht, weil er auf dem ihm gebührenden Platz (starker Strich auf starkem Platz) steht. In diesen vier Eigenschaften kommen wieder die vier Grundeigenschaften des ganzen Zeichens zutage. Rein, unvermischt und geistig sind diese Eigenschaften vorhanden, weil das ganze Zeichen einheitlich aus lauter starken Strichen besteht.

d) 5 Die sechs Strichelemente eröffnen und entfalten den Gedanken, so daß die Art des Ganzen durch ihre einzelnen Seiten aufgeklärt wird.

Infolge der Einheitlichkeit des Zeichens stehen die einzelnen Striche in einem fortlaufenden Zusammenhang, der in seinem Fortschritt die Idee des Ganzen noch weiter aufklärt. In dieser Beziehung steht das Zeichen »das Schöpferische« im Gegensatz zum Zeichen »das Empfangende«, wo die einzelnen Strichelemente ohne inneren Zusammenhang nebeneinander stehen. Das hängt mit dem zeitlichen Charakter des Zeichens »das Schöpferische« im Gegensatz zu dem räumlichen Charakter des Zeichens »das Empfangende« zusammen.

d) 6 »Er fährt zu seiner Zeit auf sechs Drachen gen Himmel. Die Wolken gehen und der Regen fällt«:
Das alles bedeutet, daß und wie die Welt zum Frieden kommt.

Durch diese Schlußbemerkung werden die entsprechenden Worte des Tuankommentars auf geschichtliche Vorgänge (Ordnung des Weltreichs) gedeutet.

Zur Anfangsneun:

a) 4 Anfangs eine Neun bedeutet: »Verdeckter Drache. Handle nicht.« Was heißt das?
Der Meister sprach: Das bedeutet einen, der den Charakter eines Drachen besitzt, aber verborgen ist. Er wandelt sich nicht nach der Welt, er macht sich keinen Namen. Er zieht sich von der Welt zurück, aber er ist nicht traurig darüber. Er wird nicht anerkannt, aber er ist nicht traurig darüber. Hat er Glück, so führt er seine Grundsätze aus, hat er Unglück, so zieht er sich mit ihnen zurück. Wahrlich! Er ist nicht zu entwurzeln: er ist ein verdeckter Drache.

b) 1 »Verdeckter Drache. Handle nicht!«
Der Grund ist, daß er unten ist.

c) 1 »Verdeckter Drache. Handle nicht!«
Die Kraft des Lichten ist noch verdeckt und verborgen.

d) 7 Der Edle führt seinen Wandel entsprechend dem Charakter, der sich ihm gefestigt hat. Das ist ein Wandel, der sich täglich sehen lassen kann.
Das Verdecktsein bedeutet, daß er noch verborgen und nicht anerkannt ist, daß er noch nichts zustande bringen würde, wenn er handeln würde. In diesem Fall handelt der Edle nicht.

Zur Neun auf zweitem Platz:

a) 5 Neun auf zweitem Platz bedeutet: »Erscheinender Drache auf dem Feld. Fördernd ist es, den großen Mann zu sehen.« Was heißt das? Der Meister sprach: Das bedeutet einen, der den Charakter eines Drachen hat und maßvoll und recht ist. In seinen gewöhnlichen Worten selbst ist er zuverlässig. In seinen gewöhnlichen Handlungen selbst ist er sorgfältig. Er tut das Falsche ab und wahrt seine Wahrhaftigkeit. Er verbessert sein Zeitalter und rühmt sich dessen nicht. Sein Charakter ist einflußreich und gestaltet die Menschen um.
Im Buch der Wandlungen heißt es: »Erscheinender Drache auf dem Feld. Fördernd ist es, den großen Mann zu sehen.« Das bezieht sich auf einen, der die Eigenschaften des Herrschers hat.

b) 2 »Erscheinender Drache auf dem Feld.«
Der Grund ist, daß er zur Zeit noch nicht gebraucht wird.

c) 2 »Erscheinender Drache auf dem Feld.«
Die ganze Welt kommt durch ihn zur Schönheit und Klarheit.

d) 8 Der Edle lernt, um Material zu sammeln; er fragt, um es zu sichten; so wird er weitherzig in seinem Wesen und liebevoll in seinem Handeln.
Im Buch der Wandlungen heißt es: »Erscheinender Drache auf dem

Feld. Fördernd ist es, den großen Mann zu sehen.« Denn er hat die Eigenschaften eines Herrschers.

Zur Neun auf drittem Platz:

a) 6   Neun auf drittem Platz bedeutet: »Der Edle ist den ganzen Tag schöpferisch tätig. Selbst abends noch ist er voll innerer Sorge. Gefahr. Kein Makel.«
Was heißt das?
Der Meister sprach: Der Edle fördert seinen Charakter und arbeitet an seinem Werk. Treue und Glauben sind es, durch die er seinen Charakter fördert. Arbeit an den Worten, so daß sie fest auf der Wahrheit beruhen, das ist's, wodurch er seinem Werk Dauer gibt. Er weiß, wie man dazu gelangen muß, und gelangt auch dazu; dadurch vermag er den rechten Keim zu legen. Er weiß, wie man es vollenden muß, und vollendet es auch so; dadurch vermag er ihm die rechte Dauer zu verleihen. Darum ist er in seiner hohen Stellung nicht stolz und in niedriger Stellung nicht enttäuscht. So ist er schöpferisch tätig und, wie es die Umstände erfordern, besorgt, so daß er auch in gefährlicher Lage keinen Fehler macht.

b) 3   »Den ganzen Tag ist er schöpferisch tätig.«
Das ist die Art, wie er seine Unternehmungen ausführt.

c) 3   »Den ganzen Tag ist er schöpferisch tätig.«
Er geht mit der Zeit.

d) 9   Die Neun auf drittem Platz zeigt verdoppelte Festigkeit und ist dazuhin nicht auf zentralem Platz. Einerseits ist sie noch nicht am Himmel droben, andererseits nicht mehr auf dem Feld drunten. Darum muß man schöpferisch tätig sein und, wie es die Umstände erfordern, besorgt. Dann macht man trotz der Gefahr keinen Fehler.

Zur Neun auf viertem Platz:

a) 7 Neun auf viertem Platz heißt: »Schwankender Aufschwung über die Tiefe. Kein Makel.«
Was heißt das?
Der Meister sprach: Für Aufstieg oder Abstieg gibt es keine feste Regel: nur daß man nichts Schlechtes tut; im Fortschritt oder Rückschritt gilt kein dauerndes Beharren: nur daß man nicht von seiner Art läßt. Der Edle fördert seinen Charakter und arbeitet an seinem Werk, damit er in allem die rechte Zeit trifft. Darum macht er keinen Fehler.

b) 4 »Schwankender Aufstieg über die Tiefe.«
Er versucht seine Kräfte.

c) 4 »Schwankender Aufstieg über die Tiefe.«
Der Weg des Schöpferischen ist hier im Begriff, sich umzugestalten.

d) 10 Die Neun auf viertem Platz ist zu fest und nicht maßvoll. Sie ist noch nicht am Himmel droben und nicht mehr auf dem Feld unten, auch nicht mehr in den mittleren Gebieten des Menschlichen. Darum heißt es: Schwankender Aufschwung. Schwanken bedeutet, daß man Wahlfreiheit hat, darum macht man keinen Fehler.

Zur Neun auf fünftem Platz:

a) 8 Neun auf fünftem Platz heißt: »Fliegender Drache am Himmel. Fördernd ist es, den großen Mann zu sehen.«
Was heißt das?
Der Meister sprach: Was im Ton übereinstimmt, schwingt miteinander. Was wahlverwandt ist im innersten Wesen, das sucht einander. Das Wasser fließt zum Feuchten hin. Das Feuer wendet sich dem Trocknen zu. Die Wolken folgen dem Drachen, der Wind folgt dem Tiger. So erhebt sich der Weise, und alle Wesen blicken nach ihm. Was vom Himmel stammt, fühlt sich verwandt mit dem,

was droben ist. Was von der Erde stammt, fühlt sich verwandt mit dem, was drunten ist. Jedes folgt seiner Art.

b) 5 »Fliegender Drache am Himmel.«
Das ist die höchste Art zu herrschen.

c) 5 »Fliegender Drache am Himmel.«
Hier ist der Platz, der dem himmlischen Charakter gebührt.

d) 11 Der große Mann stimmt in seinem Charakter überein mit Himmel und Erde, in seinem Licht mit Sonne und Mond, in seiner Folgerichtigkeit mit den vier Jahreszeiten, in Glück und Unglück, das er schafft, mit den Göttern und Geistern. Wo er dem Himmel zuvorkommt, da straft ihn der Himmel nicht Lügen. Wo er dem Himmel nachfolgt, da richtet er sich nach der Zeit des Himmels. Wenn selbst der Himmel ihm nicht widerstrebt, wieviel weniger erst die Menschen, Götter und Geister.

Zur oberen Neun:

a) 9 Oben eine Neun bedeutet: »Hochmütiger Drache wird zu bereuen haben.«
Was heißt das?
Der Meister sprach: Wer vornehm ist ohne die Stellung dazu, wer hoch ist ohne das Volk dazu, bei wem die tüchtigen Leute in untergeordneten Stellungen sind, ohne daß sie eine Unterstützung finden, der wird es zu bereuen haben, sowie er sich bewegt.

b) 6 »Hochmütiger Drache wird zu bereuen haben.«
Alles, was bis zum Äußersten geht, kommt ins Unheil.

c) 6 »Hochmütiger Drache wird zu bereuen haben.«
Er erschöpft sich mit der Zeit.

d) 12 Hochmut bedeutet, daß man vorzudringen versteht, aber nicht, sich zurückzuziehen, daß man nur das Bestehen kennt, aber nicht das Untergehen, daß man nur vom Gewinnen etwas weiß, aber nichts vom Verlieren.

Nur der Heilige ist es, der es versteht, vorzudringen und sich zurückzuziehen, festzuhalten und aufzugeben, ohne daß er seine rechte Art verliert. Das kann nur der Heilige!

Zu: Alle Neunen wandeln sich:

b) 7 Wenn das Schöpferische und Große sich in allen Neunen wandelt, so kommt die Welt in Ordnung.

c) 7 Wenn das Schöpferische und Große sich in allen Neunen wandelt, so erblickt man das Gesetz des Himmels.

Anmerkung:

Das Zeichen »Das Schöpferische« nimmt auch insofern eine ganz eigene Stellung ein, als es ganz einheitlich aus festen Strichelementen zusammengesetzt ist, die alle in einer gewissen Beziehung zueinander stehen. Sie bilden eine Stufenreihe, so daß sich gleichsam eine genetische, zeitliche Entwicklung in ihnen feststellen läßt. Deshalb findet bei der Beurteilung der einzelnen Striche eine Abweichung von andern Zeichen statt. Von einem Entsprechen und Verbundensein von festen und weichen Strichen, wie das den Charakter in andern Zeichen bestimmt, kann der Natur der Sache nach nicht die Rede sein. Für die Beurteilung kommt vielmehr nur das Verhältnis von Platz und Art des Strichelements in Betracht.

Es ist dabei ein charakteristischer Unterschied zwischen dem unteren und dem oberen Halbzeichen zu beachten. Im unteren Halbzeichen wird die Entwicklung des Charakters der schöpferischen Kraft geschildert, im oberen Halbzeichen die Entwicklung der äußeren Stellung. Dabei sind der erste Strich und der vierte Strich ein Anfang. Der erste Strich ganz unten, noch innerhalb des Gebiets der Erde (Platz 1 und 2), ist als verdeckt, latent bezeichnet. Der vierte Strich am untersten Platz des oberen Halbzeichens zeigt ebenfalls einen Anfang, nämlich den Wechsel der Stellung. An sich sind die Anzeichen für diesen Strich nicht günstig. Er paßt nicht zu seinem Platz, ist fest auf weichem Platz. Daraus könnte man auf etwas Fehlerhaftes schließen. Allein weil das Wesen des Schöpferischen Stärke ist, so ist ausdrücklich betont, daß kein Fehler da ist. Die Divergenz zwischen Charakter und Platz des Strichs drückt sich vielmehr in der Möglichkeit der Entscheidung aus, die noch zweifelhaft ist. Überaus günstig sind die beiden Mittelstriche auf dem zweiten bzw. fünften Platz. Der zweite ist zentral und als solcher auch ohne weiteres als recht aufzufassen. Er zeigt, da er sich noch im unteren Halbzeichen befindet, die innere Art des großen Mannes, der zwar schon bekannt wird (auf dem »Feld«), aber noch nicht die entsprechende Stellung hat. Er muß den »großen Mann« auf fünfter Stelle sehen, mit dem er durch gemeinsamen Charakter verbunden ist und der als Herr des Ganzen ihm die entsprechende Stellung anweisen kann. In verstärktem Maße treffen diese günstigen Auspizien zu für den fünften Strich. Während der zweite Strich den starken Mann an schwacher, niedriger Stelle zeigt, sind beim fünften Strich innerer Charakter und Stellung im Einklang. Er ist stark auf starkem Platz, auf der Stelle des Himmels (5. und 6. Strich), dazu Herr des Ganzen. Daher ist er der große Mann, den zu sehen von Wert ist. Darum fehlt bei den beiden zentralen Strichen jede Warnung. Sie sind schlechthin günstig.

Anders steht die Sache mit den beiden Endstrichen, dem dritten und dem obersten. Davon ist der dritte noch günstiger gestellt. Zwar findet sich bei ihm am Platz des Übergangs zuviel Stärke – Stärke des Charakters gesteigert durch die Stärke des Platzes –, so daß es scheint, daß Fehler zu befürchten sind. Allein, da es sich im ganzen Zeichen um schöpferische Kräfte handelt, so schadet zuviel Kraft nichts. Sie wird an der Übergangsstelle verwandt zur inneren Vorbereitung auf die neuen Verhältnisse. Anders verhält es sich mit dem obersten Strich. Hier ist das Ende des Ganzen. Aber der Charakter ist noch immer stark, obwohl der Platz schwach ist. Diese Divergenz zwischen Wollen und Können führt, da kein Ausweg möglich ist, zur Reue.

2. Kun – Das Empfangende

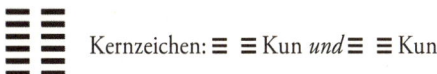

Kernzeichen: ☷ ☷ Kun *und* ☷ ☷ Kun

Herr des Zeichens ist die Sechs auf zweitem Platz. Das Zeichen Kun, das Empfangende, stellt die Art der Erde dar; zwei ist das Bild der Erde. Das Empfangende zeigt ferner die Art des Dieners, und der zweite Platz ist der Platz des Dieners. Außerdem ist der vierfache Charakter des Empfangenden als »weich«, »hingebend«, »maßvoll«, d. h. zentral, »recht«, d. h. weich auf weichem Platz, vollkommen in diesem Strich ausgedrückt. Deshalb ist er der Herr des Zeichens. Die Ausdrücke des Urteils »Will er voraus, so geht er irre, doch folgt er nach, so findet er Leitung« und »fördernd ist es, im Westen und Süden Freunde zu finden, im Osten und Norden der Freunde zu entraten« beziehen sich alle auf die Art des Beamten.

Das Zeichen ist dem zehnten Monat (November–Dezember) zugeordnet, wenn die dunkle Kraft in der Natur des Jahres Ende bringt.

Vermischte Zeichen
Das Empfangende ist weich.

Das Urteil
Das Empfangende wirkt erhabenes Gelingen,
fördernd durch die Beharrlichkeit einer Stute.
Hat der Edle etwas zu unternehmen und will voraus,
so geht er irre; doch folgt er nach, so findet er Leitung.
Fördernd ist es, im Westen und Süden Freunde zu finden,
im Osten und Norden der Freunde zu entraten.
Ruhige Beharrlichkeit bringt Heil.

Kommentar zur Entscheidung
Vollkommen fürwahr ist die Erhabenheit des Empfangenden. Alle Wesen verdanken ihm ihre Geburt, da es hingebend das Himmlische empfängt.

Dies ist die Erklärung des Worts »erhaben« im Urteil.
Die Größe des Empfangenden wird als vollkommen bezeichnet. Vollkommen ist, was das Vorbild erreicht. Somit ist darin die Bedingtheit durch das Schöpferische schon zum Ausdruck gebracht. Während das Schöpferische das Zeugende ist, dem die Wesen ihren Anfang verdanken, indem die Seele von ihm stammt, ist das Empfangende das Gebärende, das den Samen des Himmlischen in sich aufnimmt und den Wesen ihre leibliche Organisation gibt.

> Das Empfangende trägt in seinem Reichtum alle Dinge. Seine Art ist in Übereinstimmung mit dem Grenzenlosen. Es umfaßt alles in seiner Weite und erleuchtet alles in seiner Größe. Durch dasselbe kommen alle Einzelwesen zum Gelingen.

Dies ist die Erklärung des Worts »Gelingen« im Urteil. Auch hier ist der ergänzende Gegensatz zum Schöpferischen. Während das Schöpferische die Dinge schirmt, d. h. von oben bedeckt, trägt das Empfangende sie als eine beständig dauernde Unterlage. Sein Wesen ist unbegrenzte Übereinstimmung mit dem Schöpferischen. Daraus ergibt sich sein Gelingen. Während die Bewegung des Schöpferischen [die gerade Bewegung] nach vorn, seine Ruhe der Stillstand ist, so ist die Ruhe des Empfangenden das Geschlossensein und seine Bewegung das Sichöffnen. Im Ruhezustand des Geschlossenseins umfaßt es alle Dinge wie in einem ungeheuren Mutterleib. Im Bewegungszustand des Sichöffnens läßt es das himmlische Licht herein und beleuchtet alles damit. Darauf beruht sein Gelingen, das sich im Gelingen der Wesen zeigt. Während das Gelingen des Schöpferischen darin besteht, daß die Einzelwesen ihre bestimmte Form erhalten, bewirkt das Gelingen des Empfangenden, daß sie gedeihen und sich entfalten.

> Eine Stute gehört zum Geschlecht der Erde, sie läuft auf der Erde ohne Grenze. Weich, hingebend, fördernd durch Beharrlichkeit: So hat der Edle eine Richtung für seinen Wandel.

Während das Schöpferische durch den Drachen symbolisiert wird, der am Himmel fliegt, wird das Empfangende durch die Stute (Vereinigung von Stärke und Hingebung) repräsentiert, die auf der Erde läuft. Die Weichheit und Hingebung darf die Stärke nicht ausschließen, denn die ist für das Empfangende nötig, um als Gehilfe des Schöpferischen in Betracht zu kommen. Die Stärke drückt sich aus in den Worten: »Fördernd durch Beharrlichkeit«, die im Kommentar als Vorbild für den Wandel des Edlen erscheinen. (Die Interpunktion weicht von der des Urteils ab. Nach dem Kommentar muß man – infolge des Reims – wörtlich übersetzen: »Fördernd durch Beharrlichkeit: So hat der Edle, wohin er gehe.« Im Urteil dagegen werden von den meisten Erklärern die letzten Worte zum Folgenden gezogen: »Hat der Edle etwas zu unternehmen und will voraus, so geht er irre ...«)

> Vorangehen bringt Verirrung, weil man den Weg verliert. Nachfolgen in Hingebung, so bekommt man die dauernde Stellung.
> In West und Süd bekommt man Freunde, so daß man mit seinesgleichen zusammengeht. In Ost und Nord muß man der Freunde entraten, so daß man endlich Heil erlangt.

Wenn das Empfangende von sich aus vorgehen wollte, so wiche es von seiner natürlichen Art ab und würde den Weg verfehlen.
Indem es sich hingibt und dem Schöpferischen folgt, kommt es in die ihm angemessene, dauernde Stellung.
West und Süd ist nach der Anordnung des Königs Wen die Gegend, wo die weiblichen Diagramme aufgestellt sind. Kun ist hier inmitten der Töchter. In Ost und Nord sind dagegen die männlichen Diagramme (Kiën mit den Söhnen), so daß das Empfangende in dieser Gegend allein ist. Aber eben dieses Alleinsein mit dem Schöpferischen gereicht ihm zum Heil. So muß die Erde mit dem Himmel allein sein, der Beamte dem Herrscher allein dienen, die Frau dem Mann allein anhängen.

> Das Heil der Ruhe und Beharrlichkeit beruht darauf, daß man der grenzenlosen Art der Erde entspricht.

Die Erde ist still. Sie handelt nicht von sich aus, sondern nimmt beständig die Einflüsse des Himmels in sich auf. Dadurch wird sie in ihrem Leben unerschöpflich und ewig. So erlangt auch der Mensch Ewigkeit dadurch, daß er nicht in eitler Selbstgeschäftigkeit alles von sich aus machen will, sondern sich ruhig und beständig den Anregungen öffnet, die ihm aus den Tiefen der schöpferischen Kräfte her zufließen.

Das Bild
Der Zustand der Erde ist die empfangende Hingebung.
So trägt der Edle weiträumigen Wesens die Außenwelt.

Der Himmel bewegt sich in Kraft. Darum heißt es von ihm: »Er geht.« Die Erde vollendet durch die Gestalt. Darum heißt es von ihr: »Zustand«. Die Erde ist verdoppelt, das deutet auf ihre Masse, die nötig ist, damit sie sich hingeben kann, ohne ihr Wesen zu verlieren. So muß auch der Mensch innere Stärke, Masse des Wesens und Weiträumigkeit besitzen, um imstande zu sein, die Welt zu ertragen, ohne durch sie beeinflußt zu werden.

Die einzelnen Linien

Anfangs eine Sechs bedeutet:
a) Tritt man auf Reif, so naht das feste Eis.
b) Wenn das Dunkle erst anfängt zu erstarren und auf diesem Weg fortmacht, so kommt es bis zum festen Eis.*

Der erste Strich enthält eine Warnung, daß man die Anfänge des Bösen nicht geringachten soll; denn wenn man es sich selber überläßt, so führt es mit Notwendigkeit weiter, wie das Eis des Winters auf den Reif des Herbstes folgt.

- **Sechs auf zweitem Platz bedeutet:**
  a) Gerade, rechtwinklig, groß.
  Ohne Absicht bleibt doch nichts ungefördert.
  b) Die Bewegung der Sechs auf zweitem Platz**
  ist gerade und dadurch rechtwinklig.
  »Ohne Absicht bleibt nichts ungefördert«;
  denn in der Art der Erde liegt das Licht.

---

* Andere Lesart:
Anfangs eine Sechs: Tritt man auf Reif: das Dunkle beginnt zu erstarren. Fährt es auf diesem Wege fort, so kommt es zum festen Eis.
** Die Sechs auf zweitem Platz wird im Text des Kommentars ausdrücklich genannt als Herr des Zeichens.

Dadurch, daß das Empfangende sich in seinen Bewegungen nach dem Schöpferischen richtet, werden die Bewegungen gerade so, wie sie sein sollen. So erzeugt die Erde alle Geschöpfe, jedes nach seiner Art, wie es dem Willen des Schöpfers entspricht. Das Rechtwinklige, Feste bezieht sich auf das Unveränderliche. Jede Art von Lebewesen hat ihre festen Daseinsgesetze, nach denen sie sich in unabänderlicher Weise entwickelt. Darin besteht die Größe der Erde.
Aber eben darum bedarf es keiner Absicht. Alles wird von selbst so, wie es schön ist; denn das Leben hat ein inneres Licht in dem Gesetz des Himmels, nach dem es unwillkürlich handeln muß.

Sechs auf drittem Platz bedeutet:
a) Verborgene Linien; man vermag beharrlich zu bleiben.
    Folgst du etwa eines Königs Diensten,
    so suche nicht Werke, aber vollende!
b) »Verborgene Linien. Man vermag beharrlich zu bleiben.«
    Man muß zur Zeit sie leuchten lassen.
    »Folgst du etwa eines Königs Diensten,
    so suche nicht Werke, aber vollende.«
    Das zeigt, daß das Licht der Weisheit groß ist.

Das Verbergen der Schönheit soll nicht zur Untätigkeit führen, sondern es bedeutet nur, daß man sie nicht unzeitig zeigt. Wenn es Zeit ist, dann muß man aus sich herausgehen. »Geht man in die Dienste eines Königs« – das Folgende ist im Text des Kommentars unterdrückt, der häufig auf die Sätze des Urtextes nur anspielt. Wenn man nicht prahlt mit seinen Verdiensten, aber doch dafür sorgt, daß alles zustande kommt, so ist das ein Zeichen großer Weisheit.

Sechs auf viertem Platz bedeutet:
a) Zugebundener Sack. Kein Makel; kein Lob.
b) »Zugebundener Sack. Kein Makel, kein Lob«:
    durch Vorsicht bleibt man frei von Schaden.

Es ist hier eine Yin-Linie auf Yin-Platz, also die Yin-Kraft in ihrer Steigerung, daher ist die Zusammenziehung so stark wie bei einem zugebundenen Sack. Dadurch kommt natürlich eine gewisse Isolierung zustande, die aber frei von Verpflichtungen macht.

Sechs auf fünftem Platz bedeutet:
a)   Gelbes Untergewand bringt erhabenes Heil.
b)   »Gelbes Untergewand bringt erhabenes Heil«:
       Die Schönheit ist inwendig.

Die Sechs auf fünftem Platz hat eine ähnliche Stellung wie die Sechs auf drittem Platz. Auch hier ist durch den Platz eine gewisse Stärke gegeben, die durch das Linienelement ausgeglichen ist. Darum auch hier wie dort verborgene Schönheit.

Oben eine Sechs bedeutet:
a)   Drachen kämpfen auf dem Anger.
       Ihr Blut ist schwarz und gelb.
b)   »Drachen kämpfen auf dem Anger«:
       Der Weg geht zu Ende.

Die obere Sechs sucht sich festzuhalten, obwohl die Situation der Dunkelheit schon zu Ende ist. In diesem Moment tritt das Schattige aus dem Gebiet des sittlich Indifferenten heraus und wird positiv böse. Es kommt daher zum Kampf mit der von außen her dem Dunkel entgegentretenden lichten Urkraft, in dem beide Elemente Schaden leiden.

Alle Striche sind Sechsen:
»Ewige Beständigkeit«:
Es endet im Großen.

Indem die Sechsen umschlagen, werden sie zu lichten, d. h. großen Strichen.

Kommentar zu den Textworten (Wen Yen)

Im Unterschied zum Zeichen des Schöpferischen hat das Zeichen »das Empfangende« nur einen einzigen Kommentar.

Zum ganzen Zeichen

Das Empfangende ist vollkommen weich und in seiner Bewegung doch fest. Es ist vollkommen still und in seiner Art doch eckig (rechtwinklig).

Wie die Stute hingebend und doch stark ist, so auch das Empfangende, denn nur so ist es dem Schöpferischen ebenbürtig. Vollkommen still im Innern, weil schlechthin abhängig, ist es in seinen Äußerungen, der Geburt der verschiedenen Arten, doch unveränderlich fest an bestimmte Gesetze gebunden. »Fest in der Bewegung« ist die Erklärung zu den Textworten: »Erhabenes Gelingen«. »Still und doch eckig« ist die Erklärung der Textworte: »Fördernd ist Beharrlichkeit«.

»Folgt er nach, so findet er Leitung«
und bekommt so etwas Dauerndes.
»Es umfaßt alles«,
und seine Umgestaltungsfähigkeit ist lichtvoll.

Diese Sätze sind nähere Ausführungen zum »Kommentar zur Entscheidung«. Es ist hier von der Bewegung des Empfangenden die Rede, die den Jahreszeiten Sommer und Herbst (Süden und Westen) entspricht und in denen es mit den »Freunden« zusammen ist, d. h. im Gehorsam gegen die Gesetze des Himmels allen verschiedenen Wesen, jedem nach seiner Art, das Leben gibt und so an der Ewigkeit des Himmels teilhat und alle Dinge umfaßt und zur Reife bringt und so seine Kraft, die Dinge umzuwandeln, in hellem Licht zeigt.

Der Weg des Empfangenden, wie hingebend ist er doch!
Es nimmt den Himmel in sich auf und wirkt zu seiner Zeit.

Diese beiden Tätigkeiten entsprechen dem Winter und Frühling (bzw. Nord und Ost). Hier ist das einsame Zusammensein mit dem Schöpferischen, das Empfangen des Samens und sein stilles Ausreifen bis zur Geburt angedeutet. Die Ausführungen über das Empfangende lehnen sich an den Charakter der Sechs auf zweitem Platz, des Herrn des Zeichens, an, ähnlich wie die Ausführungen über das Schöpferische die Neun auf fünftem Platz zur Grundlage haben.

Zu den einzelnen Linien

Zur Anfangssechs:
Ein Haus, das Gutes auf Gutes häuft, hat sicher des Segens die Fülle. Ein Haus, das Böses auf Böses häuft, hat sicher des Übels die Fülle. Wo ein Diener seinen Herrn mordet, wo ein Sohn seinen Vater mordet, da liegen

die Ursachen nicht zwischen Morgen und Abend eines Tages. Daß es so weit gekommen ist, kam ganz allmählich. Es kam davon, daß man nicht früh genug abstellte, was man hätte abstellen sollen.
Im Buch der Wandlungen heißt es: »Tritt man auf Reif, so naht das feste Eis«: Das zeigt, wohin es kommt, wenn man die Dinge laufen läßt.

Nach Dschu Hi wäre der letzte Satz zu lesen: Das bezieht sich auf die nötige Achtsamkeit (nämlich um rechtzeitig die Dinge abzustellen, die naturgemäß üble Folgen haben müssen).

Zur Sechs auf zweitem Platz:
Die Geradheit bedeutet Rechtmachen, das Rechtwinklige bedeutet die Pflichterfüllung. Der Edle ist ernst, um sein Inneres gerade zu machen; er tut seine Pflicht, um sein Äußeres rechtwinklig zu machen. Wo Ernst und Pflichterfüllung feststehen, da wird der Charakter nicht einseitig.
»Gerade, rechtwinklig, groß: Ohne Absicht bleibt doch nichts ungefördert«; denn man ist nie im Zweifel, was man zu tun hat.

Durch konsequenten Ernst wird das Innere recht; durch Auswirken der Pflicht in den Handlungen wird das Äußere korrekt (rechtwinklig). Die Pflicht wirkt gestaltend auf das Äußere, aber sie ist nicht etwa etwas Äußerliches. Durch Ernst und Pflichterfüllung wird der Charakter von selbst reich entwickelt; ohne daß man auf Größe aus ist, stellt sich die Größe von selber ein. Darum trifft man in allem ohne Besinnen instinktiv das Rechte, weil man frei von allen Bedenken und Zweifeln ist, deren ängstliches Schwanken die Entschlußkraft lähmt.

Zur Sechs auf drittem Platz:
Obwohl das Dunkle Schönheit besitzt, verhüllt es sie. So muß man sein, wenn man in eines Königs Dienste tritt. Man darf nicht das fertige Werk für sich in Anspruch nehmen. Das ist der Weg der Erde, der Weg der Frau, der Weg des Dieners. Der Weg der Erde ist es, kein fertiges Werk zu zeigen, sondern stellvertretend alles zu Ende zu bringen.

Die Pflicht des sich Unterordnenden ist es, nicht selbständig etwas sein zu wollen, sondern das eigene Gute zu verbergen und alles Verdienst an dem vollendeten Werk dem Herrn, für den man wirkt, zukommen zu lassen.

Zur Sechs auf viertem Platz:
Wenn Himmel und Erde schaffen in Veränderung und Umgestaltung, so gedeihen alle Kräuter und Bäume; wenn aber Himmel und Erde sich schließen, so zieht sich der tüchtige Mann ins Dunkel zurück.
Im Buch der Wandlungen heißt es: »Zugebundener Sack. Kein Makel; kein Lob.« Das mahnt zur Vorsicht.

Die Sechs auf viertem Platz ist in der Nähe des Herrschers, findet aber nicht seine Anerkennung, daher ist das Sichverschließen vor der Welt in diesem Fall das einzig Richtige. Dies ist der Ruhezustand des dunklen Prinzips, da es sich schließt (vgl. vorn).

Zur Sechs auf fünftem Platz:
Der Edle ist gelb und maßvoll und wirkt dadurch vernünftig auf das Äußere.
Er sucht sich den rechten Platz und weilt im Wesentlichen. Seine Schönheit ist innerlich, aber sie wirkt befreiend auf seine Glieder und äußert sich in seinen Werken. Das ist die höchste Schönheit.

Gelb ist die Farbe der Mitte und des Maßes. Das innerliche Maß wirkt aber nach außen, indem es alle Äußerungen vernünftig gestaltet. Der rechte Platz, den sich der Edle sucht, ist die gute Sitte, die andern den Vorrang läßt und selbst bescheiden zurücksteht. Die diskrete Anmut, die unsichtbar sich doch in allen Bewegungen und Werken zeigt, ist die höchste Schönheit. Charakteristisch ist der Unterschied, wie bei den Strichen des Zeichens »das Schöpferische« immer wieder auf das Wirkliche, Zuverlässige hingewiesen wird, während Ernst, Sorgfalt, Bescheidenheit die Eigenschaften sind, die beim Zeichen »das Empfangende« hervorgehoben werden. Es handelt sich hier um dieselbe Sache, nur von zwei Seiten aus gesehen. Nur die Wahrheit gibt den Ernst, nur der Ernst ermöglicht die Wahrheit.

Zur oberen Sechs:
Wenn es das Dunkle dem Lichten gleichtun will, dann gibt es sicher Kampf. Weil man nun nicht denken soll, daß es kein Lichtes mehr gäbe, wird hier der Drache genannt. Aber um doch nicht von der Art zu lassen,

wird auch das Blut genannt. Schwarz und Gelb sind Himmel und Erde im Durcheinander. Der Himmel ist schwarz, und die Erde ist gelb.

Diese Erklärung ist im Ausdruck etwas schwierig. Der Sinn ist der folgende: Im zehnten Monat hat die Kraft des Dunklen vollkommen gesiegt. Das letzte Licht ist vertrieben. Die Sonne hat ihren tiefsten Stand erreicht. Das Dunkle herrscht unbeschränkt. Aber gerade das ist der Grund des Umschlags. Die Sonnenwende tritt ein, und das Licht kämpft aufs neue mit dem Dunkel. So ist es in allen Beziehungen. Das dunkle Prinzip kann nicht das Herrschende sein; es ist berechtigt nur in der Bedingtheit und Fügsamkeit gegen das Lichte. Wird das vernachlässigt, so zeigt sich die Macht des Lichten, wenn das Dunkle aus seinem Gebiet im Innern nach außen auf das Feld der Betätigung heraustreten will. Da kommt der Drache, das Bild der lichten Kraft, und weist es in seine Schranken zurück, zum Zeichen, daß das lichte Prinzip doch noch da ist. Das Blut ist das Symbol des dunklen Prinzips, wie der Atem das Symbol des lichten Prinzips. Indem Blut fließt, wird das Dunkle geschädigt. Aber das Blut ist nicht nur auf seiten des Dunklen, auch das lichte Prinzip leidet in diesem Kampf Schaden, daher die Farbe als schwarz und gelb angegeben ist.

Schwarz oder besser Dunkelblau ist die Farbe des Himmels, wie Gelb die Farbe der Erde ist. (Man beachte, daß hier eine andere Farbenverteilung vorausgesetzt ist als in den Bemerkungen über die acht Zeichen, wo das Schöpferische rot und das Empfangende schwarz [dunkel] genannt wird.)*

---

* Im Unterschied zum Zeichen des Schöpferischen stehen die einzelnen Striche nicht in einem Verhältnis der Entwicklung zueinander, sondern sie stehen zusammenhanglos nebeneinander. Jeder stellt eine gesonderte Situation dar. Das entspricht der Art der beiden Zeichen. Das Schöpferische repräsentiert die Zeit, die eine Folge bedingt, das Empfangende den Raum, der ein Nebeneinander zeigt.
Im einzelnen ist folgendes zu bemerken: Ungünstig ist der erste und der oberste Strich, also die beiden äußeren Plätze. Dem Empfangenden ziemt nicht der Platz außen, sondern innen. Der erste Strich zeigt das dunkle Prinzip in der Initiative (vgl. das Zeichen Gou, Nr. 44, das Entgegenkommen); das bedeutet eine Gefahr. Darum wird es als etwas Objektives dargestellt, dem man rechtzeitig entgegentreten muß. Auf oberstem Platz maßt es sich die Herrschaft an und tritt mit dem lichten Prinzip in Wettbewerb. Auch hier wird es objektiv als das Bekämpfte dargestellt (vgl. das Zeichen Guai, Nr. 43, die Entschlossenheit); denn diese beiden Situationen entsprechen nicht der Gemütsverfassung des Edlen. Und das Buch der Wandlungen ist nur für die Edlen geschrieben. Das Unedle ist daher immer etwas Äußeres, Objektives.
Die beiden Mittelstriche sind wegen ihrer zentralen Stellung beide günstig. Aber umgekehrt wie beim vorigen Zeichen ist der zweite Platz der Herr des Zeichens; denn es liegt im Wesen des Empfangenden, unten zu sein. Daher wird hier die Art der Erde, der materiellen, räumlichen Natur gezeigt, in der alles spontan wirkt. Der fünfte Platz zeigt die Bescheidenheit in der menschlichen Natur. Es ist von Gewändern die Rede. Das deutet eher auf das Bild einer Fürstin als eines Fürsten (vgl. dazu Sechs auf fünftem Platz von Nr. 54).
Die beiden Übergangsstriche haben neutrale Bedeutung. Und zwar hat der dritte die Möglichkeit, in die Dienste eines Königs zu gehen, denn die Schwäche der Natur wird durch die Stärke des Platzes ausgeglichen. Aber während der dritte Strich von Kiën für sich selbst sorgt, ist der dritte Strich von Kun selbstverleugnend nur auf den Dienst an andern bedacht. Der vierte Strich ist zu schwach (weicher Strich auf schwachem Platz). Er ist außerdem nicht in Beziehung zum fünften Strich, daher bleibt ihm nur die Verschlossenheit übrig. Der vierte Strich entspricht in seiner gesteigerten Passivität der gesteigerten Aktivität der Neun auf drittem Platz im vorigen Zeichen, ebenso wie der dritte Strich in seiner unentschiedenen Möglichkeit der Neun auf viertem Platz des vorigen Zeichens entspricht.

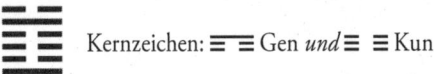

3. Dschun – Die Anfangsschwierigkeit

Kernzeichen: ☶ Gen *und* ☷ Kun

Das Zeichen Dschun hat die Anfangsneun und die Neun auf fünftem Platz zu Herren. Das Zeichen hat nur diese beiden Yang. Die Anfangsneun ist unten und bedeutet den Gehilfen, der das Volk zur Ruhe bringen kann. Die Neun auf fünftem Platz ist oben; sie kann den Gehilfen einsetzen, um das Volk zur Ruhe zu bringen.

Die Reihenfolge
Nachdem Himmel und Erde vorhanden sind, entstehen die einzelnen Wesen. Was den Raum zwischen Himmel und Erde erfüllt, sind eben die Einzelwesen. Darum folgt das Zeichen: die Anfangsschwierigkeit. Anfangsschwierigkeit ist soviel wie erfüllen.

Eigentlich bedeutet Dschun nicht erfüllen. Die Idee ist die Schwierigkeit, die entsteht, wenn Himmel und Erde – das Lichte und das Schattige – sich zum erstenmal vereinigt haben und alle Wesen erzeugt und geboren werden. Das gibt etwas Chaotisches, das alles erfüllt, daher ist der Gedanke des Erfüllens mit dem Zeichen Dschun verbunden.

Vermischte Zeichen
Dschun ist sichtbar, hat aber noch nicht seine Wohnung verloren.

Das Gras ist schon aus der Erde mit seiner Spitze hervorgedrungen, ist also sichtbar, aber es steckt noch in der Erde, seiner ursprünglichen Wohnung. Das obere Kernzeichen (»Berg«) deutet auf Sichtbarkeit, das untere (»Erde«) auf die Wohnung.

Das Urteil
Die Anfangsschwierigkeit wirkt erhabenes Gelingen.
Fördernd durch Beharrlichkeit.
Man soll nichts unternehmen.
Fördernd ist es, Gehilfen einzusetzen.

Kommentar zur Entscheidung
Die Anfangsschwierigkeit: Das Feste und Weiche vereinigen sich zum erstenmal, und die Geburt ist schwer.

Das untere Zeichen ist Dschen, der älteste Sohn, der durch die erste Annäherung der lichten und der dunklen Kraft entsteht. Das deutet auf die erste Vereinigung. Kan bedeutet Schwierigkeit, Gefahr. Das deutet auf die Schwierigkeit der Geburt.

Bewegung inmitten der Gefahr bringt großes Gelingen und Beharrlichkeit.

Das untere Zeichen, Dschen, ist Bewegung, das obere, Kan, Gefahr. Es handelt sich also um Bewegung inmitten der Gefahr. Dadurch kommt man aus der Gefahr heraus. Auf diese Weise werden die Worte des Textes »Erhabenes Gelingen, fördernd durch Beharrlichkeit« erklärt.

Die Bewegung des Donners und Regens erfüllt die Atmosphäre. Wenn während des Schaffens des Himmels Chaos und Finsternis herrschen, so gebührt es sich, Gehilfen einzusetzen, ohne sich selbst deshalb in Ruhe einwiegen zu lassen.

Auch hier ist die Erfüllung der Atmosphäre durch die Schwierigkeiten, bis ein Gewitter sich entlädt, gezeichnet. Indem jedoch als Bilder des Zeichens nicht die Reihenfolge: Wolken (Kan) oben und Donner (Dschen) unten gewählt ist, sondern statt dessen der Donner zuerst und die in Regen gelösten Wolken als Regen genannt werden, ist die schließliche Wirkung schon angedeutet.
Ähnlich wie bei einem Gewitter Donner und Wolkendunkel der Lösung vorangehen, so geht auch in menschlichen Verhältnissen den Zeiten der Ordnung eine Zeit des Chaos voran. In dieser Zeit bedarf der Herrscher, der mit der

Ordnung des Chaos betraut ist, der tüchtigen Gehilfen. Aber die Lage bleibt zunächst ernst und schwierig. Man darf sich nicht auf andere verlassen wollen. Dieser Satz wird nahegelegt durch die beiden Herren des Zeichens. Wenn die Neun am Anfang den tüchtigen Gehilfen bedeutet, den man in solchen gefährlichen Zeiten einsetzen muß, so bedeutet die Neun auf fünftem Platz, daß man noch Schwierigkeiten hat, so daß man sich nicht der Ruhe hingeben darf. Der Neunerstrich auf fünftem Platz muß wegen der Schwierigkeit der Verhältnisse noch immer auf Lösung warten. Er darf noch nicht ruhen.

Das Bild
Wolken und Donner: das Bild der Anfangsschwierigkeit.
So wirkt der Edle entwirrend und ordnend.

Während im Kommentar zur Entscheidung Donner und Regen genannt sind, um den durch die Bewegung hervorgerufenen Endzustand anzudeuten, sind hier Wolken und Donner genannt nach der Gestalt des Zeichens. Hier ist der Zustand vor dem Regen genannt, der die Gefahr symbolisiert. Zu ihrer Überwindung muß man trennen und vereinen, wie das bei der Entladung des Gewitters geschieht: erst Wolken oben und Donner unten, dann Donner oben und Regen unten.

Die einzelnen Linien

- **Anfangs eine Neun bedeutet:**
  a) Zögern und Hemmung.
     Fördernd ist es, beharrlich zu bleiben.
     Fördernd ist es, Gehilfen einzusetzen.
  b) Obwohl noch Zögern und Hemmung herrschen, geht die Arbeit doch auf Ausführung des Rechten. Wer als Vornehmer sich unter die Geringen erniedrigt, gewinnt völlig das Herz der Leute.

Der Strich ist der Herr des Zeichens. Er steht am Anfang. Damit ist angedeutet, daß noch die Anfangsschwierigkeiten ungelöst vorhanden sind. Da kann man nicht plötzlich etwas ausrichten. Das Chaos muß allmählich geschlichtet werden. Die Art und Stellung des Strichs zeigt den rechten Weg zu diesem Ziel. Er ist von Natur licht und fest, also vornehm. Und in dieser Eigenschaft stellt er sich unter die schwachen Yinstriche, die sich nicht selbst helfen können. Durch Dienen zu herrschen ist das Geheimnis des Erfolgs. So ist dieser Strich der tüchtige Gehilfe, der in Zeiten der Anfangsschwierigkeit zur Bewältigung von Hindernissen vonnöten ist.

Sechs auf zweitem Platz bedeutet:
a) Schwierigkeiten türmen sich.
    Pferd und Wagen trennen sich.
    Nicht Räuber er ist,
    will freien zur Frist.
    Das Mädchen ist keusch, verspricht sich nicht.
    Zehn Jahre, dann verspricht sie sich.
b) Die Schwierigkeit der Sechs auf zweitem Platz ist, daß sie über einem harten Strich steht. Daß sie nach zehn Jahren sich verspricht, bedeutet Rückkehr zur allgemeinen Regel.

Der Strich ist inmitten der Anfangsschwierigkeiten. Seine normale Beziehung hat er zu der Neun auf fünftem Platz, zu der er im Verhältnis des Entsprechens steht. Allein diese Beziehung wird störend beeinflußt von der Anfangsneun, die unten steht und durch ihre Bewerbungen (sie ist zudem der eine Herr des Zeichens) Zweifel und Unsicherheit veranlaßt. Aber da die Sache auf zweitem Platz zentral und recht ist, werden diese Versuchungen überwunden, und wenn die Periode der Schwierigkeit zu Ende ist – zehn Jahre sind eine volle Periode –, tritt die allgemeine Regel wieder in Kraft, und die Verbindung mit der Neun auf fünftem Platz tritt ein.

Sechs auf drittem Platz bedeutet:
a) Wer den Hirsch jagt ohne Förster,
    der verirrt sich nur im Wald.
    Der Edle versteht die Zeichen der Zeit
    und steht lieber ab.
    Weitermachen bringt Beschämung.
b) »Er jagt den Hirsch ohne Förster«, d. h., er begehrt das Wild.
    »Der Edle versteht die Zeichen der Zeit und steht lieber ab. Weitermachen bringt Beschämung.«
    Es führt zu Mißerfolg.

Der Strich ist von Charakter schwach auf starkem Platz, dazu auf der Spitze des Zeichens der Bewegung, daraus ergibt sich die Gefahr, daß seine Bewegung unbeherrscht und durch Begehren getrübt ist. Eine solche Bewegung muß zu Mißerfolg führen.

Vom Standpunkt der Kernzeichen aus gehört der Strich einerseits dem unteren Kernzeichen Kun an. Als solcher hat er den Herrn und Leiter verlassen und nur die Bewegung beibehalten. Hier gilt das Wort des Zeichens Kun: »Geht man voran, verirrt man sich.« Der Wald wird nahegelegt durch das obere Kernzeichen Gen, das Berg bedeutet und in dessen Gebiet man hier eintritt. Da die Sechs auf drittem Platz oben keinen entsprechenden Strich auf dem sechsten Platz hat, so hat sie Mißerfolg und findet das gesuchte Wild nicht.

Sechs auf viertem Platz bedeutet:
a) Pferd und Wagen trennen sich.
Suche nach Vereinigung.
Hingehen bringt Heil.
Alles wirkt fördernd.
b) Wenn man gebeten wird und darauf erst hingeht, das ist Klarheit.

Der Strich steht in der Beziehung der Entsprechung zur Anfangsneun. Dadurch ist der Gedanke gegeben, daß man wartet, bis man umworben wird. Das Werben ist durch die Anfangsneun, die sich unter die Sechs auf viertem Platz stellt, ausgedrückt. Diese Anfangsneun ist der aktive Herr des Zeichens, die Sechs auf viertem Platz bedeutet demgegenüber einen tüchtigen Mann, der weise genug ist, sich nicht anzubieten mit seinen Diensten, sondern zu warten, bis er gebeten wird.

• Neun auf fünftem Platz bedeutet:
a) Schwierigkeiten im Segnen.
Kleine Beharrlichkeit bringt Heil,
große Beharrlichkeit bringt Unheil.
b) »Schwierigkeiten im Segnen«;
denn die Wohltat wird noch nicht erkannt.

Der Strich ist zwar der eine Herr des Zeichens, und da er zentral und recht ist, so wäre er an sich imstande, segensvoll zu wirken. Allein diese Wirkung ist mehrfach beeinträchtigt. Einmal ist er inmitten des Zeichens der Talschlucht, auf beiden Seiten abgeschlossen durch steile Wände, so daß seine Wirkungen wie bei einem Fluß zwischen Steilufern nicht der Umgebung zuteil werden können. Andererseits ist die Sechs auf zweitem Platz, obwohl an sich in Beziehung des Entsprechens, doch zu schwach, während die Anfangsneun, der andere Herr des Zeichens, nicht in direkter Beziehung ist, also vom Einzelstandpunkt der Neun auf fünftem Platz aus eher als Rivale in Betracht kommt. Der Strich steht zudem auf der Spitze des oberen Kernzeichens Gen, das Stillehalten zur Eigenschaft hat und dadurch auch einer Wirkung hinderlich wird.

Oben eine Sechs bedeutet:
a)   Pferd und Wagen trennen sich.
       Blutige Tränen ergießen sich.
b)   »Blutige Tränen ergießen sich.«
       Wie dürfte man dabei lange verweilen!

Der Strich hat ebenso wie die Striche zwei und vier das Symbol des Wagens, der anhält und ausgespannt wird. Aber während Sechs auf zweitem Platz in doppelter Beziehung, nämlich zur Anfangsneun und zur Neun auf fünftem Platz, steht und daher sich nur vor falscher Verbindung zu hüten hat und Sechs auf viertem Platz in Entsprechung zur Anfangsneun steht, in der sie die gebührende Verbindung findet, ist die obere Sechs ganz vereinsamt, da kein entsprechender Strich auf drittem Platz ist. Auf der Höhe des Zeichens Kan, dessen Symbol ein fehlerhafter Wagen ist, spannt er notgedrungen aus. Es kommt aber niemand zur Rettung, daher treten die andern Symbole des Zeichens Kan, Wasser (Tränen) und Blut, in Erscheinung. Doch ist die Situation der Verzweiflung keine dauernde. Der Strich schlägt ja, weil er eine Sechs ist, in sein Gegenteil um, und aus dem Zeichen der Gefahr und der Schlucht wird das Zeichen Sun, das Wind bedeutet und daher die Stockung überwindet. Man muß also in dieser Lage rasch eine Änderung herbeiführen.

Anmerkung:
    Das Zeichen als Ganzes hat den Charakter der Anfangsschwierigkeit. Die einzelnen Striche stellen Einzelsituationen in der Zeit dieser Anfangsschwierigkeit dar. Dabei kommt bei der Stellung der einzelnen Striche zueinander nur ihre objektive Stellung, nicht ihr subjektiver Charakter und nicht ihre Stellung innerhalb des ganzen Zeichens in Betracht. Im ganzen Zeichen z. B. sind die Neun auf fünftem Platz und die Anfangsneun die Her-

ren, die Neun auf fünftem Platz ist der Oberherr, der die Anfangsneun als Vasallen einsetzt. Isoliert betrachtet dagegen kommt für die Neun auf fünftem Platz die Anfangsneun nicht als Gehilfe in Betracht, sondern vermöge ihrer objektiven Stellung, die auf die der Neun auf fünftem Platz entsprechende Sechs auf zweitem Platz ablenkend wirkt, nur als Rivale. Diese Regel der Betrachtung der Einzelstriche ist durchweg zu beachten.

Ein weiterer Gedanke, der für das ganze Buch der Wandlungen gilt, ist, daß durch die einzelnen Zeichen Zeiten gezeichnet sind. Aber die Anwendung hängt von den Menschen ab. Es ist hier z. B. die Zeit der Anfangsschwierigkeit gezeichnet. Die Anwendung wird verschieden sein, je nachdem ein Herrscher oder ein Beamter oder ein Privatmann sich in dieser Zeit befindet. Doch sind natürlich die grundsätzlichen Richtlinien dieselben. Sie müssen nur jeweils auf die Einzelfälle angepaßt werden.

Eine Übersicht über die einzelnen Striche ergibt ein doppeltes Verhalten zur Zeit der Anfangsschwierigkeit. Bei den einen ist es die eigene Aktivität, bei den andern sind es äußere Ereignisse, die die Anfangsschwierigkeit überwinden müssen, und wo diese Mittel zur Überwindung versagen, da geht es fehl.

Die starken Plätze 1, 3, 5 repräsentieren die Behinderung durch eigene Aktivität. Die Anfangsneun und Neun auf fünftem Platz sind stark, daher wird der entsprechende Rat gegeben: Die Anfangsneun braucht Geduld, Beständigkeit und Gehilfen, die Neun auf fünftem Platz muß allmählich und stufenweise wirken lernen, dagegen der Sechs auf drittem Platz mangelt die Direktive, weshalb ihr kein Erfolg beschieden ist.

Die schwachen Plätze 2, 4, 6 sind auf Hilfe von außen angewiesen: »Wenn nur was käme und mich mitnähme!« Die Sechs auf zweitem Platz und Sechs auf viertem Platz finden früher oder später diese Hilfe wie ein Mädchen, das einen Freier findet, der sie erlöst. Dagegen ist die obere Sechs zu weit außerhalb und bleibt vereinsamt, so daß die Anfangsschwierigkeit nicht überwunden wird. In diesem Fall gilt es, vollständig abzubrechen und eine neue Situation zu beginnen.

4. Mong – Die Jugendtorheit

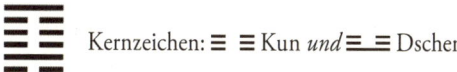

Kernzeichen: ☷ ☷ Kun *und* ☵ ☳ Dschen

Die Neun auf zweitem Platz und die Sechs auf fünftem Platz sind die Herren des Zeichens. Die Neun auf zweitem Platz hat einen festen und zentralen Charakter, und die Sechs auf fünftem Platz entspricht ihr. Die Neun auf zweitem Platz ist in niedriger Stellung: Sie ist der Lehrer, der die Fähigkeit hat, andere zu belehren. Die Sechs auf fünftem Platz ist in hoher Stellung, vermag den Lehrer zu ehren und so durch ihn die Menschen zu belehren.

Die Reihenfolge
Nachdem unter Anfangsschwierigkeiten die Dinge erst geboren sind, sind sie bei ihrer Geburt stets in Dumpfheit gehüllt. Darum folgt darauf das Zeichen: die Jugendtorheit. Denn Jugendtorheit bedeutet jugendliche Dumpfheit. Das ist der Jugendzustand der Dinge.

Vermischte Zeichen
Jugendtorheit bedeutet Durcheinander und daraufolgende Erleuchtung.

In der Anfangszeit sind die verschiedenen Anlagen und Eigenschaften noch unentwickelt durcheinander. Durch Erziehung wird alles geschieden, und Klarheit tritt an die Stelle der Dumpfheit. Die Dumpfheit wird symbolisiert durch das Abgründige des inneren, die Klarheit durch den Berg des äußeren Halbzeichens.

Das Urteil
Jugendtorheit hat Gelingen.
Nicht ich suche den jungen Toren,
der junge Tor sucht mich.
Beim ersten Orakel gebe ich Auskunft.
Fragt er zwei-, dreimal, so ist das Belästigung.

Wenn er belästigt, so gebe ich keine Auskunft.
Fördernd ist Beharrlichkeit.

Kommentar zur Entscheidung
Die Jugendtorheit zeigt unterhalb eines Berges eine Gefahr. Gefahr und Stillstand: Das ist Torheit.

Das Bild des Zeichens, ein Berg mit einem wasserhaltigen Abgrund davor, ebenso wie die Eigenschaften, eine Gefahr, vor der man stillsteht, führen auf den Gedanken der Torheit.

»Die Torheit hat Gelingen.«
Einer, dem es gelingt, trifft bei seinem Handeln die rechte Zeit.
»Nicht ich suche den jungen Toren, der junge Tor sucht mich.«
Die beiderseitige Stellung ist entsprechend.
»Beim ersten Orakel antworte ich«,
weil die Stellung fest und zentral ist.
»Wenn einer zwei-, dreimal fragt, so ist das Belästigung.
Wenn er belästigt, so gebe ich keine Antwort.«
Belästigung ist Torheit.
In einem Toren das Rechte zu stärken, das ist eine heilige Arbeit.

Der Herr des ganzen Zeichens ist der starke zweite Strich. Er ist in der Mitte des unteren Trigramms, also an zentraler Stelle. Da er stark ist und zentral, hat er Erfolg, indem er zur rechten zentralen Zeit handelt. Er bedeutet einen Weisen an niederer Stelle, der die Fähigkeiten hat, einen jugendlich unerfahrenen Herrscher in der rechten Weise zu beraten. Der jugendliche Herrscher wird repräsentiert durch den schwachen fünften Strich, der mit dem starken zweiten Strich in Beziehung gegenseitiger Entsprechung steht. Da nun der fünfte Strich, der an hoher Stelle sich befindet, schwach ist, während der zweite, an niedriger Stelle stehende Strich seiner Natur nach stark ist, so ist damit ausgedrückt, daß nicht der starke Erzieher den jungen Toren aufsucht, sondern der junge Tor sich dem Erzieher bittend naht. Das ist das korrekte Verhältnis bei der Erziehung. Weil der zweite Strich stark und zentral ist, darum kann er auf die Fragen des fünften Auskunft geben, wobei er ein festes Maß beobachtet. Wird das durch lästiges Fragen gestört, so wird der Erzieher dem Zögling gegenüber auch unangenehm, indem er die Antwort versagt.

Durch den letzten Satz »In einem Toren das Rechte zu stärken, das ist eine heilige Arbeit« wird der Satz des Textes »Fördernd ist Beharrlichkeit« ausgeführt. Außer dem zweiten Strich ist auch der obere starke Strich damit beschäftigt, die Jugendtorheit auszutreiben, während die übrigen vier Striche jugendliche Toren verschiedener Art repräsentieren. Während der zweite Strich in zentraler Stellung die Milde repräsentiert, vertritt der obere die Strenge.

Das Bild
Unten am Berg kommt ein Quell hervor:
das Bild der Jugend.
So nährt der Edle durch gründliches Handeln
seinen Charakter.

Der Quell unten am Berg ist noch klein und jugendlich. Die richtige Handlung entnimmt der Edle den geteilten Bildern. Er ist in seinem Wesen gründlich und klar wie ein Bergquell, und dadurch bekommt er die Ruhe in der Gefahr, die einen Berg in seiner großen Ruhe am Rand des Abgrunds nachahmt.

Die einzelnen Linien

Anfangs eine Sechs bedeutet:
a) Um den Toren zu entwickeln,
ist es fördernd, den Menschen in Zucht zu nehmen.
Man soll die Fesseln abnehmen.
So weitermachen bringt Beschämung.

b) »Fördernd ist es, den Menschen in Zucht zu nehmen«:
nämlich um dem Gesetz Nachdruck zu verleihen.

Der weiche Strich an unterer Stelle ist ein jugendlicher Tor, der noch keine feste Richtung hat. Er muß in Zucht genommen werden von dem über ihm stehenden festen Strich auf zweitem Platz, damit sich bei ihm feste Grundsätze und Gewohnheiten bilden.

I Ging

- **Neun auf zweitem Platz bedeutet:**
  a) Die Toren ertragen in Milde, bringt Heil.
     Die Frauen zu nehmen wissen, bringt Heil.
     Der Sohn ist dem Hauswesen gewachsen.
  b) »Der Sohn ist dem Hauswesen gewachsen«, denn fest und weich
     stehen in Verbindung.

Die weiche Fünf steht zu der festen Zwei in Beziehung der Ergänzung. Darum läßt der Herr des Hauses, der nachgiebig ist, den Sohn, der fest ist, machen. Dasselbe gilt vom staatlichen Leben, bei dem Verhältnis von Fürst und Beamten. Dieser Strich ist der Herr des ganzen Zeichens.

Sechs auf drittem Platz bedeutet:
a) Nicht sollst du ein Mädchen nehmen,
   das einen ehernen Mann sieht
   und sich nicht im Besitz behält.
   Nichts ist fördernd.
b) Man soll das Mädchen nicht nehmen, denn ihr Wandel folgt nicht
   der Ordnung.

Der Strich ist weich und steht auf starkem Platz, zudem an der Stelle des Übergangs vom unteren zum oberen Zeichen. Darum ist er der Versuchung, sich selbst zu verlieren, nicht gewachsen, und sein Wandel kommt darum aus dem Gleise. Darum ist eine intime Verbindung nicht günstig. Der Textkorrekturvorschlag von Dschu Hi, der statt »ordnungsgemäß« »vorsichtig« lesen will, ist überflüssig.

Sechs auf viertem Platz bedeutet:
a) Beschränkte Jugendtorheit bringt Beschämung.
b) Die Beschämung der beschränkten Jugendtorheit kommt daher,
   daß sie allein vom Wirklichen am entferntesten ist.

Ein weicher Strich auf schwachem Platz ohne Beziehung zu einem festen, rings umgeben von andern schwachen Strichen ist durch diese Umstände von jeder Beziehung zu einem wirklichen, das heißt festen Strich ausgeschlossen, darum ist er in seiner Jugendtorheit unverbesserlich beschränkt.

- **Sechs auf fünftem Platz bedeutet:**
  a) Kindliche Torheit bringt Heil.
  b) Das Heil des kindlichen Toren kommt davon, daß er hingebend und sanft ist.

Der fünfte Platz ist der Platz des Herrschers, aber da der Strich weich ist und zu dem festen Strich auf zweitem Platz in Beziehung steht, ist der Gedanke der Hingebung, d. h. der Höflichkeit in seinen Worten, und der Sanftheit, d. h. der Bereitwilligkeit zu hören, ausgedrückt. Der Strich steht an der Spitze des oberen Kernzeichens Kun, dessen Wesen die Hingebung ist.

Oben eine Neun bedeutet:
a) Beim Bestrafen der Torheit ist es nicht fördernd,
    Übergriffe zu begehen.
    Fördernd ist nur, Übergriffe abzuwehren.
b) »Fördernd ist es, Übergriffe abzuwehren«,
    denn damit folgen Obere und Untere der Ordnung.

Der starke Strich ist in Beziehung zu der schwachen Drei, die von der Ordnung abgewichen ist und sich ohne Rücksicht auf das Gegebene vorwärtsdrängt. Sie wird von dem oberen Strich energisch in ihren Bereich zurückgewiesen, so daß sie der Ordnung folgt. Aber da der Obere auch nicht zu weit geht, sondern rein defensiv bleibt, weicht er von der Ordnung nicht ab.

5. Sü – Das Warten
(die Ernährung)

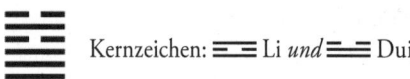

Kernzeichen: ☲ Li *und* ☱ Dui

Herr des Zeichens ist die Neun auf fünftem Platz. Alle Geschäfte bedürfen des geduldigen Wartens, und der Weg des Herrschers beruht ganz besonders darauf, daß durch dauernde Einwirkung die Pläne zustande kommen. Die Bemerkung im Kommentar zur Entscheidung »Nimmt den Platz des Himmels ein und ist in seinem Benehmen korrekt und zentral« bezieht sich auf die Neun auf fünftem Platz.

Die Reihenfolge
Wenn die Dinge noch klein sind, darf man sie nicht ohne Ernährung lassen. Darum folgt darauf das Zeichen: Sü. Sü bedeutet den Weg zu Essen und Trinken.

Die Beziehung der beiden Bedeutungen des Zeichens »Ernährung« und »Warten« liegt darin, daß man auf das Essen warten muß. Es liegt nicht in der Macht des Menschen, sondern ist vom Himmel und Regen abhängig.

Vermischte Zeichen
Vermischte Zeichen Warten bedeutet »nicht fortschreiten«.

Das Urteil
Das Warten.
Wenn du wahrhaftig bist, so hast du Licht und Gelingen.
Beharrlichkeit bringt Heil.
Fördernd ist es, das große Wasser zu durchqueren.

Kommentar zur Entscheidung

Warten heißt sich zurückhalten. Gefahr ist vorn. Da man fest und stark ist, fällt man nicht hinein. Der Sinn ist, daß man nicht in Verlegenheit und Ratlosigkeit kommt.

Das untere Zeichen Kiën hat als Eigenschaft die Kraft. Das vordere Zeichen ist Kan, der Abgrund, die Gefahr. Aber da man infolge der eigenen Stärke sich nicht übereilt, kommt man nicht in Verlegenheit.

> Wenn du wahrhaftig bist, so hast du Licht und Gelingen. »Beharrlichkeit bringt Heil«, denn der beherrschende Strich nimmt den Platz des Himmels ein und ist in seinem Benehmen korrekt und zentral.
> »Günstig ist es, das große Wasser zu durchqueren.« Durch Fortschritt kommt das Werk zustande.

Der fünfte Strich, der Herr des Zeichens, hat Wahrhaftigkeit wie das Wasser, dessen Symbol er ist (Kan ist ein Wasserlauf zwischen zwei hohen Ufern). Dieser Strich stimmt in seiner Eigenart mit dem Sinn des Zeichens Kiën, das Schöpferische, der Himmel, überein. Er hat den seinem Platz, der ein ungerader, d. h. Yangplatz ist, entsprechenden Charakter als fester Strich, daher ist er korrekt. Außerdem ist er in der Mitte des oberen Zeichens, also zentral. Das sind lauter Verhältnisse des Herrn des Zeichens, die auf Erfolg hinweisen. Das Warten bedeutet aber nicht ein Aufgeben des Unternehmens. Aufgeschoben ist nicht aufgehoben. Darum kommt das Werk zustande.

Das Bild

> Wolken steigen am Himmel auf: das Bild des Wartens.
> So ißt und trinkt der Edle und ist heiter und guter Dinge.

Das Wasser oben am Himmel sind Wolken. Wenn sie erst aufgestiegen sind, wird es nicht mehr lange dauern, bis der Regen fällt. Während sonst häufig im zweiten Satz des Bildes durch Verteilung der Eigenschaften der beiden Halbzeichen die Mittel angegeben werden, wie die Situation überwunden werden kann, wird hier ausgeführt, wie man die Situation aufnimmt und sich ihr fügt. Indem der Regen am Himmel aufsteigt, bereitet sich sein Niederfallen vor, durch das alles Leben ernährt und erfrischt wird. Das befolgt der Edle und eignet sich dadurch zugleich die andere Bedeutung des Zeichens Sü, das außer Warten auch die Ernährung bedeutet, an. Ferner kommen in Betracht die beiden Kernzeichen: Li = Klarheit, Dui = Freude, Heiterkeit.

Die einzelnen Linien

Anfangs eine Neun bedeutet:
a) Warten auf dem Anger.
Fördernd ist es, im Dauernden zu bleiben.
Kein Makel.
b) »Warten auf dem Anger.«
Man sucht nicht voreiligerweise die Schwierigkeiten auf. »Fördernd ist es, im Dauernden zu bleiben. Kein Makel.« Man hat den allgemeinen Boden nicht verlassen.

Weil der unterste Strich fest ist, übereilt er nichts angesichts der Gefahr, die ja noch fern ist (daher das Bild des Angers), sondern vermag ganz ruhig und besonnen zu bleiben, wie wenn gar nichts Außerordentliches bevorstünde.

Neun auf zweitem Platz bedeutet:
a) Warten auf dem Sand.
Es gibt ein wenig Gerede.
Das Ende bringt Heil.
b) »Warten auf dem Sand.«
Man ist gelassen, denn der Strich ist zentral. Obwohl es daher ein wenig Gerede gibt, bringt das Ende Heil.

Der Strich ist dem oberen Zeichen der Gefahr schon näher als der erste, daher Warten im Sand. Aber er ist ausgeglichen; die Fähigkeit seiner Natur wird gemildert durch die Weichheit des Platzes, der zudem zentral ist. Daher bleibt er trotz kleineren Unfriedens gelassen (er steht zum Herrn des Zeichens nicht in der Beziehung des Entsprechens, sondern als gleichnamig in der Beziehung des Abstoßens), und so geht alles gut. Gerede kommt durch das Kernzeichen Dui.

Neun auf drittem Platz bedeutet:
a) Warten im Schlamm

bewirkt das Kommen des Feindes.
b) »Warten im Schlamm.« Das Unheil ist draußen. »Bewirkt das Kommen des Feindes.«

Ernst und Vorsicht lassen nicht zuschanden werden. Der starke Strich auf starkem Platz ist zu energisch. Er steht vor der Gefahr und drängt in sie hinein. Dadurch lockt er die Feinde an. Nur durch Vorsicht läßt sich dieser Schaden vermeiden.

Sechs auf viertem Platz bedeutet:
a) Warten im Blut.
Heraus aus dem Loch.
b) »Warten im Blut.«
Er ist hingebend und gehorcht.

Schwacher Strich auf schwachem Platz; daher macht er, obwohl er schon innerhalb der Gefahr und zudem zwischen zwei Starken eingeklemmt ist (Kan bedeutet Loch und Blut), die Sache nicht durch Vorwärtsdrängen schlimmer, sondern fügt sich, so daß das Unwetter vorübergeht.

• Neun auf fünftem Platz bedeutet:
a) Warten bei Wein und Speise.
Beharrlichkeit bringt Heil.
b) »Wein und Speise, Beharrlichkeit bringt Heil« infolge der zentralen und korrekten Art.

Der Strich ist der Herr des Zeichens. Als solcher befindet er sich im Zentrum des oberen Zeichens. Er hat den seinem starken Charakter entsprechenden starken Platz, d. h., er ist korrekt. Er befindet sich zudem an der Spitze des oberen Kernzeichens ☰ »Licht«, was ihm die Erleuchtung gibt. Das alles wirkt zusammen, um günstige Aspekte in Aussicht zu stellen.

Oben eine Sechs bedeutet:
a) Man gerät in das Loch.
Da kommen ungebetener Gäste drei.
Ehre sie, so kommt am Ende Heil.

b) »Ungebetene Gäste kommen. Ehrt man sie, so kommt am Ende Heil.«
Obwohl nicht am gebührenden Platz, ist wenigstens kein großer Fehler gemacht.

Ein weicher Strich auf der Höhe der Gefahr, ganz oben, ist eigentlich nicht am gebührenden Platz (Kan bedeutet ein Loch). Obwohl ein schwacher Strich auf schwachem Platz dem Anschein nach an seinem Platz ist, so kommt eine gewisse Unzuträglichkeit daher, daß er oben steht, während der ihm entsprechende starke dritte Strich unten ist. Durch diesen dritten Strich und die mit ihm zusammenhängenden unteren des Zeichens Kiën sind die drei ungebetenen Gäste bezeichnet, die herankommen. Da sie vermöge ihrer starken Natur nicht eifersüchtig sind, so geht alles gut, wenn der Yinstrich seiner weichen Natur folgt und ihnen ehrerbietig entgegentritt.

Anmerkung:
Das Warten zeigt die Situation, daß eine feste und starke Natur vor sich eine Gefahr hat. Da handelt es sich darum, an sich zu halten und die Zeit zu erwarten; man muß weich sein und ruhig bleiben. Wenn man die Zeitumstände nicht erwägt und hart, zornig und unruhig nach vorwärts drängt, so wird man sicher unterliegen. Die Anfangsneun ist von der Gefahr noch weit entfernt, darum kann man Fehler vermeiden, wenn man im Dauernden verharrt. Die Neun auf zweitem Platz nähert sich der Gefahr schon mehr, doch kann auch sie durch Weichheit und Wahrung der Mitte schließlich Heil erlangen. Die Neun auf drittem Platz wird schon von der Gefahr bedroht, darum heißt es: Ernst und Vorsicht lassen nicht zuschanden werden. Die Sechs auf viertem Platz wird schon von der Gefahr betroffen, aber durch Weichheit und Nichtstreiten kommt sie aus dem Loch wieder heraus. Die obere Sechs ist auf dem Gipfel der Gefahr, aber auch sie findet durch Ehrerbietung schließlich Heil. So sind also in einer Zeit des Wartens Beherrschtheit und Ehrerbietung das Mittel, dem Leid zu entgehen. Die Bedeutung der Zeit der Gefahr ist groß.

6. Sung – Der Streit

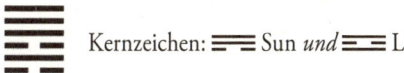
Kernzeichen: ☴ Sun *und* ☲ Li

Der Herr des Zeichens ist die Neun auf fünftem Platz. Alle andern Linien stellen Streitende dar, die Neun auf fünftem Platz ist der den Streit Anhörende. Darauf bezieht sich der Satz im Kommentar zur Entscheidung: »Fördernd ist es, den großen Mann zu sehen; dadurch wird seine zentrale und korrekte Stellung geehrt.«

Die Reihenfolge
Über Speise und Trank kommt es sicher zum Streit.
Darum folgt darauf das Zeichen: der Streit.

Vermischte Zeichen
Streit bedeutet: nicht lieben.

Das Urteil
Der Streit: Du bist wahrhaftig und wirst gehemmt.
Sorgliches Innehalten auf halbem Weg bringt Heil.
Zu Ende führen bringt Unheil.
Fördernd ist es, den großen Mann zu sehen.
Nicht fördernd ist es, das große Wasser zu durchqueren.

Kommentar zur Entscheidung
Der Streit: oben ist Stärke, unten Gefahr.
Gefahr und Stärke geben Streit.
»Der Streitende ist wahrhaftig und wird gehemmt.«
Das Feste kommt und erlangt die Mitte.
»Zu Ende führen bringt Unheil.«
Den Streit darf man nicht sich verfestigen lassen.
»Fördernd ist es, den großen Mann zu sehen«;
dadurch wird seine zentrale und korrekte Stellung geehrt.

»Nicht fördernd ist es, das große Wasser zu durchqueren«,
denn dadurch käme man in den Abgrund.

Aus den Eigenschaften der beiden Halbzeichen Kiën, Stärke, und Kan, Gefahr, wird der Name des Zeichens »Streit« abgeleitet; wenn Stärke oben und Hinterlist unten ist, so kommt es zum Streit zwischen den beiden so beschaffenen Gegnern. Ebenso aber wird jemand zum Streit mit andern geneigt sein, wenn er innerlich arglistig und äußerlich stark ist.
Der Streitende ist wahrhaftig und wird gehemmt. Dieser Streitende ist der zweite Strich. Er befindet sich im inneren Zeichen, darum heißt es: »Er kommt.« Indem er als Starker die Mitte einnimmt, deutet er auf Wahrhaftigkeit, denn er macht die Mitte »reell«; indem er zwischen den beiden Yinstrichen eingeschlossen ist, wird er gehemmt. Der große Mann ist der zentrale und korrekte Strich auf fünftem Platz. Der Richter, der zu entscheiden hat, weilt außerhalb der gefährlichen Situation. Nur indem er unparteiisch ist, kann er gerecht entscheiden. Der Abgrund, in den man durch Durchqueren des großen Wassers käme, wird angedeutet durch das Zeichen Kan, Gefahr. Das Durchqueren des großen Wassers wird angedeutet durch das Kernzeichen Sun, Holz, über dem unteren Halbzeichen Kan, Wasser.
Das Zeichen ist die Umkehr des vorigen: daher hier das Streiten, während dort die Geduld war. Aber obwohl das Zeichen als Zeitsinn den Streit hat, lehrt es doch auf Schritt und Tritt, den Streit zu vermeiden.

Das Bild
Himmel und Wasser gehen einander entgegengesetzt:
das Bild des Streites.
So überlegt der Edle bei allen Geschäften, die er tut, den Anfang.

Die Bewegung des oberen Zeichens, Himmel, geht nach oben, die des unteren Zeichens, Wasser, geht nach unten; so gehen sie immer weiter auseinander und bilden Streit. Um dem zu entgehen, ist bei allen Geschäften (angedeutet durch das Kernzeichen Sun, das Arbeit, Unternehmung bedeutet) Überlegung (Kan bedeutet besorgt sein, das Kernzeichen Li bedeutet Klarheit) des Anfangs (Kiën ist der Anfang aller Dinge) nötig.

Die einzelnen Linien

Anfangs eine Sechs bedeutet:
a) Wenn man die Sache nicht verewigt,
    so gibt es ein kleines Gerede.
    Am Ende kommt Heil.
b) »Die Sache nicht verewigen.«
    Den Streit darf man nicht verlängern.
    »Obwohl es ein kleines Gerede gibt«,
    wird die Sache endlich klar entschieden.

Die Sechs ist schwach und ganz unten. Obwohl sie daher mit der zunächststehenden Neun, die von außen her kommt, ein wenig Wortwechsel hat, kann sie nicht dauernd streiten, weil Platz und Art zu schwach dazu sind; doch hat das darüberstehende Kernzeichen Li Klarheit als Eigenschaft, weshalb sich doch schließlich alles gerecht entscheidet, was in einem Streitfall Glück bedeutet. Indem die Sechs sich wandelt, entsteht das Zeichen Dui, das Reden bedeutet.

Neun auf zweitem Platz bedeutet:
a) Man kann nicht streiten, kehrt heim und weicht aus.
    Die Menschen seiner Stadt, dreihundert Häuser,
    bleiben frei von Schuld.
b) »Man kann nicht streiten, kehrt heim und weicht aus.« So entkommt man.
    Von unten zu streiten mit einem Oberen bringt selbstverschuldetes Leid.

Man kann nicht streiten, obwohl bei dem harten Strich inmitten des Zeichens »das Abgründige« die Absicht, mit der Neun auf fünftem Platz zu streiten, an sich vorliegt. Der Strich – als Neun bewegt sich, d. h. verwandelt sich in einen Yinstrich; damit verbirgt er sich, und mit den andern beiden Yinstrichen bildet er die Stadt von dreihundert Familien, die ohne Verwicklung bleibt.

Sechs auf drittem Platz bedeutet:
a) Von alter Tugend sich nähren gibt Beharrlichkeit.
    Gefahr, am Ende kommt Heil.

> Folgst du etwa eines Königs Diensten,
> so suche nicht Werke.
>
> b) »Von alter Tugend sich nähren.« Dem Oberen folgen bringt Heil.

Der Strich ist schwach, nicht korrekt, weil auf starkem Platz. Oben und unten sind starke Striche, die ihn einschließen. Zudem ist er am Platz des Überganges, also innerlich unruhig. Das alles sind Gefahrmomente. Doch geht alles gut, wenn er sich mit dem von den Ahnen her ehrlich Erworbenen begnügt. Der Strich entspricht dem dritten Strich des »Mutterzeichens« Kun, dessen Orakel daher hier auch teilweise wiederholt ist.

Neun auf viertem Platz bedeutet:
> a) Man kann nicht streiten,
> kehrt um und fügt sich dem Geschick,
> ändert sich und findet Frieden in Beharrlichkeit.
> Heil!
>
> b) »Man kehrt um und fügt sich dem Geschick, ändert sich und findet Frieden in Beharrlichkeit.« Damit ist nichts verloren.

Der Strich ist nicht zentral und nicht korrekt, also hat er ursprünglich die Absicht zu streiten. Aber er kann nicht. Über ihm ist der starke Richter auf fünftem Platz, mit dem es nicht angeht zu streiten. Unter ihm ist die schwache Linie auf drittem Platz, und in Beziehung des Entsprechens zu ihm ist die schwache Linie auf dem Anfangsplatz, die beide keinen Anlaß zum Streiten geben. Durch seine Stellung auf weichem Platz ist für den Strich die Möglichkeit gegeben zur Bekehrung und zur Abkehrung vom Streit.

- **Neun auf fünftem Platz bedeutet:**
> a) Streiten vor ihm bringt erhabenes Heil.
> b) »Streiten vor ihm bringt erhabenes Heil«,
> weil er zentral und korrekt ist.

Hier ist der Herr des Zeichens, der auf geehrter Stelle, zentral, korrekt und stark ist. Das alles macht ihn geeignet für die Aufgabe, den Streit zu schlichten, so daß von ihm großes Heil ausgeht.

Das Buch der Wandlungen

Oben eine Neun bedeutet:
a) Wenn einem etwa auch ein Ledergürtel verliehen wird,
am Ende eines Morgens wird er ihm dreimal entrissen.
b) Durch Streit Auszeichnung zu erlangen ist dennoch nichts
Verehrenswertes.

Ein starker Strich auf der Höhe des Streits sucht durch Streit sich Auszeichnungen zu gewinnen. Allein das hält nicht vor.

Anmerkung:
> Die Neun auf fünftem Platz ist der Richter, die andern Striche sind die Streitenden. Aber nur die starken Striche streiten wirklich. Die schwachen Linien auf dem ersten und dritten Platz halten sich zurück. Die Striche auf zweitem und viertem Platz sind stark und daher von Natur zum Streiten aufgelegt. Aber mit dem Richter auf fünftem Platz können sie nicht streiten, und die schwachen Striche unter ihnen leisten keinen Widerstand. Darum ziehen auch sie sich aus dem Streit rechtzeitig zurück. Nur der obere starke Strich führt den Streit bis zu Ende, und da er zu der schwachen Linie auf drittem Platz in Beziehung des Entsprechens steht, behält er recht und erhält eine Auszeichnung. Doch ist der Strich dem oberen Strich des Zeichens Kiën, dem »hochmütigen Drachen«, analog. Er wird es zu bereuen haben. Was durch Gewalt gewonnen wird, wird durch Gewalt entrissen.

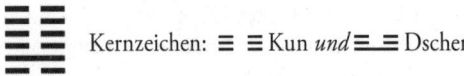

7. Schï – Das Heer

Kernzeichen: ☷ ☷ Kun *und* ☷ ☳ Dschen

Die Herren des Zeichens sind die Neun auf zweitem und die Sechs auf fünftem Platz. Die Neun auf zweitem Platz ist unten, sie ist der starke Mann. Die Sechs auf fünftem Platz ist oben, sie ist imstande, den starken Mann zu verwenden.

Die Reihenfolge
Wenn es Streit gibt, erheben sich sicher die Massen. Darum folgt darauf das Zeichen: das Heer. Heer bedeutet Masse.

Vermischte Zeichen
Das Heer bedeutet Trauer.

Das Urteil
Das Heer braucht Beharrlichkeit
und einen starken Mann.
Heil ohne Makel.

Kommentar zur Entscheidung
Das Heer bedeutet die Masse. Beharrlichkeit bedeutet Zucht.
Wer durch die Massen Zucht bewirken kann, der mag die Weltherrschaft erlangen.
Der Starke ist zentral und findet entsprechenden Rückhalt.
Man tut Gefährliches, aber findet Hingebung.
Wer auf diese Weise die Welt leitet, dem folgt das Volk.
Heil! Und was für ein Fehler könnte das sein?

Das Zeichen besteht aus einer Masse von lauter weichen Strichen, in deren Mitte auf zentralem, wenn auch untergeordnetem Platz als Feldherr, nicht als Herrscher, ein einziger Starker sich befindet, der die andern in Zucht hält. Daraus ergibt sich die Idee der Masse – die vielen weichen Linien – und des Heers: eine disziplinierte Menge. Der feste Strich auf zweitem Platz findet in dem weichen Strich auf fünftem Platz, dem Platz des Herrschers, einen entsprechenden Rückhalt.

Die Gefahr des Handelns ist durch das untere Zeichen Kan, die Hingebung durch das obere Zeichen Kun angedeutet.

Das Zeichen »leitet« ist im Text »du« = vergiften geschrieben, muß aber »dan« = leiten gelesen werden.

Das Bild
Inmitten der Erde ist Wasser: das Bild des Heeres.
So mehrt der Edle durch Weitherzigkeit gegen das Volk seine Massen.

Die Soldaten sind bei der im Altertum üblichen allgemeinen Wehrpflicht unter dem Volk vorhanden wie das Wasser unter der Erde. Durch Pflege des Volkes sorgt man daher für ein tüchtiges Heer.

Die Weite ist die Eigenschaft der Erde, die auch die Massen repräsentiert. Das Wasser bedeutet die Verwendung zu Diensten; dem Wasser fließt alles zu.

Die einzelnen Linien

Anfangs eine Sechs bedeutet:
a)   Ein Heer muß ausziehen nach der Ordnung.
       Ist die nicht gut, droht Unheil.
b)   »Ein Heer muß ausziehen nach der Ordnung.«
       Die Ordnung verlieren ist unheilvoll.

Bemerkung: Das Wort »Lü« für Ordnung bedeutet ursprünglich ein röhrenartiges Musikinstrument. Es würde wörtlich also heißen: »Das Heer rückt aus mit Hörnerschall. Wenn die Hörner nicht stimmen, ist das ein schlechtes Zeichen.« Die Linie ist ganz unten, daher der Anfang, das Ausrücken des Heeres, durch sie angedeutet wird. Das Wasserzeichen bedeutet die ordnungsgemäße Verwendung. Wandelt sich die Linie, so wird aus dem unteren das Zeichen Dui, die Heiterkeit, wodurch natürlich die Ordnung verlorengeht, da Heiterkeit nicht die Gemütsverfassung für einen beginnenden Krieg ist.

I Ging

- **Neun auf zweitem Platz bedeutet:**
  a) Inmitten des Heeres!
     Heil! Kein Makel!
     Der König verleiht dreifache Auszeichnung.
  b) »Inmitten des Heeres! Heil!«
     Er empfängt die Gnade vom Himmel.
     »Der König verleiht dreifache Auszeichnung.«
     Er hat das Wohl aller Lande im Herzen.

Der zweite Platz ist der Platz des Beamten und hier, weil es das Zeichen »Heer« ist, des Feldherrn. Die Gnade des Himmels kommt von der Sechs auf fünftem Platz, die auf dem Platz des Himmels im Verhältnis der Entsprechung zu diesem Strich steht. Die dreimalige Auszeichnung kommt von den drei gleichgearteten Strichen des oberen Zeichens Kun.

Sechs auf drittem Platz bedeutet:
a) Das Heer führt etwa im Wagen Leichen. Unheil!
b) »Das Heer führt etwa im Wagen Leichen.«
   Das ist gänzlich ohne Verdienst.

Das obere Kernzeichen ist Kun, dessen Bild der Wagen ist. Der Strich ist schwach, auf der Spitze der Gefahr, inmitten des Kernzeichens der Erregung; das alles sind Dinge, die es nahelegen, daß eine schwere Niederlage erlitten wird.

Sechs auf viertem Platz bedeutet:
a) Das Heer zieht sich zurück. Kein Makel.
b) »Das Heer zieht sich zurück. Kein Makel«,
   denn es weicht nicht ab von der gewöhnlichen Art.

Wörtlich bedeutet der Text: »Das Heer wendet sich nach links.« Rechts ist im Krieg soviel wie vorn, links soviel wie hinten. Der Strich ist äußerst schwach, weil von Natur schwach und noch dazu an schwacher Stelle. Doch er ist an dem ihm gebührenden Platz, daher Rückzug, ohne daß er zu tadeln wäre.

- **Sechs auf fünftem Platz bedeutet:**
  a) Im Feld ist ein Wild. Es ist fördernd, es zu fangen.
     Ohne Makel.
     Der Älteste führe das Heer.
     Der Jüngere fährt Leichen,
     da bringt Beharrlichkeit Unheil.
  b) »Der Älteste führe das Heer«,
     weil er zentral und korrekt ist.
     »Der Jüngere fährt Leichen.«
     So betraut man nicht den rechten Mann.

Das Zeichen Kan bedeutet Schwein, Feld ist Erde (Kun). Innerhalb des Zeichens Kun (Feld) ist Kan (Schwein, d. h. ein Wild). Da ist es fördernd, es zu fangen. Wenn man den genauen Wortlaut übersetzt, so heißt es: »Seine Fehler erklären« (diese Deutung ist aber weniger gut).* Der Älteste ist die starke Neun auf zweitem Platz, er soll das Heer führen. Wenn ein anderer das Heer führt, der nicht die Erfahrung hat – gemeint ist Sechs auf drittem Platz –, so kommt es dazu, daß Leichen geführt werden müssen, das heißt, daß eine Niederlage erlitten wird.

Oben eine Sechs bedeutet:
  a) Der große Fürst erläßt Befehle,
     gründet Staaten, belehnt Familien.
     Gemeine Menschen soll man nicht benützen.
  b) »Der große Fürst erläßt Befehle«,
     um das Verdienst gebührend zu belohnen.
     »Gemeine Menschen soll man nicht benützen«,
     denn sie verwirren sicher das Land.

Der oberste Platz zeigt das siegreiche Ende des Kriegs. Der große Fürst ist die Sechs auf fünftem Platz. Es wird hier, wie zuweilen bei der oberen Sechs, eine Ergänzung zu dem Strich auf fünftem Platz – gleichsam objektiv von außen be-

---

* Der Satz »Li dschu yen« wird am besten so übersetzt, daß das Wort »yen«, welches reden, erklären heißt, hier ebenso wie häufig im Buch der Lieder einfach als Ausrufezeichen dient; damit gewinnt man die Übersetzung »fördernd ist es, festzuhalten, zu fangen« (sc. das Wild).

trachtet – gegeben. Das Verdienst, das belohnt wird, ist Neun auf zweitem Platz; die gemeinen Menschen sind repräsentiert durch die Sechs auf drittem Platz.

8. Bi – Das Zusammenhalten

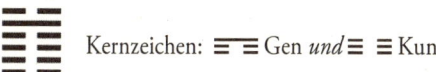 Kernzeichen: Gen *und* Kun

Der Herr des Zeichens ist die Neun auf fünftem Platz; denn das Zeichen ist so organisiert, daß nur ein Yangstrich darin ist, und zwar auf geehrtem Platz, mit dem die Yinstriche oben und unten alle zusammenhalten.

Die Reihenfolge
Unter den Massen gibt es sicher einen Grund, sich zusammenzutun. Darum folgt darauf das Zeichen: das Zusammenhalten. Zusammenhalten bedeutet sich zusammentun.

Vermischte Zeichen
Das Zusammenhalten ist etwas Fröhliches.

Das Urteil
Das Zusammenhalten bringt Heil.
Ergründe das Orakel nochmals,
ob du Erhabenheit, Dauer und Beharrlichkeit hast;
dann ist kein Makel da.
Die Unsicheren kommen allmählich herbei.
Wer zu spät kommt, hat Unheil.

Kommentar zur Entscheidung
»Das Zusammenhalten bringt Heil.« Zusammenhalten bedeutet gegenseitige Hilfe. Die Unteren sind hingebend und folgsam.

Das Zeichen ist die Umkehrung des vorigen. Während dort der Feldherr, Neun auf zweitem Platz, der Mittelpunkt ist, ist es hier der starke, zentrale und korrekte Fürst, die Neun auf fünftem Platz. Alle übrigen Striche sind weich, daher das Verhältnis gegenseitiger Ergänzung und Hilfe. Die weichen Striche sind die Untertanen, die gehorchen. So wird durch die Gestalt des Zeichens der Name erklärt.

»Ergründe das Orakel nochmals, ob du Erhabenheit, Dauer und Beharrlichkeit hast. Dann ist kein Makel da« infolge der Festigkeit und zentralen Stellung.

»Die Unsicheren kommen allmählich herbei«: Oben und Unten entsprechen einander.

»Wer zu spät kommt, hat Unheil.« Sein Weg ist aus.

Der Strich, auf den sich alles bezieht, ist der Fürst auf fünftem Platz. Ihm entsprechen die sämtlichen weichen Linien unterhalb. Das Zusammenhalten findet unter dieser Fünf gegenseitig statt. Dadurch erlangen sie Macht, und es ist eine fröhliche Sache. Der Zurückbleibende, der sich dem allgemeinen Zusammenhalten nicht anschließt, ist die obere Sechs, die ihre eigenen Wege gehen will, die aber in nichts enden.
Das Zeichen Bi, das Zusammenhalten, hat ebenso wie das Zeichen Tsui, die Sammlung, Nr. 45, unten das Zeichen Kun, nur daß hier Kan, Wasser, dort Dui, der See, oben ist. Beide Male ist die Bedeutung nicht sehr verschieden. Darum steht »Erhabenheit, Dauer, Beharrlichkeit« hier beim ganzen Zeichen, beim Zeichen Tsui dagegen bei der Neun auf fünftem Platz.
Beim Zeichen Mong, Jugendtorheit, wird das »erste Orakel« genannt und im Kommentar auf den festen, zentralen Strich hingewiesen. Dort ist Kan, das Weisheit, Dunkel, Orakel bedeutet, unten. Der feste Strich erscheint also zuerst. Hier heißt es: Ergründe das Orakel nochmals. Die Begründung im Kommentar ist wieder der Hinweis auf den festen, zentralen Strich. Aber hier ist Kan oben, der feste Strich erscheint also im zweiten, d. h. oberen Zeichen.

Das Bild
Auf der Erde ist Wasser: das Bild des Zusammenhaltens.
So haben die Könige der Vorzeit die einzelnen Staaten als
Lehen vergeben und mit den Lehnsfürsten freundlichen
Verkehr gepflegt.

Das Wasser auf der Erde hält mit ihr zusammen. Davon ist positiv die doppelte Lehre abgeleitet: Wie das Wasser die Erde durchdringt und befeuchtet, so sollen die Lehen von oben her verteilt werden, und wie das Wasser auf der Erde zusammenfließt, so soll die gesellschaftliche Organisation Zusammenhalt zeigen.

Die einzelnen Linien

Anfangs eine Sechs bedeutet:
a) Halte wahr und treu zu ihm: Das ist kein Makel.
   Wahrheit wie eine volle Tonschüssel:
   So kommt schließlich von außen her das Heil.
b) Die Anfangssechs des Zusammenhaltens trifft auf Heil von anderer Seite.

Die Linie ist ganz unten und schwach und in keiner direkten Beziehung zum Herrn des Zeichens. Aber da die Gesinnung des Zusammenhaltens wahr ist – sie ist ganz unten im Zeichen Kun, dessen Eigenschaft die Hingebung ist –, so wird sie erlangen, was sie erstrebt, und zwar unerwartet von außen her. Die Erde hat als Bild den Kessel, das Gerät zum Auffangen des Segens, der von oben kommt.

Sechs auf zweitem Platz bedeutet:
a) Halte zu ihm im Innern. Beharrlichkeit bringt Heil.
b) »Halte zu ihm im Innern.«
   Verliere dich nicht selbst.

Die weiche Linie des inneren Zeichens, die in der Beziehung des Entsprechens zum Herrn des Zeichens steht, legt den Gedanken des innerlichen Zusammenhaltens nahe. Aber eben weil dieses Zusammenhalten einer inneren Wahlverwandtschaft entspricht, also notwendig ist, bedarf es nicht unwürdiger äußerer Machenschaften.

Sechs auf drittem Platz bedeutet:
a) Du hältst zusammen mit Menschen,
   die nicht die rechten sind.
b) »Du hältst zusammen mit Menschen, die nicht die rechten sind.«
   Ist das nicht schädlich?

Die Linie ist schwach und an der Stelle des Übergangs, also unruhig, nicht zentral, nicht korrekt. Die Striche unter und über ihr sowie die obere Sechs, zu der eine Beziehung vorhanden ist, sind lauter dunkle Linien. Sie bedeuten hier schlechte Menschen.

Sechs auf viertem Platz bedeutet:
a) Auch äußerlich halte zu ihm. Beharrlichkeit bringt Heil.
b) Auch äußerlich halte zusammen mit Würdigen, um so dem Oberen zu folgen.

Der feste Strich auf fünftem Platz ist ein würdiger Herrscher, die weiche Linie auf viertem Platz repräsentiert den Minister. Ein Minister darf auch äußerlich zeigen, daß er seinem würdigen Herrn zugetan ist. Es ist hier anders als bei Sechs auf zweitem Platz, die einen Beamten noch ohne Anstellung bedeutet. Während ein solcher zurückhaltend sein muß, um sich nichts zu vergeben, kann der Minister seine Zuneigung ruhig zeigen, da er in einem festen amtlichen Verhältnis steht. Da die Linie von der Anfangssechs nicht angezogen wird, kann sie ungeteilt dem Oberen folgen.

- **Neun auf fünftem Platz bedeutet:**
  a) Offenbarung des Zusammenhaltens.
  Der König läßt bei der Jagd nur von drei Seiten treiben
  und verzichtet auf das Wild, das vorne abbiegt.
  Die Bürger bedürfen nicht der Warnung. Heil!
  b) Das Heil der »Offenbarung des Zusammenhaltens« beruht darauf, daß der Platz korrekt und zentral ist.
  Die Widerstrebenden fahren lassen, die Hingebenden annehmen:
  Das ist der Sinn von »er verzichtet auf das Wild, das vorne abbiegt«.
  »Die Bürger bedürfen nicht der Warnung«, denn der Obere macht sie zentral.

Hier ist das Bild des Herrschers, um den sich die Seinen aus innerer Natur sammeln. Er macht nur offenbar, was in jedem einzelnen vorhanden ist. Die Zwanglosigkeit des Zusammenhaltens ist unter dem Bild einer kaiserlichen Jagd und ihrer Bräuche gegeben. Das Wild, das angenommen wird, sind die unteren Linien, die sich freiwillig darbieten. Das Wild, das nicht berücksichtigt wird, weil es widerstrebt, ist die obere Sechs. Das Bild des Jagens ist hier wie im vorigen Zeichen gebraucht. Allein dort wird das Wild gejagt, hier wird es entlassen. Das untere Kernzeichen ist dort Dschen, dessen Bewegung nach oben geht. Hier ist das obere Kernzeichen Gen, das Stillehalten. Daher geht von Neun auf fünftem Platz die Bewegung nur nach unten, nicht nach oben.

Oben eine Sechs bedeutet:
a) Er findet zum Zusammenhalten kein Haupt. Unheil.
b) »Er findet zum Zusammenhalten kein Haupt.« Darum findet er auch nicht das rechte Ende.

Dieser Strich stellt sich oberhalb des herrschenden Yangstrichs. Während die unteren weichen Linien in diesem Yangstrich ihr Haupt finden, hat die obere Yinlinie kein Haupt, dem sie folgen könnte, und muß sich daher verirren, zumal da sie sich auf dem Gipfel des Zeichens »Gefahr« befindet.

Der Ausdruck »kein Haupt« kommt auch beim Zeichen »das Schöpferische« vor. Dort ist es eine günstige Bezeichnung, weil es sich um lauter feste Striche handelt und es so ein Zeichen von Demut ist. Hier ist der Ausdruck ungünstig, weil es sich um eine weiche Linie handelt. Das Weiche ohne Haupt ist vom Übel, denn es ist haltlos.

小畜

9. Siau Tschu – Des Kleinen Zähmungskraft

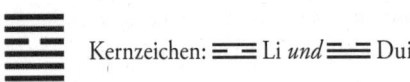

Kernzeichen: ☲ Li *und* ☱ Dui

Die Sechs auf viertem Platz ist der konstituierende Herr des Zeichens, und die Neun auf fünftem Platz ist der beherrschende Herr des Zeichens. Die Sechs auf viertem Platz bezähmt als einzelne Yinlinie die Yangstriche; darauf bezieht sich der Satz des Kommentars zur Entscheidung: »Das Weiche erhält den Platz, und Obere und Untere entsprechen ihm.« Die Neun auf fünftem Platz stimmt in der Gesinnung mit ihm überein, um seine Zähmung zu vollenden; darum heißt es im Kommentar zur Entscheidung: »Das Feste ist zentral, und sein Wille geschieht.«

Die Reihenfolge
Durch Zusammenhalten kommt es sicher zur Zähmung. Darum folgt darauf: des Kleinen Zähmungskraft.

Vermischte Zeichen
Des Kleinen Zähmungskraft ist gering.

Das ist mit Rücksicht darauf gesagt, daß das Kleine hier auf dem Platz des Beamten ist; vgl. das Zeichen Da Yu, der Besitz von Großem, Nr. 14, wo das »Kleine«, Weiche auf dem Platz des Herrschers ist.

Das Urteil
Des Kleinen Zähmungskraft hat Gelingen.
Dichte Wolken, kein Regen von unserm westlichen Gebiet.

Kommentar zur Entscheidung
Des Kleinen Zähmungskraft: das Weiche erhält den entscheidenden

Platz, und Obere und Untere entsprechen ihm: das heißt des Kleinen
Zähmungskraft. Stark und sanft: das Starke ist zentral, und sein Wille
geschieht, darum »Gelingen«.
»Dichte Wolken, kein Regen«: die Bewegung geht noch weiter. »Von
unserm westlichen Gebiet«: die Wirkung ist noch nicht eingetreten.

Der kleine weiche Strich auf dem Platz des Ministers hat den entscheidenden
Platz. Die festen Striche oben und unten entsprechen ihm alle: Das ist die Gestalt des Zeichens, aus der sich der Name erklärt.
Das Gelingen hängt von dem Charakter der beiden Halbzeichen, innerer Stärke
bei äußerer Sanftheit, ab. Das ist der Weg, etwas zu erreichen. Zudem ist der
Herrscher zentral, und sein Wille geschieht. Das obere Zeichen »Wind« ist zwar
stark genug, um die vom Zeichen Kiën aufsteigenden Dünste zu konzentrieren,
so daß Wolken entstehen, aber seine Kraft reicht nicht aus, daß Regen entsteht.
Das westliche Gebiet wird angedeutet durch die ursprüngliche Stellung von Sun,
die im Westen war (in der Stellung der Zeichen des »früheren Himmels«. Im
»späteren Himmel« hat Dui, der See, die Stellung im Westen). Wenn der See,
»Dui«, über dem Schöpferischen steht, so entsteht das Zeichen: der Durchbruch.
Da ist das Wasser bereits niedergeschlagen und wird mit Leichtigkeit herunterkommen. Hier ist Dui nur als Kernzeichen über Kiën, noch nicht getrennt.
In China kommen die Regenwolken stets von Osten, vom Meer her, nicht von
Westen.

Das Bild
Der Wind fährt über den Himmel hin:
das Bild der Zähmungskraft des Kleinen.
So verfeinert der Edle die äußere Form seines Wesens.

Der Wind dringt überall ein, das bedeutet die Verfeinerung. Das untere Zeichen
ist der Himmel, das bedeutet das Wesen des Charakters. Das obere Kernzeichen
ist Li, das bedeutet die Form. Diese Verfeinerung der äußeren Form ist gegenüber der Durchführung der Grundsätze das Kleine.

Die einzelnen Linien

Anfangs eine Neun bedeutet:
a) Wiederkehr auf den Weg. Wie wäre das ein Makel! Heil!
b) »Wiederkehr auf den Weg.«
   Das ist etwas, das von heilvoller Bedeutung ist.

Der starke Yangstrich, der zu dem aufsteigenden Zeichen Kiën gehört, strebt von Natur nach oben, wird aber von der weichen Linie auf viertem Platz aufgehalten. Da er zu ihr im Verhältnis des Entsprechens steht, zieht er sich ohne Widerspruch wieder zurück, so daß jeder Kampf vermieden wird. Darauf beruht das Heil.

Neun auf zweitem Platz bedeutet:
a) Läßt sich mitziehen zur Wiederkehr. Heil!
b) Das Mitgezogenwerden zur Wiederkehr beruht auf der zentralen Stellung. Er verliert sich auch nicht.

Die Linie ist höher als die erste und strebt von Natur ebenfalls nach oben. Aber sie schließt sich der ersten auf dem Weg des kampflosen Rückzugs an infolge ihrer zentralen und maßvollen Stellung im unteren Zeichen Kiën. Damit nimmt sie eine Haltung ein, in der sie sich nicht verliert bzw. wegwirft, was der Fall wäre, wenn sie trotz der Hemmung durch die vierte Linie sich anbieten wollte.

Neun auf drittem Platz bedeutet:
a) Dem Wagen springen die Speichen ab.
   Mann und Frau verdrehen die Augen.
b) Wenn »Mann und Frau die Augen verdrehen«, so ist das ein Zeichen, daß sie ihr Haus nicht in Ordnung halten können.

»Dem Wagen springen die Speichen ab«, das wird nahegelegt dadurch, daß Kiën rund, das Bild des Rades, ist; das untere Kernzeichen bedeutet zerbrechen. Das Verdrehen der Augen wird dadurch nahegelegt, daß das obere Kernzeichen Li die Augen bedeutet. Sun bedeutet: viel Weißes im Auge, d. h. verdrehte Augen. Der Strich hat denselben Trieb nach oben wie die vorigen beiden, aber während jene auf den Kampf verzichten und sich freiwillig zurückziehen, sucht dieser

Strich – zu stark, weil stark auf starkem Platz, unruhig, weil auf dem Platz des Überganges – gewaltsam vorzudringen. Die weiche vierte Linie repräsentiert die Frau, die dem dritten Strich, dem Mann, die Speichen seiner Räder zerbrechen läßt. Der Mann blickt sie in seinem Zorn grimmig an und erhält von ihr entsprechende Blicke. Indem so der dritte Strich seine Familie, die beiden unteren, verlassen hat, zeigt er, daß er seine Familie nicht in Ordnung halten kann.

- **Sechs auf viertem Platz bedeutet:**
    a) Bist du wahrhaftig, so schwindet Blut und weicht Angst.
        Kein Makel.
    b) »Bist du wahrhaftig, so weicht Angst«;
        denn der Obere stimmt in der Gesinnung überein.

Die Linie ist inmitten der Starken innerlich leer, d. h. wahrhaftig (vgl. das Zeichen: Innere Wahrheit, Nr. 61). Das Kernzeichen Li, dessen Mittellinie die Sechs auf viertem Platz ist, ist der Gegensatz zu Kan, das Blut und Angst bedeutet, daher die Abwesenheit von Blut und Angst. Der vierte Platz ist der Platz des Ministers. Er hat die schwere Aufgabe, mit schwachen Kräften die nach oben strebenden unteren Striche zu zähmen. Das ist notwendig mit Gefahr und Angst verbunden. Aber da er wahrhaftig ist (weich auf weichem Platz, innerlich leer), hält der Fürst, Neun auf fünftem Platz, zu ihm und gibt ihm den nötigen Rückhalt.

- **Neun auf fünftem Platz bedeutet:**
    a) Bist du wahrhaftig und treu verbunden,
        so bist du reich in deinem Nächsten.
    b) »Bist du wahrhaftig und treu verbunden«,
        so wirst du nicht allein sein in deinem Reichtum.

Der fünfte Strich ist auf dem Ehrenplatz inmitten des Reichtumszeichens Sun. Sun bedeutet auch Band, darum ist er verbunden mit der Sechs auf viertem Platz, die sein Nachbar ist. Indem die beiden einander ergänzen und ihren Reichtum teilen, sind sie wirklich reich.

Oben eine Neun bedeutet:
a) Es kommt zum Regen, es kommt zur Ruhe.

Das ist der dauernden Wirkung des Charakters zu verdanken.
Die Frau kommt durch Beharrlichkeit in Gefahr.
Der Mond ist fast voll. Macht der Edle fort,
so kommt Unheil.

b) »Es kommt zum Regen, es kommt zur Ruhe.«
Das ist »die dauernd häufende Wirkung des Charakters«.
»Macht der Edle fort, so kommt Unheil«; denn es könnte Verwechslungen geben.

Indem der Strich sich bewegt, was er ja tut, da er eine Neun ist, so wird aus dem Zeichen Sun, Wind, das Zeichen Kan, das Regen und Mond bedeutet. Der Strich steht an der Spitze des hingebenden, sanften Zeichens Sun, das die Kraft des Schöpferischen allmählich angehäuft hat, bis die ersehnte Wirkung eintrat. Wenn diese Wirkung des Sanften eingetreten ist, so muß man sich begnügen. Wollte es gewaltsam auf seinen Erfolg pochen, so brächte das Gefahr. Ein Weitermachen würde zu Verwechslungen führen, da es sich nicht mehr um Zähmung, sondern um Unterdrückung handeln würde, was das starke Kiën sich gewiß nicht gefallen ließe.

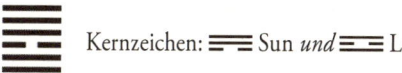

10. Lü – Das Auftreten

Kernzeichen: ☴ Sun *und* ☲ Li

Der Herr, der das Zeichen konstituiert, ist die Sechs auf drittem Platz; die Neun auf fünftem Platz ist der beherrschende Herr des Zeichens. Die Sechs auf drittem Platz tritt als einzig Weiches inmitten der Menge der Festen auf, unter Furcht und Zittern. Daher hat das Zeichen den Namen »das Auftreten«. Wer auf geehrtem Platz weilt, muß besonders fortwährend Gefahr und Furcht im Herzen tragen. Darum heißt das Urteil zur Neun auf fünftem Platz: »Beharrlichkeit bringt Gefahr.« Im Kommentar zur Entscheidung heißt es von diesem Strich: »Fest, zentral und korrekt tritt er auf den Platz des Herrn und bleibt ohne Makel.«

Die Reihenfolge
Wenn die Wesen gezähmt werden, dann gibt es die Sitte, darum folgt darauf das Zeichen: das Auftreten.

Vermischte Zeichen
Das Auftretende verweilt nicht.

Beigefügte Urteile
Das Zeichen »das Auftreten« zeigt das Fundament des Charakters. Es ist harmonisch und erreicht das Ziel. Es bewirkt harmonischen Wandel.

Das Zeichen ist die Umkehrung des vorigen. Die Bewegungsrichtung beider Halbzeichen ist nach oben gerichtet, daher der Gedanke des Hintereinanderherschreitens. Die jüngste Tochter schreitet hinter dem Vater her.

Das Urteil
Auftreten auf des Tigers Schwanz.
Er beißt den Menschen nicht. Gelingen.

Kommentar zur Entscheidung

Das Auftreten: Das Weiche tritt auf das Feste. Heiter und in Verbindung des Entsprechens mit dem Schöpferischen; darum: »Auftreten auf des Tigers Schwanz. Er beißt den Menschen nicht. Gelingen.«
Stark, zentral und korrekt tritt er auf den Platz des Herrn und bleibt frei von Fehlern: Sein Licht strahlt hell.

Das Weiche, das auf das Feste tritt, ist das untere Zeichen Dui, das dem Zeichen Kiën folgt. Dadurch wird aus den Gestalten der beiden Halbzeichen der Name erklärt.
Heiterkeit ist die Eigenschaft von Dui, dem unteren Zeichen, das in gleichgerichteter Bewegung mit dem Schöpferischen, dem Starken, geht, daher das Bild vom Treten auf den Schwanz des Tigers (Dui steht im Westen, der Westen hat als Bild den Tiger); der Schwanz des Tigers wird genannt, weil der schwache Strich von Dui ganz hinter den drei Strichen von Kiën kommt. Außerdem kommt in Betracht, daß im unteren Zeichen der weiche Strich über den beiden festen steht. Die Aussagen stark, zentral und korrekt beziehen sich alle auf den Herrn des Zeichens, den zentralen Strich des oberen Zeichens »das Schöpferische«, der auf dem Platz des Himmels und damit des Herrschers steht. Licht ist die ursprüngliche Eigentümlichkeit des Zeichens Kiën, und außerdem ist das Kernzeichen Li, dessen Eigenschaft das Licht ist, in dem Zeichen enthalten.

Das Bild

Oben der Himmel, unten der See: das Bild des Auftretens.
So unterscheidet der Edle hoch und niedrig
und festigt dadurch den Sinn des Volkes.

Der Himmel ist das Höchste, der See das Niedrigste: Diese Höhenunterschiede geben die Regel für das Auftreten und die Sitte. So macht der Edle in der Gesellschaft Rangunterschiede entsprechend dem Wesen und festigt dadurch den Sinn des Volkes, das sich beruhigt, wenn diese Unterschiede naturgemäß sind.

Die einzelnen Linien

Anfangs eine Neun bedeutet:
a)   Einfaches Auftreten. Fortschreiten ohne Makel.

b)   Einfaches Auftreten. Fortschreiten ohne Makel.
»Das Fortschreiten des einfachen Auftretens« folgt einsam seiner Neigung.

Auftreten bedeutet Sitte. Bei der guten Sitte kommt es auf das Wesen an. Der Strich ist zu Anfang des Auftretens, daher ist Einfachheit für ihn das Rechte. Er schreitet schon von selbst fort. Da er nicht in Verbindung mit den andern Strichen steht, wandert er einsam seine Straße, aber da er stark ist, so entspricht das gerade seiner Neigung.

Neun auf zweitem Platz bedeutet:
a)   Auftreten auf schlichter, ebener Bahn.
Eines dunklen Mannes Beharrlichkeit bringt Heil.
b)   »Eines dunklen Mannes Beharrlichkeit bringt Heil.« Er ist zentral und verwirrt sich nicht.

Der Strich ist licht, weilt aber auf dunklem Platz, daher das Bild des dunklen Mannes. Aber weil er in der Mitte des Wegs, d. h. zentral, sich bewegt, kommt er in keine Gefahr, sondern schreitet auf ebenem Weg dahin und wird nicht durch falsche Beziehungen mit andern verwirrt.

▪ **Sechs auf drittem Platz bedeutet:**
a)   Ein Einäugiger kann sehen, ein Lahmer kann auftreten.
Er tritt auf des Tigers Schwanz. Der beißt den Menschen. Unheil!
Ein Krieger handelt so für seinen großen Fürsten.
b)   »Ein Einäugiger kann sehen«, aber es reicht ihm nicht zur Klarheit. »Ein Lahmer kann gehen«, aber es reicht ihm nicht dazu, mit andern zu gehen. Das »Unheil des Beißens des Menschen« kommt daher, daß der Platz nicht der gebührende ist.
»Ein Krieger handelt so für seinen großen Fürsten«, weil sein Wille fest ist.

Diese Linie steht in den beiden Kernzeichen Li, das das Auge bedeutet, und Sun, welches das Bein bedeutet. Da sie aber nicht korrekt ist – sie ist schwach auf starkem Platz –, so ist es mit dem Sehen und Gehen mangelhaft bestellt.

Ferner ist der Platz gerade in dem Mund von Dui, dem unteren Zeichen, daher die Vorstellung, daß der Tiger beißt. Der Strich weilt als schwacher auf starkem Platz und ruht auf einem festen Strich. Da er auf dem Gipfel der Heiterkeit weilt, ist er leichtsinnig und zieht sich trotz der gefährlichen Situation nicht zurück. Das bringt den Gedanken, daß er auf des Tigers Schwanz tritt und verletzt wird. Wenn der Strich sich wandelt, wird das untere Zeichen zu Kiën. Das legt den Gedanken des Kriegers nahe, der rücksichtslos voranschreitet, um seinem Fürsten zu dienen.

Neun auf viertem Platz bedeutet:
a)   Er tritt auf des Tigers Schwanz.
     Vorsicht und Behutsamkeit führt endlich zum Heil.
b)   »Vorsicht und Behutsamkeit führt endlich zum Heil«, denn der Wille geschieht.

Dieser Strich steht mit der Anfangsneun in Beziehung, darum ist er vorsichtig beim Auftreten auf des Tigers Schwanz. Seine Beschaffenheit ist gerade umgekehrt wie die der vorigen Linie. Dort: innere Schwäche bei äußerem Vorandrängen, das in Gefahr führt, hier: innere Kraft bei äußerer Vorsicht, die zum Heil führt.

• Neun auf fünftem Platz bedeutet:
a)   Entschlossenes Auftreten.
     Beharrlichkeit bei Bewußtsein der Gefahr.
b)   »Entschlossenes Auftreten bei Bewußtsein der Gefahr.«
     Der Platz ist korrekt und der gebührende.

Der Herr des Zeichens, korrekt, zentral und stark, auf dem Platz des Herrn ist verpflichtet zu entschlossenem Handeln. Er ist sich dabei der Gefahr bewußt. Darum kommt der gute Erfolg heraus, der bei der Entscheidung zum ganzen Zeichen genannt ist.

Oben eine Neun bedeutet:
a)   Blicke auf dein Auftreten und prüfe die günstigen Zeichen.
     Ist alles vollkommen, so kommt erhabenes Heil.
b)   »Erhabenes Heil« auf oberstem Platz hat großen Segen.

Der Strich ist am Ende des Auftretens, darum tritt er auf nichts mehr. So blickt er zurück auf sein Auftreten. Weil er einen starken Charakter hat vermöge seiner Natur (starker Strich) und vermöge seines Platzes Vorsicht kennt, ist ihm das Heil sicher.

Anmerkung:
Das Zeichen bedeutet Auftreten mit der Nebenbedeutung der guten Sitte. Bei der Ausübung der Sitte kommt es darauf an, daß man bescheiden ist und anmutige Leichtigkeit besitzt. Das Zeichen besteht unten aus dem Heiteren, das zu dem Schöpferisch-Starken in Beziehung steht. So ist der Untergebene vorsichtig im Dienst des Vorgesetzten.
Merkwürdig ist, daß, während das ganze Zeichen infolge des Charakters der beiden Teilzeichen den Gedanken enthält, daß der Tiger, dem man auf den Schwanz tritt, dem Menschen nichts tut, gerade der einzelne Strich Sechs auf drittem Platz, durch den dieser Gedanke hervorgerufen wird, in seinem Einzelschicksal vom Tiger gebissen wird. Der Grund ist, daß das eine Mal beim Betrachten des Ganzen das untere Zeichen in seiner Gesamtnatur als heiter und folgsam aufgefaßt wird, beim Einzelurteil dagegen der Strich nach seiner ungünstigen Position, die für ihn Unheil bringt. Gar oft läßt sich im Buch der Wandlungen ein solcher Unterschied in der Beurteilung des Ganzen und des einzelnen beobachten.

11. Tai – Der Friede

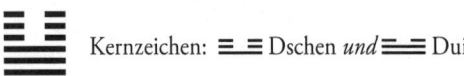 Kernzeichen: Dschen und Dui

Die Herren des Zeichens sind die Neun auf zweitem Platz und die Sechs auf fünftem Platz. Der Sinn des Zeichens ist, daß Obere und Untere vereinigt sind und gemeinsamen Willen haben. Die Neun auf zweitem Platz erfüllt vollkommen die Pflichten des Beamten in Beziehung zum Herrscher, und die Sechs auf fünftem Platz erfüllt vollkommen die Pflichten des Herrschers in Beziehung zu den Untergebenen. Die beiden Linien sind sowohl die konstituierenden als auch die beherrschenden Herren des Zeichens.

Die Reihenfolge
Sitte und Zufriedenheit, dann herrscht Ruhe, darum folgt darauf das Zeichen: der Friede. Friede bedeutet Verbindung, Zusammenhang.

Das chinesische Wort Tai ist nicht leicht zu übersetzen. Es bedeutet Zufriedenheit, Ruhe, Friede, und zwar im positiven Sin daß eine ungehinderte durchgehende Verbindung da ist, die Blüte und Größe bewirkt. Die Bewegungsrichtung des unteren Zeichens Kiën geht nach oben, die des oberen Kun geht nach unten, so kommen sie einander entgegen.

Das Zeichen ist dem ersten Monat (Februar–März) beigeordnet.

Vermischte Zeichen
Die Zeichen »Stockung« und »Frieden« sind ihrer Art nach entgegengesetzt.

Das Urteil
Der Friede. Das Kleine geht hin, das Große kommt her.
Heil! Gelingen!

Kommentar zur Entscheidung
Der Friede: »Das Kleine geht hin, das Große kommt her. Heil! Gelingen!«
Auf diese Weise vereinigen sich Himmel und Erde, und alle Wesen kommen in Verbindung.
Obere und Untere vereinigen sich, und ihr Wille ist gemeinsam.
Innen ist das Lichte, außen das Schattige, innen Stärke und außen Hingebung, innen der Edle und außen der Gemeine. Der Weg des Edlen ist im Wachsen, der Weg des Gemeinen im Abnehmen.

Das Zeichen in seiner Gesamterscheinung als Monatszeichen wird so aufgefaßt, daß die starken Striche, die von unten eingetreten sind, im Aufsteigen sind, während die schwachen Striche oben sich aus dem Zeichen zurückziehen. Daher: »das Kleine geht hin, das Große kommt her«.
Eine andere Auffassung ergibt sich aus der Bewegung der beiden Halbzeichen gegeneinander. Das untere, aufsteigende ist Kiën, der Himmel. Das obere, sinkende ist Kun, die Erde. So vereinigen sich die beiden Urmächte, und alle Dinge kommen in Verbindung und Entwicklung – entsprechend dem Zustand zu Beginn des Jahres.
Auf das Gebiet der Menschenwelt übertragen, in besonderer Beziehung auf die beiden Striche auf dem fünften Platz, der den Fürsten darstellt, und dem zweiten Platz, der den Beamten darstellt, ergibt sich eine Einheit zwischen Hohen und Niedrigen, deren Willen auf ein gemeinsames Ziel gerichtet ist. Eine weitere Überlegung ergibt sich aus der Stellung der beiden Halbzeichen innen (d. h. unten) und außen (d. h. oben). Innen ist die Yangkraft, außen die Yinkraft. Hier ist ein Gradunterschied zwischen der herrschenden Yangkraft im Zentrum und der abhängigen Yinkraft an der Peripherie angedeutet; das ist näher ausgeführt durch die respektiven Eigenschaften der Stärke und Hingebung. Auch diese Stellung ist für beide Teile heilvoll. Eine weitere Überlegung ergibt sich, aufs politische Gebiet übertragen, aus dem Wertunterschied der durch die lichten Striche symbolisierten Edlen und der durch die dunklen Striche symbolisierten Gemeinen. Die Guten sind im Zentrum der Macht und des Einflusses, die Gemeinen sind draußen, dem Einfluß der Guten unterstellt. Auch das ist zum Heil des Ganzen.
Von der Bewegung des Zeichens als Ganzem aus ergibt sich schließlich ein sieghaftes Aufsteigen der Prinzipien des Guten und ein Sichzurückziehen und Unterliegen der Prinzipien der Gemeinen.

Das alles ist nicht willkürlich gemacht, sondern liegt in der Zeit. Es ist Frühlingszeit im Jahr und in der Geschichte, die durch dieses Zeichen dargestellt wird.

Das Bild
Himmel und Erde vereinigen sich: das Bild des Friedens.
So teilt und vollendet der Herrscher
den Lauf von Himmel und Erde,
verwaltet und ordnet die Gaben von Himmel und Erde
und steht so dem Volk bei.

Die menschliche Tätigkeit muß in Zeiten des Blühens die Natur unterstützen. Sie muß eingeschränkt werden, wie die Erde die Wirkungen des Himmels einschränkt, um das Übermaß zu regeln. Auf der andern Seite muß sie gefördert werden, wie der Himmel die Gaben der Erde fördert, um Ungenügendes auszugleichen. Auf diese Weise kommt der Segen der Natur dem Volk zugute. Das Wort »beistehen« heißt wörtlich »zur Linken und Rechten« sein, was wiederum aus der Richtung von Yang (rechts) und Yin (links) hervorgeht.

Die einzelnen Linien

Anfangs eine Neun bedeutet:
a) Zieht man Bandgras aus, so geht der Rasen mit.
   Jeder nach seiner Art. Unternehmungen bringen Heil.
b) »Zieht man Bandgras aus ... Unternehmungen bringen Heil.«
   Der Wille ist nach außen gerichtet.

Die drei Striche des unteren Zeichens Kiën gehören zusammen und schreiten miteinander fort. Der unterste Platz legt den Gedanken des Rasens nahe. Die Sechs auf viertem Platz vereinigt sich mit der Anfangsneun, daher bringt Hingehen – »Unternehmungen« – Heil.

- **Neun auf zweitem Platz bedeutet:**
  a) Die Ungebildeten in Milde tragen,
     entschlossen den Fluß durchschreiten,
     das Ferne nicht vernachlässigen,

die Genossen nicht berücksichtigen:
So mag man es fertigbringen, in der Mitte zu wandeln.
b) »Die Ungebildeten in Milde tragen ...
So mag man es fertigbringen, in der Mitte zu wandeln«, weil das Licht groß ist.

Das Zeichen Kiën umfaßt Kun, trägt das Ungebildete in Milde. Entschlossen den Fluß durchschreiten muß der Strich als unterster des Kernzeichens Dui, das Wasser bedeutet. Der Strich muß die dazwischenliegenden überschreiten, um mit Sechs auf fünftem Platz sich zu vereinigen. Die Fernen sind symbolisiert durch die obere Sechs, die Freunde sind die beiden starken Striche von Kiën. Sie werden nicht berücksichtigt, weil Neun auf zweitem Platz sich mit Sechs auf fünftem Platz vereinigt. »So mag man es fertigbringen, in der Mitte zu wandeln.« Nach einer besonderen Erklärung: »So erhält man Hilfe« – nämlich von Sechs auf fünftem Platz –, »in der Mitte zu wandeln.«

Neun auf drittem Platz bedeutet:
a) Keine Ebene, auf die nicht ein Abhang folgt,
kein Hingang, auf den nicht die Wiederkehr folgt.
Ohne Makel ist, wer beharrlich bleibt in Gefahr.
Beklage dich nicht über diese Wahrheit,
genieße das Glück, das du noch hast.
b) »Kein Hingang, auf den nicht die Wiederkehr folgt«: Das ist die Grenze von Himmel und Erde.

Der Strich ist in der Mitte des Zeichens, auf der Grenze zwischen Himmel und Erde, zwischen Yang und Yin. Da legt sich der Gedanke des Rückschlags nahe. Aber der Strich ist sehr stark. Daher soll er nicht traurig sein, sondern nur stark und das Glück genießen (das Kernzeichen Dui, in dessen Mitte der Strich steht, bedeutet Mund, daher genießen, essen), das jetzt noch da ist.

Sechs auf viertem Platz bedeutet:
a) Er flattert hernieder, nicht pochend auf Reichtum,
zusammen mit seinem Nächsten, arglos und wahrhaftig.
b) »Er flattert hernieder, nicht pochend auf Reichtum«, alle haben sie

das Wirkliche verloren.
»Arglos und wahrhaftig«, im innersten Herzen wünscht er es.

Wie die drei unteren Striche zusammen aufsteigen, so senken sich die drei oberen zusammen flatternd nieder. Nicht will einer allein den Reichtum für sich haben. Er hat »das Wirkliche verloren«, d. h. auf reellen Vorteil verzichtet, wie er winken würde, wenn der Strich sich egoistisch mit der Anfangssechs verbinden würde.

- **Sechs auf fünftem Platz bedeutet:**
  a) Der Herrscher I gibt seine Tochter in die Ehe.
     Das bringt Segen und erhabenes Heil.
  b) »Das bringt Segen und erhabenes Heil«,
     weil er zentral ist in der Ausführung dessen, was er wünscht.

Das Kernzeichen Dschen bedeutet das Hervortreten des Herrschers (Gott tritt hervor im Zeichen Dschen). Der Strich steht über dem Kernzeichen Dui, das die jüngste Tochter ist, daher die Tochter, die in die Ehe gebracht wird – mit der an Rang niedrigeren Neun auf zweitem Platz. Durch sein zentrales Wesen erlangt er die Erfüllung aller seiner Wünsche.

Oben eine Sechs bedeutet:
  a) Der Wall fällt wieder in den Graben.
     Jetzt brauche keine Heere.
     In der eigenen Stadt verkünde deine Befehle.
     Beharrlichkeit bringt Beschämung.
  b) »Der Wall fällt wieder in den Graben.« Seine Ordnungen geraten in Verwirrung.

Die Erde auf dem höchsten Platz deutet den Wall an. Der Strich hat wie die andern Yinstriche die Richtung nach unten, daher symbolisiert er das Fallen in den Graben. Kun bedeutet die Masse, das Heer. Das Kernzeichen Dui (Mund) legt Befehle nahe.
Der Strich steht in Verbindung zu dem unruhigen Strich Neun auf drittem Platz. So wird er auch in die dort prophezeiten Verwirrungen hineingezogen. Aber wenn man sich innerlich freihält und für den engsten Kreis sorgt, so

kann man sich vor dem bevorstehenden Ruin schützen – freilich nur im stillen.
Im allgemeinen erfüllt sich die Zeit mit Notwendigkeit.

12. Pi – Die Stockung

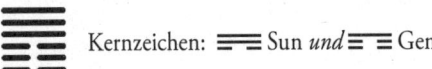 Kernzeichen: ☴ Sun *und* ☶ Gen

Die Herren des Zeichens sind die Sechs auf zweitem Platz und die Neun auf fünftem Platz. Während der Stockung sind Obere und Untere außer Vereinigung. Die Sechs auf zweitem Platz hat als Spruch: »Stockung bringt Gelingen.« Sie bedeutet jemand, der sich auf seine Tugend zurückzieht, um die Schwierigkeiten zu vermeiden. Neun auf fünftem Platz hat als Spruch: »Die Stockung läßt nach.« Sie bedeutet jemand, der die Stockung in Frieden umwandelt. Aber Sechs auf zweitem Platz ist der Herr, der das Zeichen konstituiert, während Neun auf fünftem Platz der Herr ist, der das Zeichen beherrscht.

Die Reihenfolge
Die Dinge können nicht dauernd in Verbindung sein, darum folgt darauf das Zeichen: die Stockung.

Das Zeichen ist die Umkehrung des vorigen. Daher gehen die Bewegungsrichtungen auseinander. Das obere Zeichen, Kiën, zieht sich immer weiter nach oben zurück, das untere, Kun, sinkt immer weiter nach unten. Charakteristisch sind auch die beiden Kernzeichen Sun, Sanftheit, und Gen, Stillstand, die zusammen das Zeichen Gu, »Arbeit am Verdorbenen«, (vgl. Nr. 18) bilden und dort auch von stockender Bedeutung sind. Das Zeichen ist dem siebenten Monat (August–September) beigeordnet.

Vermischte Zeichen
Die Zeichen Stockung und Friede sind ihrer Art nach entgegengesetzt.

Das Urteil
Die Stockung.
Schlechte Menschen sind nicht fördernd

für die Beharrlichkeit des Edlen.
Das Große geht hin, das Kleine kommt herbei.

Kommentar zur Entscheidung
»Schlechte Menschen der Stockungszeit sind nicht fördernd für die Beharrlichkeit des Edlen. Das Große geht hin, das Kleine kommt herbei.«
Auf diese Weise vereinigen sich Himmel und Erde nicht, und alle Wesen kommen nicht in Verbindung. Obere und Untere vereinen sich nicht, und auf der Welt gehen die Staaten zugrunde.
Innen ist das Schattige, außen das Lichte, innen Schwäche, außen Härte, innen der Gemeine, außen der Edle. Der Weg des Gemeinen ist im Wachsen, der Weg des Edlen im Abnehmen.

Die Verhältnisse sind Punkt für Punkt gegensätzlich zu dem vorigen Zeichen. Obwohl es sich um kosmische Verhältnisse handelt, ist die Ursache doch in der falschen Richtung der Menschen zu suchen. Es sind die Menschen, die die Verhältnisse verderben – abgesehen natürlich von den regelmäßigen Erscheinungen des Niedergangs im normalen Verlauf des Lebens ebenso wie des Jahres. Wenn Himmel und Erde außer Verbindung sind, so stockt das Leben in der Natur. Wenn Obere und Untere außer Verbindung sind, so stockt das staatliche und gesellschaftliche Leben. Innen im Zentrum sollte das Licht sein, statt dessen ist der Schatten da, und das Licht ist nach außen gedrängt. Der Mensch ist innerlich schwach und nach außen hart, die Gemeinen sind im Zentrum der Regierung und die Edlen sind nach außen gedrängt: Das alles deutet darauf, daß der Weg der Gemeinen im Aufsteigen, der der Edlen im Abnehmen ist, wie die dunklen Striche von unten her in das Zeichen eintreten und nach oben drängen und die starken sich nach oben zurückziehen.

Das Bild
Himmel und Erde vereinigen sich nicht:
das Bild der Stockung.
So zieht sich der Edle auf seinen inneren Wert zurück,
um den Schwierigkeiten zu entgehen.
Er läßt sich nicht durch Einkünfte ehren.

I Ging

Die Überwindung der Schwierigkeiten der Stockungszeit wird durch die Eigenschaften der beiden getrennten Halbzeichen dargestellt. Das Zeichen Kun hat als Bedeutung die Sparsamkeit, das Sich-auf-etwas-Zurückziehen. Die drei starken Striche des Zeichens Kiën außen, die sich zurückziehen, sind das Symbol des Entgehens aus allen Schwierigkeiten, die durch das Nachdrängen der Gemeinen entstehen. Dieses Zurückziehen deutet auch darauf, daß man sich nicht durch Einkünfte ehren läßt. Während im letzten Zeichen die Gaben von Himmel und Erde verwaltet werden, ist hier vollkommene Zurückhaltung.

Die einzelnen Linien

Anfangs eine Sechs bedeutet:
a) Zieht man Bandgras aus, so geht der Rasen mit.
   Jeder nach seiner Art.
   Beharrlichkeit bringt Heil und Gelingen.
b) »Zieht man Bandgras aus ... Beharrlichkeit bringt Heil.«
   Der Wille ist auf den Herrn gerichtet.

Hier beim Einzelstrich sind die Yinlinien nicht als Gemeine angesehen, sondern als Edle in der Zeit, da das Gemeine siegt. Entsprechend der Richtung der Bewegung der Halbzeichen findet zwischen oberen und unteren Strichen keine Beziehung des Entsprechens statt. Darum hängen die drei unteren Striche zusammen wie Bandgras und ziehen sich gemeinsam nach unten zurück, um dem Fürsten treu zu sein und sich nicht beteiligen zu müssen an dem Verkehr mit den vorrückenden Gemeinen.

▪ Sechs auf zweitem Platz bedeutet:
a) Sie tragen und dulden,
   das bedeutet für die Gemeinen Heil.
   Dem großen Mann dient die Stockung zum Gelingen.
b) »Dem großen Mann dient die Stockung zum Gelingen.«
   Er verwirrt nicht die Scharen.

Die Gemeinen halten sich zuvorkommend an den Herrscher Neun auf fünftem Platz und haben darin Heil, weil auf solche Weise es möglich wäre, daß sie sich bessern.

Der Edle aber läßt sich auf solche inkorrekte, schmeichlerische Beziehung nicht ein, um die Scharen der Gleichgesinnten nicht zu verwirren.
Auch hier ist das Ertragen gemeint wie beim vorigen Zeichen, aber dort ist es das Ertragenwerden eines Niedrigen durch einen überlegenen Mann, hier das kriecherische Tragen der einflußreichen Personen, die reich und mächtig sind.

Sechs auf drittem Platz bedeutet:
a) Sie tragen Scham.
b) »Sie tragen Scham«, weil der Platz nicht der rechte ist.

Die Drei ist schwach auf starkem Platz des Übergangs. Das ist nicht der rechte Platz, daher der Gedanke der Beschämung. Da der Strich an der Spitze des unteren Zeichens Kun ist, ist er derjenige, der die unteren trägt und erträgt. Hier ist der Anfang der Wandlung zum Besseren angedeutet, wie in Neun auf drittem Platz des vorigen Zeichens der Anfang zu Mißerfolg.

Neun auf viertem Platz bedeutet:
a) Wer auf Befehl des Höchsten wirkt, bleibt ohne Makel.
   Die Gleichgesinnten genießen den Segen.
b) »Wer auf Befehl des Höchsten wirkt, bleibt ohne Makel.«
   Der Wille geschieht.

Die Mitte der Stockung ist überschritten. Die Ordnung kommt allmählich wieder zur Geltung. Die Neun auf viertem Platz ist stark auf weichem Platz, daher nicht allzu weich. Sie steht auf dem Platz des Ministers, ist daher in höherem Auftrag wirksam. Daher bleibt die Linie ohne Makel. Auch hier ist wie beim vorigen Zeichen Verbindung von Minister und Herrn.

• Neun auf fünftem Platz bedeutet:
a) Die Stockung läßt nach. Dem großen Mann Heil!
   »Wenn es mißlänge, wenn es mißlänge.«
   Daher bindet er es an ein Bündel von Maulbeerstauden.
b) Das Heil des großen Mannes besteht darin, daß der Platz korrekt und passend ist.

Der fünfte Platz ist der Platz des Herrschers, der Strich hat alle für einen solchen notwendigen guten Eigenschaften, darum bringt er die Zeit der Stockung zu Ende. Aber er ist in dieser Arbeit noch nicht fertig, darum das ängstliche Sorgen, ob es nicht doch noch fehlschlägt. Aber dieses Sorgen ist gut.

Oben eine Neun bedeutet:
a) Die Stockung hört auf.
    Erst Stockung, dann Heil!
b) Wenn die Stockung zu Ende kommt, so hört sie auf. Man darf sie nicht dauernd festhalten wollen.

Hier ist das Ende erreicht. Damit tritt der Umschlag tatsächlich ein. Der starke Strich steht am Ende des Zeichens Stockung. Damit ist gesagt, daß der Umschlag da ist. Auch hier ist der Parallelismus zum obersten Strich des vorigen Zeichens zu beachten.

13. Tung Jen – Gemeinschaft mit Menschen

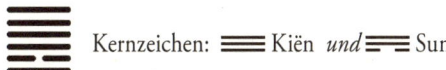 Kernzeichen: ☰ Kiën *und* ☴ Sun

Die Herren des Zeichens sind die Sechs auf zweitem und die Neun auf fünftem Platz. Die Sechs auf zweitem Platz vermag als einzige Yinlinie die Gemeinschaft mit sämtlichen Yanglinien aufrechtzuerhalten, und die Neun auf fünftem Platz entspricht ihr. Darum heißt es im Kommentar zur Entscheidung: »Das Weiche findet seinen Platz, findet die Mitte, und es entspricht ihm das Schöpferische.«

Die Reihenfolge
Die Dinge können nicht immer stocken. Darum folgt darauf das Zeichen: Gemeinschaft mit Menschen.

Vermischte Zeichen
Gemeinschaft mit Menschen findet Liebe.

Die Bewegung der beiden Halbzeichen geht nach oben, ist also gleichsinnig. Auch die beiden Kernzeichen Kiën und Sun, die zusammen das Zeichen Entgegenkommen (Nr. 44) bilden, deuten auf Gemeinschaft. Das untere Zeichen ist Li, es bedeutet die Sonne und das Feuer. Der Himmel wird dadurch, daß er das Feuer bekommt, noch besonders hell.

Das Urteil
Gemeinschaft mit Menschen im Freien: Gelingen.
Fördernd ist es, das große Wasser zu durchqueren.
Fördernd ist des Edlen Beharrlichkeit.

Kommentar zur Entscheidung
Gemeinschaft mit Menschen. Das Weiche findet seinen Platz, findet die

> Mitte, und es entspricht ihm das Schöpferische: das heißt Gemeinschaft mit Menschen. Gemeinschaft mit Menschen heißt: »Gemeinschaft mit Menschen im Freien: Gelingen. Fördernd ist es, das große Wasser zu durchqueren.«
> Das Schöpferische ist wirksam. Ordnung und Klarheit verbunden mit Kraft; zentral, korrekt und in der Beziehung des Entsprechens: Das ist die Korrektheit des Edlen. Nur der Edle vermag die Willen aller unter dem Himmel zu vereinigen.

Das Weiche, das seinen Platz findet in der Mitte und dem das Schöpferische entspricht, ist der zweite Strich. Er ist aufzufassen als Repräsentant des Zeichens Kun, das auf dem zweiten Platz von Kiën sich niedergelassen hat. Darum entspricht dieser Strich der Art der Erde, des Beamten. Der Satz »Gemeinschaft mit Menschen im Freien« wird auch durch diese Linie dargestellt, die auf dem Platz des Feldes steht (vgl. Neun auf zweitem Platz im Zeichen »das Schöpferische«, Nr. 1). Die Gemeinschaft wird hergestellt vom Beamten, nicht vom Herrscher, kraft seines Charakters, nicht kraft der Autorität der Stellung.
Dieser Charakter, der das zustande zu bringen vermag, wird aus den Eigenschaften der beiden Zeichen gezeichnet. Ordnung und Klarheit sind Eigenschaften von Li, Kraft von Kiën. Erst das Wissen, dann die Kraft: Das ist der Weg zur Bildung.
Der Edle nimmt, selbst in dienender Stellung, diese Stellung in korrekter, uneigennütziger Weise ein und findet den nötigen Rückhalt am Herrscher, dem Vertreter des himmlischen Prinzips. Der Wille der Menschen unter dem Himmel wird repräsentiert durch das Zeichen Li, das den erleuchteten Willen bedeutet, unterhalb Kiën, das den Himmel bedeutet.
Das Durchqueren des großen Wassers wird durch das Kernzeichen Sun angedeutet, das Holz bedeutet und die Idee des Schiffes erzeugt.

Das Bild

> Der Himmel zusammen mit Feuer:
> das Bild der Gemeinschaft mit Menschen.
> So gliedert der Edle die Stämme und unterscheidet die Dinge.

Das Feuer hat dieselbe Art wie der Himmel, zu dem es emporflammt. Es wird in dieser Richtung noch bestärkt durch das Kernzeichen Sun, das den Wind bedeutet. Der Wind, der überall hinkommt, deutet auch auf Vereinigung und Gemeinschaft. Ebenso wird der Gedanke durch die Sonne am Himmel, die alles gemeinsam bescheint, ausgedrückt.

Aber in dieser Gemeinschaft ist doch ein Punkt, den der Edle nicht übersehen darf. Er darf sich nicht gemein machen. Daher die Notwendigkeit der Gliederung und Unterscheidung, die durch die Eigenschaft der Ordnung des unteren Zeichens Li nahegelegt ist.

Die einzelnen Linien

Anfangs eine Neun bedeutet:
a)   Gemeinschaft mit Menschen im Tor. Kein Makel.
b)   Aus dem Tor gehen, um mit Menschen Gemeinschaft zu machen, wer sollte dabei einen Makel finden?

Der Anfangsstrich ist licht, stark ohne Selbstsucht. Sechs auf zweitem Platz ist ein geteilter Strich, in der Mitte offen, das Bild der Tür. Die Anfangsneun, die bei ihrer Stärke am Anfang sich befindet, möchte Gemeinschaft und vereinigt sich ohne Sonderabsichten und Egoismus mit der Sechs auf zweitem Platz, die ihrerseits zentral und korrekt ist, so daß kein Makel bei einer solchen Vereinigung ist und auch die beiden mißgünstigen Linien auf drittem und viertem Platz nichts Böses dabei finden können.

• Sechs auf zweitem Platz bedeutet:
a)   Gemeinschaft mit Menschen im Klan: Beschämung.
b)   »Gemeinschaft mit Menschen im Klan«
       ist der Weg zur Beschämung.

Klan ist Partei, Gemeinschaft auf Grund von Gleichartigkeit. Li nimmt bei den Zeichen der innerweltlichen Reihenfolge den Süden ein, den unter den Zeichen der vorweltlichen Reihenfolge Kiën innehat. Durch Bewegung wird die Sechs zur Neun und Li zu Kiën. Das sind Zusammenhänge intimer Art. Da aber der Sinn des Zeichens die Öffentlichkeit bevorzugt, so ist diese Gemeinschaft zu beschränkt und daher beschämend.

Neun auf drittem Platz bedeutet:
a)   Versteckt Waffen im Dickicht,
    steigt auf den hohen Hügel davor.
    Drei Jahre lang erhebt er sich nicht.
b)   »Versteckt Waffen im Dickicht«,
    denn er hatte einen Harten zum Gegner.
    »Drei Jahre lang erhebt er sich nicht.«
    Wie sollte es denn gehen?

Das Zeichen Li bedeutet »Waffen«, das Kernzeichen Sun bedeutet »verstecken« und außerdem »Holz, Dickicht«. Das veränderte Zeichen von Sun ergibt Gen, Berg, daher der hohe Hügel davor. Neun auf drittem Platz ist hart und nicht zentral und bedeutet einen groben Menschen, der auf Grund des Zusammenhaltens mit Sechs auf zweitem Platz Gemeinschaft sucht. Sechs auf zweitem Platz ist korrekt und pflegt die entsprechende Gemeinschaft mit Neun auf fünftem Platz. Da sucht es Neun auf drittem Platz zu verhindern. Da seine Kraft dem Gegner nicht gewachsen ist, gebraucht er List. Er lugt aus nach dem Gegner, aber er wagt sich nicht hervor. Drei Jahre werden wohl durch die drei Striche von Kiën nahegelegt. Der Platz ist der untere des Kernzeichens Kiën.

Neun auf viertem Platz bedeutet:
a)   Er steigt auf seine Mauer, er kann nicht angreifen. Heil!
b)   »Er steigt auf seine Mauer.«
    Es liegt im Sinne der Lage, daß er nichts machen kann. Sein Heil besteht darin, daß er in Bedrängnis kommt und darum zum Gesetz zurückkehrt.

Die Neun auf viertem Platz sucht ebenfalls Gemeinschaft mit Sechs auf zweitem Platz. Aber Sechs auf zweitem Platz ist innen, Neun auf viertem Platz ist außen. Im Verhältnis des Entsprechens steht Sechs auf zweitem Platz zu Neun auf fünftem Platz, in dem des Zusammenhaltens zu Neun auf drittem Platz. Gegenüber von Neun auf viertem Platz bildet daher Neun auf drittem Platz die hohe Mauer, die Sechs auf zweitem Platz deckt. Will nun Neun auf viertem Platz mit Neun auf fünftem Platz kämpfen, so sieht er sich bei seinem schwachen und unkorrekten Platz nicht in der Lage dazu. Da aber seine Härte durch die

Weichheit des Platzes gemildert ist, läßt er sich durch die Notlage zur Rückkehr zum rechten Weg und Verzicht bewegen.

- **Neun auf fünftem Platz bedeutet:**
  a) Die gemeinsamen Menschen weinen erst und klagen,
     aber nachher lachen sie.
     Nach großen Kämpfen gelingt es ihnen, sich zu treffen.
  b) Der Anfang der gemeinsamen Menschen ist zentral und gerade.
     »Nach großen Kämpfen gelingt es ihnen, sich zu treffen«,
     das heißt, sie siegen.

Fünf und Zwei sind in der korrekten geraden Beziehung des Entsprechens. Durch Drei und Vier werden sie zunächst an der Vereinigung gehindert und sind daher traurig. Da sie aber zentral und korrekt sind, so werden sie sich früher oder später vereinigen. Das untere Zeichen, Li, bedeutet Waffen, das obere, Kiën, kommt ihm kräftig entgegen. Das deutet auf den Sieg großer Heere.

Oben eine Neun bedeutet:
a) Gemeinschaft mit Menschen auf dem Anger: keine Reue.
b) »Gemeinschaft auf dem Anger.«
   Der Wille ist noch nicht befriedigt.

Kiën bedeutet den Anger vor der Stadt. Der obere Strich weilt außerhalb des Zeichens. Auch das deutet auf den Anger. Außerhalb des Angers ist das Freie. Die Gemeinschaft auf dem Anger ist also noch nicht das letzte Ideal. Der Wille nach Gemeinschaft im Freien, die Gelingen bringt, ist noch nicht befriedigt.

Anmerkung:
> Das Zeichen enthält das Ideal der allgemeinen Menschheitsverbrüderung, das aber noch nicht erreicht ist. So weist es mit seiner Forderung über jede einzelne Situation der Gemeinschaft als noch nicht befriedigend hinaus. Von den einzelnen Strichen erreicht keiner das Ideal. Sie alle suchen Gemeinschaft auf Grund von engeren Beziehungen. Aber darum kommen sie alle nicht zu dem großen Gelingen, das das Gesamtzeichen in Aussicht stellt.

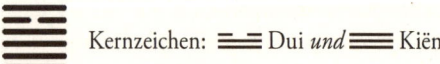

14. Da Yu – Der Besitz von Großem

Kernzeichen: ☱ Dui *und* ☰ Kiën

Der Herr des Zeichens ist die Sechs auf fünftem Platz. Diese Linie ist leer und zentral und weilt auf geehrter Stelle und ist fähig, die sämtlichen Yangstriche zu besitzen; darum heißt es im Kommentar zur Entscheidung: »Das Weiche erhält den geehrten Platz in der großen Mitte, und Obere und Untere entsprechen ihm.«

Die Reihenfolge
Durch Gemeinschaft mit Menschen fallen einem die Dinge sicher zu. Darum folgt darauf das Zeichen: der Besitz von Großem.

Vermischte Zeichen
Der Besitz des Großen deutet auf die Menge.

Die beiden Urzeichen Kiën und Li sind beide in aufsteigender Bewegung, ebenso die beiden Kernzeichen Kiën und Dui. Alle diese Umstände sind von durchaus günstiger Bedeutung. Das Zeichen ist noch günstiger als das vorige, dessen Umkehrung es ist, weil der Herr des Zeichens zugleich auf dem maßgebenden fünften Platz ist.

Das Urteil
Der Besitz von Großem: Erhabenes Gelingen!

Kommentar zur Entscheidung
Der Besitz von Großem: Das Weiche erhält den geehrten Platz in der großen Mitte, und Obere und Untere entsprechen ihm. Das heißt: Besitz von Großem.
Sein Charakter ist fest und stark und geordnet-klar, findet Entspre-

chen im Himmel und geht mit der Zeit; darum heißt es: »Erhabenes Gelingen!«

Das Weiche, das den geehrten Platz bekommt, ist die Sechs auf fünftem Platz. Sie hat die »große« Mitte im Unterschied zu der Sechs auf zweitem Platz im vorigen Zeichen. Von hier aus ist der Besitz der fünf starken Linien viel besser organisiert. Der Beamte kann zwar die Menschen einigen, aber nur der Fürst kann sie besitzen. Während dort die starken Linien zum Fürsten nur indirekt in Beziehung standen, stehen sie hier direkt in Beziehung. So ergibt sich der Name aus der Gestalt des Zeichens.
Aus den Eigenschaften und der Gestalt werden die Worte des Urteils erläutert. Im Innern wohnt die Festigkeit und Stärke von Kiën, nach außen hin zeigt sich die geordnet-klare Form von Li. Die Sechs auf fünftem Platz, der Herrscher, nach dem sich alles richtet, richtet sich seinerseits bescheiden nach der Neun auf zweitem Platz und findet hier im Zentrum des Himmels Entsprechung. Kiën in seiner Verdoppelung als unteres Halbzeichen und unteres Kernzeichen deutet auf die Zeit in ihrem Verlauf. Bei der Durchführung der Maßregeln handelt es sich, damit sie gelingen, darum, daß fester Entschluß im Innern wohnt, während die Art der Durchführung geordnet und erleuchtet sein muß.

Das Bild
Das Feuer am Himmel oben:
das Bild des Besitzes von Großem.
So hemmt der Edle das Böse und fördert das Gute
und gehorcht so des Himmels gutem Willen.

Die Sonne am Himmel, die alles Irdische bescheint, ist das Bild des großen Besitzes. Die Unterdrückung des Bösen wird angedeutet durch das Zeichen Kiën, das Gerichtszeichen, das das Böse der Wesen bekämpft. Die Förderung des Guten wird angedeutet durch das Zeichen Li, das alles erhellt und ordnet. Beides ist das Verhängnis des gütigen Himmels (Kiën), dem sich der Edle in Gehorsam hingibt (Li = Hingebung).

Die einzelnen Linien

Anfangs eine Neun bedeutet:
a) Keine Beziehung zu Schädlichem, das ist nicht ein Makel.
   Bleibt man der Schwierigkeit bewußt,
   so bleibt man ohne Makel.
b) Wenn die Anfangsneun des Besitzes von Großem keine Beziehungen hat, so ist das auch schädlich.

Das obere Zeichen Li bedeutet Waffen und daher Schädliches. Der Anfangsstrich ist von dem Zeichen Li noch weit entfernt, darum ist keine Beziehung dazu vorhanden. Schwierigkeiten sind deswegen da, weil großer Besitz auf niedrigem Platz die Gefahr herbeizieht. Darum ist Vorsicht am Platz. Da der Strich aber stark ist, so ist auch anzunehmen, daß er ohne Makel bleibt.

Neun auf zweitem Platz bedeutet:
a) Ein großer Wagen zum Beladen.
   Man mag etwas unternehmen. Kein Makel.
b) »Ein großer Wagen zum Beladen.«
   Sammeln in der Mitte, so kommt kein Schaden.

Kiën ist das Bild eines Rades und großen Wagens. Die drei Striche des Zeichens sind es, mit denen der Wagen beladen wird. Da Kiën sich stark bewegt, so sind Unternehmungen angedeutet. Die Neun auf zweitem Platz ist fest und zentral und in Beziehung des Entsprechens zum Herrn des Zeichens, daher alles günstig. Während sonst das Sammeln von Schätzen Schaden bringt, ist hier das Sammeln in der Mitte korrekt und zentral. Das bringt keinen Schaden. Es sind nicht irdische, sondern himmlische Schätze, die man sammelt.

Neun auf drittem Platz bedeutet:
a) Ein Fürst bringt ihn dem Sohn des Himmels dar.
   Ein kleiner Mensch kann das nicht.
b) »Ein Fürst bringt ihn dem Sohn des Himmels dar.«
   Ein kleiner Mensch schadet sich.

Der Strich ist stark und korrekt und hat Beziehungen nach oben. Da er dem Zeichen Kiën und dem Kernzeichen Dui angehört, ist er bereit zu opfern. Als an der Spitze des unteren Zeichens stehend, ist er das Bild des Fürsten. Ein kleiner Mensch würde nur aus Gewinnsucht geben, und das gereichte nur zum Schaden.

Neun auf viertem Platz bedeutet:
a) Er macht einen Unterschied
zwischen sich und seinem Nächsten.
Kein Makel.
b) »Er macht einen Unterschied zwischen sich und seinem Nächsten. Kein Makel.«
Er ist klar, unterscheidend und verständig.

Die Sechs auf fünftem Platz hat die fünf Yangstriche im Besitz. Die Neun auf viertem Platz ist auf dem Platz des Ministers, so könnte sie den Unterschied zwischen sich und dem Herrscher verwischen und sich den Besitz selbst anmaßen. Aber da sie stark auf schwachem Platz ist, ist sie zu bescheiden dazu, und da sie im Anfang des Zeichens Li ist, hat sie dessen Eigenschaft der klaren Unterscheidung, die solche Verwechslungen von Mein und Dein verhindert.

- **Sechs auf fünftem Platz bedeutet:**
a) Wessen Wahrheit umgänglich ist und
doch würdig, der hat Heil.
b) »Wessen Wahrheit umgänglich ist.« Durch seine Zuverlässigkeit entfacht er den Willen der andern.
Das Heil der Würde kommt davon, daß er leicht und ohne Vorkehrungen ist.

Die Sechs auf fünftem Platz ist auf geehrtem Platz. Sie ist bescheiden und wahr, darum bewegt sie die andern Striche zum Vertrauen. Sie ist aber durch ihre Stellung auch imstande, durch ihre Würde zu imponieren; das tut sie aber, weil sie die große Mitte hat, leicht und ohne äußere Vorkehrungen, darum erregt sie keine unangenehmen Gefühle.

Oben eine Neun bedeutet:
a) Vom Himmel her wird er gesegnet, Heil!
   Nichts, das nicht fördernd ist.
b) Der obere Platz des Besitzes von Großem hat Heil, das kommt davon, daß er vom Himmel gesegnet wird.

Die fünf Yangstriche sind alle im Besitz von Sechs auf fünftem Platz. Dem fügt sich auch der obere Strich. Kiën und Li sind beide himmlischer Natur, darum heißt es, daß der Himmel ihn segne. In den Erklärungen ist hier wie beim ersten Strich ausdrücklich die Position genannt, um so Anfang und Ende herauszuheben; denn dieses Zeichen ist so günstig organisiert, daß die Bewegung, die zu Anfang einsetzt, am Schluß weder zum Stocken noch zum Umschlag kommt, sondern harmonisch ausklingt.

15. Kiën – Die Bescheidenheit

Kernzeichen: ☳ Dschen *und* ☵ Kan

Der Herr des Zeichens ist die Neun auf drittem Platz. In dem Zeichen ist sie der einzige lichte Strich, der auf seinem Platz ist und im unteren Zeichen weilt. Das ist das Bild der Bescheidenheit, darum ist das Urteil über den Strich dasselbe wie das über das ganze Zeichen. Der Kommentar sagt von den dritten Strichen vielfach Unheilvolles aus, aber dieser Strich ist sehr heilvoll.

Die Reihenfolge
Wer Großes besitzt, darf es nicht zu voll machen, darum folgt darauf das Zeichen: die Bescheidenheit.

Vermischte Zeichen
Der Bescheidene hat es leicht.

Die Bewegungsrichtung der beiden Zeichen geht nach unten, und zwar so, daß die sinkende Tendenz des oberen Zeichens stärker ist als die des unteren. Dadurch bleibt der Zusammenhang zwischen beiden gesichert. Von den Kernzeichen sinkt das untere, während das obere eine steigende Richtung hat.

Beigefügte Urteile
Bescheidenheit zeigt die Handhabe des Charakters.
Bescheidenheit ehrt und ist leuchtend.
Bescheidenheit dient dazu, die Sitte zu ordnen.

Der gute Charakter hat die Bescheidenheit als seine Handhabe; durch sie kann der gute Charakter ergriffen und angeeignet werden. Sie ist bereit, andere zu ehren, und zeigt sich eben dadurch in schönstem Licht. Sie ist die Gesinnung, die der aufrichtigen Ausübung der Regeln der Sitte zugrunde liegt.

I Ging

Das Urteil
Bescheidenheit schafft Gelingen.
Der Edle bringt zu Ende.

Kommentar zur Entscheidung
Bescheidenheit schafft Gelingen; denn der Weg des Himmels ist es, nach unten zu wirken und Licht und Helle zu schaffen. Der Weg der Erde ist es, niedrig zu sein und nach oben zu steigen.
Der Weg des Himmels ist es, das Volle leer zu machen und das Bescheidene zu mehren. Der Weg der Erde ist es, das Volle zu verändern und dem Bescheidenen zuzufließen. Die Geister und Götter schaden dem Vollen und beglücken das Bescheidene. Der Weg der Menschen ist es, das Volle zu hassen und das Bescheidene zu lieben.
Bescheidenheit, die geehrt ist, verbreitet Helle. Bescheidenheit, die niedrig ist, kann nicht übergangen werden. Das ist das Ende, das der Edle erreicht.

Es werden hier aus der Gestalt des Zeichens die Worte erklärt, daß Bescheidenheit Gelingen schafft. Die Neun auf drittem Platz ist der Repräsentant der Yangkraft, die sich nach unten gesenkt hat. Er bewirkt Licht und Helle – Eigenschaften des Zeichens Gen, der Berg. Das obere Zeichen Kun zeigt die Erde emporgestiegen – das Kernzeichen Dschen hat eine nach oben gehende Bewegung. Auf vierfache Weise wird das Gesetz der Erniedrigung des Stolzen und Erhöhung des Bescheidenen gezeigt:

1. Im Himmel: Wenn die Sonne kulminiert, wendet sie sich dem Untergang zu; wenn der Mond voll ist, nimmt er ab, und umgekehrt.

2. Auf der Erde: Hohe Berge werden zu Tälern, Täler zu Hügeln. Das Wasser wendet sich gegen die Höhen und trägt sie ab. Das Wasser – das untere Kernzeichen ist Kan, Wasser – wendet sich der Tiefe zu und füllt sie auf.

3. Wirkung der Schicksalsmächte: Mächtige Familien ziehen das Verderben auf sich, bescheidene werden groß.

4. Unter den Menschen: Hochmut zieht Abneigung nach sich, Bescheidenheit gewinnt Liebe. Immer ist der letzte Grund nicht die Außenwelt, die vielmehr nach festen Gesetzen reagiert, sondern der Mensch selbst, der die guten oder bösen Wirkungen je nach seinem Verhalten auf sich zieht. Der Weg, sich auszudehnen, geht durch Zusammenziehen.

Das Bild
Inmitten der Erde ist ein Berg:
das Bild der Bescheidenheit.
So verringert der Edle, was zu viel ist,
und vermehrt, was zu wenig ist.
Er wägt die Dinge und macht sie gleich.

Die Aktion des Edlen zur Herstellung der durch das Zeichen gegebenen Lage besteht darin, daß er in der steigernden und verringernden Bewegung entsprechend den beiden Kernzeichen nach oben geht – Dschen –, wo das Niedrige (Kun, Erde) ist: Er vermehrt, was zu wenig ist, und umgekehrt nach unten geht – Kan –, wo das Hohe (Gen, Berg) ist. So schafft er Ausgleich.

Die einzelnen Linien

Anfangs eine Sechs bedeutet:
a) Ein bescheiden-bescheidener Edler
   mag das große Wasser durchqueren. Heil!
b) Ein bescheiden-bescheidener Edler ist niedrig, um sich sehr zu
   hüten.

Die doppelte Bescheidenheit ist durch die doppelte Weichheit, weich auf weichem Platz, angedeutet. Das Durchqueren des großen Wassers ist durch das untere Kernzeichen Kan, das vor dem Anfangsstrich liegt, angedeutet. Hier ist die Bescheidenheit an niedriger Stelle, die nicht übergangen werden kann.

Sechs auf zweitem Platz bedeutet:
a) Sich äußernde Bescheidenheit. Beharrlichkeit bringt Heil.

b) »Sich äußernde Bescheidenheit. Beharrlichkeit bringt Heil.«
   Er hat sie mitten im Herzen.

Der Herr des Zeichens, der den Ton angibt, ist Neun auf drittem Platz. Diese zweite Linie nun steht zu ihm in der Beziehung des Zusammenhaltens, darum antwortet sie diesem Ton, äußert sich. Die Linie ist zentral, daher hat sie die Bescheidenheit im Zentrum, im Herzen.

- **Neun auf drittem Platz bedeutet:**
  a) Ein verdienstvoll-bescheidener Edler bringt zu Ende.
     Heil!
  b) »Ein verdienstvoll-bescheidener Edler«:
     Alles Volk fügt sich ihm.

Das Zeichen Gen, Berg, ist das Zeichen, wo Ende und Anfang sich berühren. Der Strich steht auf der Spitze dieses Zeichens, daher der Gedanke der Arbeit, die zu Ende führt. Die drei oberen Linien gehören zum Zeichen Kun, das die Massen und Hingebung bedeutet. Der Yangstrich auf dritter Stelle ist der dritte Strich des Zeichens Kiën, das Schöpferische, der sich auch durch unermüdliche Arbeit auszeichnet.
Der Meister sprach: »Wenn man sich seiner Mühen nicht rühmt und seine Verdienste sich nicht zur Tugend anrechnet, das ist höchste Großzügigkeit.« Das heißt, daß man sich mit seinen Verdiensten unter andere stellt. In seiner Art herrlich, in seinen Sitten ehrfurchtsvoll, ist der Bescheidene äußerst ehrfurchtsvoll, und deshalb vermag er seine Stellung zu wahren.

Sechs auf viertem Platz bedeutet:
a) Nichts, das nicht fördernd wäre
   für Bescheidenheit in der Bewegung.
b) »Nichts, das nicht fördernd wäre für Bescheidenheit in der Bewegung.«
   Er übertritt die Regel nicht.

Der Strich, weich auf weicher Stelle, ganz zu unterst des Zeichens Kun, dessen Eigenschaft Hingebung ist, vermittelt zwischen Neun auf drittem Platz und

Sechs auf fünftem Platz. Er steht inmitten des Kernzeichens Dschen, die Bewegung, daher der Gedanke der Bewegung, wörtlich des Winkens.

Sechs auf fünftem Platz bedeutet:
a) Nicht pochen auf Reichtum seinem Nächsten gegenüber.
 Fördernd ist es, mit Gewalt anzugreifen.
 Nichts, das nicht fördernd wäre.
b) »Fördernd ist es, mit Gewalt anzugreifen«, um die Unfügsamen zu züchtigen.

Der Strich ist zentral und an geehrtem Platz, dennoch weich. Er vereinigt die Tugenden des Herrschers. Er ist leer, daher nicht pochend auf seinen Reichtum. Er ist im Zentrum des Zeichens Kun, das die Massen bedeutet, oberhalb des Kernzeichens Kan, das Gefahr bedeutet, daher der Gedanke der Züchtigung.

Oben eine Sechs bedeutet:
a) Sich äußernde Bescheidenheit.
 Fördernd ist es, Heere marschieren zu lassen,
 um die eigene Stadt und das eigene Land zu züchtigen.
b) »Sich äußernde Bescheidenheit.« Die Absicht ist noch nicht erreicht. Man mag Heere marschieren lassen, eben um die eigene Stadt und das eigene Land zu züchtigen.

Dieser Strich steht zum Herrn des Zeichens, Neun auf drittem Platz, im Verhältnis des Entsprechens; daher, aus ähnlichen Gründen wie bei Sechs auf zweitem Platz, sich äußernde Bescheidenheit. Das obere Zeichen, Kun, verbunden mit dem unteren Kernzeichen, Kan, gibt das Zeichen für Heer. Das Zeichen Kun deutet ferner die Stadt und das Land an. Der Wille ist noch nicht erreicht, weil die Linie von Neun auf drittem Platz, zu der sie strebt, sehr weit entfernt ist, daher das Züchtigen durch Heere, um zusammenzukommen.

16. Yü – Die Begeisterung

Kernzeichen: ☵ Kan *und* ☶ Gen

Der Herr des Zeichens ist die Neun auf viertem Platz. Im Zeichen gibt es nur diesen einen lichten Strich, der auf dem Platz des Ministers steht; davon hat das Zeichen die Bedeutung der Begeisterung. Darum heißt es im Kommentar zur Entscheidung: »Das Feste findet Entsprechung, und der Wille geschieht.«

Die Reihenfolge
Wenn man Großes besitzt und bescheiden ist, so kommt sicher Begeisterung. Darum folgt darauf das Zeichen: die Begeisterung.

Vermischte Zeichen
Begeisterung führt zu Trägheit.

Beigefügte Urteile
Die Heroen führten doppelte Tore und Nachtwächter mit Klappern ein, um den Räubern zu begegnen. Das entnahmen sie wohl dem Zeichen: die Begeisterung.

Yü heißt außer Begeisterung auch Vorbereitung. Indem in dem Zeichen oben Bewegung steht, die zugleich tönt (wie der Donner), legt das die Einrichtung des mit der Klapper umgehenden Nachtwächters nahe, der dem Kernzeichen Kan, Gefahr, begegnet. Das untere Kernzeichen, Gen, bedeutet eine geschlossene Tür. Die Bewegung der beiden Halbzeichen geht entgegengesetzt. Der Donner steigt empor, die Erde sinkt nach unten. Doch ist ein gewisser Zusammenhalt der Struktur dadurch gegeben, daß das obere Kernzeichen, Kan, abwärts weist, während das untere, Gen, stillsteht. Immerhin sind die Aspekte nicht so günstig wie beim letzten Zeichen, dessen direkte Umkehrung dieses Zeichen ist.

Das Urteil
Die Begeisterung. Fördernd ist es,
Gehilfen einzusetzen und Heere marschieren zu lassen.

Kommentar zur Entscheidung
Begeisterung. Das Feste findet Entsprechung, und sein Wille geschieht. Hingebung an die Bewegung: das ist Begeisterung. Weil die Begeisterung Hingebung an die Bewegung zeigt, darum sind Himmel und Erde einem zur Verfügung. Wieviel mehr erst kann man Gehilfen einsetzen und Heere marschieren lassen!
Himmel und Erde bewegen sich in Hingebung, darum überschreiten Sonne und Mond nicht ihre Bahn, und die vier Jahreszeiten irren sich nicht.
Der Berufene bewegt sich in Hingebung, da werden Bußen und Strafen gerecht, und das Volk fügt sich. Groß fürwahr ist der Sinn der Zeit der Begeisterung.

Das Zeichen Kun bedeutet Masse, daher Heer. Das Zeichen Dschen ist der älteste Sohn, der Führer der Massen. Daher der Gedanke der Einsetzung von Gehilfen (Lehnsfürsten) und das Marschieren von Heeren. Der Heerführer, dessen Wille Begeisterung erweckt und die andern, die sich ihm hingeben, in Bewegung setzt, ist die Neun auf viertem Platz, der Herr des Zeichens. Bewegung, die Hingebung findet, ist das Geheimnis der Naturgesetze ebenso wie der menschlichen Gesetze.

Das Bild
Der Donner kommt aus der Erde hervorgetönt:
das Bild der Begeisterung.
So machten die alten Könige Musik,
um die Verdienste zu ehren,
und brachten sie herrlich dem höchsten Gott dar,
indem sie ihre Ahnen dazu einluden.

Dschen ist der Laut des Donners, von dem die Bewegungen des wiedererwachenden Lebens begleitet sind. Dieser Laut ist das Vorbild für die Musik. Ferner ist Dschen das Zeichen, in dem Gott hervortritt, daher der Gedanke des höchsten Gottes. Das Kernzeichen Gen ist eine Tür, das Kernzeichen Kan bedeutet Abgründig-Geheimnisvolles, das deutet auf den Gedanken des Ahnentempels.

Die einzelnen Linien

Anfangs eine Sechs bedeutet:
a) Begeisterung, die sich äußert, bringt Unheil.
b) Die Anfangssechs äußert ihre Begeisterung; das bringt das Unheil, daß der Wille gehemmt wird.

Der Strich entspricht der oberen Sechs des letzten Zeichens; da auch hier das Sichäußern, aus denselben Gründen wie dort, nämlich bei Beziehung des Entsprechens zu dem starken Herrn des Zeichens, vorhanden ist. Der Anfangsstrich ist schwach, inkorrekt, isoliert, und statt vorsichtig zu sein, äußert er seine Begeisterung; das führt sicher zu Mißerfolg.

Sechs auf zweitem Platz bedeutet:
a) Fest wie ein Stein. Kein ganzer Tag.
Beharrlichkeit bringt Heil.
b) »Kein ganzer Tag. Beharrlichkeit bringt Heil«, weil er zentral und korrekt ist.

Der Strich ist am untersten Platz des Kernzeichens Gen, Berg, daher der Vergleich mit dem Stein. Die Bewegungsrichtung dieses Striches ist eher nach unten als nach oben gerichtet, daher die Bereitschaft, sich jederzeit zurückzuziehen, die aus der durch seine zentrale und korrekte Stellung angedeuteten Besonnenheit inmitten der Zeit der Begeisterung hervorgeht.

Sechs auf drittem Platz bedeutet:
a) Nach oben blickende Begeisterung schafft Reue.
Zögern bringt Reue.
b) »Nach oben blickende Begeisterung schafft Reue«, weil der Platz nicht der gebührende ist.

Der Strich ist schwach auf starkem Platz, und zwar auf dem Platz des Übergangs. Er wird angezogen von dem starken Strich auf viertem Platz, zu dem er in Begeisterung emporblickt, weil er zu ihm in der Beziehung des Zusammenhaltens steht. Darüber verliert er aber seine Selbständigkeit, was nicht gut ist.

- **Neun auf viertem Platz bedeutet:**
  a)   Der Ursprung der Begeisterung. Er erreicht Großes.
  Zweifle nicht!
  Die Freunde scharen sich um dich
  wie um eine Haarspange.
  b)   »Der Ursprung der Begeisterung. Er erreicht Großes.« Sein Wille geschieht im Großen.

Der Strich ist am Beginn des Zeichens Dschen, Bewegung, das nach oben strebt, gleichzeitig der einzige Yangstrich, nach dem sich alle andern richten, daher der Ursprung der Begeisterung. Die fünf Yin sind das Große, das erreicht wird. Es könnte durch das Übermaß der dunklen Striche ein Zweifel entstehen, der auch durch das Kernzeichen Kan, in dessen Mitte der Strich steht, nahegelegt werden könnte. Doch die fünf Yin sind dem Yang gegenüber gute Freunde, er einigt sie, wie eine Haarspange das Haar zusammenhält.

Sechs auf fünftem Platz bedeutet:
a)   Beharrlich krank und stirbt doch immer nicht.
b)   Die beständige Krankheit der Sechs auf fünftem Platz kommt daher, daß sie auf einem Harten beruht. Daß sie doch immer nicht stirbt, kommt daher, daß die Mitte noch nicht vorüber ist.

Der Platz ist eigentlich der Platz des Herrschers. Aber da der feste Strich Neun auf viertem Platz als Quelle der Begeisterung alle um sich vereinigt, wird dem fünften Platz die Begeisterung entzogen. Auf der Spitze des Kernzeichens Kan, das Herzkrankheit nahelegt, zeigt er sich chronisch krank. Da aber seine zentrale Position ihn davor behütet, daß er dadurch außer Fassung kommt, stirbt er dauernd nicht.

Oben eine Sechs bedeutet:
a)   Verblendete Begeisterung.
       Aber wenn man nach der Vollendung zur Änderung

kommt, so ist das kein Makel.
b) Verblendete Begeisterung an oberer Stelle: Wie könnte die dauern?

Eine schwache Linie auf der Höhe der Begeisterung: Das führt zur Verblendung. Allein der Strich steht gleichzeitig an der Spitze des oberen Zeichens Dschen, dessen Charakter die Bewegung ist. Darum ist damit zu rechnen, daß kein dauerndes Verharren in dieser Situation stattfindet.

隨

17. Sui – Die Nachfolge

Kernzeichen: ☴ Sun *und* ☶ Gen

Die Herren des Zeichens sind die Anfangsneun und die Neun auf fünftem Platz. Der Grund, weshalb das Zeichen die Nachfolge bedeutet, ist, daß der Starke es über sich bringt, sich unter das Schwache zu stellen. Der erste und der fünfte Strich sind beide stark und stehen unter schwachen Strichen, darum sind sie die Herren des Zeichens.

Die Reihenfolge
Wo Begeisterung ist, da gibt es sicher Nachfolge. Darum folgt darauf das Zeichen: die Nachfolge.

Vermischte Zeichen
Nachfolge duldet keine alten Vorurteile.

Beigefügte Urteile
Die Heroen zähmten das Rind und spannten das Pferd an. So konnten schwere Lasten befördert und ferne Gegenden erreicht werden, was der Welt zum Nutzen gereichte. Das entnahmen sie wohl dem Zeichen: die Nachfolge.

Das Zeichen besteht aus Bewegung unten und Heiterkeit oben. Das Zeichen, welches das Erregende unter dem Heiteren zeigt, legt den Gedanken der Ruhe nahe, namentlich da auch die Kernzeichen Sun, das Sanfte, und Gen, der Stillstand, in diese Richtung weisen. So ist die Einrichtung der Zähmung des Rindes und Pferdes als Mittel zur Arbeitsersparnis zu erklären. Der Erfolg erklärt sich aus der inneren Struktur des Zeichens. Die Beförderung schwerer Lasten wird nahegelegt durch das untere Kernzeichen Gen, Berg. Das Rind, das diese Lasten trägt, entspricht der Erde (der Berg gehört zur Erde). Die Erreichung ferner Gegenden wird nahegelegt durch das obere Kernzeichen Sun, Wind, der

überall hinkommt. Der Reisewagen wird gezogen durch das Pferd, das wie der Himmel beweglich ist (der Wind gehört zum Himmel).
Dui ist die jüngste Tochter, Dschen der älteste Sohn; auch im Zeichen als Ganzem, ebenso wie in den beiden Herren, stellt sich das Starke unter das Schwache, um Nachfolge zu erzielen. Die Bewegung beider Zeichen ist gleichsinnig nach oben gerichtet.

Das Urteil
Die Nachfolge hat erhabenes Gelingen.
Fördernd ist Beharrlichkeit. Kein Makel.

Kommentar zur Entscheidung
Die Nachfolge. Das Feste kommt und stellt sich unter das Weiche. Bewegung und Heiterkeit: die Nachfolge. Großes Gelingen und Beharrlichkeit ohne Makel, so folgt einem die ganze Welt.
Groß fürwahr ist der Sinn der Zeit der Nachfolge.

Zunächst wird aus der Gestalt und den Eigenschaften des Zeichens der Name erklärt. Das Feste, das kommt, d. h. von oben nach unten gerichtet ist, und sich unter das Weiche stellt, ist einerseits Dschen, das sich unter Dui stellt, andererseits die beiden Herren des Zeichens auf dem ersten und fünften Platz, die sich beide unter die weichen Striche stellen.
Dschen hat als Eigenschaft die Bewegung, Dui die Heiterkeit. Einer Bewegung, die mit Heiterkeit verknüpft ist, schließen sich leicht Nachfolger an. In der Erklärung der Worte des Textes wird ebenfalls der Grundsatz ausgesprochen, daß man erst den Dingen in der rechten Weise folgen muß, damit die Dinge einem folgen.

Das Bild
Inmitten des Sees ist der Donner:
das Bild der Nachfolge. So kehrt der Edle zur Zeit des
Abenddunkels zu Erholung und Ruhe ein.

Das Zeichen Dschen steht im Osten, Dui im Westen. Die Zeit dazwischen ist die Nacht. Ebenso ist im Jahr die Zeit gezeichnet, wo zwischen achtem und zweitem Monat der Donner im See ruht. Dadurch entsteht der Gedanke des Nachfolgens, Sichrichtens nach den Gesetzen der Natur.

Durch dieses Ruhen wird die Kraft zu neuem Handeln gestählt. Das Einkehren wird durch das obere Kernzeichen, Sun, das Hineingehen bedeutet, und die Ruhe durch das untere Kernzeichen, Gen, das Stillehalten bedeutet, nahegelegt.

Die einzelnen Linien

- **Anfangs eine Neun bedeutet:**
  - a) Das Maßgebende ändert sich. Beharrlichkeit bringt Heil.
     Zur Tür hinausgehen im Verkehr schafft Werke.
  - b) »Das Maßgebende ändert sich.« Dem Korrekten folgen bringt Heil.
     »Zur Tür hinausgehen im Verkehr schafft Werke.« Man verliert sich nicht.

Der Strich ist der Herr des Zeichens Dschen. Er könnte als Maßgebender Nachfolge verlangen, aber er ändert sich und folgt der Sechs auf zweitem Platz; da diese Linie zentral und korrekt ist, bringt diese Ausnahme Heil. »Zur Tür hinausgehen« – weil nämlich der Strich sich außerhalb des unteren Kernzeichens, Gen, befindet, das die Bedeutung einer Tür hat.

Sechs auf zweitem Platz bedeutet:
- a) Hängt man sich an den kleinen Knaben,
   so verliert man den starken Mann.
- b) »Hängt man sich an den kleinen Knaben«: Man kann nicht mit beiden zugleich sein.

Der kleine Knabe ist die schwache Sechs auf drittem Platz, der starke Mann ist die starke Anfangsneun. Die Richtung der Nachfolge legt es an sich nahe, daß die zweite Linie der dritten folgt. Allein diese ist schwach und unzuverlässig, darum der Rat, sich eher an den starken Mann unten zu halten, da man nicht beide gleichzeitig haben kann.

Sechs auf drittem Platz bedeutet:
- a) Hängt man dem starken Mann an,
   so verliert man den kleinen Knaben.

Durch Nachfolge findet man, was man sucht.
Fördernd ist es, beharrlich zu bleiben.

b) »Hängt man dem starken Mann an«, so läßt der Wille den Unteren fahren.

Hier ist der kleine Knabe die Sechs auf zweitem Platz, der starke Mann die Neun auf viertem Platz. Entsprechend der Bewegung der Nachfolge soll man sich an den Starken vor sich halten und den Schwachen unter sich fahren lassen. Der Starke ist auf dem Platz des Ministers. Darum bekommt man bei ihm, was man sucht. Aber es gilt, beständig zu bleiben, daß man nicht von der rechten Bahn abweicht.

Neun auf viertem Platz bedeutet:
a) Die Nachfolge schafft Erfolg. Beharrlichkeit bringt Unheil.
Mit Wahrhaftigkeit auf dem Weg zu wandeln,
bringt Klarheit.
Wie könnte das ein Makel sein?
b) »Die Nachfolge schafft Erfolg«: Das ist von unheilvoller Bedeutung.
»Mit Wahrhaftigkeit auf dem Weg wandeln«: Das bringt klare Werke.

Der Strich ist der Minister, der dem starken Strich und Herrn des Zeichens, Neun auf fünftem Platz, folgt. Dadurch erreicht er den Erfolg, daß ihm die Menschen nachfolgen, einen Erfolg, den er nicht abwehren kann, da er nicht korrekt ist (stark auf schwachem Platz). Dadurch zieht er sich Unheil zu. Das Zeichen Dschen bedeutet einen großen Weg. Der Strich ist oberhalb desselben, also auf dem Wege. Das Kernzeichen Gen bedeutet Helligkeit und Licht.

- **Neun auf fünftem Platz bedeutet:**
a) Wahrhaft im Guten. Heil!
b) »Wahrhaft im Guten. Heil!«
Der Platz ist korrekt und zentral.

Der obere Strich ist das Bild eines Weisen, der sich von der Welt zurückgezogen hat. Neun auf fünftem Platz, der Herrscher, folgt ihm nach; durch seine korrekte und zentrale Art ist er davor bewahrt, sich nach den unter ihm Stehenden zu richten, von denen ihm nichts Gutes kommen würde.

Oben eine Sechs bedeutet:
a) Er findet feste Anhänglichkeit
    und wird noch dazu gebunden.
    Der König stellt ihn dem Westberg vor.
b) »Er findet feste Anhänglichkeit.«
    Nach oben ist es zu Ende.

Der Strich steht an der Spitze und hat keinen mehr vor sich, dem er folgen könnte. Darum zieht er sich zurück aus der Welt. Er wird aber von dem Herrscher, Neun auf fünftem Platz, zurückgeholt durch dessen feste Anhänglichkeit. Der Westberg wird nahegelegt durch das Kernzeichen Berg und das obere Zeichen Dui, dessen Richtung der Westen ist.

18. Gu – Die Arbeit am Verdorbenen

 Kernzeichen: ☳ Dschen *und* ☱ Dui

Der Herr des Zeichens ist die Sechs auf fünftem Platz; denn alle Striche sind damit beschäftigt, Verdorbenes auszugleichen, aber erst beim fünften ist die Arbeit fertig. Darum haben alle Striche Warnungen beigefügt, und nur vom fünften heißt es: Man findet Lob.

Die Reihenfolge
Wenn man in Lust andern folgt, so gibt es sicher Geschäfte. Darum folgt darauf das Zeichen: die Arbeit am Verdorbenen.
Arbeit am Verdorbenen bedeutet Geschäfte.

Vermischte Zeichen
Arbeit am Verdorbenen. Danach gibt es Ordnung.

Die Struktur des Zeichens ist nicht günstig: oben das lastende Gen, unten das sanfte, energielose Sun, die älteste Tochter, die sich mit dem jüngsten Sohn abgibt. Aber diese Stagnation ist nichts Dauerndes, Unabänderliches. Die Kernzeichen zeigen andere Richtung: Dschen, das aus Dui hervorkommt. Beide sind in ihren Bewegungen nach oben gerichtet, energisch und fröhlich die Arbeit des Bessernd unternehmend. Das Zeichen ist die Umkehrung des vorigen.

Das Urteil
Die Arbeit am Verdorbenen hat erhabenes Gelingen.
Fördernd ist es, das große Wasser zu durchqueren.
Vor dem Anfangspunkt drei Tage,
nach dem Anfangspunkt drei Tage.

Kommentar zur Entscheidung
Die Arbeit am Verdorbenen: Das Feste ist oben und das Weiche unten, sanft und stillstehend: das Verdorbene.
»Die Arbeit am Verdorbenen hat erhabenes Gelingen«, und die Welt kommt in Ordnung.
»Fördernd ist es, das große Wasser zu durchqueren.« Beim Hingehen wird man Geschäfte haben.
»Vor dem Anfangspunkt drei Tage, nach dem Anfangspunkt drei Tage.«
Daß auf jedes Ende ein neuer Anfang folgt, das ist der Lauf des Himmels.

Es wird aus der Gestalt des Zeichens und den Eigenschaften der Figuren der Name des Zeichens erklärt. Umgekehrt wie beim vorigen Zeichen ist das Starke, Aufwärtsstrebende oben und das Schwache, Sinkende unten. Auf diese Weise gehen die Bewegungen auseinander, es fehlen die Beziehungen. Die Eigenschaften der beiden Figuren sind innerliche Schwäche, sanftes, unentschlossenes Gehenlassen und außen Stillstand: Das führt zum Verderben.
Aber das so Verdorbene stellt zugleich die Aufgabe, daran zu arbeiten mit der Aussicht auf Erfolg. Durch die Arbeit am Verdorbenen kommt die Welt wieder in Ordnung. Man muß allerdings etwas unternehmen. Das Durchqueren des großen Wassers wird nahegelegt durch die untere Figur, die Holz – daher Schiff und Wind, daher Vorankommen – bedeutet, und durch das untere Kernzeichen Dui, der See.
Der Satz »Vor dem Anfangspunkt« heißt wörtlich »vor dem Zeichen Gia«. Das Zeichen Dschen im Osten bedeutet den Frühling und die Liebe. Es hat die zyklischen Zeichen Gia (und I) bei sich. Gia ist der Anfangspunkt.* Vor den drei Frühlingsmonaten, deren Tage Gia (und I) heißen, liegt der Winter. Hier ist das Ende der Dinge der Vergangenheit. Nach den Frühlingsmonaten kommt der Sommer; vom Frühling bis zum Sommer ist der neue Anfang. Die Worte »Vor dem Zeichen Gia drei Tage, nach dem Zeichen Gia drei Tage« werden also

---

* Die zehn zyklischen Zeichen sind:

Gia und I	Osten	Frühling	Holz	Liebe
Bing und Ding	Süden	Sommer	Feuer	Sitte
Mou und Gi	Mitte		Erde	Treue
Gong und Sin	Westen	Herbst	Metall	Gerechtigkeit
Jen und Gui	Norden	Winter	Wasser	Weisheit

erklärt durch die Worte des Kommentars: »Daß auf jedes Ende immer ein neuer Anfang folgt, das ist der Lauf des Himmels.« Da es sich in diesem Zeichen um innere Verhältnisse, Arbeit an dem von den Eltern Verdorbenen, handelt, muß Liebe vorwalten und sich über Anfang und Ende erstrecken (vgl. das Zeichen Sun, das Sanfte, Nr. 57).

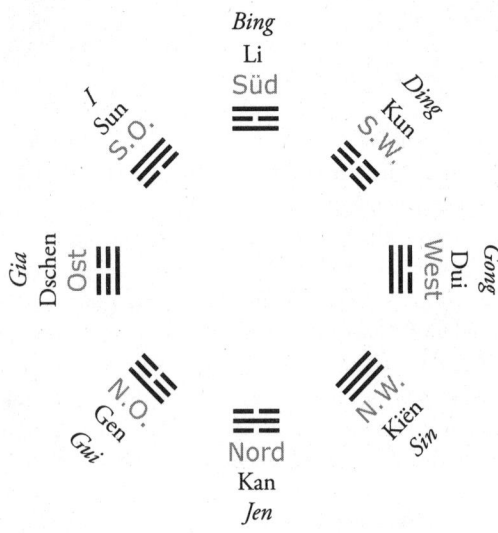

Eine andere Erklärung ergibt sich aus der einfachen Betrachtung der abgebildeten Zeichen in der innerweltlichen Reihenfolge. Der Anfangspunkt (Gia) ist Dschen. Gehen wir von hier drei Zeichen zurück, so kommen wir auf das Zeichen Kiën, das Schöpferische. Gehen wir drei Zeichen voran, so kommen wir auf Kun, das Empfangende. Kiën und Kun aber sind Vater und Mutter, und das Zeichen bezieht sich auf die Arbeit an dem von Vater und Mutter Verdorbenen.

Das Bild

Unten am Berg weht der Wind: das Bild des Verderbens.
So rüttelt der Edle die Leute auf und stärkt ihren Geist.

Der Wind, der am Berg herabfällt, bewirkt das Verderben. Aber andererseits wird durch die umgekehrte Bewegung – erst der Wind unter Einwirkung von Dschen, Erregung, der die Dinge aufrüttelt, und dann der Berg im Verein mit dem See, der heiter und nährend den Geist der Menschen pflegt – die Arbeit am Verdorbenen gezeigt.

Die einzelnen Linien

Anfangs eine Sechs bedeutet:
a) Zurechtbringen des vom Vater Verdorbenen.
   Wenn ein Sohn da ist,
   bleibt auf dem heimgegangenen Vater kein Makel.
   Gefahr. Schließlich Heil.
b) »Zurechtbringen des vom Vater Verdorbenen.«
   In seinen Gedanken empfängt er den heimgegangenen Vater.

Wenn der erste und der oberste Strich sich wandeln, so wird aus dem Zeichen das Zeichen Tai, der Friede, in dem der Vater, Kiën, unten und die Mutter, Kun, oben ist. Daher der wiederholte Gedanke des Besserns des vom Vater bzw. der Mutter Verdorbenen.
Der Strich steht zu dem starken auf zweitem Platz in innerer Beziehung des Empfangens.

Neun auf zweitem Platz bedeutet:
a) Zurechtbringen des von der Mutter Verdorbenen.
   Man darf nicht zu beharrlich sein.
b) »Zurechtbringen des von der Mutter Verdorbenen.« Er findet den
   mittleren Weg.

Der Strich ist stark und zentral, am Anfang des Kernzeichens Dui, daher heiter. Da der Strich in Beziehung des Entsprechens zu der schwachen Sechs auf fünftem Platz steht, die die Mutter darstellt, darf die Stärke nicht in allzu starrer Beharrlichkeit übertrieben werden.

Neun auf drittem Platz bedeutet:
a)   Zurechtbringen des vom Vater Verdorbenen.
     Ein wenig wird es Reue geben. Kein großer Makel.
b)   »Zurechtbringen des vom Vater Verdorbenen.« Dabei ist endgültig kein Fehler.

Der Strich ist zu Beginn des Kernzeichens Dschen, der älteste Sohn, daher das Bild der Arbeit an dem vom Vater Verdorbenen. Der Strich ist zu stark auf starkem Platz des Übergangs. Man sollte daher denken, die Situation bringe Fehler mit sich. Aber die Güte der Absicht entschädigt in diesem Fall.

Sechs auf viertem Platz bedeutet:
a)   Dulden des vom Vater Verdorbenen.
     Beim Fortmachen sieht man Beschämung.
b)   »Dulden des vom Vater Verdorbenen.« Er geht hin, aber findet noch nichts.

Der Strich ist besonders schwach, auf der Spitze des Kernzeichens Dui, das Heitere. Durch Gewährenlassen wird in der vorliegenden Situation nichts erreicht.

- **Sechs auf fünftem Platz bedeutet:**
a)   Zurechtbringen des vom Vater Verdorbenen.
     Man findet Lob.
b)   »Zurechtbringen des vom Vater Verdorbenen. Man findet Lob.«
     Er empfängt ihn in Tugend.

Der Strich ist zentral auf geehrtem Platz und weich, daher aufs beste geeignet, Fehler der Vergangenheit schonend und doch energisch zu verbessern.

Oben eine Neun bedeutet:
a)   Dient nicht Königen und Fürsten.
     Steckt sich höhere Ziele.
b)   »Dient nicht Königen und Fürsten.«

Solche Gesinnung kann man zum Muster nehmen. Der Strich ist ganz oben, stark auf dem Gipfel des Zeichens Gen, der Berg. Daher dient er nicht dem

König auf fünftem Platz, sondern steckt sich seine Ziele höher. Er arbeitet nicht für eine einzelne Zeit, sondern für die Welt und alle Zeiten.

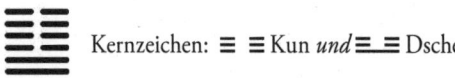

19. Lin – Die Annäherung

Kernzeichen: ☷ Kun *und* ☳ Dschen

Die Herren des Zeichens sind die Anfangsneun und die Neun auf zweitem Platz, von denen es im Kommentar zur Entscheidung heißt: »Das Feste dringt ein und wächst.«

Die Reihenfolge
Wenn es Geschäfte gibt, dann kann man groß werden. Darum folgt darauf das Zeichen: die Annäherung. Annäherung bedeutet groß werden.

Vermischte Zeichen
Die Bedeutung der Zeichen Annäherung und Betrachtung ist, daß sie teils geben, teils nehmen.

Die Organisation des Zeichens ist durchaus günstig: Die zwei Striche, die von unten eintreten und nach oben dringen, geben der Gestalt des Gesamtzeichens ihren Charakter. Unten Dui steigt nach oben, die obere Figur, Kun, sinkt nach unten, so kommen die Bewegungen einander entgegen. Dasselbe findet in noch erhöhtem Maße bei den Kernzeichen statt. Das untere, Dschen, ist der Donner, der nach oben steigt, während Kun, das obere, sich nach unten bewegt.

Das Urteil
Die Annäherung hat erhabenes Gelingen.
Fördernd ist Beharrlichkeit.
Kommt der achte Monat, so gibt's Unheil.

Kommentar zur Entscheidung
Die Annäherung. Das Feste dringt ein und wächst. Heiter und hingebend, das Feste ist in der Mitte und findet Entsprechung: »Großes Gelingen durch Korrektheit«; das ist der Lauf des Himmels.

»Kommt der achte Monat, so gibt's Unheil.«
Die Abnahme läßt nicht lange auf sich warten.

Der Name des Zeichens wird aus der Gestalt erklärt. Das Feste, das eindringt und wächst, sind die beiden Yangstriche. Heiterkeit und Hingebung sind die Eigenschaften der beiden Teilfiguren. Das Feste in der Mitte, das Entsprechung findet, ist die Neun auf zweitem Platz. Von ihr aus werden die Worte des Zeichens erklärt. Der achte Monat wird dadurch nahegelegt, daß das nächstfolgende Zeichen Guan (der Anblick, die Betrachtung), bei dem die Starken ebenso im Rückzug begriffen sind wie hier im Vordringen, genau acht Monate auf dieses Zeichen im Lauf des Jahres folgt.

Das Bild
Oberhalb des Sees ist die Erde: das Bild der Annäherung.
So ist der Edle in seiner Absicht zu lehren unerschöpflich
und im Ertragen und Schützen des Volkes ohne Grenzen.

Der See, der durch seine unerschöpfliche Feuchtigkeit die Erde befruchtet, legt das Lehren, das die Menschen innerlich befruchtet, nahe. Die Erde bedeutet die Massen, daher das Tragen und Schützen des Volkes.

Die einzelnen Linien

- **Anfangs eine Neun bedeutet:**
  a) Gemeinsame Annäherung. Beharrlichkeit bringt Heil.
  b) »Gemeinsame Annäherung. Beharrlichkeit bringt Heil.«
     Sein Wille ist es, korrekt zu handeln.

Der Strich geht mit dem zweiten gemeinsam vor, daher gemeinsame Annäherung. In dem Wort gemeinsam liegt gleichzeitig der Begriff der Anregung, Beeinflussung. Er sucht, herbeigerufen, den schwachen Strich auf zweitem Platz zu beeinflussen.* Aber sein Wille ist es, korrekt zu handeln, denn er ist stark auf starkem Platz.

---

* Die Linie ist stark, aber der Platz ist schwach.

- **Neun auf zweitem Platz bedeutet:**
  a) Gemeinsame Annäherung. Heil! Alles ist fördernd.
  b) »Gemeinsame Annäherung. Heil! Alles ist fördernd.«
  Man braucht sich dem Schicksal nicht hinzugeben.

Hier beim oberen Herrn des Zeichens ist daran erinnert, daß, wie der gemeinsame Aufstieg der beiden Starken im Schicksal begründet ist, so auch seinerzeit das Schicksal den Rückgang mit sich bringe. Aber indem – dem Kernzeichen Dschen entsprechend – rechtzeitig eine Bewegung angeregt wird, die nach oben geht, ist diese Bewegung stark genug, auch dem Schicksal entgegenzuwirken, wenn seine Folgen ohne diese Vorkehrungen einzutreten begännen.

Sechs auf drittem Platz bedeutet:
a) Behagliche Annäherung. Nichts, das fördernd wäre.
Erreicht man Trauer darüber, so wird man ohne Makel.
»Behagliche Annäherung.«
b) Der Platz ist nicht der gebührende.
Ein Makel, worüber Trauer erreicht ist, dauert nicht länger.

Der dritte Strich steht auf der Spitze der Heiterkeit, daher behagliche Annäherung. Sein Platz ist nicht der rechte. Er ist schwach auf starkem Platz, daher ist nichts fördernd.
Der Strich steht aber auch inmitten des Kernzeichens Dschen, das Erschütterung und Schrecken bedeutet, daher die Möglichkeit der Reue. Indem dadurch Bewegung eintritt – ebenfalls Charakter von Dschen –, wird der Fehler überwunden.

Sechs auf viertem Platz bedeutet:
a) Vollkommene Annäherung. Kein Makel.
b) »Vollkommene Annäherung. Kein Makel«, denn der Platz ist der gebührende.

Hier ist die innigste Annäherung des oberen und unteren Zeichens aneinander. Der Platz ist gebührend: weiche Linie auf weichem Platz. Er steht in Entsprechung zur Anfangsneun.

Sechs auf fünftem Platz bedeutet:
a) Weise Annäherung. Das ist recht für
 einen großen Fürsten. Heil!
b) Was für einen großen Fürsten recht ist, damit ist gemeint,
 daß er in der Mitte wandeln soll.

Die Weisheit besteht darin, daß die schwache Linie auf dem zentralen Platz des Herrschers den starken, tüchtigen Mann auf zweitem Platz, zu dem Entsprechung vorhanden ist, kennt und würdigt. Der gemeinsame zentrale Wandel ist das Band, das beide verbindet.

Oben eine Sechs bedeutet:
a) Großherzige Annäherung. Heil. Kein Makel.
b) »Großherzige Annäherung.«
 Der Wille ist nach innen gerichtet.

An sich sollte man denken, daß die Sechs an oberster Stelle, die keine Entsprechung hat, sich von den übrigen zurückzieht. Aber in der Zeit der Annäherung ist sie nach innen, d. h. nach unten, gerichtet, so daß sie in Beziehung mit den übrigen Strichen des Zeichens bleibt.

20. Guan – Die Betrachtung (der Anblick)

 Kernzeichen: ☶ Gen *und* ☷ Kun

Die Herren des Zeichens sind die Neun auf fünftem Platz und die obere Neun. Der Satz im Kommentar zur Entscheidung »Ein großer Anblick ist oben« bezieht sich auf sie.

Die Reihenfolge
Wenn die Dinge groß sind, dann kann man sie betrachten. Darum folgt darauf das Zeichen: die Betrachtung.

Vermischte Zeichen
Die Bedeutung der Zeichen Annäherung und Betrachtung ist, daß sie teils geben, teils nehmen.

Das Zeichen ist die Umkehrung des vorigen: oben ein Baum, darunter die Erde. Der Baum auf der Erde ist ein Anblick. Darauf weist auch das obere Kernzeichen Gen, der Berg, hin, der auch ragend und sichtbar ist. Das Zeichen hat den Doppelsinn, daß es »teils gibt«, d. h. einen erhabenen Anblick gewährt, »teils nimmt«, d. h. betrachtet, durch Betrachtung etwas erlangen will.

Das Urteil
Die Betrachtung.
Die Waschung ist geschehen, aber noch nicht die Darbringung.
Vertrauensvoll blicken sie zu ihm auf.

Kommentar zur Entscheidung
Ein großer Anblick ist oben. Hingebend und sanft. Zentral und korrekt ist er ein Anblick für die Welt.

»Die Betrachtung. Die Waschung ist geschehen, aber noch nicht die Darbringung.«
Vertrauensvoll blicken sie zu ihm auf.
Die Unteren blicken nach ihm und werden umgestaltet. Er läßt sie des Himmels göttlichen Weg erblicken, und die vier Jahreszeiten weichen nicht ab von ihrer Regel. So benützt der Heilige den göttlichen Weg, um Belehrung zu spenden, und die ganze Welt fügt sich ihm.

Der große Anblick oben sind die beiden Striche auf fünftem und oberstem Platz. Hingebend ist die untere Figur, Kun, sanft die obere, Sun. Zentral und korrekt ist die Neun auf fünftem Platz, der Herrscher des Zeichens. Das Kernzeichen Berg, das übereinandergeschoben bzw. verdoppelt in dem ganzen Zeichen erscheint (statt ☷ steht ☶), deutet auf Tore und Paläste, daher der Gedanke des geheimnisvoll verschlossenen Ahnentempels. Gen ist die Hand, Sun ist rein, daher gewaschene Hände. Gen ist innehalten, daher das unvollendete Opfer. Die Handlung des Opfers wird den Menschen gezeigt und von ihnen betrachtet. Der Heilige kennt die Gesetze des Himmels. Er zeigt sie dem Volk, und was er voraussagt, bewahrheitet sich. Die Ereignisse weichen nicht ab von dem, was er vorausgesagt hat, so wie die Jahreszeiten nach göttlich festen Gesetzen sich bewegen. So benützt er seine Kenntnis der göttlichen Wege, das Volk zu belehren, und das Volk traut ihm und blickt zu ihm auf.

Das Bild
Der Wind geht über die Erde hin:
das Bild der Betrachtung.
So besuchten die alten Könige die Weltgegenden,
betrachteten das Volk und spendeten Belehrung.

Der Wind kommt überall hin auf Erden und zeigt alles. So wird durch das Zeichen Sun, Wind, das Reisen der alten Könige symbolisiert, durch das Zeichen Kun, Erde, die Weltgegenden. Das Betrachten ist das Nehmen, die Belehrung das Geben des Zeichens.

Die einzelnen Linien

Anfangs eine Sechs bedeutet:
a) Knabenhaftes Betrachten.
   Für einen geringen Menschen kein Makel.
   Für einen Edlen beschämend.
b) Das knabenhafte Betrachten der Anfangssechs ist der Weg der geringen Leute.

Die Sechs an erster Stelle ist das Bild eines kleinen (weil Yinlinie) Knaben (weil an Yangplatz); sie ist vom Gegenstand, nach dem alle blicken, vom Fürsten auf fünftem Platz, sehr weit entfernt und ohne Beziehung zu ihm, daher der Gedanke des knabenhaft unerfahrenen Umherblickens.

Sechs auf zweitem Platz bedeutet:
a) Betrachtung durch die Türspalte.
   Fördernd ist die Beharrlichkeit einer Frau.
b) Betrachtung durch die Türspalte ist selbst bei Beharrlichkeit der Frau doch beschämend.

Das Kernzeichen Gen deutet auf eine Tür, das Zeichen Kun auf eine geschlossene Tür, daher Türspalte. Die Sechs auf zweitem Platz deutet auf ein Mädchen; die Linie steht zu Neun auf fünftem Platz in der Beziehung des Entsprechens, daher ist Verbindung vorhanden, wenn auch sehr behinderte.

Sechs auf drittem Platz bedeutet:
a) Betrachtung meines Lebens entscheidet
   über Fortschritt oder Rückzug.
b) »Betrachtung meines Lebens entscheidet über Fortschritt oder Rückzug.« Der rechte Weg ist nicht verloren.

Hier ist ein schwacher Strich am Platz des Überganges unentschieden, ob er vorwärts oder rückwärts soll. Er ist unten am Kernzeichen Gen, Berg. Daher der Rückblick auf sein Leben, daher auch der Gedanke des rechten Weges.

Sechs auf viertem Platz bedeutet:
a)   Betrachtung des Lichtes des Reiches.
    Fördernd ist es, als Gast eines Königs zu wirken.
b)   »Betrachtung des Lichtes des Reiches.« Man wird als Gast geehrt.

Der Strich ist an oberster Stelle des Kernzeichens Kun, das Reich bedeutet, gleichzeitig in der Mitte des Kernzeichens Gen, das Licht bedeutet. Er ist ferner dem starken zentralen Herrscher, Neun auf fünftem Platz, nahe und steht zu ihm in Verbindung des Empfangens. Daher der Gedanke, daß er als Gast behandelt wird.

- **Neun auf fünftem Platz bedeutet:**
    a)   Betrachtung meines Lebens.
        Der Edle ist ohne Makel.
    b)   »Betrachtung meines Lebens«, d. h. Betrachtung des Volkes.

Hier ist der Herr des Zeichens auf geehrtem Platz, zentral und korrekt, auf der Spitze des Kernzeichens Gen, Berg, daher der Ausblick über das Leben wie von einem Berg aus. Der Gegenstand der allgemeinen Betrachtung betrachtet sich hier selbst, und zwar in den Wirkungen, die er aufs Volk ausgeübt hat.

- **Oben eine Neun bedeutet:**
    a)   Betrachtung seines Lebens.
        Der Edle ist ohne Makel.
    b)   »Betrachtung seines Lebens.« Der Wille ist noch nicht befriedigt.

Hier ist ein Herr des Zeichens, der von der höchsten Höhe aus auf die Neun auf fünftem Platz blickt. Er hat die Welt noch nicht vergessen, daher kümmert er sich noch um ihre Angelegenheiten.

噬嗑

21. Schï Ho – Das Durchbeißen

Kernzeichen: ☵ Kan *und* ☶ Gen

Der Herr des Zeichens ist die Sechs auf fünftem Platz, von der es im Kommentar zur Entscheidung heißt: »Das Weiche erhält den Ehrenplatz und geht nach oben.«

Die Reihenfolge
Wenn etwas da ist, das man betrachten kann, dann gibt es etwas, das Vereinigung schafft. Darum folgt darauf das Zeichen: das Durchbeißen. Durchbeißen bedeutet Vereinigung.

Vermischte Zeichen
Das Durchbeißen bedeutet Aufzehren.

Beigefügte Urteile
Wenn die Sonne im Mittag stand, hielt der göttliche Landmann Markt ab. Er ließ die Leute auf Erden herbeikommen und versammelte die Waren auf Erden. Sie tauschten sie gegenseitig aus, dann kehrten sie zurück, und jedes kam an seinen Platz. Das entnahm er wohl dem Zeichen: das Durchbeißen.

Das Zeichen wird hier von der Bedeutung der beiden Einzelfiguren aus erklärt. Das Zeichen Li bedeutet die Sonne, die hoch oben steht, während unten das Gewühl des Marktes sich bewegt. Die innere Struktur des Zeichens ist übrigens keineswegs so günstig, wie die äußere Gestalt schließen lassen könnte. Wohl ist Klarheit und Bewegung vorhanden, aber als Widerstände stehen die Kernzeichen Gefahr und Stillstand dazwischen, beide durch den einen verhängnisvollen Strich auf viertem Platz gebildet.

Das Urteil
Das Durchbeißen hat Gelingen.
Fördernd ist es, Gericht walten zu lassen.

Kommentar zur Entscheidung
Zwischen den Mundwinkeln ist ein Ding. Das heißt das Durchbeißen.
»Das Durchbeißen, und zwar mit Gelingen.« Denn fest und weich ist
unterschieden. Bewegung und Klarheit. Donner und Blitz sind vereint
und bilden Linien. Das Weiche erhält den Ehrenplatz und geht nach
oben. Obwohl es nicht auf gebührendem Platz ist, ist es fördernd, Gericht
walten zu lassen.

Es wird hier aus der Gestalt des Zeichens der Name erklärt. Der obere und der
untere Strich sind die beiden Kiefer. Zwischen beiden steht die Neun auf viertem
Platz als Hindernis, das durch Zubeißen beseitigt werden muß. Das deutet auf
die Notwendigkeit der Anwendung von Gewalt. Die festen Yangstriche und
die weichen Yinstriche heben sich deutlich gezeichnet voneinander ab, ohne
auseinanderzufallen. Das ist das Material des Zeichens. So scheiden sich Schuld
und Unschuld deutlich vor dem Auge des gerechten Richters.
Bewegung ist die Eigenschaft von Dschen, Klarheit die von Li, beide gehen in
ihrer Bewegungsrichtung nach oben, so vereinigen sie sich und geben sichtbar
klare Linien. Die Bewegungen sind getrennt, das Zusammenkommen geschieht
am Himmel, worauf die Blitzlinie erscheint.*
Der Herr des Zeichens ist von Natur weich, das ist für Prozesse gut, denn er
wirkt dann nicht grausam. Weil er andererseits nicht weich auf weichem Platz,
sondern weich auf festem Platz ist, wird diese Weichheit durch die Festigkeit
des Platzes ausgeglichen, so daß sie nicht zur Schwäche wird.

Das Bild
Donner und Blitz: das Bild des Durchbeißens.
So festigten die früheren Könige
die Gesetze durch klar bestimmte Strafen.

---

* Wir würden hier von dem Ausgleich der positiven und negativen Elektrizität reden, deren Entladung zum Blitz führt.

Donner und Blitz folgen unfehlbar aufeinander. Es heißt Donner und Blitz, nicht Blitz und Donner, weil die Bewegung von unten aus geht. Übrigens heißt der Text nach HIANG AN SCHI auf einer alten Steinschrift: »Blitz und Donner.« Die klare Bestimmung der Schwere der Strafen, die dazu dient, daß die Menschen die Übertretungen zu vermeiden imstande sind, soll dem Blitz gleichen. Die Strafe entspricht dem oberen Kernzeichen Gefahr. Die Festigung der Gesetze, um die Lässigen einzuschüchtern, soll mit der Entschiedenheit des Donners erfolgen. Die Gesetze sind fest und ruhen wie das untere Kernzeichen Berg.

Die einzelnen Linien

Anfangs eine Neun bedeutet:
a) Steckt mit den Füßen im Block, daß die Zehen verschwinden.
 Kein Makel.
b) »Steckt mit den Füßen im Block, daß die Zehen verschwinden.
 Kein Makel.«
 Er kann nicht gehen.

Dschen ist der Fuß, hier unten daher die Zehen. Dschen ist ferner der Block. Der Anfangsstrich ist hart und unbeugsam, daher muß er bestraft werden. Da er aber bei der ersten Bewegung gefaßt wird, so wird er sich bessern durch eine leichte Strafe, daher kein Makel.

Sechs auf zweitem Platz bedeutet:
a) Beißt durch weiches Fleisch, daß die Nase verschwindet.
 Kein Makel.
b) »Beißt durch weiches Fleisch, daß die Nase verschwindet.«
 Er beruht auf einem Harten.

Das Kernzeichen Gen bedeutet die Nase. Sechs auf zweitem Platz ist weich auf weichem Platz und ruht auf der harten Anfangsneun, daher geht sie im Strafen etwas zu weit.

Sechs auf drittem Platz bedeutet:
a)   Beißt auf altes Dörrfleisch und trifft auf Giftiges.
     Kleine Beschämung. Kein Makel.
b)   »Trifft auf Giftiges.« Der Platz ist nicht der gebührende.

Das Kernzeichen Kan bedeutet Gift. Der Platz ist nicht der gebührende: ein schwacher Strich auf starkem Platz zur Zeit des Übergangs. Infolge der mangelnden Macht verschleppen sich die Entscheidungen.

Neun auf viertem Platz bedeutet:
a)   Beißt auf getrocknetes Knorpelfleisch.
     Erhält Metallpfeile.
     Fördernd ist es,
     der Schwierigkeiten eingedenk und beharrlich zu sein.
     Heil!
b)   »Fördernd ist es, der Schwierigkeiten eingedenk und beharrlich zu sein. Heil!«
     Er leuchtet noch nicht.

Fest auf weichem Platz deutet auf Fleisch mit Knochen. Das wird durch die Sonne (Li, an dessen Anfang der Strich steht) getrocknet. Das Kernzeichen Kan bedeutet Pfeile. Der Strich ist am Platz des Beamten. Er ist stark, aber infolge der Schwäche seines Platzes bleibt er sich der Schwierigkeiten bewußt, daher Heil. Der Strich leuchtet noch nicht, obwohl er am Anfangsplatz von Li ist, weil er in der Mitte des Kernzeichens Kan ist.

- **Sechs auf fünftem Platz bedeutet:**
   a)   Beißt auf getrocknetes Muskelfleisch.
        Erhält gelbes Gold.
        Beharrlich der Gefahr bewußt sein. Kein Makel.
   b)   »Beharrlich der Gefahr bewußt sein, kein Makel!«
        Er hat das Gebührende gefunden.

Der Strich ist weich, darum Muskelfleisch, inmitten von Li, daher getrocknetes Fleisch. Durch Umschlag wird das obere Zeichen zu Kiën, das Metall bedeutet. Als mittlerer Strich von Kun hat er die gelbe Farbe, daher gelbes Gold. Es gelingt ihm durch seine Milde, auf geehrtem Platz durchzubeißen, und er bekommt gelbes Gold, das Bild der Festigkeit und Treue. Daher findet er das Rechte, Gebührende, in der Entscheidung, so daß alles recht wird.

Oben eine Neun bedeutet:
a)   Steckt mit dem Hals im hölzernen Kragen,
daß die Ohren verschwinden.
Unheil!

b)   »Steckt mit dem Hals im hölzernen Kragen, daß die Ohren verschwinden.«
Sein Gehör ist nicht klar.

Der oberste Strich deutet auf den Kopf, das Zeichen Li auf Fesseln. Das Kernzeichen Kan bedeutet das Ohr. Der Strich ist zu hart, stellt sich hochmütig über den Herrn des Zeichens und hört nicht auf ihn. Darum hört er nicht auf das über ihn gefällte gerechte Urteil; darum kommt er ins Unglück, daß er nicht mehr hören kann, wenn er es auch wollte.

22. Bi – Die Anmut

Kernzeichen: ☳ Dschen *und* ☵ Kan

Die Herren des Zeichens sind die Sechs auf zweitem Platz und die obere Neun. Auf sie bezieht es sich, wenn es im Kommentar zur Entscheidung heißt: »Das Weiche kommt und formt das Feste, das Feste steigt empor und formt das Weiche.«

Die Reihenfolge
Die Dinge dürfen sich nicht ohne weiteres rücksichtslos vereinigen, darum folgt darauf das Zeichen: die Anmut. Anmut ist soviel wie Zierde.

Vermischte Zeichen
Anmut bedeutet Ungefärbtheit.

Die höchste Anmut besteht nicht in äußerer Verzierung, sondern im Hervortreten des ursprünglichen Materials, das durch Gestaltung verschönert wird. Das obere Zeichen Gen, Berg, hat die Tendenz des Stillehaltens. Von unten flackert das Feuer empor und beleuchtet den Berg. Diese Bewegung wird verstärkt durch das Kernzeichen Dschen, dessen Bewegungsrichtung ebenfalls nach oben geht, während das ruhig Lastende des Berges durch das untere Kernzeichen Kan in eine fallende Bewegung übergeleitet wird. So zeigt die innere Struktur des Zeichens zwar einen harmonischen Ausgleich der Bewegung, ohne jedoch nach einer Seite hin einen Kräfteüberschuß zu ergeben. Das Zeichen ist die Umkehrung des vorigen.

Das Urteil
Anmut hat Gelingen.
Im Kleinen ist es fördernd, etwas zu unternehmen.

I Ging

Kommentar zur Entscheidung
»Anmut hat Gelingen.« Das Weiche kommt und formt das Feste, darum: Gelingen. Ein abgelöstes Festes steigt empor und formt das Weiche, darum: »Im Kleinen ist es fördernd, etwas zu unternehmen.« Das ist die Form des Himmels. Formvoll, klar und ruhig: Das ist die Form der Menschen. Wenn man die Form des Himmels betrachtet, so kann man daraus die Veränderung der Zeiten erforschen. Wenn man die Formen der Menschen betrachtet, so kann man die Welt gestalten.

Der Text des Kommentars scheint nicht ganz intakt zu sein. Namentlich scheint vor »Das ist die Form des Himmels« ein Satz zu fehlen. Wang Bi sagt: »Das Feste und Weiche verbindet sich abwechselnd und bildet Formen; das ist die Form des Himmels.« Man nahm das als den ursprünglichen, jetzt fehlenden Text, doch widerspricht dem Mau Ki Ling und sieht darin nur eine Erklärung des vorangehenden Satzes. Sachlich muß aber doch irgend etwas Derartiges vorausgesetzt werden.

Das Weiche, das kommt, ist die Sechs auf zweitem Platz. Sie stellt sich zwischen die beiden festen Striche und gibt ihnen Gelingen, gibt ihnen Form. Das Starke, das sich ablöst, ist die obere Neun; sie stellt sich an die Spitze der beiden oberen weichen Linien und gibt ihnen die Möglichkeit zur Verwirklichung der Form. In allen Fällen ist das Yangprinzip der Gehalt und das Yinprinzip die Form. Aber während im ersten Fall direkt die Yinlinie die Form gibt und daher Gelingen bewirkt, gibt die nach oben gehende Yanglinie nur indirekt durch Verleihung des Gehalts das Material, an dem sich die sonst leere Form der Yinlinien auswirken kann. Darum ist die Wirkung davon, daß es für das »Kleine« fördernd ist, etwas zu unternehmen.

Die Form des Himmels ist symbolisiert durch die vier konstituierenden Figuren des Zeichens: Die untere Figur Li ist die Sonne, das untere Kernzeichen Kan ist der Mond, das obere Kernzeichen Dschen repräsentiert durch seine Bewegung den großen Bären, die obere Figur Gen durch ihre Ruhe die Sternbilder. Wenn man die Drehung des großen Bären betrachtet, so weiß man den Gang des Jahres, durch Betrachtung des Laufs der Sonne und der Phasen des Mondes erkennt man die Tages- und Monatszeiten.

Die Form des Menschenlebens ergibt sich aus den klaren (Li) und festen (Gen) Regeln der Sitte, in denen das Lichte der Liebe und das Schattige der Gerechtigkeit die Kombinationen von Gehalt und Form bilden. Auch hier ist die Liebe der Gehalt und die Gerechtigkeit die Form.

Das Bild
Unten am Berg ist das Feuer: das Bild der Anmut.
So verfährt der Edle bei der Klarstellung
der laufenden Angelegenheiten,
aber er wagt es nicht, danach große Streitfragen zu entscheiden.

Das Zeichen ist das vorige in seiner umgekehrten Gestalt. Dort war Helligkeit und Bewegung. Die deuten auf rasche Erledigung der Strafen nach klar erkannten Gesetzen. Hier ist außen Stillstand, innen Klarheit. Das ist eine theoretische, nicht eine praktische Geistesverfassung. Darum genügt dieser Zustand zwar für die Anwendung der festen Regeln laufender Geschäfte, aber nicht, um Außergewöhnliches zu unternehmen. Der eine der Herren des Zeichens ist zu schwach, der andre zu weit außerhalb, als daß sie aktiv eingreifen könnten.

Die einzelnen Linien

Anfangs eine Neun bedeutet:
a) Macht seine Zehen anmutig, verläßt den Wagen und geht.
b) »Er verläßt den Wagen und geht«;
    denn es entspricht der Pflicht, nicht zu fahren.

Der Strich als unterster entspricht den Zehen. Das Kernzeichen Kan bedeutet einen Wagen. Er ist aber unterhalb dieses Kernzeichens, darum fährt er nicht. Die Sechs auf zweitem Platz ist der Herr des Zeichens; die Anfangsneun ist in keiner Beziehung zu ihm, so daß es ihr nicht zukommt zu fahren. Anderseits besitzt sie genügend innere Stärke als Yangstrich, um sich in das damit gegebene Los zu finden.

- **Sechs auf zweitem Platz bedeutet:**
  a) Macht seinen Kinnbart anmutig.
  b) »Macht seinen Kinnbart anmutig«;
      das heißt, er steigt mit dem Oberen auf.

Der dritte Strich ist das Kinn, der zweite ist diesem gleichsam nur zugefügt; die Aufwärtsbewegung, die Anmut hervorruft, erfolgt nun mit diesem Oberen zusammen. Das Weiche kann das Starke zieren, ihm aber nichts Selbständiges beifügen. Dieser Strich ist nur im Zeichen als Ganzem von Bedeutung, als einzelner ist er nicht besonders wichtig.

Neun auf drittem Platz bedeutet:
a) Anmutig und feucht.
   Dauernde Beharrlichkeit bringt Heil.
b) Das Heil dauernder Beharrlichkeit ist endgültig nicht zu beschämen.

Die Neun auf drittem Platz hat Gehalt durch ihre Stärke und den entsprechenden Platz, die Sechs auf zweitem Platz steht im Verhältnis des Zusammenhaltens und ziert, daher Anmut. Das Kernzeichen, in dessen Mitte der Strich steht, ist Kan, das Wasser, daher Feuchtigkeit. Feuchtigkeit ist höchste Anmut, wie der Strich auch auf der Spitze der Figur Li, Klarheit, steht. Aber da er andererseits mitten im Kernzeichen Kan, das auch Abgrund bedeutet, steht, liegt die Gefahr des Versinkens nahe. Daher das Lob dauernder Beharrlichkeit als Schutz gegen diese Gefahr.

Sechs auf viertem Platz bedeutet:
a) Anmut oder Einfachheit?
   Ein weißes Pferd kommt wie geflogen:
   Nicht Räuber er ist, will freien zur Frist.
b) Die Sechs auf viertem Platz ist ihrem Platz entsprechend im Zweifel.
   »Nicht Räuber er ist, will freien zur Frist.«
   Schließlich bleibt man frei von Makel.

Die Sechs auf viertem Platz ist außerhalb der unteren, zu Beginn der oberen Figur; daher entsteht bei der Schwäche des Strichs eine gewisse Unsicherheit. Die wird gelöst durch den herbeieilenden Anfangsstrich, zu dem das Verhältnis der Entsprechung vorhanden ist. Das Zeichen Dschen bedeutet ein weißes Pferd, daher wird er unter diesem Bild gesehen. Weiß ist die Farbe der Einfachheit. An sich ist die Absicht des Kommenden nicht klar, da die schwache Sechs auf viertem Platz auf dem Gipfel des Kernzeichens der Gefahr steht. Doch ist nichts zu befürchten, da die innere Beziehung zu dem Ankommenden überwiegt. Er hilft, die Gefahr übertriebener Anmut abzuwenden und zur Einfachheit zurückzukehren.

Sechs auf fünftem Platz bedeutet:
a)   Anmut in Hügeln und Gärten.
     Das Seidenbündel ist ärmlich und klein.
     Beschämung, doch schließlich Heil.
b)   Das Heil der Sechs auf fünftem Platz hat Freude.

Das obere Zeichen Gen bedeutet einen Berghügel, das Kernzeichen Dschen bedeutet ein Gehölz. Durch Veränderung des Strichs entsteht Sun, das Seidenbündel bedeutet. Der fünfte Platz ist eigentlich auf den zweiten angewiesen. Aber mit dem dortigen Strich, der ebenfalls schwach ist, besteht keine Beziehung. Daher der Anschluß an den starken oberen Strich, dem man sich anschließt, um mit ihm Anmut zu genießen.

- **Oben eine Neun bedeutet:**
  a)   Schlichte Anmut.
       Kein Makel.
  b)   »Schlichte Anmut. Kein Makel.« Der Obere erlangt seinen Willen.

Der obere Strich steht außerhalb, auf der Höhe des Zeichens Berg. Seine starke Natur läßt ihn auf allen Schmuck verzichten. Das schlichte Weiß ist es, das er wählt. Indem die Sechs auf fünftem Platz sich ihm anschließt, gelingt es ihm, seinen Willen zur Einfachheit durchzuführen.

Anmerkung:
In dem Zeichen kommen die Beziehungen des Entsprechens und Zusammenhaltens vor. So stehen Sechs auf viertem Platz und Anfangsneun im Verhältnis des Entsprechens, die Anfangsneun verläßt den Wagen und geht hin, und die Sechs auf viertem Platz sieht sie als Flügelpferd herankommen. Die zweite Linie steht zu der dritten in der Beziehung des Zusammenhaltens, ebenso die fünfte zu der oberen. Auf diese Weise sind die einzelnen Striche alle irgendwie in Beziehung, und zwar ist es immer ein fester und ein weicher, durch deren gegenseitige Beziehung die Anmut hervorgebracht wird. Zu beachten ist auch die Tendenz, die durch das ganze Zeichen geht, dem Überwiegen der Form durch den Gehalt entgegenzutreten.

23. Bo – Die Zersplitterung

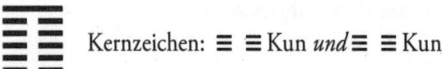 Kernzeichen: ☷ ☷ Kun *und* ☷ ☷ Kun

Der Herr des Zeichens ist die obere Neun. Obwohl das Schattige das Licht zersplittert, läßt sich das Lichte doch nicht vollkommen zersplittern, darum ist es der Herr des Zeichens.

Die Reihenfolge
Wenn man die Zierde zu weit treibt, dann erschöpft sich das Gelingen. Darum folgt darauf das Zeichen: die Zersplitterung. Zersplitterung bedeutet Zerfall.

Vermischte Zeichen
Zersplitterung bedeutet Verwesung.

Der Gedanke, mit dem des nächsten Zeichens zusammengenommen, zeigt den Zusammenhang zwischen Verwesung und Auferstehung. Die Frucht muß verwesen, ehe der neue Keim sich entwickeln kann.
Die sinkende Tendenz des Zeichens ist sehr stark. Beide Kernzeichen sowie das untere Halbzeichen sind Kun, dessen Bewegung abwärts geht. Demgegenüber steht das obere Halbzeichen, Gen, bewegungslos still. Dadurch entsteht eine Lockerung der Struktur. Nimmt man die Tendenz der fünf Yinstriche, so bringen sie das obere Yang dadurch zu Fall, daß sie sich nach unten senken und ihm so den Boden entziehen. Auch hier ist die Grundtendenz des Buchs der Wandlungen zum Ausdruck gebracht darin, daß das Lichte als unbesiegbar dargestellt wird, indem es im Fall neues Leben erzeugt wie das in die Erde sinkende Weizenkorn.

Das Urteil
Die Zersplitterung. Nicht fördernd ist es, wohin zu gehen.

Das Buch der Wandlungen

Kommentar zur Entscheidung
Die Zersplitterung bedeutet Zerfall. Das Weiche verändert das Feste.
»Nicht fördernd ist es, wohin zu gehen«: Die Gemeinen wachsen.
Hingebung und Stillstehen ist die Folge der Betrachtung des Bildes. Der Edle achtet auf den Wechsel von Abnahme und Zunahme, Fülle und Leere; denn es ist der Lauf des Himmels.

Das Weiche verändert das Starke durch unmerkliche allmähliche Einwirkung. Die Yinstriche sind im Begriff, sich zu mehren. Daraus ergibt sich die aus den einzelnen Zeichen erfolgende Haltung des Edlen in solchen Zeiten. Er ist hingebend entsprechend der Eigenschaft des Zeichens Kun und still entsprechend der Eigenschaft des Zeichens Gen: Das heißt, er unternimmt nichts, weil es nicht an der Zeit ist. Damit fügt er sich dem Lauf des Himmels, der zwischen Ab- und Zunahme wechselt in der Weise, daß das jeweils Volle abnimmt und das jeweils Leere zunimmt.

Das Bild
Der Berg ruht auf der Erde: das Bild der Zersplitterung.
So können die Oberen nur durch reiches Spenden an die
Unteren ihre Stellung sichern.

Der Berg ist um so weniger der Zersplitterung ausgesetzt, je breiter er auf der Erde ruht. Es wird hier nicht sowohl der Zustand der Zersplitterung vorgeführt als der Zustand, der die Zersplitterung vermeiden läßt. Es kommt daher auch nicht die Abnahme des Lichten und Zunahme des Schattigen in Betracht, sondern die Beziehungen der Dicke der Unterlage. Durch reiches Spenden, wie es in der Art der Erde (Kun) liegt, wird die sichere Ruhe, wie sie in der Art des Berges (Gen) liegt, erreicht.

Die einzelnen Linien

Anfangs eine Sechs bedeutet:
a) Das Bett wird zersplittert am Bein.
    Die Beharrlichen werden vernichtet. Unheil.
b) »Das Bett wird zersplittert am Bein«, um die Unteren zu vernichten.

Die Anfangsposition bedeutet als unterster Platz das Bein. Das, was zersplittert wird, ist der Ruheplatz, daher das Bild des Bettes. Die Zersplitterung fängt unten an. Darin besteht die Gefahr.

Sechs auf zweitem Platz bedeutet:
a) Das Bett wird zersplittert am Rand.
   Die Beharrlichen werden vernichtet. Unheil.
b) »Das Bett wird zersplittert am Rand«, weil man keinen Genossen hat.

Die Zersplitterung steigt vom Bein des Bettes höher. Es wird schon der Rand zersplittert. Der Strich ist allein. Er steht zu den umgebenden weder in der Beziehung des Entsprechens noch in der des Zusammenhaltens. Hier tritt der Angriff aus der Verborgenheit schon in die Sichtbarkeit hervor.

Sechs auf drittem Platz bedeutet:
a) Er zersplittert sich mit ihnen. Kein Makel.
b) »Er zersplittert sich mit ihnen. Kein Makel.« Er verliert den Nachbar oben und unten.

Der Strich steht in der Beziehung des Entsprechens zur oberen Neun. Darum zerfällt er mit seiner Umgebung, da er diesen ursprünglichen Beziehungen treu bleibt. Weil die Beziehung zur oberen Neun da ist, ergibt sich die Trennung von den beiden Nachbarstrichen, zu denen keine Beziehungen des Zusammenhaltens vorliegen.

Sechs auf viertem Platz bedeutet:
a) Das Bett wird zersplittert bis zur Haut. Unheil.
b) »Das Bett wird zersplittert bis zur Haut. Unheil.« Das ist ernstes und nahes Unglück.

Das Zeichen Kun unten stellt das Bett, den Ruheplatz dar. Das Zeichen Gen oben stellt den Ruhenden dar. Hier greift die Zersplitterung vom Ruheplatz auf den Ruhenden selber über. Darum ist das Unheil unmittelbar nahe.

Sechs auf fünftem Platz bedeutet:
a) Ein Zug Fische. Durch die Palastdamen kommt Gunst.
   Alles ist förderlich.
b) »Durch die Palastdamen kommt Gunst.« Das ist endgültig kein
   Fehler.

Wenn der Strich sich wandelt, so erscheint oben das Zeichen Sun, das Fisch bedeutet. Der Fisch ist übrigens an sich ein dem Schattigen zugeordnetes Wesen. Der Strich ist auf dem Platz des Herrschers, hier jedoch, da die Tätigkeit der Yinkraft ausgesprochen in die Erscheinung tritt, nicht Fürst, sondern Königin. Der Strich steht zum oberen in der Beziehung des Zusammenhaltens, daher keine feindliche Wirkung, sondern auf der Höhe der Wirksamkeit Unterwerfung unter das Yang, dem sie sich an der Spitze der vier übrigen Yinlinien wie ein Zug Fische naht. Die freundlichen Verhältnisse werden unter dem Verhältnis des Herrschers zu den Hofdamen und seiner Königin dargestellt.

• **Oben eine Neun bedeutet:**
a) Eine große Frucht ist noch ungegessen da.
   Der Edle erhält einen Wagen.
   Dem Gemeinen zersplittert sein Haus.
b) »Der Edle erhält einen Wagen.«
   Er wird vom Volk getragen.
   »Dem Gemeinen zersplittert sein Haus.«
   Er ist endgültig unbrauchbar.

Der eine starke Strich in der Höhe, der die Lebenskeime für die Zukunft enthält, wird unter dem Bild einer großen Frucht gesehen. Das Zeichen Kun bedeutet einen Wagen. Das Zusammenbrechen des Strichs durch seine Veränderung in einen Yinstrich wird mit dem Zusammenbrechen der Hütte des Gemeinen verglichen. Der Strich ist sozusagen das Dach des ganzen Zeichens. Indem er auseinanderfällt, stürzt das Ganze zusammen.

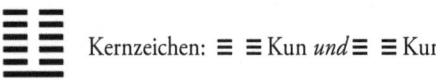

24. Fu – Die Wiederkehr (die Wendezeit)

Kernzeichen: ☷ ☷ Kun *und* ☷ ☷ Kun

Der Herr des Zeichens ist die Anfangsneun. Auf sie bezieht es sich, wenn im Kommentar zur Entscheidung steht: »Das Feste kommt zurück.«

Die Reihenfolge
Die Dinge können nicht endgültig vernichtet bleiben. Wenn das Obere vollkommen zersplittert ist, kommt es unten zurück. Darum folgt darauf das Zeichen: die Wiederkehr.

Vermischte Zeichen
Wiederkehr bedeutet Zurückkommen.

Beigefügte Urteile
Das Zeichen Wiederkehr ist der Stamm des Charakters. Die Wiederkehr ist klein und doch verschieden von den Außendingen.
Die Wiederkehr dient zur Selbsterkenntnis.

Das Zeichen Wiederkehr auf die Bildung des Charakters übertragen gibt verschiedene Suggestionen. Das Lichte kehrt wieder; so liegt darin der Rat, daß man sich zur lichten Art der ursprünglich innersten Anlage zurückwendet, hinweg von der Verwirrung der Außendinge. Man sieht da auf dem Grund der Seele das Göttliche, das Eine. Es ist zwar ganz keimhaft, nur ein Anfang, eine Möglichkeit, aber als solche von allen Objekten deutlich unterschieden. Dieses Eine erkennen heißt sich selbst erkennen in seiner Beziehung zu den kosmischen Kräften. Denn dieses Eine ist die aufsteigende Kraft des Lebens in der Natur und im Menschen. Das Zeichen ist die Umkehrung des vorigen, und die Bewegung ist sehr stark von unten, wo das Zeichen Erregung steht, nach oben gerichtet, hindurch durch das sich nach unten senkende Zeichen Kun.

Das Urteil
Die Wiederkehr. Gelingen.
Ausgang und Eingang ohne Fehl.
Freunde kommen ohne Makel.
Hin und her geht der Weg.
Am siebten Tag kommt die Wiederkehr.
Fördernd ist es, zu haben, wohin man geht.

Kommentar zur Entscheidung
»Wiederkehr hat Gelingen.«
Das Feste kehrt zurück.
Bewegung und Wirkung durch Hingebung. Darum ist »Ausgang und Eingang ohne Fehl«.
»Freunde kommen ohne Makel.
Hin und her geht der Weg.
Am siebenten Tag kommt die Wiederkehr.«
Das ist der Gang des Himmels.
»Fördernd ist es, zu haben, wohin man geht.«
Das Feste ist im Wachsen.
Im Zeichen Wiederkehr sieht man den Sinn von Himmel und Erde.

Es ist in diesem Zeichen ausgesprochen, daß die lichte Kraft das schöpferische Prinzip von Himmel und Erde ist. Es ist ein ewiger Kreislauf, aus dem immer wieder das Leben hervorgeht gerade in dem Augenblick, da es vollständig besiegt zu sein scheint. Durch den Wiedereintritt des unteren Yangstrichs in das Zeichen entsteht Bewegung. (Das untere Zeichen ist Dschen.) Diese Bewegung wirkt durch Hingebung. (Das obere Zeichen ist Kun.) Ausgang und Eingang sind ohne Fehl. Die Yangkraft ist zwar zuvor weggegangen. (Vergleiche das vorige Zeichen Bo.) Aber ihr Weggang war nicht spurlos: Wie eine Frucht, die zur Erde fällt, hat es Wirkung hinterlassen. Diese Wirkung zeigt sich nun durch Wiedereintritt des Yangstrichs. Die Freunde, die kommen, sind die andern Yangstriche, die nach diesem ersten in das Zeichen eintreten werden – so nach Tschong Dsi –, oder die fünf Yinstriche, die dem Yang freundlich begegnen.

Der Weg des Yang geht hin und her, auf und nieder. Nachdem die Kraft des Lichten im Zeichen Gou (Nr. 44, das Entgegenkommen) abzunehmen beginnt, kommt sie im Zeichen Fu nach sieben Wandlungen wieder.

»Fördernd ist es, zu haben, wohin man geht«, d. h. etwas zu unternehmen. Dieser Satz kommt ebenso wie die Freunde in dem Text zu dem Zeichen Kun, das Empfangende, vor.

Das Bild
Der Donner inmitten der Erde: das Bild der Wendezeit.
So schlossen die alten Könige zur Sonnwendzeit die Pässe.
Händler und Fremdlinge wanderten nicht,
und der Herrscher bereiste nicht die Gegenden.

Das Zeichen ist dem Monat der Wintersonnenwende zugeordnet. Daraus werden die Schlüsse gezogen, aus denen sich das rechte Verhalten ergibt zur Zeit, da die wiederkehrende Yangkraft noch schwach ist und daher gepflegt werden muß durch Ruhe.

Die einzelnen Linien

- **Anfangs eine Neun bedeutet:**
    a) Wiederkehr aus geringer Entfernung.
    Es bedarf keiner Reue.
    Großes Heil!
    b) »Wiederkehr aus geringer Entfernung«:
    So pflegt man seinen Charakter.

Der starke Strich ganz unten kehrt sofort um. Er ist sehr beweglich als Anfangsstrich von Dschen: Daher sofortige Umkehr, ehe man zu weit gegangen ist. Konfuzius sagt über diesen Strich: »Yen Hui, der wird es wohl erreichen! Wenn er eine Unvollkommenheit hat, kommt es nie vor, daß er sie nicht erkennt. Wenn er sie erkannt hat, kommt es nie vor, daß er sie zum zweitenmal begeht.« Im Buch der Wandlungen heißt es: »Wiederkehr aus geringer Entfernung. Es bedarf keiner Reue. Großes Heil!«

Sechs auf zweitem Platz bedeutet:
a) Ruhige Wiederkehr. Heil!
b) Das Heil der ruhigen Wiederkehr beruht auf der Unterwerfung unter einen guten Menschen.

Die Linie ist zentral und bescheiden (weich) und steht im Verhältnis des Zusammenhaltens mit dem Herrscher des Zeichens, der Anfangsneun. In der daraus sich ergebenden Unterwerfung unter diesen guten Menschen beruht das Heil.

Sechs auf drittem Platz bedeutet:
a) Mehrfache Wiederkehr. Gefahr. Kein Makel.
b) Die Gefahr der mehrfachen Wiederkehr ist ihrer eigentlichen Bedeutung nach Befreiung von Makel.

Die Linie ist auf dem Gipfel der Bewegung. Das deutet auf eine wiederholte Umkehr. Die erste Umkehr ist vom Guten zum Schlechten. Die zweite ist vom Schlechten zurück zum Guten. Auch diese Linie ist als Freund der Anfangsneun zugewandt.

Sechs auf viertem Platz bedeutet:
a) In der Mitte der andern wandelnd,
kehrt man allein wieder.
b) »In der Mitte der andern wandelnd, kehrt man allein wieder« und folgt so dem rechten Weg.

Die vierte Linie ist mitten im oberen Kernzeichen Kun, außerdem der oberste Strich des unteren Kernzeichens Kun und der unterste Strich des oberen Halbzeichens Kun: also mitten unter schwachen Strichen, dazu hingebend und auf schwachem Platz. Da könnte man auf Mangel an Initiative schließen. Doch steht die Linie im Verhältnis des Entsprechens zu der starken Anfangsneun, daher einsame Wiederkehr.

Sechs auf fünftem Platz bedeutet:
a) Großzügige Wiederkehr. Keine Reue.
b) »Großzügige Wiederkehr. Keine Reue.«
Zentral, so vermag er sich selbst zu prüfen.

An sich ist die Linie von der Anfangsneun sehr weit entfernt. Aber sie ist zentral, darum ist für sie die Möglichkeit gegeben, sich zu prüfen und so von allen Fehlern die Wiederkehr zu finden. Die Beziehung zur Anfangsneun ist durch keinerlei äußere Beziehungen nahegelegt, daher ist sie großzügig freier Entschluß.

Oben eine Sechs bedeutet:
a) Verfehlung der Wiederkehr. Unheil.
   Unglück von außen und innen.
   Wenn man so Heere marschieren läßt,
   wird man schließlich eine große Niederlage erleiden,
   so daß es für den Landesherrn unheilvoll ist.
   Zehn Jahre lang ist man nicht mehr imstande anzugreifen.
b) Das Unheil der verfehlten Wiederkehr liegt darin, daß man dem Weg des Edlen widerspricht.

Die Linie ist am Ende der Yinlinien, darum gibt es für sie keine Umkehr. In der Abwendung von der Umkehr sucht sie trotzig mit Gewalt sich durchzusetzen, verliert aber dabei durch inneres und äußeres Unglück auf lange hinaus alle Erholungsmöglichkeiten. Auch die obere Linie im Zeichen »das Empfangende« hat ein ähnliches Urteil.
Das Zeichen Dschen bedeutet General. Kun bedeutet die Menge, daher »Heere marschieren lassen«. Kun bedeutet das Land, Dschen den Herrn. Zehn ist die Zahl der Erde.

Anmerkung:
Verfehlung der Wiederkehr (obere Sechs) ist der Gegensatz zu Wiederkehr aus geringer Entfernung (Anfangsneun). Der Anfangsstrich ist nicht weit und kehrt zurück. Ruhige Wiederkehr (Sechs auf zweitem Platz) und einsame Wiederkehr (Sechs auf viertem Platz) sind ähnlich: Beide Striche stehen zum Herrn des Zeichens in Beziehung. Mehrfache Wiederkehr (Sechs auf drittem Platz) und großzügige Wiederkehr (Sechs auf fünftem Platz) sind Gegensätze: das eine Mal hin und her, das andere Mal ruhige Konsequenz.

25. Wu Wang – Die Unschuld (das Unerwartete)

Kernzeichen: ☴ Sun *und* ☶ Gen

Die Herren des Zeichens sind die Anfangsneun und die Neun auf fünftem Platz. Die Anfangsneun ist der Anfang der Bewegung des Lichten wie die Anfangsbewegung des aufrichtigen Herzens der Menschen. Die Neun auf fünftem Platz ist die Essenz der Art des Schöpferischen wie die Unermüdlichkeit des höchst Wahrhaftigen. Darum heißt es im Kommentar zur Entscheidung: »Das Feste kommt von außen und wird zum Herrn im Innern.« Das bezieht sich auf den Anfangsstrich. Ferner heißt es: »Das Feste ist in der Mitte und findet Entsprechung.« Das bezieht sich auf den fünften Strich.

Die Reihenfolge
Durch Umkehr wird man frei von Schuld. Darum folgt darauf das Zeichen: die Unschuld.

Vermischte Zeichen
Das Unerwartete bedeutet Unglück von außen.

Die Unschuld macht sich frei von Fehlern, so daß sie kein innerlich bedingtes Unheil treffen kann. Wenn unerwarteterweise Unglück kommt, so ist es äußerlich bedingt und geht darum auch wieder vorüber.

Das Zeichen hat eine sehr stark aufsteigende Tendenz, sowohl das untere als das obere Zeichen haben die Bewegungsrichtung nach oben. Es ist Bewegung in Harmonie mit dem Himmel darin angedeutet: das wahrhaft ursprüngliche Wesen des Menschen. Die beiden Kernzeichen Gen, das Stillehalten, der Berg, und Sun, das Sanfte, der Wind (Baum), geben den Gedanken der Wirkung und Entwicklung der ursprünglichen Anlagen.

Das Urteil
Die Unschuld. Erhabenes Gelingen.
Fördernd ist Beharrlichkeit.
Wenn jemand nicht recht ist, so hat er Unglück,
und nicht fördernd ist es, irgend etwas zu unternehmen.

Kommentar zur Entscheidung
Die Unschuld. Das Feste kommt von außen und wird zum Herrn im Innern. Bewegung und Stärke. Das Feste ist in der Mitte und findet Entsprechung.
»Großes Gelingen durch Korrektheit«. Das ist der Wille des Himmels.
»Wenn jemand nicht recht ist, so hat er Unglück, und nicht fördernd ist es, irgend etwas zu unternehmen.« Wenn die Unschuld weg ist, wohin will man dann gehen? Wenn der Wille des Himmels einen nicht schützt, kann man dann etwas machen?

Das Feste, das von außen kommt, ist der unterste Yangstrich. Er kommt aus dem Himmel (Kiën). Indem das Empfangende dem Schöpferischen zum erstenmal naht, bekommt es den ersten Strich von Kiën und gebiert Dschen, den ältesten Sohn. Auf den Menschen übertragen, bedeutet das, daß er den ursprünglichen göttlichen Geist erhält, der ihn leite und sein Herr sei. Die Eigenschaft des unteren Zeichens, Dschen, ist Bewegung, die des oberen, Kiën, Stärke. Der feste Strich in zentraler Stellung, der Entsprechen findet, ist der obere Herr des Zeichens, Neun auf fünftem Platz, dem die Sechs auf zweitem Platz entspricht. Das alles führt zu Gelingen, weil es den Menschen im richtigen Verhältnis zum Göttlichen zeigt, ohne Nebengedanken in ursprünglicher Unschuld. Dadurch ist der Mensch im Einklang mit dem himmlischen Schicksal, dem Willen des Himmels, wie die Bewegung des unteren Zeichens im Einklang mit dem oberen ist. Wo aber der Naturzustand nicht dieser Zustand der Unschuld ist, wo Begierden und Gedanken sich regen, da folgt das Unglück mit innerer Notwendigkeit. Das Zeichen ist von dem Zeichen Pi, Stockung, eben nur durch den festen Strich zu Anfang geschieden. Wenn der seine Festigkeit verlöre, so würde die ganze Situation sich verändern.*

---

* Es kommen in diesem Zeichen Gedanken zur Darstellung, die mit den mystischen Deutungen der Sagen vom Paradieszustand und Sündenfall übereinstimmen.

Das Bild
Unter dem Himmel geht der Donner:
alle Dinge erlangen den Naturzustand der Unschuld.
So pflegten und nährten die alten Könige,
reich an Tugend und entsprechend der Zeit, alle Wesen.

»Unter dem Himmel geht der Donner: alle Dinge erlangen den Naturzustand der Unschuld.« Das erklärt sich aus dem Satz aus der Besprechung der Zeichen: »Gott tritt hervor im Zeichen Dschen.« Da ist der Anfang alles Lebens. Hier haben wir das Schöpferische oben in der Gemeinschaft mit der Bewegung. Das obere Kernzeichen ist Holz, das untere Berg.
Die reiche Tugend ist die Kraft des Schöpferischen. Die Zeit ist angedeutet durch das Zeichen Dschen (das den Osten und den Frühling bedeutet), in dem das Leben hervortritt. Pflegen und Ernähren werden angedeutet durch das Kernzeichen Gen, der Berg. Daß sich der Einfluß auf alles erstreckt, wird symbolisiert durch das Kernzeichen Sun, das Wind und allgemeines Durchdringen bedeutet.

Die einzelnen Linien

- **Anfangs eine Neun bedeutet:**
    a)   Unschuldiger Wandel bringt Heil!
    b)   Unschuldiger Wandel erreicht seinen Willen.

Die Unschuld ist symbolisiert durch die lichte Natur des Striches, der als beherrschend unter die beiden Schattigen tritt. Da er vom Himmel stammt, hat er die Gewähr des Gelingens in sich. Er erreicht sein Ziel mit intuitiver Sicherheit.

Sechs auf zweitem Platz bedeutet:
a)   Wenn man beim Pflügen nicht ans Ernten denkt
und beim Roden nicht an das Benützen des Feldes:
dann ist es fördernd, etwas zu unternehmen.
b)   Nicht pflügen, um zu ernten, d. h., man sucht nicht Reichtum.

Das Zeichen Dschen bedeutet Holz, daher Pflug, der zweite Platz ist der Ort des Feldes. Das Kernzeichen Gen bedeutet Hand, daher das Bild des Rodens.

Der Strich ist zentral und korrekt. Er ist einerseits im Verhältnis des Zusammenhaltens zur Anfangsneun und andererseits im Verhältnis des Entsprechens zur Neun auf fünftem Platz. Aber weil er zentral und korrekt ist, läßt er sich durch diese Beziehungen nicht aus seiner Bahn bringen. Er ist der unterste des Kernzeichens Gen, das Stillehalten, daher hält er seine Gedanken stille, andererseits ist er in der Mitte des Zeichens Dschen, Bewegung, darum mag er etwas unternehmen.

Sechs auf drittem Platz bedeutet:
a)   Unverschuldetes Unglück:
Die Kuh, die von jemand angebunden war,
ist des Wanderers Gewinn, des Bürgers Verlust.
Wenn der Wanderer die Kuh bekommt, ist das des Bürgers Verlust.

Der Strich steht auf der Spitze der Bewegung und am Anfang des Kernzeichens Sun, Wind. Deshalb ist er mit seinen Bewegungen nicht im Einklang mit der Zeit. Er ist von beiden Herren des Zeichens gleich weit entfernt, daher findet er nach keiner Seite den rechten Anschluß. Durch Verwandlung entsteht unten das Zeichen Li, das Kuh bedeutet.

Neun auf viertem Platz bedeutet:
a)   Wer vermag beharrlich zu sein, bleibt ohne Makel.
b)   »Wer vermag beharrlich zu sein, bleibt ohne Makel«, denn er besitzt ja fest.

Die Neun auf viertem Platz ist ursprünglich weder korrekt noch zentral. Doch vermag sie als unterster Strich des Zeichens Kiën ihre zu dem Zeichen »das Schöpferische« gehörige Festigkeit zu bewahren. Dadurch bleibt sie von dem sonst zu fürchtenden Makel frei.

- **Neun auf fünftem Platz bedeutet:**
a)   Bei unverschuldeter Krankheit gebrauche keine Arznei.
Es wird schon von selber gut werden.
b)   Unbekannte Arznei soll man nicht versuchen.
Die Arznei wird durch die beiden Kernzeichen Holz und Stein (Berg) nahegelegt.

Die Krankheit ist unverschuldet; denn der Strich als Mittelstrich des Schöpferischen ist seinem Wesen nach frei von Krankheit; daß er als krank erscheint, kommt von seiner Art, die Krankheiten anderer auf sich zu nehmen. Er besitzt in seiner zentralen, korrekten, herrschenden Stellung die Vorbedingungen, daß sich an seiner Person die stellvertretend auf sich genommenen Übel auswirken.

Oben eine Neun bedeutet:
a) Unschuldiges Handeln bringt Unglück.
Nichts ist fördernd.
b) Das Handeln ohne Überlegung bringt das Übel der Ratlosigkeit.

Der Strich steht in Beziehung zu der schwachen, unruhigen Sechs auf drittem Platz. Gedankenloses Handeln bringt Unglück. Der Strich ist am Ende, zu einer Zeit, da das Handeln nicht mehr am Platz ist. Instinktiv weiterzumachen, führt zu Ratlosigkeit. Der Strich bezeichnet eine ähnliche Lage wie der oberste Strich des Schöpferischen.*

---

* Die sechs Striche sind alle unschuldig, d. h. naiv, ohne Hintergedanken. Die Anfangsneun hat den entsprechenden Platz und ist der Herr des Zeichens der Bewegung: Das deutet darauf, daß die Zeit zu handeln da ist. Darum bringt Handeln Glück. Die obere Neun steht nicht am rechten Platz und ist auf dem äußersten Punkt des Zeichens Kiën. Die Zeit zu handeln ist schon vorüber. Darum bringt das Handeln, auch wenn es naiv ist, Unglück. Alles kommt auf die Zeit an. Der Anfangsstrich hat Heil, der zweite ist fördernd: Das macht die Zeit. Beim dritten heißt es Unglück, beim fünften Krankheit, beim obersten Unglück. Das alles ist nicht absichtlich gemacht, sondern ebenfalls die Folge der Zeitumstände. Der erste und zweite Strich haben die Möglichkeit vorwärtszukommen. Die Zeit ist da, sich zu bewegen. Der vierte soll beharrlich bleiben, der fünfte keine Arznei benützen, der oberste hat Unglück, wenn er handelt: Das alles deutet darauf, daß für sie die Zeit da ist, sich ruhig zu verhalten.

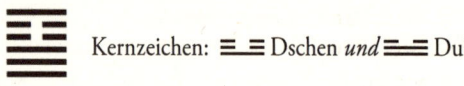

26. Da Tschu – Des Großen Zähmungskraft

Kernzeichen: ☳ Dschen *und* ☱ Dui

Die Herren des Zeichens sind die Sechs auf fünftem Platz und die obere Neun. Auf sie bezieht es sich, wenn es im Kommentar zur Entscheidung heißt: »Das Feste steigt empor und ehrt den Würdigen.«

Die Reihenfolge
Wenn Unschuld da ist, dann kann man zähmen.
Darum folgt darauf: des Großen Zähmungskraft.

Die himmlische Tugend festhalten ist die Vorbedingung dafür, daß man unschuldig ist. Auf der andern Seite ist die Unschuld der notwendige Zustand, um die ursprüngliche, himmlische Tugend festhalten zu können.

Vermischte Zeichen
Des Großen Zähmungskraft beruht auf der Zeit.

Die Bewegungen der beiden Figuren gehen aufeinander zu. Das Schöpferische unten dringt stark nach oben, das Stillehalten oben hält es fest. Die Kernzeichen Dschen und Dui haben ebenfalls steigende Tendenz, und zwar das obere mehr als das untere. Das sind die latenten Kräfte, die durch das Festhalten gesteigert werden. Die beiden schwachen Linien auf dem Platz des Herrschers und des Ministers zähmen die unteren starken Linien, während sie der oberen gegenüber sich anerkennend, spendend verhalten. Das Zeichen ist die Umkehr des vorigen.

Das Urteil
Des Großen Zähmungskraft.
Fördernd ist Beharrlichkeit.

Nicht zu Hause essen bringt Heil.
Fördernd ist es, das große Wasser zu durchqueren.

Kommentar zur Entscheidung
Des Großen Zähmungskraft. Festigkeit und Stärke. Echtheit und Wahrheit. Glanz und Licht. Täglich erneuert er seine Tugend.
Der Feste steigt empor, und er ehrt den Würdigen. Er vermag die Stärke stillezuhalten, das ist »große Korrektheit«.
»Nicht zu Hause essen bringt Heil«,
weil die Würdigen ernährt werden.
»Fördernd ist es, das große Wasser zu durchqueren«,
weil man Entsprechung findet im Himmel.

Das obere Zeichen, Gen, ist fest, das untere, Kiën, ist stark, das obere ist echt, das untere ist wahr, das obere glänzend, das untere licht. So ergänzen sich die beiden Zeichen. Durch das stillehaltende Element oben werden die Kräfte des Charakters so gestärkt, daß eine tägliche Erneuerung stattfindet. Dies bezieht sich auf die innere, persönliche Wirkung. Hier ist die erste Bedeutung des Zeichens: Stillehalten und Sammeln gegeben.
Der Feste, der emporsteigt, ist die obere Neun. Sie steigt empor über die Sechs auf fünftem Platz, die auf dem Platz des Herrschers ist, und dieser Herrscher ehrt den Emporsteigenden, weil er würdig ist. Das obere Zeichen, Gen, Stillehalten, vermag das untere, Kiën, das Starke, festzuhalten, das ist die Erklärung für die Worte des Urteils: Fördernd ist Beharrlichkeit. Hier ist die zweite Bedeutung: Festhalten und Stillehalten gegeben.
Nicht zu Hause essen, d. h. in öffentliche Dienste treten, bringt Heil, weil in Sechs auf fünftem Platz ein Herrscher da ist, der die Würdigen ernährt. Hier ist die dritte Bedeutung: Festhalten und Nähren, gegeben.
»Fördernd ist es, das große Wasser zu durchqueren.« Der Gedanke wird nahegelegt durch die beiden Kernzeichen: Dschen, das auch Holz bedeutet, über Dui, See. Diese gefährliche Aktion ist möglich, weil der Herr des Zeichens, Sechs auf fünftem Platz, im Verhältnis des Entsprechens zum Zentralstrich des unteren Zeichens Himmel, Neun auf zweitem Platz, steht.

Das Bild
Der Himmel inmitten des Berges:

> das Bild von des Großen Zähmungskraft.
> So lernt der Edle viele Worte der Vorzeit
> und Taten der Vergangenheit kennen,
> um dadurch seinen Charakter zu festigen.

Der Himmel deutet auf den Charakter, die Tugend. Die Festigung wird angedeutet durch den Berg. Die Mittel hierzu sind in den Kernzeichen verborgen: Das untere, Dui, Mund, deutet auf Worte; das obere, Dschen, Bewegung, deutet auf Taten.

Die einzelnen Linien

Anfangs eine Neun bedeutet:
a) Es ist Gefahr da. Fördernd ist es, abzustehen.
b) »Es ist Gefahr da. Fördernd ist es, abzustehen.«
So setzt man sich der Gefahr nicht aus.

Der starke Strich auf rechtem Platz möchte voran. Doch steht er in der Beziehung des Entsprechens zu der Sechs auf viertem Platz, die eine der beiden hemmenden Linien ist. Sie bedeutet für die Anfangsneun, falls sie voran wollte, eine hemmende Gefahr. Da der Strich noch ganz im Anfang ist, läßt er sich hemmen und entgeht der Gefahr.

Neun auf zweitem Platz bedeutet:
a) Dem Wagen werden die Achsenlager abgenommen.
b) »Dem Wagen werden die Achsenlager abgenommen.«
In der Mitte ist kein Makel.

Kiën ist rund, daher das Bild des Rades. Dui, das Kernzeichen, deutet auf Zerbrechen.
Die Neun auf zweitem Platz ist auf zentralem Platz, daher kann sie sich beherrschen. Sie wird gehemmt von der Sechs auf fünftem Platz, zu der sie in Beziehung steht.

Neun auf drittem Platz bedeutet:
a) Ein gutes Pferd, das andern folgt.

Fördernd ist Bewußtsein der Gefahr und Beharrlichkeit.
Täglich übe dich im Wagenfahren und Waffenschutz.
Fördernd ist es, zu haben, wohin man geht.
b) »Fördernd ist es, zu haben, wohin man geht.«
Der Obere stimmt im Willen überein.

Kiën ist ein gutes Pferd, das Kernzeichen Dschen, in dessen Anfang der Strich steht, ist Bewegung, daher Vorankommen. Der Strich steht zur oberen Neun im Verhältnis der Gleichartigkeit, daher die Übereinstimmung des Willens mit dem Oberen. Aber der vierte und fünfte Strich bilden noch Trennung und Gefahr, der man eingedenk bleiben muß. Der Wagen wird nahegelegt durch das Zeichen Kiën, die Waffen durch das Kernzeichen Dui, das Metall und Zerbrechen bedeutet.

Sechs auf viertem Platz bedeutet:
a) Das Schutzbrett eines jungen Stieres.
Großes Heil!
b) Das große Heil der Sechs auf viertem Platz besteht darin, daß sie Freude hat.

Der Strich ist am Platz der Hörner des Kernzeichens Dui, das allerdings Schaf, nicht Rind bedeutet.
Der Strich zähmt die Anfangsneun ohne Schwierigkeit, noch ehe sie begonnen hat, gefährlich zu werden, daher die Freude.

• Sechs auf fünftem Platz bedeutet:
a) Eines verschnittenen Ebers Zahn. Heil!
b) Das Heil der Sechs auf fünftem Platz besteht darin, daß sie Segen hat.

Nach einer andern Deutung heißt es: eines jungen Schweines Anbindepfosten.
Der Sinn ist jedenfalls die indirekte Hemmung, ehe die Gefahr groß ist.
Ein alter Kommentar bezieht sowohl das Schwein dieses Striches als das Rind des vorigen auf Opfer, daher das Glück und der Segen.
Der Segen kommt auf alle Fälle von der Beziehung, in der dieser Strich zu dem mittleren Strich des unteren Zeichens Himmel steht.

I Ging

- **Oben eine Neun bedeutet:**
    a) Man erlangt den Himmelsweg. Gelingen.
    b) »Man erlangt den Himmelsweg«: Die Wahrheit wirkt im Großen.

Der obere Strich wird von Sechs auf fünftem Platz als Weiser geehrt. Er steht zur Neun auf drittem Platz in Beziehung der Gleichartigkeit. Neun auf drittem Platz aber ist der höchste Strich des Zeichens Himmel. Das obere Zeichen Gen bedeutet einen Weg.

Anmerkung:
Die Beziehungen von Yin- und Yangstrichen sind hier nicht die des Entsprechens und Förderns, sondern dem Charakter des Zeichens entsprechend die des Hemmens. Die Striche des unteren Zeichens werden gehemmt, die des oberen Zeichens sind die hemmenden. Nur der dritte und der oberste Strich, die beide als Yangstriche übereinstimmen, sind von dem Gedanken der Hemmung frei.
Die beiden ersten Striche essen noch zu Hause und haben noch Hemmnisse, das große Wasser zu durchqueren. Der vierte und fünfte wirken durch Hemmung der ungeratenen, der eine hat es leichter, der andere schwieriger. Der dritte kommt voran, wenn auch noch unter Vorsicht und Schwierigkeiten. Der oberste erst hat die Bahn frei, und die Hemmnisse schwinden. Er ist der Würdige, der Großes vollbringen kann und genährt wird.

頤

27. I – Die Mundwinkel (die Ernährung)

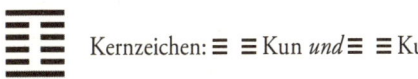 Kernzeichen: ☷ ☷ Kun *und* ☷ ☷ Kun

Die Herren des Zeichens sind die Sechs auf fünftem Platz und die obere Neun. Auf sie bezieht es sich, wenn es im Kommentar zur Entscheidung heißt: »Er ernährt den Würdigen und erreicht so das ganze Volk.«

Die Reihenfolge
Wenn die Dinge festgehalten werden, dann gibt es Ernährung. Darum folgt darauf das Zeichen: die Mundwinkel. Die Mundwinkel bedeuten: Ernährung.

Vermischte Zeichen
Mundwinkel bedeutet Ernährung des Rechten.

Die Bewegung der beiden Zeichen ist gegeneinander gerichtet. Gen, das obere, bleibt stehen, Dschen, das untere, bewegt sich nach oben. Das deutet auf die beiden Kiefer mit ihren Zähnen. Der Oberkiefer ist unbeweglich, der Unterkiefer beweglich, daher die Bezeichnung des Zeichens als Mundwinkel. Im Unterschied zum Zeichen Sü, Warten, Nr. 5, das auch die Ernährung behandelt, aber mehr die Abhängigkeit von der Nahrung zeigt, hat das Zeichen I mehr die menschlich aktive Seite der Ernährung zum Gegenstand mit der Nebenbedeutung der Ernährung der Würdigen in erster Linie, um dadurch die Ernährung auch dem Volk zukommen zu lassen. So zeigen die beiden Zeichen die Ernährung als Naturvorgang (Sü, das Warten) und als gesellschaftliches Problem (I, die Mundwinkel). Ein ähnlicher Gegensatz besteht zwischen den beiden Zeichen, die die Nahrung bezeichnen: Nr. 48, Dsing, der Brunnen, das zur Nahrung nötige Wasser, und Nr. 50, Ding, der Tiegel, die zur Nahrung nötige Speise.

Das Urteil
Die Mundwinkel. Beharrlichkeit bringt Heil.
Sieh auf die Ernährung und womit einer selbst sucht
seinen Mund zu füllen.

Kommentar zur Entscheidung
»Die Mundwinkel. Beharrlichkeit bringt Heil.« Wenn man das Rechte ernährt, so bringt das Heil. »Sieh auf die Ernährung«, d. h. sieh zu, was einer ernährt.
»Womit er selbst sucht, seinen Mund zu füllen«, d. h., sieh zu, womit sich einer selbst ernährt. Himmel und Erde ernähren alle Wesen. Der Heilige ernährt die Würdigen und erreicht so das ganze Volk. Wahrlich groß ist die Zeit der Ernährung.

Das Zeichen wird als Bild im ganzen aufgefaßt: das Bild eines geöffneten Mundes; daher bedarf es keiner Erläuterung, woher die Bedeutung der Ernährung stammt. Es wird nur betont, daß für die Art der Ernährung alles darauf ankommt, daß sie im Einklang mit dem Rechten ist. Entsprechend dem Charakter der beiden Halbzeichen – Bewegung und Stillehalten – findet die Beziehung des Entsprechens zwischen den in Betracht kommenden Linien des unteren und oberen Zeichens nicht statt. Das untere Zeichen sucht Nahrung für sich, das obere gewährt Nahrung für andre.

Das Bild
Unten am Berg ist der Donner: das Bild der Ernährung.
So hat der Edle acht auf seine Worte
und ist mäßig im Essen und Trinken.

Der Donner ist das Zeichen, in dem Gott hervortritt, der Berg ist das Zeichen, in dem alle Dinge vollendet werden. Das ist das Bild der Ernährung. Aus dem Gesamtzeichen, das einen offenen Mund darstellt, werden dessen Bewegungen, Reden und Nahrungsaufnahme, entnommen. Diese Bewegung entspricht dem Charakter des Zeichens Dschen. Sie muß gemäßigt werden, um korrekt zu sein. Das entspricht dem Charakter des Zeichens Gen.

Die einzelnen Linien

Anfangs eine Neun bedeutet:
a) Du läßt deine Zauberschildkröte fahren
und blickst nach mir mit herabhängenden Mundwinkeln.
Unheil!
b) »Du blickst nach mir mit herabhängenden Mundwinkeln.«
Das ist wahrlich nicht ehrenwert.

Das ganze Zeichen erinnert in seiner Struktur an das Zeichen Li, das Haftende, daher das Bild der Schildkröte.
Das Zeichen hat drei Gedanken: sich selbst nähren, andre nähren, von andern genährt werden. Der obere starke Strich, der Herr des Zeichens, ernährt die andern. Die mittleren schwachen Linien sind auf das Ernährtwerden durch andre angewiesen. Der untere starke Strich sollte eigentlich imstande sein, sich selbst zu ernähren (Zauberschildkröte: Die Schildkröte bedarf nicht der irdischen Nahrung, sondern kann sich von Luft ernähren). Stattdessen bewegt er sich auch auf die allgemeine Nahrungsquelle zu und will mitgefüttert werden. Das ist verächtlich und unheilvoll. Das »du« ist die Anfangsneun; das »ich« die obere Neun.

Sechs auf zweitem Platz bedeutet:
a) Nach dem Gipfel sich wenden um Ernährung.
Vom Wege abweichen, um von dem Hügel
Ernährung zu suchen:
Wenn man so fortmacht, bringt es Unheil.
b) Wenn die Sechs auf zweitem Platz so fortmacht, bringt es Unheil;
denn sie verliert beim Gehen ihre Art.

Die Sechs auf zweitem Platz könnte von ihresgleichen, der Anfangsneun, Ernährung suchen. Stattdessen weicht sie von diesem Weg ab und sucht Ernährung auf dem Gipfel, d. h. bei dem oberen Herrn des Zeichens. (Das obere Zeichen ist Gen, der Berg.) Das ist unheilvoll.
Andere Auffassung: »Umgekehrt Ernährung suchen [nämlich bei Anfangsneun] oder vom Wege abweichend beim Hügel Ernährung suchen [nämlich bei der oberen Neun] ist unheilvoll.«

Sechs auf drittem Platz bedeutet:
a) Abweichen von der Ernährung.
    Beharrlichkeit bringt Unheil.
    Zehn Jahre handle nicht danach. Nichts ist fördernd.
b) »Zehn Jahre handle nicht danach«:
    denn es widerspricht allzusehr dem rechten Weg.

Auch dieser Strich, der auf dem Gipfel des Zeichens Bewegung steht, sucht seine Ernährung statt bei der unteren Neun bei der Neun oben. Die zehn Jahre kommen davon, daß das Kernzeichen Kun ist, dessen Zahl zehn ist. Der Grund, warum dieses Betragen so scharf getadelt wird, ist, daß der Strich auf Grund seines Verhältnisses des Entsprechens (das in diesem Zeichen nicht gilt) persönliche Vorteile sucht.

Sechs auf viertem Platz bedeutet:
a) Nach dem Gipfel sich wenden um Ernährung bringt Heil.
    Mit scharfen Augen wie ein Tiger umherspähen
    in unersättlichem Begehren. Kein Makel.
b) Das Heil des Sich-nach-dem-Gipfel-Wendens um Ernährung
    beruht darauf, daß der Obere Licht verbreitet.

Der Strich wendet sich ebenfalls an die obere Neun um Ernährung; aber da er demselben Zeichen angehört, bringt das – anders als bei Sechs auf zweitem Platz – Heil. Das Umherspähen mit scharfen Augen ergibt sich aus der an Li erinnernden Form des Gesamtzeichens. Li ist auch das Auge.

- **Sechs auf fünftem Platz bedeutet:**
a) Abweichen vom Weg.
    Bleiben in Beharrlichkeit bringt Heil.
    Man soll nicht das große Wasser durchqueren.
b) Das Heil des Bleibens in Beharrlichkeit beruht darauf, daß er hingebungsvoll dem Oberen folgt.

Der Strich ist auf dem Platz des Herrschers, aber als weicher, hingebender Strich steht er in der Beziehung des Empfangens zu dem starken oberen. Darum gibt er sich hingebend unter diesen herunter. (Wenn das Zeichen in das folgende übergeht, so wird das obere Zeichen Gen zu Dui, der See. Der fünfte Strich kommt dann in die Mitte des Wassers; daher nicht günstig, das große Wasser zu durchqueren.)

- **Oben eine Neun bedeutet:**
    a) Die Quelle der Ernährung.
       Bewußtsein der Gefahr bringt Heil.
       Fördernd ist es, das große Wasser zu durchqueren.
    b) »Die Quelle der Ernährung. Bewußtsein der Gefahr bringt Heil.«
       Er hat großen Segen.

Die Gefahr kommt von der verantwortungsvollen Stellung an der Spitze des Zeichens und daher, daß der Strich noch dazuhin beauftragt und geehrt von dem weichen Herrscher auf fünftem Platz ist. Aber in dieser Stellung spendet er großen Segen. Indem der Strich so der Gefahr bewußt ist, kann er große Werke, wie das Durchqueren des Wassers, unternehmen. (Beim Übergang des Zeichens in das folgende ist dieser Strich an der Oberfläche des Zeichens Dui, daher nicht wie der vorhergehende in Gefahr des Ertrinkens.)

大過

28. Da Go –
Des Großen Übergewicht

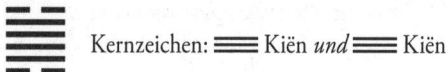 Kernzeichen: ☰ Kiën *und* ☰ Kiën

Die Herren des Zeichens sind die Neun auf zweitem Platz und die Neun auf viertem Platz. Die Neun auf zweitem Platz ist fest und zentral und nicht im Übergewicht. Die Neun auf viertem Platz ist ein Balken, der sich nicht durchbiegt.

Die Reihenfolge
Ohne Ernährung kann man sich nicht bewegen, darum folgt darauf das Zeichen: des Großen Übergewicht.

Nähren, ohne zu gebrauchen, das ruft schließlich Bewegung hervor. Bewegung ohne Ende führt schließlich zu weit, zum Übergewicht.

Vermischte Zeichen
Des Großen Übergewicht ist der Gipfel.

Der Gipfel bezieht sich auf das Bild des Firstbalkens, von dem im Urteil die Rede ist. Das Zeichen zeigt in seinem Innern eine große Kraft. Die beiden Kernzeichen sind Kiën, dessen Eigenschaft die Stärke ist. Aber nach unten zu ist es das sanfte, zwar eindringende, aber luftige Sun, oben das heitere Dui, das einen See darstellt. So sind die Außenenden der starken Struktur des Innern nicht gewachsen: daher das Große im Übergewicht.
Das Zeichen ist das Gegenstück des vorigen.

Beigefügte Urteile
Im Altertum bestattete man die Toten, indem man sie dicht mit Reisig bedeckte und mitten auf dem Land beisetzte ohne Grabhügel und Baumpflanzungen. Die Trauerzeit hatte keine bestimmte Dauer. Die Heiligen

späterer Zeit führten stattdessen Särge und Sarkophage ein. Das entnahmen sie wohl dem Zeichen: des Großen Übergewicht.

Das Zeichen stellt Holz dar, das eingedrungen ist bis unterhalb des Grundwassers. Damit ist der Sarg gezeichnet. Eine andere Erklärung geht davon aus, daß durch die beiden Yinstriche oben und unten die Erde und Bäume des Begräbnisplatzes dargestellt werden, während die Yangstriche dazwischen den Sarg andeuten. Wenn so die Verstorbenen wohlversorgt sind, gehen sie in die Erde hinein (Sun) und sind fröhlich (Dui). Das Zeichen ist auch insofern das Gegenstück des vorigen, als jenes die Ernährung der Lebenden, dieses die Versorgung der Toten zeigt.

Das Urteil
Des Großen Übergewicht. Der Firstbalken biegt sich durch.
Fördernd ist es, zu haben, wohin man gehe. Gelingen.

Kommentar zur Entscheidung
Des Großen Übergewicht: Das Große ist im Übergewicht. Der Firstbalken biegt sich durch, weil Anfang und Ende schwach sind.
Das Feste ist im Übergewicht und zentral. Sanft und heiter im Handeln.
Da ist es fördernd, zu haben, wohin man gehe, dann hat man Gelingen.
Groß wahrlich ist die Zeit des Übergewichts des Großen.

Der Name wird aus der Gestalt erklärt. Das Große, d. h. das Yangelement, ist mit vier Strichen zu den zwei Yinstrichen in der Überzahl. Das würde an sich noch kein Übergewicht bedeuten. Allein das Große ist innen, während es nach außen gehörte. So ist das Kleine im Übergewicht (vgl. Nr. 62), wenn es außen in der Überzahl ist, weil es an sich nach innen gehörte. Als Großes im Übergewicht legt das Zeichen das Bild des Firstbalkens, des oberen Balkens eines Hauses, auf dem das ganze Dach ruht, nahe. Da Anfang und Ende schwach sind, so entsteht die Gefahr des zu starken inneren Gewichts und infolge davon des Durchbiegens.
Trotz dieser außerordentlichen Situation ist Handeln wichtig. Wenn die Last ruhte, so würde Unheil entstehen. Durch Bewegung aber kommt man aus dem abnormen Zustand heraus, zumal, da der Herr des unteren Zeichens zentral und

stark ist. Ebenso geben die Eigenschaften der Zeichen Heiterkeit und Sanftheit die rechte Art für erfolgreiches Handeln an.

Das Bild
Der See geht über die Bäume weg:
das Bild des Übergewichts im Großen.
So ist der Edle, wenn er allein steht, unbesorgt,
und wenn er auf die Welt verzichten muß, unverzagt.

Das Alleinstehen und der Verzicht auf die Welt ist durch die Situation des Gesamtzeichens gegeben. Das unbesorgte Alleinstehen ist durch das Bild von Sun, der Baum, nahegelegt, die Unverzagtheit durch die Eigenschaft von Dui, die Heiterkeit.

Die einzelnen Linien

Anfangs eine Sechs bedeutet:
a) Unterlegen mit weißem Schilfgras.
   Kein Makel.
b) »Unterlegen mit weißem Schilfgras«: Das Weiche ist unten.

Der weiche Strich unterhalb des starken Herrn des Zeichens, Neun auf zweitem Platz, zeigt das vorsichtige Aufnehmen der Last an.
Kungtse sagt folgendes über diese Linie: »Wenn man etwas nur einfach auf den Boden stellt, so geht es ja auch. Aber wenn man es mit weißem Schilfgras unterlegt, was für ein Fehler könnte dabei sein? Das ist das äußerste der Vorsicht. Das Schilfgras ist an sich ein wertloses Ding, aber es kann von sehr wichtiger Wirkung sein. Wenn man so vorsichtig ist in allem, was man tut, bleibt man frei von Fehlern.«

- **Neun auf zweitem Platz bedeutet:**
  a) Ein trockener Pappelbaum treibt einen Wurzelsproß.
     Ein älterer Mann bekommt eine junge Frau.
     Alles ist fördernd.
  b) »Ein älterer Mann bekommt eine junge Frau«:

Das Außerordentliche besteht in ihrem gegenseitigen Zusammenkommen.

Das Zeichen Holz steht unten am Zeichen Wasser, daher das Bild der Pappel, die am Wasser wächst. Der Herr des Zeichens, Neun auf zweitem Platz, steht in der Beziehung des Zusammenhaltens zu der Anfangssechs. Das gibt einerseits das Bild des Wurzelsprosses, der von unten nachwächst und so den Lebensprozeß erneuert, andererseits das Bild eines älteren Mannes (Neun auf zweitem Platz), der ein junges Mädchen zur Frau bekommt (Anfangssechs). Obwohl es sich dabei um etwas Außergewöhnliches handelt, ist doch alles fördernd.

Neun auf drittem Platz bedeutet:
a)   Der Firstbalken biegt sich durch. Unheil.
b)   Das Unheil des Durchbiegens des Firstbalkens kommt daher, daß er keine Unterstützung findet.

Der dritte und der vierte Strich inmitten des Zeichens stellen den Firstbalken dar. Die Neun auf drittem Platz ist fest auf festem Platz, das gibt für eine Zeit des Außergewöhnlichen zuviel Festigkeit, darum droht das Unheil des Durchbiegens. Denn durch Eigensinn verbaut man sich die Möglichkeit der Unterstützung.

• Neun auf viertem Platz bedeutet:
a)   Der Firstbalken wird gestützt. Heil.
   Sind Hintergedanken da, ist es beschämend.
b)   Das Heil des gestützten Firstbalkens besteht darin, daß er nicht nach unten durchbiegt.

Der Strich ist besser dran als der letzte. Er biegt nicht nach unten durch. Während Neun auf drittem Platz zu stark und unruhig ist, ist die Festigkeit der Neun auf viertem Platz durch die Weichheit des Platzes gemildert. Während Neun auf drittem Platz als oberster Strich des unten offenen, d. h. schwachen Zeichens Sun der Gefahr des Durchbiegens ausgesetzt ist, ruht die Neun auf viertem Platz auf dem Grund des oben offenen Zeichens Dui; daher seine Sicherheit. Die Hintergedanken werden dadurch angedeutet, daß zur Anfangssechs die Beziehung des Entsprechens besteht, aus der aber hier keine Konsequenzen gezogen werden dürfen, weil für den Strich in erster Linie seine Stellung als Minister zu dem Herrscher auf fünftem Platz in Betracht kommt.

Neun auf fünftem Platz bedeutet:
a) Eine dürre Pappel treibt Blüten.
   Ein älteres Weib bekommt einen Mann.
   Kein Makel. Kein Lob.
b) »Eine dürre Pappel treibt Blüten.« Wie könnte das lange dauern!
   »Ein älteres Weib bekommt einen Mann.«
   Eine Schande ist es aber doch!

Dieser Strich steht im Gegensatz zu Neun auf zweitem Platz. Dort ein älterer Mann, der ein Mädchen bekommt, hier ein älteres Weib, das einen Mann bekommt. Dort bekommt die Pappel einen Wurzelsproß, hier bekommt sie Blüten. Dort war die Beziehung des Entsprechens nach unten zu, daher Wurzelsproß, hier ist sie nach oben hin, daher Blüte. Dort war die starke Neun auf zweitem Platz der Mann, der das junge Mädchen (Anfangssechs) bekam. Hier ist wohl die obere Sechs die alte Frau, die Neun auf fünftem Platz als Mann bekommt.

Oben eine Sechs bedeutet:
a) Man muß durchs Wasser.
   Es geht über den Scheitel.
   Unheil. Kein Makel.
b) Das Unheil des Durchschreitens des Wassers darf man nicht tadeln.

Das obere Zeichen Dui ist ein See, daher das Wasser. Das Kernzeichen ist Kiën, der Kopf. Das obere Kernzeichen endet bei Neun auf fünftem Platz, die obere Sechs zeigt also das Wasser oberhalb des Kopfes. Da es in der Zeit begründet ist und der Wille gut ist, so darf auch das Unheil nicht getadelt werden.
Dieses Orakel. »Unheil. Kein Makel« gehört zum Höchsten, was sich an Überwindung des Schicksals denken läßt.

Anmerkung:
Ähnlich wie bei den Zeichen I, Dschung Fu, Siau Go gilt in dem Zeichen Da Go nicht die Beziehung des Entsprechens, sondern die oberen und unteren Striche stehen – von der Mitte an gerechnet – zueinander im Gegensatz. So sind der dritte und der vierte Strich das Bild des Firstbalkens, der dritte fest auf festem Platz – hat Unglück: der Dachbalken biegt

durch; der vierte – fest auf weichem Platz – hat Glück: der Dachbalken wird gestützt. Der zweite und der fünfte sind beides alte Pappelbäume; der zweite – fest auf weichem Platz – hat Glück: treibt einen Wurzelsproß; der fünfte – fest auf festem Platz – hat Unglück: beginnt zu blühen, um dadurch seine letzte Kraft aufzuzehren. Der unterste – weich auf festem Platz – hat Glück durch große Vorsicht; der oberste – weich auf weichem Platz – hat Unglück durch Mut und Durchsetzenwollen. Alle Striche, die auf dem ihrer Natur entgegengesetzten Platz stehen, haben Glück, weil Platz und Natur einander ergänzen. Alle Striche, die auf dem ihrer Natur gleichsinnigen Platz stehen, haben Unglück, weil dadurch das Übergewicht erzeugt wird.

坎

29. Kan – Das Abgründige, das Wasser

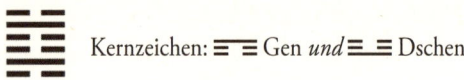 Kernzeichen: ☶ Gen *und* ☳ Dschen

Die Herren des Zeichens sind die beiden Yangstriche auf zweitem und fünftem Platz, und zwar ist der fünfte in besonderem Maße Herr, denn das Wasser läuft weiter, wenn es seinen Raum ausgefüllt hat.

Die Reihenfolge
Die Dinge können nicht dauernd im Übergewichtszustand sein. Darum folgt darauf das Zeichen: das Abgründige. Das Abgründige bedeutet eine Vertiefung.

Vermischte Zeichen
Das Abgründige ist nach unten gerichtet.

Die Bewegung des Wassers geht von oben nach unten. Das Wasser stammt von der Erde, befindet sich aber am Himmel, daher ist seine Tendenz, nach unten zurückzukehren.

Das Zeichen ist eines der acht verdoppelten Grundzeichen. Es hat den mittleren Strich des Schöpferischen in sich und ist daher unter den Zeichen der innerweltlichen Reihenfolge nach Norden gerückt, wo unter den Zeichen der vorweltlichen Reihenfolge das Schöpferische selbst seinen Platz hatte. Daher steht es zusammen mit dem nächsten Zeichen Li, das in ähnlicher Beziehung zum Empfangenden steht wie Kan zum Schöpferischen, am Ende des ersten Teils, an dessen Anfang das Schöpferische und das Empfangende stehen.

Das Urteil
Das wiederholte Abgründige.

Wenn du wahrhaftig bist, so hast du im Herzen Gelingen,
und was du tust, hat Erfolg.

Kommentar zur Entscheidung
Das wiederholte Abgründige ist die verdoppelte Gefahr. Das Wasser fließt und häuft sich nirgends an, es geht durch gefährliche Stellen und verliert nicht seine Zuverlässigkeit. »Du hast im Herzen Erfolg«: denn die Festen bilden die Mitte. »Was du tust, hat Erfolg«: Das Fortschreiten schafft Werke. Des Himmels Gefahr besteht darin, daß man ihn nicht ersteigen kann. Die Gefahr der Erde sind die Berge und Flüsse, Hügel und Höhen. Die Könige und Fürsten benützen die Gefahr, um ihr Reich zu wahren. Die Wirkungen der Zeit der Gefahr sind wahrlich groß.

Das Zeichen wird auf doppelte Weise erklärt:

1. Der Mensch befindet sich in der Gefahr wie das Wasser inmitten des Abgrundes. Da zeigt das Wasser, wie man sich zu benehmen hat: Es fließt und häuft sich nirgends an, auch an den gefährlichen Stellen verliert es nicht seine zuverlässige Art. Auf diese Weise wird die Gefahr überwunden. Das Zeichen Kan ist ferner das Herz. Im Herzen ist das göttliche Wesen innerhalb der natürlichen Neigungen und Veranlagungen eingeschlossen und kommt dadurch in die Gefahr, in Begierden und Leidenschaften zu versinken. Auch hier besteht die Überwindung der Gefahr darin, daß man die ursprünglich gute Anlage festhält. Das wird angedeutet dadurch, daß die festen Striche die Mitte bilden. Daraus ergibt sich dann, daß das Handeln Erfolg im Guten hat.

2. Die Gefahr dient als Schutzmaßregel: dem Himmel, der Erde, dem Fürsten. Nie aber ist sie Selbstzweck, darum heißt es: Die Wirkungen der Zeit der Gefahr sind groß.

Das Bild
Das Wasser fließt ununterbrochen und kommt ans Ziel:
das Bild des wiederholten Abgründigen.

So wandelt der Edle in dauernder Tugend
und übt das Geschäft des Lehrens.

Das Wasser ist dauernd in seinem Fließen; so ist der Edle dauernd in seiner Tugend wie der feste Strich inmitten des Abgrunds. Und wie das Wasser immer weiterfließt, so benützt er die Übung und Wiederholung beim Geschäft des Lehrens.

Die einzelnen Linien

Anfangs eine Sechs bedeutet:
a) Wiederholung des Abgründigen.
    Man gerät im Abgrund in ein Loch. Unheil.
b) »Wiederholung des Abgründigen.«
    Man gerät in den Abgrund, weil man den Weg verloren hat; das bringt Unheil.

Der Strich ist ganz unten, ein geteilter Strich, also unten im Abgrund noch ein Loch. Diese Wiederholung der Gefahr führt zur Gewöhnung. Da der Strich schwach ist, besitzt er nicht die innere Stärke, einer solchen Versuchung zu widerstehen. So kommt er gleich zu Anfang vom rechten Weg ab.

- ### Neun auf zweitem Platz bedeutet:
  a) Der Abgrund hat Gefahr.
      Man soll nur Kleines zu erreichen streben.
      »Man soll nur Kleines zu erreichen streben.«

Man hat nämlich die Mitte noch nicht überschritten. Der Strich ist stark und zentral und könnte daher an sich wohl Großes erreichen. Aber er ist noch inmitten der Gefahr eingeschlossen, darum läßt sich nichts machen. Und seine Stärke beruht gerade darin, daß er nicht Unmögliches will, sondern sich den Verhältnissen anzupassen versteht.

Sechs auf drittem Platz bedeutet:
a) Vorwärts und rückwärts, Abgrund über Abgrund.
    In solcher Gefahr halte zunächst inne,

sonst kommst du im Abgrund in ein Loch.
Handle nicht so.

b) »Vorwärts und rückwärts Abgrund über Abgrund«:
Da ist endgültig kein Werk möglich.

Der Strich ist schwach, nicht auf seinem Platz, mitten in der Gefahr und dazuhin in der Mitte des Kernzeichens Dschen, Bewegung, daher noch in aller Gefahr voll innerer Unruhe. Deshalb die Warnung, nicht zu handeln, wie es die Natur des Strichs nahelegt.

Sechs auf viertem Platz bedeutet:

a) Ein Krug Wein, eine Reisschale als Zugabe, Tongeschirr,
einfach zum Fenster hineingereicht.
Das ist durchaus kein Makel.

b) »Ein Krug Wein, eine Reisschale als Zugabe.«
Es ist die Grenze von Fest und Weich.

Das Zeichen Kan bedeutet Wein. Das Kernzeichen Dschen bedeutet Opfergefäße. Das Ganze ist als einfaches Opfer gedacht. Das Zeichen Kan steht im Norden und wird häufig mit dem Gedanken des Opfers verbunden. Trotz der Einfachheit wird das Opfer angenommen, da die Gesinnung wahr ist. Der vierte Strich steht in der Beziehung des Zusammenhaltens mit dem oberen.

• Neun auf fünftem Platz bedeutet:

a) Der Abgrund wird nicht überfüllt,
wird nur bis an den Rand gefüllt.
Kein Makel.

b) »Der Abgrund wird nicht überfüllt«,
denn der zentrale Strich ist noch nicht groß.

Der Herr des Zeichens, der zudem stark auf starkem Platz ist, könnte sich wohl groß und stark fühlen. Aber daran wird er durch seine zentrale Stellung verhindert. Darum genügt es ihm, gerade aus der Gefahr herauszukommen. Auf diesen Strich bezieht sich der Satz des Kommentars zur Entscheidung: »Das Wasser fließt und häuft sich nirgends an.«

Oben eine Sechs bedeutet:
a) Mit Stricken und Tauen gebunden,
eingeschlossen zwischen dornumhegten Kerkermauern;
drei Jahre lang findet man sich nicht zurecht.
Unheil!
b) Die obere Sechs hat den Weg verloren.
Dies Unheil währt drei Jahre lang.

Im Unterschied zur Anfangssechs, die innerhalb des Abgrunds noch in einem Loch steckt, ist diese Linie auf der Höhe, daher durch eine Mauer eingeschlossen, die von Dornen umhegt ist, wie das in China die Kerkermauern sind, um das Ausbrechen zu verhüten. Dornen werden durch das Zeichen Kan angedeutet. Die üble Lage der Linie ergibt sich daraus, daß sie auf dem harten Strich Neun auf fünftem Platz ruht. Bei leichteren Sünden wurde nach einem Jahr im Fall der Reue Amnestie erteilt, bei schwereren nach zwei, bei ganz schweren nach drei Jahren, so daß es sich hier also um eine sehr weitgehende Verwicklung handelt.

Anmerkung:
Das ganze Zeichen »das Abgründige« geht von der Idee aus, daß die lichten Striche zwischen den dunklen eingeschlossen und durch sie gefährdet sind. Nachdem aber diese Idee der Gefahr erst einmal dem Zeichen seinen Charakter gegeben hat, haben die Einzelstriche alle den Gedanken des Hineingeratens in eine Gefahr. Dabei zeigt es sich dann, daß die beiden starken Striche (zwei und fünf) noch besser wegkommen und die Hoffnung haben, aus der Gefahr herauszukommen, während die Anfangssechs und Sechs auf drittem Platz in Abgrund über Abgrund geraten, die obere Sechs gar für drei Jahre keinen Ausweg sieht, so daß also die Gefahr, die den dunklen Linien droht, noch schlimmer ist. Es kommt aber häufig vor, daß die Gedanken des Zeichens und der Einzelstriche sich verschieden ausdrücken.

30. Li – Das Haftende, das Feuer

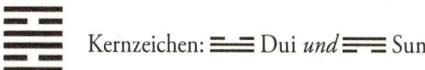

Die Herren des Zeichens sind die beiden Yinstriche auf dem zweiten und fünften Platz, und zwar ist der zweite in besonderem Maße Herr, denn das Feuer ist am hellsten, wenn es eben angefacht wird.

Die Reihenfolge
In einer Vertiefung gibt es sicher etwas, das darin haftet. Darum folgt darauf das Zeichen: das Haftende. Das Haftende bedeutet: auf etwas beruhen.

Vermischte Zeichen
Das Haftende ist nach oben gerichtet.

Beigefügte Urteile
Fu Hi machte geknotete Stricke und benützte sie zu Netzen und Reusen für die Jagd und den Fischfang. Das entnahm er wohl dem Zeichen: das Haftende.

Das Zeichen, das innen geteilt und außen geschlossen ist, ist das Bild der Maschen eines Netzes, in denen die Tiere haften bleiben.
Das Zeichen ist das Gegenstück zum vorigen, nicht nur in der Form, sondern auch in der ganzen Bedeutung.

Das Urteil
Das Haftende. Fördernd ist Beharrlichkeit.
Sie bringt Gelingen. Pflege der Kuh bringt Heil.

Kommentar zur Entscheidung
Haften bedeutet: auf etwas beruhen. Sonne und Mond haften am Him-

mel. Das Korn, Kräuter und Bäume haften am Erdboden.
Doppelte Klarheit, die am Rechten haftet, gestaltet die Welt um und vollendet sie.
Das Weiche haftet in der Mitte und dem Rechten, darum hat es Gelingen. Darum heißt es: »Pflege der Kuh bringt Heil.«

Es wird hier das Zusammenwirken der beiden Weltprinzipien gezeigt. Das Lichte kommt nur dadurch zur Sichtbarkeit, daß es an Körpern haftet. Sonne und Mond erlangen ihre Helligkeit dadurch, daß sie am Himmel haften, von dem die Kräfte des Lichten ausgehen. Die Pflanzenwelt verdankt ihr Leben dem Umstand, daß sie am Boden haftet (das chinesische Zeichen ist hier Tu, nicht Di), in dem die Kräfte des Lebens sich äußern. Auf der andern Seite sind auch die Körper notwendig, daß sich an ihnen die Kräfte des Lichtes und des Lebens äußern können.

So ist es auch im Menschenleben. Die psychische Natur muß an den Kräften des geistigen Lebens haften, damit sie sich verklären und Einfluß auf Erden bekommen kann.

Das Weiche ist der zentrale Strich des Empfangenden, daher das Bild der starken, aber zahmen Kuh.

Das Bild
Das Helle erhebt sich zweimal: das Bild des Feuers.
So erleuchtet der große Mann durch Fortsetzung dieser
Helle die vier Weltgegenden.

Das Feuer flammt nach oben, daher der Ausdruck: Das Helle erhebt sich. Das Zweimalige ist durch die Verdoppelung des Zeichens angedeutet. Auf geistiges Gebiet übertragen bedeutet die Helle die ursprünglichen, lichten Anlagen des Menschen, die durch ihre Konsequenz auf die Welt erleuchtend wirken. Das Zeichen Li steht im Süden und stellt die Sommersonne dar, die alles Irdische bescheint.

Die einzelnen Linien

Anfangs eine Neun bedeutet:
a)   Die Fußspuren laufen kreuz und quer.

        Wenn man ernst dabei ist: kein Makel.
- b)   Der Ernst beim Durcheinanderlaufen der Fußspuren dient dazu, Makel zu vermeiden.

Der Anfangsstrich bedeutet den Morgen. Das Feuer brennt zuerst unruhig; so werden hier die unruhig durcheinander wirrenden Geschäfte gezeichnet. Der Strich ist fest, daher die Möglichkeit des Ernstes.

- **Sechs auf zweitem Platz bedeutet:**
  - a)   Gelber Schein. Erhabenes Heil.
  - b)   Das erhabene Heil des gelben Scheines besteht darin, daß man den Mittelweg gefunden hat.

Der Strich ist in der Mitte des unteren Zeichens, daher der Mittelweg. Die gelbe Farbe ist die Farbe der Mitte, hier noch besonders deshalb erwähnt, weil der Strich als mittlerer dem Zeichen Kun, das Empfangende, entstammt.

Neun auf drittem Platz bedeutet:
- a)   Beim Schein der untergehenden Sonne
  schlagen die Menschen entweder auf den Topf und singen,
  oder sie seufzen laut über das nahende Greisenalter.
  Unheil.
- b)   Wie kann man den Schein der untergehenden Sonne lange festhalten wollen!

Der dritte Strich steht am Ende des unteren Zeichens, daher das Bild der untergehenden Sonne. Der Strich ist gleichzeitig im Kernzeichen Dui, das den Herbst andeutet, und im Kernzeichen Sun, das das Wachstum bedeutet. Dui bedeutet andererseits Heiterkeit und Sun Seufzen.

Neun auf viertem Platz bedeutet:
- a)   Plötzlich ist sein Kommen;
  es brennt auf, erstirbt, wird weggeworfen.
- b)   »Plötzlich ist sein Kommen.«
  Es hat aber nichts an sich, durch das es aufgenommen würde.

Der vierte Strich ist unruhig am Kreuzungspunkt der beiden Zeichen. Er wird von unten her bedrängt und von oben her verworfen.

- **Sechs auf fünftem Platz bedeutet:**
    a)   Weinend in Strömen, seufzend und klagend. Heil!
    b)   Das Heil der Sechs auf fünftem Platz haftet am König und Fürsten.

Der fünfte Platz ist der Platz des Herrschers. Da der Strich weich ist, so ist er nicht hochmütig, sondern demütig und traurig. (Er steht oben im Kernzeichen Dui, der Mund, daher die Klage.) Darauf beruht sein Heil.

Oben eine Neun bedeutet:
a)   Der König gebraucht ihn, auszuziehen und zu züchtigen.
Am besten ist es dann, die Häupter zu töten
und die Nachläufer gefangen zu nehmen. Kein Makel.
b)   »Der König gebraucht ihn, auszuziehen und zu züchtigen«
um das Land in Zucht zu bringen.

Der König ist der Herr des Zeichens auf fünftem Platz. Er benützt den oberen Strich, die Waffen zu führen. Das Zeichen Li hat als Bild Waffen und Wehr. Der Strich ist oben und stark, darum ist er korrekt und treibt das Kriegerische nicht zu weit. Er zeigt das Licht auf seiner Höhe.

Drittes Buch: Die Kommentare

Zweite Abteilung

31. Hiën – Die Einwirkung (die Werbung)

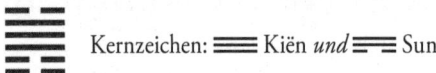

Die Neun auf viertem Platz ist an der Stelle des Herzens. Das Herz ist der Herr der Einwirkung, darum ist der vierte Strich der Herr des Zeichens. Aber die Neun auf fünftem Platz ist an der Stelle des Rückens und bedeutet daher inmitten der Einwirkung das Stillehalten. Sie zeigt inmitten der Bewegung die Fähigkeit, ruhig zu bleiben, und ist daher in noch höherem Maße Herr des Zeichens.

Die Reihenfolge
Nachdem es Himmel und Erde gibt, gibt es die einzelnen Dinge. Nachdem die Einzeldinge ins Dasein getreten sind, gibt es die beiden Geschlechter. Nachdem es das männliche und das weibliche Geschlecht gibt, gibt es die Beziehung zwischen Gatte und Gattin. Nachdem die Beziehung zwischen Gatte und Gattin vorhanden ist, gibt es die Beziehung zwischen Vater und Sohn. Nachdem die Beziehung zwischen Vater und Sohn vorhanden ist, gibt es die Beziehung zwischen Fürst und Diener. Nachdem die Beziehung zwischen Fürst und Diener vorhanden ist, gibt es den Unterschied von hoch und niedrig. Nachdem der Unterschied von hoch und niedrig vorhanden ist, können die Regeln der Ordnung und des Rechts eingreifen.

Vermischte Zeichen
Die Einwirkung vollzieht sich rasch.

Das Urteil
Die Einwirkung. Gelingen.
Fördernd ist Beharrlichkeit.
Ein Mädchen nehmen bringt Heil.

Kommentar zur Entscheidung
Die Einwirkung bedeutet Anregung. Das Schwache ist oben und das Starke unten. Ihre beiden Kräfte beeinflussen und antworten einander, so daß sie sich vereinigen.
Stillehalten und Heiterkeit. Das Männliche gibt sich herunter unter das Weibliche. Das ist der Grund, warum es heißt: »Gelingen. Fördernd ist Beharrlichkeit. Ein Mädchen nehmen bringt Heil.«
Himmel und Erde beeinflussen einander, und alle Dinge gestalten sich und entstehen. Der Berufene beeinflußt die Herzen der Menschen, und die Welt kommt in Frieden und Ruhe. Wenn man die ausgehenden Einflüsse betrachtet, so kann man die Natur von Himmel und Erde und allen Wesen erkennen.

Hiën unterscheidet sich von dem Wort Gan, »anregen«, dadurch, daß es nicht wie das letztere als Bestandteil das Herz hat. Es wird also der unbewußte, unwillkürliche Einfluß dargestellt, nicht der absichtlich bewußte; es handelt sich um objektive Beziehungen allgemeiner Art, nicht um subjektive Sonderfälle.
Das Schwache, das oben ist, ist das Zeichen Dui, die jüngste Tochter; seine Eigenschaft ist die Heiterkeit, sein Bild der See; das Starke, das unten ist, ist Gen, der jüngste Sohn; seine Eigenschaft ist das Stillehalten, sein Bild der Berg. Zur Erklärung des Urteils sind die Organisation des Zeichens (das Schwache oben, das Starke unten), die Eigenschaften und Symbole (jüngster Sohn, jüngste Tochter) benützt.

Das Bild
Auf dem Berg ist ein See:
das Bild der Einwirkung.
So läßt der Edle durch Aufnahmebereitschaft die
Menschen an sich herankommen.
(Wörtlich: So nimmt der Edle durch Leere die Menschen auf.)

Der See auf dem Berg gibt dem Berg von seiner Feuchtigkeit ab. Der Berg sammelt Wolken, durch die der See gespeist wird. So stehen ihre Kräfte in wechselseitiger Einwirkung. Das Verhältnis der beiden Bilder zueinander zeigt, wie diese Einwirkung zustande kommt: Nur indem der Berg auf seinem Gipfel leer, d. h. vertieft ist, kann sich der See bilden. So nimmt der Edle durch Leere die Menschen auf. Der Edle wird mit dem Berg, die Menschen mit dem See verglichen. Das Verhältnis bildet sich infolge der Initiative des Bergs bzw. des Edlen.

Die einzelnen Linien

Anfangs eine Sechs bedeutet:
a)   Die Einwirkung äußert sich in der großen Zehe.
b)   Einwirkung in der großen Zehe: Der Wille ist nach außen gerichtet.

Der Strich steht in Beziehung zur Neun auf viertem Platz im »äußeren« Halbzeichen. Das Bild der Zehe ist als unterster Bestandteil gewählt. Der Wille ist nach außen gerichtet, ohne daß es sich zeigt; denn die Bewegung der Zehe ist von außen nicht zu sehen.

Sechs auf zweitem Platz bedeutet:
a)   Die Einwirkung äußert sich in den Waden. Unheil!
     Verweilen bringt Heil!
b)   Wenn auch Unheil droht, so ist Verweilen von Heil. Durch Hingebung kommt man nicht zu Schaden.

Der Strich steht in Beziehung zur Neun auf fünftem Platz. Wenn er nicht mit der Anfangssechs sich zusammenbewegt, sondern verweilt, bis die Anregung von oben, der Neun auf fünftem Platz, kommt, so kommt er nicht zu Schaden. Er hat die Möglichkeit hierzu durch seine zentrale Stellung.

Neun auf drittem Platz bedeutet:
a)   Die Einwirkung äußert sich in den Schenkeln.
     Hält sich an das, was ihm folgt.
     Weitermachen ist beschämend.
b)   »Die Einwirkung äußert sich in den Schenkeln.« Er kann eben auch nicht stillhalten.
     Wenn der Wille darauf gerichtet ist, woran sich die Nachfolger halten, so ist das sehr niedrig.

Während die beiden unteren Linien ihrer Natur nach schwach sind und es weiter nicht verwunderlich ist, daß sie sich von andern beeinflussen lassen, könnte dieser Strich als starker sehr wohl sich selbst beherrschen und nicht jeder Anregung von unten her nachgeben. Dadurch, daß er sich nach den Absichten der beiden Linien unter ihm, seiner Nachfolger, richtet, macht er sich verächtlich.

- **Neun auf viertem Platz bedeutet:**
    a) Beharrlichkeit bringt Heil! Die Reue schwindet.
        Wenn man aufgeregt hin und her denkt,
        so folgen nur die Freunde,
        auf die man bewußte Gedanken richtet.
    b) »Beharrlichkeit bringt Heil! Die Reue schwindet.« Denn man regt auf diese Weise nichts Schädliches an. »Aufgeregtes Hin- und Herdenken«:
        Dadurch zeigt man, daß man noch kein helles Licht hat.

Der Strich ist stark auf schwachem Platz; darum hat er doppelte Möglichkeit. Entweder er kann beharrlich bleiben und die Versuchung zu Sondereinwirkungen meiden und ruhig als einer der Herren des Zeichens durch sein Wesen wirken; dann regt er nichts Schädliches an, weil er im Einklang mit dem Rechten ist. Oder aber er kann der Wirkung der Anfangssechs nachgeben, zu der Beziehung vorhanden ist; damit beschränkt er seine Wirkung, und alles verlegt sich ins Bewußtsein, und das innere Licht verdunkelt sich. Diese Möglichkeit wird dadurch nahegelegt, daß der Strich der unterste des Zeichens Dui ist, also am tiefsten im Schattigen (Dui ist ein Yinzeichen, also dunkel).

Kungtse sagt über diesen Strich: »Was bedarf die Natur des Denkens und Sorgens? In der Natur kehrt alles zum gemeinsamen Ursprung und verteilt sich auf die verschiedenen Pfade. Durch eine Einwirkung wird die Frucht von hundert Gedanken verwirklicht. Was bedarf die Natur des Denkens, was des Sorgens?«

- **Neun auf fünftem Platz bedeutet:**
    a) Die Einwirkung äußert sich im Nacken.
        Keine Reue.
    b) »Die Einwirkung äußert sich im Nacken.«
        Der Wille ist auf die Verzweigungen gerichtet.

Der Nacken ist unbeweglich. Die Einwirkung ist wurzelhaft echt. Wo aber die Wurzel echt ist, sind auch die Verzweigungen echt. Die Einwirkung ist also gut.

Der Strich ist stark und zentral und Herr des Zeichens, darum wirkt er durch vollkommene Ruhe inneren Gleichgewichts; dabei ist aber der Wille nicht träge, sondern durch die organischen Hauptwirkungen erzielt er auch Ordnung in den Einzelheiten.

Oben eine Sechs bedeutet:
a) Die Einwirkung äußert sich in Kinnlade,
   Wangen und Zunge.
b) »Die Einwirkung äußert sich in Kinnlade, Wangen und Zunge.«
   Er macht den Mund auf und schwätzt.

Eine schwache Linie, die an sich nicht viel Einfluß hat. Das Zeichen Dui bedeutet den Mund. Die oberste Linie ist geteilt, also die Öffnung des Mundes.

32. Hong – Die Dauer

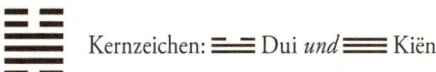 Kernzeichen: ☱ Dui *und* ☰ Kiën

Dauer bedeutet das, was immer ist. Was in der Mitte ist, das bleibt immer. In dem Zeichen ist der zweite und der fünfte Platz in der Mitte. Davon ist die Sechs auf fünftem Platz zwar zentral, aber schwach, während die Neun auf zweitem Platz sowohl zentral als auch stark ist. Darum ist der zweite Strich der Herr des Zeichens.

Während beim vorigen Zeichen das gegenseitige Entsprechen der Linien eher als Hinderung in Betracht kam, ist hier der Umstand, daß alle Striche einander entsprechen, ein Beweis einer inneren, festen Organisation des Zeichens, welche Dauer garantiert.

Der starke zweite Strich steht zu der schwachen Sechs auf fünftem Platz in der Beziehung des Entsprechens.

Die Reihenfolge
Der Weg von Gatte und Gattin darf nicht anders als langewährend sein. Darum folgt darauf das Zeichen: die Dauer. Dauer bedeutet langewährend.

Vermischte Zeichen
Die Dauer bedeutet das Langewährende.

Beigefügte Urteile
Dauer wirkt die Festigkeit des Charakters. Das Zeichen Dauer zeigt mannigfaltige Erfahrungen ohne Überdruß.
Das Zeichen Dauer bewirkt die Einheit des Charakters.

Das Urteil
Gelingen. Kein Makel.

Fördernd ist Beharrlichkeit.
Fördernd ist, zu haben, wohin man gehe.

Kommentar zur Entscheidung
Dauer bedeutet das Langewährende. Das Starke ist oben, das Schwache unten; Donner und Wind wirken zusammen. Sanft und bewegt. Die Starken und Schwachen entsprechen einander alle: Das bedeutet Dauer. »Gelingen. Kein Makel. Fördernd ist Beharrlichkeit«: Das bedeutet dauerndes Beharren in seiner Bahn. Die Bahn des Himmels und der Erde ist dauernd und lange und hört nie auf.
»Fördernd ist, zu haben, wohin man gehe.«
Das bedeutet, daß auf ein Ende immer ein neuer Anfang folgt. Sonne und Mond haben den Himmel und können deshalb dauernd leuchten. Die vier Jahreszeiten verändern und gestalten und können daher dauernd vollenden. Der Berufene bleibt dauernd in seiner Bahn, und die Welt gestaltet sich zur Vollendung um. Wenn man betrachtet, worin etwas seine Dauer hat, so kann man die Natur von Himmel und Erde und allen Wesen erkennen.

Die Organisation des Zeichens zeigt das starke Dschen oben und das schwache Sun unten; das ist der dauernde Zustand in der Welt. Der älteste Sohn und die älteste Tochter sind in der Ehe vereint im Gegensatz zur Eheschließung im vorigen Zeichen.
Die Bilder zeigen den Donner, der durch die Macht des Windes noch weiter getragen wird, und den Wind, der durch die Macht des Donners verstärkt wird. Ihre gemeinsame Wirkung verleiht beiden Dauer.
Die Eigenschaft des Zeichens Sun ist die Sanftheit, die des Zeichens Dschen die Bewegung. Die äußere Bewegung, die im Innern von Hingebung getragen wird, ist ebenfalls eine solche, die der Dauer fähig ist.
Schließlich ergibt die Beziehung gegenseitigen Entsprechens zwischen den einzelnen Linien (Sechs auf erstem Platz: Neun auf viertem Platz; Neun auf zweitem Platz: Sechs auf fünftem Platz; Neun auf drittem Platz: Sechs auf sechstem Platz) dem Zeichen innere Festigkeit und Dauer.
Aus all dem wird der Name des Zeichens erklärt.

Es werden darauf anhand des Urteils die Bedingungen der Dauer dargelegt. Sie bestehen im Beharren auf der rechten Bahn, also Beharrung im Wechsel. Das ist das Geheimnis der Ewigkeit der Welt.
Beharrung in der Bahn führt zum Ziel, also zum Ende. Da aber die Bahn eine kreisförmige ist, schließt sich an jedes Ende ein neuer Anfang. Bewegung und Ruhe erzeugen einander. Das ist der Rhythmus des Geschehens. Dies wird dann im Makrokosmos und Mikrokosmos in seinen Wirkungen im einzelnen noch nachgewiesen.

Das Bild
Donner und Wind: das Bild der Dauer.
So steht der Edle fest und wandelt seine Richtung nicht.

Der Donner ist das Bewegliche, der Wind das Eindringende: das äußerst Bewegliche, das Dauer hat im Gesetz der Bewegung. Dschen und Sun haben beide als Attribut das Holz, daher der Gedanke des Feststehens. Sun ist innen und dringt ein, Dschen ist außen und bewegt sich, daher der Gedanke der festen Richtung.

Die einzelnen Linien

Anfangs eine Sechs bedeutet:
a) Zu rasch Dauer wollen, bringt beharrlich Unheil.
Nichts, was fördernd wäre.
Das Unheil zu rascher Dauer kommt davon her, daß man gleich im Anfang zuviel will.

Die Anfangslinie ist der Herr des Zeichens Sun. Das Zeichen Sun hat die Eigenschaft des Eindringens. Die erste Linie will zu rasch und zu tief eindringen. Diese Voreiligkeit verhindert die sonst günstige Wirkung des starken Strichs auf viertem Platz, dessen Affinität sich infolge davon nicht auswirken kann.

- **Neun auf zweitem Platz bedeutet:**
  a) Reue schwindet.
  b) Die Neun auf zweitem Platz hat Schwinden der Reue, weil sie dauernd zentral ist.

Ein starker Strich auf schwachem Platz könnte an sich Anlaß zur Reue geben. Aber da der Strich stark und zentral ist und eine korrekte Beziehung zu Sechs auf fünftem Platz hat, ist ein Überschreiten der Grenzen des Maßes nicht zu befürchten, und der Anlaß zur Reue fällt weg.

Neun auf drittem Platz bedeutet:
a) Wer seinem Charakter nicht Dauer gibt,
    dem bietet man Schande.
    Beharrliche Beschämung.
b) »Wer seinem Charakter nicht Dauer gibt«, findet keine Duldung.

Der Strich ist auf der Grenze des Übergangs vom unteren zum oberen Zeichen, daher aufgeregt und oberflächlich. Nach vorwärts ist er noch nicht eingetreten in die Bewegung des Zeichens Dschen, nach rückwärts ist er schon hinaus über die Sanftheit von Sun – weil stark auf starkem Platz –, so daß er nirgends Platz findet.

Neun auf viertem Platz bedeutet:
a) Im Feld ist kein Wild.
b) Wenn man dauernd nicht auf seinem Platz ist, wie kann man da Wild finden?

Dschen hat als Attribut das Pferd, das sich über das Feld bewegt, ebenso eine große Straße, die ohne Wild ist: daher das Bild. Der Strich steht zu Beginn des Zeichens Dschen, ist also nicht zentral. Er ist stark auf schwachem Platz, also nicht korrekt. Daher bewegt er sich unaufhörlich in dem, worin er sich nicht bewegen sollte, und findet deshalb nichts. Der dritte Strich hat Charakter – stark auf starkem Platz –, aber keine Dauer, der vierte hat Dauer, aber keinen Charakter – stark auf schwachem Platz.

Sechs auf fünftem Platz bedeutet:
a) Seinem Charakter Dauer geben durch Beharrlichkeit,
    das ist für eine Frau von Heil, für einen Mann von Unheil.
b) Für eine Frau ist Beharrlichkeit von Heil, denn sie folgt einem Mann ihr ganzes Leben lang. Ein Mann muß sich an seine Pflicht halten; folgt er der Frau, so ist das vom Übel.

Die Linie ist weich, aber zentral und steht in direkter Beziehung zu der starken Neun auf zweitem Platz, die der Herr des Zeichens ist. Daher sind diese Beziehungen dauernd. Aber daß das Schwache dem Starken unverändert folgt, ist eine Tugend der Frau. Für einen Mann liegen die Dinge anders.

Oben eine Sechs bedeutet:
a)   Rastlosigkeit als dauernder Zustand bringt Unheil.
b)   Rastlosigkeit als Dauerzustand an oberer Stelle ist ganz ohne Verdienst.

Dschen hat als Eigenschaft die Bewegung. Hier ist eine schwache Linie auf dem Gipfel des Zeichens der Bewegung. Sie kann sich nicht beherrschen und verfällt daher in unheilvolle Rastlosigkeit, die mit dem Sinn der Zeit in Widerspruch steht, also unheilvoll ist.
Die Linie ist das Gegenstück zur Anfangssechs: dort zu rasche Bewegung, um zur Dauer zu kommen, hier dauernde Bewegung, die zu nichts kommt.

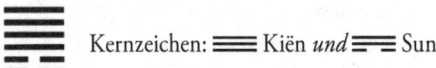

33. Dun – Der Rückzug

Kernzeichen: ☰ Kiën *und* ☴ Sun

Die Herren des Zeichens, die die Lage konstituieren, sind die beiden Yinstriche auf dem ersten und zweiten Platz. Sie zeigen das Schattige im Vordringen, vor dem das Lichte sich zurückzieht. Der Herr der Handlung ist der starke, zentrale Strich auf fünftem Platz, der Entsprechung findet bei dem schwachen, zentralen Strich an zweiter Stelle. Auf ihn bezieht es sich, wenn es im Kommentar zur Entscheidung heißt: »Das Feste ist auf dem gebührenden Platz und findet Entsprechung. Das bedeutet, daß man mit der Zeit geht.«

Die untere Hälfte des Zeichens ist Gen, dessen Charakter der Stillstand ist; darum zeigen die drei unteren Striche Hemmung beim Rückzug. Die obere Hälfte ist Kiën, dessen Charakter die starke Bewegung ist; darum ist der Rückzug dieser drei Striche frei und ungehemmt.

Die Reihenfolge
Die Dinge können nicht dauernd an ihrem Platz weilen, darum folgt darauf das Zeichen: der Rückzug. Rückzug bedeutet das Weichen.

Vermischte Zeichen
Der Rückzug bedeutet das Weichen.

Das Urteil
Der Rückzug. Gelingen.
Im Kleinen ist fördernd Beharrlichkeit.

Kommentar zur Entscheidung
»Der Rückzug. Gelingen«: Das heißt, im Rückzug liegt das Gelingen. Das Feste ist auf dem gebührenden Platz und findet Entsprechung: Das bedeutet, daß man mit der Zeit geht. »Im Kleinen ist fördernd Beharr-

lichkeit«: Das bedeutet, daß es im Vordringen und Wachsen ist.
Groß wahrlich ist der Sinn der Zeit des Rückzugs.

Der Erfolg liegt eben darin, daß es gelingt, sich rechtzeitig und auf die rechte Art zurückzuziehen. Dieser Erfolg wird dadurch ermöglicht, daß dieser Rückzug keine erzwungene Flucht eines Schwachen ist, sondern das freiwillige Weichen eines Starken, wie das begründet ist in dem starken Herrn des Zeichens, Neun auf fünftem Platz, der bei der schwachen Sechs auf zweitem Platz Entsprechung findet. Die Stärke zeigt sich nun darin, daß man nichts zu erzwingen sucht, sondern nur in kleinen Dingen Beharrlichkeit zeigt, weil das schattige Element, repräsentiert durch die beiden unteren Yinstriche, im Vordringen und Wachsen ist. Der Sinn der Zeit des Rückzugs ist groß, d. h., es ist von wesentlicher Bedeutung, daß man die richtige Zeit trifft, da der Rückzug in der Ordnung ist.

Das Bild
Unter dem Himmel ist der Berg:
das Bild des Rückzugs.
So hält der Edle den Gemeinen fern,
nicht zornig, sondern gemessen.

Es ist die Frage, inwiefern der Berg unter dem Himmel das Bild des Rückzugs nahelegt. Die eine Auffassung ist, daß der Berg unter dem Himmel so steil und hoch ist, daß die Menschen ihm nicht nahe kommen können. Doch ist der Bewegung der Zeichen entsprechend die andere Auffassung, daß der Himmel den Edlen, der Berg den Geringen repräsentiert. Der Himmel hat eine starke Bewegung nach oben, zieht sich also automatisch von dem Berg zurück, dessen Charakter das Stehenbleiben ist. Noch intensiver ist ja die Divergenz bei dem Zeichen Pi, bei dem die Bewegungen direkt entgegengesetzt sind. Die aus der Situation sich ergebende Lehre ist auch hier aus den Eigenschaften der Zeichen einzeln entnommen. Der Edle hält den Gemeinen ab, indem er gemessen und unerreichbar ist wie der Himmel, wodurch er jenen zum Stillstand bringt (dies die Eigenschaft des unteren Zeichens Berg).

Die einzelnen Linien

- **Anfangs eine Sechs bedeutet:**
  a) Beim Rückzug am Schwanz: Das ist gefährlich.
     Man darf nicht etwas unternehmen wollen.
  b) Wenn man in der Gefahr des sich zurückziehenden Schwanzes nichts unternimmt, welch Unheil sollte einen da treffen?

Die beiden unteren Linien sind es, vor denen die vier oberen sich zurückziehen, daher sind sie die konstituierenden. Ähnlich wie beim Zeichen Lü (Nr. 10), wo die jüngste Tochter dem Zeichen Kiën folgt, ist hier, wo der jüngste Sohn dem Zeichen Kiën untersteht, das Bild des Schwanzes bei der ersten Linie gebraucht. Bei der Auslegung wird nun nicht in Betracht gezogen, daß die Linie im Gesamtzeichen Repräsentant des Gemeinen ist, denn das Buch der Wandlungen gibt seine Ratschläge nicht für Gemeine, sondern nur für die Edlen. Sondern der Ratschlag richtet sich auf die Situation als solche, die Rückzug, und zwar am Schwanz, d. h. hinten, bedeutet. Beim Rückzug hinten zu sein, ist gefährlich. Die Gefahr wird vermieden durch Stillehalten.

- **Sechs auf zweitem Platz bedeutet:**
  a) Er hält ihn fest mit gelbem Ochsenleder.
     Niemand vermag ihn loszureißen.
  b) »Er hält ihn fest mit gelbem Ochsenleder«: Das bedeutet den festen Willen.

Auch hier ist der Rückzug gehemmt. Der Strich befindet sich inmitten des Zeichens Gen, Stillstand. Gelb ist die Farbe der Mitte. Der Strich ist in der Nähe von Neun auf drittem Platz, daher hält er ihn fest. Hier haben wir die Beharrlichkeit des Geringen, Kleinen, von der das Urteil spricht.

- **Neun auf drittem Platz bedeutet:**
  a) Aufgehaltener Rückzug ist peinlich und gefahrvoll.
     Die Menschen als Knechte und Mägde zu halten bringt Heil.
  b) Daß die Gefahr des aufgehaltenen Rückzugs peinlich ist, wirkt ermüdend.

»Die Menschen als Knechte und Mägde zu halten bringt Heil.«
Jawohl, aber man kann sie nicht zu großen Dingen verwenden.

Der Strich ist an sich stark, so sollte man erwarten, er besäße die Kraft, sich zurückzuziehen. Daß das nicht möglich ist, wird einmal dadurch veranlaßt, daß er an der Spitze des Zeichens Gen, Stillstand, sich befindet und außerdem die beiden unteren schwachen Striche sich an ihn hängen. Das ist mühsam. Er kann sie wohl als Knechte und Mägde benutzen, denn der obere Strich hat innerhalb des Zeichens Gen die Herrschaft. Das gibt einen Ausweg insofern, als dadurch die unmittelbare Gefahr vermieden wird. Aber Großes läßt sich mit solcher Anhängerschaft auch nicht erreichen.

Neun auf viertem Platz bedeutet:
a) Freiwilliger Rückzug bringt dem Edlen Heil,
   dem Gemeinen Niedergang.
b) Der Edle zieht sich freiwillig zurück, das bringt dem Gemeinen
   Niedergang.

Hier ist der Eintritt in das obere Halbzeichen vollzogen. Da der Himmel stark ist, haben alle drei oberen Striche einen ungehemmten Rückzug. Hier ist die Trennungslinie. Indem der Edle sich nach oben zurückzieht, bleibt der Gemeine allein unten. Das ist für ihn schlimm – nicht für den Edlen –, denn er kann sich selbst regieren.

- **Neun auf fünftem Platz bedeutet:**
  a) Freundlicher Rückzug. Beharrlichkeit bringt Heil.
  b) »Freundlicher Rückzug. Beharrlichkeit bringt Heil«, weil dadurch
     der Wille eine richtige Entscheidung trifft.

Der Wille ist hier in Beziehung zum Willen der Sechs auf zweitem Platz, da die beiden Striche sich entsprechen. Dort der starke Wille, festzuhalten – was für die Gemeinen gut ist –, hier der klare Wille, beharrlich zu bleiben und sich nicht halten zu lassen.
Eine andre Erklärung bei Dschou I Hong Gië verdient Erwähnung, daß es sich hier nur um einen inneren Rückzug handle, während man äußerlich an seinem Posten bleibt, um den Rückschlag vorzubereiten.

Oben eine Neun bedeutet:
a) Heiterer Rückzug. Alles ist fördernd.
b) »Heiterer Rückzug. Alles ist fördernd«,
weil nämlich kein Zweifel mehr möglich ist.

Man weiß hier genau, was man zu tun hat. Unter solchen Umständen ist die Durchführung des Entschlusses nicht schwer.

大壯

34. Da Dschuang – Des Großen Macht

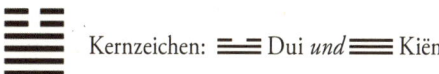 Kernzeichen: ☱ Dui *und* ☰ Kiën

Der Herr des Zeichens ist der Yangstrich auf dem vierten Platz; denn die vier Yangstriche begründen die Macht des Zeichens, und der vierte steht an ihrer Spitze.

Die Reihenfolge
Die Dinge können sich nicht dauernd zurückziehen, darum folgt darauf: des Großen Macht.

Vermischte Zeichen
Des Großen Macht zeigt sich darin, daß man innehält.

Beigefügte Urteile
Im höchsten Altertum wohnten die Menschen in Höhlen und Wäldern. Die Heiligen späterer Zeit verwandelten das in Gebäude. Oben war ein Firstbalken, abwärts davon ein Dach, um Wind und Regen abzuhalten. Das entnahmen sie wohl dem Zeichen »Des Großen Macht«.

Die vier starken Striche zusammen werden auch im Zeichen Da Go (Nr. 28) als Firstbalken betrachtet. Die zwei geteilten Striche oben stellen Regen und Wind dar.

Das Zeichen ist seiner Form nach das verdoppelte Zeichen Dui. Dui hat als Tier das Schaf (bzw. die Ziege) beigeordnet, daher haben die einzelnen Striche mehrfach als Bild den Ziegenbock. Die beiden oberen Striche sind dabei die Hörner. Was der Sinn des Zeichens zum Ausdruck bringt, ist der Gegensatz von Macht und Gewalt.

Das Zeichen ist die Umkehrung des vorigen.

I Ging

Das Urteil
Des Großen Macht. Fördernd ist Beharrlichkeit.

Kommentar zur Entscheidung
Des Großen Macht bedeutet, daß die Großen mächtig sind. Stark in der Bewegung, darauf beruht die Macht. »Des Großen Macht. Fördernd ist Beharrlichkeit«, denn das Große muß recht sein.
Groß und recht: So vermag man die Verhältnisse von Himmel und Erde zu schauen.

Dem ersten Monat ist das Zeichen

 Tai beigeordnet. Obwohl darin die lichten Striche im Vordringen sind, sind sie doch noch nicht in der Überzahl. Dem dritten Monat ist das Zeichen Guai beigeordnet. Hier sind die lichten Striche zwar sehr stark in der Überzahl, aber schon steht auch der Niedergang bevor: Beides kann man nicht als Macht bezeichnen. Aber die Anwesenheit von vier Yangstrichen zeigt die Macht. Die Stärke ist die Eigenschaft des inneren Halbzeichens, des Schöpferischen, die Bewegung ist die Eigenschaft des äußeren Halbzeichens, des Erregenden. Die Stärke bewirkt, daß man die Selbstsucht der sinnlichen Triebe besiegen kann, die Bewegung bewirkt, daß man seinen festen Willensentschluß zur Ausführung bringt. Auf diese Weise läßt sich alles erreichen. Hierauf beruht eben die Macht. Wenn es heißt; das Große muß recht sein, so ist damit gesagt, daß groß und recht nicht zwei Dinge sind, sondern ohne Rechtsein gibt es keine Größe. Die Verhältnisse von Himmel und Erde sind eben nur groß und recht.

Das Bild
Der Donner ist am Himmel oben:
das Bild der Macht des Großen.
So tritt der Edle nicht auf Wege,
die nicht der Ordnung entsprechen.

Das obere Halbzeichen ist Dschen, der Donner, das untere Kiën, der Himmel. Der Donner oben am Himmel zeigt die Macht des Großen in voller Entfaltung. Das Zeichen Dschen hat als Bild auch den Fuß, das Zeichen Kiën als Eigenschaft »groß und recht«. Der Fuß tritt also auf das Große und Rechte und wandelt darauf. Die Stärke des Zeichens Kiën gibt der Bewegung des Zeichens Dschen die Kraft zum entschlossenen Guten, und darauf beruht die große Macht.

Die einzelnen Linien

Anfangs eine Neun bedeutet:
a) Macht in den Zehen.
   Fortmachen bringt Unheil.
   Das ist gewißlich wahr.
b) »Macht in den Zehen.«
   Das führt gewißlich zu Mißerfolg.

Der Anfangsstrich hat wie häufig die Bedeutung der Zehen (vgl. Nr. 31), während die oberen Striche die Hörner bedeuten.

Neun auf zweitem Platz bedeutet:
a) Beharrlichkeit bringt Heil.
b) Daß die Neun auf zweitem Platz durch Beharrlichkeit Heil findet, kommt daher, daß sie an zentraler Stelle ist.

An sich ist die Neun als starker Strich auf dem zweiten, d. h. einem schwachen Platz nicht korrekt, und man sollte daher denken, daß Beharrlichkeit nicht anempfohlen würde. Aber der Platz ist zentral, zudem im Zentrum des Zeichens »Himmel«, daher an sich stark. Außerdem ist eine feste Entsprechung zur Sechs auf fünftem Platz da. Das alles deutet darauf, daß Beharrlichkeit auf dem eingenommenen Platz heilvoll wirkt.

Neun auf drittem Platz bedeutet:
a) Der Gemeine wirkt durch Macht, der Edle wirkt nicht so.
   Fortmachen ist gefährlich.
   Ein Ziegenbock stößt gegen eine Hecke
   und verwickelt seine Hörner.
b) Der Gemeine braucht seine Macht. Das tut der Edle nicht.

Es ist mit diesen Worten der erste Satz der Orakelworte erklärt. Das Bild dieser Linien ist ein Ziegenbock, der gegen eine Hecke stößt und sich dabei mit den

Hörnern verwickelt. Das hängt damit zusammen, daß diese Linie die unterste des oberen Kernzeichens Dui ist, dessen Tier das Schaf bzw. die Ziege ist. Da vor ihm ein starker Strich steht, so erweckt das die Vorstellung, daß er gegen eine Hecke stößt und mit den Hörnern hängenbleibt.

- **Neun auf viertem Platz bedeutet:**
  a) Beharrlichkeit bringt Heil.
  Die Reue schwindet.
  Die Hecke öffnet sich, es gibt keine Verwicklung.
  Die Macht beruht auf der Achse eines großen Wagens.
  b) »Die Hecke öffnet sich, es gibt keine Verwicklung.« Er kann nach oben hin.

Dieser Strich ist der Herr des Zeichens als oberster der vier vorandrängenden lichten Striche. Er findet vor sich einen geteilten Strich, der das Vordringen nicht weiter hemmt. Darum kann er ungehindert nach oben vordringen.

Sechs auf fünftem Platz bedeutet:
a) Verliert den Bock in Leichtigkeit.
Keine Reue.
b) »Verliert den Bock in Leichtigkeit.«
Denn der Platz ist nicht der gebührende.

Der Platz ist stark, ja der Platz des Fürsten. Aber die Natur des Striches ist weich, so daß der äußere Platz der inneren Natur nicht entspricht. Deshalb entledigt sich der Strich ganz leicht seines bockigen Wesens.

Oben eine Sechs bedeutet:
a) Ein Bock stößt gegen eine Hecke:
Er kann nicht zurück, er kann nicht voran.
Nichts ist fördernd.
Merkt man die Schwierigkeit, so bringt das Heil.
b) »Er kann nicht zurück. Er kann nicht voran.«
Das ist nicht glückbringend.
»Merkt man die Schwierigkeit, so bringt das Heil.«
Der Fehler ist nicht von Dauer.

Der Strich ist auf der Höhe der Bewegung, an der Spitze der Gestalt des Bockes, die das Zeichen zum Bild hat. Daher wird der Gedanke des Stoßens mit den Hörnern nahegelegt. Aber da er am Ende ist, kann er nicht mehr weiter, daher Verwirrung und Schwierigkeiten. Aber der Strich ist seiner Art nach weich. Darum verhärtet er sich nicht in dem bockigen Wesen, sondern gibt nach, und dadurch wird der Fehler nicht zu einem dauernden gemacht.

35. Dsin – Der Fortschritt

Kernzeichen: ☵ Kan *und* ☶ Gen

Das Zeichen hat als Charakteristikum das Licht, das aus der Erde aufsteigt. Sechs auf fünftem Platz ist der Herr des Zeichens Li (Licht), in dem sie auf dem mittleren Platz des Himmels ist. Darum ist sie der Herr des Zeichens, auf den sich der Satz des Kommentars zur Entscheidung bezieht: »Das Schwache schreitet fort und geht nach oben.«

Die Reihenfolge
Die Wesen können nicht dauernd im Zustand der Macht verharren, darum folgt das Zeichen: der Fortschritt. Fortschritt bedeutet Expansion.

Vermischte Zeichen
Fortschritt bedeutet den Tag.

Die Zeichen Dsin, Schong, Dsiën haben alle die Bedeutung des Fortschreitens. Das Zeichen Dsin, Fortschritt, hat als Bild die Sonne, die über die Erde emporsteigt. Es ist das schönste unter diesen drei Zeichen. Schong, das Empordringen (Nr. 46), ist symbolisiert durch das Holz, das über die Erde aufsteigt. Dsiën, die Entwicklung (Nr. 53), zeigt einen Baum auf dem Berg, der sich noch langsamer weiterentwickelt. Allerdings hat die allzu rasche Expansion auch ihre Gefahren, wie sich beim nächsten Zeichen zeigt. In der menschlichen Gesellschaft deutet das Zeichen auf einen weisen Herrscher, dem folgsame Diener zur Seite stehen.

Das Urteil
Der Fortschritt:
Der starke Fürst wird geehrt durch Pferde in großer Menge.
An einem Tag wird er dreimal empfangen.

Kommentar zur Entscheidung
Fortschritt bedeutet Vorankommen. Die Klarheit steigt über die Erde empor. Hingebend und haftend an der großen Klarheit schreitet das Schwache fort und geht nach oben; darum heißt es: »Der starke Fürst wird geehrt durch Pferde in großer Menge. An einem Tag wird er dreimal empfangen.«

Die Gestalt des Zeichens deutet auf Fortschritt, und zwar auf allseitigen, auf Expansion. Das Hingebende ist das untere Zeichen Kun, das hier den Diener bedeutet. Die große Klarheit ist das obere Zeichen Li, das hier den Herrscher bedeutet. Das Schwache, das fortschreitet, ist der mittlere Strich von Kun, der den Mittelplatz des oberen Zeichens, das ursprünglich als Vater Kiën war, einnimmt, daher der Herr des Zeichens, der weise Fürst, ist. Der Herrscher bedarf der Treue seiner Diener, die er in großer Weisheit entsprechend zu belohnen weiß. Damit werden die Worte des Urteils erklärt.

Das Bild
Die Sonne steigt über die Erde empor:
das Bild des Fortschritts.
So macht der Edle selbst seine klaren Anlagen hell.

Das Bild wird ohne weiteres erklärt durch die gegenseitige Stellung der beiden Zeichen, von denen das Zeichen Li, Licht, oberhalb des Zeichens Kun, Erde, steht. Das Beispiel für die Lebensweisheit liegt in dem Emporsteigen des ursprünglich Lichten über das Verdunkelnde, was aus eigner Kraft möglich ist, da die Kraft des Lichts von der Erde, die hingebend in ihrem Wesen ist, nicht gehemmt wird.

Die einzelnen Linien

Anfangs eine Sechs bedeutet:
a) Fortschreitend, aber zurückgewiesen.
   Beharrlichkeit bringt Heil.
   Wenn man kein Vertrauen findet, so bleibe man gelassen.
   Kein Fehler.
b) »Fortschreitend, aber zurückgewiesen.« Einsam geht er im Rechten.

Gelassenheit ist kein Fehler.
Noch hat man die Berufung nicht bekommen.

Dem unteren Strich, der an sich schwach ist, gebietet das darüber sich bildende Kernzeichen Gen Stillstand. Daher wird er in seiner Tendenz zum Fortschritt aufgehalten. Aber er geht einsam den Weg der Pflicht und wartet gelassen die Zeit ab, die sicher kommen wird.

Sechs auf zweitem Platz bedeutet:
a) Fortschreitend, aber in Trauer:
Beharrlichkeit bringt Heil.
Man bekommt dann großes Glück von seiner Ahnfrau.
b) »Man bekommt großes Glück.«
Infolge der zentralen und korrekten Stellung.

Der Strich ist gleichen Wesens mit dem Herrn des Zeichens, Sechs auf fünftem Platz. Dieser erscheint unter dem Bild der Ahnfrau, weil nach alter Sitte der Enkel dem Großvater zugeordnet war, nicht dem Vater. Da beide Striche schwach sind, ist das Bild hier weiblich: Enkelfrau und Ahnfrau. Der Strich ist am Fuß des Kernzeichens Gen, Stillstand, darum ebenfalls im Fortschritt gehemmt.

Sechs auf drittem Platz bedeutet:
a) Alle sind einverstanden. Die Reue schwindet.
b) »Alle sind einverstanden«:
denn der Wille ist es, nach oben zu gehen.

Der Strich ist dem oberen Zeichen Li, Klarheit, ganz nahe, darum werden die Mißverständnisse aufgeklärt. An der Spitze der Gleichgesinnten ist ihm der Fortschritt möglich.

Neun auf viertem Platz bedeutet:
a) Fortschritt wie ein Hamster.
Beharrlichkeit bringt Gefahr.
b) Ein Hamster kommt bei Beharrlichkeit in Gefahr: Der Platz ist nicht der gebührende.

Der Strich ist an der Spitze des Zeichens Gen, dem die Ratten usw. zugeordnet sind. Die Ratten und Hamster verstecken sich bei Tag und bewegen sich nur bei Nacht. Nun steht der Strich schon im Zeichen der Sonne, deren Licht er nicht erträgt. Da es Fortschrittszeit ist, mischt er sich unter die Menge und tut mit. Aber sein Platz ist nicht der gebührende (starker Strich auf schwachem Platz). Darum bringt Weitermachen Gefahr, denn er ist zugleich der mittlere Strich des oberen Kernzeichens Kan (Gefahr).

- **Sechs auf fünftem Platz bedeutet:**
  a)   Die Reue schwindet.
       Gewinn und Verlust nimm nicht zu Herzen.
       Unternehmungen bringen Heil.
       Alles ist fördernd.
  b)   »Gewinn und Verlust nimm nicht zu Herzen.« Unternehmung bringt Segen.

Ein Yinstrich auf Yangplatz sollte eigentlich Reue veranlassen, aber er ist im Zentrum des großen Lichts, darum ist keine Reue nötig. Der Strich ist ferner »leer«, d. h. in der Mitte geteilt. Das ist das Zeichen, daß er Gewinn und Verlust nicht zu Herzen nimmt, weil er nicht an Äußerem hängt. Das Feuer hat keine bestimmte Gestalt, es flammt auf und erlischt: daher das Bild des Gewinns und Verlustes. Der Strich ist ferner im Kernzeichen Kan der oberste. Kan ist das Abgründige, das Trauer nahelegt. Allein weil der Strich der Herr des Zeichens ist, ist diese Trauer nicht nötig.

- **Oben eine Neun bedeutet:**
  a)   Fortschreiten mit den Hörnern darf man nur,
       um sein eigenes Gebiet zu strafen.
       Bewußtsein der Gefahr bringt Heil.
       Kein Makel.
       Beharrlichkeit bringt Beschämung.
  b)   »Man darf es nur, um sein eigenes Gebiet zu strafen.« Der Weg ist noch nicht im Hellen.

Der obere Strich ist stark. Das legt das Bild der Hörner nahe. Da es eine Zeit des Fortschritts ist, ist hier zum Schluß noch der Versuch gewaltsamen Fortschritts gezeigt. Allein der Strich steht isoliert. Denn unter ihm senkt sich das Abgründige, das im oberen Kernzeichen da ist, in die Tiefe, so daß er verlassen ist. Er ist auf sich selbst angewiesen, nur die eigne Stadt kann er züchtigen.

明夷

36. Ming I –
Die Verfinsterung des Lichts

Kernzeichen: ☳ Dschen *und* ☵ Kan

Das Zeichen hat als Charakteristikum die Sonne, die unter die Erde gesunken ist. Die obere Sechs ist die dickste Anhäufung der Erde und somit der Strich, der das Licht der andern verletzt und verfinstert. Er ist der Herr, der das Zeichen bestimmt. Die Sechs auf zweitem Platz und die Sechs auf fünftem Platz haben beide die Eigenschaften des zentralen und hingebenden Wesens, sie sind diejenigen, die verletzt werden. Sie sind die Herren, die das Zeichen beherrschen. Darum heißt es im Kommentar zur Entscheidung: »Der König Wen hat das erlebt, der Prinz Gi hat das erlebt.«

Die Reihenfolge
Expansion wird sicher auf Widerstand und Beschädigung stoßen. Darum folgt darauf das Zeichen: die Verfinsterung des Lichts. Verfinsterung bedeutet Beschädigung, Verletzung.

Vermischte Zeichen
Verfinsterung des Lichts bedeutet Verletzung.

Das ganze Zeichen hat einen historischen Hintergrund. Zu der Zeit nämlich, als König Wen die Urteile zu den einzelnen Zeichen schrieb, waren die Verhältnisse in China so, wie sie das Zeichen schildert. In den Urteilen zu den einzelnen Strichen erwähnt der Herzog von Dschou als Beispiel für die Situation den Prinzen Gi. Kungtse führt das im Kommentar zur Entscheidung weiter aus, indem er das Beispiel des Königs Wen hinzufügt. Später hat man – vollkommen sinngemäß – für sämtliche Striche historische Persönlichkeiten genannt. Der finstere Herrscher war Dschou Sin, der letzte König aus dem Hause Yin. Er ist symbolisiert durch die obere Sechs. Unter ihm hatten sämtliche tüchtigen Für-

sten des Reichs schwer zu leiden. Ihre Schicksale spiegeln sich in den einzelnen Strichen wieder. Der hochgesinnte Bo I zog sich mit seinem Bruder Schu Tsi in die Verborgenheit zurück. Er wird bezeichnet durch die Anfangsneun. Die Sechs auf zweitem Platz zeichnet den König Wen, der damals als der erste unter den Lehnsfürsten von dem Tyrannen lange gefangengehalten wurde und in Lebensgefahr schwebte. Die Neun auf drittem Platz zeichnet seinen Sohn, den nachmaligen König Wu von Dschou, der den Tyrannen stürzte. Die Sechs auf viertem Platz zeichnet die Lage des Prinzen We Dsi, der sich noch rechtzeitig ins Ausland flüchten konnte. Die Sechs auf fünftem Platz schließlich zeichnet die Lage des Prinzen Gi, der sich nur durch äußerliche Verstellung das Leben retten konnte.
Das Zeichen ist die Umkehrung des vorigen.

Das Urteil
Die Verfinsterung des Lichts.
Fördernd ist es, in der Not beharrlich zu sein.

Kommentar zur Entscheidung
Das Licht ist in die Erde hineingesunken: Verfinsterung des Lichts. Innen schön und klar, außen weich und hingebend und so der großen Not ausgesetzt: So war der König Wen. »Fördernd ist es, in der Not beharrlich zu sein«: Das bedeutet, daß man sein Licht verhüllt. In der nächsten Verwandtschaft von Schwierigkeiten umgeben, aber dennoch seinen Willen auf das Rechte gerichtet haltend: So war der Prinz Gi.

Das innere Zeichen ist Li, das Licht, dessen Eigenschaften die Schönheit und Klarheit sind, das äußere Zeichen ist Kun, das Empfangende, dessen Eigenschaften Weichheit und Hingebung sind. König Wen, der diese Eigenschaften vereint zeigt, ist durch einen »Herrn« des Zeichens, die Sechs auf zweitem Platz, gezeichnet.
Prinz Gi wird durch die Sechs auf fünftem Platz gezeichnet. Auch er befindet sich in Schwierigkeiten. Diese Schwierigkeiten werden dargestellt durch das Kernzeichen Kan ‚das Abgründige, dessen Eigenschaft die Gefahr ist. König Wen wird von diesem Kernzeichen sozusagen zugedeckt. Für die Sechs auf fünftem Platz liegen die Schwierigkeiten »innen«, d. h. unten. Sie wird nicht davon überwältigt, denn sie befindet sich auf der Höhe des oberen Kernzeichens

Dschen, Bewegung; durch Bewegung kommt sie aus den Schwierigkeiten heraus, und das gefährdete Licht kann doch nicht zum Aufhören gebracht werden.

Das Bild
Das Licht ist in die Erde hineingesunken:
das Bild der Verfinsterung des Lichts.
So lebt der Edle mit der großen Menge:
Er verhüllt seinen Schein und bleibt doch hell.

Das obere Zeichen Kun bedeutet die Menge. Unter dieser Menge befinden sich die beiden beherrschenden Herren des Zeichens als die Edlen. Ihr Benehmen wird aus der Stellung der beiden Einzelzeichen erklärt: Indem die Erde über dem Licht steht, wird der Gedanke der Verhüllung nahegelegt. Aber das untere Zeichen Li wird durch diese Kombination in seiner Natur nicht beeinträchtigt. Sein Schein ist nur verhüllt, aber nicht erloschen.

Die einzelnen Linien

Anfangs eine Neun bedeutet:
a) Verfinsterung des Lichts im Flug.
    Er senkt seine Flügel.
    Der Edle auf seiner Wanderschaft ißt drei Tage nichts.
    Aber er hat, wohin er geht.
    Der Wirt hat über ihn zu reden.
b) Der Edle auf seiner Wanderschaft hat die Verpflichtung, nichts zu essen.

Das Zeichen Li hat als Symboltier den Fasan, daher die Idee des Fliegens. Der Strich als starker ist im Begriff voranzuschreiten. Aber das darüber stehende Kernzeichen ist Kan, die Gefahr. Daher wird er in seinem Flug behindert. Er verzichtet darauf, unter Preisgabe seiner Prinzipien sich einen Lebensunterhalt zu verschaffen, sondern hungert lieber, als ehrlos zu essen.

- **Sechs auf zweitem Platz bedeutet:**
    a) Die Verfinsterung des Lichts verletzt ihn am linken Schenkel.
        Er bewirkt Hilfe mit der Macht eines Pferdes. Heil.

b) Das Heil der Sechs auf zweitem Platz kommt daher, daß sie hingebend an die Regel ist.

Man sollte aus der Situation Unheil erwarten, und doch ist als Orakel Heil beigefügt. Das kommt daher, daß der Strich als weicher und korrekter und an seinem Platz befindlicher Strich das zu tun vermag, was seine Lage verlangt. Auf diesen Strich bezieht sich die erste Hälfte des Kommentars zur Entscheidung, die durch König Wen ihre Bezeichnung findet.

Neun auf drittem Platz bedeutet:
a) Die Verfinsterung des Lichts auf der Jagd im Süden.
Man bekommt ihr großes Haupt.
Man darf nicht zu eilig Beharrlichkeit erwarten.
b) Die Absicht der Jagd im Süden hat großen Erfolg.

Die Absicht ist auf die Jagd gerichtet. Daß der Erfolg eintritt, daß das große Haupt der Verfinsterung gefangen wird, ist unbeabsichtigt und daher ein um so größerer Erfolg. König Wu hatte nicht die Absicht, persönlich Macht zu erwerben und das Weltreich an sich zu reißen, sondern es fiel ihm kraft seines Wesens zu. Der Strich ist stark an starker Stelle, daher bringt er seine Absicht zustande. Das obere Kernzeichen, Dschen, hat das Pferd zugeordnet, das untere, Kan, den Wagen: daher der Gedanke der Jagd. Li, an dessen Spitze der Strich steht, ist der Süden.

Sechs auf viertem Platz bedeutet:
a) Er dringt in die linke Bauchhöhle ein.
Man erhält das Herz der Verfinsterung des Lichts
und verläßt Tor und Hof.
b) »Er dringt in die linke Bauchhöhle ein«,
d. h., er erfährt die innerste Gesinnung des Herzens.

Kun, das obere Halbzeichen, bedeutet den Bauch, Dschen, das obere Kernzeichen, die linke Seite: daher die linke Bauchhöhle. Der Strich steht dem Herrn der Finsternis nicht fern, daher erfährt er seine innerste Gesinnung und kann sich rechtzeitig der Gefahr entziehen. Wollte man bleiben, so würde man sich nutzlos aufopfern.

- **Sechs auf fünftem Platz bedeutet:**
  a) Verfinsterung des Lichts wie beim Prinzen Gi.
     Fördernd ist Beharrlichkeit.
  b) Die Beharrlichkeit des Prinzen Gi zeigt, daß das Licht nicht zum Aufhören gebracht werden kann.

Auf diesen Strich, der zentral und weich ist, bezieht sich die zweite Hälfte des Kommentars zur Entscheidung. Der Prinz von Gi versteckte seine Beharrlichkeit, die er innerlich doch festhielt. Ebenso wird das Sonnenlicht wohl zeitweilig verhüllt, aber es kann nicht erlöschen. Das obere Kernzeichen Dschen, an dessen Spitze der Strich steht, bedeutet Erregung, Vorwärtsdringen. So läßt sich das Licht nicht dauernd unten halten, sondern es dringt machtvoll vor, wenn die Zeit gekommen ist.

- **Oben eine Sechs bedeutet:**
  a) Nicht Licht, sondern Dunkel.
     Erst stieg er zum Himmel empor,
     dann stürzte er in die Tiefen der Erde hinunter.
  b) »Erst stieg er zum Himmel empor«:
     Da hätte er die Länder aller vier Himmelsgegenden erleuchten können.
     »Dann stürzte er in die Tiefen der Erde hinunter«, weil er die Regel verloren hatte.

Erst hatte er eine Stellung, durch die er hätte alles Volk erleuchten können. Stattdessen aber machte er sich zur Aufgabe, die Menschen zu schädigen, und übertrat damit die Regel des Herrschers; infolgedessen bereitete er sich selbst seinen Sturz.

Der Strich steht ganz oben, wo die Erde die Sonne am dichtesten verhüllt. Aber er ist auch der erste, der in seinem finsteren Wesen entlarvt wird, wenn die Sonne wiederkommt.

家人

37. Gia Jen – Die Sippe

☴☲ Kernzeichen: ☲ Li *und* ☵ Kan

Die Herren des Zeichens sind die Neun auf fünftem und die Sechs auf zweitem Platz, darum heißt es im Kommentar zur Entscheidung: »Der korrekte Platz der Frau ist im Innern; der korrekte Platz des Mannes ist im Äußern.«

Die Reihenfolge
Wer draußen verletzt wird, der zieht sich sicher in seine Sippe zurück. Darum folgt darauf das Zeichen: die Sippe.

Vermischte Zeichen
Die Sippe ist das Innere.

Das obere Zeichen Sun bedeutet Einfluß; das untere Zeichen Li bedeutet Klarheit; das Ganze deutet dementsprechend den Einfluß nach außen an, der von innerer Klarheit ausgeht.*

Das Urteil
Die Sippe. Fördernd ist die Beharrlichkeit der Frau.

Kommentar zur Entscheidung
Die Sippe. Der rechte Platz der Frau ist im Innern; der rechte Platz des Mannes ist im Äußern. Daß Mann und Frau ihre rechte Stellung haben, ist der größte Begriff in der Natur. Unter den Angehörigen der Sippe gibt es gestrenge Herren: Es sind die Eltern. Wenn der Vater in Wahrheit ein Vater ist und der Sohn Sohn, wenn der ältere Bruder ein älterer Bruder ist und der jüngere Bruder ein jüngerer, der Gatte Gatte und die Gattin

---

* Die chinesische Sippe ist, wie sich aus diesen Verhältnissen ergibt, die patriarchalische Großfamilie, die die Keimzelle des patriarchalischen Staates bildet. Der Gedankengang ist in der Schrift über die höhere Bildung noch weiter ausgeführt.

Gattin, so ist das Haus auf dem rechten Weg. Dadurch, daß man das Haus recht macht, kommt die Welt in feste Gleise.

Während das Urteil nur von der Beharrlichkeit der Frau redet, mit Rücksicht darauf, daß das Zeichen aus den beiden älteren Töchtern Sun und Li besteht, die an ihrem rechten Platz sind – die ältere oben, die jüngere unten –, geht der Kommentar von den beiden Herren des Zeichens, Neun auf fünftem und Sechs auf zweitem Platz, aus und spricht dementsprechend von Mann und Frau, deren rechter Platz außen bzw. innen ist. Mann und Frau in dieser Stellung entsprechen der Stellung von Himmel und Erde, daher wird das als der größte Begriff der Natur (wörtlich Himmel und Erde) bezeichnet. Die rechte Stellung der einzelnen Linien wurde oben schon ausgeführt. Die Wirkung von der Familie auf die Welt entspricht der Wirkung des Feuers, das den Wind erzeugt.

Das Bild
Der Wind kommt aus dem Feuer hervor:
das Bild der Sippe.
So hat der Edle in seinen Worten die Sache
und in seinem Wandel die Dauer.

Der Wind ist die Wirkung des Feuers. So ist der ordnende Einfluß auf die Welt die Wirkung der Ordnung innerhalb der Sippe. Er wird erzielt dadurch, daß das Haupt der Sippe in seinen Worten die Sache hat – wie die Flamme auf dem Brennstoff unfehlbar beruht – und in seinem Wandel die Dauer – wie der Wind unaufhörlich weht.

Die einzelnen Linien

Anfangs eine Neun bedeutet:
a) Fester Abschluß innerhalb der Sippe. Reue schwindet.
b) »Fester Abschluß innerhalb der Sippe«:
Noch hat der Wille sich nicht verändert.

Der Strich ist ganz unten am Anfang und repräsentiert daher die Zeit, da der Wille des Menschen sich noch nicht zum Schlechten verändert hat. Hier muß man eingreifen und die Änderung verhindern.

- **Sechs auf zweitem Platz bedeutet:**
  a) Sie soll nicht ihrer Laune folgen.
  Sie soll im Innern für Speise sorgen.
  Beharrlichkeit bringt Heil.
  b) Das Heil der Sechs auf zweitem Platz beruht auf Hingebung und Sanftheit.

Hingebung und Sanftheit werden dreimal genannt: im Zeichen »Jugendtorheit« als Eigenschaften im Dienst des Lehrers, im Zeichen »Entwicklung« als Eigenschaften im Dienst des Herrn und hier als die Eigenschaften im Dienst des Gatten.
Der mittlere Strich im Zeichen Li ist die Hingebung und Korrektheit, die nichts für sich selbst sucht.
Die Kernzeichen sind Kan, das Wein und Speise bedeutet, und Li, das Kochen und Backen bedeutet, daher wird die Zubereitung der Speisen als Pflicht der Frau genannt.

Neun auf drittem Platz bedeutet:
  a) Wenn es in der Sippe hitzig zugeht,
  so entsteht Reue über zu große Strenge.
  Doch Heil!
  Wenn Weib und Kind tändeln und lachen,
  so führt das schließlich zu Beschämung.
  b) »Wenn es in der Sippe hitzig zugeht«, so ist doch noch nichts verloren. »Wenn Weib und Kind tändeln«,
  so geht die Zucht des Hauses verloren.

Der Strich ist an der Spitze des unteren Zeichens Li, Flamme, und gleichzeitig am Beginn des oberen Kernzeichens, das ebenfalls Li ist, daher legt er die Bedeutung übergroßer Hitze nahe. Wenn das auch ein Fehler ist, so ist doch immerhin bei der Stellung des starken zwischen den zwei schwachen Strichen diese Haltung vorzuziehen. Wenn der Strich sich verwandelt und weich wird, so geht die Zucht des Hauses verloren.

Sechs auf viertem Platz bedeutet:
  a) Sie ist der Reichtum des Hauses.

Großes Heil!
b) »Sie ist der Reichtum des Hauses. Großes Heil«, denn sie ist hingebend und auf ihrem Platz.

Die vierte Linie ist die unterste, weiche Linie des oberen Zeichens Sun, Sanftheit. Bei der Verwandlung bleibt sie innerhalb des so entstehenden Kernzeichens Sun. Sun bedeutet Arbeit, Seide, einen nahen Markt: lauter Dinge, die Reichtum verheißen. Als weiche Linie auf ihrem Platz bedeutet sie großes Heil.

- **Neun auf fünftem Platz bedeutet:**
  a) Ein König naht seiner Sippe, fürchtet euch nicht.
  Heil!
  b) »Ein König naht seiner Sippe«;
  sie verkehren miteinander in Liebe.

Der Strich ist korrekt, stark, zentral: daher das Bild des Königs. Als Herr des Zeichens beeinflußt er die übrigen Striche. Weil er zentral ist, so wirkt er nicht durch Härte.

- **Oben eine Neun bedeutet:**
  a) Seine Arbeit ist ehrfurchtgebietend.
  Schließlich kommt Heil.
  b) »Ehrfurchtgebietend« und »Heil«:
  Das deutet darauf, daß man zuerst Anforderungen an die eigne Person stellt.

Der Strich steht am Schluß des Zeichens, ist stark und beständig; darum wendet er sich nicht an andere, sondern an sich selbst, woraus schließlich Heil erfolgt.

睽

38. Kui – Der Gegensatz

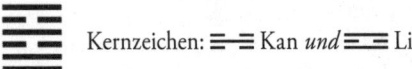 Kernzeichen: ☵ Kan *und* ☲ Li

Die Herren des Zeichens sind die Sechs auf fünftem Platz und die Neun auf zweitem Platz. Darum heißt es im Kommentar zur Entscheidung: »Das Weiche schreitet fort und geht nach oben, erhält die Mitte und findet Entsprechung beim Festen.«

Die Reihenfolge
Wenn der Weg der Sippe zu Ende ist, so kommen Mißverständnisse auf. Darum folgt darauf das Zeichen: der Gegensatz. Gegensatz bedeutet Mißverständnisse.

Vermischte Zeichen
Gegensatz bedeutet Entfremdung.

Beigefügte Urteile
Die Männer der Vorzeit bespannten ein Holz als Bogen und härteten ein Holz im Feuer als Pfeil. Der Nutzen von Bogen und Pfeil besteht darin, die Welt in Furcht zu halten. Das entnahmen sie wohl dem Zeichen: der Gegensatz.

Das obere Zeichen Li bedeutet Waffen; das untere Dui hat den Westen, das Metall, das Töten beigeordnet; daher der Gedanke von Bogen und Pfeil, um die Welt in Furcht und Schrecken zu halten.*
In dem Zeichen kommt sehr viel auf die Entsprechung der einzelnen Linien an. Die Situation in allen einzelnen Linien ist die des Gegensatzes, aber die Tendenz geht überall auf Ausgleichung der Mißverständnisse. So bezieht sich hierauf das Nichtsuchen des Pferdes beim Anfangsstrich, das von selber wiederkommt,

---

* Man vergleiche die Pfeile des Helios.

beim vierten Strich, daß man einen Gleichgesinnten trifft; beim zweiten Platz heißt es: Man begegnet seinem Herrn; dementsprechend beim fünften Platz: »Der Gefährte beißt sich durch die Hülle.« So steht beim dritten Platz das »Kein guter Anfang, aber ein gutes Ende« in Beziehung zu dem »Beim Hingehen fällt Regen« des oberen Platzes.
Das Zeichen ist die Umkehrung des vorigen.

Das Urteil
Der Gegensatz. In kleinen Sachen Heil.

Kommentar zur Entscheidung
Der Gegensatz: Das Feuer bewegt sich nach oben. Der See bewegt sich nach unten.
Zwei Töchter wohnen beisammen, aber ihre Gesinnung ist nicht auf das Gemeinsame gerichtet.
Heiterkeit und Beruhen auf Klarheit. Das Weiche schreitet fort und geht nach oben, erhält die Mitte und findet Entsprechung beim Festen. Darum ist in kleinen Sachen Heil.
Himmel und Erde bilden einen Gegensatz, aber ihr Wirken ist gemeinsam. Mann und Frau bilden einen Gegensatz, aber ihr Streben geht auf Vereinigung. Alle Wesen stehen im Gegensatz zueinander, und ihre Wirkungen werden dadurch in Ordnung gegliedert. Groß wahrlich ist die Wirkung der Zeit des Gegensatzes.

Zuerst wird der Name des Zeichens abgeleitet aus den Verhältnissen, die aus der Bewegung der beiden Teilzeichen entstehen. Das Feuer flammt nach oben, das Wasser sickert nach unten: Ruhend kann sich ihre Bewegung vereinen, in Bewegung kommen sie immer weiter auseinander. Die beiden Töchter sind anfangs im selben Elternhaus beisammen. Durch das Heranwachsen trennen sich ihre Wege, wenn sie in verschiedene Familien heiraten. So führt die Bewegung immer weiter in den Gegensatz hinein. Aber da es sich um eine natürliche Bewegung handelt, kommt sie von selbst zur Wende, wenn sie am Äußersten angelangt ist. Das Zeichen Dui hat Heiterkeit als Eigenschaft, das Zeichen Li Beruhen auf Klarheit. Heiterkeit führt zusammen, Klarheit findet den rechten Weg dazu. Ferner sind die Verhältnisse der beiden Herren des Zeichens günstig, so daß sich die Möglichkeit des Erfolgs wenigstens im Kleinen ergibt.

Aber KUNG geht noch weiter. Er zeigt, wie der Gegensatz geradezu naturgemäße Bedingung für die Vereinigung ist. Infolge des Gegensatzes entsteht das Bedürfnis zu seiner Überbrückung, so bei Himmel und Erde, so bei Mann und Frau; ebenso sind die Besonderheiten aller Dinge die Ursache, daß sie deutlich unterschieden und darum geordnet werden können. Das ist die Wirkung der – zu überwindenden – Phase des Gegensatzes.

Das Bild
Oben das Feuer, unten der See:
das Bild des Gegensatzes.
So behält der Edle bei aller Gemeinschaft seine Besonderheit.

Die Bilder der Teilzeichen, die in ihren Tendenzen einander widerstreben, erzeugen den Zustand des Gegensatzes. Ihre Eigenschaften führen zu seiner Überwindung. Die Heiterkeit von Dui ist das Bild der Gemeinschaft, die Klarheit von Li ist das Bild der deutlich erkennbaren Besonderheit.
Die beiden Töchter führen deshalb zum Gegensatz, weil die älteste nicht dabei ist, die durch ihre Autorität für Ordnung sorgen würde.

Die einzelnen Linien

Anfangs eine Neun bedeutet:
a) Die Reue schwindet.
    Wenn du dein Pferd verlierst, so lauf ihm nicht nach.
    Es kommt von selber wieder.
    Wenn du böse Menschen siehst, so hüte dich vor Fehlern.
b) »Wenn du böse Menschen siehst«, vermeide Fehler.

Solange der Gegensatz noch nicht vergiftet ist, läßt er sich ausgleichen. Ein Fehler entsteht nur dadurch, daß man ihn zu weit gehen läßt. Der Strich steht in Verbindung zum vierten. Der vierte Strich steht im Kernzeichen Kan, das Pferd bedeutet. Er steht nicht in Entsprechung zu ihm, darum geht das Pferd verloren. Der Anfangsstrich ist fest, kann sich beherrschen, darum läuft er nicht nach. Das Pferd kommt von selber wieder, eben wenn sich der Gegensatz ausgelaufen hat. Der vierte Strich, der gleichzeitig den Kernzeichen Kan »gefährlich« und Li »aufgeregt« angehört, ist das Bild des schlechten Menschen. Durch die

Heiterkeit des Zeichens Dui wird vermieden, daß der Gegensatz verschärft wird und so Fehler gemacht werden.

- **Neun auf zweitem Platz bedeutet:**
  a) Man begegnet seinem Herrn in enger Gasse.
  Kein Makel.
  b) Wenn man seinem Herrn in enger Gasse begegnet, so hat man seinen Weg nicht verfehlt.

Auf krummen Wegen etwas erreichen zu wollen ist ein Verfehlen des Wegs. Aber die Neun auf zweitem Platz ist fest und zentral, so ist sie nicht auf ein Treffen unter allen Umständen aus. Das Treffen ist, wenn auch unformell, also nicht ganz der Regel entsprechend, zufällig bzw. vom Herrn veranlaßt, so daß man sich nichts vorzuwerfen hat.

Sechs auf drittem Platz bedeutet:
a) Man sieht den Wagen nach hinten gezerrt,
die Rinder festgehalten,
dem Menschen Haare und Nase abgeschnitten.
Kein guter Anfang, aber ein gutes Ende.
b) »Man sieht den Wagen nach hinten gezerrt«: Das kommt, weil der Platz nicht der rechte ist. »Kein guter Anfang, aber ein gutes Ende«: Das kommt, weil man einem Festen begegnet.

Der Platz ist nicht der rechte, denn die schwache Sechs steht auf dem starken dritten Platz, außerdem weilt die schwache Linie zwischen den zwei starken auf zweitem und viertem Platz, die sich deswegen Übergriffe erlauben, weil sie auch nicht an ihrem Platz sind. Das Kernzeichen Kan bedeutet einen Wagen; das Kernzeichen Li, in dessen Mitte der Strich steht, ist in Beziehung zur Kuh. Daß ein gutes Ende erreicht wird, kommt von den Beziehungen zu dem starken oberen Strich, der die Mißverständnisse löst.

Neun auf viertem Platz bedeutet:
a) Durch Gegensatz vereinsamt,
trifft man einen Gleichgesinnten,
mit dem man in Treue verkehren kann.

Trotz der Gefahr kein Makel.
b) »Verkehr in Treue, ohne Makel«:
Das bedeutet, daß der Wille sich auswirkt.

Der Gefährte, den man findet, ist der starke Anfangsstrich, der gleichen Wesens mit der Neun auf viertem Platz ist. Beide haben den Willen, die Mißverständnisse zu überwinden, und es gelingt ihnen auch. Der Strich ist vereinsamt durch die äußeren Verhältnisse. Er weilt nämlich zwischen zwei dunklen Strichen, die Gemeine repräsentieren. Hier ist zum ersten Strich nicht das Verhältnis des Entsprechens vorhanden, sondern das des Gleichgeartetseins.

- **Sechs auf fünftem Platz bedeutet:**
  a)   Die Reue schwindet.
  Der Gefährte beißt sich durch die Hülle.
  Wenn man hingeht zu ihm, wie wäre das ein Fehler?
  b)   »Der Gefährte beißt sich durch die Hülle.« Wenn man hingeht, bringt das Segen.

Der Gefährte ist die Neun auf zweitem Platz. Die Sechs auf fünftem Platz steht im oberen Halbzeichen Li, die Neun auf zweitem Platz steht in dem unteren Kernzeichen Li, ist also gleicher Art wie die Sechs auf fünftem Platz. Durch Verwandlung der Neun auf zweitem Platz entsteht das Zeichen »Durchbeißen«, dessen zweiter Strich ebenfalls durch die Haut durchbeißt. Hier ist der Führer gezeichnet, der einen tüchtigen Gehilfen findet zur Beseitigung der Mißverständnisse. Der Höhere muß hingehen, dem Gefährten entgegen. So fordert es die Regel. Ein tüchtiger Mann wird sich nicht von sich aus anbieten.

Oben eine Neun bedeutet:
a)   Durch Gegensatz vereinsamt, sieht man seinen Gefährten
wie ein schmutzbeladenes Schwein,
wie einen Wagen voll Teufel.
Erst spannt man den Bogen nach ihm,
dann legt man den Bogen weg.
Nicht Räuber er ist, will freien zur Frist.
Beim Hingehen fällt Regen, dann kommt Heil.

b) Das Heil des Regenfalles bedeutet, daß die Schar der Zweifel schwindet.

Das Kernzeichen ist Kan, das Schwein bedeutet, ebenso einen Wagen und Hinterlist, Gefahr. Das Zeichen Li bedeutet Bogen, Kan bedeutet außerdem Räuber. Da aber die dritte Linie, auf die sich alles bezieht, zu der oberen Neun im Verhältnis des Entsprechens steht, so ist das alles Täuschung. Es handelt sich nicht um einen feindlichen Überfall, sondern um eine gutgemeinte Annäherung zu gegenseitiger Verbindung. Sowie das erkannt ist, schwinden die Zweifel, und die Mißverständnisse lösen sich.

39. Giën – Das Hemmnis

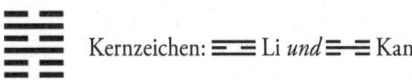 Kernzeichen: ☲ Li *und* ☵ Kan

Der Herr des Zeichens ist die Neun auf fünftem Platz. Darum heißt es im Kommentar zur Entscheidung: »Er geht hin und erlangt die Mitte.« Was im Urteil als der »große Mann« bezeichnet ist, bezieht sich immer auf den fünften Platz.

Die Reihenfolge
Durch Gegensatz entstehen notwendig Schwierigkeiten. Darum folgt darauf das Zeichen: das Hemmnis. Hemmnis bedeutet Schwierigkeit.

Vermischte Zeichen
Hemmnis bedeutet Schwierigkeit.

Der Gedanke der Hemmung wird dargestellt durch die Gefahr (Kan) außen, angesichts deren man innen stehenbleibt (Gen). Hierin besteht der Unterschied von Nr. 4, Jugendtorheit, wo die Gefahr innen und das Stehenbleiben außen ist. Das Hemmnis ist kein dauernder Zustand, darum ist im Zeichen alles darauf angelegt, wie das Hemmnis überwunden werden kann. Das geschieht dadurch, daß der starke Strich nach außen auf den fünften Platz geht und von dort aus eine Gegenbewegung einleitet. Nicht durch Vorwärtsdrängen in die Gefahr hinein wird sie überwunden, auch nicht durch untätiges Stehenbleiben, sondern durch Rückwärtsgehen, Nachgeben. Daher weist der Text auf die Worte des Zeichens Nr. 2, Kun, das Empfangende, hin. Kun ist im Südwesten, es ist die Erde, das Ebene, dort sind die Freunde. Gen ist im Nordosten, es ist der Berg, das Steile, dort ist es einsam. Zur Überwindung der Gefahr bedarf es der Gemeinsamkeit, daher Rückgang. Der große Mann wird gesehen, weil er an der Spitze des Kernzeichens Li, das Licht und Auge bedeutet, steht. Die angedeutete Bewegung kommt auch bei den einzelnen Linien zum Ausdruck.

Das Urteil
Das Hemmnis. Fördernd ist der Südwesten.
Nicht fördernd ist der Nordosten.
Fördernd ist es, den großen Mann zu sehen.
Beharrlichkeit ist von Heil.

Kommentar zur Entscheidung
Hemmnis bedeutet Schwierigkeit.
Die Gefahr ist vor einem.
Die Gefahr sehen und stehenzubleiben verstehen, das ist Weisheit.
»In Hemmnis ist fördernd der Südwesten«: denn er geht hin und erlangt die Mitte. »Nicht fördernd ist der Nordosten«:
denn dort geht der Weg zu Ende.
»Fördernd ist es, den großen Mann zu sehen«: denn er geht hin und erwirbt sich Verdienste. Auf dem rechten Platz ist »Beharrlichkeit von Heil«, weil dadurch das Land in Zucht kommt.
Die Wirkung einer Zeit der Hemmung ist wahrlich groß!

Die Gefahr – das Zeichen Kan – ist vorne. Die Gefahr zu sehen – oberes Kernzeichen Li, das Licht, das Auge – und rechtzeitig stehenzubleiben – inneres Zeichen Gen, das Stillhalten – ist wirkliche Weisheit, im Gegensatz zur Jugendtorheit, bei der die Plätze von Gefahr und Stillstand vertauscht sind. Zur Beseitigung der Gefahr ist es wichtig, den ungefährlichen Weg zu gehen nach Südwesten zu, wo man die Mitte bekommt, d. h. sich umgeben sieht von Gehilfen: Die Neun auf fünftem Platz tut das. Wenn der Herr des Zeichens im äußeren Zeichen steht, heißt es: »er geht hin«, steht er im inneren, so heißt es: »er kommt her«. Im Nordosten (Norden = die Gefahr, Nordosten = der Berg) kommt man auf einen ungangbaren Weg, der nicht weiterführt. Günstig ist es, den großen Mann zu sehen – die Neun auf fünftem Platz, die an der Spitze des Kernzeichens Li steht; durch Hingehen wird etwas erreicht: Indem der Herr des Zeichens »hingeht«, nimmt er an der nach abwärts gerichteten Bewegung des Zeichens Kan, Wasser, teil, das der Erde zufließt und so etwas fertigbringt. Auf dem rechten Platz beharren bringt Heil: denn die Tätigkeit ist nicht nach außen, sondern nach innen, aufs eigne Land, gerichtet. Die Wendung nach innen wird durch Hemmnisse erreicht, und die durch diese Wendung (»Bekehrung«) verursachte Besserung ist der große Wert, den die Wirkung einer Zeit der Hemmnisse hat.

Das Bild
Auf dem Berg ist das Wasser: das Bild des Hemmnisses.
So wendet sich der Edle seiner eigenen Person zu
und bildet seinen Charakter.

Das Wasser auf der Spitze des Berges kann nicht seiner Natur entsprechend nach unten fließen, weil es behindert ist durch Felsen. Es muß stillstehen, dadurch vermehrt es sich, und durch diese innere Anhäufung wird es so groß, daß es die Hindernisse überfließt. Der Ausweg aus Hemmnissen ist die Wendung nach innen und Steigerung des eigenen Wesens.

Die einzelnen Linien

Anfangs eine Sechs bedeutet:
a) Gehen führt in Hemmnisse, Kommen findet Lob.
b) »Gehen führt in Hemmnisse, Kommen findet Lob«, weil es richtig ist, abzuwarten.

Hingehen, wie es dem Anfangsstrich naheläge, würde in die Gefahr hineinführen. Zurückkommen entspricht dem Zeichen Gen, das Stillehalten.

Sechs auf zweitem Platz bedeutet:
a) Des Königs Diener ist in Hemmnis über Hemmnis.
   Aber es ist nicht seine eigene Schuld.
b) »Des Königs Diener ist in Hemmnis über Hemmnis.« Aber das ist endgültig kein Makel.

Die Sechs auf zweitem Platz steht zum Herrn des Zeichens, Neun auf fünftem Platz, im Verhältnis des Entsprechens. Der Herr steht im Mittelpunkt der Gefahr (oberes Trigamm Kan); der Diener eilt ihm zu Hilfe. Sein Weg führt durch das Kernzeichen Kan, so daß sich Hemmnis über Hemmnis findet. Aber diese Situation ist nicht durch die eigne Lage bedingt: Die Sechs auf zweitem Platz steht im Zeichen Gen, Stillstand, braucht von sich also nicht in diese Gefahren. Die Pflicht des Verhältnisses zum Herrn führt sie hinein. Darum ist sie auch in der gefährlichsten Lage ohne Fehler.

Neun auf drittem Platz bedeutet:
a)   Gehen führt in Hemmnisse; da kommt er zurück.
b)   »Gehen führt in Hemmnisse; da kommt er zurück.«
     Die drinnen freuen sich darüber.

Der starke Strich ist der Herr des Zeichens Gen, auf dem die beiden Schwachen beruhen. Durch seine Stärke könnte er veranlaßt werden, nach außen zu gehen, doch da trifft er auf das Zeichen Gefahr. So wendet er sich zurück, und die Sechs auf zweitem Platz, die zu ihm im Verhältnis des Zusammenhaltens steht, freut sich darüber.

Sechs auf viertem Platz bedeutet:
a)   Gehen führt in Hemmnisse,
     Kommen führt zur Vereinigung.
b)   »Gehen führt in Hemmnisse, Kommen führt zur Vereinigung.«

Auf dem gebührenden Platz findet man Unterstützung. Die Sechs auf viertem Platz steht an sich in Beziehung zur oberen Sechs, aber wollte sie hingehen, so fände sie dort auf der Höhe der Gefahr eine schwache Linie. Zurückkunft auf den eigenen Platz führt zur Vereinigung. Der vierte Platz ist der Platz des Ministers, der nach oben hin dem starken Herrn, Neun auf fünftem Platz, dient und von unten her von dem starken Gehilfen, Neun auf drittem Platz, getragen wird. Mit diesen beiden starken Strichen findet sich auf dem gebührenden Platz – einer weichen Linie gebührt der dunkle vierte Platz – Vereinigung.

• **Neun auf fünftem Platz bedeutet:**
a)   Inmitten der größten Hemmnisse kommen Freunde.
b)   »Inmitten der größten Hemmnisse kommen Freunde«: denn sie
     werden durch die zentrale Stellung geregelt.

Der fünfte Strich ist der Herr des Zeichens. Er befindet sich als Mittelstrich des oberen Zeichens Kan im Zentrum der Gefahr, also in den größten Hemmnissen. Aber er steht zur Sechs auf zweitem Platz und Sechs auf viertem Platz und zur oberen Sechs in Beziehung, die als Freunde ihm zu Hilfe kommen, weil er sie durch seine zentrale Stellung beherrscht.

Oben eine Sechs bedeutet:
a) Gehen führt in Hemmnisse, Kommen führt zu großem Heil. Fördernd ist es, den großen Mann zu sehen.
b) »Gehen führt in Hemmnisse, Kommen führt zu großem Heil«: denn der Wille ist aufs Innere gerichtet. »Fördernd ist es, den großen Mann zu sehen«: denn so folgt man einem Vornehmen.

Wenn die obere, schwache Linie allein hingehen und die Hindernisse überwinden wollte, so müßte sie Mißerfolg haben. Ihre Natur – ihr Wille – weist sie auf den zu ihr im Verhältnis der Entsprechung stehenden »großen« – d. h. starken – Strich, Neun auf drittem Platz. »Fördernd ist es, den großen Mann zu sehen«; denn Neun auf fünftem Platz, »der große Mann« des Zeichens, steht auf der Höhe des Kernzeichens Li – Auge, Licht. Man sieht ihn, indem man gemeinsam mit der Neun auf drittem Platz ihm als dem Vornehmen nachfolgt, unter dessen Leitung die Hemmnisse überwunden werden.

40. Hië – Die Befreiung

Kernzeichen: ☵ Kan *und* ☲ Li

Die Herren des Zeichens sind die Neun auf zweitem und die Sechs auf fünftem Platz. Darum heißt es im Kommentar zur Entscheidung: »Durch Hingehen bekommt er die Menge«: das bezieht sich auf den fünften Platz, und weiter: »Er bekommt die zentrale Stellung«: Das bezieht sich auf den zweiten Platz.

Die Reihenfolge
Die Dinge können nicht dauernd in Hemmnissen sein. Darum folgt darauf das Zeichen: die Befreiung. Befreiung bedeutet Entspannung.

Vermischte Zeichen
Befreiung bedeutet Entspannung.

Der Gedanke der Lösung und Befreiung kommt dadurch zur Darstellung, daß oben bzw. außen das Zeichen Dschen, Bewegung, steht, das sich aus dem unteren bzw. inneren Zeichen Kan, Gefahr, herausbewegt. Es ist einerseits die Weiterentwicklung des Zustandes, der in Nr. 3, Dschun, Anfangsschwierigkeit, gezeichnet ist: dort die Bewegung innerhalb der Gefahr, hier die Befreiung. Andererseits ist das Zeichen die Umkehrung des vorigen. Das Hemmnis ist umgestürzt, die Befreiung ist da.
Vom Bild aus betrachtet ist der Donner, die Elektrizität, durch die Regenwolken hindurchgedrungen. Die Spannung ist ausgeglichen. Das Gewitter bricht los, die ganze Natur atmet befreit auf.

Das Urteil
Die Befreiung. Fördernd ist der Südwesten.
Wenn nichts mehr da ist, wohin man zu gehen hätte,
ist das Wiederkommen von Heil.

Wenn es noch etwas gibt, wohin man gehen muß,
dann ist Raschheit von Heil.

Kommentar zur Entscheidung
Die Befreiung. Die Gefahr bewirkt Bewegung. Durch die Bewegung
entgeht man der Gefahr: Das ist die Befreiung.
»Während der Befreiung ist fördernd der Südwesten«: Durch Hingehen
bekommt er die Menge.
»Sein Wiederkommen ist von Heil«: denn er bekommt die zentrale
Stellung. »Wenn es noch etwas gibt, wohin man gehen muß, ist Raschheit
von Heil«:
dann ist das Hingehen verdienstvoll.
Wenn Himmel und Erde sich befreien, erheben sich Donner und Regen.
Wenn Donner und Regen sich erheben, so brechen die Hüllen aller
Früchte, Kräuter und Bäume.
Die Zeit der Befreiung ist wahrlich groß.

Die Gefahr regt zur Bewegung an, durch diese Bewegung kommt man aus der
Gefahr heraus: Darin liegt die Erklärung des Namens des Zeichens aus den
Eigenschaften der beiden Teilzeichen.
Der Südwesten ist der Platz des Zeichens Kun, das Empfangende. Man ist schon
aus der Schwierigkeit heraus, deshalb wird der Gegensatz, der Nordosten, nicht
mehr genannt. Kun hat die Bedeutung der Menge. Das bezieht sich auf die Sechs
an fünfter Stelle. Wenn eben erst die Befreiung eingetreten ist, so ist zunächst
noch eine gewisse Schonung nötig, eine ruhige Pflege im mütterlichen Schoß des
Empfangenden. Durch die Rückkehr, wenn nichts mehr zu erledigen ist, erhält
die Neun auf zweitem Platz das Zentrum des unteren Zeichens. Wenn man
noch etwas zu tun hat, ist es von Heil, es so rasch und überlegt wie möglich zu
tun, denn dadurch wird die Bewegung von Erfolg gekrönt; es ist keine ziellose,
vergebliche Bemühung. Es wird dann noch die Befreiung der Spannung in der
Atmosphäre durch ein luftreinigendes Gewitter als Gleichnis erwähnt, das alle
Schalen springen macht. So hat auch die Zeit der Befreiung ihr Großes.

Das Bild
Donner und Regen erheben sich:

das Bild der Befreiung.
So verzeiht der Edle Fehler und vergibt die Schuld.

Kan bedeutet Prozesse und Sünden. Dschen bewegt sich nach oben und läßt die Fehler hinter sich zurücksinken. Dadurch wird im Leben eine ähnliche Entspannung erreicht wie in der Natur durch ein luftreinigendes Gewitter.

Die einzelnen Linien

Anfangs eine Sechs bedeutet:
a) Ohne Makel.
b) Auf der Grenze zwischen fest und weich ist es selbstverständlich, daß »kein Makel« besteht.

Der Strich ist am starken Platz, aber weich von Natur. Er steht im Verhältnis des Entsprechens zu der Neun auf viertem Platz, die auf schwachem Platz steht, aber stark von Veranlagung ist. Durch das Zusammenwirken dieser ausgeglichenen Gegensätze kommt Ordnung in das Ganze, und es ist selbstverständlich, daß dadurch alles gut läuft.

- ### Neun auf zweitem Platz bedeutet:
  a) Auf dem Feld erlegt man drei Füchse
  und bekommt einen gelben Pfeil.
  Beharrlichkeit ist von Heil.
  b) Das Heil der Beharrlichkeit der Neun auf zweitem Platz beruht
  darauf, daß sie den mittleren Weg erlangt.

Das Zeichen Kan bedeutet einen Fuchs, Li bedeutet Bogen und Pfeil. Der zweite Platz ist der Platz des Felds, als oberster Platz der unteren zwei Striche (vgl. Neun auf zweitem Platz im Zeichen Kiën, das Schöpferische, Nr. 1). Die Dreizahl der Füchse sind die drei Yinlinien außer der Sechs auf fünftem Platz.

Sechs auf drittem Platz bedeutet:
a) Wenn einer eine Last auf dem Rücken trägt
und trotzdem auf dem Wagen fährt,
veranlaßt er dadurch die Räuber herbeizukommen.

Beharrlichkeit führt zu Beschämung.

b) »Wenn einer eine Last auf dem Rücken trägt und trotzdem Wagen fährt«, so sollte er sich wahrlich schämen.
Wenn ich so selbst die Räuber auf mich ziehe, wem will ich da die Schuld zuschieben?

Der Strich steht an dem Punkt, wo das untere Zeichen Kan und das obere Kernzeichen Kan sich berühren. Kan bedeutet Wagen und Räuber. Das Material ist so beschaffen, daß die Sechs als Yinlinie, die von Natur schwach ist, den obersten Platz des untersten Zeichens einnehmen will. Da ihre Kraft dazu nicht ausreicht, trägt sie eine schwere Last. In dieser unhaltbaren Lage zieht sie die Räuber mit Notwendigkeit auf sich. Beharren in dieser Lage führt natürlich zu Beschämung.

Neun auf viertem Platz bedeutet:
a) Befreie dich von deiner großen Zehe.
Dann kommt der Gefährte herbei,
und dem kannst du trauen.
b) »Befreie dich von deiner großen Zehe«,
weil der Platz nicht der gebührende ist.

Das Zeichen Dschen bedeutet den Fuß, die Sechs auf drittem Platz weilt ganz unterhalb des Zeichens Dschen, darum entsteht das Bild der großen Zehe. Die Neun auf zweitem Platz und die Neun auf viertem Platz sind Freunde gleichen Wesens, die zusammen dem Herrn auf fünftem Platz in Treuen helfe. Dazu ist es aber erst nötig, daß die dazwischenstehende Sechs auf drittem Platz, mit der die Beziehung des Zusammenhaltens besteht, ausgeschaltet wird. Der Platz ist nicht der gebührende, da der vierte Platz ein Yinplatz ist, der Strich dagegen ein Yangstrich.*

- **Sechs auf fünftem Platz bedeutet:**
a) Wenn der Edle sich nur befreien kann, das bringt Heil.
Er zeigt so den Gemeinen, daß es ihm ernst ist.
b) »Der Edle befreit sich«, weil dann die Gemeinen sich zurückziehen.

---

* Nach anderer Auffassung ist die große Zehe, von der man sich trennen soll, die Anfangssechs, zu der das Verhältnis der Entsprechung besteht, von dem man sich befreien muß.

Der fünfte Platz ist der Platz des Herrschers. In Zeiten der Befreiung ist auch die weiche Gemütsart am Platz, da sie den starken Gehilfen gegenüber im Verhältnis der Entsprechung ist. Nur ist es wichtig, daß man sich von den gleichgearteten gemeinen Menschen losmacht. Wenn sie diese Gesinnung merken, dann ziehen sie sich von selbst zurück. Der Strich macht sich ebenso wie der vorige los dadurch, daß er – dem Zeichen Dschen entsprechend – sich nach oben bewegt.

Oben eine Sechs bedeutet:
a) Der Fürst schießt nach einem Habicht auf hoher Mauer.
   Er erlegt ihn. Alles ist fördernd.
b) »Der Fürst schießt einen Habicht«:
   dadurch befreit er sich von den Widerstrebenden.

Die obere dunkle Linie ist schädlich, wie denn außer der Sechs auf fünftem Platz alle Yinlinien zur Zeit der Befreiung eher von negativer Wirkung sind, soweit diese nicht durch Beziehungen zu Yanglinien ausgeglichen sind. Von unten her, wo das Zeichen Kan ist, das Pfeil bedeutet, wird dieser hochgestellte Frevler getroffen, da die Bewegung nach oben geht, und damit die Befreiung von dem letzten Hemmnis erreicht.

41. Sun – Die Minderung

Kernzeichen: ☷ Kun *und* ☳ Dschen

Dem Zeichen Sun liegt der Gedanke zugrunde, daß der oberste Strich des unteren Zeichens vermindert wird, um den oberen Strich des oberen Zeichens zu vermehren; daher sind die Sechs auf drittem Platz und die obere Neun die Herren, die das Zeichen konstituieren. Da es aber der Herrscher ist, der bereichert wird, wenn das Untere vermindert und das Obere vermehrt wird, darum ist die Sechs auf fünftem Platz der das Zeichen beherrschende Herr.

Die Reihenfolge
Durch Entspannung geht sicher etwas verloren. Darum folgt darauf das Zeichen: die Minderung.

Vermischte Zeichen
Die Zeichen Minderung und Mehrung sind der Anfang von Blüte und Untergang.

Das Zeichen besteht aus Dui unten und Gen oben. Die Tiefe des Sees wird vermindert zugunsten der Höhe des Berges, die vermehrt wird. Der oberste Strich des unteren Zeichens wird vermindert zugunsten des obersten Strichs des oberen Zeichens, der vermehrt wird. In beiden Fällen wird das Untere vermindert zugunsten des Oberen, und das bedeutet schlechthin Verminderung. Wenn die Minderung ihr Ziel erreicht hat, tritt sicher Blüte ein. Daher ist die Minderung der Beginn der Blüte, ebenso wie die Mehrung durch Fülle den Untergang einleitet.

Beigefügte Urteile
Das Zeichen Verminderung zeigt die Pflege des Charakters.
Es zeigt erst die Schwierigkeiten und dann das Leichte. Es hält dadurch den Schaden fern.

Das Urteil
Minderung verbunden mit Wahrhaftigkeit
bewirkt erhabenes Heil ohne Makel.
Man kann darin beharrlich sein.
Fördernd ist es, etwas zu unternehmen.
Wie übt man das aus?
Zwei kleine Schüsselchen mag man benützen zum Opfer.

Kommentar zur Entscheidung
Die Minderung. Gemindert wird das Untere, vermehrt wird das Obere: Die Richtung des Wegs ist nach oben. »Minderung verbunden mit Wahrhaftigkeit bewirkt erhabenes Heil ohne Makel. Man kann darin beharrlich sein. Fördernd ist es, etwas zu unternehmen. Wie übt man das aus? Zwei kleine Schüsselchen mag man benutzen zum Opfer.«
Die zwei kleinen Schüsselchen entsprechen der Zeit. Das Feste zu mindern, das Weiche zu mehren hat seine Zeit. Im Mindern und Mehren, im Vollsein und Leersein muß man mit der Zeit zusammengehen.

Indem von dem unteren Zeichen der oberste feste Strich gemindert, d. h. durch einen weichen ersetzt wird und gleichzeitig der oberste Strich des oberen Zeichens vermehrt, d. h. durch einen festen ersetzt wird, macht dieser starke Strich einen Weg nach oben. Das Obere wird auf Kosten des Unteren bereichert. Die Unteren bringen dem Herrscher ein Opfer. Wenn dieses Opfer in Aufrichtigkeit gebracht wird, so ist es nicht schlimm, sondern hat Gelingen und alles Gute im Gefolge. Auch Sparsamkeit ist dann keine Schande. Es kommt nur darauf an, daß alles zu seiner Zeit geschieht.

Das Bild
Unten am Berg ist der See: das Bild der Minderung.
So bändigt der Edle seinen Zorn und hemmt seine Triebe.

Der See verdunstet, sein Wasser wird gemindert und kommt der Vegetation des Berges zugute, die dadurch im Wachstum gefördert und bereichert wird. Der Zorn erhebt sich hoch wie ein Berg; die Triebe ertränken das Herz wie die Tiefe eines Sees. Da die beiden Zeichen den jüngsten Sohn und die jüngste Tochter bedeuten, sind die Leidenschaften besonders stark. Der Zorn, der sich erhebt, muß gebändigt werden durch das Stillehalten des oberen Zeichens Gen, und die Triebe müssen gehemmt werden durch die einschließende Eigenschaft des unteren Zeichens Dui, wie der See seine Wasser in seinen Ufern einschließt.

Die einzelnen Linien

Anfangs eine Neun bedeutet:

a) Wenn die Geschäfte fertig sind, rasch hingehen
ist kein Makel. Doch muß man überlegen,
wie weit man andre mindern darf.

b) »Wenn die Geschäfte fertig sind, rasch hingehen.« Das geht, weil der Obere in seiner Gesinnung zu einem paßt.

Der unterste Strich bedeutet die Leute aus dem Volk. Während er selber stark ist, steht er im Verhältnis des Entsprechens zu dem schwachen Strich, Sechs auf viertem Platz, der den Beamten bedeutet. Der Obere bedarf der Hilfe des Unteren, die der Untere ihm bereitwillig darbietet. Statt des Wortes, das »fertig sein« bedeutet, steht in alten Textausgaben (vgl. Scho Wen, wo der Wortlaut zitiert ist) das Wort für »durch, mit«. So würde der Satz lauten: »Mit Dienstleistungen rasch hingehen« – sc. um dem Oberen zu helfen – »ist kein Makel.« Es bedeutet die Selbstminderung des Unteren zugunsten des Oberen. Die zweite Hälfte des Textes, die wörtlich lautet: »Man muß erwägen, wie weit man ihn mindern darf«, bezieht sich auf den Oberen, der die Dienste des Unteren in Anspruch nimmt. Seine Pflicht ist es, zu erwägen, wieviel er beanspruchen darf, ohne den Unteren zu schädigen.

Nur wenn diese Gesinnung beim Oberen herrscht, paßt sie zu der Selbstaufopferung des Unteren. Wollte der Obere rücksichtslos fordern, so würde dadurch die Gebefreudigkeit des Unteren herabgemindert werden.

Neun auf zweitem Platz bedeutet:

a) Fördernd ist Beharrlichkeit.
Etwas zu unternehmen ist von Unheil.
Ohne sich selbst zu mindern,
vermag man die andern zu mehren.

b) Daß die Neun auf zweitem Platz fördernd durch Beharrlichkeit ist, kommt davon, daß sie die rechte Mitte als Gesinnung hat.

Die Neun ist stark und steht auf zentralem Platz. Darum ist die Beharrlichkeit in dieser Gesinnung fördernd. Sie steht im Anfang des Kernzeichens Dschen, Erregung; das könnte nahelegen, daß sie von sich aus hingige zu der Sechs auf fünftem Platz, zu der sie im Verhältnis der Entsprechung steht, aber dadurch würde sie sich etwas vergeben. Ihrer zentralen Stellung entspricht es, den andern zu mehren, ohne sich zu mindern.

- **Sechs auf drittem Platz bedeutet:**
  a) Wenn drei Menschen miteinander wandern,
      so vermindern sie sich um einen Menschen.
      Wenn ein Mensch wandert, so findet er seinen Gefährten.
  b) Wenn ein Mensch zu dreien wandeln wollte, so entstünde
      Mißtrauen.

Der Text sagt, daß drei Menschen, wenn sie zusammengehen, sich um einen vermindern, und wenn ein Mensch wandert, er einen Gefährten findet. Das bezieht sich auf die Wandlung, die innerhalb des unteren Zeichens vor sich ging. Es bestand erst aus den drei starken Strichen des Zeichens Kiën, das Schöpferische. Sie sind miteinander auf dem Weg. Da trennt sich einer von ihnen und geht nach oben an den oberen Platz des oberen Zeichens. Der schwache Strich, der statt dessen an die dritte Stelle tritt, ist unter den beiden andern Strichen des unteren Zeichens vereinsamt. Aber er steht zu dem starken oberen Strich im Verhältnis des Entsprechens, darum findet er in ihm seine Ergänzung. Durch diese Trennung entstehen aus dreien zwei, durch die Vereinigung entstehen aus einem auch zwei, so wird das, was zu viel ist, gemindert und das, was zu wenig ist, gemehrt. Durch den Hergang, der sich zwischen den Zeichen Kiën und Kun des ursprünglichen Zeichens abspielt, entstehen die beiden jüngsten Kinder Gen und Dui. Der Strich Sechs auf drittem Platz, der im unteren Zeichen einsam ist, soll aber nicht wieder daran denken, mit den beiden andern zusammenzugehen, dadurch würden Mißverständnisse entstehen.

Kungtse sagt über diesen Strich: »Himmel und Erde kommen in Berührung, und alle Dinge bilden sich und gewinnen Form. Das Männliche und das Weibliche mischen ihren Samen, und alle Wesen bilden sich und werden geboren. Im Buch der Wandlungen heißt es: ›Wenn drei Menschen miteinander wandern, so vermindern sie sich um einen Menschen. Wenn ein Mensch wandert, so findet er seinen Gefährten.‹ Das bezieht sich auf die Wirkung des Einswerdens.«

Sechs auf viertem Platz bedeutet:
a) Wenn man seine Mängel mindert, macht man,
    daß der andre eilig kommt und Freude hat.
    Kein Makel.
b) »Wenn man seine Mängel mindert«,
    das ist auch wirklich etwas, das Grund zur Freude gibt.

Die Sechs auf viertem Platz hat als Mangel zu große Schwäche. Sie ist schwach auf schwachem Platz, oben und unten eingeschlossen zwischen schwachen Linien. Aber durch das Verhältnis der Entsprechung zu dem starken Anfangsstrich werden diese Mängel ausgeglichen. Durch Beseitigung dieser Mängel veranlaßt die Sechs auf viertem Platz das beschleunigte hilfreiche Herbeikommen der Anfangsneun, was beiden zur Freude gereicht und kein Fehler ist.

- **Sechs auf fünftem Platz bedeutet:**
  a) Es mehrt ihn wohl jemand.
      Zehn Paar Schildkröten können dem nicht widerstreben.
      Erhabenes Heil!
  b) Das erhabene Heil der Sechs auf fünftem Platz kommt daher, daß
      sie von oben her gesegnet ist.

Wenn er bereichert wird, so können dem zehn Paar Schildkrötenschalen nicht widersprechen, und es kommt erhabenes Heil. Die Zahl zehn wird durch das Kernzeichen Kun nahegelegt. Die Schildkröte gehört zum Zeichen Li, das freilich nur sehr gezwungen in das Zeichen hineingedeutet werden kann. Eine große Orakelschildkröte kostet zwanzig Kaurischnecken. Eine Doppelkaurischnecke wird Paar genannt. Dies die eine Erklärung: eine zehn Paar Kaurischnecken werte Schildkröte. Nach der anderen Erklärung handelt es sich um zehn Paar Schildkrötenschalen. Der Segen von oben ist nahegelegt durch den oberen starken Strich, der das Zeichen schützend überdeckt.

- **Oben eine Neun bedeutet:**
  a) Wenn man ohne Minderung der anderen gemehrt wird,
      so ist das kein Makel. Beharrlichkeit bringt Heil.
      Fördernd ist es, etwas zu unternehmen.
      Man bekommt Diener, aber hat kein besonderes Heim mehr.

b) Ohne zu mindern wird er gemehrt, d. h., daß er in hohem Maße seinen Willen erreicht.

Der obere Strich wird bereichert von der Sechs auf drittem Platz. Er nimmt diese Mehrung an, aber so, daß der andre nicht dadurch gemindert wird. Es ist die Beziehung hier also umgekehrt wie bei der Neun auf zweitem Platz, die andre mehrt, ohne sich zu mindern. Darum sind die Aspekte durchaus günstig, denn die Harmonie zwischen Oberen und Unteren bleibt erhalten. Der Berg bedeutet ein Haus. Indem der Strich sich wandelt, geht das obere Zeichen in das Zeichen Kun über, das kein Haus – keinen Berg, seine Richtung ist Südwesten – kennt, daher treue Gehilfen, aber nicht für Familiensondervorteil.

42. I – Die Mehrung

 Kernzeichen: ☶ Gen *und* ☷ Kun

Der Gedanke der Mehrung kommt zum Ausdruck durch die Minderung des unteren Strichs des oberen Zeichens, wodurch der unterste Strich des unteren Zeichens gemehrt wird. Darum sind die Sechs auf viertem Platz und die Anfangsneun die konstituierenden Herren des Zeichens. Da aber die Minderung des Oberen und Mehrung des Unteren vom Fürsten gespendet und vom Beamten empfangen wird, so sind die Neun auf fünftem Platz und die Sechs auf zweitem Platz die herrschenden Herren des Zeichens.

Die Reihenfolge
Wenn die Minderung dauernd fortgeht, so bewirkt sie sicher Mehrung. Darum folgt darauf das Zeichen: die Mehrung.

Vermischte Zeichen
Die Zeichen Minderung und Mehrung sind der Anfang von Blüte und Untergang.

Die beiden Zeichen, die am Anfang des zweiten Teils stehen, die Einwirkung und die Dauer, werden durch zehnmalige Veränderung zu den Zeichen »die Minderung« und »die Mehrung«, ebenso wie die beiden Anfangszeichen des ersten Teils, »das Schöpferische« und »das Empfangende«, nach zehnmaliger Veränderung zu den Zeichen »der Friede« und »die Stockung« werden. Die Zeichen »Friede« und »Stockung« stehen zu den Zeichen »Minderung« und »Mehrung« in innerem Zusammenhang, da durch Übertragung eines starken Strichs aus dem unteren ins obere bzw. aus dem oberen ins untere Halbzeichen die beiden Zeichen »Minderung« und »Mehrung« entstehen. So entsteht das Zeichen »Mehrung«, indem von dem Zeichen Pi, die Stockung ☰☷, der untere Strich des oberen Halbzeichens ☰ nach unten versetzt wird. Daß durch fortwährende Minderung schließlich ein Umschlag herbeigeführt wird und Mehrung eintritt,

liegt im Lauf der Natur, der erkannt werden kann am abnehmenden und zunehmenden Mond und an allen regelmäßigen Naturvorgängen.
Das Zeichen besteht aus den Halbzeichen Wind und Donner, die einander mehren. Durch die Verringerung des Oberen und Verstärkung des Unteren wird eine Sicherheit erzielt, die für das Ganze eine Mehrung bedeutet. Das Zeichen ist die Umkehrung des vorigen.

Beigefügte Urteile
Als der Bau-Hi-Klan vorüber war, kam der Klan des göttlichen Landmanns auf. Er spaltete ein Holz als Pflugschar und bog ein Holz als Pflugstange und lehrte den Vorteil des Öffnens der Erde mit dem Pflug der ganzen Welt. Das entnahm er wohl dem Zeichen: die Mehrung.

Die beiden Teile des Zeichens haben als Symbol das Holz. Das äußere Halbzeichen bedeutet Eindringen, das innere bedeutet Bewegung. Die mit Eindringen verbundene Bewegung brachte der Welt die größte Mehrung.
»Die Mehrung zeigt die Fülle des Charakters. Die Mehrung zeigt das Wachstum der Fülle ohne Kunstgriffe. So schafft die Mehrung Förderung des Nützlichen.«

Das Urteil
Die Mehrung. Fördernd ist es, etwas zu unternehmen.
Fördernd ist es, das große Wasser zu durchqueren.

Kommentar zur Entscheidung
Die Mehrung: das Obere mindern und das Untere mehren:
So freut das Volk sich grenzenlos.
Von oben stellt sich's unters Untere:
Das ist der Weg des großen Lichts.
Und fördernd ist's zu unternehmen:
Zentral, korrekt und segensvoll.
Fördernd ist es, das große Wasser zu durchqueren:
Der Weg des Holzes schafft Erfolg.
Die Mehrung regt sich, sanft und milde:
Täglicher Fortschritt grenzenlos.
Der Himmel spendet, Erde gebiert:
dadurch vermehrt sich's allenthalb.

Der Weg der Mehrung allerorten
Geht mit der Zeit harmonisch fort.

Der Name des Zeichens wird aus der Gestalt erklärt. Die Mehrung des Unteren auf Kosten des Oberen ist Mehrung schlechthin, denn sie kommt dem ganzen Volk zugute. Indem die vierte Linie aus dem oberen Zeichen sich ins Untere auf den untersten Platz herabläßt, zeigt sich eine Selbstverleugnung, die der Beweis von großer Klarheit ist. In Zeiten der Mehrung ist es günstig, etwas zu unternehmen, weil die Herren des Zeichens, Neun auf fünftem Platz und Sechs auf zweitem Platz, in zentraler Stellung und korrekt, d. h. stark auf starkem, schwach auf schwachem Platz sind. Die Durchquerung des großen Wassers wird nahegelegt durch das obere Zeichen Sun, das Holz bedeutet und so den Gedanken des Schiffes darstellt, während das untere die Bewegung des Schiffes verbürgt. Die Eigenschaften der Halbzeichen Dschen, Bewegung, und Sun, Sanftheit, verbürgen einen dauernden Fortschritt.
Der Gedanke der Mehrung auf kosmischem Gebiet kommt dadurch zum Ausdruck, daß der Anfangsstrich des Himmels sich unter die Erde stellt, wodurch das Zeichen Dschen entsteht, in dem alle Wesen ins Dasein treten. Auch dieser Vorgang der Mehrung ist an die richtige Zeit gebunden, innerhalb deren er sich vollzieht.

Das Bild
Wind und Donner: das Bild der Mehrung.
So der Edle: Sieht er Gutes, so ahmt er es nach,
hat er Fehler, so legt er sie ab.

Wind und Donner erzeugen und verstärken einander gegenseitig. Der Donner entspricht seiner Natur nach dem lichten Prinzip, das er in Bewegung setzt; der Wind ist seiner Natur nach mit dem schattigen Prinzip verbunden, das er zerteilt und auflöst. Das Lichte entspricht dem Guten, das erreicht wird, indem man sich darauf zu bewegt – entsprechend dem Zeichen Dschen. Das Schattige entspricht dem Schlechten, das beseitigt wird, indem es sich zerteilt und auflöst – wie der Wind, Sun, die Wolken zerteilt. Beides dient zur Mehrung; denn auf moralischem Gebiet ist das Gute gleich dem Positiv-Lichten, dessen Förderung Mehrung bedeutet.

Die einzelnen Linien

- **Anfangs eine Neun bedeutet:**
  a) Fördernd ist es, große Taten zu vollbringen.
     Erhabenes Heil! Kein Makel.
  b) »Erhabenes Heil! Kein Makel.«
     Die Unteren benützen es nicht zu ihrer eigenen Bequemlichkeit.

Die untere Neun bedeutet das niedere Volk. Indem die Sechs auf viertem Platz, der Minister, sich heruntergibt – er steht im Verhältnis des Entsprechens zum Anfangsstrich –, wird der untere Strich in den Stand gesetzt, Großes zu vollbringen, da er die Gnade, die ihm von oben erwiesen wird, nicht selbstsüchtig für sich behält. Der Strich ist unten im Zeichen Dschen und bewegt sich deshalb nach oben. Daher das große Heil.

- **Sechs auf zweitem Platz bedeutet:**
  a) Es mehrt ihn wohl jemand.
     Zehn Paar Schildkröten können dem nicht widerstreben.
     Dauernde Beharrlichkeit bringt Heil.
     Der König stellt ihn dar vor Gott. Heil!
  b) »Es mehrt ihn wohl jemand.«
     Das kommt von außen.

Die Vermehrung des inneren Zeichens kommt vom äußeren. Sie gilt daher als unerwartet, von selbst kommend. Das Zeichen I ist das umgekehrte Zeichen Sun, daher entspricht diese Linie im Text der Sechs auf fünftem Platz des vorigen Zeichens. Die Mehrung kommt, weil in der eigenen Korrektheit, zentralen Stellung und Weichheit des Strichs die Vorbedingungen gegeben sind und die starke Neun auf fünftem Platz im Verhältnis der Entsprechung zu dieser Linie steht. Die Mahnung zu dauernder Beharrlichkeit steht da, weil durch die Weichheit der Linie, zu der die Weichheit des Platzes hinzukommt, eine gewisse Schwachheit sich ergeben könnte, die durch Willensentschluß ausgeglichen werden muß. Die Mehrung ist dreifach: durch Menschen, durch Götter (angedeutet durch die Schildkröten, durch die sich der Wille der Götter kundtut) und durch den höchsten Herrn des Himmels, der den Mann, der ihm beim Opfer dargebracht wird, gnädig annimmt. Das Zeichen I bezieht sich auf den ersten Monat, in dem die Opfer auf dem Anger vollzogen wurden.

Sechs auf drittem Platz bedeutet:
a) Man wird gemehrt durch unheilvolle Ereignisse.
 Kein Makel, wenn du wahrhaftig bist
 und in der Mitte wandelst
 und dem Fürsten berichtest mit einem Siegel.
b) »Man wird bereichert durch unheilvolle Ereignisse.« Das ist etwas, das einem gewißlich zugehört.

Die Linie ist schwach auf starkem Platz, auf der Spitze der Erregung (unteres Zeichen Dschen), dazu nicht zentral: Das alles deutet auf Unheil. Da es aber die Zeit der Mehrung ist, muß auch dieses Unheil, das nicht zufällig, sondern aus inneren Gründen einem zuteil wird, zum besten dienen. Der Strich ist in der Mitte des unteren Kernzeichens Kun und gleichzeitig an der Spitze des unteren Halbzeichens Dschen, Bewegung, was die Idee der Bewegung, des Wandelns in der Mitte erzeugt. Das Siegel ist ein runder Nephrit, der als Legitimationsabzeichen verliehen wurde.
Eine Erklärung gibt den Zusammenhang folgendermaßen: Wenn zur Zeit der Mehrung der Himmel Unheil schickt, wie Mißwachs und dergl., so wird ein mitleidiger Fürst den davon betroffenen Untertanen Erleichterung gewähren durch Steuernachlaß und dergl., und der Beamte, der sie ankündigt, hat zur Bestätigung seiner Autorität ein solches Nephritabzeichen.

- **Sechs auf viertem Platz bedeutet:**
 a) Wenn du in der Mitte wandelst
  und dem Fürsten berichtest,
  so wird er folgen.
  Fördernd ist es, benützt zu werden
  bei der Verlegung der Hauptstadt.
 b) »Wenn du dem Fürsten berichtest, wird er folgen«, weil dadurch seine Gesinnung gemehrt wird.

Der vierte Platz ist der Platz des Ministers. Sechs auf viertem Platz ist die unterste Linie des Zeichens Sun, das Wind und Eindringen bedeutet. Der Strich hat dementsprechend Einfluß. Aber da er in der Mitte des oberen Kernzeichens Gen ist, so benützt er diesen Einfluß nicht für persönliche Zwecke; ist es doch der Strich, dessen Minderung das untere Zeichen mehrt. Er stellt daher einen Mann dar, der als Vermittler zwischen Fürst und Volk imstande ist, des Fürsten Willen dem Volk klarzumachen. Solche Persönlichkeiten sind bei gefahrvollen, wichtigen Unternehmungen (Durchqueren des großen Wassers, hier Verlegung der Hauptstadt, was unter der Schangdynastie fünfmal vorkam) von großer Wichtigkeit.

- **Neun auf fünftem Platz bedeutet:**
  a) Wenn du wahrhaftig ein gütiges Herz hast,
     so frage nicht. Erhabenes Heil!
     Wahrhaftig wird Güte als deine Tugend erkannt werden.
  b) »Wenn du ein gütiges Herz hast, so frage nicht.« Wenn Güte als deine Tugend anerkannt wird, so hast du deine Absicht ganz erreicht.

Der Herr des Zeichens, stark und zentral auf rechtem, starkem Platz, hat ein wahrhaft gütiges Herz und sucht die Unteren zu mehren. Da bedarf es keiner Frage: Die Wirkung muß günstig sein, und damit, daß die gute Absicht anerkannt wird, ist alles gut.

Oben eine Neun bedeutet:
a) Er gereicht niemand zur Mehrung.
   Es schlägt ihn wohl gar jemand.
   Er hält sein Herz nicht dauernd fest. Unheil!
b) »Er gereicht niemand zur Mehrung«:
   Das ist ein Wort, das die Einseitigkeit bezeichnet.
   »Es schlägt ihn gar jemand«:
   Das kommt von außen.

Der Strich ist halsstarrig und nicht dauernd darauf bedacht, die Unteren zu mehren; trotz der Beziehung zur Sechs auf drittem Platz zeigt sich dort kein Einfluß des oberen Strichs. Daher ist er einseitig und abseits. Diese falsche Stellung bringt dann automatisch – ohne daß jemand die Absicht hat – das

Unheil herbei, weil seine Gesinnung nicht dauernd, d. h. nicht in Einklang mit den Forderungen der Zeit, ist.

43. Guai – Der Durchbruch (die Entschlossenheit)

Kernzeichen: ☰ Kiën *und* ☰ Kiën

Der Sinn des Zeichens geht daraus hervor, daß ein dunkler Strich am äußersten Platz ganz oben steht, darum ist die obere Sechs der konstituierende Herr des Zeichens. Aber die fünf lichten Striche wenden sich entschlossen gegen den dunklen. Der fünfte ist an ihrer Spitze und außerdem an geehrtem Platz, darum ist die Neun auf fünftem Platz der beherrschende Herr des Zeichens.

Die Reihenfolge
Wenn die Mehrung unaufhörlich fortgeht, so gibt es sicher einen Durchbruch. Darum folgt darauf das Zeichen: der Durchbruch. Durchbruch bedeutet Entschlossenheit.

Vermischte Zeichen
Durchbruch bedeutet Entschlossenheit. Das Starke wendet sich entschlossen gegen das Schwache.

Beigefügte Urteile
In der Urzeit knotete man Stricke, um zu regieren. Die Heiligen späterer Zeit führten stattdessen schriftliche Urkunden ein, um die verschiedenen Beamten zu regieren und die Untertanenmenge zu beaufsichtigen. Das entnahmen sie wohl dem Zeichen: der Durchbruch.

Das Zeichen Guai bedeutet eigentlich den Durchbruch eines Flusses durch seine Dämme zu Überschwemmungszeiten. Die fünf starken Striche sind als von unten her aufsteigend gedacht, so daß sie die obere, schwache Linie mit Entschlossenheit hinausdrängen aus dem Zeichen. Dasselbe ergibt sich aus den

Bildern. Der See ist verdunstet und an den Himmel emporgestiegen. Da wird er sich als Wolkenbruch entladen. Auch hier also der Gedanke des Durchbruchs. Das Zeichen besteht aus Dui oben, das Worte bedeutet, und Kiën unten, dessen Eigenschaft die Stärke ist. Es deutet also darauf hin, die Worte stark und dauernd zu machen.

Das Urteil
Der Durchbruch.
Entschlossen muß man am Hof des Königs die Sache bekanntmachen.
Der Wahrheit gemäß muß sie verkündet werden. Gefahr!
Man muß seine eigene Stadt benachrichtigen.
Nicht fördernd ist es, zu den Waffen zu greifen.
Fördernd ist es, etwas zu unternehmen.

Kommentar zur Entscheidung
Durchbruch ist soviel wie Entschlossenheit. Das Feste verdrängt entschlossen das Weiche. Stark und heiter, das ist entschlossen und harmonisch.
»Man muß die Sache am Hof des Königs bekanntmachen.«
Das Schwache ruht auf fünf Harten.
»Wahrheitsgemäße Verkündigung hat Gefahr.«
Diese Gefahr führt aber zum Licht.
»Man muß seine eigene Stadt benachrichtigen.
Nicht fördernd ist es, zu den Waffen zu greifen«:
Was jener hochhält, wird zunichte.
»Fördernd ist es, etwas zu unternehmen«,
denn die Festen wachsen und führen zu Ende.

Bei der Verdrängung des dunklen Strichs an der Spitze kommt es darauf an, daß sie im rechten Geist geschieht. Es handelt sich nicht um einen Kampf mit zweifelhaftem Ausgang, sondern was geschieht, vollzieht sich mit Notwendigkeit. Darum ist eine ruhig heitere, gelassene Entschlossenheit die richtige Seelenhaltung, wie sie durch den Charakter der beiden Halbzeichen (innen Kiën, das Schöpferische, die Stärke, außen Dui, das Heitere) bezeichnet ist. Man muß die Wahrheit am Hof des Königs bekanntmachen: Der obere, schwache Strich steht über fünf starken, von denen der oberste eben den Platz des Fürsten innehat.

Der schwache Strich ist das Bild eines Gemeinen an hoher Stelle. Das Zeichen Dui bedeutet Mund, daher das Bekanntmachen, Verkündigen. Kiën bedeutet auch Kampf und Gefahr; Kiën und Dui bedeuten beide Metall, daher das Bild der Waffen. Da aber die Situation an sich Erfolg verheißt, ist der Gebrauch der Waffen nach außen hin nicht nötig.

Das Bild
Der See ist an den Himmel emporgestiegen:
das Bild des Durchbruchs.
So spendet der Edle Reichtum nach unten hin
und scheut es, bei seiner Tugend zu verweilen.

Der See ist verdunstet und sammelt sich oberhalb des Himmels als Dünste und Wolken: Das deutet auf einen baldigen Durchbruch, durch den das Wasser in Form von Regen wieder herunterkommt. Um einen gewaltsamen Durchbruch zu vermeiden, ist es nötig, sich die Eigenschaften der beiden Halbzeichen zunutze zu machen: Dui bedeutet Freude. Statt also den Reichtum an gefährlicher Stelle aufzustapeln und dadurch einen Bruch herbeizuführen, wird man dauernd spenden und so Freude bereiten. Bei der Selbsterziehung denkt man an das strenge Gericht, das von dem Zeichen Kiën ausgeübt wird. Man wird daher nicht selbstgenügsam sein, was ebenfalls zur Katastrophe führen müßte, sondern steht dauernd in Scheu. Wenn die Freude hoch steht wie ein See am Himmel, führt sie leicht zum Übermut, darum muß sie ergänzt werden durch die segenspendende Art des Himmels. Wenn die Stärke einen Schwachen über sich sieht – wie der Himmel unter dem See –, führt sie leicht zu Trotz, darum muß sie gemildert werden durch die freundliche Art von Dui.

Die einzelnen Linien

Anfangs eine Neun bedeutet:
a) Mächtig in den vorwärtsschreitenden Zehen.
    Geht man hin und ist der Sache nicht gewachsen,
    so macht man einen Fehler.
b) Wenn man hingeht, ohne der Sache gewachsen zu sein, das ist ein Fehler.

Die Zehen sind durch den untersten Strich nahegelegt. Das Zeichen Durchbruch ist die weitere Stufe nach dem Zeichen »Des Großen Macht« Nr. 34. Darum ist der Text des untersten Striches hier derselbe wie dort, nur daß er etwas abgemildert ist, weil die Situation schon fortgeschrittener ist als dort.

Neun auf zweitem Platz bedeutet:
a) Alarmruf. Abends und nachts Waffen.
Fürchte nichts.
b) Trotz Waffen keine Furcht, weil man den mittleren Weg gefunden.

Dui, das obere Zeichen, bedeutet Mund, daher der Alarmruf. Dui ist im Westen, das deutet auf Abend, Kiën im Nordwesten, das deutet auf Nacht. Dui und Kiën haben das Metall beigeordnet, das deutet auf Waffen. Doch ist nichts zu fürchten, weil der Strich stark und zentral, inmitten des unteren Zeichens Kiën, Himmel, ist.

Neun auf drittem Platz bedeutet:
a) Mächtig in den Backenknochen zu sein bringt Unheil.
Der Edle ist fest entschlossen.
Er wandelt einsam und kommt in den Regen.
Er wird bespritzt, und man murrt wider ihn.
Kein Makel.
b) »Der Edle ist fest entschlossen«: Das ist endgültig kein Fehler.

Kiën ist der Kopf. Der dritte Platz ist an oberer Stelle des Zeichens Kiën, daher das Bild der Backenknochen. Der Strich gehört dem starken Halbzeichen Kiën an und steht außerdem mitten in dem unteren Kernzeichen Kiën, daher die doppelte Entschlossenheit. Er ist einsam, weil er als einziger in Beziehung des Entsprechens zur obersten, dunklen Linie steht. Da Dui Wasser ist, kommt daher auch der Gedanke des Regens, von dem er bespritzt wird. Durch die Stärke seiner Natur ist er vor der Ansteckung durch die obere, dunkle Linie geschützt, daher trotz des bösen Scheins kein Fehler.

Neun auf viertem Platz bedeutet:
a) An den Oberschenkeln ist keine Haut,
und das Gehen fällt schwer.

   Ließe man sich führen wie ein Schaf,
   so würde die Reue schwinden.
   Wenn man aber diese Worte hört,
   so wird man sie nicht glauben.
b) »Das Gehen fällt schwer.«
   Der Platz ist nicht der gebührende.
   »Wenn man diese Worte hört, wird man sie nicht glauben.«
   Das Verständnis ist nicht klar.

Der Strich ist an unterster Stelle des oberen Zeichens, darum das Bild der Oberschenkel. Weil er in seinem Vorwärtsdrängen durch die starke Fünf gehemmt ist, so legt das die Unmöglichkeit zu gehen nahe. Dui hat das Bild eines Schafs, daher der Rat, daß man sich führen lassen solle wie ein Schaf. Indem der Strich wechselt, wird das obere Zeichen zum Zeichen Kan sich umgestalten, das Ohr bedeutet. Da aber der Strich weder korrekt noch an seinem Platz ist, so hört er nicht auf das, was man ihm sagt.

- **Neun auf fünftem Platz bedeutet:**
 a) Dem Unkraut gegenüber braucht es feste Entschlossenheit.
   In der Mitte wandeln bleibt frei von Makel.
 b) »In der Mitte wandeln bleibt frei von Makel.« Die Mitte ist noch
   nicht im Licht.

Der Strich ist der Herr des Zeichens. Er ist es, der den entschlossenen Kampf mit der oberen Sechs, dem Bild des Gemeinen, führen muß. Aber wie die Neun auf drittem Platz im Verhältnis des Entsprechens steht die Neun auf fünftem Platz im Verhältnis des Zusammenhaltens zu der oberen Sechs. Dadurch wird der Kampf erschwert. Aber er vermag entschlossen zu sein; einerseits ist er der Herr des Zeichens, dann Herrscher auf dem angesehensten Platz, andererseits ist er der oberste Strich des energischen oberen Kernzeichens Kiën. Ferner ist er in der Mitte des oberen Halbzeichens, so daß zu hoffen ist, daß es ihm gelingt, konsequent zu bleiben.

- **Oben eine Sechs bedeutet:**
 a) Kein Ruf! Schließlich kommt Unheil.

b) Das Unheil des Nichtrufens darf man endgültig nicht dauern lassen.

Der Strich ist der Repräsentant des Bösen, das energisch ausgerottet werden soll. Aber bei seiner Ausrottung ist Vorsicht nötig. Es sieht ganz leicht aus, da es sich nur um einen schwachen Strich gegenüber von fünf starken handelt. Aber seine dunkle Natur legt nahe, daß er es versteht, die Warner zum Schweigen zu bringen. Die Art darf man jedoch nicht gehen lassen, weil sonst zu fürchten ist, daß aus dem vernachlässigten einen Yinstrich wie aus einem Keim das Böse nachwächst.

姤

44. Gou – Das Entgegenkommen

   Kernzeichen: ☰ Kiën *und* ☰ Kiën

Das Zeichen »Entgegenkommen« hat seine Bedeutung von der einen dunklen Linie, die unten entsteht; darum ist die Anfangslinie der konstituierende Herr des Zeichens. Aber die fünf Yangstriche haben alle die Pflicht, das Yin zu bändigen; darunter haben der zweite und der fünfte starkes und zentrales Wesen, der eine steht ihm nahe, um es zu bändigen, der andere weilt auf dem Ehrenplatz und kommt von oben her, es zu bändigen. Darum sind die Neun auf fünftem und die Neun auf zweitem Platz die herrschenden Herren des Zeichens.

Die Reihenfolge
Durch Entschlossenheit trifft man sicher etwas an. Darum folgt darauf das Zeichen: das Entgegenkommen. Entgegenkommen bedeutet Antreffen.

Vermischte Zeichen
Entgegenkommen bedeutet Antreffen.

Das Entgegenkommen bedeutet Antreffen. Das untere Zeichen ist Sun, Wind, der unterhalb des oberen, Kiën, Himmel, dahinfährt und der daher alle Dinge antrifft. Ferner entsteht eine Yinlinie unten, so daß das Dunkle mit dem Hellen auf diese Weise unerwartet zusammentrifft. Und zwar geht die Bewegung von dem Dunklen, Weiblichen aus, das seinerseits dem Hellen, Männlichen entgegentritt.

Das Zeichen ist die Umkehrung des vorigen.

Das Urteil
Das Entgegenkommen. Das Mädchen ist mächtig.
Man soll ein solches Mädchen nicht heiraten.

Kommentar zur Entscheidung
Entgegenkommen bedeutet Antreffen.
Das Schwache tritt dem Festen entgegen.
»Man soll ein solches Mädchen nicht heiraten.«
Das bedeutet, daß man nicht dauernd mit ihr leben kann.
Wenn Himmel und Erde zusammentreffen, so kommen alle Geschöpfe in feste Linien.
Wenn das Feste die Mitte und das Rechte trifft, so geht alles unter dem Himmel herrlich voran.
Groß wahrlich ist der Sinn der Zeit des Entgegenkommens.

Sun ist die älteste Tochter. Ein Yin entsteht im Innern und beherrscht das Zeichen, während die Yanglinien als Gäste zur Seite stehen. Dadurch wird das Yin immer mächtiger. Es ist der Strich des Zeichens Kun, von dem es heißt: ›Tritt man auf Reif, so naht das feste Eis.‹ Es gilt daher, rechtzeitig die allmähliche Ausdehnung zu verhindern. Das Wachstum des Wegs der Gemeinen kommt davon her, daß die Edlen sie mit Macht betrauen. Wenn beim ersten Auftreten des Gemeinen das vermieden wird, so kann diese Gefahr vermieden werden.
Wenn der Starke zum erstenmal inmitten der Yinlinien auftritt, so heißt das Zeichen »Wiederkehr«. Der Edle weilt immer da, wo er hingehört. Er kommt nur in sein Eigentum. Beim Schwachen heißt das Zeichen: »Entgegenkommen, Antreffen«. Der Gemeine ist immer auf günstigen Zufall angewiesen.
Die Ehe ist eine Einrichtung für die Dauer. Wenn sich aber ein Mädchen mit fünf Männern abgibt, so ist ihr Wesen nicht rein, und man kann nicht dauernd mit ihr leben. Darum soll man sie nicht heiraten.
Was aber in der menschlichen Gesellschaft vermieden werden muß, das hat im Lauf des Naturlebens seine Bedeutung. Hier ist das Zusammentreffen der irdischen und himmlischen Kräfte von großer Bedeutung; denn in dem Augenblick, in dem das Irdische eintritt, während das Himmlische auf der Höhe ist – im fünften Monat –, entfalten sich alle Dinge zur Höhe ihrer körperlichen Erscheinung, und das Dunkle kann dem Lichten nicht schaden. Die beiden Herren des Zeichens, Neun auf fünftem Platz und Neun auf zweitem Platz, symbolisieren ebenfalls ein solches heilvolles Zusammentreffen. Hier begegnet ein starker und zentraler Gehilfe einem starken, zentralen und korrekten Herrn; dadurch kommt große Blüte, so daß der Gemeine unten nicht schaden kann.

Es ist also eine wichtige Zeit, die Zeit des Zusammentreffens des Lichten mit dem Dunklen.

Das Bild
Unter dem Himmel ist der Wind:
das Bild des Entgegenkommens.
So macht es der Fürst beim Verbreiten seiner Befehle
und ihrer Verkündigung an die vier Himmelsgegenden.

Der Fürst wird symbolisiert durch das obere Zeichen Kiën, Himmel. Seine Befehle werden symbolisiert durch das untere Zeichen Sun, Wind, dessen Eigenschaft das Eindringen ist. Die Verbreitung in den vier Himmelsgegenden wird symbolisiert durch den Wind, der unter dem Himmel dahinfährt.

Die einzelnen Linien

- **Anfangs eine Sechs bedeutet:**
  a) Man muß es hemmen mit ehernem Radschuh.
     Beharrlichkeit ist von Heil.
     Wenn man es hingehen läßt, so erfährt man Unheil.
     Auch ein mageres Schwein hat die Anlage dazu, umherzutoben.
  b) »Hemmen mit ehernem Radschuh.«
     Das bedeutet, daß es der Weg des Schwachen ist, geführt zu werden.

Der Radschuh ist unten. Kun, dessen erster Strich hier vorhanden ist, bedeutet einen Wagen; Kiën ist Metall, durch das der Wagen unten gehemmt werden soll. Diese Hemmung bringt Heil, weil es der Wahrheit entspricht, daß das Schwache, das sich nicht selbst leiten kann, geführt wird. Läßt man es gehen, so widerfährt einem Unheil. Das zeigt die Tendenz des ganzen Zeichens. Daß dieser Strich mit einem noch schwachen, mageren Schwein verglichen wird, das später umhertollen wird, bezieht sich ebenfalls auf seine Yin-Natur; das Schwein gehört dem Wasser, und zwar seiner Yinseite zu. Beachtenswert ist, daß diese Linie nur als Objekt in Betracht kommt.

- **Neun auf zweitem Platz bedeutet:**
   a)   Im Behälter ist ein Fisch. Kein Makel!
        Nicht fördernd für Gäste.
   b)   »Im Behälter ist ein Fisch.«
        Es ist Pflicht, ihn nicht den Gästen zukommen zu lassen.

Der Fisch ist ebenfalls ein Tier des Yinprinzips. Gemeint ist damit die Anfangssechs. Diese Sechs steht im Verhältnis des Entsprechens zur Neun auf viertem Platz. Das ist der »Gast«. Damit käme aber das Yinelement zu weit in das Zeichen hinein. Deshalb wird die Anfangssechs wie ein Fisch im Fischbehälter, von der Neun auf zweitem Platz, die den treuen Beamten repräsentiert und im Verhältnis des Zusammenhaltens mit der Anfangssechs steht, festgehalten. Dann geht alles gut, obwohl das Wort, das mit Behälter wiedergegeben ist, die Meinung in sich schließt, daß das Yinelement durchaus freundlich gehalten wird.

Neun auf drittem Platz bedeutet:
   a)   An den Oberschenkeln ist keine Haut,
        und das Gehen fällt schwer.
        Wenn man der Gefahr eingedenk ist,
        macht man keinen großen Fehler.
   b)   »Das Gehen fällt schwer.«
        Er geht noch immer, ohne sich führen zu lassen.

Dieser Strich entspricht – da das Zeichen aus dem letzten durch Umkehrung entstanden ist – der Neun auf viertem Platz des Zeichens Guai, daher auch ähnliche Worte. Aber die innere Verfassung ist anders: Dort ist die entschiedene Absicht, nach oben zu dringen, um das Dunkle hinauszuwerfen, hier das Verlangen, mit der unteren, dunklen Linie zusammenzutreffen. Diese ist aber durch die Neun auf zweitem Platz bereits in Gewahrsam genommen, so daß ein Zusammentreffen – das ja auch unheilvoll wäre – nicht möglich ist. Durch die Nachbarschaft mit dem oberen Zeichen Kiën ist die Möglichkeit gegeben, die Gefahr zu erkennen, doch ist die Lust noch nicht befriedigt, daher das Unbefriedigende der Lage, obwohl große Fehler vermieden werden.

Neun auf viertem Platz bedeutet:
a)   Im Behälter ist kein Fisch.
       Daraus erhebt sich Unheil.
b)   Das Unheil, daß kein Fisch im Behälter ist, kommt davon, daß er
       sich fern vom Volk gehalten hat.

Der vierte Platz ist der Platz des Ministers. Die Anfangssechs bedeutet hier das gemeine, niedrige Volk. An sich ist die Beziehung des Entsprechens vorhanden. Es wäre auch Pflicht des Beamten, mit dem Volk in Fühlung zu stehen. Allein man hat es versäumt. Der Strich gehört dem Zeichen Kiën an, strebt also nach oben, vom Volk unten weg. Damit zieht er sich jedoch Unheil zu. Auch die entsprechende Neun auf drittem Platz des vorigen Zeichens ist vereinsamt. Aber dort ist die innere Gesinnung richtig, hier nicht.

- **Neun auf fünftem Platz bedeutet:**
a)   Mit Weidenblättern bedeckte Melone:
       verborgene Linien.
       Da fällt es einem vom Himmel herunter zu.
b)   Die Neun auf fünftem Platz verbirgt ihre Linien, weil sie in der
       Mitte und korrekt ist.
       »Da fällt es einem vom Himmel herunter zu«, denn der Wille läßt
       die Fügung nicht los.

Hier ist der Herr des Zeichens, der als Fürst im Zentrum an seinem korrekten und geehrten Platz steht, auf den sich die Worte des Kommentars zur Entscheidung »Wenn das Feste die Mitte und das Rechte trifft« beziehen. Kiën ist rund und symbolisiert daher die runde Frucht. Diese Frucht ist eine Melone, die dem dunklen Prinzip angehört, weil sie den Yinstrich zu Anfang repräsentiert. Sie wird bewahrt und mit Weidenblättern zugedeckt. Kein gewaltsamer Eingriff findet statt. Die ordnenden Linien der Gesetze, auf denen die Schönheit des Lebens beruht, werden verdeckt. Man überläßt die Frucht, die man in Verwahrung hat, ganz ihrer natürlichen Entwicklung. Da reift sie von selbst heran. Sie fällt einem zu. Es ist nicht gemacht, sondern von der Fügung, an die man sich hält, so bestimmt.

Oben eine Neun bedeutet:
a) Er kommt mit seinen Hörnern entgegen.
   Beschämung. Kein Makel.
b) »Er kommt mit seinen Hörnern entgegen.«

Oben ist es zu Ende, daher Beschämung. Kiën ist der Kopf, hier die höchste Stelle, die zudem hart ist, daher das Bild der Hörner. Man ist ganz anders gerichtet als der Anfangsstrich, dem man entgegenkommen soll. Man begegnet ihm hart, daher ist ein Zusammenkommen sehr schwer. Das führt zu Beschämung. Aber man sucht eine Begegnung nicht zu erzwingen, darum zieht man sich zurück ohne Makel.

45. Tsui – Die Sammlung

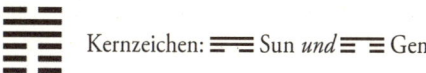 Kernzeichen: ☴ Sun *und* ☶ Gen

Die Herren des Zeichens sind die Neun auf fünftem Platz und in zweiter Linie die Neun auf viertem Platz. In dem Zeichen sind nur diese beiden Yangstriche auf hohem Platz, die sämtliche Yinstriche um sich sammeln.

Die Reihenfolge
Wenn die Wesen einander antreffen, dann häufen sie sich an. Darum folgt darauf das Zeichen: die Sammlung. Sammlung bedeutet Anhäufung.

Vermischte Zeichen
Sammlung bedeutet Anhäufung.

Das Zeichen hat in den beiden lichten Strichen, von denen der eine auf dem Platz des Fürsten bzw. Vaters, der andere auf dem des Ministers bzw. Sohnes steht, einen starken Mittelpunkt für die Sammlung der übrigen Linien, die alle dem schattigen Prinzip angehören. Während die beiden Urzeichen Kun und Dui Menge und Heiterkeit bedeuten und so auf die Grundlagen der Sammlung hinweisen, haben die beiden Kernzeichen die Bedeutung von Stehenbleiben und Beeinflussung, was ebenfalls auf Sammlung deutet.

Das Urteil
Die Sammlung. Gelingen.
Der König naht sich seinem Tempel.
Fördernd ist es, den großen Mann zu sehen.
Das bringt Gelingen. Fördernd ist Beharrlichkeit.
Große Opfer zu bringen schafft Heil.
Fördernd ist es, etwas zu unternehmen.

Kommentar zur Entscheidung
Sammlung bedeutet Anhäufung. Hingebend und dabei heiter. Der Starke steht in der Mitte und findet Entsprechung. Darum häufen sich die andern um ihn an. »Der König naht sich seinem Tempel.«
Das bewirkt Ehrfurcht und Gelingen.
»Fördernd ist es, den großen Mann zu sehen. Das bringt Gelingen.«
Die Anhäufung findet auf rechter Grundlage statt. »Große Opfer zu bringen schafft Heil. Fördernd ist es, etwas zu unternehmen«,
denn das ist hingebend gegen des Himmels Gebot. Wenn man darauf blickt, was sie sammeln, so kann man die Verhältnisse von Himmel und Erde und allen Wesen schauen.

Der starke Strich auf fünftem Platz stellt den König dar, den großen Mann, den zu sehen günstig ist. Unter ihm ist das Kernzeichen Gen, das Berg und Haus bedeutet. Ihm zur Seite steht ferner der starke Strich auf viertem Platz, dem Ort des Ministers. Der Berg deutet auf Beharrlichkeit. Berg und Tempel sind beides Orte, wo große Opfer gebracht werden. Der Wind, das obere Kernzeichen (Sun), bedeutet den Einfluß des Oberen, infolgedessen begonnene Werke gelingen werden.
Der Name des Zeichens wird im Kommentar zur Entscheidung auf mannigfache Weise erklärt:

1. Die Eigenschaften der beiden Halbzeichen sind Hingebung und Heiterkeit, auf Grund deren eine Sammlung stattfindet.

2. Eine Sammlung bedarf aber auch des Hauptes, des Kristallisationsmittelpunktes. Der ist gegeben in der Neun auf fünftem Platz, um die sich die andern Linien sammeln. Der Herrscher oben bedarf zur Sammlung des Volkes der Heiterkeit (Dui); das Volk unten zeigt sich hingebend (Kun).

Es wird ferner auf die Religion als Grundlage sozialer Sammlung hingewiesen. Das einigende Band der Natur ist der Himmel, ebenso wie das einigende Band unter den Menschen die Ahnen sind. Wenn man diese Kräfte kennt, so werden einem alle Verhältnisse klar.

Das Bild
Der See ist oberhalb der Erde:
das Bild der Sammlung.
So erneuert der Edle seine Waffen,
um Unvorhergesehenem zu begegnen.

Die beiden Zeichen in ihrem Zusammensein geben das Bild der Sammlung. Indem der See oberhalb der Erde ist, also mit dem Überlaufen droht, ist dadurch zugleich die Gefahr der Sammlung angezeigt. Die Zeichen und Kernzeichen, einzeln genommen, zeigen, wie diesen Gefahren zu begegnen ist. Das Zeichen Dui bedeutet Metall, daher Waffen. Das Zeichen Kun bedeutet Erneuern (die Erde erzeugt das Metall). Das Kernzeichen Sun deutet auf das Eindringende, Unvorhergesehene, das Kernzeichen Gen bedeutet Stillehalten, Hemmen.

Die einzelnen Linien

Anfangs eine Sechs bedeutet:
a) Wenn du wahrhaftig bist, doch nicht bis zum Ende,
    so gibt es bald Verwirrung, bald Sammlung.
    Wenn du rufst, so kannst du nach einem Griff wieder lachen.
    Bedauere nicht. Hingehen ist ohne Makel.
b) »Bald Verwirrung, bald Sammlung.« Der Wille ist in Verwirrung.

Der schwache Strich zu Beginn ist noch nicht gefestigt. Es besteht wohl das Verhältnis des Entsprechens zur Neun auf viertem Platz – das deutet auf die Wahrheit –, aber da die Linie mit den beiden andern schwachen Linien von Kun zusammen ist, so läßt sie sich von diesen beeinflussen, so daß die von Natur vorhandenen Beziehungen zur Neun auf viertem Platz gestört werden. Das gibt Verwirrung. Aber ein Ruf genügt (Dui = Mund, daher Ruf), um das Mißverständnis zu beseitigen, und das Lachen kommt wieder (Dui = Heiterkeit). Aber wichtig ist es, die Richtung nach oben festzuhalten.

Sechs auf zweitem Platz bedeutet:
a) Sich ziehen lassen bringt Heil und bleibt ohne Makel.
    Wenn man wahrhaftig ist,
    so ist es auch fördernd, ein kleines Opfer zu bringen.

b) »Sich ziehen lassen bringt Heil und bleibt ohne Makel.« Die Mitte ist noch unverändert.

Es herrscht hier zur Neun auf fünftem Platz, dem Herrn des Zeichens, die starke, innere Beziehung des Entsprechens. Daher wird diese Linie naturgemäß von der starken Neun auf fünftem Platz angezogen. Da sie zentral ist, läßt sie sich auch von ihrer Umgebung nicht falsch beeinflussen. Daher wirkt dieser innere Einfluß sich aus.

Sechs auf drittem Platz bedeutet:
a) Sammlung unter Seufzen. Nichts, das fördernd wäre.
Hingehen ist ohne Makel. Kleine Beschämung.
b) »Hingehen ist ohne Makel.« Oben ist das Sanfte.

Der Strich ist ohne Beziehung des Entsprechens, daher das Seufzen und die Verlassenheit und Hilflosigkeit. Da der Strich dem unteren Zeichen angehört, kommt nämlich auch die Beziehung des Zusammenhaltens mit der Neun auf viertem Platz nicht zur Geltung, da dieser Strich dem oberen Zeichen angehört. Allein durch das obere Kernzeichen Sun, das Sanfte, ist die Verbindung hergestellt, denn die Sechs auf drittem Platz bildet den untersten Strich dieses Kernzeichens, in dem die Neun auf viertem Platz die Mitte bildet. Dadurch wird das Hingehen und der Anschluß ohne Makel ermöglicht, wenn immerhin auch einige Beschämung bleibt.

- **Neun auf viertem Platz bedeutet:**
a) Großes Heil! Kein Makel.
b) »Großes Heil! Kein Makel«, denn der Platz beansprucht nichts.

Der Strich hat den Platz des Ministers inne, der für seinen Fürsten, Neun auf fünftem Platz, die Sammlung bewirkt. Aber er nimmt das Verdienst nicht für sich in Anspruch, daher großes Heil.

- **Neun auf fünftem Platz bedeutet:**
a) Wenn man beim Sammeln die nötige Stellung hat,
so gibt es keinen Makel.
Wenn manche noch nicht wahrhaft dabei sind,

so bedarf es erhabener, dauernder Beharrlichkeit,
dann schwindet die Reue.
b) »Wenn man beim Sammeln nur die Stellung hat«, so ist der Wille noch nicht leuchtend genug.

An sich ist die nötige Stellung, von der aus die Sammlung sich bewirken ließe, da. Aber es sind Schwierigkeiten vorhanden. Das Kernzeichen Gen, Stillstand, bewirkt, daß die Wirkungen auf die unteren Linien nicht sofort zur Geltung kommen. Es bedarf daher einer dauernden Einwirkung. Zur Wirkung der Stellung muß die Wirkung der Persönlichkeit treten. Der Strich ist seinem Wesen nach zu Kiën gehörig, daher erhaben. Dieses Wesen muß sich in Dauer gestalten, darum schwindet die Reue.

Oben eine Sechs bedeutet:
a) Klagen und Seufzen, Tränen in Strömen! Kein Makel.
b) »Klagen und Seufzen, Tränen in Strömen!« Er beruhigt sich nicht oben.

Der obere Strich ist ohne Beziehung des Entsprechens (vgl. Sechs auf drittem Platz), daher das Klagen und die Tränen. Aber indem die Linie sich nicht beruhigt bei ihrer hohen, aber einsamen Stellung, sondern sich der Beziehung des Zusammenhaltens entsprechend nach unten wendet, dem Herrn des Zeichens, Neun auf fünftem Platz, zu, ist kein Makel da. Die Sammlung wird erreicht, da es dem Sinn des Gesamtzeichens entspricht, daß es günstig ist, den großen Mann zu sehen.

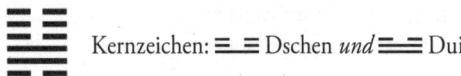

46. Schong – Das Empordringen

Kernzeichen: ☳ Dschen *und* ☱ Dui

Der Herr des Zeichens ist die Sechs auf fünftem Platz. Auf sie bezieht es sich, wenn es im Kommentar zur Entscheidung heißt: »Das Weiche dringt mit der Zeit empor.« Die Sechs auf fünftem Platz ist die geehrteste Linie unter den empordringenden. Aber das Empordringen beginnt sicher unten. Das Zeichen hat als Bild das Holz, das inmitten der Erde wächst. Nun ist aber die Anfangssechs der Herr des Halbzeichens Sun und die Wurzel des Holzes, darum ist die Anfangssechs wenigstens ein konstituierender Herr des Zeichens.

Die Reihenfolge
Das Sichanhäufen nach oben heißt Empordringen. Darum folgt das Zeichen: das Empordringen.

Vermischte Zeichen
Das Empordringende kommt nicht zurück.

Das Zeichen ist an sich sehr günstig organisiert. Das obere Zeichen, Kun, hat die Bewegungsrichtung nach unten; das untere Zeichen, Sun, das Eindringen bedeutet und als Bild das Holz hat, dringt darum ungehemmt nach oben. Immerhin ist das Empordringen nicht so leicht und expansiv wie der Sonnenaufgang des Zeichens Fortschritt. Die Richtung der Bewegung nach oben wird noch verstärkt durch die Kernzeichen Dschen und Dui, die beide nach oben gerichtet sind. Das Zeichen ist die Umkehrung des vorigen.

Das Urteil
Das Empordringen hat erhabenes Gelingen.
Man muß den großen Mann sehen.
Fürchte dich nicht!
Aufbruch nach Süden bringt Heil.

Kommentar zur Entscheidung

Das Weiche dringt mit der Zeit empor. Sanft und hingebend.
Das Feste ist in der Mitte und findet Entsprechung, darum erlangt es großes Gelingen.
»Man muß den großen Mann sehen.«
»Fürchte dich nicht«, denn es bringt Segen.
»Aufbruch nach Süden bringt Heil.«
Der Wille geschieht.

Das Weiche, das von der Zeit getragen empordringt, ist die weiche Anfangslinie, die die Wurzel des unteren Zeichens Holz bedeutet. Sanft ist das untere Zeichen, hingebend das obere. Das sind die Vorbedingungen in der Zeit, die dem starken Strich auf zweitem Platz, der bei dem schwachen Strich auf dem Platz des Herrschers Entsprechung findet, es ermöglichen, großen Erfolg zu erringen. Es heißt: »Man muß den großen Mann sehen« und nicht: »Fördernd ist es, den großen Mann zu sehen«, wie das sonst gewöhnlich ist; denn der Herr des Zeichens ist nicht der große Mann, er ist vielmehr weich. Die Ursache des Gelingens ist nicht eine soziale, sondern eine transzendente. Darum heißt es auch: »Fürchte dich nicht« und »Es bringt Segen«. Diese aus dem Unsichtbaren stammende Gunst der Verhältnisse muß man aber durch Arbeit ausnützen. Der Aufbruch nach Süden bedeutet Arbeit. Der Süden ist die Himmelsrichtung zwischen Sun und Kun, den beiden Bestandteilen, aus denen sich das Gesamtzeichen zusammensetzt.

Das Bild

Inmitten der Erde wächst das Holz:
das Bild des Empordringens.
So häuft der Edle hingebenden Wesens Kleines,
um es zu Hohem und Großem zu bringen.

Die Anhäufung des Kleinen, der stetige, unmerkliche Fortschritt, wird angedeutet durch die Art, wie das Holz unter der Erde allmählich und unsichtbar wächst. Das hingebende Wesen entspricht dem Zeichen Kun, die Höhe und Größe dem Zeichen Sun, dessen Bild der Baum ist.

Die einzelnen Linien

- **Anfangs eine Sechs bedeutet:**
  a) Empordringen, das Zutrauen findet, bringt großes Heil.
  b) »Empordringen, das Zutrauen findet, bringt großes Heil«:
     Die Oberen stimmen im Willen überein.

Der weiche Strich am Anfang stimmt in seiner Wesensart mit den weichen Strichen des oberen Zeichens Kun überein. Darum findet er Zutrauen und hat Erfolg bei seinem Empordringen: wie die Wurzel des Baums, die in der Erde steckt und mit der Erde in Verbindung ist und durch diese Verbindung das Wachstum des Baums ermöglicht.

Neun auf zweitem Platz bedeutet:
a) Wenn man wahrhaftig ist,
   so ist es fördernd, ein kleines Opfer zu bringen.
   Kein Makel.
b) Die Wahrhaftigkeit der Neun auf zweitem Platz bringt Freude.

Der Strich ist der unterste des Kernzeichens Dui, das Freude bedeutet. Das Orakel ist dasselbe wie beim zweiten Strich des vorigen Zeichens. Dort war es ein schwacher Strich, der in inniger Verbindung zu dem »König« auf fünftem Platz stand. Hier ist es ein starker Strich, der in ebenso inniger Beziehung zu dem schwachen Strich auf fünftem Platz steht. Beide Male ist die Wesensbeziehung so intim, daß äußerlich die Gaben gering sein können, ohne daß dadurch das gegenseitige Vertrauen gestört würde.

Neun auf drittem Platz bedeutet:
a) Man dringt empor in eine leere Stadt.
b) »Man dringt empor in eine leere Stadt«: Es ist kein Grund zu Bedenken da.

Der Strich ist stark auf starkem Platz, zudem am Anfang des oberen Kernzeichens Dschen, das als Charakter die Bewegung hat. Dazuhin sind vor ihm die geteilten Linien des Zeichens Kun, die wie leer und geöffnet sind, so daß sich dem Fortschritt kein Hemmnis entgegenstellt. Dieser leichte Fortschritt könnte zu Bedenken Anlaß geben, aber da er in Übereinstimmung ist mit der Zeit, so gilt es voranzudringen und die Zeit auszunützen.

Sechs auf viertem Platz bedeutet:
a) Der König bringt ihn dem Berg Ki dar. Heil. Kein Makel.
b) »Der König bringt ihn dem Berg Ki dar«: Das ist die Art des Hingebenden.

Die Linie ist schwach auf schwachem Platz. Sie steht auf der Spitze des Kernzeichens Dui, das den Westen bedeutet und so den Berg Ki andeuten mag. Der König ist die Sechs auf fünftem Platz, die vierte Linie stellt den Minister dar. Der König ist gleichen Wesens mit ihm, darum verschafft er ihm die Wirkungsmöglichkeit.

• Sechs auf fünftem Platz bedeutet:
a) Beharrlichkeit bringt Heil. Man dringt empor auf Stufen.
b) »Beharrlichkeit bringt Heil. Man dringt empor auf Stufen.« Man erlangt vollkommen seinen Willen.

Das Empordringen geht vom ersten Strich an bis zu diesem stufenmäßig weiter. Der erste findet Zutrauen, der zweite bedarf nur kleiner Opfer, der dritte dringt empor in eine menschenleere Stadt, der vierte schließlich findet Zugang selbst in jenseitige Gebiete. Das sind die Stufen des Fortschritts, die alle im Herrn des Zeichens zusammengefaßt sind. Da ist es nun von größter Wichtigkeit, daß man beharrlich bleibt bei solch glänzendem Gelingen.

Oben eine Sechs bedeutet:
a) Empordringen im Dunkeln.
    Fördernd ist es, unablässig beharrlich zu sein.
b) »Empordringen im Dunkeln.«
    Oben ist Abnahme und nicht Reichtum.

Die Linie ist auf dem Gipfel des Zeichens Kun. Sie kann nicht weiter vordringen. Das Ende des Schattigen deutet auf Dunkelheit. Wenn man nichts mehr erkennen kann, ist es notwendig, die Beharrlichkeit unterhalb des Bewußtseins festzuhalten, damit man nicht vom Wege abkommt.

47. Kun – Die Bedrängnis (die Erschöpfung)

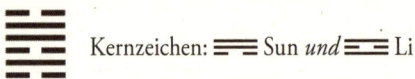

Kernzeichen: ☴ Sun *und* ☲ Li

Die Herren des Zeichens sind die Neun auf zweitem und die Neun auf fünftem Platz. Der Gedanke des Zeichens beruht auf der Einschließung des Festen. Der zweite und der fünfte Strich sind beide ihrem Wesen nach fest und zentral und eingeschlossen zwischen dunklen Linien. Darum sind beide Striche sowohl konstituierende als beherrschende Herren des Zeichens.

Die Reihenfolge
Wenn man empordringt, ohne aufzuhören, so gerät man sicher in Bedrängnis. Darum folgt darauf das Zeichen: die Bedrängnis.

Vermischte Zeichen
Bedrängnis bedeutet sich treffen. Bedrängnis ist etwas, das sich zufällig trifft. Daß der See ohne Wasser ist, kommt von besonderen Ausnahmeverhältnissen her.

Beigefügte Urteile
Bedrängnis ist die Prüfung des Charakters. Bedrängnis bringt in Ratlosigkeit und dadurch zu Erfolg. Durch Bedrängnis lernt man seinen Groll verringern.

Das Zeichen ist voll Gefahr in seinem Aufbau: ein See, unter dem sich ein Abgrund öffnet, durch den das Wasser nach unten abfließt. Als Kernzeichen sind Wind und Feuer tätig, die ebenfalls das Wasser von innen her bedrängen. Die Kraftrichtungen gehen auseinander. Kan, das untere Zeichen, senkt sich nach unten, Dui, das obere, verdunstet nach oben; von den Strichen aus betrachtet, ist das Yangelement vom Yinelement bedrängt. Die oberen beiden starken Striche sind eingeschlossen zwischen zwei schwache, ebenso der Mittelstrich des unteren Zeichens.

Das Urteil
Die Bedrängnis. Gelingen. Beharrlichkeit.
Der große Mann wirkt Heil. Kein Makel.
Wenn man etwas zu sagen hat, wird es nicht geglaubt.

Kommentar zur Entscheidung
Die Bedrängnis. Das Feste ist eingeschlossen. Gefahr und Heiterkeit. In Bedrängnis sein, ohne die Kraft des Gelingens zu verlieren, das vermag nur der Edle. »Beharrlichkeit. Der große Mann ist von Heil«, weil er fest und zentral ist.
»Wenn man etwas zu sagen hat, wird es nicht geglaubt.« Wer den Mund wichtig nimmt, kommt in Ratlosigkeit.

Der Name des Zeichens ist erklärt aus der Gestalt, indem auf verschiedene Weise die festen Striche zwischen dunklen Strichen eingeschlossen sind. Das Gelingen in der Zeit der Bedrängnis kommt daher, daß man in der Gefahr (das untere Zeichen Kan) nicht die Heiterkeit (das obere Zeichen Dui) verliert. Die festen und zentralen Striche, die den großen Mann andeuten, sind die Herren des Zeichens an zweiter und fünfter Stelle. Das Reden wird ebenfalls durch das Zeichen Dui nahegelegt. Aber man findet kein Gehör. Das Zeichen Kan bedeutet Ohrenschmerz, also Abneigung zu hören.

Das Bild
Im See ist kein Wasser: das Bild der Erschöpfung.
So setzt der Edle sein Leben daran, um seinem Willen zu folgen.

Das Bild der Erschöpfung ergibt sich aus der Stellung der beiden Halbzeichen zueinander: Das Wasser ist unterhalb des Sees, also abgeflossen. Die Einzelzeichen ergeben dann den Ratschlag für das Benehmen in der Zeit der Erschöpfung: Das Zeichen Kan, Abgrund, Gefahr, deutet auf Einsetzung des Lebens, das Zeichen Dui, Heiterkeit, auf das Dem-eignen-Willen-Folgen.

I Ging

Die einzelnen Linien

Anfangs eine Sechs bedeutet:
a) Man sitzt bedrängt unter einem kahlen Baum
und gerät in ein finsteres Tal.
Drei Jahre lang sieht man nichts.
b) »Man gerät in ein finsteres Tal.«
Man ist finster und nicht klar.

Das Zeichen Kan steht im Norden, wo es finster ist. Das Kernzeichen ist Li, Klarheit. Dieser Strich steht außerhalb der Klarheit. Sonst ist der erste Strich das Bild des Fußes, der Zehen. In Zeiten der Bedrängnis aber sitzt der Mensch, darum ist der Anfangsstrich hier die Stelle, auf der man sitzt. Das finstere Tal ist der erste Strich im Zeichen Kan, das Loch im Abgrund.

- **Neun auf zweitem Platz bedeutet:**
a) Man ist bedrängt bei Wein und Speisen.
Der Mann mit den scharlachroten Kniebinden kommt eben.
Fördernd ist es, Opfer darzubringen.
Aufbrechen ist von Unheil.
Kein Makel.
b) »Bedrängt bei Wein und Speisen.« Die Mitte hat Segen.

Kan ist Wein, Dui sind Speisen. Der Mann mit den scharlachroten Kniebinden ist die Neun auf fünftem Platz, der Herrscher (das Kernzeichen Sun, an dessen Spitze die Neun auf fünftem Platz steht, bedeutet Bein). Es ist hier nicht die Beziehung des Entsprechens, sondern der Gleichartigkeit, die zwischen den beiden Herren des Zeichens, dem Fürsten, Neun auf fünftem Platz, und dem Beamten, Neun auf zweitem Platz, in Betracht kommt. Weil es sich demnach aber nicht um natürliche, sondern übernatürliche Beziehungen handelt, deshalb ist die religiöse Betätigung des Opfers erwähnt. Das Hingehen zu dem gleichgearteten Fürsten ist an sich der Zeit entsprechend kein Fehler, aber es geht nicht, weil die Sechs auf drittem Platz hindernd und gefährlich im Wege steht.

Sechs auf drittem Platz bedeutet:
a) Man läßt sich bedrängen durch Stein
und stützt sich auf Dornen und Disteln.
Man geht in sein Haus und sieht nicht seine Frau. Unheil!
b) »Er stützt sich auf Dornen und Disteln«: Er beruht auf einem Harten.
»Er geht in sein Haus und sieht nicht seine Frau«: Das ist unglückverheißend.

Die Bedrängnis dieses Strichs kommt durch den harten Strich, der unter ihm ist, und den harten Strich, der wie ein Stein über ihm ist. So kann er weder vorwärts noch zurück. Er stellt einen Menschen dar, der einen falschen Posten einnimmt und so in einer unhaltbaren Stellung ist. Die beigefügten Urteile reden daher direkt von dem bevorstehenden Tode; darauf bezieht sich das »unglückverheißend«, das im Text b steht.

Neun auf viertem Platz bedeutet:
a) Er kommt ganz sachte, bedrängt in einem goldenen Wagen.
Beschämung, aber man kommt zu Ende.
b) »Er kommt ganz sachte«:
Sein Wille ist nach unten gerichtet.
Obwohl der Platz nicht der gebührende ist, hat er doch Genossen.

Kan ist der Wagen, Dui ist Metall. Der Strich ist auf dem Platz des Ministers, hat also die Aufgabe, die Bedrängnis zu lösen. Er läßt sich durch die Ehre, die ihm widerfahren ist, indem er vom Fürsten einen goldenen Wagen bekommen hat, beeinflussen, daß er seine Aufgabe nicht so schnell ausführt, wie er sollte. Das ist beschämend. Aber schließlich geht doch alles gut. Der Strich ist nicht auf seinem rechten Platz: Der Platz ist weich, der Strich fest. Aber er steht in Beziehung des Entsprechens zur Anfangssechs, auf die sein Wille gerichtet ist, darum hat er einen Genossen, der ihn zum Handeln bringt.

- **Neun auf fünftem Platz bedeutet:**
  a) Es werden ihm Nase und Füße abgeschnitten.
  Man ist bedrängt von dem in purpurnen Kniebinden.
  Sachte kommt die Freude.

Fördernd ist es, Opfer und Spenden zu bringen.
b) Abschneiden der Nase und Füße bedeutet, daß er seinen Willen noch nicht erlangt.
»Sachte kommt die Freude«,
weil der Strich gerade und zentral ist.
»Fördernd ist es, Opfer und Spenden zu bringen.«
Dadurch erlangt man Glück.

Der Strich ist zwischen dunklen Strichen eingeschlossen. Oben ist ein dunkler Strich. Will er ihn beseitigen, so ist es, als würde ihm die Nase abgeschnitten. Will er sich nach unten wenden, so ist da auch ein solch hemmender Strich: die Sechs auf drittem Platz; wollte man den entfernen, so wäre es, als würden einem die Füße abgeschnitten. Darum kann er seinen Willen nicht ausführen. Ebenso ist auch der Beamte, zu dem er in Beziehung der Gleichartigkeit steht, nicht imstande, ihm zu helfen, weil auch er von dunklen Strichen eingeschlossen und bedrängt ist. Aber die starke Natur der beiden garantiert den schließlichen Erfolg.
Auch hier wird wie bei der Neun auf zweitem Platz das Opfer genannt.

Oben eine Sechs bedeutet:
a) Er ist bedrängt von Ranken.
Er bewegt sich unsicher und spricht:
»Bewegung schafft Reue.«
Wenn man darüber Reue empfindet und sich aufmacht,
so hat man Heil.
b) »Er ist bedrängt von Ranken«:
das heißt, er ist noch nicht entsprechend.
»Bewegung schafft Reue«:
Wenn man darüber Reue empfindet, so ist das ein glückverheißender Wandel.

Eine schwache Linie auf dem Höhepunkt der Bedrängnis, das ist noch nicht die entsprechende Art. Aber durch Bewegung und innerliches Wachwerden der entsprechenden Erkenntnis kommt man aus der Bedrängnis heraus. Daher das Heil, das in Aussicht steht, wenn die Zeit der Bedrängnis ihr Ende erreicht hat.

井

48. Dsing – Der Brunnen

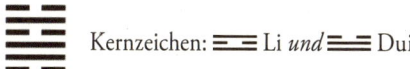

Kernzeichen: ☲ Li *und* ☱ Dui

Der Herr des Zeichens ist die Neun auf fünftem Platz. Die Wirkung des Brunnens beruht auf dem Wasser, und die Neun auf fünftem Platz ist der Herr des Halbzeichens Kan (Wasser). Der Sinn des Zeichens Brunnen ist die Ernährung des Volks, und die Neun auf fünftem Platz ist der Fürst, der das Volk ernährt.

Die Reihenfolge
Wer oben bedrängt wird, der wendet sich sicher nach unten.
Darum folgt darauf das Zeichen: der Brunnen.

Vermischte Zeichen
Der Brunnen bedeutet Zusammenhang.

Beigefügte Urteile
Der Brunnen zeigt das Feld des Charakters. Der Brunnen weilt an seinem Platz und hat doch Einfluß auf anderes. Der Brunnen bewirkt Unterscheidung dessen, was das Rechte ist.

Der Brunnen bleibt an seinem Platz. Er hat eine feste, unerschöpfliche Grundlage, so muß auch der Charakter tiefgründig sein und feste Verbindung mit dem Grundwasser des Lebens haben. Der Brunnen verändert sich nicht; aber durch das Wasser, das man aus ihm schöpft, übt er weitreichende Wirkungen aus. Der Brunnen zeigt das Bild der ruhigen Spende für alle, die sich ihm nahen; so muß der Charakter ruhig und klar sein, damit die Vorstellungen dessen, was das Rechte ist, abgeklärt sein können.
Das Zeichen bezieht sich ebenfalls auf die Ernährung wie die Zeichen Nr. 5, Sü, das Warten, Nr. 27, I, die Mundwinkel, und Nr. 50, Ding, der Tiegel. Das Zeichen Brunnen bezieht sich auf das zur Nahrung nötige Wasser als Lebensnotwendigkeit.

Die beiden Kernzeichen haben aufsteigende Tendenz. So zeigen denn die Worte bei den einzelnen Strichen von unten nach oben zu eine immer weitergehende Reinigung und Gunst der Situation im Gegensatz zu der Gefahr, die in dem Urteil zum Gesamtzeichen angedeutet ist.

Das Urteil
Der Brunnen. Man mag die Stadt wechseln,
aber kann nicht den Brunnen wechseln.
Er nimmt nicht ab und nimmt nicht zu.
Sie kommen und gehen und schöpfen aus dem Brunnen.
Wenn man beinahe das Brunnenwasser erreicht hat,
aber noch nicht mit dem Seil drunten ist
oder seinen Krug zerbricht, so bringt das Unheil.

Kommentar zur Entscheidung
Eindringen unter das Wasser und Heraufbringen des Wassers, das ist der Brunnen. Der Brunnen nährt und erschöpft sich nicht.
»Man mag die Stadt wechseln, aber kann nicht den Brunnen wechseln«, denn mit Festigkeit verbindet sich zentrale Stellung.
»Wenn man beinahe das Brunnenwasser erreicht hat, aber doch noch nicht mit dem Seil drunten ist«:
dann hat man noch keine Leistung vollbracht.
»Wenn man seinen Krug zerbricht«:
das bringt Unheil.

Es scheint, als ob die Worte des Kommentars am Anfang etwas defekt wären. Doch ist vom Sinn nichts Wesentliches verlorengegangen. Die erste Hälfte des Urteils bezieht sich auf die Art des Brunnens. Er ist das Unveränderliche im Wechsel. Das obere Zeichen, Kan, deutet dabei den Brunnen an, das untere, Sun, hat als Bild eine Stadt. Der Herr des Zeichens ist im oberen Zeichen, daher kein Wechsel. Die zweite Hälfte des Textes bezieht sich auf die Gefahren des Gebrauchs des Brunnens. Das Zeichen Sun bedeutet ein Seil, das Kernzeichen Li bedeutet einen hohlen Topf, das Kernzeichen Dui bedeutet zerbrechen. Dadurch ist die Gefahr des Zerbrechens des Kruges angedeutet.
Eine symbolische Bedeutung ist in dem Zeichen noch enthalten. Wie das Wasser in seiner Unerschöpflichkeit die Grundbedingung des Lebens ist, so ist der »Weg

der Könige«, die gute Regierung, die unerläßliche Grundlage des Lebens des Staates. Ort und Zeit mögen wechseln, aber die Methoden, die das Zusammenleben der Menschen regeln, bleiben stets dieselben. Mißstände entstehen nur, wenn nicht die rechten Leute da sind, um diese Ordnung durchzuführen. Das ist symbolisiert durch das Zerbrechen des Krugs, ehe er das Wasser erreicht hat.

Das Bild
Über dem Holz ist Wasser: das Bild des Brunnens.
So ermuntert der Edle das Volk bei der Arbeit
und ermahnt es, einander zu helfen.

Das Bild des Brunnens wird auch hier auf die Regierung angewandt. Der Brunnen kommt dabei in Betracht als Zentrum der gesellschaftlichen Organisation. Es liegt hier zugleich eine Anspielung vor auf die dem höchsten Altertum zugeschriebene Agrarverfassung. Die Felder waren so eingeteilt, daß acht Familien mit ihren Lehnsfeldern um ein Zentrum lagen, auf dem sich der Brunnen und die Siedlung befanden und das gemeinsam bebaut werden mußte für Rechnung der Zentralregierung. Die Form dieser Ansiedlung war durch das Zeichen für Dsing angedeutet:

Die Felder verteilten sich folgendermaßen:

1	4	6
2	9	7
3	5	8

1–8 waren für den Familiengebrauch, 9 enthielt den Brunnen mit der Siedlung und den öffentlichen Feldern. Dabei waren natürlich die Zusammenwohnenden auf soziale Zusammenarbeit angewiesen.

Die Einwirkung der Regierung auf das Volk wird nun den beiden Einzelzeichen entnommen. Die Ermunterung bei der Arbeit entspricht dem Zeichen Kan, das das Zeichen der Arbeit bzw. Mühsal (Lau) ist. Die Ermahnung entspricht dem Zeichen Sun, das die Ausbreitung der Befehle zum Symbol hat.

Die einzelnen Linien

Anfangs eine Sechs bedeutet:
a) Der Schlamm des Brunnens wird nicht getrunken:
   Zu einem alten Brunnen kommen keine Tiere.
b) »Der Schlamm des Brunnens wird nicht getrunken«: Er ist zu weit unten.
   »Zu einem alten Brunnen kommen keine Tiere«: Die Zeit verläßt ihn.

Der Strich ist schwach und ganz unten, daher der Gedanke des Schlamms im Brunnen. Er wird von dem festen Strich an zweiter Stelle verdeckt, daher der Gedanke, daß keine Tiere kommen. Er bleibt ganz außerhalb der Bewegung. Die Zeit geht an ihm vorbei.

Neun auf zweitem Platz bedeutet:
a) Am Brunnenloch schießt man Fische.
   Der Krug ist zerbrochen und rinnt.
b) »Am Brunnenloch schießt man Fische«: Er hat niemand, der mittut.

Der Strich ist an sich stark und zentral, aber er steht nicht in der Verbindung des Entsprechens zum Herrn des Zeichens. Das Zeichen Sun bedeutet Fische. Das obere Kernzeichen, Li, bedeutet einen Krug, das untere, Dui, bedeutet zerbrechen, daher der zerbrochene Krug.
Dieser Strich ist sozusagen der Gegenpol zum Herrn des Zeichens. Er repräsentiert die Stelle, auf die sich die zweite Hälfte des Gesamttextes bezieht (vom zerbrochenen Krug).
Der Ausdruck: »Am Brunnenloch schießt man Fische«, der den alten Kommentaren entsprechend übersetzt ist, wird später auch gedeutet: »Das Wasser der Brunnenquelle sprudelt nur für Fische.« Das Zeichen »schë« für schießen bedeutet auch in übertragenem Sinn das Schießen eines Strahls. Auf jeden Fall ist der Sinn der, daß das Wasser nicht von Menschen zum Trinken benutzt wird.

Neun auf drittem Platz bedeutet:
a) Der Brunnen ist gereinigt, aber man trinkt nicht daraus.
   Das ist meines Herzens Leid,

denn man könnte daraus schöpfen.
Wäre der König klar, so genösse man gemeinsam das Glück.
b) »Der Brunnen ist gereinigt,
aber man trinkt nicht daraus.«
Das ist das Leid des Handelnden.
Sie flehen, daß »der König klar wäre«, um das Glück zu erlangen.

Der Strich steht als starker an der Spitze des unteren Zeichens, darum ist der Brunnen gereinigt. Es besteht keine Beziehung des unteren zum oberen Zeichen, daher die Isoliertheit. Aber innerlich sind durch die Kernzeichen verbindende Tendenzen vorhanden: Sowohl das Kernzeichen Dui als das Kernzeichen Li weisen in ihrer Bewegung nach oben. Daher das Bedauern der »Handelnden«, d. h. der nach oben weisenden Kernzeichen, und die Hoffnung, daß »der König klar« werde. Der König ist der Herr des Zeichens Neun auf fünftem Platz, der mit Neun auf drittem Platz durch das obere Kernzeichen Li, Klarheit, verbunden ist.

Sechs auf viertem Platz bedeutet:
a) Der Brunnen wird ausgemauert, kein Makel.
b) »Der Brunnen wird ausgemauert. Kein Makel«: denn es ist eine Instandsetzung des Brunnens.

Der Strich steht in Beziehung des Zusammenhaltens mit dem Herrn des Zeichens auf fünftem Platz, daher der Gedanke, daß der Brunnen instand gesetzt wird, so daß er das Quellwasser von der Neun auf fünftem Platz aufzunehmen imstande ist. Hier ist der Minister in unmittelbarer Nähe des Fürsten, der mit ihm zum Heil des Ganzen zusammenwirkt.

• Neun auf fünftem Platz bedeutet:
a) Im Brunnen ist ein klarer, kühler Quell, den man trinken kann.
b) Das Trinken des klaren, kühlen Quells beruht auf seiner zentralen und korrekten Stellung.

Hier ist der Herr des Zeichens. Im oberen Zeichen ist es der lichte Strich zwischen den beiden schattigen, der das Wasser zwischen den Rändern darstellt; daher der Gedanke des klaren, kalten Quells. Als Herr des Zeichens steht er den übrigen zur Verfügung infolge seiner zentralen und korrekten Stellung.

Oben eine Sechs bedeutet:
a) Man schöpft aus dem Brunnen ohne Hinderung.
 Er ist zuverlässig. Erhabenes Heil!
b) »Erhabenes Heil«
 auf dem oberen Platz, das bedeutet große Vollendung.

Der Strich ist ganz oben, also da, wo das Wasser des Brunnens von den Menschen benützt werden kann. Der Gebrauch des Brunnens wird eben dadurch, daß das Wasser nach oben kommt, ermöglicht. Daher ist in diesem Strich die Vollendung des Zeichens gegeben; deshalb die Hinzufügung des großen Heils.*

---

* Weil der Gedanke des Brunnens darauf beruht, daß das Wasser nach oben gebracht wird, darum werden die einzelnen Linien, je weiter sie oben sind, desto günstiger in ihrer Bedeutung.

49. Go – Die Umwälzung (die Mauserung)

 Kernzeichen: ☰ Kiën *und* ☴ Sun

Der Herr des Zeichens ist die Neun auf fünftem Platz, denn man muß auf geehrtem Platz weilen, um die Autorität für eine Umwälzung zu haben. Wer zentral und korrekt ist, der vermag das ganze Gute einer solchen Umwälzung herauszubringen. Darum heißt es von diesem Strich: »Der große Mann ändert wie ein Tiger.«

Die Reihenfolge
Die Einrichtung eines Brunnens muß notwendig mit der Zeit umgewälzt werden; darum folgt darauf das Zeichen: die Umwälzung.

Ein Brunnen muß von Zeit zu Zeit ausgeräumt werden, damit er nicht verschlammt. Darum folgt auf das Zeichen »Brunnen«, das eine ständige Einrichtung bedeutet, das Zeichen »Umwälzung«, das die notwendigen Änderungen festgewordener Einrichtungen zeigt, damit sie nicht erstarren.

Vermischte Zeichen
Die Umwälzung bedeutet die Entfernung des Veralteten.

Das Zeichen ist so organisiert, daß die Wirkungen der beiden Halbzeichen einander entgegenstehen; daher entsteht mit Notwendigkeit eine Umwälzung. Das Feuer unten wird noch angefacht durch das Kernzeichen Sun, das Wind oder Holz bedeutet. Das obere Kernzeichen, Kiën, gibt die nötige Festigkeit. Die ganze Bewegung des Zeichens ist nach oben gerichtet.

Das Urteil
Die Umwälzung.

Am eigenen Tag, da findest du Glauben.
Erhabenes Gelingen, fördernd durch Beharrlichkeit.
Die Reue schwindet.

Kommentar zur Entscheidung
Die Umwälzung: Wasser und Feuer dämpfen einander. Zwei Töchter wohnen beisammen, aber ihre Gesinnungen verstehen einander nicht. Das bedeutet: Umwälzung.
»Am eignen Tag, da findest du Glauben«:
Man bewirkt eine Umwälzung, und man findet dabei Vertrauen.
Aufklärung und dadurch bewirkte Heiterkeit: Du schaffst großen Erfolg durch Gerechtigkeit. Wenn man bei einer Umwälzung das Rechte trifft, »so schwindet Reue«.
Himmel und Erde bewirken Umwälzung, und die vier Jahreszeiten vollenden sich dadurch.
Tang und Wu bewirkten staatliche Umwälzungen, indem sie hingebend waren gegenüber dem Himmel und den Menschen entsprachen.
Die Zeit der Umwälzung ist wahrlich groß.

Die Mauserung beruht auf festen Gesetzen, sie ist vorbereitet. Dasselbe muß der Fall sein mit den staatlichen Umwälzungen. Der Ausdruck »am eignen Tag« weist – ähnlich wie das beim Zeichen Gu, die Arbeit am Verdorbenen, Nr. 18, der Fall war – auf eines der zehn zyklischen Zeichen hin. Die zehn zyklischen Zeichen sind:
1. Gia, 2. I, 3. Bing, 4. Ding, 5. Wu, 6. Gi, 7. Gong, 8. Sin, 9. Jen, 10. Gui. Wie bei Nr. 18 schon erwähnt, hat das 8. dieser Zeichen, Sin, die Nebenbedeutung des Erneuerns, das 7., Gong, bedeutet Verändern. Das Vorhergehende nun ist Gi. Also am Tag, ehe die Veränderung eintritt, findet man Glauben (daher in der Übersetzung der »eigne« Tag; Gi bedeutet auch eigen). Wenn man die zyklischen Zeichen mit den Himmelsrichtungen der acht Diagramme des späteren Himmels zusammenstellt, so findet man, daß Gi zusammen mit Kun – es bedeutet Erde – im Südwesten steht, mitten zwischen Dui im Westen und Li im Süden, d. h. eben zwischen den beiden Halbzeichen des Diagramms, die sich bekämpfen und dämpfen. Die Erde in der Mitte gleicht ihre Wirkungen aus, so daß die Klarheit des Feuers (Li) und die Heiterkeit des Wassers (Dui) getrennt

in Erscheinung treten können. Daher Aufklärung und Heiterkeit als Bedingung des zu einer Umwälzung nötigen Vertrauens der Bevölkerung.
Wie die Umwälzungen in der Natur nach festen Gesetzen sich vollziehen und dadurch das Jahr in seinem Kreislauf entsteht, so müssen auch die politischen Revolutionen, die zur Beseitigung verrotteter Zustände zuweilen notwendig werden können, sich nach ganz bestimmten Gesetzen richten:

1. Es muß der richtige Zeitpunkt abgewartet werden können.

2. Man muß in der richtigen Weise vorgehen, so daß man die Sympathie der Bevölkerung auf seiner Seite hat und Ausschreitungen vermieden werden.

3. Man muß ganz frei von allen selbstsüchtigen Absichten und korrekt sein.

4. Die Änderung muß einem wirklichen Bedürfnis entsprechen.

So waren die großen Umwälzungen, die die Herrscher Tang und Wu im Lauf der Geschichte vollbracht haben.

Das Bild
Im See ist Feuer: das Bild der Umwälzung.
So ordnet der Edle die Zeitrechnung
und macht die Zeiten klar.

Das Feuer im See bewirkt eine Umwälzung. Das Wasser löscht das Feuer, das Feuer verdunstet das Wasser. Die Ordnung der Zeitrechnung des Kalenders wird nahegelegt durch das Zeichen Dui, das einen Zauberer, einen Kalendermacher bedeutet. Das Klarmachen wird nahegelegt durch das Zeichen Li, das Klarheit zur Eigenschaft hat.

Die einzelnen Linien

Anfangs eine Neun bedeutet:
a) Man wird eingewickelt in das Fell einer gelben Kuh.
b) »Man wird eingewickelt in das Fell einer gelben Kuh.«
    Man soll so nicht handeln.

Das Zeichen Li hat die Kuh als Tier. Das Fell (go) wird durch den Namen des Zeichens, der Fell oder Mauserung bedeutet, nahegelegt. Gelb ist die Farbe des mittleren, zweiten Strichs, durch den dieser erste festgehalten wird. An sich ist der Strich stark. Das Zeichen Li, dem er angehört, drängt nach oben; so liegt die Versuchung nahe, daß er eine Umwälzung beginnen will. Aber die Neun auf viertem Platz steht nicht in Beziehung zu ihm, ebensowenig die Sechs auf zweitem Platz, so daß der Zeitpunkt zum Handeln noch nicht gekommen ist.

Sechs auf zweitem Platz bedeutet:
a) Am eigenen Tag, da mag man umwälzen.
    Aufbruch bringt Heil. Kein Makel.
b) »Am eignen Tag, da mag man umwälzen.«
    Das Handeln bringt schönen Erfolg.

Der Strich ist korrekt, zentral und klar. Der Platz ist der des Beamten. Nach oben hin steht er zum Herrn des Zeichens, Neun auf fünftem Platz, in der Beziehung des Entsprechens, darum hat er die Möglichkeit des erfolgreichen Handelns. Hier ist der Zeitpunkt, der im Urteil zum Gesamtzeichen als der rechte Zeitpunkt bezeichnet wurde, da man Glauben findet. Über die Bedeutung »der eigne Tag« (Gi Ji) vgl. oben. Hier ist die Konstellation besonders deutlich. Der Tag wird nahegelegt durch das Zeichen Li, der mittlere Strich ist der entsprechende Platz der Erde, die im Südwesten neben Li (Westen) steht.

Neun auf drittem Platz bedeutet:
a) Aufbruch bringt Unheil. Beharrlichkeit bringt Gefahr.
    Wenn die Rede von der Umwälzung dreimal ergangen ist,
    dann mag man sich ihr zuwenden und wird Glauben finden.

b) »Wenn die Rede von der Umwälzung dreimal ergangen ist, dann mag man sich ihr zuwenden«: Wohin will man es sonst kommen lassen?

Der Strich ist stark und klar am Platz des Übergangs. Doch ist durch diese Verhältnisse die Gefahr der Überstürzung nahegelegt. Darum gilt es zu warten, bis die Zeit gekommen ist. Die Beziehung zum obersten Strich kommt hier nicht in Betracht, da jener durch den fünften bereits gebunden ist. Darum würde ein voreiliges Hingehen Gefahr bringen. Wenn das Feuer gegen das Wasser etwas ausrichten will, so muß es in seiner ganzen Entschlossenheit wirken. Alle drei Striche einheitlich zusammengefaßt: dann erst ist der Erfolg möglich.

Neun auf viertem Platz bedeutet:
a) Die Reue schwindet. Man findet Glauben.
    Die Staatsordnung zu wechseln bringt Heil.
b) Das Heil des Wechsels der Staatsordnung beruht darauf, daß man für seine Gesinnung Glauben findet.

Der Strich ist als starker Strich auf weichem Platz harmonisch ausgeglichen. Er steht zum Herrn des Zeichens in gleicher Art und Verbundenheit, daher findet er Glauben. Hier ist die Zeit zur Änderung gekommen. Wenn es im Text nicht nur Umwälzung, sondern Wechsel und Änderung heißt, so hat das den Sinn, daß durch die Umwälzung nur das Alte beseitigt wird, die Änderung aber gleichzeitig auf das eingeführte Neue deutet.

• **Neun auf fünftem Platz bedeutet:**
a) Der große Mann ändert wie ein Tiger.
    Noch ehe er das Orakel fragt, findet er Glauben.
b) »Der große Mann ändert wie ein Tiger«: Seine Zeichnung ist deutlich.

Der Strich steht zur Sechs auf zweitem Platz in Beziehung, daher hat er die Klarheit von Li zu seiner Verfügung. Das Zeichen Dui, in dessen Mitte der Strich steht, steht im Westen, dem Platz des weißen Tigers; die entsprechende Jahreszeit ist der Herbst, da die Haare der Tiere wechseln.

Oben eine Sechs bedeutet:

a) Der Edle ändert wie ein Panther.
Der Geringe mausert sich im Gesicht.
Aufbruch bringt Unheil.
In Beharrlichkeit weilen bringt Heil.

b) »Der Edle ändert wie ein Panther.« Seine Zeichnung ist feiner.
»Der Geringe mausert sich im Gesicht«:
Er ist hingebend und gehorcht dem Fürsten.

Der Strich steht mit dem Herrn des Zeichens im Verhältnis des Zusammenhaltens, daher die genauere Detailausführung ihm übertragen ist. Die Streifen des Panthers sind feiner als die des Tigers. Der Geringe ändert sich wenigstens äußerlich durch den überwiegenden Einfluß der Edlen.

50. Ding – Der Tiegel

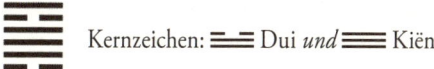 Kernzeichen: ☱ Dui *und* ☰ Kiën

Die Herren des Zeichens sind die Sechs auf fünftem Platz und die obere Neun. Die dem Zeichen »Tiegel« zugrunde liegende Idee ist die Ernährung der Würdigen. Die Sechs auf fünftem Platz ehrt den Ehrwürdigen, der durch die obere Neun dargestellt wird. Das Bild ist davon genommen, wie die Ringe und Ohren des Tiegels ineinander passen.

Die Reihenfolge
Nichts gestaltet die Dinge so sehr um wie der Tiegel. Darum folgt darauf das Zeichen: der Tiegel.

Die Umgestaltungen des Tiegels sind einerseits die Veränderungen, die mit den Speisen durch das Kochen vor sich gehen, andererseits in übertragenem Sinn die umwälzenden Wirkungen, die von der Zusammenarbeit eines Fürsten und eines Weisen ausgehen.

Vermischte Zeichen
Der Tiegel bedeutet das Aufnehmen des Neuen.

Das Zeichen ist die Umkehrung des vorigen und zeigt auch sonst der Bedeutung nach eine Umschaltung. Während sich das Zeichen »Umwälzung« sozusagen mit der Revolution als solcher in ihrer negativen Seite beschäftigt, zeigt das Zeichen »Tiegel« die richtige Art der Neueinrichtung des gesellschaftlichen Lebens. Die beiden Zeichen sind in solcher Bewegung, daß ihre Wirkungen einander verstärken. Die Kernzeichen Kiën und Dui, die Metall bedeuten, vollenden die Idee des Tiegels als sakrales und feierliches Gefäß. Diese alten Bronzegefäße, wie sie noch jetzt gelegentlich ausgegraben werden, hingen von jeher mit den höchsten Äußerungen der Kultur zusammen.

Das Urteil
Der Tiegel. Erhabenes Heil. Gelingen.

Kommentar zur Entscheidung
Der Tiegel ist das Bild eines Gegenstandes. Indem man mit Holz ins Feuer dringt, werden die Speisen gekocht. Der Berufene kocht, um Gott dem Herrn zu opfern, und kocht Festgerichte, um Berufene und Würdige zu nähren.
Durch Sanftheit wird Ohr und Auge scharf und klar. Das Weiche schreitet und geht nach oben. Es erlangt die Mitte und findet Entsprechung beim Festen, darum gibt es erhabenes Gelingen.

Das ganze Zeichen mit der Reihenfolge seiner geteilten und ganzen Striche ist das Bild eines Tiegels von den Beinen bis zu den Tragringen. Unten das Zeichen Sun bedeutet Holz und Eindringen, oben Li bedeutet Feuer. Indem also Holz ins Feuer kommt, wird das Feuer zum Mahl unterhalten. Genau genommen werden die Speisen allerdings nicht im Tiegel gekocht, sondern in der Küche. Erst die fertig gekochten Speisen werden im Tiegel aufgetragen. Aber das Bild des Tiegels faßt den Gedanken der Zubereitung der Speisen auch in sich. Der Tiegel ist ein Gerät der Festfeiern, das nur bei Opfern und Festmählern gebraucht wurde – hier der Gegensatz zu Dsing, das die Ernährung der Volksmassen bedeutet. Zum Opfer für Gott bedarf es nur eines Opfertiers, denn nicht die Gabe, sondern die Gesinnung ist das wichtigste. Zur Bewirtung der Gäste bedarf es reichlicher Speisen und großer Freigebigkeit. Das obere Zeichen, Li, ist »Auge«, der fünfte Strich bedeutet die »Ohren« des Tiegels, dadurch wird das Bild von Auge und Ohr nahegelegt. Das untere Zeichen, Sun, ist das Sanfte, Anpassende. Dadurch werden Auge und Ohr klar (Eigenschaft des Zeichens Li) und scharf.
Das Weiche, das nach oben steigt, ist der Herr des Zeichens auf fünftem Platz, der zu dem starken Gehilfen, Neun auf zweitem Platz, im Verhältnis des Entsprechens steht, daher Erfolg hat.
Neun Tiegel waren im Altertum das Symbol der Königsherrschaft, daher das glückverheißende Orakelurteil.

Das Bild
Über dem Holz ist Feuer: das Bild des Tiegels.
So festigt der Edle durch Richtigmachung der Stellung das Schicksal.

Feuer über Holz ist nicht das Bild des Tiegels, sondern das Bild seines Gebrauchs. Das Feuer brennt dauernd, wenn darunter Holz ist. So muß das Leben auch dauernd brennend erhalten werden, daß es in den richtigen Verhältnissen bleibt, so daß die Quellen des Lebens dauernd fließen.

Dasselbe gilt natürlich auch vom Leben einer Gemeinschaft oder eines Staates. Auch hier müssen die Beziehungen und Stellungen so geregelt werden, daß die daraus entspringende Ordnung Dauer hat. So wird das Schicksal, durch das einem Hause die Herrschaft zufällt, gefestigt.

Die einzelnen Linien

Anfangs eine Sechs bedeutet:

a) Ein Tiegel mit umgekippten Beinen.
Fördernd zur Entfernung des Stockenden.
Man nimmt eine Nebenfrau um ihres Sohns willen.
Kein Makel.

b) »Ein Tiegel mit umgekippten Beinen.« Das ist noch nicht verkehrt.
»Fördernd zur Entfernung des Stockenden«, um dem Wertvollen folgen zu können.

Der untere Strich bedeutet die Beine des Tiegels. Da er schwach ist und am Anfang, so legt sich der Gedanke nahe, daß man vor dem Kochen den Tiegel erst umkehren muß, um die alten Reste daraus zu entfernen. Der Strich ist mit dem nächsten zentralen und starken Strich in räumlicher Verbindung, daher der Gedanke einer Nebenfrau (schwach und unten).*

Neun auf zweitem Platz bedeutet:

a) Im Tiegel ist Nahrung.
Meine Genossen haben Neid,
aber sie können mir nichts anhaben.
Heil!

b) »Im Tiegel ist Nahrung«:

---

* Die Tiegel im alten China hatten drei oder vier Beine. Indem nun der geteilte Strich zu Anfang sozusagen nur mit zwei Punkten die Erde berührt, legt er den Gedanken eines umgekippten Tiegels nahe.

Sei vorsichtig, wohin du gehst.
»Meine Genossen haben Neid«: Das ist endgültig kein Makel.

Der Strich ist fest und zentral, daher das Symbol des Inhalts des Tiegels. Der Strich bildet mit dem dritten und vierten zusammen eine Einheit. Aber er steht in der Beziehung des Entsprechens zum Herrn des Zeichens. Darum muß er seine eignen Wege gehen, die ihm durch diese Beziehungen vorgeschrieben sind. Daraus ergibt sich nun andererseits, daß diese beiden Striche – seine Genossen –, von denen er durch innere Beziehungen geschieden ist, ihn beneiden. Aber da er ganz frei von möglichen Verwicklungen ist und die starke Beziehung zum Herrn des Zeichens ihn deckt, braucht er nichts zu fürchten.

Neun auf drittem Platz bedeutet:
a) Der Henkel des Tiegels ist verändert.
Man ist behindert in seinem Wandel.
Das Fett des Fasans wird nicht gegessen.
Wenn erst der Regen fällt, dann erschöpft sich die Reue:
Endlich kommt Heil.
b) »Der Henkel des Tiegels ist verändert.« Er hat den Gedanken verfehlt.

Der Strich ist der unterste des oberen Kernzeichens Dui, dessen oberer Strich den Mund bedeutet. Man sollte also annehmen, daß der Inhalt, der durch das obere Zeichen Li, das einen Fasan bedeutet, bezeichnet ist, gegessen wird. Dies ist jedoch nicht der Fall. Der Tiegel ist nicht bewegbar, da der Henkel verändert ist. Das wird wohl nahegelegt dadurch, daß der dritte Strich, der an sich zu dem obersten, der die Tragringe darstellt, in Beziehung stünde, selber fest ist, daher die Tragringe nicht aufnehmen kann (vgl. dagegen Sechs auf fünftem Platz). Eine Aussicht ist für später vorhanden. Indem der Strich sich ändert, entsteht als unteres Zeichen und als oberes Kernzeichen Kan, das Regen bedeutet. Dadurch wird die Lage erleichtert. Die Stockung hört auf, die Bewegung führt zum Ziel.

Neun auf viertem Platz bedeutet:
a) Der Tiegel bricht die Beine.
Das Mahl des Fürsten wird verschüttet,
und die Gestalt wird befleckt.

Unheil!
b) »Das Mahl des Fürsten wird verschüttet.«
Wie kann man ihm da noch trauen?

Der Strich steht in Beziehung des Entsprechens zur Anfangssechs, die auf umgekippte Beine des Tiegels deutet. Während dort aber die Sache nicht schlimm ist, da noch keine Speise im Tiegel ist, ist die Sache hier bedenklich, da Speise im Tiegel ist. Es ist daher hier nicht ein einfaches Umkippen, sondern Abbrechen der Beine. Das Fürstenmahl wird verschüttet. Dem Platz entsprechend sollte Beziehung zum Herrn des Zeichens, Sechs auf fünftem Platz, da sein, und zwar die Beziehung des Zusammenhaltens bzw. Empfangens. Das wird aber gestört durch die Beziehung zur Anfangssechs. Das deutet auf eine Divergenz zwischen Charakter und Stellung, zwischen Wissen und Aspirationen, zwischen Kraft und Verantwortung, die unheilvoll ist.

- **Sechs auf fünftem Platz bedeutet:**
    a) Der Tiegel hat gelbe Henkel, goldne Tragringe.
    Fördernd ist Beharrlichkeit.
    b) Die gelben Henkel des Tiegels sind zentral, um das Wirkliche aufzunehmen.

Der Strich ist zentral im oberen Zeichen Li, und zwar ist er die zentrale Linie des Zeichens Kun, die die gelbe Farbe hat. Die Tragringe sind aus Metall, weil das obere Kernzeichen Dui das Metall bedeutet. Die Tragringe (die bei altchinesischen Geräten in der Regel kettenförmig zusammenhängen) werden wohl durch den oberen starken Strich dargestellt. Der Henkel ist – im Gegensatz zur Neun auf drittem Platz – hohl, daher kann er die »wirklichen«, d. h. festen Tragringe aufnehmen und getragen werden. In der Symbolsprache bedeutet das sehr viel. Der Strich ist der Herr des Zeichens, er hat über sich einen Weisen (obere Neun), mit dem er durch Stellung und Ergänzung verbunden ist. Er ist hohl, daher imstande, die Kraft jenes Weisen, seine Lehren, in sich aufzunehmen – Henkel (erl) ist dasselbe Zeichen wie »Ohr«. Dadurch kommt er voran.

- **Oben eine Neun bedeutet:**
    a) Der Tiegel hat Nephritringe. Großes Heil!
    Nichts, das nicht fördernd wäre.

b) Die Nephritringe auf oberstem Platz zeigen fest und weich in richtiger Ergänzung.

Es ist hier dieselbe Situation wie bei der Sechs auf fünftem Platz, nur hier vom Standpunkt des gebenden Weisen aus. Was bei der Sechs auf fünftem Platz als Metall in seiner Festigkeit erscheint, zeigt sich hier als Nephrit in seinem milden Glanz. Der Weise hat die Möglichkeit, seine Belehrung zu spenden, weil die Sechs auf fünftem Platz ihm mit der richtigen Empfänglichkeit entgegenkommt.

震

51. Dschen – Das Erregende (das Erschüttern, der Donner)

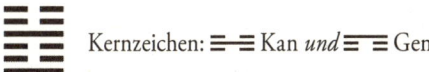

Kernzeichen: ☵ Kan *und* ☶ Gen

Die Herren des Zeichens Dschen sind die beiden lichten Striche. Da es aber in der Idee des Zeichens »das Erschüttern« liegt, daß das Lichte von unten her in Bewegung ist, wird der vierte Strich nicht als Herr betrachtet, sondern nur der Anfangsstrich.

Die Reihenfolge
Unter den Verwaltern der heiligen Geräte steht der älteste Sohn in erster Linie. Darum folgt darauf das Zeichen: die Erregung. Erregung bedeutet Bewegung.

Vermischte Zeichen
Erregung bedeutet Anfangen, Aufstehen.

Das Zeichen gehört zu den acht Doppelzeichen. Es ist die Verdoppelung von Dschen, das den ältesten Sohn, den Anfang der Dinge im Osten bzw. Frühling bedeutet. Das wird auch durch das Bild nahegelegt, das das Aufsteigen der Elektrizität, den Donner, zeigt, der im Frühling wieder sich hören läßt.

Das Urteil
Das Erschüttern bringt Gelingen.
Das Erschüttern kommt: Hu, Hu!
Lachende Worte: Ha, Ha!
Das Erschüttern erschreckt hundert Meilen,
und er läßt nicht Opferlöffel und Kelch fallen.

I Ging

Kommentar zur Entscheidung
»Das Erschüttern bringt Gelingen.
Das Erschüttern kommt: Hu, Hu!«
Furcht bringt Glück.
»Lachende Worte: Ha, Ha!«
Nachher hat man eine Regel.
»Das Erschüttern erschreckt hundert Meilen.«
Wenn man in der Ferne Schrecken bewirkt und in der Nähe besorgt ist, dann mag man hervortreten und Ahnentempel und Erdaltar bewahren und der Leiter der Opfer sein.

Das Erschüttern kommt: Hu, Hu; die Worte Hu, Hu bedeuten ursprünglich einen erschreckten Tiger, dann einen Gecko, der erschreckt an der Wand hin und her läuft. So kommt dann die Bedeutung der Furcht den beiden anomatopoetischen Zeichen (chinesisch hi, hi) zu, die ganz der Bedeutung des deutschen hu, hu entspricht. Durch die so erregte Furcht wird man vorsichtig, und Vorsicht bringt das Glück. Lachende Worte: ha, ha ... sie sind nahegelegt durch den Laut des Donners, der wie ha, ha klingt. Sie sind ein Symbol der inneren Ruhe inmitten des Sturmes äußerer Bewegung.

Das Erschüttern schreckt hundert Meilen: Das ist der Laut des Donners, der zugleich das Symbol ist eines machtvollen Herrschers – durch den Gedanken des ältesten Sohnes nahegelegt –, der alles im Umkreis in Respekt zu setzen weiß, aber dabei auch im Kleinsten sorgfältig und genau ist. Darauf bezieht sich dann auch der Schluß. Der Herr der Opfer ist zugleich der Herr des Hauses bzw. des Reiches. Auch hier hatte der älteste Sohn seine besondere Aufgabe. Das Zeichen Dschen bedeutet Hervortreten Gottes im Frühling und zugleich das Wiedererwachen der Lebenskraft, die von unten her sich wieder regt.

Das Bild
Fortgesetzter Donner: das Bild des Erschütterns.
So macht der Edle unter Furcht und Zittern sein
Leben recht und erforscht sich selbst.

Fortgesetzter Donner heißt es, weil das Zeichen Dschen verdoppelt übereinander steht. Furcht und Zittern ist der erste Donner, Bilden und Forschen ist der zweite Donner.

Die einzelnen Linien

- **Anfangs eine Neun bedeutet:**
  a) Das Erschüttern kommt: Hu, Hu!
      Darauf folgen lachende Worte: Ha, Ha!
      Heil!
  b) »Das Erschüttern kommt: Hu, Hu!«
      Furcht bringt Glück.
      »Lachende Worte: Ha, Hai«
      Nachher hat man eine Regel.

Es ist hier wörtlich ein Teil des Gesamttextes und der Erklärung dazu angeführt, wie das zuweilen beim Herrn des Zeichens der Fall ist. Der starke Strich am Anfang, der von unten her die Bewegung einleitet, zeigt die Quintessenz der ganzen Lage.

Sechs auf zweitem Platz bedeutet:
a) Das Erschüttern kommt mit Gefahr.
    Hunderttausendfach verlierst du deine Schätze
    und mußt auf die neun Hügel steigen.
    Jage ihnen nicht nach.
    Nach sieben Tagen bekommst du sie wieder.
b) »Das Erschüttern kommt mit Gefahr.« Er beruht auf einem Festen.

Da der Anfangsstrich mit starker Erschütterung nach oben drängt, kann für die schwache Linie auf schwachem Platz von einem Verhältnis des Zusammenhaltens mit ihm nicht die Rede sein. Aber der Strich ist zentral und korrekt, darum wird er durch die drohende Gefahr nur äußerlich getroffen wie bei einem Gewitter, das auch nur vorübergehend erschütternd wirkt. Die Gefahr wird angedeutet durch das Kernzeichen Kan, unter dem der Strich steht. Die Flucht auf die Hügel wird nahegelegt durch das untere Kernzeichen Gen, der Berg. Die Sieben ist die Zahl der Wiederkehr, die die alten Zustände wiederbringt, nachdem alle sechs Situationen der sechs Striche sich verändert haben.

Sechs auf drittem Platz bedeutet:
a) Das Erschüttern kommt und macht fassungslos.

Wenn man infolge des Erschütterns handelt,
so bleibt man frei von Unglück.

b) »Das Erschüttern kommt und macht fassungslos.« Der Platz ist nicht der gebührende.

Das Wort »Su«, das mit fassungslos wiedergegeben ist, bedeutet die Bewegungen der Insekten nach dem Winterschlaf, die noch vollkommen starr und wie gelähmt sind. Der Platz ist nicht der rechte, denn der Platz ist stark, und die Linie ist schwach. Darum ist sie der Erschütterung der Stellung nicht gewachsen. Es ist deshalb nötig, daß sie sich durch die Erschütterung bewegen läßt. Durch Bewegung wird aus einem schwachen ein starker Strich. Damit ist man der Erschütterung gewachsen.

Neun auf viertem Platz bedeutet:
a) Das Erschüttern gerät in Schlamm.
b) »Das Erschüttern gerät in Schlamm.«
Er ist noch nicht hell genug.

Der Strich ist an sich stark, aber seine Stärke wird durch die Schwäche des Platzes beeinträchtigt. Ferner ist er im Kernzeichen Kan gerade am Platz des Loches und andererseits an der Spitze des Kernzeichens Gen, Stillstand. Das alles macht, daß die starke Natur des Striches nicht zur Geltung kommen kann, sich nicht hell genug zeigt und daher im Schlamm steckenbleibt.

Sechs auf fünftem Platz bedeutet:
a) Das Erschüttern geht hin und her: Gefahr.
Aber man verliert durchaus nichts,
nur gibt es Geschäfte.
b) »Das Erschüttern geht hin und her: Gefahr.«
Man wandelt in Gefahr. Die Geschäfte sind in der Mitte, darum verliert man durchaus nichts.

Der Strich ist zentral – ebenso wie die Sechs auf zweitem Platz. Aber während dort das Kernzeichen Kan, Gefahr, bevorsteht, ist sie hier überwunden; man ist schon auf dem Hügel (Kernzeichen Gen). Darum verliert man nichts. Es gilt nur, daß man durch Festhalten der zentralen Stellung sich die Stärke wahrt, die in dieser Stellung – fünf ist der Platz des Herrschers – liegt. Die Sechs auf zweitem Platz ist Beamter. Der Beamte mag vorübergehend seinen Besitz verlieren; das läßt sich alles wieder ersetzen. Die Sechs auf fünftem Platz ist aber der Herrscher. Sein Besitz ist Land und Leute. Die dürfen nicht verlorengehen. Das ist möglich, wenn man sich zentral und korrekt verhält.

Oben eine Sechs bedeutet:
a) Die Erschütterung bringt Verfall und ängstliches Umherblicken.
   Vorangehen bringt Unheil.
   Wenn sie noch nicht den eignen Leib erreicht,
   sondern erst den Nachbar erreicht hat,
   so ist es kein Makel.
   Die Genossen haben zu reden.
b) »Die Erschütterung bringt Verfall.« Er hat die Mitte nicht erreicht.
   Obwohl Unheil, kein Makel.
   Man läßt sich durch die Furcht für den Nachbar warnen.

Der Strich steht in Beziehung zum dritten; das ist der Genosse, der zu reden hat. Die fünfte Linie ist der Nachbar. Die schwache Linie steht an der Spitze der Erschütterung, sie ist daher der Erschütterung an sich nicht gewachsen. Die Erschütterung droht mit Ruin wie beim Erdbeben. Daher das ängstliche Umherblicken.
Wollte man in solchem Zustand etwas unternehmen, so wäre das vom Übel. Läßt man sich dagegen warnen durch das, was der Nachbar – in diesem Fall die fünfte Linie – erlebt, und hält sich ruhig, so bleibt man frei von Fehlern. Die dritte Linie, der Genosse, ist durch ihre Lage gezwungen, sich zu bewegen, darum wird sie es nicht verstehen, daß die sechste Linie sich ruhig verhält. Aber das verschiedene Verhalten ergibt sich aus dem verschiedenen Platz. Darum muß man ganz unabhängig in seinen Handlungen sein.

52. Gen –
Das Stillehalten, der Berg

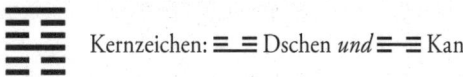 Kernzeichen: ☳ Dschen *und* ☵ Kan

Eigentlich sind auch beim Zeichen Gen die beiden lichten Striche die Herren des Zeichens. Aber die Bedeutung des Zeichens »der Stillstand« beruht eben darauf, daß das Lichte stillsteht. Darum gilt der dritte Strich nicht als Herr, sondern nur der oberste.

Die Reihenfolge
Die Dinge können sich nicht dauernd bewegen, man muß sie innehalten machen. Darum folgt darauf das Zeichen: das Stillehalten. Stillehalten bedeutet innehalten.

Vermischte Zeichen
Stillehalten bedeutet innehalten.

Das Zeichen ist die Umkehrung des vorigen. Es ist das Doppelzeichen von Gen, das den jüngsten Sohn, den Berg, bedeutet. Der Platz von Gen ist der Nordosten zwischen Kan im Norden und Dschen im Osten. Es ist der geheimnisvolle Ort, wo aller Dinge Anfang und Ende ist, wo Tod und Geburt ineinander übergehen. Die Eigenschaft des Zeichens ist das Stillehalten, weil die starken Striche, deren Tendenz nach oben geht, am Ziele angelangt sind.

Das Urteil
Stillehalten seines Rückens,
so daß er seinen Leib nicht mehr empfindet.
Er geht in seinen Hof und sieht nicht seine Menschen.
Kein Makel.

Kommentar zur Entscheidung
Stillehalten bedeutet innehalten.
Wenn es Zeit ist, innezuhalten, dann innehalten.
Wenn es Zeit ist, voranzuschreiten, dann voranschreiten:
So verfehlen Bewegung und Ruhe nicht die rechte Zeit, und ihr Lauf wird hell und klar.
Sein Innehalten stillhalten, das ist soviel wie an seinem Platz innehalten.
Die Oberen und Unteren stehen in gegensätzlicher Beziehung und haben nichts miteinander gemein.
Darum heißt es: »Er empfindet nicht seinen Leib.
Er geht in seinen Hof und sieht nicht seine Menschen. Kein Makel.«

Das Zeichen bedingt seiner Natur nach eine Trennung des oberen und des unteren Halbzeichens. Das wird auch durch die divergierende Bewegung der Kernzeichen, von denen das obere aufwärts, das untere abwärts sich bewegt, angedeutet. Stillehalten ist der Sinn des Zeichens selbst, Bewegung ist der Sinn der Kernzeichen, darum ist die Erklärung gegeben, daß Bewegung und Innehalten zur rechten Zeit beides zur Ruhe gehört: Das eine ist die Beharrung im Ruhezustand, das andere Beharrung im Bewegungszustand. Das Zeichen Gen hat einen inneren Glanz, da der lichte Strich oben über den beiden dunklen ist, so daß er nicht verdunkelt wird; daher der Ausdruck: »Ihr Lauf wird hell und klar.« Der Rücken ist der hintere Teil des Körpers, der für das Ich unsichtbar ist, daher das Stillehalten des Rückens, das Symbol für das Stillmachen des Ichs ist. Das untere Halbzeichen deutet auf dieses Stillehalten des Rückens, so daß man seinen Körper, d. h. seine Persönlichkeit, nicht mehr gewahr wird. Das obere Zeichen bedeutet den Hof. Die einzelnen Linien stehen in keiner Beziehung zu den entsprechenden Linien des unteren Zeichens, daher drehen das obere Zeichen und das untere einander gleichsam den Rücken zu. So sieht man im Hof die andern Menschen nicht.*

Das Bild
Zusammenstehende Berge: das Bild des Stillehaltens.
So geht der Edle mit seinen Gedanken nicht über seine Lage hinaus.

---

* Der Satz im Kommentar: »Sein Innehalten stillhalten« (chin. »Gen Ki Dschï«) ist Textfehler seit Wang Bi; es muß heißen wie im Urteil: »Seinen Rücken stillhalten« (Gen Ki Be). Das ergibt sich aus der Vergleichung der älteren Erklärungen.

Bei allen Doppelzeichen stehen die entsprechenden Linien des oberen und unteren Halbzeichens nicht in Beziehung des Entsprechens, und doch ist es nur beim Zeichen Stillehalten ausdrücklich vermerkt, daß die Berge nur äußerlich vereinigt sind, während bei den andern Doppelzeichen immer ein Hin und Her der Bewegung vorausgesetzt wird. Der Grund ist, daß im Stillehalten eben der Gegensatz zu Bewegung und Austausch gegeben ist. Dementsprechend ist die Lehre, die aus dem Bild genommen wird, eben die Beschränkung auf den Umkreis der eigenen Stellung.

Die einzelnen Linien

Anfangs eine Sechs bedeutet:
a) Stillehalten seiner Zehen.
   Kein Makel. Fördernd ist dauernde Beharrlichkeit.
b) »Stillehalten seiner Zehen.«
   Das Rechte ist noch nicht verloren.

Die einzelnen Linien erinnern in ihren Bildern an die einzelnen Linien des Zeichens Nr. 31, Hiën, die Einwirkung. So ist die unterste Linie das Symbol der Zehen. Der Strich ist schwach, darum ist das Stillehalten durchaus der Zeit entsprechend und kein Fehler. Es ist nur von Wichtigkeit, daß die schwache Natur nicht ungeduldig wird, sondern Ausdauer genug zum Stillehalten besitzt.

Sechs auf zweitem Platz bedeutet:
a) Stillehalten seiner Waden.
   Er kann den nicht retten, dem er folgt.
   Sein Herz ist nicht froh.
b) »Er kann den nicht retten, dem er folgt«:
   denn er kehrt sich nicht nach ihm, daß er auf ihn hört.

Der Strich, dem die Sechs auf zweitem Platz folgt, ist die Neun auf drittem Platz. Die Sechs auf zweitem Platz ist korrekt und zentral und möchte nicht nur sich, sondern auch den, dem sie folgt, retten. Aber die Neun auf drittem Platz ist stark, auf dem Platz des Übergangs, der untere Strich des Kernzeichens Dschen, Erregung, daher aufs äußerste unruhig; zugleich ist er im Kernzeichen

Kan, das Abgründige, das Ohrenleiden bedeutet, daher das mangelnde Hören. Andererseits ist Kan das Sinnbild des Herzens, daher: »Sein Herz ist nicht froh.«

Neun auf drittem Platz bedeutet:
a) Stillehalten seiner Hüften.
  Steifmachen seines Kreuzbeins.
  Gefährlich. Das Herz erstickt.
b) »Stillehalten seiner Hüften.«
  Es ist Gefahr, daß das Herz erstickt.

Der Strich ist in der Mitte des Kernzeichens Kan, daher das Herz. Andererseits ist es der eine lichte Strich zwischen den beiden dunklen, wodurch Gefahr und Eingeschlossenheit angedeutet werden. Erfolgt nun in dieser Situation ein Stillehalten, so ist Gefahr da. Wenn der Rücken stillegehalten wird, so gewinnt man die Herrschaft über den ganzen Leib. Die Hüften sind aber die Grenze zwischen den Bewegungen der lichten und der dunklen Kräfte. Erfolgt hier ein Starrmachen, so wird das Herz sich ziellos bewegen, die Nervenbahnen werden dadurch unterbrochen, und ein Ersticken des Herzens ist zu befürchten.

Sechs auf viertem Platz bedeutet:
a) Stillehalten seines Rumpfes.
  Kein Makel.
b) »Stillehalten seines Rumpfes.«
  Er hält innerhalb seines eignen Leibes inne.

Der vierte Platz ist der Rumpf. Er ist sehr schwach. Eine schwache Linie steht darüber. Zur Zeit des Stillehaltens ist es durchaus richtig, wenn man sich rechtzeitig zu beschränken versteht.

Sechs auf fünftem Platz bedeutet:
a) Stillehalten seiner Kinnlade.
  Die Worte haben Ordnung.
  Die Reue schwindet.
b) »Stillehalten seiner Kinnlade«:
  infolge der zentralen und korrekten Haltung.

Während bei Nr. 31 die Kinnlade erst auf dem obersten Platz als Bild erscheint, so hier schon auf dem fünften, weil der obere Platz der Herr des Zeichens ist. Der Strich ist als zentral zugleich korrekt. Da er dem Zeichen Gen, Stillehalten, und dem Kernzeichen Dschen, Bewegung, gleichzeitig angehört, wird durch ihn die Möglichkeit angedeutet, seine Kinnladen zu bewegen und zu reden wie der Donner. Das wird aber vermieden durch die zentrale Haltung der Linie und ihre Zugehörigkeit zu dem oberen Halbzeichen »das Stillehalten«.

- **Oben eine Neun bedeutet:**
    a)   Großzügiges Stillehalten. Heil!
    b)   Das Heil des großzügigen Stillehaltens kommt davon her, daß ein reichlicher Abschluß da ist.

Der Strich ist zum Abschluß stark, daher als reichlicher Abschluß gedacht. Der Herr des Zeichens ist auf der Höhe des Bergs, da, wo der Berg am reichlichsten (dicksten) aufeinandergeschichtet ist: Als oberster Strich hat er spontanes Licht, das eben infolge des ruhigen Stillehaltens zur Geltung kommen kann. Daher ist hier das Heil erreicht. Da der starke Strich nicht weiter nach oben strebt, sondern sich ruhig auf seinem Platz hält, ist er im Gegensatz zu andern starken Strichen auf oberem Platz nicht ungünstig.

53. Dsiën – Die Entwicklung (allmählicher Fortschritt)

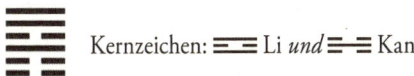 Kernzeichen: ☲ Li *und* ☵ Kan

Das Zeichen Entwicklung hat die Verheiratung eines Mädchens als Grundgedanken. Unter allen Strichen ist nur die Sechs auf zweitem Platz zu der Neun auf fünftem Platz in der Beziehung des Entsprechens. Sie ist das Bild des Mädchens, das verheiratet wird. Daher ist die Sechs auf zweitem Platz der Herr des Zeichens. Aber die Entwicklung hat ferner die Bedeutung des Fortschreitens, und die Neun auf fünftem Platz ist fortgeschritten, weilt an hoher Stelle und hat einen festen und zentralen Charakter; darum ist die Neun auf fünftem Platz ebenfalls Herr des Zeichens.

Die Reihenfolge
Die Dinge können nicht dauernd innehalten, darum folgt darauf das Zeichen: die Entwicklung. Entwicklung bedeutet Fortschreiten.

Vermischte Zeichen
Die Entwicklung zeigt, wie das Mädchen verheiratet wird und dabei auf die Handlungen des Mannes warten muß.

Das Zeichen zeigt ebenso wie das Zeichen Dsin, der Fortschritt (Nr. 35), und Schong, das Empordringen (Nr. 46), einen Fortschritt; aber während Nr. 35 der Fortschritt ist wie die Ausbreitung der über die Erde aufgehenden Sonne und Nr. 46 einen Baum zeigt, der durch die Erde empordringt, so ist hier das langsame Wachstum gemeint, das ein Baum auf einem Berg zeigt. Auf der andern Seite ist das Zeichen eines von denen, die von der Verbindung zwischen Mann und Frau handeln, und ist so am nächsten mit dem Zeichen Hiën, die Einwirkung, Nr. 31, verwandt. (Aber während es dort die jüngste Tochter ist, die von dem jüngsten Sohn beeinflußt wird, eine Einwirkung, die rasch und allseitig sich zeigt, also mehr die natürliche Anziehung der Geschlechter zum Ausdruck bringt, ist es hier die reife ältere Tochter, die vom jüngsten Sohn beeinflußt wird. Darum kommen hier mehr die Sitten in ihrer hemmenden Wirkung zur Darstellung. So wird hier erinnert an die langsame Entwicklung bei der Heirat, zu der im Lauf der Zeit die Vollendung von sechs Bräuchen nötig war. Im übrigen vgl. das nächste Zeichen.)

Das Urteil
Die Entwicklung. Das Mädchen wird verheiratet. Heil!
Fördernd ist Beharrlichkeit.

Kommentar zur Entscheidung
Der Fortschritt der Entwicklung bedeutet das Heil der Verheiratung des Mädchens. Fortschreiten und dabei den rechten Platz erlangen: Hingehen hat Erfolg. Fortschreiten im Rechten, so mag man das Land richten. Sein Platz ist fest und hat die Mitte erreicht. Stillehalten und Eindringen: Das gibt der Bewegung Unerschöpflichkeit.

Nachdem der Sinn des Namens erklärt ist durch die Anwendung des ersten Satzes des Urteils, werden die weiteren Worte des Urteils aus der Gestalt des Zeichens klargemacht. Die beiden Herren des Zeichens, der zweite und der fünfte Strich, zeigen ein Fortschreiten, so daß sie den rechten, ihrer Natur entsprechenden Platz erlangen. Dem Erlangen des gebührenden Platzes entspricht die korrekte Gesinnung. Auf diese Weise sind Unternehmungen von Erfolg begleitet, und der Staat kann in Ordnung gebracht werden. Es wird hier die Verbindung von persönlichem, sittlichem Streben und der Kraft, das Staatswesen in Ordnung zu bringen, betont. Besonders der Herr des Zeichens, der an fünftem, herrschendem Platz steht und dabei Stärke und zentrale Korrektheit verbindet, kann solche Erfolge erringen. Zum Schluß wird im Anschluß an die beiden Teilzeichen gezeigt, daß die Unerschöpflichkeit des Fortschreitens der innerlichen Ruhe verbunden mit Anpassung an die Verhältnisse entspringt. Ruhe ist die Eigenschaft des inneren Zeichens Gen, Anpassung die des äußeren Zeichens Sun.

Das Bild

Auf dem Berg ist ein Baum: das Bild der Entwicklung.
So weilt der Edle in würdiger Tugend, um die Sitten zu bessern.

Der Baum auf dem Berg vergrößert sich langsam und unmerklich. Er geht in die Breite, spendet Schatten und beeinflußt so durch sein Wesen seine Umgebung. So ist er ein Beispiel für die wirkende Kraft, die durch die konsequente Pflege der eignen Tugend die Sitten der Umgebung bessert. Der Baum auf dem Berg ist ähnlich wie der Baum auf der Erde (Guan, der Anblick, Nr. 20) ein wirkendes Beispiel. Dabei ist das Stillehalten des Bergs das Bild für das Weilen in würdiger Tugend und das Eindringende des Holzes (bzw. Windes) das Bild der guten Wirkung, die von dem guten Beispiel ausgeht.

Die einzelnen Linien

Anfangs eine Sechs bedeutet:
a) Die Wildgans zieht allmählich dem Ufer zu.
   Der junge Sohn ist in Gefahr.
   Es gibt Gerede. Kein Makel.
b) Die Gefahr des kleinen Sohnes ist ihrer Bedeutung nach ohne Makel.

Das Kernzeichen Li bedeutet einen fliegenden Vogel, daher das Bild der Wildgans. Der Anfangsstrich steht neben dem Kernzeichen Kan, das Abgründige, daher das Bild des Ufers.
Gen, das untere Halbzeichen, ist das Bild des jüngsten Sohnes. Es enthält das Kernzeichen Kan, Gefahr. Die Worte kommen vielleicht von dem oberen Zeichen Sun, Wind, der rauscht und tönt.
Der Strich ist weich auf festem Platz. Er ist daher nicht stürmisch in seinem Vordringen, ist sich der Gefahr bewußt. Wenn daher auch andere über ihn reden, bleibt er doch frei von Schuld.

• Sechs auf zweitem Platz bedeutet:
a) Die Wildgans zieht allmählich dem Felsen zu.
   Essen und Trinken in Frieden und Eintracht. Heil!

b)　»Essen und Trinken in Friede und Eintracht.« Er ißt sich nicht einfach nur satt.

Gen ist der Berg, daher das Bild des Felsens. Das Kernzeichen Kan führt auf Essen und Trinken. Wenn die Wildgans zu essen findet, ruft sie ihre Kameraden. Der Strich ist weich und in Beziehung zur Neun auf fünftem Platz, den er herbeiruft. Er ißt sich also nicht einfach nur für seine Person satt, sondern denkt auch gleich an die andern mit.

Neun auf drittem Platz bedeutet:
a)　Die Wildgans zieht allmählich der Hochebene zu.
　　Der Mann zieht aus und kehrt nicht wieder.
　　Die Frau trägt ein Kind, aber bringt es nicht zur Welt.
　　Unheil!
　　Fördernd ist es, Räuber abzuwehren.
b)　»Der Mann zieht aus und kehrt nicht wieder.« Er verläßt die Schar der Gefährten.
　　»Die Frau trägt ein Kind, aber bringt es nicht zur Welt.«
　　Sie hat den rechten Weg verloren. »Fördernd ist es, Räuber abzuwehren.« Hingebung und gegenseitiger Schutz.

Der Strich weist als oberster des Zeichens Gen auf einen hohen Platz, daher die Hochebene. Der Strich ist stark auf starkem Platz, daher nicht gemäßigt in der Bewegung: das Bild des Menschen, der von seiner Richtung nicht abläßt, daher hingeht, ohne zurückzukehren. Er steht zu den zwei oberen starken Strichen in Beziehung ohne Entsprechen. Der Strich steht ferner inmitten des Kernzeichens der Gefahr. Daher ist er von seinesgleichen getrennt (oben und unten ein dunkler Strich). Da der Strich sonach nicht wiederkommt, hinterläßt er das Zeichen Kun, das durch seinen Weggang unten entsteht, ohne Kind. Die Frau hat auf diese Weise ihren Weg verloren. Nur insofern als der starke Strich die beiden schwachen unter ihm vor Räubern schützt, hat dieser Strich etwas Förderndes.

Sechs auf viertem Platz bedeutet:
a)　Die Wildgans zieht allmählich dem Baum zu.
　　Vielleicht bekommt sie einen flachen Ast. Kein Makel.

b) »Vielleicht bekommt sie einen flachen Ast.« Sie ist hingebend und sanft.«

Der Strich ist in das obere Zeichen Sun, Holz, eingetreten, daher das Bild der allmählichen Annäherung an den Baum. Der Baum bietet der Wildgans an sich keinen Anhaltspunkt. Ihre Füße sind nicht zum Anklammern geeignet. Vielleicht findet sie einen flachen Ast durch die Anpassung und Hingebung. Der Strich ist schwach auf schwachem Platz, also korrekt. Er ist daher anpassend und vorsichtig und findet so zunächst einen Ruheplatz.

- **Neun auf fünftem Platz bedeutet:**
  a) Die Wildgans zieht allmählich dem Gipfel zu.
  Die Frau bekommt drei Jahre lang kein Kind.
  Endlich kann sie nichts verhindern. Heil!
  b) »Endlich kann nichts das Heil verhindern.« Man erlangt seinen Wunsch.

Der Strich ist der obere Herr des Zeichens, daher der Gipfel, dem die Wildgans zuzieht. Er steht in Beziehung zum unteren Herrn des Zeichens, Sechs auf zweitem Platz, zu dem Entsprechung des Gatten zur Gattin vorhanden ist. Daher auch der Gedanke, daß endlich Vereinigung eintritt. Aber es dauert drei Jahre lang. Der Strich ist durch das Kernzeichen Kan, Gefahr, von der Sechs auf zweitem Platz getrennt. Aber die Vereinigung beruht auf der Naturbeziehung des Wesens, darum kann sie verzögert, aber nicht dauernd verhindert werden.

Oben eine Neun bedeutet:
a) Die Wildgans zieht allmählich den Wolkenhöhen zu.
Ihre Federn können zum heiligen Tanz verwendet werden.
Heil!
b) »Ihre Federn können zum heiligen Tanz verwendet werden. Heil!«
Man kann ihn nicht aus der Fassung bringen.

Der oberste Platz ist die Wolkenhöhe. Das Zeichen Lu, das eigentlich Hochebene heißt (vgl. Neun auf drittem Platz), ist hier ein Schreibfehler für ein anderes, das »höchste Höhen« bezeichnet.

Das Zeichen Sun bedeutet Wind. Das legt den Gedanken der durch die Wolken führenden Luftreise nahe. Der Strich ist stark und schon außerhalb der Weltgeschäfte. Er wird nur von den andern als Vorbild betrachtet und bewirkt dadurch das Heil. Er selbst läßt sich nicht mehr in die Wirren der Weltgeschäfte ein. Die erwähnten Tänze waren heilige Pantomimen, bei denen Federn von besonderer Art gebraucht wurden. Der Gedanke, der diesem Strich zugrunde liegt, erinnert an den Gedanken des obersten Strichs von Guan, der Anblick, Nr. 20. Auch dort ist der Strich als solcher außerhalb der Weltgeschäfte und nur noch schauend beteiligt.

歸妹

54. Gui Me – Das heiratende Mädchen

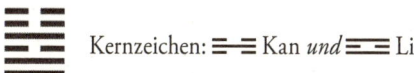 Kernzeichen: ☵ Kan *und* ☲ Li

Das Zeichen »das heiratende Mädchen« beruht auf der Idee, daß das Mädchen von sich aus heiratet, sein Charakter ist nicht gut; darum heißt es im Kommentar zur Entscheidung: »Nichts, das fördernd ist. Das Weiche beruht auf dem Harten.« Das bezieht sich auf die Sechs auf drittem Platz und die obere Sechs, die somit die konstituierenden Herren des Zeichens sind. Dagegen weilt die Sechs auf fünftem Platz auf geehrtem Platz und verkehrt nach unten hin; dadurch verändert sie das nicht Gute und macht Gutes daraus, gestaltet das Unheil in Heil um. Somit ist die Sechs auf fünftem Platz der beherrschende Herr des Zeichens.

Die Reihenfolge
Durch den Fortschritt kommt man sicher dahin, wo man hingehört. Darum folgt darauf das Zeichen: das heiratende Mädchen (wörtlich: das Mädchen, das in Besitz übergeht).

Vermischte Zeichen
Das heiratende Mädchen zeigt das Ende des Mädchentums.

Das Zeichen wird sehr verschieden beurteilt. In späterer Zeit galt es als etwas Unsittliches, wenn das Mädchen von sich aus heiratete. Das Mädchen muß der Sitte nach warten auf die Anregung durch den Mann, wie das im vorigen Zeichen durchgeführt ist. Das stammt aus der patriarchalischen Zeit. Aber das Zeichen hat sozusagen auch eine kosmische Bedeutung: Das obere Zeichen Dschen nimmt nämlich in der Anordnung der acht Diagramme nach König Wen den Osten ein und bezeichnet den Frühling, den Anfang des Lebens, das untere Zeichen Dui den Westen und bezeichnet den Herbst, das Ende des Lebens, während die beiden Kernzeichen Kan den Norden (Winter) und Li den

Süden (Sommer) repräsentieren, so daß in diesem Zeichen der ganze Kreislauf des Lebens enthalten ist.

Das Urteil
Das heiratende Mädchen.
Unternehmungen bringen Unheil.
Nichts, das fördernd wäre.

Kommentar zur Entscheidung
Das heiratende Mädchen bezeichnet den großen Sinn von Himmel und Erde. Wenn Himmel und Erde sich nicht vereinigen, so gedeihen alle Wesen nicht.
Das heiratende Mädchen bedeutet der Menschheit Ende und Anfang. Heiterkeit in der Bewegung. Wer heiratet, ist das junge Mädchen.
»Unternehmungen bringen Unheil.« Die Plätze sind nicht die gebührenden. »Nichts, das fördernd ist«:
Das Weiche beruht auf dem Harten.

Während bei der ursprünglichen Ordnung der Diagramme Kiën im Süden und Kun im Norden stehen und Li im Osten als Sonne, Kan im Westen als Mond, so ist bei der späteren Ordnung der Zeichen (die der Welt der Erscheinung entspricht wie jene andere Anordnung der Welt der Idee) die Wirkung an die vier Zeichen Dschen (Osten), Li (Süden), Dui (Westen), Kan (Norden) übertragen. Sonne und Mond sind als wirkende Kräfte an die Stelle von Himmel und Erde getreten. Der Himmel, Kiën, hat sich nach Nordwesten zurückgezogen, und der älteste Sohn, Dschen, beginnt im Osten das Leben. Die Erde, Kun, hat sich nach Südwesten zurückgezogen, und die jüngste Tochter, Dui, sorgt im Westen für Ernte und Geburt. So ist in diesem Zeichen die kosmische Ordnung des Verkehrs der Geschlechter und der Verlauf des Lebens angedeutet.
Bezeichnend ist die Auffassung von Liu Yüan in Dschou I Hong Gie, der in dem Zeichen nicht das Mädchen (Dui) sieht, das dem älteren Mann (Dschen) folgt, sondern den älteren Bruder (Dschen), der seine jüngere Schwester (Dui) dem Gatten zuführt. Dafür ist eine gewisse Unterlage in den Worten zum fünften Strich gegeben. Es handelt sich hier um Reminiszenzen aus der Zeit des Matriarchats, die in der Geschichte, wie Dschung Kui seine Schwester verheiratet, auch eine romanhafte Verbreitung gefunden haben.

Das »heiratende Mädchen« bedeutet der Menschheit Ende und Anfang, eben wie Dui im Westen den Herbst, das Niedergehen, und Dschen im Osten den Frühling und Aufstieg bedeuten. An der Hand der Eigenschaften der beiden Zeichen Heiterkeit (Dui) und Bewegung (Dschen) wird dann der Name des Zeichens erklärt.

Die Entscheidung des Zeichens »Unternehmungen bringen Unheil« wird aus der Stellung der vier mittleren Striche entnommen, die alle nicht auf ihrem Platz sind. »Nichts ist fördernd« ergibt sich aus der Stellung der Sechs auf drittem Platz, des einen Herrn des Zeichens, über der harten Neun auf zweitem Platz und der beiden anderen Herren des Zeichens, Sechs auf fünftem Platz und obere Sechs über der harten Neun auf viertem Platz.

Das Bild

Oberhalb des Sees ist der Donner:
das Bild des heiratenden Mädchens.

So erkennt der Edle durch die Ewigkeit des Endes das Vergängliche.
Im Herbst kommt alles zu seinem Ende. Wenn der Donner über dem See ist, so ist dieses Ende nahe. Die Ewigkeit des Endes wird nahegelegt durch das Zeichen Dschen, das im Osten (Frühling) hervortritt und, wenn es im Westen (Herbst) angelangt ist, zum Ende seiner Wirksamkeit nach festen Gesetzen kommt. In diesem Moment kommt das Tötende des Herbstes in Kraft, das die vergänglichen Wesen vernichtet. Durch Kenntnis dieser Gesetze gelangt man in die Regionen, die jenseits von Anfang und Ende, Geburt und Tod sind.

Die einzelnen Linien

Anfangs eine Neun bedeutet:

a) Das heiratende Mädchen als Nebenfrau.
Ein Lahmer, der auftreten kann.
Unternehmungen bringen Heil.

b) »Das heiratende Mädchen als Nebenfrau«, weil das Dauer gibt.
»Ein Lahmer, der auftreten kann. Heil«, weil sie einander empfangen.

Die Linie ist ganz unten an niedriger Stelle, außerdem im Zeichen Dui, jüngste Tochter, daher der Gedanke der Nebenfrau. Dui, die jüngste Tochter, ist dem ältesten Sohn gegenüber schwach (ähnlich wie Dui gegenüber von Kiën in dem Zeichen Lü, Auftreten, Nr. 10, wo ebenfalls das Bild des Lahmen und Einäugigen erscheint). Die unterste Linie ist das Bild des Fußes, daher der Gedanke des Lahmen, da keine Beziehung zur vierten Linie vorhanden ist. Das »Einander-Empfangen« bedeutet, daß die Anfangslinie zur zweiten im Verhältnis des Empfangens steht und dieser zugleich mit der fünften dient; daher kann sie mittelbar wenigstens etwas leisten und kommt voran.

Neun auf zweitem Platz bedeutet:
a) Ein Einäugiger, der sehen kann.
   Fördernd ist die Beharrlichkeit eines einsamen Menschen.
b) »Fördernd ist die Beharrlichkeit eines einsamen Menschen.«
   Das dauernde Gesetz ist nicht verändert.

Der Strich ist an unterster Stelle des Kernzeichens Li, das Auge bedeutet. Die fünfte Linie, zu der er in Beziehung des Entsprechens steht, ist schwach; daher das Bild des Einäugigen.
Da der Strich stark und zentral ist, wird er nicht verändert, obwohl der zugehörige schwach und nicht gut ist. Dadurch kommt er zwar einerseits in Dunkelheit und Einsamkeit – unterhalb des Kernzeichens Kan, der Abgrund, also ein finsteres Tal –, aber er ändert seine Stellung zum Gesetz nicht, bleibt seiner Pflicht treu.

▪ Sechs auf drittem Platz bedeutet:
a) Das heiratende Mädchen als Sklavin.
   Sie heiratet als Nebenfrau.
b) »Das heiratende Mädchen als Sklavin«:
   Sie ist noch nicht in der gebührenden Stellung.

Die Linie ist schwach auf starkem Platz, also nicht in der gebührenden Stellung, außerdem auf dem Gipfel der Lust, daher wirft sie sich weg als niederste Sklavin, um nur irgendwie in die Ehe zu kommen. Als Nebenfrau kommt sie unter, indem sie der Neun auf zweitem Platz folgt.

Neun auf viertem Platz bedeutet:
a) Das heiratende Mädchen verzögert die Frist.
   Eine späte Heirat kommt zu ihrer Zeit.
b) Die Gesinnung, die zur Verzögerung der Frist führt, will auf etwas warten, ehe sie geht.

Von den Linien des oberen und des unteren Zeichens stehen nur Fünf und Zwei zueinander in Beziehung. Aber während die beiden anderen Linien, weil sie im Zeichen der Lust stehen, eine eheliche Verbindung, wenn auch auf Umwegen, über Zwei suchen, so bewegen sich die Linien des oberen Zeichens, die nicht durch Beziehung des Entsprechens gebunden sind, davon weg. So hat die Neun auf viertem Platz keine Entsprechung im unteren Zeichen, befindet sich nicht am rechten Platz (stark auf schwachem Platz) und inmitten des Kernzeichens Kan, Gefahr. Daher hält sie sich von ehelicher Verbindung zurück, wartet, bis die Verhältnisse sich geändert haben – die Gefahr wird durch Bewegung (Dschen) ja überwunden –, ehe sie etwas unternimmt. Die neue Situation tritt allerdings erst ein, nachdem der gegenwärtige Geschehenszyklus zu Ende ist.

- **Sechs auf fünftem Platz bedeutet:**
  a) Der Herrscher I verheiratet seine Tochter.
     Da waren die gestickten Kleider der Fürstin nicht so
     prächtig wie die Kleider der Dienerin.
     Der Mond, der fast voll ist, bringt Heil.
  b) »Der Herrscher I verheiratet seine Tochter. Da waren ihre gestickten Kleider nicht so prächtig wie die der Dienerin.« Der Platz ist in der Mitte, und dadurch wird das Handeln wertvoll.

Der Platz ist zentral und geehrt. Dennoch ist die Linie weich und läßt sich zu der starken Neun auf zweitem Platz herab, wie eine Prinzessin, die einen niederen Mann heiratet. Daher gibt sie aus Vornehmheit nichts aufs Äußere, das bei der Dienerin auf erstem Platz noch prächtiger ist. Als oberste Linie des Kernzeichens Kan kommt das Bild des Mondes (Kan ist Mond) in Betracht.

- **Oben eine Sechs bedeutet:**
  a) Die Frau hält den Korb, aber es sind keine Früchte darin.
     Der Mann sticht das Schaf, aber es fließt kein Blut.

Nichts, das fördernd wäre.
b) Daß die obere Sechs keine Früchte hat, kommt daher, daß sie einen leeren Korb hält.

Die obere schwache Sechs auf dem Gipfel der Bewegung und ohne Beziehung zu einem starken Strich hat keine Möglichkeit mehr zu einer Heirat. Die Versuche des Opfers – das obere Zeichen ist das Bild eines leeren Korbs, das untere, Dui, hat als Tier das Schaf – sind daher leer und vergeblich.

55. Fong – Die Fülle

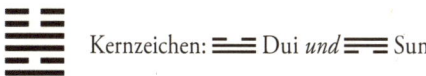

Kernzeichen: ☱ Dui *und* ☴ Sun

Der Herr des Zeichens ist die Sechs auf fünftem Platz. Wenn es im Urteil heißt: »Der König erreicht es. Sei nicht traurig. Du mußt sein wie die Sonne am Mittag«, so bezieht sich das auf die Sechs auf fünftem Platz, denn das ist der Platz des Königs. Der Strich ist weich und weilt in der Mitte: Das ist der Charakter der Sonne am Mittag.

Die Reihenfolge
Was einen Platz bekommt, wo es daheim ist, das wird sicher groß. Darum folgt darauf das Zeichen: die Fülle. Fülle bedeutet Größe.

Vermischte Zeichen
Die Fülle bedeutet viele Anlässe.

Das Zeichen setzt sich zusammen aus dem nach oben strebenden Dschen und dem ebenfalls nach oben sich bewegenden Li. Die Kernzeichen sind das heitere Dui, der See, und das eindringende Sun, der Wind. Wind und Wasser, Donner und Blitz sind daher alle beisammen. Das alles deutet auf viel Kraft. Ein gewisser Höhepunkt ist dadurch gegeben, daß das stärker sich bewegende Dschen oben ist; während es sich bei Schï Ho, das Durchbeißen, Nr. 21, um die Überwindung eines Hindernisses handelt, ist hier das Hindernis schon überwunden. Der Gipfel der Größe legt aber auch die Gefahr des Rückgangs nahe. Das Licht wird durch das innerhalb des Zeichens stehende Kernzeichen Sun, Holz, in verschiedenem Grade verdunkelt. Das Zeichen ist eines von denen, die auf die Veränderlichkeit alles Irdischen Bezug nehmen. Dies ist auch wohl der Sinn des Wortes: Die Fülle bedeutet viele Anlässe, nämlich Anlässe zur Sorge und Trauer.

Das Urteil
Die Fülle hat Gelingen.

Der König erreicht sie.
Sei nicht traurig; du mußt sein wie die Sonne am Mittag.

Kommentar zur Entscheidung
Die Fülle bedeutet Größe. Klarheit bei der Bewegung, darum Fülle.
»Der König erreicht sie.«
Dadurch wird die Größe betont.
»Du mußt sein wie die Sonne am Mittag.«
Man soll den ganzen Erdkreis bestrahlen.
Wenn die Sonne am Mittag steht, so neigt sie sich; wenn der Mond voll ist, so nimmt er ab. Des Himmels und der Erde Vollsein und Leersein nimmt in der Zeit ab und zu; wieviel mehr ist es so bei den Menschen oder den Geistern und Göttern!

Fong ist eine Zeit, da durch Klarheit und Fortschritt Größe und Blüte des öffentlichen Lebens erreicht werden. Dazu bedarf es einer starken leitenden Persönlichkeit, die die andern Gleichgesinnten an sich zieht. Darum kommt nicht die Beziehung des Entsprechens, sondern der Gleichartigkeit unter den Strichen in Betracht (vgl. Anfangsneun und Neun auf viertem Platz, Sechs auf zweitem Platz und Sechs auf fünftem Platz). Eine solche Zeit höchster Kulturblüte birgt aber auch Gefahren. Nämlich nach dem allgemeinen Weltgesetz des Geschehens folgt auf jede Zunahme eine Abnahme, auf jede Fülle eine Leere. Es gibt nur ein Mittel, in Zeiten der Größe Festigkeit der Grundlagen zu gewinnen: die geistige Expansion. Jede Beschränkung rächt sich bitter. Nur dadurch, daß immer weitere Kreise hineingezogen werden in die Fülle, kann sie dauern; denn nur so lange kann die Bewegung weitergehen, ohne in ihr Gegenteil umzuschlagen.

Das Bild
Donner und Blitz kommen beide: das Bild der Fülle.
So entscheidet der Edle die Prozesse und führt die Strafen aus.

Das Bild ist – namentlich in Verbindung mit dem Zeichen »Durchbeißen« zusammengehalten – ohne weiteres verständlich. Die beiden Figuren Li, Klarheit, und Dschen, Erschütterung, Schrecken, geben die Vorbedingung für das luftreinigende Gewitter des Strafprozesses.

Das Buch der Wandlungen

Die einzelnen Linien

Anfangs eine Neun bedeutet:
a) Wenn man seinem bestimmten Herrn begegnet,
so mag man zehn Tage beisammen sein,
und es ist kein Fehler.
Hingehen findet Anerkennung.
b) »Man mag zehn Tage beisammen sein, und es ist kein Fehler.«
Mehr als zehn Tage ist vom Übel.

Der Strich ist stark und klar. Der für ihn bestimmte, gleichgeartete Herr, den er trifft, ist die Neun auf viertem Platz. Das Wort »Sun« bedeutet einen Zeitraum von zehn Tagen, eine volle Periode. Man mag trotz des Zustands der Fülle eine volle Periode mit einem gleichgearteten Freund zusammensein, ohne daß ein Fehler zu befürchten ist. Darum mag man ruhig hingehen und ihn suchen, wenn er auf hohem Platz ist. Der Kommentar warnt jedoch davor, diese Zeit zu überschreiten und auch nach dem Abschluß des Werks sich noch festzuklammern. Das ist vom Übel. Gerade in Zeiten von Fülle muß man rechtzeitig aufhören können.
Die Sung-Interpreten nehmen das Wort Sun im Sinn von gleichartig, so daß es eine weitere Betonung des »Pe«: »gleichgeartet, für jemand bestimmt« wäre.

Sechs auf zweitem Platz bedeutet:
a) Der Vorhang ist von solcher Fülle,
daß man am Mittag die Polsterne sieht.
Durch Hingehen erreicht man Mißtrauen und Haß.
b) Wenn man durch Wahrheit ihn erweckt, kommt Heil.
»Wenn man durch Wahrheit ihn erweckt«,
d. h., man muß durch Zuverlässigkeit seinen Willen erwecken.

Durch das Kernzeichen Sun, Holz, werden die von ihm bedeckten Striche verfinstert, und zwar ist die Verfinsterung hier und bei der Neun auf viertem Platz geringer, dagegen bei der Neun auf drittem Platz als dem Zentrum besonders stark. Da der Strich schwach ist, findet er nur Zweifel und Haß, wenn er sich dem zu ihm gehörigen Fürsten, Sechs auf fünftem Platz, der ebenfalls schwach ist, zuwendet. Aber da er zentral und korrekt ist, wird es ihm gelingen, durch

I Ging

die Macht innerer Wahrheit die Trennung zu überwinden und den Willen des Herrschers zu erwecken.

Neun auf drittem Platz bedeutet:
a) Das Gestrüpp ist von solcher Fülle,
daß man am Mittag die kleinen Sterne sieht.
Er bricht seinen rechten Arm. Kein Makel.
b) »Das Gestrüpp ist von solcher Fülle«,
daß man keine großen Geschäfte tun kann.
»Er bricht seinen rechten Arm«:
Endgültig darf man nichts machen wollen.

Die Verfinsterung ist hier auf ihrer Höhe. Zum Kernzeichen Sun kommt hier noch das Kernzeichen Dui, See, dadurch wird die an sich vorhandene Möglichkeit, Großes zu leisten, beschränkt. Das Kernzeichen Dui bedeutet zerbrechen. Der rechte Arm ist die schwache obere Sechs, die, entsprechend den Beziehungen in diesem Zeichen, nicht als Gehilfe der starken Neun auf drittem Platz in Betracht kommt. Falls man sich vom Handeln zurückhält in Erkenntnis seiner Unmöglichkeit, so bleibt man frei von Makel.

Das mit »Gestrüpp« wiedergegebene Wort »Pe« bedeutet auch eine Wassermasse; das mit »kleine Sterne« wiedergegebene »Mo« bedeutet auch Schaum, Nieselregen. Doch scheint die Deutung, die oben befolgt wurde, besser zum Zusammenhang zu passen.

Neun auf viertem Platz bedeutet:
a) Der Vorhang ist von solcher Fülle,
daß man am Mittag die Polsterne sieht.
Er begegnet seinem gleichen Herrn. Heil!
b) »Der Vorhang ist von solcher Fülle.«
Der Platz ist nicht der gebührende.
»Am Mittag sieht man die Polsterne.«
Er ist dunkel und nicht hell.
»Er begegnet seinem gleichen Herrn. Heil!«
Das heißt Handeln.

Die erste Hälfte lautet gleich wie bei der Sechs auf zweitem Platz, dort der Anfang, hier das Ende des Kernzeichens Sun, Holz. »Der Platz ist nicht gebührend«: weil harter Strich auf weichem Platz. Der Strich ist nicht mehr im Zeichen Li, darum von Natur nicht mehr hell. Das Licht ist unterhalb. Aber durch Bewegung wird erreicht, daß er dem gleichgearteten, d. h. ebenfalls starken Strich am Anfang begegnet. So kommt durch das Handeln Licht (denn die Anfangsneun ist licht, weil sie im Zeichen Li ist) und damit Heil.

- **Sechs auf fünftem Platz bedeutet:**
    a)   Es kommen Linien, es naht Segen und Ruhm. Heil!
    b)   Das Heil der Sechs auf fünftem Platz kommt daher, daß sie Segen spendet.

Die Linie steht in Beziehung zur Sechs auf zweitem Platz. Dort heißt es »hingehen«, hier heißt es »kommen«. Die Linien sind das Helle, Klare, das eben durch das Zeichen Li, Licht, dessen Zentralstrich die Sechs auf zweitem Platz ist, naht und so Segen und Ruhm ermöglicht.

   Oben eine Sechs bedeutet:
    a)   Sein Haus ist in Fülle.
         Er verdeckt seine Sippe.
         Er späht durch das Tor und merkt niemand mehr.
         Drei Jahre lang sieht er nichts. Unheil!
    b)   »Sein Haus ist in Fülle.«
         Er treibt sich an der Grenze des Himmels umher.
         »Er späht durch das Tor und merkt niemand mehr.«
         Er verdeckt sich selbst.

Die schwache Linie auf der Spitze der Bewegung geht zu weit. So kommt sie scheinbar immer höher hinauf, aber eben dadurch verliert sie immer mehr den Halt und kommt immer weiter vom Lichtweg, zumal da sie selbst ja die Neun auf drittem Platz verdunkelt. So kommt sie in eine hoffnungslos vereinsamte Lage, die sie sich selber zuzuschreiben hat.

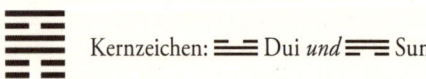

56. Lü – Der Wanderer

Kernzeichen: ☱ Dui *und* ☴ Sun

Der Herr des Zeichens ist die Sechs auf fünftem Platz; darum heißt es im Kommentar zur Entscheidung: »Das Weiche erlangt die Mitte im Äußeren« und ferner: »Stillehalten und Haften an der Klarheit«. Die Fünf weilt im äußeren Zeichen: Das ist das Bild des Wanderers im Ausland. Sie ist auf dem mittleren Platz als Herr des Zeichens Li: Das ist das Bild des Erlangens der Mitte und Haftens an der Klarheit.

Die Reihenfolge
Woran die Größe sich erschöpft, das ist sicher, daß sie ihre Heimat verliert. Darum folgt darauf das Zeichen: der Wanderer.

Vermischte Zeichen
Wessen Freunde wenig sind, das ist der Wanderer.

Das Zeichen ist so organisiert, daß die beiden Halbzeichen auseinanderstreben. Die Flamme geht nach oben, der Berg drückt nach unten. Die Vereinigung ist nur vorübergehend. Der Berg ist die Herberge, das Feuer der Wanderer, der nicht lange darin weilt, sondern weiter muß. Das Zeichen ist die Umkehrung des vorigen.

Das Urteil
Der Wanderer. Durch Kleinheit Gelingen.
Dem Wanderer ist Beharrlichkeit von Heil.

Kommentar zur Entscheidung
»Der Wanderer. Durch Kleinheit Gelingen«:
Das Weiche erlangt die Mitte im Äußeren und fügt sich dem Festen. Stillhalten und Haften an der Klarheit; darum: kleines Gelingen.

»Dem Wanderer ist Beharrlichkeit von Heil.«
Der Sinn der Zeit des Wanderers ist wahrlich groß.

Der Herr des Zeichens ist die Sechs auf fünftem Platz. Sie ist weich, daher stellt sie das Zurückhaltende, Sich-nicht-Großmachende dar. Sie ist in der Mitte, daher kann sie nicht beschämt werden, obwohl sie im Äußeren, im fremden Lande ist. Sie fügt sich den festen Linien oben und unten, daher zieht sie sich kein Unheil zu. Das untere Zeichen Gen deutet auf Stillehalten, innere Zurückhaltung, das obere Zeichen Li auf Haften nach außen hin. Die richtige Stellung als Wanderer in fremdem Land ist nicht leicht zu finden, darum ist es etwas Großes, den Sinn der Zeit zu treffen.

Das Bild
Auf dem Berg ist Feuer: das Bild des Wanderers.
So ist der Edle klar und vorsichtig in der Anwendung von
Strafen und verschleppt keine Streitigkeiten.

Sonst ist immer dann von Strafsachen die Rede, wenn Klarheit und Bewegung zusammentreffen (Durchbeißen und Fülle). Hier ist ebenfalls Klarheit vorhanden im oberen Zeichen. Die Ruhe des Berges gibt die Vorsicht in der Anwendung der Strafen. Auch in diesem Zeichen ist übrigens die Raschheit der Erledigung der Strafsachen angedeutet in dem gegenseitigen Verhältnis der beiden Zeichen. Das Feuer weilt nicht auf dem Berg, sondern geht rasch vorüber.

Die einzelnen Linien

Anfangs eine Sechs bedeutet:
a) Wenn der Wanderer sich mit kleinlichen Dingen abgibt,
    so zieht er sich dadurch Unglück zu.
b) »Wenn der Wanderer sich mit den kleinlichen Dingen abgibt«,
    dann erschöpft sich sein Wille, und das ist ein Unglück.

Ein schwacher Strich ganz unten am Fuß des Zeichens Gen, daher das Unwürdige, Kleinliche: Gen ist Stehenbleiben. Der Strich ist von dem Zeichen Li, Klarheit, weit entfernt, daher hat er keinen Weitblick und erschöpft seinen Willen im Kleinlichen. Die Beziehung zur Neun auf viertem Platz wirkt darum nicht erleuchtend, sondern schädigend, wie denn im ganzen Zeichen das Feuer vorwiegend als brennend, schädigend in Betracht kommt.

Sechs auf zweitem Platz bedeutet:
a) Der Wanderer kommt zur Herberge.
    Er hat seinen Besitz bei sich.
    Er erlangt eines jungen Dieners Beharrlichkeit.
b) »Er erlangt eines jungen Dieners Beharrlichkeit.« Das ist endgültig kein Fehler.

Die Linie ist weich und zentral, inmitten des Zeichens Gen, das Tür und Hütte bedeutet; daher das Symbol der Herberge. Das Kernzeichen Sun bedeutet Markt und Gewinn, daher der Gedanke, daß er seinen Besitz bei sich hat. Der junge Diener ist die Anfangssechs.

Neun auf drittem Platz bedeutet:
a) Dem Wanderer verbrennt seine Herberge.
    Er verliert die Beharrlichkeit seines jungen Dieners.
    Gefahr.
b) »Dem Wanderer verbrennt seine Herberge.«
    Das ist für ihn selbst ein Schade.
    Wenn er als Fremder mit seinem Untergebenen verkehrt, so verliert er ihn mit Recht.

Der Strich ist zu hart, weil hart auf starkem Platz. Darum ist er nicht hingebend gegen seinen Oberen, darum hilft ihm der Obere nicht, und es verbrennt seine Wohnung. Durch seine Härte ist er unfreundlich gegen seine Unteren und verliert dadurch ihre treue Zuneigung, was natürlich Gefahr bedeutet. Der Strich ist an der Spitze des Zeichens Gen, das Hütte bedeutet, darüber unmittelbar das Feuer, daher der Gedanke, daß die Hütte verbrennt. Der Diener ist die Anfangssechs.

Neun auf viertem Platz bedeutet:
a) Der Wanderer ruht an einem Unterkunftsort.
    Er erlangt seinen Besitz und eine Axt.
    Mein Herz ist nicht froh.

b) »Der Wanderer ruht an einem Unterkunftsort.«
Er hat noch nicht seinen Platz erlangt.
»Er erlangt seinen Besitz und eine Axt.«
Doch ist er im Herzen noch nicht froh.

Der Unterkunftsort ist nur vorübergehend, weil der Strich außerhalb des Zeichens Gen ist. Er ruht, weil er seinen Platz – er ist stark, der Platz ist schwach – noch nicht erreicht hat, nur vorübergehend aus. Obwohl er Besitz hat, braucht er auch eine Axt zur Verteidigung (Li bedeutet Waffen, das Kernzeichen Dui bedeutet ebenfalls Metall und Schädigung). Darum ist er im Herzen noch nicht froh.

- **Sechs auf fünftem Platz bedeutet:**
    a) Er schießt einen Fasan, auf den ersten Pfeil fällt er.
       Schließlich kommt dadurch Lob und Amt.
    b) Schließlich kommt er durch Lob und Amt empor.

Die Linie, weich auf dem Zentralplatz im Äußern, ist hier der Wanderer. Weil er zentral ist und hingebend, gelingt es ihm, unten (Neun auf viertem Platz) Freunde zu finden und oben (obere Neun) ein Amt; so kommt er empor.
Das Zeichen Li bedeutet einen Fasan und Waffen. Das Kernzeichen Dui ist Metall, daher der Gedanke des Schießens. Dui ist auch der Mund, daher Lob. Dschu Hi deutet den zweiten Satz: »Ein Pfeil geht verloren«, was grammatikalisch natürlich auch möglich ist.

Oben eine Neun bedeutet:
a)   Dem Vogel verbrennt sein Nest.
     Der Wanderer lacht erst,
     dann muß er klagen und weinen.
     Er verliert die Kuh im Leichtsinn. Unheil!
b)   Als Wanderer oben zu sein, das führt mit Recht zum Verbrennen.
     »Er verliert die Kuh im Leichtsinn.«
     Er hört endgültig nichts.

Der starke Strich oben, dessen Bewegung noch dazuhin nach oben geht, verliert die Grundlagen, und so führt alle Heiterkeit nur zu Verlusten, weil er die

Pflichten des Wanderers allzusehr vernachlässigt und selbst durch Schaden nicht klug wird.

Li ist ein Vogel, es ist die Flamme. Der Platz ist hoch oben, über dem Kernzeichen Sun, daher das Nest. Lachen kommt von dem Kernzeichen Dui, das Heiterkeit und Mund bedeutet; das Klagen kommt von der zerstörenden Kraft, die in Dui lauert. Li ist die Kuh, sie geht hier durch die Heiterkeit und den Leichtsinn an hoher Stelle verloren. Der Strich ist hoffnungslos, kommt nicht zur Besinnung, weil er nur immer weiter nach oben strebt, ohne sich irgendwie auf die Rückkehr zu besinnen.

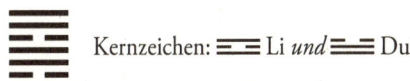

57. Sun – Das Sanfte
(das Eindringliche, der Wind)

Kernzeichen: ☲ Li *und* ☱ Dui

Obwohl das Zeichen durch die beiden Yinstriche bestimmt wird, so ist unter den weiblichen Zeichen nur das eine Zeichen Li, das Haftende, in dem die Yinstriche die Herren sind, weil sie da in der Mitte sich befinden. Die beiden Yinstriche in dem Zeichen »das Sanfte« sind die konstituierenden Herren des Zeichens, aber sie können nicht als beherrschende Herren angesehen werden. Der beherrschende Herr ist vielmehr die Neun auf fünftem Platz; die »Gebote verbreiten und seine Geschäfte wirken« kann nur, wer auf geehrtem Platz ist. Wenn es darum im Kommentar zur Entscheidung heißt: »Das Feste dringt in die Mitte und das Korrekte, und sein Wille geschieht«, so bezieht sich das auf den fünften Strich.

Die Reihenfolge
Der Wanderer hat nichts, das ihn aufnehme, darum folgt darauf das Zeichen: das Sanfte, das Eindringliche. Das Sanfte bedeutet Hineingehen.

Der Sinn ist, daß der Wanderer nichts hat, da er in seiner Verlassenheit bleiben kann, und daß daher Sun folgt, das Zeichen der Heimkehr.

Vermischte Zeichen
Das Sanfte bedeutet sich ducken.

Der dunkle Strich ist unten, er duckt sich unter die lichten Striche, und eben durch dieses sanfte Ducken gelingt es ihm, einzudringen unter die starken Striche.

I Ging

Beigefügte Urteile
Das Zeichen »das Sanfte« zeigt die Betätigung des Charakters. Durch das Sanfte vermag man die Dinge zu wägen und verborgen zu bleiben. Durch das Sanfte vermag man die besonderen Umstände zu berücksichtigen.

Das sanfte Eindringen verleiht dem Charakter die Fähigkeit, die Außenwelt zu beeinflussen und in die Hand zu bekommen. Denn man vermag auf diese Weise die Dinge ihrem inneren Wesen nach zu verstehen, ohne daß man selbst hervorzutreten braucht. Hier liegt die Macht des Einflusses. Von hier aus vermag man die Ausnahmen zu machen, die durch die Zeit erfordert sind, ohne daß man inkonsequent wäre.
Das Zeichen Sun hat unter den acht Zeichen den südöstlichen Platz zwischen Frühling und Sommer und bedeutet das Einströmen der Wesen in ihre Formen, Taufe und Belebung.

Das Urteil
Das Sanfte. Durch Kleines Gelingen.
Fördernd ist es, zu haben, wohin man geht.
Fördernd ist es, den großen Mann zu sehen.

Kommentar zur Entscheidung
Wiederholtes Eindringen, um Gebote zu verbreiten. Das Feste dringt ein in die Mitte und das Korrekte, und sein Wille geschieht.
Die Weichen fügen sich beide den Festen, darum heißt es: »Durch Kleines Gelingen. Fördernd ist es, zu haben, wohin man geht. Fördernd ist es, den großen Mann zu sehen.«

Das Zeichen setzt sich aus dem wiederholten Trigramm Sun zusammen. Sun bedeutet einerseits Sanftheit, Anpassung, andererseits Eindringen. Beim Erteilen von Geboten kommt alles darauf an, daß sie wirklich eindringen in das Bewußtsein der Untergebenen. Dies geschieht dadurch, daß sie ihrem Verständnis angepaßt werden. Es handelt sich um ein doppeltes Eindringen. Zunächst das Eindringen des Befehls in das Gefühl des Untertanen, wo es das in verborgenen Falten wohnende Böse zerteilt wie der Wind die Wolken, und ein noch tieferes

Eindringen in die Tiefen des Bewußtseins, wo das verborgene Gute geweckt werden soll. Die Befehle müssen wiederholt gegeben werden, damit sie so wirken.*
Im weiteren wird aus der Gestalt des Zeichens der Text erklärt. Der Starke, der in den zentralen und für ihn korrekten Platz eingedrungen ist, ist die Neun auf fünftem Platz; darum geschieht sein Wille, und es ist günstig, etwas zu unternehmen. Die weichen Linien auf dem Anfangs- und vierten Platz gehorchen dem festen Herrn des Zeichens über ihnen. Darum ist das Gelingen ans Kleine gebunden, für das es fördernd ist, den großen Mann zu sehen (Neun auf fünftem Platz).

Das Bild
Einander folgende Winde:
das Bild des sanft Eindringenden.
So verbreitet der Edle seine Gebote
und bewirkt seine Geschäfte.

Von den beiden Winden vertreibt der erste die Widerstände: »verbreitet die Gebote«. Der zweite bewirkt das Werk: »bewirkt seine Geschäfte«.

Die einzelnen Linien

▪ **Anfangs eine Sechs bedeutet:**
a)   Beim Vorgehen und Rückweichen
     ist fördernd die Beharrlichkeit eines Kriegers.
b)   »Vorgehen und Rückweichen«:
     Der Wille ist im Zweifel.
     »Fördernd ist die Beharrlichkeit eines Kriegers.«
     Der Wille ist beherrscht.

Die Linie ist weich und ganz unten im Zeichen des Sanften, daher die Unentschlossenheit, aber indem sie sich der starken Linie über ihr unterwirft, bekommt sie den Halt militärischer Disziplin.

---

* Vgl. die modernen Theorien über das Wesen der Suggestion.

Neun auf zweitem Platz bedeutet:
a)   Eindringen unter das Bett.
     Man benützt Priester und Magier in großer Zahl.
     Heil! Kein Makel.
b)   Das Heil der großen Zahl beruht darauf, daß man die Mitte erlangt hat.

Die Linie ist stark, aber zentral, daher hat sie Heil. Das Zeichen Sun bedeutet Holz, der geteilte Strich unten die Beine, daher das Bild des Bettes. Das Kernzeichen Dui bedeutet Mund und Magier. Indem der Strich sich dem starken, gleichgearteten Herrn des Zeichens fügt, kann er ihm behilflich sein, die Befehle auszubreiten, indem er eindringt in die geheimsten Winkel. Die Priester sind die Vermittler der Menschen den Göttern gegenüber, die Magier die Vermittler der Götter den Menschen gegenüber. So ist hier eine Durchdringung der Gebiete der sichtbaren und der unsichtbaren Welt, die es ermöglicht, daß alles zurechtkommt.

Neun auf drittem Platz bedeutet:
a)   Wiederholtes Eindringen. Beschämung.
b)   Die Beschämung des wiederholten Eindringens kommt davon, daß der Wille sich erschöpft.

Der dritte Platz ist inmitten der beiden Sunzeichen: Das eine ist zu Ende, das andere beginnt eben; daher das wiederholte Eindringen. Die Neun auf drittem Platz ist zu hart und nicht zentral. Obwohl diese Art nicht geeignet ist zu sanftem Eindringen in den Kern der Dinge, versucht man es doch. Dabei kommt es zu keinem Resultat, es bleibt bei unentschlossenem Schwanken.

▪ **Sechs auf viertem Platz bedeutet:**
a)   Reue schwindet.
     Auf der Jagd fängt man drei Arten von Wild.
b)   »Auf der Jagd fängt man drei Arten von Wild.«
     Das ist verdienstvoll.

Das Kernzeichen Li bedeutet Waffen und daher Jagd. Die Sechs auf viertem Platz ist korrekt, unterwirft sich dem Herrscher und bringt ihm die drei unteren

Striche zu, dadurch erwirbt sie sich Verdienst, und die Reue, die durch übermäßige Schwäche bedingt sein könnte, schwindet.

- **Neun auf fünftem Platz bedeutet:**
    a) Beharrlichkeit bringt Heil. Reue schwindet.
       Nichts, das nicht fördernd ist.
       Kein Anfang, aber ein Ende.
       Vor der Änderung drei Tage,
       nach der Änderung drei Tage. Heil!
    b) Das Heil der Neun auf fünftem Platz beruht darauf, daß der Platz korrekt und zentral ist.

Der Strich ist im Zentrum als Herr des Zeichens, darum geht von ihm die Beeinflussung durch Befehle aus, die für das Zeichen die charakteristische Handlung ist. Im Unterschied zu dem Zeichen Gu (die Arbeit am Verdorbenen, Nr. 18), wo es sich um Ausgleich des von Vater und Mutter Verdorbenen handelt, ist hier die Arbeit an der Öffentlichkeit gezeichnet. Dafür ist charakteristisch nicht sowohl die Mängel deckende Liebe, als die richtende Gerechtigkeit, wie sie charakterisiert ist durch den Westen (Metall, Herbst), dem das Zeichen Gong (übersetzt mit »Änderung«, das siebente der zyklischen Zeichen) beigeordnet ist. Um Befehle durchzusetzen, muß erst der falsche Anfang beseitigt, dann das gute Ende erreicht werden, daher der Ausdruck »Kein Anfang, aber ein Ende«. Dieser Satz wird ausgeführt durch die Worte: »Vor dem Zeichen Gong drei Tage, nach dem Zeichen Gong drei Tage«. Es handelt sich also um ein richtendes Beseitigen dessen, was als falscher Anfang sich entwickelt hat. Drei »Tage« vor Gong ist der Sommer im Absteigen; dann kommt das Ende. Drei »Tage« nach Gong ist der Winter als Abschluß. Während also nach vorne der Anfang nicht erreicht ist, ist wenigstens das Ende in Reichweite. (Anders als bei dem Zeichen Gu, Nr. 18, das eben im Zentrum zwischen Ende und Anfang liegt.)

- **Oben eine Neun bedeutet:**
    a) Eindringen unter das Bett.
       Er verliert seinen Besitz und seine Axt.
       Beharrlichkeit bringt Unheil.
    b) »Eindringen unter das Bett.«
       Oben ist es zu Ende.

»Er verliert seinen Besitz und seine Axt.«
Ist das recht?
Es ist von Unheil.

Während der zweite Strich bei seinem Eindringen unter das Bett die Verbindung zwischen oben und unten herstellt, so daß alles in Ordnung kommt, ist das Eindringen unter das Bett hier nur Unselbständigkeit und Haltlosigkeit. Dadurch verliert er seinen Besitz an Festigkeit (der an sich starke Strich verliert seine Stärke, weil er auf dem Gipfel der Sanftheit ist) und seine Axt (das Kernzeichen Dui bedeutet Metall), so daß er keine Entscheidung mehr fällen kann. Diese Haltung beharrlich beibehalten ist entschieden vom Übel.

兌

58. Dui – Das Heitere, der See

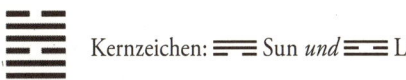 Kernzeichen: ☴ Sun *und* ☲ Li

Die beiden Yinstriche sind die konstituierenden Herren des Zeichens, aber sie vermögen nicht die beherrschenden Herren des Zeichens zu bilden. Die beherrschenden Herren sind der zweite und der fünfte Strich. Darum heißt es im Kommentar zur Entscheidung: »Das Feste ist in der Mitte, und das Weiche ist außen. Heiterkeit, und dabei ist fördernd Beharrlichkeit.«

Die Reihenfolge
Wenn man in etwas eingedrungen ist, dann freut man sich. Darum folgt darauf das Zeichen: das Heitere. Das Heitere bedeutet sich freuen.

Vermischte Zeichen
Das Heitere ist offenbar.

Dui ist der See, der alle Wesen erfreut und erfrischt. Dui ist ferner der Mund. Wenn die Menschen einander durch ihre Gefühle erfreuen, so wird das offenbar durch den Mund. Eine Yinlinie wird offenbar oberhalb von zwei Yangstrichen; das deutet an, wie die beiden Prinzipien einander erheitern und das nach außen offenbar wird. Auf der andern Seite ist Dui dem Westen und dem Herbst zugeordnet. Sein Wandlungszustand ist das Metall. Das Schneidende, Zerstörende ist die andere Seite des Aspekts. Das Zeichen ist die Umkehrung des vorigen.

Das Urteil
Das Heitere. Gelingen. Günstig ist Beharrlichkeit.

Kommentar zur Entscheidung
Das Heitere bedeutet Freude. Das Feste in der Mitte, das Weiche außen. Sich freuen und dabei als fördernd die Beharrlichkeit zu haben, so fügt man sich dem Himmel und entspricht den Menschen.

Wenn man fröhlich dem Volk vorangeht, so vergißt das Volk seine Mühsale. Wenn man fröhlich dem Schweren entgegentritt, so vergißt das Volk den Tod. Das Größte bei der Erheiterung des Volkes ist, daß das Volk sich gegenseitig in Zucht hält.

Das Feste in der Mitte sind die beiden Striche auf zweitem und fünftem Platz, das Weiche außen sind die Sechs auf drittem Platz und die obere Sechs. Das ist die rechte Freude, die fest im Innern, nach außen milde ist. Diese Freude ist auch das beste Mittel der Staatsregierung.

Das Bild
Aufeinander beruhende Seen: das Bild des Heiteren.
So tut sich der Edle mit seinen Freunden zusammen zur Besprechung und Einübung.

Dui bedeutet See und Mund. Die Wiederholung des Mundes bedeutet die gemeinsame Besprechung, die Wiederholung des Sees die Einübung.

Die einzelnen Linien

Anfangs eine Neun bedeutet:
a)   Zufriedene Heiterkeit. Heil!
b)   Das Heil der zufriedenen Heiterkeit besteht darin, daß der Wandel noch nicht zweifelhaft geworden ist.

Festigkeit und Bescheidenheit sind die Vorbedingungen einer harmonischen Freude. Beide sind in dem starken Strich an niedriger Stelle erfüllt. Wenn das Lichte ans Schattige gebunden ist, so gibt es viele Zweifel und Bedenken, die die Heiterkeit stören. Der Anfangsstrich ist noch fern von allen derartigen Verwicklungen, daher ist ihm das Heil gewiß.

- **Neun auf zweitem Platz bedeutet:**
a)   Wahrhaftige Heiterkeit. Heil! Die Reue schwindet.
b)   Das Heil wahrhaftiger Heiterkeit besteht im Vertrauen auf den eigenen Willen.

Dieser Strich ist in naher Beziehung zu dem dritten, schattigen Strich, daher könnten Zweifel und Reue sich einstellen. Allein da er zentral und stark ist, ist die Wahrhaftigkeit seines Wesens und seiner Stellung stärker. Er vertraut sich selbst, ist wahrhaftig gegen die andern und findet daher auch Glauben.

- **Sechs auf drittem Platz bedeutet:**
  - a) Kommende Heiterkeit. Unheil!
  - b) Das Unheil der kommenden Heiterkeit kommt davon, daß der Platz nicht der gebührende ist.

Eine schwache Linie auf starkem Platz, auf der Höhe der Heiterkeit: Da fehlt die Beherrschung. Weil man innerlich sich öffnet, kommen die Zerstreuungen von außen herbeigeströmt und dringen ein, und das Unheil ist gewiß, da man sich von den herbeigezogenen Freuden überwältigen läßt.

Neun auf viertem Platz bedeutet:
- a) Überlegte Heiterkeit ist nicht beruhigt.
  Nach Abtun der Fehler hat man Freude.
- b) Die Freude der Neun auf viertem Platz hat Segen.

Der Strich ist in der Mitte zwischen dem starken Herrn, Neun auf fünftem Platz, zu dem er in Beziehung des Empfangens steht, und der weichen Linie Sechs auf drittem Platz, die zu ihm in der Beziehung des Zusammenhaltens steht und ihn zu verführen sucht. Aber obwohl er in dieser Lage noch nicht ohne weiteres zur Ruhe gekommen ist, so besitzt doch sein Leben genügend innere Kraft, um sich zu überlegen, wem er folgen will, und die Beziehungen zur Sechs auf drittem Platz abzutun. Dadurch kommen Heil und Segen für ihn und andere.

- **Neun auf fünftem Platz bedeutet:**
  - a) Wahrhaftigkeit gegen das Zersetzende ist gefährlich.
  - b) »Wahrhaftigkeit gegen das Zersetzende.«
    Der Platz ist korrekt und gebührend.

Das Zersetzende ist die obere Sechs. Die Neun auf fünftem Platz, die stark und korrekt ist, steht auch ihr gegenüber so, daß sie ihr Vertrauen schenkt. Das ist gefährlich. Aber diese Gefahr kann dennoch abgewendet werden, da die Natur und die Stellung des Strichs so stark sind, daß jene Einflüsse überwunden werden.

- **Oben eine Sechs bedeutet:**
  a) Verführende Heiterkeit.
  b) Daß die obere Sechs zur Freude verführt, kommt daher, daß sie nicht lichtvoll ist.

Diese Linie ist ähnlich wie die Sechs auf drittem Platz. Aber während jene im inneren Zeichen ist und die Freuden durch ihre Lust herbeilockt, ist die obere Sechs im äußeren Zeichen und verlockt andere zur Freude. Die verführende Heiterkeit bezieht sich nicht auf den das Orakel Befragenden, sondern zeigt eine vor ihm liegende Situation. Ob er sich verführen läßt, das liegt bei ihm. Es ist aber wichtig, sich solchen unklaren Situationen gegenüber zu hüten.
Eine etwas andere Deutung liegt dem a-Text zugrunde, die ebenfalls in der chinesischen Literatur zum I Ging fundiert ist.

59. Huan – Die Auflösung

 Kernzeichen: ☶ Gen *und* ☳ Dschen

Der Herr des Zeichens ist die Neun auf fünftem Platz; denn die Auflösung auf der ganzen Erde zu ordnen vermag nur, wer auf geehrtem Platz steht. Doch steht die Neun auf zweitem Platz im Innern, um die Grundlagen zu festigen, und die Sechs auf viertem Platz steht zur Neun auf fünftem Platz in der Beziehung des Empfangens, um deren Werke zu vollenden. So haben auch diese beiden wichtige Funktionen innerhalb des Zeichens. Darum heißt es im Kommentar zur Entscheidung: »Das Feste kommt und erschöpft sich nicht, das Weiche bekommt einen Platz im Äußeren, und der Obere ist in Übereinstimmung mit ihm.«

Die Reihenfolge
Auf die Freude folgt die Zerstreuung. Darum folgt darauf das Zeichen: die Auflösung. Auflösung bedeutet Auseinandergehen.

Vermischte Zeichen
Auflösung bedeutet Auseinandergehen.

Beigefügte Urteile
Sie schabten Stämme aus zu Schiffen und härteten Hölzer im Feuer zu Rudern. Der Nutzen der Schiffe und Ruder bestand in der Vermittlung des Verkehrs. Das entnahmen sie wohl dem Zeichen: die Auflösung.

Das Zeichen hat einen doppelten Sinn: einmal den durch das Bild »Wind über Wasser« nahegelegten, der die Auflösung des Eises und Erstarrten andeutet, dann aber auch den des Eindringens (Sun) in das Abgründige (Kan), der ein Zerstreuen, Zerteilen andeutet. Diesem Zertrennenden gegenüber kommt dann die Wiedervereinigung als Aufgabe in Betracht, was ebenfalls in dem Zeichen enthalten ist.
Aus dem Bild »Holz über Wasser« ergibt sich der Gedanke des Schiffs.

Das Urteil
Die Auflösung. Gelingen.
Der König naht seinem Tempel.
Fördernd ist es, das große Wasser zu durchqueren.
Fördernd ist Beharrlichkeit.

Kommentar zur Entscheidung
Die Auflösung. Gelingen. Das Feste kommt und erschöpft sich nicht. Das Weiche bekommt einen Platz im Äußeren, und der Obere ist in Übereinstimmung mit ihm.
»Der König naht seinem Tempel.«
Der König ist in der Mitte.
»Fördernd ist es, das große Wasser zu durchqueren.«
Sich auf das Holz verlassen schafft Verdienste.

»Kommen« bedeutet die Stellung im inneren, d. h. unteren Halbzeichen, wie »gehen« die im äußeren. Das Feste, das kommt, ist also die Neun auf zweitem Platz. Indem sie den Platz im Zentrum des unteren Zeichens innehat, schafft sie für das lichte Prinzip innerhalb der dunklen Striche eine Basis der Wirksamkeit, die unerschöpflich ist wie das Wasser (Kan). Das Weiche, das einen Platz außen bekommt und mit dem Oberen zusammenwirkt, ist die Sechs auf viertem Platz, auf dem Platz des Ministers. Auf den gegenseitigen Beziehungen der drei Striche auf fünftem, viertem und zweitem Platz beruht die Wirkung, die durch das Zeichen gemeint ist.
Der König in der Mitte ist die Neun auf fünftem Platz. Seine zentrale Stellung bedeutet die innere Sammlung, durch die er das Auseinanderstrebende zusammenzuhalten vermag. Der Tempel wird nahegelegt durch das obere Kernzeichen, Gen, das Berg und Haus bedeutet. Das Holz (Sun) über dem Wasser (Kan) gibt die Unterlage für den Gedanken der Durchquerung des großen Wassers.

Das Bild
Der Wind fährt über das Wasser: das Bild der Auflösung.
So opferten die alten Könige dem Herrn und bauten Tempel.

Auch hier ist das innere Streben nach Zusammenhalten des äußerlich Auseinandergehenden durch die Religion und ihre Pflege angedeutet. Es handelt sich um Wahrung des Zusammenhangs zwischen Gott und Mensch und zwischen Ahnen und Nachkommen. Das Bild des Tempels ist auch hier durch das Kernzeichen Gen nahegelegt. Es kommt noch die Idee des Hineingehens von dem Zeichen Sun und des Dunklen von dem Zeichen Kan hinzu.

Die einzelnen Linien

Anfangs eine Sechs bedeutet:
a) Er bringt Hilfe mit der Macht eines Pferdes. Heil!
b) Das Heil der Anfangssechs beruht auf ihrer Hingebung.

Das starke Pferd ist die Neun auf zweitem Platz. Kan bedeutet ein starkes, schönrückiges Pferd. Die Anfangssechs ist schwach und an niedrigem Platz und hat von sich aus keine Kraft, die Auflösung zu beseitigen. Aber da die Linie im Anfang der Auflösung ist, ist ihre Rettung verhältnismäßig leicht. Die starke zentrale Neun auf zweitem Platz kommt ihr zu Hilfe, sie fügt sich und vereinigt sich mit ihr im Dienst des Herrn auf fünftem Platz.

▪ Neun auf zweitem Platz bedeutet:
a) Bei der Auflösung läuft er seiner Stütze zu.
   Die Reue schwindet.
b) »Bei der Auflösung läuft er seiner Stütze zu« und erlangt so, was er wünscht.

Das Kernzeichen Dschen bedeutet Fuß und rasches Laufen. Die Stütze, auf die sich die Neun auf zweitem Platz stützen kann, ist der gleichgesinnte, starke Herrscher Neun auf fünftem Platz. Dadurch, daß die Neun auf zweitem Platz von sich aus den Fürsten aufsucht, könnte man Gelegenheit zur Reue vermuten, aber sie ist stark und zentral, und diese an sich ungewöhnliche Handlungsweise ist durch die ungewöhnliche Zeit bedingt. Sie handelt nicht aus selbstsüchtigen Gründen, sondern ihr Wunsch ist die Beseitigung der Auflösung. Dies erreicht sie auch in Gemeinschaft mit der Neun auf fünftem Platz.

Sechs auf drittem Platz bedeutet:
a) Er löst sein Ich auf. Keine Reue.

b) »Er löst sein Ich auf.«
   Sein Wille ist nach außen gerichtet.

Der Strich ist schwach auf starkem Platz, da wäre Reue das Gegebene. Allein es ist der einzige Strich des inneren Zeichens, der in Beziehung des Entsprechens zu einem Strich des äußeren Zeichens steht. Daher ist sein Wille nach außen gerichtet. Er ist oben auf dem Zeichen des Wassers in unmittelbarer Berührung mit dem Zeichen Wind, daher der Gedanke des Auflösens der eigenen Person und damit Abwesenheit der Reue.

- **Sechs auf viertem Platz bedeutet:**
  a) Er löst sich von seiner Schar. Erhabenes Heil!
     Durch Auflösung folgt Anhäufung.
     Das ist etwas, an das Gewöhnliche nicht denken.
  b) »Er löst sich von seiner Schar. Erhabenes Heil!«
     Sein Licht ist groß.

Das untere Zeichen ist als umgewandeltes Kun anzusehen. Kun bedeutet die Schar. Indem der mittlere Strich sich loslöst und auf viertem Platz sich niederläßt, löst er sich von seiner Schar und löst diese Schar auf, denn an seine Stelle tritt die starke Neun auf zweitem Platz. So entsteht durch Auflösung Anhäufung (Kernzeichen Gen, der Berg). Der weiche Strich, Sechs auf viertem Platz, steht im Verhältnis des Empfangens zum Herrscher, Neun auf fünftem Platz, und er hat als Gehilfen den starken Beamten Neun auf zweitem Platz gewonnen, so daß in der Tat durch Auflösen Anhäufen erfolgt.

- **Neun auf fünftem Platz bedeutet:**
  a) Auflösend wie Schweiß sind seine lauten Rufe.
     Auflösung! Ein König weilt ohne Makel.
  b) »Ein König weilt ohne Makel.«
     Er ist an seinem rechten Platz.

Das Zusammentreffen des Windes mit dem Wasser löst dieses auf wie Schweiß. Das Zeichen Sun, das überall hinkommt, bedeutet die lauten Rufe. So ist der König an seinem rechten Platz und daher ohne Makel.

Oben eine Neun bedeutet:
a)   Er löst sein Blut auf.
       Weggehen, sich fernhalten, hinausgehen ist ohne Makel.
b)   »Er löst sein Blut auf.«
       Damit entfernt er sich von Schaden.

Kan ist Blut. Der Wind löst auf. So wird die Gelegenheit zum Blutvergießen entfernt. Er kommt aber nicht nur selbst darüber weg, sondern hilft auch noch der zu ihm in Beziehung stehenden Sechs auf drittem Platz.

60. Dsië – Die Beschränkung

 Kernzeichen: ☶ Gen *und* ☳ Dschen

Der Herr des Zeichens ist die Neun auf fünftem Platz; denn Maß und Grad aufzustellen, damit die Welt in Schranken gehalten werde, das vermag nur jemand, der geehrt ist und die Geisteskraft dazu hat. Darum heißt es im Kommentar zur Entscheidung: »Auf dem gebührenden Platz, um zu beschränken, zentral und korrekt, um zu vereinigen.«

Das Zeichen ist die Umkehrung des vorigen. Die innere Struktur und das Verhältnis der Kernzeichen zueinander sind bei beiden gleich. Es ist hier nur der See, der das Wasser beisammenhält, während im vorigen Zeichen der Wind das Wasser auflöste.

Die Reihenfolge
Die Dinge können nicht dauernd auseinander sein, darum folgt darauf das Zeichen: die Beschränkung.

Vermischte Zeichen
Beschränkung bedeutet Festhalten.

Das Urteil
Beschränkung. Gelingen.
Bittere Beschränkung darf man nicht beharrlich üben.

Kommentar zur Entscheidung
»Beschränkung: Gelingen.«
Die Festen und Weichen sind gleich verteilt, und die Festen haben die Mitte erlangt.
»Bittere Beschränkung darf man nicht beharrlich üben«,
denn ihr Weg erschöpft sich.
Heiter im Durchschreiten der Gefahr, auf dem gebührenden Platz, um zu

beschränken, zentral und korrekt, um zu vereinigen.
Himmel und Erde haben ihre Beschränkungen, und die vier Jahreszeiten kommen zustande.
Beschränkung beim Schaffen von Einrichtungen schafft, daß die Güter nicht beeinträchtigt und die Menschen nicht geschädigt werden.

Yang- und Yinstriche bilden je die Hälfte und sind außerdem gleichmäßig verteilt: 2+2+1+1. Daher stehen starke Striche auf den beiden zentralen Plätzen 2 und 5.
Bittere Beschränkung, dauernd festgehalten, würde zu Mißerfolg führen. Aber durch die zentrale und maßvolle Haltung des Herrn des Zeichens, Neun auf fünftem Platz, ist diese Gefahr überwunden. Heiterkeit ist die Eigenschaft des unteren Zeichens Dui, Gefahr die des oberen Zeichens Kan. Die Beschränkung des Herrn des Zeichens wird durch die beiden Yinstriche, zwischen denen er steht, bewirkt. Aber durch seine zentrale und korrekte Stellung wird die durchgehende Wirkung erreicht. Die Beschränkung – Einteilung in Abschnitte – ist das Mittel zur Zeitteilung. So ist das Jahr in China in 24 Dsië Ki geteilt, die – im Einklang mit atmosphärischen Erscheinungen – es dem Menschen ermöglichen, mit seinen landwirtschaftlichen Tätigkeiten sich so einzurichten, daß sie mit dem Gang der Jahreszeiten in Einklang kommen. Die Beschränkung bzw. sachgemäße Verteilung von Arbeit und Verbrauch war eines der wichtigsten Probleme einer guten Regierung im alten China. Auch hierfür sind in diesem Zeichen Grundsätze angedeutet.

Das Bild
Oberhalb des Sees ist Wasser:
das Bild der Beschränkung.
So schafft der Edle Zahl und Maß und untersucht,
was Tugend und rechter Wandel ist.

Zahl und Maß sind angedeutet durch das gegenseitige Verhältnis von Wasser und See. Dem Zeichen Kan entspricht das Schaffen, dem Zeichen Dui, das Mund bedeutet, das Untersuchen, wörtlich Besprechen. Zahl und Maß, das Ruhende, Feste, entspricht dem oberen Kernzeichen Gen; Tugend und Wandel, das Bewegliche, Handelnde, entspricht dem unteren Kernzeichen Dschen.

Die einzelnen Linien

Anfangs eine Neun bedeutet:
a) Nicht zu Tür und Hof hinausgehen ist kein Makel.
b) »Nicht zu Tür und Hof hinausgehen« ist ein Zeichen, daß man weiß, was offen und zu ist.

Der Strich steht ganz am Anfang. Gen, das Kernzeichen oben, bedeutet Tor, hier ist man noch weit davon entfernt; vom äußeren, zweiflügligen Tor ist noch nicht die Rede, sondern von der inneren, einflügligen Tür. Vor sich sieht man verschlossene Türen, darum hält man sich zurück. Nicht aus Tür und Hof gehen deutet auf Verschwiegenheit, die den Anfang jedes erfolgreichen Werks bilden muß.

Neun auf zweitem Platz bedeutet:
a) Nicht zu Tor und Hof hinausgehen bringt Unheil.
b) »Nicht zu Tor und Hof hinausgehen bringt Unheil.«
Denn man versäumt die höchste Zeit.

Hier ist die Lage anders. Man hat vor sich geteilte Striche, das Bild einer offenen, zweiflügligen Hoftür. Es ist nun die höchste Zeit hinauszugehen, nicht egoistisch zurückzuhalten mit dem angesammelten Vorrat. (Das Kernzeichen Dschen, an dessen Beginn der Strich steht, deutet auf Bewegung; darum bringt Zögern Unheil.)

Sechs auf drittem Platz bedeutet:
a) Wer keine Beschränkung kennt, wird zu klagen haben.
Kein Makel.
b) An der Klage über das Versäumnis der Beschränkung – wer ist da schuld?

Die Sechs auf drittem Platz ist schwach und steht an der Spitze des Zeichens Dui, Heiterkeit. Darum versäumt sie die Beschränkung, die nötig wäre. Das Zeichen Dui bedeutet Mund, das Kernzeichen Dschen bedeutet Furcht, Kan bedeutet Trauer, daher der Gedanke des Klagens. An dieser Folge ist man aber selbst schuld.

Sechs auf viertem Platz bedeutet:
a) Zufriedene Beschränkung. Gelingen.
b) Das Gelingen zufriedener Beschränkung kommt davon, daß man den Weg des Oberen empfängt.

Der korrekte, weiche Strich steht zu dem Herrn des Zeichens in der Beziehung des Empfangens. Er fügt sich zufrieden in diese Stellung, darum hat er Erfolg im Anschluß an den Oberen, Neun auf fünftem Platz, dem er folgt.

• Neun auf fünftem Platz bedeutet:
a) Süße Beschränkung bringt Heil.
   Hingehen bringt Achtung.
b) Das Heil der süßen Beschränkung kommt davon, daß man zentral auf seinem Platz weilt.

Die zentrale, starke und korrekte Haltung des Herrn des Zeichens macht ihm selbst die Zurückhaltung leicht (er steht auf der Höhe des Kernzeichens Gen), und durch sein Beispiel macht er den andern die Beschränkung süß. Der Berg Gen hat die Erde als Aggregatzustand, deren Geschmack süß ist.

Oben eine Sechs bedeutet:
a) Bittere Beschränkung: Beharrlichkeit bringt Unheil.
   Reue schwindet.
b) »Bittere Beschränkung. Beharrlichkeit bringt Unheil.« Ihr Weg erschöpft sich.

Hier am Ende der Zeit der Beschränkung sollte man nicht gewaltsam die Beschränkung fortsetzen wollen. Der Strich ist schwach und auf der Spitze des Zeichens Kan, Gefahr. Was man hier erzwingen will, wirkt bitter und kann nicht fortgesetzt werden. Es muß also eine neue Richtung eingeschlagen werden, dann schwindet die Reue.

61. Dschung Fu – Innere Wahrheit

Kernzeichen: ☶ Gen *und* ☳ Dschen

Das konstituierende Merkmal des Zeichens ist, daß es in der Mitte leer ist; darum sind die Sechs auf drittem Platz und die Sechs auf viertem Platz die konstituierenden Herren des Zeichens. Aber die Wahrheit beruht andererseits darauf, daß die Mitte wirklich ist; darum sind die Neun auf zweitem Platz und die Neun auf fünftem Platz die beherrschenden Herren des Zeichens. Da aber ferner der Gedanke zugrunde liegt, daß man durch innere Wahrheit das ganze Reich umgestaltet, so gehört zu diesem Geschäft der geehrte Platz. Darum ist der eigentliche Herr des Zeichens die Neun auf fünftem Platz.

Die Reihenfolge
Indem die Dinge beschränkt werden, werden sie zuverlässig gemacht. Darum folgt darauf das Zeichen: Innere Wahrheit.

Vermischte Zeichen
Innere Wahrheit bedeutet Zuverlässigkeit.

Das Zeichen hat ebenfalls dieselbe innen geschlossene Struktur wie die beiden vorigen, nur daß hier die beiden äußersten Striche stark sind. Es sind die älteste und die jüngste Tochter, die in der richtigen Stellung hier beisammen sind, darum wird das gegenseitige Vertrauen nicht gestört. Die Eigenschaften der Zeichen sind sehr schön in Harmonie: oben Sanftheit, unten Heiterkeit, und die Kernzeichen Ruhe und Bewegung; dazu ist der ganze Bau des Zeichens sehr harmonisch und symmetrisch, und zwar so, daß die weichen Linien innen, die festen außen sind. Das alles sind sehr günstige Umstände. Daher hat das Zeichen auch ein sehr günstiges Urteil.

Das Urteil
Innere Wahrheit. Schweine und Fische. Heil!

Fördernd ist es, das große Wasser zu durchqueren.
Fördernd ist Beharrlichkeit.

Kommentar zur Entscheidung
Innere Wahrheit. Die Weichen sind im Innern, und doch halten die Starken die Mitte. Heiter und sanft: Dadurch wird wahrhaft das Land umgestaltet. »Schweine und Fische. Heil!«
Die Macht des Vertrauens erstreckt sich selbst auf Schweine und Fische.
»Fördernd ist es, das große Wasser zu durchqueren.«
Man bedient sich der Höhlung eines hölzernen Schiffs. Innere Wahrheit und die Beharrlichkeit zur Förderung: Damit entspricht man dem Himmel.

Die Weichen im Innern sind die dritte und die vierte Linie. Die Starken in der Mitte der beiden Zeichen sind der zweite und der fünfte Strich. Durch die Weichen in der Mitte entsteht eine Leere. Diese Leere des Herzens, diese Demut, ist nötig, um das Gute herzuziehen. Auf der anderen Seite sind zentrale Festigkeit und Stärke nötig, um die nötige Zuverlässigkeit zu haben. So ist das Ineinander von Weichheit und Stärke die Grundlage, auf der sich das Zeichen aufbaut.
Heiterkeit und Sanftheit sind die Eigenschaften der beiden Zeichen: Dui, Heiterkeit in der Nachfolge des Guten, und Sun, sanftes Eindringen in die Herzen der Menschen. So gewinnt man die Grundlage des Vertrauens, die nötig ist, um ein Land umzugestalten.
Schweine und Fische sind die ungeistigsten Geschöpfe. Wenn selbst sie beeinflußt werden, zeigt das eine große Macht der Wahrheit.
(Bemerkung: Eine andere Auffassung gibt Dschou I Hong Gie. Er nimmt die beiden Worte zusammen als Schweinsfische = Delphine. »Die Delphine entstehen im Meer [Dui] und zeigen den Schiffen [Sun] an, wenn ein Wind kommt. Sie sind zuverlässige Sturmboten, daher das Symbol der inneren Wahrheit. Der Wind, der kommt, macht sich durch sichere Zeichen erst bemerkbar, so daß die Delphine an die Oberfläche kommen. So ist innere Wahrheit das Mittel, die Zukunft zu verstehen.« Der Gedanke ist sehr gut. Nur entstammt das Buch der Wandlungen einer Zeit, da das Meer noch nicht in den Gesichtskreis Chinas eingetreten war.)
Holz und Wasser, Holz und Höhlung werden als Bild des Schiffes gedeutet, mit dem man den großen Strom durchqueren mag.

Das Bild
Über dem See ist der Wind:
das Bild der inneren Wahrheit.
So bespricht der Edle die Strafsachen,
um Hinrichtungen aufzuhalten.

Dui ist das Bild des Mundes, daher das Besprechen. Sun ist das Sanfte, Zögernde, daher das Aufhalten der Hinrichtungen. Sun hat übrigens auch in anderen Zeichen die Bedeutung von Befehlen. Dui hat das Töten und Richten als Eigenschaft.

Die einzelnen Linien

Anfangs eine Neun bedeutet:
a) Bereit sein bringt Heil.
    Sind Hintergedanken da, so ist das beunruhigend.
b) Das Bereitsein der Anfangsneun bringt Heil:
    Der Wille hat sich noch nicht verändert.

Das Zeichen, das mit »bereit« übersetzt ist, bedeutet ursprünglich das Opfer am Tag nach der Beerdigung, und von da aus gewinnt es die Bedeutung der Vorbereitung. Das Zeichen Yen, Ruhe (in beunruhigend), heißt eigentlich Schwalbe, wird aber seit alters im Sinne von An, Ruhe, mit verwendet. Der Strich ist stark und zuverlässig, in sich ruhend und bereit. Sein Wille ist von außen her unbeeinflußt. Die Hintergedanken werden nahegelegt durch die Beziehung des Entsprechens zur Sechs auf viertem Platz. Aber im Zeichen »innere Wahrheit« sollen keine geheimen Sonderbeziehungen stattfinden.

Neun auf zweitem Platz bedeutet:
a) Ein rufender Kranich im Schatten.
    Sein Junges antwortet ihm.
    Ich habe einen guten Becher. Ich will ihn mit dir teilen.
b) »Sein Junges antwortet ihm.«
    Das ist die Zuneigung des innersten Herzens.

Der Kranich ist ein Seevogel, der im Herbst ruft. Dui bedeutet See und Herbst. Das Kernzeichen Dschen bedeutet Neigung zum Rufen, daher das Bild des rufenden Kranichs. Er ist unterhalb des Kernzeichens Berg, im Schatten von zwei Yinstrichen, inmitten des Sees, daher »im Schatten«. Sein Sohn ist die Anfangsneun, die mit ihm gleicher Art ist und zum selben Körper (dem unteren Zeichen) gehört. Nach einer anderen Auffassung würde die Beziehung zur Neun auf fünftem Platz gehen. Dies – die Wirkung in die Ferne – wird eigentlich durch die Erklärung Kungtses (vgl. Buch I) noch mehr nahegelegt. Der Becher und das Trinken werden aus der Bedeutung von Dui = Mund abgeleitet.

- **Sechs auf drittem Platz bedeutet:**
    a) Er findet einen Genossen,
    bald trommelt er, bald hört er auf.
    Bald schluchzt er, bald singt er.
    b) »Bald trommelt er, bald hört er auf.« Der Platz ist nicht der gebührende.

Eine weiche Linie auf festem Platz auf dem Gipfel der Heiterkeit läßt die Selbstbeherrschung vermissen. Die Linie wird angezogen von der oberen Neun, findet aber – da Anziehungen gegen den Geist des Zeichens sind – keine feste Stellung; aber ebensowenig zu der benachbarten und gleichgearteten Sechs auf viertem Platz, die wohl mit dem Genossen gemeint ist. Trommeln war im chinesischen Altertum das Zeichen zum Vormarsch; der Rückzug, das Aufhören des Angriffs, wurde durch das Schlagen eines metallnen Gongs bezeichnet. Der Strich steht in den beiden Kernzeichen Dschen und Gen, von denen das eine Erregung, das andre Stillehalten bedeutet. Der Wechsel von Schluchzen und Lachen ist durch das Zeichen Dui und das Kernzeichen Dschen bedingt.

- **Sechs auf viertem Platz bedeutet:**
    a) Der Mond, der beinahe voll ist.
    Das Gespannpferd geht verloren.
    Kein Makel.
    b) »Das Gespannpferd geht verloren.«
    Er trennt sich von seiner Art und wendet sich nach oben.

Das Gespannpferd ist die Sechs auf drittem Platz. Aber die Gleichartigkeit wirkt nicht bestimmend. Der Strich ist korrekt an seinem Platz und in der Beziehung des Empfangens zum Herrn des Zeichens, der Neun auf fünftem Platz, dem sie als Minister zur Seite steht. Daher die Abwendung vom Artgenossen und die Hinwendung zum Höheren.

- **Neun auf fünftem Platz bedeutet:**
    a) Er besitzt Wahrheit, die verkettet.
       Kein Makel.
    b) »Er besitzt Wahrheit, die verkettet.«
       Der Platz ist korrekt und gebührend.

Das Verketten als Bild kommt von der Bedeutung des oberen Zeichens Sun = Strick und des oberen Kernzeichens Gen = Hand. Im übrigen ist durch die korrekte, zentrale und geehrte Stellung die Wirkung des Strichs als Herr des Zeichens gezeigt.

Oben eine Neun bedeutet:
a) Hahnenruf, der zum Himmel dringt.
   Beharrlichkeit bringt Unheil.
b) »Hahnenruf, der zum Himmel dringt.«
   Wie könnte der lange dauern?

Sun hat als Tier den Hahn. Der Hahn will zum Himmel fliegen, aber das kann er nicht. So kommt nur der Ruf hinaus (Sun bedeutet das Ausrufen, das wie der Wind überall hindringt). Das bedeutet eine Übertreibung. Die Äußerung ist stärker als das Gefühl. Das gibt falsches Pathos, weil es mit der inneren Wahrheit nicht zu vereinigen ist. Das führt auf die Dauer zum Unheil. Der Strich ist zu stark an der exponierten Stelle und wird von der Kraft des Zeichens nicht mehr getragen, daher dieses Unheil.

小過

62. Siau Go – Des Kleinen Übergewicht

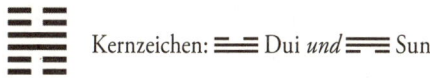

Kernzeichen: ☱ Dui *und* ☴ Sun

Die Herren des Zeichens sind die zweite und fünfte Linie, deshalb, weil sie weich sind und die Mitte haben. Sie befinden sich in einer Zeit, da ein Übergang notwendig ist, ohne zu übertreiben.

Die Reihenfolge
Wenn man das Vertrauen der Wesen hat, so bringt man sie in Bewegung; darum folgt darauf das Zeichen: des Kleinen Übergewicht.

Vermischte Zeichen
Des Kleinen Übergewicht bedeutet einen Übergang.

Beigefügte Urteile
Die Herren spalteten ein Holz und machten einen Stößel daraus und höhlten die Erde als Mörser. Der Nutzen des Mörsers und Stößels kam allen Menschen zugute. Das entnahmen sie wohl dem Zeichen: des Kleinen Übergewicht.

Das chinesische Wort Go läßt sich nicht mit allen seinen Nebenbedeutungen ins Deutsche übersetzen. Es heißt vorübergehen, dann kommt der Gedanke des Übermaßes, Übergewichts dazu: alles, was darauf beruht, daß die Mitte überschritten ist. Es sind Übergangszustände, außerordentliche Zustände, um die es sich handelt. Die Struktur des Zeichens ist so, daß die Weichen außen sind. Wenn dabei die Starken in der Überzahl sind, so entsteht das Zeichen: des Großen Übergewicht (Nr. 28). Sind die Schwachen in der Überzahl, so entsteht des Kleinen Übergewicht. Aus den Kernzeichen unseres Zeichens ergibt sich dieselbe Struktur wie aus den Halbzeichen von Nr. 28.

Das Zeichen ist das Gegenstück des vorigen.

Das Urteil
Des Kleinen Übergewicht. Gelingen.
Fördernd ist Beharrlichkeit.
Man mag kleine Dinge tun, man soll nicht große Dinge tun.
Der fliegende Vogel bringt die Botschaft:
Es ist nicht gut, nach oben zu streben,
es ist gut, unten zu bleiben. Großes Heil!

Kommentar zur Entscheidung
Des Kleinen Übergewicht. Die Kleinen sind im Übergewicht und haben Gelingen. Beim Übergang gefördert werden durch Beharrlichkeit, das bedeutet, daß man mit der Zeit geht.
Das Weiche erhält die Mitte, darum Heil in kleinen Dingen. Das Harte hat seinen Platz verloren und ist nicht in der Mitte; darum soll man nicht große Dinge tun.
Das Zeichen hat die Form eines fliegenden Vogels. »Der fliegende Vogel bringt die Botschaft: Es ist nicht gut, nach oben zu streben, es ist gut, unten zu bleiben. Großes Heil!« Nach oben zu streben ist Empörung, nach unten ist Hingebung.

In Ausnahmezeiten sind Ausnahmemaßregeln notwendig, um die Regel wiederherzustellen. Hier handelt es sich darum, daß die Zeit eine scheinbar zu weitgehende Zurückhaltung verlangt. Es ist eine Zeit wie unter König Wen und dem Tyrannen Dschou Sin. Diese Zurückhaltung, die übertrieben erscheinen könnte, ist gerade das, was die Zeit erfordert. Dieses Kleine im Übergewicht wird auch dadurch angedeutet, daß es weiche, d. h. kleine Striche sind, die die Mittelplätze innehaben und dadurch Herren des Zeichens sind, während die starken Linien von der ausschlaggebenden Stellung außen ins Innere gedrängt sind, ohne zentral zu sein.
Das Große im Übergewicht ist wie ein Balken. Seine Gefahr ist zu große Schwere, darum muß er in der Mitte nach oben gestützt werden. Das Kleine im Übergewicht ist wie ein Vogel. Seine Gefahr ist, daß er zu weit nach oben steigt und den Boden unter den Füßen verliert.

Das Bild
Auf dem Berg ist der Donner:
das Bild von des Kleinen Übergewicht.
So legt der Edle im Wandel das Übergewicht auf die Ehrerbietung,
bei Trauerfällen legt er das Übergewicht auf die Trauer,
bei seinen Ausgaben legt er das Übergewicht auf die Sparsamkeit.

Der Donner, der aus der Ebene in die Höhe steigt, wird durch diesen Übergang immer kleiner. Der Gedanke des Übergewichts, des Ein-wenig-zu-viel-Tuns in der rechten Weise, wird dem entnommen; denn eben dadurch, daß man ein wenig zu viel tut nach der Seite des Kleinen hin, trifft man das Rechte; so beim Wandel in der Ehrerbietung, bei der Beerdigung in der Trauer, bei Ausgaben in der Sparsamkeit. Der Wandel wird nahegelegt durch das obere Zeichen Dschen, das Bewegung bedeutet, die Beerdigung durch die Stellung der Kernzeichen See über Holz. (Vgl. hierzu Nr. 28, wo ebenfalls der Gedanke der Beerdigung dieser Kombination entspricht.) Sparsame Ausgaben werden nahegelegt durch das Zeichen Gen, Berg, das Beschränkung andeutet.

Die einzelnen Linien

Anfangs eine Sechs bedeutet:
a) Der Vogel kommt durch Fliegen ins Unheil.
b) »Der Vogel kommt durch Fliegen ins Unheil.«
    Da läßt sich nichts machen.

Die Linie befindet sich unten am Zeichen des Berges. Sie sollte stillehalten. Aber da dem Sinn des Zeichens nach das Schwache im Übergewicht ist, läßt sie sich nicht festhalten, sondern sucht – da eine geheime Beziehung zur Neun auf viertem Platz da ist – aufzusteigen wie ein fliegender Vogel. Damit aber bringt sich der Vogel selbst in Gefahr; denn wenn es für einen Vogel Zeit ist, sich stillezuhalten, und er fliegt auf, so gerät er sicher dem Jäger in die Hände.

- **Sechs auf zweitem Platz bedeutet:**
    a) Sie geht an ihrem Ahnherrn vorbei und trifft die Ahnfrau.
        Er erreicht nicht seinen Fürsten und trifft den Beamten.
        Kein Makel.

b) »Er erreicht nicht seinen Fürsten.«
    Der Beamte darf (den Fürsten) nicht übertreffen wollen.

Die Neun auf drittem Platz ist der Vater, die Neun auf viertem Platz der Großvater, die Sechs auf fünftem Platz die Großmutter. Es besteht zur Sechs auf fünftem Platz die Beziehung der Gleichartigkeit. Da das Zeichen unter der Bestimmung steht, daß das Kleine am Großen vorbeigeht und es übersteigt, da ferner die Sechs auf fünftem Platz Herr des Zeichens ist, ist das Bild der Ahnfrau gewählt. Auf der anderen Seite ist der Strich Beamter, der den weichen Fürsten, Sechs auf fünftem Platz, nicht übertrifft, weil er selbst weich ist. Er trifft in der Neun auf drittem Platz einen Beamten, mit dem er durch die Beziehung des Zusammenhaltens vereinigt ist.

Neun auf drittem Platz bedeutet:
a) Wenn man sich nicht außerordentlich vorsieht,
    so kommt etwa einer von hinten und schlägt einen.
    Unheil!
b) »Es kommt etwa einer von hinten und schlägt einen.«
    Was ist das für ein Unheil!

Die Linie ist zwar stark, aber die Sechs auf zweitem Platz ist in günstigerer Position, weil sie zentral und Herr des Zeichens ist. Die Neun auf drittem Platz als auf der Spitze des Zeichens Gen, Berg, befindlich hat die Möglichkeit, sich vorzusehen vor unerwarteten Zufällen. Tut sie es nicht, so kommt das Unheil von hinten.

Neun auf viertem Platz bedeutet:
a) Kein Makel. Ohne vorbeizugehen, trifft er ihn.
    Hingehen bringt Gefahr. Man muß sich hüten.
    Handle nicht. Sei dauernd beharrlich.
b) »Ohne vorbeizugehen, trifft er ihn.«
    Der Platz ist nicht der gebührende.
    »Hingehen bringt Gefahr. Man muß sich hüten.«
    Man darf so durchaus nicht fortmachen.

Die Stärke der Neun auf viertem Platz ist durch die Weichheit des Platzes gemäßigt. Es ist der Platz des Ministers. Er sucht nicht seinen Fürsten zu übertreffen und begegnet ihm so, daß alles gut ist. Nur ist der Strich als Herr des oberen Zeichens Dschen zu leicht geneigt, sich zu einer übermäßigen Bewegung hinreißen zu lassen, die gefährlich wäre. Daher die Warnung vor dem Handeln.

- **Sechs auf fünftem Platz bedeutet:**
    a) Dichte Wolken, kein Regen von unserm westlichen Gebiet.
       Der Fürst schießt und trifft jenen in der Höhle.
    b) »Dichte Wolken, kein Regen«:
       Er ist schon oben.

Das Orakel »Dichte Wolken, kein Regen« steht auch bei dem Zeichen »Des Kleinen Zähmungskraft«, Nr. 9, das gewissermaßen eine ähnliche Situation zeigt. Aber dort sind die starken Striche oben, die die Wolken schließlich zu Regen verdichten. Hier, wo das Kleine am Großen vorübergeht, ist die Sechs auf fünftem Platz zu weit oben. Es ist kein starker Strich mehr über ihr, der die Wolken verdichten könnte. Der Westen wird angedeutet durch das obere Kernzeichen Dui, das den Westen bedeutet. Es bedeutet auch Metall, darum das Bild des Schießens. Der in der Höhle ist die Sechs auf zweitem Platz. Das Wort für Schießen bedeutet das Schießen mit einem Pfeil, der eine Leine hatte, so daß man das getroffene Wild herbeiziehen konnte. Diese Verbindung beruht auf dem Umstand, daß die Sechs auf fünftem Platz und die Sechs auf zweitem Platz in der Beziehung der Gleichartigkeit zueinander stehen.

- **Oben eine Sechs bedeutet:**
    a) Ohne ihn zu treffen, geht er an ihm vorbei.
       Der fliegende Vogel verläßt ihn. Unheil!
       Das bedeutet Unglück und Schaden.
    b) »Ohne ihn zu treffen, geht er an ihm vorbei.« Er ist schon
       hochmütig.

Die obere Sechs steht eigentlich zur Neun auf drittem Platz in der Beziehung des Entsprechens. Aber zur Zeit, da das Kleine am Großen vorübergeht, kommt diese Beziehung nicht in Betracht. Die obere Sechs ist nur nach oben gerichtet. So ist auch hier wieder das Bild des Vogels. Aber während bei der Anfangssechs das

Unheil darin bestand, daß sie nicht abwarten konnte, besteht es hier darin, daß die Linie zu hoch und hochmütig ist und nicht mehr zurück will. Damit verirrt sie sich, verläßt die übrigen und zieht sich Unheil von Göttern und Menschen zu.

63. Gi Dsi – Nach der Vollendung

Kernzeichen: ☲ Li *und* ☵ Kan

Der Herr des Zeichens ist die Sechs auf zweitem Platz. Die Bedeutung des Zeichens »Nach der Vollendung« ist, daß anfangs Heil herrscht und am Ende Wirren. Die Sechs auf zweitem Platz ist im inneren Zeichen gerade in der Zeit des anfänglichen Heils. Darum heißt es im Kommentar zur Entscheidung: »Anfangs Heil. Das Weiche erlangt die Mitte.«

Die Reihenfolge
Wer über den Dingen steht, der bringt sie zur Vollendung. Darum folgt darauf das Zeichen: Nach der Vollendung.

Vermischte Zeichen
Nach der Vollendung bedeutet Festigung.

Das Zeichen ist das einzige, in dem sämtliche Striche auf ihrem korrekten Platz stehen. Es ist das Zeichen des Übergangs von Tai, Frieden, zu Pi, Stockung. Es enthält die beiden Halbzeichen Kan und Li, wobei dieselben Zeichen auch in umgekehrter Richtung die Kernzeichen bilden. Kan strebt nach unten, Li nach oben. Durch die äußere und innere Organisation des Zeichens ist ein Gleichgewichtszustand geschaffen, der als solcher freilich labil ist.

Das Urteil
Gelingen im Kleinen. Fördernd ist Beharrlichkeit.
Im Anfang Heil, am Ende Wirren.

Kommentar zur Entscheidung
Nach der Vollendung. Gelingen:
im Kleinen ist Gelingen.
»Fördernd ist Beharrlichkeit.«

Die Festen und Weichen sind korrekt, und ihre Plätze sind die gebührenden.
»Anfangs Heil«.
Das Weiche hat die Mitte erlangt.
Wenn man am Ende stehen bleibt, so kommen Wirren; denn der Weg erschöpft sich.

Der Herr des Zeichens ist die Sechs auf zweitem Platz; obwohl schwach, hat sie Gelingen, weil sie in Beziehung des Entsprechens zu der starken Neun auf fünftem Platz steht. Die Beharrlichkeit ist deshalb fördernd, weil alle Striche auf den ihnen gebührenden Plätzen stehen und jede Abweichung daher vom Übel ist. Anfangs geht alles gut, weil die weiche Sechs auf zweitem Platz die Mitte hat in dem Zeichen Li, Klarheit. Es ist eine Zeit höchster Kulturblüte und Feinheit. Wenn aber kein Fortschritt mehr möglich ist, so kommen schließlich mit Notwendigkeit Wirren, da der Weg nicht fortzusetzen ist.

Das Bild
Das Wasser ist oberhalb des Feuers:
das Bild des Zustands nach der Vollendung.
So bedenkt der Edle das Unglück
und rüstet sich im voraus dagegen.

Indem Feuer und Wasser ihre Wirkungen ausgleichen und so ein Gleichgewichtszustand geschaffen ist, wird doch auf der andern Seite auch die Befürchtung des Zusammenbruchs nahegelegt. Bricht das Wasser durch, so löscht das Feuer aus. Flammt das Feuer hoch, so trocknet das Wasser aus. Daher sind Vorkehrungen der Sicherheit nötig. Das Zeichen Kan legt die Gefahr und das Unglück nahe, das Zeichen Li, Klarheit, die Voraussicht. Das Bedenken geschieht im Herzen, das Sichrüsten in den äußeren Handlungen. Die Gefahr lauert noch unsichtbar, darum kann sie nur durch Nachdenken rechtzeitig erkannt und so abgewandt werden.

Die einzelnen Linien

Anfangs eine Neun bedeutet:
a)   Er hemmt seine Räder.

Er kommt mit dem Schwanz ins Wasser.
Kein Makel.
b) »Er hemmt seine Räder.«
Das ist seiner Bedeutung nach ohne Makel.

Kan bedeutet Rad, bedeutet einen Fuchs, bedeutet Hemmen. Die Anfangslinie ist hinten am Fuchs, daher der Schwanz. Da sie mit der unteren Linie des oberen Zeichens Kan in Verbindung steht, wird sie naß. Da das untere Kernzeichen ebenfalls Kan ist, kommt die Figur des Fuchses und Rades schon hier am Anfang vor. Daß die Gefahr überwunden werden kann durch starkes Zurückhalten, kommt von der starken Natur des Strichs.

- **Sechs auf zweitem Platz bedeutet:**
  a) Die Frau verliert ihren Wagenvorhang.
  Lauf ihm nicht nach. Am siebenten Tag bekommst du ihn.
  b) »Am siebenten Tag bekommst du ihn«: infolge des mittleren Wegs.

Das Zeichen Li, in dessen Mitte die Linie steht, ist die mittlere Tochter, daher das Bild der Frau. Derselbe Gedanke wird dadurch nahegelegt, daß die Sechs auf zweitem Platz weich ist und in der Beziehung des Entsprechens zu dem Gatten, Neun auf fünftem Platz. Kan ist Wagen, Li ist Vorhang. Kan bedeutet auch Räuber, daher Raub des Vorhangs. »Nach sieben Tagen«, das ist die Zahl eines vollständigen Wechsels der sechs Striche des Zeichens; mit dem siebenten kommt der Ausgangsplatz wieder. Der Strich ist weich, steht zwischen harten Strichen, gleicht daher einer Frau, die ihren Schleier verloren hat und dadurch Angriffen ausgesetzt ist. Aber da sie korrekt ist, schaden ihr diese Angriffe nichts. Sie bleibt ihrem Gatten treu und erhält auch ihren Schleier wieder.

Neun auf drittem Platz bedeutet:
a) Der hohe Ahn züchtigt das Teufelsland.
Nach drei Jahren überwindet er es.
Gemeine darf man nicht verwenden.
b) »Nach drei Jahren überwindet er es.«
Das ist erschöpfend.

Li bedeutet Waffen. Das Teufelsland ist das Nordgebiet der Hunnen. Norden ist die Richtung von Kan. Der Strich steht im Mittelpunkt des Kernzeichens Kan. Der Strich ist stark auf starkem Platz. Der hohe Ahn ist der dynastische Titel von Wu Ding. Der Kaiser Wu Ding ist der Herrscher, der der Yindynastie einen neuen Aufschwung gab. Die Warnung gegen Verwendung von Gemeinen wird durch die geheime Beziehung des Strichs zu der schwachen oberen Sechs nahegelegt.

Sechs auf viertem Platz bedeutet:
a) Die schönsten Kleider geben Lumpen.
   Den ganzen Tag sei vorsichtig.
b) »Den ganzen Tag sei vorsichtig.«
   Es ist Grund zu Bedenken da.

Der Strich ist weich auf weichem Platz im Anfang der Gefahr. Daher die Warnung, daß auch die schönsten Kleider zu Lumpen werden. Grund zu Bedenken ist da durch das Zeichen Kan, Gefahr, in das man eintritt.
Tschong Dsï hat eine andere Erklärung. Er nimmt das Bild eines Schiffes und liest: »Es hat ein Leck, aber es sind Lappen zum Verstopfen da.«

Neun auf fünftem Platz bedeutet:
a) Der Nachbar im Osten, der einen Ochsen schlachtet,
   bekommt nicht soviel wirkliches Glück
   wie der Nachbar im Westen mit seinem kleinen Opfer.
b) Der östliche Nachbar, der einen Ochsen schlachtet, ist nicht so
   zeitgemäß wie der westliche Nachbar. Dieser bekommt wirkliches
   Glück: Das Heil kommt im Großen.

Li ist der Ochse. Kan ist das Schwein, das beim kleinen Opfer geschlachtet wurde. Die Zwei, die im Kernzeichen Kan steht, ist der westliche Nachbar, denn Kan steht bei den Zeichen des früheren Himmels im Westen. Die Vier, die im Kernzeichen Li steht, ist der östliche Nachbar, denn Li steht Kan gegenüber. Die Neun auf fünftem Platz ist der Herr des Opfers. Die Sechs auf zweitem Platz ist zentral, bringt das an sich kleinere Schweineopfer zur rechten Zeit und hat daher mehr Glück als das an sich größere Ochsenopfer der Sechs auf viertem Platz, weil diese nicht zentral ist.

Oben eine Sechs bedeutet:
a) Er kommt mit dem Haupt ins Wasser. Gefahr.
b) »Er kommt mit dem Haupt ins Wasser.«
   Wie kann man das lange aushalten?

Während die Anfangsneun der Schwanz des Fuchses ist, ist die obere Sechs das Haupt des Fuchses. Indem der Strich als schwacher auf der Höhe des Wassers und der Gefahr steht, bringt er sein Haupt ins Wasser. Beim Überschreiten des Wassers gerät er durch Zurückwendung in die Gefahr des Ertrinkens. Das sind die Wirren, die das Zeichen für den Abschluß vorhersagt.

未濟

64. We Dsi – Vor der Vollendung

Kernzeichen: ☵ Kan *und* ☲ Li

Der Herr des Zeichens ist die Sechs auf fünftem Platz; denn die Zeit vor der Vollendung ist eine Zeit, da anfangs Wirren und am Ende Ordnung herrschen. Die Sechs auf fünftem Platz ist im äußeren Zeichen und eröffnet gerade die Zeit der Ordnung. Darum heißt es im Kommentar zur Entscheidung: »Vor der Vollendung. Gelingen. Denn das Weiche erlangt die Mitte.«

Die Reihenfolge
Die Dinge können sich nicht erschöpfen, darum folgt darauf das Zeichen »Vor der Vollendung« zum Schluß.

Vermischte Zeichen
Vor der Vollendung ist die Erschöpfung des Männlichen.

Das Zeichen ist gleichzeitig Umkehrung und Gegenstück zum vorigen. Ebenso sind die Kernzeichen Kan und Li vertauscht. Das Zeichen stellt den Übergang von Pi, Stockung, zu Tai, Friede, dar. Äußerlich betrachtet sind zwar alle Striche nicht auf ihrem Platz, aber sie stehen alle in Beziehung zueinander. Die Ordnung ist bei äußerer Erscheinung einer vollkommenen Unordnung innerlich schon präformiert. Der mittlere starke Strich ist von oben nach unten gegangen und hat damit die Verbindung hergestellt. Zwar steht noch nicht Kun oben und Kiën unten wie beim Zeichen Tai, aber ihre Vertreter, die mit dem mittelsten Strich ihren Geist und ihre Wirkung in sich haben: Li und Kan. Sie sind in der Welt der Sichtbarkeit (späterer Himmel) die Vertreter von Kun und Kiën und stehen an deren Platz im Süden (Li) und im Norden (Kan).

Das Urteil
Vor der Vollendung. Gelingen.
Wenn aber der kleine Fuchs,

wenn er beinahe den Übergang vollendet hat,
mit dem Schwanz ins Wasser kommt,
dann ist nichts, das fördernd wäre.

Kommentar zur Entscheidung
»Vor der Vollendung. Gelingen.«
Denn das Weiche erlangt die Mitte.
»Der kleine Fuchs hat beinahe den Übergang vollendet.«
Er ist noch nicht über die Mitte hinaus.
»Er kommt mit dem Schwanz ins Wasser, dann ist nichts, das fördernd wäre.«
Denn es geht nicht fort bis zum Ende.
Obwohl die Linien nicht auf den gebührenden Plätzen sind, so entsprechen sich doch feste und weiche.

Kan hat als Bild den Fuchs und ist andererseits das Wasser. Es ist Hoffnung auf Gelingen da, weil die festen und weichen Linien alle einander entsprechen. Der Herr des Zeichens, Sechs auf fünftem Platz, hat die Mitte erlangt, und damit ist die richtige Gesinnung für die Bewirkung der Vollendung gegeben. Die Neun auf zweitem Platz dagegen ist noch nicht über die Mitte hinaus, in ihrem Fall ist das gefährlich. Der starke Strich ist eingeklemmt zwischen die beiden Yinlinien. Er verläßt sich zu sehr auf seine Stärke – wie der unvorsichtige junge Fuchs, der blindlings übers Eis geht. Darum macht er seinen Schwanz naß, der Übergang gelingt nicht.

Das Bild
Das Feuer ist oberhalb des Wassers:
das Bild des Zustands vor dem Übergang.
So ist der Edle vorsichtig in der Unterscheidung der
Dinge, damit jedes auf seinen Platz kommt.

Das Feuer schlägt nach oben, das Wasser dringt nach unten, daher keine Vollendung. Wollte man sie gewaltsam durchführen, so entstünde Schaden. Darum muß man teilen, um zu verbinden. Man muß die Dinge so sorgfältig an ihren Platz stellen wie Feuer und Wasser, damit sie sich nicht bekämpfen.

Die einzelnen Linien

Anfangs eine Sechs bedeutet:
a) Er kommt mit dem Schwanz ins Wasser.
   Beschämend.
b) »Er kommt mit dem Schwanz ins Wasser.«
   Er kann eben nicht das Ende in Betracht ziehen.

Es finden sich hier dieselben Bilder wie beim vorigen Zeichen, wenn auch etwas anders verteilt. Die Anfangslinie ist der Schwanz. Sie ist schwach, ganz unten in gefährlicher Stellung, daher kennt sie die Konsequenzen der Handlungen nicht, will leichtsinnig übersetzen und hat Mißlingen.

Neun auf zweitem Platz bedeutet:
a) Er hemmt seine Räder.
   Beharrlichkeit bringt Heil.
b) Die Neun auf zweitem Platz hat bei Beharrlichkeit Heil.
   Sie ist zentral und handelt so korrekt.

Hier ist das Bild des Rads und des Hemmens, das beim vorigen Zeichen dem ersten Strich vermöge seiner Stärke zugeteilt war, auf den starken zweiten Strich übertragen. Seine Stärke und Korrektheit gibt günstige Aspekte.

Sechs auf drittem Platz bedeutet:
a) Vor der Vollendung bringt Angriff Unheil.
   Fördernd ist es, das große Wasser zu durchqueren.
b) »Vor der Vollendung bringt Angriff Unheil.«
   Der Platz ist nicht der gebührende.

Der Platz ist am Ende des unteren Zeichens Gefahr, so daß Vollendung möglich wäre. Aber er ist schwach und andererseits am Anfang des Kernzeichens Kan, so daß sich eine neue Gefahr erhebt, die ihn bei seinem für den entscheidenden Platz zu schwachen Wesen hemmt. Man darf nicht die Vollendung erzwingen wollen, sondern es ist wichtig, aus den ganzen Verhältnissen herauszukommen. Eine Änderung des Wesens ist nötig.

Dadurch, daß der Strich aus einer Sechs zu einer Neun wird, entsteht unten das Zeichen Sun, das in Verbindung mit dem Urzeichen Kan das Bild des Schiffs über Wasser zeigt, daher Durchquerung des großen Wassers.

Neun auf viertem Platz bedeutet:
a)   Beharrlichkeit bringt Heil. Reue schwindet.
       Erschütterung, um das Teufelsland zu züchtigen.
       Drei Jahre lang gibt es Belohnung mit großen Reichen.
b)   »Beharrlichkeit bringt Heil. Die Reue schwindet.«
       Der Wille geschieht.

Entsprechend der Umkehrung der Zeichen ist die Züchtigung des Teufelslands, die beim letzten Zeichen beim dritten Strich erwähnt war, hier beim vierten genannt. Der Erfolg ist günstiger als dort. Dort gibt es drei Jahre lang Kämpfe, hier drei Jahre lang Belohnungen.
Der Strich ist ein starker Beamter, der dem weichen Herrn auf fünftem Platz hilft und daher dessen Willen durchsetzt.

• Sechs auf fünftem Platz bedeutet:
a)   Beharrlichkeit bringt Heil. Keine Reue.
       Das Licht des Edlen ist wahrhaftig.
       Heil!
b)   »Das Licht des Edlen ist wahrhaftig.«
       Sein Licht bringt Heil.

Die Linie ist im Zentrum des Zeichens Li, Licht, daher ist alles günstig bei der Bewältigung des Übergangs zu einer neuen Zeit.

Oben eine Neun bedeutet:
a)   In wahrem Vertrauen trinkt man Wein.
       Kein Makel. Wenn man aber sein Haupt naß macht,
       so verliert man das in Wahrheit.
b)   Wenn man beim Weintrinken sein Haupt naß macht, so kennt
       man eben keine Mäßigkeit.

Der obere Strich ist stark und an sich günstig. Durch das Zeichen Kan, zu dessen oberem Strich er in Beziehung steht, wird das Bild des Weins gegeben. Auch hier kommt wie im vorigen Zeichen das Bild des Hauptes herein, das begossen wird. Aber es ist nur eine Möglichkeit, eine Gefahr, vor der man sich schützen kann. So ist am Abschluß des Buchs der Wandlungen eine Verzahnung stehengelassen, die zu neuer Gestaltung und neuem Werden führt. Derselbe Gedanke kommt übrigens auch bei den vermischten Zeichen zum Ausdruck, wenn sie das Zeichen Guai, »der Durchbruch«, an den Schluß stellen und mit dem Satz schließen:

> Der Durchbruch bedeutet Entschlossenheit. Das Starke wendet sich entschlossen gegen das Schwache. Des Edlen Weg ist im Aufsteigen, des Gemeinen Weg führt in Trauer.

Anhang

Verzeichnis der Bildzeichen

1. 1. Kiën – Das Schöpferische

2. 44. Gou – Das Entgegenkommen

3. 13. Tung Jen – Gemeinschaft mit Menschen

4. 10. Lü – Das Auftreten

5. 9. Siau Tschu – Des Kleinen Zähmungskraft

6. 14. Du Yu – Der Besitz von Großem

7. 43. Guai – Der Durchbruch (die Entschlossenheit)

8. 33. Dun – Der Rückzug

9. 25. Wu Wang – Die Unschuld (das Unerwartete)

10. 61. Dschung Fu – Innere Wahrheit

Das Buch der Wandlungen

11	䷙	26. Da Tschu – Des Großen Zähmungskraft
12	䷡	34. Da Dschuang – Des Großen Macht
13	䷅	6. Sung – Der Streit
14	䷤	37. Gia Jen – Die Sippe
15	䷥	38. Kui – Der Gegensatz
16	䷄	5. Sü – Das Warten (die Ernährung)
17	䷸	57. Sun – Das Sanfte (das Eindringliche, der Wind)
18	䷝	30. Li – Das Haftende, das Feuer
19	䷹	58, Dui – Das Heitere, der See
20	䷱	50. Ding – Der Tiegel

I Ging

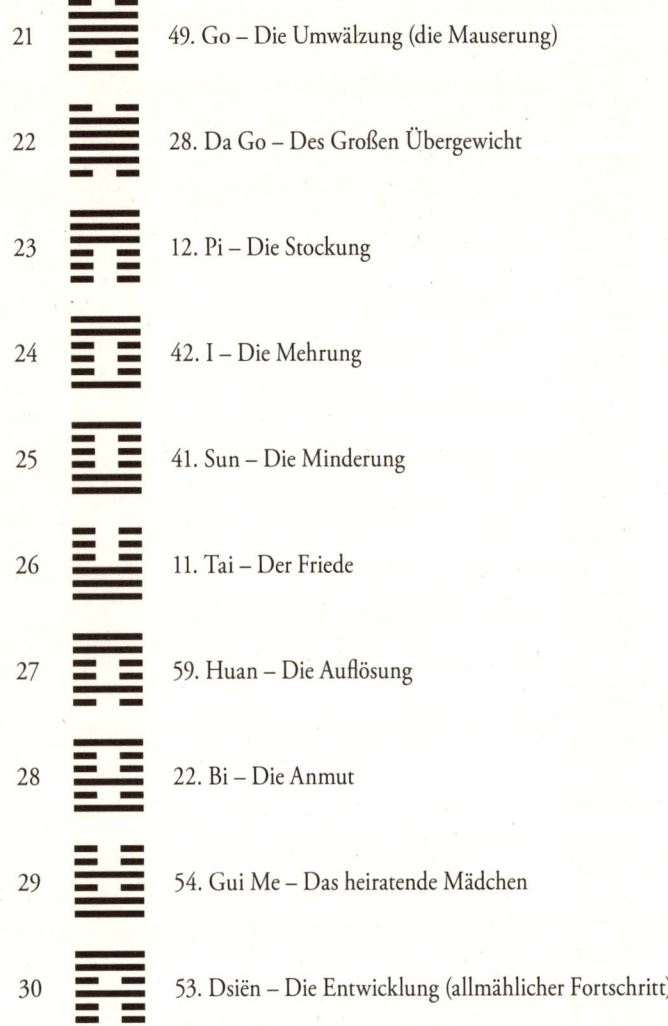

21		49. Go – Die Umwälzung (die Mauserung)
22		28. Da Go – Des Großen Übergewicht
23		12. Pi – Die Stockung
24		42. I – Die Mehrung
25		41. Sun – Die Minderung
26		11. Tai – Der Friede
27		59. Huan – Die Auflösung
28		22. Bi – Die Anmut
29		54. Gui Me – Das heiratende Mädchen
30		53. Dsiën – Die Entwicklung (allmählicher Fortschritt)

31	䷔	21. Schï Ho – Das Durchbeißen
32	䷻	60. Dsië – Die Beschränkung
33	䷑	18. Gu – Die Arbeit am Verdorbenen
34	䷶	55. Fong – Die Fülle
35	䷷	56. Lü – Der Wanderer
36	䷐	17. Sui – Die Nachfolge
37	䷟	32. Hong – Die Dauer
38	䷞	31. Hiën – Die Einwirkung (die Werbung)
39	䷮	47. Kund – Die Bedrängnis (die Erschöpfung)
40	䷯	48. Dsing – Der Brunnen

I Ging

41 63. Gi Dsi – Nach der Vollendung

42 64. We Dsi – Vor der Vollendung

43 20. Guan – Die Betrachtung (der Anblick)

44 27. I – Die Mundwinkel (die Ernährung)

45 19. Lin – Die Annäherung

46 4. Mong – Die Jugendtorheit

47 36. Ming I – Die Verfinsterung des Lichts

48 52. Gen – Das Stillhalten, der Berg

49 51. Dschen – Das Erregende (das Erschüttern, der Donner)

50 35. Dsin – Der Fortschritt

51		3. Dschun – Die Anfangsschwierigkeit
52		46. Schong – Das Empordringen
53		62. Siau Go – Des Kleinen Übergewicht
54		45. Tsui – Die Sammlung
55		29. Kan – Das Abgründige, das Wasser
56		39. Giën – Das Hemmnis
57		40. Hië – Die Befreiung
58		24. Fu – Die Wiederkehr (die Wendezeit)
59		7. Schï – Das Heer
60		15. Kiën – Die Bescheidenheit

I Ging

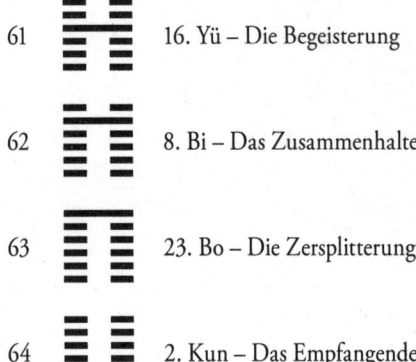

61 16. Yü – Die Begeisterung

62 8. Bi – Das Zusammenhalten

63 23. Bo – Die Zersplitterung

64 2. Kun – Das Empfangende

Schema zum Auffinden der gezogenen I Ging-Zeichen

	☰	☷	☳	☵	☶	☴	☲	☱
☰	1	11	34	5	26	9	14	43
☷	12	2	16	8	29	20	35	45
☳	25	24	51	3	27	42	21	17
☵	6	7	40	29	4	59	64	47
☶	33	15	62	39	52	53	56	31
☴	44	46	32	48	18	57	50	28
☲	13	36	55	63	22	37	30	49
☱	10	19	54	60	41	61	38	58

Verzeichnis der Zeichen nach Häusern geordnet

A. Die acht Urzeichen nach ihrer Form
(zum Auswendiglernen)

☰ Das Schöpferische hat drei ganze Striche.

☷ Das Empfangende hat sechs halbe Striche.

☳ Das Erregende ist wie eine offene Schale.

☶ Das Stillehalten ist wie eine umgestülpte Tasse.

☵ Das Abgründige ist in der Mitte voll.

☲ Das Haftende ist in der Mitte leer.

☱ Das Heitere hat oben eine Lücke.

☴ Das Sanfte ist unten entzwei.

B. Die acht Häuser

1. Das Haus des Schöpferischen

1. Das Schöpferische ist der Himmel. Nr. 1
2. Himmel und Wind ist: das Entgegenkommen. Nr. 44
3. Himmel und Berg ist: der Rückzug. Nr. 33
4. Himmel und Erde ist: die Stockung. Nr. 12
5. Wind und Erde ist: die Betrachtung. Nr. 20
6. Berg und Erde ist: die Zersplitterung. Nr. 23
7. Feuer und Erde ist: der Fortschritt. Nr. 35
8. Feuer und Himmel ist: Besitz von Großem. Nr. 14

2. Das Haus des Abgründigen

1. Das Abgründige ist das Wasser. Nr. 29
2. Wasser und See ist: die Beschränkung. Nr. 60
3. Wasser und Donner ist: die Anfangsschwierigkeit. Nr. 3
4. Wasser und Feuer ist: nach der Vollendung. Nr. 63
5. See und Feuer ist: die Umwälzung. Nr. 49
6. Donner und Feuer ist: die Fülle. Nr. 55
7. Erde und Feuer ist: die Verfinsterung des Lichts. Nr. 36
8. Erde und Wasser ist: das Heer. Nr. 7

3. Das Haus des Stillehaltens

1. Das Stillehalten ist der Berg. Nr. 52
2. Berg und Feuer ist: die Anmut. Nr. 22
3. Berg und Himmel ist: des Großen Zähmungskraft. Nr. 26
4. Berg und See ist: die Minderung. Nr. 41
5. Feuer und See ist: der Gegensatz. Nr. 38
6. Himmel und See ist: das Auftreten. Nr. 10
7. Wind und See ist: Innere Wahrheit. Nr. 61
8. Wind und Berg ist: die Entwicklung. Nr. 53

4. Das Haus der Erregenden

1. Das Erregende ist der Donner. Nr. 51
2. Donner und Erde ist: die Begeisterung. Nr. 16
3. Donner und Wasser ist: die Befreiung. Nr. 40
4. Donner und Wind ist: die Dauer. Nr. 32
5. Erde und Wind ist: das Empordringen. Nr. 46
6. Wasser und Wind ist: der Brunnen. Nr. 48
7. See und Wind ist: des Großen Übergewicht. Nr. 28
8. See und Donner ist: die Nachfolge. Nr. 17

5. Das Haus des Sanften

1. Das Sanfte ist der Wind. Nr. 57
2. Wind und Himmel ist: des Kleinen Zähmungskraft. Nr. 9
3. Wind und Feuer ist: die Sippe. Nr. 37
4. Wind und Donner ist: die Mehrung. Nr. 42
5. Himmel und Donner ist: die Unschuld. Nr. 25
6. Feuer und Donner ist: das Durchbeißen. Nr. 21
7. Berg und Donner ist: die Mundwinkel. Nr. 27
8. Berg und Wind ist: die Arbeit am Verdorbenen. Nr. 18

6. Das Haus des Haftenden

1. Das Haftende ist das Feuer. Nr. 30
2. Feuer und Berg ist: der Wanderer. Nr. 56
3. Feuer und Wind ist: der Tiegel. Nr. 50
4. Feuer und Wasser ist: vor der Vollendung. Nr. 64
5. Berg und Wasser ist: die Jugendtorheit. Nr. 4
6. Wind und Wasser ist: die Auflösung. Nr. 59
7. Himmel und Wasser ist: der Streit. Nr. 6
8. Himmel und Feuer ist: die Gemeinschaft mit Menschen. Nr. 13

7. Das Haus des Empfangenden

1. Das Empfangende ist die Erde. Nr. 2
2. Erde und Donner ist: die Wiederkehr. Nr. 24
3. Erde und See ist: die Annäherung. Nr. 19
4. Erde und Himmel ist: der Friede. Nr. 11
5. Donner und Himmel ist: des Großen Macht. Nr. 34
6. See und Himmel ist: der Durchbruch. Nr. 43
7. Wasser und Himmel ist: das Warten. Nr. 5
8. Wasser und Erde ist: das Zusammenhalten. Nr. 8

8. Das Haus des Heiteren

1. Das Heitere ist der See. Nr. 58
2. See und Wasser ist: die Bedrängnis. Nr. 47
3. See und Erde ist: die Sammlung. Nr. 45
4. See und Berg ist: die Einwirkung. Nr. 31
5. Wasser und Berg ist: das Hemmnis. Nr. 39
6. Erde und Berg ist: die Bescheidenheit. Nr. 15
7. Donner und Berg ist: des Kleinen Übergewicht. Nr. 62
8. Donner und See ist: das heiratende Mädchen. Nr. 54

KONFUZIUS

GESPRÄCHE

Aus dem Chinesischen übersetzt
von Richard Wilhelm

Buch I

1.
Glück in der Beschränkung

Der Meister sprach: »Lernen und fortwährend üben: Ist das denn nicht auch befriedigend? Freunde haben, die aus fernen Gegenden kommen: Ist das nicht auch fröhlich?
Wenn die Menschen einen nicht erkennen, doch nicht murren: Ist das nicht auch edel?«

2.
Ehrfurcht als Grundlage der staatlichen Ordnung

Meister Yu* sprach: »Daß jemand, der als Mensch pietätvoll und gehorsam ist, doch es liebt, seinen Oberen zu widerstreben, ist selten. Daß jemand, der es nicht liebt, seinen Oberen zu widerstreben, Aufruhr macht, ist noch nie dagewesen. Der Edle pflegt die Wurzel; steht die Wurzel fest, so wächst der Weg. Pietät und Gehorsam: das sind die Wurzeln des Menschentums.«

3.
Der Schein trügt

Der Meister sprach: »Glatte Worte und einschmeichelnde Mienen sind selten vereint mit Sittlichkeit.«

4.
Tägliche Selbstprüfung

Meister Dsong** sprach: »Ich prüfe täglich dreifach mein Selbst: ob ich, für andere sinnend, es etwa nicht aus innerstem Herzen getan; ob ich, mit Freunden verkehrend, etwa meinem Worte nicht treu war; ob ich meine Lehren etwa nicht geübt habe.«

---

* Yu Jo, ein direkter Schüler und Landsmann Kungs. Nur von ihm und dem Schüler Dsong Schen wird in Lun Yü als »Meister« gesprochen.
** Vgl. Anm. zu I, 2.

5.
Regentenspiegel

Der Meister sprach: »Bei der Leitung eines Staates von 1000 Kriegswagen muß man die Geschäfte achten und wahr sein, sparsam verbrauchen und die Menschen lieben, das Volk benutzen entsprechend der Zeit.«*

6.
Moralische und Ästhetische Bildung der Jugend

Der Meister sprach: »Ein Jüngling soll nach innen kindesliebend, nach außen bruderliebend sein, pünktlich und wahr, seine Liebe überfließen lassend auf alle und eng verbunden mit den Sittlichen. Wenn er so wandelt und übrige Kraft hat, so mag er sie anwenden zur Erlernung der Künste.«

7.
Wer ist gebildet?

Dsï Hia sprach: »Wer die Würdigen würdigt, so daß er sein Betragen ändert, wer Vater und Mutter dient, so daß er dabei seine ganze Kraft aufbietet, wer dem Fürsten dient, so daß er seine Person drangibt, wer im Verkehr mit Freunden so redet, daß er zu seinem Worte steht: Wenn es von einem solchen heißt, er habe noch keine Bildung, so glaube ich doch fest, daß er Bildung hat.«

8.
Kultur der Persönlichkeit

Der Meister sprach: »Ist der Edle nicht gesetzt, so scheut man ihn nicht. Was das Lernen betrifft, so sei nicht beschränkt. Halte dich eng an die Gewissenhaften und Treuen. Mache Treu und Glauben zur Hauptsache. Habe keinen Freund, der dir nicht gleich ist. Hast du Fehler, scheue dich nicht, sie zu verbessern.«

---

* Dem Kaiser des ganzen Reichs unterstanden zusammen 10 000 Kriegswagen. Je eine Stadt hatte einen Kriegswagen zu stellen, ein Staat mit 1000 Kriegswagen daher 1000 Städte und gehörte zu den größten Staaten in der damaligen Welt des Ostens. Die Untertanen hatten Frondienste zu leisten für den Bau von Wällen, Wegen usw. Dabei sollte der Einzelne nicht länger als drei Tage herangezogen werden, und zwar zu einer Zeit, da die Arbeiten des Landbaus nicht beeinträchtigt wurden.

9.
Pflege der Vergangenheit als Regierungsgrundsatz
Meister Dsong sprach: »Gewissenhaftigkeit gegen die Vollendeten* und Nachfolge der Dahingegangenen: so wendet sich des Volkes Art zur Hochherzigkeit.«

10.
Die rechte Art, von anderen Aufschluß zu erlangen
Dsï Kin fragte den Dsï Gung und sprach: »Wenn der Meister in irgendein Land kommt, so erfährt er sicher seine Regierungsart: Bittet er oder wird es ihm entgegengebracht?« Dsï Gung sprach: »Der Meister ist milde, einfach, ehrerbietig, mäßig und nachgiebig: dadurch erreicht er es. Des Meisters Art zu bitten: ist sie nicht verschieden von andrer Menschen Art zu bitten?«

11.
Merkmale der Pietät
Der Meister sprach: »Ist der Vater am Leben, so schaue auf seinen Willen. Ist der Vater nicht mehr, so schaue auf seinen Wandel. Drei Jahre lang nicht ändern des Vaters Weg: das kann kindesliebend heißen.«

12.
Freiheit und Form
Meister Yu sprach: »Bei der Ausübung der Formen ist die (innere) Harmonie die Hauptsache. Der alten Könige Pfad ist dadurch so schön, daß sie im Kleinen und Großen sich danach richteten. Dennoch gibt es Punkte, wo es nicht geht. Die Harmonie kennen, ohne daß die Harmonie durch die Form geregelt wird: das geht auch nicht.«

13.
Vorteil der Zurückhaltung
Meister Yu sprach: »Abmachungen müssen sich an die Gerechtigkeit halten, dann kann man sein Versprechen erfüllen. Ehrenbezeugungen müssen sich nach den Regeln richten, dann bleibt Schande und Beschämung fern. Beim

---

* Nach den chinesischen Kommentaren ist damit gemeint die Sorge für die Beerdigungsbräuche, und mit der »Nachfolge« der Dahingegangenen der regelrechte Vollzug der Ahnenopfer. Der zugrundeliegende Gedanke ist, daß eine wirkliche Kultur nur dadurch bestehen kann, daß sie ihre Wurzel im Erbe der Väter nicht preisgibt

Anschluß an andre werfe man seine Zuneigung nicht weg, so kann man verbunden bleiben.«

14.
Wonach der Philosoph trachtet
Der Meister sprach: »Ein Edler, der beim Essen nicht nach Sättigung fragt, beim Wohnen nicht nach Bequemlichkeit fragt, eifrig im Tun und vorsichtig im Reden, sich denen, die Grundsätze haben, naht, um sich zu bessern: der kann ein das Lernen Liebender genannt werden.«

15.
Fortschritt im Ertragen von Armut und Reichtum
Dsï Gung sprach: »Arm ohne zu schmeicheln, reich ohne hochmütig zu sein: wie ist das?«
Der Meister sprach: »Es geht an, kommt aber noch nicht dem gleich: arm und doch fröhlich sein, reich und doch die Regeln lieben.«
Dsï Gung sprach: »Ein Lied sagt:
    Erst geschnitten, dann gefeilt,
    Erst gehauen, dann geglättet.
Damit ist wohl eben das gemeint?«
Der Meister sprach: »Sï, anfangen kann man, mit ihm über die Lieder zu reden. Sagt man die Folgerung, so kann er den Grund finden.«*

16.
Verkanntsein und Kennen
Der Meister sprach: »Nicht kümmere ich mich, daß die Menschen mich nicht kennen. Ich kümmere mich, daß ich die Menschen nicht kenne.«

---

* Ein Kabinettstück aus dem Umgang Kungs mit seinen Schülern. Das Wort des Dsï Gung bezieht sich auf sein eigenes Leben: er war arm gewesen, ohne schmeichlerisch zu sein, und war reich geworden, ohne hochmütig zu sein. Dafür will er sich vom Meister eine gute Zensur holen. Der aber durchschaut ihn und hält ihm sofort ein höheres Ideal vor für weiteres Streben. Dsï Gung aber zeigt sich darin als des Meisters würdiger Schüler, daß er sofort auf dessen Gedanken eingeht und ihn mit einer Stelle aus der »Schrift« belegt. Darüber freut sich dann der Meister, und nun erteilt er ihm ein aufrichtiges Lob.

Buch II

1.
Der Polarstern
Der Meister sprach: »Wer kraft seines Wesens* herrscht, gleicht dem Nordstern. Der verweilt an seinem Ort und alle Sterne umkreisen ihn.«

2.
Keine unreinen Gedanken
Der Meister sprach: »Des Liederbuchs** dreihundert Stücke sind in dem einen Wort befaßt: Denke nicht Arges!«

3.
Gesetz und Geist bei der Staatsregierung
Der Meister sprach: »Wenn man durch Erlasse leitet und durch Strafen ordnet, so weicht das Volk aus und hat kein Gewissen. Wenn man durch Kraft des Wesens leitet und durch Sitte ordnet, so hat das Volk Gewissen und erreicht (das Gute).«

4.
Stufen der Entwicklung des Meisters
Der Meister sprach: »Ich war fünfzehn, und mein Wille stand aufs Lernen, mit dreißig stand ich fest, mit vierzig hatte ich keine Zweifel mehr, mit fünfzig war mir das Gesetz des Himmels kund, mit sechzig war mein Ohr aufgetan, mit siebzig konnte ich meines Herzens Wünschen folgen, ohne das Maß zu übertreten.«

---

* Das chinesische Wort de, das in der Regel mit »Tugend« übersetzt wird, hat in Wirklichkeit eine weit umfassendere Bedeutung. Die chinesischen Kommentare erklären es: Was die Wesen erhalten, um zu entstehen, zu leben, heißt »de«. Es schließt das ganze Wesen der Persönlichkeit und die Macht, die von einer Person ausgeht, mit ein.

** D. h. des »Schï Ging«.

5.
Über Kindespflicht
I: Nicht übertreten

Der Freiherr Mong I fragte nach (dem Wesen) der Kindespflicht. Der Meister sprach: »Nicht übertreten.« Als Fan Tschï hernach seinen Wagen lenkte, erzählte es ihm der Meister und sprach: »Freiherr Mong I befragte mich über die Kindespflicht und ich sprach: Nicht übertreten.« Fan Tschï sprach: »Was heißt das?« Der Meister sprach: »Sind die Eltern am Leben, ihnen dienen, wie es sich ziemt, nach ihrem Tod sie beerdigen, wie es sich ziemt, und ihnen opfern, wie es sich ziemt.«*

6.
Über Kindespflicht
II: Krankheit

Der Freiherr Mong Wu fragte nach (dem Wesen) der Kindespflicht. Der Meister sprach: »Man soll den Eltern außer durch Erkrankung keinen Kummer machen.«

7.
Über Kindespflicht
III: Ehren, nicht bloß nähren

Dsï Yu fragte nach (dem Wesen) der Kindespflicht. Der Meister sprach »Heutzutage kindesliebend sein, das heißt (seine Eltern) ernähren können. Aber Ernährung können alle Wesen bis auf Hunde und Pferde herunter haben. Ohne Ehrerbietung: was ist da für ein Unterschied?«

---

* Auch hier ein Beispiel für die Methode Kungs. Er sucht durch seine Antwort immer den Fragenden zum Denken anzuregen. Bei dem vornehmen Mong I ist ihm das nicht gelungen. Der zog sich mit der halbverstandenen Antwort zurück, ohne weiter zu fragen. So muß der Meister einen indirekten Weg gehen, indem er Frage und Antwort seinem Schüler Fan Tschï erzählt. Der geht auf seine Intention ein und fragt weiter, so daß der Meister seine Erklärung anbringen kann. Da Fan Tschï mit Mong I bekannt war, so war es sicher, daß die Antwort an ihre rechte Adresse kam.

8.
Über Kindespflicht
IV: Betragen

Dsï Hia fragte nach (dem Wesen) der Kindespflicht. Der Meister sprach: »Der Gesichtsausdruck ist schwierig. Wenn Arbeit da ist und die Jugend ihre Mühen auf sich nimmt; wenn Essen und Trinken da ist, den Älteren den Vortritt lassen: kann man denn das schon für kindesliebend halten?«

9.
Merkmal des Verständnisses

Der Meister sprach: »Ich redete mit Hui* den ganzen Tag; der erwiderte nichts, wie ein Tor. Er zog sich zurück und ich beobachtete ihn beim Alleinsein, da war er imstande, (meine Lehren) zu entwickeln. Hui, der ist kein Tor.«

10.
Menschenkenntnis:
Worauf man sehen muß

Der Meister sprach: »Sieh, was einer wirkt, schau, wovon er bestimmt wird, forsche, wo er Befriedigung findet: wie kann ein Mensch da entwischen? Wie kann ein Mensch da entwischen?«

11.
Ein guter Lehrer

Der Meister sprach: »Das Alte üben und das Neue kennen: dann kann man als Lehrer gelten.«

12.
Der Edle
I: Selbstzweck

Der Meister sprach: »Der Edle ist kein Gerät.«

---

* Der Lieblingsjünger Kungs, der seine Ahnentafel im Konfuziustempel dem Meister zunächst hat.

13.
Der Edle
II: Worte und Taten

Dsï Gung fragte nach dem (Wesen des) Edlen. Der Meister sprach: »Erst handeln und dann mit seinen Worten sich danach richten.«

14.
Der Edle
III: Universalität

Der Meister sprach: »Der Edle ist vollkommen und nicht engherzig. Der Gemeine ist engherzig und nicht vollkommen.«

15.
Lernen und Denken

Der Meister sprach: »Lernen und nicht denken ist nichtig. Denken und nicht lernen ist ermüdend.«*

16.
Irrlehren

Der Meister sprach: »Irrlehren anzugreifen, das schadet nur.«

17.
Das Wissen

Der Meister sprach: »Yu, soll ich dich das Wissen lehren? Was man weiß, als Wissen gelten lassen, was man nicht weiß, als Nichtwissen gelten lassen: das ist Wissen.«

18.
Wie man eine Lebensstellung erwirbt

Dsï Dschang wollte eine Lebensstellung erreichen. Der Meister sprach: »Viel hören, das Zweifelhafte beiseite lassen, vorsichtig das Übrige aussprechen, so macht man wenig Fehler. Viel sehen, das Gefährliche beiseite lassen, vorsichtig das Übrige tun, so hat man wenig zu bereuen. Im Reden wenig Fehler machen, im Tun wenig zu bereuen haben: darin liegt eine Lebensstellung.«

---

* Vgl. Kant: Erfahrung ohne Begriffe ist blind, Begriffe ohne Erfahrung sind leer.

19.
Fügsame Untertanen
Fürst Ai fragte und sprach: »Was ist zu tun, damit das Volk fügsam wird?« Meister Kung entgegnete und sprach: »Die Geraden erheben, daß sie auf die Verdrehten drücken: so fügt sich das Volk. Die Verdrehten erheben, daß sie auf die Geraden drücken: so fügt sich das Volk nicht.«

20.
Das Beispiel der Herrschenden
Freiherr Gi Kang fragte: »Das Volk zur Ehrfurcht und Treue zu bringen durch Ermahnungen: was ist davon zu halten?« Der Meister sprach: »Sich (zum Volk) herablassen mit Würde: dadurch bekommt (das Volk) Ehrfurcht; kindliche Ehrfurcht und Menschenliebe (zeigen): dadurch wird es treu. Die Guten erhöhen und die Unfähigen belehren: so wird das Volk ermahnt.«

21.
Abweisung eines lästigen Fragers
Es redete jemand zu Meister Kung und sprach: »Weshalb beteiligt sich der Meister nicht an der Leitung (des Staates)?« Der Meister sprach: »Wie steht im ›Buch‹ von der Kindespflicht geschrieben? Kindliche Ehrfurcht und Freundlichkeit gegen die Brüder, das muß man halten, um Leitung zu üben. Das heißt also auch Leitung ausüben. Warum soll denn nur das (amtliche Wirken) Leitung heißen?«

22.
Unaufrichtigkeit macht unbrauchbar
Der Meister sprach: »Ein Mensch ohne Glauben: ich weiß nicht, was mit einem solchen zu machen ist. Ein großer Wagen ohne Joch, ein kleiner Wagen ohne Kummet, wie kann man den voranbringen?«

23.
Hundert Generationen zu kennen
Dsï Dschang fragte, ob man zehn Zeitalter wissen könne. Der Meister sprach: »Die Yindynastie beruht auf den Sitten der Hiadynastie; was sie davongenommen und dazugetan, kann man wissen. Die Dschoudynastie beruht auf den Sitten der Yindynastie. Was sie davongenommen und dazugetan, kann man

wissen. Eine andere Dynastie mag die Dschoudynastie fortsetzen, aber ob es hundert Zeitalter wären, man kann wissen (wie es gehen wird).«

24.
Religion und Moral

Der Meister sprach: »Andern Geistern als den eigenen (Ahnen) zu dienen, ist Schmeichelei. Die Pflicht sehen und nicht tun, ist Mangel an Mut.«

Buch III

Dieses Buch handelt hauptsächlich von den Riten und Zeremonien, die bei der Regierung in Ausübung kommen. Da es viele historische Beziehungen hat, ist die Durcharbeitung des Stoffes nicht immer leicht. Umgekehrt gibt es dem aufmerksamen Beobachter viel Stoff für die richtige Einordnung Kungs in den historischen Verlauf des chinesischen Geisteslebens. Der in dem Buch wiederholt ausgesprochene Gedanke ist, daß alle äußere Form nur dann Sinn hat, wenn ihr ein adäquater Inhalt zur Seite steht. So müssen auch alle Riten und Religionsbräuche Ausfluß der entsprechenden religiösen Gesinnung sein, wenn sie Wert haben sollen. Im übrigen wenden sich die einzelnen Abschnitte gegen Luxus, Anmaßung und Überfeinerung der Zeit und weisen auf die Einfachheit und Strenge des Altertums als Vorbild.

1.
Usurpatorenbrauch
I: Acht Reihen

Meister Kung sagte von dem Freiherrn Gi, in dessen Haustempel acht Reihen (von Tempeldienern) die heiligen Handlungen ausführten: »Wenn man das hingehen lassen kann, was kann man dann nicht hingehen lassen?«

2.
Usurpatorenbrauch
II: Yung-Ode

Die drei Familien ließen unter den Klängen der Yung-Ode (die Opfergeräte) abräumen. Der Meister sprach: »›Die Vasallen dienen, der Sohn des Himmels schaut würdevoll darein.‹ Welchen Sinn haben diese Worte in der Halle der drei Familien?«

3.
Religion und Kunst ohne Sittlichkeit

Der Meister sprach: »Ein Mensch ohne Menschenliebe, was hilft dem die Form? Ein Mensch ohne Menschenliebe, was hilft dem die Musik?«

4.
Das Wesen der Formen
Lin Fang fragte nach der Wurzel der Formen. Der Meister sprach: »Ja, das ist eine wichtige Frage. Bei den Formen des Verkehrs ist wertvoller als Prunk die Einfachheit. Bei Trauerfällen ist wertvoller als Leichtigkeit die Trauer.«*

5.
Die Barbaren und das Reich
Der Meister sprach: »Der Zustand der Barbarenstaaten, die ihre Fürsten haben, ist nicht wie der Zustand unseres großen Reiches, das keine hat.«

6.
Man kann die Gottheit nicht betrügen
Freiherr Gi opferte dem Taischan, und der Meister sagte zu Jan Yu und sprach: »Kannst du ihn nicht davor bewahren?« Er erwiderte: »Ich kann es nicht.« Der Meister sprach: »Ach, in eurem Reden vom Taischan gleicht ihr nicht Lin Fang.«

7.
Der Gebildete im Wettstreit
Der Meister sprach: »Der Edle kennt keinen Streit. Oder ist es beim Bogenschießen vielleicht notwendig? Da läßt er mit einer Verbeugung dem andern den Vortritt beim Hinaufsteigen. Er steigt wieder herab und läßt ihn trinken. Er bleibt auch im Streit ein Edler.«

8.
Die Form das letzte
Dsï Hia fragte und sprach: »Was bedeutet die Stelle:
>   Ihres schelmischen Lächelns Grübchen,
>   Ihrer schönen Augen Blinken
>   Macht schlichtes Weiß zur schönsten Zier?«

Der Meister sprach: »Beim Malen setzt man zuletzt die weißen Stellen auf.« Der Schüler sprach: »Also sind die Formen des Benehmens das letzte.« Da sprach

---

* Die Antwort Kungs läßt erkennen, wie sehr er die Innerlichkeit des Gefühlslebens wichtig nimmt, sogar auf Kosten der äußeren Form.

der Meister: »Wer mir behilflich ist (meine Gedanken herauszubringen), das ist Schang.* Mit dem kann man anfangen, über die Lieder zu reden.«

9.
Verfall der Kenntnis des Altertums

Der Meister sprach: »Die Riten der Hiadynastie könnte ich beschreiben, aber die Gi sind nicht imstande, meine Worte zu bestätigen. Die Riten der Yindynastie könnte ich beschreiben, aber die Sung sind nicht imstande, meine Worte zu bestätigen. Der Grund dafür ist, daß ihre literarischen Urkunden und Gelehrten nicht mehr auf der Höhe sind. Wenn sie auf der Höhe wären, so könnte ich mich auf sie berufen.«

10.
Das große Opfer in Lu

Der Meister sprach: »Beim großen Opfer (für den Ahn der Dynastie) mag ich vom Ausgießen der Libation an nicht mehr zusehen.«

11.
Die geheimnisvolle Bedeutung des großen Opfers für die Regierung

Es fragte jemand nach der Bedeutung des großen Opfers (für den Ahn der Dynastie). Der Meiser sprach: »Weiß nicht. Wer davon die Bedeutung wüßte, der wäre imstande, die Welt zu regieren – so leicht wie hierher zu sehen!« Dabei deutete er auf seine flache Hand.

12.
Ernst im Verkehr mit den Überirdischen

Er opferte (den Ahnen) als in ihrer Gegenwart. Er opferte den Göttern als in ihrer Gegenwart. Der Meister sprach: »Wenn ich bei der Darbringung meines Opfers nicht anwesend bin, so ist es, als habe ich gar nicht geopfert.«

13.
Herdgott und Hausgeist

Wang Sun Gia fragte und sprach: »Was ist der Sinn des Sprichworts: Man macht sich eher an den Herdgeist als an den Geist des inneren Hauses?« Der Meister

---

* Schang ist der Vorname des Dsï Hia.

sprach: »Nicht also; sondern wer gegen den Himmel sündigt, hat niemand, zu dem er beten kann.«*

14.
Kulturfortschritt
Der Meister sprach: »Die Dschoudynastie sieht auf zwei Dynastien zurück. Ihre ganze Bildung ist daher verfeinert. Ich schließe mich der Dschoudynastie an.«

15.
Geschicklichkeit in der Religion
Als der Meister das königliche Heiligtum betrat, erkundigte er sich nach jeder einzelnen Verrichtung. Da sprach jemand: »Wer will behaupten, daß der Sohn des Mannes von Dsou die Religion kennt, da er sich beim Betreten des großen Tempels erst nach jeder einzelnen Verrichtung erkundigt?« Der Meister hörte es und sprach: »Das eben ist Religion.«

16.
Geschicklichkeit nicht rohe Kraft
Der Meister sprach: »Beim Bogenschießen kommt es nicht darauf an, durch die Scheibe durchzuschießen, weil die Körperkraft der Menschen verschieden ist. So hielt man's wenigstens in alter Zeit.«

---

* Der Geist des Hauses, der seinen Sitz in der Südwestecke des Gebäudes hat, scheint eine Gottheit zu sein, die in ältester Zeit verehrt wurde und dem römischen Lar entspricht, dessen Verehrung aber offenbar schon zu Kungs Zeit wesentlich zurückgegangen war. Der Herdgeist oder Küchengott, dessen Verehrung vielleicht auf Einflüsse des persischen Feuerdienstes zurückzuführen ist, ist noch heute eine der populärsten Gottheiten Chinas. Namentlich am 25. des letzten Monats, wenn er in den Himmel steigt und Bericht erstattet über die Hausbewohner, wird ihm eifrig geopfert und Honig auf die Lippen gestrichen, damit er nur Freundliches aussage. Der Weise schneidet aber alle die Beziehungen, die der Frager im Sinne hat, ab mit dem Hinweis auf die sittliche Verantwortung, die der Mensch dem höchsten Wesen gegenüber hat, vor der alle solche Spitzfindigkeiten in nichts zusammensinken. Die Szene ist zugleich einer der Höhepunkte in der Religionsgeschichte, wo die unmittelbaren Forderungen des Gewissens mit elementarer Gewalt hervorbrechen, und tritt in dieser Beziehung würdig dem Ausspruch des alttestamentlichen Propheten zur Seite (Micha 6, Vers 8): »Er hat dir gesagt, Mensch, was recht ist! Und was fordert Jahwe von dir, außer recht tun, Liebe üben und demütig wandeln vor deinem Gott?«

17.
Das Opferschaf
Dsï Gung wollte, daß das Opferschaf bei der Verkündigung des neuen Mondes abgeschafft würde. Der Meister sprach: »Mein lieber Sï, dir ist es leid um das Schaf, mir ist es leid um den Rauch.«

18.
Verkannte Gewissenhaftigkeit im Fürstendienst
Der Meister sprach: »Wenn man heutzutage im Dienst des Fürsten alle Gerechtigkeit erfüllt, so halten es die Leute für Schmeichelei.«

19.
Fürst und Beamte
Fürst Ding fragte, wie ein Fürst seine Beamten behandeln und wie die Beamten ihrem Fürsten dienen sollen. Meister Kung entgegnete und sprach: »Der Fürst behandle den Beamten, wie es die Sitte verlangt, der Beamte diene dem Fürsten, wie es sein Gewissen verlangt.«

20.
Maß im Ausdruck der Empfindung
Der Meister sprach: »Das Guan-Dsü-Lied ist fröhlich, ohne ausgelassen zu sein, ist sehnsuchtsvoll, ohne das Herz zu verwunden.«

21.
Noli tangere
Fürst Ai erkundigte sich bei Dsai Wo über (die alten Bräuche in betreff des) Erdaltars. Dsai Wo erwiderte und sprach: »Die Herrscher aus dem Hause Hia pflanzten Föhren darum, die Leute der Yindynastie Zypressen, die Leute der Dschoudynastie aber Zitterpappeln, wohl um die Untertanen zittern zu machen.« Der Meister hörte es und sprach: »Über Taten, die geschehen sind, ist es umsonst, zu sprechen. Bei Taten, die ihren Lauf genommen haben, ist es umsonst, zu mahnen; wollen wir, was vorüber ist, nicht tadeln.«

22.
Verschwendung und Anmaßung als Zeichen beschränkten Charakters

Der Meister sprach: »Guan Dschung war doch im Grunde ein beschränkter Geist.« Jemand sprach: »War Guan Dschung zu einfach?« (Der Meister) sprach: »Guan hat sich den prächtigen San Gui Palast gebaut, und für jede einzelne Verrichtung hatte er einen besonderen Angestellten. Wie kann man da behaupten, daß er einfach war?« »Aber dann verstand sich Guan Dschung wohl besonders gut auf die Etikette?« (Der Meister) sprach: »Die Landesfürsten haben das Vorrecht, eine Schutzwand vor ihrem Palasttor zu errichten. Guan hatte dieselbe Schutzwand vor seinem Tor. Die Landesfürsten pflegen bei ihren Zusammenkünften besondere Kredenztische zu benutzen, Guan benutzte ebenfalls einen solchen Kredenztisch. Wenn Guan sich auf die Etikette verstand, wer versteht sich dann nicht auf Etikette?«

23.
Der rechte Vortrag der Musik

Der Meister redete mit dem Musikmeister von Lu über Musik und sprach: »Man kann wissen, wie ein Musikstück ausgeführt werden muß. Beim Beginn muß es zusammenklingen. Bei der Durchführung müssen in harmonischer Weise die einzelnen Themen herausgehoben werden in fließendem Zusammenhang bis zum Ende.«

24.
Der Grenzwart

Der Grenzwart von I* bat (beim Meister) eingeführt zu werden, (indem) er sprach: »Wenn ein großer Mann hier durchkommt, wurde es mir noch nie versagt, ihn zu sehen.« Darauf wurde er eingeführt. Als er herauskam, sprach er: »Meine Freunde, was seid ihr traurig, als wäre alles aus? Die Welt war lange ohne Wort Gottes; nun gebraucht der Himmel euren Meister als Glocke.«

---

* I ist der Grenzplatz des Staates We, wohin sich Kung begab, als er infolge der Intrigen, die den Herrscher von Lu umsponnen hatten, sich aus seiner amtlichen Stellung zurückziehen mußte. Die Szene fällt in den Anfang der langen Wanderzeit Kungs.

25.
Klangschönheit und Formvollendung in der Musik
Der Meister sprach von der Schau-Musik: »Sie erreicht die höchste Klangschönheit und ist auch in ihrem technischen Aufbau vollkommen.« Von der Wu-Musik sagte er: »Sie steht an Klangschönheit ebenso hoch, aber ist in ihrer Form nicht so vollkommen.«

26.
Die rechte Gesinnung das Wichtigste
Der Meister sprach: »Hervorragende Stellung ohne Großartigkeit, Religionsübung ohne Ehrfurcht, Erledigung der Beerdigungsbräuche ohne Herzenstrauer: solche Zustände kann ich nicht mit ansehen.«

Buch IV

Das vierte Buch handelt in seinen ersten Abschnitten von einem der wichtigsten Begriffe der konfuzianischen Lehre, dem »jen«. Der Begriff hängt zusammen mit dem Begriff »Mensch«, ja, der Begriff »Mensch« wird in dem Werk »Dschung Yung« direkt zur Erklärung herangezogen. Gewöhnlich wird das Wort übersetzt mit »Menschlichkeit«, »Humanität«, »Wohlwollen«, »Vollkommenheit«. Es sind das alles Übersetzungen, die möglich sind nach vorausgegangener Definition. »Menschlichkeit« hat aber eine etwas andre Klangfarbe, ebenso »Humanität«, deshalb haben wir, um einen möglichst umfassenden Begriff zu geben, den Ausdruck »sittlich«, »Sittlichkeit« gewählt. Es liegt darin das »sozial Bedingte, das mit der weiteren Entwicklung sich erweitert zum Ideal der gerecht-liebevollen Behandlung der Nebenmenschen im Sinn der möglichsten Förderung der Menschheit im eigenen und fremden »Ich« (vgl. Eisler, Wörterbuch der philosophischen Begriffe). Diese Definition deckt sich genau mit dem chinesischen Begriff.

1.
Gute Nachbarschaft

Der Meister sprach: »Gute Menschen machen die Schönheit eines Platzes aus. Wer die Wahl hat und nicht unter guten Menschen wohnen bleibt, wie kann der wirklich weise (genannt) werden?«

2.
Seelenfrieden

Der Meister sprach: »Ohne Sittlichkeit kann man nicht dauernde Bedrängnis ertragen, noch kann man langen Wohlstand ertragen. Der Sittliche findet in der Sittlichkeit Frieden, der Weise achtet die Sittlichkeit für Gewinn.«

3.
Die Kunst des Liebens und Hassens

Der Meister sprach: »Nur der Sittliche kann lieben und hassen.«

4.
Ein guter Wille überwindet das Böse

Der Meister sprach: »Wenn der Wille auf die Sittlichkeit gerichtet ist, so gibt es kein Böses.«

5.
Das Ideal und das Leben

Der Meister sprach: »Reichtum und Ehre sind es, was die Menschen wünschen; aber wenn sie einem unverdient zuteil werden, so soll man sie nicht festhalten. Armut und Niedrigkeit sind es, was die Menschen hassen; aber wenn sie einem unverdient zuteil werden, so soll man sie nicht loszuwerden suchen. Ein Edler, der von der Sittlichkeit läßt, entspricht nicht dem Begriff (des Edlen). Der Edle übertritt nicht während der Dauer einer Mahlzeit die (Gesetze der) Sittlichkeit. In Drang und Hitze bleibt er unentwegt dabei, in Sturm und Gefahr bleibt er unentwegt dabei.«

6.
Pflicht und Neigung

Der Meister sprach: »Ich habe noch niemand gesehen, der das Sittliche liebt und das Unsittliche haßt. Wer das Sittliche liebt, dem geht nichts darüber. Wer das Unsittliche haßt, dessen Sittlichkeit ist so stark, daß nichts Unsittliches seiner Person sich nahen kann. Wenn einer einen Tag lang seine ganze Kraft an das Sittliche setzen will: ich habe noch keinen gesehen, dessen Kraft dazu nicht ausreichte. Vielleicht gibt es auch solche, aber ich habe noch keinen gesehen.«

7.
Psychologie der Verfehlungen

Der Meister sprach: »Die Überschreitungen eines jeden Menschen entsprechen seiner Wesensart. Dadurch, daß man seine Überschreitungen sieht, kann man einen Menschen erkennen.«

8.
Das Beste in der Welt

Der Meister sprach: »In der Frühe die Wahrheit vernehmen und des Abends sterben: das ist nicht schlimm.«

9.
Falsche Scham

Der Meister sprach: »Der Gebildete richtet sein Streben auf die Wahrheit; wenn einer aber sich schlechter Kleider und schlechter Nahrung schämt, der ist noch nicht reif, um mitzureden.«

10.
Sine ira et studio

Der Meister sprach: »Der Edle hat für nichts auf der Welt eine unbedingte Voreingenommenheit oder eine unbedingte Abneigung. Das Rechte allein ist es, auf dessen Seite er steht.«

11.
Edles und gemeines Streben

Der Meister sprach: »Der Edle liebt den inneren Wert, der Gemeine liebt das Irdische; der Edle liebt das Gesetz, der Gemeine sucht die Gunst.«

12.
Nachteil der Selbstsucht

Der Meister sprach: »Wer bei seinen Handlungen immer auf Vorteil aus ist, zieht sich viel Groll zu.«

13.
Wesen und Schein

Der Meister sprach: »Wer durch Ausübung der Moral seinen Staat regiert, was (für Schwierigkeiten) könnte der haben? Wer aber nicht durch Ausübung der Moral den Staat regiert, was nützt dem die Moral?«

14.
Grund zum Kummer

Der Meister sprach: »Nicht das soll einen bekümmern, daß man kein Amt hat, sondern das muß einen bekümmern, daß man dafür tauglich werde. Nicht das soll einen bekümmern, daß man nicht bekannt ist, sondern danach muß man trachten, daß man würdig werde, bekannt zu werden.«

15.
Die Summe der Lehre
Der Meister sprach: »Nicht wahr, Schen, meine ganze Lehre ist in Einem befaßt.« Meister Dsong sprach: »Ja.« Als der Meister hinaus war, fragten seine Schüler und sprachen: »Was bedeutet das?« Meister Dsong sprach: »Unsres Meisters Lehre ist Treue gegen sich selbst und Gütigkeit gegen andre: darin ist alles befaßt.«

16.
Wes das Herz voll ist
Der Meister sprach: »Der Edle ist bewandert in der Pflicht, der Gemeine ist bewandert im Gewinn.«

17.
Anziehendes und warnendes Beispiel
Der Meister sprach: »Wenn du einen Würdigen siehst, so denke daran, ihm gleich zu werden. Wenn du einen Unwürdigen siehst, so prüfe dich selbst in deinem Innern.«

18.
Kindespflicht
I: Vorhalte
Der Meister sprach: »Den Eltern dienend darf man ihnen in zarter Weise Vorstellungen machen. Wenn man aber sieht, daß sie nicht gewillt sind, darauf zu hören, so soll man fortfahren, ehrerbietig sich zu fügen, und auch die schwersten Anstrengungen ohne Murren tragen.«

19.
Kindespflicht
II: Reisen
Der Meister sprach: »Solange die Eltern leben, soll man nicht in die Ferne ziehen. Und wenn man nach auswärts geht, so soll man einen bestimmten Wohnort wählen.«

20.
Kindespflicht
III: Pietät

Der Meister sprach: »Wer drei Jahre lang nicht abweicht von seines Vaters Wegen, kann kindesliebend genannt werden.«

21.
Kindespflicht
IV: Alter der Eltern

Der Meister sprach: »Die Jahre der Eltern darf man nie vergessen: erstens, um sich darüber zu freuen, zweitens, um sich darüber zu sorgen.«

22.
Vom Schweigen

Der Meister sprach: »Die Alten sparten ihre Worte; denn sie schämten sich, mit ihrem Betragen hinter ihren Worten zurückzubleiben.«

23.
Segen der Beschränkung

Der Meister sprach: »Die durch Beschränkung verloren haben, sind selten.«

24.
Langsam im Reden

Der Meister sprach: »Der Edle liebt es, langsam im Wort und rasch im Tun zu sein.«

25.
Geistesgemeinschaft

Der Meister sprach: »Innerer Wert bleibt nicht verlassen; er findet sicher Nachbarschaft.«

26.
Wider die Aufdringlichkeit

Dsï Yu sprach: »Im Dienst des Fürsten bringen lästige Vorwürfe Ungnade. Zwischen Freunden führen lästige Vorwürfe zu Entfremdung.«

Buch V

Dieses Buch enthält hauptsächlich gelegentliche Bemerkungen Kungs über Leute seiner Bekanntschaft und aus der Geschichte. Es ist sehr interessant, weil es den Meister im Kreis der Seinen, ungezwungen über dies und jenes redend, zeigt, während er doch bei allem, was er sagt und tut, die höchsten Prinzipien im Hintergrund hat, von denen ein Licht auch auf scheinbar Nebensächliches und Gleichgültiges ausstrahlt. Ähnlich wie Goethe in seinen Gesprächen mit Eckermann plaudert der chinesische Weise über diesen und jenen Menschen und gewährt dabei zugleich manchen Einblick in tiefere ethische Zusammenhänge des Lebens überhaupt.

1.
Verheiratungen

Der Meister sagte von Gung Ye Tschang: »Man kann ihm eine Frau zur Ehe geben; obwohl er in Banden liegt, ist es doch nicht seine Schuld.« So gab er ihm seine Tochter zur Frau. Der Meister sagte von Nan Yung: »Wenn das Land wohl geleitet ist, so wird er nicht beiseite gesetzt werden. Wenn das Land schlecht geleitet ist, so wird er wenigstens Bestrafung und Hinrichtung zu vermeiden wissen.« Und so gab er ihm die Tochter seines älteren Bruders zur Frau.*

2.
Bildender Umgang

Der Meister sagte von Dsï Dsiën: »Ein Edler in der Tat ist dieser Mann! Wenn es in Lu keine Edlen gäbe, wie hätte dieser dieses erreicht?«

3.
Bestrafte Eitelkeit

Dsï Gung fragte und sprach: »Und wem ist Sï gleich?« Der Meister sprach: »Du? Du bist ein Gerät.« Er sprach: »Was für ein Gerät?« Er sprach: »Eine geschliffene Opferschale.«

---

* Aus den beiden Verheiratungen geht gerade in ihrer Zusammenstellung hervor, daß Kung weder auf besondere Begabung (beide Männer spielen keine hervorragende Rolle im konfuzianischen Schülerkreis) noch auf äußere Glücksumstände (Gung Ye Tschang war im Gefängnis, Nan Yung in den besten Verhältnissen) entscheidenden Wert legte, sondern allein auf einen einfachen, soliden Charakter.

4.
Güte und Redegewandtheit

Es sprach jemand: »Yung ist sittlich, aber nicht redegewandt.« Der Meister sprach: »Wozu braucht's Redegewandtheit? Wer den Leuten immer mit seiner Zungenfertigkeit entgegentritt, zieht sich stets nur Abneigung von den Menschen zu. Ob er sittlich ist, weiß ich nicht, aber wozu braucht's der Redegewandtheit?«

5.
Vorsicht bei Übernahme eines Amtes

Der Meister wollte dem Tsi-Diau Kai ein Amt übertragen. Er erwiderte und sprach: »Ich kann dies* hier noch nicht glauben.« Der Meister war erfreut.

6.
Das Floß der Wahrheit

Der Meister sprach: »Die Wahrheit hat keinen Erfolg. Ich muß wohl ein Floß besteigen und über die See fahren. Wenn mich einer dabei begleitet, so ist es wohl Yu.« Dsï Lu hörte es und freute sich. Der Meister sprach: »Yu ist wohl mutiger als ich, aber es fehlt ihm die Überlegung, um das Material für das Floß zu beschaffen.«

7.
Verschiedene Brauchbarkeit

Der Freiherr Mong Wu fragte, ob Dsï Lu sittlich vollkommen sei. Der Meister sprach: »Ich weiß es nicht.« Noch weiter befragt, antwortete der Meister: »Man kann den Yu brauchen zur Leitung des Militärwesens selbst in einem Staate mit 1000 Kriegswagen.** Aber ob er sittlich vollkommen ist, das weiß ich nicht.« »Und wie steht es mit Kiu?« Der Meister sprach: »Kiu? In einem Bezirk von 1000 Familien*** oder einem Haus mit 100 Kriegswagen kann man ihn zur Leitung der inneren Angelegenheiten brauchen. Aber ob er sittlich vollkommen ist, weiß ich nicht.« »Und wie steht es mit Tschï?« Der Meister sprach: »Tschï ist brauchbar,

---

* Nach einer in Gia Yü (Schulgespräche) überlieferten Tradition war Tsi-Diau Kai eben mit der Lektüre des Schu Ging (Buch der Urkunden) beschäftigt, und seine Antwort bezog sich auf die darin enthaltenen Lehren.
** Staat mit 1000 Kriegswagen ist ein Lehnsstaat erster Ordnung (etwa Lu).
*** Bezirk von 1000 Familien entspricht einer Leistung von 100 Kriegswagen, eine größere Grafschaft innerhalb eines Lehnsstaats.

mit dem Gürtel gegürtet bei Hofe stehend den Verkehr mit Besuchern und Gästen zu führen. Aber ob er sittlich vollkommen ist, weiß ich nicht.«

8.
Erziehung zur Bescheidenheit

Der Meister sagte zu Dsï Gung: »Du oder Hui, wer von euch beiden ist weiter?« Er erwiderte: »Wie könnte ich wagen, auf Hui zu blicken! Hui, wenn der eines hört, so weiß er zehn. Wenn ich eines höre, so weiß ich zwei.« Der Meister sprach: »Du kommst ihm nicht gleich. Ich und du, wir sind ihm darin nicht gleich.«*

9.
Tadel

Dsai Yü verweilte am hellen Tage in seinem Schlafzimmer. Der Meister sprach: »Faules Holz kann man nicht schnitzen. Eine Wand aus schlechtem Lehm läßt sich nicht streichen. Dieser Yü da! Was soll man ihm überhaupt noch Vorwürfe machen!« Der Meister sprach: »Früher stand ich so zu den Menschen: Wenn ich ihre Worte hörte, so glaubte ich an ihre Taten. Jetzt stehe ich so zu den Menschen: Ich höre ihre Worte, und dann sehe ich nach ihren Taten. Durch Yü kam ich dazu, diese Änderung vorzunehmen.«

10.
Stärke und Sinnlichkeit

Der Meister sprach: »Ich habe noch keinen Menschen von wirklicher Charakterstärke gesehen.« Es erwiderte jemand: »Schen Tschang.« Der Meister sprach: »Tschang ist der Sinnlichkeit unterworfen. Wie könnte er stark sein?«

---

* Vgl. I, 15; V, 3, I usw. Auch hier ist die beabsichtigte Lehre an den begabten, aber von Einbildung nicht freien Schüler klar. Durch Vergleiche mit dem »unerreichbaren« Jünger Yen Hui, »den der Meister liebhatte«, soll Dsï Gung zum Bewußtsein seiner eignen Unzulänglichkeit kommen. Der Jünger besitzt Selbsterkenntnis genug, dies anzuerkennen, und der Meister tröstet ihn, indem er sich ebenfalls an natürlicher Auffassungsgabe als hinter Yen Hui zurückstehend bekennt.

11.
Ideal und Wirklichkeit
Dsï Gung sprach: »Was ich nicht mag, daß die Leute mir zufügen, das mag ich auch ihnen nicht zufügen.« Der Meister sprach: »Mein Sï, diese Stufe hast du noch nicht erreicht.«

12.
Exoterisches und Esoterisches
Dsï Gung sprach: »Des Meisters Reden über Kultur und Kunst kann man zu hören bekommen. Aber die Worte des Meisters über Natur und Weltordnung kann man nicht (leicht) zu hören bekommen.«*

13.
Gründlichkeit
Wenn Dsï Lu eine Lehre vernommen, die er noch nicht auszuführen vermochte, so fürchtete er sich nur davor, noch andre Lehren zu vernehmen.

14.
Bescheidenheit beim Erwerben von Kenntnissen
Dsï Gung fragte und sprach: »Weshalb ist Kung Wen Dsï der ›Weise‹ (Wen) genannt worden?« Der Meister sprach: »Er war rasch (von Begriff) und liebte zu lernen; er schämte sich nicht, Niedrige zu fragen; das ist der Grund, warum er der ›Weise‹ genannt wird.«

15.
Hervorragende Charakterseiten
Der Meister sagte von Dsï Tschan, daß er vier Eigenschaften eines Edlen gehabt habe: in seinem persönlichen Leben war er ernst, im Dienst des Fürsten war er ehrfurchtsvoll, in der Sorge für die Nahrung des Volks zeigte er Gnade, in der Verwendung des Volks Gerechtigkeit.

---

* Worüber der Meister oft sprach, das waren die praktischen Berufsfragen. Die letzten Weltanschauungsprobleme waren Kung zu heilig, um viel darüber zu reden.

16.
Verkehr mit Menschen

Der Meister sprach: »Yen Ping Dschung versteht es, mit Menschen umzugehen. Auch nach jahrelangem Verkehr genießt er noch die Hochachtung der Leute.«

17.
Die Schildkröte

Der Meister sprach: »Dsang, der ›Weise‹, bewahrte eine Schildkröte in einem Hause, dessen Säulen mit geschnitzten Darstellungen von Bergen und dessen Balken mit Schilfgräsern geziert waren. Was ist denn dabei für eine Weisheit?«

18.
Die Sittlichkeit ist schwer zu erkennen

Dsï Dschang fragte und sprach: »Der Kanzler Dsï Wen wurde dreimal in das Amt des Kanzlers (von Tschu) berufen, ohne sich darüber erfreut zu zeigen. Er wurde dreimal abgesetzt, ohne sich darüber mißvergnügt zu zeigen. Außerdem machte er sich zur Pflicht, seinen Nachfolger in das Amt einzuführen. Wie ist er zu beurteilen?« Der Meister sprach: »Er war gewissenhaft.« Auf die Frage, ob er als sittlicher Charakter bezeichnet werden könnte, sagte er: »Ich weiß es nicht, ob er sittlich genannt werden kann.« – (Der Schüler fuhr fort:) »Als der General Tsui seinen Herrn, den Fürsten von Tsi, ermordete, da ließ der edle Tschen Wen, obwohl er 10 Viergespanne besaß, seine Habe im Stich und wanderte aus. Er kam in ein anderes Land, da sprach er: ›Hier sind sie geradeso wie unser General Tsui‹ und wanderte aus. Er kam noch in ein Land und sprach abermals: ›Hier sind sie geradeso wie unser General Tsui‹ und wanderte aus. Wie ist er zu beurteilen?« Der Meister sprach: »Er war rein.« Auf die Frage, ob er als sittlicher Charakter bezeichnet werden könne, sagte er: »Ich weiß es nicht, ob er sittlich genannt werden kann.«

19.
Überlegungen

Von Gi, dem »Weisen«, hieß es, daß er alles erst dreimal überlege, ehe er sich zum Handeln entschließe. Der Meister hörte davon und sprach: »Wenn er auch nur zweimal sich die Sachen überlegt, so ist es schon gut.«

20.
Prüfstein der Weisheit

Der Meister sprach: »Der Freiherr Ning Wu war weise, solange Ordnung im Lande herrschte. Als Unordnung im Lande aufkam, benahm er sich töricht. In seiner Weisheit können andre ihn erreichen. In seiner Torheit aber ist er unerreichbar.« Es gelang ihm nämlich, durch seine scheinbare Torheit seinen Fürsten zu retten.

21.
Sorge für die Nachwelt

Der Meister sprach in Tschen: »Ich muß heim! Ich muß heim! Meine jungen Freunde zu Hause sind enthusiastisch und großartig. Sie sind bewandert in allen Künsten. Aber sie wissen noch nicht, sich zu mäßigen.«

22.
Vergeben

Der Meister sprach: »Be I und Schu Tsi* gedachten nicht alter Fehler; darum blieben sie frei von Groll.«

23.
Der entlehnte Essig

Der Meister sprach: »Wer will behaupten, daß We-Schong Gau** ehrlich sei? Als einst jemand ihn um Essig bat, da entlehnte er selber erst bei seinem Nachbar, um ihn hergeben zu können.«

---

* Be I und Schu Tsi sind zwei Prinzen aus dem Ende der Yindynastie. Als der Vater dem Jüngeren die Nachfolge auf dem Thron zugesagt hatte, weigerte sich dieser, seinen älteren Bruder zu verdrängen. Ebenso weigerte sich der ältere Bruder, das Recht des jüngeren zu verkürzen. Schließlich zogen sie sich beide in die Verborgenheit zurück und ließen das Reich dahinten. Als später König Wu, der Gründer der Dschoudynastie, auftrat, wandten sie sich gegen ihn, und als er Sieger blieb, verhungerten sie freiwillig auf dem Schouyangberg, um das Brot der neuen Dynastie nicht essen zu müssen. Obwohl sie demnach auf der gegnerischen Seite der von Kung so hoch verehrten Dschoudynastie stehen, ist Kung über sie stets des Lobes voll.

** Es ist hier wohl ein Scherzwort überliefert. Der Jemand, der den Essig entlehnte, war wohl Kung selbst, und der Vorwurf der Unehrlichkeit ist natürlich lange nicht so ernst gemeint, wie humorlose Kommentatoren im Detail ausführen.

24.
Ohne Falsch sein
Der Meister sprach: »Glatte Worte, einschmeichelnde Mienen, übertriebene Höflichkeit – solcher Dinge schämte sich Dso Kiu Ming, ich schäme mich ihrer auch. Seinen Ärger verhehlen und mit seinem Feinde freundlich tun – dessen schämte sich Dso Kiu Ming, ich schäme mich dessen auch.«

25.
Herzenswünsche
Yen Yüan (Yen Hui) und Gi Lu (Dsï Lu) standen zu des Meisters Seite, da sprach er: »Nun sage mir einmal jeder seine Herzenswünsche.« Dsï Lu begann: »Ich möchte Pferd und Wagen und leichtes, kostbares Pelzwerk zum Anziehen. Ich wollte es mit meinen Freunden gemeinsam benützen, und wenn sie es mir verdürben, so wollte ich nicht böse werden.« Yen Yüan sprach: »Ich möchte mich nicht meines Guten rühmen und möchte nicht andere für mich bemühen.« – Darauf sprach Dsï Lu: »Nun möchten wir auch gern des Meisters Wünsche hören.« Der Meister sprach: »Den Alten möchte ich Frieden geben, mit Freunden möchte ich in Treuen verkehren, die Kleinen möchte ich herzen.«

26.
Selbstanklage ist selten
Der Meister sprach: »Es ist alles aus! Ich habe noch keinen gesehen, der seine eignen Fehler sehen und innerlich sich selbst verklagen könnte.«

27.
Bescheidenheit des Meisters
Der Meister sprach: »In einem Dorf von zehn Familien gibt es sicher Leute, die an Gewissenhaftigkeit und Wahrhaftigkeit mir gleich sind; warum sollten sie nicht auch in der Liebe zum Lernen mir gleich sein?«

Buch VI

Der Inhalt dieses Buches ist dem des fünften verwandt. Es zeigt ebenfalls den Meister hauptsächlich im Verkehr mit seinen Jüngern. Es ist daher ebenso wie das letzte wertvoll, um das Milieu kennenzulernen, in dem sich der chinesische Weise bewegt hat, sowie die Schwierigkeiten, mit denen er im Kreis seiner Schule zu kämpfen hatte, und die Erfolge, die er erzielt hat. Der Schluß erhebt sich dann wieder zu weiteren, prinzipiellen Ausblicken.

1.
Fürstentugend

Der Meister sprach: »Yung, den kann man brauchen, um mit südlich gewandtem Gesicht (einen Staat zu beherrschen).« Dschung Gung fragte in betreff von Dsï Sang Be Dsï. Der Meister sprach: »Er geht; er ist großartig.« Dschung Gung sprach: »In seiner Gesinnung sorgfältig sein und in seiner Handlungsweise großartig beim Verkehr mit seinem Volk, das mag wohl gehen. Aber in seiner Gesinnung großartig sein und in seiner Handlungsweise großartig sein: ist das nicht zuviel Großartigkeit?« Der Meister sprach: »Yungs Worte sind richtig.«

2.
Zeichen des Bildungsstrebens

Der Fürst Ai fragte, wer unter den Jüngern das Lernen liebe. Meister Kung entgegnete und sprach: »Da war Yen Hui: er liebte das Lernen. Er übertrug nie seinen Ärger, er machte keinen Fehler zum zweitenmal. Zum Unglück war seine Zeit kurz und er ist gestorben. Nun habe ich keinen mehr (wie ihn). Ich habe von keinem mehr gehört, der so das Lernen liebte.«

3.
Besoldungsfragen

Dsï Hua hatte einen Auftrag in Tsi zu besorgen. Meister Jan bat für dessen Mutter um Getreide. Der Meister sprach: »Gib ihr ein Fu.« Er bat um mehr. Da sprach er: »Gib ihr ein Yü.« Meister Jan gab ihr fünf Bing. Der Meister sprach: »Als Tschï nach Tsi aufbrach, hatte er ein Gespann von fetten Pferden und war gekleidet in leichtes Pelzwerk. Ich habe gehört: der Edle hilft dem Bedürftigen, aber fügt nicht dem Reichen noch mehr zu.« Yüan Sï ward angestellt als Stadthauptmann. (Der Meister) gab ihm 900 Maß Getreide. Er lehnte ab. Der Meister sprach: »Nicht also! Du magst sie ja verwenden, um sie in deiner Nachbarschaft und Umgebung zu verteilen.«

4.
Individueller Wert
Der Meister redete von Dschung Gung und sprach: »Wenn das Junge einer fleckigen Kuh rot und wohlgehörnt ist, ob einer auch es nicht zu brauchen wünscht, sollten es darum die Berge und Flüsse verschmähen?«

5.
Nur der Anfang ist schwer
Der Meister sprach: »Mein Hui, wessen Herz drei Monate lang nicht von der Sittlichkeit abweicht, der wird dann in (seinem) übrigen (Leben) (alle) Monate und Tage sie zu erreichen vermögen.«

6.
Brauchbarkeit im Staatsdienst
Der Freiherr Gi Kang fragte in Beziehung auf Dschung Yu, ob man ihn im Staatsdienst brauchen könne. Der Meister sprach: »Yu ist entschieden. Im Staatsdienst tätig zu sein: was (für Schwierigkeiten) könnte das für ihn haben?« Er sprach: »Und Sï, kann man den im Staatsdienst brauchen?« Er antwortete. »Sï ist durchdringend. Im Staatsdienst tätig zu sein: was (für Schwierigkeiten) könnte das für ihn haben?« Er sprach: »Kiu, kann man den im Staatsdienst brauchen?« Er antwortete: »Kiu ist geschickt. Im Staatsdienst tätig zu sein: was (für Schwierigkeiten) könnte das für ihn haben?«

7.
Zurückhaltung
Der Älteste der Familie Gi wollte Min Dsï Kiën* als Stadthauptmann von Bi (Fe) anstellen. Min Dsï Kiën erwiderte (dem Boten): »Lehne es auf höfliche

---

* Der Jünger Min Dsï Kiën spielt in den Lun Yü an verschiedenen Stellen eine sehr bedeutende Rolle, während sonst nicht viel von ihm bekannt ist. Seine Zurückhaltung erklärt sich daraus, daß er mit der Usurpatorenfamilie Gi nichts zu tun haben wollte. Daher diese überaus bestimmte Absage mit der Drohung, falls man ihn nicht in Ruhe lasse,

Weise für mich ab. Wenn nochmals einer kommen sollte, um mich zu bitten, so werde ich bis dahin sicher über den Wenfluß sein.«

8.
Hartes Los

Be Niu war krank. Der Meister fragte nach ihm und ergriff durch das Fenster seine Hand und sprach: »Er geht uns verloren. Es ist Fügung. Solch ein Mann und hat solch eine Krankheit! Solch ein Mann und hat solch eine Krankheit!«

9.
Fröhlichkeit in Armut

Der Meister sprach: »Hui war doch wirklich ein guter Mensch! Eine Holzschüssel voll Reis, eine Kürbisschale voll Wasser, in einer elenden Gasse. Andre Menschen hätten es in einer so trostlosen Lage gar nicht ausgehalten. Aber Hui ließ sich seine Fröhlichkeit nicht rauben. Hui war doch wirklich ein guter Mensch!«

10.
Vorzeitiger Verzicht

Jan Kiu sprach: »Nicht daß ich des Meisters Lehre nicht liebte, aber meine Kraft reicht nicht aus dafür.« Der Meister sprach: »Wem seine Kraft nicht ausreicht, der bleibt auf halbem Wege liegen, aber du beschränkst dich ja von vornherein selber.«

11.
Zweck der Wissenschaft

Der Meister sagte zu Dsï Hia und sprach: »Sei du als Edler ein Gelehrter und nicht als Gemeiner ein Gelehrter.«

12.
Wie ein Beamter seine Leute kennenlernt

Dsï Yu war Stadthauptmann in Wu Tschong. Der Meister sprach: »Hast du Menschen gefunden –?« Er sprach: »Da ist Tan-Tai Mië-Ming; der wandelt

---

außer Landes nach Tsi (der Wenfluß ist nördlich von Lu im Staate Tsi) zu gehen, um dem Einfluß der Familie Gi sich zu entziehen.

nie auf Nebenwegen, und wenn es sich nicht um öffentliche Angelegenheiten handelt, ist er noch nie in mein Amtshaus gekommen.«

13.
Stolze Bescheidenheit
Der Meister sprach: »Mong Dschï Fan war fern von Prahlerei. Als er (nach einer verlornen Schlacht) auf der Flucht zuhinterst war und im Begriff war, ins Stadttor einzureiten, da trieb er sein Pferd an und sprach: ›Es ist nicht mein Mut, daß ich zuhinterst bin; mein Pferd läuft nicht.‹«

14.
Was einen Fürsten retten kann
Der Meister sprach: »Wer nicht die Redegabe des Priesters To hat und hat die Schönheit Dschaus von Sung, der wird schwerlich der Welt von heute entgehen.«

15.
Das Tor des Lebens
Der Meister sprach: »Wer kann hinausgehen, es sei denn durch die Tür; warum doch wandeln die Menschen nicht auf diesem Pfade?«

16.
Das Gleichgewicht zwischen Gehalt und Form
Der Meister sprach: »Bei wem der Gehalt die Form überwiegt, der ist ungeschlacht, bei wem die Form den Gehalt überwiegt, der ist ein Schreiber. Bei wem Form und Gehalt im Gleichgewicht sind, der erst ist ein Edler.«

17.
Aufrichtigkeit als Lebensprinzip
Der Meister sprach: »Der Mensch lebt durch Geradheit. Ohne sie lebt er von glücklichen Zufällen und Ausweichen.«

18.
Stufen der intellektuellen Bildung
Der Meister sprach: »Der Wissende ist noch nicht so weit wie der Forschende, der Forschende ist noch nicht so weit wie der heiter (Erkennende).«

19.
Esoterik der Wissenschaft
Der Meiser sprach: »Wer über dem Durchschnitt steht, dem kann man die höchsten Dinge sagen. Wer unter dem Durchschnitt steht, dem kann man nicht die höchsten Dinge sagen.«

20.
Weisheit und Sittlichkeit I
Fan Tschï fragte, was Weisheit sei. Der Meister sprach: »Seiner Pflicht gegen die Menschen sich weihen, Dämonen und Götter ehren und ihnen fern bleiben, das mag man Weisheit nennen.« Er fragte, was Sittlichkeit sei. Er sprach: »Der Sittliche setzt die Schwierigkeit voran und den Lohn hintan. Das mag man Sittlichkeit nennen.«

21.
Weisheit und Sittlichkeit II
Der Meister sprach: »Der Wissende freut sich am Wasser, der Fromme (›Sittliche‹) freut sich am Gebirge. Der Wissende ist bewegt, der Fromme ist ruhig; der Wissende hat viele Freuden, der Fromme hat langes Leben.«

22.
Stufen des Verfalls
Der Meister sprach: »Wenn Tsi reformiert würde, so könnte es so weit kommen wie Lu. Wenn Lu reformiert würde, so könnte es auf den rechten Weg kommen.«

23.
Falsche Benennungen
Der Meister sprach: »Eine Eckenschale ohne Ecken: was ist das für eine Eckenschale, was ist das für eine Eckenschale!«

24.
Dumme Gutmütigkeit
Dsai Wo fragte und sprach: »Wenn ein sittlich-guter Mensch auch nur sagen hörte, es sei ein sittlicher Mensch im Brunnen, so würde er wohl sofort nachspringen.« Der Meister sprach: »Wozu denn das? Ein Edler würde hingehen, aber nicht hineinspringen. Man kann ihn belügen, aber nicht zum Narren haben.«

25.
Selbsterziehung
Der Meister sprach: »Ein Edler, der eine umfassende Kenntnis der Literatur besitzt und sich nach den Regeln der Moral richtet, mag es wohl erreichen, Fehltritte zu vermeiden.«

26.
Verkehr mit einer verrufenen Fürstin
Der Meister besuchte die Nan Dsï. Dsï Lu war mißvergnügt. Der Meister verschwor sich und sprach: »Habe ich unrecht gehandelt, so möge der Himmel mich hassen, so möge der Himmel mich hassen.«

27.
Maß und Mitte
Der Meister sprach: »Maß und Mitte sind der Höhepunkt menschlicher Naturanlage. Aber unter dem Volk sind sie seit langem selten.«

28.
Das Wesen der Sittlichkeit
Dsï Gung sprach: »Wenn einer dem Volke reiche Gnade spendete und es vermöchte, die gesamte Menschheit zu erlösen, was wäre ein solcher? Könnte man ihn sittlich nennen?« Der Meister sprach: »Nicht nur sittlich, sondern göttlich wäre der zu nennen. Selbst Yau und Schun waren sich mit Schmerzen (der Schwierigkeit davon) bewußt. Was den Sittlichen anlangt, so festigt er andere, da er selbst wünscht, gefestigt zu sein, und klärt andre auf, da er selbst wünscht, aufgeklärt zu sein. Das Nahe als Beispiel nehmen können (nach sich selbst die anderen zu beurteilen verstehn), das kann als Mittel zur Sittlichkeit bezeichnet werden.«

Buch VII

Während die letzten zwei Bücher sich mit Aussprüchen Kungs über Schüler und Zeitgenossen beschäftigten, gibt das 7. Buch hauptsächlich Äußerungen über den Meister, teils von ihm selbst, teils von andern. Dieses biographische Moment ist der Grund, warum es bei der Redaktion hinter die beiden vorangehenden gestellt wurde.

1.
Resignation
Der Meister sprach: »Beschreiben und nicht machen, treu sein und das Altertum lieben: darin wage ich mich mit unserem alten Pong zu vergleichen.«*

2.
Der Geist der Wissenschaft
Der Meister sprach: »Schweigen und so erkennen, forschen und nicht überdrüssig werden, die Menschen belehren und nicht ermüden: was kann ich dazu tun?«

3.
Betrübnis über die Unvollkommenheit des Menschen
Der Meister sprach: »Daß Anlagen nicht gepflegt werden, daß Gelerntes nicht besprochen wird, daß man seine Pflicht kennt und nicht davon angezogen wird, daß man Ungutes an sich hat und nicht imstande ist, es zu bessern: das sind Dinge, die mir Schmerz machen.«

4.
Der Meister im Privatleben
Wenn der Meister unbeschäftigt war, so war er heiter und leutselig.

---

* Wer der »alte Pong« eigentlich ist, läßt sich nicht feststellen. Die einen sehn darin Lau Dsï, andere Pong Dsu, der 700–800 Jahre gelebt haben soll: der chinesische Methusalàh, wieder andre einen nicht näher bekannten Mann aus der Zeit der Yindynastie.

5.
Der Traum
Der Meister sprach: »Es geht abwärts mit mir, seit langer Zeit habe ich nicht mehr im Traum den Fürsten Dschou gesehen!«*

6.
Vierfacher Weg der Bildung
Der Meister sprach: »Sich das Ziel setzen im Pfad, sich klammern an die guten Naturanlagen, sich stützen auf die Sittlichkeit, sich vertraut machen mit der Kunst.«

7.
Pädagogische Grundsätze
I: Bezahlung
Der Meister sprach: »Von denen an, die ein Päckchen Dörrfleisch anbrachten, habe ich noch nie einen von meiner Belehrung ausgeschlossen.«

8.
Pädagogische Grundsätze
II: Selbsttätigkeit des Schülers
Der Meister sprach: »Wer nicht strebend sich bemüht, dem helfe ich nicht voran, wer nicht nach dem Ausdruck ringt, dem eröffne ich ihn nicht. Wenn ich eine Ecke zeige, und er kann es nicht auf die andern drei übertragen, so wiederhole ich nicht.«

---

* Der Fürst Dschou, der Sohn des Königs Wen und Bruder des Königs Wu, gehört zu den Begründern der Dschoudynastie. Er wurde von seinem Bruder als Lehnsfürst des Staates Lu eingesetzt, daher die exemte Stellung, die der an sich kleine Staat auch später bewahrt hat. Er war für Kung das hochverehrte Vorbild, das ihm im Wachen und im Traum immer vor Augen stand. Vielleicht war gerade der Umstand, daß der Fürst Dschou, ohne selbst auf dem Thron zu sitzen, so großen Einfluß ausüben konnte, ein Grund mehr für Kung, sich ihm verwandt zu fühlen. Im Alter, als er seine Hoffnungen allmählich zerrinnen sah, als er so resignierte Worte sprach wie das in Lun Yü VII, 1, da hörten auch die Träume vom Fürsten Dschou auf, daher hier diese Klage.

9.
Weine mit den Weinenden

Der Meister, wenn er an der Seite eines Mannes in Trauer aß, aß sich nicht satt. Wenn der Meister an einem Tage geweint hatte, so sang er an demselben Tage nicht.

10.
Gelassenheit

Der Meister sagte zu Yen Hui und sprach: »Wenn gebraucht, zu wirken, wenn entlassen, sich zu verbergen: nur ich und du verstehen das.«

Dsï Lu sprach: »Wenn der Meister drei Heere zu führen hätte, wen würde er dann mit sich nehmen?«

Der Meister sprach: »Wenn einer mit der bloßen Faust einem Tiger zu Leibe rückt, über den Fluß setzt ohne Boot und den Tod sucht ohne Besinnung: einen solchen würde ich nicht mit mir nehmen, sondern es müßte einer sein, der, wenn er eine Sache unternimmt, besorgt ist, der gerne überlegt und etwas zustande bringt.«

11.
Die Jagd nach dem Glück

Der Meister sprach: »Wenn der Reichtum (vernünftigerweise) erjagt werden könnte, so würde ich es auch tun, und sollte ich mit der Peitsche in der Hand dienen; da man ihn aber nicht erjagen kann, so folge ich meinen Neigungen.«

12.
Vorsicht

Die Umstände, bei denen der Meister besondere Vorsicht übte, waren Fasten, Krieg und Krankheit.

13.
Die Macht der Musik
Als der Meister in Tsi sich mit der Schaumusik* beschäftigte, da vergaß er drei Monate lang den Geschmack des Fleisches. Er sprach: »Ich hätte nicht gedacht, daß die Musik eine solche Höhe erreichen könne.«

14.
Indirekte Frage**
Jan Yu sprach: »Ob der Meister für den Fürsten von We ist?« Dsï Gung sprach: »Gut, ich werde ihn fragen.« Darauf ging er hinein und sprach: »Was waren Be J und Schu Tsi für Menschen?« (Der Meister) sprach: »Es waren Würdige des Altertums.« (Der Schüler) fragte weiter: »(Waren sie mit ihrem Lose) unzufrieden?« (Der Meister) sprach: »Sie erstrebten Sittlichkeit und erlangten sie. Was (hätten sie) unzufrieden (sein sollen)?« Der Schüler ging hinaus und sprach: »Der Meister ist nicht für ihn.«

15.
Das Glück eine ziehende Wolke
Der Meister sprach: »Gewöhnliche Speise zur Nahrung, Wasser als Trank und den gebogenen Arm als Kissen: auch dabei kann man fröhlich sein; aber ungerechter Reichtum und Ehren dazu sind für mich nur flüchtige Wolken.«

---

* Die Schaumusik war die zu Kungs Zeit in dem Staate Tsi noch bekannte alte chinesische Musik. Sie wird dem Kaiser Schun zugeschrieben. Der tiefe Eindruck, den Kung von ihr erhielt, zeigt uns deutlich, daß die Musik im chinesischen Altertum etwas ganz anderes war als im heutigen China, wo sie eine recht untergeordnete Rolle spielt. Die – heute vollständig verlorengegangene – alte chinesische Musik gab eine Vermittlung des geistigen Wesens ihres Urhebers. So bringt die Schaumusik das Wesen des alten Herrschers Schun dem Kung vor die Seele in unmittelbarem Verständnis. Der Abschnitt ist daher mit dem Träumen von dem Fürsten von Dschou verwandt.

** Der Grund für diese indirekte Art zu fragen liegt in dem Umstand, daß gerade zu jener Zeit der Meister im Gebiet von We war. Eine direkte Kritik der Thronverhältnisse hätte daher den Gesetzen des Dekorums widersprochen. Daher mußte Dsï Gung eine Methode anwenden, die es dem Meister möglich machte, an der Hand eines historischen Vorfalls sein Urteil abzugeben. Was Be J und Schu Tsi angeht, so war ihr Verhalten gerade das Gegenteil von dem des Fürsten von We, und indem Kung es nicht nur billigte, sondern sogar bewunderte, sprach er sein Urteil über den Fürsten.

16.
Das Buch des Wandels
Der Meister sprach: »Wenn mir noch einige Jahre vergönnt wären, daß ich das Buch des Wandels* fertig studieren könnte, so möchte ich wohl wenigstens grobe Verfehlungen zu vermeiden imstande sein.«

17.
Themen der Lehre
Was der Meister mit besonderer Sorgfalt besprach, waren die Lieder, die Geschichte, das Halten der Riten. Das alles besprach er mit Sorgfalt.

18.
Wer ist Kung?
Der Fürst von Schê fragte den Dsï Lu über Kung Dsï. Dsï Lu gab ihm keine Antwort. Der Meister sagte (nachher): »Warum hast du nicht einfach gesagt: Er ist ein Mensch, der in seinem Eifer (um die Wahrheit) das Essen vergißt und in seiner Freude (am Erkennen) alle Trauer vergißt und nicht merkt, wie das Alter herankommt.«

19.
Die Quelle von des Meisters Wissen
Der Meister sprach: »Ich bin nicht geboren mit der Kenntnis (der Wahrheit); ich liebe das Altertum und bin ernst im Streben (nach ihr).«

20.
Schweigendes Vorübergehen
Der Meister sprach niemals über Zauberkräfte und widernatürliche Dämonen.

---

* Das »Buch des Wandels« I Ging ist wohl dasjenige chinesische Buch, das die ältesten Bestandteile enthält. Es ist eigentlich ein Buch der Wahrsagung. Die der Wahrsagung zugrunde liegenden Prinzipien beziehen sich auf die Einrichtung der Natur, den Zusammenhang und die Entwicklung der Angelegenheiten des Menschenlebens und das Verhältnis von Mensch und Welt. Es ist überaus schwer verständlich, und die Chinesen finden jede Wahrheit hineingeheimnißt. Kungs esoterische Lehren beruhen hauptsächlich auf seinen Prinzipien. Er hat es in seinem Alter so oft gelesen, daß der Einband dreimal erneuert werden mußte.

21.
Überall Lehrer zu finden
Der Meister sprach: »Wenn ich selbdritt gehe, so habe ich sicher einen Lehrer. Ich suche ihr Gutes heraus und folge ihm, ihr Nichtgutes und verbessere es.«

22.
Gottvertrauen
Der Meister sprach: »Gott hat den Geist in mir gezeugt, was kann Huan Tui mir tun?«

23.
Offenheit
Der Meister sprach: »Meine Kinder, ihr denkt, ich habe Geheimnisse? Ich habe keine Geheimnisse vor euch. Mein ganzer Wandel liegt offen für euch, meine Kinder. So ist es meine Art.«

24.
Unterricht in den Elementen
Der Meister lehrte vier Gegenstände: die Kunst, den Wandel, die Gewissenhaftigkeit, die Treue.

25.
Auf der Suche nach Menschen
Der Meister sprach: »Einen Gottmenschen zu sehen, ist mir nicht vergönnt; wenn es mir vergönnt wäre, einen Edlen zu sehen, dann wäre es schon gut. Einen guten Menschen zu sehen, ist mir nicht vergönnt; wenn es mir vergönnt wäre, einen Beharrlichen zu sehen, wäre es schon gut. Aber nicht haben und tun, als habe man, leer sein und tun, als sei man voll, in Verlegenheit sein und tun, als lebe man herrlich und in Freuden: auf diese Weise ist es schwer, beharrlich zu sein.«

26.
Fischfang und Jagd
Der Meister fing Fische mit der Angel, aber nie mit dem Netz; er schoß Vögel, aber nie, wenn sie im Neste saßen.

27.
Erst wägen, dann wagen

Der Meister sprach: »Es mag auch Menschen geben, die, ohne das Wissen zu besitzen, sich betätigen. Ich bin nicht von der Art. Vieles hören, das Gute davon auswählen und ihm folgen, vieles sehen und es sich merken: das ist wenigstens die zweite Stufe der Weisheit.«

28.
Weitherzigkeit

Die Leute von Hu Hiang waren schwierig im Gespräch. Ein Knabe (aus jener Gegend) suchte den Meister auf. Die Jünger hatten Bedenken. Der Meister sprach: »Laßt ihn kommen, heißt ihn nicht gehen! Warum wollt ihr so genau sein? Wenn ein Mensch sich selbst reinigt, um zu mir zu kommen, so billige ich seine Reinigung, ohne ihm seine früheren Taten vorzurücken.«

29.
Die Macht des Willens zur Sittlichkeit

Der Meister sprach: »Ist denn die Sittlichkeit gar so fern? Sobald ich die Sittlichkeit wünsche, so ist diese Sittlichkeit da.«

30.
Versuchung

Der Justizminister des Staates Tschen fragte, ob der Fürst Dschau (von Lu) ein Mann sei, der die Regeln des Anstandes kenne. Meister Kung sprach: »Ja, er kennt die Regeln des Anstandes.« Als Meister Kung sich zurückgezogen hatte, machte der Minister eine Verbeugung vor dem Jünger Wu Ma Ki, daß er herankomme, und sprach: »Ich habe doch immer gehört, der Edle sei kein Schranz; aber es scheint, zuweilen ist der Edle doch auch ein Schranz. Euer Fürst hat eine Prinzessin aus dem Staate Wu geheiratet, die mit ihm denselben Familiennamen* trug, so daß er selbst für nötig fand, sie einfach die Fürstin von Wu (unter

---

* Die regierende Familie von Wu war ebenso wie die von Lu direkt mit dem königlichen Hause der Dschoudynastie verwandt (vgl. VIII, 1 Anmerkung 1); beide hatten den Familiennamen Gi. Während man sonst bei der Ankunft der Braut den Familiennamen außer dem Namen des Staates, von dem sie kam, zu nennen pflegte in der öffentlichen Bekanntgabe an das Volk, hatte es der Fürst Dschau in diesem Fall für besser gehalten, den Familiennamen der Braut ganz zu unterdrücken und sie einfach als Prinzessin zu bezeichnen, da es in China bis auf den heutigen Tag als grober Verstoß gegen den Anstand

Weglassung des Familiennamens Gi) zu nennen. Wenn dieser Fürst Anstand hat, dann weiß ich nicht, wer keinen hat.« – Der Jünger Wu Ma Ki hinterbrachte die Sache dem Meister. Der Meister sprach: »Fürwahr, glücklich bin ich zu nennen: wenn ich Fehler mache, so bemerken die Menschen sie sicher.«

31.
Gesang und Begleitung

Wenn der Meister mit einem Mann zusammen war, der sang und es gut machte, so ließ er ihn sicher wiederholen und sang das zweitemal selber mit.

32.
Theorie und Praxis

Der Meister sprach: »Was die literarische Ausbildung anlangt, kann ich es durch Anstrengung wohl andern gleichtun. Aber (die Stufe) eines Edlen, der in seiner Person (seine Überzeugungen) in Handeln umsetzt, habe ich noch nicht erreicht.«

33.
Genialität und Fleiß

Der Meister sprach: »Was Genialität und Sittlichkeit anlangt: wie könnte ich wagen (darauf Anspruch zu machen); nur, daß ich ohne Überdruß danach strebe und andre lehre, ohne müde zu werden: das mag wohl vielleicht gesagt werden.« Gung Si Hua sprach: »Ganz recht; das eben können wir Jünger nicht lernen.«

34.
Über das Gebet

Der Meister war schwer krank. Dsï Lu bat, für ihn beten lassen zu dürfen. Der Meister sprach: »Gibt es so etwas?« Dsï Lu erwiderte und sprach: »Ja, es gibt

---

gilt, wenn man eine Frau desselben Familiennamens heiratet. Dieses Vertuschungssystem des Fürsten hatte in den Nachbarstaaten wohl noch mehr Hohn herausgefordert. Daher der mephistophelische Spott, mit dem der Minister den Kung vor seinem eignen Jünger zu treffen sucht. Kung hatte die irreführende Antwort zunächst gegeben, um sich seines Fürstenhauses anzunehmen und keinen Vorwurf auf den Fürsten Dschau kommen zu lassen. Schön ist der Zug, wie Kung den Vorwurf ohne Gegenwehr auf sich sitzen läßt; damit deckt er den Fürsten vor Verunglimpfung.

das. In den Lobgesängen heißt es: ›Wir beten zu euch, ihr Götter oben und ihr Erdgeister unten.‹« Der Meister sprach: »Ich habe lange schon gebetet.«*

35.
Das kleinere Übel
Der Meister sprach: »Verschwendung führt zu Unbotmäßigkeit. Sparsamkeit führt zu Ärmlichkeit. Aber immer noch besser als Unbotmäßigkeit ist die Ärmlichkeit.«

36.
Der Edle und der Gemeine: Seelenruhe und Sorgen
Der Meister sprach: »Der Edle ist ruhig und gelassen, der Gemeine ist immer in Sorgen und Aufregung.«

37.
Des Meisters Charakter
Der Meister war in seinem Wesen mild und doch würdevoll. Er war Ehrfurcht gebietend und doch nicht heftig. Er war ehrerbietig und doch selbstbewußt.

---

* Das Wort Kungs ist nicht ganz eindeutig. Jedenfalls ist es so zu verstehen, daß Kung das Wortgeplapper der Gebetslitaneien ablehnt.

Buch VIII

Das Buch VIII enthält 21 Abschnitte, von denen sich der erste und die vier letzten mit großen Männern der Vorzeit beschäftigen. Abschnitt 3–7 enthalten Äußerungen und Anekdoten aus dem Leben des Jüngers Dsong Schen, der hier auch wieder das Ehrenprädikat »Dsï« (Meister) erhält, was auf die Herkunft dieses Traditionsstoffes aus seiner Schule schließen läßt. Die übrigen elf Abschnitte enthalten Aussprüche Kungs über Themen der Charakterbildung, Staatsregierung und des Studiums.

1.
Verborgene Verdienste
Der Meister sprach: »Tai Be: von ihm kann man sagen, daß er die höchste Tugend erreicht hat. Dreimal verzichtete er auf das Reich, und das Volk kam nicht dazu, ihn darum zu loben.«

2.
Unvollkommenheit guter Gesinnung ohne Takt
Der Meister sprach: »Ehrerbietung ohne Form wird Kriecherei, Vorsicht ohne Form wird Furchtsamkeit, Mut ohne Form wird Auflehnung, Aufrichtigkeit ohne Form wird Grobheit.
Wenn der Fürst seine Verwandten hochhält, so wird das Volk sich entwickeln zur Sittlichkeit; wenn er seine alten Freunde nicht vernachlässigt, so wird das Volk nicht niedriggesinnt.«

3.
Vorsicht im Leibesleben
Meister Dsong war krank. Da rief er seine Schüler zu sich und sprach: »Deckt meine Füße auf, deckt meine Hände auf (und sehet, daß sie unverletzt sind). Im Liede heißt es: ›Wandelt mit Furcht und Zittern, als stündet ihr vor einem tiefen Abgrund, als trätet ihr auf dünnes Eis.‹ Nun und immerdar ist es mir gelungen, meinen Leib unversehrt zu halten,* o meine Kinder.«

---
* Der Leib, der von den Eltern unversehrt überkommen ist, soll gewissenhaft geschont werden, damit er keinen Schaden nimmt. Das ist auch eine Forderung der Pietät. Der zugrunde liegende Gedanke ist das Verantwortlichkeitsgefühl dem Leib als einem anvertrauten Gut gegenüber.

4.
Das Schwanenlied

Meister Dsong war krank. Da kam der Freiherr Mong Ging und fragte (nach seinem Befinden). Meister Dsong redete und sprach also: »Wenn der Vogel am Sterben ist, so ist sein Gesang klagend; wenn der Mensch am Sterben ist, so sind seine Reden gut. Drei Grundsätze sind, die ein Fürst hochhalten muß: In seinem Benehmen und allen Bewegungen halte er sich fern von Rohheit und Nachlässigkeit, er ordne seinen Gesichtsausdruck, daß er Vertrauen einflößt, er bemüht sich, bei allen seinen Reden sich fernzuhalten von Gemeinheit und Unschicklichkeit. Was dagegen die Opfergefäße (und derartige spezielle Fachkenntnisse) anlangt, so gibt es dafür berufene Beamte.«

5.
Demut

Meister Dsong sprach: »Begabt sein und doch noch von Unbegabten lernen; viel haben und doch noch von solchen lernen, die wenig haben; haben, als hätte man nicht, voll sein, als wäre man leer; beleidigt werden und nicht streiten: einst hatte ich einen Freund, der in allen Dingen so handelte.«

6.
Treue eines fürstlichen Vormunds

Meister Dsong sprach: »Wem man einen jungen verwaisten (Fürsten) anvertrauen kann, und wem der Befehl über einen Großstaat übergeben werden kann, und wer auch gegenüber von großen Dingen sich nichts rauben läßt: ist das ein edler Mensch? Das ist ein edler Mensch!«

7.
Die schwere Last und der weite Weg

Meister Dsong sprach: »Ein Lernender kann nicht sein ohne großes Herz und starken Willen; denn seine Last ist schwer, sein Weg ist weit. Die Sittlichkeit, die ist seine Last: ist sie nicht schwer? Im Tode erst ist er am Ziel: ist das nicht weit?«

8.
Poesie, Formen, Musik

Der Meister sprach: »Wecken durch die Lieder, festigen durch die Formen, vollenden durch die Musik.«

9.
Über das Volk
Der Meister sprach: »Das Volk kann man dazu bringen, (dem Rechten) zu folgen, aber man kann es nicht dazu bringen, es zu verstehen.«

10.
Gründe des Umsturzes
Der Meister sprach: »Wenn einer Mut liebt und die Armut haßt, so macht er Aufruhr; wenn ein Mensch nicht sittlich ist und man haßt ihn zu sehr, so macht er Aufruhr.«

11.
Talente ohne moralischen Wert
Der Meister sprach: »Wenn einer die Schönheit der Talente des Fürsten Dschou hat, aber bei ihrer Anwendung hochfahrend und knickerig ist, so ist das übrige keines Blickes wert.«

12.
Häufigkeit des Brotstudiums
Der Meister sprach: »Drei Jahre lernen, ohne nach Brot zu gehen, das ist nicht leicht zu erreichen.«

13.
Charakterbildung und ihr Verhältnis zur Welt
Der Meister sprach: »(1.) Aufrichtig und wahrhaft, bis zum Tode treu dem rechten Weg. (2.) Ein gefährdetes Land nicht betreten, in einem aufständischen Land nicht bleiben: wenn auf Erden Ordnung herrscht, dann sichtbar werden, wenn Unordnung herrscht, verborgen sein. (3.) Wenn in einem Lande Ordnung herrscht, so ist Armut und Niedrigkeit eine Schande; wenn in einem Lande Unordnung herrscht, dann ist Reichtum und Ansehen eine Schande.«

14.
Gegen Kamarillawirtschaft
Der Meister sprach: »Wer nicht das Amt dazu hat, der kümmere sich nicht um die Regierung.«

15.
Der Kapellmeister Dschï und das Guan-Dsü-Lied

Der Meister sprach: »Als der Kapellmeister Dschï sein Amt antrat, da kamen die vollen Versschlüsse des Guan-Dsü-Liedes zu mächtiger Wirkung. Wie füllten sie das Ohr!«

16.
Schatten ohne Licht

Der Meister sprach: »Zugreifend und doch nicht gradeaus, unwissend und doch nicht aufmerksam, einfältig und doch nicht gläubig: mit solchen Menschen weiß ich nichts anzufangen.«

17.
Das Geheimnis des Lernens

Der Meister sprach: »Lerne, als hättest du's nicht erreicht, und dennoch fürchtend, es zu verlieren.«

18.
Die heiligen Herrscher des Altertums
I: Schun und Yü

Der Meister sprach: »Erhaben war die Art, wie Schun und Yü den Erdkreis beherrschten, ohne daß sie etwas dazu taten.«

19.
Die heiligen Herrscher des Altertums
II: Yau

Der Meister sprach: »Groß wahrlich ist die Art, wie Yau Herrscher war. Erhaben: nur der Himmel ist groß, nur Yau entsprach ihm. Unendlich: das Volk konnte keinen Namen finden. Erhaben war die Vollendung seiner Werke, strahlend waren seine Lebensordnungen.«

20.
Die heiligen Herrscher des Altertums
III: Yau, Schun, Wu, Wen

Schun hatte an Beamten fünf Männer, und der Erdkreis war in Ordnung. König Wu sprach: »Ich habe an tüchtigen Beamten zehn Menschen.« Meister Kung sprach: »Genies sind schwer zu finden: ist das nicht ein wahres Wort? Die Zeit des Zusammentreffens von Yau (Tang) und Schun (Yü) ist dadurch so blühend.« Doch war eine Frau darunter, so daß es im ganzen nur neun Männer waren.

»Von den drei Teilen des Erdkreises zwei zu besitzen und dennoch dem Hause Yin treu zu bleiben: das war die Tugend des Gründers des Hauses Dschou. Von ihm kann man sagen, daß er die höchste Tugend erreicht hat.«

21.
Die heiligen Herrscher des Altertums
IV: Yü

Der Meister sprach: »An Yü kann ich keinen Makel entdecken: Er war sparsam in Trank und Speise, aber er war fromm vor Gott. Er trug selbst nur schlichte Kleidung, aber (beim Gottesdienst) war er in Purpur und Krone zugegen. Er wohnte in einer geringen Hütte, aber er verwandte alle Mittel auf die Regulierung der Gewässer. An Yü kann ich keinen Makel entdecken.«*

---

* Dieser Abschnitt verteidigt die große Einfachheit Yüs, der vom Pflug zum Thron aufgestiegen war. Es wird von ihm erzählt, daß er unter dem Essen sich oft zehnmal von Bittstellern unterbrechen ließ und daß er beim Waschen des Morgens dreimal sein Haar provisorisch aufstecken mußte, um Geschäfte zu erledigen. Ihm wird die Flußregulierung in der nordchinesischen Ebene zugeschrieben. Er zuerst hat dem Gelben Fluß ein festes Bett gegeben, zurzeit als er sintflutartig alles überschwemmte. Während dieser Zeit kam er im Laufe von vielen Jahren dreimal an seinem Haus vorbei, ohne zum Hineingehen Zeit zu finden. – Der Sinn unsres Abschnitts ist nun, daß Yü bei aller persönlichen Sparsamkeit es nicht an der Sorge für andre und für das öffentliche Wohl habe fehlen lassen.

Buch IX

Die ersten 15 Abschnitte des Buches enthalten Äußerungen über die Persönlichkeit Kungs teils von ihm selbst, teils von andern, teils endlich Gespräche und Wechselreden. Mit dem 16. und 17. Abschnitt, die elegische Äußerungen des Meisters über den Fluß der Dinge und die menschliche Verblendung enthalten, geht der Text zu allgemeineren Themen über, die hauptsächlich das Gebiet des Studiums berühren. Der letzte, 30. Abschnitt ist in seiner jetzigen Form zweifelhaft. Bemerkenswert sind die mancherlei Parallelstellen zu Buch VII.

1.
Esoterisches

Worüber der Meister selten sprach, war: der Lohn, der Wille Gottes, die Sittlichkeit.

2.
Genie und Talente
I: Der Mann aus Da Hiang

Ein Mann aus der Gegend von Da Hiang sprach: »Meister Kung ist gewiß ein großer Mann und hat ausgebreitete Kenntnisse, aber er hat nichts Besonderes getan, das seinen Namen berühmt machen würde.«

Der Meister hörte das und sprach zu seinen Jüngern also:

»Was könnte ich denn (für einen Beruf) ergreifen? Soll ich das Wagenlenken ergreifen oder soll ich das Bogenschießen ergreifen? Ich denke, ich muß wohl das Wagenlenken ergreifen.«*

3.
Mode und Sinn

Der Meister sprach: »Ein leinener Hut ist eigentlich dem Ritual entsprechend. Heutzutage benutzt man seidene. Es ist sparsam, so richte ich mich nach der

---

* Das Scherzwort Kungs anläßlich der Äußerung des Unbekannten, der bei aller Größe Kungs spezielle Taten und Talente vermißt, die sich statistisch nachweisen lassen, zeigt den Gegensatz der Standpunkte unter den Menschen, den auch Schiller im Auge hat in dem bekannten Wort, daß edle Naturen mit dem bezahlen, was sie sind, Gemeine mit dem, was sie tun.

Allgemeinheit. Unten (an den Stufen der Halle) sich zu beugen, ist eigentlich dem Ritual entsprechend. Heutzutage macht man die Verbeugung oben. Doch das ist anmaßend, deshalb – ob ich auch von der Allgemeinheit abweiche, ich richte mich nach (dem Ritual der Verbeugung) unten.«

4.
Negative Tugenden

Der Meister war frei von vier Dingen: er hatte keine Meinungen, keine Voreingenommenheit, keinen Starrsinn, keine Selbstsucht.

5.
Gottvertrauen

Als der Meister in Kuang gefährdet war, sprach er: »Da König Wen nicht mehr ist, ist doch die Kultur mir anvertraut? Wenn der Himmel diese Kultur vernichten wollte, so hätte ein spätgeborner Sterblicher sie nicht überkommen. Wenn aber der Himmel diese Kultur nicht vernichten will: was können dann die Leute von Kuang mir anhaben?«

6.
Genie und Talente
II: Der Minister

Ein Minister fragte den Dsï Gung und sprach: »Ist euer Meister nicht ein Genie? Wie zahlreich sind seine Talente!« Dsï Gung sprach: »In der Tat, wenn ihm der Himmel Gelegenheit gibt, wird er sich als Genie beweisen; außerdem hat er viele Talente.«

Der Meister hörte es und sprach: »Woher kennt mich denn der Minister? Ich hatte eine harte Jugend durchzumachen, deshalb erwarb ich mir mancherlei Talente. Aber das sind Nebensachen. Kommt es denn darauf an, daß der Edle in vielen Dingen Bescheid weiß? Nein, es kommt gar nicht auf das Vielerlei an.«

Lau sprach: »Der Meister pflegte zu sagen: ›Ich habe kein Amt; deshalb kann ich mich mit der Kunst beschäftigen.‹«

7.
Der Meister und sein Wissen
Der Meister sprach: »Ich hätte (geheimes) Wissen? Ich habe kein (geheimes) Wissen. Wenn ein ganz gewöhnlicher Mensch mich fragt, ganz wie leer, so lege ich es von einem Ende zum andern dar und erschöpfe es.«

8.
Kein Zeichen
Der Meister sprach: »Der Vogel Fong kommt nicht, aus dem Fluß kommt kein Zeichen: Es ist aus mit mir!«

9.
Ehrfurcht vor Rang und Unglück
Wenn der Meister jemand in Trauer sah, jemand im Hofgewand oder einen Blinden: so stand er bei ihrem Anblick auf, auch wenn sie jünger waren; mußte er an ihnen vorbei, so tat er es mit raschen Schritten.

10.
Das Ideal und der Schüler
Yen Yüan seufzte und sprach: »Ich sehe empor, und es wird immer höher, ich bohre mich hinein, und es wird immer undurchdringlicher. Ich schaue es vor mir, und plötzlich ist es wieder hinter mir. Der Meister lockt freundlich Schritt für Schritt die Menschen. Er erweitert unser Wesen durch (Kenntnis der) Kultur, er beschränkt es durch (die Gesetze des) Geziemenden. Wollte ich ablassen, ich könnte es nicht mehr. Wenn ich aber alle meine Kräfte erschöpft habe und glaube es schon erreicht, so steht es wieder klar und fern. Und wenn ich noch so sehr ihm folgen möchte, es ist kein Weg dahin!«

11.
Der Meister im Sterben
Der Meister war auf den Tod krank. Dsï Lu traf Veranstaltungen, daß die Jünger (beim Todesfall und beim Begräbnis) als Minister funktionieren sollten. Als die Krankheit etwas nachließ, sprach (der Meister): »Immer macht der Yu unaufrichtige Geschichten! Keine Minister zu haben, und tun, als hätte ich welche: wen wollen wir denn damit betrügen? Wollen wir etwa den Himmel betrügen? Und (meint ihr denn, ich möchte) in den Händen von Ministern

sterben und nicht vielmehr in den Armen meiner getreuen Jünger? Und wenn ich auch kein fürstliches Begräbnis bekomme, so sterbe ich ja doch auch nicht auf der Landstraße.«

12.
Der Edelstein
Dsï Gung* sprach: »Wenn ich hier einen schönen Nephrit habe, soll ich ihn in einen Kasten stecken und verbergen oder soll ich einen guten Kaufmann suchen und ihn verkaufen?« Der Meister sprach: »Verkaufe ihn ja! Verkaufe ihn ja! Aber ich würde warten auf den Kaufmann.«

13.
Die Barbaren
Der Meister äußerte den Wunsch, unter den neun Barbarenstämmen des Ostens zu wohnen.** Jemand sprach: »Sie sind doch so roh; wie wäre so etwas möglich!« Der Meister sprach: »Wo ein Gebildeter weilt, kann keine Roheit aufkommen.«

14.
Reform der Musik
Der Meister sprach: »Nachdem ich von We nach Lu zurückgekehrt*** war, da wurde die Musik in Ordnung gebracht. Die Festlieder und Opfergesänge kamen alle an ihren rechten Platz.«

15.
Der Geist der Lebenskunst
Der Meister sprach: »Nach außen dem Fürsten und Vorgesetzten dienen, nach innen dem Vater und älteren Bruder dienen, bei Trauerfällen gewissenhaft alle

---

* Dsï Gung konnte es nicht mit ansehen, daß der Meister ohne Amt blieb, statt sich bei einem Fürsten der Zeit einen einflußreichen Posten zu besorgen und so seinen Lehren Erfolg zu verschaffen. Das legt er ihm im Gleichnis nahe. Der Meister antwortet im Gleichnis und erklärt seine Zurückhaltung.

** Der Ausspruch Kungs ist einer jener Ausbrüche der Verzweiflung, daß er zur Tatenlosigkeit und Erfolglosigkeit in China verurteilt sei. Die kulturstolze Bemerkung des Ungenannten, daß mit China die Welt des möglichen Wohnens aufhöre, weist er mit weitem Blick für das Menschenwesen zurück. Die Menschennatur ist allenthalben so, daß sie dem Edlen sich beugt und ihm entsprechend sich umgestaltet.

*** Kung kehrte im 11. Jahr des Fürsten Ai von seinen Wanderungen nach Lu zurück. Es war in seinem 69. Lebensjahre, fünf Jahre vor seinem Tode.

Gerechtigkeit erfüllen, (bei Festen) sich vom Wein nicht überkommen lassen: was kann ich dazu tun?«

16.
Der Fluß
Der Meister stand an einem Fluß und sprach: »So fließt alles dahin, wie dieser Fluß, ohne Aufhalten Tag und Nacht!«

17.
Himmlische und irdische Liebe
Der Meister sprach: »Ich habe noch keinen gesehen, der moralischen Wert liebt ebenso, wie er die Frauenschönheit liebt.«

18.
Stillstand und Fortschritt
Der Meister sprach: »Nehmt zum Vergleich einen Hügel, der fertig ist bis auf einen Korb Erde; bleibt es dabei, so bedeutet es für mich einen Stillstand. Nehmt zum Vergleich den ebenen Grund, es mag erst ein Korb Erde aufgeworfen sein; geht es weiter, so bedeutet es für mich einen Fortschritt.«

19.
Beharrlichkeit
Der Meister sprach: »Wenn man mit ihm sprach, niemals zu erlahmen: das war Huis Art!«

20.
Beständiger Fortschritt
Der Meister sagte in Beziehung auf Yen Yüan: »Ach, ich habe ihn (immer) fortschreiten sehen, ich habe ihn nie stillstehen sehen!«

21.
Blüten und Früchte
Der Meister sprach: »Daß manches keimt, das nicht zum Blühen kommt, ach, das kommt vor! Daß manches blüht, das nicht zum Reifen kommt, ach, das kommt vor!«

22.
Ehrfurcht vor dem kommenden Geschlecht
Der Meister sprach: »Vor dem spätergeborenen Geschlecht muß man heilige Scheu haben. Wer weiß, ob die Zukunft es nicht der Gegenwart gleichtun wird? Wenn einer aber vierzig, fünfzig Jahre alt geworden ist, und man hat noch nichts von ihm gehört, dann freilich braucht man ihn nicht mehr mit Scheu zu betrachten.«

23.
Zustimmung und Tat
Der Meister sprach: »Worte ernsten Zuredens: wer wird denen nicht zustimmen? Aber worauf es ankommt, das ist Besserung (des Lebens). Worte zarter Andeutung: wer wird die nicht freundlich anhören? Aber worauf es ankommt, das ist ihre Anwendung (auf die Praxis). Freundliches Anhören ohne Anwendung, Zustimmung ohne Besserung: was kann ich damit anfangen?«

24.
Treu und Glauben
Der Meister sprach: »Mache Treu und Glauben zur Hauptsache, habe keinen Freund, der dir nicht gleich ist. Hast du Fehler, scheue dich nicht, sie zu verbessern.«

25.
Die Macht des Kleinsten
Der Meister sprach: »Einem Heer von drei Armeen kann man seinen Führer nehmen; dem geringsten Mann aus dem Volk kann man nicht seinen Willen nehmen.«

26.
Dsï Lus Lob und Tadel
Der Meister sprach: »Mit einem ärmlichen hänfenen Rock bekleidet zu sein und an der Seite von andern zu stehen, die kostbares Pelzwerk tragen, ohne sich zu schämen: das bringt Yu fertig.

Der keinem schadet, nichts begehrt,

Wie tät' er nicht, was gut und recht?«

Dsï Lu sang darauf die Strophe dauernd vor sich hin. Der Meister sprach: »Dieser Weg allein führt aber noch nicht bis zur Vollkommenheit.«

27.
Im Winter
Der Meister sprach: »Wenn das Jahr kalt wird, dann erst merkt man, daß Föhren und Lebensbäume immergrün sind.«

28.
Der dreifache Sieg
Der Meister sprach: »Weisheit macht frei von Zweifeln, Sittlichkeit macht frei von Leid, Entschlossenheit macht frei von Furcht.«

29.
Gefährten auf dem Lebensweg
Der Meister sprach: »Manche können mit uns gemeinsam lernen, aber nicht gemeinsam mit uns die Wahrheit erreichen. Manche können mit uns gemeinsam die Wahrheit erreichen, aber nicht gemeinsam mit uns sich festigen. Manche können gemeinsam mit uns sich festigen, aber nicht gemeinsam mit uns (die Ereignisse) abwägen.«

30.
Fernes Gedenken
»Die roten Kirschenblüten
Schließen der Kelche Rand.
Wie wollt' ich dein nicht gedenken
Fern, ach, im Heimatland!«

Der Meister sprach: »Das ist noch kein wirkliches Gedenken. Was könnte dem die Ferne tun?«

Buch X

Dieses Buch unterscheidet sich von allen früheren dadurch, daß es den Meister nur von der Seite seines Privatlebens (und seiner offiziellen äußeren Tätigkeit) zeigt. Es bringt viel interessantes, wenn auch mehr zeitgeschichtliches als biographisches Material bei. Äußerlich charakteristisch ist, daß Kung in dem ganzen Buch nur einmal als »der Meister« bezeichnet wird, sonst allenthalben als »Meister Kung« oder »der Edle«. Das legt den Gedanken nahe, daß dieses Buch aus einer anderen Quelle stammt als die übrigen. Dafür spricht ohnehin die ganze Art der Erzählung, die ganze biographisch-porträtierende Beschreibung sowie schon äußerlich der Umstand, daß das ganze Buch ursprünglich einen einzigen Abschnitt bildete und erst später in 17 Abschnitte aus Rücksichten des praktischen Gebrauchs eingeteilt wurde. Die minutiöse Detailschilderung berührt den Europäer fremdartig, doch darf man nicht vergessen, daß daran z. T. das spezifisch-chinesische Kolorit, das zunächst ungewohnt erscheint, die Hauptschuld trägt. Die chinesischen Kommentatoren sind im Gegenteil entzückt über diese Details, die den Meister so deutlich vor Augen malen. Wichtig ist das Buch als Beleg dafür, wie sorgfältig Kung auf Übereinstimmung zwischen Theorie und Praxis seines Lebens gehalten hat.

1.
Kungs Redeweise zu Haus und bei Hofe

Meister Kung war in seinem Heimatorte in seinem Wesen voll anspruchsloser Einfachheit, als könnte er nicht reden. Im Tempel und bei Hofe dagegen sprach er fließend, aber mit Überlegung.

2.
Verkehr mit Beamten und Fürsten

Bei Hofe sprach er mit den (ihm gleichgeordneten) Ministern zweiten Rangs frei und ungezwungen, mit den Ministern ersten Grades präzis und sachlich. Wenn der Fürst eintrat, war er in seinem Benehmen ehrfurchtsvoll, doch gefaßt.

3.
Bei Staatsbesuchen

Wenn ihn der Fürst zum Empfang eines Gastes befahl, so wurde seine Miene ernst, und seine Schritte waren geschwind. Bei den Verbeugungen vor den nebenstehenden Beamten wandte er die zum Gruß erhobenen Hände nach links und rechts. Seine Kleidung blieb dabei vorn und hinten in Ordnung. (Beim Geleiten der Gäste) eilte er voran und (seine Arme waren) in leichter Schwingung. Nachdem der Gast sich zurückgezogen, machte er stets die Meldung: »Der Gast sieht sich nicht mehr um.«*

4.
Während der Audienz

Wenn er durch das Palasttor trat, so beugte er sich, gleich als ob er kaum hindurch käme. Beim Stehen vermied er den Platz gegenüber von der Mitte des Tors, beim Durchschreiten (des Tors) trat er nicht auf die Schwelle. Wenn er am (leeren, äußeren) Thron vorbeikam, so wurde seine Miene ernst, und seine Schritte waren geschwind, er redete im Flüsterton. Er hielt sorgfältig den Saum seines Kleides empor, wenn er zur Audienzhalle hinaufstieg. Er beugte sich und hielt den Atem an, gleich als wagte er nicht Luft zu schöpfen. Wenn er (von der Audienzhalle wieder herauskam und) die erste Stufe herabgestiegen war, so löste sich die Spannung in seinen Zügen, und er hatte einen heiteren Ausdruck. Unten an den Stufen angekommen, eilte er vorwärts (und seine Arme waren) in leichter Schwingung. So kehrte er an seinen Platz zurück mit ehrfurchtsvollem Gesichtsausdruck.

5.
Benehmen bei diplomatischen Missionen

Wenn er das Zepter (seines Fürsten) zu tragen hatte, so beugte er sich, gleich als sei er nicht fähig (es zu tragen). Er hob es nicht höher, als man die Hand zum Gruß erhebt (in Augenhöhe), und senkte es nicht tiefer, als man die Hand

---

* Bei den Staatsbesuchen der Fürsten wurde in China großes Zeremoniell beobachtet. Kam der Gast an, so hatte er 90 Schritte westlich vor dem Palasttore vom Wagen zu steigen und durch einen Kordon von Beamten sich mit dem ihn am Tor der Ahnenhalle erwartenden Wirt zu verständigen. Auf beiden Seiten wurden hierzu drei Stufen von Beamten ausgesucht, die, in bestimmten Abständen voneinander stehend, unter Verbeugungen nach rechts und links (beim Empfang und Weitergeben der Nachricht) die Verständigung der Fürsten vermittelten. Kung hätte seinem Amt entsprechend eigentlich nur den zweiten Rang der Gastempfänger einnehmen sollen. Er scheint jedoch wegen seiner Erfahrung auf diesem Gebiet zum wichtigen ersten Rang, der eigentlich den höchsten Adelsgeschlechtern zustand, berufen worden zu sein. Nachdem der Zweck des Besuchs auf diese Weise kund war, kam der eigentliche Empfang. Beim Abschied hatte der Wirt so lange am Tor zu warten, bis der Gast sich nicht mehr umsah.

beim Überreichen einer Gabe ausstreckt (in Brusthöhe). Seine Miene war ernst und devot, seine Schritte waren langsam und gemessen. Beim Überreichen der Geschenke hatte er ein mildes Wesen. Bei der Privataudienz war er freundlich und heiter.

6.
Kleiderregeln

Der Edle nahm kein Blaurot oder Schwarzrot zum Kleiderausputz. Gelbrot und violett nahm er nicht (einmal) für seine Hauskleider. In der heißen Zeit trug er ungefütterte, gazeartige linnene Gewebe, aber beim Ausgehen zog er immer noch ein Kleidungsstück darüber an. Dunkelbraune Kleidung trug er zusammen mit schwarzem Lammpelz, ungefärbte Kleidung mit Rehpelz, gelbe Kleidung mit Fuchspelz. Zu Hause trug er lange Pelzkleider, woran der rechte Ärmel kurz war. Er trug immer Nachthemden, die anderthalb Körperlängen hatten. Beim Aufenthalt zu Hause gebrauchte er dicke Fuchs- oder Dachspelze. Außer bei Trauerfällen trug er sämtliche Nephritschmuckstücke. Außer bei den ungenähten Opfergewändern hatte er immer nach der Figur genähte Kleider. Schwarzen Lammpelz und dunkle Kopfbedeckung trug er nicht, wenn er Trauerbesuche machte. Zum Monatsanfang zog er Galakleidung an und stellte sich bei Hofe vor.

7.
Das Fasten

Beim Fasten hatte er immer reine Kleider von Linnen. Beim Fasten änderte er immer die Speise und verließ seinen (gewöhnlichen) Aufenthaltsplatz.

8.
Das Essen

Beim Essen verschmähte er es nicht, auf Reinigung (des Reises zu halten), beim Hackfleisch verschmähte er es nicht, auf Feinheit (zu halten). Reis, der verdorben war und schlecht, Fisch, der alt, und Fleisch, das nicht mehr frisch war, aß er nicht. Was eine schlechte Farbe hatte, aß er nicht. Was einen schlechten Geruch hatte, aß er nicht. Was nicht richtig gekocht war, aß er nicht. Was nicht der Zeit entsprach, aß er nicht. Was nicht richtig geschlachtet war oder nicht die richtige Sauce hatte, aß er nicht. Wenn das Fleisch auch viel war, ließ er es nicht den Geschmack des Reises verdecken. Nur im Weintrinken legte er sich keine Beschränkung auf, doch ließ er sich nicht von ihm verwirren. Gekauften Wein und Dörrfleisch vom Markt genoß er nicht. Er hatte stets Ingwer beim Essen. Er aß nicht viel. Wenn er beim fürstlichen Opfer anwesend war, behielt er (den ihm zugewiesenen Anteil an) Fleisch nicht über Nacht. Opferfleisch ließ er nicht länger als drei Tage liegen. Was über drei Tage alt war, das wurde nicht gegessen. Beim Essen diskutierte er nicht. Im Bett redete er nicht. Wenn er auch nur einfachen Reis und Gemüsesuppe und Gurken hatte, so brachte er doch ehrfurchtsvoll ein Speiseopfer dar.

9.
Keine Unordnung
War die Matte nicht gerade, so setzte er sich nicht.

10.
Ehrung alter Sitten
Wenn die Dorfgenossen zusammen tranken und die Alten aufbrachen, so brach er auf.

Wenn die Dorfgenossen den Reinigungsumzug hielten, so kleidete er sich in Hoftracht und stellte sich auf die östliche Treppe seines Hauses.

11.
Höflichkeit
Wenn er jemand mit Grüßen in einen Nachbarstaat sandte, so verneigte er sich zweimal vor ihm und geleitete ihn.

Freiherr Kang sandte ihm Medizin. Er empfing sie mit einer Verbeugung und sprach: »Ich kenne ihre Wirkung nicht, deshalb wage ich nicht, sie zu kosten.«*

---

* Es war sonst für Beamte nicht üblich, mit dem Ausland zu verkehren. Kung machte eine Ausnahme. Seine Höflichkeit gegen den Boten war eine Ehrung für den, dem die Botschaft galt. Freiherr Kang ist der auch sonst genannte Minister Gi Kang von Lu. Es war nicht Sitte, Medizin als Geschenk zu schicken, da die Geschenke aus Höflichkeit beim Empfang gekostet werden mußten und die Medizinen häufig giftig waren. Kung nimmt das Geschenk an und gibt die Erklärung, warum er es nicht kostet, so daß er nicht als unhöflich erscheint.

12.
Der Stallbrand
Einst brannte sein Stall. Der Meister kam von Hofe zurück und fragte: »Ist auch nicht etwa ein Mensch verletzt?« Er fragte nicht nach (dem Verlust an) Pferden.

13.
Ehrung durch den Fürsten
Wenn der Fürst ihm eine Speise sandte, so rückte er die Matte gerade und kostete sie zuerst. Wenn der Fürst ungekochtes Fleisch sandte, so ließ er es kochen und brachte es (seinen Ahnen) dar. Wenn der Fürst ein lebendes Tier sandte, so hielt er es lebend.

Wenn er vom Fürsten zum Essen befohlen war und der Fürst die Dankspende dargebracht hatte, kostete er alle Speisen zuerst. Wenn er krank war und der Fürst ihn besuchte, so legte er sich mit dem Kopf nach Osten, legte die Hofkleidung über sich und zog den Gürtel darüber. Wenn ihn der Fürst (zu Hof) befahl, so wartete er nicht, bis angespannt war, sondern ging zu Fuß voran.

14.
Im königlichen Heiligtum
Wenn er das königliche Heiligtum betrat, erkundigte er sich nach jeder einzelnen Verrichtung.

15.
Verhältnis zu Freunden
Wenn ein Freund gestorben war, der keine Angehörigen hatte, so sprach er: »Überlaßt es mir, ihn zu begraben.«

Wenn ein Freund ihm etwas schenkte, und waren es selbst Pferde und Wagen: wenn es nicht Opferfleisch war, so machte er keine Verbeugung.

16.
Das äußere Benehmen
Im Bett lag er nicht (steif wie) ein Leichnam. Im täglichen Leben war er nicht formell.

Wenn er jemand in Trauer sah, so änderte er (seinen Gesichtsausdruck), auch wenn er ein guter Bekannter war. Wenn er einen in Hofkopfbedeckung oder einen Blinden sah, so benahm er sich höflich, auch wenn er ihnen oft begegnete.

Einen Leichenzug grüßte er (wenn er selbst im Wagen fuhr) durch (Verbeugung bis zur) Querstütze. Ebenso begrüßte er die (Leute, welche die) Volkszählungslisten trugen.

Wenn er bei einem reichen Mahl (zu Gaste) war, so änderte er seinen Ausdruck und erhob sich.

Bei einem plötzlichen Donnerschlag oder einem heftigen Sturm änderte er stets (seinen Gesichtsausdruck).*

17.
Im Wagen

Wenn er den Wagen bestieg, stand er gerade und hielt das Handseil. Im Wagen sah er nicht nach innen, sprach nicht hastig und deutete nicht mit dem Finger.

18.
Die Fasanenhenne

»Ein Anblick, und es steigt empor,
Es fliegt umher und läßt sich wieder nieder.«

Er sprach: »Auf der Bergbrücke eine Fasanenhenne. Zu ihrer Zeit! Zu ihrer Zeit!« Dsï Lu brachte sie dar. Er roch dreimal und erhob sich.**

---

* In dem Donner und Sturmwind hörte man »die Stimme des Herrn«, daher geziemte sich Ehrfurcht.
** Die Fasanenhenne ist das Kreuz aller Erklärer und Übersetzer. Die chinesischen Kommentare nehmen Korruption des Textes an, und man wird sich dabei beruhigen müssen. Der rätselhafte Paragraph ist ein würdiger Schluß des rätselhaften Buches, das im ganzen und einzelnen dem Kritiker so manche ungelöste Frage darbietet.

Buch XI

Dieses Buch enthält eine Reihe von wirklichen Gesprächen des Meisters mit seinen Jüngern. Es zeigt ihn im Verkehr mit den Seinen. Dabei zeigt sich eine ganz spezielle Richtung. Dsong Schen, der sonst so viel genannte und als orthodox anerkannte Fortsetzer der Lehren Kungs, tritt in diesem Buch ganz zurück; in der Aufzählung der wichtigsten Jünger XI, 2 ist er übergangen, ebenso wie Dsï Dschang, der in Buch XIX eine dem Dsï Hia gegenüber etwas oppositionelle Stellung einzunehmen scheint. In Verlauf des Buches kommt nur eine etwas wenig schmeichelhafte Bemerkung über Dsong Schen vor (Abschn. 17), während Dsï Dschang in Abschn. 15 und 17 nicht eben lobend erwähnt wird. Dagegen tritt neben Yen Hui, dessen Platz unbestritten bleibt, eine andre Gestalt in den Vordergrund, Min Dsï Kiën, der sogar einmal ausdrücklich den Ehrentitel »Meister« erhält. Das läßt darauf schließen, daß zum mindesten ein Teil des überlieferten Stoffs der Schule dieses Jüngers entstammt, der sonst in der Überlieferung sehr zurücktritt. Jedenfalls steht das Buch XI literarisch sehr hoch, wie ein Vergleich der beiden Genreszenen V, 25 und XI, 25 auf den ersten Blick ergibt. Was dort stammelnd angedeutet ist, ist hier mit vollendeter Kunst in Durchbildung der Situation und Individualisierung der einzelnen Persönlichkeiten zum Ausdruck gebracht. Der ganze Ton des Buchs ist freier und fließender als der oft fast ängstlich gewissenhafte des Kreises um Dsong Schen. Herkömmlicherweise beginnt es den zweiten Teil der »Gespräche«.

1.
Alte und neue Zeit
Der Meister sprach: »Die früheren Geschlechter waren in Kultur und Musik rohe Menschen, die späteren Geschlechter sind in Kultur und Musik gebildet. Wenn ich (diese Dinge) auszuüben habe, so folge ich den früheren Geschlechtern.«

2.
Die Jünger der Wanderzeit
Der Meister sprach: »Von denen, die mir folgten in Tschen und Tsai, kommt keiner mehr zu meiner Tür.«
Ethisch hochstehend waren: Yen Yüan, Min Dsï Kiën, Jan Be Niu, Dschung Gung; rhetorisch begabt waren Dsai Wo und Dsï Gung; politisch tätig waren: Jan Yu und Gi Lu; ästhetisch und literarisch begabt waren: Dsï Yu und Dsï Hia.

3.
Yen Huis Auffassungsgabe

Der Meister sprach: »Hui hilft mir nicht. Mit allem, was ich sage, ist er einverstanden (so daß sich nie eine Diskussion entspinnen kann).«

4.
Min Dsï Kiëns Pietät

Der Meister sprach: »›Gehorsam wahrhaftig ist Min Dsï Kiën!‹ Damit sagen die Leute nichts anderes als seine eigenen Eltern und Brüder.«

5.
Nan Yungs Besonnenheit und ihr Lohn

Nan Yung wiederholte häufig das Lied vom weißen Zepterstein. Meister Kung gab ihm die Tochter seines älteren Bruders zur Frau.*

6.
Welcher ist der Größte unter den Jüngern?

Der Freiherr Gi Kang fragte, wer unter den Jüngern das Lernen liebe. Meister Kung entgegnete und sprach: »Da war Yen Hui, der liebte das Lernen. Zum Unglück war seine Zeit kurz, und er ist gestorben. Jetzt gibt es keinen mehr.«

7.
Rücksicht auf die Lebenden

Als Yen Yüan gestorben war, bat Yen Lu um des Meisters Wagen, um dafür einen Sarkophag zu beschaffen. Der Meister sprach:
»Begabt oder unbegabt: jedem steht doch sein Sohn am nächsten. Als (mein Sohn) Li starb, hatte er einen Sarg, aber keinen Sarkophag; ich kann nicht zu Fuß gehen, um einen Sarkophag zu kaufen. Nachdem ich ein öffentliches Amt bekleidet habe, geht es nicht an, daß ich zu Fuß gehe.«**

---

* Das Lied vom weißen Zepterstein steht Schï Ging III; 3; 2, 5. Die Zeilen heißen: »Ein Flecken in einem weißen Nephritzepter kann weggeschliffen werden; Einen Flecken in der Rede kann man nicht beseitigen.« Die Beherzigung dieser Worte ist ein Zeichen für die vorsichtige Zurückhaltung Nan Yungs.

** Yen Lu ist der Vater von Yen Hui (Yen Yüan) und war ebenfalls Kungs Schüler. Da die Familie zu arm war, um einen Doppelsarg, wie er zu einem Begräbnis ersten Rangs gehörte, kaufen zu können, stellt er das obige Ansinnen an Kung. Kung war prinzipiell gegen jeden Beerdigungsluxus (vgl. IX, 2 und XI, 10), deshalb auch diese Ablehnung.

8.
Gottverlassenheit
Als Yen Yüan starb, sprach der Meister: »Wehe, Gott verläßt mich, Gott verläßt mich.«

9.
Des Meisters Tränen um Yen Hui
Als Yen Hui starb, brach der Meister in heftiges Weinen aus. (Die Schüler in) seiner Umgebung sagten: »Der Meister ist zu heftig.« Der Meister sprach: »Klage ich zu heftig? Wenn ich um diesen Mann nicht bitterlich weine, um wen sollte ich es dann tun?«

10.
Yen Huis Beerdigung
Als Yen Yüan gestorben war, wollten die Jünger ihn prächtig beerdigen. Der Meister sagte, sie sollten es nicht tun. Aber die Jünger beerdigten ihn prächtig. Der Meister sprach: »Hui hat mich immer wie einen Vater behandelt; mir war es nicht vergönnt, ihn wie meinen Sohn zu behandeln. Aber nicht an mir lag es, sondern an euch, ihr meine Jünger.«

11.
Tod und Leben
Gi Lu fragte über das Wesen des Dienstes der Geister. Der Meister sprach: »Wenn man noch nicht den Menschen dienen kann, wie sollte man den Geistern dienen können!«
(Dsï Lu fuhr fort): »Darf ich wagen, nach dem (Wesen) des Todes zu fragen?« (Der Meister) sprach: »Wenn man noch nicht das Leben kennt, wie sollte man den Tod kennen?«

12.
Im Kreise der Seinen
Meister Min stand zu seiner Seite mit ruhigem, gesetztem Gesichtsausdruck, Dsï Lu blickte mutig drein, Jan Yu und Dsï Gung offen und frei.
Der Meister freute sich. (Doch sprach er:) »Dieser Yu (Dsï Lu) wird einmal nicht eines natürlichen Todes sterben.«

13.
Urteile über die Jünger
I: Min Dsï Kiën

Die Leute von Lu bauten das lange Schatzhaus (neu). Min Dsï Kiën sprach: »Wie wäre es, wenn man das alte erhalten würde? Warum muß man durchaus ein andres bauen?« Der Meister sprach: »Dieser Mann redet selten, aber wenn er redet, trifft er (das Rechte).«

14.
Urteile über die Jünger
II: Dsï Lus Lautenspiel

Der Meister sprach: »Die Laute Yus, was hat sie in meinem Tor zu tun?« Da achteten die Jünger den Dsï Lu gering. Der Meister sprach: »Yu ist immerhin zur Halle emporgestiegen, wenn er auch die inneren Gemächer noch nicht betreten hat.«*

15.
Urteile über die Jünger
III: Dsï Dschang und Dsï Hia

Dsï Gung fragte: »Schï oder Schang, wer ist besser?« Der Meister sprach: »Schï geht zu weit, Schang bleibt zurück.« (Dsï Gung) sprach: »Dann ist also wohl Schï der Überlegene.« Der Meister sprach: »Zu viel ist grade so (falsch) wie zu wenig.«

---

* Nach den Gia Yü war das Lautenspiel Dsï Lus mit kriegerischem Geist erfüllt, es offenbarte eine Lust zu töten, die Kung verletzte. Den alten Berichten nach muß die alte chinesische Musik sehr genau die Seelenzustände ausgedrückt haben, und Kung hatte ein besonderes Verständnis für ihre Deutung. – Als die andern Jünger den Dsï Lu aber diesen Tadel empfinden ließen, nimmt sich Kung seiner an und erkennt seine überragende Begabung und seine Kenntnisse, denen nur die letzte harmonische Vollendung fehle, an.

16.
Urteile über die Jünger
IV: Jan Kiu im Dienst

»Der Freiherr Gi ist reicher als die Fürsten Dschous, und Kiu sammelt für ihn die Steuern ein und vermehrt seine Habe«, sprach der Meister, »das ist kein Jünger von mir. Meine Kinder, ihr möget die Trommel schlagen und ihn angreifen.«*

17.
Urteile über die Jünger
V: Dsï Gau, Dsong Schen, Dsï Dschang, Dsï Lu

Tschai ist töricht, Schen ist beschränkt, Schï ist eitel, Yu ist roh.**

18.
Urteile über die Jünger
VI: Yen Hui und Dsï Gung

Der Meister sprach: »Hui, der wird es vielleicht (erreichen). Er ist stets leer. Sï hat nicht die Bestimmung empfangen, und seine Güter mehren sich. Wenn er etwas plant, so (gelingt es ihm) stets zu treffen.«

19.
Talent und Genie

Dsï Dschang fragte über den Pfad des »guten Menschen«. Der Meister sprach: »Er wandelt nicht in den Spuren anderer, hat auch nicht die inneren Gemächer betreten.«

20.
Gehalt der Rede

Der Meister sprach: »Worte: sind sie ehrlich und wahr? Ist, der sie spricht, ein Edler? Oder ist er (nur) äußerlich anständig?«

---

* Die Bemerkung war nicht so schlimm gemeint. War es doch Jan Kiu gewesen, der Kungs Rückberufung nach Lu durchgesetzt hatte. Die Lektion galt weit mehr dem Freiherrn Gi als seinen Beamten.
** Diese Aussprüche über die Jünger klingen sehr hart, fast mehr wie lieblose Äußerungen der Mitschüler oder deren Nachfolger als wie Urteile des Meisters. Bezeichnenderweise fehlt auch das: »Der Meister sprach.«

21.
Individuelle Behandlung

Dsï Lu fragte, ob er (die Lehren), die er gehört, sofort in die Tat umsetzen solle. Der Meister sprach: »Du hast doch noch Vater und Bruder (auf die du Rücksicht nehmen mußt). Wie kannst du da alles Gehörte sofort ausführen?«
Jan Yu fragte (ebenfalls), ob er (die Lehren), die er gehört, sofort in die Tat umsetzen solle. Der Meister sprach: »Ja, hast du etwas gehört, so handle auch danach.« Gung Si Hua (hatte beides mit angehört und) sprach: »Yu fragte, ob er das Gehörte sofort ausführen solle. Da sprach der Meister: ›Du hast doch noch Vater und Bruder.‹ Kiu fragt, ob er das Gehörte sofort ausführen solle. Da sprach der Meister: ›Hast du etwas gehört, so handle auch danach.‹ Ich bin deshalb im unklaren und erlaube mir, um Aufschluß zu bitten.« Der Meister sprach: »Kiu ist zögernd, deshalb muß man ihn antreiben; Yu hat einen Überschuß an Tatendrang, deshalb muß man ihn zurückhalten.«

22.
Bescheidenheit

Als der Meister in Kuang in Gefahr war, blieb Yen Yüan zurück. Der Meister sprach: »Ich dachte schon, du seiest umgekommen.« Da sprach er: »Solange der Meister am Leben ist, wie könnte ich da wagen zu sterben?«

23.
Strenges Urteil

Gi Dsï Jan fragte über Dschung Yu (Dsï Lu) und Jan Kiu (Jan Yu), ob man sie als bedeutende Staatsmänner bezeichnen könne. Der Meister sprach: »Ich dachte, der Herr würde etwas Außerordentliches zu fragen haben; nun ist es nur die Frage nach Yu und Kiu. Wer den Namen eines bedeutenden Staatsmannes verdient, der dient seinem Fürsten gemäß der Wahrheit; wenn das nicht geht, so tritt er zurück. Was nun Yu und Kiu anlangt, das sind einfache Angestellte.« Da sprach jener: »Dann folgen sie also (in allen Stücken)?« Der Meister sprach: »Bei einem Vatermord oder Fürstenmord werden sie doch nicht folgen.«

24.
Notwendigkeit geistiger Reife

Dsï Lu stellte den Dsï Gau als Beamten des Kreises Bi (Fe) an. Der Meister sprach: »Du verdirbst das Menschenkind.« Dsï Lu sprach: »Da hat er eine Bevölkerung (zu regieren) und den Göttern des Landes und des Korns zu opfern – warum muß man denn nur immer hinter Büchern sitzen, um sich zu bilden?« Der Meister sprach: »(Diese Menschen haben doch immer eine Ausrede!) Das ist's, warum ich diese zungenfertige Art nicht leiden kann.«

25.
Herzenswünsche

Dsï Lu, Dsong Si, Jan Yu und Gung Si Hua saßen (mit dem Meister) zusammen. Da sprach der Meister: »Obwohl ich ein paar Tage älter bin als ihr, so nehmet mich nicht so. Ihr sagt immer:

›Man kennt uns nicht.‹ Wenn euch nun ein (Herrscher) kennen würde (und verwenden wollte), was würdet ihr dann tun?«

Dsï Lu fuhr sogleich heraus: »Wenn es ein Reich von tausend Streitwagen gäbe, das eingeklemmt wäre zwischen mächtigen (Nachbar-)Staaten, das außerdem von großen Heeren bedrängt wäre und überdies unter Mangel an Brot und Gemüsen litte: wenn ich es zu regieren hätte, so wollte ich es in drei Jahren so weit gebracht haben, daß (das Volk) Mut hat und seine Pflicht kennt.« Der Meister lächelte. »Und Kiu, was sagst du?« (Jan Kiu) antwortete: »Ein Gebiet von 60 bis 70 Meilen im Geviert, oder sagen wir 50–60 Geviertmeilen: wenn ich das zu regieren hätte, so getraute ich mir wenigstens, es in drei Jahren so weit zu bringen, daß das Volk genug zu leben hat. Was die Pflege der Kultur und Kunst betrifft, die muß ich einem besseren Manne nach mir überlassen.«

»Und Tschï, was sagst du?« (Gung Si Hua) antwortete: »Ich sage nicht, daß ich es schon kann, aber lernen möchte ich es: im kaiserlichen Ahnentempel und bei kaiserlichen Audienzen im Festgewand und Barett wenigstens als niedriger Gehilfe zu dienen, das ist mein Wunsch.«

»Diën, was sagst du?« Dsong Si verlangsamte sein Lautenspiel, ließ die Laute verklingen und legte sie beiseite. Dann stand er auf und sprach: »Ach, (meine Wünsche) sind verschieden von den Plänen dieser drei Freunde.« Der Meister sprach: »Was schadet es? Ein jeder soll seines Herzens Wünsche aussprechen.« Da sagte er: »Ich möchte im Spätfrühling, wenn wir die leichteren Frühlingskleider tragen, mit fünf oder sechs erwachsenen Freunden und ein paar Knaben im Flusse baden und im heiligen Hain des Lufthauchs Kühlung genießen. Dann würden wir ein Lied zusammen singen und heimwärts ziehen.« Der Meister seufzte und sprach: »Ich halte es mit Diën.«

Die drei andern Jünger gingen hinaus, nur Dsong Si blieb zurück. Dsong Si sprach: »Was bedeuten die Worte der drei Jünger?« Der Meister sprach: »Es sprach eben jeder seines Herzens Wünsche aus, nichts weiter.« – »Und warum lächelte der Meister über Dsï Lu?« – »Um ein Reich zu regieren, braucht es Takt. Seine Worte aber waren nicht bescheiden, darum lächelte ich über ihn.« – »Dann hat also Jan Kiu nicht von der Regierung eines Staates gesprochen?« – »Gewiß; denn wo gäbe es ein Gebiet von 60–70 oder 50–60 Meilen im Geviert, das nicht ein Staat wäre?« – »Und hat Gung Si Hua nicht auch von einem Staat gesprochen?« – »Gewiß; denn im kaiserlichen Ahnentempel und bei kaiserlichen Audienzen – wer hat außer den Landesfürsten dabei etwas zu tun? (Er sagte zwar bescheidenerweise nur, daß er als niedriger Gehilfe dabei dienen wolle, aber) wenn ein Mann wie Tschï niedriger Gehilfe ist, wer sollte dann der Leiter sein?«

Buch XII

Die 24 Abschnitte dieses Buches handeln meist von Gegenständen prinzipieller Art. Es bildet so eine Ergänzung des XI., mehr persönlich gearteten Buches. Für die Kenntnis der konfuzianischen Ethik und Weltanschauung ist es besonders ergiebig.

1.
Sittlichkeit
I: Schönheit

Yen Yüan fragte nach (dem Wesen) der Sittlichkeit. Der Meister sprach: »Sich selbst überwinden und sich den Gesetzen der Schönheit zuwenden: dadurch bewirkt man Sittlichkeit. Einen Tag sich selbst überwinden und sich den Gesetzen der Schönheit zuwenden: so würde die ganze Welt sich zur Sittlichkeit kehren. Sittlichkeit zu bewirken, das hängt von uns selbst ab; oder hängt es etwa von den Menschen ab?«
Yen Yüan sprach: »Darf ich um Einzelheiten davon bitten?«
Der Meister sprach: »Was nicht dem Gesetz der Schönheit entspricht, darauf schaue nicht; was nicht dem Gesetz der Schönheit entspricht, darauf höre nicht; was nicht dem Schönheitsideal entspricht, davon rede nicht; was nicht dem Schönheitsideal entspricht, das tue nicht.« Yen Yüan sprach: »Obwohl meine Kraft nur schwach ist, will ich mich doch bemühen, nach diesem Wort zu handeln.«

2.
Sittlichkeit
II: Ehrfurcht und Nächstenliebe

Dschung Gung fragte nach (dem Wesen) der Sittlichkeit. Der Meister sprach: »Trittst du zur Tür hinaus, so sei wie beim Empfang eines geehrten Gastes. Gebrauchst du das Volk, so sei wie beim Darbringen eines großen Opfers. Was du selbst nicht wünschest, das tue nicht den Menschen an. So wird es in dem Land keinen Groll (gegen dich) geben, so wird es im Hause keinen Groll (gegen dich) geben.«
Dschung Gung sprach: »Obwohl meine Kraft nur schwach ist, will ich mich doch bemühen, nach diesem Wort zu handeln.«

3.
Sittlichkeit
III: Gründlichkeit

Sï Ma Niu fragte nach (dem Wesen) der Sittlichkeit. Der Meister sprach: »Der Sittliche ist langsam in seinen Worten.« Er antwortete: »Langsam in seinen Worten sein: das heißt Sittlichkeit?« – Der Meister antwortete: »Wer beim Handeln die Schwierigkeiten sieht: kann der in seinen Worten anders als langsam sein?«

4.
Der Edle ist frei von Schwermut und Angst

Sï Ma Niu fragte nach dem (Wesen des) Edlen. Der Meister sprach: »Der Edle ist ohne Trauer und ohne Furcht.«

Er sprach: »Ohne Trauer und ohne Furcht sein: das heißt ein Edler sein?« – Der Meister sprach: »Wenn einer sich innerlich prüft und kein Übles da ist, was sollte er da traurig sein, was sollte er fürchten?«

5.
Trost

Sï Ma Niu war betrübt und sprach: »Alle Menschen haben Brüder, nur ich habe keinen.« Dsï Hia sprach: »Ich habe gehört: Tod und Leben haben ihre Bestimmung, Reichtum und Ansehen kommen vom Himmel. Der Edle ist sorgfältig und ohne Fehl: im Verkehr mit den Menschen ist er ehrerbietig und taktvoll: so sind innerhalb der vier Meere alle seine Brüder. Warum sollte der Edle sich bekümmern, daß er keine Brüder hat?«

6.
Klarheit des Geistes

Dsï Dschang fragte nach (dem Wesen) der Klarheit. Der Meister sprach: »Auf wen langsam durchsickernde Verleumdungen und durch die Haut dringende Klagen nicht wirken, den kann man als klar bezeichnen. Auf wen langsam durchsickernde Verleumdungen und durch die Haut dringende Klagen nicht wirken, ja, den kann man als weit (blickend) bezeichnen.«

7.
Staatsregierung
I: Vertrauen

Dsï Gung fragte nach (der rechten Art) der Regierung. Der Meister sprach: »Für genügende Nahrung, für genügende Wehrmacht und für das Vertrauen des Volkes (zu seinem Herrscher) sorgen.« Dsï Gung sprach: »Wenn man aber keine Wahl hätte, als etwas davon aufzugeben: auf welches von den drei Dingen könnte man am ehesten verzichten?« (Der Meister) sprach: »Auf die Wehrmacht.« Dsï Gung sprach: »Wenn man aber keine Wahl hätte, als auch davon eines aufzugeben: auf welches der beiden Dinge könnte man am ehesten verzichten?« (Der Meister) sprach: »Auf die Nahrung. Von alters her müssen alle sterben; wenn aber das Volk keinen Glauben hat, so läßt sich keine (Regierung) aufrichten.«

8.
Kern und Schale

Gi Dsï Tschong sprach: »Dem Edlen kommt es auf das Wesen an und sonst nichts. Was braucht er sich um die Form zu kümmern?« Dsï Gung sprach: »Bedauerlich ist die Rede des Herren über den Edlen. Ein Viergespann holt die Zunge nicht ein. Die Form ist Wesen, das Wesen ist Form. Das von Haaren entblößte Fell eines Tigers und Leoparden ist wie das von Haaren entblößte Fell eines Hundes oder Schafs.«

9.
Volkswohlstand und Staatswohlstand

Fürst Ai fragte den Yu Jo und sprach: »Dies Jahr ist Teuerung, die Bedürfnisse lassen sich nicht decken. Was ist zu tun?« Yu Jo entgegnete und sprach: »Warum nicht den allgemeinen Zehnten durchführen?« (Der Fürst) sprach: »Mit zwei Zehnten habe ich noch immer nicht genug. Was soll man da mit dem einfachen Zehnten anfangen?« Er entgegnete und sprach: »Wenn die Untertanen genug haben, von wem bekäme der Fürst nicht genug? Wenn die Untertanen nicht genug haben, von wem bekäme der Fürst genug?«

10.
Innere Unklarheit

Dsï Dschang fragte, wie man sein Wesen erhöhen und Unklarheiten unterscheiden könne. Der Meister sprach: »Treu und Glauben zur Hauptsache machen, der

Pflicht folgen: dadurch erhöht man sein Wesen. Einen lieben und wünschen, daß er lebe; einen hassen und wünschen, daß er sterbe: also wünschen, daß einer lebe, und wieder wünschen, daß einer sterbe, das ist Unklarheit.« ›Wahrlich nicht um ihres Reichtums willen. Einzig nur um ihrer Besonderheit willen.‹ (Die beiden letzten Zeilen sind ein Zitat aus Schï Ging II, 4, 4, 3, das keinen Sinn im Zusammenhang gibt und nach Tschongs Kommentar, dem die meisten andern folgen, zu XVI, 12 gehört, wo ein Zitat ausgefallen ist.)

11.
Staatsregierung
II: Soziale Ordnung als Grundlage des Staatswesens

Der Fürst Ging von Tsi fragte den Meister Kung über die Regierung. Meister Kung sprach: »Der Fürst sei Fürst, der Diener sei Diener; der Vater sei Vater, der Sohn sei Sohn.« Der Fürst sprach: »Gut fürwahr! Denn wahrlich, wenn der Fürst nicht Fürst ist und der Diener nicht Diener; der Vater nicht Vater und der Sohn nicht Sohn: obwohl ich mein Einkommen habe, kann ich dessen dann genießen?«

12.
Dsï Lus Lob

Der Meister sprach: »Nach einem einzelnen Wort einen Prozeß entscheiden, das konnte Yu.«
Dsï Lu schlief nie über einem (gegebenen) Versprechen.

13.
Prozesse entscheiden und Prozesse verhüten

Der Meister sprach: »Im Anhören von Klagesachen bin ich nicht besser als irgend ein anderer. Woran mir aber alles liegt, das ist, zu bewirken, daß gar keine Klagesachen entstehen.«

14.
Staatsregierung
III: Unermüdliche Gewissenhaftigkeit

Dsï Dschang fragte nach (dem Wesen) der Staatsregierung. Der Meister sprach: »Unermüdlich dabei sein und gewissenhaft handeln.«

15.
Selbsterziehung
Der Meister sprach: »Wer eine umfassende Kenntnis der Literatur besitzt und sich nach den Regeln der Moral richtet, der mag es wohl erreichen, Fehltritte zu vermeiden.«

16.
Einfluß auf andere
Der Meister sprach: »Der Edle befördert das Schöne der Menschen und befördert nicht das Unschöne der Menschen. Der Gemeine macht es umgekehrt.«

17.
Staatsregierung
IV: Die Person des Herrschenden
Freiherr Gi Kang fragte den Meister Kung nach (dem Wesen) der Regierung. Meister Kung sprach: »Regieren heißt recht machen. Wenn Eure Hoheit die Führung übernimmt im Rechtsein, wer sollte es wagen, nicht recht zu sein?«

18.
Das Volk richtet sich nach der Person, nicht nach den Worten
Freiherr Gi Kang war in Sorge wegen des Räuberunwesens und fragte den Meister Kung. Meister Kung entgegnete: »Wenn Eure Hoheit es nicht wünscht, so wird, ob selbst Belohnung darauf gesetzt würde, niemand rauben.«

19.
Staatsregierung
V: Wind und Gras
Freiherr Gi Kang fragte den Meister Kung nach (dem Wesen) der Regierung und sprach: »Wenn man die Übertreter tötet, um denen, die auf rechtem Wege wandeln, zu helfen: wie wäre das?« Meister Kung entgegnete und sprach: »Wenn Eure Hoheit die Regierung ausübt, was bedarf es dazu des Tötens? Wenn Eure Hoheit das Gute wünscht, so wird das Volk gut. Das Wesen des Herrschers ist der Wind, das Wesen der Geringen ist das Gras. Das Gras, wenn der Wind darüber hinfährt, muß sich beugen.«

20.
Bedeutung und Berühmtheit

Dsï Dschang fragte: »Wie muß ein Gebildeter sein, um durchdringend zu heißen?« Der Meister sprach: »Was verstehst du denn unter durchdringend?« Dsï Dschang erwiderte: »In der Öffentlichkeit berühmt sein und zu Hause berühmt sein.« Der Meister sprach: »Das ist Berühmtheit, nicht Durchdringen. Ein bedeutender Mann ist seinem Wesen nach gerade und liebt Gerechtigkeit. Er prüft die Worte und durchschaut die Minen. Er ist ängstlich darauf aus, sich zu demütigen vor den Menschen. Ein solcher ist in der Öffentlichkeit durchdringend und zu Hause durchdringend. Ein berühmter Mann aber hält sich im Äußeren an die Sittlichkeit, aber übertritt sie in seinem Handeln. Er verharrt (in seinem Selbstbewußtsein) ohne Bedenken. Ein solcher ist in der Öffentlichkeit berühmt und zu Hause berühmt.«

21.
Überwindung innerer Unklarheiten

Fan Tschï wandelte (mit dem Meister) unter dem Regenaltar; er sprach: »Darf ich fragen, wie man sein Wesen erhöhen, seine geheimen Fehler bessern und Unklarheiten unterscheiden kann?« Der Meister sprach: »Das ist eine gute Frage! Erst die Arbeit, dann der Genuß: wird dadurch nicht das Wesen erhöht? Seine eignen Sünden bekämpfen und nicht die Sünden der andern bekämpfen: werden nicht dadurch die geheimen Fehler gebessert? Um des Zorns eines Morgens willen seine eigne Person vergessen und seine Angehörigen in Verwicklungen bringen, ist das nicht Unklarheit?«

22.
Sittlichkeit und Weisheit

Fan Tschï fragte nach (dem Wesen) der Sittlichkeit (Menschlichkeit). Der Meister sprach: »Menschenliebe.« Er fragte nach (dem Wesen) der Weisheit. Der Meister sprach: »Menschenkenntnis.« Fan Tschï begriff noch nicht; da sprach der Meister: »Dadurch, daß man die Geraden erhebt, daß sie auf die Verdrehten drücken, kann man die Verdrehten gerade machen.« Fan Tschï zog sich zurück. Er sah Dsï Hia und sprach: »Vor kurzem war ich bei dem Meister und fragte nach (dem Wesen) der Weisheit. Der Meister sprach: ›Dadurch, daß man die Geraden erhebt, daß sie auf die Verdrehten drücken, kann man die Verdrehten gerade machen.‹ Was bedeutet das?« Dsï Hia sprach: »Das ist ein reiches Wort! Schun hatte das Reich, er wählte unter allen und erhob Gau Yau, da verschwanden die Unsittlichen. Tang hatte das Reich, er wählte unter allen und erhob J Yin, da verschwanden die Unsittlichen.«

23.
Freundschaft

Dsï Gung fragte nach (dem Wesen) der Freundschaft. Der Meister sprach: »Man soll sich gewissenhaft ermahnen und geschickt (zum Guten) führen. Wenn es nicht geht, so halte man inne. Man muß sich nicht selbst der Beschämung aussetzen.«

24.
Zweck der Freundschaft

Meister Dsong sprach: »Der Edle begegnet seinen Freunden durch die Kunst und fördert durch seine Freunde seine Sittlichkeit.«

Buch XIII

Dieses Buch steht dem letzten ziemlich nahe. Es beschäftigt sich hauptsächlich mit Fragen der Regierung und der persönlichen Charakterbildung.

1.
Staatsregierung
I: Der Regent als Erster im Dienen

Dsï Lu fragte nach (dem Wesen) der Regierung. Der Meister sprach: »(Dem Volk) vorangehen und es ermutigen.« Er bat um weiteres. (Der Meister) sprach: »Nicht müde werden.«

2.
Staatsregierung
II: Wider das persönliche Regiment

Dschung Gung war Hausbeamter der Familie Gi und fragte nach (dem Wesen) der Regierung. Der Meister sprach: »Habe an erster Stelle die zuständigen Beamten, verzeih kleine Fehler, wähle Leute von Charakter und Talent.« Er sprach: »Wie weiß ich, welche (Leute) Charakter und Talent haben, daß ich sie wähle?« (Der Meister) sprach: »Wähle die, so du weißt. Die, so du nicht weißt: werden die Menschen auf sie verzichten?«

3.
Staatsregierung
III: Richtigstellung der Begriffe

Dsï Lu sprach: »Der Fürst von We wartet auf den Meister, um die Regierung auszuüben. Was würde der Meister zuerst in Angriff nehmen?« Der Meister sprach: »Sicherlich die Richtigstellung der Begriffe.« Dsï Lu sprach: »Darum sollte es sich handeln? Da hat der Meister weit gefehlt! Warum denn deren Richtigstellung?« Der Meister sprach: »Wie roh du bist, Yu! Der Edle läßt das, was er nicht versteht, sozusagen beiseite. Wenn die Begriffe nicht richtig sind, so stimmen die Worte nicht; stimmen die Worte nicht, so kommen die Werke nicht zustande; kommen die Werke nicht zustande, so gedeiht Moral und Kunst nicht; gedeiht Moral und Kunst nicht, so treffen die Strafen nicht; treffen die Strafen nicht, so weiß das Volk nicht, wohin Hand und Fuß setzen. Darum sorge der Edle, daß er seine Begriffe unter allen Umständen zu Worte bringen kann und seine Worte unter allen Umständen zu Taten machen kann. Der Edle duldet nicht, daß in seinen Worten irgend etwas in Unordnung ist. Das ist es, worauf alles ankommt.«

4.
Staatsregierung
IV: Keine technischen Spezialkenntnisse erforderlich

Fan Tschï bat um Belehrung über den Ackerbau. Der Meister sprach: »(In diesem Stück) bin ich nicht so (bewandert) wie ein alter Bauer.« Darauf bat er um Belehrung über den Gartenbau. (Der Meister) sprach: »Darin bin ich nicht so bewandert wie ein alter Gärtner.« Fan Tschï ging hinaus. Da sprach der Meister: »Ein beschränkter Mensch ist er doch, dieser Fan Sü. Wenn die Oberen die Ordnung hochhalten, so wird das Volk nie wagen, unehrerbietig zu sein. Wenn die Oberen die Gerechtigkeit hochhalten, so wird das Volk nie wagen, widerspenstig zu sein. Wenn die Oberen die Wahrhaftigkeit hochhalten, so wird das Volk nie wagen, unaufrichtig zu sein. Wenn es aber so steht, so werden die Leute aus allen vier Himmelsrichtungen mit ihren Kindern auf dem Rücken herbeikommen. Was braucht man dazu die Lehre vom Ackerbau!«

5.
Theorie und Praxis

Der Meister sprach: »Wenn einer alle dreihundert Stücke des Liederbuches auswendig hersagen kann, und er versteht es nicht, mit der Regierung beauftragt, (seinen Posten) auszufüllen oder kann nicht selbständig antworten, wenn er als Gesandter ins Ausland geschickt wird: wozu ist (einem solchen Menschen) alle seine viele (Gelehrsamkeit nütze)?«

6.
Die Person des Herrschenden

Der Meister sprach: »Wer selbst recht ist, braucht nicht zu befehlen: und es geht. Wer selbst nicht recht ist, der mag befehlen: doch wird nicht gehorcht.«

7.
Urteil über zwei zeitgenössische Staaten*
Der Meister sprach: »Die Herrscher von Lu und We sind Brüder.«

8.
Anpassung an die Umstände
Der Meister sagte von dem Prinzen Ging von We, daß er gut hauszuhalten verstehe: »Als er anfing etwas zu haben, sprach er: ›Wenn ich's nur beisammenhalte!‹ Als er etwas mehr hatte, sprach er: ›Wenn es nur für alles reicht.‹ Als er reichlich hatte, sprach er: ›Wenn es nur schön verwandt wird!‹«

9.
Staatsregierung
V: Zeitfolge der Ziele
Der Meister fuhr durch We. Jan Yu lenkte (den Wagen). Der Meister sprach: »Wie zahlreich ist (das Volk)!« Jan Yu sprach: »Wenn es so zahlreich ist, was könnte man noch hinzufügen?« (Der Meister) sprach: »Es wohlhabend machen.« (Jan Yu) sprach: »Und wenn es wohlhabend ist, was kann man noch hinzufügen?« (Der Meister) sprach: »Es bilden.«

10.
Selbstbeurteilung
Der Meister sprach: »Wenn nur jemand wäre, der mich verwendete! Nach Ablauf von zwölf Monden sollte es schon angehen, und nach drei Jahren sollte alles in Ordnung sein.«

---

* Der Begründer des Staates Lu war der bekannte Dschou Gung, der Bruder des ersten Königs der Dschoudynastie, Wu. Das Fürstentum We wurde einem andern Bruder, Kang Schu, übertragen. Dieses brüderliche Verhältnis der Fürsten ist für Kung ein Bild für die Übereinstimmung in ursprünglicher Blüte und späterem Verfall, der sich in beiden Staaten zeigte.

11.
Erfolg des Talentes
Der Meister sprach: »(Es gibt ein Wort): ›Wenn tüchtige Menschen hundert Jahre ein Land leiten würden, so könnte man mit den Verbrechen fertig werden ohne Todesstrafe.‹ Das ist ein wahres Wort.«*

12.
Erfolg des berufenen Genius
Der Meister sprach: »Wenn ein König käme, so wäre nach einem Menschenalter die Sittlichkeit erreicht.«

13.
Selbstbeherrschung die Grundlage der Regierung
Der Meister sprach: »Wer sich selbst regiert, was sollte der (für Schwierigkeiten) haben, bei der Regierung tätig zu sein? Wer sich selbst nicht regieren kann, was geht den das Regieren von andern an?«

14.
Nebenregierung
Meister Jan kam vom Hofe zurück. Der Meister sprach: »Warum so spät?« Er erwiderte: »Es gab Regierungsarbeit.« Der Meister sprach: »Es wurden wohl Geschäfte (gemacht). Wenn es Regierungsarbeit gab, so hätte ich, obwohl nicht im Dienst, doch sicher davon gehört.«

15.
Das Geheimnis der Blüte und des Untergangs der Staaten
Fürst Ding fragte: »Mit einem Wort des Staates Blüte befassen: kann man das?« Meister Kung erwiderte: »Ein Wort kann so weit nicht reichen. Doch gibt es ein Wort der Leute: ›Herrscher sein ist schwer, Kanzler sein nicht leicht.‹ Wenn man die Schwierigkeit des Herrscherberufs kennt, ist dann nicht ein Wort nahe daran, des Staates Blüte zu befassen?«

---

* Abschnitt 11 und 12 behandeln wieder den Unterschied in der Wirksamkeit eines Talents, das – außerhalb der Tradition und ohne Fühlung mit den göttlichen Ordnungen der Vergangenheit – immerhin einige äußere Erfolge zu erreichen vermag, und dem berufenen Genius, der wirklich erlösend wirken kann.

(Fürst Ding) sprach: »Mit einem Wort des Staates Untergang befassen: kann man das?« Meister Kung erwiderte: »Ein Wort kann so weit nicht reichen. Doch gibt es ein Wort der Leute: ›Es freut mich nicht, ein Fürst zu sein, außer wenn in seinen Worten mir niemand widerspricht.‹ Wenn er tüchtig ist und niemand ihm widerspricht: dann ist es ja auch ganz gut; wenn er (aber) nicht tüchtig ist, und niemand ihm widerspricht: ist dann nicht ein Wort nahe daran, des Staates Untergang zu befassen?«

16.
Staatsregierung
VI: Nach ihren Früchten

Der Fürst von Schê fragte nach dem Wesen der Regierung. Der Meister sprach: »Wenn die Nahen erfreut werden und die Fernen herankommen.«

17.
Staatsregierung
VII: Dauernder Erfolg

Dsï Hia war Beamter von Gü Fu und fragte nach der (rechten Art der) Regierung. Der Meister sprach: »Man darf keine raschen (Erfolge) wünschen und darf nicht auf kleine Vorteile sehen. Wenn man rasche Erfolge wünscht, so (erreicht man) nichts Gründliches; wenn man auf kleine Vorteile aus ist, so bringt man kein großes Werk zustande.«

18.
Aufrichtigkeit und Pietät

Der Fürst von Schê redete mit Meister Kung und sprach: »Bei uns zulande gibt es ehrliche Menschen. Wenn jemandes Vater ein Schaf entwendet hat, so legt der Sohn Zeugnis ab (gegen ihn).« Meister Kung sprach: »Bei uns zulande sind die Ehrlichen verschieden davon. Der Vater deckt den Sohn und der Sohn deckt den Vater. Darin liegt auch Ehrlichkeit.«

19.
Sittlichkeit:
Ehrfurcht und Gewissenhaftigkeit

Fan Tschï fragte nach (dem Wesen) der Sittlichkeit. Der Meister sprach: »Wenn du (allein) weilst, sei ernst, wenn du Geschäfte besorgst, sei ehrfürchtig, wenn du mit andern verkehrst, sei gewissenhaft. Selbst wenn du zu den Barbaren des Ostens oder Nordens kommst, darfst du dieses (Betragen) nicht verlassen.«

20.
Verschiedene Stufen von Gebildeten

Dsï Gung fragte und sprach: »Wie muß einer sein, um ihn einen Gebildeten nennen zu können?« Der Meister sprach: »Wer in seinem persönlichen Benehmen Ehrgefühl hat, und wer, entsandt in die vier Himmelsrichtungen, dem Auftrag seines Fürsten keine Schande macht, den kann man einen Gebildeten nennen.« (Dsï Gung) sprach: »Darf ich fragen, was die nächste Stufe ist?« (Der Meister) sprach: »Wen seine Verwandten gehorsam nennen, und wen seine Landsleute brüderlich nennen.« (Dsï Gung) sprach: »Darf ich fragen, was die nächste Stufe ist?« Der Meister sprach: »Wer sein Wort unter allen Umständen hält, wer seine Arbeiten unter allen Umständen fertig macht; solche Leute mögen hartköpfige Pedanten sein, dennoch stehen sie vielleicht auf der nächsten Stufe.« (Dsï Gung) sprach: »Und zu welcher (Klasse) gehören die Regierenden von heute?« Der Meister sprach: »Ach, Männer des Scheffels und des Eimers, wie wären sie es wert, mitgezählt zu werden!«

21.
Wer ist zum Jünger geschickt?

Der Meister sprach: »Wenn ich keine (Leute) finde, die in der Mitte wandeln, um mit ihnen zu sein, so will ich wenigstens (Leute) von Enthusiasmus und Entschiedenheit. Die Enthusiasten schreiten fort und sind aufnahmefähig. Die Entschiedenen haben Grenzen, die sie nicht überschreiten.«

22.
Fluch der Unbeständigkeit

Der Meister sprach: »Die Leute im Süden haben ein Sprichwort, das heißt: ›Ein Mensch, der nicht beständig ist, der ist nicht geeignet, um Zauber oder Heilkunst zu betreiben.‹ Das ist ein wahres (Wort)!«
(Im Buch der Wandlungen steht:) »Wer nicht beständig macht seinen Geist, der wird Beschämung empfangen.« Der Meister sprach: »Man beschäftigt sich nicht mit der Prophezeiung, das ist es.«

23.
Der Edle und der Gemeine im Umgang mit anderen
Der Meister sprach: »Der Edle ist friedfertig, aber macht sich nicht gemein. Der Unedle macht sich gemein, aber ist nicht friedfertig.«

24.
Die Liebe und der Haß der andern
Dsï Gung fragte und sprach: »Wen seine Landsleute lieben, wie ist der?« Der Meister sprach: »Das sagt noch nichts.« »Wen seine Landsleute alle hassen, wie ist der?« Der Meister sprach: »Auch das sagt noch nichts. Besser ist's, wenn einen die Guten unter den Landsleuten lieben und die Nichtguten hassen.«

25.
Dienst und Gunst
Der Meister sprach: »Der Edle ist leicht zu bedienen, aber schwer zu erfreuen. (Sucht man) ihn zu erfreuen, aber nicht auf dem (rechten) Weg, so freut er sich nicht, aber in seiner Verwendung der Leute berücksichtigt er ihre Fähigkeiten. Der Gemeine ist schwer zu bedienen, aber leicht zu erfreuen. (Sucht man) ihn zu erfreuen, wenn auch nicht auf dem (rechten) Weg, so freut er sich, aber in seiner Verwendung der Leute sucht er Vollkommenheit.«

26.
Stolz und Hochmut
Der Meister sprach: »Der Edle ist stolz, aber nicht hochmütig. Der Gemeine ist hochmütig, aber nicht stolz.«

27.
Günstige Naturveranlagung
Der Meister sprach: »Feste Entschlossenheit, verbunden mit einfacher Wortkargheit, steht der Sittlichkeit nahe.«

28.
Eigenschaften des Gemüts, die dem Gebildeten wesentlich sind
Dsï Lu fragte und sprach: »Wie muß einer sein, um ihn einen Gebildeten nennen zu können?« Der Meister sprach: »Einer, der solide, gründlich und freundlich

ist, den kann man einen Gebildeten nennen. Als Freund solide und gründlich, als Bruder freundlich.«

29.
Volkserziehung und kriegerische Tüchtigkeit
Der Meister sprach: »Wenn ein tüchtiger Mann ein Volk sieben Jahre lang erzieht, so mag er es auch benutzen, um die Waffen zu führen.«

30.
Mangel der Volkserziehung rächt sich im Krieg
Der Meister sprach: »Ein Volk ohne Erziehung in den Krieg führen, das heißt, es dem Untergang weihen.«

Buch XIV

Dieses Buch, mit seinen 47 Abschnitten das längste der ganzen Sammlung, wird von verschiedenen chinesischen Kommentatoren einem unmittelbaren Schüler Kungs, dem Yüan Hiën (literarische Bezeichnung Dsï Sï), zugeschrieben. Als Beweis dafür wird angeführt, daß der erste Abschnitt des Buches mit dem Vornamen des genannten Schülers beginnt, was sonst, wenn die Schüler redend eingeführt werden, nie der Fall ist. Der Inhalt des Buchs würde dazu stimmen; denn neben verschiedenen prinzipiellen Äußerungen sind auch eine Reihe von Urteilen des Meisters über Männer der Geschichte und Zeitgenossen überliefert. Außerdem auch verschiedene persönliche Anekdoten aus dem Privatleben Kungs, die auf eine vertrautere Quelle zurückzugehen scheinen. Über die Person des Yüan Hiën ist nicht sehr viel bekannt, nicht einmal, ob er aus dem Staate Lu oder aus Sung war, läßt sich sicher feststellen. Nach des Meisters Tod zog er sich nach We zurück, wo er unbekümmert um den Weltlauf in stiller Zurückgezogenheit an seiner persönlichen Kultur arbeitete. Eine charakteristische Geschichte wird von dem taoistischen Philosophen Dschuang Dsï über ihn erzählt. Dsï Gung, der sich in hoher amtlicher Stellung befand, sprach in pompöser Weise bei ihm vor. Yüan Hiën empfing ihn in ärmlicher, zerrissener Kleidung. Dsï Gung fragte ihn darauf, ob er übel dran sei, worauf er antwortete: »Ich habe gehört, daß, wer kein Geld hat, arm sei; wer aber die Wahrheit sucht und nicht imstande ist, sie zu finden, übel dran sei.« Auf diese Antwort hin habe Dsï Gung sich verlegen zurückgezogen.

1.
Schande
Hiën fragte, (was) Schande (sei). Der Meister sprach: »Ist ein Land auf rechter Bahn, (so habe man sein) Einkommen. Ist ein Land nicht auf rechter Bahn, (und man genießt dennoch ein amtliches) Einkommen: das ist Schande.«

2.
Das Schwierige ist darum noch nicht sittlich
»Herrschsucht, Prahlerei, Groll, Begierde nicht gehen lassen: das kann für sittlich gelten.« Der Meister sprach: »Das kann für schwierig gelten, ob sittlich: das weiß ich nicht.«

3.
Nicht hinter dem Ofen sitzen
Der Meister sprach: »Ein Gebildeter, der es liebt, (zu Hause) zu bleiben, ist nicht wert, für einen Gebildeten zu gelten.«

4.
Lebensklugheit
Der Meister sprach: »Wenn das Land auf rechter Bahn ist, (mag man) kühn in seinen Worten sein und kühn in seinen Taten. Wenn das Land nicht auf rechter Bahn ist, (soll man) kühn in seinen Taten sein, aber vorsichtig in seinen Worten.«

5.
Ausdruck und Innerlichkeit
Der Meister sprach: »Wer Geist hat, hat sicher auch das (rechte) Wort, aber wer Worte hat, hat darum noch nicht notwendig Geist. Der Sittliche hat sicher auch Mut, aber der Mutige hat noch nicht notwendig Sittlichkeit.«

6.
Nicht Macht, sondern Geist ererbt das Erdreich
Nan Gung Go fragte den Meister Kung und sprach: »J war tüchtig im Bogenschießen, Au konnte ein Schiff ziehen. Alle beide fanden nicht ihren (natürlichen) Tod. Yü und Dsi bestellten eigenhändig das Feld, und doch bekamen sie das Reich.« Der Meister antwortete nicht. Nan Gung Go ging hinaus. Der Meister sprach: »Ein Edler wahrlich ist dieser Mann, die Kraft des Geistes schätzt wahrlich dieser Mann.«

7.
Geistige Bedeutung und Sittlichkeit
Der Meister sprach: »Edle, die doch nicht sittlich sind, ja, das gibt es; nicht gibt es (aber) Gemeine, die doch sittlich wären.«

8.
Die rechte Liebe
Der Meister sprach: »Wenn man einen liebt, ist es dann möglich, daß man nicht für ihn besorgt ist? Wenn einer gewissenhaft ist, wie wäre es dann möglich, (seinen Fürsten) nicht zu belehren?«

9.
Sorgfalt bei der Herstellung amtlicher Schriftstücke
Der Meister sprach: »Bei amtlichen Schriftstücken machte Bi Schen den ungefähren Entwurf; Schï Schu verbesserte und erwog; der Minister des Auswärtigen, Dsï Yü, ordnete den Stil; Dsï Tschan von Dung Li (Ostdorf) gab dem Ganzen den letzten Schliff.«

10.
Urteile über Zeitgenossen
I: Dsï Tschan, Dsï Si, Guan Dschung
Es fragte jemand, (was von) Dsï Tschan (zu halten sei). Der Meister sprach: »Er ist ein gütiger Mann.« (Der Betreffende) fragte, (was von) Dsï Si (zu halten sei. Der Meister) sprach: »Wahrlich der, wahrlich der!« (Der Betreffende) fragte, (was von) Guan Dschung (zu halten sei. Der Meister) sprach: »Das ist ein Mann. Als er der Familie Be die Stadt Biën mit dreihundert (Familien) weggenommen hatte, (so daß der frühere Besitzer nur noch) gewöhnlichen Reis zu essen hatte, bis er keine Zähne mehr hatte, (äußerte dieser) kein Wort des Grolls (gegen ihn).«

11.
Würdiges Ertragen der Armut
Der Meister sprach: »Arm sein, ohne zu murren, ist schwer. Reich sein, ohne hochmütig zu werden, ist leicht.«

12.
Urteile über Zeitgenossen
II: Mong Gung Tscho
Der Meister sprach: »Mong Gung Tscho wäre als Hausbeamter der Familien Dschau oder We vorzüglich, aber er könnte nicht Minister sein in Tong oder Sië.«

13.
Der vollkommene Mensch
Dsï Lu fragte, (wer ein) vollkommener Mensch (sei und) (Der Meister) sprach: »Wenn jemand das Wissen von Dsang Wu Dschung, die Selbstlosigkeit von Gung Tscho, den Mut des Herren Dschuang von Biën, die Geschicklichkeit

von Jan Kiu besäße, und das alles gestaltet durch die Gesetze der Moral und Musik, der könnte doch sicher wohl für einen vollkommenen Menschen gelten.« Der Meister sprach: »Ein vollkommener Mensch von heute, was braucht der all das? Wer angesichts des Gewinns auf Pflicht denkt, wer angesichts der Gefahr sein Leben opfert, bei alten Abmachungen die Worte seiner Jugend nicht vergißt, der kann auch für einen vollkommenen Menschen gelten.«

14.
Urteile über Zeitgenossen
III: Gung Schu Wen Dsï

Der Meister befragte den Gung Ming Gia über Gung Schu Wen Dsï und sprach: »Ist es wahr, daß euer Meister nicht redet, nicht lacht, nichts nimmt?« Gung Ming Gia erwiderte und sprach:

»Das ist durch die Erzähler übertrieben. Mein Meister redet, wenn es Zeit ist, darum werden die Menschen seiner Rede nicht überdrüssig. Er lacht, wenn er fröhlich ist, darum werden die Menschen seines Lachens nicht überdrüssig. Er nimmt, wenn es sich mit der Billigkeit verträgt, darum werden die Menschen seines Nehmens nicht überdrüssig.« Der Meister sprach: »So ist er? Wie kann er so sein!«

15.
Urteile über Zeitgenossen
IV: Dsang Wu Dschung*

Der Meister sprach: »Dsang Wu Dschung stützte sich auf Fang und bat so (den Fürsten von) Lu, einen Nachfolger (für ihn) zu bestellen. Obwohl man sagt, er habe keinen Druck auf den Fürsten ausgeübt, so glaube ich es nicht.«

---

* Dsang Wu Dschung hatte, da er mit der Familie Mong in Feindschaft lebte, den Staat Lu und sein dortiges Lehen, die Stadt Fang, verlassen müssen und war in den Staat Dschu geflohen. Da er jedoch Familienhaupt war und ohne ihn die Ahnenopfer unterblieben, so kehrte er zurück, besetzte seine Stadt Fang und sandte an den Fürsten die Bitte, einen Nachfolger für ihn einzusetzen. »Dann werde er nicht wagen, gewaltsam den Platz festzuhalten, sondern gutwillig gehen.« Kung hat wohl recht über ihn.

16.
Urteile über Zeitgenossen
V: Wen von Dsin und Huan von Tsi

Der Meister sprach: »Fürst Wen von Dsin war hinterlistig und nicht aufrichtig. Fürst Huan von Tsi war aufrichtig und nicht hinterlistig.«

17.
Urteile über Zeitgenossen
VI: Guan Dschung

Dsï Lu sprach: »Der Fürst Huan tötete den Fürstensohn Giu (seinen Bruder). Da starb auch Schau Hu mit ihm. Guan Dschung tötete sich nicht, (kann man da nicht) sagen, daß er nicht auf der (Höhe der) Sittlichkeit stand?« Der Meister sprach: »Daß der Fürst Huan die Lehnsfürsten versammeln (konnte), und das nicht mit Waffen und Wagen: das war der Einfluß Guan Dschungs. Wie (hoch steht) seine Sittlichkeit! Wie (hoch steht) seine Sittlichkeit!«

18.
Urteile über Zeitgenossen
VII: Guan Dschung

Dsï Gung sprach: »Guan Dschung ist doch wohl nicht sittlich vollkommen. Als der Fürst Huan den Fürstensohn Giu tötete, da konnte er (es) nicht (über sich bringen, mit diesem zu) sterben, ja er wurde dazuhin sein (Huans) Kanzler.« Der Meister sprach: »Weil Guan Dschung der Kanzler des Fürsten Huan wurde, konnte dieser die Leitung über die Lehnsfürsten übernehmen und das Reich einigen und in Ordnung bringen. Das Volk genießt noch bis auf den heutigen Tag seine Gaben. Ohne Guan Dschung würden wir die Haare ungebunden tragen und die Kleider nach links knöpfen.* Was soll da die kleine Treue eines gewöhnlichen Liebhabers und seiner Geliebten, die sich selbst töten im Bach oder Graben, ohne daß man etwas von ihnen weiß!«

---

* Das Haar ungebunden, in Zöpfe geflochten zu tragen, war nach Li Gi III, III, 14 die Sitte der östlichen J-Barbaren und der westlichen Jung-Barbaren, welch letztere damals das Reich bedrohten, ebenso wie die links zugeknöpfte Kleidung.

19.
Urteile über Zeitgenossen
VIII: Gung Schu Wen Dsï
Der Beamte des Gung Schu Wen Dsï, der (spätere) Minister Dschuan, stieg gemeinsam mit Wen Dsï (die Stufen) zum (Palast des) Fürsten hinauf. Der Meister hörte es und sprach: »Das kann für ›Wen‹ (vollendet, weise) gelten.«

20.
Urteile über Zeitgenossen
IX: Fürst Ling von We
Der Meister sprach über den zuchtlosen Wandel des Fürsten Ling von We. Freiherr (Gi) Kang sprach: »Da das der Fall ist, was verliert er dann nicht (sein Reich)?« Meister Kung sprach: »Er hat Dschung Schu Yü zur Besorgung des (diplomatischen Verkehrs mit) Gesandten und Fremden, er hat den Priester To zur Besorgung des (fürstlichen) Ahnentempels, der hat Wang Sun Gia zur Besorgung des Heerwesens. Da das der Fall ist, was sollte er (sein Reich) verlieren?«

21.
Worte und Taten I
Der Meister sprach: »Wenn jemand etwas redet ohne Schamgefühl, so wird er schwerlich es auch tun.«

22.
Fürstenmord*
Freiherr Tschen Tschong hatte (seinen) Fürsten Giën (von Tsi) ermordet. Meister Kung badete sich und ging zu Hofe. Er zeigte es dem Fürsten Ai an und sprach: »Tschen Hong hat seinen Herren gemordet; ich bitte es zu ahnden.« Der Fürst (Ai) sprach:

---

* Der Vorfall fiel ins Jahr 481, zwei Jahre vor Kungs Tod. Kungs Meinung war, daß man nicht dulden dürfe, daß im Nachbarstaat eine solche Untat vorkomme, um nicht die öffentliche Moral zu gefährden. Darum remonstriert er auf solenne Weise (Baden und Fasten war vor heiligen Handlungen üblich). Der Fürst Ai aber, machtlos in den Händen der 3 Adelsgeschlechter (Gi, Mong und Schu), wagt nicht einzugreifen und verweist ihn an diese. Überaus taktvoll ist Kungs Mißbilligung darüber ausgedrückt. Daß er bei den Adelsgeschlechtern, die dieselben Tendenzen hatten wie der Fürstenmörder im Nachbarstaat, kein Gehör finden werde, war ihm von Anfang an klar. Dennoch geht er hin.

»Zeige es den drei Freiherren an.« Meister Kung sprach: »Nachdem ich ein öffentliches Amt bekleidet habe, wagte ich es nicht, keine Anzeige zu erstatten. Und da spricht der Herr: ›Zeige es den drei Freiherren an.‹« Er ging zu den drei Freiherren und machte Anzeige. Es half aber nichts. Meister Kung sprach: »Nachdem ich ein öffentliches Amt bekleidet habe, wagte ich es nicht, keine Anzeige zu erstatten.«

23.
Fürstendienst
Dsï Lu fragte, wie man dem Fürsten diene. Der Meister sprach: »Ihn nicht betrügen und ihm widerstehen.«

24.
Der Edle und der Gemeine
I: Erfahrung
Der Meister sprach: »Der Edle ist erfahren in hohen (Dingen), der Gemeine ist erfahren in niedrigen (Dingen).«

25.
Verschiedener Zweck der Kenntnisse
Der Meister sprach: »Die Lernenden des Altertums taten es um ihrer selbst willen, die Lernenden von heute um der Menschen willen.«

26.
Ein guter Bote
Gü Be Yü sandte einen Mann zu Meister Kung. Meister Kung lud ihn ein zu sitzen und fragte ihn aus und sprach: »Was macht (dein) Meister?« (Jener) erwiderte und sprach: »Mein Meister wünscht seine Fehler zu verringern, aber er bringt es noch nicht fertig.« Der Bote ging weg, da sprach der Meister. »Das ist ein Bote! Das ist ein Bote!«

27.
Gegen Kamarillawirtschaft
Der Meister sprach: »Wer nicht das Amt dazu hat, der kümmere sich nicht um die Regierung.«

28.
Bescheidenheit
Meister Dsong sprach: »Der Edle geht in seinem Denken nicht über seine Stellung hinaus.«

29.
Worte und Taten II
Der Meister sprach: »Der Edle schämt sich davor, daß seine Worte seine Taten übertreffen.«

30.
Der dreifache Weg des Edlen
Der Meister sprach: »Zum Pfad des Edlen gehören drei Stücke, die ich nicht kann: Sittlichkeit macht ihn frei von Leid, Weisheit macht ihn frei von Zweifeln, Entschlossenheit macht ihn frei von Furcht.«
Dsï Gung sprach: »Das hat der Meister selbst gesagt.«

31.
Richtet nicht
Dsï Gung (pflegte) die Menschen (untereinander) zu vergleichen. Der Meister sprach: »Sï* muß ja wahrlich sehr würdig sein! Ich habe zu so etwas keine Zeit.«

32.
Grund zum Kummer
Der Meister sprach: »Nicht kümmere ich mich darüber, daß die Menschen mich selbst nicht kennen, sondern darüber, daß sie nicht fähig sind (das Reich zu reformieren).«

33.
Argloses Wissen
Der Meister sprach: »Nicht begegnen dem Betrug und nicht sich rüsten auf Unglauben und dennoch sie auch vorausfühlen. Wer das (kann), der dürfte ein Würdiger sein.«

---

* Sï ist der Rufname Dsï Gungs.

34.
Selbstverteidigung

We-Schong Mou redete zu Meister Kung und sprach: »Kiu, warum (treibst du dich immer) so aufgeregt (umher)? Du willst dich wohl im Wortemachen (üben)?« Meister Kung sprach: »Ich wage es nicht, bloße Worte zu machen, aber ich hasse beschränkte Hartnäckigkeit.«

35.
Das Roß

Der Meister sprach: »An einem Roß schätzt man nicht die Stärke, sondern die Rasse.«

36.
Vergeltung

Es sprach jemand: »Durch Güte Unrecht zu vergelten, wie ist das?« Der Meister sprach: »Womit soll man dann Güte vergelten? Durch Geradheit vergelte man Unrecht, durch Güte vergelte man Güte.«

37.
Ergebung in das Schicksal
I: Verkennung

Der Meister sprach: »Es gibt keinen, der mich kennt!« Dsï Gung sprach: »Was heißt das, daß niemand den Meister kenne?« Der Meister sprach: »Ich murre nicht wider Gott und grolle nicht den Menschen. Ich forsche hier unten, aber ich dringe durch nach oben. Wer mich kennt, das ist Gott.«

38.
Ergebung in das Schicksal
II: Verleumdung

Gung Be Liau hatte Dsï Lu bei dem Freiherrn Gi verleumdet. Der Graf Dsï-Fu Ging zeigte es (dem Meister) an und sprach: »Unser Herr ist allerdings in seiner Meinung irregeleitet worden, aber was den Gung Be Liau anlangt, so reicht meine Macht aus, es dahin zu bringen, daß (sein Leichnam) bei Hofe oder auf dem Markt ausgestellt wird.« Der Meister sprach: »Wenn die Wahrheit sich ausbreiten soll, so ist das (Gottes) Wille; wenn die Wahrheit untergehen soll, so ist das Gottes Wille. Was kann der Gung Be Liau gegen den Willen Gottes?«

39.
Weltflucht
Der Meister sprach: »Die Würdigsten ziehen sich von der Welt zurück. Die Nächstfolgenden ziehen sich von einem bestimmten Ort zurück. Die Nächstfolgenden ziehen sich vor (unfreundlichen) Mienen zurück. Die Nächstfolgenden ziehen sich vor Worten zurück.«

40.
Kulturschöpfer*
Der Meister sprach: »Sieben Männer gibt es, die geschaffen haben.«

41.
Am Steintor
Dsï Lu übernachtete am Steintor. Der Türmer sprach: »Woher?« Dsï Lu sprach: »Von einem namens Kung.« Da sprach (jener):
»Ist das nicht der (Mann), der weiß, daß es nicht geht, und dennoch fort macht?«

42.
Des Meisters Musik und der Eremit
Der Meister spielte im (Staate) We auf dem Musikstein. Da ging ein Mann mit einem Strohkorb auf der Schulter an der Tür Kungs vorüber und sprach: »Wahrlich, er hat es im Herzen, der (da) den Musikstein spielt!« Nach einer Weile, da sprach er: »Wahrlich verächtlich ist dieses hartnäckige Gebimmel. Wenn einen niemand kennt, so läßt man es sein, und damit fertig. ›Durch tiefes, tiefes Wasser muß man mit den Kleidern durch, durch seichtes Wasser kann man mit aufgeschürzten Kleidern waten.‹« Der Meister sprach: »Wahrlich, das ist Entschiedenheit, (aber) dabei ist keine Schwierigkeit.«

43.
Hoftrauer
Dsï Dschang sprach: »Im ›Buch‹ steht: ›Gau Dsung weilte im Trauerzelt und sprach drei Jahre lang kein Wort.‹ Was bedeutet das?« Der Meister sprach: »Warum (nennst du) gerade Gau Dsung? Die Alten machten es alle so. Wenn der

---

* Die sieben Kulturschöpfer sind wohl 1. Yau, 2. Schun, 3. Yü, 4. Tang, 5. König Wen, 6. König Wu, 7. Dschou Gung.

Fürst verschieden war, so besorgten die hundert Beamten das Ihrige, indem sie auf den Kanzler hörten drei Jahre lang.«

44.
Macht der Kultur

Der Meister sprach: »Wenn die Oberen Kultur lieben, so ist das Volk leicht zu verwenden.«

45.
Der Edle: Ausbildung der Persönlichkeit

Dsï Lu fragte nach dem (Wesen des) Edlen. Der Meister sprach: »Er bildet sich selbst aus (sittlichem) Ernst.« (Dsï Lu) sprach: »Ist es damit schon fertig?« (Der Meister) sprach: »Er bildet sich selbst, um andern Frieden zu geben.« (Dsï Lu) sprach: »Ist es damit schon fertig?« (Der Meister) sprach: »Er bildet sich selbst, um den hundert Namen Frieden zu geben. Sich selbst bilden, um den hundert Namen Frieden zu geben: selbst Yau und Schun machte das noch Schwierigkeiten.«

46.
Der alte Yüan

(Yüan Jang blieb auf dem Boden) hocken, als er (auf den Meister) wartete. Der Meister sprach: »In der Jugend war er nicht folgsam und bescheiden, erwachsen hat er nichts (Bemerkenswertes) geleistet, jetzt ist er alt und stirbt nicht einmal: das ist ein (Tag-)Dieb.« Damit nahm er seinen Stab und schlug ihm auf den Schenkel.

47.
Der Junge aus Küo

Ein Junge aus der Gegend von Küo war (bei dem Meister) angestellt, um Gäste zu melden. Es fragte jemand über ihn und sprach: »Macht er Fortschritte?« Der Meister sprach: »Ich sehe, daß er sich immer auf den Platz (eines Erwachsenen) setzt, ich sehe, daß er älteren Personen nicht den Vortritt läßt: er strebt nicht danach, Fortschritte zu machen, er will es rasch zu etwas bringen.«

Buch XV

Das Buch schließt sich in der ganzen Art einigermaßen an das vorige an, wenn es auch mehr einzelne Aphorismen enthält als jenes und weniger historische Beziehungen. Ebenso wie das letzte Buch enthält es eine Reihe von Aussprüchen, die für die Feststellung der Lehre Kungs von grundlegender Wichtigkeit sind.

1.
Der Meister in We und Tschen

Der Fürst Ling von We fragte den Meister Kung nach (dem Wesen) der Schlachtordnung. Meister Kung erwiderte und sprach: »Was Opferplatten- und Opferschalenangelegenheiten betrifft, so habe ich davon gehört. Heeres- und Truppenangelegenheit habe ich noch nicht gelernt.« Daraufhin reiste er am folgenden Tage ab.
In Tschen gingen die Lebensmittel aus. Die Nachfolger wurden so schwach, daß sie nicht aufstehen konnten. Dsï Lu erschien murrend (bei dem Meister) und sprach: »Gibt es für den Edlen auch (Zeiten der) Not?« Der Meister sprach: »Der Edle bleibt fest in der Not. Wenn der Gemeine in Not kommt, so wird er trotzig.«

2.
Die Summe des Wissens

Der Meister sprach: »Sï, du hältst mich wohl für einen, der vieles gelernt hat und es auswendig kann?« Er erwiderte und sprach: »Ja, ist es nicht so?« (Der Meister) sprach: »Es ist nicht so; ich habe Eines, um (alles) zu durchdringen.«

3.
Die Macht des Geistes

Der Meister sprach: »Yu, wenige sind ihrer, die die Macht des Geistes kennen.«

4.
Vom Nicht-tun

Der Meister sprach: »Wer ohne etwas zu tun (das Reich in) Ordnung hielt, das war Schun. Denn wahrlich: was tat er? Er wachte ehrfürchtig über sich selbst und wandte ernst das Gesicht nach Süden, nichts weiter!«*

5.
Geheimnis des Erfolgs

Dsï Dschang fragte nach (den Bedingungen des) Vorwärtskommens. Der Meister sprach: »Im Reden gewissenhaft und wahr sein, im Handeln zuverlässig und sorgfältig sein: ob man auch unter den Barbaren des Südens oder Nordens weilt, damit wird man vorwärtskommen. Wenn man aber im Reden nicht gewissenhaft und wahr ist und im Handeln nicht zuverlässig und sorgfältig: ob man auch in der nächsten Nachbarschaft bleibt: kann man damit überhaupt vorwärtskommen? Wenn man steht**, so sehe man diese Dinge wie das Zweigespann vor sich, wenn man im Wagen sitzt, so sehe man sie wie die Seitenwände neben sich. Auf diese Weise wird man vorwärtskommen.« Dsï Dschang schrieb es sich auf seinen Gürtel.

6.
Urteil über Zeitgenossen
I: Dsï Yü und Gü Be Yü von We

Der Meister sprach: »Gerade wahrlich war der Geschichtsschreiber Yü! Wenn das Land in Ordnung war, so war er wie ein Pfeil; wenn das Land ohne Ordnung war, so war er wie ein Pfeil.«
»Ein Edler ist wahrlich Gü Be Yü! Wenn das Land in Ordnung ist, so ist er im Amt; wenn das Land ohne Ordnung ist, so kann er (sein Wissen) zusammenrollen und es im Busen verbergen.«

---

* Dieses Nicht-tun (Wu We) spielt auch in der taoistischen Philosophie eine große Rolle. Der Sinn ist der, daß, wie der Himmel ohne irgend eine sinnfällige Äußerung die ganze Welt in ihrem regelmäßigen Gang erhält nur durch die stille Wirksamkeit des ewigen Gesetzes der Vernunft (Tao), so auch der Mensch, der zum Herrscher berufen ist, nur durch die geistige Schwerkraft seines Wesens alles in Ordnung halte. Kung stimmt in diesem Punkt vollkommen mit Lao Dsï überein.
** Das Gleichnis ist von einem Wagen genommen, wie aus der zweiten Hälfte unzweifelhaft hervorgeht.

7.
Worte und Menschen
Der Meister sprach: »Trifft man einen, mit dem zu reden es sich verlohnte, und redet nicht mit ihm, so hat man einen Menschen verloren. Trifft man einen, mit dem zu reden sich nicht verlohnt, und redet doch mit ihm, so hat man seine Worte verloren. Der Weise verliert weder einen Menschen noch seine Worte.«

8.
Das Leben ist der Güter höchstes nicht
Der Meister sprach: »Ein willensstarker Mann von sittlichen Grundsätzen strebt nicht nach Leben auf Kosten seiner Sittlichkeit. Ja, es gab solche, die ihren Leib in den Tod gaben, um ihre Sittlichkeit zu vollenden.«

9.
Der Weg zur Sittlichkeit
Dsï Gung fragte, (was man tun müsse,) um sittlich vollkommen zu werden. Der Meister sprach: »Ein Arbeiter, der seine Arbeit recht machen will, muß erst seine Werkzeuge schleifen. Wenn du in einem Lande wohnst, so diene dem Würdigsten unter seinen Großen und mache dir die Besten unter seinen Gelehrten zu Freunden.«

10.
Regierungsgrundsätze
Yen Yüan fragte nach (den Grundsätzen für die) Regierung eines Landes. Der Meister sprach: »In der Zeiteinteilung der Hiadynastie folgen, im Staatswagen der Yindynastie fahren, die Kopfbedeckung der Dschoudynastie tragen. Was die Musik anlangt, so nehme man die Schaumusik mit ihren rhythmischen Bewegungen. Den Klang der Dschong(musik) verbieten und beredte Menschen fernhalten; denn der Klang der Dschong(musik) ist ausschweifend, und beredte Menschen sind gefährlich.«

11.
Vorbedacht
Der Meister sprach: »Wer nicht das Ferne bedenkt, dem ist Betrübnis nahe.«

12.
Himmlische und irdische Liebe

Der Meister sprach: »Es ist alles aus! Ich habe noch keinen gesehen, der moralischen Wert liebt ebenso, wie er die Frauenschönheit liebt.«

13.
Urteile über Zeitgenossen
II: Dsang Wen Dschung

Der Meister sprach: »Dsang Wen Dschung, das ist einer, der seinen Platz gestohlen hat. Er kannte die Würdigkeit des Hui von Liu Hia und hat ihm doch keine Stellung verschafft.«

14.
Vermeidung von Groll

Der Meister sprach: »Wenn man selbst (lieber) zu viel tut und wenig von andern erwartet, so bleibt man fern vom Groll.«

15.
Wichtigkeit des eignen Denkens

Der Meister sprach: »Wer nicht spricht: Wie kann ich das machen? Wie kann ich das machen? – mit dem kann ich nichts machen.«

16.
Trivialität

Der Meister sprach: »Herdenweise zusammensitzen den ganzen Tag, ohne daß die Rede die Pflicht berührt; es lieben, kleine Schlauheiten auszuführen: wahrlich (mit denen hat man es) schwer.«

17.
Der Edle
I: Handlungsweise

Der Meister sprach: »Die Pflicht als Grundlage, Anmut beim Handeln, Bescheidenheit in den Äußerungen, Treue in der Durchführung: wahrlich so ist ein Edler!«

18.
Der Edle
II: Grund zum Kummer
Der Meister sprach: »Der Edle leidet darunter, daß er keine Fähigkeiten hat, er leidet nicht darunter, daß die Menschen ihn nicht kennen.«

19.
Der Edle
III: Unsterblichkeit
Der Meister sprach: »Der Edle haßt (den Gedanken), die Welt zu verlassen, ohne daß sein Name genannt wird.«

20.
Der Edle
IV: Ansprüche
Der Meister sprach: »Der Edle stellt Anforderungen an sich selbst, der Gemeine stellt Anforderungen an die (andern) Menschen.«

21.
Der Edle
V: Soziale Beziehungen
Der Meister sprach: »Der Edle ist selbstbewußt, aber nicht streitsüchtig, umgänglich, aber macht sich nicht gemein.«

22.
Der Edle
VI: Urteil über Menschen und Worte
Der Meister sprach: »Der Edle wählt nicht nach ihren Worten die Menschen und verwirft nicht nach den Menschen ihre Worte.«

23.
Praktischer Imperativ
Dsï Gung fragte und sprach: »Gibt es ein Wort, nach dem man das ganze Leben hindurch handeln kann?« Der Meister sprach: »Die Nächstenliebe. Was du selbst nicht wünschest, tu nicht an andern.«

24.
Gerechte Beurteilung
Der Meister sprach: »In meinem Verhältnis zu andern: Wen habe ich verleumdet, wen habe ich überschätzt? Wird einer (von mir) hochgeschätzt, so ist er erprobt. Diese (Behandlung der) Untertanen ist die gerechte Ordnung, die die drei Dynastien angewandt haben.«

25.
Einst und Jetzt
Der Meister sprach: »Ich habe noch erreicht (erlebt) eines Geschichtschreibers – Lücke im Text –. Wer ein Pferd hatte, lieh es andern zum Reiten. Heute gibt es das nicht mehr.«

26.
Schlauheit und Unverträglichkeit als Hindernisse
Der Meister sprach: »Geschickte Worte stören geistigen Wert. Ist man im Kleinen nicht nachsichtig, so stört man große Pläne.«

27.
Der Parteien Gunst und Haß
Der Meister sprach: »Wo alle hassen, da muß man prüfen; wo alle lieben, da muß man prüfen.«

28.
Die Wahrheit und ihre Vertreter
Der Meister sprach: »Die Menschen können die Wahrheit verherrlichen, nicht verherrlicht die Wahrheit die Menschen.«

29.
Fehler ohne Besserung
Der Meister sprach: »Einen Fehler machen und sich nicht bessern: das erst heißt fehlen.«

30.
Nachdenken und Lernen

Der Meister sprach: »Ich habe oft den ganzen Tag nicht gegessen und die ganze Nacht nicht geschlafen, um nachzudenken. Es nützt nichts; besser ist es, zu lernen.«

31.
Der Edle
VII: Die vornehmste Sorge

Der Meister sprach: »Der Edle trachtet nach der Wahrheit, er trachtet nicht nach Speise. Beim Pflügen kann man in Not kommen; beim Lernen kann man zu Brot kommen. Der Edle trauert um der Wahrheit willen, er trauert nicht um der Armut willen.«

32.
Was ein Regent braucht

Der Meister sprach: »(Wenn einer) durch sein Wissen (ein Amt) erreicht hat, aber es nicht durch seine Sittlichkeit bewahren kann, so wird er es, obwohl er es erlangt hat, verlieren. Wenn einer durch sein Wissen es erreicht hat, durch seine Sittlichkeit es bewahren kann, aber bei seiner Ausübung keine Würde zeigt, so wird das Volk ihn nicht ehren. Wenn einer durch sein Wissen es erreicht hat, durch seine Sittlichkeit es bewahren kann, bei seiner Ausübung Würde zeigt, aber es nicht entsprechend dem Gesetz der schönen Form bewegt, so ist er noch nicht tüchtig.«

33.
Der Edle und der Gemeine
VIII: Verschiedene Verwendbarkeit

Der Meister sprach: »Den Edlen kann man nicht an Kleinigkeiten erkennen, aber er kann Großes übernehmen. Der kleine Mann kann nicht Großes übernehmen, aber man kann ihn in Kleinigkeiten erkennen.«

34.
Sittlichkeit als Lebenselement

Der Meister sprach: »Sittlichkeit ist noch mehr für die Menschen als Wasser und Feuer. Ins Feuer und Wasser habe ich schon Menschen treten sehen und daran sterben. Noch nie habe ich einen gesehen, der in die Sittlichkeit trat und daran starb.«

35.
Keinen Vortritt

Der Meister sprach: »Die Sittlichkeit ist jedes Menschen Pflicht. Hier darf man (sogar) dem Lehrer nicht den Vortritt lassen.«

36.
Der Edle
IX: Festigkeit

Der Meister sprach: »Der Edle ist beharrlich, aber nicht hartnäckig.«

37.
Gewissenhafter Fürstendienst

Der Meister sprach: »Im Dienst des Fürsten soll man sein Werk wichtig nehmen und sein Einkommen hintansetzen.«

38.
Jenseits der Standesunterschiede

Der Meister sprach: »Beim Lehren gibt es keine Standesunterschiede.«

39.
Prinzipielle Übereinstimmung als Grundlage
für gemeinsame Arbeit

Der Meister sprach: »Wenn man in den Grundsätzen nicht übereinstimmt, kann man einander keine Ratschläge geben.«

40.
Deutlichkeit des Stils

Der Meister sprach: »Wenn man sich durch seine Rede verständlich macht, so ist der Zweck erreicht.«

41.
Der Meister und der blinde Musiker

Der Musikmeister Miën machte einen Besuch. Als er vor die Stufen kam, sprach der Meister: »Hier sind Stufen.« Bei der Matte angelangt, sprach der Meister: »Hier ist die Matte.« Als alle saßen, teilte es (ihm) der Meister mit und sprach: »Der und der ist hier, der und der ist da.«

Als der Musikmeister Miën hinausgegangen war, fragte Dsï Dschang und sprach: »Ist das die Art, wie man mit einem Musikmeister zu reden hat?« Der Meister sprach: »Ja, sicherlich muß man einem Musikmeister so behilflich sein.«*

---

* Die Musiker waren zu jener Zeit alle Blinde, daher die rücksichtsvolle Art, mit der Kung ihm alles mitteilt, um ihm jede Verlegenheit zu ersparen.

Buch XVI

1.
Ungerechter Feldzug

Das (Haupt des) Geschlechts Gi war im Begriff, einen Strafzug gegen (die kleine Herrschaft) Dschuan Yü zu unternehmen. Jan Yu und Gi Lu erschienen vor Meister Kung und sprachen: »Das (Haupt des) Geschlechtes Gi wird eine Unternehmung gegen Dschuan Yü ausführen.« Meister Kung sprach: »Kiu, bist nicht du es, der diesen Fehler macht? Dieses Dschuan Yü ist vor alters von den früheren Königen als Herr (der Opfer für den) Mongberg im Osten ernannt, es gehört also zu den Lehnsgebieten und hat priesterliche Funktionen; was habt ihr damit zu tun, es zu bestrafen?« Jan Yu sprach: »Unser Herr wünscht es! Wir zwei, die wir (seine) Diener sind, wünschen es beide nicht.« Meister Kung sprach:
»Kiu, es gibt ein Wort von Dschou Jen, das heißt: ›Wenn man seine Kraft entfalten kann, so trete man in die Reihen; wenn man es nicht kann, so halte man ein.‹ Wer den Gefährdeten nicht stützen kann und dem Gefallenen nicht aufhelfen: wie kann man den als Führer brauchen? Also sind deine Worte falsch. Wenn ein Tiger oder ein Nashorn aus dem Käfig bricht, wenn eine Schildkrötenschale oder ein Nephrit in dem Schrein beschädigt wird: wessen Fehler ist das?« Jan Yu sprach: »Nun ist aber Dschuan Yü stark und nahe bei Bi; wenn man es heute nicht nimmt, so wird es in künftigen Zeiten sicher den Söhnen und Enkeln Schmerzen bereiten.« Meister Kung sprach: »Kiu, der Edle haßt das, wenn man unterläßt zu sagen: ›ich wünsche das‹ und durchaus andere Worte gebraucht. Ich habe gehört, wer ein Reich oder ein Haus hat, braucht nicht besorgt zu sein, wenn es menschenleer ist, sondern er muß besorgt sein, wenn es nicht in Ordnung ist. Er braucht nicht besorgt zu sein, wenn es arm ist, sondern er muß besorgt sein, wenn es nicht in Ruhe ist. Denn wo Ordnung ist, da ist keine Armut, wo Eintracht ist, da ist keine Menschenleere, wo Ruhe ist, da ist kein Umsturz. Da nun dies so ist, so muß man, wenn die Menschen aus fernen Gegenden nicht gefügig sind, Kunst und Moral pflegen, um sie zum Kommen zu bewegen. Wenn man sie zum Kommen bewogen hat, so muß man ihnen Ruhe geben. Nun, Yu und Kiu, unterstützt ihr euren Herrn, aber die Menschen aus fernen Gegenden sind nicht gefügig, und er kann sie nicht zum Kommen bewegen. Im (eigenen) Land herrscht Zwiespalt, Ruin, Entfremdung und Unfrieden, und er kann es nicht bewahren. Dazuhin plant er, Schild und Speer zu erheben innerhalb

des Staates. Ich fürchte, die Schmerzen der Enkel Gis werden nicht in Dschuan Yü sein, sondern in seinen eignen Mauern.«

2.
Der Niedergang des Reiches

Meister Kung sprach: »Wenn der Erdkreis in Ordnung ist, so gehen Kultur und Kunst, Kriege und Strafzüge vom Himmelssohn aus. Ist der Erdkreis nicht in Ordnung, so gehen Kultur und Kunst, Kriege und Strafzüge von den Lehnsfürsten aus. Wenn sie von den Lehnsfürsten ausgehen, so dauert es selten länger als zehn Geschlechter, ehe sie (die Macht) verloren haben. Wenn sie von den Adelsgeschlechtern ausgehen, so dauert es selten länger als fünf Geschlechter, ehe sie (die Macht) verloren haben. Wenn die Dienstmannen die Herrschaft im Reich an sich reißen, so dauert es selten länger als drei Generationen, ehe sie sie verloren haben.

Wenn der Erdkreis in Ordnung ist, so ist die Leitung nicht in den Händen der Adelsgeschlechter. Wenn der Erdkreis in Ordnung ist, so gibt es unter den Massen des Volks kein Gerede.«

3.
Strafe der Usurpation

Meister Kung sprach: »Das Recht der Beamtenernennung wurde von dem Fürstenhaus genommen seit fünf Geschlechtern. Die Regierung ist auf die Adelsgeschlechter gekommen seit vier Geschlechtern. Deshalb sind der Nachkommen der drei Huan-Geschlechter so wenige.«

4.
Drei nützliche und drei schädliche Freunde

Meister Kung sprach: »Es gibt dreierlei Freunde, die von Nutzen sind, und dreierlei Freunde, die vom Übel sind. Freundschaft mit Aufrichtigen, Freundschaft mit Beständigen, Freundschaft mit Erfahrenen ist von Nutzen. Freundschaft mit Speichelleckern, Freundschaft mit Duckmäusern, Freundschaft mit Schwätzern ist vom Übel.«

5.
Drei nützliche und drei schädliche Freuden

Meister Kung sprach: »Es gibt dreierlei Freuden, die von Nutzen sind, und dreierlei Freuden, die vom Übel sind: Freude an der Selbstbeherrschung durch Kultur und Kunst, Freude am Reden über andrer Tüchtigkeit, Freude an vielen würdigen Freunden: das ist von Nutzen. Freude an Luxus, Freude am Umherstreichen, Freude an Schwelgerei: das ist vom Übel.«

6.
Drei Fehler im Verkehr mit Älteren

Meister Kung sprach: »Im Zusammensein mit einem (älteren) Herren gibt es drei Vergehen: wenn er das Wort noch nicht an einen gerichtet hat, zu reden: das ist vorlaut; wenn er das Wort an einen gerichtet hat, nicht zu reden: das ist versteckt; ehe man seine Miene beobachtet hat, zu reden: das ist blind.«

7.
Dreierlei Vorsicht

Meister Kung sprach: »Der Edle hütet sich vor dreierlei. In der Jugend, wenn die Lebenskräfte noch nicht gefestigt sind, hütet er sich vor der Sinnlichkeit. Wenn er das Mannesalter erreicht, wo die Lebenskräfte in voller Stärke sind, hütet er sich vor der Streitsucht. Wenn er das Greisenalter erreicht, wo die Lebenskräfte schwinden, hütet er sich vor dem Geiz.«

8.
Dreierlei Ehrfurcht

Meister Kung sprach: »Der Edle hat eine (heilige) Scheu vor dreierlei: er steht in Scheu vor dem Willen Gottes, er steht in Scheu vor großen Männern, er steht in Scheu vor den Worten der Heiligen (der Vorzeit). Der Gemeine kennt den Willen Gottes nicht und scheut sich nicht vor ihm, er ist frech gegen große Männer und verspottet die Worte der Heiligen.«

9.
Vier Klassen des Wissens

Meister Kung sprach: »Bei der Geburt schon Wissen zu haben, das ist die höchste Stufe. Durch Lernen Wissen zu erwerben, das ist die nächste Stufe. Schwierigkeiten haben und doch zu lernen, das ist die übernächste Stufe. Schwierigkeiten haben und nicht lernen, das ist die unterste Stufe des gemeinen Volks.«

10.
Neunerlei Gedanken
Meister Kung sprach: »Der Edle hat neun Dinge, worauf er denkt: beim Sehen denkt er auf Klarheit, beim Hören denkt er auf Deutlichkeit, in seinen Mienen denkt er auf Milde, in seinem Benehmen denkt er auf Würde, in seinen Worten denkt er auf Wahrheit, in seinen Geschäften denkt er auf Gewissenhaftigkeit, in seinen Zweifeln denkt er an das Fragen, im Zorn denkt er an die Schwierigkeit (der Folgen), angesichts des Empfangens denkt er auf Pflicht.«

11.
Prinzipien mit und ohne Vertreter
Meister Kung sprach: »›Das Tüchtige ansehen, als könnte man es nicht erreichen, das Untüchtige ansehen, als tauche man (die Hand) in heißes Wasser‹: ich habe Leute dieser Art gesehen, ich habe Reden dieser Art gehört. ›Im Verborgenen bleiben, um sich auf sein Ziel vorzubereiten, uneigennützig handeln, um seine Grundsätze zu verbreiten‹: ich habe Reden dieser Art gehört, aber ich habe noch nicht Leute dieser Art gesehen.«

12.
Urteil über historische Persönlichkeiten:
Ging von Tsi und Be J und Schu Tsi
Fürst Ging von Tsi hatte an Pferden tausend Viergespanne, aber am Tag seines Todes pries ihn das Volk nicht um einer einzigen guten Eigenschaft willen. Be J und Schu Tsi starben Hungers am Fuß des Schou Yang Berges, aber das Volk preist sie noch bis auf den heutigen Tag. Das ist gerade, wie es heißt: …
(Hierher gehört vermutlich der Schluß von XII, 10:
»Wahrlich nicht um ihres Reichtums willen,
Einzig nur um ihrer Besonderheit willen.«)

13.
Des Meisters Verhältnis zu seinem Sohn
Tschen Kang fragte den Be Yü und sprach: »Hast du als Sohn (des Meisters) auch noch Außergewöhnliches (von ihm) zu hören bekommen?« Er entgegnete und

sprach: »Noch nie. Einmal stand er allein da, als ich (ehrerbietig) mit kleinen Schritten an der Halle vorübereilte. Da sprach er: ›Hast du die Lieder gelernt?‹ Ich erwiderte und sprach: ›Noch nicht.‹ (Da sprach er:) ›Wenn man die Lieder nicht lernt, so hat man nichts zu reden.‹ Da zog ich mich zurück und lernte die Lieder. An einem andern Tag stand er wieder allein da, als ich mit kleinen Schritten an der Halle vorübereilte. Da sprach er: ›Hast du die Riten gelernt?‹ Ich erwiderte und sprach: ›Noch nicht.‹ (Da sprach er:) ›Wenn man die Riten nicht lernt, hat man nichts zur (inneren) Festigung.‹ Da zog ich mich zurück und lernte die Riten. Was ich gehört habe, sind diese beiden (Belehrungen).« Tschen Kang zog sich zurück und sprach erfreut: »Ich habe nach Einem gefragt und habe dreierlei bekommen. Ich habe über die Lieder etwas gehört, ich habe über die Riten etwas gehört; außerdem habe ich gehört, daß der Edle seinen Sohn in (ehrerbietiger) Entfernung hält.«

14.
Bezeichnung der Landesfürstin*

Die Gattin eines Landesfürsten nennt der Fürst: »Gattin«. Sie selbst nennt sich: »Kleines Mädchen«. Die Leute des Landes nennen sie: »Gattin des Fürsten«, gegenüber von anderen Ländern nennen sie sie: »Unsere verlassene kleine Fürstin«. Die Leute anderer Länder nennen sie auch: »Gattin des Fürsten«.

---

* Der Abschnitt ist gänzlich außerhalb der Sphäre der Lun Yü. Er findet sich in Li Gi I, II, II, 19 und ist vermutlich durch irgend ein Versehen hier in den Text eingedrungen, obwohl er sich auch in den alten Manuskripten findet.

Buch XVII

Dies Buch enthält einige Geschichten über die Möglichkeiten, die Kung geboten waren, in Dienste von Usurpatoren zu treten. Außerdem verschiedene Gespräche mit Schülern und aphoristische Aussprüche, die zum Teil ihre Parallelen in bisher Dagewesenem haben, zum Teil aber recht interessante Ergänzungen zum Bilde des Meisters geben.

1.
Begegnung mit dem Usurpator Yang Ho*

Yang Ho wünschte den Meister Kung (bei sich) zu sehen. Meister Kung ging nicht, ihn zu sehen. Da sandte er dem Meister Kung ein Schwein. Meister Kung benutzte eine Zeit, da er ausgegangen war, um seinen Dankbesuch zu machen. Er begegnete ihm (aber) auf der Straße. Da redete er zu Meister Kung und sprach: »Komm, ich will mit dir sprechen«, und sprach: »Wer seinen Schatz im Busen birgt und sein Land (dadurch) in Verwirrung bringt: kann man den sittlich nennen?« (Meister Kung) sprach: »Man kann es nicht.« – »Wer bedacht ist auf öffentliche Anstellung und doch immer die Gelegenheit versäumt, kann man den weise nennen?« (Meister Kung) sprach: »Man kann es nicht.« – »Tage und Monde eilen, die Jahre warten nicht auf uns.« – Meister Kung sprach: »Gut, ich werde ein Amt antreten.«

2.
Natur und Kultur

Der Meister sprach: »Von Natur stehen (die Menschen) einander nahe, durch Übung entfernen sie sich voneinander.«

---

* Yang Ho war der oberste Hausbeamte der Familie Gi, der die Herrschaft an sich gerissen hatte und durch Anstellung Kungs sein Ansehen stärken wollte. Als Kung auf seine Aufforderung, ihn zu besuchen, nicht einging, machte er ihm ein Geschenk, das nach den Regeln der Höflichkeit von seiten Kungs einen Dankesbesuch erforderte. Kung sucht auch hierbei der Begegnung auszuweichen. Unglücklicherweise begegnet er dem Usurpator auf dem Weg. Seine Weisheit besteht nun darin, daß er widerspruchslos die Tiraden des Usurpators über sich ergehen läßt und nur mit einem: »Zu Befehl« antwortet, ohne natürlich in seine Dienste einzutreten. Ein anderes Benehmen wäre für ihn eine Lebensgefahr gewesen.

3.
Unveränderlichkeit des Wesens
Der Meister sprach: »Nur die höchststehenden Weisen und die tiefststehenden Narren sind unveränderlich.«

4.
Kleine Zwecke, große Mittel
Der Meister kam zur Stadt Wu und hörte die Klänge von Saitenspiel und Gesang. Der Meister war belustigt und sprach lächelnd: »Um ein Huhn zu töten, braucht es da ein Ochsenmesser?« Dsï Yu erwiderte und sprach: »Ich habe einst den Meister sagen hören: ›Der Edle, wenn er Bildung erwirbt, bekommt Liebe zu den Menschen; der Geringe, wenn er Bildung erwirbt, läßt sich leicht beherrschen.‹« Der Meister sprach: »Meine Kinder, Yens Worte sind richtig, meine vorigen Worte waren nur im Scherz gesprochen.«

5.
Möglichkeit des Wirkens I
Gung-Schan Fu-Jau hatte (die Stadt) Bi besetzt und berief (den Meister). Der Meister war geneigt zu gehen. Dsï Lu war (darüber) unwillig und sprach: »Wenn man kein Unterkommen findet, so stehe man (von der öffentlichen Wirksamkeit) ab, aber warum denn zu diesem Gung-Schan gehen!« Der Meister sprach: »Daß er grade mich beruft, wie sollte das zufällig sein? Wenn jemand mich braucht, kann ich dann nicht ein östliches Dschoureich gründen?«

6.
Die fünf Vorbedingungen der Sittlichkeit
Dsï Dschang fragte den Meister Kung nach (dem Wesen) der Sittlichkeit. Meister Kung sprach: »Auf dem ganzen Erdkreis fünf Dinge durchzuführen, das ist Sittlichkeit.« (Dsï Dschang sprach:) »Darf ich danach fragen?« (Meister Kung) sprach: »Würde, Weitherzigkeit, Wahrhaftigkeit, Eifer und Gütigkeit. Zeigt man Würde, so wird man nicht mißachtet; Weitherzigkeit: so gewinnt man die Menge; Wahrhaftigkeit: so vertrauen einem die Menschen; Eifer: so hat man Erfolg; Gütigkeit: so ist man fähig, die Menschen zu verwenden.«

7.
Möglichkeit des Wirkens II
Bi Hi berief (den Meister). Der Meister war geneigt, hinzugehen. Dsï Lu sprach: »Einst habe ich vom Meister gehört: ›Wer in seinem persönlichen Betragen nicht gut ist, mit dem läßt sich der Edle nicht ein.‹ Bi Hi hat Dschung Mou im Aufruhr besetzt; wenn (nun) der Meister hingeht: was soll das?« Der Meister sprach: »Ja, ich habe das gesagt; aber heißt es nicht auch: ›Was wirklich fest ist, mag gerieben werden, ohne daß es abgenutzt wird‹? Heißt es nicht: ›Was wirklich weiß ist, kann auch in eine dunkle Flüssigkeit getaucht werden, ohne daß es schwarz wird‹? Wahrlich, bin ich denn ein Kürbis, den man nur aufhängen kann, aber nicht essen?«

8.
Die sechs Worte und sechs Verdunkelungen
Der Meister sprach: »Yu, hast du die sechs Worte und die sechs Verdunkelungen gehört?« (Dsï Lu) erwiderte und sprach: »Noch nicht.« (Der Meister sprach:) »Setze dich, ich werde sie dir sagen: Sittlichkeit lieben, ohne das Lernen zu lieben: diese Verdunkelung führt zur Torheit; Weisheit lieben, ohne das Lernen zu lieben: diese Verdunkelung führt zu Ziellosigkeit; Wahrhaftigkeit lieben, ohne das Lernen zu lieben: diese Verdunkelung führt zu Beschädigung*; die Geradheit lieben, ohne das Lernen zu lieben: diese Verdunkelung führt zu Grobheit; den Mut lieben, ohne das Lernen zu lieben: diese Verdunkelung führt zu Unordnung; die Festigkeit lieben, ohne das Lernen zu lieben: diese Verdunkelung führt zu Sonderlichkeit.«

9.
Der Nutzen des Liederbuchs
Der Meister sprach: »Meine Kinder, warum lernt ihr nicht die Lieder? Die Lieder sind geeignet, um anzuregen; geeignet, um zu beobachten; geeignet, um zu vereinigen; geeignet, um den Groll zu wecken; in der Nähe dem Vater zu dienen, in der Ferne dem Fürsten zu dienen; man lernt (außerdem) viele Namen von Vögeln und Tieren, Kräutern und Bäumen kennen.«

---

* Gemeint ist rücksichtslose Konsequenz, die das eigne und andrer Leben schädigt.

10.
Der Meister im Gespräch mit seinem Sohn über die Poesie

Der Meister redete zu Be Yü und sprach: »Hast du schon (die Lieder im) Dschou Nan und Schau Nan betrieben? Ein Mensch, der nicht das Dschou Nan und Schau Nan treibt, ist der nicht, gleich als stünde er mit dem Gesicht gerade vor der Wand?«

11.
Scheinkultur

Der Meister sprach: »›Riten‹ heißt es, ›Riten‹ heißt es: wahrlich, heißt das denn Edelsteine und Seide? ›Musik‹ heißt es, ›Musik‹ heißt es: wahrlich, heißt das denn Glocken und Pauken?«

12.
Wider die Hochtrabenden

Der Meister sprach: »Im Äußeren streng und innerlich schwach, (so einen kann man) vergleichen mit den niedrigen Menschen. Ist er nicht wie ein Dieb, der (durch die Wand) gräbt oder einsteigt?«

13.
Wider die Heuchler

Der Meister sprach: »Jene ehrbaren Leute im Lande sind Räuber der Tugend.«

14.
Wider die Schwätzer

Der Meister sprach: »Auf der Straße hören und auf dem Wege reden ist die Preisgabe des Geistes.«

15.
Wider die Streber

Der Meister sprach: »Jene Niederträchtigen! Wahrlich, kann man denn mit ihnen zusammen dem Fürsten dienen? Wenn sie es noch nicht erreicht haben, so leiden sie darunter, es zu erreichen; wenn sie es dann erreicht haben, so leiden sie darunter, es zu verlieren; wenn sie aber darunter leiden, daß sie es verlieren könnten, so gibt es nichts, zu was sie nicht fortschreiten würden.«

16.
Der Wechsel der Fehler im Lauf der Zeiten
Der Meister sprach: »Bei den Alten hatten die Leute drei Schwächen, die so heute wohl nicht mehr vorkommen: in alter Zeit waren die Schwärmer rücksichtslos, heute sind sie zügellos; in alter Zeit waren die Harten verschlossen, heute sind sie zänkisch und rechthaberisch; in alter Zeit waren die Toren gerade, heute sind sie verschlagen.«

17.
Der Schein trügt
Der Meister sprach: »Glatte Worte und einschmeichelnde Mienen sind selten vereint mit Sittlichkeit.«

18.
Das Glänzende und das Echte
Der Meister sprach: »Ich hasse es, wie das Violett den Scharlach beeinträchtigt; ich hasse es, wie die Klänge von Dschong die Festlieder verwirren; ich hasse es, wie die scharfen Mäuler Staat und Familien umstürzen.«

19.
Wirken ohne Worte
Der Meister sprach: »Ich möchte lieber nichts reden.« Dsï Gung sprach: »Wenn der Meister nicht redet, was haben dann wir Schüler aufzuzeichnen?« Der Meister sprach: »Wahrlich, redet etwa der Himmel? Die vier Zeiten gehen (ihren Gang), alle Dinge werden erzeugt. Wahrlich, redet etwa der Himmel?«

20.
Abweisung eines Besuchers
Jü Be wünschte den Meister Kung zu sehen. Meister Kung lehnte es ab, weil er krank sei. Während aber der Bote zur Tür hinausging, nahm er die Laute und sang, damit er es hören sollte.

21.
Über die Trauerzeit
Dsai Wo fragte über die dreijährige Trauerzeit (und sprach): »Ein Jahr ist schon genug. Wenn der Edle drei Jahre lang keine Riten befolgt, so verderben die Riten

sicher. Wenn er drei Jahre lang keine Musik ausübt, so geht die Musik sicher zugrunde. Wenn das alte Korn zu Ende ist und das neue Korn sproßt, wenn man beim Feueranmachen die Holzarten wechselt, dann mag es genug sein.« Der Meister sprach: »(Dann) wieder Reis zu essen und in Seide dich zu kleiden: könntest du dich dabei beruhigen?« (Jener) sprach: »Ja.« – »Nun, wenn du dich dabei beruhigen kannst, so magst du es tun. Was aber den Edlen anlangt, so ist er, während er in Trauer ist, nicht imstande, gutes Essen zu genießen; wenn er Musik hört, so erfreut sie ihn nicht; wenn er in Bequemlichkeit weilt, so fühlt er sich nicht wohl. Darum tut er solche Dinge nicht. Nun aber, kannst du dich dabei beruhigen, so magst du es tun.« Als Dsai Wo hinausgegangen war, sprach der Meister: »Yü ist doch lieblos! Ein Kind wird drei Jahre alt, ehe es die Arme von Vater und Mutter entbehren kann. Was die dreijährige Trauerzeit anlangt, so ist sie auf dem ganzen Erdkreis die durchgehende Trauerzeit. Hat denn Yü nicht jene drei Jahre lang die Liebe seiner Eltern erfahren?«

22.
Wider das Nichtstun

Der Meister sprach: »Sich satt essen den ganzen Tag, ohne den Geist mit irgend etwas zu beschäftigen, wahrlich, das ist ein schwieriger Fall. Gibt es denn nicht wenigstens Schach und Dambrett? Das zu treiben ist doch immer noch besser.«

23.
Mut und Pflichtgefühl

Dsï Lu sprach: »Der Edle schätzt doch wohl den Mut am höchsten.« Der Meister sprach: »Der Edle setzt die Pflicht obenan. Wenn ein Vornehmer Mut besitzt ohne Pflichtgefühl, so wird er aufrührerisch. Wenn ein Geringer Mut besitzt ohne Pflichtgefühl, so wird er ein Räuber.«

24.
Was der Edle haßt

Dsï Gung sprach: »Hat der Edle auch (gegen jemand einen) Haß?« Der Meister sprach: »Er hat Haß. Er haßt die, welche der Leute Übles verbreiten; er haßt die, welche in untergeordneter Stellung weilen und die Oberen verleumden; er haßt die Mutigen ohne Formen der Bildung; er haßt die, welche fest und waghalsig, aber beschränkt sind.« Er sprach: »Sï, hast du auch (Leute, die du) hassest?« (Dsï Gung sprach:) »Ich hasse die, welche spionieren und es für Weisheit ausgeben.

Ich hasse die Unbescheidenen, die sich für mutig ausgeben, ich hasse die, welche (Geheimes) ausplaudern und es für Geradheit ausgeben.«

25.
Frauen und Knechte

Der Meister sprach: »Mit Weibern und Knechten ist doch am schwersten auszukommen! Tritt man ihnen nahe, so werden sie unbescheiden. Hält man sich fern, so werden sie unzufrieden.«

26.
Grenze der Möglichkeiten

Der Meister sprach: »Wer mit 40 Jahren (unter seinen Nebenmenschen) verhaßt ist, der bleibt so bis zu Ende.«

Buch XVIII

Dieses Buch enthält eine historische Nachlese. Die Abschnitte 3–7 sind Anekdoten über die Mißerfolge und den Widerspruch, dem Kung während seines Lebens begegnet ist. Sie sind eingerahmt von Anekdoten über Mißerfolge bzw. Resignationen anderer bedeutender Männer aus der Vergangenheit, teils mit, teils ohne Bemerkungen Kungs über sie. Die drei letzten Paragraphen sind Zusätze, die als solche nichts mit Lun Yü zu tun haben.

1.
Die drei sittlichen Heroen der Yindynastie

Der Herr von We zog sich (vom Hofe) zurück, der Herr von Gi wurde Sklave, Bi Gan machte (dem König Dschou Sin) Vorwürfe und wurde getötet. Meister Kung sprach: »Die Yindynastie hatte drei (Männer von wahrer) Sittlichkeit.«

2.
Vaterlandsliebe

Hui von Liu Hia war Oberrichter und wurde dreimal entlassen. Da sprach jemand zu ihm: »Meister, ist es noch nicht so weit, daß Ihr Euch besser zurückzöget?« Er sprach: »Wenn ich auf gradem Weg den Menschen dienen will, wohin sollte ich gehen, ohne dreimal entlassen zu werden? Wollte ich aber auf krummen Wegen den Menschen dienen, warum sollte ich es nötig haben, mein Vaterland zu verlassen?«

3.
Im Staate Tsi

Der Fürst Ging von Tsi (überlegte) die Behandlungsweise des Meisters Kung und sprach: »Ihn so behandeln wie das Haupt des Geschlechtes Gi kann ich nicht. Ich will ihm eine Stellung geben zwischen der des Hauptes der Gi und der des Hauptes der Mongfamilie.« Später aber sprach er: »Ich bin zu alt, ich kann mich seiner nicht mehr bedienen.« Meister Kung ging.

4.
Des Meisters Rücktritt aus dem Amt in Lu
Die Leute von Tsi sandten (dem Fürsten von Lu als Geschenk eine Truppe von) weiblichen Musikanten. Freiherr Gi Huan nahm sie an. Drei Tage wurde kein Hof gehalten. Meister Kung ging.

5.
Der Narr von Tschu
Der Sonderling von Tschu, Dsië Yü, sang ein Lied und ging bei Meister Kung vorbei und sprach:

> »O Vogel Fong, o Vogel Fong,
> Wie sehr dein Glanz verblich!
> Doch was gescheh'n ist, ist gescheh'n,
> Nur künftig hüte dich!
> Gib auf, gib auf dein eitles Müh'n!
> Wer heut' dem Staate dienen will,
> Der stürzt nur in Gefahren sich!«

Meister Kung stieg herab und wünschte mit ihm zu reden, aber jener eilte fort und wich ihm aus. Es gelang ihm nicht, mit ihm zu reden.

6.
Die Furt
Tschang Dsü und Gië Ni waren miteinander mit Feldarbeit beschäftigt. Meister Kung kam bei ihnen vorüber und ließ durch Dsï Lu fragen, (wo) die Furt (sei). Tschang Dsü sprach: »Wer ist der, der dort im Wagen die Zügel hält?« Dsï Lu sprach: »Das ist Kung Kiu.« Da sprach jener: »Ist das der Kung Kiu aus Lu?« (Dsï Lu) sprach: »Ja, der ist es.« (Darauf) sprach (jener): »Der weiß (ja wohl) die Furt.« Darauf fragte er den Gië Ni. Gië Ni sprach: »Wer ist der Herr?« Er sprach: »Dschung Yu.« Darauf jener: »Bist du ein Schüler des Kung Kiu aus Lu?« Er erwiderte: »Ja.« (Dann) sprach (Gië Ni): »Eine ungeheure Überschwemmung: so sieht es auf dem Erdkreis aus, und wer (ist da), es zu ändern? Und dabei einem Lehrer zu folgen, der sich nur von (einem) Fürsten (zum andern) zurückzieht! Wäre es nicht besser, einem Lehrer zu folgen, der sich von der Welt (überhaupt) zurückzieht? Darauf hackte er weiter, ohne (nochmals) innezuhalten. Dsï Lu

ging, um es (dem Meister) anzusagen. Sein Meister seufzte tief und sprach: »Mit den Vögeln und Tieren des Feldes kann man (doch) nicht zusammen hausen; wenn ich nicht mit diesem Geschlecht von Menschen zusammensein will, mit wem soll ich (dann) zusammensein? Wenn der Erdkreis in Ordnung wäre, so wäre ich nicht nötig, ihn zu ändern.«

7.
Dsï Lu und der Alte

Dsï Lu folgte (dem Meister Kung) und blieb (auf dem Weg) zurück. Da begegnete er einem alten Manne, der an einem Stab einen Unkrautkorb über der Schulter trug. Dsï Lu fragte ihn und sprach: »Hat der Herr meinen Meister gesehen?« Der Alte sprach: »Deine vier Glieder sind nicht (zur Arbeit) beweglich, die fünf Kornarten kannst du nicht unterscheiden: wer ist dein Meister?« Er steckte seinen Stab in die Erde und jätete. Dsï Lu faltete die Hände (zum Gruß) und blieb aufrecht stehen. Da behielt er Dsï Lu über Nacht, schlachtete ein Huhn, machte einen Hirsebrei und gab es ihm zu essen. Auch stellte er ihm seine zwei Söhne vor. Am andern Tag ging Dsï Lu, um es (dem Meister) anzusagen. Der Meister sprach: »Das ist ein verborgener (Weiser).« Er sandte Dsï Lu, um ihn nochmals zu sehen. Als er hinkam, war (aber jener) weggegangen. Dsï Lu sprach: »Sich von jedem Amte fernzuhalten, ist wider die Pflicht. Die Schranken zwischen Alt und Jung darf man nicht verfallen lassen; nun erst die Pflichten zwischen Fürst und Diener: wie kann man die verfallen lassen? Wer (nur darauf) bedacht ist, sein eignes Leben rein zu halten, der bringt die großen menschlichen Beziehungen in Unordnung. Damit, daß der Edle ein Amt übernimmt, tut er seine Pflicht. Daß die Wahrheit (heutzutage) nicht durchdringt; das weiß er wohl.«

8.
Die sich von der Welt verbargen

Die sich unter das Volk zurückgezogen haben, waren: Be J, Schu Tsi, Yü Dschung, J Yi, Dschu Dschang, Hui von Liu Hia, Schau Liën.
Der Meister sprach: »Die ihr Ziel nicht erniedrigten und ihre Person vor Schande bewahrten: das waren Be J und Schu Tsi. Man (kann) sagen von Hui von Liu Hia und von Schau Liën, daß sie ihre Ziele erniedrigten und ihre Person in Schande brachten. Doch trafen sie in ihren Worten das Vernünftige, in ihrem Wandel trafen sie das Wohlerwogene; so waren sie, nichts mehr! Von Yü Dschung und J Yi (kann man) sagen, daß sie in der Verborgenheit lebten und

ihren Worten Lauf ließen; in ihrem persönlichen (Wandel) trafen sie die Reinheit, in ihrem Rückzug trafen sie das den Umständen Entsprechende. Ich nun bin verschieden davon, (für mich gibt es) nichts (das unter allen Umständen) möglich, und nichts (das unter allen Umständen) unmöglich wäre.«

9.
Der Rückzug der Musiker von Lu*

Der Kapellmeister Dschï ging nach Tsi; der (Leiter der Musik beim) zweiten Mahl, Gan, ging nach Tschu; der beim dritten Mahl, Liau, ging nach Tsai; der beim vierten Mahl, Küo, ging nach Tsin; der Paukenmeister Fang Schu ging über den Gelben Fluß; der Meister der Handpauke, Wu, ging über den Hanfluß; der Unterkapellmeister Yang und der Meister des Musiksteins, Siang, gingen über das Meer.

10.
Der Rat des Fürsten Dschou an den Fürsten von Lu

Der Fürst Dschou redete zu dem Fürsten von Lu und sprach: »Der Edle vernachlässigt nicht seine Nächsten; er gibt seinen Dienern keinen Anlaß zum Groll darüber, daß er sie nicht gebraucht; alte Vertraute verwirft er nicht ohne schwerwiegenden Grund; er verlangt nicht Vollkommenes von einem Menschen.«

11.
Die vier Zwillingspaare der Dschoudynastie**

Dschou hatte acht Beamte: Be Da, Be Go, Dschung Du, Dschung Hu, Schu Ye, Schu Hia, Gi Sui, Gi Gua.

---

* Der Abschnitt ist ein Bericht, wie nach Kungs Weggang die Musiker, die unter ihm mit der rechten Art, Musik zu machen, bekannt geworden waren (III, 23), das Land verließen, um nicht Zeugen des Verfalls der Kultur sein zu müssen.
** Was dieser Satz hier zu tun hat, ist unklar.

Buch XIX

Das 19. Buch führt ein in die Verhältnisse der Schulen, die sich von Kung nach seinem Tode abzweigten. Kein einziger direkter Ausspruch Kungs ist darin enthalten. Beginnend mit zwei Aussprüchen Dsï Dschangs, die ziemlich genaue Reminiszenzen aus früheren Äußerungen des Meisters sind, schildert es in Abschnitt 3 den Übergang einiger Schüler Dsï Hias zu Dsï Dschang, der ihnen gegenüber Kritik an Dsï Hia übt. Darauf folgen 10 Abschnitte mit Äußerungen Dsï Hias, die sich ebenfalls ziemlich eng an frühere Worte des Meisters anschließen und oft nur spezielle Anwendungen oder weitere Ausführungen derselben enthalten. Dazwischen einige Äußerungen Dsï Yus. Die letzte dieser Äußerungen enthält eine Kritik Dsï Dschangs, der offenbar in ziemlich starkem Widerspruch zu der Richtung in der Schule Kungs stand, die später die herrschende geworden ist. Die nächsten 3 Abschnitte enthalten Äußerungen Dsong Schens, des Hauptes dieser Schule, worauf noch 8 Abschnitte mit Gesprächen Dsï Gungs (Duan Mu Sï) folgen, die dazu dienen, das Mißverständnis zu beseitigen, das offenbar in der Öffentlichkeit bald nach Kungs Tod aufgekommen war, daß nämlich Dsï Gung noch über dem Meister stehe. Seine eigne Autorität wird dagegen ins Feld geführt. Im ganzen sind die Zustände, in die wir hier einen Einblick tun, nicht besonders erfreulich. Namentlich der Streit mit dem offenbar sehr gewandten Dsï Dschang ist bezeichnend.

1.
Das Ideal des Gebildeten

Dsï Dschang sprach: »Der Gebildete, der angesichts der Gefahr sein Leben opfert, angesichts des Empfangens auf Pflicht denkt, beim Opfern auf Ehrerbietung denkt, bei den Totenbräuchen auf Trauer denkt: der mag wohl recht sein!«

2.
Mangelnder Fortschritt

Dsï Dschang sprach: »Sein geistiges Wesen festhalten, ohne es zu erweitern, die Wahrheit glauben, ohne zuverlässig zu sein: kann ein solcher als einer gelten, der (die Wahrheit) hat, oder kann er als ein solcher gelten, der sie nicht hat?«

3.
Dsï Hias Jünger bei Dsï Dschang
Jünger Dsï Hias befragten den Dsï Dschang über den Umgang (mit Menschen). Dsï Dschang sprach: »Was sagt Dsï Hia darüber?« Sie erwiderten: »Dsï Hia sprach: ›Mit denen, die es wert sind, Gemeinschaft haben, die, die es nicht wert sind, fernhalten‹.« Dsï Dschang sprach: »Verschieden davon ist, was ich gehört. Der Edle ehrt die Würdigen und erträgt alle; er rühmt die Tüchtigen und bemitleidet die Unfähigen. Bin ich ein würdiger Charakter, was sollte ich die andern Menschen nicht ertragen können; bin ich ein unwürdiger Charakter, so werden mich die andern von sich fernhalten. Was soll da das Fernhalten der andern?«

4.
Gefahr des Dilettantismus
Dsï Hia sprach: »Auch die kleinen Liebhaberkünste haben sicher etwas, das sich sehen läßt. Aber wenn man sie zu weit treibt, ist Verwirrung zu befürchten. Darum betreibt sie der Edle nicht.«

5.
Der rechte Philosoph
Dsï Hia sprach: »Wer täglich weiß, was ihm noch fehlt, und monatlich nicht vergißt, was er kann, der kann ein das Lernen Liebender genannt werden.«

6.
Bildung und Sittlichkeit
Dsï Hia sprach: »Ausgebreitete Kenntnisse erwerben und fest aufs Ziel gerichtet sein, ernstlich fragen und vom Nahen aus denken: Sittlichkeit liegt darin.«

7.
Das Gleichnis von den Handwerkern
Dsï Hia sprach: »Die hundert Handwerker bleiben in ihren Werkstätten, um ihre Arbeit zu vollenden; der Edle lernt, um seine Wahrheit zu erreichen.«

8.
Die Fehler der Gemeinen
Dsï Hia sprach: »Die Fehler der Gemeinen haben sicher eine Verzierung.«

9.
Die drei Verwandlungen des Edlen

Dsï Hia sprach: »Dreimal verschieden erscheint der Edle. (Aus der Ferne) gesehen (erscheint er) streng. Naht man ihm, so ist er milde. Hört man seine Worte, so ist er unbeugsam.«

10.
Der Wert des Vertrauens

Dsï Hia sprach: »Der Edle (erwirbt sich) das Vertrauen, dann erst bemüht er seine Untertanen; wenn sie noch kein Vertrauen haben, so halten sie das für Härte gegen sich. Er (erwirbt sich) das Vertrauen (seines Fürsten), dann erst macht er Vorhaltungen; wenn er noch nicht das Vertrauen (seines Fürsten) hat, so hält jener es für Beschuldigungen gegen sich.«

11.
Die Großen und die Kleinen

Dsï Hia sprach: »Die Menschen von großer Tugend übertreten nie die Grenzen. Leute von kleinerer Tugend mögen wohl einmal aus und eingehen.«

12.
Dsï Yus Kritik und Dsï Hias Replik

Dsï Yu sprach: »Die Schüler Dsï Hias sind (wie) kleine Kinder: im Besprengen (des Fußbodens), Kehren, Gehorchen und Antworten, Eintreten und Hinausgehen: da sind sie zu brauchen. Aber wenn über den Nebensachen die Hauptsache vernachlässigt wird, was soll das heißen?« Dsï Hia hörte es und sprach: »Ei, Yen Yu ist im Irrtum! An der Lehre des Edlen: was ist da wichtig, daß es gelehrt werden muß, und was ist unwichtig, daß es vernachlässigt werden kann? Sie mag verglichen werden mit den Gräsern und Bäumen, die je nach ihrer Art verschieden behandelt werden müssen. Die Lehre des Edlen: wie dürfte man die verwirren! Wer Anfang und Ende zugleich besitzt, das ist nur der Heilige!«

13.
Amt und Studium

Dsï Hia sprach: »Der Beamte, der Zeit übrig hat, möge lernen. Der Lernende, der Zeit übrig hat, möge ein Amt antreten.«

14.
Die Trauer
Dsï Yu sprach: »Bei den Totenbräuchen gehe man nicht weiter als bis zu wirklicher Herzenstrauer.«

15.
Dsï Yus Kritik an Dsï Dschang
Dsï Yu sprach: »Mein Freund (Dsï) Dschang kann (alle möglichen) schwierigen Dinge fertigbringen, aber sittlich (vollkommen) ist er noch nicht.«

16.
Dsong Schens Kritik an Dsï Dschang
Meister Dsong sprach: »Großartig in seinem Auftreten ist (Dsï) Dschang, aber es ist schwer, in seiner Gesellschaft Sittlichkeit zu erstreben.«

17.
Die Entfaltung des Wesens in der Trauerzeit
Meister Dsong sprach: »Ich habe vom Meister gehört, wenn ein Mensch sein eignes Selbst noch nicht entfaltet habe, daß das sicher in der Trauerzeit geschehen werde.«

18.
Vorbildliche Pietät
Meister Dsong sprach: »Ich habe vom Meister gehört: Die kindliche Gesinnung des Herrn Mong Dschuang mag man in andern Dingen (zu erreichen) fähig sein. Aber daß er die Beamten seines Vaters und die Regierungsweise seines Vaters (nach dessen Tod) nicht veränderte, darin ist es schwerlich möglich (ihn) zu erreichen.«

19.
Menschlichkeit gegen die Schuldigen
Das Oberhaupt des Geschlechts Mong hatte den Yang Fu zum Oberrichter gemacht. (Dieser) befragte den Meister Dsong. Meister Dsong sprach: »Daß die Oberen ihren Weg verloren und das Volk in der Irre geht, das dauert nun schon lange. Wenn du daher den Tatbestand (eines Verbrechens) erlangt hast, so sei traurig und mitleidsvoll und freue dich nicht darüber.«

20.
Die Gefahr der falschen Stellung

Dsï Gung sprach: »Die Schlechtigkeit Dschou (Sins) war nicht so gar schlimm (wie man gewöhnlich von ihm denkt). Darum haßt es der Edle, in den Tiefen zu verweilen; denn alle Schlechtigkeiten des ganzen Erdkreises fallen sonst auf ihn.«

21.
Die Fehler des Edlen

Dsï Gung sprach: »Die Fehler des Edlen sind wie die Verfinsterungen der Sonne oder des Mondes. Macht er einen Fehler, so sehen es die Menschen alle. Bessert er ihn, so sehen die Menschen alle wieder zu ihm empor.«

22.
Die Quellen von Kungs Bildung

Gung Sun Tschau von We befragte den Dsï Gung und sprach: »Wie kam Dschung Ni (Kungs Gelehrtenname) zu seiner Bildung?« Dsï Gung sprach: »Der Pfad der Könige Wen und Wu ist noch nicht auf den Grund gesunken. Er ist noch vorhanden unter den Menschen. Bedeutende Männer wissen noch die Hauptsachen davon, unbedeutende Männer wissen noch die Nebensachen davon. Es gibt keinen Ort, wo der Pfad von Wen und Wu nicht mehr wäre. Wie hätte der Meister ihn da nicht kennenlernen sollen, und was brauchte er dazu einen einzelnen, bestimmten Lehrer?«

23.
Die Hofmauer

Wu Schu von dem Geschlechte Schu redete bei Hofe zu den Ministern und sprach: »Dsï Gung ist bedeutender als Dschung Ni.« Dsï-Fu Ging-Be sagte es Dsï Gung an. Dsï Gung sprach: »Es ist wie bei einem Gebäude und seiner Mauer. Meine Mauer reicht nur bis zur Schulterhöhe; man kann leicht darüber wegsehen und das Schöne des Hauses (erkennen). Des Meisters Mauer ist viele Klafter hoch. Wer nicht die Tür davon erreicht und hineingeht, der sieht nicht die Schönheiten des Ahnentempels und den Reichtum der hundert Beamten. Die aber seine Tür erreichen, das sind wohl wenige. Ist es darum nicht ganz in Ordnung, daß jener Herr so redet?«

24.
Die Hügel und Sonne und Mond
Wu Schu von dem Geschlechte Schu schmälte Dschung Ni. Dsï Gung sprach: »Damit erreicht man nichts. Dschung Ni kann nicht geschmält werden. Andrer Menschen Bedeutung ist wie ein Hügel oder wie eine Anhöhe: man kann sie übersteigen. Dschung Ni ist wie Sonne und Mond: es wird nicht gelingen, über ihn hinwegzukommen. Wenn einer auch sich selbst von ihnen scheiden will: was schadet das Sonne und Mond? Man sieht daraus nur, daß er seine Fähigkeiten nicht kennt.«

25.
Der Himmelsfürst
Tschen Dsï Kin redete zu Dsï Gung und sprach: »Ihr seid zu gewissenhaft; wie sollte Dschung Ni bedeutender sein als Ihr?« Dsï Gung sprach: »Unter Edlen genügt ein Wort, um als weise zu erscheinen, ein Wort, um als unweise zu erscheinen. Darum darf man in seinen Worten nicht unvorsichtig sein. Die Unerreichbarkeit des Meisters ist wie die Unmöglichkeit, auf Stufen zum Himmel emporzusteigen. Wenn der Meister ein Land (als Erbe) bekommen hätte (so wäre es eingetroffen): ›Was er festsetzt, wird Gesetz, was er befiehlt, das geschieht; er gibt ihnen Frieden, und sie kommen herbei; was er bewegt, das ist im Einklang. Sein Leben ist herrlich, sein Tod schafft Trauer.‹ Wie wäre es möglich, ihn zu erreichen?«

Buch XX

Das XX. Buch enthält nur drei Abschnitte von sehr unterschiedlicher Länge. Der Zweck dieses Buches ist kein anderer als der, Kung einzureihen unter die Großen Heiligen der Vorzeit. Daher zur Einleitung die feierlichen Einsetzungsworte, die Yau gesprochen, als er die Herrschaft über den Erdkreis an seinen Nachfolger Schun übertrug, und die Schun gesprochen, als er sie an den großen Yü weitergab. Darauf das Gebet des Königs Tang, der den Tyrannen Giē, den letzten Fürsten der Hiadynastie, stürzte. Ferner eine Schilderung der Regierungsgrundsätze der Dschoudynastie, die ihrerseits wiederum die von Tang gegründete Schang- oder Yindynastie ablöste. Die Worte zum Schluß erinnern ganz auffallend an das Gespräch Kungs mit Dsï Dschang über die Staatsregierung XVII, 6. Nun wird Kung selbst eingeführt mit seinen Prinzipien bezüglich der Regierung des Erdkreises, wieder in einem Gespräch mit Dsï Dschang, das mit jenem eben erwähnten formell verwandt ist. Den Schluß des ganzen Werks bildet ein kurzer Ausspruch des Meisters, der seine Grundsätze im allgemeinen zusammenfaßt.

1.
Die heiligen Fürsten der Vorzeit

Yau sprach: »Du, o Schun! Des Himmels Bestimmung der Zeiten kommt an deine Person. Halte treulich diese Mitte. Wenn die (Menschen innerhalb der) vier Meere in Bedrängnis und Mangel kommen, so wird des Himmels Lohn für ewig zu Ende sein.«

Schun gebrauchte auch (diese Worte), um Yü zu betrauen. – ...* sprach: »Ich, dein Sohn Li, wage es, ein dunkelfarbenes Rind zu opfern; ich wage es, dir zu unterbreiten, o erhabener, erhabener Herrscher Gott, daß ich dem Sünder nicht wagte zu verzeihen; deine Knechte, o Gott, will ich nicht verdunkeln, ihre Prüfung geschehe nach deinem Herzen, o Gott. Wenn ich selbst Sünde habe, so rechne sie nicht den zehntausend Gegenden zu; wenn die zehntausend Gegenden Sünde haben, so bleibe die Sünde auf meinem Leib.«

»Dschou hat großen Lohn:
Tüchtige Männer sind dieser Reichtum.

---

* Hier fehlt die Bezeichnung. Unzweifelhaft ist Tang gemeint, wie aus dem Vornamen Li hervorgeht.

Obwohl Dschou Verwandte hat,
(Stehen sie ihm) nicht so (hoch) wie gute Menschen.
Wenn das Volk Fehler hat,
So mögen sie auf mich allein kommen.«
...* Sie achteten sorgsam auf Waage und Maß, prüften Gesetze und Rechte, setzten entlassene Beamte wieder ein, und die Regierung der vier Himmelsgegenden nahm ihren Lauf. Sie brachten erloschene Staaten wieder zur Blüte, sie gaben abgebrochenen Geschlechtern Fortsetzung, sie zogen Leute ans Licht, die sich in Verborgenheit zurückgezogen hatten. Und alles Volk unter dem Himmel wandte (ihnen) sein Herz zu. Was sie besonders wichtig nahmen, war die Nahrung des Volks, Totenbräuche und Opfer. Sie waren weitherzig, so gewannen sie die Massen; sie waren treu, so vertraute ihnen das Volk; sie waren eifrig, so hatten sie Erfolg; sie waren gerecht, so waren (alle) befriedigt.

2.
Der rechte Herrscher

Dsï Dschang befragte den Meister Kung und sprach: »Wie muß man handeln, damit man imstande sei, (gut) zu regieren?« Der Meister sprach: »Achte die fünf schönen (Eigenschaften) hoch und beseitige die vier üblen, dann bist du imstande, (gut) zu regieren.« Dsï Dschang fragte: »Welche (Eigenschaften) heißen die fünf schönen?« Der Meister sprach: »Der Herrscher ist gnädig, ohne Aufwand zu machen; er bemüht (das Volk), ohne daß es murrt; er begehrt, ohne gierig zu sein; er ist erhaben, ohne hochmütig zu sein; er ist ehrfurchtgebietend, ohne heftig zu sein.«

Dsï Dschang fragte: »Was heißt das, gnädig sein, ohne Aufwand zu machen?« Der Meister sprach: »Wenn man die (natürlichen Quellen) des Reichtums der Untertanen benützt, um sie zu bereichern: ist das denn nicht Gnade ohne Aufwand? Wenn man vorsichtig auswählt, (womit man das Volk gerechterweise) bemühen darf, und es dann (entsprechend) bemüht: wer wird da murren? Wenn man Sittlichkeit begehrt und Sittlichkeit erreicht, wie wäre das gierig? Wenn der Herrscher ohne Rücksicht, (ob er es mit) Großen oder Kleinen (zu tun hat), nicht wagt, (die Menschen) geringschätzig zu behandeln: ist das denn nicht erhaben, ohne hochmütig zu sein? Wenn der Herrscher seine Kleidung und Kopfbedeckung ordnet, auf seine Mienen und Blicke achtet, daß er eine Hoheit

---

* Auch hier fehlt die Einleitung.

(zeigt), so daß die Menschen, die ihn sehen, sich scheuen: ist das denn nicht ehrfurchtgebietend, ohne heftig zu sein?«

Dsï Dschang sprach: »Welche (Eigenschaften) heißen die vier üblen?« Der Meister sprach: »Ohne (vorherige) Belehrung zu töten: das heißt Grausamkeit; ohne (vorherige) Warnung (die auferlegten Arbeiten) fertig sehen (zu wollen): das heißt Gewalttätigkeit; nachlässige Befehle erteilen und (doch) auf Einhaltung der Zeit (bei der Ausführung dringen): das heißt Unrecht; und schließlich: wenn man (Belohnungen) an (verdiente) Leute gewährt, bei ihrer Verteilung zu geizen: das heißt Kleinlichkeit.«

3.
Die Summe der Lehre

Der Meister sprach: »Wer nicht den Willen Gottes kennt, der kann kein Edler sein. Wer die Formen der Sitte nicht kennt, der kann nicht gefestigt sein. Wer die Rede nicht kennt, der kann nicht die Menschen kennen.«

ANHANG

Editorische Notiz

Der vorliegende Band folgt der klassischen Übertragung des Sinologen Richard Wilhelm (1873–1930), der im Westen zu den wichtigsten Vermittlern chinesischen Denkens gehörte. Textgrundlage ist folgende Ausgabe:
Kung-Futse: Gespräche (Lun Yü). Aus dem Chinesischen verdeutscht und erläutert von Richard Wilhelm. Jena 1921.
Wilhelms Vorrede und Einleitung sowie die umfangreichen Kommentare und Paraphrasen, die Wilhelm einzelnen Aussprüchen hinzugefügt hat, wurden nicht übernommen. Die beiden Register und das ausführliche Inhaltsverzeichnis folgen der Vorlage.

Namenregister

Ai, Ehrentitel des Fürsten Dsiang vom Staate Lu, regierte von 494–468 v. Chr.
Au, ein wegen seiner Stärke bekannter Held aus der Hiadynastie.
Be, eine Adelsfamilie aus dem Staate Tsi, aus dem Besitz der Stadt Biën durch den Minister Guan Dschung vertrieben.
Be Go und *Be Da,* zwei Beamte zu Beginn der Dschoudynastie.
Be I, ein berühmter Prinz aus dem Ende der Schang- oder Yindynastie, der mit seinem Bruder Schu Tsi zusammen freiwillig den Hungertod starb, als die Dschoudynastie ans Ruder kam.
Be Niu, literarischer Name des Jan Gong. An einer aussatzartigen Krankheit verstorbener Jünger Kungs.
Be Yü, literarischer Name des Kung Li. Sohn des Meisters.
Bi, Stadt in Lu, die Hauptfestung der Familie Gi.
Bi Gan, Verwandter des Tyrannen Dschou Sin aus der Yindynastie.
Bi Hi, rebellischer Hausbeamter des Geschlechtes Dschau von Dsin.
Bi Schen, ein Minister des Staates Dschong.
Biën, Stadt in Lu, Geburtsstadt des Jüngers Dsï Lu und des alten Heroen Dschung.
Biën, Stadt in Tsi.
Bu Schang, siehe Dsï Hia.
Da Hiang, Dorf.
Diën, siehe Dsong Hi.
Ding, Ehrentitel des Fürsten Sung von Lu, 509–495 v. Chr.
Dsai Wo = Dsai Yü, literarischer Name Dsï Wo, Jünger Kungs, »enfant terrible« der Schule.
Dsang Wen, hoher Beamter von Lu.
Dsang Wu Dschung, hoher Beamter von Lu.
Dschang, siehe Dsï Dschang.
Dschau, eines der Adelsgeschlechter des Staates Dsin.
Dschau, ein Prinz von Sung, der wegen seiner Schönheit berühmt war.
Dschï, Kapellmeister im Staate Lu.
Dschong, ein Lehensstaat, dessen Musik als ausschweifend galt.
Dschou, die dritte Dynastie des alten China, 1122–249 v. Chr.
Dschou Gung, der Fürst von Dschou, Bruder des Königs Wu, des Gründers der Dschoudynastie.
Dschou Jen, ein Geschichtsschreiber aus alter Zeit.
Dschou Nan, Titel des ersten Buches des Schï Ging.
Dschou Sin, der letzte tyrannische Fürst aus der Yindynastie.
Dschu Dschang, ein Eremit aus dem Staate Tschu.
Dschuan, ein Beamter unter Gung-Schu Wen, dem Kanzler von We.
Dschuan Yü, ein kleiner Lehensstaat inmitten des Staates Lu.
Dschuang von Biën, ein wegen seiner Tapferkeit berühmter Held.
Dschung Du und *Dschung Hu,* zwei Beamte aus der Dschoudynastie.
Dschung Gung, siehe Jan Yung.
Dschung Mou, eine Stadt in Dsin.
Dschung Ni, der literarische Name Kungs, s. a. Kiu.
Dschung Schu Yü, siehe Kung Wen.
Dschung Yu, siehe Dsï Lu.
Dsi oder *Hou Dsi,* Ackerbauminister unter den alten Herrschern Yau und Schun.

Dsï Dschang = Duan Sun, Vorname Schï, literarische Bezeichnung Dsï Dschang, ein ziemlich häufig genannter Schüler.
Dsï Dsië = Mi Bu Tsi (literarische Bezeichnung Dsï Dsiën), Schüler Kungs.
Dsï-Fu Ging, Beamter von Lu.
Dsï Gau = Gau Tschai (literarische Bezeichnung Dsï Gau), ein jüngerer Schüler Kungs.
Dsï Gung = Duan Mu Tsi oder Sï (literarische Bezeichnung Dsï Gung), einer der meistgenannten Schüler, der wegen seines imponierenden Äußeren von manchen zeitweise sogar über den Meister selbst gestellt wurde.
Dsï Hia, Geschlechtsname Be, Rufname Schang, literarische Bezeichnung Dsï Hia, ein ziemlich häufig genannter Jünger und Schulhaupt nach Kungs Tode.
Dsï Hua, siehe Gung Si Hua.
Dsï Kin, siehe Tschen Kang.
Dsï Lu = Dschung Yu (literarische Bezeichnung Dsï Lu), der durch seine Kühnheit, aber auch sein zufahrendes Wesen bekannte Jünger Kungs, der »Petrus« der Schule. Auch Gi Lu genannt.
Dsï Sang Be Dsï, eine nur einmal genannte Persönlichkeit.
Dsï Tschang = Gung-Su Kiau (literarische Bezeichnung Dsï Tschan), der Kanzler des Lehensstaates Dschong, persönlicher Freund Kungs.
Dsï Wen, Kanzler des Staates Tschu im Süden.
Dsï Yu, siehe Yu.
Dsï Yu = Yën Yën (literarische Bezeichnung Dsï Yu, gemischte Bezeichnung Yën Yu), ein Jünger Kungs; nicht zu verwechseln mit Jan Yu (literarische Bezeichnung Dsï Yu).
Dsï Yü, ein Minister im Lehensstaat Dschong.
Dsïe Yü, der Narr von Tschu.
Dsin, Name eines Lehensstaates, der zeitweise die Hegemonie hatte.
Dso Kiu Ming, eine Persönlichkeit des chinesischen Altertums, die nicht genau zu identifizieren ist.
Dsong Schen, literarische Bezeichnung Dsï Yu, in der Regel als Meister Dsong bezeichnet, einer der Hauptjünger Kungs.
Dsong Si, mit Rufnamen Dien, Vater des Jüngers Dsong Scheu.
Dsou, der Mann von –, Bezeichnung für Kungs Vater.
Dung Li, Name des Platzes, wo der Kanzler Dsï Tschan von Dschong wohnte = Ostdorf.
Fan Tschï, literarischer Name des Fan Su; ein Jünger.
Fang, Name einer Stadt im Fürstentum Lu.
Fang Schu, ein Musiker aus dem Fürstentum Lu.
Fong, sagenhafter Göttervogel.
Gan, Name eines Musikers aus dem Staate Lu.
Gau Dsung, Ehrentitel des alten Kaisers Wu Ding, 1324 – 1264 v Chr.
Gau Yau, Justizminister des Kaisers Schun.
Gi oder *Gi Sun*, das bedeutendste der im Staate Lu herrschenden Adelsgeschlechter.
G^i, Herr von –, Verwandter des Tyrannen Dschou Sin.
Gi, ein kleiner Staat, in dem die Nachkommen der Hiadynastie regierten.
Gi Dsï Tschong, ein Beamter von We.
Gi Lu, siehe Dsï Lu.
Gi Sui und *Gi Gua*, zwei Beamte aus der Dschoudynastie.
Gi Wen, Ehrentitel eines Gliedes der Gi-Familie, ein hervorragender Beamter in Lu.
Gië Ni, ein Eremit im Staate Tschu.
Giën, Fürst im Staate Tsi.

Ging, Fürst des Staates Tsi zu Kungs Zeit.
Ging, ein Prinz des Staates We.
Giu, Bruder des Fürsten Huan von Tsi, der von diesem letzteren getötet wurde.
Gü Be Yü oder *Gü Yüan*, ein hoher Beamter des Staates We.
Gü Fu, eine kleine Stadt an der Westgrenze von Lu.
Guan Dschung, Name: I-Wu, Kanzler des Fürsten Huan von Tsi, dem er zur Hegemonie verhalf.
Gung Be Liau, ein Verwandter des Fürstenhauses von Lu, der ein Gegner Kungs war.
Gung Ming Gia, ein Beamter des Fürstentums We.
Gung-Schan Fu-Jau, ein Rebell.
Gung Schu, eine große Adelsfamilie im Fürstentum We.
Gung-Si Hua oder *Dsï Hua*, literarische Bezeichnung des Jüngers Gung-Si Tschï.
Gung-Sun Kiau, siehe Dsï Tschan.
Gung-Sun Tschau, Mann aus We.
Gung Tscho, siehe Mong Gung Tscho.
Gung Ye Tschang, Schwiegersohn Kungs.
Han, ein großer Fluß in China, früher Grenze des Reichs.
Hia, Name der ältesten regulären Dynastie, von Yü begründet.
Hiën, Vorname des Schülers Yüan Sï.
Hu Hiang, eine berüchtigte Gegend.
Huan, Fürst des Staates Tsi, 684–643 v. Chr.
Huan, eine Bezeichnung der drei Adelsgeschlechter von Lu.
Huan Tui, ein dem Kung feindlich gesinnter hoher Beamter des Staates Sung.
Hui, siehe Yen Hui.
Hui von Liu Hia, ein bedeutender Beamter von Lu.
I, ein kleiner Grenzort zwischen Lu und We.
I, ein sagenhafter Bogenschütze der Vorzeit.
I-Yi, ein von der Welt zurückgezogen Lebender.
I Yin, ein berühmter Minister des Tang, des Begründers der zweiten Dynastie (Schang).
Jan Be Niu, siehe Be Niu.
Jan Gang, siehe Be Niu.
Jan Kiu (Jan Ch'iu), literarischer Name Dsï Yu, gewöhnlich Jan Yu genannt (nicht zu verwechseln mit Dsï Yu = Yen Yen), einer der berühmtesten Jünger, der lange im Dienste der Familie Gi in Lu stand.
Jan Yu, siehe Jan Kiu.
Jan Yung (literarische Bezeichnung Dschung Gung), ein Jünger.
Ju Be, ein Mann aus Lu, dessen Besuch Kung ablehnte.
Kang, Freiherr, siehe Gi Kang.
Kiu, Vorname des Kung, mit dem er sich selbst bezeichnet, von der chinesischen Literatur in der Aussprache vermieden; sie setzen dafür »Mu«, ein Gewisser, ein.
Kiu, siehe Jan Kiu.
Kuang, ein Platz, wo Kung in Lebensgefahr geriet.
Kung Wen Dsï, Ehrentitel des Gung-Schu Dsï Yu, eines Beamten des Staates We.
Küo, Name eines Dorfes, vermutlich die Heimat Kungs.
Küo, ein Musiker von Lu.
Lau, Geschlechtsname Kin, literarische Bezeichnung Dsï Kai, ein Jünger.
Lï, siehe Tang.
Li, siehe Be Yü (Sohn Kungs).

Liau, ein Musiker in Lu.
Lin Fang, ein Mann aus Lu, vermutlich ein Jünger.
Ling, Fürst des Staates We, 533–492 v. Chr.
Lu, der Heimatstaat Kungs.
Miën, ein Kapellmeister in Lu.
Min Dsï Kien, auch Meister Min genannt, ein Jünger.
Mong, ein Berg im heutigen Schantung.
Mong, eines der drei herrschenden Adelsgeschlechter in Lu, das dem Rang und Alter seines Stammherrn nach zweite Huan.
Mong Dschï Fan, ein wegen seiner Tapferkeit berühmter Held von Lu.
Mong Dschuang, Haupt der Familie Mong von Lu vor der Zeit Kungs.
Mong Ging, Ehrentitel des Mong Sun Gië, des Enkels von Mong I.
Mong Gung Tscho, ein Haupt der Mong-Familie in Lu, einer der besten Männer der drei Adelsgeschlechter.
Mong I, Ehrentitel des Mong Sun Hio Gi, Haupt der Mong-Familie in Lu z. Z. Kungs.
Mong Sun, siehe Mong I.
Mong Wu, Sohn des Mong I.
Nan Dsï, eine berüchtigte Fürstin von We, Frau des Fürsten Ling, Schwester des Prinzen Dschau von Sung.
Nan Gung Go, wird mit Nan Yung identifiziert.
Nan Yung, ein Jünger, Schwiegersohn des älteren Bruders Kungs.
Ning Wu, ein Beamter im Staate We.
Pong, eine nicht zu identifizierende Gestalt des Altertums.
Schang, siehe Dsï Hia.
Schau, Name der Musik des alten Herrschers Schun.
Schau Hu, Minister des Bruders des Fürsten Huan von Tsi, der mit seinem Herrn in den Tod ging.
Schau Liën, ein Weiser, der sich vor der Welt verbarg.
Schau Nan, eine Abteilung des Liederbuchs.
Schë, ein Bezirk des »Königreichs« Tschu.
Schen, siehe Dsong Schen.
Schen Tschang, literarische Bezeichnung Dsï Dschou, ein Jünger.
Schï, siehe Dsï Dschang.
Schï Men = Steintor, ein Paß zwischen Lu und Tsi.
Schï Schu, mit Namen Yu Gu, ein Beamter des Staates Dschong.
Schou Yang, Berg in Schansi.
Schu Hia und *Schu Ye*, zwei Brüder aus der Dschoudynastie.
Schï-Sun Wu Schu, ein Haupt der Schu-Sun-Familie, eines der drei herrschenden Adelsgeschlechter in Lu.
Schu Tsi, Bruder des Be I, ein edler Prinz aus dem Ende der zweiten Dynastie.
Schun, ein Herrscher des Goldenen Zeitalters, der Nachfolger Yaus.
Sï oder *Tsï*, siehe Dsï Gung.
Sï-Ma Niu, ein Jünger.
Siang, ein Musiker im Staate Lu.
Sië, ein kleiner Lehensstaat.
Sung, ein kleiner Lehensstaat, in dem die Nachkommen der Yindynastie regierten.
Tai Be, ein Verwandter des Begründers der Dschoudynastie.
Taischan, ein Berg im heutigen Schantung, der berühmteste der heiligen Berge Chinas.

Tan-Tai Mie-Ming, literarische Bezeichnung Dsï Yu, ein Jünger.
Tang, der dynastische Titel des alten Herrschers Yau. Siehe Yau.
Tang, mit dem Vornamen Li, ist der Begründer der zweiten Dynastie (Schang).
To, ein Beamter des Staates We, wegen seiner Beredsamkeit bekannt.
Tong, ein kleiner Lehensstaat.
Tsai, ein Lehensstaat, durch den Kung bei seinen Wanderungen kam.
Tschai, siehe Dsï Gau.
Tschang Dsü, ein Eremit im Staate Tschu.
Tschen, ein Lehensstaat im Süden.
Tschen Kang, literarischer Name Dsï Kin, ein Jünger Kungs.
Tschen Tschong, Minister im Staate Tsi.
Tschen Wen, Beamter in Tsi.
Tschï, siehe Gung-Si Hua.
Tschu, ein ursprünglicher Lehensstaat im Süden, der sich zu Kungs Zeit aber schon ziemlich selbständig gemacht hatte.
Tschui, siehe Dsï Gau.
Tsi, der nördliche Nachbarstaat von Lu.
Tsi-Diau Kai, aus Lu, Schüler Kungs.
Tsin, ein Lehensstaat, dem später der berühmte Schï Huang Ti entstammte.
Tsui, ein hoher Beamter des Staates Tsi.
Wang-Sun Gia, ein hoher Beamter von We.
We, ein Lehensstaat, in dem sich Kung häufig aufhielt und aus dem mehrere Jünger entstammten.
We, ein kleiner Staat im heutigen Schansi.
We, Name eines der im Staate Dsin regierenden Adelsgeschlechter.
We-Schong Gau, wegen Wahrheitsliebe bekannt.
We-Schong Mou, ein alter Bekannter Kungs.
Wen, Fürst von Dsin.
Wen, Ahn der Dschoudynastie.
Wen, ein Fluß zwischen Tsi und Lu.
Wu, Musik des Königs Wu der dritten Dynastie.
Wu, ein Musiker von Lu.
Wu, Name eines Lehensstaates, in dem ein Zweig der fürstlichen Familie von Lu regierte.
Wu Ma Ki, ein Jünger.
Wu Schu, Mitglied der Schu-Familie in Lu.
Wu Tschong, eine Stadt in Lu.
Wu Wang, der erste König der dritten oder Dschoudynastie.
Yang, ein Musiker von Lu.
Yang Fu, ein Jünger von Dsong Schen.
Yang Ho, der Hausminister der Familie Gi in Lu.
Yau, der älteste von Kung erwähnte Herrscher Chinas.
Yen Hui, literarischer Name Dsï Yüan, gemischte Bezeichnung Yen Yüan, der Lieblingsjünger Kungs.
Yen Lu, der Vater des Jüngers Yen Hui.
Yen Pin Dschung, Minister im Staate Tsi zur Zeit Kungs.
Yindynastie, die dritte Dynastie (= Schangdynastie).
Yu, siehe Dsï Lu.
Yu Jo (literarische Bezeichnung Dsï Yu, auch Meister Yu genannt), ein Jünger.

Yü, siehe Dsai Wo.
Yü, der dritte Herrscher des Goldenen Zeitalters.
Yü (literarische Bezeichnung Dsï Yu), Geschichtsschreiber des Staates We.
Yü oder *Yu Yü*, siehe Schun.
Yü Dschung, Bruder des Tai Be. Yüan Jang, ein alter Freund Kungs.
Yüan Sï, siehe Hiën,
Yung, siehe Jan Yung.

Sachregister

Achtung (Ging):
  I, 5. II, 7 (Ehrerbietung)
  20 (Ehrfurcht)
  III, 26 (Ehrfurcht)
  IV, 18 (ehrerbietig)
  V, 15 (ehrfurchtsvoll)
  16 (Hochachtung)
  VI, 1 (sorgfältig)
  20 (ehren)
  XII, 5 (sorgfältig)
  XIII, 4 (ehrerbietig)
  19
  XV, 32 (ehren)
  XVI, 10 (Gewissenhaftigkeit)
  XIX, 1 (Ehrerbietung)
Ahnenkult:
  I, 9
  II, 5. 24
  III, 12
Anschluß: s. Zuneigung
Armut und Reichtum:
  I, 15 IV, 5
  V, 5 (Reichtum, Ehre)
  VI, 3
  VII, 11 (Reichtum)
  15 (Reichtum und Ehre)
  VIII, 13 (Reichtum, Ansehen)
  XI, 16
  XII, 5 (Reichtum, Ansehen)
  XIII, 8
  9 (wohlhabend)
  XIV, 11
  XV, 31
Äußeres, Betragen, Mienen (Sche):
  I, 3. 7
  II, 8 (Gesichtsausdruck)
  V, 18 (zu zeigen)
  24 (Mienen)
  VIII, 4 (Gesichtsausdruck)
  IX, 17 (Frauenschönheit)
  XII, 20 (Mienen)
  XIV, 39
  XV, 12 (Frauenschönheit)
  XVI, 10 (Mienen)
  XVII, 12
  17 (Mienen)

Barbaren:
  III, 5
  IX, 13
  XIII, 19
  XV, 5
Beamter (Tschen):
  III, 19
  V, 5
  VIII, 20
  IX, 11 (Minister)
  XI, 23 (bedeutende Staatsmänner)
  24 (Kreisbeamter)
  XII, 11
  XIII, 2 (Yu Sï)
  15 (Kanzler)
  XIV, 43
  XVIII, 10 (Diener)
  XIX, 13
Betragen: s. Äußeres
Böses (Wo):
  IV, 4
  V, 22
  XII, 16
  21 (Sünde)
  XVII, 24 (Übles)
  XIX 20
Brüderlichkeit: s. Pietät
Denken (Sï):
  II, 15
  IV, 17
  V, 19 (überlegen)
  IX, 3 (gedenken)
  XIV, 13. 28
  XV, 11 (bedenken, lü)
  30 (Nachdenken)
  XVI, 10
  XIX, 1. 6
Edler (Gün dsï):
  I, 1. 2. 8. 14
  II, 12. 13. 14
  III, 7
  24 (großer Mann)
  IV, 5. 10. 11. 16. 24
  V, 2. 3. 15
  VI, 3. 11. 16. 24. 25
  VII, 25. 32. 36

VIII, 6 (ein edler Mensch)
IX, 13
[Edler (Gün dsï):]
XI, 20
XII, 4. 5. 8. 16. 24
XIII, 3. 23. 25. 26
XIV, 6. 7. 24. 28. 29. 30. 45
XV, 1. 6. 17. 18. 19. 20. 21. 22. 31. 36
XVI, 6 (älterer Herr)
7. 8. 10
XVII, 4. 23. 24
XVIII, 10
XIX, 7. 9. 10. 12. 21
XX, 3
Ernst (Gung):
V, 15
VII, 37 (ehrerbietig)
XII, 5 (ehrerbietig)
XIII, 19
XVI, 10 (Würde)
Fehler:
I, 8
II, 18
IV, 7 (Überschreitung)
V, 22. 26
VII, 16 (Verfehlungen)
30
IX, 24
XI, 15 (geht zu weit, bleibt zurück)
XII, 15 (Fehltritte)
21 (geheime Fehler)
XIII, 2
XIV, 26
XV, 29
XIX, 7. 21
Formen: s. Regeln
Freundschaft, Freunde:
I, 1. 4. 7. 8
IV, 26
V, 16. 25
IX, 24
XII, 23. 24
XIII, 28
XV, 9
XVI, 4. 5
XIX, 3 (Umgang mit Menschen)
15

Fröhlichkeit (Lo):
I, 1. 15
VI, 9
18 (heiter)
21 (freut sich)
VII, 15
[Fröhlichkeit (Lo):]
VII, 18 (Freude)
XI, 12 (sich freuen)
XVI, 5 (Freude)
Fürst (Gün), Fürstendienst:
I, 7
III, 5. 18. 19. 22
IV, 26
V, 15 X, 3
XI, 23 (Fürstendienst)
XII, 9. 11
19 (Herrscher)
XIII, 15 (Staat)
20
XIV, 15. 23
XV, 37
XVII, 15
Gebildeter (Schï):
IV, 9
VI, 11 (ju)
VIII, 7 (Lernender)
XIII, 20 (gebildet)
28
XIV, 3
XV, 8 (ein willensstarker Mann)
9 (Gelehrter)
XIX, 1
Geist, Art (De):
I, 9
II, 1 (Kraft des Wesens)
3
IV, 11 (innerer Wert)
25 (innerer Wert)
VI, 27 (menschl. Naturanlage)
VII, 3 (Anlagen)
6 (Naturanlagen)
22
VIII, 1 (Tugend)
20 (Tugend)
IX, 17 (moralischer Wert)
XI, 2 (ethisch hochstehend)
XII, 10

11 (Talente)
19 (Wesen)
21 (Wesen)
XIII, 22 (Geist)
XIV, 5 (Geist)
6 (Kraft des Geistes)
35 (Rasse)
36 (Güte)
[Geist, Art (De):]
XV, 3 (Macht des Geistes)
12 (moralischer Wert, Tugend)
26 (geistiger Wert)
XVI, 12 (gute Eigenschaften)
XVII, 13 (Tugend)
14 (Geist)
XIX, 2 (geistiges Wesen)
11 (große Tugend, kleine Tugend)
Geister (Gui):
II, 24
VI, 20
VIII, 21 (Gott)
X, 16 (Donnerschlag und heftiger Sturm)
XI, 11 (Dienst der Geister)
Geradheit (Dschï):
II, 19
V, 23
VI, 17
VIII, 2 (Aufrichtigkeit)
16 (geradeaus)
XII, 20. 22
XIII, 18 (ehrlich)
XIV, 36
XV, 6
XVI, 4
XVII, 8 (Geradheit)
Gerechtigkeit (I): s. Pflicht
Gesetz des Himmels (Tiän ming):
II, 4
VI, 19
XI, 18 (Bestimmmung)
XII, 5
XIV, 38 (Gottes Wille)
XVI, 8
XX, 3 (Gottes Wille)
Gewinn: s. Lohn
Glaube: s. Treu und Glaube

Götter (Schen):
III, 6 (Taischan). 12
13 (Au und Dsau)
VI, 4 (Berg und Flüsse)
20 (ehren und fernhalten)
VII, 20 (Dämmerung)
34 (Götter und Erdgeister)
VIII, 21 (Gott)
IX, 8 (Phönix und Flußschildkröte)
XVI, 1 (Mong-Berg)
XVIII, 5 (Vogel Phönix)
Gut (Schan):
II, 20
VII, 3. 21. 25. 27
VIII, 4
XI, 19 (guter Mensch)
XII, 21. 23 (geschickt)
XIII, 11. 15. 22. 24
29 (ein tüchtiger Mensch)
XV, 32
XVI, 5 (Tüchtigkeit)
11 (tüchtig)
XIX, 20 (Schlechtigkeit, bu schan)
Gütigkeit (Schu): s. Treu und Glauben
Harmonie (Ho):
I, 12
III, 23 (friedfertig)
Heilig (Schong):
VI, 28
VII, 25 (Gottmensch)
33 (Genialität)
IX, 6 (Genie)
XVI, 8 (Heilige)
XIX, 23. 24 (Heilige)
XX, 1 (Heilige)
Himmel:
III, 13. 24
V, 12 (Tiän Dau)
VI, 8 (Be Niu's Krankheit)
19 (Schang, höchste Dinge)
26
VII, 22 (Gott)
VIII, 19
IX, 5. 11
XI, 8 (Gott)
XII, 5
XIV, 37
XVII, 19

Konfuzius

Irrlehren:
  II, 16
Kennen: s. Wissen
Klarheit (Ming):
  XII, 6
  XVI, 10
König (Wang):
  XIII, 12
Krankheit und Tod:
  II, 6
  IV, 8
  VI, 2 (sterben). 8
  VIII, 3. 4. 7 (sterben). 13
  IX, 5 (Sterblicher)
[Krankheit und Tod:]
  IX, 11 (Krankheit des Meisters)
  21 (sterben)
  X, 13. 15
  XI, 6. 7. 8. 9. 10. 11. 12. 22
  XII, 5 (Tod und Leben)
  7 (sterben)
  10 (sterben)
  XIV, 6 (sterben)
  17 (sterben)
  18 (sterben)
  XV, 8 (Tod). 34 (sterben)
  XVI, 12
  XVII, 20 (krank)
Krieg:
  VII, 10 (Armeen führen)
  IX, 25 (Heer)
  XII, 7 (Wehrmacht)
  XIII, 29 (Waffen führen)
  30
  XV, 1 (Schlachtordnung)
  XVI, 1 (Kriegszug). 2
Kultur, Kunst (Wen):
  I, 6
  III, 9 (Urkunden, Wen Hiän)
  14 (Bildung)
  V, 12
  14 (der »Weise«)
  17 (der »Weise«)
  19 (der »Weise«)
  21
  VI, 16 (Form und Gehalt, Wen Dschï)
  25 (Literatur)
  VII, 24 (Kunst)
  32 (literarische Ausbildung)
  VIII, 19 (Lebensordnung)
  IX, 5 (Kultur)
  XI, 2 (ästhetisch tätig)
  XII, 8
  15 (Literatur)
  24 (Kunst)
  XIV, 13 (Geschicklichkeit)
  19 (vollendet, weise)
  XV, 17 (Literatur)
Künste:
  III, 7 (Bogenschießen)
  16
  VII, 6 (Kunst)
  26 (Fischfang und Jagd)
  VIII, 4
[Künste:]
  IX, 2 (Wagenlenken, Bogenschießen)
  6 (Talente)
  XIII, 4 (Ackerbau und Gartenbau)
  22 (Zauber- und Heilkunst)
  XIV, 6 (Bogenschießen)
Leben: s. Natur
Lehren:
  II, 11 (Lehrer, Schï)
  20 (lehren, giau)
  VII, 1 (beschreiben, schu)
  2. 7. 8 (lehren, hui)
  21 (Lehrer)
  24. 33 (lehren, hui)
  XIII, 9 (bilden)
  29 (lehren, giau)
  30 (erziehen)
  XIV, 8 (Belehrung)
  XV, 35 (Lehrer)
  38 (lehren, giau)
Lernen (hüo), Üben (si):
  I, 1. 4. 6. 7. 8. 14
  II, 4. 9. 11 (wen). 15
  V, 13, 14, 27
  VI, 2
  VII, 2. 3. 16. 33
  VIII, 5. 12. 17
  IX, 2 (Kenntnisse)
  10 (Yän Hui)
  18 (Stillstand und Fortschritt)
  19. 20. 29
  XI, 2 (literarisch tätig)

Gespräche

6. 24 (bilden)
XII, 15
XIII, 4 (Belehrung)
XIV, 25
XV, 2. 30. 31
XVI, 9. 13
XVII, 2 (üben). 4. 8
XIX, 6. 13. 22 (Bildung)
Lernen (hau):
   I, 14
   IV, 3 (Menschen)
   6 (Sittlichkeit)
   V, 6 (Mut)
   14. 27 (lernen)
   VI, 2. 18 (lernen)
   VII, 1 (das Altertum lieben)
   10
   11 (Neigung)
[Lernen (hau):]
   VII, 19 (das Altertum)
   VIII, 10. 13
   XI, 6
   XIII, 20. 24
   XIV, 44
   XV, 27
   XVII, 8
   XIX, 5
Liebe (Ai):
   I, 5. 6
   III, 17 (leid sein um)
   XII, 10
   XIII, 4
   XIV, 8
   XVII, 4
Liebe (Jen): s. Sittlichkeit
Lohn, Gewinn (Li):
   IV, 2. 12. 16
   VI, 20
   IX, 1
   XIII, 17 (Vorteil)
   XIV, 13
Machen, betätigen, schaffen (dso):
   VII, 1 (machen)
   22 (betätigen)
   XIV, 40 (schaffen)
Menschenkenntnis: s. Wissen
Menschentum (Jen): s. Sittlichkeit
Mienen: s. Äußeres

Musik:
   III, 3. 20. 23. 25
   VII, 9 (singen)
   13 (Schaumusik)
   31 (Gesang)
   VIII, 8. 15
   IX, 14
   XI, 1. 14 (die Laute Yu's)
   25 (Kunst, Lautenspiel)
   XIII, 3
   XIV, 13
   42 (Musikstein)
   XV, 10
   XVI, 2 (Kunst), 5 (Kunst)
   XVII, 4. 11
   18 (Farben)
   20 (Laute)
   XVIII, 4 (weibl. Musikanten)
   9
Mut (Jung):
   II, 24
[Mut (Jung):]
   V, 6
   VIII, 2. 10
   IX, 28 (Entschlossenheit)
   XI, 25
   XIV, 5. 13
   30 (Entschlossenheit)
   XVII, 8. 23
   24 (mutig)
Nahrung:
   XII, 7
Namen (Ming):
   IV, 5
   VIII, 19
   IX, 2
   XII, 20 (durchdringend, da)
   20 (Berühmtheit)
   XIII, 3 (Richtigstellung der Begriffe)
   XV, 19
Natur (Sing):
   V, 12
   XVII, 2
Natur (Schong):
   VI, 17 (der Mensch lebt, Geradheit)
   VII, 19 (geboren)
   XI, 11 (Leben)

Konfuzius

XV, 8
XVI, 9 (Geburt)
Opfer und Tempel:
  III, 1. 2. 6. 10. 11. 12
  13 (beten)
  15. 17. 21
  V, 3 (Opferschale)
  17 (Schildkröte)
  VI, 4 (Opfer eines Kalbes)
  23 (Eckenschale)
  VII, 34 (Gebet)
  VIII, 4 (Opfergefäße)
  X, 10 (Reinigungsumzug)
  14 (Tempel)
  14 (Opferfleisch)
  XI, 24 (Götter des Landes und des Korns)
  25 (Kais. Ahnentempel)
  XII, 2 (Große Opfer)
  21 (Regenaltar)
  XIV, 20 (Ahnentempel)
  XV, 1 (Opferplatten und Schalen)
  XVI, 1 (Opfer für den Mong-Berg)
  XIX, 1 (Opfer)
  22 (Ahnentempel)
Person (Schen):
  I, 4 (selbst)
  7
  IV, 6
  XIII, 13 (sich selbst)
  XVIII, 8 (Person)
Pflicht, Gerechtigkeit (I):
  I, 13
  II, 24
  IV, 10. 16
  V, 15 (Gerechtigkeit)
  VI, 20
  VII, 3. 15 (ungerecht)
  XII, 10. 20
  XIII, 4
  XIV, 13
  XV, 16. 17
  XVI, 10.
  11 (uneigennützig handeln)
  XVII, 23
  XIX, 1. 18
Pietät und Brüderlichkeit (Hiau Ti):
  I, 2. 6. 7. 11

  II, 4. 5. 6. 7. 8. 20. 21
  IV, 18 (Vorstellungen)
  19 (Reisen)
  20
  21 (Alter)
  VIII, 21 (fromm)
  IX, 15
  XI, 4
  XIII, 18. 20 (pietätvoll)
Regeln, Formen (Li):
  I, 12. 13. 15
  II, 3 (Sitte)
  5
  II, 23 (Sitte)
  III, 3. 4. 8
  9 (Riten)
  15 (Religion)
  17 (Brauch)
  19
  22 (Etikette)
  26 Religionsübung, Beerdigungsgebräuche)
  IV, 13 (Regeln der Moral)
  VII, 17 (Riten)
  30 (Regeln des Anstands)
  VIII, 2 (Form)
  8
  IX, 3 (Ritual)
[Regeln, Formen (Li):]
  IX, 10 (das Geziemende)
  X, 1 (Kultur)
  XI, 25 (Kultur)
  XII, 1 (Gesetz der Schönheit)
  5 (taktvoll)
  15 (Regel der Moral)
  XIII, 3 (Regel der Moral)
  4 (Ordnung)
  XIV, 13 (Moral)
  44 (Kultur)
  XV, 17 (Anmut)
  32 (schöne Form)
  XVI, 2. 5 (Kultur)
  13 (Riten)
  VII, 11 (Riten)
  24 (Form der Bildung)
  XX, 3 (Formen)
Regierung:
  I, 5. 10

Gespräche

II, 1. 3. 19. 20. 21
III, 11 (Weltregierung)
IV, 13
V, 7. 18
VI, 1 (Nau Miän)
6. 7. 12
VIII, 14
XI, 2 (politisch tätig)
25 (Staatsregierung)
XII, 7. 9. 11
13 (Klagesachen)
14. 17. 18. 19
XIII, 1. 2. 3. 5. 6. 7. 13. 14. 15. 16. 17. 20
XIV, 9. 27
XV, 4. 10
XVII, 5. 7
XIX, 18
XX, 2

Reich, das (Tiän hia):
III, 11 (Weltregierung)
VIII, 1
13 (auf Erden)
18 (Erdkreis)
20 (Erdreich)
XII, 5 (Sï Hai)
XIII, 4. 20 (Sï Fang)
XIV, 6. 18
XVI, 2
XIX, 20

Reichtum: s. Armut und Reichtum

Selbstprüfung:
I, 4
8 (verbessern)
14 (sich bessern)
IV, 17
V, 26 (selbst verklagen)
VII, 21 (verbessern)
IX, 23 (Besserung)
24 (verbessern)
XII, 4 (sich innerlich prüft)
XV, 29 (bessern)
XIX, 5
21 (bessern)

Sittlichkeit, Liebe, Menschentum (Jen):
I, 2. 3. 6
III, 3 (Menschenliebe)
IV, 1 (gute Menschen)
2 (Sittlichkeit)
3. 4. 5. 6. 7
V, 4. 7. 18
VI, 5. 20
21 (fromm)
24. 28
VII, 6. 14. 29. 33
VIII, 2. 7
10 (nicht sittlich)
IX, 1. 28
XII, 1. 2. 3. 20. 22. 24
XIII, 19. 27
XIV, 2. 5. 7. 17. 18. 30
XV, 8. 32. 34. 35
XVII, 1. 6. 8. 17
XVIII, 1
XIX, 6. 15. 16

Strafe (Hing fa):
II, 3 (strafen)
IV, 11 (Gesetz)
V, 1 (Bestrafung)
XIII, 3

Tat: s. Wort und Tat
Tempel: s. Opfer
Tod: s. Krankheit und Tod

Trauer (Sang):
I, 4
III, 4 (Trauerfälle)
26
VII, 9
IX, 9. 15
X, 16
XIV, 43 (Trauerzeit)

[Trauer (Sang):]
XVII, 21 (Trauerzeit)
XIX, 1 (Trauergebräuche)
14 (Totengebräuche)
17 (Trauerzeit)

Treu und Glauben (Dschung Sin)
I, 4. 5. 6. 7. 8
II, 20 (Treu)
22 (Glauben)
III, 19 (Gewissen)
IV, 15 (Treu und Gütigkeit, Dschung Schu)
V, 11 (Was ich nicht wünsche, füg' ich nicht andern zu)
18 (Gewissenhaftigkeit)

25 (Gewissenhaftigkeit)
27 (Gewissenhaftigkeit und Wahrhaftigkeit)
VI, 28 (Schu)
VII, 1 (treu sein)
24 (Gewissenhaftigkeit, Treue)
VIII, 4 (Vertrauen)
13 (wahrhaft)
16 (gläubig)
IX, 24
XII, 7 (Vertrauen)
10
12 (Versprechen)
14 (gewissenhaft)
XIII, 4 (Wahrhaftigkeit)
19. 20 (gewissenhaft)
XIV, 8 (gewissenhaft)
13
XV, 5 (gewissenhaft und treu)
17. 23 (Dschung Schu)
XVI, 10 (Wahrheit)
XVII, 8 (Wahrhaftigkeit)
XIX, 10 (Vertrauen)
Üben (si): s. Lernen
Verkennung:
  I, 1. 16
  IV, 14
  XI, 25
  XIV, 32 (verkannt sein)
  37. 41. 42
  XV, 18
  XVIII, 5. 6. 7
  XIX, 23
Volk:
  I, 5
  II, 3. 19. 20
[Volk:]
  V, 15
  VI, 1
  20 (Menschen)
  27. 28
  VIII, 1, 2. 9. 19
  XI, 24. 25
  XII, 2. 7. 9 (Be sing)
  19
  XIII, 4. 29. 30
  XIV, 18. 44. 45 (Be sing)
  XV, 32

  34 (Menschen)
  XVI, 2. 9. 12
  XVII, 16 (die Leute)
  XIX, 19
Weg (Dau):
  I, 2. 11. 12
  14 (Grundsätze)
  III, 24 (Wort Gottes)
  IV, 5 (unverdient = bu i ki dau)
  8. 9 (Wahrheit)
  15 (Lehre)
  20 (Weg)
  V, 1 (wohlgebildet = yu dau)
  6 (Wahrheit)
  12 (Weltordnung = Tiän dau)
  20 (Ordnung)
  VI, 6 (Pfad)
  10 (Lehre)
  15 (Pfad)
  22
  VIII, 4 (Grundsatz)
  7 (Weg)
  13 (rechter Weg, Ordnung)
  IX, 26 (Weg)
  29 (Wahrheit)
  XI, 19 (Pfad)
  XIII, 25
  XIV, 1 (rechte Bahn)
  20 (wu dau)
  30 (Pfad)
  38 (Wahrheit)
  XV, 6 (Ordnung)
  24 (Ordnung)
  28 (Wahrheit)
  31 (Wahrheit)
  39 (Grundsätze)
  XVI, 2 (Ordnung)
  11 (Grundsätze)
  XVII, 4 (Bildung)
[Weg (Dau):]
  XVII, 14 (Straße)
  XIX, 2 (Wahrheit)
  4 (Liebhaberkünste)
  7 (Wahrheit)
  12 (Lehre)
  19 (Weg)
  22 (Pfad)

Werk (Tschong gung):
  VIII, 19
  XIV, 13 (Tschong jen)
Wille, Ziele (Dschï):
  I, 11
  IV, 4 (Wille)
  9 (Streben)
  18 (Wille der Eltern)
  V, 25 (Herzenswünsche)
  VII, 6 (Ziel)
  IX, 1 (Wille Gottes; Ming)
  25
  XV, 8 (Dschï Schï)
  XVI, 11 (Ziel)
  XVIII, 8 (Ziel)
  XIX, 6 (Ziel)
Wissen (Dschï):
  I, 16 (kennen, Menschenkenntnis)
  II, 10 (Menschenkenntnis)
  11 (kennen)
  17. 23
  IV, 1 (weise)
  2 (weise)
  14
  21 (nie vergessen)
  V, 8 (nie erkennen)
  20 (Weisheit)
  VI, 18 (der Wissende)
  20 (Weisheit)
  21 (weise)
  VII, 2 (erkennen, schï)
  19 (Kenntnis)
  27
  VIII, 9 (verstehen)
  IX, 7 (geheimes Wissen)
  22
  25 (Menschenkenntnis)
  28 (Weisheit)
  XII, 22 (Wissen)
  XIII, 2
  XIV, 30 (Weisheit)
  37 (kennen)
  XV, 3 (kennen)
[Wissen (Dschï):]
  XV, 32 (Wissen)
  33 (erkennen)
  XVI, 9 (Wissen)
  XVII, 1 (weise)
  3 (weise)
  8 (Weisheit)
  XX, 3 (Wissen)
Wort und Tat:
  II, 13. 18
  IV, 12 (Handlungen)
  22. 24
  V, 9
  13 (ausführen)
  VII, 10 (Wirken)
  23 (Wandel)
  24 (Wandel)
  32 (Handeln)
  XI, 21
  XII, 3 (langsam in seinen Worten)
  XIV, 4 (Tat)
  21. 29
  XV, 5
Würdige (Hiän):
  I, 7
  IV, 17
[Würdige (Hiän):]
  VI, 9 (Hui)
  VII, 14
  XI, 15 (besser)
  XIII, 2 (Charakter und Talent)
  XIV, 31. 33. 39
  XV, 9
  13 (Würdigkeit)
  XVI, 5
  XVII, 22 (besser)
  XIX, 22
Ziele: s. Wille
Zuneigung, Anschluß (Tsin):
  I, 6 (eng verbunden sein)
  13
  VIII, 2 (Verwandte)
  XVIII, 10 (seine Nächsten)
Zweifel (Huo):
  II, 4
  18 (zweifelhaft)
  V, 5 (noch nicht glauben, we nong sin)
  IX, 28
  XII, 10 (Unklarheit)
  21 (Unklarheit)
  XVI, 10

LAOTSE

TAO TE KING

Das Buch vom Sinn und Leben

Aus dem Chinesischen übersetzt
von Richard Wilhelm

Einleitung

Was wir von dem Verfasser der vorliegenden Aphorismensammlung historisch Beglaubigtes wissen, geht sehr eng zusammen. Es ist so wenig, daß die Kritik, die auf dem Gebiet der Sinologie noch in den Anfangsstadien der Schärfe ist, vielfach gar nichts mehr davon bemerkte und ihm samt seinem Werk im Gebiet der Mythenbildung den Platz anwies. Der Autor selbst würde seiner ganzen Art nach auch dagegen wenig einzuwenden haben. Auf Berühmtheit hat er nie Wert gelegt, und er hat es verstanden, sich vor den Augen der Welt gut zu verbergen, sowohl zu seinen Lebzeiten als auch nach seinem Tode. »Sein Streben war, sich selbst zu verbergen und ohne Namen zu bleiben« ist das Urteil des chinesischen Geschichtsschreibers Sï Ma Tsiën (163–85 v. Chr.) über ihn. Diesem Geschichtsschreiber verdanken wir die wesentlichen Daten über sein Leben, mit denen wir uns abzufinden haben. Der Name Laotse, unter dem er in Europa bekannt ist, ist gar kein Eigenname, sondern ein Appellativum und wird am besten übersetzt mit »der Alte«*. Er hatte den Geschlechtsnamen Li, der an Häufigkeit in China den deutschen Namen Maier noch übertrifft; sein Jugendname war Erl (Ohr), sein Gelehrtenname war Be Yang (Graf Sonne), nach dem Tode erhielt er den Namen Dan, bzw. Lao Dan (wörtlich: altes Langohr, sinngemäß übersetzt: alter Lehrer). Er stammt wohl aus der heutigen Provinz Honan, der südlichsten der sogenannten Nordprovinzen, und mag wohl ein halbes Jahrhundert älter gewesen sein als Kung, so daß seine Geburt auf das Ende des 7. vorchristlichen Jahrhunderts fällt. Im Lauf der Zeit hatte er am kaiserlichen Hof, der damals in Loyang (in der heutigen Provinz Honan) war, ein Amt als Archivar bekleidet. Damals sei es gewesen, daß Kung bei seiner Reise an den Kaiserhof mit ihm zusammengetroffen sei. Über dieses Zusammentreffen der beiden Heroen ist in der chinesischen Literatur viel die Rede. Außer in dem erwähnten historischen Werk wird auch in dem Werk Li Gi, das der konfuzianischen Schule entstammt, ferner in den – allerdings ziemlich späten – »konfuzianischen Schulgesprächen« (Gia Yü) sowie in der taoistischen Literatur von verhältnismäßig früher Zeit an dieses Zusammentreffen direkt oder indirekt erwähnt. Jedenfalls war dieses Zu-

---

* Der Versuch, »Lao tse« mit »die alten Philosophen« wiederzugeben und somit nur einen Sammelnamen für viele Weise aus dem Altertum darin zu sehen (H. Gipperich), ist sprachlich unmöglich. Lao heißt »senex«, nicht »vetus«. »Veteres« heißt auf chinesisch »Gu Jen«.

sammentreffen in der Zeit der Han-Dynastie (zwei Jahrhunderte v. Chr.) schon so geläufig im Volksbewußtsein, daß wir in den berühmten Grabskulpturen in Westschantung (bei Gia Siang) eine bildliche Darstellung davon finden, wie Kung bei seinem Besuch dem Laotse als Ehrengabe einen Fasan überreicht. Über die Gespräche, die bei dieser Gelegenheit geführt wurden, finden sich mannigfaltige Berichte. Sie stimmen alle darin überein, daß Laotse über die Heroen der Vorzeit, die geehrten Vorbilder Kungs, ziemlich absprechend urteilt und ihn von der Hoffnungslosigkeit seiner Kulturbestrebungen zu überzeugen sucht, während Kung seinen Jüngern gegenüber sich voll Hochachtung über den unfaßbar tiefen Weisen äußert, indem er ihn mit dem Drachen vergleicht, der sich zu den Wolken erhebt. Im ganzen läßt sich der Stoff der aufgeführten Unterredung aus den Äußerungen des Taoteking sowie aus den Erzählungen von dem Zusammentreffen Kungs mit den »verborgenen Weisen« in »Gespräche« Buch 18 ungefähr zusammenstellen. Es ist klar, daß sich über den Wortlaut dieser Unterredung nichts Zuverlässiges mehr feststellen läßt. Ob man die ganze Unterredung, wie Chavannes in seiner Übersetzung Sï Ma Tsiëns (Les mémoires historiques de Se-Ma Tsien, Tome V, Paris 1905, pag. 300 f.) geneigt ist, ins Reich der Fabel zu verweisen hat, ist schwer zu entscheiden. Zu denken gibt ja, daß sich in den »Gesprächen«, wo mehrere andere derartige Begegnungen erwähnt werden, nichts darüber findet*.

Als die öffentlichen Zustände sich so verschlimmerten, daß keine Aussicht auf Herstellung der Ordnung mehr vorhanden war, soll Laotse sich zurückgezogen haben. Als er an den Grenzpaß Han Gu gekommen sei, nach späterer Tradition auf einem schwarzen Ochsen reitend, habe ihn der Grenzbeamte Yin Hi gebeten, ihm etwas Schriftliches zu hinterlassen. Darauf habe er den Taoteking, bestehend aus mehr als 5000 chinesischen Zeichen, niedergeschrieben und ihm übergeben. Dann sei er nach Westen gegangen, kein Mensch weiß wohin. Daß auch an diese Erzählung sich die Sage geknüpft hat, die Laotse nach Indien führte und dort mit Buddha in Berührung kommen ließ, ist verständlich. Bei den späteren Auseinandersetzungen zwischen den beiden Religionen behaupteten beide, daß der Religionsstifter der andern bei dem der eigenen Religion gelernt habe. In Wirklichkeit ist der Han-Gu-Paß nur im Westen des damaligen

---

* Oder ist »Gespräche« XVIII eine etwas bösartige Polemik gegen die von taoistischer Seite verbreitete Begegnungsgeschichte? (Laotse soll aus Tschu stammen). Dann wäre die Stelle ein indirekter Beleg. Jedenfalls wäre der Sachverhalt dann aber später vergessen worden, denn die Kommentare verstehen unter dem »Narren von Tschu« nicht Laotse.

Staates Dschou, aber noch mitten in China. Irgendeine persönliche Berührung zwischen Laotse und Buddha ist vollkommen ausgeschlossen. Man hat da spätere Zustände in das historische Bild zurückgetragen.
Aber dabei blieb es nicht. Gerade weil das Leben des »Alten« der Forschung so wenig Anhalt bot, konnte die Sage um so freier damit schalten. Die Persönlichkeit des verborgenen »Alten« wuchs immer mehr ins Riesengroße und zerfloß schließlich zu einer kosmischen Gestalt, die zu den verschiedensten Zeiten auf Erden erschienen sei. Die albernen Spielereien mit der Bezeichnung Laotse (die auch mit »altes Kind« übersetzt werden kann) brauchen in unserem Zusammenhang nicht erwähnt zu werden. –
Aus dieser Spärlichkeit und Unsicherheit der Nachrichten ergibt sich klar, daß wir über das Werk des Laotse wenig Aufschluß gewinnen können aus seiner Lebensgeschichte. Wie alles Geschichtliche, so löst sich auch das Lebensgeschichtliche für den Mystiker auf in wesenlosen Schein. Und doch spricht uns aus den vor uns liegenden Aphorismen eine originale und unnachahmliche Persönlichkeit an, unseres Erachtens der beste Beweis für ihre Geschichtlichkeit. Aber man muß das Gefühl für solche Dinge haben, streiten läßt sich darüber nicht. Schließlich kommt der Frage kein entscheidendes Gewicht zu. Der Taoteking ist jedenfalls vorhanden, einerlei, wer ihn geschrieben hat.

Weit mehr als von dem persönlichen Lebensgang des Verfassers ist von seinem Werk in der chinesischen Literatur die Rede. Zum mindesten ein Ausspruch daraus wird in den Gesprächen des Kung erwähnt und kritisiert (Buch XIV, 36). Nun ist ja nicht ausgeschlossen, daß dieser Ausspruch aus weiter zurückliegenden Quellen stammt, die auch unabhängig von Laotse zugänglich waren. Aber wir sind auf diese Bezeugung nicht allein angewiesen. In erster Linie wird man in der taoistischen Literatur nach Zitaten suchen müssen. Und in der Tat fehlt es hier auch nicht daran. Es läßt sich konstatieren, daß von den 81 Abschnitten des Taoteking in den bedeutendsten taoistischen Schriftstellern der vorchristlichen Zeit weitaus der größte Teil sich zitiert findet. So schon in Liē Dsï (herausgegeben im 4. Jahrhundert v. Chr.) 16 Abschnitte. Dschuang Dschou (bekannt als Tschuangtse), der glänzendste Schriftsteller des Taoismus, der im 4. Jahrhundert lebte, hat seine ganzen Ausführungen durchgängig auf die Lehren des Taoteking basiert, so sehr, daß er sich ohne sie nicht denken läßt. Han Fe Dsï, der 230 v. Chr. unter Tsin Schï Huang Di starb, hat in Buch 6 und 7 eine teilweise sehr ausführliche Erklärung von zusammen 22 Abschnitten. Huai Nan

Dsï endlich, ein Zeitgenosse Sï Ma Tsiëns (gest. 120) Buch 12 erläutert der Reihe nach, meist durch historische Beispiele, 41 verschiedene Abschnitte. Im ganzen bekommen wir mindestens dreiviertel der Abschnitte auf diese Weise bezeugt. Das sind ganz günstige Verhältnisse für ein Werkchen von der Kürze des Taoteking. Es spricht aber auch dafür, daß der Taoteking keine buddhistische Fälschung aus später Zeit ist, es sei denn, daß man ihn auch der großen Fabrik Sï Ma Tsiën & Co. entstammen läßt, die entdeckt zu haben Mr. Allen die Ehre hat. In der Han-Dynastie wenden sich mehrere Kaiser dem Studium des Taoteking zu, so besonders Han Wen Di (197–157 v. Chr.), dessen friedliche und einfache Regierungsart als direkte Frucht der Lehren des alten Weisen bezeichnet wird. Sein Sohn Han Ging Di (156–140) legt endlich dem Buch die Bezeichnung Taoteking (Dao De Ging, d. h. »das klassische Buch vom Sinn und Leben«) bei, die es seither in China behalten hat. Han Wen Di soll das Buch von Ho Schang Gung (dem »Herrn am Fluß«) erhalten haben, der auch einen Kommentar dazu geschrieben habe. Über die Person dieses Mannes, dessen Namen niemand weiß, ist man sich keineswegs im klaren. Auch chinesische Autoren (allerdings aus späterer Zeit) haben seine Existenz bezweifelt. Doch beginnen von jener Zeit an die Kommentare häufiger zu werden. Im Katalog der Han-Dynastie sind allein drei aufgeführt. Der älteste der zuverlässigen Kommentare, die jetzt noch vorhanden sind, ist der von Wang Bi, dem wunderbar begabten Jüngling, der im Jahr 249 n. Chr. im Alter von 24 Jahren starb. Von da ab häufen sich die Kommentare aller Schattierungen. Selbst der Begründer der gegenwärtigen Dynastie hat unter seinem Namen einen sehr berühmten Kommentar herausgeben lassen. Es würde zu weit führen, hier das Detail aufzählen zu wollen. Daß ein Werk wie der Taoteking in den Stürmen der alten Zeit auch manches zu leiden hatte, so daß der Text keineswegs in glänzendem Zustand ist, braucht nicht erst bewiesen zu werden. Die Erklärungen zu den einzelnen Abschnitten werden sich genauer damit zu beschäftigen haben. Die Einteilung in Abschnitte ist nicht ursprünglich, nur die zwei Hauptteile vom »SINN« (Dao) und vom »LEBEN« (De), nach den Anfangsworten der betreffenden Teile, scheinen ganz alt zu sein. Sie wurden dann in der Bezeichnung »Dao De Ging« zusammengefaßt. Die von uns beibehaltene Einteilung in 37 und 44 Abschnitte und die – nicht immer sehr zutreffenden – Überschriften gehen angeblich auf Ho Schang Gung zurück. Die ältesten Holzschnittdrucke finden sich in der Zeit der Sung-Dynastie.

Das Licht des chinesischen Altertums konzentriert sich in den beiden Brennpunkten Kungtse und Laotse. Um ihre Wirksamkeit würdigen zu können, muß man sich die historischen Verhältnisse vergegenwärtigen, unter denen sie gelebt haben. Das ist ohne weiteres klar für Kungtse. Er lebt in der Wirklichkeit. Darum ist er mitten drin in historischen Beziehungen. Die »Gespräche« z. B. sind voll von Erwähnungen und Beurteilungen historischer Persönlichkeiten der Gegenwart und der Geschichte. Würde man diese Beziehungen alle streichen, so bliebe er unverständlich. Eben darum steht er dem europäischen Geistesleben, das andere historische Zusammenhänge hat, bis auf den heutigen Tag so fremd gegenüber, und andererseits ist das der Grund, daß er das chinesische Geistesleben Jahrtausende hindurch so ungemein stark beeinflußt hat. Was Laotse anlangt, so scheinen die Verhältnisse ganz anders zu liegen. Kein einziger historischer Name ist in seinem ganzen Büchlein genannt. Er will gar nicht in der Zeitlichkeit wirken. Darum verschwimmt er für das historisch gerichtete China in nebelhafte Fernen, da ihm niemand zu folgen vermag. Und eben das ist der Grund, warum er in Europa so große Wirkungen ausübt trotz des räumlichen und zeitlichen Abstands, der ihn von uns trennt.

Sehr gut schildert der japanische Kommentar des Dazai Schuntai die Grundsätze der beiden. Erst gibt er einen kurzen Überblick über die Zeitverhältnisse und fährt dann fort, Kungtse habe das Volk angesehen wie Kinder, die aus Unvorsichtigkeit dem Feuer oder Wasser zu nahe gekommen und die man unter allen Umständen retten müsse. Er habe wohl erkannt, wie schwer die Rettung sei, aber die Verpflichtung zu retten sei darum doch nicht von ihm gewichen. So habe er jedes erdenkliche Mittel versucht, um die Lehren der alten Heiligen auf dem Thron, in denen er das Heilmittel sah, zur Anwendung zu bringen. Darum sei er die beste Zeit seines Lebens rastlos umhergewandert, um einen Fürsten zu finden, der geneigt gewesen wäre, diese Lehren anzuwenden. Nicht leere Geschäftigkeit oder eitle Ruhmsucht habe ihn zu diesen verzweifelten Anstrengungen gebracht, sondern die unerbittliche Pflicht zu helfen, weil er sich im Besitz der Mittel zur Hilfe wußte. Und als schließlich alles vergeblich war, weil die Verhältnisse so sehr aus den Fugen waren und ihm die Umstände auf keine Weise zu Hilfe kamen, da habe er resigniert. Aber auch dann noch habe er seine Verpflichtung nicht vergessen und habe im Kreise seiner Jünger und durch seine literarische Tätigkeit eine Überlieferung geschaffen, durch die wenigstens der Grundriß der alten guten Gesellschaftsordnung der Nachwelt aufbewahrt würde und seine Lehren als Samenkorn auf die Zukunft kämen, daß, wenn die Verhältnisse sich je wieder günstig gestalteten, ein Anhaltspunkt vorhanden wäre, um die Welt wieder in Ordnung zu bringen. Laotse dagegen habe erkannt, daß die Krankheit, an der das Reich litt, keine solche war, der man mit irgendwelchen Medizinen – und wären es die besten – beikommen könne. Denn der Volkskörper war in einem Zustand nicht zum Leben und nicht zum Sterben. Wohl hätten in früheren Zeiten auch böse Zustände geherrscht, aber damals sei das Böse sozusagen verkörpert gewesen in irgendeinem Tyrannen, während der Grimm des Volkes in starker Reaktion sich um einen edlen Neuerer geschart und so mit energischer Tat an Stelle des Alten eine bessere neue Ordnung gesetzt habe. Anders zur Zeit der endenden Dschou-Dynastie. Weder starke Laster noch starke Tugenden seien vorhanden gewesen. Das Volk seufzte zwar unter dem Druck seiner Oberen, aber es hatte nicht mehr die Kraft zu einer energischen Willenstat. Die Fehler waren keine Fehler und die Verdienste waren keine Verdienste. Und tiefgreifende innere Unwahrhaftigkeit hatte alle Verhältnisse durchfressen, so daß nach außen hin Menschenliebe, Gerechtigkeit und Moral noch immer verkündigt wurden als hohe Ideale, während im Innern Gier und Habsucht alles vergifteten. Bei solchen Zuständen mußte jedes Ordnen die Unordnung nur mehren. Solch einer Krankheit ist nicht mit äußeren Mitteln zu helfen. Besser, man läßt den angegriffenen Körper erst einmal zur Ruhe kommen, damit er durch die Genesungskräfte der Natur sich erst wieder einmal erhole. Das sei der Sinn des Vermächtnisses gewesen, das er bei seinem Scheiden aus der Welt in den 5000 Worten des Taoteking hinterlassen habe.

Diese im Auszug wiedergegebenen Ausführungen erklären zur Genüge die Geschichtsmüdigkeit Laotses und warum er kein einziges historisches Beispiel in seinem Werkchen erwähnt. Wenn auch in anderem Rhythmus und mit anderer Betonung, hat um die Mitte des 18. Jahrhunderts Rousseau in seinem »Zurück zur Natur« dieselbe Wahrheit verkündet.

Dennoch würde es verkehrt sein, Laotse aus dem Zusammenhang des chinesischen Geisteslebens herauszuschälen; denn er ist mit tausend Fäden damit verknüpft. Wohl fällt das Geschichtliche als solches nicht in seinen Gesichtskreis. Aber er hat das chinesische Altertum dennoch gekannt, wozu ihm ja schon seine Stellung am Reichsarchiv Gelegenheit bot. Und er hat seine Lehren verkündigt in Anknüpfung an und unter unbedenklicher Verwertung von alten Weisheitssprüchen. Sein Buch ist voll von Zitaten, sowohl ausdrücklichen als auch – und das vielleicht noch mehr – stillschweigenden. Schon der eine Umstand, daß Abschnitt 6 des Taoteking von Lië Dsï dem gelben Kaiser, einem mythischen

Herrscher der grauen Vorzeit, zugeschrieben wird, zeigt, daß offenbar manches im Taoteking steht, was auch anderwärts überliefert war. In derselben Richtung liegt es, wenn Tu Tao Giën (nach St. Julien) alle die Stellen, die mit »also auch der Berufene« beginnen, einem ebenfalls auf den Kaiser zurückgeführten Buch (San) Fen (Wu) Diën entstammen läßt. Im einzelnen wird es schwer oder unmöglich sein, allen solchen Zitaten auf die Spur zu kommen. Es ist für die Sache auch vollständig gleichgültig, da ein so starker einheitlicher Geist durch das ganze Werk geht, daß alles, was darin steht, tatsächlich zum Eigentum des Verfassers geworden ist, mag es stammen, woher es will. Uns genügt hier die Tatsache, daß Laotse ebensogut die Fortsetzung einer alten chinesischen Geistesrichtung bedeutet wie Kungtse. Ja, es geht das sogar aus den Schriften der Konfuzianischen Schule selbst hervor. Die Begriffe des Tao (dao), von uns übersetzt mit »SINN«, und des Te (de), von uns übersetzt mit »LEBEN«, finden sich ebenfalls in den Konfuzianischen Schriften in kardinaler Stellung. Sie erscheinen dort nur in andrer Beleuchtung, ja, man ist vielfach in der Lage, eine direkte gegenseitige Kritik, die die beiden Richtungen aneinander üben, zu beobachten. So ist gleich der Anfang des Taoteking eine Kritik des einseitig historisch als »Weg der alten Könige« gefaßten Begriffs des Tao, wie er bei denen um Kungtse gang und gäbe war. Die Stelle in den Gesprächen des Kungtse, die sich mit der Auffassung des Te (de), wie sie Laotse vertritt, beschäftigt, wurde oben schon erwähnt. In andern Dingen wieder herrscht zwischen beiden Richtungen vollkommenes Einverständnis, so z. B. in der hohen Wertung des »Nichthandelns« als Regierungsprinzip. Ein unversöhnlicher Gegensatz besteht in der Wertung des Li (Moral, Anstandsregeln), das für Kungtse im Zentrum steht, während Laotse darin nur eine Entartungserscheinung sieht. Das hängt einerseits mit dem skeptischen Standpunkt, den Laotse der ganzen Kultur gegenüber einnimmt, zusammen. Andererseits scheint er gerade auch darin auf ältere Wertungen zurückzugehen als Kung, der sich in all diesen Stücken bewußt mit den Gründern der Dschou-Dynastie identifiziert. In dieser Hinsicht haben die späteren Taoisten ein richtiges Gefühl für den Tatbestand gehabt, wenn sie ihre Heiligen zum großen Teil der Zeit vor der Dschou-Dynastie entnehmen (vgl. Feng Schen Yen Yi). Das alles gibt uns einen Fingerzeig dafür, daß Laotse mindestens ebenso mit dem chinesischen Altertum geistige Fühlung hat als Kungtse, der den überlieferten Stoff sehr stark nach seinen Anschauungen umredigiert zu haben scheint. Gerade daß in diesem redigierten Stoff, sowohl im »Buch der

Urkunden« (Schu Ging) als besonders im »Buch der Wandlungen« (I Ging), noch so viel »Taoistisches« steht, ist der beste Beweis für unsere Auffassung. Daß Laotse trotzdem sich in dem Strom des damaligen Lebens, da die Leute alle so stolz darauf waren, daß sie es so herrlich weit gebracht (vgl. Abschnitt 20), zeitweise vereinsamt fühlte, dieses Los teilte er mit andern selbständigen Denkern aus allen Zeiten, und es scheint ihm ja auch nicht besonders schwergefallen zu sein, sich mit diesem Schicksal abzufinden.

Laotse hat nicht wie Kung eine Schule gegründet. Dazu hatte er weder Lust noch Bedürfnis. Denn ihm lag nicht daran, eine Lehre zu verbreiten. Er hat für sich einen Blick getan in die großen Weltzusammenhänge und hat, was er geschaut, mühsam in Worte gebracht, es gleichgesinnten Geistern der späteren Zeit überlassend, selbständig seinen Andeutungen nachzugehen und im Weltzusammenhang selbst die Wahrheiten zu schauen, die er entdeckt. Das hat er auch erreicht. Es hat zu allen Zeiten einzelne Denker gegeben, die unter den vergänglichen Erscheinungen des menschlichen Lebens den Blick erhoben zu dem ewigen Sinn des Weltgeschehens, dessen Größe alles Denken übersteigt, und die darin Ruhe gefunden haben und Leichtigkeit, die es ihnen ermöglichte, den sogenannten Ernst des Lebens nicht mehr so gar ernstzunehmen, weil ihm kein wesentlicher Wert an und für sich innewohnt. Aber auch sie bleiben Einzelne. Es liegt in der ganzen Art dieser Lebensdeutung, daß sie sich nicht in Massen pflegen läßt. Sie haben auch nicht alle die »reine Lehre«. Jeder einzelne von ihnen, von Liē Yü Kou (Lietse) und Dschuang Dschou (Tschuangtse) an, den schon erwähnten, über den »Epikuräer« Yang Dschu und den »Philanthropen« Mo Di (Metse), die beiden Sündenböcke des orthodox-konfuzianischen Mong Ko (Mencius), zu dem Soziologen Han Fe (Hanfetse), dem Zeitgenossen Tsin Schï Huang Dis, und dem »Romantiker auf dem Thron« von Huai Nan, Liu An (gewöhnlich Huainantse genannt), hat jeder seine eigene Art und macht daraus, was er eben kann.

Aber auch in späterer Zeit ist gar mancher, der als treuer Schüler Kungs im Lebenskampfe stand, durch die Schläge des Lebens zur Selbstbesinnung gebracht worden und hat alle weltliche Pracht und Mühsal dahingegeben für einen stillen Winkel im Gebirg oder an der See und hat in den Zeilen des Taoteking eine Deutung gesucht für seine Erfahrungen. Ein Beispiel für unzählige andere mag genügen. In der Nähe von Tsingtau liegt ein Gebirge namens Lao Schan, das in der chinesischen Literatur weithin gerühmt wird als Insel der Seligen. Romantische Felsenklüfte umschließen verborgene Klöster, die aus ihrem Versteck von

Bambushainen und inmitten einer teilweise fast subtropischen Flora den Blick aufs weite blaue Meer eröffnen. In dieser Bergeinsamkeit hat schon mancher hohe Beamte, der gescheitert ist im Getriebe der Parteien am Kaiserhof, seinen Frieden gefunden in Betrachtung einer reinen Natur und in der Beschäftigung mit den Sprüchen des Taoteking. Es ist eine Beschreibung der berühmten Stätten des Lao Schan vorhanden, nur abschriftlich verbreitet in jenen Klöstern, von der ich mir ein Exemplar verschafft. Sie stammt aus den wilden Zeiten, als die zerfallende Ming-Dynastie von dem gegenwärtigen Herrscherhaus verdrängt wurde. Ein kaiserlicher Zensor hat die unfreiwillige Muße seines Alters dazu verwendet, diese Aufzeichnungen zu machen. Fast jede Zeile zeigt den Einfluß der Worte des »Alten«. Gleich die Einleitung beginnt mit einer Ausführung, die seinen Geist verrät: »Wahren Wert erhält ein Wesen dadurch, daß es infolge seiner Berührung mit den Tiefen des Weltgrundes in eignem Licht zu leuchten vermag. Allein: Große Kunst kennt keine Verzierung, großes LEBEN scheint nicht, ein großes Juwel hat rauhe Schale. Wie läßt sich das vereinigen? Eben durch die Erkenntnis, daß echtes Licht nicht erst der Anerkennung durch die Menschen bedarf, ja sich seines Glanzes fast schämt. Die Bedeutung der guten Gaben von Himmel und Erde beruht nicht darauf, daß sie für menschliche Zwecke brauchbar gemacht werden können. Ja, man kann sagen, was nicht so viel innere Größe besitzt, daß von außen her gar nichts mehr hinzugefügt werden kann, das verdient überhaupt nicht groß genannt zu werden.« Aber die Wirkungen, die von Laotse ausgehen, beschränken sich nicht auf China. Der schon erwähnte Japaner sagt von sich: »Obwohl zweitausend Jahre später geboren, war ich doch mein ganzes Leben lang bemüht, in treuem Festhalten an den Lehren Kungtses an ihrer Verwirklichung mitzuarbeiten. Aber man mag auch von mir sagen, daß ich meine Kraft überschätzt. Nun bin ich nahe an siebzig, und schnell nahen sich meine Tage ihrem Ende. Mein Wille ist noch ungebrochen, aber meine körperlichen Kräfte werden mählich müde. Da sitze ich und sehe den Veränderungen aller Zustände zu, wie alles dem Niedergang entgegengeht. Und ob ein Berufener unter uns aufstünde, auch er könnte nicht mehr helfen. Das sind dieselben herbstlichen Zustände wie damals, als Lao Dan seine 5000 Zeichen niederschrieb. In dieser letzten Zeit ist weit besser als der ›SINN der alten Könige‹ das ›Nichthandeln‹ des ›Alten‹.«
In einem der genannten Klöster des Lao Schan, der »Höhle der weißen Wolke« (Be Yün Dung), ist vor Jahren in spiritistischen Sitzungen vermittels der in China weit verbreiteten Methode der Psychographie ein zweibändiges Buch

entstanden, in dem der Reihe nach die Heiligen und Weisen des chinesischen Altertums ihre Lehren aus dem Grabe verkündigen. Das Buch ist, wie alle derartigen Erzeugnisse zu sein pflegen. Es enthält manches Geheimnisvolle, manches Dunkle, manche Stelle von poetischem Reiz, aber nichts, das ihm irgendwie einen über das psychologische Interesse hinausgehenden Wert verleihen könnte. Die Worte, die jene verstorbenen Heroen aller Richtungen den Jüngern verkünden, sehen sich in ihren Grundgedanken fabelhaft ähnlich und stimmen alle überein mit den persönlichen Ansichten des Leiters der spiritistischen Sitzungen. Eine Stelle in dem Buch wirkt besonders belustigend: Als nämlich Laotse seine Lehren verkündigt (in denen er sich im Verlauf der Jahrtausende, seit er den Taoteking geschrieben, ziemlich konsequent gleich geblieben zu sein scheint), unterbricht er sich plötzlich und erklärt, er werde eben nach London (Lun) in England (Ying) berufen, wo man seiner bedürfe, er werde zu gelegener Zeit in seinem Unterricht fortfahren. Hat der alte Priester in seinem weltabgeschiedenen Bergkloster, das damals noch keines Europäers Fuß betreten hatte, wohl eine Ahnung davon gehabt, daß Laotse in Europa Mode zu werden beginnt? Wie dem auch sei, jedenfalls ist es Tatsache, daß die Fäden, die von Laotse ausgehen, heutzutage sich auch in Europa immer mehr anzuknüpfen beginnen. Das schlagendste Beispiel dafür ist Leo Tolstoi, der in seiner Lehre vom »Nichts-Tun« eingestandenermaßen sich in Beziehung zu Laotse wußte, den er sehr hoch einschätzte. Aber auch die Schar der Übersetzungen des Taoteking, die gegenwärtig verbreitet werden, beweisen den Zug der Zeit zu dem verborgenen Alten. Man wird im Bisherigen vermissen, daß von den Beziehungen Laotses zum Taoismus, den nächstliegenden, wie man denken sollte, nicht die Rede war. Das geschah mit Absicht; denn Laotse ist nicht der Begründer der heutigen taoistischen Religion. Der Umstand, daß er von den Vertretern dieser Religion als Gott verehrt wird, kann uns darin nicht irremachen. Es hat natürlich von alters her auch in China nicht an Leuten gefehlt, die ihre Ansichten in den Taoteking hineinzuerklären wußten, sei es, daß sie seine Lehren mit den konfuzianischen zu vereinigen suchten, sei es, daß sie die Pflege buddhistischer Kontemplation bei ihm fanden, sei es, daß sie ihn zu Hilfe nahmen bei Herstellung des Lebenselixiers oder des Steins der Weisen, der Blei in Gold verwandelt, sei es, daß er benützt wurde für militärische oder strafrechtliche Lehren, sei es, daß er verknüpft wurde mit dem animistischen Polytheismus oder mit gewissen vegetarischen und antialkoholischen Riten, oder daß man aus dem Taoteking Zaubersprüche zum Segnen und Fluchen zusammenstellte, ja bis in die Kreise der politischen Geheimsekten hinein, die mit ihrem Geisterzauber zu verschiedenen Zeiten den Umsturz des Bestehenden planten: überall mußte der alte Weise mit seinem Namen herhalten. Aber alle diese Richtungen sind, wie ein chinesischer Gelehrter sehr richtig bemerkt, nur Räuber an Laotse.

Die übliche Dreiteilung der chinesischen Religion in Konfuzianismus, Taoismus, Buddhismus ist anerkanntermaßen unzureichend und der Wirklichkeit nicht entsprechend. Will man ein Bild der wirklichen religiösen Zustände bekommen, so müßte man zunächst den Buddhismus, der in seiner wirklichen Gestalt sich in China fast gar nicht findet, ausschalten und mit dem Islam und dem Christentum zu den fremden Religionen stellen, wenn er auch immerhin diejenige unter den fremden Religionen ist, die am meisten Einfluß auf das chinesische religiöse Leben ausgeübt hat. Der Konfuzianismus ist ebenfalls keine Religion, sondern eine Staatslehre, die die vorhandenen religiösen Elemente mit verwandt hat als Baumaterial für sein Gesellschaftssystem, ohne jedoch im übrigen sie zu verarbeiten. Nur sichtend war seine Tätigkeit. Daß der Taoismus Laotses vollends keine kirchenbildende Kraft besitzt, dürfte nach dem Bisherigen selbstverständlich sein. Das, was man heutzutage Taoismus zu nennen gewohnt ist, geht in Wirklichkeit auf ganz andere Quellen zurück als den Taoteking des Laotse. Es ist nichts weiter als die in ein gewisses System gebrachte und mit indischen Lehren verwobene animistische Volksreligion des alten China. Es ist höchst wahrscheinlich und geht auch aus manchen Stellen der Gespräche des Kung hervor, daß diese animistische Volksreligion, die überdies wohl ursprünglich lokal verschieden war und erst infolge der politischen Vereinigung der betreffenden Volksstämme mit der Zeit sich zu einem Konglomerat zusammenballte, lange vor Laotse und Kungtse schon bestanden hatte. Sie hat sich in den Tiefen des Volkes auch forterhalten bis auf den heutigen Tag. Dieser Animismus ist ein Gebilde, wie es sich allenthalben auf der Welt in den Tiefen findet. In unserem christlichen Europa ebenso wie im Griechentum oder in Israel. Der Unterschied ist nur der, daß im Judentum und Christentum dieser populäre Animismus als Aberglaube gebrandmarkt ist, während er z. B. in China ein verhältnismäßig unangetastetes Dasein führt, als etwas, das zur Bändigung der großen Masse gerade gut genug ist, während der Gebildete sich das Vorrecht vorbehält, es damit so zu halten, wie es ihm entsprechend der erreichten Bildungshöhe – oder seiner augenblicklichen Stimmung gut dünkt. Dieser »Taoismus« ist daher auch nichts, das mit dem Konfuzianismus als solchem irgendwie in Konflikt treten müßte. Wo solche Konflikte hervortraten, waren immer Momente politischer

Art das Ausschlaggebende. Wollte man nach Heroen dieser Art des Taoismus, dessen Hauptstärke im Geisterbannen und in allerlei Zauberkünsten besteht, suchen, so müßte man einen We Be Yang aus der Zeit der Han-Dynastie, der das Lebenselixier »erfunden« hat, oder einen Dschang Dao Ling (geb. 34 n. Chr.) und Kou Kiën Dschï (423 n. Chr.) nennen, durch die die Würde des taoistischen Papsttums unter dem Titel Tien Schï (Himmelslehrer) aufkam, das noch heute in der Familie Dschang ähnlich wie das Dalailamatum durch Metempsychose sich forterbt. Mit Laotse hat das alles nichts zu tun, wie ihn denn auch ein gütiges Geschick davor bewahrt hat, Taoistenpapst zu werden.

Die ganze Metaphysik des Taoteking ist aufgebaut auf einer grundlegenden Intuition, die der streng begrifflichen Fixierung unzugänglich ist, und die Laotse, um einen Namen zu haben, »notdürftig« mit dem Worte TAO (sprich: dao) bezeichnet (vgl. No. 25). In Beziehung auf die richtige Übersetzung dieses Wortes herrschte von Anfang an viele Meinungsverschiedenheit. »Gott«, »Weg«, »Vernunft«, »Wort«, »λόγος« sind nur ein paar der vorgeschlagenen Übersetzungen, während ein Teil der Übersetzer einfach das »Tao« unübertragen in die europäischen Sprachen herübernimmt. Im Grunde genommen kommt es auf den Ausdruck wenig an, da er ja auch für Laotse selbst nur sozusagen ein algebraisches Zeichen für etwas Unaussprechliches ist. Es sind im wesentlichen ästhetische Gründe, die es wünschenswert erscheinen lassen, in einer deutschen Übersetzung ein deutsches Wort zu haben. Es wurde von uns durchgängig das Wort SINN gewählt. Dies geschah im Anschluß an die Stelle im Faust I, wo Faust vom Osterspaziergang zurückkehrt, sich an die Übersetzung des Neuen Testament macht und die Anfangsworte des Johannesevangeliums u. a. mit: »Im Anfang war der Sinn« wiederzugeben versucht*. Es scheint das die Übersetzung zu sein, die dem chinesischen »dao« in seinen verschiedenen Bedeutungen am meisten gerecht wird. Das chinesische Wort geht von der Bedeutung »Weg« aus, von da aus erweitert sich die Bedeutung zu »Richtung«, »Zustand«, dann »Vernunft«, »Wahrheit«.

Verbal gebraucht heißt das Wort »reden«, »sagen«, in übertragener Bedeutung »leiten«. (Von der Nebenbedeutung »Umkreis«, »Bezirk« können wir hier absehen). Das deutsche Wort »Sinn« hat ebenfalls die ursprüngliche Bedeutung »Weg«, »Richtung«, ferner 1. »das auf etwas gerichtete Innere eines Menschen«,

---

* In den chinesischen Bibelübersetzungen ist λόγος fast durchweg mit dao wiedergegeben.

2. »das Innere des Menschen als Sitz des Bewußtseins, der Wahrnehmung, des Denkens, Überlegens«; vgl. »der innere Sinn«, 3. »leibliches Empfindungsleben«, vorzugsweise im Plural gebraucht, 4. »Meinung, Vorstellung, Bedeutung von Worten, Bildern, Handlungen« (vgl. M. Heyne, Deutsches Wörterbuch, Leipzig 1906). Von all diesen Bedeutungen fällt nur die unter 3. verzeichnete als unbrauchbar weg, so daß die Übereinstimmung der Bedeutungen eine sehr weitgehende ist. Um übrigens den algebraischen Charakter des Wortes deutlich zu machen, ist es von uns durchgängig mit großen Buchstaben geschrieben worden. Um hier gleich die Übersetzung des andern immer wiederkehrenden Wortes TE (sprich: de) zu rechtfertigen, so sei bemerkt, daß die chinesische Definition desselben lautet: »Was die Wesen erhalten, um zu entstehen, heißt de.« Wir haben das Wort daher (in Anlehnung zugleich an Joh. 1, 4: »In ihm war das Leben, und das Leben war das Licht der Menschen«) mit LEBEN übersetzt. Möglich wäre aber auch die Übersetzung mit »Natur«, »Wesen«, »Geist«, »Kraft«, Übersetzungen, die in den Gesprächen des Kungtse häufig verwandt wurden, aber hier wegen ihrer Kollision mit anderen vorkommenden Ausdrücken vermieden sind. Die gewöhnliche Wiedergabe mit »Tugend«, die für einige spätere Moralabhandlungen geeignet ist, paßt bei Laotse noch weniger als bei Kungfutse. Gehen wir nach diesen Bemerkungen über die beiden grundlegenden Ausdrücke des Werks dazu über, den Standpunkt aufzusuchen, von dem aus Laotse seine Metaphysik aufbaut, so werden wir gleich vom ersten Ausgangspunkt an einen wesentlichen Unterschied von der antiken griechischen Philosophie zu konstatieren haben. Der Blick der alten griechischen Philosophen ist nach außen gerichtet, wo sie nach einem Prinzip für die Welterklärung suchen. Es ist in dieser Hinsicht nicht zufällig, daß ihre Werke zum großen Teil den Titel περὶ φύσεως tragen. Indem ein derartiges einseitiges Prinzip bis in seine letzten Konsequenzen verarbeitet wurde, zeigte sich stets an einem gewissen Punkt seine Grenze. Auf diesem Gebiet macht es keinen wesentlichen Unterschied, ob man das Wasser, das Feuer, die Atome, das Sein oder den Geiststoff als Grundprinzip annimmt: immer ist es eine einzelne Seite der Gesamterfahrung, die in ihrer Anwendung notwendige Grenzen hat. Das ist dann auch der Grund, warum die einzelnen philosophischen Systeme sich in der kosmologischen Periode der griechischen Philosophie fortwährend abwechseln: es fehlt ihnen allen die zentrale Begründung. Darum zeigt sich die Hauptschwäche aller dieser Systeme beim Übergang auf das psychologische Gebiet. Über eine materialistische Psychologie kann ein System, dessen Grundprinzip kosmologisch ist, niemals hinauskommen.

Der Umschlag ging bei den Griechen bekanntlich durch die subjektivistisch-skeptische Periode der Sophisten hindurch, und erst einer dritten Periode war es vorbehalten, unter Verwendung des gesamten wiederholt verarbeiteten Materials die großen Systeme eines Demokrit, Plato und besonders Aristoteles zu schaffen, die nach den verschiedenen Richtungen hin eine einheitliche Zusammenfassung des Denkens in die Wege leiteten.

Das chinesische Denken ging wesentlich andere Bahnen. Weder Kungfutse noch Laotse hat das anthropologische Gebiet verlassen. Dies klar zu sehen, ist besonders gegenüber den Lehren des Laotse von grundlegender Wichtigkeit; denn, daß Kungfutse durchweg sozial-ethisch orientiert ist, dürfte wohl auf keinen Widerspruch stoßen. Dagegen hat es den Anschein, als ob der SINN, den Laotse verkündigt, etwas rein Kosmologisches wäre. Aber das ist nur Schein. Wiederholt gibt Laotse den Ausgangspunkt an, von dem aus er zu seinen Erkenntnissen oder, besser gesagt, Anschauungen kommt: Abschn. 21 u. 54. Das eine Mal ist vom SINN die Rede, das andere Mal vom LEBEN. Beide Male steht zum Schluß die ausdrückliche Frage: Woher weiß ich, daß das so ist (sc. was im Vorhergehenden behauptet wurde vom SINN bzw. LEBEN)? Darauf folgt die zunächst seltsam anmutende Antwort: »Eben durch ihn«, »eben auf diese Weise«. Die betonte Stellung, in der diese Worte stehen, zwingt, ihnen eine Bedeutung zu geben, die über die Behauptung einer bloßen Tautologie hinausgeht. Der Zusammenhang ergibt, daß der Erkenntnisgrund beide Male ein allgemeines Prinzip ist, das aber in dem reflektierenden Individuum selbst auch vorhanden ist. Eben durch dieses Teilhaben des Individuums an dem allgemeinen Wahrheitsprinzip ist den Erkenntnissen die Evidenz, diese Wurzel aller Sicherheit, gewährleistet. Ins Praktische übertragen ist dieser Satz dreimal erwähnt: der Berufene tut das Ferne ab und ergreift das Nahe (Abschnitt 12, 38, 72). Jedes aus der äußeren Erfahrung genommene Prinzip wird mit der Zeit widerlegt werden und veralten, weil mit dem Fortschritt des Menschen auch die Welterkenntnis sich ändert (und die erkannte Welt ist ja im Grunde die einzige vorhandene »Welt«). Was dagegen aus dem zentralen Erleben heraus erkannt ist (aus dem inneren Licht, wie es die Mystiker ausdrücken), das bleibt unwiderleglich, falls es anders rein und richtig geschaut war. So kann auch der bitterste Gegner des Laotse, der Kulturprophet Han Yü, ihm keinen andern Vorwurf machen als den, daß er in einem Brunnen sitze und die Welt nicht sehe, aber den Ausschnitt, den er sieht, kann ihm kein Mensch widerlegen. Denn, wohlgemerkt, es ist nicht das psychologisch bedingte, zufällige Einzel-Ich, das für

Laotse in Betracht kommt. Dieses Einzel-Ich ist nur der Sitz der Täuschung und Gefahr. Vielmehr handelt es sich für ihn um das »reine« Ich, das dem Menschen als solchem eigen ist. Um vom empirischen Ich aus zu diesem Überindividuellen zu gelangen, ist natürlich eine weitgehende Abstraktion von allem Zufälligen, Einzelnen nötig. Darum erscheint dieses Eindringen in das Überindividuelle als Abnahme, während der Betrieb der Forschung mit seiner Anhäufung von Einzelkenntnissen als Zunahme erscheint (Abschn. 48). Was vor allem wichtig ist, ist, daß das Herz leer werde; erst dann kann es die großen Wahrheiten erfassen. Wenn Laotse immer wieder das leere Herz – sowohl auf dem Gebiet der Erkenntnis, als auch auf praktischem Gebiet – als den Idealzustand preist, so darf man, um zum richtigen Verständnis zu gelangen, nicht vergessen, daß »Herz« im Chinesischen etwas ganz anderes bedeutet als im europäischen, christlich beeinflußten Gedankenkreis. Während im europäischen Mut bzw. Gemüt im Vordergrund stehen und die Klangfarbe beeinflussen, ist das chinesische »Herz« zunächst einer der fünf Sinne, und zwar steht es an Stelle des Sinnenkomplexes, der die unmittelbarste Berührung mit der Außenwelt vermittelt und den wir bei populären Aufzählungen als »Gefühl« zu bezeichnen pflegen. Dementsprechend ist das Herz auch der Sitz der Begierde nach Äußerem. Für Laotse ist die ganze Verstrickung mit der empirischen Außenwelt durch die Sinne und Begierden etwas Gefährliches, das auch die wahre Erkenntnis hindert, da es nur falschen Schein gibt (vgl. Abschn. 12). Darum ist das Mittel, um einzudringen in die Wahrheit, daß man die »Pforten« zuschließt, durch die jene verwirrenden Eindrücke in unser Inneres kommen (52, 56). Es ist ohne weiteres klar, daß auf diese Weise alles positive Wissen in den Hintergrund tritt. Ja, alles »Wissen« und »Erkennen« wird von Laotse als unzureichend direkt verurteilt (Abschn. 19, 20). Man sollte denken, daß es so notwendig zu einer abstrakten Weltverneinung kommen müsse. Das ist aber keineswegs die Meinung. Vielmehr liegt dem allem die Anschauung zugrunde, daß, wo der Schein aufhört, das verborgene wahre Sein, das ewig ist und über den flüchtigen Wechsel des Sinnestrugs erhaben, sich um so klarer und reiner abzeichnen kann. Was Laotse erstrebt, ist darum kein »Erkennen«, sondern »Schauen«, innere »Erleuchtung«. Daß dieses Schauen mit asketischen Visionen nichts zu tun hat, daß Laotse vielmehr die Sorge für den »Leib« und die »Knochen«, d. h. die Körperlichkeit in ihrem notwendigen Bestand durchaus billigt, geht aus einer ganzen Anzahl von Stellen hervor (vgl. 12, 3). Diese innere Erleuchtung führt ganz von selber zur Einfalt (vgl. 28), die im Kind, das noch nicht umhergetrieben ist von dem Wirrsal der Begierden, ihr schönstes Gleichnis hat. Das menschliche Wesen bildet so eine zusammenhängende, in sich zurückkehrende Einheit, deren Betätigungen sich spontan vollziehen und innerhalb derer jede Äußerung nach der Einen Seite sofort ihre Ergänzung findet durch ihr Gegenteil, das mit ihr gesetzt ist, so notwendig wie im Meer jede Welle von einem Wellental begleitet ist. Diese Harmonie des Ausgleichs wird auch durch Geburt und Tod nicht beeinflußt; sie bringt ewiges Leben, das über den Tod hinausreicht.

An diesem Punkt führt die Verfolgung der Erkenntnisfrage des Laotse ganz unmerklich hinüber zu einem metaphysischen Prinzip: TE (de), dem LEBEN; denn das LEBEN ist nach Laotse eben nichts anderes als dieses spontan sich betätigende, mit dem Weltgrund letzten Endes identische Menschenwesen. Sehr wichtig dabei ist die Spontaneität der Betätigung; diese Spontaneität ist das Geheimnis des LEBENS höchster Art (Vgl. 38). Vom individuellen Standpunkt aus betrachtet, erscheint allerdings gerade diese Spontaneität als etwas Negatives. Das Individuum hält sich zurück. Es lebt nicht selber, sondern es läßt sich leben, es wird gelebt (30). Daher die Betonung des Nicht-Handelns. Dieses Nicht-Handeln ist keine Untätigkeit, sondern nur absolute Empfänglichkeit für das, was sich von jenem metaphysischen Grunde aus im Individuum auswirkt. Das ist auch der Sinn der verschiedenen Stellen, wo das LEBEN als etwas Weibliches, rein Empfangendes bezeichnet wird. Gut ist dieses LEBEN insofern, als es in jedem Augenblick und in jeder Lage das entsprechende Verhalten zeigt (8). Seine Macht beruht eben darauf, daß es in jedem Verhältnis die notwendige Ergänzung bietet. Zu den Guten ist es gut, zu den Nichtguten ist es auch gut; denn es gibt jedem, was ihm fehlt zu seiner Ergänzung. Diese Ergänzung ist etwas, das ohne allen Streit sich darbieten läßt, sie ist sozusagen die Erfüllung eines leeren Platzes. Aber eben dadurch, daß diese Ergänzung gewährt wird, ist derjenige, von dem sie ausgeht, ganz von selbst der Überlegene. Indem so das Gute für Laotse ein Wechselbegriff ist, der sich nicht ein für allemal fixieren läßt, sondern jedem einzelnen Fall angepaßt werden muß, fällt alles einseitig Ponierte notwendig unter das Urteil der Minderwertigkeit. Auch die höchste Tugend, die sich selbst behaupten, selbst durchsetzen will, ist etwas Minderwertiges, weil sie immer nur die Eine Seite in dem jeweilig notwendigen Paar der Gegensätze repräsentiert. Wenn alle auf der Welt das Gute als gut erkennen, so ist damit schon das Nichtgute gesetzt. Darum ist das LEBEN, das sich durch äußere Vorkehrungen als etwas Positives durchsetzen will, minderwertiges LEBEN, selbst wenn es sich als Menschenliebe, Gerechtigkeit, Sittenregel äußert

(38). In allen Fällen ruft eben die Position notwendig die Negation hervor. Wer sich mit der Einen Seite eines solchen Gegensatzpaares identifiziert, hat damit, vom höchsten Standpunkt aus angesehen, unrecht. Wir haben hier eine Anschauung über das Leben, wie sie z. B. der ganzen Tragik zugrunde liegt und besonders von Hebbel auf den Begriff gebracht worden ist. Jede Überschreitung des Individuums ruft von seiten des dadurch gestörten Weltzusammenhangs eine ausgleichende Reaktion hervor.

Der Mensch nun, der dieses LEBEN in sich verkörpert, der Idealmensch sozusagen, wird im Taoteking durchweg als Scheng Jen bezeichnet. Wir haben den Ausdruck mit »der Berufene« übersetzt. Sonst findet sich auch wohl die Übersetzung »der Heilige«. Gemeint ist jedenfalls der Einzelmensch, der unter Hintanstellung seiner zufälligen Neigungen und Wünsche vollkommen jenem Prinzip des LEBENS entspricht. Er lebt nicht sich selber und sucht nichts für sich selber, sondern läßt das LEBEN in sich zur Auswirkung kommen. In dieser Stellung ist er aber sozusagen eine kosmische Potenz. Das ist nur konsequent; denn es wird niemals gelingen, den Menschen aus der Welt auszuschalten, da er stets ein notwendiger Faktor des Komplexes, den wir als Welt bezeichnen, bleiben wird. Darüber kommen auch die modernsten Weltanschauungen nicht hinaus. Nach der philosophischen Arbeit Kants ist in diesem Stück ein ernstlicher Zweifel auch gar nicht mehr möglich. Der »Berufene« ist nun aber nicht in irgendeiner historischen Persönlichkeit verwirklicht, er ist eine überzeitliche Idee, an der jeder nach Maßgabe seiner inneren Übereinstimmung Anteil haben kann, in mancher Hinsicht dem jüdischen Messiasgedanken vergleichbar. In diesem Zusammenhang gewinnt vielleicht auch die dunkle Stelle Abschnitt 4 einiges Licht: »Ich weiß nicht, wes Sohn er ist, er scheint auch noch den göttlichen Herrschern voranzugehen.« Verfolgen wir diese Spontaneität noch eine Stufe weiter zurück über das Menschliche hinaus, so kommen wir zum SINN (dao). Wie das LEBEN im Menschen ist, so ist der SINN in der Welt schlechthin als Spontaneität. Er ist verschieden von allen Dingen, entzieht sich jeder sinnlichen Wahrnehmung: insofern fällt er auch nicht in den Bereich des Daseins. Laotse schreibt ihm wiederholt das »Nicht-Sein«, die »Leere« zu. Um diese Ausdrücke nicht falsch zu deuten, ist es notwendig, daß man beachtet, daß im Chinesischen das Negative eine andere Rolle spielt als im europäischen Gedankenleben. Sein und Nicht-Sein sind konträre, nicht kontradiktorische Gegensätze für den Chinesen. Sie verhalten sich gewissermaßen wie positive und negative Vorzeichen in der Mathematik. Insofern ist auch das »Nicht-Sein« kein rein privater Ausdruck, oft könnte man es am besten mit »Für-sich-sein« übersetzen im Gegensatz zum »Dasein«. Interessant sind in dieser Hinsicht einige sprachpsychologische Beobachtungen, die sich noch an der modernen chinesischen Umgangssprache machen lassen. Doppelte Negation mit dem Wert einer starken Position ist zwar auch in Europa zulässig, aber das natürliche Sprachgefühl widerstrebt doch im allgemeinen einer derartigen Ausdrucksweise, während sie im Chinesischen ganz geläufig ist. Wo wir sagen: »Er wird sicher kommen«, sagt der Chinese unbedenklich: »Er kann nicht nicht kommen«. »Allgegenwart« drückt er aus: »Kein Ort, wo er nicht ist«. Die vollkommene Gleichwertigkeit von Position und Negation kommt vielleicht am schlagendsten zum Ausdruck bei der Antwort auf negative Fragen. Auf die Frage: »Kommt er nicht?« antwortet der Chinese »Ja«, wenn er nicht kommt, weil das »nicht« der Frage für ihn keine private Bedeutung hat, sondern mit dem »Kommen« zu einem Begriff, dem Begriff des »Nichtkommens« sich zusammenschließt, der ohne die Befürchtung eines Mißverständnisses ebenso bejaht werden kann wie irgendein positiver Begriff. In diesem Zusammenhang muß auch das »Nicht-Sein« bei Laotse verstanden werden; es ist nicht das einfache Nichts, sondern nur etwas vom Dasein qualitativ Verschiedenes. Der SINN ist in allen Dingen, aber er ist nicht selbst ein Ding. Seine Wirksamkeit ist daher auch eine wesentlich qualitative. Eine Analogie haben wir dazu in dem geläufigen Begriff des Naturgesetzes. Das Naturgesetz kommt in allen Erscheinungen zum Ausdruck, ohne daß es etwas wäre, das in den Ablauf des Geschehens irgendwie von außen her eingreifen würde. Ebenso ist der SINN des Laotse in allem Geschehen allgegenwärtig, er kann zur Rechten sein und zur Linken (34), aber er erschöpft sich nicht in irgendeinem Geschehen. Dieses sich Nicht-Erschöpfen, oder wie Laotse es ausdrückt »Nicht-Voll-Werden«, ist die Qualität, die ihn allen Dingen gegenüber unendlich überlegen macht, ohne daß sich diese Überlegenheit irgendwie einmal äußern würde. Dieses Nichtäußern der Überlegenheit, seine »Schwachheit«, ist es, was man als »klein« bezeichnen kann, während seine durchgehende Wirksamkeit in allen Dingen seine »Größe« ausmacht. Es bleibt noch zu erwähnen, daß die Ewigkeit des SINNS darauf beruht, daß seine Bewegungen alle in sich zurückkehrend sind. Alle Gegensätze werden durch ihn aufgehoben dadurch, daß sie sich gegenseitig ausgleichen, ja, daß jede Bewegung notwendig in ihr Gegenteil umschlägt. Sind die Dinge stark geworden, so sterben sie; es ist eben die Stärke und die damit verbundene Starrheit, die ihren Tod herbeiführt. In der modernen Entwicklungsgeschichte könnte man Belege zu dieser Wahrheit finden in den einseitig überentwickelten und verfestigten Lebenstypen, die an dieser Entwicklung zugrunde gehen (vgl. die Saurier u. a.). Das Leben ist immer nur im Ganzen, niemals in einer Vereinzelung, darum kennt auch die Natur nicht Liebe nach Menschenart, sondern alle Wesen haben an ihrem Überfluß Anteil; wollten sie aber von diesem Überflusse für sich selbst etwas festhalten, so wären sie eben dadurch dem Tod verfallen.

Dieser SINN ist daher, ontologisch betrachtet, die Wurzel alles Seins, aber da das Sein vom Nicht-Sein nur dem Namen nach nicht wesentlich verschieden ist, so zeigt sich der SINN auch wirksam innerhalb des Seins in Gestalt des Mütterlichen, Gebärenden, das die Einzelwesen hervorbringt zum Leben und wieder in sich zurücknimmt im Sterben.

Nachdem wir sozusagen induktiv zu dem Welterklärungsprinzip Laotses aufgestiegen sind, bleibt uns nun noch der umgekehrte Weg zu verfolgen übrig: der Weg, auf dem Laotse von seinem obersten Prinzip aus deduktiv zur Wirklichkeit herabsteigt. Wie sich nicht anders vermuten läßt, liegen gerade hier seine größten Schwierigkeiten.

>Der Gott, der mir im Busen wohnt,
Kann tief mein Innerstes erregen;
Der über allen meinen Kräften thront,
Er kann nach außen nichts bewegen.«

Etwas von der Not, die in diesen Versen ausgesprochen ist, hat auch Laotse zu erfahren gehabt. Nicht nur persönlich, in seinem Verhältnis zur Außenwelt, wie er es in tragischem Ausbruch, Abschnitt 20, klagt, sondern auch prinzipiell, bei der Ableitung der Außenwelt aus dem SINN. Man kann ihm daraus im Grunde keinen Vorwurf machen; denn dem Wirklichen wohnt eben tatsächlich ein irrationaler Rest inne, der sich denkend nicht erfassen läßt. Vielleicht ist eben dieser irrationale Rest der Daseinsgrund alles Individuellen. An ihm hat sich seit Urzeiten die Menschheit wundgerieben, ohne eine Antwort auf ihre Fragen zu finden – die vielleicht überhaupt nicht anders als durch den Willen jedes Einzelnen für ihn zu lösen sind. Wir dürfen von Laotse nicht erwarten, daß ihm gelingt, was keinem Philosophen vor ihm oder nach ihm gelungen ist: daß er mit dem Denken bis in die Wirklichkeit hineinreicht. Immerhin sind die Hilfslinien interessant, die er zieht, um die Richtung anzudeuten, in der der SINN sich auf das Wirkliche zubewegt.

Man wird zweierlei unterscheiden müssen: einmal die Bewegung, die vom SINN als der letzten Einheit zu der Entstehung der Mannigfaltigkeiten führt, und dann die Linien, die vom Gedanken zur Wirklichkeit weisen.

Die Einheit ist es, von der Laotse ausgeht; insofern ist er entschiedener Monist (wie übrigens das ganze chinesische Denken letzten Grundes monistisch ist, trotz der so sehr hervortretenden Lehre von den Dualkräften, die aber nur innerweltlich wirksam sind). Diese Einheit ist das letzte, zu dem der Gedanke aufsteigt, das Geheimnis des Geheimnisses, die Pforte der Offenbarwerdung aller Kräfte (1) ... In dieser Einheit sind alle Gegensätze noch ungetrennt durcheinander. Sie ist dasselbe, was als vor dem »Uranfang« liegender »Nichtanfang« bezeichnet zu werden pflegt (vgl. Erklärung zu Abschn. 1). Diese Eins als These erzeugt die Zwei als Antithese (die Gegensätze von Licht und Finsternis, von Männlichem und Weiblichem, von Positivem und Negativem usw.). Die Zwei erzeugt die Drei, d. h. die Antithese wird aufgehoben in der Synthese (vgl. Abschn. 42). Es verdient bemerkt zu werden, wie die rationale Philosophie bei Laotse genau dieselben Bahnen wandelt wie zweieinhalb Jahrtausende später bei Hegel.

Daß übrigens die Einheit zur Mannigfaltigkeit fortschreiten kann, ohne daß etwas ganz anderes entsteht, wird dadurch ermöglicht, daß in der Einheit selbst schon eine Mannigfaltigkeit angelegt ist, ohne daß sie jedoch in ihrem Keimzustand in die Erscheinung zu treten fähig wäre. Das ist wohl der Sinn von Abschnitt 14, wo davon die Rede ist, daß eine unsichtbare Sichtbarkeit, eine unhörbare Hörbarkeit, eine ungreifbare Greifbarkeit in dem SINN angelegt und daß diese Drei untrennbar durcheinander seien und Eins bilden. Diese Mannigfaltigkeit in der Einheit macht dann die weiteren Entfaltungen möglich. Daß es sich für Laotse nicht um eine historisch einmal eingetretene Weltschöpfung handeln kann, durch die diese Entfaltung sich vollzieht, ist ohne weiteres klar. Diese Entfaltung ist vielmehr wesentlich ein logischer Vorgang, der allerdings zeitlich zurückprojiziert werden kann und dann als Anfang von Himmel und Erde bezeichnet wird, aber ebenso zeigt sie sich innerhalb der räumlichen Welt in der fortdauernden Regeneration des Lebens (Abschn. 1). Die zur Mannigfaltigkeit ausgebreitete Einheit ist auch erwähnt in Abschnitt 25, wo diese Entfaltung in Form einer Kreisbewegung dargestellt ist. Der SINN zeigt sich im Fluß befindlich und so im Himmel, d. h. der Gesamtheit der unsichtbar wirkenden, immateriellen Kräfte, sich auswirkend, von da aus übergehend zur äußersten Entfernung von sich selbst und so die Erde, d. h. die Gesamtheit der materiellen Körperlichkeit, befruchtend, endlich zurückkehrend zu sich selbst im Menschen. Mensch, Erde, Himmel haben demnach ihr Vorbild immer in der nächstvorangehenden Seinsstufe, und ihre Wirkungsweise ist damit abgeleitet vom SINN, der die einzige unmittelbare Wirkung hat. Ganz ähnlich ist diese Einheit als Wurzel der Bestimmungsgemäßheit von Himmel, Erde und Mensch (Herrscher) bezeichnet in Abschnitt 39. Dort treten aber noch zwei Vorstellungskomplexe auf (Geister und Tiefe), die sofort in anderem Zusammenhang noch näher zu beleuchten sind.

Von diesem Verhältnis zwischen Einheit und Mannigfaltigkeit zu unterscheiden ist der Übergang vom SINN zur Wirklichkeit. Besonders charakteristisch in dieser Richtung sind Abschnitt 14 und 21, zu denen noch der Anfang von Abschnitt 51 heranzuziehen ist. Hier finden wir Andeutungen darüber, wie im SINN die Wirklichkeit sozusagen potentiell angelegt ist. Es dürfte ein vergeblicher Versuch sein, in diese vereinzelten Intuitionen, die sich dem begrifflichen Ausdruck entziehen, irgendein festes System bringen zu wollen. Man merkt es den Stellen an, daß sie stammelnd reden von Erlebnissen, die das menschliche Denken übersteigen. Im allgemeinen läßt sich ja wohl sagen, daß eine gewisse Verwandtschaft mit der Platonischen Ideenlehre vorhanden ist. Wiederholt ist davon die Rede, daß das Sich-Auswirken des SINNS in den Geschöpfen, d. h. den Einzelwesen der Wirklichkeit, dadurch ermöglicht werde, daß im SINNE selbst in unfaßbarer Weise gestaltlose und unkörperliche Ideen (Bilder) enthalten seien. Zur Vermittlung des Heraustretens dieser Ideen bedient sich Laotse einerseits des Begriffs des LEBENS (Des großen LEBENS Form folgt ganz dem SINN, d. h. gestaltet sich nach ihm; Abschn. 21), andererseits des Begriffs des Samens. Von dem LEBEN und seinem Verhältnis zum SINN war oben schon die Rede. Was die Vorstellung des Samens anlangt, so nimmt sie eine Zwischenstellung ein zwischen der Welt der Ideen und der körperlich materiellen Welt. Dem Samen kommt nach Abschnitt 21 Realität zu, und damit ist die Verbindung mit der Außenwelt hergestellt.

Neben dieser Ableitung findet sich die sonst übliche Dualität von Himmel und Erde verwendet. Der Himmel repräsentiert in diesem Zusammenhang die geistigen Kräfte, während die Erde dem Materiellen – als der größten Selbstentäußerung des SINNS – nähersteht. Ein anderes Begriffspaar ist zu erwähnen, das in Abschnitt 6 und 39 vorkommt: die Tiefe oder Leere (wörtlich: das Tal) und der Geist bzw. die Geister (schen). Die Tiefe oder Leere ist ursprünglich der unerfüllte Raum zwischen zwei Berghängen. Im Anschluß wohl an ältere mythische Vorstellungen knüpft sich daran die Auffassung von der Entstehung des Lebens durch die Einwirkung des Geistes. Die Tiefe gewinnt dann beinahe die Bedeutung dessen, was wir Materie nennen, das an sich noch Unbestimmte, Unaktive, die bloße Möglichkeit zum Sein, während der Geist dann das entsprechende aktive Prinzip hinzubringt. Es würde zu weit führen, den hier angedeuteten Spuren zu Ende folgen zu wollen. Es würde sich zeigen, daß wir hier in eine Vorstellungsreihe hineinkämen, die von den übrigen im Taoteking durchgeführten einigermaßen abweicht. Aber sie mag wenigstens erwähnt werden, um die Aufmerksamkeit darauf zu lenken.

In diesen Gedankenreihen hat der spätere Taoismus sehr weitgehende Spekulationen gepflegt, die zum Teil ins Phantastisch-Uferlose gehen und eng verbunden sind mit den alchimistischen Versuchen, ein Lebenselixier zu finden, oder mit dem asketischen Streben, durch allerhand leibliche Übungen die Lebenskräfte so in sich zu konzentrieren, daß auch der Körper der Sterblichkeit entnommen bleibe. Es ist ein Zeichen für die Höhe des Standpunkts von Laotse, daß derartige Dinge ihm fremd sind und er sich auf Andeutungen des Unaussprechlichen beschränkt, deren Verfolg jedem einzelnen überlassen bleiben mag.

Erster Teil
Der Sinn

1. Verkörperung des Sinns

Der SINN, der sich aussprechen läßt, ist nicht der ewige SINN.
Der Name, der sich nennen läßt, ist nicht der ewige Name.
»Nichtsein« nenne ich den Anfang von Himmel und Erde.
»Sein« nenne ich die Mutter der Einzelwesen.
Darum führt die Richtung auf das Nichtsein
zum Schauen des wunderbaren Wesens,
die Richtung auf das Sein
zum Schauen der räumlichen Begrenztheiten.
Beides ist eins dem Ursprung nach
und nur verschieden durch den Namen.
In seiner Einheit heißt es das Geheimnis.
Des Geheimnisses noch tieferes Geheimnis
ist das Tor, durch das alle Wunder hervortreten.

2. Pflege der Persönlichkeit

Wenn auf Erden alle das Schöne als schön erkennen,
so ist dadurch schon das Häßliche gesetzt.
Wenn auf Erden alle das Gute als gut erkennen,
so ist dadurch schon das Nichtgute gesetzt.
Denn Sein und Nichtsein erzeugen einander.
Schwer und Leicht vollenden einander.
Lang und Kurz gestalten einander.
Hoch und Tief verkehren einander.
Stimme und Ton sich vermählen einander.
Vorher und Nachher folgen einander.

Also auch der Berufene:
Er verweilt im Wirken ohne Handeln.
Er übt Belehrung ohne Reden.
Alle Wesen treten hervor,
und er verweigert sich ihnen nicht.
Er erzeugt und besitzt nicht.
Er wirkt und behält nicht.
Ist das Werk vollbracht,
so verharrt er nicht dabei.
Und eben weil er nicht verharrt,
bleibt er nicht verlassen.

3. Friede auf Erden

Die Tüchtigen nicht bevorzugen,
so macht man, daß das Volk nicht streitet.
Kostbarkeiten nicht schätzen,
so macht man, daß das Volk nicht stiehlt.
Nichts Begehrenswertes zeigen,
so macht man, daß des Volkes Herz nicht wirr wird.

Darum regiert der Berufene also:
Er leert ihre Herzen und füllt ihren Leib.
Er schwächt ihren Willen und stärkt ihre Knochen
und macht, daß das Volk ohne Wissen
und ohne Wünsche bleibt,
und sorgt dafür,
daß jene Wissenden nicht zu handeln wagen.
Er macht das Nichtmachen,
so kommt alles in Ordnung.

4. Von Ewigkeit her

Der SINN ist immer strömend.
Aber er läuft in seinem Wirken doch nie über.
Ein Abgrund ist er, wie der Ahn aller Dinge.
Er mildert ihre Schärfe.
Er löst ihre Wirrsale.
Er mäßigt ihren Glanz.
Er vereinigt sich mit ihrem Staub.
Tief ist er und doch wie wirklich.
Ich weiß nicht, wessen Sohn er ist.
Er scheint früher zu sein als Gott.

5. Die Wirkung der Möglichkeit

Himmel und Erde sind nicht gütig.
Ihnen sind die Menschen wie stroherne Opferhunde.
Der Berufene ist nicht gütig.
Ihm sind die Menschen wie stroherne Opferhunde.
Der Zwischenraum zwischen Himmel und Erde
ist wie eine Flöte,
leer und fällt doch nicht zusammen;
bewegt kommt immer mehr daraus hervor.
Aber viele Worte erschöpfen sich daran.
Besser ist es, das Innere zu bewahren.

6. Das Werden der Formen

Der Geist des Tals stirbt nicht,
das heißt das dunkle Weib.
Daß Tor des dunklen Weibs,
das heißt die Wurzel von Himmel und Erde.
Ununterbrochen wie beharrend
wirkt es ohne Mühe.

7. Verhüllung des Lichts

Der Himmel ist ewig und die Erde dauernd.
Sie sind dauernd und ewig,
weil sie nicht sich selber leben.
Deshalb können sie ewig leben.

Also auch der Berufene:
Er setzt sein Selbst hintan,
und sein Selbst kommt voran.
Er entäußert sich seines Selbst,
und sein Selbst bleibt erhalten.
Ist es nicht also:
Weil er nichts Eigenes will,
darum wird sein Eigenes vollendet?

8. Das Wesen der Beweglichkeit

Höchste Güte ist wie das Wasser.
Des Wassers Güte ist es, allen Wesen zu nützen ohne Streit.
Es weilt an Orten, die alle Menschen verachten.
Drum steht es nahe dem SINN.
Beim Wohnen zeigt sich die Güte an dem Platze.
Beim Denken zeigt sich die Güte in der Tiefe.
Beim Schenken zeigt sich die Güte in der Liebe.
Beim Reden zeigt sich die Güte in der Wahrheit.
Beim Walten zeigt sich die Güte in der Ordnung.
Beim Wirken zeigt sich die Güte im Können.
Beim Bewegen zeigt sich die Güte in der rechten Zeit.
Wer sich nicht selbst behauptet,
bleibt eben dadurch frei von Tadel.

9. Selbstbeschränkung

Etwas festhalten wollen und dabei es überfüllen:
das lohnt der Mühe nicht.
Etwas handhaben wollen und dabei es immer scharf halten:
das läßt sich nicht lange bewahren.
Mit Gold und Edelsteinen gefüllten Saal
kann niemand beschützen.
Reich und vornehm und dazu hochmütig sein:
das zieht von selbst das Unglück herbei.
Ist das Werk vollbracht, dann sich zurückziehen:
das ist des Himmels SINN.

10. Möglichkeiten

Kannst du deine Seele bilden, daß sie das Eine umfängt,
ohne sich zu zerstreuen?
Kannst du deine Kraft einheitlich machen
und die Weichheit erreichen,
daß du wie ein Kindlein wirst?
Kannst du dein geheimes Schauen so reinigen,
daß es frei von Flecken wird?
Kannst du die Menschen lieben und den Staat lenken,
daß du ohne Wissen bleibst?
Kannst du, wenn des Himmels Pforten
sich öffnen und schließen,
wie eine Henne sein?
Kannst du mit deiner inneren Klarheit und Reinheit
alles durchdringen, ohne des Handelns zu bedürfen?
Erzeugen und ernähren,
erzeugen und nicht besitzen,
wirken und nicht behalten,
mehren und nicht beherrschen:
das ist geheimes LEBEN.

11. Die Wirksamkeit des Negativen

Dreißig Speichen umgeben eine Nabe:
In ihrem Nichts besteht des Wagens Werk.
Man höhlet Ton und bildet ihn zu Töpfen:
In ihrem Nichts besteht der Töpfe Werk.
Man gräbt Türen und Fenster, damit die Kammer werde:
In ihrem Nichts besteht der Kammer Werk.

Darum: Was ist, dient zum Besitz.
Was nicht ist, dient zum Werk.

12. Zügelung der Begierden

Die fünferlei Farben machen der Menschen Augen blind.
Die fünferlei Töne machen der Menschen Ohren taub.
Die fünferlei Würzen machen der Menschen Gaumen schal.
Rennen und jagen machen der Menschen Herzen toll.
Seltene Güter machen der Menschen Wandel wirr.

Darum wirkt der Berufene für den Leib und nicht fürs Auge.
Er entfernt das andere und nimmt dieses.

13. Abscheu vor Beschämung

Gnade ist beschämend wie ein Schreck.
Ehre ist ein großes Übel wie die Person.
Was heißt das: »Gnade ist beschämend wie ein Schreck«?
Gnade ist etwas Minderwertiges.
Man erlangt sie und ist wie erschrocken.
Man verliert sie und ist wie erschrocken.
Das heißt: »Gnade ist beschämend wie ein Schreck«.
Was heißt das: »Ehre ist ein großes Übel wie die Person«?
Der Grund, warum ich große Übel erfahre, ist,

daß ich eine Person habe.
Habe ich keine Person,
was für Übel könnte ich dann erfahren?

Darum: Wer in seiner Person die Welt ehrt,
dem kann man wohl die Welt anvertrauen.
Wer in seiner Person die Welt liebt,
dem kann man wohl die Welt übergeben.

14. Lob des Geheimnisses

Man schaut nach ihm und sieht es nicht:
Sein Name ist Keim.
Man horcht nach ihm und hört es nicht:
Sein Name ist Fein.
Man faßt nach ihm und fühlt es nicht:
Sein Name ist Klein.
Diese drei kann man nicht trennen,
darum bilden sie vermischt Eines.
Sein Oberes ist nicht licht,
sein Unteres ist nicht dunkel.
Ununterbrochen quellend,
kann man es nicht nennen.
Er kehrt wieder zurück zum Nichtwesen.
Das heißt die gestaltlose Gestalt,
das dinglose Bild.
Das heißt das dunkel Chaotische.
Ihm entgegengehend sieht man nicht sein Antlitz,
ihm folgend sieht man nicht seine Rückseite.
Wenn man festhält den SINN des Altertums,
um zu beherrschen das Sein von heute,
so kann man den alten Anfang wissen.
Das heißt des SINNS durchgehender Faden.

15. Wie das Leben sich zeigt

Die vor alters tüchtig waren als Meister,
waren im Verborgenen eins mit den unsichtbaren Kräften.
Tief waren sie, so daß man sie nicht kennen kann.
Weil man sie nicht kennen kann,
darum kann man nur mit Mühe ihr Äußeres beschreiben.
Zögernd, wie wer im Winter einen Fluß durchschreitet,
vorsichtig, wie wer von allen Seiten Nachbarn fürchtet,
zurückhaltend wie Gäste,
vergehend wie Eis, das am Schmelzen ist,
einfach, wie unbearbeiteter Stoff,
weit waren sie, wie das Tal,
undurchsichtig waren sie, wie das Trübe.
Wer kann (wie sie) das Trübe durch Stille allmählich klären?
Wer kann (wie sie) die Ruhe
durch Dauer allmählich erzeugen?
Wer diesen SINN bewahrt,
begehrt nicht Fülle.
Denn nur weil er keine Fülle hat,
darum kann er gering sein,
das Neue meiden
und die Vollendung erreichen.

16. Rückkehr zur Wurzel

Schaffe Leere bis zum Höchsten!
Wahre die Stille bis zum Völligsten!
Alle Dinge mögen sich dann zugleich erheben.
Ich schaue, wie sie sich wenden.
Die Dinge in all ihrer Menge,
ein jedes kehrt zurück zu seiner Wurzel.
Rückkehr zur Wurzel heißt Stille.
Stille heißt Wendung zum Schicksal.
Wendung zum Schicksal heißt Ewigkeit.

Erkenntnis der Ewigkeit heißt Klarheit.
Erkennt man das Ewige nicht,
so kommt man in Wirrnis und Sünde.
Erkennt man das Ewige,
so wird man duldsam.
Duldsamkeit führt zur Gerechtigkeit.
Gerechtigkeit führt zur Herrschaft.
Herrschaft führt zum Himmel.
Himmel führt zum SINN.
SINN führt zur Dauer.
Sein Leben lang kommt man nicht in Gefahr.

17. Reinheit des Wirkens

Herrscht ein ganz Großer,
so weiß das Volk kaum, daß er da ist.
Mindere werden geliebt und gelobt,
noch Mindere werden gefürchtet,
noch Mindere werden verachtet.
Wie überlegt muß man sein in seinen Worten!
Die Werke sind vollbracht, die Geschäfte gehen ihren Lauf,
und die Leute denken alle:
»Wir sind frei.«

18. Verfall der Sitte

Geht der große SINN zugrunde,
so gibt es Sittlichkeit und Pflicht.
Kommen Klugheit und Wissen auf,
so gibt es die großen Lügen.
Werden die Verwandten uneins,
so gibt es Kindespflicht und Liebe.
Geraten die Staaten in Verwirrung,
so gibt es die treuen Beamten.

19. Rückkehr zur Echtheit

Tut ab die Heiligkeit, werft weg das Wissen,
so wird das Volk hundertfach gewinnen.
Tut ab die Sittlichkeit, werft weg die Pflicht,
so wird das Volk zurückkehren zu Kindespflicht und Liebe.
Tut ab die Geschicklichkeit, werft weg den Gewinn,
so wird es Diebe und Räuber nicht mehr geben.
In diesen drei Stücken
ist der schöne Schein nicht ausreichend.
Darum sorgt, daß die Menschen sich an etwas halten können.
Zeigt Einfachheit, haltet fest die Lauterkeit!
Mindert Selbstsucht, verringert die Begierden!
Gebt auf die Gelehrsamkeit!
So werdet ihr frei von Sorgen.

20. Abseits von der Menge

Zwischen »Gewiß« und »Jawohl«:
was ist da für ein Unterschied?
Zwischen »Gut« und »Böse«;
was ist da für ein Unterschied?
Was die Menschen ehren, muß man ehren.
O Einsamkeit, wie lange dauerst Du?
Alle Menschen sind so strahlend,
als ginge es zum großen Opfer,
als stiegen sie im Frühling auf die Türme.
Nur ich bin so zögernd, mir ward noch kein Zeichen,
wie ein Säugling, der noch nicht lachen kann,
unruhig, umgetrieben, als hätte ich keine Heimat.
Alle Menschen haben Überfluß;
nur ich bin wie vergessen.
Ich habe das Herz eines Toren, so wirr und dunkel.
Die Weltmenschen sind hell, ach so hell;
nur ich bin wie trübe.

Die Weltmenschen sind klug, ach so klug;
nur ich bin wie verschlossen in mir,
unruhig, ach, als wie das Meer,
wirbelnd, ach, ohn Unterlaß.
Alle Menschen haben ihre Zwecke;
nur ich bin müßig wie ein Bettler.
Ich allein bin anders als die Menschen:
Doch ich halte es wert,
Nahrung zu suchen bei der Mutter.

21. Das leere Herz

Des großen LEBENS Inhalt
folgt ganz dem SINN.
Der SINN bewirkt die Dinge
so chaotisch, so dunkel.
Chaotisch, dunkel
sind in ihm Bilder.
Dunkel, chaotisch
sind in ihm Dinge.
Unergründlich finster
ist in ihm Same.
Dieser Same ist ganz wahr.
In ihm ist Zuverlässigkeit.
Von alters bis heute
sind die Namen nicht zu entbehren,
um zu überschauen alle Dinge.
Woher weiß ich aller Dinge Art?
Eben durch sie.

22. Wert der Demut

Was halb ist, wird ganz werden.
Was krumm ist, wird gerade werden.
Was leer ist, wird voll werden.
Was alt ist, wird neu werden.
Wer wenig hat, wird bekommen.
Wer viel hat, wird benommen.

Also auch der Berufene:
Er umfaßt das Eine
und ist der Welt Vorbild.
Er will nicht selber scheinen,
darum wird er erleuchtet.
Er will nichts selber sein,
darum wird er herrlich.
Er rühmt sich selber nicht,
darum vollbringt er Werke.
Er tut sich nicht selber hervor,
darum wird er erhoben.
Denn wer nicht streitet,
mit dem kann niemand auf der Welt streiten.
Was die Alten gesagt: »Was halb ist, soll voll werden«,
ist fürwahr kein leeres Wort.
Alle wahre Vollkommenheit ist darunter befaßt.

23. Leere und Nichtsein

Macht selten die Worte,
dann geht alles von selbst.
Ein Wirbelsturm dauert keinen Morgen lang.
Ein Platzregen dauert keinen Tag.
Und wer wirkt diese?
Himmel und Erde.
Was nun selbst Himmel und Erde nicht dauernd vermögen,
wieviel weniger kann das der Mensch?

Darum: Wenn du an dein Werk gehst mit dem SINN,
so wirst du mit denen, so den SINN haben, eins im SINN,
mit denen, so das LEBEN haben, eins im LEBEN,
mit denen, so arm sind, eins in ihrer Armut.
Bist du eins mit ihnen im SINN,
so kommen dir die, so den SINN haben,
auch freudig entgegen.
Bist du eins mit ihnen im LEBEN,
so kommen dir die, so das LEBEN haben,
auch freudig entgegen.
Bist du eins mit ihnen in ihrer Armut,
so kommen dir die, so da arm sind, auch freudig entgegen.
Wo aber der Glaube nicht stark genug ist,
da findet man keinen Glauben.

24. Bittere Herrlichkeit

Wer auf den Zehen steht,
steht nicht fest.
Wer mit gespreizten Beinen geht,
kommt nicht voran.
Wer selber scheinen will,
wird nicht erleuchtet.
Wer selber etwas sein will,
wird nicht herrlich.
Wer selber sich rühmt,
vollbringt nicht Werke.
Wer selber sich hervortut,
wird nicht erhoben.
Er ist für den SINN wie Küchenabfall und Eiterbeule.
Und auch die Geschöpfe alle hassen ihn.
Darum: Wer den SINN hat,
weilt nicht dabei.

25. Des unzulänglichen Gleichnis

Es gibt ein Ding, das ist unterschiedslos vollendet.
Bevor der Himmel und die Erde waren, ist es schon da,
so still, so einsam.
Allein steht es und ändert sich nicht.
Im Kreis läuft es und gefährdet sich nicht.
Man kann es nennen die Mutter der Welt.
Ich weiß nicht seinen Namen.
Ich bezeichne es als SINN.
Mühsam einen Namen ihm gebend,
nenne ich es: groß.
Groß, das heißt immer bewegt.
Immer bewegt, das heißt ferne.
Ferne, das heißt zurückkehrend.
So ist der SINN groß, der Himmel groß, die Erde groß,
und auch der Mensch ist groß.
Vier Große gibt es im Raume,
und der Mensch ist auch darunter.
Der Mensch richtet sich nach der Erde.
Die Erde richtet sich nach dem Himmel.
Der Himmel richtet sich nach dem SINN.
Der SINN richtet sich nach sich selber.

26. Wesen des Schweren

Das Gewichtige ist des Leichten Wurzel.
Die Stille ist der Unruhe Herr.

Also auch der Berufene:
Er wandert den ganzen Tag,
ohne sich vom schweren Gepäck zu trennen.
Mag er auch alle Herrlichkeiten vor Augen haben:
Er weilt zufrieden in seiner Einsamkeit.
Wieviel weniger erst darf der Herr des Reiches

in seiner Person den Erdkreis leicht nehmen!
Durch Leichtnehmen verliert man die Wurzel.
Durch Unruhe verliert man die Herrschaft.

27. Weisheit im Üben

Ein guter Wanderer läßt keine Spur zurück.
Ein guter Redner braucht nichts zu widerlegen.
Ein guter Rechner braucht keine Rechenstäbchen.
Ein guter Schließer braucht nicht Schloß noch Schlüssel,
und doch kann niemand auftun.
Ein guter Binder braucht nicht Strick noch Bänder,
und doch kann niemand lösen.
Der Berufene versteht es immer gut, die Menschen zu retten;
darum gibt es für ihn keine verworfenen Menschen.
Er versteht es immer gut, die Dinge zu retten;
darum gibt es für ihn keine verworfenen Dinge.
Das heißt die Klarheit erben.
So sind die guten Menschen die Lehrer der Nichtguten,
und die nichtguten Menschen sind der Stoff für die Guten.
Wer seine Lehrer nicht werthielte
und seinen Stoff nicht liebte,
der wäre bei allem Wissen in schwerem Irrtum.
Das ist das große Geheimnis.

28. Rückkehr zur Einfalt

Wer seine Mannheit kennt
und seine Weibheit wahrt,
der ist die Schlucht der Welt.
Ist er die Schlucht der Welt,
so verläßt ihn nicht das ewige LEBEN,
und er wird wieder wie ein Kind.

Wer seine Reinheit kennt
und seine Schwäche wahrt,
ist Vorbild für die Welt.
Ist Vorbild er der Welt,
so weicht von ihm nicht das ewige LEBEN,
und er kehrt wieder zum Ungewordenen um.

Wer seine Ehre kennt
und seine Schmach bewahrt,
der ist das Tal der Welt.
Ist er das Tal der Welt,
so hat er Genüge am ewigen LEBEN,
und er kehrt zurück zur Einfalt.

Ist die Einfalt zerstreut, so gibt es »brauchbare« Menschen.
Übt der Berufene sie aus, so wird er der Herr der Beamten.
Darum: Großartige Gestaltung
bedarf nicht des Beschneidens.

29. Vom Nichthandeln

Die Welt erobern und behandeln wollen,
ich habe erlebt, daß das mißlingt.
Die Welt ist ein geistiges Ding,
das man nicht behandeln darf.
Wer sie behandelt, verdirbt sie,
wer sie festhalten will, verliert sie.
Die Dinge gehen bald voran, bald folgen sie,
bald hauchen sie warm, bald blasen sie kalt,
bald sind sie stark, bald sind sie dünn,
bald schwimmen sie oben, bald stürzen sie.
Darum meidet der Berufene
das Zusehr, das Zuviel, das Zugroß.

30. Warnung vor dem Krieg

Wer im rechten SINN einem Menschenherrscher hilft,
vergewaltigt nicht durch Waffen die Welt,
denn die Handlungen kommen auf das eigene Haupt zurück.
Wo die Heere geweilt haben, wachsen Disteln und Dornen.
Hinter den Kämpfen her kommen immer Hungerjahre.
Darum sucht der Tüchtige nur Entscheidung, nichts weiter;
er wagt nicht, durch Gewalt zu erobern.
Entscheidung, ohne sich zu brüsten,
Entscheidung, ohne sich zu rühmen,
Entscheidung, ohne stolz zu sein,
Entscheidung, weil's nicht anders geht,
Entscheidung, ferne von Gewalt.

31. Die Waffen nieder

Waffen sind unheilvolle Geräte,
alle Wesen hassen sie wohl.
Darum will der, der den rechten SINN hat,
nichts von ihnen wissen.
Der Edle in seinem gewöhnlichen Leben
achtet die Linke als Ehrenplatz.
Beim Waffenhandwerk ist die Rechte der Ehrenplatz.
Die Waffen sind unheilvolle Geräte,
nicht Geräte für den Edlen.
Nur wenn er nicht anders kann, gebraucht er sie,
Ruhe und Frieden sind ihm das Höchste.
Er siegt, aber er freut sich nicht daran.
Wer sich daran freuen wollte,
würde sich ja des Menschenmordes freuen.
Wer sich des Menschenmordes freuen wollte,
kann nicht sein Ziel erreichen in der Welt.
Bei Glücksfällen achtet man die Linke als Ehrenplatz.
Bei Unglücksfällen achtet man die Rechte als Ehrenplatz.

Der Unterfeldherr steht zur Linken,
der Oberführer steht zur Rechten.
Das heißt, er nimmt seinen Platz ein
nach dem Brauch der Trauerfeiern.
Menschen töten in großer Zahl,
das soll man beklagen mit Tränen des Mitleids.
Wer im Kampfe gesiegt,
der soll wie bei einer Trauerfeier weilen.

32. Das Leben der Berufenen

Der SINN als Ewiger ist namenlose Einfalt.
Obwohl klein,
wagt die Welt ihn nicht zum Diener zu machen.
Wenn Fürsten und Könige ihn so wahren könnten,
so würden alle Dinge sich als Gäste einstellen.
Himmel und Erde würden sich vereinen,
um süßen Tau zu träufeln.
Das Volk würde ohne Befehle
von selbst ins Gleichgewicht kommen.
Wenn die Gestaltung beginnt,
dann erst gibt es Namen.
Die Namen erreichen auch das Sein,
und man weiß auch noch, wo haltzumachen ist.
Weiß man, wo haltzumachen ist,
so kommt man nicht in Gefahr.
Man kann das Verhältnis des SINNS zur Welt vergleichen
mit den Bergbächen und Talwassern,
die sich in Ströme und Meere ergießen.

33. Unterschiede des Wesens

Wer andre kennt, ist klug.
Wer sich selber kennt, ist weise.
Wer andere besiegt, hat Kraft.
Wer sich selber besiegt, ist stark.
Wer sich durchsetzt, hat Willen.
Wer sich genügen läßt, ist reich.
Wer seinen Platz nicht verliert, hat Dauer.
Wer auch im Tode nicht untergeht, der lebt.

34. Die Aufgabe der Vollendung

Der große SINN ist überströmend;
er kann zur Rechten sein und zur Linken.
Alle Dinge verdanken ihm ihr Dasein,
und er verweigert sich ihnen nicht.
Ist das Werk vollbracht,
so heißt er es nicht seinen Besitz.
Er kleidet und nährt alle Dinge
und spielt nicht ihren Herrn.
Sofern er ewig nicht begehrend ist,
kann man ihn als klein bezeichnen.
Sofern alle Dinge von ihm abhängen,
ohne ihn als Herrn zu kennen,
kann man ihn als groß bezeichnen.

Also auch der Berufene:
Niemals macht er sich groß;
darum bringt er sein Großes Werk zustande.

35. Das Leben der Liebe

Wer festhält das große Urbild,
zu dem kommt die Welt.
Sie kommt und wird nicht verletzt
in Ruhe, Gleichheit und Seligkeit.

Musik und Köder:
Sie machen wohl den Wanderer auf seinem Wege anhalten.
Der SINN geht aus dem Munde hervor,
milde und ohne Geschmack.
Du blickst nach ihm und siehst nichts Sonderliches.
Du horchst nach ihm und hörst nichts Sonderliches.
Du handelst nach ihm und findest kein Ende.

36. Geheime Erleuchtung

Was du zusammendrücken willst,
das mußt du erst richtig sich ausdehnen lassen.
Was du schwächen willst,
das mußt du erst richtig stark werden lassen.
Was du vernichten willst,
das mußt du erst richtig aufblühen lassen.
Wem du nehmen willst,
dem mußt du erst richtig geben.
Das heißt Klarheit über das Unsichtbare.
Das Weiche siegt über das Harte.
Das Schwache siegt über das Starke.
Den Fisch darf man nicht der Tiefe entnehmen.
Des Reiches Förderungsmittel
darf man nicht den Leuten zeigen.

37. Ausübung der Herrschaft

Der SINN ist ewig ohne Machen,
und nichts bleibt ungemacht.
Wenn Fürsten und Könige ihn zu wahren verstehen,
so werden alle Dinge sich von selber gestalten.
Gestalten sie sich und es erheben sich die Begierden,
so würde ich sie bannen durch namenlose Einfalt.
Namenlose Einfalt bewirkt Wunschlosigkeit.
Wunschlosigkeit macht still,
und die Welt wird von selber recht.

Zweiter Teil
Das Leben

38. Über das Leben

Wer das LEBEN hochhält, weiß nichts vom Leben;
darum hat er LEBEN.
Wer das LEBEN nicht hochhält,
sucht das LEBEN nicht zu verlieren;
darum hat er kein LEBEN.
Wer das LEBEN hochhält,
handelt nicht und hat keine Absichten.
Wer das LEBEN nicht hochhält,
handelt und hat Absichten.
Wer die Liebe hochhält, handelt, aber hat keine Absichten.
Wer die Gerechtigkeit hochhält, handelt und hat Absichten.
Wer die Sitte hochhält, handelt,
und wenn ihm jemand nicht erwidert,
so fuchtelt er mit den Armen und holt ihn heran.
Darum: Ist der SINN verloren, dann das LEBEN.
Ist das LEBEN verloren, dann die Liebe.
Ist die Liebe verloren, dann die Gerechtigkeit.
Ist die Gerechtigkeit verloren, dann die Sitte.
Die Sitte ist Treu und Glaubens Dürftigkeit
und der Verwirrung Anfang.
Vorherwissen ist des SINNES Schein
und der Torheit Beginn.
Darum bleibt der rechte Mann beim Völligen
und nicht beim Dürftigen.
Er wohnt im Sein und nicht im Schein.
Er tut das andere ab und hält sich an dieses.

39. Die Wurzel des Gesetzes

Die einst das Eine erlangten:

Der Himmel erlangte das Eine und wurde rein.
Die Erde erlangte das Eine und wurde fest.
Die Götter erlangten das Eine und wurden mächtig.
Das Tal erlangte das Eine und erfüllte sich.
Alle Dinge erlangten das Eine und entstanden.
Könige und Fürsten erlangten das Eine
und wurden das Vorbild der Welt.
Das alles ist durch das Eine bewirkt.
Wäre der Himmel nicht rein dadurch, so müßte er bersten.
Wäre die Erde nicht fest dadurch, so müßte sie wanken.
Wären die Götter nicht mächtig dadurch,
so müßten sie erstarren.
Wäre das Tal nicht erfüllt dadurch,
so müßte es sich erschöpfen.
Wären alle Dinge nicht erstanden dadurch,
so müßten sie erlöschen.
Wären die Könige und Fürsten nicht erhaben dadurch,
so müßten sie stürzen.

Darum: Das Edle hat das Geringe zur Wurzel.
Das Hohe hat das Niedrige zur Grundlage.
Also auch die Fürsten und Könige:
Sie nennen sich: »Einsam«, »Verwaist«, »Wenigkeit«.
Dadurch bezeichnen sie das Geringe als ihre Wurzel.
Oder ist es nicht so?
Denn: Ohne die einzelnen Bestandteile eines Wagens
gibt es keinen Wagen.
Wünsche nicht das glänzende Gleißen des Juwels,
sondern die rohe Rauheit des Steins.

40. Wirkungsart des Zurückgehens

Rückkehr ist die Bewegung des SINNS.
Schwachheit ist die Wirkung des SINNS.
Alle Dinge unter dem Himmel entstehen im Sein.
Das Sein entsteht im Nichtsein.

41. Gleichheit und Unterschied

Wenn ein Weiser höchster Art vom SINN hört,
so ist er eifrig und tut danach.
Wenn ein Weiser mittlerer Art vom SINN hört,
so glaubt er halb, halb zweifelt er.
Wenn ein Weiser niedriger Art vom SINN hört,
so lacht er laut darüber.
Wenn er nicht laut lacht,
so war es noch nicht der eigentliche SINN.

Darum hat ein Spruchdichter die Worte:
»Der klare SINN erscheint dunkel.
Der SINN des Fortschritts erscheint als Rückzug.
Das höchste LEBEN erscheint als Tal.
Der ebene SINN erscheint rauh.
Die höchste Reinheit erscheint als Schmach.
Das weite LEBEN erscheint als ungenügend.
Das starke LEBEN erscheint verstohlen.
Das wahre Wesen erscheint veränderlich.
Das große Geviert hat keine Ecken.
Das große Gerät wird spät vollendet.
Der große Ton hat unhörbaren Laut.
Das große Bild hat keine Form.«

Der SINN in seiner Verborgenheit ist ohne Namen.
Und doch ist gerade der SINN gut
im Spenden und Vollenden.

42. Die Wandlungen des Sinns

Der SINN erzeugt die Eins.
Die Eins erzeugt die Zwei.
Die Zwei erzeugt die Drei.
Die Drei erzeugt alle Dinge.
Alle Dinge haben im Rücken das Dunkle
und streben nach dem Licht,
und die strömende Kraft gibt ihnen Harmonie.

Was die Menschen hassen,
ist Verlassenheit, Einsamkeit, Wenigkeit.
Und doch wählen Fürsten und Könige
sie zu ihrer Selbstbezeichnung.
Denn die Dinge werden
entweder durch Verringerung vermehrt
oder durch Vermehrung verringert.
Was andre lehren, lehre ich auch:
»Die Starken sterben nicht eines natürlichen Todes.«
Das will ich zum Ausgangspunkt meiner Lehre machen.

43. Ungehemmte Wirkung

Das Allerweichste auf Erden
überholt das Allerhärteste auf Erden.
Das Nichtseiende dringt auch noch ein in das,
was keinen Zwischenraum hat.
Daran erkennt man den Wert des Nicht-Handelns.
Die Belehrung ohne Worte, den Wert des Nicht-Handelns
erreichen nur wenige auf Erden.

44. Warnung

Der Name oder die Person:
Was steht näher?
Die Person oder der Besitz:
Was ist mehr?
Gewinnen oder verlieren:
Was ist schlimmer?

Nun aber:
Wer sein Herz an andres hängt,
verbraucht notwendig Großes.
Wer viel sammelt,
verliert notwendig Wichtiges.
Wer sich genügen lässet,
kommt nicht in Schande.
Wer Einhalt zu tun weiß,
kommt nicht in Gefahr
und kann so ewig dauern.

45. Überströmendes Leben

Große Vollendung muß wie unzulänglich erscheinen,
so wird sie unendlich in ihrer Wirkung.
Große Fülle muß wie strömend erscheinen,
so wird sie unerschöpflich in ihrer Wirkung.
Große Geradheit muß wie krumm erscheinen.
Große Begabung muß wie dumm erscheinen.
Große Beredsamkeit muß wie stumm erscheinen.
Bewegung überwindet die Kälte.
Stille überwindet die Hitze.
Reinheit und Stille sind der Welt Richtmaß.

46. Mäßigung der Begierden

Wenn der SINN herrscht auf Erden,
so tut man die Rennpferde ab zum Dungführen.
Wenn der SINN abhanden ist auf Erden,
so werden Kriegsrosse gezüchtet auf dem Anger.
Es gibt keine größere Sünde als viele Wünsche.
Es gibt kein größeres Übel, als kein Genüge kennen.
Es gibt keinen größeren Fehler, als haben wollen.

Darum:
Das Genügen der Genügsamkeit ist dauerndes Genügen.

47. Fernschau

Ohne aus der Tür zu gehen,
kennt man die Welt.
Ohne aus dem Fenster zu schauen,
sieht man den SINN des Himmels.
Je weiter einer hinausgeht,
desto geringer wird sein Wissen.

Darum braucht der Berufene nicht zu gehen
und weiß doch alles.
Er braucht nicht zu sehen
und ist doch klar.
Er braucht nichts zu machen
und vollendet doch.

48. Vergessen des Erkennens

Wer das Lernen übt, vermehrt täglich.
Wer den SINN übt, vermindert täglich.
Er vermindert und vermindert,

bis er schließlich ankommt beim Nichtsmachen.
Beim Nichtsmachen bleibt nichts ungemacht.
Das Reich erlangen kann man nur,
wenn man immer frei bleibt von Geschäftigkeit.
Die Vielbeschäftigten sind nicht geschickt,
das Reich zu erlangen.

49. Das Wesen der Nachgiebigkeit

Der Berufene hat kein eigenes Herz.
Er macht das Herz der Leute zu seinem Herzen.
Zu den Guten bin ich gut,
zu den Nichtguten bin ich auch gut;
denn das LEBEN ist die Güte.
Zu den Treuen bin ich treu,
zu den Untreuen bin ich auch treu;
denn das LEBEN ist die Treue.
Der Berufene lebt in der Welt ganz still
und macht sein Herz für die Welt weit.
Die Leute alle blicken und horchen nach ihm.
Und der Berufene nimmt sie alle an als seine Kinder.

50. Die enge Pforte des Lebens

Ausgehen ist Leben, eingehen ist Tod.
Gesellen des Lebens gibt es drei unter zehn,
Gesellen des Todes gibt es drei unter zehn.
Menschen, die leben
und dabei sich auf den Ort des Todes zubewegen,
gibt es auch drei unter zehn.
Was ist der Grund davon?
Weil sie ihres Lebens Steigerung erzeugen wollen.
Ich habe wohl gehört, wer gut das Leben zu führen weiß,
der wandert über Land

und trifft nicht Nashorn noch Tiger.
Er schreitet durch ein Heer
und meidet nicht Panzer und Waffen.
Das Nashorn findet nichts, worein es sein Horn bohren kann.
Der Tiger findet nichts,
darein er seine Krallen schlagen kann.
Die Waffe findet nichts, das ihre Schärfe aufnehmen kann.
Warum das?
Weil er keine sterbliche Stelle hat.

51. Pflege des Lebens

Der SINN erzeugt.
Das LEBEN nährt.
Die Umgebung gestaltet.
Die Einflüsse vollenden.
Darum ehren alle Wesen den SINN
und schätzen das LEBEN.
Der SINN wird geehrt,
das LEBEN wird geschätzt
ohne äußere Erennung, ganz von selbst.

Also: Der SINN erzeugt, das LEBEN nährt,
läßt wachsen, pflegt,
vollendet, hält,
bedeckt und schirmt.

52. Rückkehr zum Ursprung

Die Welt hat einen Anfang,
das ist die Mutter der Welt.
Wer die Mutter findet,
um ihre Söhne zu kennen,
wer ihre Söhne kennt

und sich wieder zur Mutter wendet,
der kommt sein Leben lang nicht in Gefahr.
Wer seinen Mund schließt
und seine Pforten zumacht,
der kommt sein Leben lang nicht in Mühen.
Wer seinen Mund auftut
und seine Geschäfte in Ordnung bringen will,
dem ist sein Leben lang nicht zu helfen.
Das Kleinste sehen heißt klar sein.
Die Weisheit wahren heißt stark sein.
Wenn man sein Licht benützt,
um zu dieser Klarheit zurückzukehren,
so bringt man seine Person nicht in Gefahr.
Das heißt die Hülle der Ewigkeit.

53. Beweis des Überflusses

Wenn ich wirklich weiß, was es heißt,
im großen SINN zu leben,
so ist es vor allem die Geschäftigkeit,
die ich fürchte.
Wo die großen Straßen schön und eben sind,
aber das Volk Seitenwege liebt;
wo die Hofgesetze streng sind,
aber die Felder voll Unkraut stehen;
wo die Scheunen ganz leer sind,
aber die Kleidung schmuck und prächtig ist;
wo jeder ein scharfes Schwert im Gürtel trägt;
wo man heikel ist im Essen und Trinken
und Güter im Überfluß sind:
da herrscht Verwirrung, nicht Regierung.

54. Pflege des Schauens

Was gut gepflanzt ist, wird nicht ausgerissen.
Was gut festgehalten wird, wird nicht entgehen.
Wer sein Gedächtnis Söhnen und Enkeln hinterläßt,
hört nicht auf.
Wer seine Person gestaltet, dessen Leben wird wahr.
Wer seine Familie gestaltet, dessen Leben wird völlig.
Wer seine Gemeinde gestaltet, dessen Leben wird wachsen.
Wer sein Land gestaltet, dessen Leben wird reich.
Wer die Welt gestaltet, dessen Leben wird weit.

Darum: Nach deiner Person beurteile die Person des andern.
Nach deiner Familie beurteile die Familie der andern.
Nach deiner Gemeinde beurteile die Gemeinde der andern.
Nach deinem Land beurteile das Land der andern.
Nach deiner Welt beurteile die Welt der andern.
Wie weiß ich die Beschaffenheit der Welt?
Eben durch dies.

55. Geheimnisvoller Zauber

Wer festhält des LEBENS Völligkeit,
der gleicht einem neugeborenen Kindlein:
Giftige Schlangen stechen es nicht.
Reißende Tiere packen es nicht.
Raubvögel stoßen nicht nach ihm.
Seine Knochen sind schwach, seine Sehnen weich,
und doch kann es fest zugreifen.
Es weiß noch nichts von Mann und Weib,
und doch regt sich sein Blut,
weil es des Samens Fülle hat.
Es kann den ganzen Tag schreien,
und doch wird seine Stimme nicht heiser,
weil es des Friedens Fülle hat.

Den Frieden erkennen heißt ewig sein.
Die Ewigkeit erkennen heißt klar sein.
Das Leben mehren nennt man Glück.
Für sein Begehren seine Kraft einsetzen nennt man stark.
Sind die Dinge stark geworden, altern sie.
Denn das ist Wider-SINN.
Und Wider-SINN ist nahe dem Ende.

56. Verborgenes Leben

Der Wissende redet nicht.
Der Redende weiß nicht.
Man muß seinen Mund schließen
und seine Pforten zumachen,
seinen Scharfsinn abstumpfen,
seine wirren Gedanken auflösen,
sein Licht mäßigen,
sein Irdisches gemeinsam machen.
Das heißt verborgene Gemeinsamkeit (mit dem SINN).
Wer die hat, den kann man nicht beeinflussen durch Liebe
und kann ihn nicht beeinflussen durch Kälte.
Man kann ihn nicht beeinflussen durch Gewinn
und kann ihn nicht beeinflussen durch Schaden.
Man kann ihn nicht beeinflussen durch Herrlichkeit
und kann ihn nicht beeinflussen durch Niedrigkeit.
Darum ist er der Herrlichste auf Erden.

57. Der echte Einfluß

Zur Leitung des Staates braucht man Regierungskunst,
zum Waffenhandwerk braucht man
außerordentliche Begabung.
Um aber die Welt zu gewinnen,
muß man frei sein von Geschäftigkeit.

Woher weiß ich, daß es also mit der Welt steht?
Je mehr es Dinge in der Welt gibt, die man nicht tun darf,
desto mehr verarmt das Volk.
Je mehr die Menschen scharfe Geräte haben,
desto mehr kommen Haus und Staat ins Verderben.
Je mehr die Leute Kunst und Schlauheit pflegen,
desto mehr erheben sich böse Zeichen.
Je mehr die Gesetze und Befehle prangen,
desto mehr gibt es Diebe und Räuber.

Darum spricht ein Berufener:
Wenn wir nichts machen,
so wandelt sich von selbst das Volk.
Wenn wir die Stille lieben,
so wird das Volk von selber recht.
Wenn wir nichts unternehmen,
so wird das Volk von selber reich.
Wenn wir keine Begierden haben,
so wird das Volk von selber einfältig.

58. Schmiegsame Bekehrung

Wessen Regierung still und unaufdringlich ist,
dessen Volk ist aufrichtig und ehrlich.
Wessen Regierung scharfsinnig und stramm ist,
dessen Volk ist hinterlistig und unzuverlässig.
Das Unglück ist's, worauf das Glück beruht;
das Glück ist es, worauf das Unglück lauert.
Wer erkennt aber, daß es das Höchste ist,
wenn nicht geordnet wird?
Denn sonst verkehrt die Ordnung sich in Wunderlichkeiten,
und das Gute verkehrt sich in Aberglaube.
Und die Tage der Verblendung des Volkes
dauern wahrlich lange.
Also auch der Berufene:

Er ist Vorbild, ohne zu beschneiden,
er ist gewissenhaft, ohne zu verletzen,
er ist echt ohne Willkürlichkeiten,
er ist licht, ohne zu blenden.

59. Bewahrung des Sinns

Bei der Leitung der Menschen und beim Dienst des Himmels
gibt es nichts Besseres als Beschränkung.
Denn nur durch Beschränkung
kann man frühzeitig die Dinge behandeln.
Durch frühzeitiges Behandeln der Dinge
sammelt man doppelt die Kräfte des LEBENS.
Durch diese verdoppelten Kräfte des LEBENS
ist man jeder Lage gewachsen.
Ist man jeder Lage gewachsen,
so kennt niemand unsere Grenzen.
Wenn niemand unsere Grenzen kennt,
können wir die Welt besitzen.
Besitzt man die Mutter der Welt,
so gewinnt man ewige Dauer.
Das ist der SINN der tiefen Wurzel,
des ewigen Daseins
des festen Grundes
und des dauernden Schauens.

60. Ausübung der Herrschaft

Ein großes Land muß man leiten,
wie man kleine Fischlein brät.
Wenn man die Welt verwaltet nach dem SINN,
dann gehen die Abgeschiedenen nicht als Geister um.
Nicht, daß die Abgeschiedenen keine Geister wären,
doch ihre Geister schaden den Menschen nicht.

Nicht nur die Geister schaden den Menschen nicht:
auch der Berufene schadet ihnen nicht.
Wenn nun diese beiden Mächte einander nicht verletzen,
so vereinigen sich ihre LEBENSkräfte in ihrer Wirkung.

61. Leben der Demut

Indem ein großes Reich sich stromabwärts hält,
wird es die Vereinigung der Welt.
Es ist das Weibliche der Welt.
Das Weibliche siegt immer
durch seine Stille über das Männliche.
Durch seine Stille hält es sich unten.
Wenn so das große Reich sich unter das kleine stellt,
so gewinnt es dadurch das kleine Reich.
Wenn das kleine Reich sich unter das große stellt,
so wird es dadurch von dem großen Reich gewonnen.
So wird das eine dadurch, daß es sich unten hält, gewinnen,
und das andere dadurch, daß es sich unten hält, gewonnen.
Das große Reich will nichts anderes
als die Menschen vereinigen und nähren.
Das kleine Reich will nichts anderes
als sich beteiligen am Dienst der Menschen.
So erreicht jedes, was es will;
aber das große muß unten bleiben.

62. Verwirklichung des Sinns

Der SINN ist aller Dinge Heimat,
der guten Menschen Schatz,
der nichtguten Menschen Schutz.
Mit schönen Worten kann man zu Markte gehen.
Mit ehrenhaftem Wandel
kann man sich vor ändern hervortun.

Aber die Nichtguten unter den Menschen,
warum sollte man die wegwerfen?
Darum ist der Herrscher eingesetzt,
und die Fürsten haben ihr Amt.
Ob man auch Zepter von Juwelen hätte,
um sie im feierlichen Viererzug zu übersenden,
nicht kommt das der Gabe gleich,
wenn man diesen SINN
auf seinen Knien dem Herrscher darbringt.
Warum hielten die Alten diesen SINN so wert?
Ist es nicht deshalb, daß es von ihm heißt:
»Wer bittet, der empfängt;
wer Sünden hat, dem werden sie vergeben«?
Darum ist er das Köstlichste auf Erden.

63. Denken beim Anfang

Wer das Nichthandeln übt,
sich mit Beschäftigungslosigkeit beschäftigt,
Geschmack findet an dem, was nicht schmeckt:
der sieht das Große im Kleinen und das Viele im Wenigen.
Er vergilt Groll durch LEBEN.
Plane das Schwierige da, wo es noch leicht ist!
Tue das Große da, wo es noch klein ist!
Alles Schwere auf Erden beginnt stets als Leichtes.
Alles Große auf Erden beginnt stets als Kleines.

Darum: Tut der Berufene nie etwas Großes,
so kann er seine großen Taten vollenden.
Wer leicht verspricht,
hält sicher selten Wort.
Wer vieles leicht nimmt,
hat sicher viele Schwierigkeiten.
Darum: Bedenkt der Berufene die Schwierigkeiten,
so hat er nie Schwierigkeiten.

64. Achtung aufs Geringe

Was noch ruhig ist, läßt sich leicht ergreifen.
Was noch nicht hervortritt, läßt sich leicht bedenken.
Was noch zart ist, läßt sich leicht zerbrechen.
Was noch klein ist, läßt sich leicht zerstreuen.
Man muß wirken auf das, was noch nicht da ist.
Man muß ordnen, was noch nicht in Verwirrung ist.
Ein Baum von einem Klafter Umfang
entsteht aus einem haarfeinen Hälmchen.
Ein neun Stufen hoher Turm
entsteht aus einem Häufchen Erde.
Eine tausend Meilen weite Reise
beginnt vor deinen Füßen.
Wer handelt, verdirbt es.
Wer festhält, verliert es.

Also auch der Berufene:
Er handelt nicht, so verdirbt er nichts.
Er hält nicht fest, so verliert er nichts.
Die Leute gehen an ihre Sachen,
und immer wenn sie fast fertig sind,
so verderben sie es.
Das Ende ebenso in acht nehmen wie den Anfang,
dann gibt es keine verdorbenen Sachen.

Also auch der Berufene:
Er wünscht Wunschlosigkeit.
Er hält nicht wert schwer zu erlangende Güter.
Er lernt das Nichtlernen.
Er wendet sich zu dem zurück, an dem die Menge vorübergeht.
Dadurch fördert er den natürlichen Lauf der Dinge
und wagt nicht zu handeln.

65. Reines Leben

Die vor alters tüchtig waren
im Walten nach dem SINN,
taten es nicht durch Aufklärung des Volkes,
sondern dadurch, daß sie das Volk töricht hielten.
Daß das Volk schwer zu leiten ist,
kommt daher, daß es zuviel weiß.

Darum: Wer durch Wissen den Staat leitet,
ist der Räuber des Staats.
Wer nicht durch Wissen den Staat leitet,
ist das Glück des Staats.
Wer diese beiden Dinge weiß, der hat ein Ideal.
Immer dies Ideal zu kennen, ist verborgenes LEBEN.
Verborgenes LEBEN ist tief, weitreichend,
anders als alle Dinge;
aber zuletzt bewirkt es das große Gelingen.

66. Selbstverleugnung

Daß Ströme und Meere Könige aller Bäche sind,
kommt daher, daß sie sich gut unten halten können.
Darum sind sie die Könige aller Bäche.

Also auch der Berufene:
Wenn er über seinen Leuten stehen will,
so stellt er sich in seinem Reden unter sie.
Wenn er seinen Leuten voran sein will,
so stellt er sich in seiner Person hintan.
Also auch:
Er weilt in der Höhe,
und die Leute werden durch ihn nicht belastet.
Er weilt am ersten Platze,
und die Leute werden von ihm nicht verletzt.

Also auch:
Die ganze Welt ist willig, ihn voranzubringen,
und wird nicht unwillig.
Weil er nicht streitet,
kann niemand auf der Welt mit ihm streiten.

67. Die drei Schätze

Alle Welt sagt, mein SINN sei zwar groß,
aber sozusagen unbrauchbar.
Gerade weil er groß ist,
deshalb ist er sozusagen unbrauchbar.
Wenn er brauchbar wäre,
so wäre er längst klein geworden.
Ich habe drei Schätze,
die ich schätze und wahre.
Der eine heißt: die Liebe;
der zweite heißt: die Genügsamkeit;
der dritte heißt: nicht wagen, in der Welt voranzustehen.
Durch Liebe kann man mutig sein,
durch Genügsamkeit kann man weitherzig sein.
Wenn man nicht wagt, in der Welt voranzustehen,
kann man das Haupt der fertigen Menschen sein.
Wenn man nun ohne Liebe mutig sein will,
wenn man ohne Genügsamkeit weitherzig sein will,
wenn man ohne zurückzustehen vorankommen will:
das ist der Tod.
Wenn man Liebe hat im Kampf,
so siegt man.
Wenn man sie hat bei der Verteidigung,
so ist man unüberwindlich.
Wen der Himmel retten will,
den schützt er durch die Liebe.

68. Gemeinsamkeit mit dem Himmel

Wer gut zu führen weiß,
ist nicht kriegerisch.
Wer gut zu kämpfen weiß,
ist nicht zornig.
Wer gut die Feinde zu besiegen weiß,
kämpft nicht mit ihnen.
Wer gut die Menschen zu gebrauchen weiß,
der hält sich unten.
Das ist das LEBEN, das nicht streitet;
das ist die Kraft, die Menschen zu gebrauchen;
das ist der Pol, der bis zum Himmel reicht.

69. Entfaltung des Geheimnisses

Bei den Soldaten gibt es ein Wort:
Ich wage nicht, den Herrn zu machen,
sondern mache lieber den Gast.
Ich wage nicht, einen Zoll vorzurücken,
sondern ziehe mich lieber einen Fuß zurück.
Das heißt gehen ohne Beine,
fechten ohne Arme,
werfen, ohne anzugreifen,
halten, ohne die Waffen zu gebrauchen.

Es gibt kein größeres Unglück,
als den Feind zu unterschätzen.
Wenn ich den Feind unterschätze,
stehe ich in Gefahr, meine Schätze zu verlieren.
Wo zwei Armeen kämpfend aufeinanderstoßen,
da siegt der, der es schweren Herzens tut.

70. Schwierigkeit des Verstandenwerdens

Meine Worte sind sehr leicht zu verstehen,
sehr leicht auszuführen.
Aber niemand auf Erden kann sie verstehen,
kann sie ausführen.
Die Worte haben einen Ahn.
Die Taten haben einen Herrn,
Weil man die nicht versteht,
versteht man mich nicht.
Eben daß ich so selten verstanden werde,
darauf beruht mein Wert.
Darum geht der Berufene im härenen Gewand
aber im Busen birgt er ein Juwel.

71. Erkenntnis des Leidens

Die Nichtwissenheit wissen
ist das Höchste.
Nicht wissen, was Wissen ist,
ist ein Leiden.
Nur wenn man unter diesem Leiden leidet,
wird man frei von Leiden.
Daß der Berufene nicht leidet,
kommt daher, daß er an diesem Leiden leidet;
darum leidet er nicht.

72. Selbstliebe

Wenn die Leute das Schreckliche nicht fürchten,
dann kommt der große Schrecken.
Macht nicht eng ihre Wohnung
und nicht verdrießlich ihr Leben.

Denn nur dadurch, daß sie nicht in der Enge leben,
wird ihr Leben nicht verdrießlich.

Also auch der Berufene:
Er erkennt sich selbst, aber er will nicht scheinen.
Er liebt sich selbst, aber er sucht nicht Ehre für sich.
Er entfernt das andere und nimmt dieses.

73. Nachgiebigkeit im Wirken

Wer Mut zeigt in Waghalsigkeiten,
der kommt um.
Wer Mut zeigt, ohne waghalsig zu sein,
der bleibt am Leben.
Von diesen beiden hat die eine Art Gewinn,
die andre Schaden.
Wer aber weiß den Grund davon,
daß der Himmel einen haßt?

Also auch der Berufene:
Er sieht die Schwierigkeiten.

Des Himmels SINN streitet nicht
und ist doch gut im Siegen.
Er redet nicht
und findet doch gute Antwort.
Er winkt nicht,
und es kommt doch alles von selbst.
Er ist gelassen
und ist doch gut im Planen.
Des Himmels Netz ist ganz weitmaschig,
aber es verliert nichts.

74. Einschränkung des Selbstbetrugs

Wenn die Leute den Tod nicht scheuen,
wie will man sie denn mit dem Tode einschüchtern?
Wenn ich aber die Leute
beständig in Furcht vor dem Tode halte,
und wenn einer Wunderliches treibt,
soll ich ihn ergreifen und töten?
Wer traut sich das?
Es gibt immer eine Todesmacht, die tötet.
Anstelle dieser Todesmacht zu töten, das ist,
wie wenn man anstelle eines Zimmermanns
die Axt führen wollte.
Wer statt des Zimmermanns
die Axt führen wollte,
kommt selten davon,
ohne daß er sich die Hand verletzt.

75. Der Schaden der Gier

Daß das Volk hungert,
kommt davon her,
daß seine Oberen zu viele Steuern fressen;
darum hungert es.
Daß das Volk schwer zu leiten ist,
kommt davon her,
daß seine Oberen zu viel machen;
darum ist es schwer zu leiten.
Daß das Volk den Tod zu leicht nimmt,
kommt davon her,
daß seine Oberen des Lebens Fülle zu reichlich suchen;
darum nimmt es den Tod zu leicht.
Wer aber nicht um des Lebens Willen handelt,
der ist besser als der, dem das Leben teuer ist.

76. Warnung vor der Stärke

Der Mensch, wenn er ins Leben tritt,
ist weich und schwach,
und wenn er stirbt,
so ist er hart und stark.
Die Pflanzen, wenn sie ins Leben treten,
sind weich und zart,
und wenn sie sterben,
sind sie dürr und starr.
Darum sind die Harten und Starken
Gesellen des Todes,
die Weichen und Schwachen
Gesellen des Lebens.

Darum:
Sind die Waffen stark, so siegen sie nicht.
Sind die Bäume stark, so werden sie gefällt.
Das Starke und Große ist unten.
Das Weiche und Schwache ist oben.

77. Des Himmels Sinn

Des Himmels SINN, wie gleicht er dem Bogenspanner!
Das Hohe drückt er nieder,
das Tiefe erhöht er.
Was zuviel hat, verringert er,
was nicht genug hat, ergänzt er.
Des Himmels SINN ist es,
was zuviel hat, zu verringern, was nicht genug hat, zu ergänzen.
Des Menschen SINN ist nicht also.
Er verringert, was nicht genug hat,
um es darzubringen dem, das zuviel hat.
Wer aber ist imstande, das,

was er zuviel hat, der Welt darzubringen?
Nur der, so den SINN hat.

Also auch der Berufene:
Erwirkt und behält nicht.
Ist das Werk vollbracht, so verharrt er nicht dabei.
Er wünscht nicht, seine Bedeutung vor andern zu zeigen.

78. Was man dem Glauben überlassen muß

Auf der ganzen Welt
gibt es nichts Weicheres und Schwächeres als das Wasser.
Und doch in der Art, wie es dem Harten zusetzt,
kommt nichts ihm gleich.
Es kann durch nichts verändert werden.
Daß Schwaches das Starke besiegt
und Weiches das Harte besiegt,
weiß jedermann auf Erden,
aber niemand vermag danach zu handeln.

Also auch hat ein Berufener gesagt:
»Wer den Schmutz des Reiches auf sich nimmt,
der ist der Herr bei Erdopfern.
Wer das Unglück des Reiches auf sich nimmt,
der ist der König der Welt.«
Wahre Worte sind wie umgekehrt.

79. Festhalten an der Verpflichtung

Versöhnt man großen Groll,
und es bleibt noch Groll übrig,
wie wäre das gut?
Darum hält der Berufene sich an seine Pflicht
und verlangt nichts von anderen.

Darum: Wer LEBEN hat,
hält sich an seine Pflicht,
wer kein LEBEN hat,
hält sich an sein Recht.

80. Selbständigkeit

Ein Land mag klein sein
und seine Bewohner wenig.
Geräte, die der Menschen Kraft vervielfältigen,
lasse man nicht gebrauchen.
Man lasse das Volk den Tod wichtig nehmen
und nicht in die Ferne reisen.
Ob auch Schiffe und Wagen vorhanden wären,
sei niemand, der darin fahre.
Ob auch Panzer und Waffen da wären,
sei niemand, der sie entfalte.
Man lasse das Volk wieder Stricke knoten
und sie gebrauchen statt der Schrift.
Mach süß seine Speise
und schön seine Kleidung,
friedlich seine Wohnung
und fröhlich seine Sitten.
Nachbarländer mögen in Sehweite liegen,
daß man den Ruf der Hähne und Hunde
gegenseitig hören kann:
und doch sollen die Leute im höchsten Alter sterben,
ohne hin und her gereist zu sein.

81. Entfaltung des Wesentlichen

Wahre Worte sind nicht schön,
schöne Worte sind nicht wahr.
Tüchtigkeit überredet nicht,

Überredung ist nicht tüchtig.
Der Weise ist nicht gelehrt,
der Gelehrte ist nicht weise.
Der Berufene häuft keinen Besitz auf.
je mehr er für andere tut,
desto mehr besitzt er.
Je mehr er anderen gibt, desto mehr hat er.
Des Himmels SINN ist fördern, ohne zu schaden.
Des Berufenen SINN ist wirken, ohne zu streiten.

ERKLÄRUNGEN

Erster Teil
1

Dieser Abschnitt bildet gewissermaßen die theoretische Grundlage des ganzen Werks. Er beginnt mit einer Abgrenzung gegen die übliche rein praktische Anwendung der Begriffe SINN und Name. »Sinn« (bzw. »Weg«; vgl. Einleitung) war in den Zeiten der niedergehenden Dschoudynastie häufig als die Summe der von den alten Königen überlieferten Lehren zur Leitung des Volks verstanden worden. Dieser »Sinn« in seiner historischen Begrenztheit ist nicht das, was Laotse im Auge hat. Sein Begriff (»Name«) ist überzeitlich, daher nicht anwendbar auf irgend etwas empirisch Vorhandenes. Damit verläßt Laotse den Boden des historisch Überlieferten und wendet sich der Spekulation zu.
Hier findet er das Sein in seiner zweifachen Form als absolutes An-und-für-sichsein (»jenseits des Nennbaren«) und als Dasein (»diesseits des Nennbaren«). Im absoluten Sein in seiner negativen Form ist die Existenzmöglichkeit der Welt (der geistigen = Himmel und der materiellen = Erde) gesetzt, während innerhalb des Daseins die stetige Neugeburt der Einzelwesen sich vollzieht. Dem entsprechend gestaltet sich die Erkenntnis: die Richtung auf das Absolute führt zur Erkenntnis des Jenseitigen (des »Denkens«), die Richtung auf das Dasein führt zur Erkenntnis der räumlichen, ausgebreiteten Welt der Individuation. Diese beiden (»Denken und Sein« würde Spinoza sagen) sind aber nur Attribute des All-Einen, identisch im Wesen und nur verschieden in der Erscheinung. Zur Erklärung dieser Einheit spielt Laotse auf die symbolische Figur des Tai Gi (Uranfang) an, die im alten chinesischen Gedankenleben eine Rolle spielt und namentlich später zu unendlichen Spielereien verwendet wurde, nämlich die bildliche Darstellung des Ineinanderseins von Positivem und Negativem:

Wobei die weiße Kreishälfte, die in sich wieder einen schwarzen Kreis mit weißem Punkt hat, das positive, männliche, lichte Prinzip bedeutet, während die entsprechend gestaltete schwarze Hälfte das negative, weibliche, dunkle Prinzip versinnbildlicht. Diese symbolische Figur ist wohl gemeint mit dem großen Geheimnis der Einheit des Seienden und Nichtseienden (= μη ὀν, wie immer bei Laotse, wenn vom »Nichtseienden« die Rede ist). Des Geheimnisses noch tieferes Geheimnis wäre dann das sogenannte Wu Gi (der »Nichtanfang«, noch jenseits des Tai Gi), in dem alle Unterschiede noch ungetrennt durcheinander sind und das durch einen einfachen Kreis dargestellt zu werden pflegt:

Es ist sozusagen die bloße Möglichkeit des Seins, gewissermaßen das Chaos. Vgl. hierzu Abschnitt 25.
Zum »Tor des SINNS« vgl. Kung, Gespräche VI, 15.

2

Die Erkenntnis des Guten und Bösen ist hier ganz ähnlich wie in Genesis 3 als Anfang des Übels bezeichnet, bei Laotse noch mit der Verallgemeinerung, daß innerhalb der Welt der Erscheinung, da alle Gegensätze sich gegenseitig bedingen, mit der Setzung des Einen sein kontradiktorisches Gegenteil notwendig mit gesetzt ist. Das »Jenseits von Gut und Böse«, das Laotse fordert, ist also von dem Nietzsches sehr wesentlich verschieden. Interessant ist die Bemerkung des Komm. II, nach der das »Gute« der »Gipfel des Schönen« ist, nichts qualitativ davon Verschiedenes. Es entspricht das durchaus der Terminologie des ganzen Werkes. »Gut« kann meist mit »tüchtig« übersetzt werden. Es ist nichts anderes als das auf das Handeln übertragene Ideal der Wahrheit und Schönheit. Darin berührt sich der alte chinesische Denker mit modernsten Dispositionen der höchsten Ideen.
Mit dem stereotypen Satz: »Also auch der Berufene« pflegt meist die praktische Anwendung einer theoretischen Ausführung gegeben zu werden. Der »Berufene« ist der Mensch in Übereinstimmung mit dem SINN, der »Heilige«, der »Prophet«, der als solcher zugleich zur Herrschaft der Welt berufen ist. Nach

chinesischen Quellen würde es sich jedesmal, wo diese Formel vorkommt, um ein Zitat aus einem verlorenen Werk »Fen diën« handeln.

Die Lehre des »Wirkens ohne Handeln«, die das ganze Buch durchzieht, ist hier zum erstenmal ausgesprochen. Der Gedanke ist dem Tolstoischen »Nichtstun« durchaus analog. Es ist das Wirkenlassen der schöpferischen Kräfte im und durch das eigne Ich, ohne selbst etwas von außen her dazu tun zu wollen. Dieser Zug ist zwar im Chinesentum als Ideal mit enthalten; auch Kung erwähnt ihn als das höchste, vgl. Gespräche Buch XV, 4. Dennoch ist er in dieser konsequenten Durchführung nur bei den »Mystikern« zu finden. In diesem Sinne aber geht er durch alle Zeiten. Vgl. die Stellung Goethes und Spinozas in dieser Hinsicht (Ch. Schrempf, Goethes Lebensanschauung I, pag. 179 ff.). Zeile 5–10, die sich im Urtext reimen, sind vermutlich Zitat aus einer Spruchsammlung älterer Zeit.

3

Zeile 8 f. Das Herz ist Sitz des Begehrens nach äußeren, fremden Dingen. In der chinesischen Aufzählung der 5 Sinne steht »Herz« für Tastsinn, »Gefühl«. Ist das Herz leer, so ist der Mensch nicht durch die Bande der Sehnsucht mit Äußerem verknüpft. Der Leib, die Knochen sind bildliche Ausdrücke für die natürliche Basis des menschlichen Daseins. Deren Bedürfnisse müssen befriedigt werden, damit nicht das Begehren durch Nichtbefriedigung geweckt wird, das sich dann naturgemäß auch auf anderes ausdehnt. »Erkenntnis« im Sinn von äußerem Wissen ist ebenfalls vom Übel; vgl. No. 2.

4

Der Abschnitt bereitet sehr große Schwierigkeiten. Es ist sicher anzunehmen, daß der Text verdorben ist.

Die drei ersten Zeilen lassen sich entweder auf den SINN beziehen. Der SINN ist transzendent, und durch seine Immanenz wird er nicht restlos zur Darstellung gebracht. Dieser transzendent bleibende Rest gibt ihm allen Einzeldingen gegenüber die unendliche Überlegenheit.

Oder aber beziehen sich Zeile 2 und 3 auf den Menschen, der in voller Bedeutung den SINN verkörpert: das Ideal des Menschen überhaupt, das als solches wohl in der Idee vorhanden ist (vgl. Zeile 8), aber nicht mit irgendeiner Einzelerscheinung, selbst der allerhöchsten Art, zusammenfällt. Das Wort »Di«,

von Strauß mit der HERR wiedergegeben, bedeutet einerseits die göttlichen Herrscher des höchsten Altertums, andrerseits den als Herrn des Himmels hypostasierten Herrscher, den »Ahn« der jeweiligen Dynastie und höchsten Gott. Zeile 4–7 finden sich ebenfalls in No. 56.
Zu der überaus schweren Stelle: »Und doch weiß ich nicht, wessen Sohn er ist«, nach anderer Lesart gar »wes Menschen Sohn er ist«, vgl. No. 25, wo es heißt: »Ich weiß seinen Namen nicht«.

5

»Liebe« oder »Sittlichkeit«, der höchste Begriff des Konfuzianismus, wird als unvollkommen abgelehnt, da sie über persönliches Interesse nicht hinauskommt. Das Charakteristische an dem Bild der strohernen Opferhunde ist, daß alle Wesen entsprechend dem Zweck ihrer Gattung aufs beste ausgestattet sind, während von einem »Ansehen der Person« nicht die Rede sein kann.
Der Raum zwischen Himmel und Erde als Ort der Erzeugung des Lebens ist ein Gedanke, der mit der biblischen »Feste« (Gen. I) Berührung hat. Vgl. den folgenden Abschnitt. Ein chinesischer Blasebalg ist ein festes Gestell, das durch einen im Innern hin- und hergehenden Schieber in Tätigkeit gesetzt wird, ohne seine Gestalt zu ändern.
Die beiden letzten Zeilen deuten an, daß die Intuition, die dem Bild zugrunde liegt, nicht restlos begrifflich ausgedrückt werden kann.

* Bei Opfern wurden Hunde aus Stroh gemacht, die während des Opfers festlich geschmückt, aber nachdem sie ihren Zweck erfüllt hatten, achtlos bei Seite geworfen wurden. Nicht das einzelne Individuum ist das Objekt der Fürsorge der Natur, sondern der Zweck, dem es im Ganzen dient.

6

Der Abschnitt ist in Lië Dsï zitiert als aus dem Buche des »Gelben Kaisers« stammend.
Die »Tiefe«, wörtlich das »Tal«, ist ein Ausdruck, der mehrfach vorkommt; vgl. bes. No. 28, 39. Der Kern der Bedeutung ist der leere Raum zwischen den Bergwänden, nicht das, was wir unter Tal zu denken pflegen. In der übertragenen Bedeutung wie hier und in No. 39 kann man es fast gleichsetzen mit »Materie«

als der noch ungestalteten, unsichtbaren, bloßen Möglichkeit zum Sein. »Geist« ist dann das Aktive, Gestaltende. Komm. II bemerkt dazu: »Tiefe heißt es, weil es kein Dasein hat, Geist heißt es, weil es darum doch nicht nicht ist.« Man könnte beinahe übersetzen: »Geist und Materie in ihrer Einheit sind ewig.«
Es ist zu der Stelle übrigens zu bedenken, daß die Geister (Schen) im alten China sehr häufig bei Bergen lokalisiert sind (cfr. Schan-Hai-Ging). Der Brauch, die Opferspenden zu vergraben, läßt auf chthonischen Kult schließen. Heranzuziehen sind hier die grundlegenden Untersuchungen von Chavannes (Le dieu du sol dans l'ancienne religion chinoise). Nach ihm hat im 7. Jahrhundert die Vereinigung der Gottheiten des Bodens (schê) und der Ernte (dsi) zu der weiblich gedachten Erdgottheit (di) stattgefunden. In der vorliegenden Stelle leuchtet diese Herkunft des Begriffs noch deutlich durch. Nur scheint der Umstand, daß der Begriff hier schon philosophisch vertieft ist, auf einen weiteren Abstand von jenen ursprünglichen Anschauungen hinzudeuten. Vgl. übrigens die Aufregung Kungs in Betreff gewisser alter Bräuche, die mit dem Dienst der chthonischen Götter verbunden waren. Gespräche, Buch III, 21.
Der »Ausgang« des Ewig-Weiblichen ist analog zu verstehen wie in Abschnitt 1. Zu der Anschauung von Zeile 5 ist das heraklitische πάντα ῥεῖ als Parallele heranzuziehen. Auch Kung hat einmal einen in ähnliche Richtung weisenden Ausspruch getan (vgl. Gespräche IX, 16).

8

Das Wasser wird als Bild des SINNES, dessen Macht darin besteht, daß er unten weilt (an Orten, die alle Menschen verachten), im ganzen Werke häufig gebraucht.
Es ist charakteristisch, wie auch im Buch des Wandels das Zeichen »Wasser« als »Gewöhnung an die Tiefe« gedeutet wird.
Zu Zeile 5 vgl. Kungfutse, Gespräche Buch IV, 1. Diese sowie die folgenden Zeilen sind vermutlich ein Zitat aus einer vorhandenen Spruchsammlung. Erst die letzte Zeile gehört wieder in den unmittelbaren Zusammenhang.
Die vorletzte Zeile bezieht sich möglicherweise auf die Verwendung der Untertanen zu öffentlichen Arbeiten mit Rücksicht auf die geeignete Zeit, ein Grundsatz, der im chinesischen Altertum sich durchgängig findet. Vgl. Kungfutse, Gespräche Buch I, 5.

9

Zeile 1: Bild einer Schale mit Wasser, die man nicht überfüllen darf, ohne daß es überläuft.
Das nächste Bild bezieht sich auf eine Messerschneide. Der Sinn ist der des Sprichworts: Allzu scharf macht schartig. In der letzten Zeile setzen manche Texte: Ist das Werk vollbracht »und folgt der Ruhm«, ein Zusatz, der mit der sonstigen Anschauung unseres Werkes nicht stimmt und auch den Rhythmus unterbricht. Es ist wohl eine Korruption aus No. 47, wo es heißt: »Die Werke werden vollbracht, und die Arbeit wird getan« (wörtlich »folgt«), die hierher übertragen ist.

10

Der Anfang gibt in seiner jetzigen Gestalt keinen eindeutigen Sinn. Man muß sich wohl mit einer Korruption des Textes zufriedengeben. Der allgemeine Sinn dürfte wohl der sein: Einheitlichkeit des Strebens gibt ungeteiltes Leben, das als solches auch dem Tod widerstehen kann. Vgl. No. 22 und 39 über die Wirkung der Einheit.
Zum Bild des Kindleins, das häufig wiederkehrt, vgl. Matth. 18, 3 f. Zeile 9. Wohl im Anschluß an No. 1 und 6 zu verstehen. Das Wort, das mit »rein empfangend« übersetzt ist, bedeutet ursprünglich das Weibchen eines Vogels. Es ist höchst wahrscheinlich, daß hier auf einen dunkeln Schöpfungsmythus angespielt ist. Vgl. auch die Auffassung des Heiligen Geistes als einer Taube in der christlichen Terminologie und die Vorstellung des über der Tiefe brütenden Geistes in Gen. I. Spätere Kommentatoren sehen in den Toren des Himmels die Körperöffnungen.
Zeile 11. Gegensatz der inneren Intuition und des diskursiven Wissens, der bei Laotse sich durchgehends findet und ihm von der konfuzianischen Schule verübelt wurde, obwohl auch Kung das angeborene, intuitive Wissen als das höchste ansieht. Vgl. Gespräche Buch XVI, 9.
Die Schlußzeilen bilden einen formulierten Zusammenhang, der auch in No. 51 wiederkehrt. Wohl ebenfalls Traditionsgut.

11

In Gleichnissen sucht der Verfasser hier einer Wahrheit zum Ausdruck zu verhelfen, deren direkte Aussprache ihm durch den Mangel an Ausdrucksfähigkeit der Sprache, die ihm zu Gebote stand, unmöglich wurde. Man merkt es auch sonst seinen Äußerungen an, daß er mehr gedacht hat, als er in Worte zu pressen vermochte (vgl. No. 5 und No. 25), eine Schwierigkeit übrigens, die schließlich jedem Versuch, originale Gedanken mit den fertigen Mitteln der Sprache auszudrücken, anhaftet.

Das »Nichtsein«, von dem hier die Rede ist, ist die Qualität im Unterschied zur Quantität. Gerade die Qualität ist es, die der bloßen Masse den Wert verleiht.

12

Die Farben, wörtlich die »5 Farben«, nämlich Blau (bzw. Grün), Rot, Gelb, Weiß und Schwarz. Die Töne, wörtlich die »5 Töne«, nämlich c, d, e, g, a (die chinesische Tonleiter hat keine Quarte und keine Septime). Die Würzen, wörtlich die »5 Geschmacksarten«, nämlich bitter, salzig, süß, sauer, beißend. Der Sinn der Nutzanwendung ist Betonung der Pflege des selbständigen Inneren unter Vermeidung der Preisgabe an die Lust nach den äußeren Dingen der Sinnenwelt. Ähnlich wie in No. 3. Vgl. auch: »Was hülfe es dem Menschen, so er die ganze Welt gewänne und nähme doch Schaden an seiner Seele«.

Der Schlußsatz ist wieder eine stereotype Wendung; vgl. No. 72.

13

Dieser Abschnitt ist textlich ziemlich schlimm mitgenommen. Hinter Zeile 2 ist offenbar ein Stück eines alten Kommentars mit in den Text hineingeraten. Wir haben seine Auffassung für die Übersetzung der beiden ersten Zeilen verwandt. Dem Wortlaut nach steht statt »durch« eigentlich »wie«, was aber keinen befriedigenden Sinn gibt. Der Schlußsatz ist in doppelter Version wiederholt.

14

Die drei Namen des SINNS: »Gleich«, »Fein«, »Verborgen« bezeichnen seine Übersinnlichkeit. Die Versuche, aus den chinesischen Lauten I, Hi, We den

hebräischen Gottesnamen herauszulesen, dürfen wohl als endgültig erledigt angesehen werden. (Victor von Strauß glaubte bekanntlich noch daran; vgl. seine Übersetzung.)
Daß die hier gezeichnete Anschauung des SINNS (der Gottheit) manche Parallelen in der israelitischen hat, sei nicht geleugnet; vgl. bes. die Stellen II. Mos. 33 und I. Kön. 19 zu unserem Abschnitt. Doch sind derartige Übereinstimmungen auch ohne direkte Berührung verständlich genug. Diese Anschauung von der Gottheit bezeichnet einfach eine bestimmte Entwicklungsstufe des menschlichen Bewußtseins in seiner Erkenntnis des Göttlichen. Zudem darf der fundamentale Unterschied zwischen der unpersönlich-pantheistischen Konzeption Laotses und der scharf umrissenen historischen Persönlichkeit des israelitischen Gottes nicht außer acht gelassen werden.
Die letzten Zeilen beziehen sich auf die Übergeschichtlichkeit dieser Wahrheit. In dieser Wahrheit ist Vergangenheit und Gegenwart eins. Das Historische, das bei Kung eine so wichtige Rolle spielte, fällt für Laotse notwendig als bedeutungslos in nichts zusammen. Er verwendet zwar die Wahrheitserkenntnisse des Altertums wiederholt (vgl. die mannigfachen Zitate), aber nur insofern sie in seiner Richtung liegen. Er steht neben ihnen, nicht auf ihnen (vgl. den folgenden Abschnitt).

15

Möglich, daß die letzten Zeilen des vorigen Abschnitts in nähere Verbindung mit dem vorliegenden gehören. Die Schilderung der alten Meister der »Mystik« kann ebenso auf Laotse selbst, wie überhaupt auf jeden Mystiker angewandt werden. Es gehört zum Wesen des Mystikers, daß er nach außen hin verborgen ist, da er ja das äußere Leben nicht mehr als etwas von wesentlich ernsthaftem Charakter zu betrachten fähig ist, daher er dann schwer zu »fassen« ist. Die ironische, oft stark sarkastische Art solcher Mystiker ist auch aus dem Leben des Kung bekannt. Vgl. Gespräche Buch XVIII, 5, 6, 7, 8. Kung war solchen Leuten gegenüber immer besonders wehrlos. Die Übersetzung der letzten 7 Zeilen ist nach dem Text des Komm. II gegeben, der weniger Schwierigkeiten bietet als andere Variationen. Nach dem Text von Wang Bi wäre zu übersetzen: »Wer kann das Trübe dadurch, daß man es still macht, klären? Wer kann das Ruhige dadurch, daß man es lange bewegt, erzeugen?« Die Frageform gibt in dieser Zusammenfassung keinen Sinn.

Bei den letzten Zeilen ist wieder ein Gedankenzusammenhang mit dem folgenden Abschnitt zu konstatieren.

Die letzte Zeile ist übersetzt nach dem Kommentar von Wang Fu Dschï, der trennt: »Gering bleiben, nicht neu werden, vollenden«. Andere verbinden: »Er kann gering bleiben und neuem Werden entgehen«. Es ist nicht anzunehmen, daß in dem »neuen Werden« der Gedanke der Metempsychose angedeutet ist. Vielmehr scheint der Gedanke einfach in der Richtung der verborgenen Zurückgezogenheit zu liegen. Die Fülle, die der Bewahrer des SINNS nicht wünscht, ist ähnlich zu verstehen wie in No. 4, daß nämlich das Leben mit dem, was es zu bieten vermag, ihn nicht restlos ausfüllen kann. Darin liegt die Überzeitlichkeit, die in der Wertung der Lebensgüter den rechten Maßstab findet.

16

Zeile 10 und 11 unterbrechen einigermaßen den Zusammenhang der Stufenleiter. Sie sind wohl anderswoher interpoliert, um das sonst als minderwertig angesehene Wort »Erkenntnis« (vgl. No. 3) zu rechtfertigen bzw. durch »Weisheit« zu ersetzen.

Zeile 10 findet sich in No. 55 wohl in besserem Zusammenhang. Der Schlußsatz, der hier auch etwas nachhinkt, findet sich in No. 52. Zur Stufenleiter selbst bemerkt der Komm. II: Erkenntnis der Ewigkeit macht das Herz leer, so daß Platz darin wird, um die Wesen aufzunehmen (vgl. No. 49). Nimmt man so die Wesen in sich auf, so verschwinden parteiische Zu und Abneigungen. Damit ist die Verfassung gegeben, die zum Herrscher tauglich macht. Auf der höchsten Stufe kommt dieses Wesen dem Himmel gleich, der selbst wiederum im SINN sein Vorbild hat (vgl. dazu No. 21 und 25).

17

Die Stufenfolge der Fürsten ist sehr bezeichnend. Der Ausdruck: »Vertraut man nicht genug« steht ebenfalls in No. 23. Zum 2. Teil vergleiche das hübsche Volkslied, das unter dem Kaiser Yao gesungen worden sein soll:

> Die Sonne geht auf, und ich gehe an die Arbeit;
> Die Sonne geht unter, und ich gehe zur Ruhe;
> Ich grabe einen Brunnen und trinke;

Ich pflüge ein Feld und esse;
Der Kaiser – was gibt mir der?

(Das alles verdanke ich nicht dem Kaiser, sondern meiner eigenen Arbeit.)

18

Paradoxe Beispiele für den theoretischen Satz No. 2, Zeile 1 ff. und für No. 38, zweite Hälfte. Der Sinn des Abschnitts ist, daß, solange alles in Ordnung ist, die genannten Tugenden so allgemein und selbstverständlich sind, daß sie sich nicht hervorheben. Eine hübsche Illustration zur Sache ist die kleine Geschichte, daß einst ein Buch über die berühmten 24 Beispiele kindlicher Pietät von einem Chinesen an einen Japaner übergeben worden sei. Der habe sich sehr verwundert darüber geäußert, daß in China Pietät etwas so Außerordentliches sei, daß man in der ganzen Geschichte nur 24 Beispiele davon finden könne. In Japan sei umgekehrt die Pietät so selbstverständliche Regel, daß man nicht darüber spreche und höchstens 24 Beispiele von Pietätlosigkeit sich in der japanischen Geschichte finden ließen. Zeile 3: Die Blutsverwandten: wörtlich die 6 Verwandtschaftsgrade, nämlich Vater, Mutter, älterer Bruder, jüngerer Bruder, Frau, Kinder.

19

Rückkehr zur Natur und Verlassen des Weges der Kultur: dann werden sich alle Verhältnisse von selber wieder regeln. Auch hier ein Gegensatz zu der Richtung, die in Kung ihren Hauptvertreter fand. Spätere Konfuzianer, besonders Han Jü, haben gerade diese paradoxen Aussprüche benutzt, um den Laotse aufs leidenschaftlichste als Finsterling zu bekämpfen. Die ersten Zeilen des nächsten Abschnitts sind eventuell hier mit anzuschließen.

20

Der Abschnitt wird vielfach mißverstanden, indem man die Analogie von Zeile 2 und 3 übersieht und übersetzt: »Zwischen Ja und Jawohl (der bestimmten, männlichen und der zögernden, weiblichen Bejahung) ist zwar kein wesentlicher Unterschied. Wie groß dagegen ist der Unterschied zwischen Gut und Böse!«

Unsere Auffassung wird übrigens durch No. 2 gedeckt. Man versperrt sich auch den Weg zum Verständnis der folgenden tragischen Klagen des vereinsamten Individualisten inmitten der »ungebrochenen«, daseinsfreudigen Menschenwelt, wenn man die bittere Ironie von Zeile 4 als platte Ermahnung faßt. Die Klagen über Vereinsamung dessen, der »unter Larven die einzige fühlende Brust« ist, sind religionsgeschichtlich überaus interessant als die Kehrseite des religiösen Individualismus, wie sie ganz ähnlich der Prophet Jeremia zum Ausdruck bringt (vgl. Jer. 20, 8 ff.). Es handelt sich hier um eine typische Erscheinung, die mit der Erlangung einer prinzipiell höheren Entwicklungsstufe stets notwendig verknüpft ist. Besonders interessant, weil in China die soziale Psyche den Sieg errungen hat über die individuelle.

»Einöde, habe ich noch nicht deine Mitte erreicht?« Wir folgen hier der überwiegenden Tradition. Andre wollen erklären: »Des Weisen Erkenntnis ist unbegrenzt und unermeßlich.«

»Ich bin allein unschlüssig, weil mir noch kein Zeichen geworden.« Das »Zeichen« ist das Orakel, das vor jeder wichtigen Unternehmung befragt wird (im Altertum durch Schildkrötenschalen, die angebrannt werden und aus deren Rissen man die Antwort liest) und das gesprochen haben muß, ehe man etwas unternehmen kann. Hier wohl weiter zu fassen. Vgl. die Klagen Kungs, daß ihm kein Zeichen zuteil werde (Gespräche Buch IX, 8).

»Unruhig, ach, als das Meer«; wir folgen hier dem Text Wang Bi's. Die andere Lesart ist »unruhig wie umdüstert«.

Zur letzten Zeile sei die Lesart erwähnt: »denn ich halte es wert, von der Mutter zu essen«.

21

Im vorliegenden Abschnitt ist die absteigende Linie vom SINN zur Wirklichkeit gezeichnet, entsprechend der aufsteigenden Reihe in No. 16. Vgl. außerdem No. 25.

Aus dem SINN geht zunächst das LEBEN (hier das große, tiefe genannt) hervor. Die Entstehung des Daseins geht durch die Stufen der Idee, des (geistigen) Seins, des Samens, der Wirklichkeit.

Der abschließende Abschnitt wird auch anders gedeutet (Komm. II):

»Von alters her bis heute ist sein Name nicht zu entbehren, da aus ihm alle Anfänge hervorgehen.« Die Herkunft aller Dinge aus dem SINN ermöglicht ihr

Verständnis vermöge des SINNS, d. h. weil das Dasein immanente Logik hat, kann es logisch erfaßt werden. (Die Schlußbemerkung findet sich auch No. 54).

22

Zu Beginn wieder ein gereimtes Spruchzitat, das am Schluß ausdrücklich als Ausspruch der Alten bezeichnet ist. Vgl. dazu No. 77 und Jes. 40, 4. Zeile 1: Bild vom Mond, der erst unvollkommen ist und dann voll wird. Zeile 2: Bild von einer Raupe oder einem Seil, den Wechsel des Anziehens, das auf das Nachlassen folgt, andeutend. Zeile 3 wird auf eine Bodenvertiefung gedeutet, die sich mit Wasser füllt (vgl. Mencius IV, 2, 18). Zeile 4: Bild von den sich erneuernden Blättern eines Baumes. Die Anwendung ist der positive Ausdruck dessen, was in No. 24 negativ ausgedrückt ist.
Die beiden Zeilen: »Er umfaßt das Eine usw.« finden sich ähnlich in No. 39.

23

Die zweite Hälfte bietet große Schwierigkeiten. Auch ist der Text in den verschiedenen Ausgaben verschieden, was den dringenden Verdacht der Korruption nahelegt.
Besondere Differenzen herrschen über die Auffassung des Worts, das im Text mit »Armut« wiedergegeben ist und wörtlich »verlieren« heißt. Nicht minder schwierig ist der Ausdruck, der im Text mit »freudig entgegenkommen« übersetzt ist und wörtlich »sich freuen zu bekommen« heißt. Der Komm. II sowie St. Julien lassen das »sich freuen« aus, wodurch der Text flüssiger wird; es ist aber fraglich, ob nicht eine nachträgliche Erleichterung vorliegt. Wang Bi faßt den »Verlust« in dem Sinne auf, den wir im Text gegeben. Er sagt: »Der Berufene kann alles aushalten und sich mit allem identifizieren – also auch mit dem Verlieren, der Armut.« Andere, z. B. Strauß, fassen den »Verlust« gleich »Verderbnis«. Dann bekommt man die unmögliche Auffassung: »Wer durch Nachfolge Taos zur Wesenseinheit mit ihm kommt, der wird auch von Tao mit Freuden aufgenommen und angeeignet. Tao bewegt sich ihm entgegen, fördert und vollendet sein Streben und freut sich, ihn zu erhalten. Ähnlich die Tugend (von uns mit LEBEN wiedergegeben), die (und so auch die Verderbnis) hier entweder rhetorisch personifiziert wird oder auch durch diejenigen, welche sich mit ihr bereits identifiziert haben, vertreten gedacht werden mag. Die Verderbnis

aber freut's, den, der mit ihr sich einiget, zu verderben.« (Hier liegt abermals eine Textvariante zugrunde). Strauß a. a. O. pag. 123. Dazu ist zu sagen, daß diese Personifikationen der ganzen pantheistischen Stimmung Laotses nach und beim 2. und 3. Glied auch dem chinesischen Sprachgefühl nach unmöglich sind. Auf der andern Seite steht die Carus'sche Auffassung (a. a. O. pag. 109): »When identified with Reason, he forsooth joyfully embraces Reason, when identified with virtue, he forsooth joyfully embraces virtue; and when identified with loss, he forsooth joyfully embraces loss.« Auch diese Auffassung ist grammatisch möglich.

St. Julien übersetzt: »Celui qui s'identifie au Tao, gagne le Tao« usw.

Der Komm. II sieht darin den Satz der Vergeltung ausgedrückt, daß jeder erhält, was seine Taten wert sind.

Alles in allem wird man die Stelle als hoffnungslos aufgeben müssen. Die letzte Zeile findet sich im Zusammenhang von No. 17.

24

Vgl. dazu No. 22.

Am Schluß wird statt »Eiterbeule« auch übersetzt »Lästiges Gebaren«. Der Sinn wäre hiernach: Der sich selbst hervortut, verdirbt das Verdienst, das er hat, in den Augen der Mitwelt (die »Geschöpfe« = Götter und Menschen) durch seine Anmaßung selbst und macht sich lästig dadurch. Vgl. das neutestamentliche: »Sie haben ihren Lohn dahin«.

25

Der Anfang ist von uns auf Grund einer Konjektur wiedergegeben. Statt yu wu »Seiendes Ding« lesen wir yu wu »Sein und Nichtsein« (unter Heranziehung von No. 1). Der »SINN« kann unmöglich als ein »Ding« bezeichnet werden. Höchstens ginge es an, zu übersetzen: »Die existierenden Dinge waren noch ungetrennt durcheinander«.

Der Ausdruck, den wir mit »Menschenkönig« wiedergegeben haben, heißt eigentlich nur »König«. Gemeint ist der höchste Herrscher auf Erden, der Repräsentant der Menschheit und Hüter der moralischen Ordnung auf Erden. Bei der Wiederholung ist es darum von Laotse einfach durch »Mensch« ersetzt. Zu der üblichen Trias: Himmel, Erde, Mensch kommt hier als Viertes, das sie alle umfaßt, der SINN. Zu der Stufenleiter vgl. No. 16.

26

Das »schwere Gepäck« muß man beim Reisen in China immer bei sich haben, da man in der Herberge nichts vorfindet. Schon mancher Europäer, der in China reiste, hat in seiner Eile, voranzukommen, die hier ausgesprochene Wahrheit bitter empfunden, wenn er abends in der leeren Herberge ankam und sein Bettzeug usw. noch meilenweit dahinten war. Das Bild ist daher überaus plastisch. In der vorletzten Zeile findet sich eine Textvariante: »Durchs Leichtnehmen verliert man die Minister. Durch Unruhe verliert man den Herrscher«. Unsere Übersetzung wird aber durch den Anfang des Abschnitts gedeckt.

27

Auch dieser Abschnitt beginnt mit einer Reihe sprichwörtlicher Reime. Die ersten 4 Zeilen der Anwendung, die heute in allen Ausgaben stehen, finden sich nach einer Bemerkung eines Herausgebers des Wang Bi'schen Kommentars nur bei Ho Shang Gung, während sie in den alten Ausgaben gefehlt hätten.
Der Ausdruck »zweifache Erleuchtung« kann auch übersetzt werden »innere Erleuchtung«; er würde wohl in moderner Sprache am besten übersetzt mit »Reflexion«.
Zu den Sätzen über die guten Menschen als Lehrer der Nichtguten und die Nichtguten als Stoff (soviel wie Schülermaterial) der Guten vgl. Kungfutse, Gespräche Buch II, 20.
Die Hochschätzung der Lehrer und die Liebe zum Schülermaterial wird von manchen als gegenseitige Pflicht aufgefaßt. Das gibt jedoch keinen guten Sinn. Es ist besser, anzunehmen, daß der Berufene alle seine Leute liebt, sowohl die, die er zu Lehrern gesetzt hat, als auch die, die er ihnen als Material der Beeinflussung anvertraut hat. Nur so ergeben die Schlußbemerkungen einen zusammenhängenden Sinn.

28

Der Abschnitt besteht aus drei symmetrisch gegliederten Strophen, die in sich abgeschlossen sind. Die Erwähnung der Einfalt am Schluß hat dann noch die Hinzufügung einiger Aphorismen über die Einfalt veranlaßt, die hier aus dem Zusammenhang herausfallen. Möglicherweise haben wir (Tai Gi) liegende Zustand des Ineinanderseins der Gegensätze; vgl. Bemerkung daselbst.
Der Anfang lautet wörtlich: »Wer seine Mannheit erkennt und seine Weibheit bewahrt«.
Das »Ungewordene« in Strophe 2 (Wu Gi) ist eben der vor dem Uranfang (Tai Gi) liegende Zustand des Ineinanderseins der Gegensätze; vgl. Bemerkung zu No. 1.
Zu dem »Tal der Welt« vgl. Bemerkung zu No. 6.

29

Die »Welt«, wörtlich »das unter dem Himmel«, soviel wie der römische orbis terrarum, ebenfalls auch gleich »Reich«. »Geistiges Ding« (schen ki), ein alter Ausdruck, wörtlich »geistiges bzw. göttliches Gerät«. Der Ausdruck stammt wohl ursprünglich von den sagenhaften 9 Opfergefäßen, die, von dem großen Yü verfertigt, als Symbol der Herrschaft über die damaligen 9 Provinzen sich von Generation zu Generation vererbten. Hier in übertragenem Sinn von dem Reich gebraucht mit der Bedeutung, daß es ein geistiger Organismus sei, dem nicht mit mechanischem Machen beizukommen ist.
Auch hier wieder Reimsprüche, deren Inhalt merkwürdig mit dem Koptischen Lied, No. II, von Goethe übereinstimmt, wenn auch die gezogene Nutzanwendung hier und dort diametral entgegengesetzt ist.

30

»Menschenherrscher«, ein anderer Ausdruck für Fürst.
Zeile 3 läßt auch die Erklärung zu: »Denn solche Dinge fallen leicht zurück« (scil. auf ihren Urheber).
Zeile 4 redet von der Wirkung des Kriegs auf die Menschen, Zeile 5 von der Wirkung des Kriegs auf die »Manen«, d. h. die Naturkräfte, die durch ihn gestört werden.

Der Sinn des Folgenden ist, daß der Krieg nur als notwendiges Übel angesehen werden dürfe, dem keinerlei Selbstzweck zukomme.
Die drei letzten Zeilen sind aus Abschnitt 55, wo sie besser in den Zusammenhang passen.

31

Der ganze Abschnitt ist wohl ein Kommentar zum vorigen, der nachträglich in den Text gekommen ist. Wang Bi übergeht ihn mit Stillschweigen. In den alten Manuskripten soll er sich nicht gefunden haben. Vgl. die Nachschrift zu Wang Bi.

32

Die Stelle: »So unscheinbar die Einfalt ist« bis »wird ganz von selber recht« unterbricht den Zusammenhang, sie ist wohl ähnlich wie der Schluß von Abschnitt 28 aus Abschnitt 37 versprengt.
Dieser Abschnitt, der sich in manchem mit Abschnitt 1 berührt, gibt die Anschauung Laotses zur Frage der Richtigstellung der Bezeichnungen, die offenbar ein viel erörtertes Thema der alten Zeit war. Vgl. Kungs Äußerung zur Sache Gespräche XIII, 3 und O. Franke, Über die chinesische Lehre von den Bezeichnungen, Leyden 1906.

33

Eine Reihe von Antithesen, von denen jeweils die zweite die höhere Stufe repräsentiert. Aus diesem Grunde ist bei der dritten Antithese, die im Text lautet: »Wer sich durchsetzt (gewaltsam handelt), hat Willen, wer sich genügen läßt, ist reich«, eine Umstellung vorzunehmen, um den Sinn Laotses zu treffen.
Das letzte Wort (chines. schou) hier im Sinn von ewigem Leben.

34

Über die Allgegenwart des SINNS. Manche Übereinstimmungen mit No. 2. Im Text einige Schwankungen; statt: »Er kleidet und nährt alle Geschöpfe« in manchen Ausgaben: »Er liebt und nährt«.

Das zweite »und er spielt nicht den Herrn« ist wohl eine versehentliche Wiederholung des ersten.

35

Beginnt wieder mit vier Reimsprüchen. Das »große Urbild« ist soviel wie der SINN. Vgl. auch No. 14.

36

Auch hier wieder zum Beginn eine Reihe paradoxer Sprüche, die in ihrer praktischen Anwendung von macchiavellistischer Kühnheit sind. Darum auch nichts für die große Masse, sondern »geheime Erleuchtung«, d. h. esoterische Weisheit. Die beiden letzten Zeilen beziehen sich wohl eben darauf. Wir haben deshalb den Ausdruck »li ki« mit Förderungsmittel, nicht, wie manche Komm. wollen, mit »scharfe Waffen« übersetzt. Vgl. zu diesem Ausdruck Abschnitt 57, dort übersetzt mit »Mittel des Wohlstands«.

37

Hierher gehören wohl die versprengten Stücke aus No. 28 und 32. Wir verzichten jedoch darauf, einen Rekonstruktionsversuch zu machen.

Zweiter Teil
38

Das »hohe LEBEN« ist dasjenige, das durch seine Einheit mit dem SINN Leben in sich selber hat, nicht wie das »niedere LEBEN« nur abgeleiteter Weise. Vgl. dazu Joh. 5, 26: »Wie der Vater das Leben hat in ihm selber, also hat er dem Sohn gegeben, das Leben zu haben in ihm selber« und zu dem »niederen LEBEN« Marc. 8, 35: »Wer sein Leben will behalten, der wird es verlieren.«
Die Stufenleiter des Handelns macht einige Schwierigkeiten, weil dieselbe Stufe (»handeln und Absichten haben«) zweimal vorkommt: beim niedern LEBEN und bei der Gerechtigkeit. Man beseitigt die Schwierigkeit am besten, wenn man das »niedere LEBEN« als zusammenfassenden Ausdruck für Liebe (Sittlichkeit), Gerechtigkeit und Moral (Riten) auffaßt. Das »Handeln und Absichten haben«

wäre danach der Durchschnitt jener drei, über den die Liebe noch etwas hervorragt, während die Moral ihn noch nicht einmal erreicht.
Die Liebe handelt und hat nicht Absichten, d. h. sucht nicht das Ihre. Entsprechend die andern Stufen.
Bei Liebe, Gerechtigkeit, Moral haben wir den Zusatz »die hohe«, der im Chinesischen dasteht, weggelassen, weil ja bei diesen gar kein Gegensatz zwischen hoch und nieder mehr erwähnt ist. Sehr drastisch ist die Schilderung des »moralischen« Benehmens, das durch seine »Anstandsregeln« unerträglich knechten kann.
Der nächste Passus »Ist der SINN abhanden, dann das LEBEN« usw. ist im Urtext ebenso zweideutig wie in der Übersetzung. Entweder kann es bedeuten: Geht der SINN verloren, dann gibt es LEBEN usw. nach Analogie von No. 18. Aber diese Auffassung gibt gerade in dem ersten Glied keinen befriedigenden Sinn. Daher ist es wohl eher so zu nehmen: »Geht der SINN verloren, dann geht mit ihm zugleich auch das LEBEN verloren« usw.
Das Ganze steht im schroffsten Gegensatz zum Konfuzianismus, dessen höchste Begriffe: Liebe, Gerechtigkeit, Moral (Anstand) hier in ihrem Wert verneint sind. Der Glaube, die vierte jener konfuzianischen Kardinaltugenden, wird zwar anerkannt, aber als mit dem Anstand unvereinbar bezeichnet, während die fünfte, das Wissen (hier Vorbedacht), als des SINNES Schein bezeichnet wird. Der »rechte Mann«, obwohl im Ausdruck verschieden, dennoch sachlich identisch mit dem »Berufenen«. Die letzte Zeile findet sich an mehreren Stellen wiederholt.

39

Das Eine ist eben der SINN.
Die Zusammenstellung der »Geister« und der »Tiefe« (der »Materie«) erinnert an Abschnitt 6.
Der Passus über die Geschöpfe im allgemeinen fehlt in manchen Ausgaben. Zu dem Ausspruch über die Herrscher vgl. No. 22. Der Ausdruck, der mit »Richtmaß« übersetzt ist, schwankt in den verschiedenen Ausgaben. Statt »Richtmaß« steht auch »Reinheit, Keuschheit«.
Statt »wären die Herrscher nicht erhaben dadurch« haben andere Ausgaben die Wiederholung des Ausdrucks »Richtmaß«.

Die Ausdrücke Einsam, Verwaist, Wenigkeit sind offizielle Selbstbezeichnungen der Herrscher gegenüber vom Himmel. Die Stelle kehrt wieder in No. 42, kann daher hier u. E. gestrichen werden. Das Bild von dem Wagen, dessen Text ebenfalls recht unsicher ist, so daß sogar Komm. II Korruption des Textes annimmt, ist wohl so zu deuten, daß, wie der Wagen nicht ohne seine einzelnen Teile bestehen kann, so auch der Fürst nicht ohne die Untertanen. Die umgekehrte Auffassung, daß der Begriff »Wagen« noch mehr sei als seine Bestandteile, erinnert sehr stark an buddhistische Anschauungen, die dem Einzelmenschen das Atman, das »Ich«, abstreiten.

40

»Rückkehr« ist soviel wie Kreislauf, daher ist der SINN in sich geschlossen und unerschöpflich. »Schwachheit« ist soviel wie qualitative, nicht quantitative Wirkung. Das »Nichtsein« hier ebenfalls = das nicht in Erscheinung Tretende, der qualitative Wert: Teleologie, nicht Kausalität als Erklärungsprinzip.

41

Die erste Hälfte ist ohne weiteres verständlich. Dagegen enthält das Zitat aus dem »Spruchdichter« sehr starke Paradoxien. »Sinn« kommt in diesem Zitat der Bedeutung »Weg« näher als sonst.
Die Diskrepanz zwischen Wesen und Erscheinung, die in diesen Sprüchen ausgedrückt ist, beruht darauf, daß alle Tugenden in ihrer höchsten Entfaltung nichts tun, um sich selbst ins Licht zu setzen. Vgl. »Laß deine rechte Hand nicht wissen, was die linke tut«.
Das große Geviert (= Quadrat) hat keine Ecke, da es unendlich groß ist und daher sich der endlichen Wahrnehmung entzieht.
Ein ähnlicher Gedanke liegt der Zeile vom »großen Ton« zugrunde. Er übersteigt die Skala des Hörbaren.

42

Der Abschnitt enthält zwei getrennte Teile, von denen der erste kosmogonisch ist. Die Einheit ist »Wu Gi«, die Zweiheit »Tai Gi« mit ihrer Teilung in Yang und Yin. Vgl. Anm. zu No. 1.

Das dritte, der »unendliche Lebensatem«, d. h. der Geist, ist sozusagen das Medium der Vereinigung der beiden Dualkräfte.
Die zweite Hälfte z. T. Wiederholung aus No. 39.
Die Schlußzeile wird auch folgendermaßen übersetzt: »Ich will der Vater (= Begründer) dieser Lehre heißen.« Doch ist unsere Übersetzung in den Kommentaren besser bezeugt.

43

Das »Allerweichste«, d. h. das Widerstandslose.
Das »Nichtseiende« ist auch hier wieder zu fassen als das Unräumliche, das imstande ist, das Räumliche allgegenwärtig zu durchdringen.

44

Vgl. Matth. 6, 25: »Ist nicht das Leben mehr als die Speise?«

45

Die Reimsprüche bilden eine Analogie zu denen in No. 41.

46

»Wenn der SINN herrscht auf Erden«: Hier ist Sinn nicht in prägnanter Bedeutung genommen, sondern mehr soviel wie: »Wenn vernunftgemäße Zustände herrschen«.

47

Statt: »Er wandert nicht und kommt doch ans Ziel« findet sich, wohl beeinflußt durch die 1. Zeile, auch die Lesart: »Er wandert nicht und erkennt doch«.
Statt: »Er sieht sich nicht um und vermag doch zu benennen« auch: »und vermag doch zu befehlen«.

48

Zu den beiden letzten Sätzen vgl. No. 57. (Der Ausdruck, der hier mit »Reich« übersetzt ist, ist dort mit »Welt« wiedergegeben, um eine Kollision mit der ersten Zeile, wo ein andrer Ausdruck für »Reich« steht, zu vermeiden; sachlich kommt es auf dasselbe heraus.)

49

Auch dieser Abschnitt steht in einem gewissen Gegensatz zu dem Konfuzianismus. Kung geht wohl soweit, daß er als Maßstab für die Behandlung der andern die eigenen Ansprüche bezw. Wünsche bezeichnet. Laotse geht noch einen Schritt weiter, indem er als Ideal aufstellt, daß jeder so zu behandeln ist, wie es seinem Wesen entspricht, d. h. rein als Selbstzweck. Dies ist der Sinn der zwei ersten Zeilen. »Der Berufene hat kein Herz für sich«, wörtlich »kein Herz mit einer ein für allemal bestimmten Richtung der Handlungsweise«. Daß Laotse sich bewußt ist, ein Paradoxon auszusprechen, drückt er in den letzten Zeilen aus, wo er sagt, daß die Leute alle verwundert auf eine derartige Ausnahmeerscheinung starren.

Interessant ist die Begründung für die unbedingte Güte und Treue, ganz einerlei, wie der andere sich benimmt, im eigenen Wesen (LEBEN), das gar nicht anders kann als sich entsprechend äußern. Es ist die »Vollkommenheit, wie euer Vater im Himmel vollkommen ist«, die Jesus als Motiv der Feindesliebe verlangt (Matth. 5, 48).

50

»Ausgehen« sc. aus dem Nichtsein ins Sein. »Eingehen« sc. aus dem Sein ins Nichtsein. »Knechte des Lebens« sind die in der aufsteigenden Linie, »Knechte des Todes« sind die auf der absteigenden Linie begriffenen.

»Die das Leben suchen und des Todes Stelle bewegen« sind die, die in ihrem Streben nach Leben das »Verweilende« (vgl. Faust: »Werd' ich zum Augenblicke sagen: verweile doch« ...) suchen und durch dieses Verweilen dem Tod den Angriffspunkt bieten. Das sind zusammen neun Zehntel, die alle dem Tod verfallen sind. »Wer gut das Leben zu führen weiß«, das ist das übrige Zehntel der Menschen, die Weisen. Da alle Gefahren nur das individuelle Ich treffen, sind sie

ihnen entnommen und brauchen sie nicht zu fürchten. Mit ihrem individuellen, zufälligen Ich haben sie zugleich »ihre sterbliche Stelle« aufgegeben. Sie leben, ob sie gleich sterben (vgl. Joh. 11, 25). Eine kleine Textvariante findet sich Zeile 13; statt »tragen« haben manche Texte »ausweichen«.
Von dieser Auffassung des Abschnitts verschieden ist die andre, die statt »drei unter zehn« erklärt: 13. Nach ihr gibt es 13 Mächte des Lebens, 13 Mächte des Todes, 13 sterbliche Stellen, doch scheitert diese Auffassung nicht nur am Kontext, sondern auch daran, daß kein Mensch weiß, was aus den geheimnisvollen 3 x 13 zu machen ist. Daß der späteren taoistischen Spielerei mit dieser Auslegung gedient war, läßt sich leicht verstehen. In der Folge hat dann auch das Suchen nach Zaubermedizinen gegen Tigerzahn und Waffenwunden seine Rolle gespielt. Die Boxerbewegung mit ihren Waffensegen ist der letzte Ausläufer dieses Aberglaubens. Daß das alles mit Laotse nichts zu tun hat, braucht nicht erst betont zu werden.

51

Die beiden ersten Zeilen beziehen sich auf den Zustand, ehe die Dinge in die Erscheinung getreten sind, die beiden folgenden auf den Zustand, nachdem sie in die Erscheinung getreten sind. Sie sind die Folge der beiden ersten. Haben die Dinge erst im SINN den Daseinsgrund und im LEBEN die Kraft zum Dasein, so verschaffen sie sich durch ihr eigenes Wesen eine entsprechende äußere Form, und die Umstände bringen diese Form in die endgültige Gestalt, ohne daß dazu noch ein besonderer Eingriff nötig wäre. Dieser Naturverlauf ist der Grund, warum es höchste Weisheit ist, als Herrscher von allem »Machen« sich zu enthalten.

52

Zu dem »Aufhören des Ichs« vergleiche die Ausführungen zu No. 50. Statt »Aufhören des Ichs« ist grammatikalisch auch möglich die Übersetzung »sein Leben lang«. Doch ist der chinesische Ausdruck von dem nachfolgenden, den wir so wiedergegeben haben, verschieden. Zudem findet er in der vorletzten Zeile seine Stütze.

53

Der Ausdruck, den wir mit »von außen her« übersetzt haben, heißt im Chinesischen wörtlich: »Schale«, dann aber auch »klein«, »unbedeutend« usw. Grammatikalisch möglich wäre für die ersten 5 Zeilen auch folgende Übersetzung:

> »Wenn ich auch nur ein wenig Erkenntnis habe,
> um dem großen SINN entsprechend zu wandeln,
> so ist es vor allem die äußerliche Entfaltung,
> die ich zu fürchten habe.
> Der große SINN ist ganz eben,
> aber die Leute lieben Seitenwege ...«

Bei dieser Auffassung sind dann die folgenden Aufzählungen Beispiele für die Seitenwege.
»Hofhaltung« in Zeile 6 kann sich sowohl auf den fürstlichen Hof beziehen als auch auf die Gehöfte der Leute aus dem Volk.

54

Die Reihenfolge der sozialen Stufen: Ich, Familie, Gegend (Gemeinde), Land, Reich (»Welt«) stimmt ziemlich mit der in der konfuzianischen »Großen Lehre« genannten überein: Ich, Familie, Land, Reich. Daß bei Laotse ein anderes Wort für Land steht, wird von chinesischen Kommentaren auf Redaktionsänderungen zurückgeführt. Interessant ist übrigens, daß Laotse die Landgemeinde erwähnt. Zur letzten Zeile vgl. No. 21.

55

Zur Erklärung der Besiegung aller Gefahren vgl. No. 50. Eine Parallele findet sich übrigens in den Verheißungen der apokryphen Stelle Marc. 16, 17 f. Den Ausdruck: »Es weiß noch nichts von Mann und Weib, und doch regt sich sein Blut usw.« gibt Strauß wörtlich genau auf griechisch wieder: οὔπω γιγνώσκει τὴν τῶν γυναικῶν ἀνδρῶν τε σύμμιξιν. καίτο το αἰδοῖον στύεται – σπέρματος περισσεία. »Weil es des Friedens Fülle hat« ist soviel wie innere Harmonie.

Zum Schluß ist wieder interessant die unmerkliche Antithese: »Den Frieden erkennen heißt ewig sein. Die Ewigkeit erkennen heißt weise sein« zu den nachfolgenden Zeilen: »Das Leben mehren nennt man Glück (vgl. dazu No. 50). Für sein Begehren seine Seelenkraft einsetzen (wir würden sagen: Nervenkraft) nennt man stark«, eine Antithese, die durch die abschließende Verurteilung eine grelle Beleuchtung bekommt.
Die Schlußzeilen passen hier besser in den Zusammenhang als in No. 30.

56

Der erste antithetische Spruch gehört wohl in den Zusammenhang von No. 81. Der zweite Spruch ist aus Nr. 52, die nächsten fünf aus No. 4. Alle diese Aussprüche sind an den anderen Stellen besser am Platz als in diesem Abschnitt, der eine Schilderung gibt der Erhabenheit über alle Leiden und Freuden der Welt, wie sie dem, der die Wahrheit erkannt hat, zuteil wird.

57

Der Ausdruck »Regierungskunst« beruht auf einer Konjektur für den Ausdruck »Geradheit«, der in den meisten Texten steht. Doch werden in der alten Sprache die Ausdrücke gelegentlich ausgetauscht.
Auch läßt sich unsre Auffassung durch den jap. Komm. belegen.
Hier wieder die paradoxe Antithese der beiden ersten Sätze zum dritten. Die sachlichen Ausführungen kommen in ihrer negativen Seite mit den Aussprüchen Kungs, Gespräche Buch II, 1 und 3, durchaus überein, nur daß Kung außer dem LEBEN (der Kraft des Geistes) auch die Sitte (Anstand) als wichtigen Faktor nimmt, die Laotse bekanntlich sehr niedrig einschätzt (vgl. Nr. 38). Zum Schluß statt der sonst üblichen Nutzanwendung Zitat eines alten Reimspruches.

58

Der Sinn der ersten vier Zeilen ist ohne weiteres klar.
Im Folgenden finden sich verschiedene Abweichungen im Text. Unserer Textauffassung nach ist die Meinung etwa: Was zunächst als Unglück erscheint (sc. die zögernde Handhabung der Regierung), stellt sich mit der Zeit als Glück heraus. Was zunächst als Vorzug erscheint (sc. eine energische und zufassende Regie-

rung, die das Volk zu Ruhm und Ehren führt), bringt mit der Zeit Unglück. Darum ist es das Höchste, nicht zu regieren; denn sonst wird das Gesetz mit der Zeit lästig: »Vernunft wird Unsinn, Wohltat Plage«. Und das Volk bleibt in beständiger Verblendung (vgl. Faust I).

Eine andere Textversion teilt nach Zeile 7 ab, nimmt also die Zeile noch zum Vorhergehenden und erklärt: »Wer erkennt es aber, daß Glück und Unglück auf ihrem Höhepunkt beständig ineinander übergehen?« Dann heißt es weiter: »Hat er (der Regent) nicht die rechte Art, so verkehrt sich die Ordnung und das Gute fortwährend in ihr Gegenteil, und das Volk kommt aus der Verblendung nicht heraus«.

Es ist wohl anzunehmen, daß im Text irgend etwas nicht in Ordnung ist, so daß man wohl den allgemeinen Sinn, aber nicht den feineren Gedankengang entziffern kann. Der Abschnitt gehört sachlich mit dem vorangehenden eng zusammen.

59

Die »erzeugenden Kräfte des Reichs«, wörtlich »die Mutter des Reichs«, nämlich der SINN in seiner Entfaltung als LEBEN.

60

In dem Abschnitt über die Geister und ihre Wirkungen macht der Wortlaut einige Schwierigkeiten. Namentlich ist fraglich, ob nur von den Geistern der Abgeschiedenen die Rede ist oder auch von den Naturgeistern. Möglich, obwohl grammatikalisch ebenfalls schwierig, wäre auch die Übersetzung: »Wenn man über den Erdkreis waltet entsprechend dem SINN, so äußern sich die Manen nicht als Dämonen (Naturgeister; d. h. sie bleiben ruhig). Abgesehen davon, daß die Manen sich nicht als Dämonen äußern, so schaden die Dämonen nicht den Menschen (d. h. sie bleiben bei ihren normalen Wirkungen. Es gibt keine Naturkatastrophen. Vgl. dazu No. 30). Abgesehen davon, daß die Dämonen den Menschen nicht schaden, so schadet auch der Berufene den Menschen (Textvariante) nicht. Wenn diese beiden sich nicht bekämpfen, so vereinigen sich ihre Kräfte in ihrer Segenswirkung«.

Am meisten Schwierigkeiten macht das Wort fe, das wir im Text mit »nicht, daß« bezw. »nicht nur, daß« übersetzt haben, und das oben mit »abgesehen davon, daß« wiedergegeben ist. Es einfach zu streichen, wie St. Julien will, geht nicht, da es sich in allen Ausgaben findet. Immerhin ist der Sinn im allgemeinen klar: »Quieta non movere!« Durch eine zurückhaltende, friedliche Regierung bleibt auch die unsichtbare Welt in Ruhe, während in Zeiten der Unruhe »Zeichen und Wunder« geschehen.

61

Das »sich unten halten« hat die Meinung: »sich frei halten von Prätensionen, sich zurückhalten«.
Das Verhältnis des großen und des kleinen Reichs, die durch gegenseitige Zurückhaltung gewinnen, ist das, daß das große Reich durch Zurückhaltung das kleine zum politischen Anschluß bewegt (in der chinesischen Geschichte gibt es Beispiele davon), und daß das kleine Reich durch Vereinigung mit dem großen an politischem Einfluß gewinnt und des Schutzes gegen feindliche Übergriffe sicher wird. Es ist im allgemeinen die Lehre ausgesprochen, daß dasjenige Staatswesen, das am uneigennützigsten den allgemeinen Interessen dient, die Hegemonie erhält. Carus verweist dabei auf die Beispiele von Preußen in Deutschland und Athen in Griechenland.

62

Das Wort, das wir mit »Hort« wiedergegeben haben (ao), bedeutet eigentlich die dunkle Südwestecke des Hauses, wo der Lar seinen Sitz hatte. Die Verehrung des Laren scheint übrigens im 6. Jahrhundert schon wesentlich zurückgegangen zu sein zugunsten des Herdgottes, der gegenwärtig den vollen Sieg davongetragen hat. Man vergleiche zu diesen Zuständen Kungfutse, Gespräche III, 13.
Indem Laotse die Art dieser Gottheit, die in den dunklen Verborgenheiten des Hauses unsichtbar schützend thront, in erweitertem Maßstab auf den SINN anwendet, gewinnt er ein überaus bezeichnendes Bild für ihn, das in den beiden nächsten Zeilen noch weiter erklärt ist. Bemerkenswert ist die Ausdehnung seiner Wirksamkeit auch auf die Nichtguten, vgl. Schillers Lied an die Freude:

»Alle Guten, alle Bösen
Folgen ihrer Rosenspur.«

Die beiden Zeilen über die hehren Worte und hehren Taten sind nach dem Wortlaut bei Huai Nan Dsï wiedergegeben. Die Stelle hat große textliche Schwierigkeiten.

In der Beziehung der Einsetzung des Herrschers und der Fürsten auf das Vorangehende, daß sie nämlich dafür sorgen, daß auch die Nichtguten nicht verworfen zu werden brauchen, folgen wir dem Kommentar II. Das Folgende geht von dem Bild der Darbringung von Geschenken an den Herrscher aus, es bezeichnet den SINN als die wertvollste Gabe an den Herrscher. Möglich wäre auch die Übersetzung: »Besser als ein Minister, der (alle äußeren Formen beherrscht und in Anwesenheit des Herrschers) sein Nephritszepter ehrfurchtsvoll in Händen hält und mit vier Vorreitern fährt, ist einer, der auf seinen Knien (wörtlich ›sitzend‹, entsprechend dem alten Ritus) den SINN darbringt.« Die Details des Hofzeremoniells, die hier andeutungsweise erwähnt sind, bedürfen wohl, weil nicht wesentlich, keiner ausführlichen Erläuterung.

Die Idee der Sündenvergebung, die hier auftritt, ist der konfuzianischen Richtung in dieser religiösen Ausprägung im allgemeinen fremd.

63

Der Satz: »Vergilt Groll durch LEBEN«, gewöhnlich übersetzt durch: »Vergilt Unrecht mit Güte«, spielt in den Erörterungen der Zeit eine gewisse Rolle. Laotse begründet ihn in No. 49 damit, daß unsere Handlungsweise notwendig aus unserem Wesen hervorgeht, daß wir darum gar nicht anders als gut sein können. Er geht damit über den Gedanken der »Gegenseitigkeit« hinaus, der in den nachkonfuzianischen Systemen eine so wichtige Stelle einnimmt. Kung war aus Gründen der staatlichen Gerechtigkeit zweifelhaft in diesem Stück (vgl. seine Äußerung zu der Frage in »Gespräche«, Buch XIV, 36), obwohl er den Grundsatz für die individuelle Moral anerkannt hat (vgl. Li Gi 29, 11 f.).

64

Das Achten auf das Kleine, noch nicht in Erscheinung Getretene ist ein Grundsatz, den auch Kung vertritt, vgl. Gespräche XV, 11. Im übrigen scheint hier eine Art Zitat aus dem Urkundenbuch vorzuliegen. Vgl. Schu Ging IV, 5, 8. 9: »Tu nichts Wertloses zum Schaden des Wertvollen, so wird dein Werk vollbracht. Halte nicht wert fremde Dinge unter Vernachlässigung der nützlichen, so wird das Volk Genüge haben. Hunde und Pferde, die nicht dem Klima entsprechen, halte dir nicht. Kostbare Vögel und seltene Tiere nähre nicht im Lande. Schätze nicht ferne Dinge, so werden die Leute aus der Ferne herbeikommen; was du schätzest, seien allein die Würdigen, so werden die Leute in der Nähe Frieden haben. O, sei früh und spät niemals etwa träge. Spare nicht unbedeutende Handlungen, denn das beeinflußt zuletzt die große Wesenskraft, wie ein Berg von neun Faden Höhe, dem noch der letzte Korb Erde fehlt.« Vgl. die Ansicht Kungs in der Sache, Gespräche IX, 18.

65

Auch in Beziehung auf die Volksaufklärung sind die Ansichten von Laotse und Kung durchaus übereinstimmend; Gespräche Buch VIII, 9.

66

Bei Wang Bi ohne Kommentar, ebenso wie der apokryphe Abschnitt 31. Auch der vorliegende Abschnitt bietet sachlich nichts Neues.

67

Der Anfang ist nicht ganz eindeutig im Text und in der Überlieferung. In manchen Ausgaben fehlt das Wort SINN, ohne daß dadurch jedoch in der Bedeutung etwas geändert würde.
Schwerwiegender ist die von manchen bevorzugte Interpunktion: »Alle Welt sagt, meine Lehre scheine durchaus für die Wirklichkeit ungeschickt.« Unsere Auffassung wird durch den Zusammenhang bekräftigt.
»Für die Wirklichkeit nicht geschickt« ist soviel wie unfähig bzw. unpraktisch.

69

Der Abschnitt gehört sachlich zu No. 30 u. 31.
»Besser ist es, den Gast zu spielen als den Herrn«, d. h. sich in seinen Bewegungen nach dem Feinde richten. Die paradoxen Sprüche sollen nur ein starker Ausdruck für die im Krieg zu befolgende Behutsamkeit sein. Die japanische Art der Kriegführung im Russisch-Japanischen Krieg hielt sich genau an diese Art.

Drittletzte Zeile: Die Schätze würden im Zusammenhang auf die im letzten Abschnitt genannten bezogen werden müssen. Die Zeile ist übrigens text-kritisch nicht einwandfrei.

70

Auch Laotse hat sich wie Kung mit der Schwierigkeit auseinanderzusetzen, daß er nicht verstanden wird. Vielleicht ist nichts charakteristischer für das ganze Wesen der beiden als die verschiedene Art, wie sie sich mit dieser Tatsache auseinandersetzen. Bei Kung ist das Nichtverstandenwerden der große Schmerz seines Lebens, mit dem er wohl nie ganz fertig geworden ist. Denn gerade daß er – vom 1. Satz in den Gesprächen an – so viel darüber redet, daß man sich über das Verkanntsein zu erheben habe, zeigt, wie tief ihn das Problem angriff. Wir wissen, daß es bei Kung nicht gekränkte Eitelkeit war, die diese Stellung hervorrief, sondern das Bewußtsein, daß er die Mittel habe, dem Reich zu helfen, während sich niemand fand, der zu ihrer Anwendung bereit gewesen wäre. Laotse setzt sich mit souveränem Stolz darüber hinweg im Bewußtsein, daß sein Verkanntwerden eine Folge davon ist, daß der »Herr und Vater« seiner Lehren, das Prinzip, das ihnen zugrunde liegt, der »SINN«, nicht erkannt wird. Er gehört in die Reihe jener Weisen, die ein für allemal resigniert haben, wie sie uns in den Gesprächen Kungs mehrfach begegnen, bes. im Buch XVIII. Für den Mystiker liegt dieser Standpunkt ohne weiteres nahe. Laotse hat darin Geistesverwandte in allen Zeiten und Ländern.

71

Das Zeichen, das wir mit »Leiden« übersetzt haben, heißt wörtlich »kranksein«. Es wird sowohl substantivisch als verbal gebraucht, worauf die scharfe Paradoxie des Abschnitts beruht.
Über das Wissen findet sich ein ähnlicher Ausspruch in Kungs Gesprächen Buch II, 17, der ebenso bezeichnend durch seine Übereinstimmung wie durch seine Abweichung ist.

72

Das Furchtbare, das die Leute fürchten sollen, ist wohl der Tod – vgl. Abschn. 74. Im übrigen sind die Erklärungen der Stelle Legion.
Einigermaßen schwirig ist auch die Zeile: »Dadurch eben, daß man nicht verdrießlich wird (sc. den Untertanen gegenüber), wird es nicht verdrießlich.« Möglich wäre auch: »Dadurch, daß man es nicht verdrießlich macht ...« Es ist hier eine der Stellen, wo die Konzisheit des Gedankens den sprachlichen Ausdruck sozusagen zerbricht. Die chinesischen Zeichen heißen wörtlich: »Denn nur nicht verdrießlich, darum nicht verdrießlich«. Die Deutung, ob Substantiv oder Verb, ob aktiv oder passiv, bleibt dem Leser überlassen.

73

Zur der Schlußzeile zitiert Carus das Logausche Sinngedicht: Gottes Mühlen mahlen langsam, mahlen aber trefflich klein, ob aus Langmut er sich säumet, bringt mit Schärf' er alles ein.

Es ist aber fraglich, ob der Sinn hier nicht eher der von Matth. 10, 29 f. ist: Kauft man nicht zween Sperlinge ... In die Gedankenzusammenhänge von Laotse paßt dieser Sinn besser. Vgl. übrigens den nächsten Abschnitt.

74

Der Abschnitt wird verschieden erklärt. Manche sehen darin nur eine Einschränkung der Todesstrafe oder wohl gar nur des politischen Mords empfohlen und übersetzen Zeile 3 ff. (wobei die eingeklammerten Worte angeblich ergänzt werden müssen, jedenfalls nicht in dem Text stehen): »Die Leute in beständiger Furcht vor dem Tod halten, und wenn dann einer etwas Wunderliches (sc. Schlechtes) tut, den hole ich mir und töte ihn. Wer getraut sich (dann noch, etwas Schlechtes zu tun)? Es gibt aber einen (Scharfrichter? – nach andern: ordentlich bestellten Richter –), der die Todesstrafe zu verhängen hat ...«
Schon die vielen Ergänzungen, die auf diese Weise nötig werden, zeigen das Gezwungene dieser Deutung, ganz abgesehen davon, daß diese Ansicht ganz aus dem Gedankenkreis des Laotse herausfällt. Umgekehrt ist es ganz leicht verständlich, daß in China, wo die Todesstrafe heutzutage zu den Selbstverständ-

lichkeiten gehört, die Kommentatoren die Erklärung des Textes der vulgären Meinung angenähert haben.

Wer der ist, der »das Töten überwacht und tötet«, ist nicht gesagt. Die Stelle erinnert in dieser Beziehung an Matth. 10, 28: Fürchtet euch vielmehr vor dem, der Leib und Seele verderben kann in die Hölle.

76

Die Zeile: »Ist ein Baum stark, so braucht er Stützen« ist textlich in den verschiedenen Ausgaben abweichend und macht Schwierigkeiten. Vermutlich liegt Korruption vor.

77

Der chinesische Bogen ist, wenn abgespannt, nach der innern Seite gebogen und muß beim Spannen durchgedrückt werden. Vgl. Abbildung.

Abgespannter Bogen:

Gespannter Bogen:

Zur Sache vgl. Nr. 22 und Jes. 40, 4.

Daß Carus einen Gegensatz zu Matth. 13, 12 (Wer da hat, dem wird gegeben …) herauskonstruiert, beruht auf Mißverständnis. Heranzuziehen wären Stellen wie Matth. 20, 16 (Also werden die letzten die ersten …). Zum Schlusse vgl. Abschn. Nr. 2. Doch ist der Text etwas abweichend.

78

Hier wieder ein ausdrückliches Zitat. Die Erdopfer (vgl. Anm. zu Abschnitt 6) sind das Vorrecht des Landesfürsten. Herr der Erdopfer ist also der Fürst bzw. Kaiser. Das Aufsichnehmen der Schuld als Vorbedingung der Herrschaft ist

im chinesischen Altertum wie auch in Westasien und Europa eine geläufige Anschauung. Vgl. dazu die Gebete der Könige Tang und Wu, die in Kung, Gespräche XX, 1 zitiert sind.
Die Schlußzeile würde modern ausgedrückt heißen: Die Wahrheit klingt oft paradox.

79

Der Sinn ist wohl der, daß bei jedem Streit, auch wenn er geschlichtet ist, doch noch eine Mißstimmung bleibt. Um das zu vermeiden, muß man überhaupt den Streit vermeiden, was eben dadurch geschieht, daß man nur Pflichten kennt, ohne Rechte für sich in Anspruch zu nehmen. Kungfutse, Gespräche Buch XV, 20.

80

Geknüpfte Knoten dienten, ähnlich wie in Peru, im chinesischen Altertum anstatt der Schrift, vgl. auch die Runen.
Die hier gegebene Schilderung des goldenen Zeitalters der Rückkehr zur Natur, das Laotse als Ideal verkündet, hat in der chinesischen Literatur manchen Nachklang erweckt. Am schönsten vielleicht in dem Märchen von der Pfirsichblütenquelle das Tao Yüan Ming, das wir in der Stilisierung von Dr. Gutherz, Tsingtau, wiedergeben:

Die Quelle im Pfirsichblütenwald

Es lebte einst, zu Zeiten Tai Jüan's, ein Fischer in Wuling. Dort war ein Fluß, auf dem er aufwärts fuhr, und er vergaß, ob weit, ob nahe er gefahren war, als da ein Wald ganz hell von Pfirsichblüten beide Ufer wohl viel hundert Schritte tief umfing. Da gab es keine andern Bäume; frisches, schönes Duftgras nur, in das sich Pfirsichblütenblätter niederstreuten. Der Fischer wunderte sich sehr darüber, und er fuhr noch weiter, denn er mochte wissen, wo des Waldes Ende war. Am Waldesrande aber war ein Berg, da quoll der Fluß heraus, und da war auch ein kleiner Gang hinein – wie lichtumschwebt.

Dort trat er ein – es ging gerade – wenig Schritte weiter aber ward es hell und weit – ein weithin ausgedehntes Land. Zwischen guten Feldern, schönen seichten Wasserflächen lagen sauber Hütten und auch Häuser. Wege führten kreuz und quer, es gab wohl alle Arten Bambuspflanzen und viel Maulbeersträuche. Von jedem Dorfe zu dem andern klang die Antwort von den Hunden und den Hühnern. Männer und Frauen – wie unsere Leute heraußen – säten die Felder; friedlich und froh des eigenen Tuns waren so Kinder als Greise.

Sie staunten, als sie unsern Fischer sahen und ihn dann befragten; über seine Rede aber luden sie ihn ein zu sich und gaben ihm vom Wein und schlachteten zum Mahl die Hühner. Im Dorfe hörte man davon, und jeder kam und fragte. Selbst erzählten sie, daß ihre Eltern einst zur unruhigen Zeit von Tsin Schë Huang mit Frau und Kind und allen Leuten fort und hergezogen seien, daß von damals her nicht einer mehr herausgekommen sei, und daß sie auch daher nichts wüßten von den Menschen draußen. Wer wohl König sei, das fragten sie; sie kannten nicht die Dynastie der Han, geschweige die der We und Tsin. Der Fischer aber gab ihnen von allem Kunde, was er wußte, daß sie nur so lauschten. Mancher Tag verging ihm dort auf diese Weise, eingeladen und bewirtet, wie er war, mit Wein und Speise. Dann beim Abschied meinten sie, es sei wohl nicht der Mühe wert, den Leuten draußen was davon zu sagen.

Der Fischer kam wieder heraus, bestieg sein Boot zur Heimkehr und behielt genau die Orte der Umgebung im Gedächtnis. In der Hauptstadt des Bezirkes gab er dem Beamten hübsch Bericht, und der hat Boten ausgesandt nach jener Schilderung. Die haben sich dabei verirrt und nicht den Weg gefunden.

Wohl ging noch Liu Tse Ki, der Weise aus dem Süden, frischen Mutes auf die Suche. Aber ehe er Erfolg erreichte, ward er krank und starb. Seither hat niemand nach dem Weg gefragt.

SUNZI

DIE KUNST DES KRIEGES

Aus dem Chinesischen übertragen von
Dr. Hannelore Eisenhofer
nach der Ausgabe mit elf Kommentaren

Einführung

Kurzer Ausflug ins chinesische Altertum

Sun Wu, der vor über 2.500 Jahren lebte und dieses kleine Handbuch der Kriegführung verfasste, erfreut sich nach wie vor, vor allem im Westen, großer Beliebtheit. Ob in Managerkreisen oder unter Kampfkunstanhängern gilt die *Kunst des Krieges*, wie der Titel des Buches im Allgemeinen wiedergegeben wird, als ein Leitfaden für Personalführung für Strategie und Menschenkenntnis, wurde aber auch bereits von Stanley Bing in seinem Buch *Sun Tzu was a Sissy* persifliert. Krieg als Fortsetzung der Politik mit anderen Mitteln beherrschte das chinesische Altertum. Die bislang als historisch gesichert geltende Shang-Dynastie (16. bis 11. Jh. v. Chr., auch als Yin-Dynastie nach der letzten Hauptstadt benannt) war gekennzeichnet von zahlreichen Kriegszügen, die nicht nur männliche Generäle anführten. Zumindest von einer der Gefährtinnen des Königs Wu Ding ist bekannt, dass sie ein Heer anführte. Zahlreiche Waffenfunde in den Gräbern legen ein reiches Zeugnis dieser frühen Zeit ab. Anhand der Ausgrabungen, die im Gebiet der letzten Hauptstadt Yinxu im Gebiet der heutigen Stadt Anyang durchgeführt wurden, ist bekannt, dass die Shang-Dynastie ein bereits hoch entwickeltes Staatswesen besaß. Zahlreiche Orakelinschriften, die teilweise entziffert wurden, belegen die politischen und kulturellen Aktivitäten, enthalten aber auch viele Hinweise auf kriegerische Unternehmungen. Die zahlreichen Bronzegefäße, komplett niedergelegte zweirädrige Wagen mit Wagenlenker, Protoporzellan und die Verwendung von Seide zeugen von der hohen Handwerkskunst dieser Epoche, aber auch von einem gewissen Wohlstand, der sicher der Auslöser für viele kriegerische Unternehmungen gewesen sein dürfte.

Auf die Shang-Dynastie folgte die Zhou-Zeit, die in eine Westliche und Östliche aufgrund der Lage der Hauptstadt unterteilt wird. Diese Periode ist gekennzeichnet durch ein Lehenswesen, das im Lauf der Zeit für zahlreiche Kriegszüge sorgte, da die einzelnen Machthaber ihren Einfluss und ihre Territorien zu vergrößern suchten. Die frühe Zeit dieser Entwicklung der Kleinstaaterei ist die sogenannte Frühling und Herbstperiode (770 bis 476 v. Chr.), auf die die Zeit der Streitenden Reiche folgte. Auf diesen letzten Abschnitt der Zhou-Zeit folgte die Einigung Chinas unter Qin Shihuangdi, der die Grundlage für ein großes und mächtiges chinesisches Reich schuf.

Im Jahre 1972 wurden in der Provinz Shandong im Gebiet von Yinqueshan zwei Gräber freigelegt, die in das zweite vorchristliche Jahrhundert aufgrund der Beigaben zu datieren sind. Diese Gräber enthielten nicht nur das übliche Grabinventar, bestehend aus Keramik, Münzen usw., sondern auch Bambustäfelchen, das Schreibmaterial des alten China. Diese Täfelchen, mit Tusche beschrieben, umfassten u. a. verschiedene als Kriegsklassiker geltende Werke. Aus Grab Nr. 1 wurden 4.942 Bambustäfelchen sowie Fragmente geborgen, aus Grab Nr. 2 hingegen nur 32. Unter anderem befanden sich unter diesen Werken das hier übersetzte *Sunzi bingfa* sowie das verloren geglaubte Werk *Sun Bin bingfa*. Erstaunlich war, dass beide Werke zusammen in einem Grab niedergelegt waren, hatte man doch lange Zeit angenommen, dass das *Sunzi bingfa* und das *Sun Bin bingfa* ein Werk seien, was nun durch diesen Fund eindeutig widerlegt werden konnte.

Doch wer waren die beiden Verfasser?

Sun Wu, dessen biografische Daten in dem Geschichtswerk *Shiji* von Sima Jian enthalten sind, galt lange Zeit als umstritten, und seine Existenz wurde sogar angezweifelt, da einige nach dem Shiji entstandene Quellen keinen Hinweis auf ihn oder sein Werk enthielten.

Sunzi lebte zur Zeit der Frühlingund Herbstperiode. Außer seiner Biografie in dem von Sima Jian verfassten Geschichtswerk Shiji, das aus der frühen Han-Zeit (ca. 109 bis 91 v. Chr.) stammt, finden sich keine weiteren Angaben zu seiner Person. In der Abteilung Biografien dieses Werkes findet sich ein Eintrag über Sun Wu, der ein Mann aus dem Staate Qi war, das auf der Halbinsel Shandong lag und an den Staat Lu angrenzte, der Heimat des Konfuzius. Dank seines Werks *Bingfa* wurde Sun Wu von König Helu (514 bis 496 v. Chr.) des Staates Wu in Audienz empfangen. Der König wollte eine Demonstration des Inhalts der dreizehn Kapitel der Abhandlung in die Praxis umgesetzt sehen. Allerdings nicht an Soldaten, sondern an Hofdamen. Die ausführliche Beschreibung dieses Unternehmens sei hier in verkürzter Form, angelehnt an die Biografie von Sima Jian, wiedergegeben.

Der König Helu wünschte eine Vorführung der Kriegsführung, wie von Sun Wu beschrieben, jedoch nicht mit richtigen Soldaten, sondern mit Hofdamen.

Sun Wu nahm dies als Herausforderung an, ließ die Hofdamen in Rüstungen kleiden, teilte sie zwei in Abteilungen ein und gab ihnen Hellebarden als Waffen. Er wies die Damen an, seinen Kommandos zu folgen, doch sobald er einen Befehl aussprach, wie »Augen nach links«, brachen die Hofdamen in Gelächter aus. Sun Wu wiederholte seine Befehle, jedoch ohne Erfolg. Wiederum war schallendes Gelächter die Folge. Nun, da er seine Befehle klar und deutlich gegeben hatte und diese auch verstanden, aber nicht befolgt wurden, konnte es nur an den Offizieren liegen. Er ließ deshalb die »Offiziersdamen« hervortreten und enthaupten. Als der König sah, dass seine zwei Lieblingskonkubinen ihr Leben lassen sollten, schickte er einen Boten zu Sun Wu, der um Aufhebung der Exekution bat. Sun Wu jedoch widersprach mit dem Argument, dass er als der führende General die absolute Macht über die Soldaten habe und der König darauf keinen Einfluss mehr nehmen könne. Die Exekution wurde vollzogen und siehe da, alle Hofdamen konnten ohne Einwand und Gelächter die Befehle einwandfrei ausführen.

Sun Wu hatte damit bewiesen, dass Disziplin die Grundlage jeden militärischen Erfolges bildet. Der König war von Sun Wus Fähigkeiten überzeugt und machte ihn zum General über seine Truppen.

Über das Leben von Sun Wu, dessen zweiter Bestandteil des Namens »Krieger« bedeutet, ist nichts weiter bekannt. Sein Werk jedoch ging in die Geschichte ein und wurde von jeder Dynastie hoch geschätzt.

Nach dem Fund der Bambustäfelchen konnte Sun Binals der Verfasser der zweiten Abhandlung über Kriegstaktiken als ein Nachkomme von Sun Wu ermittelt werden. Das zeigt nicht nur, dass derlei Traktate nach wie vor von Bedeutung waren, sondern auch, dass innerhalb einer Familie die Auseinandersetzung mit Krieg und Kriegstaktiken gepflegt wurde. Nicht alle Bambustäfelchen, die Sun Bin zugerechnet werden, waren wirklich zu entziffern, und da seine Abhandlung Teile enthält, die mit den Aussagen Sun Wus übereinstimmen, ist davon auszugehen, dass *Sun Bin bingfa* eine Weiterführung oder Ergänzung des erstgenannten Werkes ist.

Die hier vorliegende Übersetzung folgt dem chinesischen Text, unterstützt von elf Kommentaren, die bereits früh zu dieser Abhandlung über Kriegstaktiken in China verfasst wurden. Da das klassische Chinesisch sich in knappen Sätzen ausdrückte, die nach dem Prinzip Parallelität oder These und Antithese aufgebaut waren, herrschte bereits wenige Jahrhunderte nach dem Tod von Sun Wu Klärungsbedarf hinsichtlich des Inhalts der Aussagen, die aufgrund der Knappheit nicht immer verständlich waren. Damit der Text auch dem westlichen Leser verständlich wird, wurden die bereits früh verfassten Kommentare zum Teil in die Übersetzung eingearbeitet.

Erste Übersetzungen

Der französische Jesuitenpater und Missionar Jean Joseph Marie Amiot soll als erster *Sunzi bingfa* ins Französische im Jahre 1782 übersetzt haben und es heißt, das Buch habe auf Napoleon Bonaparte großen Einfluss ausgeübt. Der Titel des Buches lautete *Les Treize Articles*. Die Übersetzung ist ausführlich und eher eine Interpretation, um die Gedankengänge *Sunzis* einem französischen Publikum leichter zugänglich zu machen.

Im Jahre 1805 übersetzte Captain E. F. Calthrop das Buch ins Englische. Die Übersetzung lehnt sich stärker an das Original an als das von Amiot und ist, wie die Vorlage, knapp in der Aussage. Weitere Übersetzungen folgten, unter anderem von Lionel Giles, Sohn des Sinologen Herbert Giles, der das Buch 1910 herausbrachte. Giles fügte zwischen die Originaltextteile Beispiele ein, die das behandelte Thema verdeutlichen sollten. Die meisten der heute erhältlichen Ausgaben basieren auf den englischen Übersetzungen.

Der chinesische Text, der, wie gesagt, bereits früh kommentiert wurde, ist in der chinesischen Ausgabe von elf Kommentaren umgeben. Cao Cao, selbst Militärführer, Staatsmann und Gründer des Reiches Wei nach dem Zusammenbruch der Han im 3. Jh., Sima, Verfasser einer militärischen Abhandlung namens *Sima-fa*, Ouyang Xiu, Historiker, Essayist und Dichter der Song-Dynastie (960 bis 1279), sowie andere Gelehrte erläuterten aus ihrer Sicht die Abhandlung *Sunzis*, die nicht nur Erfahrung im Kriegshandwerk beweist, sondern in der Menschenführung, was das Werk auch heute nach über 2.500 Jahren noch immer aktuell sein lässt.

Kapitel 1

Planung und Vorbereitung

Sunzi sprach:
Der Krieg ist für einen Staat eine bedeutende Angelegenheit, denn er entscheidet über Leben und Tod und kann zum Untergang oder Weiterbestehen eines Staates führen. Auf jeden Fall ist Krieg eine Angelegenheit, die einer genauen Untersuchung unterzogen werden muss. Aus diesem Grund sind für den Erfolg fünf Faktoren zu berücksichtigen, die für die Dauer und die Berechnung der Kapazitäten ausschlaggebend sind. Diese fünf Faktoren sind folgende:

1. Die Führung*
2. Der Himmel
3. Die Erde
4. Der General
5. Die Taktik

Die Führung bedeutet, dass das Volk mit dem Willen des Herrschers eins ist und es für ihn sterben oder leben und sich nicht gegen ihn stellen wird.
Der Himmel ist dem Wetter gleichzusetzen, Tag und Nacht**, Kälte und Hitze sowie den Jahreszeiten. Günstiges oder ungünstiges Wetter kann für den Sieg entscheidend sein.
Die Erde ist das Schlachtfeld, das hoch oder tief, breit oder eng, fern oder nah, schwer oder leicht einzunehmen sein kann, was über Leben und Tod entscheidet.
Der General muss Weisheit, Vertrauenswürdigkeit, Mitmenschlichkeit, Mut und Strenge besitzen.
Die Taktik umfasst die richtige Einteilung und Rangordnung des Heeres, der Offiziere und das Kommando sowie die finanziellen Mittel.

---

* Wörtlich der Weg »Dao«, der hier für das moralische Verhalten des Herrschers steht.
** Wörtlich Yin und Yang. Yang steht für die Sonne, das Strahlende, die Helligkeit und den Tag, aber auch den Sommer und gilt gleichzeitig als das männliche Element. Yin, das für das weibliche Element steht, ist die Dunkelheit, die Nacht, das Feuchte und Kühle und steht auch für Erde.

Diese fünf Faktoren muss der General genau kennen. Ist er sich dieser Faktoren bewusst, führt das zum Sieg, wenn nicht, zur Niederlage, weshalb die Planung diese Faktoren und deren Beschaffenheit zum eigenen Vorteil berücksichtigen muss.

Dabei stellt sich wiederum die Frage nach der Weisheit des Herrschers und den Fähigkeiten des Generals, aber auch die Frage nach dem Wetter und der Beschaffenheit des Schlachtfeldes, der Taktik und des Kommandos, der Stärke der Soldaten, der Ausbildung der Offiziere und der Gerechtigkeit von Belohnung und Strafe. Wenn ich diese Fragen beantworten kann, weiß ich, wer der Sieger sein wird.

Wenn der General meinen Plan verstanden hat und ihn beherzigt, wird er auf jeden Fall siegen, und ich werde ihn weiterhin in meinen Diensten behalten; hat er jedoch meinen Plan nicht verstanden, ist er zum Scheitern verurteilt und wird davongejagt.

Die eigenen Vorteile zu berechnen, aber auch die Gesamtlage begriffen zu haben, trägt dazu bei, auch in ungewöhnlichen Situationen sich den Vorteil und die Macht zu sichern.

Krieg ist Täuschung. Wer fähig ist, zeigt Unfähigkeit, wer aktiv ist, zeigt Untätigkeit. Wer nahe ist, demonstriert dem Feind noch fern zu sein, und wer fern ist, zeigt Nähe. Ködere den Feind, indem du ihm einen Vorteil einräumst, täusche Verwirrung vor und entziehe dich ihm. Wenn er sich sicher glaubt, sei vorbereitet, wenn er stärker ist, meide ihn. Ist er von hitzigem Temperament, so reize ihn. Gib vor, schwach zu sein, damit er sich überlegen fühlt. Ist der Feind untätig, lass ihm keine Ruhe, zerstreue sein Heer, wenn es vereint ist. Greif ihn an, wenn er unvorbereitet ist und dich nicht erwartet. Der Sieg über einen solchen Gegner darf nicht im Voraus bekannt gegeben werden. Ein General, der vor dem Kampf alles bis ins kleinste Detail kalkuliert, wird siegen, und er hat vieles zu berücksichtigen. Wer jedoch vor dem Kampf nur wenig bedenkt, wird verlieren. Wer alles bedenkt, wird siegen, wer wenig bedenkt, wird besiegt, und wehe dem, der nichts bedacht hat! Anhand dieser Vorbereitungen und Ansichten kann ich den Sieger bereits erkennen.

Kapitel 2

In den Krieg ziehen

Sunzi sprach:
Für einen Krieg wird Folgendes benötigt: eintausend Streitwagen, vor die vier Streitrosse* gespannt werden, eintausend schwere Streitwagen** und einhunderttausend gepanzerte Soldaten. Proviant für eintausend Meilen, finanzielle Mittel für den Aufenthalt im Feld und für zu Hause, Bewirtung von Gästen, Klebstoff und Lackvorräte für die Reparaturen, Unterhalt der Wagen und Rüstungen werden täglich eintausend Geldstücke verschlingen. Mit diesen Mitteln kann eine Armee von hunderttausend Mann aufgestellt werden.
Auf den tatsächlichen Kampf angewandt bedeutet ein Sieg, der lang auf sich warten lässt, dass die Waffen stumpf werden und ihre Schärfe verlieren. Belagert man eine Stadt, erschöpft sich die Kraft und führt zum Ruin, sodass selbst die Mittel des Staates nicht mehr ausreichen. Sind die Waffen der Soldaten erst einmal stumpf geworden und der Kampfgeist erlahmt, die Kräfte erschöpft und die Vorräte aufgebraucht, werden alle anderen Fürsten diese Schwäche ausnutzen und sich erheben. In solch einem Fall kann auch der Klügste die Lage nicht zum Besseren wenden.
Wenn bekannt wird, dass ein Krieg hastig geführt wird, bedeutet das nicht unbedingt Klugheit, doch wenn der Krieg lange andauert, ergibt sich für den Staat daraus kein Vorteil. Wer sich nicht vollkommen im Klaren darüber ist, welchen Schaden ein Krieg anrichten kann, ist auch nicht in der Lage, den Krieg zu seinem Vorteil zu nutzen.
Wer Material und Truppen richtig einsetzt, muss kein zweites Mal rekrutieren und seinen Proviant nicht ein zweites Mal auf die Wagen laden. Material für

---

* Die hier genannten Wagen mit vier nebeneinander vorgespannten Pferden sind durch die Funde in den Anlagen um das Grabmal des ersten Kaisers Qin Shihuangdi belegt. Die Wagen waren zweirädrig und wurden von einem einzigen Wagenlenker bedient.
** Streitwagen wurden erst später durch die Kavallerie ersetzt. Unter dem ersten Kaiser war die Kavallerie, gerüstet mit leichten Sätteln, die mit einem Gurt festgezurrt wurden, im Kampf wesentlich effektiver als die Streitwagen, auf denen die Kämpfer mit einer Dolchlanze kämpften.

den Krieg bezieht man vom Staat, aber Nahrung für die Truppen holt man vom Feind, auf diese Weise hat das Heer immer genug zu essen.

Ein Staat kann durch seine Armeen verarmen. Sind sie weit entfernt, ist der Transport über weite Strecken zu bewältigen, was für die Bevölkerung Armut mit sich bringt. Sind die Armeen in der Nähe, steigen in deren Umgebung die Preise, was wiederum dazu führt, dass die Ressourcen der Bevölkerung aufgebraucht werden und die Kriegsabgaben steigen. Die großen Anstrengungen, die erschöpften Mittel fegen die Häuser im Landesinneren leer, und ein Sechstel der Gelder der Bevölkerung ist aufgebraucht. Und im Hinblick auf die Mittel des Staates werden für zerbrochene Streitwagen, erschöpfte Pferde, Rüstungen und Helme, Pfeil und Bogen, Lanzen und Speere, Schilde und hölzerne Türme für die Bogenschützen, große Ochsenkarren und schwere Wagen die Reserven zu einem Siebtel aufgebraucht.

Ein kluger General strengt sich deshalb an und versucht dem Feind die Vorräte abzunehmen. Ein Zhong* an Lebensmitteln des Feindes wiegt zwanzig Zhong der eigenen Vorräte auf. Ein Pikul** Getreide des Feindes wiegt zwanzig Pikul der eigenen Getreidevorräte auf.

Die Soldaten sind in Rage zu versetzen, damit sie den Feind vernichten. Wer einen Feind gefangen nimmt und dessen Vorräte holt, soll belohnt werden. Wenn beim Wagenkampf zehn oder mehr Wagen eingenommen wurden, ist der zu belohnen, der als erster Hand an die Wagen gelegt hat. Die Standarten sind gegen die eigenen einzutauschen, die Wagen den eigenen Reihen einzufügen und die begleitenden Soldaten sind gut zu behandeln und zu pflegen. Das heißt, durch den Sieg über den Feind die eigenen Kräfte zu stärken. Das Ziel des Krieges ist der Sieg und nicht eine lange Dauer.

Daher ist der Heerführer Herrscher über Leben und Tod des Volkes, über Frieden oder Untergang des Reiches.

---

* Ein Zhong war ein Hohlmaß in der Zhou-Zeit und entsprach vier Scheffel.
** Ein Pikul entspricht 60,48 kg.

Kapitel 3

Strategischer Angriff

Sunzi sprach:
Allgemeine Taktiken des Krieges sind: Am besten wird das gesamte Land eingenommen, ohne es zu zerstören. Es ist besser, die gesamte Armee einzunehmen, als sie zu vernichten. Es ist besser, die gesamte Brigade einzunehmen, als sie zu vernichten, und es ist besser, alle Soldaten einzunehmen, als sie zu schlagen. Es ist besser, die gesamte Fünferschaft einzunehmen, als sie zu vernichten. Hundert Schlachten zu schlagen und hundert Siege zu erringen, ist nicht ein Zeichen von Perfektion. Wer den Feind ohne Schlacht besiegt, versteht sich wirklich auf die Kriegführung.
Die beste Angriffsstrategie ist, die Allianzen zu zerschlagen, dann die Armee und zuletzt die Städte. Für die Eroberung von Städten werden drei Monate Vorbereitungszeit für den Aufbau der hölzernen Türme für die Bogenschützen, der schweren Streitwagen und anderer Geräte benötigt. Weitere drei Monate werden vergehen bis der Schanzwall gebaut ist. Ein General, der von einem Sieg in seinem Herzen nicht überzeugt ist, lässt seine Soldaten wie Ameisen ausschwärmen und ein Drittel seiner Offiziere und Soldaten wird dabei getötet werden, während die Stadt nicht nachgibt. Das ist ein katastrophaler Angriff.
Wer den Krieg gut zu nutzen weiß, unterwirft die feindlichen Armeen ohne Schlacht, nimmt ohne Angriff und Belagerung eine Stadt ein und erobert das feindliche Land ohne lange Schlachten. Indem der Kampf ganzheitlich auf das Reich ausgerichtet ist, werden die Soldaten nicht abgestumpft, sondern bleiben wachsam. Das ist ein strategischer Angriff.
Die anzuwendende Strategie ist folgende: Wenn das Verhältnis zehn zu eins ist, wird der Feind von allen Seiten umzingelt, bei einem Verhältnis von fünf zu eins wird er angegriffen und bei zwei zu eins teile die Armee auf, und man kann den Feind in der Schlacht von zwei Seiten angreifen. Ist man in der Minderzahl, ist der Feind zu beobachten, und wenn man ihm nicht gewachsen ist, sollte man vor ihm fliehen. Eine kleine Gruppe Soldaten kann dem Feind zwar widerstehen, doch wird sie letztendlich von einer größeren feindlichen Streitmacht gefangen genommen.

Der General gleicht einem Schutzwall für den Staat. Ist dieser Schutzwall an allen Seiten intakt, ist der Staat stark, weist er jedoch Lücken auf, ist der Staat schwach.

Ein Herrscher kann auf dreierlei Arten seiner Armee schaden: Ohne zu wissen, dass seine Armee nicht vorrücken kann, befiehlt er ein Vorrücken, und ohne zu wissen, dass seine Armee nicht fliehen kann, befiehlt er ihr zu fliehen, was die Armee und ihre Handlungsfähigkeit einschränkt. Versucht er überdies, die Armee in gleicher Weise wie den Staat zu verwalten, ohne zu wissen, wie eine Armee aufgebaut ist und funktioniert, sorgt er für Verwirrung bei Soldaten und Offizieren. Er ruft Zweifel bei den Soldaten und Offizieren hervor, wenn er die Aufgaben und Rechte einer Armee nicht kennt. Sind Armee und Offiziere im Zweifel und verwirrt, lassen Schwierigkeiten, die andere Fürsten bereiten werden, nicht lange auf sich warten! Einer solchen im Chaos befindlichen Armee kann kein Sieg zuteilwerden.

Um siegen zu können, sind fünf Faktoren wichtig:

- Nur derjenige wird siegen, der genau weiß, ob er kämpfen kann oder nicht.
- Wer weiß, wie man viele oder wenige Soldaten einsetzt, wird siegen.
- Wenn der einfache Soldat und der Offizier vom gleichen Geist erfüllt sind, ist der Sieg sicher.
- Wer auf alles vorbereitet ist und wartet, bis der Feind unvorbereitet ist, wird siegen.
- Ein fähiger General wird siegen, wenn ihm der Fürst nicht im Wege steht und sich einmischt.

Wer diese fünf Faktoren beherzigt, dem ist der Sieg sicher.
Wer im Krieg den Feind und sich selbst kennt, läuft selbst in hundert Schlachten nicht Gefahr unterzugehen. Wer sich selbst kennt, aber nicht den Feind, wird für jeden Sieg eine Niederlage einstecken müssen. Wer aber weder sich selbst noch den Feind kennt, muss jede Schlacht fürchten.

Kapitel 4

Abhandlung über den Einsatz

Sunzi sprach:
Die guten Feldherren des Altertums sorgten zuerst dafür, selbst nicht besiegt zu werden, und warteten, bis sie den Feind besiegen konnten. Es liegt in unserer Hand, nicht besiegt zu werden, doch die Gelegenheit, den Feind zu besiegen, liefert er uns selbst. Deshalb heißt es zu wissen, wie man siegt, ohne selbst in der Lage dazu zu sein.
Wer nicht siegen kann, schützt sich, und wer siegen kann, greift an. Sich selbst zu schützen, bedeutet Kräfte zu sparen, anzugreifen hingegen, über zu wenige zu verfügen*. Die guten Feldherren des Altertums verstanden sich auf den Schutz und die Verteidigung, sie verbargen sich in allen neun Himmelsrichtungen** und stürzten dann von allen Seiten kommend auf den Feind hernieder, sodass ihr eigener Schutz gewährleistet und der vollkommene Sieg errungen werden konnte. Betrachtet man den Sieg als solchen näher, ist er nichts Besonderes, das über das Wissen des normalen Mannes hinausgeht. Wer kämpft und siegt, wird im ganzen Reich als gut bezeichnet, doch auch das ist nichts Besonderes. Es gehört nicht allzu viel Kraft dazu, ein ausgefallenes Tierhaar im Herbst aufzuheben; und Sonne und Mond zu sehen, zeugt nicht unbedingt von scharfen Augen, ebenso wenig wie das Hören des Donners nicht auf ein gutes Gehör schließen lässt. Wer mit Leichtigkeit siegt, wird als ein Feldherr bezeichnet, der etwas von seinem Handwerk versteht. Wenn ein guter Feldherr eine Schlacht anführt, wird der Sieg nichts Außergewöhnliches sein und weder von Ruhm noch von Tapferkeit oder Geschicklichkeit zeugen. Da dessen Sieg ohne Makel ist und er weiß, wie der Sieg zu erringen ist, bedeutet der Sieg nichts anderes, als einen bereits geschlagenen Feind zu überwältigen. Der erfahrene Feldherr steht fest auf unzerstörbarem Grund und lässt keine Gelegenheit aus, den Feind zu vernichten. Die siegreiche Armee siegt zuerst und kämpft danach, die geschlagene

---

* Der obige Satz ist in den bisher übersetzten Texten im Vergleich zu den 1972 ausgegrabenen Texten auf Bambustäfelchen genau umgekehrt, das heißt, bei der Verteidigung/Schutz verfügt man nicht über ausreichende Kräfte, beim Angriff über genügend.
** Anmerkung: Im Chinesischen gilt die Mitte ebenfalls als eine Himmelsrichtung.

Armee kämpft zuerst und sucht danach den Sieg zu erringen. Der gute Feldherr vervollkommnet den moralischen Weg und hütet das Gesetz, und ist deshalb in der Lage, Sieg und Niederlage richtig einzuschätzen.

Im Krieg gibt es fünf Taktiken, die zu beherzigen sind:

- Abmessen des Terrains
- Einschätzen der Kapazität der Bevölkerung
- Berechnen der Anzahl der Soldaten
- Vergleich zwischen den Armeen
- Berechnung von Sieg und Niederlage

Das Terrain ist abzumessen, woraus sich die Kapazität, das heißt die Bevölkerungszahl, ergibt, aus der wiederum die Anzahl der Soldaten errechnet wird, die mit der des Feindes zu vergleichen ist. Werden diese vier Faktoren berücksichtigt, ist ein Sieg vorhersehbar. Aus diesem Grund ist die siegreiche Armee mit einem Yi* gegenüber einem Zhu** auf der Waagschale zu vergleichen. Die geschlagene Armee hingegen kommt einem Zhu gegenüber einem Yi gleich. Den Sieg abzuwägen bedeutet, dass die siegende Armee wie Wasser ist, das in eine tiefe Schlucht stürzt. Das ist der Einsatz der eigenen Kapazitäten.

---

* Yi ist ein altes Maß, entsprechend 24 Liang oder einem Kilogramm.
** Zhu entspricht 1/24 Liang.

Kapitel 5

Kraft

Sunzi sprach:
Viele Soldaten zu leiten ist nicht anders, als wenige zu führen, es ist alles eine Frage der richtigen Aufteilung ihrer Anzahl. Ob man mit vielen oder wenigen Soldaten kämpft, ist unerheblich, wichtig sind die Formation, die Kennzeichnung mit Standarten und die richtigen Signale. Eine große Armee kann dem Feind ohne Niederlage widerstehen, indem sie zum offenen Angriff übergeht und gleichzeitig überraschend aus dem Hinterhalt angreift. Der richtige Einsatz der Soldaten wirkt wie ein Schleifstein, der auf eine Eierschale trifft, es ist das Prinzip von leer und voll.

Allen Schlachten ist zu eigen, dass die Armeen aufeinandertreffen, doch der Sieg wird durch den Überraschungsangriff entschieden. Wer sich auf die Kriegsführung versteht, baut auf der Überraschungstaktik auf, wodurch die Kräfte der Armeen unerschöpflich werden wie Himmel und Erde und nicht zur Neige gehen wie Flüsse und Meer. Diese Angriffe enden und beginnen von Neuem wie Sonne und Mond, es ist ein Sterben und Wiederauferstehen, gleich den vier Jahreszeiten. Es gibt nur fünf Töne, doch durch verschiedene Kombinationen entstehen mehr Klänge, als man jemals hören kann. Es gibt nur fünf Farben, doch indem man sie mischt, bieten sie eine Vielfalt an Schattierungen, die das Auge nicht alle erfassen kann. Die Geschmacksrichtungen sind nicht mehr als fünf, doch die unterschiedliche Zusammensetzung erschafft so viele Nuancen, dass man sie nicht alle kosten kann. In der Schlacht und im Krieg gibt es nur die Situation des offenen und des verdeckten Kampfes, aber in Kombination liefert er ungeahnte Möglichkeiten. Der verdeckte und der offene Kampf bedingen sich gegenseitig, sie sind wie ein fortwährender Kreislauf ohne Anfang und Ende, wie sollten sie sich jemals erschöpfen?

Die Geschwindigkeit des Wassers kann Steine hinwegspülen, das ist Kraft. Das Herabstoßen eines Raubvogels, um sein Opfer zu vernichten, das ist Entschlossenheit. Wer sich gut auf den Kampf versteht, prüft seine Kraft und fällt eine sofortige Entscheidung. Kraft ist wie das Spannen der Armbrust, Entscheidung ist das Auslösen des Mechanismus, den Pfeil abzuschießen.

Im heillosen Durcheinander des Kampfgetümmels scheint nur Chaos zu herrschen und es ist dennoch kein Chaos. Inmitten des scheinbaren Durcheinanders muss das Heer ohne Anfang und Ende erscheinen, und es wird nicht besiegt werden. Chaos zu verursachen und es zu beherrschen, Ängstlichkeit vorzutäuschen und dennoch tapfer zu sein, Schwäche vorzutäuschen und dabei stark zu sein, sind die Listen des guten Kriegers. Das Chaos zu beherrschen, ist auf vielerlei Weise möglich. Tapferkeit hinter Feigheit zu verstecken, ist ein Zeichen der inneren Kraft, Stärke hinter Schwäche zu verbergen, ist der äußere Schein, um den Feind zu täuschen.

Wer sich darauf versteht, den Feind in Bewegung zu halten, nutzt den äußeren Schein, damit der Feind dieser Täuschung folgt. Er gaukelt dem Feind eine leichte Beute vor, damit dieser zuschlägt, um sie sich zu holen. Der kluge Feldherr hält den Feind auf Trab, indem er ihm vermeintliche Vorteile aufzeigt, er selbst aber mit seinen Männern auf der Lauer liegt und den richtigen Zeitpunkt abwartet.

Deshalb ist der kluge Feldherr um Kraft bemüht und handelt nicht auf Kosten des Einzelnen, er sucht instinktiv die richtigen Männer aus und überträgt ihnen Verantwortung. Männer mit Verantwortung walzen im Kampf den Feind nieder wie unaufhaltsam rollende Steine oder Baumstämme. Ein Fels oder Baumstamm ist ungefährlich in der Ruhe, aber gefährlich, sobald er in Bewegung gerät. Eckiges kann aufgehalten werden, aber Rundes bewegt sich unentwegt weiter. Gute Kämpfer sind deshalb wie eine Geröllawine, die unaufhaltsam den Berghang hinunterstürzt. Das ist Kraft.

Kapitel 6

Wahrheit und Unwahrheit

Sunzi sprach:
Wer sich zuerst auf dem Schlachtfeld einfindet und dort auf den Kampf mit dem Feind wartet, ist gerüstet, wer als Zweiter auf dem Schlachtfeld eintrifft, muss sich sputen und anstrengen. Ein guter Feldherr weiß, wie er dem Feind seinen Willen aufzwingen kann, und lässt sich vom Feind nicht beherrschen. Wenn der Feind nach seinem Plan handelt, ist er im Vorteil, ist er dazu nicht in der Lage, gereicht ihm das zum Nachteil.
Sobald der Feind sich ausruhen will, kann er ihn in Schwierigkeiten bringen, und wenn er seine Vorräte verbraucht hat, kann er ihn aushungern. Tauche an verschiedenen Stellen auf, sodass der Feind dorthin eilen muss. Eine Armee kann furchtlos tausend Meilen durch ein Gebiet marschieren, in dem sich kein Feind befindet. Greife die Stellen des Feindes an, die ungeschützt sind, und du wirst Erfolg haben. Der eigene Schutz muss stark sein, selbst dort, wo kein Angriff zu erwarten ist. Bei einem guten Angreifer weiß der Feind nicht, wo er sich verteidigen soll, und bei einem guten Verteidiger weiß der Feind nicht, wo er angreifen soll. Das Geheimnis liegt darin, sich möglichst unsichtbar zu machen und keinen Laut von sich zu geben, um dann das Schicksal des Feindes in die eigene Hand zu nehmen. Rücke dort vor, wo der Feind keine Abwehr hat, und zieh dich zurück, wenn er dich nicht verfolgen kann, und sei fern, sodass er dich nicht erreicht. Wenn ich Krieg führen will, selbst wenn der Feind sich hinter hohen Palisaden oder in einer tiefen Schlucht verschanzt hat, kann ich ihn zum Kampfe zwingen, indem ich ihn dort angreife, wo er sich retten muss. Wenn ich aber nicht kämpfen will, kann uns der Feind keinen Kampf aufzwingen, selbst wenn wir unsere Verteidigungslinie nur auf der Erde eingezeichnet haben, denn ich lenke ihn in eine falsche Richtung.
Ich bin unsichtbar, der Feind aber sichtbar, ich bin konzentriert, der Feind aber unaufmerksam. Ich bin gesammelt und daher eins mit meiner Armee, der Feind aber ist zerstreut und an zehn Punkten gleichzeitig, sodass es beim Angriff zehn gegen eins steht. Wir sind in der Überzahl und der Feind ist unterlegen, sodass viele die wenigen besiegen können, und dann greife ich dort an, wo er uns nicht

erwartet. Der Feind wird an vielen Stellen versuchen, vorbereitet zu sein, ich aber greife nur an wenigen an. Indem er seine Vorhut ausrüstet, vernachlässigt er die Nachhut, und wenn er die Nachhut verstärkt, vernachlässigt er die Vorhut. Verstärkt er die linke Flanke, schwächt er gleichzeitig die rechte, und verstärkt er die rechte Flanke, muss er von der linken Flanke Soldaten abziehen. Indem er alle Seiten verstärken will, schwächt er alle. Unterlegen ist, wer sich auf allen Seiten vorbereiten will, überlegen ist, wer sich die Vorbereitung des Feindes zunutze macht.

Wenn ich den Tag und den Ort der Schlacht kenne, kann ich tausend Meilen marschieren und kämpfen. Wenn ich jedoch weder Ort noch Zeitpunkt weiß, kann die Vorhut der Nachhut nicht zu Hilfe eilen und die Nachhut ist nicht in der Lage, der Vorhut beizustehen, die linke Flanke kann die rechte nicht unterstützen und umgekehrt. Noch schlimmer wird es, wenn die Truppenteile ein Dutzend Meilen auseinander sind, oder auch nur ein paar Meilen.

Nach meiner Berechnung sind die Soldaten von Yue zwar zahlenmäßig überlegen, doch das entscheidet nicht über Sieg oder Niederlage. Der Sieg kann dennoch errungen werden! Wenn der Feind zahlenmäßig überlegen ist, muss ein Kampf vermieden werden.

Wir bringen den Feind dazu, seine Pläne offenzulegen, damit wir deren Schwächen erkennen. Wir zwingen ihn, seinen Grund für Aktivität und Passivität preiszugeben. Wir bringen ihn dazu, sich zu erkennen zu geben, um zu wissen, wo er leben und sterben wird. Wir reizen ihn, um zu wissen, wo seine Schwachstellen und Stärken sind. Die höchste Kunst des Kriegers besteht darin, unsichtbar und formlos zu sein, sodass auch der feindliche Spion tief in den eigenen Reihen nichts ausspähen und der Klügste nichts ahnen kann. Da du den Feind kennst, kannst du eine Überzahl besiegen, und jeder weiß, wie ein Sieg auszusehen hat, was aber der gemeine Mann nicht weiß, ist, dass du selbst die Form des Sieges bestimmt hast. Der Sieg in einer Schlacht ist immer einmalig und kann nicht in der gleichen Form wiederholt werden, sondern muss den unendlich verschiedenen Bedingungen angepasst werden.

Ein gutes Militär gleicht dem Lauf des Wassers, der die Höhe meidet und rasch in die Tiefe führt. Im Krieg ist es besser, die Realität zu verbergen und stattdessen unter Vorspiegelung falscher Tatsachen anzugreifen.

Der Lauf des Wassers wird durch die Erdformation bestimmt, der Sieg über den Feind wird errungen, indem man ihn kontrolliert. Der Krieg passt sich den Situationen und Bedingungen an, so wie Wasser keine bestimmte Form hat. Wer sich dem Feind anpassen kann, ist in der Lage, sich den Sieg zu holen, und hat den Geist des Krieges begriffen. Die fünf Elemente bestehen stets nebeneinander und die vier Jahreszeiten lösen einander im Rhythmus ab. Es gibt kurze und lange Tage, und der Mond nimmt ab und zu.

Kapitel 7

Die Schlacht

Sunzi sprach:
Es ist eine allgemeine Regel, dass im Krieg der General die Befehle des Herrschers empfängt, die Truppen versammelt und zu einem Heer zusammenführt, dass Allianzen geschlossen und wieder aufgegeben werden. Doch nichts ist so schwierig wie die Schlacht selbst. Die Schwierigkeit der Schlacht liegt darin, das Krumme in Gerades und den Schaden in Vorteil zu verwandeln. Nimm einen gewundenen Weg und nutze ihn zu deinem Vorteil. Sei hinter dem Feind, aber komme als Erster an. Das ist das Wissen, wie man sich Gewundenes und Gerades zunutze macht.
Die Schlacht bedeutet Gewinn, aber auch Risiko. Du magst dein Heer in die Schlacht führen, um dir einen Vorteil zu sichern, und hast dennoch keinen Erfolg. Du schickst dein Heer in die Schlacht um für einen Vorsprung zu kämpfen, und riskierst dabei, dass deine Versorgungswagen schwere Verluste erleiden. Wenn du deiner Armee befiehlst, die Rüstungen zu schürzen, Tag und Nacht einem Vorteil ohne Rast hinterherzujagen, die doppelte Wegstrecke zu bewältigen und einhundert Meilen in kürzester Zeit zurückzulegen, nur um dir einen Vorteil zu verschaffen, ist es für den Feind ein Leichtes, sich drei deiner Generäle zu bemächtigen. Die zähesten Männer sind in der Vorhut und die schwächsten in der Nachhut. Als Folge davon wird nur ein Zehntel deiner Armee ankommen. Marschierst du fünfzig Meilen, um für einen Vorsprung zu kämpfen, bringst du den obersten Heerführer zum Straucheln und nur die Hälfte wird ankommen. Marschierst du dreißig Meilen, um für einen Vorteil zu kämpfen, werden nur zwei Drittel deiner Soldaten ankommen. Deshalb ist eine Armee ohne Nachschub und Versorgung zum Scheitern verurteilt, ohne Proviant zum Untergang und ohne Aufgaben und Verantwortung zum Verderben.
Deshalb solltest du keine Allianz eingehen, wenn du die Pläne und Absichten der anderen Fürsten nicht kennst. Wer nicht weiß, wo Berge und Wälder liegen, die Gefahren und Hindernisse der Route nicht kennt und Sümpfe und Marschland nicht unterscheiden kann, sollte keine Armee anführen. Wer keine

einheimischen Führer einsetzt, kann die Beschaffenheit des Terrains nicht kennen. Krieg beruht auf Täuschung, Vorteil auf Bewegung, geteilt und vereint sein auf Veränderung. Sei schnell wie der Wind, und verharre ruhig wie der Wald, sei wie das Feuer, wenn du beim Feind einfällst und plünderst. Sei unbeweglich wie ein Berg. Sei schwer zu fassen wie ein Schatten, und sei schnell wie ein Blitz. Wenn du plünderst, verteile die Beute unter deinen Soldaten, und wenn du dein Gebiet erweiterst, teile den Gewinn. Wäge die Macht genau ab, bevor du einen Zug machst. Dem gebührt der Sieg, der Krummes und Gerades zu nutzen weiß. So werden Schlachten geführt.

Im Buch *Armee und Angriff* * heißt es: »Wenn Worte nicht zu hören sind, nimm Trommeln und Gongs. Wenn man sich gegenseitig nicht sehen kann, nimm Banner und Standarten.« Trommeln und Gongs sind wie die Ohren der Soldaten, Banner und Standarten wie ihre Augen. Die gesamte Armee muss konzentriert und in sich geschlossen sein, sodass der Mutige es nicht wagen wird, allein vorzurücken, und der Ängstliche, sich allein zurückzuziehen. Das ist die Regel für die Armee. Beim Kampf in der Nacht kommen Fackeln und Trommeln zum Einsatz, bei der Schlacht am Tage viele Standarten und Banner, um die Augen und Ohren des Feindes zu verwirren. Das kann dazu führen, dass das Heer seinen Kampfgeist verliert und der Heerführer seiner Geistesgegenwart beraubt wird. Am Morgen ist der Kampfgeist noch wach, mittags wird er träge und am Abend ist er abgestumpft. Ein kluger Taktiker vermeidet den Kampf, wenn der Kampfgeist des Feindes noch ausgeprägt ist, er greift an, wenn er träge und abgeschlagen ist. Das ist der richtige Umgang mit dem Kampfgeist.

Mit Disziplin tritt der weise Feldherr dem Chaos entgegen und mit Ruhe dem Tumult. Das ist die Beherrschung des Geistes. Mit Nähe begegnet er der Ferne und mit Gelassenheit der Anstrengung, Hunger begegnet er mit Mengen an Nahrung und damit meistert er die Situation. Er stört nicht die wohlfeile Ordnung der Banner und greift keine geordneten Schlachtformationen an. Das heißt, sich verändernde Situationen zu beherrschen.

Wer Krieg richtig zu führen weiß, richtet seine Truppen nicht gegen einen Feind auf hohem Gelände noch gegen einen Feind, in dessen Rücken sich bergiges Gelände befindet. Verfolge keinen Feind, der vorgibt zu fliehen, greife keine

---

* Über das hier zitierte Werk, das in den Kommentaren zu Sunzi als Klassiker genannt wird, ist nichts weiter bekannt.

Armee an, deren Kampfgeist wach ist. Schlucke keinen Köder, den dir der Feind vorwirft, und wenn du den Feind umzingelst, lass ihm einen Durchgang, nähere dich keinem Feind, der in Bedrängnis ist. Das ist die richtige Methode, Krieg zu führen.

Kapitel 8

Die neun Anpassungen

Sunzi sprach:
Wird Krieg geführt, erhält der General einen Befehl seines Herrschers, woraufhin er seine Truppen versammelt und eine Armee bildet. Er schlägt sein Lager nicht auf schwachem Grund auf und vereint sich mit seinen Verbündeten auf offenem Gelände. Er hält sich nicht in einem gefährlichen Gebiet auf. Befindet er sich auf einem geschlossenen Terrain, berät er sich, und auf totem Gelände zieht er in die Schlacht. Es gibt Wege, die er nicht nimmt, und es gibt Armeen, die er nicht angreift. Es gibt umwallte Städte, die er nicht attackiert, und es gibt Gelände, auf dem er nicht kämpft. Es gibt Befehle des Herrschers, denen er nicht Folge leistet. Ein General, der die Vorteile der neun Anpassungen an das Gelände begriffen hat, weiß, wie man Krieg führt. Ein General, der den Vorteil der neun Anpassungen nicht verstanden hat, kann den Vorteil des Terrains nicht nutzen, selbst wenn er die Formation des Geländes kennt. Ein General, der den Krieg beherrschen will, aber die Kunst der neun Anpassungen nicht verstanden hat, kann seine Soldaten nicht richtig einsetzen, selbst wenn er fünf Vorteile weiß.
Deshalb müssen die Überlegungen eines weisen Generals Vorteile und Nachteil miteinbeziehen. Berücksichtigt er die Vorteile, kann er seine Aufgabe vertrauensvoll erfüllen. Wenn er die Nachteile bedenkt, sucht er eine Lösung für Probleme. Nur so kann er die feindlichen Fürsten durch Schaden in die Knie zwingen und sie wie Sklaven behandeln, indem er sie ständig beschäftigt. Mit einem winkenden Gewinn treibt er die Fürsten zur Eile an.
Beherrscht er die Kriegskunst, verlässt er sich nicht darauf, dass der Feind nicht kommt. Er verlässt sich auf sich selbst und ist auf den Feind vorbereitet. Er verlässt sich nicht auf einen Angriff, der nicht stattfindet, sondern darauf, dass er selbst nicht angegriffen werden kann.
Für einen General gibt es fünf Gefahren. Ist er todesmutig, kann er leicht getötet werden. Hängt er zu sehr am Leben, ist er leicht gefangen zu nehmen. Ist er von aufbrausendem Temperament, kann er schnell beleidigt werden. Ist er zu ordentlich und zu aufrichtig, fühlt er sich schnell entehrt, und ist er zu besorgt um seine

Männer, ist er leicht in Schwierigkeiten zu bringen. Diese fünf Eigenschaften können, wenn ein General sie übertreibt, im Krieg zu einer Katastrophe führen. Wird die Armee überwältigt und der General getötet, dann nur aufgrund dieser fünf genannten Eigenschaften. Deshalb ist größte Vorsicht angebracht.

Kapitel 9

Schlachtposition beziehen

Sunzi sprach:
Das Heer kann praktisch an allen Orten dem Feind gegenüberstehen. Wenn du mit dem Heer durch das Gebirge ziehst, halte dich an die Täler, halte nach einem erhöhten Platz Ausschau und kämpfe von der Höhe aus und nicht von unten nach oben. Dergestalt ist die Armee im Gebirge zu positionieren. Wenn der Feind das Wasser durchquert, musst du dich vom Wasser fernhalten. Wenn er den Fluss durchquert, zieh ihm nicht in den Windungen des Wassers entgegen, sondern lass die Hälfte seiner Truppen das Wasser durchqueren und greife ihn dann zu deinem Vorteil an. Wenn du kämpfen willst, dann nicht nahe am Wasser. Suche nach einem erhöhten Platz und gehe dem Feind nicht am Wasserlauf entgegen. Das heißt Krieg oberhalb eines Flusses führen. Wenn du einen Salzsumpf durchqueren musst, ziehe rasch weiter und verweile nicht. Kommt es zu einem Kampf in einem Salzsumpf, dann halte nach Wasser und Pflanzen Ausschau und sieh zu, dass Bäume deinen Rücken decken. Das ist Kriegführung in einem Salzsumpf. Auf flachem Gelände sollte das Heer an bequemer Stelle positioniert werden, sodass die rechte Flanke und der Rücken von hohem Gelände geschützt werden, dann liegt die Todesgefahr vorn und hinten ist die Sicherheit zu leben. Das ist Krieg auf offenem Gelände. Der Gelbe Kaiser wusste um die vier Arten, den Krieg zu führen, und konnte deshalb die vier Kaiser besiegen. Alle Armeen schätzen hochliegendes Gelände und verabscheuen tiefliegendes. Sie bevorzugen den Tag und achten die Nacht gering. Ein General, der sich um seine Leute sorgt, bezieht Stellung auf einem sicheren Terrain, damit das Heer keinen Mangel leidet, sodass ihm der Sieg sicher ist. Gelangt er auf hügeliges Gelände oder einen Deich, bezieht er an einem sonnigen Platz zu seinem Schutze Stellung und achtet darauf, dass die rechte Seite und der Rücken geschützt sind. Auf diese Weise nutzt er das Terrain für seinen Kampf. Fällt Regen und die Flüsse schwellen an, so wartet er, bis sich die Wasser gelegt haben, bevor er sie durchschreitet. Durchzieht er ein Gebiet voller Schluchten mit tosenden Gebirgsbächen auf allen Seiten, labyrinthischen Höhlen, gefährlichen Abhängen, sodass kein Wagen passieren kann, oder ein Gebiet mit undurchdringlichem Dickicht

oder natürlichen Felsspalten, so sollte er sich sputen, hindurchzukommen oder sich am besten davon fernhalten. Halte dich von all diesen Gebieten fern und überlass sie dem Feind. Du musst derlei Terrain vor dir haben, der Feind aber hinter sich. Marschiert das Heer durch schwieriges Gelände mit Sumpflöchern, bedeckt mit Schilf, oder durch dichte Gebirgswälder und dichtes Unterholz, sei auf der Hut und untersuche das Gebiet gründlich, denn es könnten sich dort Spione verbergen. Es sind tückische Orte, die ein Hinterhalt sein können.

Ist der Feind nahe und verhält er sich ruhig, dann hat er keine Angst, weil er an einer strategisch guten Position steht. Ist der Feind fern und provoziert einen Kampf, dann will er, dass deine Truppen vorrücken, weil seine Stellung von Vorteil ist. Bewegen sich die Bäume, rückt er auf dich zu. Sind im Gras viele Hindernisse, will er dich verwirren, und steigen überall Vögel auf, hat er sich auf die Lauer gelegt. Verhalten sich Tiere nervös, deutet das auf einen Überraschungsangriff hin. Steigen hohe Staubwolken auf, rollen die Wagen des Feindes heran. Sind die Staubwolken niedrig, marschieren seine Soldaten. Staubwolken, die verstreut oder in Streifen dahinziehen, deuten darauf hin, dass er Feuerholz sammeln lässt. Gehen wenige Männer vor und zurück, ist das ein Zeichen, dass er ein Lager aufschlagen lässt. Leise Worte und erhöhte Vorbereitungen deuten auf ein Vorrücken hin. Laute Worte und vorpreschende Reiter zeigen seinen Rückzug an. Leichte Wagen, die zuerst an den Flanken auftauchen, sind ein Zeichen des Angriffs. Die Bitte um Frieden ohne Vertrag ist ein Zeichen von List. Hin und her laufende Soldaten und Aufstellung in Reihen zeigen, dass er einen Angriff erwartet. Rückt die Hälfte der Soldaten vor, ist das ein Köder. Soldaten, die sich auf ihre Lanzen und Hellebarden stützen, sind ein Zeichen, dass Hunger herrscht. Werden Soldaten zum Wasserholen geschickt und trinken sie zuerst, zeigt das an, dass das Heer durstig ist. Erkennt der Feind einen Vorteil, rückt aber nicht vor, sind die Soldaten erschöpft. Versammeln sich Krähen, bedeutet das, dass ein Lager aufgegeben wurde. Schreie in der Nacht zeugen von Angst. Ist das Heer aufgeregt, bedeutet das, dass der General schwach ist. Bewegen sich die Standarten hin und her, zeugt das von Unruhe im Heer. Werden die Offiziere aggressiv, sind die Soldaten überdrüssig. Wenn sie ihre Pferde mit Getreide füttern und selbst Fleisch essen, die Soldaten keine Kessel mehr über das Feuer hängen und nicht in ihr Lager zurückkehren, sind sie zu allem bereit. Sprechen die Soldaten in gedämpftem Ton miteinander oder flüstern sie, ist das ein Zeichen von verlorenem Willen zu kämpfen. Zu viele Belohnungen zeigen an, dass der Feind sich in einer schlechten Situation befindet, zu viele Bestrafungen, dass er in Schwierigkeiten steckt. Es zeugt nicht von Intelligenz, wenn zuerst brutal losgeschlagen wird, sich dann aber Angst vor der Zahl der Feinde ausbreitet. Kommen Gesandte mit unterwürfigen Worten, wünscht der Feind eine Ruhepause. Nähern sich die Soldaten des Feindes ingrimmig, treten aber der Schlacht nicht bei und ziehen sich auch nicht zurück, ist äußerste Vorsicht und Besonnenheit angebracht. Ist die Zahl der Soldaten fast gleich mit der des Feindes, ist ein Angriff nicht anzuraten, es genügt vielmehr, die Kräfte zu sammeln, den Feind zu beobachten und die Soldaten hinter sich zu versammeln. Wer nicht überlegt handelt und den Feind angreift, wird sicher gefangen genommen.

Sind dir deine Soldaten noch nicht wirklich zugetan und du bestrafst sie, werden sie sich dir nicht beugen, und das bedeutet, dass sie nur schwer Folge leisten werden. Sind dir deine Soldaten treu ergeben und du bestrafst sie nicht, kannst du sie nicht einsetzen. Du kannst sie nur für dich gewinnen, wenn du sie mit Anstand behandelst, aber militärisch drillst. Die Soldaten sind dir ergeben, wenn du sie mit Bestimmtheit ausbildest, tust du das nicht, werden sie dir nicht gehorchen. Wer seine Soldaten mit Bestimmtheit und Konsequenz führt, kann auf gegenseitigem Vertrauen aufbauen.

Kapitel 10

Geländeformationen

Sunzi sprach:
Beim Terrain gibt es unterschiedliche Formationen: leicht zugängliches Gelände wie ein Vogelnetz, unwegsames, enges und abschüssiges, gefährliches und weitläufiges Gelände. Wenn das Gelände leicht zugänglich ist, kann ich vorwärts marschieren, aber der Feind kann dies ebenfalls, sodass man von einem Durchgangsgelände spricht. Bei einem solchen Gelände musst du zuerst die hohen und sonnigen Stellen besetzen, dann bist du im Vorteil, hast deinen Nachschub gesichert und kannst ruhig angreifen. Kannst du leicht vorwärts marschieren, dich aber nur schwer zurückziehen, spricht man von einem Gelände, das dich wie ein Vogelnetz gefangen hält. Das bedeutet, du kannst den Feind angreifen und besiegen, wenn er unvorbereitet ist. Wenn der Feind jedoch vorbereitet ist und du ihn angreifst, aber nicht siegen kannst, wird es schwer, sich zurückzuziehen, und du wirst im Nachteil sein. Wenn das Gelände weder für dich noch für deinen Feind vorteilhaft ist, spricht man von einem unwegsamen Gelände. Selbst wenn es für den Feind schwierig sein sollte und für dich von Vorteil, ziehst du dich besser zurück, und wenn die Hälfte der feindlichen Armee ausrückt, schlägst du zu und sicherst dir so deinen Vorteil. Enges und abschüssiges Gelände, wie Täler, muss zuerst von dir besetzt werden, du musst dich verschanzen und dann auf den Feind warten. Falls der Feind zuerst Stellung bezogen hat und sich verschanzt hat, folge ihm nicht. Hat er sich jedoch nicht verschanzt, kannst du ihm folgen. Bei gefährlichem Gelände muss ich zuerst Stellung beziehen, die hohen und sonnigen Plätze besetzen und auf den Feind warten. Hat der Feind jedoch zuerst dort Stellung bezogen, dann folge ihm nicht, sondern zieh dich zurück. Wenn in einem weitläufigen Gelände die Stärke der Armeen gleich ist, wird es schwer sein, anzugreifen. Eine Schlacht würde dir zum Nachteil gereichen. Das sind die sechs Geländeformationen und die dazugehörigen Vorgehensweisen. Der General trägt die Verantwortung und kann deshalb nicht umhin, das Gelände gründlich zu studieren.
Eine Armee kann aufgrund des Versagens eines Generals und nicht aufgrund von natürlichen Kalamitäten in folgende Schwierigkeiten geraten: Flucht, Nach-

lässigkeit beim Befolgen von Befehlen, Zusammenbruch, Untergang, Chaos und verheerende Niederlage. Sind die Kräfte beider Armeen gleich, und man greift eins zu zehn an, bleibt nur die Flucht. Sind die Fußsoldaten stark, aber die Offiziere zu schwach, ist die Folge Ungehorsam und Nachlässigkeit. Sind die Offiziere stark, aber die Soldaten zu schwach, bricht die Armee zusammen. Sind die hohen Offiziere aggressiv und gehorchen dem General nicht, sondern greifen auf eigene Faust den Feind an, spricht man vom sicheren Untergang, vor allem wenn der General noch nicht einmal wusste, ob er überhaupt zu einem Angriff in der Lage ist. Ist der General zu schwach und ohne Autorität, sind seine Anweisungen unklar, Offiziere und Soldaten wissen nicht, was ihre Aufgaben sind, die Aufstellung des Heeres ist kreuz und quer, dann folgt daraus Chaos. Wenn der General den Feind nicht einschätzen kann und mit einer kleinen Truppe einen zahlenmäßig überlegenen Feind angreift, mit schwachen Soldaten einen starken Feind schlagen will und die Soldaten nicht nach Einsatzbereitschaft ausgewählt wurden, ist die Folge davon eine verheerende Niederlage. Diese sechs Situationen führen unweigerlich zum Niedergang. Ist der General verantwortungsbewusst, muss er zuvor alles genau prüfen.

Ein bestimmtes Terrain kann bei einem Kampf durchaus hilfreich sein. Der oberste Feldherr muss den Feind einschätzen können, um zu siegen, er muss Gefahren und Risiken, Entfernung und Nähe in seine Überlegungen miteinbeziehen. Wenn er alle Risiken kennt und dann angreift, ist ihm der Sieg sicher. Berücksichtigt er dies alles nicht, ist ihm die Niederlage sicher. Wenn der oberste Grundsatz beim Krieg der Sieg ist, kämpfe, selbst wenn der Herrscher befiehlt, nicht zu kämpfen. Ist das Ziel nicht der Sieg, und der Herrscher befiehlt zu kämpfen, dann greife nicht an. Ein General, der nicht um des Ruhmes willen vorrückt und sich zurückzieht, ohne Schande zu fürchten, der nur daran denkt, das Volk zu schützen und Vorteil für den Herrscher zu suchen, ist ein Juwel für den Staat.

Betrachtet er die Soldaten wie seine Kinder, werden sie ihm bis in die tiefsten Schluchten folgen. Betrachtet er die Soldaten wie geliebte Söhne, werden sie bis zum Tod an seiner Seite stehen. Doch Liebe ohne Autorität, Freundlichkeit ohne Durchsetzungsvermögen ist nicht in der Lage, Chaos zu beherrschen. Behandelt er die Soldaten wie verhätschelte Kinder, sind sie zu nichts zu gebrauchen. Wenn ich weiß, dass meine Soldaten kämpfen können, aber die Unfähigkeit des Feindes zu kämpfen nicht kenne, ist das nur ein halber Sieg. Wenn ich weiß, dass die Soldaten des Feindes zum Kampf in der Lage sind und nicht weiß, dass meine Soldaten dazu nicht in der Lage sind, ist das nur ein halber Sieg. Kenne ich die Kampfbereitschaft des Feindes und weiß, dass auch meine Soldaten dazu bereit sind, ist es nur ein halber Sieg, wenn ich nicht weiß, dass das Gelände nicht für einen Kampf geeignet ist. Der erfahrene Kämpfer ist aktiv und träumt nicht und sein Handeln ist zielgerichtet. Wenn der Kämpfer den Feind und sich selbst kennt, ist der Sieg nicht in Gefahr. Kennt er Himmel und Erde, wird der Sieg vollkommen sein.

Kapitel 11

Neun Geländeformationen

Sunzi sprach:
Die Geländeformationen können einen Krieg günstig beeinflussen. Gebiet, sich zu zerstreuen, leichtes Gebiet, Kampfgebiet, offenes Gelände, strategisch günstiges Gebiet, schwieriges Gebiet, gefährliches Gebiet, umschlossenes Gebiet, tödliches Gebiet sind dabei zu berücksichtigen.
Kämpfen die Fürsten auf eigenem Gebiet, können sich die Soldaten leicht zerstreuen, da sie das Gebiet kennen. Feindliches Gebiet, in das man eindringen kann, ohne zu weit zu gehen, ist leichtes Gebiet. Gebiet, auf dem ich, aber auch der Feind Vorteile erwarten können, ist Kampfgebiet. Gelände, auf dem ich vorrücken und der Feind kommen kann, ist offenes Gebiet. Ein Gebiet, das an drei Seiten an Fürstentümer grenzt, ist ein strategisch günstiges Gebiet für denjenigen, der es als Erster besetzt und sich einen Großteil des Reiches untertan machen kann. Gelände, in das man tief eindringen muss und das hinter sich viele umwallte Städte hat, ist ein schwieriges Gebiet. Bei einem gefährlichen Gebiet handelt es sich um ein Terrain, bei dem Berge und Wälder, gefährliche und schwierige Wege, Morast und Salzsümpfe und unwegsames Gelände passiert werden müssen, wo man leicht überrumpelt werden kann. Wer in ein Gebiet eindringt, das nur über schmale Pässe erreichbar ist, und wo der Rückzug infolgedessen mühsam wird und der Feind mit einer kleinen Anzahl an Soldaten meine Männer angreifen kann, ist ein umschlossenes Gebiet. Ein Gebiet, durch das man rasch hindurchziehen muss, da man sonst dem Untergang geweiht ist, bezeichnet man als tödliches Gebiet. Deshalb sollte man auf dem Gebiet, auf dem sich die Soldaten leicht in alle Winde zerstreuen können, nicht kämpfen, auf einem leicht zu erobernden Gebiet sich nicht aufhalten, auf einem Kampfgebiet nicht angreifen, auf offenem Gelände dem Feind nicht den Weg abschneiden, auf strategisch günstigem Gebiet sollte man sich mit seinen Verbündeten treffen, auf schwierigem Gelände sollte man plündern, auf gefährlichem Gebiet rasch durchziehen, auf umschlossenem Gelände eine Strategie parat haben und auf tödlichem Terrain kämpfen.

Die klugen Krieger des Altertums wussten, wie man die Vorhut und Nachhut des Feindes auseinanderbringt, große und kleine Einheiten trennt, gute Soldaten davon abhält, den schlechten zu Hilfe zu eilen, und die Führungsschicht von den einfachen Soldaten fernhält. So sind die Fußsoldaten voneinander getrennt und können sich nicht versammeln, und wenn die Krieger vereint sind, können sie nicht gemeinsam agieren. Wenn sich Vorteile boten, wusste der kluge Feldherr sie zu nutzen, wenn sich keine boten, hielt er inne. Auf die Frage: Wie ist ein zahlenmäßig überlegener Feind zu fassen, der gut organisiert ist?, lautet die Antwort: Hole dir zuerst etwas, das ihm lieb ist, dann wird er dir gehorchen. Schnelligkeit ist die wichtigste Eigenschaft eines Kriegers, nutze sie, um den Feind zu überrumpeln, nimm einen Weg, mit dem er nicht rechnet, und greife ihn an, wenn er nicht darauf gefasst ist.

Fällst du in ein feindliches Gebiet ein, so konzentriere deine Truppen, je weiter du vordringst, und der Feind wird dich nicht besiegen können. Plündere die fruchtbaren Felder des Feindes, dann haben deine Truppen genug zu essen. Nimm Rücksicht auf deine Soldaten und überfordere sie nicht, sammle Kräfte, und wenn du deine Truppen bewegst, gehe strategisch vor und verhalte dich so, dass du nicht berechenbar bist. Wirf deine Soldaten in die Schlacht, wenn es kein Entkommen gibt, und sie werden eher sterben, als dem Schlachtfeld den Rücken zu kehren. Im Angesicht des Todes werden Offiziere und Soldaten ihr Letztes geben. Krieger, die keinen Ausweg sehen, kennen keine Furcht mehr, und wenn sie keinen Fluchtweg sehen, werden sie bis zum Ende ausharren. Sind sie erst einmal tief vorgedrungen und erkennen, dass es kein Zurück gibt, werden sie hemmungslos kämpfen. Deshalb werden deine Männer auch ohne Drill in Alarmbereitschaft sein, sie werden ohne Aufforderung bereit sein und ohne Anweisung dir treu ergeben sein und ohne Befehl vertrauen. Verbiete deinen Männern, das Orakel zu befragen, zerstreue die Zweifel, und sie werden dir bis in den Tod folgen. Wenn meine Offiziere irdische Güter nicht im Überfluss haben, so heißt das nicht, dass sie Reichtum verachten. Wenn sie zuhauf sterben, so heißt das nicht, dass sie ein langes Leben nicht würdigen. An dem Tage, an dem sie in die Schlacht beordert werden, sitzen die Offiziere herum und benetzen ihre Kleidung mit Tränen. Sie liegen darnieder und die Tränen rinnen über ihre Wangen. Doch wirfst du sie in die Schlacht, aus der es kein Entrinnen gibt, werden sie tapfer sein wie Zhuan Zhu und Cao Gui.

Der erfahrene Feldherr setzt seine Truppen ein wie Shuai Ran. Shuai Ran ist eine Schlange auf dem Berg Chang. Wenn du ihren Kopf angreifst, erreicht sie

Die Kunst des Krieges

dich mit ihrem Schwanz, wenn du ihren Schwanz angreifst, packt sie dich mit ihrem Kopf, und greifst du ihren Körper in der Mitte an, schlägt sie dich mit Kopf und Schwanz. Auf die Frage, ob du die Taktik der Schlange Shuai Ran einsetzen kannst, lautet die Antwort: Ja. Die Männer von Yueh verachten die Männer von Wu und umgekehrt. Überqueren sie jedoch gemeinsam in einem Boot einen Fluss und werden von einem Sturm überrascht, werden sie sich gegenseitig zu Hilfe eilen, wie die rechte Hand der linken hilft. Deshalb reicht es nicht aus, die Pferde festzubinden und die Wagenräder einzugraben, das heißt, bis zum bitteren Ende zu kämpfen. Es gibt nur eine Art der Tapferkeit und die muss für alle gelten. Ganz gleich ob stark oder schwach, es ist alles eine Frage des Terrains. Der kluge Feldherr hält die Truppen in seiner Hand, als wären sie nur ein Mann, der ohne zu zögern gehorcht.

Es ist die Aufgabe des Generals, ruhig zu bleiben und sich bedeckt zu verhalten, korrekt zu sein und Disziplin walten zu lassen. Er muss die Offiziere und Soldaten im Unklaren lassen, damit sie nichts Konkretes wissen. Indem er seine Aufgaben ändert und seine Strategien wechselt, setzt er den Feind in Unkenntnis. Er wechselt den Standort und zieht auf verschlungenen Wegen durchs Land, damit der Feind ihn nicht vorausberechnen kann. Der oberste Kriegsherr besteigt die Höhe und stößt die Leiter hinfort, die ihn nach oben getragen hat. Der oberste Kriegsherr führt seine Männer tief hinein ins Gebiet aller feindlichen Fürsten und schlägt dann los. Er ist wie ein Hirte, der seine Schafe vor sich hertreibt und von einer Weide zur nächsten eilt, ohne seinen Standort erkennen zu lassen. Er versammelt seine Truppen und wirft sie in die Gefahr, das ist die Aufgabe des Generals. Er muss die unterschiedlichen Formationen der neun verschiedenen Territorien, die Vorteile von direkten oder indirekten Manövern und die Prinzipien der menschlichen Natur genau prüfen.

Der Feldherr bedenkt Folgendes: Dringt er tief in Feindesland ein, konzentriert er seine Truppen. Dringt er nicht tief ein, zerstreuen sich seine Truppen. Verlässt er sein eigenes Land und führt seine Truppen über die Grenze, befindet er sich auf gefährlichem Boden, der weder ein Vor noch Zurück kennt. Ein Gebiet, das von allen vier Seiten zugänglich ist, ist ein offenes Gebiet. Dringt er tief ein, ist es ein schwieriges Gebiet, und es ist ein leichtes, wenn er leicht eindringen kann. Er befindet sich auf umschlossenem Terrain, wenn sich in seinem Rücken Befestigungen befinden und vor ihm schmale Pässe liegen. Befindet er sich auf einem Gebiet ohne Ausweg, ist das das Gebiet des Todes. Deshalb muss ich als Feldherr in einem Gebiet, auf dem sich meine Männer leicht in alle Richtungen zerstreuen können, sie auf ein Ziel einschwören. Auf leichtem Gebiet muss ich meine Offiziere und Soldaten eng zusammenhalten. Im Kampfgebiet habe ich darauf zu achten, dass die Nachhut geschützt ist. Auf offenem Gelände muss ich auf die Verteidigung achten. Befinde ich mich auf einem Gebiet, auf dem die Wege aus verschiedenen Staaten zusammentreffen, muss ich die Bündnisse mit den Verbündeten festigen. Auf schwerem Gebiet muss ich dafür sorgen, dass der Nachschub nicht abreißt. Auf gefährlichem Terrain halte ich mich nicht auf, sondern ziehe rasch weiter. In umschlossenem Gebiet lasse ich die Pässe blockieren. Im Gebiet des Todes teile ich den Männern mit, dass es kein Entrinnen gibt. Es liegt in der Natur des Kriegers, dass er Widerstand leistet, wenn er umzingelt ist, verbissen kämpft, wenn er verloren zu sein scheint, und Befehlen Folge leistet, sobald er in Gefahr ist.

Ohne die Strategien der anderen Fürsten zu kennen, kann kein Bündnis geschlossen werden. Ohne Berge und Wälder, gefährliche Abgründe und unwegsame Salzsümpfe zu kennen, kann ein Heer nicht in Marsch gesetzt werden. Ohne einheimische Führer kann man sich die Vorteile des Terrains nicht zunutze machen. Wer auch nur in einem Punkt unachtsam ist, kann kein Feldherr eines Despoten sein. Greift der Feldherr eines Despoten ein mächtiges Land an, lässt er nicht zu, dass dieses seine Truppen sammelt. Er überwältigt den Feind und verhindert, dass dieser Bündnisse eingeht. Deshalb kämpft er nicht gegen die Verbündeten des Reiches und stärkt nicht deren Vertrauen in die Macht des Reiches. Indem er den Feind überwältigt, kann er dessen umwallte Städte einnehmen und das Land unterwerfen. Er verteilt Belohnungen ohne Regeln und erlässt Befehle, ohne sich um die Politik zu scheren. Auf diese Weise leitet er die gesamte Armee, als wäre sie ein Mann, und setzt sie ihren Aufgaben gemäß ein ohne ein Wort der Erklärung. Sprich zu den Soldaten von den Gewinnen, aber erwähne nicht die Gefahr. Schicke die Armee ins Verderben und sie wird überleben, setze sie der Todesgefahr aus und sie wird leben. Eine Armee, die dem Untergang geweiht scheint, kann für sich über Sieg oder Niederlage entscheiden. Daher ist es die Aufgabe des Feldherrn, die Absichten des Feindes genau zu erläutern und sich nach dem Feind zu richten. Folge dem Feind über tausend Meilen und töte seinen General. Das nennt man erfolgreich Krieg führen und seine Aufgaben vollenden.

An dem Tag, an dem du angreifen wirst, sperre alle Grenzpässe, zerbrich alle Kennzeichen und lass keine Gesandten des Feindes mehr passieren. Im Hauptquartier lass Strenge walten und kontrolliere die Situation. Wenn der Feind ein

Tor öffnet, stürme hinein, nimm dir zuerst, was ihm lieb ist. Hege keine großen Erwartungen, sondern baue die Umsetzung deines Plans auf den Wechselspielen des Feindes auf, um ihn zur entscheidenden Schlacht zu zwingen. Sei deshalb zu Beginn wie eine keusche Jungfrau, und der Feind wird dir die Tür öffnen. Dann stürme hinein, sei flink wie ein Hase und der Feind wird dir nicht widerstehen können.

Kapitel 12

Angriff mit Feuer

Sunzi sprach:
Es gibt fünferlei Arten des Angriffs mit Feuer: Bei der ersten verbrennt man Menschen, bei der zweiten werden die Vorräte, bei der dritten die Ausrüstung, bei der vierten die Lagerhäuser und Speicher und bei der fünften die Versorgungswege verbrannt.
Bei einem Angriff mit Feuer braucht man entsprechende Mittel und diese müssen stets griffbereit sein. Um ein Feuer zu legen, bedarf es der richtigen Zeit, und wer ein Feuer entzünden will, bedarf der richtigen Tage. Die richtige Zeit bedeutet, dass das Wetter trocken ist. An den geeigneten Tagen steht der Mond in den vier Mondhäusern des Schützen, des Pegasus, des Bechers oder des Raben. An Tagen dieser vier Konstellationen kommt günstiger Wind auf. Bei einem Angriff mit Feuer muss mit fünf möglichen Änderungen des Feuers gerechnet werden. Bricht Feuer im Lager des Feindes aus, reagiere schnell mit einem Angriff von außen, wenn die Soldaten aus dem Lager stürmen. Bricht Feuer aus, doch der Feind verhält sich ruhig, warte ab und greife nicht an. Hat das Feuer seine höchste Kraft erreicht und du kannst ihm mit einem Angriff folgen, dann tu es, ansonsten bleib, wo du bist. Wenn Feuer von außen am Lager des Feindes gelegt wird, dann warte nicht, bis es nach innen vorgedrungen ist, sondern greife in einem günstigen Moment an. Wenn du Feuer legst, halte dich auf der Windseite auf, greife nicht von der windabgewandten Seite an. Wind, der am Tage aufkommt, hält lange, Wind in der Nacht flaut bald wieder ab. Jede Armee muss die fünf verschiedenen Arten des Angriffs mit Feuer kennen und sich mehrfach dagegen schützen.
Derjenige, der Feuer für einen Angriff nutzt, ist klug, wer Wasser für einen Angriff einsetzt, ist stark. Mithilfe von Wasser kann dem Feind der Weg abgeschnitten werden, aber mit Wasser kann man seiner nicht habhaft werden und ihn nicht berauben. Zu bedauern sind diejenigen, die ohne eine klare Zielsetzung sich den Sieg holen wollen! Es ist vergebene Müh. Deshalb heißt es: Der kluge Herrscher überlegt gründlich, der gute General ist konstant in der Ausführung. Winkt kein Vorteil, bewegt er sich nicht, ohne Gewinn zu erzielen,

setzt er sich nicht ein und kämpft nur, wenn Gefahr droht. Ein Herrscher darf niemals seine Truppen einsetzen, um seinem Zorn Genugtuung zu verschaffen. Ein General darf nicht den Kampf dazu verwenden, seine Verachtung für den Feind auszudrücken. Rücke vor, wenn dir Gewinn winkt, bleibe, wo du bist, wenn es nichts zu gewinnen gibt. Zorn kann sich in Freude verwandeln und Verachtung in Glück. Ein Land, das untergegangen ist, wird nicht wieder erstehen, ein Toter kann nicht ins Leben zurückkehren. Deshalb handelt ein weiser Herrscher bedacht, ein guter General wachsam. Dieses Verhalten sichert den Frieden des Landes.

Kapitel 13

Spione

Sunzi sprach:
Einhunderttausend Mann auszuheben und mit ihnen über eintausend Meilen zu marschieren, kostet täglich eintausend Geldstücke, was die Taschen des einfachen Volkes lehrt und die Ressourcen der Staatskasse aufzehrt. Es sorgt für Unruhe im Lande und Ausland, die Menschen treiben sich auf Wegen und Straßen herum, und siebenhunderttausend Familien werden von der Arbeit abgehalten. Die Armeen stehen sich oft Jahre in ihren Stellungen gegenüber, mit der Aussicht, eines Tages den entscheidenden Sieg zu erringen. Wer es bedauert, einhundert Geldstücke dem Spion bezahlen zu müssen, und deshalb den Feind und dessen Verhalten nicht kennt, verhält sich äußerst unmenschlich. Ein solcher Mensch ist es nicht wert, der General der Armee zu sein, er ist keine Hilfe für den Fürsten und er wird kein Meister im Siegen. Deshalb müssen ein kluger Herrscher und ein weiser General im Voraus Informationen über den Feind besitzen, um die richtigen Truppenbewegungen zu leiten, zu siegen und die Massen geschickt anzuführen. Dieses Wissen im Voraus bekommt man nicht von Geistern, es kann nicht durch Gebete erlangt werden noch durch Erfahrung, sondern man erhält dieses Wissen nur durch andere Menschen, die über die Pläne des Feindes Bescheid wissen.
Deshalb werden Spione eingesetzt, von denen es fünf verschiedene Arten gibt: die lokalen, die internen, die übergelaufenen, die todgeweihten und die überlebenden. Wenn all diese Spione am Werk sind, kennt niemand deren verschlungene Pfade, und es heißt, sie bilden ein geheimnisvolles Netz und sind für den Herrscher eine Kostbarkeit. Die lokalen Spione werden entsprechend ihrer Ortskenntnisse eingesetzt. Die internen Spione befinden sich unter den Beamten des Feindes. Die übergelaufenen Spione gehörten ehemals dem Feind. Die todgeweihten Spione werden zur Täuschung eingesetzt, sie tragen Informationen nach außen, die meine Spione wissen und die der Feind in die Hände bekommen soll. Die überlebenden hingegen sind diejenigen, die Informationen zurück ins Lager bringen.

In einer Armee sind die Bindungen zu den Spionen am engsten. Sie werden am freigiebigsten belohnt und ihnen wird größtes Vertrauen geschenkt. Ohne Weisheit können Spione nicht eingesetzt werden, ohne Menschlichkeit kann man Spione nicht leiten. Ohne Fingerspitzengefühl ist von Spionen die Wahrheit nicht zu erfahren. Spione sind für viele Zwecke einzusetzen, doch dafür muss man das entsprechende Feingefühl besitzen. Werden Informationen voreilig von Spionen weitergegeben, sind sowohl der Spion als auch der Empfänger der Nachricht mit dem Tode zu bestrafen.

Bevor man eine Armee angreifen, Städte erobern und andere Menschen töten möchte, muss man zuerst wissen, wer der Feldherr der feindlichen Armee ist, wer seine Adjutanten sind, seine Helfer, seine Wächter und wer die Männer im Lager sind. Meine Spione müssen diese Informationen zuerst herausfinden. Meine Spione müssen die Spione des Feindes, die in mein Lager schleichen, ausfindig machen, sie müssen bestochen werden, angeleitet und meinem Lager zugeteilt werden, denn als übergelaufene Spione können sie von Nutzen sein und wertvolle Informationen liefern. Mithilfe der übergelaufenen Spione können die lokalen Spione ausfindig gemacht und den eigenen Diensten unterstellt werden. Dank des Wissens der übergelaufenen Spione können todgeweihte Spione eine Finte auslegen und dem Feind eine Nachricht zuspielen. Und dank der Kenntnisse der übergelaufenen Spione können die überlebenden zu bestimmten Zeiten eingesetzt werden. Ein Herrscher muss diese fünf Arten der Spione unbedingt kennen. Da der Herrscher dieses Wissen von den übergelaufenen Spionen bezieht, muss er ihnen unbedingt besonders gewogen sein.

Der Aufstieg der Yin-Dynastie war Yi Zhi der Xia-Dynastie zu verdanken, der Aufstieg der Zhou Lu Ya der Yin. Nur der kluge Herrscher und der weise General sind in der Lage zu erkennen, dass das höchste Wissen den Spionen zu verdanken ist und dass nur durch sie der größte Erfolg errungen werden kann. Im Krieg sind Spione von höchster Bedeutung, denn von ihren Informationen hängt jede Bewegung der Armee ab.

6 fernöstliche Klassiker
im hochwertigen Schuber

**Sunzi: Die Kunst des Krieges; Miyamoto Musashi: Fünf Ringe;
Yamamoto Tsunetomo: Hagakure; Inazo Nitobe: Bushido;
Konfuzius: Gespräche; Laotse: Tao te king**

Insgesamt ca. 976 Seiten, gebunden, Format: ca. 12,5 x 18,7 cm,
ISBN: 978-3-86820-478-0

Besuchen Sie uns auch im Internet:
www.nikol-verlag.de

Klassiker des philosophischen Denkens

Khalil Gibran: Der Prophet
Platon: Von der Unsterblichkeit der Seele
Konfuzius: Gespräche
Arthur Schopenhauer: Die Kunst, Recht zu behalten
512 Seiten, gebunden, Format: ca. 12,5 x 18,7 cm,
ISBN: 978-3-86820-515-2

Besuchen Sie uns auch im Internet:
www.nikol-verlag.de